Beck-Rechtsberater

Die Eigentumswohnung

dtv

Beck-Rechtsberater

Die Eigentumswohnung

Erwerb · Finanzierung
Nutzung · Verwaltung

Von Dipl.-Volkswirt Dr. jur. h. c. Hanns Seuß

11., völlig neu bearbeitete Auflage
Stand: Januar 2000

Deutscher Taschenbuch Verlag

Originalausgabe
Deutscher Taschenbuch Verlag GmbH & Co. KG,
Friedrichstraße 1a, 80801 München

Gesamtherstellung: C. H. Beck'sche Buchdruckerei, Nördlingen
(Adresse der Druckerei: Wilhelmstraße 9, 80801 München)
Umschlaggestaltung: Agentur 42 (Fuhr & Partner), Mainz,
unter Verwendung eines Fotos von
Matthias Hoffmann, München
ISBN 3 423 05096 1 (dtv)
ISBN 3 406 43099 6 (C. H. Beck)

Vorwort

Seit dem Erscheinen der 10. Auflage dieses Rechtsberaters im Jahre 1993 ist im Wohnungseigentumsrecht eine erhebliche Rechtsentwicklung zu verzeichnen. Zwar ist in der Zeit von 1993 bis heute keine nennenswerte Novellierung des Wohnungseigentumsgesetzes vorgenommen worden, dennoch hat die Rechtsprechung und die Rechtspraxis eine beachtliche Entwicklung erfahren. Darauf mußte in der 11. Auflage ebenso eingegangen werden, wie auf Gesetzesänderungen in dem Bereich des Verfahrens- und Insolvenzrechts. Auch die gesetzlichen Regelungen im Zusammenhang mit der Einführung des Euro sind für die Verwaltungspraxis von Bedeutung. Wichtige neue Rechtsauffassungen sind dann in die Betrachtung mit einbezogen worden, wenn abzusehen ist, daß sich die Gerichte mit dieser Materie befassen werden. An erster Stelle ist hier das von Wenzel aufgegriffene Problem des vereinbarungsersetzenden, des vereinbarungswidrigen und des vereinbarungsändernden Mehrheitsbeschluß zu nennen.

Nicht nur in diesem Zusammenhang wird über eine Novellierung des WEG nachgedacht. Verschiedene Probleme im Bereich des Wohnungseigentums sind vorhanden, welche die Frage erlauben, ob eine Gesetzesänderung in diesem Bereich notwendig und zwingend ist.

Nürnberg, im Januar 2000 — Hanns Seuß

Inhaltsübersicht

Inhaltsverzeichnis

4. Kapitel
Direkte und indirekte Förderung der Eigentumswohnung

5. Kapitel. Versicherung der Eigentumswohnung

6. Kapitel
Wesen und Begründung des Wohnungseigentums

7. Kapitel. Rechte und Pflichten der Wohnungseigentümer

10. Kapitel. Verwaltung des gemeinschaftlichen Eigentums und des gemeinschaftlichen Vermögens

12. Kapitel. Der EURO und das Wohnungseigentum

Anhang

Abkürzungsverzeichnis

a. A.	anderer Auffassung
a. a. O.	am angegebenen Ort
AcP	Archiv für zivilistische Praxis
AfA	Absetzung für Abnutzung (Abschreibung)
AG	Amtsgericht
AGB	Allgemeine Geschäftsbedingungen
AGBG	Allgemeine Geschäftsbedingungen Gesetz
AktG	Aktiengesetz
AO	Abgabenordnung
Aufl.	Auflage
AVB	Allgemeine Versicherungsbedingungen
Az	Aktenzeichen
BAnz	Bundesanzeiger
Bä/S	Bärmann/Seuß 4. Aufl.
Bärm.	Bärmann, Wohnungseigentum, Kurzlehrbuch 1991
BauGB	Baugesetzbuch
BauR	Baurecht (Zeitschrift)
BauROG	Bau- und Raumordnungsgesetz
BAV	Bundesaufsichtsamt für das Versicherungswesen
BayObLG	Bayerisches Oberstes Landesgericht
BB	Betriebsberater (Zeitschrift)
BBauBl	Bundesbaublatt (Zeitschrift)
BBauG	Bundesbaugesetz (jetzt Baugesetzbuch)
Betr	Betrieb (Zeitschrift)
BeurkG	Beurkundungsgesetz
BewG	Bewertungsgesetz
BewRGr	Richtlinien zur Bewertung des Grundvermögens
BFH	Bundesfinanzhof
BGB	Bürgerliches Gesetzbuch
BGBl	Bundesgesetzblatt
BGH	Bundesgerichtshof
BGHZ	Entscheidungen des BGH in Zivilsachen
BlGBW	Blätter für Grundstücks-, Bau- und Wohnungsrecht (Zeitschrift)
BNotO	Bundesnotarordnung
BRAGO	Bundesgebührenordnung für Rechtsanwälte
BSpkG	Bausparkassengesetz
BStBl	Bundessteuerblatt
BV	Berechnungsverordnung

BVerfG	Bundesverfassungsgericht
BVerwG	Bundesverwaltungsgericht
bzw.	beziehungsweise
DB	Der Betrieb (Zeitschrift)
Deckert, DE	Deckert, Die Eigentumswohnung
d. h.	das heißt
DIN	Deutsche Industrienorm
DNotZ	Deutsche Notar-Zeitschrift
DStR	Deutsches Steuerrecht (Zeitschrift)
DWE	Der Wohnungseigentümer (Zeitschrift)
EDV	Elektronische Datenverarbeitung
EFG	Entscheidungen der Finanzgerichte
EGBGB	Einführungsgesetz zum BGB
ErbbauVO	Erbbaurechtsverordnung
ErbStDV	Erbschaftssteuerdurchführungsverordnung
ErbStG	Erbschaft- und Schenkungssteuergesetz
EStDV	Einkommensteuerdurchführungsverordnung
EStG	Einkommensteuergesetz
EStR	Einkommensteuerrichtlinien
ETB	Einheitliche Technische Bedingungen
ETW	Eigentumswohnung
ff.	folgende Seiten
FG	Finanzgericht
fG	freiwillige Gerichtsbarkeit
FGG	Gesetz über die Angelegenheiten der Freiwilligen Gerichtsbarkeit
FGO	Finanzgerichtsordnung
FWW	Die freie Wohnungswirtschaft (Zeitschrift)
GBO	Grundbuchordnung
Gem.	Gemeinschaft
gem. E	gemeinschaftliches Eigentum
GewStG	Gewerbesteuergesetz
GewStDV	Gewerbesteuerdurchführungsverordnung
GG	Grundgesetz
GO	Gemeinschaftsordnung
GOA	Geschäftsführung ohne Auftrag
GrEStG	Grunderwerbsteuergesetz
GrStG	Grundsteuergesetz
GrStR	Grundsteuer-Richtlinien
GVG	Gerichtsverfassungsgesetz
GWW	Gemeinnütziges Wohnungswesen (Zeitschrift)

HBG	Hypothekenbankgesetz
HeimstG	Reichsheimstättengesetz
HeizkostenV	Heizkosten-Verordnung
HGB	Handelsgesetzbuch
h. M.	herrschende Meinung
HOAI	Honorarordnung für Architekten und Ingenieure
HStruktG	Haushaltsstrukturgesetz
inma-Studie	Markt- und Motivstudie des Instituts für Marktforschung Stuttgart
JR	Juristische Rundschau (Zeitschrift)
JuS	Juristische Schulung (Zeitschrift)
JW	Juristische Wochenschrift
JZ	Juristenzeitung
KG	Kammergericht Berlin
KO	Konkursordnung
Korbion	Ingenstau/Korbion: Kommentar zur VOB
KWG	Kreditwesengesetz
LAG	Lastenausgleichsgesetz
LG	Landgericht
LV	Leistungsverzeichnis
MaBV	Makler- und Bauträgerverordnung
MBl	Ministerialamtsblatt
MDR	Monatsschrift für Deutsches Recht
Merle, System	Merle, Das Wohnungseigentum im System des bürgerlichen Rechts
Merle, V	Merle, Bestellung und Abberufung des Verwalters
MHG	Miethöhegesetz
MittBayNot	Mitteilungen des Bayerischen Notarvereins (Zeitschrift)
M. K. Röll	Münchner Kommentar: WEG-Röll
Mot.	Motive zum BGB
Müller, P	Müller, Praktische Fragen des Wohnungseigentums
Münch. Komm.	Münchner Kommentar
m. w. N.	mit weiteren Nachweisen
NJW	Neue Juristische Wochenschrift
NMV	Neubaumietenverordnung
ÖPG	Öffentlich-rechtliches Pfandbriefgesetz
OLG	Oberlandesgericht
OLGZ	Entscheidungen der OLG in Zivilsachen
OVG	Oberverwaltungsgericht

PiG .... „Partner im Gespräch", Schriftenreihe des Evangelischen Siedlungswerkes in Deutschland e. V.

RG .... Reichsgericht
RGBl .... Reichsgesetzblatt
RGSt .... Entscheidungen des RG in Strafsachen
RGZ .... Entscheidungssammlung des RG in Zivilsachen
ROG .... Raumordnungsgesetz
Rpfleger .... Der Deutsche Rechtspfleger (Zeitschrift)
RStBl .... Reichssteuerblatt
RVO .... Reichsversicherungsordnung
Rz .... Randziffer

s. .... siehe
SE .... Sondereigentum
SEmer .... Sondereigentümer
StBauFG .... Städtebauförderungsgesetz (jetzt Baugesetzbuch)
StAnpG .... Steueranpassungsgesetz
StGB .... Strafgesetzbuch

TE .... Teilungserklärung
TEm .... Teileigentum
TEer .... Teileigentümer

u. a. .... unter anderem
URHG .... Urhebergesetz
UStG .... Umsatzsteuergesetz
usw. .... und so weiter
u. U. .... unter Umständen

VB .... Verwaltungsbeirat
VersR .... Versicherungsrecht (Zeitschrift)
VG .... Verwaltungsgericht
VHB .... Vergabehandbuch für die Durchführung von Bauaufgaben des Bundes im Zuständigkeitsbereich der Finanzbauverwaltungen
VOB .... Verdingungsordnung für Bauleistungen
VOB/A .... VOB Teil A
VOB/B .... VOB Teil B
VOB/C .... VOB Teil C
VStG .... Vermögenssteuergesetz
VStR .... Vermögenssteuerrichtlinien
VVG .... Gesetz über den Versicherungsvertrag
VwGO .... Verwaltungsgerichtsordnung

W .... Werbungskosten
WE .... Wohnungseigentum (auch Zeitschrift Wohnungseigentum)

WEer	Wohnungseigentümer
WEerGem.	Wohnungseigentümergemeinschaft
WEG	Wohnungseigentumsgesetz
WEM	Wohnungseigentümermagazin (Zeitschrift)
Weitn.	Weitnauer, Wohnungseigentumsgesetz 7. Aufl.
WFB	Wohnungsbauförderungsbestimmungen
WFl	Wohnfläche
WGG	Wohnungsgemeinnützigkeitsgesetz
WGGDV	Wohnungsgemeinnützigkeitsgesetz-Durchführungsverordnung
WiStG	Wirtschaftsstrafgesetz
WKSchG	Wohnraumkündigungsschutzgesetz
WM	Wertpapiermitteilungen (Zeitschrift)
WoBauG	Wohnungsbaugesetz
WoBindG	Wohnungsbindungsgesetz
WoGG	Wohngeldgesetz
WoGV	Wohngeldverordnung
WoGVwV	Allgemeine Verwaltungsvorschriften zum Wohngeldgesetz
WohnGebBefrG	Gesetz über Gebührenbefreiung beim Wohnungsbau
WoModEnG	Wohnungsmodernisierungs- und Energieeinsparungsgesetz
WoPG	Wohnungsbauprämiengesetz
WuM	Wohnungswirtschaft und Mietrecht (Zeitschrift)
z. B.	zum Beispiel
ZfBR	Zeitschrift für deutsches und internationales Baurecht
ZfgWBay	Zeitschrift für gemeinnütziges Wohnungswesen in Bayern
ZMR	Zeitschrift für Miet- und Raumrecht
ZPO	Zivilprozeßordnung
z. Z.	zur Zeit
ZVG	Zwangsversteigerungsgesetz
ZZP	Zeitschrift für Zivilprozeß

Literaturverzeichnis

1. Kommentare

Bärmann, Wohnungseigentum, Kurzlehrbuch, 1991
Bärmann/Pick/Merle, Wohnungseigentumsgesetz, 8. Aufl. 2000
Bärmann/Pick, Wohnungseigentumsgesetz mit Richtlinien und Grundbuchverfügungen, 13. Aufl. 1994
Demharter, Grundbuchordnung, 23. Aufl. 2000
Emmerich/Sonnenschein, Miete, 7. Aufl. 1999
Fischer-Dieskau/Pergande/Schwender, Wohnungsbaurecht, Loseblatt-Kommentar 7. Ordner Stand 1997
Ingenstau/Korbion, VOB, 13. Aufl. 1996
Haegele/Schöner/Stöber, Grundbuchrecht, 11. Aufl. 1997
Niederführ/Schulze, WEG, Handbuch und Kommentar zum Wohnungseigentumsgesetz, 5. Aufl. 2000
Keidel/Kuntze/Winkler, Freiwillige Gerichtsbarkeit, 13. Aufl. 1992, Band 2, 13. Aufl. 1997
Kuntze/Ertl/Hermann/Eickmann, Grundbuchrecht, 5. Aufl. 1999
Münchner Kommentar, Bürgerliches Gesetzbuch, Sachenrecht, 3. Aufl., WEG-Teil bearbeitet von Röll, 1992
Palandt , Bürgerliches Gesetzbuch, WEG-Teil bearbeitet von Bassenge
Schmidt-Futterer, Mietrecht-Kommentar 7. Aufl. 1999
Sauren, Wohnungseigentumsgesetz (WEG) 2. Aufl. 1995
Soergel, Kommentar zum BGB, Drittes Buch: Sachenrecht, 1990, WEG Kommentiert von Stürner
Staudinger, BGB 17. Aufl. WEG 2 Bände, Redakteur Bub, 1997
Sternel, Mietrecht 3. Aufl. 1988
derselbe, Mietrecht aktuell 3. Aufl. 1996
Stöber, Forderungspfändung, 11. Aufl. 1996
Thomas/Putzo, ZPO mit Gerichtsverfassungsgesetz, 20. Aufl. 1997
Ulmer/Brandner/Hensen, Allgemeine Geschäftsbedingungen, 8. Aufl. 1997
Weitnauer, Wohnungseigentumsgesetz, 8. Aufl. 1995

2. Sonstige Bücher

Barmann, Wohnungseigentum, Kurzlehrbuch 1991
Bärmann/Seuß, Praxis des Wohnungseigentums, 4. Aufl. 1997
Bärmann/Weitnauer, (Herausgeber) Festschrift Hanns Seuß, 1987
Basty, Der Bauträgervertrag, 3. Aufl. 1997
Belz, Das Wohnungseigentumsgesetz, 3. Aufl. 1996

Bielefeld, Der Wohnungseigentümer, 5. Aufl. 1995
Bub, Wohnungseigentum von A-Z, 6. Aufl. 1991
Bub, Das Finanz- und Rechnungswesen der Wohnungseigentümergemeinschaft, 2. Aufl. 1996
Bub/Treier, Handbuch der Geschäfts- und Wohnraummiete, 3. Aufl. 1998
Bub/Hauger/Merle/Pick/Schmidt/Seuß, (Herausgeber) Festschrift Johannes Bärmann und Hermann Weitnauer, 1990
Brych/Pause, Bauträgerkauf und Baumodelle, 2. Aufl. 1996
Deckert, Die Eigentumswohnung, Loseblatt-Sammlung 2 Bände, Stand 1999
derselbe, Baumängel am Gemeinschaftseigentum der Eigentumswohnung, 2. Aufl. 1980
derselbe, Die Eigentumswohnung – vorteilhaft erwerben, nutzen und verwalten, 6. Aufl. 1997
Drasdo, Der Verwaltungsbeirat, 2. Aufl. 1999
derselbe, Verwaltervertrag und -vollmacht, 1986
Koeble, (Herausgeber) Rechtshandbuch Immobilien 2 Bände, Stand 1999
Jennißen, Die Verwalterabrechnung nach dem Wohnungseigentumsgesetz, 4. Aufl. 1999
Lappe, Justizkostenrecht, 1982
Locher, Das private Baurecht, 4. Aufl. 1988
Locher/Koeble, Baubetreuungs- und Bauträgerrecht, 4. Aufl. 1985
Merle, Bestellung und Abberufung des Verwalters nach § 26 Wohnungseigentumsgesetz, 1977
derselbe, Das Wohnungseigentum im System des bürgerlichen Rechts, 1979 (abgekürzt = System)
Müller, Praktische Fragen des Wohnungseigentums, 3. Aufl. 1999
Munzig, Die Gemeinschaftsordnung im Wohnungseigentum, 1999
v. Oefele/Winkler, Handbuch des Erbbaurechts, 2. Aufl. 1995
Peters, Verwaltungsbeiräte im Wohnungseigentum, 3. Aufl. 1985
Peters, Der Fachverwalter von Wohnungseigentum, 1989
Reithmann/Meichsner/von Heymann, Kauf vom Bauträger und Bauherrenmodelle, 7. Aufl. 1995
Röll, Handbuch für den Wohnungseigentümer und Verwalter, 7. Aufl. 1996
Sauren, Verwaltervertrag und Verwaltervollmacht im Wohnungseigentum, 2. Aufl. 1994
Schmidt, Kauf vom Bauträger, in: Münchener Vertragshandbuch, Bd. 4, 1. Halbbd., 3. Aufl. 1992
Vygen, Bauvertragsrecht nach VOB und BGB, 1984

1. Kapitel
Bedeutung und Entwicklung der Eigentumswohnung

I. Wohnungsbautätigkeit nach dem zweiten Weltkrieg

Während des zweiten Weltkrieges wurden im Gebiet der heutigen Bundesrepublik ca. 2,25 Mio Wohnungen zerstört oder schwer beschädigt. Das bedeutete, daß von dem Wohnungsbestand zu Beginn des Krieges von rd. 10,5 Mio Einheiten ein Viertel nicht mehr zur Verfügung war. Mit den Zuwanderungen von über 10 Mio Heimatvertriebenen und Flüchtlingen wuchs der Wohnungsfehlbestand bis 1950 auf etwa 4 bis $5^1/_2$ Mio Wohnungen (Fischer-Dieskau Bd 1, II. WoBauG, Einführung S. 1). Durch das Inkrafttreten des I. Wohnungsbaugesetzes (I. WoBauG) am 27. 4. 1950 und mit der damit verbundenen staatlichen Wohnbauförderung wurde eine Wiederaufbauleistung in Gang gesetzt, die wohl einmalig ist. 1

Wie aus der Tabelle im Anhang I zu ersehen ist, wurden in der Zeit von 1949 bis 31. 12. 1997 in Westdeutschland 22,4 Mio und in Ostdeutschland (einschließlich DDR) 4 Mio, also insgesamt 26,4 Mio Wohnungen erstellt. 2

Um diese Leistung in Westdeutschland zu ermöglichen, mußten in der Zeit nach der Währungsreform (im Jahre 1948) alle Kräfte mobilisiert werden, um eines der Hauptprobleme, die Bereitstellung von Wohnraum, zu bewältigen. Hierfür war eine Wohnbauförderung in Westdeutschland im großen Ausmaß erforderlich, um einerseits zerstörten Wohnraum wieder zu erstellen und andererseits dringend benötigte Wohnungen neu zu bauen. Da die Fördermittel nicht im notwendigen Umfang zur Verfügung standen, mußte zusätzlich privates Kapital für den Wohnungsbau gewonnen werden. Dabei sollten zusätzliche Sparförderprogramme einen Anreiz schaffen, um Eigenkapital zur Erstellung oder zum Kauf von Eigenheimen anzusammeln. Neben der Förderung von Mietwohnungen war von Anfang an die 3

Wohneigentumsförderung ein wichtiges wohnungspolitisches Instrument zur Erfüllung des gesamten sozialen Wohnungsbaus. Man erkannte sehr bald, daß die Förderung im sozialen Wohnungsbau nicht ausreichte, um den Problemen des Wohnungsmarktes und der Wohnungsnot auch nur einigermaßen gerecht zu werden. Aus diesem Grunde mußte eine neue Rechtsform für Wohnungen gefunden werden, die es ermöglichte, das Angebot an Wohnungseigentum und damit an Wohnraum insgesamt zu verbessern. Dies erfolgte mit dem Wohnungseigentumsgesetz im Jahre 1951. Dieses Gesetz ermöglichte es erstmals, Wohnungs- und Teileigentum an Wohn- und anderen Räumen mehrgeschossiger Gebäude zu begründen. Damit war es erstmals möglich, individuelles Eigentum an Geschoßwohnungen zu schaffen.

II. Das Wohnungseigentumsgesetz

1. Stockwerkseigentum

4 Vor der Begründung des BGB hatte sich in unterschiedlicher landesrechtlicher Gestaltung für das Geschoßeigentum das sogenannte Stockwerkseigentum herausgebildet, das sich in der Praxis wegen mangelnder rechtlicher Ausgestaltung nicht bewährt hatte, und deshalb mit dem Begriff „Streit- und Händelhäuser" (Steinle AcP 144, 344ff.) belegt wurde. Aus diesem Grunde war der BGB-Gesetzgeber nicht bereit, dieses Rechtsinstitut in das BGB aufzunehmen (Mot. III S. 45). Nur mit Bedenken wurde dem Landesrecht die Fortführung solcher Stockwerksverhältnisse gestattet (Art. 182 EGBGB). Auch war durch Art. 218 EGBGB die Möglichkeit gegeben, die landesrechtlichen Vorschriften zu ändern; nicht aber die Möglichkeit der Neubegründung von Stockwerkseigentum (Art. 189 Abs. 1 Satz 3 EGBGB).

Aus all dem geht hervor, daß die Wiederbelebung bzw. Neugründung des Stockwerkseigentums weder möglich noch sinnvoll war, wenngleich einige Länder von der Möglichkeit des

Art. 218 EGBGB Gebrauch gemacht haben. So hat z. B. Bayern das Stockwerkseigentum in unechtes Stockwerkseigentum überführt.

Altrechtliches echtes Stockwerkseigentum besteht heute noch in verschiedenen Bundesländern, besonders im früheren Gültigkeitsbereich des Code civil, wie z. B. in den linksrheinischen Gebieten, besonders aber in Baden-Württemberg (Weitnauer vor § 1 Rz. 4). Insgesamt ist das Stockwerkseigentum bedeutungslos geworden. 5

2. Wohnungseigentum im Ausland

Der Gedanke des „horizontalen und kubischen" Eigentums an Gebäuden ist sehr alt und war bereits (so Bärmann WEG-Kommentar 1. Aufl., Einl.) in den vorrömischen Rechtskulturen, wie z. B. in Babylonien, Syrien, Ägypten, Griechenland und Palästina, bekannt. 6

Auch für das römische Recht kann die Möglichkeit der Bildung von Eigentum an Räumen und Gebäudeteilen unterstellt werden, wenn dies auch wegen des Prinzips des „superficies solo cedit" nicht unumstritten ist. 7

Das Bedürfnis Volleigentum oder zumindest wirtschaftliches Eigentum an einer Geschoßwohnung zu besitzen, ist heute in der ganzen Welt von Bedeutung. Für die Länder des romanischen Rechts war der Art. 664 des Code civil aus dem Jahre 1804 Hauptteil der wirtschaftlichen Ausgestaltung des Eigentumsrechtes an Geschoßwohnungen, wenn dieser bestimmt: „Die Kosten der Hauptmauer und des Daches fallen sämtlichen Eigentümern zur Last, jedem nach dem Verhältnis des Wertes seines Stockwerkes. Der Eigentümer eines jeden Stockwerks macht den Fußboden, auf welchem er geht. Der Eigentümer des ersten Stockwerkes macht die Treppe welche dahinführt; der Eigentümer des zweiten Stockwerks die Treppe, die von dem ersten Stockwerk zu ihm führt" usw. (so Bärmann, Wohnungseigentumsgesetz, 4. Aufl. S. 26 ff.). In diesem Sinne kennen alle Länder, namentlich die romanischen Länder, die ihr Recht aus dem Code civil ableiten, das Wohnungseigentum. 8

9 Daneben hat aber auch das anglo-amerikanische Recht vielfältige Rechtsformen des Eigentums an der Geschoßwohnung zur Verfügung gestellt. Die sehr unterschiedliche Ausgestaltung dieser Wohnungseigentumsgesetze hängt mit dem alten „Common-Law-System" zusammen, das bezüglich der Eigentumsbildung freie Gestaltungsmöglichkeiten bot.

10 Bärmann (a.a.O. S. 27–266) hat in ausführlicher rechtsvergleichender Betrachtung die vielen Kodifikationen aller Länder über das Wohnungseigentum zusammengestellt und besprochen, worauf ausdrücklich verwiesen wird.

11 Die neueren Gesetze über das WE in den ausländischen Staaten wurden seit den zwanziger Jahren bis heute erlassen. Sie dienen alle dem einen wohl entscheidenden Zweck anstelle von Miete Eigentum zu vermitteln, um damit gleichzeitig die privaten Investitionen im Wohnungsbau zu verstärken.

3. Gründe für die Einführung des Wohnungseigentumsgesetzes

12 Nach der Schaffung des I. WoBauG zeigte sich bald, daß es dringend erforderlich war, neben der Wohnbauförderung eine zusätzliche Möglichkeit zu schaffen um Investitionen im Wohnungsbau weiter anzuregen. Dazu schien neben dem Bau von Eigenheimen im besonderen Maße die Bildung von Einzeleigentum an Wohnungen in Geschoßwohnanlagen geeignet zu sein. Die besonderen Gründe, die zu Überlegungen führten, ein gesondertes Gesetz über die Schaffung von Eigentum an Wohnungen zu erlassen, waren folgende (vgl. Tresper S. 24):

- die von vielen Bauherren Anfang der 50er Jahre vom Mieter abverlangten hohen verlorenen Baukostenzuschüsse, und zwar sowohl im freifinanzierten wie auch im steuerbegünstigten Mietwohnungsbau als Beiträge von Mietern, die letztlich den Hauseigentümern zugute kamen;
- die Möglichkeit der Mobilisierung untätig liegender Baugelder;
- das Erfordernis eine raschere und schnellere Bebauung von Baulücken und Trümmergrundstücken in den Zentralbereichen der Städte zu ermöglichen;
- die Möglichkeit bestehende Altbauten durch Umwandlung in ETW zu sanieren und zu modernisieren;

- die Notwendigkeit städtebaulich sinnvolle Lösungen für den Wiederaufbau zerstörter Stadtkerne zu finden durch Zusammenfassung und einheitliche Bebauung kleinerer Grundstücke;
- die Schaffung zusätzlicher Möglichkeiten bei der Förderung von Vermögensbildung für weniger verdienende Gruppen der Bevölkerung, insbesondere den Bürgern WE (Eigenheim in der Etage) zu ermöglichen, die keine Möglichkeit haben, ein Eigenheim zu erwerben.

4. Das Gesetz vom 15. März 1951 (WEG)

a) Entstehung des WEG

Die intensiven Bemühungen um die Einführung des WEG gin- *13*
gen von dem Wuppertaler Bauunternehmer und Bundestagsabgeordneten Carl Wirths aus, der mit der FDP-Fraktion einen von Kammergerichtsrat a.D. Dr. Hans Diester in die juristische Form gebrachten ersten Entwurf in den Bundestag einbrachte (vgl. PiG Nr. 8, S. 53ff.). Zunächst war es lange Zeit fraglich, ob ein solches Gesetz ermöglicht werden könne, weil die Durchbrechung des Akzessionsprinzips des BGB (superficies solo cedit) mit den damit verbundenen praktischen Problemen der Grundpfandrechte, der öffentlichen Lasten des Grundbuches und des Versicherungsrechtes für unüberwindbar gehalten wurden.

Als es aber gelungen war, die rechtliche Konstruktion des WEG an das sachenrechtliche Institut des Miteigentums (§§ 1008ff. BGB) und an das schuldrechtliche System der Gemeinschaft (§§ 741ff. BGB) anzubinden, konnte der von Hermann Weitnauer juristisch vorbereitete und durch die rechtsvergleichenden Betrachtungen Johannes Bärmanns beeinflußte, neue Gesetzentwurf Ende 1950 fertiggestellt werden.

Der vom Rechtsausschuß gebilligte Entwurf wurde am 31. 1. 1951 in der zweiten und dritten Lesung mit wenigen geringfügigen Änderungen einstimmig angenommen. Nach der Billigung des Entwurfes durch den Bundesrat am 16. 2. 1951 konnte das Gesetz am 15. 3. 1951 im Bundesgesetzblatt verkündet werden (BGBl. I S. 175).

b) Inhalt des WEG

14 Das WEG ist ein Sondergesetz zum BGB. Es ist als solches sowohl dem Sachenrecht als auch dem Schuldrecht des BGB zugeordnet.

15 Das Gesetz ist in 4 Teile aufgegliedert. Jeder Teil ist in weitere Abschnitte untergegliedert.

Der Teil I enthält alle Regelungen zum WE. Der erste Abschnitt (§§ 1–9) befaßt sich nach der Begriffsbestimmung des § 1, mit dem die Begriffe WE und TEm erläutert werden, mit der Begründung des WE.

Die Vorschriften bestimmen die Begründung des Wohnungs- und Teileigentums entweder durch vertragliche Einräumung des Sondereigentums (§ 3) oder durch Teilung des Eigentümers (§ 8) mit den dazugehörigen Inhalts- und Formvorschriften.

Der zweite Abschnitt (§§ 10–19) regelt die Gemeinschaftsbeziehungen der WEer, also das Verhältnis der Wohnungseigentümer untereinander.

In dem dritten Abschnitt des Teils I (Verwaltung) sind die Fragen geregelt, die mit der Verwaltung des gem. E in Zusammenhang stehen (§§ 20–29).

Der 4. Abschnitt (Wohnungserbbaurecht) regelt in § 30 das Wohnungs- und Teilerbbaurecht.

Im II. Teil des WEG wird in den §§ 31–42 Inhalt und Rechtswirkung des eigentumsähnlichen Dauerwohnrechtes als dingliches Recht bestimmt.

Der III. Teil enthält die Verfahrensvorschriften (§§ 43–58) in 3 Abschnitten.

Der 1. Abschnitt regelt das Verfahren der freiwilligen Gerichtsbarkeit (fG) in Wohnungseigentumssachen (WE-Sachen).

Der zweite Abschnitt der Verfahrensvorschriften (Zuständigkeit für Rechtsstreitigkeiten) regelt in § 51 die Klage auf Entziehung des WE, und in § 52 die Zuständigkeit für Rechtsstreitigkeiten über das Dauerwohnrecht.

Im 3. Abschnitt (Verfahren bei Versteigerung des Wohnungseigentums = §§ 53–58) werden die Verfahrensfragen bei der Versteigerung des WE durch den rechtskräftigen Entziehungsbeschluß normiert.

Der IV. Teil des WEG beinhaltet die ergänzenden Bestimmungen (§§ 59–64) u. a. die Erfordernisse bezüglich der Erteilung der Abgeschlossenheitsbescheinigung (§ 59).

c) Novellierung des WEG

Seit dem Erscheinen des Wohnungseigentumsgesetzes im Jahre 1951 wurde es zwölfmal geändert und zwar wie folgt: *16*

- 7. 8. 1952 (BGBl. I S. 401). Gesetz über Maßnahmen auf dem Gebiet des Kostenrechts.
- 26. 7. 1957 (BGBl. I S. 861). Gesetz zur Änderung und Ergänzung kostenrechtlicher Vorschriften.
- 30. 5. 1973 (BGBl. I S. 501). Gesetz zur Änderung des Bürgerlichen Gesetzbuchs und anderen Gesetzen.
- 30. 3. 1972 (BGBl. I S. 910). Gesetz zur Änderung des Wohnungseigentumsgesetzes und der Verordnung über das Erbbaurecht. Diese Gesetzesänderung war die bedeutsamste. Sie präzisierte u. a. die Rechte der WEer gegenüber dem Verwalter, insbesondere bezüglich der Verwalterbestellung und des Verwaltungszeitraums. Geändert wurden die §§ 1 (Einfügung nur ein Grundstück), 3 (Abgeschlossenheit), 26 (Verwalterbestellung), 7, 24, 32, 43.
- 8. 12. 1982 (BGBl. I S. 1615). Gesetz zur Erhöhung der Wertgrenzen in der Gerichtsbarkeit: Erhöhung des Beschwerdewerts von DM 50,– auf DM 200,– (§ 45).
- 14. 12. 1984 (BGBl. I S. 1493). Steuerbereinigungsgesetz 1985: Aufhebung der §§ 33, 61, 62 bezüglich Einheitsbewertung und Gleichstellung mit Eigenheimen.
- 17. 12. 1990 (BGBl. I S. 2847). Rechtspflegevereinfachungsgesetz: Anhebung des Beschwerdewerts auf DM 1200,– (§ 45); Einführung Mahnverfahren (§§ 46 a, 48); Änderung § 20 a FGG durch Anhebung des Werts des Beschwerdegegenstands; § 29 b ZPO (keine weitere Beschwerde gegen isolierte Kostenentscheidung; § 29 b ZPO (Gerichtsstand bei Dritten die gegen WEer klagen ist Gericht der belegenen Sache zuständig).
- 22. 3. 1991 (BGBl. I S. 766). Gesetz zur Beseitigung von Hemmnissen bei der Privatisierung von Unternehmen und zur Förderung von Investitionen: Für neue Bundesländer werden die §§ 3, 32 ergänzt mit der bis 31. 12. 1996 befristeten Unbedenklichkeitsregelung wegen technisch nicht einwandfreier Trennwände und Trenndecken.
- 11. 1. 1993 (BGBl. I S. 50) Gesetz zur Entlastung der Rechtspflege: Erhöhung des Beschwerdewerts auf DM 1500,– (§ 45).
- 3. 1. 1994 (BGBl. I S. 66). Gesetz zur Heilung des Erwerbs von Wohnungseigentum: neuer § 61 zur Heilung der BGH-Entscheidung vom 21. 2. 1991 bezüglich Zustimmungserfordernis nach § 12.

- 24. 6. 1994 (BGBl. I S. 1325). Kostenrechtsänderungsgesetz 1984: Änderung der Gebührenregelung bezüglich des Mahnverfahrens sowie Änderung verschiedener Gebührensätze bei Teilen der Gegenstände und der Geschäftswertfestsetzung.
- 5. 10. 1994 (BGBl. I S. 2911). Einführungsgesetz zur Insolvenzordnung: Ab 1. 1. 1999 wurden in den §§ 11 und 12 die Begriffe „Konkursverwalter" in „Insolvenzverwalter" umbenannt.

d) Novellierungsbemühungen

17 Vielfache Bemühungen, das WEG erneut zu novellieren werden seit längerer Zeit diskutiert. Solche Bestrebungen sind sowohl für das Verfahrensrecht als auch für das materielle Recht vorhanden.

aa) Verfahrensrecht

18 Die Änderungsbestrebungen des Verfahrensrechts stehen im Zusammenhang mit den Bemühungen, alle Gerichtsverfahren zu vereinfachen und rationeller zu gestalten. Der ständig wachsende Geschäftsanfall bei fast allen Gerichten kann mit den bisherigen Mitteln nicht mehr zeitgerecht bewältigt werden. Aus diesem Grunde haben die Länderjustizverwaltungen unter der Federführung des Freistaats Sachsen am 8. August 1996 den „Entwurf eines Gesetzes zur Vereinfachung des zivilgerichtlichen Verfahrens und des Verfahrens der freiwilligen Gerichtsbarkeit" dem Bundesrat vorgelegt (Drucksache 605/96). Nach Verabschiedung dieses Gesetzes am 18. Juni 1998 rief der Deutsche Bundestag den Vermittlungsausschuß an. Der Vermittlungsausschuß hat die Beratung über die strittigen Punkte vertagt. Da mit Sicherheit dieses Gesetzesverfahren auch durch den neuen Bundestag fortgesetzt wird, wird auf eine Stellungnahme der wohnungswirtschaftlichen Verbände vom Januar 1997 verwiesen, in der alle wichtigen Einzelpunkte besprochen und kritisiert werden. Diese Stellungnahme ist im Anhang II abgedruckt. Ihr wird sich hier in vollem Umfang angeschlossen.

bb) Materielles Recht

19 Seit Jahren wird darüber diskutiert, ob das WEG in verschiedenen Bereichen geändert werden sollte. Die vielfach kontrovers geführte Diskussion hat bis heute zu keinem Ergebnis geführt. Der letzte Diskussionsentwurf zur Änderung des WEG, vorgelegt vom Bundesjustizministerium stammt vom Juni 1989. Er wurde heftig diskutiert. Die Diskussion wurde erneut angeregt durch eine Große Anfrage von den SPD-Bundestagsabgeordneten Dr. Eckhart Pick, Dr. Herta Däubler-Gmelin u.a. mit der Bundestagsdrucksache Nr. 13/2653. Beantwortet wurde diese Anfrage von der Bundesregierung am 23. 5. 1996 mit Drucksache Nr. 13/4712. Diese Antwort gibt umfassend den Meinungsstand über alle Änderungsvorschläge zum WEG wieder, die in letzter Zeit gemacht wurden. Die Probleme können im einzelnen hier nicht wiedergegeben werden. Verwiesen wird deshalb auf die genannte Drucksache Nr. 13/4712, die in Bä/S vollständig abgedruckt ist (Teil G Nr. 135).

Das Josef-Humar-Institut, eine Einrichtung des Haus- und *20* Grundeigentümerverbands in Düsseldorf, hat die Diskussion um eine Novellierung des WEG erneut in Gang gebracht. Das Institut hat am 8. Juni 1999 den „Entwurf eines Gesetzes zur Änderung des Wohnungseigentumgesetzes und anderer Gesetze" dem Bundesjustizministerium vorgelegt.

III. Praktische Bedeutung der Eigentumswohnung

1. Die Eigentumswohnung als eine besondere Form von Wohneigentum

Da WE Volleigentum vermittelt, tritt die ETW als eine beson- *21* dere Form von Immobilieneigentum auf. In der praktischen und rechtlichen Bedeutung ist somit die ETW dem Eigenheim, sei es ein Einfamilien- oder Zweifamilienhaus, gleichgestellt.

Die ETW kann erworben, veräußert und vererbt werden. Das WE ist selbständig belastbar, d.h. das WE kann wie jedes andere Eigentum an Grundstücken mit Dienstbarkeiten, Vorkaufsrechten, Reallasten und Grundpfandrechten belastet werden.

Die ETW ist auch eine selbständige wirtschaftliche Einheit i.S. des § 2 des Reichsbewertungsgesetzes und somit selbständiger Steuergegenstand. Ferner wird die Bauerstellung von ETW in gleicher Weise mit öffentlichen und nichtöffentlichen Mitteln gefördert wie es bei Eigenheimen der Fall ist. Die ETW genießt den gleichen Förderungsrang wie das Eigenheim (§§ 2 u. 26 II. WoBauG).

2. Vor- und Nachteile der Eigentumswohnung

22 Obwohl das Gesetz der ETW eigentumsrechtlich, steuerrechtlich und wirtschaftlich die gleiche Stellung wie der eines Eigenheimes einräumt, hat die ETW im Vergleich zum Eigenheim bestimmte Vor- aber auch bestimmte Nachteile.

Der Vorteil besteht einmal darin, daß die ETW in unterschiedlichen Größen, und zu unterschiedlichen Kaufpreisen angeboten wird. Daraus ergibt sich, daß bereits eine ETW (z. B. eine Einzimmer-Wohnung mit 40 m^2 Wohnfläche) heute zum Kaufpreis von etwa DM 180 000 (DM 4500,– pro m^2 WFL) erworben werden kann. Demgegenüber wird eine große Wohnung (z. B. eine Dachterrassenwohnung mit 150 m^2-Wohnfläche) einen Kaufpreis von etwa DM 675 000 haben, mit dem auch ein Einfamilienreihenhaus erworben werden könnte.

23 Das bedeutet, daß das Angebot der ETW bezüglich Größe und Preis sehr viel differenzierter ist, als dies für ein Eigenheim möglich sein wird. Die ETW ermöglicht somit vielen Familien, insbesondere solchen die nur über geringere Mittel und Einkommen verfügen, den Erwerb von Immobilien nach Maßgabe ihrer Leistungsfähigkeit.

24 Daneben hat vielfach das WE und TEm insbesondere an sehr teuren Standorten, wie z. B. bei innerstädtischen Grundstücken, die Chance eröffnet, die Finanzierung eines Gebäudes überhaupt erst zu gewährleisten. Durch das Zusammenfinden in einer WEer- oder TEmer-Gem. konnten Aufbaugem. gebildet werden, die in der Lage waren, die Finanzierungsmittel aufzubringen, die zur Deckung der vielfach hohen Baukosten notwendig sind.

25 Auch für den Städtebau spielt die Schaffung von WE und TEm eine nicht unerhebliche Rolle. So ist es hier möglich, durch Änderung der Eigentumsverhältnisse und durch Schaffung neuer Eigentumsabschnitte die anteilige Finanzierung der Modernisie-

rungs- und Sanierungskosten der städtebaulichen Sanierungs- und Erneuerungsmaßnahmen wesentlich schneller zu realisieren.

Schließlich hat sich die ETW auch als Investitionsobjekt für anlagesuchendes Kapital bewährt. Durch die steuerlichen Vergünstigungen, die das Einkommensteuerrecht bisher (noch) einem Geldanleger gewährt, wurden je nach Ausgestaltung der steuerlichen Förderungsmaßnahmen Kapitalanleger angeregt, ETW zu erstellen bzw. zu erwerben. *26*

Obwohl das Steuerrecht in der Zukunft dem selbstgenutzten WE Prioritäten einräumt und die steuerliche Förderung von ETW für Kapitalanleger spürbar zurückgeschraubt werden wird, hat die solide finanzierte ETW ihre Bedeutung für Kapitalanleger auch heute nicht verloren. Im Gegenteil, sie ist immer noch ein gefragtes Angebot, das zur weiteren Verbreitung der ETW nicht unerheblich beigetragen hat. *27*

Die Nachteile der ETW im Vergleich zum Eigenheim mögen darin bestehen, daß beim WE immer eine mehr oder weniger große Zahl von Miteigentümern vorhanden ist, deren Rechte gleichberechtigt nebeneinander stehen, wobei die Interessen der Eigentümer je nach Einstellung, Lebensauffassung und Lebenserfahrung häufig recht unterschiedlich sind. Dies gilt sowohl bei der Erstellung einer ETW als auch bei der Verwaltung, dem Gebrauch und der Nutzung von SE und gem. E. *28*

Die Gefahren, die durch Bauträgerinsolvenzen bei der Bauerstellung von ETW und im Falle des „steckengebliebenen Baues" bestehen, haben sich in der Praxis kaum schwerwiegender gezeigt als beim Eigenheimbau. Das mag daran liegen, daß vor allem die Gläubigerbanken (PiG Nr. 5: Folgen des Konkurses des Bauträgers und der Baubeteiligten für den steckengebliebenen Bau von Richard Bucher, S. 167 ff.) in der Regel einen vernünftigen Ausweg fur alle Beteiligten gefunden haben. *29*

Beim Gebrauch, der Nutzung und Verwaltung der ETW ergeben sich im Vergleich zum Eigenheim zwangsläufig Besonderheiten, weil die Gemeinschaftsbezogenheit sowohl im Blick auf das SE als auch für das gem. E besonderer gemeinsamer Rücksichten und Verfahrensweisen bedarf. Diese Rücksichten und teilweise gesetzlich vorgegebenen Verfahrensweisen müssen aber *30* nicht immer ein Nachteil sein, insbesondere dann nicht, wenn die entsprechenden Rahmenbedingungen (Gesetz und GO) einen vernünftigen und abgewogenen Interessenausgleich der in der Gem. verbundenen Eigentümer ermöglichen.

31 Auch die Größe oder Übergröße mancher WEer-Gem. können grundsätzlich nicht unbedingt als Nachteil empfunden werden. Die durch den Änderungsvorschlag der Bayerischen Staatsregierung zum WEG im Jahre 1976 in Gang gesetzte Diskussion bezüglich der Begrenzung der Wohnungseigentümergemeinschaften auf 100 Einheiten hat deutlich gezeigt, daß es große und größte WEer-Gem. gibt die bestens funktionieren, während Gem. mit 10 Wohnungen und darunter vielfach erhebliche Schwierigkeiten bereiten.

32 Gewiß kann in der Konstruktion des WE und TEm mit dem damit zwingend verbundenen Gemeinschaftsverhältnis und der GO im Verhältnis zum Einzeleigentum des Einfamilienhauses ein Nachteil gesehen werden. Der Nachteil wird aber immer erst dann zum Problem, wenn die Menschen nicht in der Lage sind, ihr Gemeinschaftsverhältnis den demokratischen Gepflogenheiten entsprechend auszugestalten bzw. sich nach den demokratischen und menschlichen Spielregeln zu verhalten. Solche Verhaltensstörungen ergeben sich aber nicht nur im WE. Sie sind auch in den nachbarschaftlichen Beziehungen einzelner Eigentümer, im besonderen bei Reihenhäusern, aber auch bei freistehenden Einfamilienhäusern, nicht auszuschließen.

3. Verbreitung der Eigentumswohnung

a) Allgemeine Entwicklung in Westdeutschland

33 Die Ergebnisse der Volks- und Gebäudezählung zum Stichtag vom 25. Mai 1987 stellten unterschiedliche Zahlen für die vorhandenen ETW heraus.

Die Übersicht in Anhang I Tabelle 1 berücksichtigt das Ergebnis der Zählung nicht. Sie umfaßt ausschließlich die Fertigstellungsergebnisse, die bis zum Jahre 1982 auf Schätzungen angewiesen sind.

Ab 1983 werden die Fertigstellungszahlen für ETW in der amtlichen Statistik erfaßt. Die Baugenehmigungsstatistik erfaßt die ETW bereits ab 1979.

Nach dieser Tabelle wurden seit 1951 bis 31. 12. 1998 insgesamt 2681249 ETW in Westdeutschland und 174014 (seit 1992) ETW erstellt.

Mit der Gebäude- und Wohnungszählung 1987 wurde auch die Eigentümerquote für Westdeutschland ermittelt. Die Eigentümerquote ist der Anteil der Eigentümerwohnungen an den zum Zählungsstichtag vorhandener Millionen bewohnten Miet- und Eigentümerwohnungen insgesamt. Sie betrug zu diesem Zeitpunkt 39,3 v.H. (vgl. zu diesen und den folgenden Zahlen: Nienhaus in WE 1990, 187ff.). Nach der 1-Prozent-Gebäude- und Wohnungsstichprobe vom 30. 9. 1993 betrug die Eigentümerquote in Westdeutschland 42 v.H. und in Ostdeutschland 26 v.H. (Wohnungs- und Immobilienlexikon HVH S. 248).

Die vom Statistischen Bundesamt veröffentlichte Grafik, in 34
der die Gebäudearten, die Wohneinheiten und deren Anzahl nach unterschiedlichen Kriterien getrennt dargestellt sind, ist im Anhang I Tabelle 4 wiedergegeben.

Leider ist die Zahl der von Mietwohnungen in ETW umge- 35
wandelten Einheiten in Westdeutschland nicht bekannt. Als grobe Annahme könnte die Zahl von 950 Tsd. für Westdeutschland und 250 Tsd. für Ostdeutschland genannt werden, so daß der derzeitige Gesamtbestand von ETW in Westdeutschland mit rd. 3600 Tsd. Einheiten nicht zu niedrig gegriffen sein dürfte.

Rechnet man die am 31. 12. 1998 vorhandenen ETW-Einheiten für Ost- und Westdeutschland zusammen, so dürften zu diesem Zeitpunkt insgesamt etwa 4,1 Mio Einheiten vorhanden gewesen sein.

b) Situation in Ostdeutschland

Mit der Wiedervereinigung sollten entsprechend dem Eini- 36
gungsvertrag die ehemals volkseigenen Wohnungsbestände in eine marktwirtschaftliche Ordnung überführt werden. Wegen des gewaltigen Sanierungsbedarfs fast aller Wohnungsbestände in

Ostdeutschland waren alle finanziellen Kräfte an den Sanierungsmaßnahmen zu beteiligen. Es war deshalb unerläßlich, privates Kapital für diese Aufgabe zu gewinnen. Dazu zählt die Schaffung von ETW sowohl durch Neubau, vor allem aber durch Umwandlung vorhandener Bestände von Miet- in Eigentumswohnungen.

37 Der Markt der ETW in Ostdeutschland hat sich anfangs (seit 1991) nur langsam entwickelt. Bekanntlich mußte bezüglich der Erstellung der ETW im Jahre 1991 mit Null begonnen werden, da es in der DDR das Rechtsinstitut WE nicht gab.

38 Wie aus der Tabelle im Anhang I (s. unten Tabelle 1) zu ersehen, wurden seit 1992 bis 1998 insgesamt 174014 ETW erstellt. Meistens handelte es sich um ETW, die von Kapitalanlegern erworben und finanziert wurden. Die erheblichen Steuervergünstigungen haben zu diesem Ergebnis entscheidend beigetragen. Erheblich höher sind die Zahlen der ETW, die durch Umwandlung von Miet- in Eigentumswohnungen im Zuge der sogenannten Wohnungsprivatisierung entstanden sind. Durch das Altschuldenhilfegesetz (AHG vgl. Rn. **2** 266ff.) waren und sind nämlich die meisten Wohnungsunternehmen gezwungen 15 v.H. ihres Wohnungsbestands zu privatisieren.

39 Als Ergebnis der Wohnungsprivatisierung ist festzuhalten, daß im Rahmen von den im GdW Bundesverband deutscher Wohnungsunternehmen e.V. zusammengefaßten Wohnungsunternehmen und Genossenschaften insgesamt 337900 Einheiten im Rahmen des AHG von Mietwohnungen in ETW umzuwandeln sind (vgl. hierzu GdW Informationen Juli 1998 „Daten und Fakten 1997/98 der unternehmerischen Wohnungswirtschaft in den neuen Ländern"). Bis 31. 12. 1997 wurden insgesamt 217095 Wohnungen privatisiert, das sind 64 v.H. der insgesamt zu privatisierenden Wohnungen. In der Bundestags-Drucksache vom 14. 1. 1999 werden die bis 1997 im Rahmen des AHG veräußerten Wohnungen mit 245438 Einheiten angegeben. Die Differenz von 28434 Einheiten beruht darauf, daß der GdW die Zahlen der von den Kommunen direkt veräußerten Wohnungen mit 15380 Einheiten nicht erfaßt und daran, daß im GdW-Bericht die ursprünglichen Veräußerungen um die Zahl der Verkäufe, die im Rahmen des AHG nicht anerkannt bzw. wegen

Nichterfüllung bestimmter Auflagen rückabgewickelt wurden, reduziert wurden. Gehen wir also davon aus, daß die Gesamtzahl der im Rahmen des AHG veräußerten Wohnungen (217 095 + 15 380) 232 475 beträgt.

Von den durch Unternehmen und Genossenschaften veräußerten 217 095 Wohnungen konnten nur 63 246 oder 29 v. H. unmittelbar an Mieter verkauft werden. Diese Zahlen beinhalten aber nicht nur die Einzelveräußerungen von Wohnungen direkt sondern auch den Verkauf im Rahmen der sogenannten mieternahen Modelle (vgl. hierzu unten Rn. **2** 273 ff.). Ohne die mieternahen Modelle wäre das relativ hohe Verkaufsergebnis nicht zustande gekommen. Der Anteil der mieternahen Privatisierung an der Gesamtprivatisierung beträgt etwa 65 bis 70 v. H. Der Trend in diese Richtung ist aus der vom GdW (a. a. O.) gegebenen Tabelle „Privatisierung/Veräußerung von Wohnungen im Rahmen des Altschuldenhilfe-Gesetzes im Jahre 1997 zu ersehen. Diese Tabelle wird im Anhang I als Tabelle 5 wiedergegeben.

Faßt man die bis 1997 erstellten (147 071 s. Anhang I Tabelle 1) und die im Rahmen des AHG privatisierten Wohnungen (232 475) zusammen, so ist davon auszugehen, daß in Ostdeutschland am 31. 12. 1997 mindestens 406 546 ETW vorhanden waren.

Die Gesamtwohnungsbestände der ehemaligen DDR sind im *40*
Anhang I in Tabelle 3 wiedergegeben. Es handelt sich dabei um einen Bestand von rund 7 Mio Wohnungen. Anzumerken ist dabei, daß das Zahlenwerk dem Statistischen Jahrbuch der DDR 1990 entnommen wurde. Wie Manzel (Bundesbaublatt 5/1991) wohl richtig feststellt, dürfte die Zuverlässigkeit dieser Zahlen stark anzuzweifeln sein, zumal die letzte Wohnungs- und Gebäudezählung in der DDR im Jahre 1981 bereits über 10 Jahre zurücklag.

In der Tabelle 1 des Anhangs I wurden die Fertigstellungszahlen der ehemaligen DDR mit den Zahlen ab 1991 zusammengefaßt. Demnach wurden in den Ländern der ehemaligen DDR von 1949 bis 1998 insgesamt 4 130 572 Wohnungen neu erstellt.

c) Der Markt für Eigentumswohnungen in Westdeutschland

41 Der Markt für ETW besteht einerseits im Angebot neu hergestellter (vgl. unten Rn. **2** 173ff.) und andererseits im Angebot gebrauchter ETW (vgl. unten Rn. **2** 226ff.). Beim Gebrauchtangebot ist zu unterscheiden zwischen „geborenen und gekorenen" ETW. Geborene ETW werden von einem WEer an einen Dritten veräußert. Gekorene ETW werden von Mietwohnungen umgewandelt und veräußert (vgl. unten Rn. **2** 227ff.).

Aus den (oben Rn. **1** 33ff.) dargestellten statistischen Zahlen läßt sich leicht die Bedeutung der ETW im allgemeinen ableiten. Manchmal ist allerdings zu hören, daß die Unzufriedenheit der Bewohner von ETW häufig groß sei und die WEer untereinander vielfach in Streit leben. Um dieser Frage nachzugehen hat das BMBau im Jahre 1988 das Emnid-Institut in Bielefeld beauftragt, eine entsprechende Untersuchung durchzuführen (veröffentlicht in Schriftenreihe „Forschung des Bundesministers für Raumordnung, Bauwesen und Städtebau" Heft Nr. 467, 1989 „Eigentumswohnungen – Erfahrungen von Bewohnern und Experten –").

42 Diese Ergebnisse dürften noch heute im wesentlichen zutreffen, so daß das Ergebnis als noch repräsentativ dargestellt werden kann.

Ziel der Untersuchung war die Feststellung:
- Image der ETW in der Bevölkerung
- Gründe für den Kauf einer ETW
- Zufriedenheit mit der ETW bzw. Gründe für mögliche Unzufriedenheit
- Konflikte in WE-Anlage
- Informiertheit über Rechte und Pflichten der WEer
- Möglicher Novellierungsbedarf des WEG

Befragt wurden rd. 2000 Haushalte hinsichtlich Image, Kaufbereitschaft und Stellenwert der ETW. Hinsichtlich der Fragen an die WEer selbst wurden 824 selbstnutzende Eigentümer von ETW in der Bundesrepublik ausgewählt.

43 Als Ergebnis aus der Sicht der Bevölkerung ist festzuhalten:

1. In der Konsumpräferenz der Befragten steht der Erwerb von Wohneigentum (Haus oder ETW) nach der Zukunftsicherung und nach dem Essen und Trinken an dritter Stelle (bei 7 Präferenzen).

2. Von den befragten Mieterhaushalten beabsichtigen rd. 10 v. H. in den nächsten 5 Jahren Wohneigentum zu erwerben.

3. Von der Bevölkerung wurde die Streitträchtigkeit der ETW durch die Befragten wie folgt eingeschätzt:

- ja: 28 v. H.
- etwas zutreffend: 43 v. H.
- nicht zutreffend: 30 v. H.

Als Ergebnis aus der Sicht der Selbstnutzer von ETW ist festzuhalten:

1. Die Gründe für die Entscheidung zum Erwerb einer ETW waren:

- Etwas Eigenes haben = 1. Rang
- Geld anlegen und Steuern sparen = 2. Rang
- Zentrumsnah wohnen = 3. Rang
- Altersruhesitz = 4. Rang
- Um nichts kümmern müssen = 5. Rang
- Wohnlasten geringer als Miete = 6. Rang

2. Zufriedenheit mit der ETW:

87 v. H. der Befragten sind mit ihrer ETW zufrieden; sie würden noch einmal eine ETW kaufen. Relativ unzufrieden waren mit 21 v. H. die Eigentümer von sozialen Miet- in Eigentumswohnungen umgewandelten Objekten. Die Zufriedenheitsquote ist in Gebäuden bis zu 10 Wohnungen höher als in Gebäuden mit mehr als 10 Wohnungen. Das Verhältnis der Eigentümer zu Mietern wird mit 87 v. H. mit gut bis zufriedenstellend überraschend positiv bewertet.

3. Konflikte in WE-Anlagen

Die relative Zufriedenheit der Bewohner von ETW-Anlagen schließt Konflikte nicht aus. Von den im einzelnen angegebenen Konflikten ist das meistgenannte Problem das Einhalten der Ruhezeiten (30 v. H.).

Als Ergebnis aus der Sicht der Experten ist deren überwiegende Auffassung festzuhalten, daß das WEG ein gutes Gesetz ist, das in seiner Grundstruktur zu erhalten ist. Eine einheitliche Auffassung der Experten über die vorliegenden Novellierungsvorschläge besteht nicht. Die wichtigsten von den Experten genannten Änderungswünsche sind:

1. Beitreibung rückständiger Hausgelder (mittlerweile im wesentlichen durch das Rechtspflegevereinfachungsgesetz erledigt (s. oben Rn. **1** 16ff.)
2. Probleme beim Erwerb
3. Rechte des Verwalters
4. Instandhaltung und Instandsetzung des gem. E.
5. Änderung der GO und TE

Als Ergebnis für den Markt der ETW werden nachstehend die Feststellungen der Bundesregierungen in der Drucksache Nr. 13/4712 vom 23. 5. 1996 zitiert, die in vollem Umfang bestätigt werden:

44 „Das Rechtsinstitut des Wohnungs- bzw. Teileigentums, eingeführt durch das Gesetz über das Wohnungseigentum und das Dauerwohnrecht vom 15. März 1951, hat sich – unbestritten – bewährt. Seine Ziele, den damals dringend notwendigen Wiederaufbau wie auch die Bautätigkeit im allgemeinen zu fördern und darüber hinaus breiten Schichten der Bevölkerung die Gelegenheit zur Bildung von Immobilieneigentum zu verschaffen, sind erreicht worden. Das Wohnungseigentum hat im Laufe seiner bald 45jährigen Geschichte nicht nur von Perioden wirtschaftlichen Aufschwungs profitiert, sondern auch Rezessionsphasen unbeschadet überstanden. Dies geht aus kontinuierlichen Zuwachsraten bei der Begründung von Wohnungseigentum ebenso wie daraus hervor, daß die mit dem Wohnungseigentum zusammenhängenden gerichtlichen Auseinandersetzungen nach wie vor in der forensischen Praxis eine eher untergeordnete Rolle spielen."

45 Nach der Emniderhebung im Jahre 1987 waren seinerzeit 87% der ihre Wohnung selbst nutzenden Eigentümer mit ihrer Situation in hohem Maße zufrieden. Dabei stellte sich insbesondere heraus, daß das in Teilen der Öffentlichkeit noch immer vorhandene negative Image „konfliktträchtiger" WEer-Gem mit der Einschätzung der Betroffenen selbst so gut wie gar nicht übereinstimmt.

46 Das WEG spielt eine wichtige Rolle bei der Gestaltung möglichst positiver Rahmenbedingungen für Wohnungsbauinvestitionen. Darüber hinaus erleichtert es den Erwerb selbstgenutzten WE, insbesondere in Ballungsräumen.

ETW haben auch eine wichtige Bedeutung für den Mietwohnungsmarkt. Im September 1993 waren in Deutschland knapp 60% aller ETW vermietet. Die Bundesregierung geht davon aus, daß von den jährlich neu erstellten ETW ca. 70% vermietet werden. Der Neubau von Wohnungen als ETW hat gegenüber dem klassischen Mietwohnungsbau Vorteile. Es kommt zu einer kleinteiligeren Investorenstruktur, und das Investitionsrisiko kann auf mehrere Köpfe verteilt werden. Gleichzeitig wird die Fungibilität von Wohnungen erhöht. ETW können leichter ge- und verkauft werden als komplette Mietshäuser. Beides zusammen erhöht die Flexibilität des Wohnungsangebotes und trägt auch zur Verbesserung der Funktionsfähigkeit des Wohnungsmarktes bei. *47*

Der Erwerb selbstgenutzten Wohneigentums in Form von Ein- und Zweifamilienhäusern ist insbesondere in den Ballungsräumen schwierig. Historisch gewachsene innerstädtische Strukturen und Baulandprobleme erschweren ihre Errichtung. Die ETW wird deshalb in Ballungszentren weiterhin eine hohe Bedeutung als Volleigentum an der eigenen Wohnung haben. *48*

Entgegen den im Zuge der insbesondere während der 70er Jahre angestellten und zum Teil recht weitreichenden Reformüberlegungen gehegten Befürchtungen ist es der Rechtsprechung und Rechtslehre in hohem Maße gelungen, praxistaugliche und dem Rechtsfrieden zuträgliche Lösungskonzepte für wichtige Problemfälle des WE-Rechts zu entwickeln (vgl. hierzu die Antworten auf die unter *B* aufgeführten Fragen). Insbesondere für tiefgreifende, die bestehenden Strukturen des WE berührende gesetzgeberische Maßnahmen sieht die Bundesregierung derzeit keinen Bedarf. Dies gilt u. a. auch für diejenigen gesetzlichen Regelungen, die das Verhältnis zwischen dem einzelnen WEer und der WEer-Gem betreffen. Es ist geradezu ein Wesenselement des WE, einem Spannungsverhältnis zwischen dem überkommenen Eigentumsbegriff einerseits und den Erfordernissen des Gemeinschaftslebens andererseits ausgesetzt zu sein. Geht man davon aus, daß das geltende Recht die individuellen dinglichen Befugnisse einerseits und die aus dem Bedürfnis nach der Funktions- *49* fähigkeit des Gemeinschaftslebens erwachsenden Notwendigkeiten andererseits dem Grunde nach bereits in der gebotenen Weise ausbalanciert, so offenbart sich, daß jede weitergehende Stärkung der Gemeinschaftsinteressen notwendigerweise die Stellung des einzelnen und damit auch die Wertschätzung des WE im allgemeinen schwächen könnte; diese Gefahr muß um so ernster genommen werden, als es sich bei dem WE um ein Rechtsinstitut handelt, das nicht nur unter eigentums-, sondern zudem unter städtebau- und wohnungspolitischen Gesichtspunkten von großer Wichtigkeit ist. Die unvermindert hohe Akzeptanz des WE am Immobilienmarkt und der Umstand, daß WEer-Gem. in deutlich geringerem Umfang durch gerichtliche Auseinandersetzungen gekennzeichnet sind, als ihnen dies lange Zeit nachgesagt wurde, rechtfertigen daher aus Sicht der Bundesregierung die Annahme, daß in der näheren Zukunft erfolgende gesetzgeberische Eingriffe sich weitgehend auf die Regelung eher „technischer“ Aspekte beschränken sollten, ohne aber in die bewährte Grundkonzeption des Gesetzes einzugreifen.

50 Die im Grunde positive Bewertung des WE insgesamt wird auch nicht durch die Frage geschmälert, die der Anwaltstag 1999 unter dem Thema „Wohnungseigentum in der Krise“ (vgl. hierzu Drasdo in NZM 1999, S. 681ff.) behandelt hat.

Es ist zwar richtig, daß sich bestimmte Probleme, insbesondere die Insolvenz von WEern, häufen. Die Zahlungsunfähigkeit einzelner WEer belasten die Gem. insbesondere dann, wenn die Vollstreckungsmöglichkeiten, wie Zwangsversteigerung und Zwangsverwaltung der Gem. nichts bringen. Auch das Fehlverhalten (Unterschlagungen) mancher ungetreuer Verwalter kann für einzelne Gem. nicht wieder gut zu machenden Schaden zur Folge haben. Verallgemeinert können diese Probleme aber nicht werden, es handelt sich im großen und ganzen um Ausnahmefälle. Gleichwohl ist es sinnvoll darüber nachzudenken, ob es Möglichkeiten gibt, die WEer-Gem. in solchen Fällen besser zu schützen.

2. Kapitel
Herstellung und Erwerb der Eigentumswohnung

Die ETW ist technisch gesehen Teil eines Bauwerkes, bzw. einer baulichen Anlage, das aus Baustoffen und Bauteilen hergestellt und mit dem Erdboden fest verbunden ist. Die baulichen Anlagen sind dabei so anzuordnen, zu errichten, zu ändern und zu unterhalten, daß dabei (Artikel 2 und 3 der Bayerischen Bauordnung): 1

- die öffentliche Sicherheit und Ordnung, insbesondere das Leben und die Gesundheit der Menschen nicht gefährdet wird
- das Gesamtbild der Umgebung nicht verunstaltet wird
- die Gebäude entsprechend ihres Zwecks ohne Mißstände nutzbar sind
- die allgemein anerkannten Regeln der Baukunst und Technik beachtet werden.

Für die Erstellung und Unterhaltung von ETW sind damit öffentlich-rechtlich technische Grundnormen vorgegeben, zu deren besonderen Beurteilung sich ein technisches Regelwerk herausgebildet hat.

I. Technisches Regelwerk

Das Baunormwerk für das gesamte Bauwesen wurde durch den Normenausschuß Bauwesen im DIN – Deutschen Institut für Normen e. V., Berlin – erarbeitet. Die DIN Normen sind als Grundsätze und Regelung fachgerecht entwickelt, und sollen als „anerkannte Regeln der Technik“ Maßstab für die übliche Qualität seiner Leistung sein. Ein Verstoß gegen die anerkannten Regeln der Technik führt daher in aller Regel zu einem Fehler (Kleine-Möller/Merl/Oelmeier „Handbuch des privaten Baurechts“, 1992, § 12 Rz. 186). Es ist zwar kein zwingend vorgegebenes Regelwerk, aber es besteht die Vermutung, daß die aner- 2 kannten Regeln der Technik die fachgerechte, einwandfreie Leistungen ermöglichen. Die DIN-Normen sind aber nur bedingt Maßstab für einwandfreies technisches Verhalten und haben deshalb nur bedingt Geltung im Rahmen der Rechtsordnung und Rechtsprechung. In diesem Sinne sind nach dem BGH (NJW 1998, 2814) die DIN-Normen keine Rechtsnorm. Es sind private technische Regeln mit Empfehlungscharakter (vgl. hierzu Jagenburg/Weber NJW 1999, 2858).

3 In der Rechtsprechung und Literatur haben sich als Maßstäbe für technische Bauleistungen folgende Begriffe herausgebildet (Harald Weber: „Das Verhältnis von DIN-Normen zu zugesicherten Eigenschaften und den anerkannten Regeln der Technik" in ZfBR 1983, 151 ff.):
- anerkannte Regeln der Technik
- Stand der Technik
- Stand von Wissenschaft und Technik

Diese drei unbestimmten Rechtsbegriffe stellen stufenmäßige Wertmaßstäbe dar. Der unterste Wert in der Wertskala ist der Begriff „anerkannte Regeln der Technik". Eine Reichsgerichtsentscheidung aus dem Jahre 1910 (RGSt 44, 76) stellt hierzu fest:

> „Bei den anerkannten Regeln der Bautechnik handelt es sich um solche technische Regeln für den Entwurf und die Ausführung baulicher Anlagen, die in der Wissenschaft als theoretisch richtig erkannt sind und feststehen, sowie in dem Kreis der nach dem neuesten Erkenntnisstand vorgebildeten Techniker durchweg bekannt und aufgrund fortdauernder praktischer Erfahrung als richtig und notwendig anerkannt sind."

Die DIN-Normen und auch die von den Obersten Baubehörden der Länder durch öffentliche Bekanntmachungen eingeführten Einheitlichen Technischen Baubestimmungen (ETB) sind nicht immer mit den anerkannten Regeln der Technik identisch, weil die technische Entwicklung durch den Normenausschuß nicht immer sofort, sondern erst nach einer bestimmten Zeit in den Normen berücksichtigt werden kann.

Die Einhaltung der Regelwerke ist aber nicht Selbstzweck. Entscheidend für das Leistungsergebnis ist, daß die Bauleistung den vertragsgemäßen Wert bzw. die entsprechende Gebrauchstauglichkeit aufweist. Aus diesem Grund kann ein Verstoß gegen die anerkannten Regeln der Technik dann unberücksichtigt bleiben und nicht als Mangel gesehen werden, wenn er sich nicht auf Wert oder Gebrauchstauglichkeit der Bauleistung auswirkt (Kleine-Möller/Merl/Oelmeier a.a.O. § 12 Rz. 202).

Aus diesem Grunde müssen die DIN-Normen nicht immer dem heutigen „Stand der Technik", und auch nicht dem heutigen „Stand von Wissenschaft und Technik" entsprechen, wobei die Rechtsprechung in bestimmten Fällen als Maßstab der sach- und fachgerechten Bauleistung je nach Gestaltung des Einzelfalls den höchsten Wertungsmaßstab anlegt. Der Anwender der DIN-Normen ist nicht a priori von der eigenen Verpflichtung und Haftung befreit, die Bauleistungen sach- und fachgerecht zu erbringen. Sach- und fachgerecht heißt somit, die Bauleistung nach dem heutigen Stand der Technik, manchmal sogar nach dem heutigen Stand von Wissenschaft und Technik zu erbringen.

Demnach gelten die DIN-Normen zwar als Richtgröße für das, was als allgemeine Regeln der Bautechnik zu gelten hat, sie sind aber dem Begriff den allgemeinen Regeln der Technik oder besser den „Allgemeinen Technischen Vorschriften" untergeordnet (Korbion, ZfgWBay 1986, 113).

II. Das Baurecht

Unter Baurecht im weitesten Sinne versteht man die Summe derjenigen Rechtsvorschriften, die sich auf die Ordnung der Bebauung und die Rechtsverhältnisse der an der Stellung eines Bauwerks Beteiligten beziehen (Locher, Das private Baurecht, 6. Aufl. 1996, S. 1). *4*

Die Anforderungen an Bauwerke werden in der Rechtsordnung unterteilt in:

- öffentliches Baurecht und in
- privates Baurecht.

1. Öffentliches Baurecht

Im öffentlichen Baurecht werden die Rechtsbeziehungen des Staates und anderer öffentlicher Körperschaften „sowohl untereinander als auch gegenüber ihnen Unterstellten einzeln geregelt." *5*

Wesentliche Rechtsgrundlage für das öffentliche Baurecht ist das Baugesetzbuch und das Recht der Raumordnung. Beide Gesetze wurden novelliert durch das „Gesetz zur Änderung des Baugesetzbuchs und zur Neuregelung des Rechts der Raumordnung (Bau- und Raumordnungsgesetz 1998 – BauROG) vom 18. 8. 1997 – BGBl. I S. 2081.

6 In Artikel 2 dieses Gesetzes wird das Raumordnungsgesetz (ROG) wie folgt neu gefaßt:

- Abschnitt 1 (§§ 1 bis 5 – Allgemeine Vorschriften): Aufgabe und Leitvorstellung der Raumordnung; Grundsätze der Raumordnung; Begriffsbestimmungen; Bindungswirkung der Erfordernisse der Raumordnung; Bindungseinwirkung bei besonderen Baumaßnahmen.
- Abschnitt 2 (§§ 6 bis 127 – Raumordnung in den Ländern): Rechtsgrundlage der Länder; Allgemeine Vorschriften über Raumordnungspläne; Raumordnungsplan für das Landesgebiet; Regionalpläne; Planerhaltung; Zielabweichungsverfahren; Untersagung raumordnungswidriger Planungen und Maßnahmen; Raumordnungsverfahren; Grenzüberschreitende Abstimmung von raumbedeutsamen Planungen und Maßnahmen; Ermächtigung zum Erlaß von Rechtsverordnungen.
- Abschnitt 3 (§§ 18–21 – Raumordnung im Bund):

7 Die in Artikel 1 des genannten Gesetz novellierten Regelungen zum Baugesetzbuch waren der Anlaß zur Neufassung des Baugesetzbuchs (BauGB) vom 27. 8. 1997 – BGBl. I S. 2141.

Das Baugesetzbuch ist die Zusammenfassung der überarbeiteten Rechtsvorschriften, die vorher im Bundesbaugesetz (BBauG) und im Städtebauförderungsgesetz (StBauFG) erlassen waren. Mit dem BauGB soll das Städtebaurecht auf Gegenwarts- und Zukunftsaufgaben ausgerichtet werden, mit dem Ziel, Rechts- und Verwaltungsvereinfachung im allgemeinen und Beschleunigung von Baumaßnahmen durch Vereinfachung der Aufstellung von Bauleitplänen im besonderen zu erreichen.

Das BauGB beinhaltet:

1. Kapitel – Allgemeines Städtebaurecht (Bauleitplanung; Sicherung der Bauleitplanung; Regelung der baulichen und sonstigen Nutzung; Bodenordnung, Enteignung; Erschließung; Maßnahmen für den Naturschutz)
2. Kapitel – Besonderes Städtebaurecht (Allgemeine Vorschriften über städtebauliche Sanierungsmaßnahmen; Städtebauliche Entwicklungsmaßnahmen; Erhaltungssatzung und städtebauliche Gebote; Sozialplan und Härteausgleich; Miet- und Pachtverhältnisse, städtebauliche Maßnahmen im Zusammenhang mit Maßnahmen zur Verbesserung der Agrarstruktur)

3. Kapitel – Sonstige Vorschriften (Wertermittlung; Zuständigkeiten, Verwaltungsverfahren; Planerhaltung; Verfahren vor Gericht)
4. Kapitel – Überleitungs- und Schlußvorschriften.

Nach Locher (a.a.O. S. 2) versteht man unter öffentlichem Baurecht die Summe derjenigen Normen, die sich auf die Ordnung und Förderung der Bebauung von Grundstücken beziehen. Im einzelnen ist dies das Planungsrecht, das Bodenordnungsrecht und das Bauordnungsrecht.

a) Öffentliches Planungsrecht

Das öffentliche Planungsrecht wird gestaltet in der Raumordnung als überörtliches Planungsrecht, und in der Bauleitplanung als örtliches Planungsrecht. 8

Die Raumordnung hat die Aufgabe Leitvorstellungen zu entwickeln und Grundsätze aufzustellen, nach denen die optimale Entwicklung eines Raumes verwirklicht werden kann. Dabei soll die Entwicklung größerer oder kleinerer Räume beeinflußt werden, wobei insbesondere auch auf die Nutzung des Grund und Bodens Einfluß genommen wird. In diesem Sinne wird Raumordnung sowohl vom Bund als auch von den Ländern betrieben. 9

Während dem Bund nach dem Grundgesetz das Recht der Rahmengesetzgebung auf dem Gebiet der Raumordnung zukommt, stehen die Ausführungsbestimmungen und die Verwaltungsaufgaben in diesem Bereich allein der jeweiligen Landesplanung zu. Dabei entwickeln die Obersten Landesplanungsbehörden der einzelnen Bundesländer übergeordnete und zusammenfassende Programme und Pläne, mit dem Ziel die raumwirksamen Erfordernisse im örtlichen Planungsrecht durchzusetzen.

Die rechtlichen Rahmenbedingungen für das öffentliche Planungsrecht bestehen im Baugesetzbuch (Neufassung vom 27. 8. 1997, BGBl I S. 2141). Das BauGB gilt als Bundesrecht im ganzen Bundesgebiet. Es enthält einige befristete Sonderregelungen für Ostdeutschland. 10

Wesentliches Instrument des öffentlichen Planungsrechts sind die Bauleitpläne (vgl. hierzu Schmidt in Bä/S, Tz. A 287ff.) und zwar:

- Flächennutzungsplan als vorbereitender Bauleitplan. Er wird von der Gemeinde für das Gemeindegebiet erstellt. Er beinhaltet Feststellungen über die Bodennutzung der Gemeinde, über Bauflächen und Baugebiete, über Flächen für Ver- und Entsorgung, über Grünflächen, über Flächen der Land- und Forstwirtschaft u.a. Der Flächennutzungsplan ermöglicht noch keinen Anspruch, er ist aber die Rechtsgrundlage für die Entwicklung des Bebauungsplans.

- Bebauungsplan als Rechtsgrundlage für die städtebauliche Ordnung. Er legt bodenordnend die Bebauung fest und bestimmt die planungsrechtliche Zulassung von Bauvorhaben. Die Aufstellung eines Bebauungsplans ist gesetzlich im Planaufstellungsverfahren geregelt.

11 Das BauGB stellt zur Sicherung der Bauleitplanung (Plansicherung) bestimmte Sicherungsinstrumente zur Verfügung und zwar:

- Veränderungssperre
- Zurückstellung von Baugesuchen

12 Auch zur Planverwirklichung stellt das BauGB Instrumente zur Verfügung. Es handelt sich um bodenordnende Maßnahmen, wie Baulandumlegungen, Grenzregelungen und Enteignung. Die Bauleitplanung wird durch das öffentliche Bauordnungsrecht ergänzt und gesichert und zwar durch Eingriff in den Rechtsverkehr mit Grundstücken (vgl. hierzu Schmidt in Bä/S, Tz. A 298ff.). Die wichtigsten Instrumente sind:

- Teilungsgenehmigung nach § 19 BauGB
- Vorkaufsrecht. Das allgemeine Vorkaufsrecht nach § 24 BauGB gilt beim Kauf von Grundstücken, die im Geltungsbereich des Bebauungsplans liegen und die dem öffentlichen Interesse dienen. Das Vorkaufsrecht kann durch die Gemeinde hinsichtlich des Kaufs von Rechten nach dem WEG nicht ausgeübt werden. Das besondere Vorkaufsrecht nach § 25 BauGB setzt eine besondere gemeindliche Satzung voraus.
- Eingeschränkte Bildung von WE in Fremdenverkehrsregionen (§ 22 BauGB).

b) Öffentliches Bauordnungsrecht

13 Das Bauordnungsrecht steht als Landesrecht den einzelnen Bundesländern zu. Nach Maßgabe einer vom Bund vorgegebenen Musterbauordnung haben die einzelnen Länder ihre Landes-Bauordnungen erlassen. Das Bauordnungsrecht, welches aus dem früheren Baupolizeirecht entwickelt wurde, regelt die Beschaffenheit bei der Erstellung, Veränderung, Beseitigung und Nutzung von Bauwerken, um Gefahren für die Allgemeinheit und die Nachbarn abzuwenden.

Die wesentlichen Aufgaben des Bauordnungsrechts bestehen:

- in der Abwehr von Gefahren für die öffentliche Sicherheit und Ordnung sowie in der Verminderung unzumutbarer Belästigungen (Gewährleistung von Sicherheit und Ordnung beim Bauen sowie bei der Nutzung und Unterhaltung baulicher Anlagen durch Vorschriften z. B. über Standessicherheit, Brandschutz, Schallschutz, Wärmeschutz, Verkehrssicherheit u. a. m.);
- in der Berücksichtigung sozialer Wohlfahrt (z. B. Vorschriften über Anlage und Gestaltung von Kinderspielplätzen, über Schutz von Behinderten; Mindestausstattung von Wohnungen und Arbeitsstätten u. a. m.);
- in der Baugestaltung (Forderung der Einhaltung der anerkannten Regeln der Baukunst und der Abwehr von Verunstaltungen baulicher Maßnahmen);
- im Vollzug baurechtlicher Vorschriften in anderen Gesetzen (z. B. BauGB; Straßengesetze; Naturschutzrecht u. a. m.).

Um diese Zielvorstellungen zu verwirklichen, sehen die Lan- *14*
desbauordnungen vor, daß Bauüberwachungsbehörden eingerichtet werden, wobei die unteren Bauaufsichtsbehörden das örtliche Baugeschehen zu überwachen und zu regeln haben. Es ist Aufgabe der Bauaufsichtsbehörden die Baugenehmigung zu erteilen und den Bauverlauf im Blick auf die Einhaltung der öffentlich-rechtlichen Vorschriften zu überwachen.

2. Privates Baurecht

Das private Baurecht ist für den Verwalter von WE von er- *15*
heblicher Bedeutung. Einmal ist es Rechtsgrundlage für den sogenannten Bauträgervertrag (siehe unten). Der Bauträgervertrag ist vom Verwalter dann zu beachten, wenn Baumängel an gem. E. bestehen, die noch gegen den Bauträger gerichtet werden. Viel wichtiger ist das private Baurecht in Zusammenhang mit der Durchführung von Maßnahmen ordnungsmäßiger Instandhaltung und Instandsetzung. Hier gehört es zu den Aufgaben des Verwalters, die WEer beim Abschluß und Abwicklung eines Bau-(Werk-)Vertrags zu beraten und zu vertreten.

„Unter privatem Baurecht versteht man die Summe derjenigen Normen, die im Rahmen der Baufreiheit die Rechtsbeziehungen der an der Planung und Durchführung eines Bauwerkes Beteiligten sowie der dem Bauwerk unmittelbar dienenden Anlagen regeln“ (so Locher a. a. O. S. 3).

In diesem Sinne regelt das private Baurecht die Beziehungen zwischen dem Auftraggeber und all denen, welche die Bauleistungen im einzelnen zu erbringen haben.

Die Beziehungen zwischen Auftraggeber und den am Bau beteiligten Auftragnehmern sind technisch von recht unterschiedlicher Leistung, rechtlich werden die Verträge, welche das Schuldverhältnis der beiden Parteien regeln, als Werkvertrag qualifiziert.

III. Werkverträge

16 Die nachstehende Graphik gibt Aufschluß darüber, in welchen Beziehungen die am Bau Beteiligten zueinander stehen. Im folgenden (1.–3.) werden die für den Auftraggeber tätigen Personengruppen beleuchtet, anschließend (4.–6.) die Werkvertragstypen dargestellt.

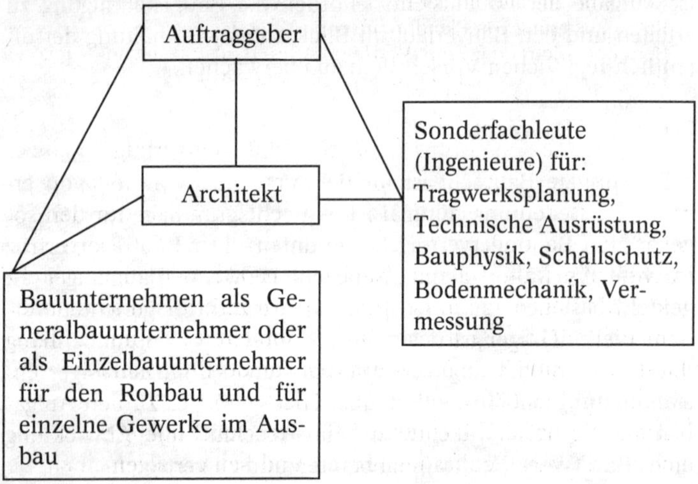

1. Der Architekt

Für die Erstellung der Bauleistung spielt der Architekt - wie aus obiger Graphik zu ersehen - eine zentrale und wesentliche Rolle. 17

Aus diesem Grunde wird vielfach vermutet, daß der Architekt in Vollmacht des Auftraggebers handelt. Dabei wird von einer Duldungs- und Anscheinsvollmacht gesprochen. Dieser Auffassung ist der BGH im Prinzip entgegengetreten (BB 1963, 111) mit der Erklärung, daß ein festumrissener Umfang einer Architektenvollmacht, auf den sich der Vertragsgegner ohne weiteres verlassen kann, nicht besteht. Es kommt bei der Architektenvollmacht letztlich darauf an, was hier im einzelnen vereinbart (§ 164 Abs. 1 u. 2 BGB) ist.

a) Architektenleistung

Die vom Architekt zu erbringende Leistung wird allgemein (Bott/Friesling, Vertragsrecht für Architekten und Bauingenieure, Essen 1979 S. 13f.) wie folgt beschrieben: 18

- gestaltende technische und wirtschaftliche Planungstätigkeit für den betreffenden Fachbereich
- Überwachung der Bauausführung
- Koordinierung aller an der Planung und Ausführung Beteiligten
- Rationalisierung von Plandurchführung
- Beratung, Betreuung und Vertretung des Bauherrn in allen mit der Planung und Durchführung eines Bauvorhabens zusammenhängenden Fragen

Die Architektenleistung wird im Architektenvertrag im einzelnen vereinbart. Die HOAI (Honorarordnung für Architekten und Ingenieure) ist eine Vorschrift zur Bestimmung der Honorare der Architekten. Sie beschreibt aber auch die Leistungen des Architekten im einzelnen. Nach § 2 HOAI werden die Architektenleistungen, die in Leistungsbildern zu erfassen sind, unterschieden in Grundleistungen und Besonderen Leistungen. Diese Leistungen sind Leistungsgrundlage für den Architektenvertrag (vgl. unten Rn. **2** 30).

Daneben hat der Architekt unter Berücksichtigung der öffentlich-rechtlichen Baubestimmungen und seiner allgemeinen Berufspflicht die Interessen seines Auftraggebers wahrzunehmen. In diesem Sinne gilt der Architekt als „Sachwalter des Bauherrn" (BGH NJW 1973, 237 und NJW 1978, 1311).

19 Zu den aufgezeigten Hauptpflichten des Architekten (Planung, Bauausführung, Betreuung, Beratung, Aufklärung, Koordinierung) kommen eine Reihe von Nebenpflichten, z.B. Obhutspflicht, Verwahrungspflicht, Auskunftspflicht.

20 Nachdem der Berufsstand des Architekten in der Bundesrepublik durch Landesarchitekten-Gesetze besonders geschützt ist, ergeben sich auch hieraus besondere Verpflichtungen für den Architekten. So darf der Architekt aufgrund seines besonderen Berufsbildes auch nur Architektenleistungen erbringen. Es ist ihm z.B. ausdrücklich verboten, bestimmte Koppelungsgeschäfte zu betreiben. In diesem Sinne ist es dem Architekten untersagt (§ 3 des Gesetzes zur Regelung von Ingenieur- und Architektenleistungen vom 4. 11. 1971 – BGBl. I S. 1745), in einem Grundstückskaufvertrag die Verpflichtung eines Erwerbers zu vereinbaren, nach der für die Architektenleistung nur ein bestimmter Architekt beauftragt werden darf. Eine solche Vereinbarung ist unwirksam. Dies gilt auch dann, wenn die Verpflichtung für eine bestimmte Architektenleistung nicht im Grundstücksveräußerungsvertrag sondern anderweitig übernommen wurde (BGH NJW 1975, 1218; BGH BauR 1975, 288; BGH NJW 1978, 639; BGH BauR 1978, 230; BGH NJW 1975, 1218; BGH BauR 1978, 147; OLG Hamm MDR 1974, 228; OLG Düsseldorf BauR 1976, 64).

21 Das Koppelungsverbot gilt aber nicht für Bauträger, Generalunternehmer mit Planungsverpflichtung und Generalübernehmer, die schlüsselfertige Bauten auf einem den WEern vorweg übertragenen Grundstück errichten (BGH NJW 1984, 732 m. w. N.).

Auch Baubetreuer, die ein Grundstück an der Hand haben, werden vom Koppelungsverbot nicht betroffen, weil das Verbot nicht leistungs- sondern berufsbezogen ist. Selbst wenn im Betreuungsvertrag ein Planungsauftrag für bestimmte Leistungen nach HOAI (hier: Phasen 1 und 2) enthalten ist, verstößt die Vereinbarung, daß ein Bauinteressent eine Honorierung der bestimmten Planungsleistung auch dann zu erbringen hat, wenn er die vorgesehene Bauleistung nicht in Anspruch nimmt, nicht gegen das Koppelungsverbot (BGH WE 1993, 218).

Es gilt auch nicht für die Architekten, welche die Planung einer ETW-Anlage ausgeführt haben, und die mit den Erwerbern von WE einen Architektenvertrag bezüglich der Bauausführung abschließen (BGH WE 1987, 13).

b) Architektenvertrag

Der Architektenvertrag regelt einerseits die Leistungen, die vom Architekten zu erbringen sind, andererseits die Verpflichtungen des Auftraggebers zur Zahlung des Architektenhonorars. Dabei schuldet der Architekt nicht die körperliche Herstellung des Bauwerks, sondern Einzeltätigkeiten, die zum Entstehen des Bauwerks erforderlich sind (vgl. Schmidt in Bä/S Rz. A 408 ff.). Die Einzelleistungen wie Planung, Koordinierung, Ausschreibung, Bauleitung usw. sind in der HOAI (vgl. unten Rn. **2** 30) beschrieben. *22*

Rechtlich wird der Architektenvertrag als Werkvertrag klassifiziert, sodaß insbesondere wegen eventueller Architektenmängel das Gewährleistungsrecht der §§ 633 ff. anzuwenden ist (s. unten Rn. **2** 54 ff.). *23*

Der Architektenvertrag ist nicht formbedürftig, sodaß dieser Vertrag auch mündlich oder durch konkludentes Verhalten zustande kommen kann. In der Regel wird der Architektenvertrag schriftlich abgeschlossen, allein wegen bestimmter Formvorschriften der HOAI. In diesem Fall unterliegen die Architektenverträge den Bestimmungen des AGBG, soweit sie vorformuliert sind. Die meisten Architektenverträge werden nach Musterverträgen gestaltet (vgl. Bä/S S. 1047 ff.), sodaß in diesem Fall die Regelungen einschließlich der einschlägigen Rechtsprechung zum Recht der Allgemeinen Geschäftsbedingungen zu beachten sind. So hat z. B. der BGH die in solchen Fällen häufig verwendete Klausel, daß für nicht erbrachte Leistungen der Architekt seinen Anspruch auf das vertraglich vereinbarte Honorar unter Abzug der ersparten Aufwendungen behält und die ersparten Aufwendungen mit 40 v. H. des Honorars vereinbart werden, wenn der Bauherr keinen höheren Anteil nachweist, für unwirksam erklärt (BGH Urteil vom 19. 2. 1998, VII ZR 207/96). *24*

c) Architektenhonorar (HOAI)

25 Die Architektenleistung und deren Vergütung wird zwischen Bauherr und Architekt im Architektenvertrag vereinbart. Der Architektenvertrag ist ein schuldrechtlicher gegenseitiger Vertrag über die Erbringung einer (geistigen) Werkleistung, der in der Regel schriftlich abgeschlossen wird, ohne daß eine besondere Formvorschrift besteht. Demnach wird durch die Rechtsprechung (BGH NJW 1960, 431) der Architektenvertrag als Werkvertrag i. S. der §§ 631ff. BGB gewertet mit der Folge, daß die Gewährleistungsansprüche bei Mängeln der Architektenleistung nach den Gewährleistungsregeln des Werkvertragsrechtes behandelt werden.

26 Da die Architektenleistungen und deren Vergütungsansprüche recht kompliziert sind, wurde in der HOAI eine Regelungsgrundlage erarbeitet, die in der Regel als wesentlicher Bestandteil den Vereinbarungen eines Architektenvertrages zugrunde gelegt werden. Die HOAI löste im Jahre 1976 die GOA ab und wurde mittlerweile fünfmal geändert zuletzt durch die „Fünfte Verordnung zur Änderung der Honorarordnung für Architekten und Ingenieure" vom 21. 9. 1995 (BGBl. I S. 1174, berichtigt durch BGBl. I S. 51).

Mit dieser Änderung der HOAI wurde in § 4a eine abweichende schriftliche Vereinbarung zu den in der Verordnung vorgeschriebenen Honorarermittlungen unter bestimmten Bedingungen zugelassen. Ferner wurde in der HOAI (§ 5 neuer Abs. 4a) erstmals die schriftliche Vereinbarung eines Erfolgshonorars vorgesehen für den Fall, daß es dem Architekten gelingt eine technisch-wirtschaftliche Lösungsmöglichkeit zu finden, die zu einer wesentlichen Kostensenkung führt, ohne dadurch die Standards zu vermindern. Im übrigen wurden alle Honorartafeln geändert, wobei die Werte entsprechend angehoben wurden.

27 Die HOAI ist ein gesetzlich geregeltes Vergütungsrecht, welches auch ohne ausdrückliche Vereinbarung wirksam ist (vgl. Schmidt in Bä/S Rz. 409ff.). Die in der HOAI vorgesehenen Entgelte haben Höchstsatz- und Mindestpreischarakter. Die Über- oder Unterschreitung dieser Sätze sind nur bedingt

möglich (§§ 4 Abs. 3 und 4, 4a und § 5 Abs. 4a). Die Höhe der Honorare richten sich nach der schriftlichen Vereinbarung, welche die Regelungen des § 4 zu berücksichtigen hat. Für das Honorar gelten die in § 11 bestimmten fünf Honorarzonen.

Die HOAI beschreibt die möglichen Architekten- und Ingenieurleistungen (Leistungsbild) und bestimmt die Honorare in Mindest- und Höchstsätzen einschließlich der Nebenkosten und Umsatzsteuer. *28*

Im (allgemeinen) Teil I werden geregelt:

Anwendungsbereich (§ 1); Leistungen (§ 2); Begriffsbestimmungen (§ 3); Vereinbarung des Honorars (§ 4); Abweichende Honorarvermittlung (§ 4a); Berechnung des Honorars in besonderen Fällen und Interpolation (§§ 5 und 5a); Zeithonorar (§ 6); Nebenkosten (§ 7); Zahlungen (§ 8); Umsatzsteuer (§ 9).

Die Architektenleistungen werden für Leistungen bei Gebäuden, Freianlagen und Innenräumen in Teil II (§§ 10 bis 27), für zusätzliche Leistungen in Teil III (§§ 28 bis 32), für Gutachten und Wertermittlungen in Teil IV (§§ 33, 34), für städtebauliche Leistungen in Teil V (§§ 35 bis 42) und für landschaftsplanerische Leistungen des Gartenarchitekten in Teil VI (§§ 43 bis 50) bestimmt. Die Teile VII bis XIII (§§ 51b; 100) haben Ingenieurleistungen zum Inhalt. In all diesen Abschnitten wird jeweils das Leistungsbild, der Leistungsumfang und die Honorierung nach Grund- und Zusatzleistungen festgelegt. *29*

Die wesentlichsten Architektenleistungen sind in § 15 als Leistungsbild der Objektplanung für Gebäude, Freianlagen und Innenräume wie folgt beschrieben: *30*

„Das Leistungsbild Objektplanung umfaßt die Leistungen der Auftragnehmer für Neubauten, Neuanlagen, Wiederaufbauten, Erweiterungsbauten, Umbauten, Modernisierungen, raumbildende Ausbauten, Instandhaltungen und Instandsetzungen. Die Grundleistungen sind in den in Absatz 2 aufgeführten Leistungsphasen 1 bis 9 zusammengefaßt. Sie sind in der folgenden Tabelle für Gebäude und Innenräume in Vomhundertsätzen der Honorare des § 16 und für Freianlagen in Vomhundertsätzen der Honorare des § 17 bewertet.“

	Bewertung der Grundleistungen in v. H. der Honorare		
	Gebäude	Freianlagen	Innenräume
1. Grundlagenermittlung Ermitteln der Voraussetzungen zur Lösung der Bauaufgabe durch die Planung	3	3	3
2. Vorplanung (Projekt- und Planungsvorbereitung) Erarbeiten der wesentlichen Teile einer Lösung der Planungsaufgabe	7	10	7
3. Entwurfsplanung (System- und Integrationsplanung) Erarbeiten der endgültigen Lösung der Planungsaufgabe	11	15	14
4. Genehmigungsplanung Erarbeiten und Einreichen der Vorlagen für die erforderlichen Genehmigungen oder Zustimmungen	6	6	2
5. Ausführungsplanung Erarbeiten und Darstellen der ausführungsreifen Planungslösung	25	24	30
6. Vorbereitung der Vergabe Ermitteln der Mengen und Aufstellen von Leistungsverzeichnissen	10	7	7
7. Mitwirkung bei der Vergabe Ermitteln der Kosten und Mitwirkung bei der Auftragsvergabe	4	3	3
8. Objektüberwachung (Bauüberwachung) Überwachen der Ausführung des Objekts	31	29	31
9. Objektbetreuung und Dokumentation Überwachen und Beseitigung von Mängeln und Dokumentation des Gesamtergebnisses	3	3	3

d) Mängel der Architektenleistung

31 Der Architekt hat seine Leistungen vollständig und so zu erbringen, daß das Bauwerk die zugesicherten Eigenschaften hat und daß es nicht mit Fehlern behaftet ist, die den Wert oder die

Tauglichkeit zu dem gewöhnlichen oder nach dem Vertrag vorausgesetzten Gebrauch aufheben oder mindern (Erfüllungsanspruch).

Liegen Mängel vor, kann der Bauherr gegen den Architekten die werkvertraglichen Gewährleistungsansprüche des BGB geltend machen (BGH NJW 1960, 431, BGH 1964, 1791).

Neben den vertragswidrigen Leistungen können auch Neben- 32
pflichtverletzungen des Architekten zu Schadensersatzansprüchen des Bauherrn führen.

Nach dem Werkvertragsrecht des BGB hat ein Bauherr folgende Leistungsansprüche:

- Recht auf Nachbesserung (§ 633 Abs. 2 BGB) – verschuldensunabhängig
- Recht auf Wandelung oder Minderung (§ 634 BGB) – verschuldensunabhängig
- Recht auf Schadensersatz wegen Nichterfüllung (§ 635 BGB) – nur bei Verschulden

Im Architektenrecht ist es umstritten, ob der Architekt gemäß 33
§ 633 Abs. 2 BGB zur Nachbesserung verpflichtet ist. Der BGH (NJW 1974, 367) erkennt einen Nachbesserungsanspruch gegen den Architekten nur dann an, wenn die fehlerhafte Planung noch nicht realisiert ist, d.h. wenn das Bauwerk noch nicht zur Ausführung gelangte. Konkret können deshalb nur Wandelung, Minderung oder Schadensersatz wegen Nichterfüllung bei mangelhaften Leistungen gegenüber dem Architekten geltend gemacht werden.

Die Wandelung, d.h. die Rückgängigmachung des Architek- 34
tenvertrages läßt sich in der Praxis kaum realisieren, denn in der Regel treten die Architektenmängel erst dann auf, wenn das gesamte Bauwerk erstellt ist. Aus diesem Grunde kann dem Bauherrn mit der Wandelung kaum gedient sein, weil die Architektenmängel in das Bauwerk eingegangen sind.

Der Anspruch auf Minderung ist sicher leichter durchzuset- 35
zen, er besteht in der Minderung oder völligen Streichung des Architektenhonorars. Eine Minderung erscheint aber nur dann sinnvoll, wenn der objektive Wert der mangelhaften Architektenleistung niedriger bzw. nicht höher als das Architektenhonorar ist. Da die Architektenfehler vielfach größere Schäden nach

sich ziehen, die den Wert des Architektenhonorars oft übersteigen, ist der häufigste und wichtigste Gewährleistungsanspruch des Bauherrn gegen den Architekten der Schadensersatz wegen Nichterfüllung nach § 635 BGB. Schadensersatz kann vom Architekten nur für solche Schäden verlangt werden, die dem Werk unmittelbar anhaften. Die Ansprüche auf Schadensersatz setzen Verschulden nach § 276 Abs. 1 BGB voraus, wonach der Architekt für Vorsatz und Fahrlässigkeit einzutreten hat.

37 Die Gewährleistungsfrist beträgt nach § 638 BGB 5 Jahre. Sie beginnt mit der Abnahme des Architektenwerks. Zur abnahmefähigen Herstellung des Architektenwerks gehören alle Leistungen des § 15 Abs. 2 HOAI, soweit sie vereinbart sind. Dazu gehören auch die Leistungen nach § 15 Abs. 2 Nr. 9 HOAI (Objektbegehung zur Mängelfeststellung; Überwachen der Beseitigung der Baumängel; Mitwirken bei der Freigabe von Sicherheitsleistungen; Dokumentation). Das bedeutet nach allgemeiner Auffassung, daß die Gewährleistungsfrist für die Architektenleistung in diesem Fall mit Ablauf der Gewährleistungspflicht der bauausführenden Unternehmen – das sind längstens 5 Jahre nach Beendigung der Bauabnahme – zu laufen beginnt. Eine Teilabnahme nach Abschluß der Phase 8 mit der Folge des Verjährungsbeginns der Architektenleistung kommt nur in Betracht, wenn eine solche ausdrücklich vereinbart ist (BGH Urt. vom 10. 2. 1994; VII ZR 20/93).

38 Diese Gewährleistungsregelungen des BGB können vertraglich dann nicht abbedungen werden, wenn beim Abschluß des Architektenvertrages ein vorgedrucktes Vertragsmuster Verwendung findet. Hier gelten die Bestimmungen des AGB-Gesetzes (Gesetz zur Regelung des Rechtes der Allgemeinen Geschäftsbedingungen – AGB-Gesetz – vom 9. 12. 1976 – BGBl. I S. 3317; in Kraft seit 1. 4. 1977; zuletzt geändert mit dem „Gesetz zur Änderung des AGB-Gesetzes und der Insolvenzordnung vom 19. 7. 1996, BGBl I S. 1013).

Wird ein Architektenvertrag gekündigt, hat der Architekt einen vertragsgemäßen Anspruch auf volle Vergütung, d.h. auch für die (Teil)Leistungen, die er noch nicht erbracht hat. Er muß sich aber darauf anrechnen lassen, was er infolge der Kündigung an Aufwendungen erspart oder durch anderweitige Verwendung seiner Arbeitskraft erwirbt oder zu erwerben böswillig unterläßt. Was er sich in diesem Sinne als ersparte Aufwendungen anrechnen lassen will, hat der Architekt vorzutragen und zu beziffern (BGHZ 131, 362, 365; BGH NJW 1996, 1751). Es genügt nicht diese ersparten Aufwendungen zu pauschalieren (40 v. H.). Eine solche im Architektenvertrag vereinbarte Pauschalierung widerspricht § 11 Nr. 5b AGBG und ist deshalb nichtig (BGH Urteil vom 10. 10. 1996, VII ZR 250/94).

2. Ingenieure und Sonderfachleute

Die ständig fortschreitende Entwicklung und Spezialisierung im Bauwesen verlangt insbesondere bei der Planung größerer und technisch komplizierter Baumaßnahmen den Einsatz von Sonderfachleuten. Unter Sonderfachleuten werden Ingenieure verstanden, die sich auf die Bearbeitung folgender Sachgebiete spezialisiert haben (Bott/Frieling a. a. O. S. 281): 39

- Statik, Tragwerksbau
- Bodenmechanische Untersuchungen
- Vermessungswesen
- Schallschutz und Raumakustik
- Heizung, Klimatechnik und Lüftung
- Bauphysik
- Gesundheitstechnik
- Stark- und Schwachstromanlagen
- Sanitäre Anlagen
- Nachrichtentechnik
- Inneneinrichtung
- Außenanlagen
- Ver- und Entsorgung
- Drainagen
- Straßenbau

Die Sonderfachleute werden in der Regel vom Bauherrn selbst oder vom Architekten namens und im Auftrag des Bauherrn beauftragt. Ihre Leistung stellt eine Werkleistung besonderer Art dar und ist unabhängig von der Architektenleistung. 40

Die Vertragsbeziehungen werden im Ingenieurvertrag geregelt. 41
Wie der Architektenvertrag ist der Ingenieurvertrag in der Regel

ein Werkvertrag. Der Sonderfachmann schuldet nicht eine dienstvertragliche Tätigkeit sondern einen bestimmten Erfolg, nämlich eine Werkleistung.

42 Die Vergütung der Sonderfachleute, die im Ingenieurvertrag bezüglich der einzelnen Leistungen zu vereinbaren ist, richtet sich jetzt überwiegend nach den neu in die HOAI eingefügten Bestimmungen.

43 In der HOAI sind die Ingenieurleistungen wie folgt geregelt:

- Teil VII (§§ 51 bis 61) Leistungen bei Ingenieurbauwerken und Verkehrsanlagen.
- Teil VIII (§§ 62 bis 67) Leistungen bei der Tragwerksplanung. Leistungsobjekt ist ein Tragwerk. Als Tragwerk wird der Teil eines Objektes bezeichnet, der die Stabilität und Standsicherheit zur gefahrlosen dauernden Nutzung entsprechend dem Verwendungszweck für den es errichtet wurde gewährleistet.
- Teil IX (§§ 68 bis 76) Leistungen bei den Technischen Ausrüstungen. Die Technische Ausrüstung umfaßt die Anlagen folgender Anlagengruppen in Gebäuden, soweit die Anlagen in DIN 276 erfaßt sind, und die entsprechenden Anlagen in Ingenieurbauwerken auf dem Gebiet der (§ 68):
  - Gas-, Wasser- und Abwassertechnik
  - Wärmeversorgungs-, Brauchwassererwärmungs- und Raumlufttechnik
  - Elektrotechnik
  - Aufzug-, Förder- und Lagertechnik
  - Küchen-, Wäscherei- und chemische Reinigungstechnik
  - Medizin- und Labortechnik
- Teil X (§§ 77 bis 79) Leistungen für Thermische Bauphysik.
- Teil XI (§§ 80 bis 90) Leistungen für Schallschutz und Raumakustik. Neben den vorbeugenden Schallschutzmaßnahmen der Bauakustik (§ 81) werden die Leistungen für Schallschutz bestimmt (§ 80).
- Teil XII (§§ 91 bis 95) Leistungen für Bodenmechanik, Erd- und Grundbau. Diese Leistungen dienen dazu, um die Wechselwirkung zwischen Baugrund- und Bauwerk sowie seine Umgebung zu erfassen und die für die Berechnung erforderlichen Bodenkennwerte festzulegen.
- Teil XIII (§§ 96 bis 100) Leistungen für Vermessung. Leistungen für Vermessung sind (§ 96) das Erfassen ortsbezogener Daten über Bauwerke und Anlagen, Grundstücke und Topographie, das Erstellen von Plänen, das Übertragen von Bestandsdaten und Planungen in die Örtlichkeit sowie das vermessungstechnische Überwachen der Bauausführung, ausgenommen Vermessungen, die nach landesrechtlichen Vorschriften für Zwecke der Landesvermessung und des Liegenschaftskatasters durchgeführt werden.

Neben der Bestimmung von Inhalt und Umfang der Leistungen der Ingenieure enthalten die Teile VII bis XIII der HOAI für die jeweiligen Ingenieurleistungen die Honorarsätze, die in Honorarzonen (I bis V) in Form von Honorartafeln unterteilt sind. *44*

Wie die Architekten erbringen die Sonderfachleute einen geistigen Beitrag zur Errichtung des Bauwerkes. Aus diesem Grunde haften sie – wie der Architekt – nach den Vorschriften des Werkvertragsrechts des BGB.

3. Bauleistungen

Zur Erstellung eines Bauwerkes und Gebäudes sind viele und unterschiedliche Bauleistungen erforderlich. In der Regel werden die unterschiedlichen Bauleistungen von auf bestimmte Bauleistungen spezialisierten Bauunternehmern oder Bauhandwerkern erbracht. Die einzelnen Bauleistungen, die zur Erstellung von Bauwerken erforderlich sind, sind in Teil C der VOB als Beschreibung der allgemeinen Technischen Vorschriften für Bauleistungen als Normteile im einzelnen aufgeführt. *45*

Die Arbeiten und Bauleistungen haben die Auftragnehmer nach dem oben bezeichneten Regelwerk der DIN und nach den anerkannten Regeln der Bautechnik zu erbringen. Beschrieben werden die zu erbringenden Bauleistungen entweder in einem Kostenvoranschlag oder in einem Leistungsverzeichnis (LV) nach VOB/A (vgl. unten Rn. **2** 105 f.). *46*

Wie eine mustergültige Leistungsbeschreibung und Leistungsverzeichnis auszusehen hat bestimmt § 6 Teil A der VOB. Danach ist zunächst eine allgemeine Darstellung der Bauaufgabe in Form einer Baubeschreibung zu erstellen, welche eine hinreichende Übersicht über die gewünschte Bauleistung allgemein zu geben hat. Der weitere Teil der Leistungsbeschreibung ist das Leistungsverzeichnis (LV), welches listenmäßig alle Teilleistungen im einzelnen eindeutig und erschöpfend erfaßt. Das LV ist in Positionen mit Ordnungszahlen so zu ordnen, daß die Teillei stungen nach ihrer technischen Beschaffenheit und ihrer Bestimmbarkeit für die Preisbildung als in sich geschlossen anzusehen sind. Hinweise wie ein LV im einzelnen und exakt zu gestalten ist können dem vom Bundesministerium für Raumord- *47* nung, Bauwesen und Städtebau für die Vergabe von öffentlichen Aufträgen herausgegebenen „Vergabe-Handbuch für die Durchführung von Bauaufgaben des Bundes im Zuständigkeitsbereich der Finanzbauverwaltungen – VHB Ausgabe 1975 –“ entnommen werden.

48 Die einzeln dargestellten Bauarbeiten sind als Inhalt der Bauleistung Gegenstand der Errichtung eines Bauwerkes. Das „Bauwerk ist eine unbewegliche, durch Verwendung von Arbeit und bodenfremdem Material in Verbindung mit dem Erdboden hergestellte Sache“ (BGHZ 57, 6).

In diesem Sinne können Bauarbeiten dazu dienen (Locher a.a.O. S. 14) Bauwerke neu zu schaffen, bestehende Bauwerke zu erhalten (Instandhaltung) oder zu erweitern bzw. sie zu schützen (Instandsetzung) oder unmittelbar die Bauerrichtung vorzubereiten.

49 Die Darstellung der Regeln und Probleme der Bauleistungen sind für das WE nicht nur im Zusammenhang mit der Neuerstellung von ETW von Bedeutung, sondern in zunehmendem Maße – und zwar je nach dem Baualter des Objekts – für Instandhaltungs- und Bauerneuerungsmaßnahmen. Die besondere Bedeutung der Bauleistungen durch Instandhaltungsmaßnahmen wird heute an den vielfach zu beseitigenden Betonschäden an Fassaden und Balkonen der in den 60er und 70er Jahren errichteten ETW erkennbar.

50 Darüber hinaus sind im Rahmen von Instandhaltungsmaßnahmen Bauleistungen in allen Bausparten zu erbringen. Auch Modernisierungs- und energieeinsparende Maßnahmen sowohl im Bereich von SE als auch im Bereich von gem. E spielen eine immer größere Rolle. Aus diesem Grunde haben sich sowohl die Verwalter, die in der Regel keine Techniker sind, als auch die WEer selbst mit den Grundregeln des Bauvertragsrechtes auseinanderzusetzen.

4. Bauwerkvertrag nach BGB

51 Als Bauwerksvertrag wird der Vertrag bezeichnet, der Arbeiten an einem Bauwerk nach Maßgabe von § 638 BGB zum Inhalt hat. Das sind die körperlich in Erscheinung tretenden

Bauleistungen (vgl. Schmidt in BÄ/S Rz. A 364ff.). Der Bauwerksvertrag ist der Grundtyp des Bauvertrags, von ihm leiten sich auch die Regelungen der VOB ab. Bei ETW ist der Bauwerkvertrag von Bedeutung in Zusammenhang mit der Erstellung des Objekts (Bauträgervertrag, vgl. unten Rn. **2** 135ff.) aber auch mit der Durchführung von Sanierungs- und Instandhaltungsmaßnahmen am gem. E.

Wird ein Bauvertrag abgeschlossen in dem nicht auf die VOB Bezug genommen ist, gelten für diesen die Regeln des Werkvertragsrechtes des BGB (§§ 631ff. BGB).

Der Bauvertrag beinhaltet einerseits die werkvertragliche *52* Verpflichtung des Unternehmers, Bauleistungen vertragsgemäß und mängelfrei zu erbringen. Bauleistungen sind Bauarbeiten jeder Art, seien es solche mit oder ohne Lieferung von Baustoffen und -teilen. Andererseits regelt der Bauvertrag die Vergütungsansprüche, die der Bauunternehmer für seine Bauleistungen hat.

In der Praxis wird überwiegend als Inhalt des Werkvertrages die VOB/B vereinbart, so daß der Bauwerkvertrag des BGB eigentlich eine Ausnahme darstellt.

Wenn im folgenden trotzdem der Bauwerkvertrag des BGB *53* dargestellt und erläutert wird, so deshalb weil dieser für kleinere Bauleistungen und somit besonders für Instandhaltungsmaßnahmen von einzelnen WEern im SE und von WEer-Gem. im gem. E von Bedeutung sein kann. Außerdem ist der BGB-Werkvertrag für den Abschluß von neu erstellter ETW allein ausschlaggebend wenn die Bauleistung im Bauträgervertrag versprochen wird (s. unter Rn. **2** 135ff. – Bauträgervertrag)

a) Zustandekommen und Wirksamkeit

Eine Formvorschrift besteht für den Bauvertrag nach BGB *54* nicht, so daß der Bauwerkvertrag zustande kommt, wenn das Angebot auf Bauleistung in welcher Form auch immer angenommen (Zuschlag) wird. Die nicht vorgeschriebene Schriftform ist aber dringend zum empfehlen, um im Falle der streitigen Auseinandersetzung bessere Beweismittel an der Hand zu haben.

55 Bei kleineren Bauleistungen kommt der Bauvertrag vielfach dadurch zustande, daß mehrere Bauhandwerker ein schriftliches Kostenangebot, in dem die Bauleistung detailliert beschrieben ist, abgeben. Daraufhin erteilt der Auftraggeber dem Bauhandwerker - schriftlich oder mündlich - den Zuschlag, der ihm das günstigst scheinende Angebot gemacht hat. Erteilt der Auftraggeber den Zuschlag mit Erweiterungen, z. B. mit einem Vertragsstrafeverlangen, so bedeutet dies rechtlich, daß das Angebot des Bauhandwerkers abgelehnt ist und der erweiterte Zuschlag als Angebot an den Bauhandwerker gilt. Der Auftraggeber kann sich damit nicht mehr auf den ursprünglichen Kostenanschlag des Bauhandwerkers berufen (§ 146 BGB).

56 Jetzt muß der Bauhandwerker entscheiden, ob er das Angebot des Auftraggebers annimmt oder ablehnt.

Die Annahme des Angebots muß ebenfalls nicht schriftlich erfolgen. Als Annahme des Auftrages gilt auch, wenn der Bauhandwerker mit den Bauarbeiten beginnt. Mit dem Baubeginn ist der Bauvertrag zustande gekommen (OLG Düsseldorf BauR 1975, 340). Ein Bauvertrag kann auch angefochten werden, allerdings nicht wegen Kalkulationsirrtum. Möglich ist die Anfechtung bei Fehlern durch Verschreiben oder Versprechen (§ 119 BGB) und bei arglistiger Täuschung und Drohung (§ 123 BGB).

57 Da eine arglistige Täuschung oder Drohung nur in ganz seltenen Fällen nachweisbar und die Anfechtung wegen Irrtums eine Schadensersatzpflicht gemäß § 122 BGB zur Folge hat, führt die Anfechtung eines Bauvertrages durch den Anfechter zu keinem wirtschaftlich sinnvollen Ergebnis.

58 Ein Rücktritt vom Bauvertrag ist nur möglich, wenn dies vereinbart ist, oder wenn die gesetzlichen Kündigungsgründe des § 325 BGB (Unmöglichkeit der Leistung) und des § 326 BGB (Leistungsverzug nach Abmahnung und Fristsetzung) gegeben sind.

Wird ein Bauvertrag mit einem Schwarzarbeiter abgeschlossen, ist dieser Vertrag nichtig (Gesetz zur Bekämpfung der Schwarzarbeit vom 30. 3. 1957, in der Neufassung der Bekanntmachung vom 29. 1. 1982 - BGBl. I S. 109) Schwarzarbeiter sind Handwerker, die nicht in die Handwerksrolle der Handwerkskammern eingetragen sind und die Arbeiten verrichten ohne hierzu Abgaben zu entrichten.

b) Inhalt

Wesentlicher Inhalt des Bauwerkvertrages ist nach § 631 BGB, daß der Bauunternehmer die Herstellung eines Werks durch Erbringung einer Bauleistung verspricht und der Besteller zu einer entsprechenden Vergütung verpflichtet wird. 59

Demnach beinhaltet der Bauvertrag in der Regel folgende aus den §§ 631 ff. BGB abgeleitete Einzelvereinbarungen:

- Erfüllungspflicht des Unternehmers
- Vergütungspflicht des Bestellers
- Abnahme des Bauwerkes
- Gewährleistungsansprüche
- Gewährleistungsfrist

c) Erfüllungspflicht des Unternehmers (Auftragnehmer)

Zur Erfüllungspflicht des Bauunternehmers gehört es, daß er 60
das Werk mangelfrei entsprechend der vertraglichen Vereinbarungen und nach den anerkannten Regeln der Technik erstellt. Das geschuldete Bauwerk ist also so zu erstellen, daß es die zugesicherten Eigenschaften hat und nicht mit Fehlern behaftet ist, die den Wert oder die Tauglichkeit nach dem gewöhnlichen oder dem vertraglich vorgesehenen Gebrauch aufheben oder mindern.

Zur Bestimmung des Bauwerks ist ein möglichst genauer Lei- 61
stungsbeschrieb (Leistungsverzeichnis) erforderlich, damit die Tauglichkeit des Bauwerks nach dem vertraglich vorgesehenen Gebrauch gemessen und bewertet werden kann. So ist in der Regel das Abweichen von Festlegungen im Leistungsverzeichnis als Fehlen von zugesicherten Eigenschaften zu werten, wobei Differenzierungen hier durchaus möglich sind.

Bringt die Bauleistung des Unternehmers nicht den verspro- 62
chenen Erfolg, hat der Auftraggeber einen Erfüllungsanspruch in der Weise, daß der versprochene Erfolg nachvollzogen wird. Sind Fehler bei der Bauleistung entstanden, so hat der Auftraggeber den Anspruch auf Nachbesserung oder Mängelbeseitigung (§ 633 Abs. 1 BGB). Dieser Nachbesserungsanspruch ist ein modifizierter Erfüllungsanspruch und deshalb wie dieser selbst (§ 631 Abs. 1) verschuldensunabhängig. Der Unterschied zwi-

schen dem reinen und dem modifizierten Erfüllungsanspruch besteht darin, daß der Erfüllungsanspruch mit der Abnahme erlischt, während der Nachbesserungsanspruch nach § 633 Abs. 2 S. 1 BGB darüber hinaus fortbesteht.

d) Vergütungspflicht des Bestellers (Auftraggeber)

63 Die Vergütungspflicht (§ 631 Abs. 1 und § 632 BGB) ist die Hauptpflicht des Auftraggebers, die auch ohne Vereinbarung wirksam ist, wenn die Herstellung eines Werkes den Umständen nach nur gegen eine Vergütung erbracht wird (§ 632 Abs. 1 BGB). Ist die Höhe der Vergütung nicht bestimmt, so gilt die taxmäßige Vergütung vereinbart, oder in Ermangelung einer Taxe die übliche Vergütung.

64 Unter Taxe wird ein behördlich festgesetzter Preis verstanden. Für die Höhe des Unternehmerlohns gibt es keinen behördlich festgelegten Preis. Auch die Baupreisverordnung kann nicht als Taxe Verwendung finden. Aus diesem Grunde muß in diesem Fall die Vergütung nach der Verkehrsgeltung bei üblichen Verträgen ermittelt werden. Läßt sich eine solche übliche Vergütung auch nicht feststellen, so hat der Unternehmer ein Bestimmungsrecht bezüglich der Vergütung nach den §§ 315 ff. BGB (BGH NJW 1966, 539) in der Regel nach Maßgabe und Einholung eines Sachverständigengutachtens.

65 Üblicherweise wird aber der Unternehmerlohn im BGB-Bauvertrag im einzelnen festgelegt, und zwar durch bestimmte Preisvereinbarungen, die in der Regel mit dem VOB-Vertrag übereinstimmen. Es sind folgende:
- Einheitspreis
- Pauschalpreis
- Stundenlohnvereinbarung

66 Die Einheitspreisvereinbarung setzt voraus, daß die Bauleistungen in einzelne Positionen aufgegliedert sind, nach denen sich technisch und wirtschaftlich einheitliche Teilleistungen berechnen lassen, wobei deren Menge nach Maß, Gewicht oder Stückzahl angegeben und mit den festgelegten Einheitspreisen multipliziert werden können. Die Summe der Einheitspreise ergibt dabei den jeweiligen Positionspreis und die Addition der Positionspreise den Gesamtpreis. Beim Einheitspreis sind also die Kosten pro zugrundegelegter Maßeinheit in der Regel fest. Variabel sind dagegen die Maßeinheiten selbst, die nach endgültiger Leistungserbringung durch Aufmaß festgestellt werden. Das Risiko größerer Massen trägt also hier der Auftraggeber.

Anders verhält es sich mit der Pauschalpreisvereinbarung, bei *67* der den Auftraggeber das Risiko der Masseänderung nach oben nicht trifft. Hier wird die gesamte Bauleistung mit einem Pauschalpreis vergütet, ohne daß ein Aufmaß der tatsächlich erbrachten Leistung erfolgt. Die Pauschalpreise werden in der Regel in der Weise nur dann vereinbart, wenn die Gesamtleistung so überschaubar ist, daß sie sich bei der Ausführung nicht ändert. Wenn sich also der Inhalt der Bauleistungen nicht verändert, so werden Mehr- oder Minderleistungen nicht vergütet. Haben sich jedoch die ursprünglich vorgesehenen Bauleistungen in einem solchen Maße verändert (erhebliches Mißverhältnis), so kann ausnahmsweise nach Treu und Glauben im Wege des Fortfalls der Vertragsgrundlage eine Anpassung des Pauschalpreises verlangt werden.

Der Begriff Festpreis wird im Bauvertrag in der Regel in der *68* Weise verwendet, daß beim Einheitspreisvertrag die Einheitspreise und beim Pauschalpreisvertrag der Pauschalpreis als Festpreis vereinbart wird. Da diese Preise auch ohne ausdrücklichen Hinweis Festpreise sind, sofern nicht etwas anderes ausdrücklich vereinbart wird, sollte der Begriff Festpreisvertrag nach Möglichkeit nicht verwendet werden.

Die in der VOB entwickelten Preisbegriffe haben auch für den *69* BGB-Bauvertrag Geltung, weil sie „Handelsbrauch“ geworden sind. In diesem Sinne ist auch für den BGB-Bauvertrag der Einheitspreisvertrag der Normaltyp und die Einheitspreisvereinbarung die Grundregel für die Preisgestaltung.

Der Unternehmerlohn ist in der Regel nach dem im Bauver- *70* trag getroffenen Zahlungsplan fällig. Sind keine Fälligkeiten vereinbart, ist die Vergütung nach § 641 BGB bei Abnahme des Werkes zu entrichten. Nach dem BGB-Werkvertragsrecht ist grundsätzlich der Bauunternehmer vorleistungspflichtig. Aus diesem Grund kann der Bauunternehmer Abschlagszahlungen nur verlangen, wenn sie im Bauvertrag vereinbart sind, sonst nicht. Der Unternehmerlohn ist ab Fälligkeit mit dem gesetzlichen Zinssatz zu verzinsen (§§ 641 Abs. 2, 288 BGB).

71 Der Vergütungsanspruch des Bauunternehmers verjährt in der Regel gemäß § 196 Abs. 1 Nr. 1 BGB nach 2 Jahren. Ausnahmsweise beträgt die Verjährungsfrist nach § 196 Abs. 2 BGB 4 Jahre, wenn die Bauleistung für den Gewerbebetrieb des Auftraggebers erbracht wird.

e) Abnahme des Bauwerks

72 Zur Abnahme des Bauwerks ist der Auftraggeber verpflichtet (§ 640 BGB). Unter der Abnahme ist die „körperliche Hinnahme der vollendeten Leistung und deren Billigung als eine wenigstens in der Hauptsache vertragsgemäße Leistung" (BGH NJW 1967, 2259) zu verstehen.

73 Da die Bauwerkleistung des Bauunternehmers in der Regel in einer Bauleistung an einem Gebäude besteht, das sich im Boden und damit im Eigentum des Auftraggebers befindet, entfällt hier die körperliche Entgegennahme. Die Abnahme besteht somit dann allein in der Anerkennung und Billigung der Leistung als der Hauptsache der vertragsgemäßen Leistungs- und Erfüllungspflicht des Unternehmers. Die Abnahme erfolgt in der Regel durch ein Abnahmeprotokoll, in dem der Leistungszustand einschließlich der Mängel beschrieben ist. Ein Abnahmeprotokoll ist aber nicht Voraussetzung für die Billigung der Leistung. Eine Billigung der Bauleistung wird auch durch eine konkludente Handlung erreicht, z. B. durch vorbehaltslose Zahlung der Vergütung (BGH BauR 1970, 48), oder durch Einzug in das fertiggestellte Bauwerk, oder in der freiwillig bewirkten Eintragung einer Bauhandwerkersicherungshypothek (KG OLGZ 24, 383).

74 Mit der Abnahme des Bauwerks treten ganz bestimmte Rechtsfolgen ein, die für Rechte und Pflichten beider Vertragspartner von außerordentlicher Bedeutung sind. Im einzelnen sind es folgende (nach Locher a. a. O. S. 25):

- Mit der Beendigung der Erfüllungspflicht wird der Anspruch auf Neuherstellung ausgeschlossen. Nach der Abnahme konkretisiert sich der Anspruch als modifzierter Erfüllungsanspruch auf die Nachbesserung und als Gewährleistungsanspruch.
- Fälligkeit der Unternehmervergütung (§ 641 BGB). Der Bauunternehmer ist vorleistungspflichtig.

- Beginn des Fristenlaufs der Verjährung für Gewährleistungsansprüche
- Umkehr der Beweislast zu Lasten des Auftraggebers. Vor der Abnahme hat der Bauunternehmer die ordnungsmäßige Erfüllung und vertragsgemäße Bauleistung nachzuweisen. Nach der Abnahme ist der Auftraggeber für den Nachweis der Baumängel beweispflichtig.
- Mit der Abnahme geht die Gefahr des zufälligen Unterganges oder der Verschlechterung der Bauleistung auf den Auftraggeber über (§§ 644, 645 BGB).
- Nach Abnahme kann der Bauvertrag nicht mehr gekündigt werden. Maßgeblich für schlechte Leistungen sind allein die Gewährleistungsregelungen der §§ 633 ff. BGB.
- Mit der Abnahme ist eine eventuelle Vertragsstrafe verwirkt, es sei denn sie wurde bei der Abnahme vorbehalten (§ 341 Abs. 2 BGB).

Wegen dieser Rechtsfolgen ist die Durchführung der Abnahme seitens der Auftraggeber ein zwingendes Gebot. Aus diesem Grunde ist die Fertigung eines Abnahmeprotokolls, auch wenn keine Fehler vorhanden oder erkennbar sind, notwendig.

Sind Mängel vorhanden, die der Auftraggeber erkannt hat, *75* und rügt er sie nicht, dann kann dies gegen ihn ausgelegt werden, denn die vorbehaltlose Abnahme trotz Mangelkenntnis führt zum Verlust der verschuldensunabhängigen Ansprüche nach den §§ 633, 634 BGB (Locher a. a. O. S. 26).

Erkennt der Auftraggeber bei der Abnahme Mängel nicht, ob- *76* wohl diese sichtbar waren, kann dies nicht gegen den Auftragnehmer geltend gemacht werden. Denn Unwissen als eine Form des grobfahrlässigen Nichtkenntnisses bewirkt keine Verwirkung nach § 640 Abs. 2 BGB. Zu beachten ist die Änderung des § 640 BGB durch das „Gesetz zur Beschleunigung fälliger Zahlungen" vom 30. 3. 2000 (BGBl. I 330).

Der Verwirkungstatbestand des § 640 Abs. 2 BGB bezieht sich *77* nicht auf schuldhaft verursachte Baumängel durch den Bauunternehmer, gemäß § 635 BGB. Diese hat der Bauunternehmer während der Verjährungsfrist immer und in jedem Fall zu vertreten.

f) Gewährleistungsansprüche

Bei Sachmängel des Bauwerkes hat der Auftraggeber – wie dar- *78* gestellt – vor der Abnahme einen Erfüllungsanspruch. Nach § 640 Abs. 1 S. 2 BGB kann er die Abnahme nicht mehr wegen unwesentlichen Änderungen verweigern. Er kann aber die Herstellung eines mangelfreien Werkes verlangen. So kann der Auftraggeber

Neuherstellung des Werkes verlangen, sofern das für den Unternehmer zumutbar ist, oder gleichwertige Mängelbeseitigung.

79 Nach der Abnahme kann der Auftraggeber nur noch Gewährleistungsansprüche geltend machen. Diese bestehen im Anspruch auf:

- Nachbesserung (§ 633 Abs. 2 BGB)
- Nach Fristsetzung und Ablehnungsandrohung:
  - Wandelung, das ist die Rückgängigmachung des Bauwerkvertrages (§ 634 Abs. 1 BGB)
  - Minderung der Unternehmervergütung (§ 634 Abs. 1 BGB)
- Schadenersatz wegen Nichterfüllung (§ 635 BGB)
- Schadenersatz wegen positiver Forderungsverletzung

aa) Nachbesserung

80 Der hier dargestellte Nachbesserungsanspruch im Rahmen des § 633 Abs. 2 BGB unterscheidet sich vom reinen Erfüllungsanspruch (§ 631 BGB) nur in der Weise, daß ersterer als modifizierter Erfüllungsanspruch und als solcher nur nach der Bauabnahme geltend gemacht werden kann.

81 Wie die weiteren Ansprüche auf Wandelung und Minderung ist der Nachbesserungsanspruch verschuldensunabhängig, d.h. der Bauunternehmer hat für den an seinem Werk vorhandenen Sachmangel im Rahmen der genannten Ansprüche einzustehen, unabhängig davon ob er den Mangel verschuldet hat oder nicht.

Der Nachbesserungsanspruch kann nach Fristsetzung und Ablehnungsandrohung wie folgt abgewickelt werden, durch

- Nachbesserung durch den Unternehmer selbst (§ 633 Abs. 2 S. 1 BGB)
- Eigennachbesserung (§ 633 Abs. 3 S. 2 BGB) als Ersatzvornahme.

82 Die Ersatzvornahme setzt Verzug des Unternehmers voraus, daß heißt, die Aufforderung zur Mängelbeseitigung und Mahnung. Erst nach Fälligkeit und Mahnung kann der Auftraggeber Ersatzvornahme betreiben. Im Wege der Ersatzvornahme kann dann der Auftraggeber die Nachbesserung durch einen dritten Unternehmer oder durch Selbsthilfeleistung betreiben.

83 Wie bereits oben dargestellt (s. oben Rn. **2** 81) hat der Auftraggeber Anspruch auf Erstattung der erforderlichen Aufwendungen seitens des Bauunternehmers. Um die notwendigen Mittel

für die Kosten der Ersatzvornahme rechtzeitig zu erhalten, kann der Auftraggeber auch die Bezahlung eines Vorschusses für die mutmaßlich entstehenden Mängelbeseitigungskosten verlangen (BGH NJW 1971, 1450).

Die Ansprüche auf Ersatzvornahme, auf Wandelung oder *84* Minderung können wahlweise seitens des Auftraggebers aber nur dann geltend gemacht werden, wenn der Unternehmer seine Verpflichtung zur Mängelbeseitigung und Nachbesserung trotz Aufforderung und Abmahnung nicht nachkommt.

bb) Wandelung

Ist der Unternehmer der Aufforderung zur Mängelbeseitigung *85* nicht nachgekommen und hat der Auftraggeber nicht selbst die Eigennachbesserung betrieben, so kann er nach angemessener Fristsetzung gegenüber dem Bauunternehmer erklären, daß er die Beseitigung des Mangels nach Ablauf der Frist ablehne. Nach Fristablauf könnte dann der Auftraggeber anstelle der Minderung Wandelung verlangen. Das Recht der Wandelung, also des Rücktritts vom Bauvertrag, ist im Baurecht kaum durchführbar. Zwar wäre die Wandelung grundsätzlich auch bei Bauwerken möglich, sie bereitet aber im Hinblick auf die Rückgewähr der Leistungen erhebliche Schwierigkeiten.

cc) Minderung

Der Anspruch auf Minderung bei Baumängeln ist nur dann im *86* Baurecht praktikabel, wenn der Schaden selbst nicht höher als der Werklohn ist. Für die Berechnung des Minderwertes ist der Zeitpunkt der Abnahme bzw. der Mangelfeststellung geltend und nicht der Zeitpunkt des Vertragsabschlusses.

Wie die Minderung zu berechnen ist, bestimmt § 472 BGB. *87* Danach ist bei der Minderung die Werklohnvergütung des Unternehmers in dem Verhältnis herabzusetzen, in dem der Wert der Sache in mangelfreiem Zustand zu dem wirklichen Wert gestanden haben würde. Das bedeutet, daß dem Unternehmer vertraglich zukommende Vergütungen für mangelfreie Leistungen im gleichen Verhältnis vermindert werden, in dem sich der Wert der mangelfreien Leistung zum Wert der mit Mängeln behafteten Leistung befindet (Münch. Komm. Rz 30 zu § 634 BGB).

Zur Berechnung des Minderungsbetrages ist nicht nur der technische Minderwert bestimmend, sondern auch der merkantile Minderwert. Während der technische Minderwert die Nachteile erfaßt, die durch den Mangel beim Gebrauch und bei Benutzung des Werkes entstehen, bezieht sich der merkantile Minderwert auf die Wertbeeinträchtigung, die das Werk wegen des Mangels auf dem Markt erleidet (Münch. Komm. Rz 31 zu § 634 BGB).

dd) Schadensersatz wegen Nichterfüllung

88 Hat der Auftraggeber die Voraussetzungen des § 634 BGB erfüllt, und muß sich der Unternehmer bezüglich des Baumangels Verschulden zurechnen lassen, so kann der Auftraggeber statt Wandelung oder Minderung auch Schadensersatz wegen Nichterfüllung nach Maßgabe des § 635 BGB verlangen. Der Auftraggeber kann dabei unterschiedliche Möglichkeiten von Schadensersatz verlangen, und zwar

- Zurückweisung des mangelhaften Werkes mit Verweigerung der Zahlung des Unternehmerlohnes bzw. Rückforderung von Unternehmerlohn
- darüber hinaus Geltendmachung eines Anspruchs auf Ersatz seines weiteren durch die Nichterfüllung entstandenen Schadens
- Behalten des Werkes und Ersatz des Schadens, der durch die Nachteile wegen der schlecht erfüllten oder mangelhaften Werkleistung entstanden ist

89 Im Baurecht wird der Auftragnehmer in der Regel die letzte Alternative wählen müssen, weil eine Rückgabe der Bauleistung als Teilleistung an einem Bauwerk nur selten möglich ist.

90 Es kommt in diesem Zusammenhang darauf an, welchen Schadensumfang der § 635 BGB zuläßt. Der Schadensersatzanspruch wegen Nichterfüllung umfaßt dabei die Schäden, die der geschuldeten Bauleistung im Falle ihrer Mangelhaftigkeit unmittelbar anhaften oder in engem Zusammenhang mit ihr stehen. Solche Schäden sind insbesondere (Münch. Komm. Rz 29ff. zu § 635):

- Mängelbeseitigungskosten
- technischer und merkantiler Minderwert
- entgangener Gewinn,

nicht aber entgangene Gebrauchsvorteile, z. B. wegen verspäteter Einzugsmöglichkeiten, die als Vermögensschaden nicht ersetzt werden (BGH NJW 1976, 1630)
- Kosten für Einholung von Gutachten
- Kosten für Verhinderung weiterer Schäden (Sicherungsmaßnahmen)

All die vorgenannten Schäden können im Rahmen des § 635 BGB geltend gemacht werden. *91*

ee) Schadensersatz wegen positiver Forderungsverletzung

Keine Schäden i. S. des § 635 BGB sind die sogenannten Mängelfolgeschäden. Die Mängelfolgeschäden sind mittelbar entferntere Folgeschäden außerhalb der Werkleistung, die vor allem am sonstigen Vermögen des Auftraggebers entstehen (BGH BauR 1976, 354). z. B.: Aufwendungen zur Beseitigung technischer Mängel (z. B. Einziehen neuer Träger); Kosten für Beseitigung von Feuchtigkeitsschäden; Hotelkosten; Nutzungs- und Mietausfall; Gutachterkosten. Diese Mängelfolgeschäden können nur im Rahmen der Ansprüche aus positiver Forderungsverletzung geltend gemacht werden. *92*

g) Gewährleistungsfristen

Im BGB-Bauwerksvertrag verjähren die Gewährleistungsansprüche für Bauwerke in 5 Jahren, und für Arbeiten an Grundstücken in 1 Jahr. *93*

Die Abgrenzung zwischen den Arbeiten bei Bauwerken und den Arbeiten an Grundstücken ist nicht leicht und fließend. Nach der Rechtsprechung zählen zu Bauwerken außer den Gebäuden und Brücken, Straßen, Kanäle, Baudenkmäler usw. Als Bauwerk wird außerdem auch eine Makadamdecke, eine aus Schmutz- und Regenwasser bestehende Kanalanlage, ein Rohrbrunnen, eine Gleisanlage sowie auch die Erdarbeiten eines Unternehmers, wenn diese die Voraussetzung für den Aufbau des Bauwerkes schaffen (vgl. Münch. Komm. Rz 19 zu § 638 BGB) angesehen. *94*

Arbeiten am Grundstück liegen dagegen vor bei Leistungen durch die der Zustand des Bodens verändert wird, so z. B. bei Erdbewegungen, bei gartengestalterischen Arbeiten, bei der Vornahme von Erdbefestigungen, beim Ausheben von Gräben oder *95* ein Aufwerfen schalldämmender Erdhügel (Münch. Komm. Rz 21 zu § 638).

96 Die Verjährungsfristen des § 638 BGB kommen nicht in Betracht, wenn der Unternehmer den Mangel arglistig verschwiegen hat. In diesem Falle unterliegt der auf einen solchen Mangel gestützte Anspruch der Regelverjährung des § 195 BGB mit 30 Jahren.

97 Die Verjährungsfrist beginnt mit der Abnahme. Kommt keine Abnahme zustande, weil diese endgültig verweigert wird, ist der Beginn der Verjährungsfrist der Termin der endgültigen Abnahmeverweigerung. In einem Bauvertrag können die Verjährungsfristen abweichend von den Fristen des § 638 BGB geregelt werden, d.h. sie können verkürzt oder verlängert werden, aber nur wenn sie individuell ausgehandelt sind und damit nicht den Vorschriften des AGBG unterliegen.

98 Werden bei der Erstellung von Bauwerksverträgen Musterverträge verwendet, sind diese als Allgemeine Geschäftsbedingungen anzusehen, und unterliegen insbesondere dem Verbot des § 11 Nr. 10 f AGBG, nach dem eine Verkürzung der gesetzlichen Gewährleistungsfrist unzulässig und daher unwirksam ist.

99 Die Verjährungsfrist für die Gewährleistungsansprüche bei Bauverträgen wird in der Regel unterbrochen (§§ 208 und 209 BGB) durch:

- Anerkenntnis des Mangels und das Versprechen des Unternehmers, den Mangel zu beseitigen. Nach durchgeführter Mängelbeseitigung beginnt für die Mängelbeseitigungsleistung die Verjährungsfrist neu zu laufen.
- Antrag auf gerichtliche Beweissicherung.
  Das Beweissicherungsverfahren ist beendet, entweder mit der Beweiserhebung im Rahmen der mündlichen Verhandlung oder dann wenn das Ergebnis der Beweiserhebung, in der Regel in Form eines Sachverständigen-Gutachtens, den Parteien zur Kenntnis gebracht ist, und ohne daß sich eine mündliche Verhandlung anschließt (Münch. Komm. Rz 4 zu § 639 BGB).

100 Gehemmt (§§ 202ff. BGB) ist die Verjährungsfrist nach § 639 Abs. 2 BGB dann, wenn Unternehmer und Auftraggeber übereingekommen sind, das Vorhandensein eines Mangels zu überprüfen, oder den Mangel unmittelbar zu beseitigen. Die Hem-

mung ist dann beendigt, wenn der Unternehmer das Ergebnis der Prüfung dem Auftraggeber mitteilt, oder diesem gegenüber erklärt, den Mangel zu beseitigen bzw. die Anerkenntnis des Mangels verweigert.

Während bei der Unterbrechung nach deren Beendigung die vereinbarte Verjährungsfrist neu und in vollem Umfang noch einmal zu laufen beginnt (§ 217 BGB), wirkt die Hemmung nur in der Weise, daß im Zeitraum zwischen Anfang und Beendigung der Hemmung die Verjährungsfrist ausgesetzt ist (§ 205 BGB). Sie beginnt also nicht neu zu laufen, sondern sie verlängert sich nur um den Zeitraum der Hemmung. *101*

5. Bauwerkvertrag nach VOB

Vielfach wird die Verdingungsordnung für Bauleistungen (VOB: Bekanntmachung der Neufassung der Verdingungsordnung für Bauleistungen - Teil A - (VOB/A) und Änderungen zu - Teil B - (VOB/B) vom 12. 11. 1992 in BAnz Nr. 125a vom 9. 7. 1996) als Ganzes oder nur bestimmte Teile davon zum Vertragsbestandteil gemacht. Wird die VOB als Ganzes Vertragsbestandteil so ist der Bauvertrag in allen Einzelheiten geregelt und bedarf vielfach nur ergänzender Vereinbarungen. Das gesamte Vertragswerk ist in sich geschlossen und enthält eine ausgewogene Regelung hinsichtlich der Rechte und Pflichten der Vertragspartner. Besonders zu empfehlen ist die Anwendung des VOB-Vertrages dann, wenn Gegenstand des Bauvertrages große Bauwerksleistungen sind und wenn der Auftraggeber im privaten Baurecht nicht so sehr bewandert ist. Jedem Bauunternehmer ist die VOB geläufig, so daß Schwierigkeiten bei der Vertragsauslegung eines VOB-Vertrages weniger zu erwarten sind als beim Bauwerksvertrag nach BGB. *102*

Gleichwohl hat auch der BGB-Bauwerkvertrag seine Bedeutung, wie oben bereits aufgezeigt wurde. *103*

Die VOB und ihre Bedeutung kann hier im einzelnen nicht dargelegt sondern nur umschrieben werden.

Die VOB umfaßt 3 Teile (A, B, C).

Auf Teil B der VOB ist wegen seiner Bedeutung für den Bauvertrag und die Bauabwicklung etwas näher einzugehen. Die *104*

Teile A und C können dagegen nur zusammenfassend beschrieben werden.

105 Der Teil A (DIN 1960 – Ausgabe Dezember 1992) beinhaltet die Grundzüge des Vergabeverfahrens, d.h. er regelt die Gesamtheit der zum Vertragsabschluß führenden Maßnahmen (Verdingung) des Auftraggebers für die Erteilung des Zuschlags (Locher a.a.O. S. 65f.). Die wichtigsten davon sind:

- Ausschreibung und Vergabe (§ 3):
  - Öffentliche Ausschreibung
  - Beschränkte Ausschreibung
  - freihändige Vergabe
- Leistungsbeschreibung (§ 9):
  - Leistungsbeschreibung mit Leistungsverzeichnis (LV)
  - Leistungsbeschreibung mit Leistungsprogramm
- Vertragsarten (§ 5)
  - Leistungsvertrag (Einheitspreisvertrag als Regel; Pauschalvertrag) Stundenlohnvertrag
  - Selbstkostenerstattungsvertrag
- Vertragsbedingungen (§ 10)
  - Rechtliche Vertragsbedingungen (Allgemeine Vertragsbedingungen nach VOB/B; Zusätzliche Vertragsbedingungen; Besondere Vertragsbedingungen)
  - Technische Vertragsbedingungen (Allgemeine technische Vertragsbedingungen nach VOB/C; Zusätzliche technische Vorschriften; Besondere Technische Vorschriften in der Leistungsbeschreibung)
- Angebots- und Vergabeverfahren (§§ 6, 11 bis 25)
  - Angebot des Auftragnehmers durch Eintragung der Preise in das LV
  - Fristen (Angebotsfrist; Zuschlagsfrist; Bindefrist)
  - Abgabe und Prüfung der Angebote; Verhandlung mit dem Anbieter (§ 21)
  - Eröffnungstermin und Eröffnungsverfahren (§ 22)
  - Aufhebung der Ausschreibung (§ 26)
- Zuschlag (§ 28)

106 Der Teil C der VOB erfaßt die Allgemeinen Technischen Vorschriften für Bauleistungen, die Gegenstand des VOB-Vertrags sind, sofern der Teil B der VOB Vertragsgrundlage des Bauvertrags ist.

Teil C der VOB führt die einzelnen DIN-Normen der Bauleistungen auf, die rechtlich als allgemein anerkannte Regeln der Baukunst gewertet werden, ohne daß diese absoluter Gültigkeitsmaßstab sind. Wer aber bei der Bauausführung die DIN-

Norm einhält, „hat die wiederlegbare Vermutung für sich, daß seine Leistung den anerkannten Regeln der Baukunst entspricht" (Locher a.a.O. S. 67f.).

a) Bedeutung der VOB/B

Die VOB/B (DIN 1961 – Ausgabe Juni 1996) ist keine Rechtsnorm, sie beinhaltet vorformulierte Vertragsbedingungen im Sinne des § 1 AGBG. Gleichwohl geht die Bedeutung der VOB/B über einen allgemeinen Mustervertrag hinaus. *107*

Hierzu stellt Friedrich Schmidt zu einer Entscheidung des BGH (Urteil vom 16. 12. 1982 – VII ZR 92/98) folgendes fest (DNotZ 1983, 462ff.): *108*

„Der BGH .... erklärt die VOB/B zu einem eigenständigen Normgefüge. Dieses steht so hoch, daß es Gesetze verdrängt (Werkvertragsrecht des BGB; AGBG). Der Parteiwille entscheidet nur noch darüber, ob die VOB/B anzuwenden ist. Ist sie vereinbart, wirkt sie wie ein Gesetz. Kein anderes Normgefüge des Privatrechtes hat je vom Gesetzgeber – bestätigt durch das höchste Gericht – eine solche Qualifikation erhalten. Man könnte dies fast als eine mittelbare Gesetzgebung bezüglich der VOB/B bezeichnen."

In diesem Sinne ist das Normenwerk der VOB/B eine „fertiggereift liegende Vertragsordnung – bzw. Rechtsordnung" mit objektiver Rechtsqualität und Eignung zur allgemeinen Anwendung. *109*

Der Teil B der VOB bestimmt also die allgemeinen Vertragsbedingungen für die Ausführung von Bauleistungen und damit die Beziehungen der Vertragspartner nach Vertragsabschluß. Durch diese Regelungen werden alle Vorgänge erfaßt, die zwischen den Vertragspartnern vom Abschluß des Vertrages bis zur Erfüllung des Vertrages, d.h. bis der Auftragnehmer das geschuldete Werk ordnungsgemäß hergestellt, und der Auftraggeber die vereinbarte Vergütung voll bezahlt hat, bestehen. Insbesondere enthält der Teil B der VOB (künftig VOB/B bezeichnet) Einzelregelungen und spezielle Ergänzungen, die im Werkvertragsrecht des BGB nicht oder für das Bauvertragsrecht nur ungenügend vorgesehen sind. *110*

Wird VOB/B als Vertragsinhalt vereinbart, sind ausschließlich die dort vorgegebenen Regelungen Maßstab für die Rechte und Pflichten der Vertragspartner. *111*

Im Falle der Vereinbarung der VOB/B als Vertragsinhalt wird automatisch auch VOB/C Bestandteil des Vertrages. Dies ergibt sich aus § 1 Nr. 1 S. 2 der VOB/B.

Werden nur einzelne Teile der VOB/B im Bauvertrag vereinbart, so kann der gesamte Vertrag nicht als VOB-Vertrag gewertet werden, was insbesondere für die Beurteilung darüber, ob der Bauvertrag den Vorschriften des AGBG unterliegt, von Bedeutung sein kann. Nach § 23 Abs. 2 Nr. 5 des AGBG finden das Verbot der fingierten Erklärung (§ 10 Nr. 5 AGBG) und das Verbot von Einschränkungen bei Gewährleistungsregelungen (§ 11 Nr. 10 AGBG) für die VOB/B keine Anwendung, wenn diese insgesamt Gegenstand des Bauvertrages ist.

112 Nur in ihrer Gesamtheit kann die VOB als ausgewogenes Regelwerk betrachtet werden. In diesem Sinne entsprechen die Vorschriften der VOB in ihrer Gesamtheit den Regeln von Treu und Glauben. Sie sind unter Beteiligung aller mit dem Baugeschehen befaßten Kreise geschaffen worden, und sie weisen insgesamt ein ausgewogenes Verhältnis auf, was Rechte und Pflichten der jeweiligen Vertragspartner anbelangt.

Aus diesem Grunde unterliegen diese Regelungen auch nicht der Inhaltskontrolle der §§ 9–11 des AGBG (Ausnahmeregelung § 23 Abs. 2 Nr. 5 AGBG).

b) Inhalt der VOB/B

113 Die VOB/B weicht inhaltlich von den Regeln des Bauwerkvertrages in einigen wesentlichen Punkten ab. U. a. ist folgendes abweichend geregelt:

- Notwendigkeit eines förmlichen Abnahmeverfahrens (§ 12 VOB/B).
- Ausschluß des Rechts auf Wandelung und Beschränkung des Rechts auf Minderung für den Fall, daß eine Nachbesserung ausscheidet (§ 13 Nr. 5, 6 VOB/B).
- Einschränkung des Schadensersatzanspruchs (Voraussetzung ist ein wesentlicher Mangel; Schäden, die über den Schaden am Bauwerk hinausgehen sind nur bei Fehlen einer zugesicherten Eigenschaft und bei Vorsatz bzw. grober Fahrlässigkeit ersatzfähig (§ 13 Nr. 7 VOB/B). Unterscheidung in kleinen und großen Schadensersatzanspruch (§ 13 Nr. 7 Abs. 1 u. 2).
- Eingeschränkte Verjährungsfrist bezüglich der Gewährleistungsansprüche für Bauwerke auf 2 Jahre (nicht 5 Jahre) gem. § 13 Nr. 4 VOB/B.

- Quasi-Unterbrechung der Verjährungsfrist (§ 13 Nr. 5 VOB/B) lediglich durch schriftliche Mängelanzeige.

Von besonderer Bedeutung ist dabei einmal die verkürzte Verjährungsfrist von 2 Jahren. Diese Frist kann aber auch im VOB-Vertrag durch abweichende Vereinbarung auf 3 oder 5 Jahre verlängert werden. *114*

Durch die normalerweise verkürzte Verjährungsfrist ist in der VOB/B die Quasi-Unterbrechung der Verjährungsfrist vorgesehen. Es handelt sich dabei um eine schriftliche Mängelrüge, die folgendes bewirkt (vgl. Gisbert Kaiser „Zur rechtlichen Tragweite des Mängelbeseitigungsverlangens der Wohnungseigentümer" in WER 1987, 179): *115*

- Vom Zugang der schriftlichen Mängelrüge an, beginnt hinsichtlich der Mängelansprüche eine Verjährungsfrist in der bestimmten Dauer zu laufen.
- Weitere Fristverlängerungen durch erneute schriftliche Rügen wegen desselben Mangels sind ausgeschlossen.
- Ist eine längere als die 2jährige Regelfrist vereinbart gilt:
  - die schriftliche Mängelrüge setzt hier nicht die abweichend vereinbarte Frist sondern nur die Regelfrist des § 13 Nr. 4 VOB/B (2 Jahre) neu in Lauf (BGH NJW 1972, 530);
  - die durch Mängelrüge neu in Lauf gesetzte Frist darf aber nicht vor Ablauf der vereinbarten Frist enden.
- Mit der schriftlichen Mängelrüge verlängert sich auch die Verjährung der übrigen Ansprüche des Auftraggebers aus § 13 VOB/B analog §§ 639 Abs. 1, 477 Abs. 3 BGB.

6. Besondere Bau- und Werkverträge

Bauwerkverträge werden nicht immer nur mit Einzelfirmen abgeschlossen, sondern manchmal auch mit einer Gruppe von Unternehmen, wie z. B. mit einer Arbeitsgemeinschaft (Arge). Daneben kann der Auftraggeber mit der Erstellung einer Bauwerksleistung einen Generalunternehmer, einen Generalübernehmer und einen Baubetreuer beauftragen. Diese unterschiedlichen Unternehmenseinsatzformen und besonderen Werkverträge haben insbesondere für größere Neubaueigentumswohnanlagen besondere Bedeutung, namentlich bei Baumaßnahmen, die im Rahmen des Bauherrnmodells abgewickelt werden. Die Arten *116* dieser Bauleistungen und die Besonderheiten ihrer Verträge sollen deshalb kurz erläutert werden.

a) Bauwerkvertrag mit Arbeitsgemeinschaft (ARGE)

117 Schließt ein Auftraggeber einen Bauwerksvertrag mit einer Arge ab, so handelt es sich dabei um einen Bauvertrag, der keine Abweichung zu den bisher geschilderten Vertragstypen hat. Trotzdem muß der Bauherr und Auftraggeber wissen, daß die Arge als Vertragspartner eine – während der Dauer der Bauleistung lose zusammengeschlossene – Arbeitsgemeinschaft ist, die in der Regel als Gesellschaft des bürgerlichen Rechts (§§ 705ff. BGB) auftritt und damit keine eigene Rechtspersönlichkeit besitzt. Aus diesem Grunde obliegt die Verpflichtung zur Bauleistung und zur Gewährleistung den Gesellschaftern der Arge jeweils im einzelnen, wobei der Auftraggeber sie nach seiner Wahl gesamtschuldnerisch in Anspruch nehmen kann.

118 Die Geschäftsführung der BGB-Gesellschaft steht allen Gesellschaftern gemeinschaftlich zu (§ 709 Abs. 1 BGB). Dies ist für den Bauherrn nicht günstig und zweckmäßig. Er sollte deshalb darauf achten, daß die Gesellschaft im Innenverhältnis einen Gesellschafter (Unternehmen) mit der Geschäftsführung beauftragt.

b) Generalunternehmervertrag

119 Als Generalunternehmer tritt in der Regel ein Bauunternehmer auf, der sich gegenüber dem Bauherrn verpflichtet ein Bauwerk – in der Regel schlüsselfertig, gegebenenfalls auch einschließlich der Architektenleistung – zu erstellen. Dabei erbringt der Generalunternehmer nur einen Teil der Bauleistungen selbst, während die restlichen Bauleistungen vom Subunternehmer (Nachunternehmer) erbracht werden nach Maßgabe von Bauwerkverträgen, die der Generalunternehmer mit diesem in eigenem Namen abschließt (Locher a.a.O. S. 332).

120 Da der Generalunternehmer keine wirtschaftliche Betreuung übernimmt, handelt es sich beim Generalunternehmervertrag um einen reinen Bauwerkvertrag mit allen Konsequenzen der oben beschriebenen Typen des Bauvertrages. Ein Problem kann nur dann entstehen, wenn Gegenstand des Generalunternehmerver-

trages das schlüsselfertige Bauwerk einschließlich der Architekten- und Ingenieurleistung ist und die VOB als Vertragsgrundlage vereinbart wurde. In diesem Fall kann man auch von einem Totalunternehmervertrag sprechen (Locher a.a.O. S. 333). Zwar gelten Architekten- und Ingenieurverträge als Werkverträge auf die aber die VOB nicht anwendbar ist, so daß für diese nur die Gewährleistungsverpflichtungen und die Gewährleistungsfristen des Werkvertragsrechts des BGB Gültigkeit haben.

Anderer Auffassung ist Korbion (a.a.O. S. 576 Tz 51 b) der davon ausgeht, daß von bestimmten Ausnahmen abgesehen (VOB/B § 3 Nr. 1 und 2; § 4 Nr. 1 Abs. 1 S. 1) auch bezüglich der Architekten- und Ingenieurleistung innerhalb eines Generalunternehmervertrages die VOB/B anwendbar ist. Das gilt besonders für die Gewährleistungsbestimmungen, die Verjährungsfrist, die Abrechnung und die Zahlung.

c) Generalübernehmervertrag

Wie der Generalunternehmer erbringt der Generalübernehmer *121*
im Verhältnis zum Bauherrn Bauwerksleistungen. Der Unterschied zwischen Generalunternehmer und Generalübernehmer besteht lediglich darin, daß der Generalübernehmer keine Teilbauleistung selbst erbringt, sondern daß er alle Bauleistungen von Bauunternehmen (aufgrund von Bauverträgen, die der Generalübernehmer mit den einzelnen Bauunternehmen im eigenen Namen abschließt) erbringen läßt. In der Regel übernimmt der Generalübernehmer keine wirtschaftlichen und finanziellen Leistungen, so daß das Bauherrnrisiko – wie beim Generalunternehmervertrag – beim Bauherrn bleibt.

Als Besonderheit des Generalübernehmers in der Praxis ist aber herauszustellen, daß im Generalübernehmervertrag häufig das Preisrisiko dem Generalübernehmer durch Vereinbarung eines absoluten Festpreises überbürdet wird.

IV. Baubetreuung und Bauträgerschaft

Die Begriffe Baubetreuung und Bauträgerschaft wurden in *122*
der Literatur unterschiedlich und teilweise widersprüchlich

verwendet. Auf die Einzelheiten und die Problematik der Baubetreuung kann hier nicht eingegangen werden. Zu verweisen ist auf die einschlägige Literatur (besonders: Locher a.a.O. S. 341ff.).

123 Die Baubetreuung ist eine besondere Form der Erstellung von Bauwerken, die ihre eigentliche Ursache in dem Bemühen der Bauherren hatte, die Verantwortung bezüglich des immer komplizierter werdenden Baugeschehens im ganzen an Fachleute und Fachfirmen zu übertragen. In diesem Sinne entwickelten sich rechtlich unterschiedliche Trägerformen und damit sehr differenziert gestaltete Baubetreuungsverträge. Am Ende dieser Entwicklung stehen die sogenannten Bauträgerverträge und das Vertragsbündel der Bauherrnmodelle.

(Zur Entwicklung der Bauträgerschaft siehe Seuß, Wie kam es zu den Bauträger-Verträgen in PiG Nr. 5, S. 7ff.).

124 Um dieses Konglomerat verschiedener Leistungen rechtlich zu ordnen haben sich in Rechtsprechung und Literatur zwei Sammelbegriffe herausgebildet, welche zuerst die Rechtsnatur der Baubetreuungsverträge in einem engeren und einem weiteren Sinn zu erklären versuchten. Diese begriffliche Unterscheidung wurde aber aufgegeben, sodaß man heute die reine Baubetreuung von der Bauträgerschaft unterscheidet.

1. Baubetreuung

125 Bei der Baubetreuung steht das Grundstück im Eigentum des Betreuten. Der Betreuer handelt im Namen, in Vollmacht und auf Rechnung des Betreuten und verwaltet in der Regel auch die von dem Betreuten bereitgestellten Mittel (Locher a.a.O. S. 341f.). In diesem Sinne schließt der Baubetreuer in der Regel die Bauverträge mit den einzelnen Bauunternehmen namens und auf Rechnung für den Bauherren ab. Auch obliegt ihm in aller Regel die wirtschaftliche Betreuungsleistung, die darin besteht, daß er für die Finanzierung der Herstellungskosten im weitesten Sinne die Geschäftsbesorgung übernimmt.

126 Von Vollbetreuung spricht man dann, wenn im Betreuungsvertrag sowohl die wirtschaftliche als auch die technische Betreuung vereinbart wird.

Rechtlich wird der Vollbetreuungsvertrag als ein „umfassender auf die Erstellung des Bauwerkes insgesamt gerichteter Werkvertrag“ qualifiziert (Locher/a.a.O. S. 342f.), der Geschäftsbesorgungsvertragscharakter (§ 675 BGB) hat. Soweit im Baubetreuungsvertrag wirtschaftliche Leistungen vereinbart werden, handelt es sich dabei um einen Dienstvertrag mit Geschäftsbesorgungscharakter. Insgesamt sind für das Verhältnis des Bauherren zum Baubetreuer zuerst die Regelungen des Bauwerkvertrages des BGB (§§ 631ff. BGB, s. oben Rn. **2** 51ff.) anzuwenden.

Daneben hat die Geschäftsbesorgungseigenschaft des Vollbetreuungsvertrages zur Folge, daß bei fehlender Vergütungsvereinbarung nicht der werkvertragliche Vergütungsanspruch (§ 632 Abs. 2) Gültigkeit hat, sondern der Aufwendungsersatzanspruch nach §§ 675, 670 BGB. Ferner ist der Betreuer zur allgemeinen Auskunftserteilung und Rechenschaftslegung im Sinne der §§ 675, 666 BGB verpflichtet. Wird in einem Baubetreuungsvertrag bezüglich der gesamten Bauleistung einschließlich der wirtschaftlichen Betreuungsleistung ein Festpreis als sogenannte Preisgarantie vereinbart, so ändert das nach h. M. nichts an der Qualifikation dieses Vertrages als Werkvertrag.

Ist im Betreuungsvertrag nur die rein technische Betreuungsleistung vereinbart, so handelt es sich um eine Teilbetreuung, bei der ebenfalls ein Werkvertrag vorliegt. *127*

Nach dem Mustervertrag des GdW Bundesverband deutscher Wohnungsunternehmen e.V. können als technische Leistungen folgende (ganz oder teilweise) vereinbart werden: *128*

- die Voraussetzungen zur Lösung der Bauaufgabe durch die Planung ermitteln (Grundlagenermittlung),
- die wesentlichen Teile einer Lösung der Planaufgabe erarbeiten (Vorplanung: Projekt- und Planungsvorbereitung),
- die endgültige Lösung der Planungsaufgabe erarbeiten (Entwurfsplanung: System- und Integrationsplanung),
- die Vorlagen für die erforderlichen Genehmigungen oder Zustimmungen erarbeiten und einreichen (Genehmigungsplanung),
- die ausführungsreife Planungslösung erarbeiten und darstellen (Ausführungsplanung),
- die Massen ermitteln und die Leistungsverzeichnisse aufstellen (Vorbereitung der Vergabe),
- die Kosten ermitteln und bei der Auftragsvergabe mitwirken (Mitwirkung bei der Vergabe),

- die Ausführung des Objekts überwachen (Objektüberwachung: Bauüberwachung),
- die Beseitigung von Mängeln innerhalb der Gewährleistungsfristen überwachen und eine Dokumentation des Gesamtergebnisses erstellen (Objektbetreuung und Dokumentation).

129 Betrachtet man die aufgeführten technischen Betreuungsleistungen so ist zu erkennen, daß es sich hier um typische Architektenleistungen handelt, die wie oben dargestellt ebenfalls dem Werkvertragsrecht zugeordnet sind. Wie in der Vollbetreuung hat der Betreuungsvertrag, der nur eine technische Teilbetreuung vorsieht, zusätzlich Geschäftsbesorgungscharakter.

130 Anders wird die Teilbetreuung qualifiziert, wenn sich die Teilbetreuung nur auf die wirtschaftliche Betreuung erstreckt.

Nach dem Mustervertrag des GdW können als wirtschaftliche Leistungen folgende (ganz oder teilweise) vereinbart werden:

- die voraussichtlichen Gesamtkosten schätzen,
- die Kostenschätzung überprüfen,
- die Voraussetzungen für eine etwaige öffentliche Förderung prüfen,
- den Finanzierungsplan aufstellen,
- die vorläufige Wirtschaftlichkeits-/Lastenberechnung aufstellen und den Bauherrn über die Tragbarkeit der sich hieraus ergebenden Belastungen beraten und ihn auf erkennbare finanzielle Risiken hinweisen,
- den Zahlungsplan für die Eigen- und Fremdmittel aufstellen,
- die katasteramtlichen Voraussetzungen klären und die Regelung der dinglichen Rechtsverhältnisse des Baugrundstückes betreiben,
- die Rechnung unter kaufmännischen Gesichtspunkten prüfen und den Zahlungsverkehr abwickeln,
- die Kostenberechnung überprüfen,
- die Buchhaltung für das Bauvorhaben führen,
- die Rechte des Bauherrn gegenüber den Behörden, Darlehensgebern, Architekten, Bauausführenden, Lieferanten usw. wahrnehmen,
- die dem Bauherrn obliegenden Anzeige-, Mitteilungs- und Vorlagepflichten wahrnehmen, für die Bauherren die Gewährleistungsansprüche gegenüber den am Bau Beteiligten außergerichtlich geltend machen und den Bauherrn bei der gerichtlichen Durchsetzung unterstützen,
- die Schlußabrechnung gegenüber berechtigten Dritten aufstellen,
- die endgültige Wirtschaftlichkeits-/Lastenberechnung aufstellen,
- die Bauleistungen im Namen und für Rechnung des Bauherrn vergeben,
- folgende Versicherungen für das Bauvorhaben abschließen:
  - Bauwesen-Versicherung,
  - Bauherren-Haftpflichtversicherung,

  - Gebäude-Versicherung,
  - Leitungswasserschäden-Versicherung,
  - Allgemeine Haftpflichtversicherung des Grundstückseigentümers,
  - Sturmschäden-Versicherung,
  - Gewässerschäden-Haftpflichtversicherung,
- Durchführung der finanziellen Betreuung:
  - Die Anträge zur Beschaffung der öffentlichen und sonstigen Fremdfinanzierungsmittel bearbeiten,
  - die Darlehensverträge bearbeiten und die dingliche Sicherung vorbereiten,
  - die öffentlichen und sonstigen Finanzierungsmittel beschaffen,
  - die Vor- und Zwischenfinanzierung betreiben.

In diesem Fall wird der Betreuungsvertrag als reiner Dienst- *131*
vertrag mit Geschäftsbesorgungscharakter angesehen (LG Bielefeld GWW 1965, 214; Locher NJW 1967, 327; Locher/Koeble S. 17). Der Gesamtcharakter der Tätigkeit ist eine Dienstleistung und deswegen dem Dienstvertragsrecht über die Geschäftsbesorgung (§ 675 BGB) zuzuordnen.

Insbesondere im Zusammenhang mit den Bauherrnmodellen *132*
haben sich recht unterschiedlich gestaltete Vertragsinhalte bei den Betreuungsverträgen herausgebildet. Diese sehr differenzierten Verträge können als Geschäftsbesorgungsverträge, je nach Ausgestaltung, Elemente des Makler-, Werk- oder Dienstvertrags enthalten. Da die Vertragsparteien nach § 305 BGB die Möglichkeit haben, einen Geschäftsbesorgungsvertrag inhaltlich nach ihren Bedürfnissen auszurichten, haben im Streitfall die Gerichte die Aufgabe, den richtigen Sachverhalt sowie die Rechtstatsachen durch Vertragsauslegung zu bestimmen. Nach dem BGH (NJW 1985, 2477) kann ein Betreuungsvertrag als Geschäftsbesorgungsvertrag auch ein Maklervertrag sein. Das gilt aber nur dann, wenn der Geschäftsbesorger einen „Nachweis oder eine Vermittlung" zu erbringen hat und der Bauherr Entschließungsfreiheit besitzt (Leitbild des § 652 BGB). Nicht jeder Geschäftsbesorgungsvertrag, indem eine Finanzierungsvermittlung vereinbart wird, unterfällt dem Maklerrecht. Das gilt besonders dann, wenn der Bauherr sich verpflichtet vom Betreuer beschaffte Finanzierungsmittel anzunehmen, was einer Abnahmeverpflichtung entspricht (BGH WM 1984, 240). In einem solchen Betreuungsvertrag werden die aufgezeigten werk- oder dienstvertraglichen Elemente überwiegen, sodaß der gesamte

Vertrag – oder bestimmte Teile davon – dem Werkvertragsrecht oder dem Dienstvertragsrecht zu unterstellen sind (BGH NJW 1991, IV ZR 112/90).

133 Zusammenfassend kann die Tätigkeit des Baubetreuers als eine solche verstanden werden, die er im Außenverhältnis zu Dritten nur im Namen des Bauherrn und im Innenverhältnis auf Rechnung desjenigen betreibt, dessen Geschäft das Bauvorhaben ist (Landmann/Rohmer – Gewerbeordnung Marcks § 34 c Rz 42). Der Baubetreuer ist demnach nicht Bauherr; deshalb kann für ihn der § 34 c Abs. 1 Nr. 2 a GewO keine Anwendung finden. Er benötigt aber die Erlaubnis nach § 34 c Abs. 1 Nr. 2 GewO. Die Sicherungspflichten nach § 2 MaBV hat er dann zu erfüllen, wenn er zur Erfüllung seiner Aufgaben Vermögenswerte des Bauherrn erhält (Brych/Pause S. 220).

2. Bauträgerschaft

134 In Rechtsprechung und Literatur scheint sich der Bauträgerbegriff dahingehend verdichtet zu haben, daß der Bauträger gewerbsmäßig Wohnraum zum Zwecke der Veräußerung auf eigenem Grundstück und im eigenen Namen erstellt, wobei er die Bauleistung nicht selbst erbringt, sondern diese durch Bauunternehmen ausführen läßt. Zivilrechtlich fehlt eine gesetzliche Definition des Bauträgerbegriffs. Der Begriff Bauträger wird in § 34c GewO (Gewerbeordnung in der Bekanntmachung der Fassung vom 1. 1. 1987 BGBl. I S. 424 – zuletzt geändert durch Gesetz vom 22. 10. 1997 – BGBl. I S. 2518, 2577 –) für den Gewerbetreibenden gebraucht, der u.a. Bauvorhaben als Bauherr im eigenen Namen für eigene oder fremde Rechnung betreibt und dazu Vermögenswerte von Erwerbern, Mietern, Pächtern oder sonstigen Nutzungsberechtigten oder von Bewerbern um Erwerbs- oder Nutzungsrechte verwendet. Der Bauträger ist also Herr des gesamten Baugeschehens. In diesem Sinne ist er Partner der Behörden und Empfänger der Baugenehmigung. Er schließt in aller Regel Architekten- und Bauverträge mit Dritten ab, soweit er solche Leistungen nicht selbst erbringt. Der Bauträger schließt mit den Erwerbern vor Baubeginn bzw. während der Bauzeit oder nach der Fertigstellung einen Bauträgervertrag

ab (vgl. hierzu Schmidt in Bä/S Rz. A 438 und BGH NJW 1986, 925).

3. Bauträgervertrag

Als Bauträgervertrag wird der Kaufvertrag über eine von einem Bauträger herzustellende, neue ETW verstanden, wobei es nicht darauf ankommt, ob diese im Zeitpunkt des Vertragsabschlusses bereits fertiggestellt ist oder nicht. Gegenstand des Bauträgervertrages ist einmal die Eigentumsübertragung des Grundstückes (WE) und zum anderen die Herstellungspflicht eines Bauwerkes (ETW). *135*

In einer Reihe von Entscheidungen hat der BGH zur Rechtsnatur des Bauträgervertrages Stellung genommen (BGH 1977 VersR 1978, 219; BGH 1968 MDR 1969, 748; BGHZ 60, 362; BGHZ 74, 273; BGH NJW 1979, 1406; BGH NJW 1979, 2193; BGH NJW 1981, 1665; BGH DNotZ 1982, 626; BGH DNotZ 1984, 760; BGH 1985 DNotZ 1986, 17; BGH NJW 1986, 925). Nach all diesen Entscheidungen ist eindeutig, daß der Bauträgervertrag als gemischter Vertrag eigener Art anzusehen ist, „als eine Verbindung überwiegend werk- bzw. werklieferungsvertraglicher mit anderen Elementen, also in erster und zweiter Linie aus kaufrechtlichen oder – wenn etwa die Finanzierung übernommen wird – Elementen der Geschäftsbesorgung“ (so Doerry PiG Nr. 9 S. 104). Demnach ergibt sich aus dem Bauträgervertrag, mit dem eine ETW vor Fertigstellung veräußert und damit eine werkvertragliche Herstellungspflicht übernommen wird, die Haftung gegenüber dem Erwerber für Mängel des Bauwerkes aus den §§ 633ff. BGB. Dazu kommt, daß der Bauträgervertrag in aller Regel ein Formularvertrag i. S. des § 1 AGBG ist, und damit der Inhaltskontrolle nach den §§ 9–11 AGBG unterliegt. Nach § 11 Nr. 10 AGBG kann sich der Werkunternehmer einer „neu hergestellten Sache“ von seiner Gewährleistung für Sachmängel des Bauwerks nicht freizeichnen. Nach der grundsätzlichen Entscheidung des BGH (DNotZ 1986, 17) kann in einem Bauträgervertrag die werkvertragliche Haftung, insbesondere die 5jährige Verjährungsfrist des § 638 BGB weder *136* durch die „isolierte“ Vereinbarung des § 13 VOB/B noch durch Vereinbarung der VOB „als Ganzes“ zum Nachteil des Erwerbers eingeschränkt werden.

137 Dies alles bedeutet, daß ein Bauträger im Grunde genommen keine Freizeichnungsmöglichkeit für Sachmängel hat, und daß einem Erwerber für die Dauer von 5 Jahren von der Abnahme des Bauwerks an Gewährleistungsansprüche nach den §§ 633ff. BGB zustehen. Dabei spielt es keine Rolle, ob das erworbene Objekt bei Vertragsabschluß begonnen oder gar fertiggestellt war. Auch spielt die Bezeichnung des Vertrags (z.B. Kaufvertrag) keine Rolle. Entscheidend für die rechtliche Qualifizierung des Werkvertrags ist der Inhalt, der Zweck und die wirtschaftliche Bedeutung des Vertrags sowie die Interessenlage der Parteien für die Verpflichtung des Veräußerers zur mängelfreien Erstellung des Bauwerks (BGH NJW 1982, 2243).

138 Aus der Entscheidung des BGH vom 20. 2. 1986 ist zu entnehmen, daß eine Abgrenzung zwischen Werkvertragsrecht und Kaufvertragsrecht von fertiggestellten Objekten recht schwierig ist. Immerhin stellt der BGH in einer Entscheidung (Urteil vom 6. 6. 1986 NJW 1986, 2824) fest, daß die Rechtsprechung des BGH zur Wirksamkeit von Gewährleistungsausschlüssen in Veräußerungsverträgen über neu errichtete, im Bau befindliche oder noch zu errichtende Häuser oder ETW nicht auf die Vereinbarung eines Gewährleistungsausschlusses in Verträgen über die Veräußerung von Grundstücken mit Altbauten ohne Herstellungsverpflichtung des Veräußerers nicht übertragen werden kann.

139 Mit der wichtigen Entscheidung vom 21. 11. 1985 (NJW 1986, 925) betont der BGH zurecht den besonderen Charakter des Bauträgervertrages als gemischten Vertrag. Danach wird dieser Vertrag nicht nur als solcher bezeichnet, der sich aus verschiedenen in den einzelnen Schuldverhältnissen des BGB geregelten Typen zusammensetzt. Für dieses Vertragsverhältnis von ausschlaggebender Bedeutung ist, daß die Einzeltypen – soweit sie abdingbares Recht enthalten – mit dem vom Erwerber akzeptierten wirtschaftlichen Ziel des Bauträgervertrages in Übereinstimmung zu bringen sind. So würde es z.B. dem wirtschaftlichen Ziel eines Bauträgervertrages zuwiderlaufen, wenn der Erwerber den bauvertraglichen Teil des Bauträgervertrages ohne wichtigen Grund gem. § 649 BGB kündigen könnte und auf Erfüllung des kaufvertraglichen Teiles zur Übertragung des Grundstücks bzw. eines Miteigentumsanteils am Grundstück einen Rechtsanspruch hätte.

Im Zusammenhang mit der werkvertraglichen Erstellungspflicht hat auch die Abnahme der Werkleistung, hier der ETW, besondere Bedeutung. Der Abnahmetermin löst nämlich wichtige Rechtsfolgen aus und zwar: *140*

- Fälligkeit der Vergütung (§ 641 BGB)
- Gefahrenübergang (§ 644 BGB)
- Rügeverlust, wenn der Käufer bei der Abnahme einen Mangel kennt und diesen nicht reklamiert (§ 640 Abs. 2 BGB)
- Umkehr der Beweislast: Vor der Abnahme trifft den Bauträger die Beweislast, wenn ein Käufer einen Mangel rügt. Nach der Abnahme hat der Käufer zu beweisen, daß ein Mangel vorliegt
- Beginn der Verjährungsfrist (§ 638 Abs. 1 S. 2 BGB)
- Mit der Abnahme ist in der Regel der Werkvertrag erteilt (§ 633 BGB). Ab dieser Zeit werden Baumängel im Wege der Gewährleistung verfolgt (§§ 634, 635 BGB)

Der Zeitpunkt der Abnahme wird häufig im Kaufvertrag beschrieben. Die Beschreibung hat exakt zu erfolgen, sodaß sich der Käufer ohne Schwierigkeiten auf den Abnahmetermin ungehindert einstellen und vorbereiten kann. Nicht zulässig ist die Vereinbarung einer Abnahmefiktion etwa dargestellt, daß die ETW als abgenommen gilt, wenn der Erwerber nicht zum vorgesehenen Abnahmetermin erscheint. Eine solche Abnahmefiktion verstößt gegen § 11 Nr. 10 AGBG, weil sie die gesetzliche Regelung des § 640 BGB ausschließt (OLG Hamm vom 24. 11. 1993, OLGRZ 94, 74). *141*

a) Grundsätze für die Gestaltung von Bauträgerverträgen

Der Bauträgervertrag ist ein Austauschvertrag. Die Leistungen beider Vertragspartner stehen in einem gegenseitigen Austauschverhältnis (vgl. hierzu Schmidt in Bä/S Rz. A 445f.). Der Bauträger verpflichtet sich eine Bauleistung (Haus oder eine ETW) zu erstellen, der Erwerber verspricht dafür die Kaufpreisleistung. Vertragsinhalt ist die Bestimmung der Leistungen (Baubeschreibung und Festlegung des Kaufpreises). Obwohl auch für den Inhalt des Bauträgervertrags grundsätzlich Vertragsfreiheit *142* gilt, bestimmen sowohl zivilrechtliche als auch gewerberechtliche Rahmenbedingungen die Abfassung der Bauträgerverträge. Zu unterscheiden sind dabei die Sicherung der Ansprüche des Erwerbers, die Sicherung durch Notar und Grundbuchamt sowie die Sicherung des Verkäufers (vgl. Schmidt in Bä/S Rz. A 445 ff.).

aa) Sicherung der Ansprüche des Erwerbers

143 Der Erwerber hat Anspruch auf schlüsselfertige Erstellung der ETW und auf Verschaffung des Eigentums. Die Verpflichtung der schlüsselfertigen Erstellung der ETW ist das Versprechen ein Bauwerk zu erstellen und wird als Werkvertrag qualifiziert, so daß dem Erwerber die Ansprüche aus §§ 631 ff. BGB zustehen. Die Eigentumsverschaffung setzt die Auflassung (§§ 433 BGB) und die Eintragung des Erwerbers in das Grundbuch (§ 925 BGB) voraus.

144 Folgende Voraussetzungen sind dabei von Bedeutung (vgl. Schmidt in Bä/S Rz. A 477 ff.):

- Beurkundung des Vertrags. Der Bauträgervertrag unterliegt der Beurkundungspflicht des § 313 BGB. Dies gilt auch für Nebenabreden (z. B. hinsichtlich des Kaufpreises BGH DNotZ 1984, 236).
- Entwurfseinsicht. Der Bauträger ist verpflichtet dem Erwerber vor Beurkundung den Vertragsentwurf mit allen Unterlagen, auch die Teilungserklärung zur Einsichtnahme vorzulegen.
- Eintragung einer Auflassungsvormerkung. Die Eintragung dieses Rechts nach § 883 BGB, das konkursfest ist, sichert das Recht des Erwerbers auf lastenfreien Eigentumsübergang.
- Lastenfreiheit. Der Verkäufer ist verpflichtet den Vertragsgegenstand frei von Rechten Dritter (§ 434 BGB) zu übertragen.
- Genehmigungen. Zur Rechtswirksamkeit des Bauträgervertrags sind verschiedene Genehmigungen erforderlich: Teilungsgenehmigung nach § 19 BauGB; Genehmigung nach § 144 BauGB bei ausgewiesenen Sanierungs- und Entwicklungsgebieten.
- Keine Rücktrittsrechte zugunsten des Bauträgers. § 3 MaBV verbietet vertragliche Rücktrittsrechte zugunsten des Veräußerers.

bb) Makler- und Bauträgerverordnung (MaBV)

Die 1975 erlassene MaBV, die in der dritten Verordnung zur Änderung der MaBV vom 14. 2. 1997 (BGBl. I S. 272) eine entscheidende Änderung erfahren hat (vgl. Schmidt in Bä/S 1. Ergänzungslieferung Rz. 545 a/1), die für alle ab 1. Juni 1997 abgeschlossenen Verträge gilt. Für die vorher abgeschlossenen Verträge gilt das alte Recht. Die Vorschriften der MaBV sollen als zwingende gesetzliche Regelung die Sicherheit des Käufers gewährleisten. Rechtsgrundlage ist § 34 c Gewerbeordnung. Verstößt der Bauträger gegen Vorschriften der MaBV, so stellt dies eine Ordnungswidrigkeit dar, die mit Bußgeld geahndet wird (§ 18 MaBV). Wesentliche Zweckbestimmung dieser Verordnung ist der Schutz der dem Bauträger überlassenen Vermögenswerte des Käufers. Im Hinblick auf den Bauträgervertrag gelten dabei folgende Vorschriften: *145*

- Entgegennahme von Vermögenswerten des Käufers setzt zwingend voraus (§ 3 Abs. 1 MaBV), daß (vgl. hierzu Rechtshandbuch Immobilien Bd. 1 Nr. 12 Rz. 75 ff.):
  - der Bauträgervertrag wirksam ist,
  - eine Auflassungsvormerkung zugunsten des Erwerbers im Grundbuch eingetragen ist,
  - eine Freistellungserklärung der Grundpfandgläubiger vorliegt,
  - eine Baugenehmigung erteilt wurde.
- Ratenzahlungen des Kaufpreises nach § 3 Abs. 3 MaBV (neu) können wie folgt vereinbart werden (die Zahlen für Erbbaurechte sind in Klammern angegeben).

30 % (20 %) nach Beginn der Erdarbeiten
70 % (80 %) nach Baufortschritt in folgenden %-Sätzen:
40 % nach Rohbaufertigstellung, einschließlich Zimmererarbeiten,
8 % für die Herstellung der Dachflächen und Dachrinnen,
3 % für die Rohinstallation der Heizungsanlagen,
3 % für die Rohinstallation der Sanitäranlagen,
3 % für die Rohinstallation der Elektroanlagen,
10 % für den Fenstereinbau, einschließlich der Verglasung,
6 % für den Innenputz, ausgenommen Beiputzarbeiten,
3 % für den Estrich,
4 % für die Fliesenarbeiten im Sanitärbereich,
12 % nach Bezugsfertigkeit und Zug um Zug gegen Besitzübergabe,

3 % für die Fassadenarbeiten,
5 % nach vollständiger Fertigstellung.

Die Umrechnung der Raten auf den Gesamtkaufpreis ergibt (nach Schmidt Bä/S 1. Ergänzungslieferung Rz. A 545 a/7) folgende Zahlen, wobei die Zahlen für Erbbaurechte wieder in Klammern gesetzt sind:

1. Teilzahlung:	30,0 %	(20 %)	Beginn der Erdarbeiten
2. Teilzahlung:	28,0 %	(32 %)	Rohbau
3. Teilzahlung:	5,6 %	(6,4 %)	Dach
4. Teilzahlung:	2,1 %	(2,4 %)	Heizung
5. Teilzahlung:	2,1 %	(2,4 %)	Sanitär
6. Teilzahlung:	2,1 %	(2,4 %)	Elektro
7. Teilzahlung:	7,0 %	(8,0 %)	Fenster
8. Teilzahlung:	4,2 %	(4,8 %)	Innenputz
9. Teilzahlung:	2,1 %	(2,4 %)	Estrich
10. Teilzahlung:	2,8 %	(3,2 %)	Fliesen
11. Teilzahlung:	8,4 %	(9,6 %)	Bezugsfertigkeit
12. Teilzahlung:	2,1 %	(2,4 %)	Fassade
13. Teilzahlung:	3,5 %	(4,0 %)	endgültige Fertigstellung

Als Besonderheit bestimmt § 3 Abs. 2 Satz 1 MaBV, daß der Gesamtkaufpreis in höchstens sieben Teilbeträgen abverlangt werden darf. Das bedeutet, daß die oben genannten möglichen Teilzahlungen auf höchstens sieben Raten zusammenzufassen sind. Diese Raten sind dann zur Zahlung fällig, wenn der Baufortschritt entsprechend des Ratenplans erreicht ist. Dies hat der Bauleiter oder Architekt zu bestätigen. Unter vollständiger Fertigstellung der ETW im Sinne von § 30 Abs. 2 MaBV wird der Zeitpunkt verstanden, zu dem alle festgestellten Mängel beseitigt sind. Sieht man von kleineren Mängeln ab, ist die letzte Kaufpreisrate erst nach der Mängelbeseitigung fällig (MittBayNot 1994, 427)

– Bürgschaft als Sicherheit nach §§ 7 und 2 Abs. 2 MaBV. Der Bauträger kann anstelle der Ratenzahlung bezüglich der Entgegennahme des Kaufpreises oder der Kaufpreisraten eine Bürgschaft als Sicherheitsleistung anbieten. Als Bürgen kommen dabei nur Körperschaften des öffentlichen Rechts mit dem Besitz im Geltungsbereich der MaBV, Kreditinstitute, die im Inland zum Geschäftsbetrieb befugt sind, sowie Versicherungsunternehmen, die zum Betrieb der Bürgschaftsversicherung im Inland befugt sind, in Frage. Ein teilweiser Austausch der Bürgschaft mit der Ratenzahlungsvereinbarung, z.B. indem die Schlußrate von 3,5 v.H. verlangt werden darf, wenn der Bauträger eine Bürgschaft besorgt, ist nicht möglich. Möglich ist aber ein vollständiger Austausch der Sicherheiten nach §§ 7 und 3 MaBV (Rechtshandbuch Immobilien a.a.O. Band I Kapitel 12 Rz. 64ff.).

cc) AGB-Gesetz

Das Gesetz über Allgemeine Geschäftsbedingungen wurde als ein Nebengesetz zum BGB mit dem Ziel des besonderen Verbraucherschutzes am 9. 12. 1976 (BGBl. I S. 3317) eingeführt. Mit diesem Gesetz werden zwar nicht die Muster- und Formularverträge abgeschafft aber bezüglich vorformulierter Vertragsbedingungen erhebliche Einschränkungen gemacht. Das gilt in besonderer Weise auch für den fast ausschließlich vorformulierten Bauträgervertrag, der damit der Inhaltskontrolle nach dem AGBG unterliegt (vgl. § 1 AGBG). Das AGBG gilt nicht für „ausgehandelte Vertragsbedingungen" (§ 1 Abs. 2 AGBG), als sogenannte Individualabrede. Individualabreden sind im Bauträgerbereich selten. Sie bedingen eine eingehende Erörterung vor Vertragsabschluß und eindeutige Niederlegung im Bauträgervertrag, wobei die bloße Einräumung und Ausübung von Wahlmöglichkeiten (z.B. bezüglich der Sachmängelgewährleistung) keine wirksame Individualvereinbarung darstellt (vgl. Rechtshandbuch Immobilien a.a.O. Band I. Kapitel 16 Rz. 57). 146

Für den Bauträgervertrag sind folgende Regelungen des AGBG von Bedeutung (vgl. Rechtshandbuch Immobilien a.a.O. Band I Kapitel 16 Rz. 38ff.): 147

- Vorformulierte Vertragsbedingungen sind nur dann wirksam, wenn sie in den Vertrag einbezogen sind (§ 2 AGBG), das gilt insbesondere für die Baubeschreibung.
- Die vorformulierten Vertragsbedingungen dürfen nicht überraschend sein (§ 3 AGBG).
- Vorformulierte Vertragsbedingungen sind nur dann wirksam, wenn sie nicht mit Individualvereinbarungen in Widerspruch stehen (§ 4 AGBG).

- Vorformulierte Vertragsbedingungen sind bei Zweifel zu Lasten des Verwenders auszulegen (Unklarheitenregelung nach § 5 AGBG).
- Die vorformulierten Vertragsbedingungen dürfen inhaltlich nicht gegen die §§ 9 bis 11 AGBG verstoßen. Insbesondere ist dem Bauträger kein allgemeines Aufrechnungsverbot gestattet (§ 11 Nr. 3 AGBG). Auch kann er keine Verzugszinsen ohne Mahnung (Verzug) verlangen (§ 11 Nr. 4 AGBG). Ein Zurückbehaltungsrecht des Käufers wegen Baumängel kann nicht ausgeschlossen oder eingeschränkt werden (§ 11 Nr. 2b AGBG).

148 Sind Vertragsklauseln im Sinne des AGBG unwirksam, ist nicht der gesamte Vertrag sondern nur diese.

dd) Sicherung durch Notar und Grundbuchamt

149 Notar und Grundbuchamt haben eine spezifische Sicherheitsfunktion, die beiden Vertragsparteien zugute kommen soll (vgl. hierzu Schmidt in Bä/S Rz. A 466ff.).

- Notar. Dem Notar obliegt nach § 17 BeurkG eine unparteiische Belehrungspflicht mit einer besonderen verbraucherschützenden Funktion. Die notarielle Urkunde hat die gesetzliche Vermutung der Wahrheit (§ 415 ZPO) und der Vollständigkeit. Dem Notar kommt bei der Abfassung der Urkunde eine besondere Formulierungspflicht (§ 17 BeurkG) zu. Dies gilt auch für Musterverträge, bei denen der Notar darauf zu achten hat, daß diese den gesetzlichen Vorschriften (AGBG und MaBV) entsprechen. Ferner hat der Notar bei der Beurkundung des Bauträgervertrags eine Belehrungs-, Warn- und Hinweispflicht, die er in einer Einzelbeurkundung (keine Sammelbeurkundung) wahrzunehmen hat.
- Grundbuch. Die Kontrollfunktion des Grundbuchamts über die Urkunde liegt in der Prüfung der Eintragungsfähigkeit. Dies ist deshalb wichtig, weil der Grundstücksverkehr die Richtigkeit des Grundbuchs voraussetzt. Bezüglich des WE obliegt dem Grundbuchamt insbesondere die Prüfung der TE, des Kaufvertrags mit Auflassungsvormerkung, Finanzierungsgrundpfandrechte und Auflassung.

ee) Sicherung des Verkäufers

Während dem Käufer die Ansprüche auf Erstellung der ETW *150* und auf den Eigentumsübergang zustehen, hat der Verkäufer Anspruch auf Bezahlung des Kaufpreises. Es liegt somit im berechtigten Interesse des Verkäufers, daß die Kaufpreisraten pünktlich und entsprechend des Baufortschritts vom Käufer geleistet werden. Im Allgemeinen wird zwischen den Vertragsparteien ein Festpreis vereinbart, der im Interesse beider Vertragsparteien liegt und über den eine Rechnungslegung nicht erforderlich ist. Besondere Sicherheiten zugunsten des Verkäufers war die Vollstreckungsunterwerfung und ist weiterhin das Hinausschieben der Auflassungsvormerkung.

- Vollstreckungsunterwerfung (vgl. hierzu Schmidt in Bä/S Rz. A 478f.). Bis zu der Entscheidung des BGH vom 22. 10. 1998 (VII ZR 99/97) war es üblich und wurde als sachgerecht angesehen, daß sich der Käufer als Schuldner in der Kaufurkunde der Vollstreckung in sein Vermögen (§ 794 Abs. 1 Nr. 5 ZPO) unterwirft. Mit der vollstreckbaren Urkunde wurde dem Gläubiger der Vollstreckungstitel an die Hand gegeben. Die vollstreckbare Urkunde war vom Notar mit einer Vollstreckungsklausel auszugestalten, weil der Gläubiger die Fälligkeit und die die Vollstreckbarkeit begründenden Tatsachen durch eine öffentliche Urkunde nachzuweisen hat. Sind bezüglich der Zahlung des Kaufpreises Ratenzahlungen vorgesehen, so können bezüglich der Fälligkeit dieser Raten keine öffentliche Urkunden vorgelegt werden. Aus diesem Grunde wurde in Zusammenhang mit der Vollstreckungsunterwerfung vereinbart, daß der Notar dem Bauträger eine vollstreckbare Ausfertigung ohne Nachweis der die Fälligkeit begründeten Tatsachen auf dessen Verlangen erteilen darf. Dieser Nachweisverzicht ist erforderlich, weil bei Ratenzahlungen sonst die Unterwerfung unter die Zwangsvollstreckung nutzlos ist. Mit der genannten BGH-Entscheidung ist die Zwangsvollstreckungsunterwerfung in Verbindung mit §§ 3, 12 MaBV i. V. mit § 134 BGB nichtig, wenn der Notar ermächtigt ist, die Vollstreckungsklausel ohne besonderen Nachweis zu erteilen. Damit hat der BGH eine schwerwiegende Entscheidung getroffen, die zulasten der Sicherheit der Verkäufer geht, weil diese praktisch keine Möglichkeit mehr haben bei vereinbarten Ratenzahlungen die Zwangsvollstreckungsunterwerfung zu vereinbaren. Das bedeutet, daß bei Nichtzahlung oder Zahlungsverzug der Bauträger im Einzelfall die Vollstreckung durch Mahnbescheid oder im Prozeßwege zu betreiben hat. Die mittlerweile vorgebrachten Vorschläge zur Rettung der Zwangsvollstreckungsunterwerfung im Bauträgervertrag, die darin besteht, daß ein Dritter benannt wird, der den Eintritt des jeweils zu erreichenden Bautenstands in dieser Form zu bestätigen hat (so Drasdo in NZM 1999, 2) wird nicht als praktikabel gehalten.

Die BGH-Entscheidung hat eine weitere ernst zu nehmende Konsequenz. Da die Vollstreckungsklausel, nach der die vollstreckbare Urkunde ohne besonderen Nachweis zu erteilen ist, unwirksam ist, bedeutet dies, daß für die Bauträger für bereits abgeschlossene Verträge bezüglich der Bezahlung der Kaufpreisraten, insbesondere bezüglich der Leistung der Restkaufsumme, nicht mehr die dreißigjährige sondern nur die zweijährige Verjährungsfrist (§ 196 Abs. 1 Nr. 1) gilt.

– Auflassung. Die Auflassung ist die Einigung über den Eigentumsübergang (§ 925). Sie erfüllt die im Kaufvertrag vom Bauträger übernommene Verpflichtung dem Käufer das Eigentum an der ETW zu verschaffen. Die Auflassung ist ein dinglicher Vertrag, in dem Verkäufer und Käufer vor dem Notar erklären, über den Eigentumsübergang einig zu sein. Beim Bauträgervertrag wird die Auflassung in der Regel nach vollständiger Baufertigstellung und nach Bezahlung des vollen Kaufpreises in einer besonderen Urkunde erklärt. Diese Urkunde wird dem Grundbuchamt zum Vollzug vorgelegt und mit der Eintragung des Käufers im Grundbuch ist der Eigentumsübergang vollzogen. Der Verkäufer wird in der Regel zur Erklärung der Auflassung immer erst dann bereit sein, wenn er die letzte Kaufpreisrate erhalten hat. Das ist immer dann der Fall, wenn das Bauwerk einschließlich der Außenanlagen (vgl. oben MaBV) fertiggestellt ist. Möglicherweise liegt dieser Termin weit hinter der Besitzübergabe (Einzug) zurück. Die späte Auflassungserklärung durch den Veräußerer ist gerechtfertigt, weil er nur mit der Restzahlung die notwendige Sicherheit für die Kaufpreiszahlung erhält. Dem Käufer entsteht dabei in der Regel kein Schaden, weil seine Eigentumsansprüche durch eine Auflassungsvormerkung (s. oben) gesichert ist.

ff) Sicherung der Finanzierungsmittel

In diesem Zusammenhang ist festzustellen, daß sowohl die *151*
(Zwischen-)Finanzierungsmittel des Bauträgers als auch die zur Kaufpreisfinanzierung aufgenommenen Darlehen des Käufers dinglich, durch Eintragung eines Grundpfandrechts – meist sind es Grundschulden (vgl. hierzu unten Rn. **3** 103ff.) – im Grundbuch zu sichern sind. Dabei haben sich bestimmte Rahmenbedingungen herausgebildet, die im Bauträgervertrag zu beachten sind.

- Bauträgerzwischenfinanzierung. Der Bauträger benötigt, sofern er nicht über ausreichende Eigenmittel verfügt, zur Finanzierung des Grundstückskaufpreises und der Baukosten Zwischenkredite. Diese Zwischenkredite erhält der Bauträger von der Bank, wenn er zur Sicherheit eine Globalgrundschuld am gesamten Objekt eintragen läßt. Die Zwischenkredite werden anteilig durch die Kaufpreisraten der Käufer abgelöst, wobei die Raten in diesem Fall aufgrund der Abtretung der Kaufpreiszahlungen an die zwischenfinanzierende Bank zu leisten sind. Der Käufer kann aber nur dann an die Bank leisten, wenn sichergestellt ist, daß die Zahlungen zur Rückführung der Zwischenkredite dienen. Dies geschieht durch die Freistellungsverpflichtung der kreditgebenden Bank nach § 3 MaBV, die dem Käufer mit Kaufvertragsabschluß ausgehändigt wird. Spätestens bei der Auflassung hat der Bauträger die Grundpfandrechte, die er zur Sicherung der Zwischenkredite bestellte, löschen zu lassen.
- Kaufpreisfinanzierung des Käufers. Nimmt der Käufer zur (teilweisen) Finanzierung des Kaufpreises Bankdarlehen auf, so sind diese mittels Grundpfandrechte (Hypotheken oder Grundschulden) dinglich zu sichern, indem sie in Abteilung III des Wohnungsgrundbuchs, das für bestimmte ETW eröffnet wurde, einzutragen sind. Da der Käufer mangels Auflassung noch nicht als Eigentümer im Grundbuch eingetragen ist, besitzt der Bauträger zumindest eine Mitwirkungspflicht

bei der Eintragung dieser Rechte. Häufig wird dem Bauträger im Kaufvertrag eine sogenannte Finanzierungsvollmacht erteilt, die nur auf die tatsächlichen Finanzierungsmittel begrenzt ist und die der Überwachungspflicht durch den Notar unterliegt.

b) Regelung der Gewährleistungsansprüche

152 Der Bauträgervertrag wird – wie dargestellt – bezüglich der inhaltlichen Verpflichtung zur Erstellung eines Bauwerkes (ETW) als Werkvertrag qualifiziert. Der Bauträgervertrag unterliegt auch den Bestimmungen des AGBG, weil er üblicherweise vorformuliert ist.

153 Aus diesem Grunde ist ein Ausschluß (Freizeichnung) der Sachmangelhaftung und der Gewährleistung sowie die Verkürzung der Gewährleistungsfrist beim Erwerb von errichteten ETW im Bauträgervertrag grundsätzlich nicht möglich. Dies wäre ein Verstoß gegen § 11 Nr. 10 AGBG.

Das Verbot des Gewährleistungsausschlusses und der Verkürzung der zulässigen Verjährungsfrist gilt auch dann, wenn der Erwerber ein notariell beurkundetes Kaufangebot bezüglich der Veräußerung eines neuen Immobilienobjektes an den Veräußerer abgibt und dieser das Angebot annimmt (BGH DW 1984, 108).

154 Möglich ist es aber, daß der Bauträger die Gewährleistungsansprüche gegenüber den Architekten, den Handwerkern und sonst am Bau Beteiligten an den Erwerber abtritt. Ein Haftungsausschluß ergibt sich hieraus nicht, weil der Bauträger auch dann und trotzdem zu haften hat, wenn sich der Erwerber aus den ihm abgetretenen Ansprüchen nicht schadlos halten kann (BGH NJW 1982, 169; 1982, 1908; 1982, 2243; 1984, 2093; 1984, 2574). Die Schadloshaltung des Erwerbers schlägt bereits fehl, wenn der Bauhandwerker auf die Mängelrüge nicht eingeht, d.h. der Erwerber ist hier nicht verpflichtet, die ihm abgetretenen Ansprüche gerichtlich durchzusetzen. Für den Fall, daß die abgetretenen Ansprüche wegen Verjährung nicht mehr durchgesetzt werden können, gilt dies ebenfalls als fehlgeschlagene Schadloshaltung für welche der Bauträger einzustehen hat (BGH NJW 1982, 169).

Der Käufer einer neu erstellten ETW kann demnach Gewährleistungsansprüche nach dem BGB-Gewährleistungsrecht (s. oben Rn. **2** 78) wie ein Auftragnehmer gegenüber dem Bauträger geltend machen, soweit er Mängel im SE rügt. Dazu gehört auch das Recht des Käufers, die vereinbarte Kaufpreisleistungen wegen Mängel am SE (Leistungsverweigerungsrecht) im angemessenen Verhältnis zum voraussichtlichen Beseitigungsaufwand zu verweigern (BGH NJW 1984). Im Gegensatz zum Werkvertrag allgemein, der eine Werkleistung zum Inhalt hat (vgl. oben Rn **2** 85) wird im Bauträgervertrag die Wandelung als zulässig gehalten (vgl. Schmidt in Bä/S Rz. A 535). Die Rückgängigmachung des Bauträgervertrags ist durchaus interessen- und sachgerecht, weil der Kauf einer ETW rückabwicklungsfähig ist. Die Erklärung der Wandelung vom Erwerber wird aber erst dann rechtswirksam, wenn der Veräußerer dem zugestimmt oder das Gericht darüber rechtskräftig entschieden hat. Das bedeutet, daß bis zum Zeitpunkt der Zustimmung bzw. Gerichtsentscheidung der Erwerber noch WEer mit allen Rechten und Pflichten ist (BayObLG vom 19. 6. 1997, 2 Z 35/97). *155*

Nicht möglich ist es im Bauträgervertrag die VOB/B als ganzes oder die Gewährleistungsregelung des § 13 VOB/B allein zu übernehmen (BGH NJW 1986, 315; vgl. auch Brambring NJW 1987, 97) sodaß im Bauträgervertrag ausschließlich das Gewährleistungsrecht der §§ 633 ff. BGB anzuwenden ist.

Für das gem. E. ergeben sich wegen der Gemeinschaftsbezogenheit Besonderheiten, die kurz darzustellen sind.

4. Gewährleistungsansprüche wegen Mängel am gemeinschaftlichen Eigentum

a) Gewährleistungsansprüche

Probleme ergeben sich bei Baumängeln am gem. E. deshalb, weil sich die Ansprüche auf Gewährleistung einerseits aus den individuellen (Kauf-)Bauträgerverträgen ableiten, andererseits sind die WEer zur ordnungsmäßigen Verwaltung, d.h. zur ordnungsmäßigen Instandhaltung und Instandsetzung gemeinschaftlich und gegenseitig verpflichtet (§ 21 Abs. 5 Nr. 2 WEG; *156* vgl. unten Rn. 7 244). Die sich hieraus ableitende Frage ist, ob die WEer Ansprüche wegen Baumängel individuell und einzeln oder nur gemeinschaftlich im Wege eines Mehrheitsbeschlusses geltend machen können.

Grundsätzlich gesteht der BGH den WEern das individuelle Recht zu, ihren Nachbesserungsanspruch (§ 633 Abs. 2 BGB) und das Recht die Mängel selbst zu beseitigen (Ersatzvornahme § 633 Abs. 3 BGB) – das sind die sogenannten primären Gewährleistungsansprüche – allein für sich und ohne den Verwalter (vgl. hierzu Bub in PiG Nr. 56 S. 13) geltend zu machen. Anders ist es bei den sekundären Gewährleistungsrechten, die gemeinschaftsbezogen sind und deshalb auch nur gemeinschaftlich durchgesetzt werden können.

157 Nach der BGH-Rechtsprechung sind die sekundären und primären Gewährleistungsansprüche bezüglich der Mängel am gem. E. durch die WEer im einzelnen wie folgt zu verfolgen:

- Nachbesserungs-/Mängelbeseitigungsverlangen und zwar in vollen Umfang: individuell (BGH NJW 1984, 725; BGH NJW 1988, 1718), sofern kein bestandskräftiger „überholender" Beschluß der Gem. vorliegt, d. h. daß ein WEer selbständig dann keinen Mängelbeseitigungsanspruch durchsetzen kann, wenn die Gem. durch Mehrheitsbeschluß einem bestimmten Gewährleistungsanspruch z. B. die Minderung des Werklohns festgelegt hat (OLG Düsseldorf NJW-RR 1993, 89). Ebenso ist die Nachfristsetzung mit Ablehnungsandrohung ein Anspruch aller WEer (vgl. Bub in PiG Nr. 56 S. 18).
- Kostenerstattungs- und Vorschußanspruch: individuell (BGH NJW 1977, 1336) so auch Kostenerstattung wegen Mängel an konstruktiven Elementen von Balkonen, Loggien, Dachterrassen (BGH ZMR 1985, 204; BGH NJW 1984, 725; BGH NJW 1979, 2207; BGH NJW 1988, 1718).
- Entgegen der h. M ist nicht nur das Wahlrecht zwischen Wandelung und großem Schadensersatz sondern auch das Wahlrecht zwischen Minderung und kleinem Schadensersatz ein individuelles nicht gemeinschaftsgebundenes Gestaltungsrecht (vgl. Bub in PiG Nr. 56, S. 19f.).
- Wandelung und großer Schadensersatz: individuell (BGH WM 1971, 1251).
- Kostenvorschuß zur Mängelbeseitigung und Schadensersatz für Mängelfolgeschäden gemeinschaftlich mittels Mehrheitsbeschluß zur Zahlung an alle Mitglieder der Gemeinschaft. Das Zahlungsverlangen kann nur von den Ersterwerbern geltend gemacht werden, Zweiterwerber nur dann, wenn sie Inhaber des geltend gemachten Zahlungsanspruchs sind oder wenn die Inhaber des Anspruchs sie zur Gel-

tendmachung ermächtigt haben. Im Regelfall ist zu vermuten, daß Zweiterwerber vom Ersterwerber dazu stillschweigend ermächtigt sind, Zahlungen an alle Mitglieder der Gemeinschaft zu verlangen (BGH Urteil vom 19. 12. 1996, VII ZR 233/95).

- Minderung: gemeinschaftlich (BGH NJW 1979, 2207; BGH NJW 1988, 1718) mit der weiteren Modifizierung (BGH NJW 1983, 453), daß die WEer nach erfolgter Beschlußfassung es den einzelnen WEern überlassen, ob und in welchem Umfange sie ihren Minderungsanspruch, und zwar entsprechend ihres Anteils am gem. E., selbst durchsetzen wollen. Ein WEer kann aber dann selbständig und individuell Minderung verlangen, wenn der Mangel am gem. E durch Nachbesserung nicht behoben werden kann und der Mangel sich nur auf das SE auswirkt. In diesem Fall wird das schützenswerte Interesse der Gem. nicht berührt (BGH WE 1990, 129).
- Kleiner Schadensersatz: gemeinschaftlich (BGH NJW 1979, 2207).

Grundsätzlich können Ansprüche der WEer selbständig – wie gezeigt – für bestimmte Arten und im übrigen nur dann geltend gemacht werden, wenn die WEer nicht durch Beschluß, die Verfolgung von Gewährleistungsansprüchen bestimmt und festgelegt haben. Soweit solche Beschlüsse gefaßt werden, wird den einzelnen WEer die Befugnis einer selbständigen Geltendmachung von Gewährleistungsansprüchen wegen Baumängel am gemeinschaftlichen Eigentum entzogen (BayObLG vom 29. 2. 1996, 2 Z BR 142/95 a. A. vgl. in PiG Nr. 56, S. 16).

Gewährleistungsansprüche können durch WEer mittels Mehrheitsbeschluß deshalb bestimmt werden, weil die Beseitigung von Baumängeln am gemeinschaftlichen Eigentum zur ordnungsmäßigen Verwaltung im Sinne von § 21 Abs. 3, 4, 5 Nr. 2 zählt (a. A. Bub in PiG Nr. 56, S. 16). Nach der gängigen Rechtsprechung (vgl. unten Rn. **7** 240) gehört die ordnungsmäßige Herstellung eines ordnungsmäßigen Zustands zu den Maßnahmen ordnungsmäßiger Verwaltung (BayObLG vom 29. 2. 1996, 2 Z BR 142/95).

Die gemeinschaftlichen Ansprüche auf Minderung und Schadensersatz können von einem einzelnen WEer dann geltend gemacht werden, wenn er von der Gem. hierzu ermächtigt ist. Das gilt auch für einen Mangel am gem. E, der sich auf das SE auswirkt. Hier kann der Schaden nach den für die Beseitigung dieser Mängel erforderlichen Kosten berechnet werden (BGH WE 1991, 95 und 102). Der Anspruch kann von dem berechtigten

WEer auch dann noch geltend gemacht werden, wenn die Ansprüche der übrigen WEer verjährt ist.

Die WEer sind auch berechtigt, bezüglich der Gewährleistungsansprüche des gem. E. einen Vergleich durch Mehrheitsbeschluß mit dem Gewährleistungsverpflichteten abzuschließen. Eine solche Maßnahme, die eine Ermessensentscheidung der Gem. darstellt, ist als Maßnahme ordnungsmäßiger Verwaltung anzusehen, weil sie als Globalbereinigung eine unsichere und schwierige Rechtslage beendet (BayObLG vom 1. 3. 1984, BReg 2 Z 33/83).

Als Grundsatz kann hier wohl festgestellt werden, daß der WEer dann selbständig Gewährleistungsansprüche geltend machen kann, wenn dabei die Gemeinschaftsbezogenheit des Rechts nicht entgegensteht (BGH WE 1990, 129) und ein schützenswertes Interesse der Gem. nicht besteht.

b) Abnahme des gemeinschaftlichen Eigentums

158 Ein besonderes Problem ergibt sich u. U. mit der Abnahme des gem. E. und mit der ab diesem Zeitpunkt laufenden Verjährungsfrist. Die Verjährungsfrist (in der Regel 5 Jahre; siehe oben Rn. **2** 136) beginnt ab dem Zeitpunkt der Abnahme des gem. E. Die Abnahme des gem. E. hat im Prinzip zwischen jedem WEer und dem veräußernden Bauträger einzeln zu erfolgen, weil Besteller im werkvertragsrechtlichen Sinn jeder WEer allein und individuell ist. Zwar können die WEer ihren diesbezüglichen Anspruch durch Dritte oder andere WEer wahrnehmen lassen, wenn sie diese ermächtigen, für sie die Abnahme durchzuführen. Eine solche Regelung findet sich vielfach in (Bauträger-)Kaufverträgen, wenn vereinbart wird, daß die Erwerber einen von der Eigentümerversammlung mit Stimmenmehrheit zu bestimmenden Vertreter bevollmächtigen, die Abnahme (Übergabe) der im gem. E. befindlichen Bauteile, Anlagen und Einrichtungen vorzunehmen.

159 Eine solche Vereinbarung dürfte solange rechtswirksam sein, wie die ETW vor Bezugsfertigkeit verkauft werden. Wird eine ETW erst nach der von den Bevollmächtigten der WEer (z. B. Verwaltungsbeirat) vorgenommenen Abnahme des gem. E. erworben, ist es fraglich, ob diese Abnahme von dem späteren Erwerber als für ihn wirksam zu gelten hat. Sollte dies nicht der Fall sein, oder ist keine gesonderte Regelung über die gem. Abnahme des gem. E. getroffen, kann es passieren, daß ein späterer Ersterwerber, der seine ETW mittels eines Kaufvertrages (der die Erstellung einer ETW zum Inhalt hat) erwirbt, die Verjährungsfrist beträchtlich hinausschieben kann. Macht der spätere Erwerber nach der für die anderen WEer bereits abgelaufenen Verjährungsfrist Mängelansprüche bezüglich des gem. E. geltend, so sind dabei seine Ansprüche nicht nur auf seine Miteigentumsanteile beschränkt. Da keine Teilgläubigerschaft (§ 420 BGB) vorliegt, kann er die ganze Leistung (Mängelbeseitigung) verlangen (BGH ZMR 1985, 206).

Allgemein ist eine Vereinbarung im Bauträgervertrag aner- *160*
kannt, die vorsieht, daß in der ersten Versammlung ein Sachverständiger oder ein WEer durch Stimmenmehrheit ermächtigt wird, das gem.E abzunehmen. Ebenso halten Brych/Pause eine Regelung für wirksam, nach der die Übergabe an die einzelnen WEer vertreten durch die Gem. anläßlich der ersten Versammlung erfolgt. Für beide Regelungen ist Voraussetzung, daß mindestens die Hälfte der ETW verkauft sind.

Eine weitere wichtige Rechtsfolge ist mit dem Termin der Ab- *161*
nahme verbunden, nämlich die Umkehr der Beweislast. Bis zur Abnahme haben die WEer einen Erfüllungsanspruch auf eine ordentliche Bauleistung, wobei dem Bauträger die volle Beweislast für die Erfüllung seiner vertraglichen Pflichten trifft.

c) Beweissicherungsantrag

Treten Mängel am gem. E. auf, ist immer auch die Frage durch *162*
die WEer zu stellen, ob ein gerichtliches Beweissicherungsverfahren in Gang zu setzen ist oder nicht.

Ein Beweissicherungsverfahren wird wohl dann notwendig, *163*
wenn bei Vorhandensein von anfänglichen Baumängeln der Auftragnehmer (Bauträger) Mängel nicht anerkennt und die Gewährleistungsfrist abzulaufen droht.

Ist ein gerichtliches Beweissicherungsverfahren durchzufüh- *164*
ren, sollte darüber ein Mehrheitsbeschluß herbeigeführt werden.

Kommt ein solcher Beschluß nicht zustande, könnte ein einzelner WEer allein allerdings auf sein Kostenrisiko, einen Beweissicherungsantrag stellen.

Im allgemeinen wird aber meist der Verwalter oder ein Mitglied des VB ermächtigt, den Beweissicherungsantrag bei dem Gericht, in dessen Zuständigkeitsbereich die Wohnanlage liegt, zu stellen (Amtsgericht als Streitgericht).

165 Ein Beweissicherungsantrag wird durch das Gericht aber nur dann angenommen (§ 485 ZPO),

- wenn der Gegner dem Antrag zustimmt, oder
- wenn zu befürchten ist, daß das Beweismittel verlorengeht oder seine Benutzung erschwert wird, oder
- wenn der gegenwärtige Zustand einer Sache festgestellt werden soll, weil der Antragsteller ein rechtliches Interesse an der Feststellung hat.

166 Die Alternative 1, nämlich vom Auftragnehmer (Bauträger) eine Zustimmung zum Verfahren zu erhalten, ist relativ selten, weil sich bei einem nachbesserungswilligen Auftragnehmer ein Beweissicherungsverfahren erübrigt. Die häufigste Zulässigkeitsvoraussetzung wird wohl die Alternative 2 sein, weil bei vorhandenen Mängeln sehr häufig die Möglichkeit besteht, daß eine nachteilige Veränderung der Bausubstanz eintritt und damit das Beweismittel verloren zu gehen droht.

167 Die Veränderungsgefahr ist im Antrag darzulegen (eidesstattliche Versicherung). Daneben ist dringend zu empfehlen, im Antrag vorzusehen, daß neben der Mängelfeststellung auch die Ursache der Mängel, die Verantwortlichkeit der Baubeteiligten, die notwendigen Sanierungsmaßnahmen sowie die dabei zu erwartenden Kosten durch den Gutachter festzustellen sind.

168 Im Antrag kann der Antragsteller den Sachverständigen seiner Wahl benennen, der möglichst öffentlich bestellt und vereidigt ist. Der Antragsgegner kann diesen Sachverständigen in aller Regel nicht ablehnen, er könnte aber in dem zulässigen Gegenantrag einen eigenen Sachverständigen vorschlagen.

169 Mit dem Eingang des Beweissicherungsantrages wird die Gewährleistungsfrist unterbrochen. Die Unterbrechung der Frist endet mit der Zustellung des Gutachtens durch das Gericht an

die Parteien. Sollte auf Antrag einer der Parteien noch eine mündliche Verhandlung zwecks Befragung des Sachverständigen stattfinden, ist die Unterbrechung erst mit dem Schluß dieser Verhandlung beendet. Nach Beendigung dieser Unterbrechung beginnt die gültige Gewährleistungsfrist (s. oben Rn. **2** 93) neu und im vollen Umfang zu laufen.

Das Beweissicherungsverfahren ist eine vorsorgliche gerichtliche Beweisaufnahme, es ist somit kein Rechtsstreit über einen materiell-rechtlichen Anspruch. Die Bedeutung dieses Verfahrens liegt neben der Unterbrechung der Gewährleistungsfrist also darin, daß das Ergebnis als Beweissicherung im Haupt(Bau-) Prozeß benutzt werden kann (§ 493 ZPO). Schließlich kann das Beweissicherungsverfahren in manchen Fällen auch zu einer außergerichtlichen Streitbeilegung führen, wenn das Ergebnis den Auftragnehmer (Bauträger) zur Gewährleistung veranlaßt, um weitere Prozeßkosten zu sparen. *170*

Ein von einem einzelnen WEer selbständig durchgeführtes Beweissicherungsverfahren unterbricht die Verjährung seiner Gewährleistungsansprüche ohne Rücksicht darauf, ob sie gem. verfolgt werden müssen (BGH ZfBR 1980, 36; BGH WE 1992, 102) oder nicht. *171*

Die Kosten für das Beweissicherungsverfahren sind, wie auch andere Kosten der Geltendmachung von Nachbesserungsansprüchen am gem. E. nach den §§ 633 bis 635 BGB, Kosten der Verwaltung nach § 16 Abs. 2, über deren Aufbringung die WEer im Rahmen ordnungsmäßiger Verwaltung (§ 21 Abs. 1, 3 und 5 Nr. 2) zu entscheiden haben (BayObLG vom 31. 1. 1992, 2 Z 143/91). Ist ein Kostentragungsbeschluß (Sonderumlage) gefaßt, hat sich auch der WEer – wenn er gleichzeitig Bauträger ist –, gegen den der Beweissicherungsantrag gerichtet ist, anteilig an der Umlage zu beteiligen. An der Abstimmung darf er sich nach § 25 Abs. 5 nicht beteiligen. *172*

d) Verwalteraufgaben bei der Mängelbeseitigung am gemeinschaftlichen Eigentum

Die Durchsetzung von Gewährleistungsansprüchen bezüglich der Mängel am gem. E. gehört in der Regel nicht zu den Verwal- *173* teraufgaben, es sei denn, der Verwalter hat sich vertraglich hierzu verpflichtet. Allerdings hat der Verwalter in diesem Zusammenhang Kontroll-, Hinweis- und Koordinierungspflichten, die wegen des Zusammenhangs mit der Instandsetzung des gem. E. zu den Pflichtaufgaben des Verwalters gehören (vgl. Bub in PiG Nr. 56, S. 17) und die keiner gesonderten Vereinbarung bedürfen. In diesem Sinne hat der Verwalter vor Ablauf der Gewährleistungspflicht das gem. E. auf Vorhandensein von Baumängel zu untersuchen. Da er selbst kein Baufachmann ist kann er selbständig Sachverständige zu dieser Untersuchung hinzuziehen. Um dieser Pflicht gerecht zu werden hat der Verwalter Kenntnis vom Abnahmeprotokoll und den in diesen Zusammenhang wichtigen Daten (Fristen, Hemungs- und Unterbrechungstatbestände) zu haben (Bub in PiG Nr. 56, S. 19). Vor Ablauf der Gewährungpflicht hat er – gegebenenfalls in einer Versammlung – vorhandene Mängel aufzuzeigen und dafür Sorge zu tragen, daß entsprechende Beschlüsse über die Verfolgung noch vorhandener Mängel gefaßt werden. In diesem Sinne wird der Verwalter im Bedarfsfall vorschlagen, ein selbständiges Beweisverfahren anzustrengen (vgl. hierzu Joachim Schmidt, PiG Nr, 56, S. 46).

V. Kauf neuer Eigentumswohnungen

174 Die ETW werden in unterschiedlicher Form zum Kauf angeboten. Während früher die neugebauten ETW als Bauträgerangebote überwogen, werden heute mehr und mehr gebrauchte ETW von Einzel-WEern zum Kauf angeboten. Leider gibt es auch über den Markt der gebrauchten ETW keine statistischen Zahlen. Doch läßt die Erkenntnis, daß bis vor kurzem vom gesamten Angebot an Wohneigentum (Eigenheime und ETW) über 50 v. H. gebrauchte Wohnungen waren, vermuten, daß das Angebot an gebrauchten ETW in etwa dem Neuangebot entsprach.

1. Die Anbieter von Neubaueigentumswohnungen

175 Die Erstellung von ETW-Anlagen fordert – von ganz kleinen Objekten mit 2 bis 8 Wohnungen abgesehen – einen hohen technischen, organisatorischen und finanziellen Einsatz. Das bedeutet, daß als Anbieter wohl überwiegend Unternehmen auftreten, die im Wohnungsbau Erfahrung haben.

Die meisten ETW-Anlagen werden von Wohnungsunternehmen erstellt. In Frage kommen vor allem die freien Wohnungsunternehmen, organisiert im Verband freier Wohnungsunternehmen mit dem Sitz (jetzt) in Berlin und die ehemals gemeinnützigen Wohnungsunternehmen und Wohnungsgenossenschaften, die im GdW Bundesverband deutscher Wohnungsunternehmen mit dem Sitz (jetzt) in Berlin, organisiert sind. Daneben werden ETW auch von Bauunternehmen und privaten Vereinigungen errichtet. *176*

Da der Bau von ETW sowohl organisatorische, rechtliche und wirtschaftliche Rahmenbedingungen voraussetzt, haben sich innerhalb der Wohnungsunternehmen besonders in diesem Bereich spezialisierte Gruppen herausgebildet, die überwiegend mit der Erstellung von Wohneigentum, das sind sowohl Eigenheime als auch ETW befaßt sind. Dazu zählen die große Gruppe der den Bausparkassen zugeordneten Bauträger. Diese Träger erstellen die ETW meist in eigener Bauherrschaft (vgl. oben Rn. **2** 134 ff.). Sofern Privatpersonen ETW errichten wollen, beauftragen sie meist professionelle Bauträger mit der Durchführung der Baumaßnahme im Rahmen einer Baubetreuung (vgl. oben Rn. **2** 125 ff.). *177*

2. Der Preis der Neubaueigentumswohnungen

Der Preis für die ETW wird am Markt durch Angebot und Nachfrage erzielt. Grundlage der Preisermittlung von der Angebotsseite her sind die Herstellungskosten. Insgesamt sind die Kaufpreise von folgenden Faktoren abhängig: *178*

- den Gesamtherstellungskosten
- den gesetzlichen Regelungen in bestimmten Fällen
- den Marktverhältnissen.

a) Gesamtherstellungskosten

Die Herstellungskosten von ETW ist die Summe von Aufwendungen, die notwendig ist, ein Grundstück zu erwerben, es zu erschließen, darauf ein Gebäude zu errichten und die Gesamtkosten zu finanzieren. *179*

180 Die Grundstückskosten entstehen durch die Bezahlung des Kaufpreises beim Erwerb des unbebauten Grundstückes und der damit in Zusammenhang stehenden Nebenkosten (Vermessung, Notar). Anstelle der tatsächlich angefallenen Grundstückskosten kann auch der Verkehrswert des Grundstücks angesetzt werden, wenn dieser höher ist als der tatsächlich bezahlte Grundstückspreis. Dies geschieht in der Regel dann, wenn der Grunderwerb längere Zeit zurückliegt. Dazu kommen die Erschließungskosten, die aufgrund von Bescheiden als öffentliche und nicht öffentliche Erschließungskosten an die Erschließungsträger zu leisten sind.

181 Den Hauptanteil an den Herstellungskosten machen die Gebäudekosten aus. Die Gebäudekosten entstehen durch die Kosten der Bauleistungen, das sind die mit den Bauunternehmen in den Bauverträgen vereinbarten Vergütungen.

182 Die Nebenkosten entstehen durch die Vergütungsansprüche der Architekten und Ingenieure, durch die in Zusammenhang mit der Zwischenfinanzierung und Finanzierung anfallenden Kosten, sowie durch eine Fülle von Gebühren, für die verschiedensten behördlichen und sonstigen Leistungen.

183 Die Gesamtherstellungskosten sind 1993 in der DIN 276 neu gegliedert worden. Die vielfältigen Kostenarten werden nachstehend entsprechend der DIN 276 neu aufgezeigt, um einen Überblick über die möglichen und vielen Kostenarten zu geben, die Einfluß auf den Kaufpreis haben:

100 Grundstück
- 110 Grundstückswert
- 120 Grundstücksnebenkosten (Vermessung, Gerichtsgebühren, Maklerprovisionen, Grunderwerbsteuer, Wertermittlung, Genehmigungsgebühren, Bodenordnung, Sonstige Grundstücksnebenkosten)
- 130 Freimachen (Abfindung, Ablösung dinglicher Rechte)

200 Herrichten und Erschließen
- 210 Herrichten (Sicherungsmaßnahmen, Abbruch, Altlastenbeseitigung, Herrichten der Gebäudeoberfläche, sonstiges Herrichten)
- 220 Öffentliche Erschließung (Abwasserentsorgung, Wasser-, Gas-Fernwärme- und Stromversorgung, Telekommunikation, Verkehrserschließung von Verkehrs- und Freianlagen, sonstige öffentliche Erschließung)

230 Nicht öffentliche Erschließung (Verkehrsflächen und technische Anlagen ohne öffentlich-rechtliche Verpflichtungen, die mit dem Ziel erstellt werden, diese in den Gebrauch der Allgemeinheit zu übertragen)
240 Ausgleichsabgaben (Ablösen öffentlich-rechtlicher Verpflichtungen wie z. B. Stellplatzablösung oder Ablösung von Baumbeständen)
300 Bauwerk – Baukonstruktionen
310 Baugrube (Baugrubenherstellung, Baugrubenumschließung, Wasserhaltung, sonstiges)
320 Gründung (Baugrundverbesserung, Flach- und Tiefgründungen, Unterboden und Bodenplatte, Bodenbeläge, Bauwerksabdichtung, Drainagen, sonstiges)
330 Außenwände (tragende und nichttragende Wände, Außenstützen, Außentüren und -fenster; Innenwandbekleidung, elementierte Innenwände, sonstiges)
340 Innenwände (tragende und nichttragende Wände, Innenstützen, Innentüren und -fenster; Innenwandbekleidung, elementierte Innenwände, sonstiges)
350 Decken (Deckenkonstruktion, Deckenbeläge, Deckenbekleidungen, sonstiges)
360 Dächer (Dachkonstruktion, Dachfenster, Dachöffnung, Dachbeläge, Einbauten, baukonstruktive Einbauten, sonstiges)
370 Baukonstruktive Maßnahmen (allgemeine und besondere Einbauten, baukonstruktive Einbauten, sonstiges)
390 Sonstige Maßnahmen für Baukonstruktion (Baustelleneinrichtung, Gerüste, Sicherungsmaßnahmen, Abbruchmaßnahmen, Instandsetzungen, Recycling und Entsorgung, Schlechtwetterbau zusätzliche und sonstige Maßnahmen)
400 Bauwerke – Technische Anlagen
410 Abwasser-, Wasser-, Gasanlagen (und Feuerlöschanlagen, sonstiges)
420 Wärmeversorgungsanlagen (Wärmeerzeugungsanlagen, Wärmeverteilnetze, Raumheizflächen, Wärmeversorgungsanlagen, sonstiges)
430 Lufttechnische Anlagen (Lüftung, Klimaanlagen, Prozeßlufttechnische Anlagen, Kälteanlagen, sonstiges)
440 Starkstromanlagen (Hoch- und Mittelspannungsanlagen, Eigenstromversorgungsanlagen, Niederspannungs- und -installationsanlagen, Beleuchtungsanlagen, Blitzschutz- und Erdungsanlagen, sonstiges)
450 Fernmelde- und informationstechnische Anlagen (Telekommunikationsanlagen, Such- und Signalanlagen; Zeitdienstanlagen, Elektrostatische Anlagen, Fernseh- und Antennenanlagen, Gefahrenmelde- und Alarmanlagen, Übertragungsnetze, sonstiges)

- 460 Förderanlagen (Aufzug, Fahrtreppen, Befahranlagen, Transportanlagen, sonstiges)
- 470 Nutzungsspezifische Anlagen (Küchentechnik, Wäscherei- und Reinigungsanlagen, Medienversorgungsanlagen, medizinisch-technische Anlagen, Labortechnische Anlagen, Kälteanlagen, Entsorgungsanlagen, sonstiges)
- 480 Gebäudeautomaten (Automationssysteme, Leistungsteile, zentrale Einrichtungen, sonstiges)
- 490 Sonstige Maßnahmen für technische Anlagen (Baustelleneinrichtung, Gerüste, Sicherungsmaßnahmen, Abbruchmaßnahmen, Instandsetzungen, Recycling und Entsorgung, Schlechtwetterbau, zusätzliche und sonstige Maßnahmen)

500 Außenanlagen
- 510 Geländeflächen (Geländebearbeitung, vegetationstechnische Bodenbearbeitung, Sicherungsbauweisen, Begründung unterbauter Flächen, Wasserflächen, sonstiges)
- 520 Befestigte Flächen (Wege, Straßen, Plätze, Höfe, Stellplätze, Sport- und Spielflächen, Gleisanlagen, sonstiges)
- 530 Baukonstruktion in Außenanlagen (Einfriedungen, Schutzkonstruktionen, Mauern, Wände, Rampen und Treppen, Überdachungen, Brücken und Stege, Kanal- und Schachtbauanlagen, wasserbauliche Anlagen, sonstiges)
- 540 Technische Anlagen in Außenanlagen (Abwasser-, Wasser- und Gasanlagen, Wärmeversorgungsanlagen, Lufttechnische Anlagen, Starkstromanlagen, Fernmeldeanlagen, Nutzungsspezifische und sonstige Anlagen)
- 550 Einbauten in Außenanlagen (allgemeine und besondere Einbauten)
- 590 Sonstige Maßnahmen für Außenanlagen (Baustelleneinrichtung, Gerüste, Sicherungsmaßnahmen, Abbruchmaßnahmen, Instandsetzungsmaßnahmen, Recycling und Entsorgung, Schlechtwetterbau, zusätzliche und sonstige Maßnahmen)

600 Ausstattung und Kunstwerke
- 610 Ausstattung (allgemeine und besondere Ausstattung)
- 620 Kunstwerke (Kunstobjekte, künstlerisch gestaltete Bauteile und Außenanlagen, sonstiges)

700 Baunebenkosten
- 710 Bauherrenaufgaben (Projektleitung, Projektsteuerung, Betriebs- und Organisationsberatung, sonstiges)
- 720 Vorbereitung und Objektplanung (Untersuchungen, Wertermittlungen, städtebauliche und landschaftsplanerische Leistungen, Wettbewerbe, sonstiges)
- 730 Architekten- und Ingenieurleistungen (Gebäude, Freianlagen, raumbildende Ausbauten, Ingenieurbauwerke und Verkehrsanlagen, Tragwerksplanung, Technische Ausrüstung, sonstiges)

740 Gutachten und Beratung (thermische Bauphysik, Schallschutz und Raumakkustik, Bodenmechanik, Erd- und Grundbau, Vermessung, Lichttechnik, sonstige Gutachten)
750 Kunst (Wettbewerbe, Honorare, sonstiges)
760 Finanzierung (Finanzierungskosten, Zinsen vor Nutzungsbeginn u. ä.)
770 Allgemeine Nebenkosten (Prüfungen, Genehmigungen, Abnahmen, Bewirtschaftungskosten, Bemusterungskosten, Betriebskosten während der Bauzeit, sonstiges)
790 Sonstige Baunebenkosten

Aus der DIN 276 abgeleitet ist die Gliederung der Herstel- *184*
lungskosten für Wohngebäude, die mit öffentlichen Mitteln finanziert werden, in der II. Berechnungsverordnung.

In der Anlage 1 zur II. BV sind die einzelnen Kostenpositionen erläutert auf die verwiesen wird.

Die Kosten für Bauwerk und Baukonstruktion werden nach *185*
Maßgabe des umbauten Raumes in m^3 ermittelt. Die Kosten pro m^3 umbauten Raumes sind auch allgemein gültiger Vergleichsmaßstab zu anderen Baumaßnahmen. Die reinen Baukosten im unten angegebenen Berechnungsbeispiel betragen z. B. DM 391,76 pro m^3 umbauten Raumes.

Berechnungsgrundlage für den umbauten Raum ist die DIN 277 (Blatt 1 und 2, Ausgaben 1973 und 1981). Diese wurde in die II. BV übernommen (Anlage 2 zur II. BV).

Für die Berechnung der Gesamtherstellungskosten, insbeson- *186*
dere der Kaufpreise ist auch die Wohnflächenberechnung von Bedeutung. Die technische Grundlage für die Wohnflächenberechnung ist die DIN 283, Blatt 2 (Ausgabe 1962). Die Grundsätze der Wohnflächenberechnung für öffentlich geförderte und steuerbegünstigte Wohnungen im Sinne der II. WoBauG sind in §§ 42 bis 44 der II. Berechnungsverordnung festgelegt. Die Wohnflachenberechnung der II. Berechnungsverordnung kann von der Berechnung nach DIN 283 abweichen, weil die II. Berechnungsverordnung Wahlmöglichkeiten beim Ansatz der Grundflächen bestimmter Räume zugesteht. Ein aus der DIN 276 (neu) abgeleitetes, aber vereinfachtes Gliederungs- und Kalkulationsschema ist nachstehend wiedergegeben. Es ermöglicht eine überschlägige Kalkulation (Schätzung) der Gesamtherstellungskosten.

Summme Kostengruppen		DM	DM
1.0.0.0 Baugrundstück	Kaufpreis/Wert		
	Grunderwerbsteuer		
	Notarkosten, Vermessung, etc. Herrichten des Grundstücks		
2.0.0.0 Erschließung	Straße		
	Sonstige		
3.0.0.0 Bauwerk – Baukonstruktion	Wohngebäude		
	Garage(n)		
	....		
4.0.0.0 Bauwert – Techn.	Anlagen		
5.0.0.0 Außenanlagen	Hausanschlüsse		
	Freiflächen		
6.0.0.0 Zusätzl. Maßnahmen			
Bezugszahl (BZ = Summe 3.0.0.0 bis 6.0.0.0):			

Summe Kostengruppen		DM	DM
7.0.0.0 Baunebenkosten	Archit.- u. Ing. Leistungen		
	Verw.-Leistungen (× % a. BZ)		
	Behördl. Prüfungen		
	Bauzinsen (× % a. BZ)		
	Bautafel/Werbung (× % a. BZ)		
	Richtfest		
	Bauwesenvers. (× % a. BZ)		
	Unvorhergesehenes (1,5 % a. BZ)		
	Summen 1.0.0.0 bis 7.0.0.0		
	Risiko/Gewinn ca. %		
	Gesamtkosten		

b) Kaufpreisermittlung

Die Gesamtherstellungskosten und besonders die Kaufpreise sind je nach Lage und Ausstattung der Gebäude außerordentlich unterschiedlich. Das hängt einmal damit zusammen, daß die Grundstückspreise in Ballungszentren häufig das fünf- bis zehnfache der Grundstückswerte in mittel- und kleinstädtischen Bereichen betragen und auch die Herstellungskosten je nach Größe der Objekte stark differenzieren. *187*

Die Herstellungskosten von ETW liegen heute in der Regel zwischen DM 3 000,00 und DM 10 000,00 pro ^{2}-WFl.

In einer Studie „Preisentwicklung für Wohneigentum in Deutschland“ ermittelt GEWOS, Institut für Stadt-, Regional- und Wohnforschung GmbH, Hamburg, im Juni 1999 die Durchschnittspreise u.a. für ETW. Als Durchschnittspreis wird der in Kaufverträgen ausgewiesene Preis im Schnitt aller Kauffälle verstanden. *188*

Der Durchschnittspreis für ETW in Deutschland in der Zeit von 1995–1998 wird wie folgt angegeben:

Tabelle 6	**Preise für Eigentumswohnungen in Deutschland 1995–1998**	
Jahr	**Preis in DM**	**Veränderung gegenüber Vorjahr**
1995	239 000	
1996	240 000	+ 0,4%
1997	234 000	− 2,5%
1998 v	235 000	+ 0,4%
v vorläufig		© **GEWOS**

Diese Preise auf Westdeutschland und Ostdeutschland aufgeteilt zeigen nachstehende Tabellen:

a) Westdeutschland:

Tabelle 7	**Preise für Eigentumswohnungen in Westdeutschland 1995–1998**	
Jahr	**Preis in DM**	**Veränderung gegenüber Vorjahr**
1989	172 000	+ 0,4%
1990	170 000	− 1,2%
1991	198 000	+ 16,5%
1992	203 000	+ 2,5%
1993	222 000	+ 9,4%
1994	243 000	+ 9,5%
1995	241 000	− 0,8%
1996	240 000	− 0,4%
1997	237 000	− 1,3%
1998 v	238 000	+ 0,4%
v vorläufig		© **GEWOS**

b) Ostdeutschland:

Tabelle 8	**Preise für Eigentumswohnungen in Ostdeutschland 1995–1998**	
Jahr	**Preis in DM**	**Veränderung gegenüber Vorjahr**
1995	230000	
1996	237000	+ 0,3%
1997	220000	− 7,2%
1998 v	221000	+ 0,5%
v vorläufig		© **GEWOS**

Nachstehend wird die Kalkulation der Gesamtherstellungskosten einer Baumaßnahme des Jahres 1998 wiedergegeben. Es handelt sich um 33 Eigentumswohnungen mit 33 Kfz-Abstellplätzen im Freien mit insgesamt 1709,75m^2 Wohnfläche. Der Kaufpreis beträgt DM 5143 pro m^2 Wohnfläche (nach Bä/S Rz. A 553ff.). *189*

1) Grundstück Grundstückswert Grundstücksnebenkosten		DM 1109000,00
2) Herrichten und Erschließen		
Herrichten	DM 34000,00	
öffentliche Erschließung	DM 97000,00	DM 131000,00
3) Bauwerk – Baukonstruktion		
9862 m³ × DM 391,76	DM 3863500,00	
4) Bauwerk – Technische Anlagen	DM 1100000,00	DM 4963500,00
5) Außenanlagen		
Hausanschlüsse	DM 43000,00	
Freiflächen	DM 120000,00	DM 163000,00
6) Ausstattung und Kunstwerke		DM 77000,00
7) Baunebenkosten		
Architekten + Ingenieure	DM 786855,00	
Verwaltungsgebühren (7,0 %)	DM 364245,00	
Vertriebskosten (2,5 %)	DM 130000,00	
Finanzierungskosten (3,5 %)	DM 182100,00	
Behördliche Gebühren	DM 25000,00	
Sonstige Nebenkosten	DM 52035,00	
		DM 1540235,00
./. Risiko und Gewinn		DM 809265,00
Gesamtherstellungskosten/Gesamtkaufpreis		DM 8793000,00

190 Der in der dargestellten Kalkulation ermittelte Gesamtkaufpreis wird nun auf die einzelnen Wohnungen umgelegt. Üblicherweise wird der Gesamtkaufpreis nach m^2 Wohnfläche aufgeteilt, wobei es durchaus möglich ist, einzelne ETW wegen ihrer Besonderheiten (Lage, Größe, Ausstattung) nach Marktgesichtspunkten höher oder niedriger zu bewerten. Bei diesem Objekt empfiehlt sich aus verkaufstechnischen Gründen eine Bewertung bestimmter Etagen. Die Umbewertung erfolgt nur bei dem Gebäudewert, der DM 7553000 beträgt:

– Grundstück	DM 1109000,00
– Erschließung	DM 131000,00
– Gebäude	DM 7553000,00
Gesamtwert	DM 8793000,00

Die Kalkulation der Gesamtkosten entspricht der Bildung des Gesamtkaufpreises für ein Objekt von 33 Eigentumswohnungen.

Wenn man von den Gesamtherstellungskosten mit	DM 8793000,00
die Position Risiko und Gewinn abzieht	./. DM 809265,00
verbleiben die Selbstkosten mit	DM 7983735,00

191 Der Zuschlag von rd. 9 v.H. zu den Selbstkosten mit DM 809265,00 dient zur Deckung des Risikos hinsichtlich der Einhaltung der kalkulierten Baukosten, sowie zur Abdeckung des Verkaufsrisikos und der Risiken, die durch Gewährleistungspflicht des Bauträgers nach dem Bauträgervertrag entstehen. Tritt kein Risiko- oder Schadensfall auf, kann dieser Betrag als Gewinn verbucht werden. Treten Mehrkosten auf, oder können Wohnungen nicht verkauft werden, so sind hierbei entstehende Kosten aus dem Risikozuschlag zu decken. Dieser Zuschlag ist demnach auch die Manövriermasse, die ein Bauträger besitzt, gegebenenfalls die Kaufpreise zu ermäßigen, wenn diese sich am Markt nicht durchsetzen lassen sollten. Ist der Bauträger gezwungen wegen der mangelnden Nachfrage darüber hinausgehende Preiszugeständnisse zu machen, so gerät er in diesem Fall eindeutig in die Verlustzone.

Die Umbewertung, die Ermittlung der Miteigentumsanteile sowie die Feststellung der Kaufpreise ist aus nachstehender Berechnung zu ersehen. *192*

Whg. Nr.	Lage	Typ	Zi.	Wo-Fl. m^2	‰ Anteil	Grund-stück DM	Erschl. -kost. DM	Gebäu-dewert DM	Kaufpreis insg. DM
1	EG	C	2	47,45	27,75	30 775	3635	208 463	242 873
2	EG	C	2	47,45	27,75	30 775	3635	208 463	242 873
3	EG	C	2	47,45	27,75	30 775	3635	208 463	242 873
4	EG	C	2	47,45	27,75	30 775	3635	208 463	242 873
5	EG	D	2	53,38	31,22	34 623	4090	242 376	281 089
6	1. OG	B	2	54,89	32,10	35 599	4206	250 155	289 960
7	1. OG	C	2	47,45	27,75	30 775	3635	209 294	243 704
8	1. OG	C	2	47,45	27,75	30 775	3635	209 294	243 704
9	1. OG	C	2	47,45	27,75	30 775	3635	209 294	243 704
10	1. OG	C	2	47,45	27,75	30 775	3635	209 294	243 704
11	1. OG	D	2	53,38	31,22	34 623	4090	243 282	281 995
12	1. OG	A	2	75,82	44,35	49 184	5810	307 860	362 854
13	2. OG	B	2	54,89	32,10	35 599	4206	251 137	290 942
14	2. OG	C	2	47,45	27,75	30 775	3635	210 200	244 610
15	2. OG	C	2	47,45	27,75	30 775	3635	210 200	244 610
16	2. OG	C	2	47,45	27,75	30 775	3635	210 200	244 610
17	2. OG	C	2	47,45	27,75	30 775	3635	210 200	244 610
18	2. OG	D	2	53,38	31,22	34 623	4090	244 264	282 977
19	2. OG	A	2	75,82	44,35	49 184	5810	309 220	364 214
20	3. OG	B	2	54,89	32,10	35 599	4206	252 119	291 924
21	3. OG	C	2	47,45	27,75	30 775	3635	211 031	245 441
22	3. OG	C	2	47,45	27,75	30 775	3635	211 031	245 441
23	3. OG	C	2	47,45	27,75	30 775	3635	211 031	245 441
24	3. OG	C	2	47,45	27,75	30 775	3635	211 031	245 441
25	3. OG	D	2	53,38	31,22	34 623	4090	245 170	283 883
26	3. OG	A	2	75,82	44,35	49 184	5810	310 504	365 498
27	DG	BD	2	51,56	30,17	33 457	3953	237 692	275102
28	DG	CD	2	46,72	27,33	30 309	3580	208 614	242 503
29	DG	CD	2	46,72	27,33	30 309	3580	208 614	242 503
30	DG	CD	2	46,72	27,33	30 309	3580	208 614	242 503
31	DG	CD	2	46,72	27,33	30 309	3580	208 614	242 503
32	DG	DD	2	51,96	30,39	33 701	3982	239 580	277 263
33	DG	E	2	54,50	31,89	35 365	4177	229 233	268 775
				1709,75	1000,00	110900	131000	7 553 000	8 793 000

c) Kaufpreisbestimmung in besonderen Fällen

193 Werden öffentlich geförderte ETW erstellt, sind die Kaufpreisbestimmungen des II. WoBauG zu beachten. Hier gilt § 61 i. V. m. § 54 a Abs. 1 u. 2 des II. WoBauG. Danach können nur die tatsächlichen Herstellungskosten verlangt werden, wenn der Bauträger die ETW für Rechnung des Erwerbers erstellt. Erstellt der Bauträger die öffentlich geförderte ETW aber in eigener Rechnung, so können, wenn der Veräußerungsvertrag vor Ablauf des 3. Jahres nach der Bezugsfertigkeit abgeschlossen ist, auf die Baukosten Zuschläge von 5 v. H., und bei den Grundstückskosten Wertsteigerungen bis zur Höhe des Verkehrswertes berücksichtigt werden.

194 Die frühere Kaufpreisbegrenzung für gemeinnützige Wohnungsunternehmen ist mit Aufhebung des WGG entfallen.

d) Festkaufpreis

195 Der Kaufpreis wird üblicherweise als Festpreis vereinbart.

Dies gilt auch bei öffentlich geförderten ETW. Der Festpreis gibt dem Erwerber einer ETW die Sicherheit, daß weitere Kosten – soweit sie Bestandteil des Festpreises sind – für ihn nicht entstehen. Für den Bauträger und Veräußerer stellt der Festpreis immer ein Risiko dar, weil er nie weiß, ob er die ETW zu den kalkulierten Kaufpreisen am Markt absetzen kann. Auch läßt sich bei der Festpreisgestaltung noch nicht endgültig abgesehen, ob mit dem kalkulierten Herstellungskosten auszukommen ist.

196 Im übrigen ist allgemein darauf zu achten, daß die Festpreisvereinbarung ausreichend definiert wird. Üblicherweise sind im Festkaufpreis der Bauträgerverträge folgende Kosten nicht enthalten:

- Grunderwerbsteuer,
- Notariatsgebühr,
- Grundbuchkosten,
- Maklerprovision,
- Sachverständigenkosten,
- Finanzierungskosten.

197 Die Grunderwerbsteuer beträgt in jedem Verkaufsfall 3,5 v. H. des Werts der Gegenleistung. Beim Verkauf der neugebauten ETW ist das der Gesamtkaufpreis. Beispiel:

Die Wohnung Nr. 1 in obiger Berechnung ist mit einem Kaufpreis von DM 242873,00 ausgewiesen. Die Grunderwerbsteuer beträgt hierfür (3,5 v.H.) DM 8500,00.

Die Notariatsgebühr wird nach der Kostenordnung (KostO) mit unterschiedlichen Gebührensätzen berechnet. Sie beinhaltet die Beurkundung des Kaufvertrags, die Schreibauslagen und später die Beurkundung der Auflassung. 198

Die Grundbuchkosten umfassen die in Zusammenhang mit der Eintragung entstehenden Kosten. Sie beinhalten die Eintragung der Auflassungsvormerkung, die Löschung der Auflassungsvormerkung, die Eigentumsumschreibung (Eintragung der Auflassung) sowie Schreibauslagen. 199

Sollte die ETW von einem Makler vermittelt worden sein, so hat dieser Anspruch auf eine Maklerprovision (Maklerlohn-Courtage). Die Maklerprovision wird frei vereinbart. Sie beträgt im Prinzip 6 v.H. zuzüglich Mehrwertsteuer, wobei jeweils die Hälfte vom Veräußerer und vom Erwerber zu tragen wäre. Beim Kauf einer neu gebauten ETW trägt in der Regel der Erwerber allein die Provision und hier nur 3 v.H. des Kaufpreises zuzüglich Mehrwertsteuer. 200

Sachverständigenkosten entstehen nur dann, wenn der Erwerber das Kaufangebot des Bauträgers durch einen Sachverständigen prüfen läßt. 201

Finanzierungskosten entstehen, wenn der Erwerber seinen Kaufpreis mit Fremdmittel finanziert. Dabei handelt es sich in der Regel um folgende Kosten: 202

- Disagio oder Damnum,
- Zinsen wie Bereitstellungszinsen, Bürgschaftsprovision, Bearbeitungsgebühr, Kreditprovision auf Fremdmittel, Stückzinsen während der Bauzeit,
- Notargebühren für die Beurkundung der Hypothek bzw. der Grundschuld,
- Grundbuchgebühren für die Eintragung von Hypothek bzw. Grundschuld.

Grundsätzlich hat der Erwerber beim Kauf einer ETW mit der Grunderwerbsteuer, der Notariatsgebühr sowie mit Grundbuchkosten (Eintragung Auflassungsvormerkung) zu rechnen.

Beispiel:

Kaufpreis Wohnung Nr. 1	DM 242 873,00
+ 3,5 v. H. Grunderwerbsteuer	DM 8 500,00
+ Notar und Grundbuch (geschätzt)	DM 2 400,00
+ Maklerprovision (falls vermittelt = 3,33 v. H.)	DM 8 088,00
Gesamtkosten (ohne Finanzierungskosten)	DM 261 861,00

Die Finanzierungskosten entstehen erst während der Baudurchführung und bei der Finanzierungsabwicklung in einer Höhe, die von der Höhe der aufzunehmenden Finanzierungsmittel bestimmt sind.

e) Anlieger- und Erschließungskosten

203 Besonders hat der Käufer einer ETW darauf zu achten, ob die Erschließungskosten im Festpreis enthalten sind oder nicht. Vielfach werden die Erschließungskosten von der Festpreisvereinbarung ausgeklammert, weil insbesondere bei großen Wohnanlagen die öffentlichen Erschließungsmaßnahmen erst sehr viel später abgerechnet werden und der Bauträger keine Möglichkeit hat, die öffentlichen Erschließungskosten in ihrer endgültigen Höhe zu übersehen.

204 Es ist daher durchaus üblich, daß für die noch abzurechnenden Erschließungskosten im Kaufvertrag eine Sonderregelung getroffen wird, bei der folgendes zu beachten ist:
- Ausweis der einzelnen Erschließungskosten, die im Kaufpreis enthalten sind
- Feststellung, um welche Erschließungskosten es sich handelt, die abgerechnet werden müssen, insbesondere ob es sich um die Erschließungskosten nach dem BauGB oder nach der II. BV handelt
- Umlegungsmaßstab der nachträglich anfallenden oder zu vergütenden Erschließungskostenbeiträge.

205 Da der Erschließungsbeitrag nach den §§ 127–135 BauGB wesentlich enger ist, als der Erschließungskostenbegriff der II. BV kann die Zugrundelegung der Erschließungskosten i. S. der II. BV für den Käufer einer ETW dann ungünstiger sein, wenn die Erschließungskosten von vorneherein knapp oder zu niedrig kalkuliert sind.

Verpflichtet sich der Veräußerer, den Erwerber von den Erschließungskosten freizustellen, die nach Abschluß des Vertrages entstehen, so ist der Veräußerer zur Zahlung der an die WEer ergangenen Nachforderung mit der im Bescheid festgestellten Fälligkeit verpflichtet. Wird von den WEern Widerspruch gegen den Erschließungsbescheid eingelegt und wird die Vollziehung des Bescheides daraufhin ausgesetzt, ändert dies nichts an der gemäß § 1135 Abs. 1 BauGB eingetretenen Zahlungspflicht, sodaß der Veräußerer zum im Bescheid genannten Fälligkeitstermin zahlungspflichtig ist. In diesem Fall kann der Befreiungsgläubiger, wenn der Veräußerer die Zahlungsverpflichtung nicht erfüllt, Schadenersatz wegen Nichterfüllung nur in der Weise geltend machen, daß Zahlungen nur gegen den Beitragsgläubiger und nur Zug um Zug gegen Abtretung der für den Fall eines Erfolgs des Widerspruchs entstehenden Erstattungsforderung zu leisten ist (BGH Urteil WE 1993, 243). 206

Der Zweiterwerber einer ETW hat gegenüber dem Erstveräußerer keinen Erstattungsanspruch, wenn keine entsprechende Erklärung des Erstveräußerers vorliegt. Ob der gegenüber dem Ersterwerber erklärte Erstattungsanspruch vom Ersterwerber an den Zweiterwerber abgetreten werden kann, ist offensichtlich höchstrichterlich noch nicht geklärt (BGH Urteil WE 1993, 243). 207

Die Erklärung des Veräußerers im notariellen Kaufvertrag, daß die Erschließungskosten im Kaufpreis enthalten sind, ist keine Zusicherung einer Eigenschaft des Grundstücks. Es handelt sich hierbei um eine von der gesetzlichen Regelung abweichende Bestimmung der Vertragspartner im Innenverhältnis. Das bedeutet, daß hier nicht die verkürzte Verjährungsfrist von einem Jahr (§ 477 Abs. 1 BGB), sondern die Regelfrist von 30 Jahren (§ 195 BGB) gilt. 208

Die Erschließungskosten sind auch über eine Kaufpreisregelung hinaus von Bedeutung, weil sie als öffentliche Last eine grundsätzliche Beitragspflicht für die WEer auslösen. Gemeint sind hier nur die öffentlich-rechtlichen Erschließungskosten und nicht die nicht öffentlichen Erschließungskosten nach der II. BV. 209

Die Beitragspflicht hinsichtlich der Erschließungskosten knüpft nicht an das WE und das TEm an, sondern daran, daß der WEer und TEmer Miteigentümer am gem. Grundstück ist. 210

Maßgeblich ist für die Erschließungsbeitragspflicht von WEern und TEmern demnach der bürgerlich-rechtliche Begriff des Grundstücks im Sinne des Grundbuchrechts (vgl. BVerwG NJW 1982, 459). Dementsprechend bemißt sich auch die Beitragspflicht des WEers und TEmers allein an dessen Miteigentumsanteilen am Grundstück (OVG Münster, NJW-RR 1992, 1234). Dies dürfte im übrigen auch für die Erschließungskosten nach dem KAG gelten, wenn in der jeweiligen Erschließungssatzung der Kommunen für WE und TEm nichts anderes bestimmt ist.

211 Begrifflich werden die Erschließungskosten unterschieden in (vgl. Heinrich Niedler „Anlieger- und Erschließungskosten im Grundstückskaufvertrag", NJW 1984, 2662):

- Erschließungsbeiträge im engeren Sinn gemäß § 127 Abs. 2 BauGB als Straßenbaukosten
- Anliegerbeiträge als Beiträge für die Erstellung von öffentlichen Versorgungs- und Entsorgungsleitungen (Kanal, Wasser, Strom, Gas) gemäß den für die einzelnen Bundesländer gesonderten Landeskommunalabgabengesetze (KAG)
- Kostenerstattungsansprüche ebenfalls nach den KAG für den Fall, daß sie sog. Hausanschlußkosten, das sind die Kosten der Anschlußleitungen zwischen der Hauptleitung und dem Haus bzw. Grundstück (z. B. Wasser- und Kanalanschlüsse) öffentlich rechtlich erstellt und abgerechnet werden.

212 Die Beitragspflicht zur Leistung von Erschließungskosten entsteht erst zum Zeitpunkt der endgültigen Herstellung der Erschließungsanlage (§ 133 Abs. 2 BauGB und unterschiedliche Bestimmungen in KAG) wobei die Merkmale der endgültigen Herstellung der Erschließungsanlage als Rechtsbegriff durch Gesetz und umfangreiche Rechtsprechung festgelegt sind. Da die endgültige Herstellung der Anlage häufig sehr lange Zeit in Anspruch nehmen, können Vorausleistungen auf den Erschließungsbeitrag verlangt werden, aber nur wenn ein Bauvorhaben auf diesem Grundstück genehmigt wird und sobald mit dem Bau der Erschließungsmaßnahme begonnen wurde (§ 133 Abs. 3 BauGB).

213 Beitragsschuldner ist grundsätzlich der zum Zeitpunkt der Zustellung der Beitragsschuld im Grundbuch eingetragene WEer. Dabei spielt es keine Rolle, ob zwischen dem Entstehungszeitpunkt der Beitragsschuld und deren Erhebung ein Eigentumswechsel stattgefunden hat oder nicht.

Fällig wird die Beitragsschuld bei Erschließungskosten nach dem BauGB einen Monat nach Zustellung des Beitragsbescheides (§ 135 Abs. I BBauG). Die Fälligkeit der Anliegerbeiträge ist meist aufgrund spezieller Vorschriften in den KAG in örtlichen Abgabesatzungen unterschiedlich geregelt. *214*

Die Vorauszahlung wird auf den endgültigen Beitrag angerechnet aber nur, wenn der Vorauszahlungsleistende und der Beitragspflichtige identisch ist. Ist dies nicht der Fall (z. B. im Verhältnis Bauträger und Ersterwerber) so ist die Vorausleistung nach der endgültigen Veranlagung demjenigen zu erstatten, der sie bewirkt hat (Bauträger) und der beitragspflichtige WEer hat den vollen Erschließungsbeitrag an die Gemeinde zu entrichten, es sei denn daß der Vorausleistende seine Ansprüche an den Erwerber/WEer abgetreten hat. *215*

Wegen dieses besonderen Sachverhaltes ist deshalb eine klare Regelung über die Erschließungskosten im Kaufvertrag unerläßlich.

3. Kaufvertrag

Der Kaufvertrag über die Veräußerung von neu erstellten ETW ist dann ein gemischter Vertrag, wenn er die Verpflichtung zur Erstellung der ETW zum Inhalt hat. Hier gelten die gleichen Grundsätze wie sie zum Bauträgervertrag (s. oben Rn. **2** 135 f.) dargelegt wurden. Bezüglich der Eigentumsübertragung des Grundstücks gelten die Regeln des Kaufrechtes (§ 433 BGB) und bezüglich der Erstellung des Bauwerks das Werkvertragsrecht des BGB (§§ 631 ff.). *216*

Aus diesen Verträgen ergeben sich wie bei allen Verträgen für beide Vertragsparteien Erfüllungsansprüche bezüglich der Haupt- und Nebenpflichten, die nach den allgemeinen Bestimmungen des BGB zur Leistungspflicht und über Pflichtverletzung (§§ 275 ff. und 320 ff.) zu bewerten sind. Bei Sachmängel können Gewährleistungsansprüche und Schadenersatzansprüche nach dem Werkvertragsrecht geltend gemacht werden (§§ 633 bis 635 BGB; s. oben Rn. **2** 73 ff.). *217*

Besonders von Bedeutung in diesem Zusammenhang ist das Recht des Erwerbers auf Zurückbehaltung (§ 273 BGB) eines *218*

Kaufpreisteiles wegen einer noch nicht oder mangelhaft erbrachten Bauleistung oder der Geltendmachung des Leistungsverweigerungsrechts (§ 320 BGB) durch die Verweigerung einer nach dem Baufortschritt fälligen Kaufpreisrate. Voraussetzung hierfür sind bis dahin am SE aufgetretene Baumängel im angemessenen Verhältnis zum voraussichtlichen Beseitigungsaufwand (BGH DNotZ 1979, 339).

219 Für Rechtsmängel bezüglich der Eigentumsübertragung gelten die gleichen Leistungspflichten (§§ 270ff. und 320–327 BGB) wie für die Erfüllungsansprüche. Der Kaufvertrag unterliegt der Formvorschrift des § 313 BGB, so daß alle Leistungsvereinbarungen samt Nebenpflichten der notariellen Beurkundung bedürfen.

220 Bestandteil des Kaufvertrages sind Baupläne und Baubeschreibung, die deshalb mitzubeurkunden sind.

221 Die TE ist in der Regel eine eigene Urkunde (s. unten S. 265ff.), so daß auf diese im Kaufvertrag Bezug genommen werden kann, sofern sie im Grundbuch noch nicht eingetragen ist.

222 Als zweckmäßig hat sich die Errichtung einer eigenen „Grundlagenurkunde" für jedes Projekt einer ETW-Anlage erwiesen. Diese durch den Notar zu beurkundende Objektgrundlage enthält im allgemeinen die TE, die Baubeschreibung und den Verwaltervertrag als Angebot an die WEer.

223 Der Eigentumsübergang setzt die Erklärung der Auflassung vor dem Notar (§§ 925, 925 a BGB) sowie die Eigentumsumschreibung im Wohnungsgrundbuch (§ 873 BGB) voraus. Die Auflassungserklärung wird zur Eintragung in das Grundbuch vom Erwerber beantragt und vom Veräußerer bewilligt. Die Auffassungserklärung ist die Erklärung der Vertragsparteien über den Eigentumsübergang einig zu sein. Stimmt die Auflassungserklärung nicht mit dem tatsächlichen Willen beider Parteien überein und wird sie trotzdem im Grundbuch eingetragen, so ist das Grundbuch unrichtig geworden, die Eigentumsumschreibung ist demnach nicht erfolgt. Der der Auflassungserklärung zugrunde liegende Kaufvertrag ist aber nur dann gem. § 306 BGB nichtig, wenn die von beiden Parteien gewollte Übereignung unmöglich ist. Läßt sich das Gewollte von den beiden Parteien durch Erklärung regeln ist die Unmöglichkeit ausgeschlossen und die Parteien sind zu einer entsprechenden Regelung verpflichtet.

Beispiel: Im Wohnungsgrundbuch (und Aufteilungsplan) ist das SE an der Wohnung mit Nr. 12 und der dazugehörige Keller ebenfalls mit Nr. 12 bezeichnet. Tatsächlich nutzt der WEer des SE Nr. 12 aber den Keller Nr. 11 und zwar im Einvernehmen mit dem SE der Wohnung Nr. 11 und des Kellers Nr. 11. Der WEer des Keller Nr. 11 nutzt dagegen den Keller Nr. 12. Beide Eigentümer waren sich darüber einig, den jetzigen Gebrauch rechtlich zu regeln. Der Eigentümer der Wohnung Nr. 12 verkauft nun seine Wohnung samt Keller. Dem Erwerber wurde aber durch Augenschein zur Kenntnis gebracht, daß er mit der Wohnung den Keller Nr. 11 erwirbt. Dies war Gegenstand der Einigung zwischen Veräußerer und Erwerber. Tatsächlich wurde dem Erwerber aufgrund der im Grundbuch vorhandenen Verbindung des SE Nr. 12 mit dem Keller Nr. 12 dem Erwerber der Keller Nr. 12 zugeschrieben. Der tatsächliche Wille der Vertragsparteien, auf den es hier allein ankommt und nicht auf das objektiv Erklärte, widerspricht dem Grundbucheintrag, so daß hier das Grundbuch unrichtig wurde. Damit ist auch der Erwerber nicht Eigentümer geworden. Der Kaufvertrag, der hier nicht nichtig ist, muß in der Weise berücksichtigt werden, daß der Erwerber neben dem SE Nr. 12 das SE am Keller Nr. 11 erwirbt. Vorher ist die gegenseitige Auflassung der Keller Nr. 11 und 12 an die Eigentümer der SE-Einheiten Nr. 12 und Nr. 11 erforderlich, sodaß der Keller Nr. 12 der Wohnung Nr. 11 und der Keller Nr. 11 der Wohnung Nr. 12 verbunden ist. Die Zustimmung der anderen Miteigentümer ist in diesem Fall nicht erforderlich. (Fall des BayObLG vom 27. 6. 1996, 2 Z, BR 25/96).

Der Eintragungsantrag und die Eintragungsbewilligung haben *224*
den Grundsätzen des § 28 GBO zu entsprechen, was eine genaue Bezeichnung des Grundstücks und des Wohnungsgrundbuchs voraussetzt. Das bedeutet, daß vor der Anlegung der Wohnungsgrundbücher eine Bewilligung zur Eintragung der Auflassung nicht möglich ist. Eine Ausnahme ist hier nur dann möglich, wenn die TE in der nach § 29 GBO vorgeschriebenen Form (s. unten S. 265) mit Aufteilungsplan und Abgeschlossenheitsbescheinigung dem Grundbuchamt bereits vorliegt (BGH WE 1993, 219).

4. Erster Wirtschaftsplan

Es ist unerläßlich bei den Verkaufsberatungen über den Er- *225*
werb einer ETW, daß der Verkäufer auch Angaben über die voraussichtlich anfallenden Bewirtschaftungskosten des Objekts macht. Aus diesem Grunde wird in aller Regel der Veräußerer (Bauträger), der gleichzeitig erster Verwalter ist, einen Vorschlag

für den ersten Wirtschaftsplan erstellen. Damit ist der Verkaufsberater in der Lage, dem Erwerber einer ETW die voraussichtlichen monatlichen Leistungen des Hausgelds mitzuteilen. Die Angaben stehen unter dem Vorbehalt, daß die WEer in der ersten Versammlung dem Vorschlag des Verwalters folgen und den Wirtschaftsplan mit Stimmenmehrheit beschließen.

226 Nachstehend ist ein Verwaltervorschlag zum Wirtschaftsplan des Musterobjekts abgedruckt.

Erster (vorläufiger) Wirtschaftsplan für die Zeit vom 1. 1.–31. 12. 1999

Schätzung der Gesamtkosten für eine Anlage mit 10 Wohnungen und 11 Tiefgaragenplätzen

Gemeinschaftskosten	Verteilung nach		Voranschlag DM
Heizung	692,40	Heizfläche	10 000,00
Wasser, Kanal	900,56	Tausendstel	5 000,00
Brandversicherung	900,56	Tausendstel	550,00
Geb-, Sturm-, LW-Vers.	900,56	Tausendstel	650,00
Haushaftpflichtvers.	900,56	Tausendstel	60,00
Strom	900,56	Tausendstel	1 500,00
Müllabfuhr	900,56	Tausendstel	4 320,00
Kabelgebühr	10	Einheiten	1 458,00
Sonst. Betriebskosten	900,56	Tausendstel	1 282,00
Hausmeister	900,56	Tausendstel	5 400,00
Berufsgenossenschaft	900,56	Tausendstel	130,00
Zinsaufwand lfd. Konto	900,56	Tausendstel	20,00
Bankspesen	900,56	Tausendstel	180,00
Verwaltungsvergütung WE	10	Einheiten	3 450,00
Zwischensumme I			34 000,00
Garagenkosten	11	Einheiten	994,40
Verwalterverg. Garagen	11	Einheiten	531,30
Summe Garagenkosten			1 525,70
Summe Gemeinschaftskosten			35 525,70
Rücklagenzuweisung			
Instandhaltung Whg.	900,56	Tausendstel	6 303,92
Instandhaltung Garagen	99,44	Tausendstel	696,08
Summe Rücklagenzuweisung			7 000,00
Zwischensumme II			42 525,70
Gemeinschaftserträge			
Zinserträge lfd. Konto	900,56	Tausendstel	25,70
Summen:			42 500,00

Umlage der Gesamtkosten auf die einzelnen Einheiten
(10 Eigentumswohnungen und 11 Tiefgaragenplätze als Teileigentum)
Einzelwirtschaftsplan

Whg. Nr.	Wfl. qm	0/00 Anteil	Wasser Kanal 0,55521	Versi cherung 0,1399	Strom 0,16656	Müll-abfuhr 0,4797	Kabel	Haus-meister 0,61406	sonst. Betr.ko. 0,16456	Heizung qm 14,4425	Verw.	Rücklagen DM 7,00/ 0/00	Wohn-geld jährlich	Wohn-geld mo-natlich	Wohn-geld mtl. ger.
1	60,91	78,73	437,12	110,16	131,14	377,14	145,80	483,45	129,57	879,69	345,00	551,11	3590,71	299,23	300,00
2	61,05	78,90	438,06	110,39	131,42	378,48	145,80	484,49	129,84	881,71	345,00	552,30	3597,49	299,79	300,00
3	60,91	78,73	437,12	110,16	131,14	377,67	145,80	483,45	129,57	879,69	345,00	551,11	3590,71	299,23	300,00
4	61,05	78,90	438,06	110,39	131,42	378,48	145,80	484,49	129,84	881,71	345,00	552,30	3597,49	299,79	300,00
5	102,28	135,02	749,64	188,90	224,88	647,70	145,80	829,12	222,18	1477,20	345,00	945,14	5775,56	481,30	482,00
6	60,91	78,73	437,12	110,16	131,14	377,67	145,80	483,45	129,57	879,69	345,00	551,11	3590,71	299,23	300,00
7	61,05	78,90	438,06	110,39	131,42	378,48	145,80	484,49	129,84	881,71	345,00	552,30	3597,49	299,79	300,00
8	60,91	78,73	437,12	110,16	131,14	377,67	145,80	483,45	129,57	879,69	345,00	551,11	3590,71	299,23	300,00
9	61,05	78,90	438,06	110,39	131,42	378,48	145,80	484,49	129,84	881,71	345,00	552,30	3597,49	299,79	300,00
10	102,28	135,02	749,64	188,90	224,88	647,70	145,80	829,12	222,18	1477,20	345,00	945,14	5775,56	481,30	482,00
	692,40	900,56	5000,00	1260,00	1500,00	4320,00	1458,00	5530,00	1482,00	10 000,00	3450,00	6303,92	40 303,92	3358,68	3364,00
11	TG-	9,04	je 0/00 MET								48,30	63,28	201,98	16,83	17,00
12	Stell-	9,04	DM 10,00/jährlich = DM 90,40								48,30	63,28	201,98	16,83	17,00
13	platz	9,04	insgesamt für Garagen								48,30	63,28	201,98	16,83	17,00
14		9,04									48,30	63,28	201,98	16,83	17,00
15		9,04									48,30	63,28	201,98	16,83	17,00
17		9,04									48,30	63,28	201,98	16,83	17,00
18		9,04									48,30	63,28	201,98	16,83	17,00
19		9,04									48,30	63,28	201,98	16,83	17,00
20		9,04									48,30	63,28	201,98	16,83	17,00
21		9,04									48,30	63,28	201,98	16,83	17,00
		1000,00									3981,30	7000,00	42 525,70	3583,81	3551,00

VI. Kauf gebrauchter Eigentumswohnungen

227 Unter den gebrauchten ETW, die am Markt zum Verkauf angeboten werden, ist zu unterscheiden zwischen geborenen und gekorenen ETW.

Geborene ETW sind solche, die bereits als ETW erstellt waren. Gekorene ETW sind ursprünglich als Mietwohnungen erstellte und genutzte Wohnungen, die erst später in ETW umgewandelt werden. Umgewandelt in diesem Sinne werden sowohl Altbauwohnungen als auch Neubauwohnungen, soweit Abgeschlossenheitsbescheinigungen erteilt werden (vgl. unten Rn. **6** 195).

1. Verkauf von gebrauchten, geborenen Eigentumswohnungen

228 Bei dem hier zu besprechenden Angebot handelt es sich um bereits genutzte ETW, die in der Regel von einem WEer veräußert werden. Wie bereits dargestellt (oben Rn. **1** 41) häufen sich diese Angebote im zunehmenden Maße, weil der Gebrauchtwohnungsmarkt im Umfang dem Markt für Neubauwohnungen entspricht.

229 Die Bedeutung dieses Marktes besteht u. a. darin, daß der Ersterwerber einer ETW, der sich möglicherweise weitgehend entschuldet hat, für seine ETW einen Preis erzielt, der spürbar über dem seinerzeitigen Anschaffungspreis liegt. Damit hat er die Möglichkeit mit dem Verkaufserlös ein neueres moderneres und natürlich wegen der mittlerweile gestiegenen Baukosten teuereres Immobilienobjekt, sei es ein Eigenheim oder eine größere ETW, zu erwerben. Auf der anderen Seite kann der Zweiterwerber eine gebrauchte ETW zu einem Preis kaufen, der für ihn tragbar ist, was bei einer Neubau-ETW nicht der Fall sein würde.

230 Inhalt des Kaufvertrages ist also die Veräußerung einer gebrauchten ETW. Es handelt sich dabei um einen echten Kaufvertrag im Sinne der §§ 433ff. BGB. Der Kaufvertrag ist ein gegenseitig verpflichtender Schuldvertrag, wonach der Verkäufer verpflichtet ist, „die Sache zu übergeben und das Eigentum an der Sache zu verschaffen“, während der Käufer „den vereinbar-

ten Kaufpreis zu zahlen und die gekaufte Sache abzunehmen" hat.

Wie jeder Vertrag, der die Verpflichtung zur Eigentumsübertragung an einem Grundstück zum Gegenstand hat, bedarf der Kaufvertrag der notariellen Beurkundung (§ 313 BGB, § 4 Abs. 3 WEG). *231*

Der schuldrechtliche, zur Eigentumsübertragung verpflichtende Kaufvertrag bedarf des zusätzlichen dinglichen Vertrages, der nach den Grundsätzen des Sachenrechtes die Eigentumsübertragung regelt. Zur Übertragung des WE ist deshalb die Einigung der beiden Vertragsparteien über den Eintritt der Rechtsänderung und die Eintragung der Rechtsänderung in das Grundbuch erforderlich. Die Einigung bei der Übertragung des Eigentums an einem Grundstück (auch WE) wird als Auflassung bezeichnet, die bei gleichzeitiger Anwesenheit beider Vertragsteile vor einem Notar zu erklären ist (§§ 925 ff. BGB). *232*

Die Hauptleistungspflichten des Verkäufers bestehen also einmal in der Besitzverschaffung durch Einräumung der tatsächlichen Sachherrschaft (§ 854 BGB), zum anderen in der Rechtsverschaffung (Larenz, Lehrbuch des Schuldrechts Bd 2, 11. Aufl., 1977, S. 22 ff.) durch Übertragung des Eigentums. Werden diese Leistungspflichten nicht erfüllt, hat der Käufer einen Erfüllungsanspruch nach den allgemeinen Vorschriften des BGB über „Leistungshinderung und Pflichtverletzung" (§§ 275 ff. und 320 ff. BGB). Dies gilt auch für Rechtsmängel. Ein Rechtsmangel liegt dann vor, wenn der Verkäufer (Larenz a. a. O. S. 27): *233*

- das Eigentum an der ETW nicht verschaffen kann,
- das Eigentum entgegen Zusicherung nicht lastenfrei ist (Reallasten, Dienstbarkeiten, Grundpfandrechte),
- die zugesicherten Eigentumsrechte, z. B. wegen vorhandener, nicht übernommener Rechte Dritter nicht verschaffen kann,
- die öffentlich rechtliche Belastung einer ETW, z. B.: Wohnungsbindung nach § 6 WoBindG (BGH DNotZ 1984, 689) nicht beseitigen kann.

Zu diesen Haupterfüllungsansprüchen kommen noch Nebenpflichten, deren Verletzung Schadensersatzansprüche wegen „positiver Forderungsverletzung" nach sich ziehen können. Sol- *234* che Nebenpflichten aus der Veräußerung gebrauchter ETW könnten z. B. sein, wenn der Verkäufer den Käufer nicht über Rechte und Lasten informiert, die auf dem WE ruhen oder mit diesem zusammenhängen.

235 Im Gegensatz zum Werkvertragsrecht zählt die mangelfreie Übergabe der verkauften Sache nicht zu den Haupt- und Erfüllungspflichten. Stellt sich heraus, daß die übergebene Sache mit einem Fehler behaftet ist, oder sie die vom Verkäufer zugesicherten Eigenschaften nicht besitzt, handelt es sich um Sachmängel, deren Haftung nach den Gewährleistungsregeln des Kaufrechts (§§ 459 ff. BGB) gegeben ist.

236 Ein Sachmangel oder ein Fehler im Sinne von § 459 Abs. 1 BGB liegt immer dann vor, wenn der tatsächliche Zustand des Kaufgegenstands von den vertraglich vereinbarten oder dem gewöhnlichen Zustand derartiger Gegenstände abweicht. Ein Fehler kann in der körperlichen Beschaffenheit der Sache begründet sein oder in deren Beziehung zur Umwelt liegen. Dabei ist aber erforderlich, daß diese Beziehungen, seien sie tatsächlicher, rechtlicher, wirtschaftlicher oder sozialer Natur, in der Beschaffenheit selbst ihren Grund haben (BGH NJW 1976, 1888).

Ein Sachmangel ist auch das Fehlen einer zugesicherten Eigenschaft im Sinne von § 463 Abs. 1 BGB mit der besonderen Rechtsfolge, daß der Käufer statt der Wandelung oder Minderung Schadensersatz wegen Nichterfüllung verlangen kann. Als zugesicherte Eigenschaft gilt z. B. die Versicherung des Verkäufers, daß die „aufstehenden Gebäude behördlicherseits genehmigt und abgenommen sind". Diese Zusicherung bezieht sich nicht nur auf die Bauteile, den Grundriß und die Aufteilung des Hauses sondern auch auf die zulässige Nutzung des Hauses (BGH Urt. vom 31. 10. 1997, V ZR 248/96).

Bei Vorhandensein von Sachmängeln kann der Käufer Wandelung (§ 462 BGB) oder Minderung verlangen. Bei Fehlen einer zugesicherten Eigenschaft oder bei arglistigem Verschweigen eines Fehlers durch den Verkäufer kann der Käufer statt Wandelung und Minderung Schadensersatz wegen Nichterfüllung verlangen. Die Gewährleistungsansprüche verjähren bei Grundstücken in einem Jahr (§ 477 BGB).

Diese grundsätzlichen kaufrechtlichen Gewährleistungsregelungen sind in der Regel beim Verkauf gebrauchter ETW ohne Bedeutung, weil die Gewährleistungsansprüche im Kaufvertrag abbedungen werden, indem in solchen Verträgen vereinbart wird, daß der Käufer die „ETW übernimmt wie sie liegt und steht" und ausdrücklich keine besonderen Eigenschaften zugesichert sind. *237*

Eine solche Regelung widerspricht auch nicht der Vorschrift des § 11 Nr. 10 AGBG, weil die Vorschriften des AGBG nur für „neu hergestellte Sachen" gelten. *238*

Strittig ist es, ob die Zerstrittenheit der Eigentümergemeinschaft, in die der Käufer eintritt, einen Sachmangel darstellt (so KG NJW 1992, 1901; a.A. OLG Düsseldorf Urteil vom 4. 12. 1996, 9 U 92/96). Verschweigt der Veräußerer die Zerstrittenheit der Gemeinschaft, so stellt dies ein Verschulden bei Vertragsabschluß (culpa in contrahento) dar für das der Veräußerer haftet. So kann der Erwerber hier einen auf Rückabwicklung des Kaufvertrags gerichteten Schadensersatzanspruch geltend machen (OLG Düsseldorf Urteil vom 4. 12. 1996, 9 U 92/96).

2. Verkauf von gekorenen Eigentumswohnungen – Umwandlung

Der Verkauf von gekorenen ETW setzt voraus, daß zuerst Miet- in ETW umgewandelt werden. *239*

Die Bedeutung der durch Umwandlung entstandener ETW hat in den vergangenen Jahren erheblich zugenommen.

Wenn auch die Umwandlung teilweise kritisch betrachtet wird – sicherlich zu Recht, wenn sie „spekulativ" in der Weise betrieben wird, daß die betroffenen Mieter durch nicht gerechtfertigte Umwandlungs- und (Luxus-) Sanierungsmaßnahmen bewußt verdrängt werden –, entspricht sie vielfach legalen und gerechtfertigten Bedürfnissen. Sie sind im übrigen ein guter Beweis für die Flexibilität und Ausgewogenheit des WEG. Richtig angewendet sollte die Umwandlung von Mietwohnungen und der Verkauf von gekorenen ETW ein auch vom Gesetzgeber gewolltes und legitimes Anliegen sein, weil dadurch die Bildung von Immobilienvermögen ebenso erweitert werden kann, wie die

Eigentumsquote in der Bundesrepublik. Auch kann die Schaffung solch neuer Eigentumsverhältnisse und die damit erhoffte Verbesserung der Wohnung durch Modernisierung und Sanierung der Verödung der Innenstädte entgegenwirken. Gleichzeitig wird die Mobilität der Bevölkerung verbessert, um den Notwendigkeiten eines flexibleren Arbeitsmarktes durch ein größeres Angebot am Gebrauchtwohnungsmarkt besser gerecht werden zu können (Bärmann/Seuß a.a.O. S. 386). Wenn das heute aus wohnungspolitischen Überlegungen anders gesehen wird, so ist das weder gerechtfertigt noch zu verstehen.

240 Es sind aber nicht alle Wohnanlagen für eine Umwandlung geeignet, sowohl aus technischen als auch aus sozialen Gründen. Deshalb sollten alle Eigentümer von Wohnungen, die eine Umwandlung beabsichtigen, eine Antwort auf folgende Fragen suchen: (Bärmann/Seuß a.a.O. S. 286)

- Sind die Wohnungen technisch geeignet, um WE zu begründen?
- Wie ist der Aufteilungsplan zu gestalten und bestehen Schwierigkeiten bei der Beantragung der Abgeschlossenheitsbescheinigung?
- Welche Miteigentumsanteile sind in der TE festzulegen, und wie ist die GO zu gestalten?
- Wie sollen die Mieter der Wohnungen informiert werden, und welche Angebote sind ihnen zu unterbreiten?
- Wie sind die Kaufverträge inhaltlich zu gestalten?
- Wie ist der Verwaltervertrag zu vereinbaren?

a) Technische Eignung, Abgeschlossenheit und Aufteilungsplan

241 Nach § 7 Abs. 4 WEG ist der Eintragungsbewilligung des Gegenstandes und Inhaltes von SE neben dem Aufteilungsplan die Abgeschlossenheitsbescheinigung der Baubehörde als Anlage mit beizufügen.

Durch diese Bescheinigung soll nachgewiesen werden, daß entsprechend § 3 Abs. 2 WEG die Räume in sich abgeschlossen sind. Zwar ist der § 3 Abs. 2 WEG nur eine Soll-Vorschrift, so daß ein Verstoß gegen diese Sollvorschrift die Eintragung im Grundbuch nicht ungültig und das Grundbuch nicht unrichtig macht (Bärmann/Pick/Merle Komm. § 7 Rz 75). In der Regel wird aber das Grundbuchamt die TE nicht im Grundbuch eintragen, wenn die Abgeschlossenheitsbescheinigung der Baubehörde nicht vorliegt. Aus diesem Grunde ist anhand der „Allgemeinen Verwaltungsvorschrift für die Ausstellung von Bescheinigungen gemäß § 7 Abs. 4 Nr. 2 und § 32 Abs. 2 Nr. 2 des WEG" vom 19. 3. 1974 (BAnz. Nr. 58 vom 23. 3. 1974) zu überprüfen, ob die Wohnanlage technisch so gestaltet und ausgestattet ist, daß mit der Erteilung der notwendigen Bescheinigung gerechnet werden kann.

Soll WE begründet werden, müssen die Ansprüche an eine Wohnung gegeben sein, wobei die jeweils gültigen Baunormen für Schall- und Wärmeschutz nicht Voraussetzung für die Erteilung der Abgeschlossenheitsbescheinigung (vgl. Rz. **6** 195f.) sein müssen. *242*

Wegen der Gestaltung des Aufteilungsplans und des Antrags zur Erteilung der Abgeschlossenheitserscheinung wird verwiesen auf Kapitel 6 (unten Rz. **6** 172ff.). *243*

Vielfach sind für Altbauten keine Bauzeichnungen mehr vorhanden, und wenn sie vorhanden sind, stimmen sie nicht mehr mit den tatsächlichen Verhältnissen überein. Aus diesem Grunde ist es hier erforderlich, daß neue Bestandspläne nach den tatsächlich bestehenden Verhältnissen gezeichnet werden. Dabei sollte besonderer Wert auf die zeichnerische Abgrenzung von SE und gem. E. durch Numerierung und farbliche Kennzeichnung gelegt werden. *244*

Für den Fall, daß die Baubehörde trotz der gegebenen technischen und rechtlichen Voraussetzungen nicht bereit ist, die Abgeschlossenheitsbescheinigung zu erteilen, kann diese im Wege der Verwaltungsklage nach der Verwaltungsgerichtsordnung erzwungen werden (VGH Baden-Württemberg, Urteil vom 23. 11. 1978, VIII 121/77).

b) Teilungserklärung und Gemeinschaftsordnung

Bei der zu treffenden Abgrenzung zwischen SE und gem. E sollten aufgrund der tatsächlichen Nutzungen und der eventuell vorgesehenen Sanierungs- und Renovierungsmaßnahmen die unterschiedlichen Gestaltungsmöglichkeiten in Betracht gezogen werden. *245*

Auf die Bestimmung der Miteigentumsanteile ist bei umzuwandelnden Wohnungen besonderer Wert zu legen. Die hier *246* vertretene Auffassung (s. unten Rz. **6** 248f.), daß die Miteigentumsanteile zweckmäßigerweise an der Nutzungsmöglichkeit bzw. an der m^2-WFl ausgerichtet werden sollen, gilt auch hier, wenngleich Altbauwohnungen, die unrenoviert umgewandelt und veräußert werden, oft einen sehr unterschiedlichen technischen Wohn- und Ausstattungswert besitzen. Notfalls kann die technische Qualität der Wohnungen bei Festlegung der Miteigentumsanteile berücksichtigt werden.

247 Für die Aufstellung der GO gelten die unten dargelegten Prinzipien (s. unten Rz. **6** 255ff.).

Gleichwohl sind Besonderheiten zu bedenken, die bei der Zweckbestimmung und den Bedürfnissen für die Bewirtschaftung von Altbauwohnungen anders sein können, wie bei Neubauwohnungen. Im einzelnen sollte an folgende Regelungen gedacht werden (vgl. Deckert a.a.O. Gruppe 3 S. 67ff.):

- Stimmrecht: Zweckmäßig scheint hier das Objektprinzip, welches für jedes WE eine Stimme vorsieht.
- Kostenverteilungsschlüssel: Der Miteigentumsanteil als Kostenverteilungsschlüssel empfiehlt sich hier nicht, wenn die Miteigentumsanteile nach dem objektiven Wert (technische Qualität und Ausstattung) der Wohnungen gebildet wurden. Es empfiehlt sich als Verteilungsmaßstab für die Betriebskosten die m^2-WFl. Für die Heizkostenverteilung sind die Regelungen der Heizkostenverordnung (s. unten Rn. **10** 305) zu beachten. Für die Verteilung der Instandhaltungskosten und die Bildung der Instandhaltungsrücklage empfiehlt sich die Verwendung der Miteigentumsanteile. Ansonsten ergeben sich keine Besonderheiten zu dem Kostenverteilungsschlüssel bei Neubaumaßnahmen; wie dort ist aber dringend zu empfehlen eine Änderung der Kostenverteilungsschlüssel mit einer qualifizierten Mehrheit ($^2/_3$) vorzusehen, wobei die Änderungsmaßstäbe im einzelnen zu bestimmen sind (s. unten Rn. **7** 312ff.).
- Gebrauchs- und Nutzungsregelungen sind vorsichtig zu treffen. Hüten sollte man sich vor allzu ausführlichen Regelungen, die dann bei der Einhaltung dieser Bestimmungen Schwierigkeiten bereiten. Es ist vorteilhafter, wenn eine WEer-Gem. durch Beschluß nachträglich eine Regelung herbeiführt, als daß durch ungeschickte und ungerechtfertigte Nutzungsregelungen der Streit in der Gem. vorprogrammiert wird. Auf keinen Fall sollte die Hausordnung zum Gegenstand der GO gemacht werden.
- Eine generelle Vereinbarung zur Änderung der GO mit einer qualifizierten Mehrheit ist entgegen der in der Praxis und in der Literatur häufig anzutreffenden anderen Auffassung nicht sinnvoll und auch

nicht nötig. Im Interesse des Bestandes des Inhalts des SE, sollte eine Veränderung des Einstimmigkeitsprinzips der GO nur in bestimmten Fällen und zwar für die Änderung der Kostenverteilungsschlüssel vorgesehen werden. Auf keinen Fall sollte eine generelle Änderung der GO durch Mehrheitsbeschluß vereinbart werden.
- Im Zusammenhang mit dem Kostenverteilungsschlüssel für Betriebskosten hat sich auch der umwandelnde Eigentümer Gedanken darüber zu machen, wo beispielsweise Meßeinrichtungen für Versorgungs- und Entsorgungsleitungen zu installieren, und wie deren Kosten abzulesen, zu verteilen und abzurechnen sind.

c) Berücksichtigung der Mietverhältnisse

Der Gesetzgeber hat dem Mieter zum Schutz vor ungerechtfertigten Verdrängungen im Falle der Umwandlung umfangreiche Rechte zugebilligt. Diese sind im einzelnen (Bärmann/Seuß S. 389): *248*

- der Grundsatz des § 571 BGB, daß Kauf nicht Miete bricht, gilt hier in vollem Umfang.
- das Soziale Mietrecht gilt auch für Mieter von ETW unverändert. Demnach gelten die gesetzlichen Kündigungsfristen des § 565 BGB (zwischen 3 und 12 Monaten); ferner ist der § 564 BGB nicht eingeschränkt, nach dem das Mietverhältnis über Wohnraum nur bei einem berechtigten Interesse des Vermieters gekündigt werden kann. Außerdem besteht für umgewandelte Wohnungen eine zusätzliche Kündigungssperre zwischen 3 bis 5 Jahre (564 b Abs. 2 Ziff. 2 BGB), so daß ein Wohnungseigentümer dem Mieter auch bei berechtigtem Eigenbedarf erst nach Ablauf der 3 bis 5 Jahre kündigen darf. Allerdings gilt die Sperrfrist nicht für die Umwandlung, die im Wege des § 3 WEG durchgeführt wird. Hier sind die künftigen WEer bereits vor der Begründung von WE Miteigentümer nach § 1008 BGB an einem mit Wohnungen bebauten Grundstück (so z. B. im Erwerbermodell). Diese Miteigentümer begründen in einem Vertrag nach § 3 WEG WE und vereinbaren, daß jedem Miteigentümer ein oder mehrere WE-Einheiten allein zufallen. Sind in einem solchen Fall die so neu entstandenen WE-Einheiten vermietet, können die (Allein-)WEer ohne Einhaltung einer Frist (§ 564 b Abs. 2 Nr. 2 S. 2 und 3 BGB) wegen Eigenbedarf kündigen (BGH RE vom 6. 7. 1994 VIII ARZ 2/94). Neben dem sogenannten Erwerbermodell kann diese Begründung von WE für eine Mehrheit von Erben ratsam sein, insbesondere dann, wenn einer oder mehrere Erben aufgrund eines dringenden Wohnungsbedarfs selbst in die neugebildete ETW einziehen möchte. Schließlich gelten auch die Sozialklauseln der §§ 556 a ff. BGB, wonach der Mieter einer berechtigten Kündigung widersprechen kann, wenn für ihn der Auszug aus dieser Wohnung einen Härtefall bedeuten sollte.

- Mit dem Mietrechtsänderungsgesetz vom 21. 7. 1993 (BGBl. 1257) wurde in § 570 b BGB ein allgemeines Mietervorkaufsrecht eingeführt (vgl. hierzu Schmidt in Bä/S Rz. A 625 ff.). Dieses schuldrechtliche (nicht dingliche) Vorkaufsrecht unterliegt den Vorschriften der §§ 504 BGB mit der Folge, daß es nur für den ersten Verkaufsfall gilt und daß die Ausübungsfrist zwei Monate beträgt (beginnend ab dem Tag des Vertragsabschlusses). Die Wohnung muß vor Begründung des WE (Tag der Eintragung der TE im Grundbuch) dem Mieter überlassen sein, wobei es sich um vermieteten Wohnraum handeln muß. Die Ausübung des Vorkaufsrechts nach § 570 b BGB unterliegt nicht der Formvorschrift des § 313 BGB, so daß die entsprechende Ausübungserklärung des Mieters nicht notariell beurkundet zu sein hat (OLG Düsseldorf Urteil vom 29. 6. 1998, 9 U 267/97). Der Mieter kann dieses Vorkaufsrecht bezüglich seiner Wohnung auch dann wirksam ausüben, wenn in dem Kaufvertrag mit dem Erwerber wegen des Erwerbs mehrerer Wohnungen (Paketverkauf) ein günstigerer Kaufpreis als bei einem Einzelverkauf angeboten wurde (OLG Düsseldorf vom 29. 6. 1998, 9 U 267/97).

249 Sollen Sozialwohnungen in ETW umgewandelt werden, so sind neben den allgemeinen Schutzpflichten für die Mieter folgende gesetzliche Bestimmungen zu beachten:

- Die Umwandlung ist der Bewilligungsbehörde mitzuteilen unter Vorlage einer Abschrift der TE bzw. des Vertrages gemäß § 3 WEG und der Anschriften der betroffenen Sozialmieter (§ 2 a Abs. 1 S. 1 WoBindG).
- Mindestens 1 Monat vor der Beurkundung des Kaufvertrages ist der Bewilligungsstelle Name und Anschrift des vorgesehenen Bewerbers mitzuteilen.
- Bei Umwandlung hat der betroffene Sozialmieter ein gesetzliches Vorkaufsrecht. Er kann das Vorkaufsrecht bis zum Ablauf von 6 Monaten seit Mitteilung des Verfügungsberechtigten über den Inhalt des mit dem Dritten abgeschlossenen Kaufvertrages ausüben (§ 2 b Abs. 1 WoBindG).
- Das Vorkaufsrecht ist nicht übertragbar. Stirbt der Mieter so geht es auf denjenigen über, der nach § 569 a, 569 b BGB oder als Erbe in das Mietverhältnis eintritt oder es fortsetzt (§ 2 b Abs. 2 WoBindG).

250 Im übrigen unterliegt die öffentlich geförderte Mietwohnung der Belegungsbindung und der Bindung an die Kostenmiete, und zwar solange bis die Eigenschaft öffentlich-gefördert beendet ist. Normalerweise endet diese Eigenschaft mit der planmäßigen Tilgung der öffentlichen Baudarlehen. Bei vorzeitiger und freiwilliger Rückzahlung der öffentlichen Baudarlehen gilt der Grundsatz, daß noch eine Nachwirkungsfrist bis zum Ablauf des 8.

Kalenderjahres nach dem Jahr der Rückzahlung weiterhin besteht. Zwar sind Ausnahmen möglich, sie sind in § 16 Abs. 3 WoBindG im einzelnen dargestellt. Diese Ausnahmen gelten aber nicht für die in Gebieten mit erhöhtem Wohnungsbedarf umgewandelten öffentlich-geförderten Mietwohnungen, es sei denn, daß sie von dem von der Umwandlung betroffenen Mieter selbst erworben wurden (§ 16 Abs. 4 S. 1 WoBindG).

Der Grundsatz des § 571 BGB gilt auch dann, wenn bei der *251*
Umwandlung aus einer Mietsache zwei SE-Einheiten gebildet werden. In diesem Fall treten die beiden WEer in den unteilbaren Mietvertrag ein. Sie sind als Vermieter eine Gem. im Sinne der §§ 741 BGB. Bezüglich der Mietzinsforderung sind sie eine Mehrheit von Gläubigern (§ 432 BGB), so daß der Mieter den Mietzins hinterlegen kann, wenn sich die beiden WEer über die Aufteilung des Mietzinses nicht einig werden. Auch können in diesem Fall die beiden WEer Hinterlegung des Mietzinses nach § 372 BGB verlangen. Das gleiche gilt für die Abbuchung der Vorauszahlung und die Betriebs- und Nebenkosten mit der Maßgabe, daß der Mieter berechtigt ist die Vorauszahlung einzustellen, wenn die Abrechnung durch die Vermieter nicht vorgenommen wird.

Bei der Umwandlung von Miet- in ETW ist bezüglich des Rechts *252*
des Mieters zu beachten, daß dieser auch ohne ausdrückliche Vereinbarung im Mietvertrag einen Anspruch auf Mitgebrauch der gem. Einrichtungen hat. Wird z.B. bei der Umwandlung der bisherige Waschmaschinenraum in einen Heizungsraum umfunktioniert, so hat der Mieter nach wie vor Anspruch auf Mitgebrauch des Waschmaschinenraumes, oder bei Nichtrealisierung das Recht den Mietzins zu mindern (§ 537 BGB).

d) Inhalt der Kaufverträge

Im Prinzip gelten hier die gleichen Grundsätze wie die für den *253*
Kaufvertrag neu erstellter ETW (s. oben Rn. **2** 215) Gesagte. Zu Besonderheiten ist kurz Stellung zu nehmen.

Eine formelle Abnahme des SE und des gem. E ist bei Altbau- *254*
wohnungen, die nicht saniert und modernisiert wurden, nicht notwendig. Das gilt insbesondere dann, wenn vereinbart wird, daß der Besitz an der ETW zu einem bestimmten Stichtag

(Besitzübergabetermin) übergeht und daß diese übernommen wird wie sie liegt und steht und besondere Eigenschaften nicht zugesichert werden. Zu achten ist darauf, daß bei der Besitzübergabe die für die Bewirtschaftung des gem. E ab diesem Zeitpunkt anfallenden Kosten durch Ablesen der entsprechenden Zählerstände exakt festgehalten werden.

255 Wird die umgewandelte ETW in nicht renoviertem, alten Zustand veräußert, können die Gewährleistungsansprüche abbedungen werden, weil sich der Veräußerungsvertrag nach dem Kaufrecht des BGB richtet, und die vom BGH für den Kauf neu errichteter oder im Bau befindlicher ETW entwickelten und eine Herstellungspflicht beinhaltenden Grundsätze der Vorschriften über das Werkvertragsrecht der §§ 631, 633 BGB (BGHZ 68, 372, 374; 98, 100, 107ff.; 101, 350, 352f.; 100, 391, 396; WE 1988, 162) hier nicht angewendet werden können.

256 Allerdings darf der Verkäufer, ebenso wie beim Verkauf der gebrauchten geborenen ETW, wesentliche Mängel arglistig nicht verschweigen (§§ 443, 460 BGB). Tut er das, hat er für diese Mängel innerhalb der 30jährigen Verjährungsfrist des § 195 BGB einzustehen.

257 In diesem Fall kann der Erwerber verlangen, so gestellt zu werden, wie er stünde, wenn der arglistig verschwiegene Fehler bei Gefahrübertragung nicht vorhanden gewesen wäre (positives Interesse: vgl. MünchKomm/H. O. Westermann, BGB § 463 Rz 19). Da der primäre Erfüllungsanspruch auf Herstellung fehlender Eigenschaften ausgeschlossen ist und das Kaufrecht einen Nachbesserungsanspruch im Sinne von § 633 BGB nicht kennt, hat der Erwerber nur zwei Möglichkeiten zur Geltendmachung seiner Ersatzansprüche (vgl. BGH JZ 1990, 143 mit Anmerkung Weitnauer)

- Großer Schadensersatz: Zurückverweisung des Kaufgegenstands und Ersatz des gesamten durch Nichterfüllung entstandenen Schadens
- Kleiner Schadensersatz: Entschädigung für den Wertunterschied zwischen der mangelfreien und der mangelhaften Sache

258 Die Zurückverweisung des Kaufgegenstandes besteht beim Erwerb von ETW im Rücktritt vom Vertrag.

Der Anspruch auf Rücktritt vom Vertrag bzw. die Geltendmachung von Ersatzansprüchen wegen arglistiger Täuschung kann aber nur dann durchgesetzt werden, wenn keine Bestätigung des Rechtsgeschäfts durch den Erwerber im Sinne von § 144 BGB vorliegt. Die Bestätigung eines anfechtbaren Rechtsgeschäfts muß nicht in einer eindeutigen Erklärung bestehen, weil sie auch in einem schlüssigen Verhalten zum Ausdruck kommen kann. Ein solcher sogenannter Bestätigungswille ist beim angefochtenen Immobiliarkauf aber nicht darin zu sehen, daß der Erwerber vor dem Anspruch auf Wandelung Gewährleistungsansprüche geltend gemacht hat (BGH WE 1990, 86).

Besteht der Mangel im gem.E so steht der gesamte Minderwert den einzelnen WEern nach Maßgabe ihres Miteigentumsanteils zu. Der einzelne WEer kann dementsprechend nur einen Anteil am Schaden ersetzt erhalten, der dem Verhältnis seines Miteigentumsanteils entspricht. Der Verkäufer eines Miteigentümeranteils haftet nach den §§ 459ff. BGB für Sachmängel nur zu seinem rechnungsmäßigen Anteil. Das gilt auch für das WE, wenn nur das gem.E betroffen ist (a. A. Doerry; vgl. BGH a. a. O.). 259

Werden aber vom Veräußerer Leistungen erbracht (Modernisierungs- und Sanierungsmaßnahmen) oder im Kaufvertrag versprochen, die im Falle der Neuerrichtung „Arbeiten am Bauwerk" wären und nach „Umfang und Bedeutung mit solchen Neubauarbeiten vergleichbar" sind, so liegt auch im Falle der Umwandlung eines Altbaus in ETW ein nach Werkvertragsrecht zu beurteilender Kaufvertrag vor. Hier gilt die 5jährige Gewährleistungsfrist des § 638 BGB (BGH WE 1988, 162). Erfolgt bei diesem Fall im Kaufvertrag eine Freizeichnung von den Gewährleistungsansprüchen, so gelten auch hier die vom BGH entwickelten Grundsätze für neu errichtete oder noch zu errichtende ETW (vgl. hierzu obige BGH Rechtsprechung S. 66ff.). Danach ist auch in einem notariellen Individualvertrag die Freizeichnung unwirksam (§ 242 BGB), wenn diese nicht mit dem Erwerber unter ausführlicher Belehrung über die einschneidenden Rechtsfolgen eingehend erörtert wird (BGHZ 101, 350 m. w. N.). 260

Ein Rücktrittsgrund wegen arglistiger Täuschung ist aber nicht nur im Verschweigen technischer und baulicher Mängel zu sehen, sondern auch darin, daß die Veräußerer durch Vorlage einer „Ankaufsberechnung" unter Verschweigung wesentlicher 261

Umstände ein tatsächlich nicht zutreffendes, zu positives Bild der wirtschaftlichen Auswirkungen des Geschäfts gegeben und den Erwerber dadurch zum Vertragsabschluß veranlaßt haben. Der Veräußerer bzw. dessen Verhandlungsgehilfe hat den Erwerber in dem vom KG (NJW-RR 1990, 399) entschiedenen Fall sowohl einen Überschuß der Mieteinnahmen über die Kosten als auch eine steuerliche Abschreibung vorgerechnet. Beides war nicht zutreffend, so daß in diesem Fall der Erwerber die Rückabwicklung des Kaufvertrags über die ETW verlangen konnte.

VII. Wohnungsprivatisierung in Ostdeutschland

262 Die Entwicklung und die Rechtsverhältnisse an den Wohnungsbeständen der DDR wurden in der Vorausgabe dieses Buches in Kapitel 12 ausführlich dargestellt. Aus Platzgründen können diese Ausführungen hier nicht wiederholt werden. Hier ist aber einzugehen auf die Wohnungsprivatisierung, die in Ostdeutschland von nicht unerheblicher Bedeutung ist.

1. Begriff und Bedeutung der Wohnungsprivatisierung

263 Der Begriff Wohnungsprivatisierung ist in Westdeutschland nicht gebräuchlich. Er hat sich in Ostdeutschland eingebürgert (vgl. hierzu Seuß in PiG Nr. 53 S. 99).

Eine Legaldefinition des Begriffs Wohnungsprivatisierung gibt es nicht. Abgeleitet wird die Wohnungsprivatisierung von der Privatisierung im Bereich der Wirtschaft. Hier erfolgt die Privatisierung staatlicher Betriebe und staatlichen Kapitals durch die Umwandlung einer öffentlich-rechtlichen Organisation in eine private Rechtsform. Unterschieden wird dabei in die echte und die unechte Privatisierung. Bei der echten Privatisierung wird eine private Rechtsform des Betriebs oder Unternehmens gewählt, wobei die öffentliche Hand jeglichen Gestaltungseinfluß verliert. In diesem Fall geht auch das Gesellschaftskapital einer neu gegründeten GmbH voll oder überwiegend in private Hände über. Anders behält die öffentliche Hand bei der unechten Privatisierung weiterhin Einfluß auf das in eine privatrechtliche Form umgewandelte Unternehmen, z.B. dann, wenn eine GmbH gegründet wird und hier der öffentlichen Hand mehr als die Hälfte des Stammkapitals verbleibt.

Bei der Wohnungsprivatisierung haben wir es in gleicher Wei- *264*
se mit der Überführung des Eigentums an Wohnungen in eine private Rechtsform zu tun. Auch hier kann von einer unechten und einer echten Privatisierung gesprochen werden.

Der Gesetzgeber hat die Wohnungsprivatisierung gesetzlich *265*
für die neuen Bundesländer angeordnet mit dem Ziel, im Bereich der Wohnungswirtschaft eine neue Wirtschafts- und Rechtsordnung zu schaffen. Im Treuhandgesetz und im Einigungsvertrag wurde bestimmt, daß die ehemals volkseigenen Wohnungsbestände auf die Kommunen übergehen und diese gehalten sind, die Bestände in eine marktwirtschaftliche Wohnungswirtschaft zu überführen. Darüber hinaus erging im Einigungsvertrag ein weiterer Privatisierungsauftrag zur Überführung der Wohnungen in individuelles WE, d.h. mit anderen Worten zur Umwandlung von Bestandswohnungen in ETW.

Während die Überführung der Wohnungsbestände in eine *266*
marktwirtschaftliche Ordnung durch Umgründung oder Neugründung in privatrechtliche Gesellschaftsformen – meist in die Form der GmbH – im wesentlichen abgeschlossen ist, bereitete die echte Privatisierung erhebliche Schwierigkeiten. Aus diesem Grunde wurde mit dem Altschuldenhilfe-Gesetz eine Privatisierungspflicht eingeführt, die kurz zu beschreiben ist.

2. Altschulden und Altschuldenhilfe

Der Wohnungsneubau und die Wohnungsmodernisierung *267*
wurde auch in der DDR teilweise mit Darlehen der Staatsbank finanziert (vgl. hierzu Bä/S S. 320ff.). Diese als Aufbaukredite bezeichneten Schulden der VEB-Gebäudewirtschaft wurden zusammen mit den Wohnungsbeständen auf die neuen Eigentümer übertragen. Artikel 22 Abs. 4 des Einigungsvertrags bestimmt nicht nur den Eigentumsübergang der Wohnungsbestände an die Kommune, sondern auch die Übertragung der in diesem Zusam-

menhang bestehenden Schulden. Mit dem Übergang der Wohnungsbestände auf kommunale Wohnungsunternehmen sind diese auch Schuldner dieser Aufbaukredite – jetzt als Altschulden bezeichnet – geworden. Ebenso wurden die neu gegründeten Genossenschaften von ihren Altschulden nicht befreit.

268 Diese den Kommunen und Wohnungsunternehmen zugeordnete Altschulden betrugen am 1. 7. 1990 rd. DM 36 Milliarden, was eine durchschnittliche Belastung von DM 15000,– je Wohnung entsprach. Bezogen auf die einzelnen Unternehmen waren diese je nach Alter und Bautyp der Wohnung recht unterschiedlich belastet. Die Differenzierung lag zwischen DM 6000,– und DM 80000,– pro Wohnung. Nicht oder nur wenige belastet waren die Altbauten, während die Neubauten und hiervon alle Plattenbauten grundsätzlich belastet sind.

269 Nachdem weder die Kommunen noch die kommunalen Wohnungsunternehmen und auch nicht die Wohnungsgenossenschaften in der Lage waren die sich aus diesen Darlehen ergebenden Fälligkeiten in Form von Tilgung und Zinsen zu leisten, weil die damals reglementierte Miete hierfür keinen Spielraum bot, wurde bis Ende 1993 ein Moratorium beschlossen. Zufolge dieses Moratoriums wurden die Zins- und Tilgungsleistungen ausgesetzt. Dies führte zu einem Anwachsen der Schulden auf DM 52 Milliarden. Der sich hieraus ergebende Kapitaldienst hätte die Schuldner mit durchschnittlich DM 3,– pro m^2 und Monat im Extremfall sogar bis DM 12,– pro m^2 und Monat belastet. Da eine Umlage solch hoher Kosten auf die Mieter nicht möglich war, mußte eine Regelung Abhilfe schaffen.

270 Diese Regelung wurde mit dem Altschuldenhilfe-Gesetz (Artikel 39 des Gesetzes vom 23. 6. 1993 – BGBl. I S. 944) getroffen. Nach diesem Gesetz konnten alle mit Altschulden belastete kommunale Wohnungsunternehmen, Wohnungsgenossenschaften und Privatpersonen Teilentlastung aus den Schulden zusätzlich eine Zinshilfe oder auch nur eine Zinshilfe beantragen.

271 Die Teilentlastung bewirkt eine Kappung der Altschulden auf DM 150,– pro m^2 Wohnfläche bezogen auf alle Wohnung eines Unternehmens. Die verbleibenden Schulden sind ab 1. 7. 1995 vom Schuldner zu bedienen. Bei angenommenen 7 v. H. Zinsen und 1 v.H. Tilgung beträgt dann der Kapitaldienst DM 1,– pro m^2 und Monat, der dann von den Unternehmen mit der Miete erwirtschaftet werden kann, wenn die Vergleichsmiete zu diesem Zeitpunkt in Kraft treten sollte, was – wie geschildert – nicht voll erreicht wurde. Die genannten Schuldner hatten sich bis zum 31. 12. 1993 zu entscheiden, ob sie Antrag auf Teilentlastung und/oder Zinshilfe stellen wollen.

Antragsberechtigt auf Teilentlastung waren fast 70 v.H. der Wohnungsgenossenschaften und 84 v.H. der kommunalen Wohnungsunternehmen. Bei all diesen Unternehmen mit einem Bestand von rd. 3 Millionen Wohnungen lagen die durchschnittlichen Altschulden jeweils über DM 150 pro m^2 Gesamtwohnfläche. Setzt man die Antragsberechtigten gleich 100, so haben 80 v.H. (73 v.H. Genossenschaften und 91 v.H. Gesellschaften) der Unternehmen die Teilentlastung in Anspruch genommen.

Die Altschuldenbelastung der beantragenden Wohnungsun- *272*
ternehmen lag in der Regel zwischen DM 200 und DM 500 pro m^2 Gesamtwohnfläche, was ohne Kappung theoretisch zu einem Kapitaldienst von durchschnittlich DM 1,30 bis DM 3,30 pro m^2 monatlich geführt hätte. Mit der Annahme der Teilentlastung und der Zinshilfe mußten die Wohnungsunternehmer gleichzeitig einen neuen und endgültigen Darlehensvertrag mit der Gläubigerbank abschließen.

Insgesamt ist festzustellen, daß das Altschuldenhilfe-Gesetz die notwendige und ausreichende Regelung brachte, mit der sowohl den Belangen der Wohnungsunternehmen als auch der Leistungsfähigkeit der Mieter Rechnung getragen wurde.

3. Privatisierungsauflage

Das Altschuldenhilfegesetz (AHG) sah vor, daß die Teilent- *273*
lastung von den Altschulden nur gewährt wird, wenn die betroffenen Wohnungsunternehmen und Genossenschaften mindestens 15 v.H. ihres Wohnungsbestands privatisieren und bestimmte progressiv gestaffelte Teile des Nettoerlöses beim Verkauf der Wohnungen innerhalb einer bestimmten Frist an den Erblastentilgungsfonds abführen (vgl. hierzu Bä/S S. 320).

Diese im AHG vorgegebenen Auflagen konnten von den Unternehmen aber nicht oder nicht rechtzeitig erfüllt werden, sodaß einerseits Hilfsmodelle in Form der mieternahen Modelle und andererseits eine Nachbesserung des AHG unumgänglich war.

a) Mieternahe Modelle

274 Im Wege der alternativen Ausgestaltung des AHG wurden drei alternative Privatisierungsformen entwickelt mit deren Anwendung die Teilentlastung von den Altschulden möglich war. Voraussetzung für die Anerkennung und Durchführung der mieternahen Modelle war (vgl. Bä/S S. 232):

- Das Wohnungsunternehmen hat Objekte aus seinem Bestand ausgewählt, die sich für eine Mieterprivatisierung eignen.
- Trotz intensiver Bemühungen, insbesondere eingehender Beratung und mieterfreundliche Preise, ist objektbezogen weniger als ein Drittel der Mieterhaushalte an einem Wohnungskauf interessiert. Den Mietern sind dabei vor allem Sanierungs- und Finanzierungspläne vorzulegen und die daraus folgende Belastung für den Fall des Erwerbs im Vergleich zur Miete darzulegen. Ferner sind konkrete Kaufangebote zu unterbreiten und ausreichende Überlegungsfristen einzuräumen.
- Die Wohnungen dürfen im Rahmen einer mieternahen Privatisierung unter Berücksichtigung anfallender Kosten nicht zu günstigeren Bedingungen veräußert werden, als sie den Mietern des Unternehmens angeboten worden sind, es sei denn, die Mieter erhalten zu den günstigeren Bedingungen eine erneute Erwerbsmöglichkeit.
- Notwendig ist ein vollständiger Eigentumsübergang auf einen rechtlich selbständigen Erwerber, wobei eine dauerhafte unmittelbare oder mittelbare Kapitalbeteiligung des Verkäufers auszuschließen ist; Minderheitsbeteiligungen (Sperrminorität) sind zulässig, soweit dies zur Sicherung der vom Erwerber übernommenen Verpflichtungen erforderlich ist und die Kapitalbeteiligung bis zum Jahre 2003 beendet wird.
- Ein Erwerb zwischen verschiedenen kommunalen und genossenschaftlichen Wohnungsunternehmen, die Leistungen nach

dem Altschuldenhilfe-Gesetz in Anspruch nehmen, ist nicht zulässig.

- Das Privatisierungsverfahren ist vom Veräußerer nachprüfbar zu dokumentieren.

Als mieternahe Privatisierungsformen werden drei Modelle anerkannt: Neugründung einer Genossenschaft, Zwischenerwerbermodell und Mietergemeinschaft.

aa) Neugründung und Ausgründung von Genossenschaften

Bei neugegründeten Wohnungsgenossenschaften ist im Rahmen des geltenden Genossenschaftsrechts die Rechtsposition der Genossenschaftsmitglieder in der Satzung eigentumsorientiert auszugestalten. Das Gleiche gilt für aus bestehenden Genossenschaften im Wege der Ausgründung gebildeten Genossenschaften (vgl. hierzu Bä/S Rz. A 771 ff.). *275*

Auf der Grundlage von Mehrheitsbeschlüssen ist den Genossenschaftsmitgliedern die Möglichkeit zu eröffnen, die Umwandlung in WE zu verlangen und die Übertragung des WE auf die Mitglieder zu fordern. Die Genossenschaft hat, wenn mehr als die Hälfte der wohnenden Mitglieder eines Objekts schriftlich zugestimmt hat, die Wohnungen dieses Objekts oder, wenn die Mehrheit aller Mitglieder schriftlich zugestimmt hat, alle Wohnungen umzuwandeln und an die Wohnenden zu veräußern. Die Möglichkeiten des Wohnungstausches sind auszuschöpfen. Den Mitgliedern ist das Recht einzuräumen, ihre Geschäftsanteile an Dritte zu übertragen, soweit diese Mitglied der Genossenschaft werden wollen und dem keine wichtigen Gründe entgegenstehen. Ferner ist die Liquidation der Genossenschaft mit einer Mehrheit von 75 v. H. sowie die Auskehrung des Liquidationserlöses vorrangig in Form der Übertragung des WE an die Genossenschaftsmitglieder vorzusehen.

Die eigentumsorientierten Bestimmungen der Satzung können bis Ablauf des Jahres 2003 nur einstimmig veräußert werden.

Angesichts der Instandsetzungs- und Modernisierungserfordernisse ist eine ausreichende Ausstattung neu zu gründender Genossenschaften mit Eigenmitteln sicherzustellen.

bb) Zwischenerwerbermodelle

276 Der Verkauf an Zwischenerwerber wird als Privatisierung im Sinne des AHG anerkannt, wenn dadurch die Bildung von individuellem WE zugunsten der Mieter vorbereitet wird.

Für die Anerkennung ist es erforderlich, daß der Veräußerungsvertrag folgendes sicherstellt:

- Eröffnung eines konkreten Kaufangebots an die Mieter mindestens bis zum Ablauf von 12 Monaten nach Abschluß der Instandsetzungs- und Modernisierungsmaßnahmen.
- Die Umwandlung in WE durch den Zwischenerwerber hat zu dem Zeitpunkt zu erfolgen, zu dem mindestens 10 % der Mieter ihre Option ausüben wollen. Die Umwandlung kann schrittweise, gebäudeweise erfolgen; die Möglichkeiten des Wohnungstausches sind auszuschöpfen.
- Der Zwischenerwerber verpflichtet sich zur zügigen Instandsetzung und Modernisierung sowie einen möglichst großen Teil, mindestens aber ein Drittel, des übernommenen Wohnungsbestandes an die Mieter zu veräußern. Dies soll auf der Grundlage einer transparenten Kalkulation sowie von Preisforderungen, die dem Mietervorrang zur Erfüllung der Privatisierungsverpflichtung Rechnung tragen, bis zum Jahre 2003 geschehen.
- Den Erfordernissen des Mieterschutzes ist Rechnung zu tragen.

Bis spätestens zum 31. 12. 2003 ist gegenüber der KfW nachzuweisen, daß die vorstehend genannten Anforderungen erfüllt worden sind. Andernfalls wird die Teilentlastung von der Kreditanstalt für Wiederaufbau nach Maßgabe von § 5 Abs. 3 AHG widerrufen. Im Veräußerungsvertrag zwischen Antragsteller und Zwischenerwerber sind entsprechende Informationspflichten gegenüber dem Antragsteller abzusichern.

cc) Mietergemeinschaftsmodelle

277 Der Verkauf eines Hauses oder eines Wohnungsaufganges an eine Mietergemeinschaft ist als Privatisierung im Sinne des AHG anzuerkennen, wenn mehr als die Hälfte der betroffenen Mieter dieser Mietergemeinschaft angehören und mindestens die Hälfte der übrigen Mieter dieser Veräußerung zustimmen.

Mietergemeinschaftsmodelle können spezifische Risiken beinhalten, denen durch entsprechende gesellschaftsvertragliche Regelungen Rechnung getragen werden muß.

dd) Kritik

Auch diesen Modellen wird zurecht Kritik entgegengebracht, weil sie zwar zum Teil die Wohnungsunternehmen entlasten, dennoch aber keine wesentliche Verbesserung für die Wohnungsprivatisierung selbst bringen. 278

b) Erfüllung der Privatisierungsauflagen

Von den angebotenen Modellen wurden vor allem das Zwischenerwerbermodell angenommen. Dieses Modell muß aber als „Mogelpackung" im Sinne einer Wohnungsprivatisierung betrachtet werden, weil es verbleibende Mietwohnungen im Sinne des AHG als privatisiert betrachtet. Verwiesen wird hier auf die Ausführungen von Cremer in Bä/S S. 1383 ff., der dort das Zwischenerwerbermodell im Detail beschreibt und einen entsprechenden Vertragsentwurf zwischen den Wohnungsunternehmen und dem Zwischenerwerber zur Kenntnis bringt. 279

Das Genossenschaftsmodell hat – wie nachstehend aufgezeigt – weniger Anklang gefunden. Das ist auch nicht verwunderlich, weil hier eine Genossenschaftssatzung verlangt wird, welche zwingend die Umwandlung der Genossenschaftswohnungen in WE vorsieht. Eine solche Regelung widerspricht den Grundprinzipien der Genossenschaften, die als gesellschaftsrechtliche besondere Form des Eigentums an Wohnungen erhebliche Bedeutung hat. Eine Wohnungsgenossenschaft, die zur Auflösung angelegt ist, kann nicht im Sinne der Genossenschaftsidee als förderlich betrachtet werden.

Der Verkauf der Wohnungen an Mietergemeinschaften ist nahezu bedeutungslos.

Die im GdW zusammengeschlossenen Wohnungsunternehmen – das ist die überwiegende Mehrzahl aller Unternehmen – haben als Gegenleistung für die ihnen gewährte Entlastung der Altschulden insgesamt 337 900 Wohnungen zu privatisieren. (Diese und die folgenden Zahlen wurden entnommen der GdW Information 72 „Daten und Fakten 1997/98 der unternehmerischen Wohnungswirtschaft in den neuen Ländern“ vom Juli 1998). Bis Ende 1997 wurden insgesamt 217100 Wohnungen oder 64 v.H. privatisiert. Von diesen insgesamt veräußerten Wohnungen haben die Gesellschaften (GmbH/AG) 163055 (= 75 v.H.) und die Genossenschaften 54044 (= 25 v.H.) verkauft. Ein an sich gutes Ergebnis. Dieses gute Ergebnis beruht aber darauf, daß von insgesamt verkauften Wohnungen nur rd. 25 v.H. echte Verkäufe an Mieter oder Genossenschaftsmitglieder getätigt wurden. Weitere rd. 10 v.H. der Wohnungen wurden unmittelbar an Dritte (Nichtmieter) veräußert. Das bedeutet, daß rd. 65 v.H. im Rahmen der mieternahen Modelle verkauft wurden und dabei über rd. 50 v.H. an Zwischenerwerber.

Berücksichtigt man die in der Statistik des GdW nicht berücksichtigten Verkäufe der Kommunen, die bis Ende 1997 mit 15380 Wohnungen festgestellt wurden (vgl. Bundestag-Drucksache Nr. 14/271 vom 14. 1. 1999), so sind innerhalb von viereinhalb Jahren 232480 ETW zur Erfüllung der Privatisierungsauflage im AHG im Wege der Umwandlung entstanden.

3. Kapitel
Finanzierung der Eigentumswohnung

I. Finanzierung allgemein

Im allgemeinen wird unter Finanzierung die Beschaffung und der Einsatz von Kapital verstanden und zwar für Zwecke aller Art. Die Kapitalbeschaffung ist dabei weder auf die Beschaffung in Geldform noch auf die Beschaffung von Leihkapital beschränkt. In diesem Sinn kann Kapital zum Zwecke der Investition sowohl durch Selbstfinanzierung (Eigenkapital) als auch durch Fremdkapital (Leihkapital) bereitgestellt werden, wobei das Kapital dabei nicht nur in Geldform zur Verfügung gehalten werden muß. Werden diese Grundsätze auf die Finanzierung einer ETW übertragen, so kann festgehalten werden, daß die Investition für eine ETW im Prinzip durch Eigenleistung (Selbstfinanzierung) und Kredite (Fremdfinanzierung) erfolgt. Dabei steht das zur Finanzierung notwendige Kapital wohl überwiegend in Geldform zur Verfügung. Das schließt aber nicht aus, daß die zur Finanzierung einer ETW notwendigen Eigenleistungen und Fremdmittel in anderer Form eingebracht werden können. Bei Fremdmitteln ist dies dann der Fall, wenn zum Beispiel Baumaterialien zur Verfügung gestellt werden, die in bestimmten langfristigen Raten abzuzahlen sind. Dieser wohl seltene Fall steht einer mehr gebräuchlichen Art der Finanzierung durch Beschaffung von Gütern oder Arbeitsleistungen als Eigenleistung gegenüber, und zwar dann wenn der WEer eigenes Material oder eigene Arbeitsleistung zur Fertigstellung bestimmter Teile seiner ETW einsetzt. 1

Grundsätzlich werden demnach die Finanzierungsmittel in Eigenleistung (Eigenkapital) und Fremdfinanzierung (Kredit) eingeteilt.

1. Eigenkapital- und Kreditfinanzierung

Das Eigenkapital spielt für die Finanzierung der ETW eine sehr große Rolle. Allgemein kann gesagt werden, daß die Fi- 2 nanzierung einer ETW ohne Eigenkapital kaum möglich sein wird, insbesondere nicht bei Selbstnutzern.

3 Die Höhe des Eigenkapitals als wesentlicher Anteil an den Finanzierungsmitteln ist aber nicht nur wegen dessen Einfluß auf die Gesamtbelastung der ETW von Bedeutung, sondern auch für die Beschaffung der Fremdmittel. Die Kreditgewährung und die Beleihung der ETW wird um so leichter möglich sein, je höher der Anteil des Eigenkapitals an der Gesamtfinanzierung ist.

4 Es hat sich gezeigt, daß der Grundsatz des Vorsparens, d.h. des Ansammelns von Eigenkapital vor der Erstellung oder vor dem Erwerb eines Objektes für eine mögliche und tragbare Finanzierung unumgänglich ist.

5 Fremdfinanzierungsmittel werden als Darlehen oder Kredite beschafft. Wesen des Kredites ist es, daß der Kreditgeber in der Gegenwart eine Leistung erbringt, die durch den Kreditnehmer in der Zukunft durch eine entsprechende Gegenleistung abgegolten wird.

6 Die Darlehensgewährung seitens des Kreditgebers setzt Vertrauen (credere) in die Leistungsfähigkeit des Kreditnehmers voraus – und zwar in dessen Vermögen –, die notwendigen Gegenleistungen in der Zukunft zu erbringen. Die Kredite und Kreditarten werden nach unterschiedlichen Kriterien bewertet, so daß es eine Fülle verschiedener Einteilungsmerkmale für die Kredite gibt. Die wesentlichsten dabei sind die Unterscheidung nach der Dauer, nach der Verwendung und nach der Sicherstellung der Kredite.

7 Die geläufigste Einteilung der Fremdfinanzierungsmittel von ETW ist die Sicherung des Darlehens in Form von Grundpfandrechten und deren rangbezogene Eintragung im Grundbuch. So werden Kredite unterschieden in erststellige Darlehen und nachstellige Darlehen. Erststellige Darlehen sind überwiegend Darlehen des Realkredites oder sog. Kapitalmarktdarlehen.

8 Unter Kapitalmarkt wird der Teil des Kreditmarktes verstanden, auf dem die langfristigen Werte gehandelt werden. Der Kapitalmarkt hat wie jeder Markt die Funktion, den Preis zwischen Angebot und Nachfrage auszugleichen. Der Preis für die Überlassung von Krediten ist der Zins, der sich am Kapitalmarkt ergibt.

Der Kapitalmarkt wird unterschieden in einen organisierten und einen nicht organisierten Kapitalmarkt. Unter organisiertem

Markt wird der Handelsplatz der Wertpapiere (Effekten), das sind die Börsen und die darlehensgebenden Bankinstitute verstanden.

Der Kapitalmarkt ist wie folgt gegliedert: 9

- Aktienmarkt (Markt für Aktien, Genußscheine, Kuxe, Investment- und sonstige Beteiligungen),
- Rentenmarkt (Markt für Schuldverschreibungen, Pfandbriefe, Kommunalobligationen - als festverzinsliche Wertpapiere - u. a. Obligationen),
- Hypothekenmarkt (Markt für langfristige Realkredite).

Der Kapitalmarkt und seine Verfassung ist in einem gewissen 10
Grad auch von der Wirtschaftspolitik des Staates sowie der Geld- und Kreditpolitik der Bundesbank, die hier nicht beschrieben werden kann, abhängig. Auch besteht eine gegenseitige Abhängigkeit zwischen dem Kapitalmarkt und dem Geldmarkt. Der Geldmarkt als Ausdruck des Geldhandels (kurzfristige Kredite) wurde in noch größerem Maße als der Kapitalmarkt durch die Geldpolitik der Bundesbank beeinflußt, insbesondere durch die für den Geldmarkt mitbestimmende Festlegung der sogenannten Leitzinsen. Durch die Verwirklichung der Europäischen Wirtschafts- und Währungsunion (vgl. unten Rn. **12** 5) ging ab 1. 1. 1999 die Zuständigkeit der Währungspolitik von der Deutschen Bundesbank auf die Europäische Zentralbank (EZB) über. Die Deutsche Bundesbank bleibt zwar bestehen, sie ist aber Teil des Systems der Europäischen Zentralbank. Ab diesem Zeitpunkt (vgl. unten Rn. **12** 9) treten an die Stelle der bisherigen DM-Leitzinsen die Euro-Leitzinsen. Die deutschen Leitzinsen betrugen am 31. 12. 1998: Diskontsatz vom 19. 4. 1996 bis 31. 12. 1998 2,5 v. H.; Lombardsatz vom 19. 4. 1996 bis 31. 12. 1998 4,5 v. H. und der Satz für das Pensionsgeschäft vom 16. 12. 1998 bis 31. 12. 1998 3,00 v. H.

Die Euro-Leitzinsen stellten sich Ende Februar 1999 (Han- 11
delsblatt) wie folgt dar:

Refinanzierung (Refi)		
Hauptrefi-Satz		
2-Wochen-Tender, wöchentlich	(fällig 3. 3. 1999)	3,00 %
2-Wochen-Tender, wöchentlich	(fällig 10. 3. 1999)	3,00 %

Längerfristiger Refi-Satz		
3-Monats-Tender, monatlich	(fällig 25. 3. 1999)	3,10 %
3-Monats-Tender, monatlich	(fällig 29. 4. 1999)	3,08 %
3-Monats-Tender, monatlich	(fällig 27. 5. 1999)	3,04 %
Zinskanal für Tagesgeld		
Spitzenrefinanzierungsfazilität	(seit 22. 1. 1999)	4,50 %
Einlagefazilität	(seit 22. 1. 1999)	2,00 %
Mindestreserve		
Verzinsung	(seit 4. 1. 1999)	3,00 %
Basiszins		
Diskontsatz-Ersatz		
gem. Überleitungs-Gesetz, Artikel 1 (vgl. unten Rn. **12** 12)	(bis 30. 4. 1999)	2,50 %

Zum Vergleich werden die vom 11. 12. 1998 bis 17. 12. 1998 gültigen Geldmarktsätze wiedergegeben:

Inland	17. 12. 1998	16. 12. 1998	15. 12. 1998	14. 12. 1998	11. 12. 1998
Tagesgeld (unter Banken)	2,95–3,05	2,92–3,02	2,95–3,00	2,97–3,07	3,03–3,08
Termingeld (unter Banken taxiert)					
1 Monat	3,23–3,35	3,27–3,37	3,30–3,40	3,30–3,40	3,35–3,42
3 Monate	3,21–3,32	3,23–3,33	3,25–3,35	3,25–3,35	3,28–3,36
6 Monate	3,11–3,23	3,14–3,24	3,15–3,25	3,15–3,25	3,18–3,24

Die Entwicklung der Hypothekenzinsen ist in den Monatsberichten der Deutschen Bundesbank seit 1977 wiedergegeben. Danach ergibt sich ab 1982 folgender durchschnittlicher Effektivzinssatz:

	Gleitzins v. H.	Festzins 5 Jahre v. H.	Festzins 10 Jahre v. H
Dezember 1982 =	9,18	8,95	
Dezember 1983 =	8,44	9,40	
Dezember 1984 =	7,98	8,10	
Dezember 1985 =	7,37	7,63	
Dezember 1986 =	6,73	6,86	
Dezember 1987 =	6,32	6,60	
Dezember 1988 =	6,61	6,92	

	Gleitzins v. H.	Festzins 5 Jahre v. H.	Festzins 10 Jahre v. H
Dezember 1989 =	8,55	8,74	
Dezember 1990 =	9,94	9,94	
Dezember 1991 =	10,21	9,86	
Dezember 1992 =	9,71	8,65	8,55
Dezember 1993 =	7,75	6,66	7,34
Dezember 1994 =	8,05	8,42	8,81
Dezember 1995 =	6,88	6,45	7,46
Dezember 1996 =	6,36	6,01	7,09
Dezember 1997 =	6,31	6,08	6,66
Dezember 1998 =	5,78	4,80	5,29

Die Übersichten zeigen wie sehr die Zinsen am Geldmarkt und am Kapitalmarkt schwanken können. Während sich der Geldmarktzins vor allen auf die Baunebenkosten und den Kaufpreis auswirkt belasten die Kapitalmarktzinsen die Erwerber von ETW auf Dauer, wenn sie den Kaufpreis teilweise mit Fremdmittel finanzieren. *12*

Seit Jahren (1995) sind die Zinsen für langfristige (Hypothekar) Darlehen sehr günstig. Es empfiehlt sich deshalb heute Festzinsen mit einer Zinsfestschreibung von 10 oder 15 Jahren zu wählen. Zur Zeit werden für eine Zinsfestschreibung von 10 Jahren Darlehen mit einem Zinssatz von rd. 5,3 v. H. bei einer Auszahlung mit 100 für Wohnungsbaufinanzierung angeboten. *13*

2. Gegenstand der Finanzierung

Bei einer ETW sind immer die Gesamtkosten oder der Kaufpreis zu finanzieren. Zu unterscheiden ist dabei die Finanzierung des Kaufpreises beim Erwerb (Erwerb vom Bauträger, Ersterwerbermodell, Bauträgermodell) einer ETW von der Finanzierung der Herstellungskosten bei eigener Bauherrschaft. Die Herstellungskosten für Neubauwohnungen und die Kaufpreisbildung wurden oben (Rn. **2** 178) besprochen. *14*

Zu ergänzen ist hier, daß auch alle die Kosten vom Erwerber zu finanzieren sind, die außerhalb des Kaufpreises zusätzlich anfallen, was besonders beim Ersterwerbermodell und Bauträgermodell der Fall ist. *15*

3. Finanzierungsplan und Wirtschaftlichkeitsberechnung

16 Die Finanzierungsmittel werden in der Regel in einem Finanzierungsplan zusammengestellt. Aus diesem sind meist nicht die Kosten und Lasten zu ersehen, welche durch die Aufnahme von Darlehen und Fremdmittel entstehen. Dies ist auch der Grund, daß dem Finanzierungsplan eine Wirtschaftlichkeitsberechnung mitangefügt wird. So läßt sich aus dem Finanzierungsplan und der Wirtschaftlichkeitsberechnung die laufende Belastung ersehen:

Finanzierungsmittel	DM	Zins v.H.	Tilgung v.H.	Belastung in DM Zins	Belastung in DM Tilgung
I. Hypothek	100000	5,3	1	5300	1000
Ib Hypothek	80000	5,7	2	4560	1600
Bürgschaftsgebühr	–	–	–	–	–
Eigenleistung	62873	–	–		–
Kaufpreis (lt. Liste Nr. 1)	242873			9860	2600

Notariatsgebühr (Kaufvertrag – geschätzt)	2400		
Grunderwerbsteuer[1]	8500	Gesamtbelastung	DM
Kosten der Fremdfinanzierung[2]		Zi. u. Ti. zus.	12460
– Disagio[3]	1600	Hausgeld lt.	
– Bürgschaftsgebühr[4]	400	Wirtschaftsplan	4000
– Notarkosten Hypothek (geschätzt)	2000	Grundsteuer geschätzt	500
– Zinsen während der Bauzeit	2500		
– Bereitstellungsprovision[5]	1500		
– Bearbeitungsgebühr[6]	900		
Kosten Sonderwünsche[7]	12000		
Gesamtausgaben	274673	jährl. Aufw.	16960

[1] 3,5 v. H. aus DM 242873
[2] Vgl. unten Rn. **3** 86ff.
[3] 2 v. H. aus DM 80000
[4] 0,5 v. H. aus DM 80000
[5] 3 v. H. für noch nicht valutierten Darlehensanteil p. a.
[6] 0,5 v. H. aus DM 180000
[7] Z. B. für teurere Fliesen, andere Fußbodenbehandlung und sonstige zusätzliche Ausstattungen

Die Belastung aus der Finanzierung und der Bewirtschaftung ist für die Kaufentscheidung einer neuen oder gebrauchten ETW von größter Bedeutung. Dabei gilt, daß die sich hier ergebenden Belastungen auf Dauer für den Erwerber tragbar sein sollten. Zu berücksichtigen ist dabei auch, daß sich die Belastungen aus Darlehen bezüglich der Zinshöhen ändern können, wenn die Zinsbindungsfrist ausgelaufen ist. Deshalb ist ein Finanzierungsplan immer mit einer Wirtschaftlichkeitsberechnung zu verknüpfen, um die Dauerbelastungen zu erkennen. Zur Wirtschaftlichkeitsberechnung gehört auch die sogenannte Steuerrechnung, welche aufzeigt, ob und in welchem Umfang Steuervergünstigungen gegeben sind. 17

Ganz entscheidend für die Wirtschaftlichkeit einer ETW ist die Höhe der Zinsen. Die Zinsen des Realkredits sind seit Jahren sehr günstig. Die Höhe der Zinsen ist auch abhängig von der Laufzeit der Zinsen (Zinsbildung). Die Abhängigkeit der Kreditzinsen im Allgemeinen sind unten Rn. **3** 78 ff. dargestellt. 18

Nachstehend werden die Konditionen des Realkredits zum Stand Oktober 1999 wiedergegeben (entnommen der Zeitschrift „Der Langfristige Kredit" 20/99).

Institutsgruppe	Zinsbildung	Zinssatz in % p.a.	Auszahlungskurs ohne Tilgungsstreckung in %	Effektivzins*
Pfandbrief-institute	1 Jahr	5,40 bis 5,80	100	5,54 bis 5,96
	2 Jahre	5,45 bis 5,85	100	5,59 bis 6,01
	5 Jahre	5,60 bis 5,85	100	5,75 bis 6,01
	10 Jahre	6,10 bis 6,45	100	6,27 bis 6,64
	15 Jahre	6,50 bis 6,90	100	6,70 bis 7,12
	20 Jahre	6,75 bis 7,05	100	6,96 bis 7,28
Geschäftsbanken	Gleitzins	6,25 bis 6,80	100	6,43 bis 7,02
	5 Jahre	5,65 bis 5,95	100	5,80 bis 6,11
	10 Jahre	6,15 bis 6,50	100	6,33 bis 6,70

* Anfänglicher effektiver Jahreszins bei 1% Anfangstilgung, monatlicher Zahlung nachträglich, sofortiger Tilgungsverrechnung; ohne Bearbeitungsgebühr.

Institutsgruppe	Zinsbildung	Zinssatz in % p.a.	Auszahlungskurs ohne Tilgungsstreckung in %	Effektivzins*
Sparkassen und Genossenschaftsbanken	Gleitzins	6,25 bis 6,80	100	6,43 bis 7,02
	5 Jahre	5,60 bis 5,95	100	5,75 bis 6,11
	10 Jahre	6,10 bis 6,55	100	6,27 bis 6,75
Versicherungen	5 Jahre	5,45 bis 5,85	100	5,59 bis 6,01
	10 Jahre	6,00 bis 6,40	100	6,17 bis 6,59

4. Darlehensgeber

19 Als Darlehensgeber für die Bereitstellung von Fremdmitteln zur Finanzierung einer ETW kommen in erster Linie die Realkreditinstitute in Betracht. Unter Realkreditinstitute werden alle Kreditgeber verstanden, die im Rahmen ihres Geschäftsbetriebes oder auch als Vermögensanlage Kredite zur Verfügung stellen, wobei zu deren Sicherheit reale Vermögenswerte, in der Regel Immobilien, verpfändet werden.

Diese Kreditinstitute werden als „Organisierter Realkredit" in Kreditinstitute und Kapitalsammelstellen in einzeln organisierten Gruppen zusammengefaßt:

Realkreditinstitute:
- Sparkassen
- Kreditgenossenschaften
- Pfandbriefinstitute (private und öffentlich-rechtliche Bodenkreditinstitute)
- Bausparkassen

Kapitalsammelstellen:
- Versicherungen
- Sozialversicherungsanstalten

Alle die in diesen Gruppen zusammengefaßten Institute sind in erster Linie an der Finanzierung des Wohnungsbaues beteiligt. Sie sind im wesentlichen die Darlehensgeber der WEer. Mehr und mehr gewähren auch Geschäftsbanken Darlehen zur Finanzierung von Eigentumswohnungen. Die Bedeutung dieser Darlehen ist von zunehmender Bedeutung. Sie stehen vielfach in Zusammenhang mit einem Realkredit.

5. Darlehen der Kreditinstitute

Hier sollen nur die Darlehensarten besprochen werden, welche der Dauerfinanzierung, also der langfristigen Finanzierung der Herstellungskosten bzw. der Kaufpreise von ETW dienen. Die sogenannten Vor- und Zwischenkredite, die vielfach bis zur endgültigen Bewilligung der Dauerfinanzierungsmittel bewilligt und eingesetzt werden (häufig bei Bauspardarlehen bis zur Zuteilungsreife) können hier nicht behandelt werden. *20*

Die Dauerfinanzierungsmittel werden nach unterschiedlichen Kriterien in unterschiedliche Darlehensarten eingeteilt. Im folgenden werden die Darlehen des Realkredits mit ihren institutsspezifischen Merkmalen kurz aufgezeigt.

Allgemein festzustellen für alle Formen des Realkredits ist die Notwendigkeit der dinglichen Sicherung und der Beleihung innerhalb bestimmter Beleihungsgrenzen. Für alle darlehensgewährenden Banken gilt grundsätzlich das KWG (Gesetz über das Kreditwesen in der Fassung der Bekanntmachung vom 22. 1. 1996, BGBl. I S. 164, 519), dessen Hauptaufgabe es ist, mit Hilfe des Bundesaufsichtsamtes für Kreditwesen (in Berlin) „durch ständige Überwachung der einzelnen Kreditinstitute den Kreditmarkt im Interesse der Gesamtwirtschaft funktionsfähig zu erhalten und Mißständen entgegenzuwirken". *21*

a) Sparkassendarlehen

Die Bedeutung der Sparkassen für die Wohnungsbaufinanzierung und den Realkredit ist ständig gewachsen. Innerhalb des organisierten Realkredits nehmen die Sparkassen als Gruppe eine führende Rolle ein. *22*

Zur Ergänzung ihres Angebots im Realkredit arbeiten die Sparkassen einmal mit ihren Girozentralen (Landesbanken) und zum anderen mit den von ihnen auf regionaler Ebene begründeten und getragenen öffentlichen Bausparkassen (Landesbausparkassen) sehr eng zusammen. Durch diese Zusammenarbeit ist es möglich, daß neben dem erststelligen Darlehen der Sparkasse ein nachrangiges Darlehen der öffentlichen Bausparkasse zur Verfügung gestellt werden kann, welches dem Sparkassenkunden als Finanzierung „aus einer Hand" angeboten wird.

23 Von der Art der Refinanzierung her ist der Grundtyp der Sparkassenhypotheken und -darlehen mit einem variablen Zinssatz ausgestattet, wenn auch heute wegen der Konkurrenz zu den anderen Instituten des organisierten Realkredits Sparkassendarlehen mit einer Zinsfestschreibung von zwei bis 10 Jahren angeboten werden.

24 Zur Refinanzierung dieser mit Zinsfestschreibung ausgestatteten Darlehen haben die Sparkassen Sparkassenbriefe und -obligationen entwickelt und Sparen zum Kauf angeboten.

Die Darlehen werden im Hinblick auf ihre Rückzahlung in verschiedenen Formen gewährt, und zwar in der Regel:

- als Tilgungsdarlehen mit gleichbleibender Annuität oder
- als Abzahlungsdarlehen mit gleichmäßigem Kapital-(Tilgungs-)Abzahlungsbetrag und in besonderen Fällen
- als Festdarlehen zur Rückzahlung in einer Summe an einem bestimmten Zeitpunkt (vielfach zum Zwecke der Ablösung durch einen Bausparvertrag).

25 Unabhängig von der vereinbarten Rückzahlung ist beim Hypothekenkredit der Sparkassen ein ordentliches Kündigungsrecht vorgesehen, das in der Regel ein beiderseitiges Recht zur Kündigung des Darlehens mit einer Frist von drei Monaten vorsieht.

26 Die obersten Aufsichtsbehörden der einzelnen Bundesländer haben für die Ausgabe von Realkrediten seitens der Sparkassen bestimmte Beleihungsgrundsätze erlassen, die vorsehen, daß die auszugebenden Hypothekendarlehen, Grund- oder Rentenschulden an erster Rangstelle in Abteilung III des Grundbuches einzutragen sind. Sollte aus bestimmten Gründen in Ausnahmefällen eine gleichrangige oder nachrangige Eintragung mit einem anderen Grundpfandrecht nicht zu umgehen sein, ist dies aber nur möglich, wenn gleichzeitig die Eintragung einer Löschungsvormerkung gemäß § 1179 BGB bei den anderen Grundpfandrechten erfolgt.

27 Die Höhe des auszugebenden Darlehens darf in der Regel 60 v. H. des festgelegten Beleihungswertes nicht überschreiten, es sei denn, daß für den über diesen Wert hinausgehenden Darlehensteil eine Bürgschaft der öffentlichen Hand zur Verfügung steht.

b) Darlehen der Kreditgenossenschaften

Unter dem Begriff Kreditgenossenschaften werden die Volksbanken und Raiffeisenbanken zusammengefaßt. Diese Kreditgenossenschaften arbeiten eng mit ihrem Spitzeninstitut der „Deutschen Genossenschaftskasse" zusammen. 28

Die Volks- und Raiffeisenbanken sind Universalbanken und in erster Linie auf die Geschäftsbankentätigkeit ausgerichtet. Sie vermitteln aber auch Realkredite über die „Deutsche Genossenschaftshypothekenbank AG". Vielfach gewähren sie auch direkt Realkredite nach der für die Sparkassen beschriebenen Art.

c) Darlehen der privaten Hypothekenbanken

Private Hypothekenbanken sind privatrechtlich organisierte, d.h. nur in der Rechtsform der Aktiengesellschaft oder der Kommanditgesellschaft auf Aktien zulässige Spezialbanken zur Ausgabe von Boden- und Kommunalkrediten jeder Art (= Aktivgeschäft). Die zur Darlehensgewährung benötigten Mittel werden dabei durch den Verkauf von Pfandbriefen und Kommunalobligationen (= Passivgeschäft) beschafft. 29

Der Geschäfts- und Organisationsrahmen dieser Institute ist im Hypothekenbankgesetz (HBG in der Neufassung vom 19. 12. 1990, BGBl. I S. 2898) gesetzlich umschrieben. 30

Für die Hypothekenbanken gelten folgende Grundsätze
- das Kongruenzprinzip (Refinanzierungskongruenz und Laufzeitenkongruenz – goldene Bankregel)
- das Deckungsprinzip (Pfandbriefumlauf hat durch Hypotheken gleicher Höhe und gleicher Zinserträge gedeckt zu sein)
- Deckungsfähigkeit der Hypothek (erstrangige Eintragung im Grundbuch und Darlehenshöhe innerhalb der Beleihungsfähigkeit).

Für die Finanzierung von ETW spielt die sogenannte Tilgungshypothek mit der sogenannten Abschnittsfinanzierung die bedeutendste Rolle. Die Tilgungshypothek ist ein Darlehen, welches durch die Hypothekenbank nicht gekündigt werden kann, es sei denn, daß der Darlehensnehmer die im Darlehensvertrag übernommenen Verpflichtungen und Leistungen nicht erfüllt. Die Tilgungsleistungen dieser Darlehen werden in der Regel bei 31

Wohnungen mit 1 v. H. und bei gewerblichen Beleihungen zwischen 1,5 und 3 v. H. per anno vereinbart.

32 Dies gilt auch für die sogenannte Abschnittsfinanzierung, die wegen der seit 1971 durch die Verkürzung der Laufzeiten der neu emittierten Pfandbriefe notwendig wurde. In diesem Fall werden zwar auch Tilgungsleistungen mit den festgestellten Sätzen vereinbart, die Bank ist aber hier berechtigt, nach Ende des vereinbarten Finanzierungsabschnittes den noch nicht getilgten Teil zur Rückzahlung fällig zu stellen. Es handelt sich dabei um eine „Quasifälligkeit", weil aufgrund der gleichzeitig vereinbarten Konditionsanpassungsklausel das Darlehen bei veränderten Konditionen (Zinsen) nicht zurückverlangt, sondern verlängert wird, wenn der Darlehensnehmer den neuen Konditionen nicht widerspricht. Die Finanzierungsabschnitte werden in der Regel auf zwei, fünf oder zehn Jahre begrenzt.

33 Bezüglich der Darlehenskonditionen herrscht Vertragsfreiheit. Die Konditionen bestimmen sich bei Pfandbriefhypotheken nach den Kostenbedingungen des Rentenmarktes, an dem die Pfandbreife, die der Dauerfinanzierung dienen, gehandelt werden. Unter Konditionen versteht man:

- Darlehenszinsen
- Auszahlungskurs
- Sonstige Zinsen und Nebenkosten.

Die Darlehenskonditionen werden unten (Rn. **3** 78ff.) noch ausführlicher erläutert. Hier ist nur festzustellen, daß die Kosten und Zinsen des Hypothekendarlehens von den Kosten des Pfandbriefes abhängig sind. Auch richtet sich der Auszahlungskurs des Darlehens nach dem Emissionskurs der zur Refinanzierung dieses Darlehens dienenden Pfandbriefe. Wird ein vom Emissionskurs des Pfandbriefes abweichender Auszahlungskurs des Darlehens festgelegt, so hat das eine entsprechende Modifizierung des Darlehenszinses zur Folge. Die Hypothekenbanken können ihre Leistungen, also die Gewährung von Darlehen, nicht kostenlos erbringen; aus diesem Grunde legen sie in den Darlehenskonditionen eine „Zinsmarge" und eine „Einmalmarge" fest.

34 Die Zinsmarge beträgt in der Regel zwischen 0,5 bis 1 v. H., sie wird dem Zinssatz des ausgegebenen Pfandbriefes zugeschlagen.

Die Einmalmarge wird in der Regel mit 1 v. H. dem Emissionskurs des Pfandbriefes zugeschlagen.

Sonstige Zinsen und Nebenkosten bei Pfandbriefhypotheken sind in der Regel
- Bereitstellungszinsen
- Zwischenzinsen
- Verzugszinsen
- Nebenkosten: Schätzungsgebühren u. a.

d) Darlehen der öffentlich-rechtlichen Bodenkreditinstitute

Diese Institute sind wie folgt charakterisiert: 35
- Öffentlich-rechtliche Organisationsform
- Gewährung von Boden- und Kommunalkredit im Aktivgeschäft
- Emission von Schuldverschreibungen im Passivgeschäft.

Zusammen mit den privaten Hypothekenbanken bilden die 36
öffentlich-rechtlichen Bodenkreditinstitute die Institute des Realkredits. Wie bei den privaten Hypothekenbanken besteht auch hier das Hauptgeschäft in der Ausleihung von Hypotheken- und Kommunaldarlehen als Aktivgeschäft sowie in der Emission von Pfandbriefen und Kommunalobligationen als Passivgeschäft.

Die wesentliche Unterscheidung zu den privaten Hypothe- 37
kenbanken besteht darin, daß diese Institute ausnahmslos rechtsfähige Körperschaften oder Anstalten des öffentlichen Rechts sind, deren Status auf Bundes- oder Landesrecht beruht. Kapitaleigner und Gewährträger sind Bund und Länder zum Teil in Verbindung mit Sparkassenverbänden.

Ein weiterer Unterschied zwischen den privaten Hypotheken- 38
banken und den öffentlich-rechtlichen Bodenkreditanstalten besteht darin, daß für letztere als gesetzliche Rahmenbedingungen nicht das HBG sondern das Gesetz über die Pfandbriefe und verwandten Schuldverschreibungen öffentlich-rechtlicher Kreditanstalten in der Fassung vom 8. 5. 1963 (BGBl. I S. 309; zuletzt geändert durch Gesetz vom 5. 10. 1994 – BGBl. I S. 2911) Gültigkeit hat.

Bezüglich der hier interessierenden Leistungen im Blick auf 39
Hypothekendarlehen entsprechen die Zielsetzungen des ÖPG

im wesentlichen denen des HBG. Auch die Darlehensarten und Darlehenskonditionen korrespondieren mit denen der privaten Hypothekenbanken.

40 Nach der Novelle des KWG im Jahre 1985 gelten die Regeln des Realkredits auch für die öffentlich-rechtlichen Kreditinstitute, weil § 20 Abs. 2 KWG die Realkredite unabhängig von der Rechtsform nunmehr einheitlich als „Kredite, die den Erfordernissen der §§ 11 und 12 Abs. 1 und 2 des Hypothekenbankgesetzes entsprechen" ausweist.

6. Bausparkassen und Bauspardarlehen

41 Bausparverträge und Bauspardarlehen sind für die Finanzierung von selbstgenutzten ETW (Neubau- und gebrauchte ETW) neuerdings auch für deren Modernisierung von Bedeutung.

42 Bausparverträge werden mit den Bausparkassen abgeschlossen, die als private oder öffentliche Bausparkassen die gleichen Grundsätze berücksichtigen, nämlich:

- durch Voraussparen und regelmäßige oder unregelmäßige Zahlungen auf Bauspareinlagen (= Ansparsumme) erwirbt der Bausparer einen Rechtsanspruch auf Gewährung eines Bauspardarlehens;
- die Laufzeit der Bausparverträge umfaßt die Ansparphase und die Tilgungsphase des gewährten Darlehens, wobei die Laufzeit möglichst auf kürzere Dauer angelegt ist;
- Bauspardarlehen sollen im wesentlichen auf die Gewährung eines nachrangigen (zweite Hypothek) Darlehens beschränkt werden;
- die Bauspardarlehen sollen unkündbar und mit bestimmten, kürzeren Laufzeiten gewährt werden;
- die Bauspardarlehen sollen grundsätzlich mit Zinsen – wenn auch unter dem Niveau der ersten Hypotheken – ausgestattet sein.

43 Alle Bausparkassen, sowohl die öffentlichen wie auch die privaten unterliegen dem BSpKG (Gesetz über Bausparkassen in der Neufassung vom 15. 2. 1991, BGBl. I S. 454). Daneben gilt für die Bausparkassen das Kreditwesengesetz.

Wie das HBG kennt das BSpKG das Spezialitätenprinzip, indem das Bauspargeschäft nur von Bausparkassen betrieben wird. 44

Das Hauptgeschäft der Bausparkassen ist dabei, Einlagen von Bausparern entgegenzunehmen und aus den auf diese Weise angesammelten Beträgen Darlehen zu gewähren. Beides setzt den Abschluß eines Bausparvertrages voraus. 45

Zur Zeit sind im Bundesgebiet 32 Bausparkassen vorhanden, und zwar 13 öffentlich-rechtliche und 19 private. Die privaten Bausparkassen haben überwiegend die Rechtsform der AG, nur wenige die der GmbH. 46

a) Der Bausparvertrag

Durch den Bausparvertrag, der zwischen der Bausparkasse und dem Bausparer abzuschließen ist, erwirbt der Bausparer nach Leistung von Bauspareinlagen den Rechtsanspruch auf Gewährung eines Bauspardarlehens (§ 1 Abs. 2 BSpKG). Hieraus ergibt sich die Zwangsläufigkeit der zeitlichen Phasen des Ablaufes eines solchen Vertrages, nämlich der Ansparzeit und der Zeit des Darlehensstadiums. 47

Für Bausparverträge gelten unterschiedliche Tarife, die über Vertragsgestaltung, Vertragsablauf und die Darlehensgewährung von entscheidender Bedeutung sind. 48

Die Bausparverträge lauten auf eine bestimmte Bausparsumme. Die Bausparsumme umfaßt den vom Bausparer anzusparenden Betrag (Ansparsumme) und das Bauspardarlehen. Das Bauspardarlehen errechnet sich in der Regel wie folgt: 49

Bausparsumme . / . Ansparsumme = Bauspardarlehen.

Die wichtigste Bezugsgröße im Bausparvertrag ist demnach die Bausparsumme, weil von ihr die meisten Vertragsdaten abhängen: Abschlußgebühr (in der Regel zwischen 1 und 1,6 v. H.); Regelsparbeitrag (bei Standardtarifen in der Regel 4 v. T. monatlich); Mindestsparguthaben (beim Standardtarif 40 v. H.); die Bewertungszahl (für Mindestwartezeit); Zins- und Tilgungsrate (beim Standardtarif 6 v. T. monatlich); Fristen und Termine; Karenzzeiten und Zuteilungsverfahren.

Es gibt eine Fülle von Bauspartarifen mit sehr unterschiedlichen Varianten. Unterschieden werden drei Hauptgruppen von 50

Tarifarten (vgl. Herrling/Federspiel „Wege zum Wohneigentum" 5. Aufl. 1998 S. 154ff.)

- Standardtarif. Es ist der normale Sparvertrag mit einer festgelegten monatlichen Ansparleistung. Dementsprechend ist der Tarif auf eine mittlere Spar- und Tilgungsleistung abgestellt. Hier liegt die Ansparzeit in der Regel bei etwa 8 Jahren und die Zeit der Regeltilgung bei etwa 12 Jahren.
- Schnelltarif. Dieser Tarif stellt darauf ab, daß die Ansparsummen sehr schnell zur Verfügung gestellt wird, damit die Zuteilung schneller erfolgt. Die gesamte Vertragsdauer verkürzt sich hier entsprechend.
- Options- und Langzeittarif. Dieser Tarif ist für die Bausparer gedacht, die noch keine konkrete Vorstellung über ihr Bauvorhaben bzw. über den Erwerb von Wohneigentum haben. In der Regel werden hier höhere Guthaben angestrebt, weil das Sparziel langfristig angelegt ist. Dem Bausparer wird in diesem Tarif die Option ermöglicht, während der Vertragszeit andere Vertragslaufzeiten und Konditionen zu beanspruchen.

51 Die Wertziffer oder die Bewertungszahl entscheidet über die tatsächliche Zuteilung des Bausparvertrages unter der Voraussetzung, daß die Zuteilungsanwartschaft (Mindestzeit und Mindestguthaben) besteht. Die Bewertungszahl soll ein möglichst gerechter Maßstab für die Zuteilung sein, wobei diese durch bestimmte Berechnungssysteme ermittelt wird. In diesen Systemen ist der „Sparverdienst" um so höher zu bewerten, „je länger und je höher" Anspargeld der Bausparkasse zur Verfügung stand.

52 Die Zuteilungszeiten sind heute wesentlich höher als noch vor einigen Jahren. Sie liegen heute beim Standardtarif bei gleichbleibenden Monatssparraten bei etwa 8 bis 10 Jahre beim Schnelltarif bei etwa 3 bis 4 Jahre und beim Langzeittarif bei etwa 10 bis 12 Jahre. Ist der Bausparvertrag zuteilungsreif, bietet die Bausparkasse dem Bausparer die Zuteilung an. Nimmt der Bausparer die Zuteilung durch Annahmeerklärung an, kann der Bausparer sofort über sein Bausparguthaben einschließlich Wohnungsbauprämie und bisher aufgelaufener Zinsen verfügen, wenn er es zweckbestimmt zur Finanzierung seiner ETW als Eigenleistung verwendet. Außerdem steht ab diesem Zeitpunkt das Bauspardarlehen bereit, das aber erst dann ausbezahlt werden darf, wenn die Bedingungen für die Darlehensgewährung erfüllt sind.

Nimmt der Bausparer die Zuteilung nicht an wird das Vertragsverhältnis automatisch bis zum nächsten Zuteilungstermin fortgesetzt, wobei er die Zuteilung von sich aus meist mit einer dreimonatigen Wartefrist wieder geltend machen kann. Eine weitere Ansparung auf diesen Vertrag ist aber nur dann sinnvoll, wenn der Bausparer das ihm zustehende Bauspardarlehen gar nicht oder nur teilweise benötigt, weil jede weitere Ansparung die Höhe seines Bauspardarlehens mindert. *53*

b) Bausparförderung

aa) Bausparprämie

Nach dem Wohnungsbau-Prämiengesetz (WoPG 1996) in der Neufassung vom 30. Oktober 1997 – BGBl. I S. 2678) können Bausparbeiträge einschließlich der jeweils gutgeschriebenen Zinsen durch eine Bausparprämie gefördert werden und zwar für unbeschränkt einkommensteuerpflichtige Personen, die das 16. Lebensjahr vollendet haben. *54*

Höchstgrenze für die förderfähigen Bausparbeiträge sind DM 1000,– für Ledige und DM 2000,– für Verheiratete jeweils jährlich. Die Höhe der Prämie beträgt 10 v. H. des förderfähigen Beitrags, das sind DM 100,– für Alleinstehende und DM 200,– für Ehegatten (zusammen). Die Prämie wird nur gewährt bis zu einer Einkommensgrenze von DM 50 000,– bei Alleinstehenden und von DM 100 000,– bei Verheirateten. Maßgebend ist das zu versteuernde Einkommen. *55*

Die Prämien sind nach amtlich vorgeschriebenem Vordruck bis zum Ablauf des zweiten Kalenderjahres, das auf das Sparjahr (= Kalenderjahr, indem die Aufwendungen erfolgen) folgt, bei dem Unternehmen (Bausparkasse) zu beantragen, an das prämienbegünstigte Aufwendungen geleistet wurden. *56*

bb) Arbeitnehmersparzulage

Nach dem „Fünften Gesetz zur Förderung der Vermögensbildung der Arbeitnehmer“ (Fünftes Vermögensbildungsgesetz – 5. VermBG) in der Neufassung vom 4. März 1994 – BGBl. I *57*

S. 406) können Arbeitnehmer (Arbeiter, Angestellte, Beamte und Richter, Zeit- und Berufssoldaten, Auszubildende, Teilzeitbeschäftigte, Aushilfen und Heimarbeiter) jährlich bis zu 936,– DM als vermögenswirksame Leistung auf einen Bausparvertrag zusätzlich zu den oben dargestellten Vergünstigungen und nach dem WoPG anlegen.

58 Vermögenswirksame Leistungen sind Geldleistungen, die der Arbeitgeber – tariflich unterschiedlich – für seine Arbeitnehmer anlegt. Die vom Arbeitgeber erbrachten Leistungen können vom Arbeitnehmer aus eigenen Mitteln auf DM 936,– aufgestockt werden. Sofern die Grenze des zu versteuernden Einkommens (DM 27 000,– bei Alleinstehenden und DM 54 000,– bei Ehegatten) nicht überschritten wird, erhält der Arbeitnehmer nach Ablauf einer siebenjährigen Bindungsfrist eine Arbeitnehmersparzulage auf die vom Arbeitgeber bzw. dem Arbeitnehmer eingezahlten Beträge (DM 936,–) in Höhe von 10 v. H. der vermögenswirksamen Leistungen.

59 Die Arbeitnehmersparzulage wird beim zuständigen Finanzamt, nach Vorlage einer von der Bausparkasse ausgestellten Bescheinigung, zur Auszahlung beantragt.

60 Die Arbeitnehmersparzulage beträgt 10 v. H. Sie ist im Rahmen des Lohnsteuerjahresausgleiches oder in der Einkommensteuererklärung zu beantragen.

c) Das Bauspardarlehen

61 Hat der Bausparer das Zuteilungsangebot der Bausparkasse angenommen, so hat er einen Darlehensanspruch in Höhe der Differenz zwischen Bausparsumme und Bausparguthaben.

Das Darlehen kann ausbezahlt werden, wenn:

- die bedingungsmäßige Verwendung des Darlehens feststeht und nachgewiesen ist, z. B. zur Finanzierung einer ETW;
- die Beleihungsprüfung ergibt, daß der Beleihungswert (s. Rn. **3** 117) von 80% unter Berücksichtigung der vor- oder gleichrangigen Belastungen durch das Bauspardarlehen nicht überschritten wird;
- die Sicherstellung des Darlehens durch Abschluß eines Darlehensvertrages (Darlehensantrag wird durch Bausparkasse angenommen) und durch Eintragung einer Grundschuld im Grundbuch in der Regel an zweiter Rangstelle gegeben ist. Die Vorbelastung durch eine I. Hypothek soll in der Regel 40 v. H. des Beleihungswertes nicht übersteigen.

Sofern und sobald diese Voraussetzungen gegeben sind, kann die Darlehensauszahlung erfolgen, wenn die Gesamtfinanzierung gesichert, eine Feuerversicherung abgeschlossen und ein bestimmter Bautenstand des Objektes erreicht ist. *62*

Mit der Auszahlung der Darlehen wird beim Standardtarif die Darlehensgebühr von 2 oder 3 v. H. wie folgt in Ansatz gebracht: *63*

Darlehen	DM 60000,00
+ 2 v. H. Darlehensgebühr	DM 1200,00
Auszahlungsbetrag	DM 61200,00

Der Auszahlungsbetrag ist je nach Tarif zu verzinsen, und zwar mit 5 v. H. nach dem Standardtarif und mit 4,5 v. H. nach dem Niedrigzinstarif.

Die effektive Tilgungsleistung auf den Darlehens-(Auszahlungs-)Betrag errechnet sich aus der Differenz zwischen Monatsleistung (nach Tabelle zwischen 5 und 6 v. T. der Bausparsumme) × 12 und der tatsächlich zu leistenden Zinsen. *64*

Beispiel: Bausparsumme = DM 100 000, hiervon Monatsleistung mit 6 v. T. = DM 600. Bauspardarlehen, wie oben, DM 61 200 mit 5 v. H. zu verzinsen. Berechnung der Zins- und Tilgungsleistung bei vierteljährlicher Verrechnung der mit monatlich 6 v. T. vorgesehenen Zins- und Tilgungsleistung auf Bausparvertrag = Quartalsleistung.
DM 600 × 3 = DM 1 800.

Quartal	Annuität DM	Zins DM	Tilgung DM	Darlehensrest DM
1	1800,00	765,00	1035,00	60165,00
2	1800,00	752,06	1047,94	59117,06
3	1800,00	738,96	1061,04	58056,02
4	1800,00	725,70	1074,30	56981,72

usw.

d) Risikolebensversicherung

Bei allen Bausparverträgen, die mit privaten Bausparkassen abgeschlossen werden, sowie bei zwei großen öffentlich-rechtlichen Bausparkassen, ist automatisch eine Pflichtversicherung mit vorgesehen. Durch die Risikolebensversicherung sind im Todesfall des Bausparers die Angehörigen in der Weise begünstigt, daß die noch bestehende Darlehensschuld aus dem *65*

Bauspardarlehen durch die Versicherungsleistung voll abgedeckt und getilgt wird.

66 Für diese Versicherungsleistung hat der Bausparer einen Versicherungsbeitrag an die Bausparkasse neben der Tilgungsleistung zu erbringen. Die Versicherungsbeiträge sind in der Regel günstiger als Prämienleistungen auf individuelle Lebensversicherungsverträge, weil die Bausparkassen mit ihren Vertragsgesellschaften recht günstige Gruppentarife aushandeln können. Sie sind natürlich je nach Alter des Bausparers unterschiedlich hoch. Die Erhebung und Verrechnung des Versicherungszuschlages erfolgt in unterschiedlicher Weise, meist aber mit den zu erbringenden Zins- und Tilgungsleistungen.

Die Versicherungssumme ist nicht wie bei individuellen Verträgen fest, sondern ist jeweils nur das effektive Restdarlehen.

7. Versicherungshypotheken

67 Die Versicherungen gehören zu den Kapitalsammelstellen, die ihrerseits eine besondere Gruppe des organisierten Realkredits darstellen.

68 Während die „Sozialversicherungen“ keine Leistungen für die Wohnungsbaufinanzierung mehr erbringen, gehört diese heute noch zum Anlagegeschäft bestimmter Zweige der „Individualversicherung“.

69 Die Individualversicherung wird unterschieden in die Schadenversicherung und Lebensversicherung. Die Anlageformen und -bedürfnisse der beiden Versicherungszweige sind unterschiedlich.

70 Wegen der besonderen Bedürfnisse von Schadensrückstellungen ist die Fungibilität und die Liquidität der Anlagen bei der Schadensversicherung oberstes Gebot. Aus diesem Grund gewähren die Schadensversicherungsunternehmen nur wenige Hypothekendarlehen. Die Realkredite dieser Unternehmen betragen nur etwa 4 v. H. der gesamten Vermögensanlagen.

71 Anders ist die Anlagepolitik der Lebensversicherer. Da der größere Teil der Beiträge der Versicherungsnehmer langfristige Sparleistungen sind, können sie auch für eine langfristige Geld-

kapitalbildung dienen. Für die Vermögensanlage der Lebensversicherungen ist damit nicht der Grundsatz der Liquidität Priorität, sondern mehr der Grundsatz der Rentabilität und der Sicherheit.

Für die Versicherungen, welche Darlehen zur Finanzierung 72
von ETW ausreichen, gelten die Vorschriften der §§ 11 und 12 HBG und damit die Beleihungsrichtlinien der privaten Hypothekenbanken.

Darüber hinaus haben die Verbände der Versicherungswirt- 73
schaft im Einvernehmen mit dem BAV „Beleihungsgrundsätze für Grundstücke und grundstücksgleiche Rechte" als Muster entwickelt.

Die Hypothekendarlehen der Versicherungsgesellschaften 74
werden überwiegend als Tilgungshypotheken mit einem für die Festschreibungszeit festen Zinssatz ausgegeben. Neben dem früher üblichen Regelfestschreibungszeitraum von 10 Jahren werden heute wegen der besonderen Kapitalmarktverhältnisse der letzten Jahre auch fünfjährige und noch kürzere Festschreibungsfristen angeboten. Wie bei den Hypotheken der Hypothekenbanken fallen neben den laufenden Zinsen und Gebühren auch einmalige Leistungen (Damnum) an. Die Darlehenskonditionen der Kredite der Versicherungen entsprechen im wesentlichen denen der Hypothekenbanken.

Eine Besonderheit ergibt sich bei Lebensversicherungshypo- 75
theken, wenn die Darlehensinanspruchnahme mit einer Lebensversicherung gekoppelt wird. In diesem Fall wird zu Tilgungszwecken eine kapitalbildende Lebensversicherung in Höhe der Darlehenssumme abgeschlossen. Während der Laufzeit des Lebensversicherungsvertrages wird die Tilgungsleistung auf das Darlehen ausgesetzt. Dafür ist aber die Prämie für die Lebensversicherung zu bezahlen

Unter bestimmten Voraussetzungen kann eine mit einem Darlehen gekoppelte Lebensversicherung steuerliche Vorteile bringen.

Die Neuregelung des § 609 a BGB berücksichtigt die insbe- 76
sondere für Wohnungsbaukredite üblichen Kapitalmarktbedingungen und stellt die Versicherungshypotheken den Pfandbrief- und Sparkassenhypotheken gleich.

77 Der § 609 a BGB regelt bezüglich der festverzinslichen (Abs. 1) und zinsvariablen (Abs. 2) Darlehen unabdingbar, ob, wie und wann eine Kündigungsmöglichkeit gegeben ist.

II. Darlehenskonditionen

78 Im folgenden sollen die wichtigsten Darlehenskonditionen vorgestellt werden, um die Vielfältigkeit der möglichen Darlehen aufzuzeigen.

1. Kreditkosten

79 Sie bestehen in der Regel einmal in sofort zu erbringenden Leistungen, und in laufenden, d. h. in ständig wiederkehrenden Leistungen. Die Grenzen zwischen einmaligen und laufend wiederkehrenden Leistungen sind fließend. Richtgröße für die Berechnung sowohl der einmaligen wie der wiederkehrenden Leistungen ist der Effektivzins. Vom Effektivzins aus werden die Abschläge unter Berücksichtigung der Darlehenslaufzeit je nach Markt- und Nachfragebedingungen ermittelt, d. h. die Abschläge auf die Darlehensvaluta werden nach Maßgabe des Effektivzinses auf die Laufzeit des Kredits aufgeteilt. Aus diesem Grund werden die Abschläge vielfach auch als „kapitalisierter Zins" verstanden.

a) Effektivzins

80 Darlehen werden grundsätzlich mit dem sogenannten Nominalzins, das ist der Zins, der unabhängig vom Auszahlungskurs und den Nebenkosten bezogen auf einen Vomhundertsatz des Darlehensnominalbetrages vom Darlehensnehmer zu leisten ist, ausgegeben. Der Nominalzins gibt aber nicht die echten vom Darlehensnehmer zu tragenden effektiven Kreditkosten wieder. Diese sollen im Effektivzins ihren Ausdruck finden, wobei die Effektivzinsberechnung im Realkredit nicht nur sehr schwierig, sondern auch heftig umstritten ist.

Alle Angebote von Darlehen und Krediten unterliegen der Preisangabenverordnung, die in der ab 1. 5. 1985 geltenden Neufassung (Preisangabenverordnung - PAngV vom 14. 3. 1985 - BGBl. I S. 580) in § 4 eine Kennzeichnispflicht für Kredite enthält und die ab 1. 9. 1985 für alle Kreditanbieter verbindlich ist. *81*

Demnach sind für bestimmte Kredite und bestimmte Darlehensarten die Effektivzinsen nach bestimmten Kriterien zu ermitteln.

Für den Realkredit ist der Effektivzins wohl nicht der umfassende und alleinige Maßstab für die Preiswürdigkeit eines Darlehens, weil neben dem Zins noch andere Faktoren, wie z. B. Zahlungsrhythmus, Zahlungsfälligkeit, Tilgungsintensität und die davon abhängige Darlehenslaufzeit u. a. wirksam sind. *82*

Die für den Effektivzins wirksamen Einflußgrößen sind (nach Sigl): *83*

- Nominalzins
- Damnum
- Verrechnungsmodalität
- Zahlungsrhythmus
- Zahlungsfälligkeit
- Tilgungsfreie Jahre
- Bereitstellungszinsen
- Laufzeit, Tilgungssatz, Rückzahlungsrate
- Bedingungsanpassung
- Darlehensart (Abzahlungsdarlehen, Annuitätendarlehen, Festdarlehen)
- Sonstige Kreditkosten (Eventualkosten, Vorfinanzierungskosten, Zusatz- und Tilgungsstreckendarlehen, Annuitätenzuschußdarlehen).

Es wird hier darauf verzichtet, für die Berechnung der Effektivverzinsung eine sogenannte Faustregel darzustellen, weil mit einer solchen Behelfsrechnung auch nicht annähernd vergleichbare Werte für die effektiven Kosten des Realkredites ermittelt werden können. *84*

Zu verweisen ist auf die umfangreichen Tabellenwerke, die wegen der vielfältig zu berechnenden Konditionsausstattung sehr umfangreich sind, aber brauchbare Vergleichswerte liefern. *85*

Insgesamt über den Wert des Effektivzinses ist festzuhalten, daß die Entscheidung eines Darlehensnehmers für einen Realkredit nicht allein von der Angabe eines Effektivzinssatzes allein abhängig sein sollte. Der Darlehensnehmer sollte es nicht versäumen, zusätzliche und umfassende Informationen über die Gesamtkondition des Darlehens zu erhalten.

b) Einmalige Leistungen

86 Die nachstehend darzustellenden einmaligen Leistungen für Finanzierungsmittel sind für die Gesamtkostensituation aber auch für den Ansatz der Werbungskosten in der Einkommensteuererklärung von Bedeutung.

Die Erhebung von einmaligen Leistungen kann in unterschiedlicher Weise vorgenommen werden. Einmal durch Einbehalt, Abschlag oder Abgeld bei der Darlehensvalutierung. Dieser Abschlag wird als Damnum oder Disagio bezeichnet. Zum anderen können die einmaligen Leistungen bei der Rückzahlung des Darlehens zusätzlich in Form eines Aufschlages oder Aufgeldes (Agio) abverlangt werden.

87 **Damnum, Disagio und Auszahlungskurs.** Im Grunde umfassen beide Begriffe denselben Sachverhalt, nämlich den in der Darlehensofferte bezeichneten und festgelegten Einbehalt, der im Auszahlungskurs zum Ausdruck kommt:

Beispiel: Angeboten wird ein Darlehen zu DM 100 000,00 mit 4,5 v. H. Zinsen, 1 v. H. Tilgung und 98 Prozent Auszahlung. Das Damnum beträgt demnach 2 v. H. oder DM 6 000,00. Es wird bei der Auszahlung des Darlehens einbehalten, so daß an den Darlehensnehmer vom Darlehen über DM 100 000,00 nur DM 98 000,00 ausbezahlt werden. Der Darlehensnehmer hat aber den vollen Betrag von DM 100 000,00 zu verzinsen und zu tilgen.

88 Obwohl die Begriffe Damnum und Disagio inhaltlich den gleichen Sachverhalt darstellen hat es sich eingebürgert, das Damnum der Gläubigerposition zuzuordnen, wenn der Darlehensgeber dieses dem Darlehensnehmer berechnet. Das Disagio nimmt dagegen der Schuldner bei der Darlehensaufnahme oder im Emissionsgeschäft beim Verkauf von Schuldverschreibungen in Kauf. Der Einfachheit halber wird künftig nur vom Damnum gesprochen.

89 Mit dem Damnum sollen einmal die Kosten finanziert und abgegolten werden, die dem Darlehensgeber bei der Refinanzierung oder Geldbeschaffung entstehen. Aus diesem Grunde wird

das Damnum manchmal auch als Geldbeschaffungskosten bezeichnet.

Sonstige einmalige Nebenkosten, wie z. B. Vermittlungsprovi- *90*
sion, Schätzungsgebühren, Bereitstellungsprovision u. a. werden in der Regel neben dem Damnum dem Darlehensnehmer zusätzlich in Rechnung gestellt. Diese Nebenkosten werden auch bei der Darlehensauszahlung vom Darlehensgeber einbehalten und sind damit für den Schuldner Teil des Gesamtabschlages oder der Geldbeschaffungskosten.

Das tatsächliche Damnum kann vom Darlehensnehmer selbst *91*
ausgewählt werden, und zwar im Verhältnis zum Nominalzins nach Maßgabe der Angebote der Kreditinstitute, je nachdem ob ein hoher (wegen Steuervergünstigung) oder niedriger Auszahlungsverlust angestrebt wird.

Weitere, die Kreditkosten beeinflussende Leistungen neben *92*
dem Damnum sind:

- Kursgleitklausel: Vereinbarung eines Festzinses, wobei sich der Auszahlungskurs bei Auszahlung des Darlehens nach den Marktbedingungen ausrichtet.
- Nebenkosten die bis zu 1% des Kaufpreises einer ETW betragen können. Im einzelnen sind es:
  - Vermittlungsgebühr oder Kreditprovision eines Kreditvermittlers (ca. 0,5 v. H. des Darlehens).
  - Bereitstellungsprovision bzw. Bereitstellungszinsen sind der Ausgleich des Darlehensgebers für die Refinanzierung bei Vertragsabschluß bis zur Darlehensauszahlung. Kosten in der Regel ca. 0,3 v. H. des noch nicht ausbezahlten Darlehensteils.
  - Bearbeitungsgebühr für die Bearbeitung des Darlehensantrags und der Beleihung. Kosten in der Regel 0,5 v. H. des Darlehens.
- Zusätzliche Finanzierungskosten, die in Zusammenhang mit der Aufnahme von Darlehen stehen können, sind:
  - Notarkosten für die Beurkundung der zu bestellenden Hypothek oder Grundschuld
  - Grundbuchkosten für die Eintragung der Hypothek oder Grundschuld
  - Wertschätzungsgebühr für den Sachverständigen, sofern diese nicht vom Kreditinstitut berechnet werden

c) Wiederkehrende Leistungen

Unter wiederkehrende Leistungen des Darlehensnehmers *93*
werden alle laufenden Entgelte verstanden, die dieser laufend,

zu bestimmten wiederkehrenden Terminen, an den Darlehensgeber zu entrichten hat. Vorwiegend handelt es sich dabei um Zinsen. Daneben werden in bestimmten Fällen weitere Kosten abverlangt, wie laufende Verwaltungskostenbeiträge und andere laufende Gebühren.

94 Entscheidend für die Zinshöhe der Darlehen sind die beschriebenen Kapitalmarktverhältnisse, wobei sich der Effektivzins als Entgelt für die Aufwendungen des Darlehensgebers wie folgt darstellt:

- Ausgleich für die vom Darlehensgeber zu entrichtenden Zinsen der Refinanzierungsmittel (Schuldverschreibungen, Pfandbriefe, Sparkassenbriefe, Spareinlagen u. a.)
- Ausgleich der laufenden Verwaltungskosten .
- Risikoprämie und Gewinn.

95 Von den Gesamtzinsen fließen dem Darlehensgeber unmittelbar nur die Differenz zwischen dem Darlehenszins und dem Zins für die Refinanzierungsmittel zu. Diese Differenz, die als Zinsspanne oder laufende Zinsmarge bezeichnet wird, muß dem Darlehensgeber ausreichen, um seine Verwaltungskosten sowie das Darlehens- oder Insolvenzrisiko abzudecken und außerdem um einen angemessenen Gewinn zu realisieren.

2. Verrechnungs- und Zahlungszeiträume

96 Der Faktor Zeit spielt für die Beurteilung der Effektivität eines Darlehens und damit der gesamten Kreditkosten keineswegs eine untergeordnete Rolle, wenn dies auch im allgemeinen vom Darlehenssuchenden nicht immer erkannt wird und die sich hieraus ergebende Konsequenzen aus den üblichen, ersten Darlehensangeboten der Kreditinstitute nicht ohne weiteres ableiten lassen.

Die hier wirksamen zeitlichen Faktoren sind:

- Verrechnungsmodalität: Zeitraum, in dem die geleistete Zahlung von Darlehenskapital abgeschrieben wird (vierteljährlich, halbjährlich oder jährlich)
- Zahlungsrhythmus: jeweils zu leistende Fälligkeitsrate auf Tilgungshypothek, die unabhängig von der Tilgungsverrechnung ist

– Zahlungsfälligkeit: Zeitpunkt der Rückzahlungsrate innerhalb des Zahlungsrhythmus.

Die früher überwiegend von den Hypothekenbanken verwendete Tilgungsverrechnungsklausel sah vor, daß von den in einem Jahr zu bezahlenden Annuitätsraten (in der Regel 4) der Tilgungsanteil nicht sofort zur Kapitaltilgung verrechnet wird. Die Verrechnung für alle 4 Raten erfolgt nur einmal jährlich mit der Folge, daß zumindest für drei Annuitätsraten zu hohe Zinsanteile dem Darlehensgeber zufließen. *97*

Der BGH (NJW 1989, 222) hat diese vielfach geübte Praxis, die vierteljährlich zu leistenden Annuitätenraten nicht sofort mit dem Kapitalrest zu verrechnen und die Zinsberechnung am Ende eines abgelaufenen Jahres nach dem Stand des Vorjahres vorzunehmen, für unzulässig erklärt und solche Klauseln als nichtig verworfen. Das bedeutet, daß korrekterweise mit jeder Annuitätenrate zunächst der Zinsanteil auf den jeweiligen Kapitalrest zu berechnen ist und der verbleibende Tilgungsanteil der Annuitätenrate den Kapitalrest entsprechend mindert. *98*

3. Tilgungsstreckung und Zusatzdarlehen

Zur Überbrückung des Damnums können dem Darlehensnehmer weitere Finanzierungsmittel zur Verfügung gestellt werden, die als „versteckte Zusatzdarlehen" bezeichnet und zu unterschiedlichen Bedingungen gewährt werden. *99*

Beispiel: Bei einem Darlehen über DM 100 000,00 zu einem Auszahlungskurs von 98 v. H. erhält der Darlehensnehmer nur DM 98 000,00 ausbezahlt. Somit fehlen ihm DM 2000,00 zur Finanzierung der Herstellungskosten oder des Kaufpreises.

Das sogenannte versteckte Zusatzdarlehen dient also zur Deckung der Finanzierungslücke.

Wird ein solches zusätzliches Finanzierungsmittel in Anspruch genommen, so ist der für die Effektivzinsberechnung wichtige Abrechnungskurs nicht mehr mit dem Auszahlungskurs dekkungsgleich. In unserem Beispiel wäre bei Inanspruchnahme eines versteckten Zusatzdarlehens von DM 2000,00 der Auszahlungskurs 100 Prozent und der Abrechnungskurs 98 Prozent. *100*

101 Die versteckten Zusatzdarlehen werden auch als „gestundete Geldbeschaffungskosten“ bezeichnet, weil hier das Damnum bei der Auszahlung nicht einbehalten sondern darlehensweise gestundet wird, und zwar mit oder ohne Tilgungsstreckung.

Bei einer vereinbarten Tilgungsstreckung wird die Tilgung auf das Kapital solange ausgesetzt bis die gestundeten Geldbeschaffungskosten voll zurückbezahlt sind.

102 Werden die Geldbeschaffungskosten ohne Tilgungsstreckung gestundet, ist neben der vereinbarten Zins- und Tilgungsleistung auf das Kapital eine zusätzliche Nebenleistung zu erbringen, welche den Zins- und Tilgungsbeitrag der gestundeten Geldbeschaffungskosten abzudecken hat.

III. Kreditsicherung und Beleihung

1. Rechtsnatur des Darlehens

103 Die Grundsätze eines Darlehensverhältnisses sind in wenigen Paragraphen des BGB (§§ 607–610) geregelt.

Danach ist das Darlehen ein vertragliches Schuldverhältnis, welches die Übertragung von Geld und anderen vertretbaren Sachen sowie die Abrede umfaßt, das Geld und die anderen vertretbaren Sachen gleichwertig wieder zurückzuerstatten. Gleichzeitig begründet der Darlehensvertrag ein Dauerschuldverhältnis, das bei der Vereinbarung eines Entgeltes (Zins) für die Überlassung eines Geldbetrages (Darlehen) als gegenseitiger Vertrag im Sinne der §§ 320 ff. BGB zu werten ist.

104 Für ein Darlehensverhältnis gelten deshalb zuerst alle im Darlehensvertrag getroffenen Vereinbarungen soweit sie nicht gegen ein gesetzliches Verbot verstoßen (§ 134 BGB, und AGBG) oder sittenwidrig (§ 138 BGB) sind. Darüber hinaus gelten die gesetzlichen Bestimmungen über den Vertrag gemäß den §§ 145–157 BGB im allgemeinen und gemäß den §§ 305–361 BGB sowie den §§ 607–610 BGB im besonderen.

105 Aus dem Darlehensvertrag ergibt sich ein Auszahlungsanspruch zugunsten des Darlehensnehmers und eine Rückerstattungspflicht (§ 607 BGB) zugunsten des Darlehensgebers. Be-

züglich der Rückerstattung kann eine Rückzahlungsfrist oder laufende Tilgungsleistung vereinbart werden. Ist solches nicht vereinbart, können sowohl der Schuldner als auch der Gläubiger nach der gesetzlichen Kündigungsfrist des § 609 Abs. 2 BGB das Darlehen kündigen.

Entscheidend für das Rechtsverhältnis zwischen Darlehensge- *106*
ber und Darlehensnehmer sind die einzelnen im Darlehensvertrag getroffenen Vereinbarungen. Da der organisierte Realkredit das Darlehensgeschäft gewerbsmäßig in großem Umfang betreibt sind die Darlehensbedingungen im allgemeinen als allgemeine Geschäftsbedingungen vorformuliert, wobei nur die marktabhängigen Leistungen (Zins, Damnum, Nebenkosten) variabel gestaltet werden.

Der Darlehensvertrag wird wirksam, wenn beide Vertragspar- *107*
teien den Darlehensvertrag unterzeichnet haben. Vielfach wird bezüglich des Zustandekommens des Darlehensvertrages das Angebot/Annahmeverfahren praktiziert, indem der Darlehensgeber dem Darlehensnehmer ein hinsichtlich aller Darlehensbedingungen genau bezeichnetes Angebot offeriert, welches der Darlehensnehmer mittels selbständiger Erklärung annimmt.

2. Darlehenssicherung

Es gibt verschiedene Möglichkeiten dem Darlehensgeber eine *108*
Sicherheit für das hingegebene Darlehen anzubieten. Das wichtigste Sicherungsinstrument ist in der Regel neben der persönlichen Haftung des Darlehensnehmers (vereinbart im Darlehensvertrag) die Gewährung der dinglichen Haftung durch Einräumung eines Pfandrechtes an dem Finanzierungsobjekt zugunsten des Darlehensgebers, hier in der Form des Grundpfandrechtes.

Unter Grundpfandrechten werden Hypotheken, Grund- und *109*
Rentenschulden (§§ 1113, 1191, 1199 BGB) verstanden, wobei die Rentenschulden für die Finanzierung einer ETW kaum von Bedeutung sind.

Die Hypothek und die Grundschuld sind die wichtigsten *110*
Pfandrechte beim Real- und Grundkredit. Sie gewähren dem Rechtsinhaber ein dingliches Verwertungsrecht in der Weise,

daß er im Wege der Zwangsvollstreckung (Zwangsverwaltung oder Zwangsversteigerung) seine Darlehens- und Geldforderungen realisieren kann.

111 Hypothek und Grundschuld sind unterschiedlich gestaltete Rechte. Der wesentliche Unterschied besteht darin, daß bei der Hypothek die Darlehensforderung untrennbar mit dem dinglichen Recht Hypothek verbunden ist. „Die Hypothek erscheint gewissermaßen als untrennbares Anhängsel der Forderung, sie ist akzessorisch". Im Gegensatz zur Hypothek ist die Grundschuld nicht akzessorisch. Sie dient zwar auch als Sicherung für eine Darlehensforderung, nur sind die Forderung und das dingliche Recht Grundschuld nicht „lebensnotwendig" miteinander verbunden. Während dem Hypothekengläubiger ein dingliches Recht immer nur in Höhe seiner tatsächlichen Forderung zusteht, besitzt der Grundschuldgläubiger stets ein dingliches Recht in Höhe seiner Grundschuld, und zwar unabhängig davon ob das Darlehen, zu dessen Sicherheit die Grundschuld bestellt wurde, valutiert ist oder nicht.

112 Die Grundstücke und damit auch das WE haben eine hervorragende Sicherungsqualität und dürften das Sicherungsbedürfnis eines Gläubigers am besten befriedigen. Das Grundstück hat sich als Pfand nach allen Erfahrungen als wertbeständig erwiesen. Dazu kommt, daß das Grundbuch durch seine allgemeine Publizität (vgl. unten Rn. **6** 154ff.) die notwendigen Erkenntnisse über den Eigentümer des Objektes und dessen Belastungen gewährt. Auch kann die Darlehensgewährung von der Eintragung an einer bestimmten Rangstelle im Grundbuch abhängig gemacht werden (Baur a. a. O. S. 313).

113 Erst wenn das Grundpfandrecht im Grundbuch eingetragen ist, besteht die volle Sicherheit für den Gläubiger, weil alle Rechte und Rechtsänderungen an Grundstücken und somit auch am WE zu ihrer Wirksamkeit der Eintragung im Grundbuch bedürfen (§ 873 BGB).

114 Zur Sicherheit eines Realkredites ist es auch erforderlich, daß das Grundbuch nicht mit Rechten Dritter belastet ist, welche die Sicherheit des vorgesehenen Grundpfandrechtes einschränken oder beeinträchtigen könnten.

3. Beleihung

Unter Beleihung versteht man im allgemeinen den Vorgang der zur Bestellung von Grundpfandrechten führt. Im folgenden sollen die Grundsätze und Maßnahmen der Beleihung kurz aufgezeigt werden. *115*

Zur Prüfung der Beleihungsfähigkeit eines WE gehört zuerst die Prüfung des Grundbuches (s. unten Rn. **6** 156ff.). *116*

Da das Grundbuch öffentlichen Glauben besitzt, kann man auf die im Grundbuch ausgewiesenen Rechtsverhältnisse, das sind das Eigentum, die Eigentümer und Belastungen, vertrauen. Außerdem ist man vor unbekannten Rechten auch deshalb geschützt, weil das Sachenrecht des BGB mit dem numerus clausus einen geschlossenen Katalog der im Grundbuch auszuweisenden Rechte kennt. Vorhandene Belastungen in Abteilung II und III des Grundbuches können die Beleihungsfähigkeit des WE beeinträchtigen, wenn nicht damit zu rechnen ist, daß die Gläubiger dieser Rechte einem zur Eintragung kommenden Grundpfandrecht im Range ausweichen.

a) Beleihungswert

Die Geldforderung aus dem Darlehen kann nur dann als gesichert gelten, wenn bei einer Veräußerung der ETW ein Kaufpreis zu erzielen ist, der die Forderung voll abdeckt und somit den Gläubiger befriedigt (vgl. Steffan a. a. O. S. 44). *117*

Demnach ist der Beleihungswert einer ETW der Wert, welcher die Feststellung der für das Objekt tragbaren Darlehenssumme ermöglicht, und der den Gläubiger während der ganzen Laufzeit des Darlehens ausreichend sichert (Huberty a. a. O. S. 32). *118*

Der Beleihungswert soll möglichst während der Laufzeit des Darlehens dem Verkaufswert entsprechen. Der Verkaufswert entspricht aber nicht immer dem Verkehrswert. Das bedeutet, daß die amtlichen Wertermittlungsrichtlinien, deren Zweck die Feststellung des jeweils gültigen Verkehrswertes ist – z. B. wenn der Staat Grundstücke an- oder verkauft oder wenn Entschädigungsleistungen nach dem Bundesbaugesetz zu ermitteln sind – nur insoweit verwendet werden können, als diese im Einklang *119* mit den Ermittlungsgrundsätzen für den Beleihungswert stehen. Aus all dem ergibt sich, daß der Beleihungswert in der Regel unter dem Verkehrswert liegt.

Der Beleihungswert ist zu unterscheiden von der Beleihungsgrenze und dem Beleihungsraum.

120 Der Beleihungsraum bezeichnet den möglichen Umfang des Realkredites, während die Beleihungsgrenze die Obergrenze des Realkredites aufzeigt. Beleihungsraum und Beleihungsgrenze umfassen demnach die nach wirtschaftlichen Gesichtspunkten bzw. nach einschlägigen Vorschriften höchstens zulässige Darlehenssumme.

121 Die Beleihungsgrenze liegt bei der erststelligen Finanzierung in der Regel bei 60 v. H. und bei den nachstelligen Finanzierungen zwischen 85 v. H. bis 95 v. H. des Grundstücks- und Gebäudewerts.

122 Der Beleihungswert wird vor jeder Beleihung in der Regel durch Sachverständige in recht komplizierten Berechnungsverfahren ermittelt. Angewendet werden das Sachwertverfahren und das Ertragswertverfahren.

b) Sachwert

123 Mit dem Sachwert eines Objektes wird durch unterschiedliche und komplizierte Berechnungsmethoden der Verkaufswert ermittelt, also der Preis der bei einer Veräußerung erzielt werden kann. Der Sachwert orientiert sich an den Herstellungskosten und berücksichtigt Veränderungen durch Zu- und Abschläge (z. B. Abschreibung). Im Detail werden dabei alle Einzelpositionen untersucht, und deren mögliche Auswirkungen sowohl auf den reinen Bodenwert als auch auf den Gebäudewert.

Die Sachwertermittlung beschränkt sich aber nicht nur auf die Untersuchung der Details eines Objektes, sondern vergleicht die Werte des Objektes mit ähnlichen anderen Investitionen. Das Sachwertverfahren ist demnach auch ein „Vermögens- und Investitionsvergleich“ mit anderen Objekten.

c) Ertragswert

124 Beim Ertragswertverfahren steht die Ermittlung der Erträge, die sich aus dem Objekt ergeben, im Vordergrund. Gleichzeitig ist auch im Ertragswert der Vergleich mit kapitalisierten zukünftigen Erträgen und Renditen der einzelnen Objekte zum Ausdruck gebracht. Sofern die Ertragsfähigkeit eines Objektes zeitlich unbegrenzt ist, errechnet sich der Ertragswert nach der Formel für die ewige Rente:

$$\frac{\text{Nettoertrag} \times 100}{\text{Zinsfuß}} = \text{Wert des Kapitals}$$

Ist – wie häufig bei Immobilien – der Ertragswert zeitlich begrenzt, so ist vom Bruttoertrag neben den Bewirtschaftungskosten auch die Abschreibungsquote abzusetzen. Der verbleibende Reinertrag kann dann nach der Formel der ewigen Rente kapitalisiert werden.

Als Zinsfuß ist der branchenübliche zu berücksichtigen, der beispielsweise bei vermieteten Ein- und Zweifamilienhäusern sowie ETW 2 v. H. bis 5 v. H. und bei Miet(Renten)Häusern 4 v. H. bis 6 v. H. beträgt.

d) Berechnungsart

Während man früher davon ausging, daß sich der Beleihungs- *125*
wert aus der Formel

$$\frac{\text{Sachwert} + \text{Ertragswert}}{2}$$

errechnet, entbehrt – auf die heutigen Verhältnisse bezogen – die Mittelwertberechnung jeglicher Logik. Sie wird deshalb überwiegend als sinnvolle Berechnungsmethode zur Wertfeststellung abgelehnt.

Heute ist man bemüht, den Beleihungswert von Immobilien *126*
nach beiden Verfahrensarten, also sowohl nach dem Sachwertverfahren als auch nach dem Ertragswertverfahren zu ermitteln. Das bedeutet, daß die Beleihungswertberechnung viel treffsicherer geworden ist, weil beide Wertermittlungsverfahren sich gegenseitig kontrollieren.

Bei einem normal ertragsfähigen Objekt wird bei Neubaumaßnahmen in der Regel der Sachwert und der Ertragswert gleich sein.

127 Das schließt nicht aus, daß bei Abweichungen der eine oder andere Wert den Vorzug erhält. So wird bei Bewertungen, wo es mehr auf den Wert der Investition ankommt, wie z.B. bei der selbstgenutzten ETW, eher das Ergebnis aus der Sachwertermittlung Verwendung finden. Steht bei der Bewertung die Rentierlichkeit des Objektes im Vordergrund, so sollte dem Ergebnis der Ertragswertermittlung der Vorzug gegeben werden. Bei neuerstellten Eigenheimen und ETW wird in der Regel der Sachwert angewendet, weil die Rendite hier nicht so sehr von Bedeutung ist.

IV. Ausdehnung des Kreditgeschehens nach Europa

128 Durch die grenzüberschreitenden Immobilieninvestitionen und durch die Einführung des Euro haben die Hypothekenbanken begonnen ihr Kreditgeschäft europaweit auszudehnen (vgl hierzu: Handelsblatt Nr. 39 vom 19./20. 2. 1999, S. 45). So stellt der Verband deutscher Hypothekenbanken fest, daß das Auslandsgeschäft dieser Banken in den ersten 11 Monaten des Jahres 1998 auf 10 Mrd. DM angewachsen ist. Das entspricht etwa 10 v.H. des Neugeschäfts der Hypothekenbanken.

Da für dieses Auslandsgeschäft unterschiedliche Risiken bestehen, hat der Europäische Hypothekenverband im Jahre 1996 einen Arbeitskreis eingesetzt, der die unterschiedlichen Bewertungsmethoden der europäischen Länder in einer Studie zusammengestellt hat. Diese Studie soll eine Transparenz der unterschiedlichen Bewertungs- und Beleihungsmethoden ermöglichen.

Nach verschiedenen Grundsätzen soll die künftige Marktfähigkeit der Immobilie bewertet werden, wobei die Risiken die sich aus der Volatilität der Märkte ergeben besonders zu berücksichtigen sind. In diesem Sinne wurden Ansätze entwickelt, die den Beleihungswert für Hypothekarkredite im europäischen Raum festlegen. Wegen der Unterschiedlichkeit des Beleihungs- und des Marktwertes sollen Grundsätze entwickelt werden, die einen europäischen Beleihungswert als Bewertungsmaßstab festlegen. Bei diesen Bewertungsmaßstäben sollen sich die beiden unterschiedliche Ansätze des Marktwerts und des Beleihungswerts annähern.

4. Kapitel
Direkte und indirekte Förderung der Eigentumswohnung

I. Direkte und öffentliche Förderung

Die Wohnungsbauförderung insgesamt und das Zweite Wohnungsbaugesetz steht vor einer grundlegenden Erneuerung. Mit der Schaffung des sogenannten III. Wohnungsbaugesetzes hat bereits die alte Bundesregierung begonnen. In dem „Entwurf eines Gesetzes zur Reform des Wohnungsbaurechts (Wohnungsbaureformgesetz – WoBauReform)“ vom 22. 10. 1997 (Bundestag-Drucksache 13/1802) hat sie ihre Gedanken niedergelegt. Die neue Regierung wird ebenfalls an der Reform der Wohnungsbauförderung festhalten, allerdings mit einer inhaltlich anderen Ausgestaltung. *1*

Neue Reformvorschläge der Bundesregierung bezüglich des dritten Wohnungsbaugesetzes liegen noch nicht vor. Die Richtung der neuen Wohnungspolitik läßt sich aus Abschnitt VI der Koalitionsvereinbarung vom 20. Oktober 1998 erkennen. Dieser Abschnitt: „Soziale Sicherheit und Modernisierung des Sozialstaats“ enthält unter Ziff. 8 die Vereinbarungen zum Wohnungs- und Städtebau. Diese Vereinbarungen werden (zitiert aus Informationsdienst und Mitteilungsblatt des vhw vom 1. 11. 1998) nachstehend wiedergegeben: *2*

Wir wollen mehr bezahlbare Wohnungen und mehr Lebensqualität in unseren Städten und Gemeinden. Die neue Bundesregierung wird den Wohnungs- und Städtebau besser verzahnen, die nachhaltige Siedlungsentwicklung stärken, der Bauwirtschaft Beschäftigungsimpulse geben und neue Schwerpunkte setzen:
- Die Städtebauförderung wird verstärkt. Sie verknüpft verschiedene Politikfelder mit dem neuen integrativen Ansatz.
- Sie wird ergänzt durch ein Programm „Stadtteile mit besonderem Entwicklungsbedarf – die soziale Stadt“ für Innenstädte, Großsiedlungen und Stadtteilzentren.
- Im sozialen Wohnungsbau tritt neben die Neubauförderung eine stärkere Förderung von Bestandsmaßnahmen, um das soziale Gleichge-

wicht in Wohngebieten zu erhalten oder wieder herzustellen. Es wird geprüft, ob und wie Sozialwohnungsbestände für eine dauerhafte soziale Wohnungswirtschaft gesichert werden können.
- Die Eigenheimförderung behält ihren hohen Stellenwert und wird weiterentwickelt, damit sie in Ballungsgebieten, bei Mieterprivatisierung und beim genossenschaftlichen Wohnen besser greifen kann.
- Den freifinanzierten Wohnungsbau gestalten wir effizienter und verhindern überzogene Abschreibungsmöglichkeiten. Alternative Instrumente wie Investitionszulagen werden wir prüfen.
- Wir werden das CO_2-Minderungsprogramm verbessern. Mit der Energieeinsparverordnung führen wir für den Neubau den Niedrigenergiehausstandard und für den Bestand Energiekennzahlen in zeitlichen Stufen ein.
- Das Mietrecht wollen wir auf Grundlage der Ergebnisse der Bund-Länder-Arbeitsgruppe „Mietrechtsvereinfachung" reformieren.
- Mit einer gesamtdeutschen Wohngeldreform wird das Wohngeld unter Berücksichtigung der Miet- und Einkommensentwicklung treffsicherer und familiengerechter gestaltet.
- Besondere Probleme der ostdeutschen Wohnungswirtschaft wie Fehler im Altschuldenhilfegesetz oder Leerstände werden wir lösen helfen. Im Investitionszulagengesetz wird die Bestandserneuerung gegenüber dem Neubau gestärkt.
- Bei der Privatisierung bundeseigener Wohnungsbestände gehen wir sozialvertragliche Wege, wie Kaufangebote an Kommunen und Länder, Genossenschaftsgründungen, Mieterprivatisierung zur Vermögensbildung und Altersvorsorge oder Erhalt einzelner Gesellschaften bei größerer Wirtschaftlichkeit.
- In der Bodenpolitik werden wir Maßnahmen zur Baulandmobilisierung vorrangig im besiedelten Bereich ergreifen. Die Gemeinden sollen stärker an den durch kommunale Planungen herbeigeführten Bodenwertsteigerungen zur Finanzierung von Infrastruktur beteiligt werden.

Wegen der noch nicht festgelegten neuen Rahmenbedingungen der Wohnbauförderung wird hier auf die Ausführung des Wohnbaurechts und der Wohnbauförderung verzichtet. Die bisherigen noch gültigen Rahmenbedingungen können nachgelesen werden in Bä/S S. 367 ff. Das Gleiche gilt für das bisherige Wohngeld, das durch eine gesamtdeutsche Wohngeldreform ersetzt werden soll.

3 Die derzeit gewährten direkten Fördermittel des Bundes und der Länder sind zusammengefaßt in: „Die Finanzierungshilfen des Bundes und der Länder und der internationalen Institutionen – Wohnungsbau Ausgabe 1999/200" (Sonderausgabe 1999/2000 Heft 2 der Zeitschrift für das gesamte Kreditwesen).

II. Indirekte Wohnbauförderung

Neben der direkten Wohnbauförderung durch Gewährung von Darlehen und Zuschüssen zur Finanzierung bzw. zur Verminderung der laufenden Aufwendungen von Finanzierungskosten einer ETW hat der Bund erhebliche Steuervergünstigungen beim Erwerb bzw. bei der Unterhaltung einer ETW gewährt. Diese als indirekte Wohnbauförderung bezeichnete Förderart, die überwiegend im Einkommensteuerrecht angesiedelt war, soll grundlegend umgestaltet werden. Das betrifft insbesondere die Eigenheime und ETW, die vom Ersteller bzw. Erwerber nicht selbst genutzt werden. *4*

Anders verhält es sich mit der im Eigenheimzulagengesetz vom 15. 12. 1995 – BGBl. I S. 1783 – geregelten neuen Förderungsart, der Eigenheimzulage, die deshalb hier zu besprechen ist.

III. Eigenheimzulage

Die neue Eigenheimzulagenregelung (vgl. zum Ganzen: Stuhrmann in Bä/S S. 757 ff.) ersetzt die frühere steuerliche Förderung nach § 10 e EStG. Die Förderung wurde aus dem bisherigen System des Einkommensteuerrechts herausgenommen und ist unabhängig von der einkommensteuerlichen Belastung als Zulagenregelung ausgestaltet. Die Zulage wird acht Jahre lang gewährt. Im einzelnen ergeben sich folgende Regelungen: *5*

1. Fördervoraussetzungen

Gefördert wird ein herzustellendes Objekt dann (§ 19 EigZulG), wenn der Bauantrag nach dem 31. 12. 1995 gestellt wurde. Beim Erwerb eines Objekts gilt es als angeschafft, wenn der Kaufvertrag nach dem 31. 12. 1995 rechtswirksam abgeschlossen wurde. *6*

Eine weitere Fördervoraussetzung sind die zulässigen Einkommen. Nach § 5 EigZulG besteht ein Anspruch auf die Zulage nur dann, wenn der Gesamtbetrag der Einkünfte im Jahr der

Herstellung oder der Anschaffung (Erstjahr) und dem vorangegangenen Jahr (Vorjahr) insgesamt DM 240000 für Alleinstehende und DM 480000 für Verheiratete nicht übersteigt. Der Gesamtbetrag der Einkünfte wird nach der Summe der Einkünfte errechnet, wobei der Altersbelastungsbetrag nach § 24a EStG sowie der Betrag nach § 13 Abs. 3 EStG abgezogen werden kann.

Die Objektbeschränkung des § 10e Abs. 5 EStG gilt auch hier (§ 6 EigZulG). Das bedeutet, daß die Eigenheimzulage nur einmal im Leben in Anspruch genommen werden kann. Eheleute können die Zulage für insgesamt zwei Objekte beantragen.

Weitere Fördervoraussetzung ist die Selbstnutzung der Wohnung (§ 4 EigZulG). Als Nutzung der eigenen Wohnung gilt auch die (ganze oder teilweise) unentgeltliche Überlassung der Wohnung an einen Angehörigen (§ 4 Satz 2 EigZulG) im Sinne von § 15 AO.

2. Bemessungsgrundlage und Grundförderung

7 Die Bemessungsgrundlagen sind die Herstellungs- oder Anschaffungskosten (§ 8 EigZulG) mit jeweils höchstens DM 100000. Hieraus errechnet sich die Zulage beim Neubau mit 5 v. H. und bei der Anschaffung mit 2,5 v. H.

Der Fördergrundbetrag (§ 9 Abs. 2 EigZulG) beträgt für die Herstellung und Anschaffung eines Neubaus höchstens DM 5000 jährlich. Ein Neubau gilt als mit DM 5000 als förderfähig angeschafft, wenn der Erwerb einer Wohnung im Jahr der Fertigstellung oder in den beiden folgenden Jahren erfolgt. Für nach diesem Zeitraum angeschafften Wohnungen und bei Altbauten beträgt die Zulage nur DM 2500 jährlich.

3. Zusatzförderung

8 Eine Ökozulage von 2 v. H. der Aufwendungen bis maximal DM 500 wird gewährt beim Einbau folgender Anlagen und Einrichtungen:

- Einbau einer verbrennungsmotorisch oder thermisch angetriebenen Wärmepumpe mit einer Leistungszahl von mindestens 3,5;

- Einbau einer Elektrowärmepumpe mit einer Leistung von mindestens 3,5;
- Einbau einer Solaranlage;
- Einbau einer Anlage zur Wärmerückgewinnung;
- Baumaßnahmen, die erforderlich sind um die Anlage mit den erforderlichen Einbauten versehen zu können.

Die Zulage beträgt DM 500 für Aufwendungen ab DM 25000, sonst 2 v.H. der geförderten Aufwendungen. Der Fördergrundbetrag erhöht sich um jährlich DM 400, wenn der Jahresheizwärmebedarf der Wohnungen die Werte der Wärmeschutzverordnung vom 16. 8. 1994 (BGBl. I S. 1575) um mindestens 25 v.H. unterschreitet (§ 9 Abs. 4 EigZulG).

4. Kinderzulage

Die ehemalige Kinderzulage des § 34f EStG wird durch § 9 *9*
Abs. 5 EigZulG ersetzt. Danach steht dem Anspruchsberechtigten dann eine Kinderzulage zu, wenn er die Grundförderung erhält. Sie beträgt DM 1500 jährlich für jedes in seinem Haushalt lebende Kind, für das er oder sein Ehegatte einen Kinderfreibetrag oder Kindergeld erhält. Die Kinderzulage wird zwar unabhängig von der Höhe der Herstellungs- oder Anschaffungskosten gewährt. Insgesamt wird aber die Förderung, die aus Förderungsgrundbetrag und Kindergeld (nicht Ökozulage) besteht, in der Weise gedeckelt, daß die Bemessungsgrundlage (100 v.H. der Herstellungs- und Anschaffungskosten) nicht überschritten wird (§ 9 Abs. 6 EigZulG). Die Deckelung wird beim Neubau nur dann wirksam, wenn für mehr als fünf Kinder ein Anspruch auf die Kinderzulage besteht. Die Überförderung ist eher bei Ausbauten und Erweiterung möglich, so daß hier die Kappungsgrenze häufiger zum Tragen kommt.

5. Beantragung der Eigenheimzulage

Die Zulage wird auf Antrag gewährt. Voraussetzung hierfür ist *10*
die Festsetzung der Zulage. Festgesetzt wird die Zulage für den gesamten Förderzeitraum z.T. noch vor ihrer Entstehung (§ 11

Abs. 1 EigZulG). Maßgebend für die erstmalige Festsetzung für die Höhe des Grundbetrags und der Zahl der Kinder sind die Verhältnisse bei Bezug der Wohnungen (§ 11 Abs. 1 EigZulG). Verändert sich der Grundbetrag nach oben oder unten oder die Zahl der Kinder nach der erstmaligen Festsetzung, ist die Zulage nach Ablauf des Kalenderjahres neu festzusetzen (§ 11 Abs. 2 EigZulG), wobei sich die Neufestsetzung ab dem Kalenderjahr auswirkt, in dem sich die Verhältnisse geändert haben.

Ausbezahlt wird die Eigenheimzulage jeweils am 15. 3. eines jeden Jahres.

6. Vorkostenabzug

11 Eine Neuregelung des Vorkostenabzugs war notwendig, sie findet sich in § 10i EStG. Die Vorkosten unterscheiden sich in zwei Komponenten.

Nach § 10i Abs. 1 Nr. 1 wird zur Abgeltung aller Finanzierungs- und Nebenkosten eine Vorkostenpauschale in Höhe von DM 3500 im Jahr der Fertigstellung oder Anschaffung gewährt. Die Pauschale wird in der Einkommensteuererklärung geltend gemacht und wird vom Gesamtbetrag der Einkünfte – wie eine Sonderausgabe – abgesetzt. Die Inanspruchnahme der Vorkostenpauschale ist auf die Steuerpflichtigen beschränkt (§ 10 Abs. 1 Nr. 1 EigZulG), die im Jahr der Anschaffung oder Herstellung oder in einer der beiden folgenden Jahre die Eigenheimzulage erhalten. Sofern der Steuerpflichtige die Eigenheimzulage nicht beanspruchen kann (Überschreitung der Einkommensgrenze/Objektverbrauch), steht ihm auch kein Vorkostenabzug zu.

Die zweite Komponente besteht in der Geltendmachung eines Erhaltungsaufwands bis zu DM 22500, der wie Sonderausgaben abgezogen werden kann. Diese Regelung nach § 10i Abs. 1 Nr. 2 ist von besonderer Bedeutung beim Erwerb gebrauchter Wohnungen. Hier ist der Abzug der Vorkosten auch dann möglich, wenn der Steuerpflichtige die Eigenheimzulage nicht erhält oder nicht in Anspruch nimmt. Die Kosten für den Erhaltungsaufwand (z.B. Badeinbau, Renovierungskosten, Schönheitsreparaturen) sind nachzuweisen.

IV. Steuerentlastungsgesetz 1999/2000/2002

Das Steuerentlastungsgesetz vom 24. März 1999 (BGBl. S. 402) hat bestimmte Auswirkungen auf die Immobilienbesteuerung gebracht (vgl. hierzu Stuhrmann in NJW 1999, 1657ff.). Gestrichen wurde die oben (Rn. **4** 11ff. unter f) genannte Vorkostenpauschale von DM 3500 ebenso wie die Abzugsmöglichkeit von Erhaltungsaufwendungen bis zu DM 25000 (vgl. oben Rn. **4** 8) bei selbstgenutztem Wohneigentum und zwar für alle Anschaffungen mit Vertragsabschluß nach dem 31. 12. 1998 bzw. für Neubauten mit Herstellungsbeginn nach dem gleichen Termin. *12*

Abgeschafft wurde ferner der Werbungskostenpauschbetrag bei Einkünften aus Vermietung und Verpachtung nach § 9a S. 1 Nr. 2 von DM 42 je qm Wohnfläche ab 1. 1. 1999. Aufgehoben wurde ferner die Verteilungsmöglichkeit von größerem Erhaltungsaufwand an Wohngebäuden auf zwei bis fünf Jahre nach § 82b EsrDV. Darüber hinaus wurden Änderungen im Bereich der betrieblichen Gewinnermittlung bezüglich der Immobilienbesteuerung getroffen, die hier nicht beschrieben werden können (vgl. Stuhrmann a.a.O.). Von Bedeutung für die Immobilienbesteuerung ist, daß der Begriff des Spekulationsgeschäfts durch den Begriff des privaten Veräußerungsgeschäfts ersetzt worden mit der Folge, daß die Frist von bisher zwei Jahre auf zehn Jahre verlängert wurde und zwar für alle Immobilienveräußerungen nach dem 31. 12. 1998. Das bedeutet, daß alle Veräußerungen von Immobilien nach dem 31. 12. 1998 innerhalb eines Zeitraums von 10 Jahren als privates Veräußerungsgeschäft steuerpflichtig ist. Das bedeutet, daß eine im Jahre 1999 erworbene ETW, die im Jahre 2002 weiter veräußert wird der Steuerpflicht unterliegt, es sei denn, die ETW diente im Jahr der Veräußerung und den zwei vorangegangenen Jahren ausschließlich der Selbstnutzung. Voraussetzung für die Steuerfreiheit ist demnach die ausschließliche Nutzung zu eigenen Wohnzwecken (§ 23 Abs. 1 Nr. 1 S. 3 EStG n.F.). *13*

Besondere Vorschriften bestehen für die Berechnung des steuerpflichtigen Gewinns, der als Differenz zwischen Verkaufspreis und Anschaffungs- bzw. Herstellungskosten ermittelt wird. Die *14*

Anschaffungs- und Herstellungskosten sind dabei um eventuell in Anspruch genommene Sonderabschreibungen zu verringern. Eingeschränkt sind auch die bisherigen Möglichkeiten der Verlustverrechnung innerhalb einer Einkunftsart sowie temporal Verlustverrechnungen. Während der horizontale Verlustausgleich weiter möglich ist, wird der vertikale Verlustausgleich erheblich eingeschränkt.

15 Sehr bedauerlich ist vor allem die mit diesem Gesetz vorgenommene Begrenzung der Eigenheimzulage. Festzustellen ist, daß sich die Eigenheimzulage zur Förderung des selbstgenutzten Wohneigentums sehr bewährt hat. Diese Förderung hat dazu beigetragen, daß in den Jahren 1996 bis 1998 die Zahl der Eigentumsmaßnahmen im Verhältnis zu den Gesamtfertigstellungen von Wohnungen nur angemessen rückläufig waren. So sehr es notwendig ist die Mittel für eine Reform und Verbesserung der Wohngelder und Lastenzuschüsse zu gewinnen, so sehr sollten die Ersparnisse nicht aus einer für die Erstellung selbstgenutzten Wohneigentums weiterhin erforderlichen Förderung abgezweigt werden.

5. Kapitel
Versicherung der Eigentumswohnung

I. Bedeutung der Versicherung für die Wohnungseigentümer

Das WEG sieht in § 21 Abs. 5 Nr. 3 vor, daß die WEer als 1
Maßnahme ordnungsmäßiger Verwaltung die Feuerversicherung des gem. E. zum gleitenden Neuwert sowie die angemessene Versicherung der WEer gegen Grund- und Hausbesitzerhaftpflicht vorzunehmen haben.

Dies ist aber nur ein – ungenügender – Teil der Versicherungs- 2
möglichkeiten, welche im Bereich WE sinnvoll und möglich ist.

Leider gibt es für die vielfältigen besonderen Versicherungsbedürfnisse von WEer-Gem. und ETW kein gesondertes Versicherungsprogramm, so daß die für die WEer bedeutsamen Versicherungsbedingungen aus den oben genannten Allgemeinen Versicherungsbedingungen, ggfs. aus Zusatz- oder Sonderbedingungen für ETW bzw. WEer-Gem. zu entnehmen sind.

Die Versicherungsnotwendigkeiten im Bereich WE sind viel- 3
fältig.

In Anlehnung an die „Versicherungsdrehscheibe“ von Jansen/ 4
Köhler (Deckert, DE Gruppe 9, Untergruppe II) werden die Versicherungsverhältnisse im Bereich WE hier wie folgt gegliedert:

1. Versicherer: WEer-Gem. (Objektversicherung sowie Haus- und Gebäudehaftpflichtversicherung),
2. Versicherer: WEer (Privathaftpflicht-, Hausrat-, Rechtsschutzversicherung)
3. Versicherer: Verwalter (Vermögensschadenhaftpflicht-Bürohaftpflichtversicherung).

Alle drei Versicherungsverhältnisse sind im Ergebnis für die Verwaltung des gem. E. und für die Sicherheit der WEer-Gem. von Bedeutung, wenngleich sich die Zuständigkeit der WEer-Gem., sofern in der GO nichts anderes vereinbart ist, allein auf das Beziehungsfeld Nr. 1 beschränkt.

5 Darüber hinaus bleibt es aber den WEer unbenommen durch Vereinbarung zu bestimmen, daß die einzelnen WEer eine Privathaftpflicht abzuschließen haben bzw. daß sie nur einen solchen Verwalter wählen, der eine Vermögenshaftpflichtversicherung abgeschlossen hat. Auch die Zuständigkeit der Versicherungsbeziehungen zu Nr. 1 ist nicht eindeutig abgegrenzt. § 21 Abs. 5 Nr. 3 bezeichnet nur zwei Versicherungsarten als Maßnahmen ordnungsmäßiger Verwaltung. Es besteht deshalb die Frage, ob die WEer-Gem. darüber hinausgehende Versicherungsverträge z. B. gegen Leitungswasser-, Sturm- und Hagelschaden sowie Grundbesitzerhaftpflicht wie auch Öltankhaftpflicht im Rahmen ordnungsmäßiger Verwaltung abschließen können und sollen. Diese Frage wird hier ausdrücklich bejaht, soweit solche Versicherungen üblich und die Versicherungsprämien im Vergleich zu möglichen Schäden angemessen sind. Das bedeutet, daß der Abschluß solcher zusätzlichen Versicherungen dem Interesse der Gesamtheit der WEer nach billigem Ermessen entspricht (§ 21 Abs. 4).

II. Allgemeine Grundsätze im Versicherungsrecht

1. Rechtsgrundlagen

6 Im Privatversicherungsrecht wird unterschieden zwischen der Schadens- und der Personenversicherung. Hier interessiert nur die Schadensversicherung, d. h. die Abdeckung eines Schadens bei Eintreten des Versicherungsfalles.

7 Das Schadensrisiko soll also durch Abschluß eines Versicherungsvertrages mit einem Versicherer (Versicherungsunternehmen) möglichst gering gehalten werden. Durch den Versicherungsvertrag wird die einem Versicherungnehmer drohende Gefahr auf planmäßiger Grundlage (Zusammenfassung gleichartiger Risiken durch den Versicherer) in eine rechtliche Gefahrengemeinschaft von gleichartig Gefährdeten einbezogen um im Falle der Verwirklichung der Gefahr einen Rechtsanspruch gegen den Versicherer auf Deckung des Schadens zu haben (vgl. E. Hofmann, Privat-Versicherungsrecht, 1978, S. 4). Der Versi-

cherer verspricht somit im Versicherungsvertrag im Fall der Verwirklichung einer Gefahr eine geldwerte Leistung, während der Versicherungsnehmer zur Leistung einer Prämie verpflichtet ist, die aufgrund einer dem Risiko entsprechenden Kalkulation ermittelt und auf die Gefahrengemeinschaft aufgeteilt wird.

Der Versicherungsvertrag ist demnach ein gegenseitiges, weil entgeltliches Schuldverhältnis und unterliegt den allgemeinen Bestimmungen des Schuldrechtes (§§ 320ff. BGB), soweit nicht Spezialgesetze besondere Regelungen enthalten. Als Spezialgesetz für die Privatversicherung gilt das VVG (Gesetz über den Versicherungsvertrag vom 30. 5. 1908 – RGBl. I S. 263 – zuletzt geändert durch Gesetz vom 30. 6. 1967 – BGBl. I S. 609). *8*

Über die Einhaltung der Vorschriften des VVG wacht das Bundesaufsichtsamt für das Versicherungswesen in Berlin nach Maßgabe des Gesetzes über die Beaufsichtigung der Versicherungsunternehmen (Versicherungsaufsichtsgesetz – VAG in der Neufassung vom 17. 12. 1992, 1993 – BGBl. I S. 2). *9*

Den Versicherungsverträgen liegen in der Regel „Allgemeine Versicherungsbedingungen" (AVB) zugrunde z. B.: *10*

- Allgemeine Feuerversicherungs-Bedingungen (AFB)
- Allgemeine Bedingungen für die Neuwertversicherung von Wohnungen gegen Feuer-, Leitungswasser- und Sturmschäden (VGB)
- Allgemeine Bedingungen für die Versicherung gegen Leitungswasserschäden (AWB)
- Allgemeine Bedingungen für die Versicherung gegen Sturmschäden (AStB)
- Allgemeine Versicherungsbedingungen für Glasversicherung (AGlB)
- Allgemeine Maschinenversicherungs-Bedingungen (AMB)
- Allgemeine Bedingungen für die Neuwertversicherung des Hausrats gegen Feuer-, Einbruchdiebstahl-, Beraubungs-, Leitungswasser-, Sturm- und Glasbruchschaden (VHB)
- Allgemeine Einbruchdiebstahlversicherungs-Bedingungen (AEB)
- Allgemeine Versicherungs-Bedingungen für die Haftpflicht Versicherung (AHB)
- Bedingungen für die Versicherung gegen Mietverlust infolge Brand, Blitzschutz oder Explosion (AVB-Mietverlust)

AVB sind vorformulierte Vertragsbedingungen, die für eine Vielzahl von Verträgen Geltung haben. Sie sind demnach „Allgemeine Geschäftsbedingungen" im Sinne des § 1 Abs. 1 AGBG und unterliegen den Vorschriften dieses Gesetzes. *11*

12 Bei Gemeinschaften, die über ein gem. Sachvermögen (Immobilien) verfügen, spielt der Versicherungsschutz deshalb eine besondere Rolle, weil das Vorhandensein von gemeinsamem Vermögen ein besonderes Schadensrisiko in sich birgt.

2. Arten der Versicherungen

13 Die Privatversicherungen können je nach den zu deckenden Risiken aufgeteilt werden in: Sachversicherungen, Haftpflichtversicherungen und persönliche Versicherungen (z.B. Lebensversicherungen), wobei letztere für die folgende Betrachtung ohne Bedeutung sind.

14 Sachversicherungen decken Schäden an Sachen, sofern und soweit für solche Sachschäden im Versicherungsvertrag eine Deckung angeboten wird. Insbesondere decken die Sachversicherungen bei ETW:
- den Rohbau über die Bauwesen-(Bauleistungs-)Versicherung
- das fertige Gebäude über die oben aufgezeigten Sachversicherungsarten.

15 Die Haftpflichtversicherungen haben den Zweck, Versicherungsnehmern Deckung zu geben für bestimmte Ereignisse (Tod bzw. Verletzung der Gesundheit = Personenschäden; Vernichtung oder Beschädigung von Sachen = Sachschäden) für deren Folgen sie aufgrund gesetzlicher Haftpflichtbestimmungen privatrechtlichen Inhalts gegenüber einem Dritten zum Ersatz des entstandenen Schadens verpflichtet sind. Sie gewähren dem WEer Schutz im beschriebenen Sinne, in dessen Eigenschaft als Bauherr, als Haus- und Grundbesitzer, als Privatperson und als Miteigentümer von Anlagen zur Lagerung und Verwendung gewässerschädlicher Stoffe.

3. Rechtliche Rahmenbedingungen des Versicherungsvertrags

a) Allgemeines zum Vertrag

16 Bevor der Versicherungsvertrag zustandekommt, obliegt dem Versicherungsnehmer eine besondere Anzeigenpflicht derart,

daß er alle Umstände, die für die Übernahme der Gefahr erheblich sind, dem Versicherer anzeigt.

Nach Abschluß des Versicherungsvertrages ist der Versicherer verpflichtet, dem Versicherungsnehmer eine Urkunde (Versicherungsschein) auszustellen (§ 3 VVG). Inhalt des Versicherungsvertrages ist die Verpflichtung des Versicherers, Deckung für einen bestimmten Schaden zu gewährleisten. Der Versicherungsnehmer hat die vereinbarte Prämie ohne Verzug zu leisten. Kommt der Versicherungsnehmer seiner Prämienzahlung nicht oder nicht rechtzeitig vor Eintritt eines Versicherungsfalls nach, so wird der Versicherer von der Verpflichtung zur Leistung frei. *17*

Tritt der Versicherungsfall ein, so ist der Versicherer zur Deckung nur dann verpflichtet, wenn der Versicherungsnehmer den Schaden nicht vorsätzlich oder grobfahrlässig selbst herbeigeführt hat. Anders ist es bei der Haftpflichtversicherung, bei welcher der Versicherer auch den durch den Versicherungsnehmer wegen grober Fahrlässigkeit verschuldeten Schaden zu decken hat.

Auch im Versicherungsfall kommen dem Versicherungsnehmer bestimmte Obliegenheitspflichten, u. a. die Schadensmelde- und die Schadensminderungspflicht zu.

b) Versicherungswert

Mit der Bestimmung des Versicherungswertes soll der Wert des versicherten Interesses festgelegt werden. So wird auch bei Sachversicherungen das Interesse am Erhalt der Sache bewertet und nicht die Sache als solche. Die Vereinbarung eines Versicherungswertes im Vertrag ist sehr wichtig, weil sonst der gemeine Wert Basis der Entschädigungsleistung ist. *18*

Üblicherweise – so auch in der AFB und anderen Sachversicherungsbedingungen – wird der Zeitwert als Versicherungswert vereinbart. Der Zeitwert wird beim Eintritt des Schadensfalls so ermittelt, daß vom Neuwert – das ist in der Regel der Wiederbeschaffungs-(Markt)Preis – der Unterschiedsbetrag zwischen alt und neu abgezogen wird. Bei der Gebäudeversicherung wird z. B. der Zeitwert in der Weise ermittelt, daß vom ortsüblichen Bauwert eines Gebäudes ein Abschreibungssatz bezogen auf den Wert und die bisherige Dauer der Nutzung abgezogen wird. *19*

20 Bei der Sachversicherung für Gebäude ist die Vereinbarung eines Neuwertes üblich. Bei der „Neuwertversicherung“ ist deshalb bei der Schadensbemessung immer von dem Wert auszugehen, der am Tag des Schadens vorhanden ist. Für Gebäudeversicherung wird dabei meist die „gleitende Neuwertversicherung“ gewählt. Hier wird die Versicherungssumme nach dem ortsüblichen Neubauwert nach Preisen von 1914 ermittelt und als Grundversicherungssumme vereinbart. Eine Anpassung an das jeweilige Preisniveau erfolgt über ein System von Prämienrichtzahlen, die vom Statistischen Bundesamt ermittelt werden.

c) Versicherungssumme

21 Mit der Versicherungssumme wird der Grenzwert vereinbart bis zu dem im Versicherungsfall Schadensersatz geleistet wird. Nicht nur bei Abschluß eines Versicherungsvertrages, sondern auch während der Vertragslaufzeit ist darauf zu achten, daß die Versicherungssumme stets so hoch vereinbart wird, damit eine volle Schadensregulierung gewährleistet ist. Unterversicherungen sind also zu meiden, auch deshalb, weil in diesem Fall der Versicherer im Schadensfall nur in dem Verhältnis Ersatz zu leisten hat, wie sich die Versicherungssumme zum Versicherungswert verhält. Wenn z.B. der Versicherungswert eines Gebäudes DM 800 000 beträgt, und die Versicherungssumme mit DM 600 000 vereinbart ist, besteht eine Unterversicherung von 25 v. H.

22 Um diese Nachteile zu vermeiden, sollte der Versicherer stets eine „Vollwertversicherung“ abschließen, um eine volle Schadensdeckung zu ermöglichen.

23 In der Haftpflichtversicherung werden die Versicherungssummen in der Regel gesondert für Personen-, Sach- und Vermögensschäden vereinbart. Eine Unterversicherung ergibt sich hier nicht, weil bei Eintritt eines Schadens die Versicherer vollen Versicherungsschutz bis zur Höhe der vereinbarten Versicherungssumme leisten. Gleichwohl sollte auch hier die Versicherungssumme so hoch gewählt werden, daß der nach allgemeinem Ermessen entstehende Schaden voll gedeckt ist.

d) Kündigung

Das Versicherungsverhältnis kann nach Maßgabe der jeweils gültigen AVB von beiden Parteien gekündigt werden. In der Regel ist die ordentliche Kündigung jeweils zum Ablauf der vereinbarten Vertragsdauer möglich, und die außerordentliche nach Eintritt eines ersatzpflichtigen Schadens. Während dem Versicherer in weiteren im einzelnen bestimmten Fällen ein außerordentliches Kündigungsrecht besitzt, steht dieses Recht dem Versicherungsnehmer nicht zu. *24*

III. Versicherungsverträge und Verwalteraufgaben

Soweit Versicherungen zu den Maßnahmen ordnungsmäßiger Verwaltung zählen, ist der Verwalter verpflichtet, alle Maßnahmen durchzuführen, die zur Erfüllung des Versicherungsvertrages zwischen dem Versicherer und der WEer-Gem. erforderlich sind. Darüber hinaus kann der Verwalter vertraglich verpflichtet werden, auch für die Erfüllung solcher Versicherungsverträge Sorge zu tragen, die über die ordnungsmäßige Verwaltung hinausgehen. *25*

In diesem Sinne hat der Verwalter alles zu tun, um die Rechte und Pflichten der WEer aus dem Versicherungsvertrag für diese zu gewährleisten.

Die Vertragsbeziehungen zwischen dem Versicherer und den Versicherten werden unterteilt (vgl. Jansen/Köhler a. a. O.) in die vorvertragliche Phase, in die vertragliche und Schadensphase sowie in die Vertragsbeendigungsphase. Nach diesen Kriterien sollen die Verwalteraufgaben kurz besprochen werden: *26*

1. Verwalteraufgaben in der vorvertraglichen Phase

Bevor ein Versicherungsvertrag abzuschließen ist, hat der Versicherungsnehmer dem Versicherer alle bekannten Umstände anzuzeigen, die für die Übernahme des Versicherungsrisikos erheblich sind (§ 16 VVG). Dieser Anzeigepflicht hat der Verwalter zu entsprechen, indem er das dem Vertrag vorausgehende Antragsformular ordnungsgemäß ausfüllt und darüber hinausge- *27* hende Fragen des Versicherers (schriftlich oder mündlich) beantwortet. Zur ordnungsgemäßen Anzeige zählt auch die richtige Bezeichnung des Vertragspartners des Versicherers. Nachdem die WEer-Gem. als Personengemeinschaft keine juristische Person ist, ist die vollständige Bezeichnung, wie z. B. „Wohnungseigentümergemeinschaft der Anwesen Eigentümerstraße 5, 7, 9 und 11 in Wohnhausen“ erforderlich. Zweckmäßig ist es dabei, die Vertretung dieser Gem. durch den Verwalter anzuzeigen.

28 In diesem Zusammenhang ist auch auf die Frage einzugehen, ob der Verwalter berechtigt und verpflichtet ist, ohne Beschluß der WEer einen Versicherungsvertrag abzuschließen. Dies ist mit Sicherheit dann der Fall, wenn in der GO oder sonst vereinbart ist, daß der Abschluß und die Kündigung des Verwaltervertrags Angelegenheit des Verwalters ist (s. unten Anhang II). Liegt eine derartige Vereinbarung nicht vor, hat nach der hier vertretenen Auffassung der Verwalter einen Mehrheitsbeschluß der WEer einzuholen (a. A. Jansen/Köhler a. a. O. S. 6). Zu den Pflichten des Verwalters gehört es aber, den WEern den Abschluß all der Versicherungen zu empfehlen, die als Maßnahmen ordnungsmäßiger Verwaltung verstanden werden. Folgen die WEer dem Vorschlag des Verwalters eine bestimmte Versicherung abzuschließen durch mehrheitliche Ablehnung eines entsprechenden Beschlußantrags nicht, kann in einem Schadensfall der Verwalter nicht mit Regreßansprüchen belastet werden.

2. Verwalteraufgaben in der vertraglichen Phase

29 Der Verwalter hat grundsätzlich dafür Sorge zu tragen, daß die vereinbarte Prämie rechtzeitig dem Versicherer überwiesen wird. Sollte durch nicht rechtzeitige Prämienzahlung (§§ 38, 39 VVG) ein eingetretener Schaden nicht gedeckt werden, ist der Verwalter gegenüber der WEer-Gem. schadensersatzpflichtig.

30 Ferner hat der Verwalter den Versicherungsvertrag regelmäßig dahingehend zu überprüfen, ob durch eingetretene Umstände oder Veränderungen innerhalb der Gem. oder beim gem. E. eine Vertragsänderung (z. B. durch Erhöhung der Versicherungssumme oder durch Erweiterung des versicherten Risikos) erforderlich ist.

Tritt ein Schaden ein, hat der Verwalter der vertraglichen Meldepflicht unverzüglich nach Maßgabe der in den verschiedenen Versicherungsarten unterschiedlichen Regelungen nachzukommen. In diesem Zusammenhang hat der Verwalter die Ursache und den Umfang der Schäden dem Versicherer mitzuteilen.

3. Vertragsbeendigung

Soweit nicht in den einzelnen Versicherungssparten besondere Kündigungsmöglichkeiten vorgesehen sind, gilt bezüglich der Kündigung eines Versicherungsvertrages allgemein folgendes: *31*

- Vor Ablauf der Versicherungsperiode kann mit einer Frist von drei Monaten der Vertrag gekündigt werden
- nach Eintritt eines Versicherungsfalls kann sowohl der Versicherer als auch der Versicherte den Vertrag kündigen (§§ 96, 113, 158 VVG)
- nach Wechsel des Versicherungsnehmers kann der Vertrag innerhalb eines Monats nach dem Erwerb des versicherten Objekts gekündigt werden (§ 70 VVG). Dies gilt z.B. wenn der Bauträger, der im eigenen Namen versichert war, eine ETW verkauft und das Eigentum an dieser Wohnung im Grundbuch umgeschrieben ist (Entstehung von in Vollzug gesetzten WEer-Gem.; s. unten Rn. **6** 50ff.).

Die Wirksamkeit einer Kündigung hängt auch davon ab, ob der Kündigende zur Kündigung berechtigt ist. Hier hat es im Bereich der Verwaltung von WE unterschiedliche Meinungen darüber gegeben, ob der Verwalter ohne Ermächtigung der WEer-Gem. zur Kündigung des Versicherungsvertrages legitimiert ist. Darüber hinaus haben Versicherungen Kündigungen nur angenommen, wenn alle WEer der Kündigung eines Versicherungsvertrages zugestimmt haben. Mit den hier vertretenen Auffassung ist der Verwalter berechtigt, ohne Mehrheitsbeschluß der WEer eine Kündigung auszusprechen, wenn er hierzu in der GO, durch eine sonstige Vereinbarung bzw. durch eine Regelung im Verwaltervertrag ermächtigt wurde. Liegt eine solche Ermächtigung nicht vor, hat der Verwalter einen Mehrheitsbeschluß der WEer einzuholen. Dieses Verfahren gilt aber nur für *32* das Innenverhältnis. Für das Außenverhältnis muß gelten, daß eine vom Verwalter ausgesprochene Kündigung Wirksamkeit besitzt. Diese Auffassung wird vom Bundesaufsichtsamt für das Versicherungswesen nicht geteilt. Das Bundesamt stellt in einer Verlautbarung (VerBAV 1991, 167f.) zum Problem der Kündigung durch den Verwalter fest, daß es bisher nicht in der Lage gewesen sei, „eine Empfehlung darüber auszusprechen, ob die Wirksamkeit einer Kündigung durch den Verwalter eines einstimmigen Beschlusses der WEer-Gem. bedarf, oder ob ein Mehrheitsbeschluß ausreicht bzw. ob der Verwalter auch ohne Beschluß der WEer-Gem. gem. § 27 WEG die Kündigung des Vertrages aussprechen darf (vgl. VerBAV 1975, 112)." Unter Bezugnahme auf die einhellige Auffassung in der Fachliteratur empfiehlt das BAV, nach folgender Rechtsauffassung zu verfahren:

- Der Verwalter ist ohne Ermächtigung der Wohnungseigentümer nicht berechtigt, von sich aus den Versicherungsvertrag zu kündigen (vgl. VersR 1979, 80; LG Berlin VersR 1986, 698; LG Hamburg VersR 1988, 692).
- Die Ermächtigung des Verwalters – auch zur Kündigung eines Versicherungsvertrages – kann durch einen einfachen Mehrheitsbeschluß der Wohnungseigentümergemeinschaft herbeigeführt werden, wenn die betreffende Versicherung zu einer „ordnungsmäßigen Verwaltung" gehört. Neben der in § 21, Abs. 5 Nr. 3 aufgezählten Feuerversicherung und Versicherung der Eigentümer gegen Haus- und Grundbesitzhaftpflicht werden die Glasversicherung, Leitungswasser- und Sturmschadenversicherung als den Maßnahmen ordnungsmäßiger Verwaltung zugehörige Versicherungen genannt.
- Da in vielen Gemeinschaftsordnungen die Regelung enthalten ist, daß der Verwalter grundsätzlich zum Abschluß und zur Kündigung von Versicherungsverträgen berechtigt ist, kann in diesem Fall der Verwalter auch ohne Beschluß der Wohnungseigentümer die Kündigung eines Versicherungsvertrages aussprechen."

33 Das BAV erinnert zusätzlich an die Empfehlung (VerBAV 1975, 112), der zufolge die Versicherungsnehmer und damit auch der Verwalter darauf aufmerksam zu machen sind, daß bei der Kündigung eines Versicherungsvertrages die Zustimmung

der Hypothekengläubiger bzw. das Erlöschen der Hypotheken in geeigneter Weise nachzuweisen ist.

Die Anmerkung, daß der Verwalter die Zustimmung der Hypothekengläubiger zur Kündigung eines Versicherungsvertrages nachzuweisen habe, kann ebenfalls nicht nachvollzogen werden. 34

Es ist zwar verständlich, wenn die Hypothekengläubiger für ihr Pfand Versicherungsschutz verlangen. Solche Verpflichtungen finden sich vielfach in den Darlehensverträgen bzw. in den dazugehörigen Allgemeinen Vertragsbedingungen, die zwischen dem Darlehensgläubiger und dem Wohnungseigentümer als Darlehensnehmer wirksam sind. Die Regelungen sind wegen der schwierigen Handhabung recht unterschiedlich. So verzichten manche Hypothekenbanken, insbesondere in den Regionen, in denen die Feuer- und Brandversicherung - wie z.B. in Bayern und in Hessen - vorgeschrieben ist, auf die Zustimmung bei Kündigung von Versicherungsverträgen. Wenn aber eine Zustimmungspflicht zur Kündigung von Versicherungsverträgen vereinbart ist, besteht diese Pflicht nur zwischen Darlehensgeber und Darlehensnehmer, das ist die Hypothekenbank und der jeweilige WEer. 35

Es liegt auf der Hand, daß solche Pflichten, insbesondere bei größeren Gemeinschaften, von den meisten Wohnungseigentümern übersehen werden. Keinesfalls ist es so, daß diese Sachlage vom Verwalter berücksichtigt werden müßte. Der Verwalter ist weder im Besitz der Darlehensverträge noch kennt er deren Inhalt. Diese Schwierigkeiten sind natürlich auch den Versicherungsunternehmen bekannt, so daß diese in der Regel auf den Nachweis der Gläubigerzustimmung verzichten, zumal es nicht Aufgabe der Versicherer sein kann, die Rechte der Darlehensgläubiger wahrzunehmen. 36

IV. Versicherungssparten für das Wohnungseigentum

Für das WE bedeutsame Versicherungssparten sind: 37
- Haus- und Grundstückshaftpflichtversicherung
- Wohngebäudeversicherung
- Gewässerschadenhaftpflichtversicherung

- Glasversicherung
- Versicherung für das SE
- Privathaftpflichtversicherung des Sondereigentümers

38 Der Abschluß einer angemessenen Versicherung der WEer gegen Haus- und Grundstücksbesitzerhaftpflicht ist zwingend und stellt nach § 21 Abs. 5 Nr. 3 eine Maßnahme ordnungsmäßiger Verwaltung dar. Mit dieser Versicherung soll das Risiko aus Schadensersatzansprüchen abgedeckt werden, die Hausbewohner, Besucher und Passanten dann haben können, wenn sie bei der Benutzung des der Gem. gehörenden Grundstücks Schaden erleiden.

39 Die Wohngebäudeversicherung sichert die Gem. vor Schadensereignissen, welche die Substanz des Gebäudes angreifen können. Das sind z.B.: Feuer, Sturm, Hagel, Bruch und Undichtigkeit von Leitungswasserrohren.

40 Bei Vorhandensein einer Ölheizung ist der Abschluß einer Gewässerschaden-Haftpflichtversicherung von Bedeutung. Nach dem Wasserhaushaltsgesetz haftet nämlich der Inhaber einer Anlage – hier die WEer – wenn er gewässerschädliche Stoffe in das Wasser einbringt.

41 Gegen das Zerstören von Gebäudeglasscheiben schützt eine Glasversicherung im Schutz einer quasi „Allgefahrdeckung". Während eine Grunddeckung bereits in Gebäudeversicherung für Feuer-, Sturm- oder Hagelschaden besteht, geht die Glasversicherung darüber hinaus, indem sie das „Bruchrisiko" unabhängig von der Verursachung abdeckt.

42 Die Versicherung für das SE ist nicht Sache der Gem. Hier haben die WEer die Möglichkeit ihr SE durch eine Hausratversicherung vor Schäden zu sichern. Die Hausratversicherung bietet Versicherungsschutz gegen Feuer, Leitungswasser, Einbruch-Diebstahl, Sturm- und Hagelschäden. Geschützt wird der Hausrat, der in den beweglichen Einrichtungsgegenständen und im gesamten Besitz der Wohnung besteht.

43 Die Privathaftpflichtversicherung des WEers schützt vor Schadensersatzansprüche Dritter, die diese gegen Inhaber einer oder mehrerer Wohnungen haben können.

44 Die Aufzählung der zwingenden und möglichen Versicherungsarten beim WE soll hier genügen. Alle Einzelheiten wie

haftungsrechtliche Grundlage, Haftung der WEer, Risikoabdekkung u.a. kann den Ausführungen von Jansen/Köhler bei Bä/S S. 711ff. entnommen werden.

V. Vermögenschadenhaftpflichtversicherung für Verwalter und Verwaltungsbeiräte

1. Versicherung für den Verwalter

Die Vermögensschaden-Haftpflichtversicherung ist durch den Verwalter einer WEer-Gem. abzuschließen. Sie schützt den Verwalter vor Vermögensschäden, die aufgrund von Schadensersatzansprüchen entstehen, welche einzelne WEer oder die Gem. insgesamt gegen einen Verwalter haben. *45*

Das sind z.B. Pflichtverletzungen bei den gesetzlich und vertraglich bestimmten Maßnahmen ordnungsmäßiger Verwaltung (s. unten Rn. **10** 10) oder auch aus unerlaubter Handlung (Verkehrssicherungspflicht). Dazu gehört u.a.: *46*

- Nichtorganisieren der Gewährleistungsansprüche der WEer-Gem. (OLG Schleswig WEM 1981, Heft 3, S. 31)
- grob fehlerhafte Berechnung von Wirtschaftsplänen und Hausgeld
- verspätete Zahlung von Rechnungen (Verzugszinsen)
- fehlerhafte Ausführung von Beschlüssen der Gem.
- unklare Fassung von Verträgen
- unsachgemäße Prozeßführung
- Fristversäumnisse, z.B. nicht rechtzeitige Leistung von Versicherungsprämien
- unterlassene Geltendmachung von Ersatzansprüchen, z.B. wegen Beschädigung am gem. E.

Der Verwalter kann aber auch aus Personen- und Sachschäden in Anspruch genommen werden, die von ihm oder seinem Mitarbeiter im Rahmen seiner dienstlichen Obliegenheit verursacht werden (auch Verkehrssicherungspflicht, s. unten Rn. **10** 135). *47*

48 Eine solche Versicherung ist nicht nur für den Verwalter, sondern auch für die WEer-Gem. von Bedeutung, insbesondere dann wenn der Verwalter eine natürliche Person ist. Das gilt auch für eine juristische Person mit relativ geringer Kapitalausstattung und mit geringer finanzieller Leistungskraft. In solchen Fällen sollten sich die WEer bei jeder Verwalterwahl darüber informieren, ob eine entsprechende und ausreichende Vermögensschaden-Haftpflichtversicherung durch den Verwalter abgeschlossen wurde, denn ein noch so erfolgreich durchgesetzter Schadensersatzanspruch nützt nichts, wenn der Schuldner nicht in der Lage ist einen Schaden wegen fehlender Mittel zu ersetzen.

49 Bei großen, mit ausreichendem Kapital ausgestatteten Verwaltungsgesellschaften wird vielfach die Vermögensschaden-Haftpflichtversicherung nicht abgeschlossen, weil es für diese Unternehmen meist günstiger ist, für diese Risiken selbst Vorsorge zu treffen, als die relativ hohen Prämien zu bezahlen.

50 Für die Versicherung gelten die „Allgemeinen Versicherungsbedingungen zur Haftpflichtversicherung für Vermögensschäden" (HV 31 (0/02 V)) und die „Besonderen Bedingungen für die Vermögensschaden-Haftpflichtversicherung von Haus-, Grundstücks- und Wohnungseigentumsverwaltern" (HV 424 (0/08 V)).

51 Über die Hr 31 (0/02r) hinaus gelten demnach für Haus-, Grundstücks- und Wohnungseigentumsverwalter folgende besondere Bedingungen:

„1. Abweichend von § 3 II Ziff. 2 der Allgemeinen Versicherungsbedingungen zur Haftpflichtversicherung für Vermögensschäden (AVB) kann im Versicherungsschein die Höchstleistung des Versicherers für alle Versicherungsfälle eines Versicherungsjahres auf ein Mehrfaches der vereinbarten Versicherungssumme begrenzt werden.

2. Abweichen von § 3 II Ziff. 3 AVB kann im Versicherungsschein der von dem Versicherungsnehmer bei jedem Versicherungsfall allein zu tragende Schaden auf einen Höchstbetrag begrenzt werden.

3. In Ergänzung von § 4 AVB sind vom Versicherungsschutz ausgeschlossen Haftpflichtansprüche, die dadurch entstanden sind, daß

a) Versicherungsverträge nicht oder nicht ordnungsgemäß abgeschlossen, erfolgt oder fortgeführt werden;

b) der Zins- und Tilgungsdienst für nachstellige Grundpfandrechte nicht ordnungsgemäß durchgeführt wird;

c) die physikalische, chemische oder biologische Beschaffenheit eines Gewässers einschließlich des Grundwassers verändert wird.“

Zu erwähnen ist ferner § 2, 2 der HV 31, der die Möglichkeit einer Rückwärtsversicherung bietet, indem die in der Vergangenheit vorgekommenen aber bis zum Abschluß der Versicherung noch nicht bekannten Verstöße in die Deckung einbezogen werden können. Es ist auf jeden Fall empfehlenswert, die Klauseln in den Allgemeinen Versicherungsbedingungen genau zu überprüfen, um gegebenenfalls - auch gegen eine etwas höhere Prämie - einen für den Versicherungsnehmer günstigen und auch auf seine Belange abgestimmten Vertrag zu erhalten. *52*

Die Höhe der Prämie hängt von der Zahl der verwalteten Wohneinheiten und der Höhe der Deckungssumme ab. Die Deckungssumme für reine Vermögensschäden liegt zwischen DM 100 000 und DM 1 000000. Die Tarife sind im einzelnen bei den Versicherern einzuholen.

2. Versicherung für den Verwaltungsbeirat

Möglich ist es neuerdings, daß die WEer-Gem. für die Mitglieder des VB eine Vermögensschadenhaftpflichtversicherung abschließt. Nach § 1 der Allgemeinen Versicherungsbedingungen zur Haftpflichtversicherung für Vermögensschäden wird den Mitgliedern des VB Versicherungsschutz für den Fall gewährt, daß diese bei der Ausübung ihrer Tätigkeit wegen eines Verstoßes eines anderen (WEer und Dritte) aufgrund gesetzlicher Haftpflichtbestimmungen privatrechtlichen Inhalts für einen Vermögensschaden verantwortlich gemacht werden. *53*

Die Prämien sind je nach Höhe der Versicherungssumme unterschiedlich hoch. Sie sind bei den Versicherern einzuholen.

VI. Rechtsschutzversicherung

Die Rechtsschutzversicherung spielt für WEer eine immer größere Rolle. Sie bietet dem Versicherungsnehmer die Möglichkeit der Wahrnehmung seiner rechtlichen Interessen, in dem *54* die Versicherung die dabei entstehenden Kosten trägt. Voraussetzung für die Kostenübernahme ist, daß die Verfolgung der rechtlichen Interessen nicht mutwillig geschieht und daß für die Durchsetzung der rechtlichen Ansprüche des Versicherungsnehmers angemessene Erfolgsaussichten bestehen.

Im Rahmen der Rechtsschutzversicherung werden im allgemeinen alle Kosten und Gebühren übernommen, die in einem Rechtsstreit entstehen (s. unten Rn. **11** 377ff.). Das sind vornehmlich alle Rechtsanwaltsvergütungen sowie alle Gerichtskosten und Auslagenerstattungen.

VII. Berufsgenossenschaft

55 Die Berufsgenossenschaften sind Träger der Unfallversicherung (§§ 646, 658 RVO) und zwar als sogenannte Zwangsverbände kraft Gesetzes. Die Berufsgenossenschaften sind Körperschaften des öffentlichen Rechts und nehmen ihre Aufgaben nach Maßgabe ihrer gesetzlichen Pflicht in eigenem Namen und in eigener Verantwortung wahr.

Die Mittel für die Durchführung der Aufgaben der Berufsgenossenschaft werden durch die Mitglieder im Umlageverfahren aufgebracht. Jedes Unternehmen oder jede Organisation, die Personen beschäftigt, ist verpflichtet, sich als Mitglied bei der Berufsgenossenschaft anzumelden. Versichert sind alle aufgrund eines Arbeits-, Dienst- oder Ausbildungsverhältnisses Beschäftigten, und die aufgrund eines Werkvertrages Verpflichteten (also auch Hausmeister, Putzfrauen usw.), bei einem Unfall im Rahmen der gesetzlichen Unfallverhütungsvorschriften. Die Beiträge sind vom Arbeitgeber (WEer-Gem.) zu entrichten und gehören nicht zum steuerpflichtigen Arbeitslohn.

Zur Verhütung von Unfällen haben die Berufsgenossenschaften bestimmte Sicherheitsvorschriften erlassen, die bei Nichtbeachtung u. U. die Berufsgenossenschaften von der Versicherungsleistung entbinden.

6. Kapitel
Wesen und Begründung des Wohnungseigentums

I. Rechtsform und Begriffe

Das WEG hat für das neu geschaffene Eigentumsrecht an Gebäuden und Raumeinheiten neue Begriffe verwendet und definiert. Es handelt sich dabei um die Begriffe Wohnungseigentum (WE), Teileigentum (TEm), Sondereigentum (SE), gemeinschaftliches Eigentum (gem.E.) (§ 1) sowie Wohnungserbbaurecht und Teilerbbaurecht (§ 30). *1*

Rechtlich besteht WE und TEm aus drei Komponenten, dem Miteigentum, dem SE und der Mitgliedschaft. Die rechtsdogmatische Zuordnung und ihre Verbindung zueinander ist umstritten. (Vgl. hierzu Weitnauer Vor § 1 Rz 38ff.).

1. Wohnungseigentum

WE ist das SE an einer Wohnung in Verbindung mit dem Miteigentumsanteil an dem gem.E., zu dem es gehört (§ 1 Abs. 2). Demnach ist das WE ein besonderes, aber echtes Eigentumsrecht, das wie jedes Eigentum dem Rechtsinhaber ein Herrschaftsrecht über den Gegenstand des Eigentums – weniger an Gebäudeteilen, sondern mehr am Raum (Schmidt in Bä/S Rz. A 62) gewährt. Das Besondere am WE besteht in der Aufspaltung des Herrschaftsrechts, welches dem WEer am SE ausschließlich und allein zusteht und das er am gem.E. nur zusammen mit den anderen Teilhabern ausüben kann. Bei der Begründung des Instituts WE war das Problem zu lösen, daß nach deutschem Recht Gebäude und Grundstück rechtlich eine Einheit bilden. Gelöst wurde es, indem Gegenstand und Inhalt von WE und SE gesondert geregelt wurden (Schmidt, PiG 18 S. 41). Bezüglich des Gegenstandes von WE und SE hält das Gesetz an der Einheit des Eigentums von Grundstück und Gebäude durch die *2* untrennbare Verbindung der Miteigentumsanteile des gem.E. mit dem SE fest. Inhaltlich unterscheidet sich aber das Herrschaftsrecht – wie gesagt – durch den Alleinanspruch am SE und durch die gem. Ansprüche in den Beziehungen der Miteigentümer untereinander, die gesetzlich als besonderer Inhalt des SE ausgestaltet werden können (§ 10 Abs. 2).

3 Der Begriff Wohnung ist als Zweckbestimmung für die Begründung von WE und auch TEm von besonderer Bedeutung. Auch dieser Begriff wird im WEG nur gebraucht, aber nicht definiert. Deshalb war es notwendig in den „Allgemeinen Verwaltungsvorschriften" die Wohnung als solche zu bestimmen:

„Eine Wohnung ist die Summe der Räume, welche die Führung eines Haushaltes ermöglichen; dazu gehören stets eine Küche oder ein Raum mit Kochgelegenheit sowie Wasserversorgung, Ausguß und WC. Die Eigenschaft als Wohnung geht nicht dadurch verloren, daß einzelne Räume vorübergehend oder dauernd zu beruflichen oder gewerblichen Zwecken benutzt werden.

Räume, die zwar zu Wohnzwecken bestimmt sind, aber die genannten Voraussetzungen nicht erfüllen, können nicht als Wohnung im Sinne der oben angeführten Vorschriften angesehen werden.

Der Unterschied zwischen ‚Wohnungen' und ‚nicht zu Wohnzwecken dienenden Räumen' ergibt sich aus der Zweckbestimmung der Räume. Nicht zu Wohnzwecken dienende Räume sind z. B. Läden, Werkstatträume, sonstige gewerbliche Räume, Praxisräume, Garagen u. dgl."

2. Teileigentum

4 Wie das WE besteht TEm in einem Miteigentumsanteil am gem.E. und dem SE an bestimmten Räumen. Rechtlich sind die Begriffe WE und TEm voll identisch. Sie unterscheiden sich nur in der Zweckbestimmung der im SE stehenden Räume. Bei TEm besteht das SE aus nicht zu Wohnzwecken dienenden Räumen.

Diese Zweckbestimmung ist nicht völlig unerheblich, insbesondere dann nicht, wenn eine andere Nutzung der Räumlichkeiten als die festgelegte vorgenommen werden soll.

Mit der Wahl der Begriffe WE und TEm ist somit im Ansatz die Zweckbestimmung des SE vorherbestimmt.

3. Wohnungserbbaurecht – Teilerbbaurecht

Das Wohnungserbbaurecht entspricht inhaltlich dem Wohnungseigentum mit der Besonderheit, daß hier kein Eigentumsrecht (Miteigentum und SE) an Grundstück und Gebäude, sondern ein grundstücksgleiches Recht begründet wird, welches einem oder mehreren Erbbauberechtigten an einem Grundstück zusteht (§ 30). Das Gebäude, welches aufgrund eines Erbbaurechts (Erbbaurechtsvertrag: vgl. „Verordnung über das Erbbaurecht“ – ErbbVO – vom 15. 1. 1919, RGBl. I S. 72, 122) auf einem Grundstück errichtet wird, geht nicht in das Eigentum des Grundstückseigentümers über (§§ 93, 94 BGB); es wird wesentlicher Bestandteil des Erbbaurechts mit den damit verbundenen Eigentumsrechten an den Baulichkeiten zugunsten des Erbbauberechtigten. Das Wohnungserbbaurecht kann durch mehrere Erbbauberechtigte nach § 3 oder durch einen Erbbauberechtigten nach § 8 begründet werden. Gleiches gilt für das Teilerbbaurecht, bei dem sich das Recht auf nicht zur Wohnnutzung bestimmte Räume bezieht. 5

4. Wohnungs- und Teileigentümer

Das WEG spricht zwar häufig von WEern (§§ 5 Abs. 1, 3, 4; 10 Abs. 1, 2, 3, 4; 11 Abs. 1; 12 Abs. 1, 2, 3; 13 Abs. 1, 2; 14; 15 Abs. 1, 2, 3; 18 Abs. 1, 2, 3, 4; 19 Abs. 1, 2; 20 Abs. 1; 21 Abs. 1, 2, 3, 4, 5, 6; 22 Abs. 1; 23 Abs. 1, 3; 24 Abs. 1, 2, 3; 25 Abs. 1, 2, 3, 5; 26 Abs. 1, 2, 3; 27 Abs. 1, 2, 3, 4, 5; 28 Abs. 1, 2, 3, 5; 29 Abs. 1, 3; 43 Abs. 1), es sagt aber nichts darüber aus, wer und was ein WEer ist. WEer ist die natürliche oder juristische Person bzw. eine bestimmte Anzahl von Personen, die als Alleineigentümer bzw. als Miteigentümer (nach Bruchteilen; in Gütergemeinschaft; in BGB Gesellschaft) des WE im WE-Grundbuch eingetragen ist. Entsprechendes gilt für den TEmer, der als Eigentümer im TEms-Grundbuch eingetragen sein muß. Die Eigenschaft als WEer – bzw. als TEmer – und die Trägerschaft von Rechten und Pflichten beginnt demnach mit der Eintragung der betreffenden Rechtsperson als Eigentümer im Grundbuch. Erster 6

WEer einer nach § 8 begründeten WE-Anlage ist der Grundstückseigentümer, welcher in aller Regel die einzelnen neu begründeten WE-Einheiten an einzelne Interessenten durch Kaufvertrag und Erklärung der Auflassung (§§ 873, 925 BGB) überträgt. Der Erwerber wird dann WEer bezüglich des ihm übertragenen WE vom Zeitpunkt der Eigentumsumschreibung im Wohnungsgrundbuch (vgl. unten Rn. **6** 160) ab. Anderes gilt, wenn bereits vorhandene Miteigentümer WE an einem Grundstück (§ 1008 BGB) durch Vertrag nach § 3 begründen. Hier werden die Miteigentümer am Grundstück WEer, sobald dieser Vertrag, welcher der Einigung und der für die Auflassung (§ 925 BGB) vorgeschriebenen Form bedarf (§ 4 Abs. 2 S. 1), im Grundbuch vollzogen ist. Möglich ist auch der Erwerb der Eigenschaft eines WEers durch staatlichen Hoheitsakt, wenn das WE durch Zuschlagsbeschluß in der Zwangsversteigerung (§ 90 ZVG) übertragen wird. Hier wird der Bieter WEer mit dem Zuschlagsbeschluß.

7 Eigentümer einer ETW können auch (als Gesamthänder) die Mitglieder einer noch nicht auseinandergesetzten Erbengemeinschaft sein, wenn ihnen das Eigentumsrecht im Wege der Gesamtrechtsnachfolge zugefallen ist.

8 Die Gem. der WEer bzw. deren rechtliche Invollzugsetzung beginnt, wenn mindestens zwei Personen als Eigentümer verschiedener ETW im Wohnungsgrundbuch eingetragen sind (vgl. Weitnauer 8. Aufl. Rz 1 ff. § 10 Anh.; unten Rn. **6** 44 f.).

9 Eigentümer am WE oder TEm kann also jede rechtsfähige Person allein, oder eine Personengemeinschaft sein. Die häufigsten Personengemeinschaften sind Ehegatten, die meist zu gleichen Bruchteilen (je 1/2 Miteigentümer) nach § 1008 BGB das WE erwerben und dann eine Bruchteilsgemeinschaft nach §§ 741 ff. BGB bilden. Ebenso kann eine Gesamthandsgemeinschaft oder eine BGB-Gesellschaft das Eigentum an WE und TEm erwerben. Die Gesellschaft, die keine juristische Person ist, kann nicht als Berechtigte in das Grundbuch eingetragen werden, sondern nur die sie bildenden Gesellschafter mit dem Zusatz als „BGB-Gesellschafter“ (Haegele/Schöner/Stöber, Grundbuchrecht, 11. Aufl. Rn. **6** 98 f.). Obwohl das WE oder TEm zum Gesamthandvermögen einer solchen Gesellschaft zählt und in diesem

Sinne Gesamtgut ist, haften die Mitglieder der Gesellschaft gesamtschuldnerisch für Verpflichtungen aus dem WE und damit gegenüber den WEer-Gem. Das bedeutet auch, daß für eine BGB-Gesellschaft die im Grundbuch eingetragenen Gesellschafter gesamtschuldnerisch für Lasten und Kosten gem. § 16 den anderen WEern gegenüber haften. Das ist insbesondere dann von Bedeutung, wenn der Gesellschafter einer BGB-Gesellschaft seinen Gesellschaftsanteil an einen Dritten überträgt (was nur möglich ist, wenn dies der Gesellschaftsvertrag ausdrücklich zuläßt), damit eine entsprechende Berichtigung der Personenbezeichnung der Mitgliedschaft im Grundbuch vorgenommen wird (OLG Hamm WE 1989, 104). Erfolgt diese Berichtigung (die keine Eigentumsumschreibung und keine Auflassung erfordert) durch Feststellung der Übertragung der Mitgliedschaft nicht, haftet das noch im Grundbuch eingetragene Mitglied solange bis eine Grundbuchberichtigung erfolgt. Eine Ausnahme hiervon ist nur dann anzunehmen, wenn dem Gläubiger der Nachweis des Abtretungsvertrages in der Form des § 29 GBO sowie der Nachweis erbracht wird, daß eine Übertragung der Mitgliedschaft im Gesellschaftsvertrag erlaubt ist, oder daß die Zustimmung aller Gesellschafter vorliegt (OLG Hamm WE 1984, 104).

Für die Eintragung des Eigentumsrechts im Grundbuch gilt *10*
der Öffentlichkeitsgrundsatz (s. unten Rn. **6** 106f.) und auch die gesetzliche Vermutung der Grundbuchrichtigkeit (§ 891 Abs. 1 BGB). Dies gilt auch für eine unrichtige Eintragung, z.B. wenn eine Eigentumsumschreibung erfolgt ist, ohne daß die notwendige Veräußerungszustimmung gem. § 12 vorlag. In diesem Fall gilt der zu Unrecht Eingetragene mindestens solange als WEer, bis der Amtswiderspruch gem. § 53 Abs. 1 GBO eingetragen ist (KG WE 1989, 168).

5. Sondereigentum

Der Begriff SE wird in § 1 gebraucht, ohne daß er definiert ist. *11*
Er läßt sich aus § 5 nur mittelbar ableiten, indem er sich aus der Gegenüberstellung zum gem.E. bestimmt. Das Wesen des SE

besteht darin, Alleinherrschaft über den Raum bzw. die Raumeinheit zu besitzen (Schmidt in Bä/S Rz. A 63). Das Gesetz setzt das SE in enge und unantastbare Verbindung mit dem Miteigentumsanteil am gem.E. Rechtlich ist es dabei ohne Bedeutung, ob das SE an Wohnräumen oder an nicht zu Wohnzwecken dienenden Räumen gebildet wird.

12 SE ist echtes Alleineigentum und gewährt dem WEer das alleinige und ausschließliche Herrschaftsrecht über die im SE stehenden Gebäudeteile.

13 Wie dargelegt, ist das Eigentumsrecht am SE durch dessen Gegenstand und dessen Inhalt zu unterscheiden. SE kann nur entstehen, soweit es gegenständlich (§ 5 Abs. 1 und 2) und inhaltlich (§§ 5 Abs. 4, 10 Abs. 2) bestimmt wird.

14 Zur gegenständlichen Bestimmtheit von SE ist die Abgeschlossenheit und die Festlegung der Raumeinheit im Aufteilungsplan (§ 7 Abs. 4) erforderlich, d.h. daß die gegenständliche Begründung von SE und die notwendige Abgrenzung zum gem.E. mit dem Aufteilungsplan und der TE vorgenommen wird (vgl. hierzu unten Rn. **6** 184, Rn. **6** 251 f.).

a) Gegenstand des Sondereigentums

15 Das Gesetz schreibt im einzelnen nicht vor, was Gegenstand des SE ist, sondern nur was nicht Gegenstand des SE sein kann (§ 5 Abs. 1 bis 3). In diesem Sinne können Gegenstände des SE nur Raumeinheiten sein, deren Bestandteile verändert, beseitigt oder eingefügt werden können, ohne daß dadurch das gem.E. oder ein auf SE beruhendes Recht eines anderen WEers über das nach § 14 zulässige Maß hinaus beeinträchtigt oder die äußere Gestaltung des Gebäudes verändert wird.

16 Im Umkehrschluß können unter Berücksichtigung der Absätze 1 und 3 zu § 5 folgende Gebäudeteile Gegenstand des SE sein:

- Räume, die im Aufteilungsplan (vgl. unten Rn. **6** 184) ausgewiesen und in sich abgeschlossen sind, das gilt auch für Balkone und Loggien, Dachterrassen. Unter „Raum“ im Sinne des WEG ist der lichte Raum in einem Gebäude vom Boden bis zur Decke zu verstehen (BayObLG WE 1995, 380).
- Kfz-Abstellplätze, für welche die Abgeschlossenheitsfiktion des § 3 Abs. 2 dann gilt, wenn diese dauerhaft markiert sind. Das sind in der

Regel Tiefgaragen, Garagenbauwerke und Doppelstockgaragen. An Einzelgaragen und an Fertiggaragen kann ebenso SE begründet werden (vgl. BayObLG WE 1991, 162). An Kfz-Abstellplätzen, die sich nicht in einem abgeschlossenem Raum befinden (z. B. an Grundstükken), kann SE grundsätzlich nicht begründet werden (Weitnauer a. a. O. in PiG 8). Umstritten ist, ob SE an Kfz-Abstellplätzen begründet werden kann, wenn diese sich am Dach eines Garagenhauses befinden (vgl. OLG Köln DNotZ 1984, 700; Röll DNotZ 1992, 221 f.; OLG Hamm vom 26. 1. 1998, 15 W 502/97). SE kann auch nicht begründet werden, wenn sich der Abstellplatz in einem Raum befindet, der nur von 3 statt von 4 Wänden umgeben ist (OLG Celle WE 1992, 48 mit Anm. Weitnauer). Ebenso kann an sogenannten Doppelparkern, die nur mittels Hebebühnen genutzt werden, kein SE begründet werden (OLG Hamm WE 1983 Nr. 1, 31), weil die dabei vorhandene Eisenkonstruktion, die eine obere und untere Parkebene schafft, in der lichten Höhe nicht zwei in sich begrenzte Räume ermöglicht. Möglich ist aber die Begründung von TEm (SE) an der gesamten Doppelstockgarage. In diesem Fall können die beiden Stellplätze in Form von Bruchteilseigentum am TEm mit einer Benutzungsregelung nach § 1010 BGB verselbständigt werden. Möglich ist es aber auch, eine Gebrauchsregelung im Sinn des § 15 Abs. 1 als Inhalt des SE (Sondernutzungsrecht am SE) in das Grundbuch einzutragen (BayObLG WE 1995, 380; vgl. auch unten Rn. **6** 205).

- Auch Zubehörräume zu den Wohnungen können Bestandteil des SE sein: z. B. Keller, Speicher, Nebengebäude u. a.
- Bestandteile des Gebäudes, die verändert, beseitigt oder eingefügt werden können: Zwischenwände, Innentüren, Decken, Fußbodenbeläge, Innenfenster, Innenputz, Tapeten, Einbauschränke, Telefonanlage, Rundfunk- und Fernseheinrichtung, elektrische und andere Versorgungseinrichtungen, Zähler, Nachtstromspeicherheizung, Gastherme, Heizkörper, Estrich (wenn er nicht der Isolierung dient), Balkonplattenbeläge (einschließlich Mörtelbett – nicht aber Isolierschicht), Außenjalousien (KG ZMR 1985, 344).
- Leitungen für Ver- und Entsorgung (Wasser, Strom, Gas, Telefon) nach der Abzweigung von den Hauptsträngen. Leitungen, die vom Hauptanschluß abgezweigt sind, das SE eines anderen WEers durch fahren, stehen dabei grundsätzlich nur im SE des WEers, dem die Leitungen ausschließlich dienen (BayObLG WE 1989, 147).
- Besondere Einrichtungen: Haussprechanlage nach der Hauptleitung; Alarmanlage in der Wohnung; Aufzug, der nur der Erschließung einer Wohnung dient (Bub, S. 282).

Voraussetzung für die gegenständlichen Bestimmungen des SE *17*
ist die Abgeschlossenheit der Wohnungen, der sonstigen Räume und der Garagenstellplätze (§ 3 Abs. 2, Satz 2).

18 Nicht Gegenstand des SE können Anlagen und Einrichtungen (vgl. Rn. **6** 251 f.) sein, die dem gem. Gebrauch der WEer dienen. Dies gilt auch für den Fall, daß für diese und die Gebäudeteile, die nach § 5 Abs. 2 zwingend gem.E. sind (konstruktive Gebäudeteile, Außenteile wie Fassaden und Fenster) in der TE (irrtümlich) SE bestimmt sein sollte. Eine solche Regelung in der GO ist nichtig, weil sie gegen die zwingende Vorschrift des § 5 Abs. 2 verstößt. Eine Fallsammlung von Bauteilen, Anlagen und Einrichtungen, die nicht Gegenstand des SE sein können, ist unten (Rn. **6** 251) zusammengestellt. Wirksam begründet wird SE nur dann, wenn es gegenständlich in der Begründungsurkunde beschrieben wird. Bei unklaren gegenständlichen Festlegungen gilt die Vermutung des gem.E. Die fehlende Abgeschlossenheit ist dabei noch kein Grund die Begründung von SE zu verneinen, wenn die entsprechenden SE-Flächen mit der erforderlichen Bestimmtheit festgelegt waren und die Grundbucheintragung erfolgte. Die Vorschrift des § 3 Abs. 2 ist nämlich lediglich eine Sollvorschrift (BayObLG WE 1992, 58 m. w. N.).

19 Gegenstand von SE können Kellerräume eines Hauses sein, wenn daran TEm begründet wird und die Wohnungen des Hauses dem gem.E. zugeordnet werden. Diese (umstrittene) Begründung von TEm ist nach dem BayObLG (WE 1992, 230) zulässig. Gegen die Begründung dieser Rechtsform und die entsprechende Eintragung im Grundbuch bestehen keine Bedenken, wenn die hierzu notwendigen Unterlagen (Aufteilungsplan, Abgeschlossenheitsbescheinigung) auf die Bezug zu nehmen ist, vorhanden sind. Dieser Sonderfall spielt in der Praxis keine Rolle mehr, nach dem die Abgeschlossenheitsbescheinigung bei unzureichender Schall- und Wärmedämmung nicht mehr versagt werden darf (vgl. unter Rn. **6** 195).

b) Inhalt des Sondereigentums

20 Gegenstand und Inhalt des SE sind streng zu unterscheiden. Der Inhalt des WE und SE ist in zwei Bereichen zu sehen (Schmidt a.a.O. s. S. 215). Einmal stehen den WEern die gesetzlichen Eigentümerbefugnisse der §§ 903 ff. BGB zu, das ist die „Summe aller Befugnisse eines Eigentümers, die ihm Kraft

des Eigentums, also als dingliches Recht zustehen" (so Schmidt a.a.O.). Der spezielle Inhalt des SE betrifft das Verhältnis der Miteigentümer nach Maßgabe der Bestimmungen im WEG.

Diese inhaltlichen Bestimmungen, welche die Beziehungen der Miteigentümer regeln, ergeben sich aus: *21*

- dem WEG §§ 10ff. (wohnungseigentumsrechtlicher Inhalt)
- den Vereinbarungen der WEer (vereinbarter Inhalt – GO)
- dem Recht der Gem. (hilfsweise gesetzliche Regelungen der §§ 741ff. BGB).

Im Grundsatz wird der Inhalt des SE in § 13 bestimmt, mit dem die Rechte des WEers bezüglich des SE wie auch bezüglich des gem.E festgelegt werden. Es handelt sich dabei um die allgemeinen sachenrechtlichen Eigentumsrechte und die besonders zu gestaltenden Gebrauchsrechte von SE und gem.E.

Danach kann der WEer mit den im SE stehenden Gebäudeteilen nach Belieben verfahren, insbesondere hat er das Recht zur Bewohnung, Vermietung, Verpachtung und sonstigen Nutzung sowie zum Ausschluß der Einwirkungen anderer. Er kann somit über das SE wie ein Alleineigentümer verfügen.

Ferner können die WEer nach § 5 Abs. 4 den Inhalt des SE-Rechtes ausgestalten, indem sie ihr Gemeinschaftsverhältnis, das sind ihre personenrechtlichen Beziehungen untereinander, durch Vereinbarung über die gesetzlichen Regelungen der §§ 910ff. hinaus regeln. *22*

Soweit das Verhältnis der WEer im Gesetz nicht geregelt ist, können entsprechende über das Gesetz hinausgehende oder das Gesetz verändernde Vereinbarungen getroffen (z.B. in der GO) und als Inhalt des SE in das Grundbuch eingetragen werden. Diese Eintragung in das Grundbuch ist zur Wirksamkeit gegenüber dem Sondernachfolger erforderlich. Sondernachfolger sind die Erwerber von WE, und zwar unabhängig davon, ob sie das WE rechtsgeschäftlich (Kaufvertrag) oder durch staatlichen Hoheitsakt (Zuschlagsbeschluß in der Zwangsversteigerung) erworben haben. *23*

Mit diesem Recht zur inhaltlichen Ausgestaltung eines Sachenrechts wird das sachenrechtliche Prinzip des Typenzwangs durchbrochen. Der Gesetzgeber hat in den §§ 5 Abs. 4, 10 Abs. 1 und 2 die Gestaltungsmacht der WEer bezüglich des Inhalts *24* ihres Eigentums über die im Sachenrecht grundsätzlich erschöpfend inhaltlich festgelegten dinglichen Rechte hinaus die Möglichkeit eröffnet, besondere Regelungen zu treffen. Eine solche Gestaltungsfreiheit stellt im übrigen keinen Fremdkörper im Sachenrecht dar, weil sowohl die Erbbaurechtsverordnung als auch das Recht der Bruchteilseigentümer nach § 1010 BGB als Rechte eigener Art über die sonst im BGB vorkommenden Typen dinglichen Rechts hinausgehen (BGH WE 1994, 207; Schmidt in Bä/S S. 40ff.).

c) Veränderung des Sondereigentums

25 WE und TEm sind wie ein selbständiges Grundstück Gegenstand des Rechtsverkehrs und können nach Maßgabe der allgemeinen Vorschriften (§§ 313, 873ff., 925 BGB) veräußert und belastet werden. Dazu ist mit Ausnahme einer eventuellen Veräußerungsbeschränkung (s. unten Rn. **7** 19) die Mitwirkung anderer WEer nicht erforderlich. Anderes kann sich ergeben, wenn das SE im Gegenstand und Inhalt verändert wird.

Wird der Gegenstand des SE verändert, wird das Eigentum umgeschichtet und die Herrschaftsbereiche unter den Miteigentümern geändert.

Beispiele der gegenständlichen Veränderung von SE sind unten (Rn. **6** 269) wiedergegeben.

26 Die verschiedenen Formen der gegenständlichen Veränderung des SE, denen keine gesetzlichen Hindernisse entgegenstehen, bedürfen zu ihrer Realisierung der Beurkundung (§ 313 BGB; § 4 Abs. 3) und für die dingliche Erklärung einer Auflassung oder einer Einigung in der Form der Auflassung, wobei bei der Grundbucheintragung die Veränderung des SE kenntlich zu machen ist. Das gilt auch dann, wenn eine Sondernutzungsfläche in das SE mit einbezogen werden soll (BayObLG WE 1984, 186). Nicht möglich ist es, das SE im Wege des entschädigten oder des erlaubten Überbaus nach Maßgabe des § 912 BGB auf Teile des gem.E. auszudehnen (BayObLG WE 1984, 186).

Bei der inhaltlichen Änderung des SE bedürfte es eigentlich keiner Form. Wegen der Ergänzung oder Änderung einer Vereinbarung, die das Verhältnis der WEer untereinander bestimmt, ist die Zustimmung aller Miteigentümer erforderlich. Da aber eine bloße Vereinbarung nicht gegenüber dem Sondernachfolger wirkt ist es notwendig, solche Veränderungen in das Grundbuch einzutragen.

Auch ist die Umwandlung von TEm in WE eine Änderung des *27*
SE im Sinne von § 877 BGB (BayObLG WE 1990, 65) und bedarf der Mitwirkung der übrigen TEmer und WEer und zur Wirksamkeit gegenüber Sondernachfolgern auch der Eintragung im Grundbuch.

Inhaltsänderungen von bestimmten SE-Einheiten bedürfen bei *28*
Belastungen des betreffenden SE mit Rechten Dritter auch deren Zustimmung (§§ 877, 876 BGB), es sei denn die dingliche Rechtstellung wird durch die Änderung nicht berührt.

Wenn und soweit in der GO die Mitwirkung der WEer bei ei- *29*
ner Inhaltsänderung des SE ausgeschlossen ist, bewirkt eine solche Vereinbarung auch die Nichtanwendbarkeit der §§ 877, 876 BGB (BayObLG WE 1990, 65).

6. Gemeinschaftliches Eigentum

Das gem.E. ist das sachenrechtliche Gegenstück zum SE. Das *30*
eine ist vom anderen abhängig und beide Teile sind miteinander untrennbar verbunden (§ 6). § 1 Abs. 5 bestimmt zum gem.E. das Grundstück sowie die Teile, Anlagen und Einrichtungen, die nicht im SE oder im Eigentum eines Dritten stehen.

Während das Grundstück ausschließlich und zwingend in gem.E. steht, gilt das für Gebäudeteile und Anlagen nur, soweit an diesen nicht SE begründet wurde.

Aus der Diktion des § 1 Abs. 5 ergibt sich die grundsätzliche Vermutung aller Gebäudebestandteile zum gem.E., weil SE nur dort entsteht, wo es richtig begründet wurde. Die Vermutung erstreckt sich nicht auf Anlagen und Einrichtungen, die im Eigentum Dritter stehen, weil dies vom Gesetz (§ 1 Abs. 5) ausdrücklich ausgeschlossen wurde.

a) Miteigentumsanteile

Das gem.E. steht grundsätzlich im Miteigentum der WEer, es *31*
ist identisch mit diesem. Das Miteigentum steht in der rechtlichen Betrachtung im Mittelpunkt, weil es Rechtsgrundlage für

das Eigentum an Grundstück und Gebäude ist. Der Miteigentumsanteil am WE ist materiellrechtlich nicht mit dem schlichten Miteigentumsanteil an einem Grundstück nach § 1008 BGB identisch. Das WE, das auch kein grundstücksgleiches Recht ist, wird in verschiedenen Punkten anders behandelt als der schlichte Miteigentumsanteil. Das WE kann z. B. wie ein Grundstück mit Dienstbarkeiten belastet werden, auch können sonstige subjektiv dingliche Rechte zugunsten des jeweiligen Berechtigten eines WE bestellt werden. Gleichfalls ist es möglich, ein Grundstück einem WE als Bestandteil zuzuschreiben sowie WE und Grundstück zu vereinigen (BayObLG WE 1994, 275).

32 Bei der Begründung von WE und TEm wird das zu bildende SE immer mit dem jeweiligen Miteigentumsanteil verbunden. Das bedeutet, daß das SE zwar wirtschaftlich die größere Bedeutung besitzt, das gem.E. aber dominiert. In diesem Sinne ist das WE als ein besonders ausgestaltetes Miteigentum (Weitn. vor § 1 Rz 24) aufzufassen. Dementsprechend ist das Recht WE oder TEm an den Miteigentumsanteil unabdingbar gebunden. Das bedeutet, daß die Anzahl der WE-Rechte mit der Anzahl der Miteigentumsanteile übereinstimmen muß, wobei die Größe der Miteigentumsanteile unerheblich ist. So bleibt es z. B. bei nur einem WE-Recht, wenn mit dem Miteigentumsanteil das SE an mehreren Wohnungen verbunden ist (BayObLG WE 1989, 183).

33 Wird im Begründungsakt SE an einer Fläche bestimmt, obwohl diese wirksam nicht Gegenstand des SE sein kann (z. B. Heizanlage, die ausschließlich der Versorgung der Gem. dient), so berührt diese unwirksame Begründung die Aufteilung der Miteigentumsanteile nicht. Diese gilt auch dann, wenn das mit einem Anteil zu verbindende SE nicht entstehen konnte. In diesem Fall entsteht nach Auffassung des BGH ein isolierter Miteigentumsanteil (BGH WE 1990, 53; stark umstritten: Weitnauer WE 1990, 53, WE 1991, 120, Ertl WE 1992, 219). Der BGH und auch das OLG Hamm halten die Entstehung eines isolierten Miteigentumsanteils als sachenrechtlich nicht für ausgeschlossen, wenngleich ein solches rechtsgeschäftlich gem. § 3 und § 8 nicht begründet werden kann. Im Falle des Entstehens eines isolierten Miteigentumsanteils sind nach dem BGH alle Miteigentümer aufgrund des Gemeinschaftsverhältnisses verpflichtet, die Auflösung des isolierten Miteigentumsanteils durch entsprechende Änderung des Gründungsaktes zu bewirken.

Die Miteigentumsanteile und deren Größe werden bei der Be- 34
gründung des WE nach § 3 durch Vereinbarung der Miteigentümer und bei der Begründung nach § 8 durch Festlegung des Alleineigentümers jeweils nach freiem Ermessen bestimmt. Die Größe der Miteigentumsanteile muß nicht mit dem Wert der einzelnen Wohnungs- und Raumeinheiten übereinstimmen. Die Miteigentumsanteile werden in der Regel in Tausendstel (manchmal auch in Hundertstel oder Zehntausendstel) gemessen. Bezüglich der Bestimmung und der weiteren Bedeutung der Miteigentumsanteile wird auf Rn. **6** 248 verwiesen.

b) Gegenstand des gemeinschaftlichen Eigentums

Nach § 1 Abs. 5 sind Gegenstand des gem.E. das Grundstück 35
sowie Teile, Anlagen und Einrichtungen des Gebäudes, die nicht im SE oder im Eigentum eines Dritten stehen. Demnach ist das Grundstück zwingend gem.E, ebenso wie die Teile des Gebäudes, die für dessen Bestand oder Sicherheit erforderlich sind, und wie die Anlagen und Einrichtungen, die dem gem. Gebrauch der WEer dienen (§ 5 Abs. 2). Die Frage, ob eine bestimmte Anlage oder Einrichtung dem gem. Gebrauch dient, ist dahin zu beantworten, daß Art, Funktion und Bedeutung dieser Anlagen und Einrichtungen den Zweck haben müssen, der Gesamtheit der WEer „einen ungestörten Gebrauch ihrer Wohnungen und der Gemeinschaftsräume zu ermöglichen und zu erhalten" (Bärmann/Pick a.a.O. Rz 33 zu § 5 m.w.N. und Rechtsprechung). Mit der zwingenden Vorschrift des § 5 Abs. 2 will der Gesetzgeber verhindern, daß ein WEer eigenmächtig Verfügungen über gem. Einrichtungen zum Nachteil der anderen WEer trifft, sie dient demnach dem Schutz der Gem. (BayObLG WE 1992, 207 m.w.N.). In der Praxis ergeben sich in Auslegung dieser Zweckbestimmung vielfach Zweifelsfragen, z.B. die, ob Heizkörper innerhalb der ETW nicht doch zwingend zum gem.E. gehörende Einrichtungen sind (vgl. Hurst, DNotZ 1984, 158f.). Hier wird der Auffassung von Bielefeld (Bielefeld 5. Aufl. S. 41) gefolgt, welche die Heizkörper dem gem.E. zuordnet. Das ist

sicher richtig und gilt im übrigen auch für die Heizkosten- und Warmwassermeßeinrichtungen. Die Heizkörper sind Bestandteile des Systems einer gem. Einrichtung, weil sie der Versorgung aller WEer mit Wärme und Brauchwarmwasser dienen. Die gem. Einrichtung würde empfindlich gestört werden, wenn Heizkörper entfernt oder zugefügt würden. Aus diesem Grund müssen die Heizkörper als gem. Versorgungseinrichtungen einem Zugriff der Gem. offen sein. Das gilt ebenso für die Meßeinrichtungen des Heizkosten- und des Warmwasserverbrauchs. die Geräte dienen der Erfassung des effektiven Verbrauchs und sind somit Grundlage der Heizkostenabrechnug, die wiederum Bestandteil der Jahresabrechnung ist. Solche Geräte sind deshalb zwingend gem.E. (vgl. Drasdo in PiG 56, S. 119).

36 Im einzelnen sind Gegenstand des gem.E., an denen nicht SE begründet werden kann:

- Teile des Gebäudes, die für dessen Bestand und Sicherheit erforderlich sind (§ 5 Abs. 2): Fundamente, tragende Mauern, Balken- und Trägerkonstruktionen, Dächer, Schornsteine.
- Teile von Loggien und Balkonen: Balkonaußenwände, Balkondecke, Abschlußgitter (BayObLG WEM 1980, 31), die Balkonbrüstung (BayObLG Rpfleger 1974, 316; BayObLG WE 1991, 227) sowie Balkongeländer (BayObLG WE 1997, 156). Bestehen die Balkonbrüstungen aus Sichtbeton, so sind auch die Innenseiten der Balkonbrüstungen unabdingbar gem.E. (OLG Düsseldorf, WE 1991, 331). Vom Balkonboden können der Plattenbelag und dessen Estrich bzw. Mörtelbett sowie eine eventuell darauf befindliche Humusschicht dem Sondereigentum zugeordnet werden, nicht aber die Balkonplatte (BayObLG Rpfleger 1974, 360) und die Isolierschicht die der Feuchtigkeitsisolierung und der Wärmedämmung dienen (OLG Frankfurt DW 3/1984, 121; BayObLG WE 1992, 203).
- Äußere Gestalt des Gebäudes (§ 5 Abs. 1): Außenfassade, Außentüren, Außenfenster, Fensterläden, Fensterlaibungen (OLG Düsseldorf WE 1991, 331), Verglasung doppelverglaster Fenster mit einfachem Rahmen (Isolierverglasung: BayObLG WE 1985, 382).
- Anlagen und Einrichtungen, die dem gem. Gebrauch der WEer dienen (§ 5 Abs. 2): Eingangshallen, Treppen und Treppenhäuser, Fahrstühle, Flure und Entsorgungsleitungen bis zur Abzweigung in die Wohnungen, Zentralheizungsanlagen mit der Ausnahme, wenn sie auch der Wärmeversorgung fremder, nicht zur Gem. gehörender Wohnungen dienen (BGH NJW 1975, 688; BGH WE 1990, 53 mit Anm. Weitnauer); Ähnliches gilt wohl für gem. Antennenanlagen (Bärmann/Pick/Merle a. a. O. Rz 33 zu § 5), gem. Zugang zum Keller (BayObLG Rpfleger 1980, 477).

- Nicht bebaute Grundstücksteile (§ 1 Abs. 5): Kfz-Stellplätze im Hof (OLG Karlsruhe MDR 1972, 516), das gilt grundsätzlich für Kfz-Abstellplätze im Freien (BayObLG WE 1988, 29), auch für solche, die mit vier Eckpfosten und einer Überdachung versehen sind, Garten- und Hofanlagen, Zäune.
- Kfz-Abstellplätze auf dem Dach eines Garagengebäudes (OLG Hamm; LG Aachen Rpfleger 1984, 184; a. A. OLG Frankfurt Rpfleger 1977, 312 und Merle, Rpfleger 1977, 312; auch OLG Köln Rpfleger 1984, 464 läßt das SE auf dem nicht überdachten Oberdeck eines Garagengebäudes zu, wenn das Oberdeck über das umgebende Gebäude hinausragt und von innen her durch eine Zufahrt zu erreichen ist.
- Isolierschicht gemäß DIN 4122 an gem., insbesondere tragenden Wänden von Feucht- und Naßräumen (BayObLG Rpfleger 1982, 278).
- Die Isolierung von Dächern, Terrassen, Balkonen oder Loggien ist gemäß § 5 Abs. 2 zwingend gem.E., da sie die konstruktiven Teile des Gebäudes gegen Durchfeuchtung schützen soll und daher für den Bestand des Gebäudes erforderlich ist (vgl. BGH NJW 1985, 1551; BayObLG Rpfleger 1982, 267; OLG Köln Rpfleger 1976, 185; OLG Düsseldorf DWE 1979, 128; BayObLG WE 1986, 25; BayObLG WE 1987, 155). Bei Dachterrassen zählt auch die Kiesschicht unter den Waschbetonplatten zwingend zum gem.E., weil sie dem Schutz der darunter befindlichen Dachhaut dient (BayObLG WE 1997, 74).
- Plattierte Terrassenflächen ohne vertikale Begrenzung (OLG Köln Rpfleger 1982, 278).
- Räumlichkeiten (wie Treppenhäuser, Dielen, Flure u. ä.), die den einzigen Zugang zu einem im gem.E. stehenden Raum bilden (hier: gem. Heizungsanlage; BayObLG WE 1987, 17). Das gilt nicht für Räumlichkeiten (hier: nichtausgebauter Dachgeschoßspeicher) nach deren Beschaffenheit der ständige Mitgebrauch aller WEer nicht notwendig und möglich ist. Das bedeutet, daß solche Räumlichkeiten im SE stehen können (BayObLG WE 1992, 145).
- Räumlichkeiten, denen ein Zugang über das gem.E. nicht möglich ist, auch wenn an dem SE, welches an die Räumlichkeiten anliegt, ein Durchgangsrecht als Gebrauchs- und Nutzungsrecht besteht (BayObLG WE 1989, 214; BayObLG WE 1996, 148). Eine Ausnahme von diesem Grundsatz kann nach dem BayObLG nur dann gelten, wenn der gem. Raum (Speicherraum, Spitzboden) nach Beschaffenheit und Zugang nicht dem ständigen Mitgebrauch aller WEer dienen kann. In diesem Fall steht es der Begründung von WE nicht entgegen, daß der Raum nur über das SE eines WEers zu erreichen ist (BayObLGZ 1991, 165; BayObLG WE 1996, 146). Diese Ausnahmeregelung wird mit der Begründung, daß durch das SE ein Durchgangsrecht im Sinne von § 14 Nr. 4 besteht, für bedenklich gehalten, weil es einen klaren und verständlichen Grundsatz – ohne Not – durchbricht.

- Leitungen, die zwar von der Hauptleitung abzweigen, aber durch fremdes SE geführt werden und die der Ver- und Entsorgung anderem WE dient (KG WE 1989, 97).
- Konstruktive Teile einer Fertiggarage, auch wenn diese ohne Fundamente und sonstige Verankerungen aufgestellt sind. Wegen ihres Eigengewichtes sind sie wesentlicher Bestandteil des Grundstückes (BayObLG WE 1989, 218).

37 Besteht Streit über die Abgrenzung des gem.E. zum SE, so ist allein die Grundbucheintragung in Verbindung mit den zulässigerweise in Bezug genommenen Eintragungsunterlagen (Aufteilungsplan, TE) maßgebend und nicht abweichende Rechtsauffassungen von Verfahrensbeteiligten (BayObLG WE 1992, 170).

38 Wird ein Raum im Aufteilungsplan nicht aber in der TE ausgewiesen, so hat der Aufteilungsplan gegenüber der TE keinen Vorrang. Hier spricht die Vermutung für die Zugehörigkeit zum gem.E. (BayObLG WE 1992, 173).

39 Wenn im Begründungsakt irrtümlich SE an einer Fläche bestimmt wird, an der rechtlich SE nicht begründet werden kann, so bleiben die als SE vorgesehenen Raumeinheiten gem.E. (BayObLGZ 1973, 267; 1987, 390; OLG Frankfurt OLGZ 1978, 290; OLG Karlsruhe DNotZ 1973, 235; OLG Stuttgart OLGZ 1979, 21, 23).

40 Nicht zwingend gem.E. müssen Entsorgungseinrichtungen sein, wenn solche ausschließlich nur einem SE dienen (BayObLG WE 1992, 207; hier: Fäkalienhebeanlage).

41 Darüber hinaus können sonderrechtsfähige Gebäudebestandteile zum gem.E gehören, wenn an ihnen nicht SE begründet wurde (z.B. Hausmeisterwohnung, Garagen, Kellerräume u.a.).

c) Veränderung des Miteigentums

42 Grundsätzlich können WEer untereinander ihre Miteigentumsanteile verändern, wenn dabei die Miteigentumsanteile der anderen WEer nicht verändert werden (BGH WPM 1986, 1192). Dementsprechend können WEer untereinander ihre Miteigentumsanteile vergrößern oder verkleinern. Die Veränderung bedarf der notariellen Beurkundung (§ 29 GBO) der Beteiligten

sowie der Auflassung und Eintragung in das Grundbuch (BayObLG WE 1994, 179). Bei Verkleinerung der Miteigentumsanteile ist die Zustimmung der dinglich Berechtigten erforderlich (DWE 1985, 95).

Auch bei Zusammenlegung (z. B. nebeneinanderliegenden Wohnungen) von SE-Einheiten und Vereinigung der Miteigentumsanteile ist die Zustimmung der anderen WEer nicht erforderlich. Der betreffende WEer gibt dabei eine Erklärung gem. § 8 gegenüber dem Grundbuchamt ab. *43*

Ebenso kann ein WEer seine (große) ETW in zwei oder mehrere selbständige ETW aufteilen. Dies geschieht ebenfalls durch Erklärung nach § 8. Auch hier ist die Zustimmung der anderen WEer nicht erforderlich (vgl. Rn. **6** 269.).

Beispiele über die Veränderungen des Miteigentums und der Miteigentumsanteile siehe unten (Rn. **6** 269).

7. Gemeinschaft der Wohnungseigentümer

Die Rechtsnatur der WEer-Gem. ist nach wie vor umstritten. *44*

Weitnauer sieht in den Rechtsbeziehungen der WEer untereinander ein Gemeinschaftsverhältnis im Sinne der Bruchteilsgemeinschaft (§§ 741 ff. BGB), das kraft Gesetz entsteht und welches ein Schuldverhältnis mit parteiautonomer Gestaltungsmöglichkeit darstellt (Weitnauer 10 Rz 8). Die Gem. kann rechtsgeschäftlich nicht begründet werden, weder durch Vertrag nach § 3 noch durch Selbstteilung nach § 8; sie ist ein gesetzliches Schuldverhältnis.

Die Regeln für dieses gesetzliche Schuldverhältnis bestimmen sich nach den Vorschriften des WEG (§§ 10 ff.) sowie nach den Vereinbarungen (GO), mit denen die WEer ihr Verhältnis untereinander regeln. Sie sind unten (Rn. **6** 255 ff.) im einzelnen beschrieben. *45*

Darüber hinaus gelten für dieses Rechtsverhältnis die Vorschriften über die Bruchteilsgemeinschaft nach den BGB (§§ 741 ff., 1008 ff.). Die im WEG im einzelnen bezeichneten Vorschriften werden in bezug auf das Gemeinschaftsverhältnis ergänzt durch die im BGB für Schuldverhältnisse allgemein *46* geltenden Bestimmungen (BGH WE 1991, 321). Danach gelten auch die allgemeinen Generalklauseln des Schuldrechts (§§ 242, 826 BGB) mit der Notwendigkeit der Beachtung von Schutz- und Loyalitätspflichten, die von allen WEern zu beachten sind (BayObLG WE 1992, 87).

Voraussetzung für die Teilhabe an dieser Gem. ist das durch Rechtsgeschäft begründete Miteigentum am Grundstück (WE oder TEm). Demnach sind Teilhaber und Träger der Gem. die WEer. Die Teilhaberschaft beginnt mit dem Eigentumserwerb und endet mit der Eigentumsübertragung an einen Dritten bzw. neuen WEer.

47 Die WEer-Gem. ist keine Rechtspersönlichkeit, sie ist weder rechts- noch parteifähig (Weitnauer § 10 Rz 86). Wenn die Gem. im Rechtsverkehr auftritt, tut sie das als nichtkorporative Personengemeinschaft.

48 Die von Weitnauer vertretene Auffassung über die Rechtsnatur der Gem. hat sich als h. M. durchgesetzt. Anders sieht Bärmann in der Gem. ein „verdinglichtes Mitgliedschaftsrecht", das untrennbar mit den beiden anderen Elementen des Wohnungseigentumsrechts als „Typus sui generis" dem Miteigentumsanteil und dem SE verbunden ist. Dieses Mitgliedschaftsrecht wird nach Bärmann (Lehrbuch 1991, S. 32ff.) durch die Gem. als „quasi-körperschaftliche Handlungsorganisations-Einheit" wahrgenommen, wobei die Gem. nicht nur Elemente der Bruchteilsgemeinschaft, sondern auch Elemente der Gesamthandsgemeinschaft und schließlich auch Elemente der juristischen Person enthält und zur Bewältigung ihrer zweckbestimmten Aufgaben auch benötigt.

49 Wenngleich die WEer-Gem. nach h. M. der Bruchteilsgemeinschaft zugeordnet ist, unterscheidet sich das WE wesentlich von der bloßen Bruchteilsgemeinschaft nach §§ 741ff. BGB und von der Miteigentümergemeinschaft nach §§ 1008ff. BGB. Während die Gemeinschafter nach §§ 741 und 1008 BGB mit vorübergehenden und jederzeit lösbaren Bindungen ausgestattet sind, stellt die WEer-Gem. eine besonders gemeinschaftsbezogene und eine unauflösbare Gemeinschaft (§ 11) dar (vgl. BGH WE 1993, 135). Der Zweck der WEer-Gem. geht über die gem. Berechtigung an einer Sache hinaus. Im übrigen entsteht die WEer-Gem.

im Gegensatz zur Bruchteilsgemeinschaft nach vorausgehendem Rechtsgeschäft, wobei das Regelungssystem des WE erheblich von den Bestimmungen der §§ 741 ff. BGB abweicht (so Lorenz-Störner „Stimmrechtsausübung und Stimmrechtsbeschränkung im Wohnungseigentumsrecht - unter Berücksichtigung der entsprechenden Regelungen im Gesellschaftsrecht –" Göttingen, 1993).

Nach übereinstimmender Auffassung entsteht die Gem. der WEer, wenn nach Anlegung der Wohnungsgrundbücher mindestens zwei WEer in das Wohnungsgrundbuch eingetragen sind. In diesem Fall ist die WEer-Gem. rechtlich in Vollzug gesetzt, d.h. daß erst von diesem Zeitpunkt an eine WEer-Gem. besteht (BayObLG WE 1991, 203).

8. Werdende Wohnungseigentümer

Das WEG spricht grundsätzlich nur vom WEer bzw. TEmer. 50
Unter WEer oder TEmer werden dabei Personen verstanden, die als WEer oder TEmer im Wohnungsgrundbuch bzw. Teileigentumsgrundbuch (§ 7 Abs. 1) eingetragen sind. Ab diesem Zeitpunkt ist für diese Eigentümer das WEG mit all seinen Vorschriften wirksam.

Da aber in der Regel zwischen Fertigung des Begründungsak- 51
tes (Vertrag nach § 3 oder TE nach § 8) und der Eintragung der ersten WEer im Wohnungsgrundbuch häufig lange Zeit vergeht (vgl. hierzu Seuß „Faktische Wohnungseigentümer" in Festschrift Bärmann/Weitnauer 1990, S. 599 ff.) hat die Rechtsprechung im Wege der Rechtsfortbildung den „faktischen Wohnungseigentümer" herausgebildet. Der faktische WEer wurde dem „echten" WEer gleichgestellt mit der Maßgabe, daß der faktische WEer den gleichen gesetzlichen und schuldrechtlichen Regelungen (WEG, TE) unterliegt wie der tatsächliche. Unterschiedliche Auffassung bestand im wesentlichen nur über die Voraussetzung der Anerkennung der Eigenschaft des faktischen WEers. Allgemein wurde dabei vorausgesetzt, daß der faktische WEer ein gesichertes Anwartschaftsrecht am Eigentumserwerb besitzt. Dies setzte wiederum voraus, daß bei Begründung von WE nach § 8 ein wirksamer Erwerbsvertrag vorlag, das künftige Eigen-

tumsrecht durch die Eintragung einer Auflassungsvormerkung gesichert und der Besitz an den Erwerber übergeben war. Umstritten war in diesem Zusammenhang nur die Frage, ob das Anlegen von Wohnungsgrundbüchern bzw. das Vorhandensein einer TE Wirksamkeitsvoraussetzung für die Eigenschaft faktischer WEer hat oder nicht. Bis zur Entscheidung des KG (WE 1987, 155 und 171) machte man dabei keinen Unterschied, ob der faktische WEer Mitglied einer rechtlich noch nicht in Vollzug gesetzten, also einer sich im Anfangsstadium befindlichen Gem. war, oder ob er im Wege der Einzelnachfolge die ETW von einem im Grundbuch bereits eingetragenen WEer erworben hatte.

52 Das KG hat das Bedürfnis, dem Erwerber einer ETW von einem WEer aus einer bereits rechtlich in Vollzug gesetzten Gem. die Eigenschaft des faktischen WEers zuzugestehen, nicht gesehen. Die Trendwende, die bereits durch die Entscheidung des BGH vom 24. 3. 1983 (NJW 1983, 1615 m. Anm. Röll = JZ 1983, 618 m. Anm. Weitnauer) eingeleitet wurde, hat der BGH auf den Vorlagebeschluß des KG mit der Entscheidung vom 1. 12. 1988 (WE 1989, 48) vollzogen. Danach wird dem Eigentumsanwärter als Einzelnachfolger kein Stimmrecht zugestanden. Dies ist nach Auffassung von KG und BGH auch nicht notwendig, weil der veräußernde WEer der Gem. solange verpflichtet bleibt, wie er noch im Grundbuch als WEer eingetragen ist.

53 Die Auffassung, daß dem Eigentumsanwärter als Einzelnachfolger die Eigenschaft eines faktischen WEers nicht zugestanden werden kann, vollzieht schließlich der BGH mit Beschluß vom 18. 5. 1989 (WE 1989, 146) ganz, in dem er die Haftung des Anwärters für fällige Hausgelder und Umlagen vor der erfolgten Eigentumsumschreibung ablehnt.

Nach diesen Entscheidungen ist es nicht mehr möglich, den Anwärter in der Einzelnachfolge als faktischen WEer zu sehen. Dieser kann keine Rechte aus dem WEG geltend machen, er ist aber auch der Gem. gegenüber (noch) nicht verpflichtet.

54 Offengeblieben ist die Frage, ob die Gem. im Entstehungsstadium noch vor der rechtlichen Vollzugsetzung als WEer-Gem. das WE-Recht mit allen daraus sich ergebenden Konsequenzen anwenden kann, und ob die so bezeichnete werdende WEer-

Gem. als faktische oder werdende WEer-Gem. tatsächlich bestehen kann.

Folgt man den dogmatischen und den rein sachenrechtlichen Auffassungen, die den genannten Entscheidungen zum Anwärter in der Einzelnachfolge zugrunde liegen, so besteht Zweifel, ob nicht auch die werdende WEer-Gem. wie eine rechtlich in Vollzug gesetzte Gem. wirken kann. Im Ablehnungsfall wäre dies katastrophal, weil schuldrechtliche Regelungen die gesetzlichen Regelungen des WEG vernünftigerweise nicht gleichwertig ersetzen können. Aus diesem Grunde ist die Literatur einhellig der Meinung, daß ein unabwendbares Bedürfnis für die werdende WEer-Gem. im Begründungsstadium besteht (vgl. hierzu Weitnauer Anhang zu § 10). Dies hat auch das BayObLG in der Entscheidung vom 11. 4. 1990 (WE 1991, 203) so gesehen. Ohne auf dogmatische Grundsätze einzugehen, hat das Gericht die werdende WEer-Gem. als faktische WEer-Gem. nicht nur anerkannt (vgl. auch OLG Zweibrücken vom 8. 12. 1998, 3 W 217/98), sondern ihr zur weiteren „Lebensfähigkeit" verholfen, indem sie durch Auslegung Gestaltungsgrundsätze für diese Gem. gefunden hat. Die werdende WEer-Gem. ist dann rechtswirksam gegeben, wenn sich ihre Rechtsstellung, der einer rechtlich in Vollzug gesetzten WEer-Gem. weitgehend angenähert hat (OLG Düsseldorf vom 2. 2. 1998, 3 Wx 345/97). Sie endet mit dem Zeitpunkt der rechtlichen Invollzugsetzung der Gem. Rechtlich in Vollzug gesetzt ist eine Gem. dann, wenn der teilende Eigentümer (Vollzug der TE im Grundbuch) und mindestens ein Erwerber im Grundbuch als Eigentümer eingetragen ist (BayObLG vom 9. 10. 1997, 86/97). Damit verlieren aber die Mitglieder der bisherigen werdenden WEer-Gem., die selbst noch nicht im Grundbuch eingetragen sind, ihren Status als werdende WEer nicht. Dieser wird erst mit der jeweiligen Eintragung als Eigentümer im Grundbuch beendet. 55

Die vom BayObLG begründete Theorie der Beendigung der werdenden WEer-Gem., die dann gegeben ist, wenn ein Erwerber im Grundbuch als Eigentümer eingetragen ist, hat einen „Schönheitsfehler". Bei der so entstandenen rechtlich in Vollzug gesetzten Gem. verlieren zwar die vorhandenen im Grundbuch noch nicht eingetragenen Erwerber ihre Rechte als werdende 56

Eigentümer nicht. Das ist aber dann nicht gegeben, wenn in diese rechtlich in Vollzug gesetzte Gem. nachträglich ein Erwerber eintritt. Dieser erlangt nicht die Rechtsstellung eines werdenden WEers, er wird wie ein Erwerber in der Einzelrechtsnachfolge behandelt (BayObLG WE 1991, 203).

Der Auffassung des BayObLG über die Rechtsstellung der werdenden WEer-Gem. ist das OLG Saarbrücken (27. 2. 1998, 5 W 252/97) entgegengetreten, insbesondere in Zusammenhang wegen des Rechts der Beschlußanfechtung nach § 43 Abs. 1 Nr. 4. Der Senat folgt dem BayObLG nicht, weil er die Meinung vertritt, daß der im Grundbuch noch nicht eingetragene WEer ein Verfahren nach § 43 als Verfahrensstandschafter betreiben kann, indem er sich vom Veräußerer entsprechend ermächtigen läßt. Der Eigenschaft eines faktischen WEers bedarf es in diesem Fall nicht. Wegen dieser zum BayObLG unterschiedlichen Auffassung war deshalb keine Vorlage an den BGH geboten, weil der Erwerber die Voraussetzungen zur Entstehung der Eigenschaft „werdender WEer" in der werdenden oder in der in Vollzug gesetzten Gem. zu sein, nicht erfüllte. Hier war nämlich dem Erwerber der Besitz übergeben worden aber noch nicht die Nutzung. Die Entscheidung des OLG Saarbrücken mag zwar in diesem speziellen Fall richtig sein, nicht aber die Auffassung, daß es des Instituts der „werdenden WEer" nicht bedarf.

57 Unter Berücksichtigung der zuletzt genannten Rechtsprechungsergebnisse gilt für die werdenden Wohnungseigentümer z. Zt. insgesamt folgendes:

- Der Wohnungsanwärter in der Einzelnachfolge, der seine ETW von einem im Grundbuch bereits eingetragenen WEer erwirbt, ist nicht faktischer WEer. Für diesen gelten (noch) nicht die Vorschriften des WEG und die Regelungen der GO. Das gleiche gilt, wenn der Wohnungsanwärter, seine ETW von einem noch nicht eingetragenen WEer (auch Bauträger), der Mitglied einer faktischen WEer-Gem. im Entstehungsstadium war, nach dem Zeitpunkt der rechtlichen Invollzugsetzung erwirbt.
- Erwirbt ein einzelner Wohnungsanwärter eine ETW von einem WEer (auch Bauträger), der Mitglied der werdenden WEer-Gem. ist, vor dem Termin der rechtlichen Vollzugsetzung der Gem., wird er anstelle des ausscheidenden Mitglieds Mitglied der werdenden Gem. im Entstehungsstadium.

- Für die werdende WEer-Gem. im Entstehungsstadium besteht ein erhebliches praktisches Bedürfnis, so daß für die Mitglieder dieser Gem. die Vorschriften des WEG und die Regelungen der GO anzuwenden sind.
- Als Mindestanforderung für das Entstehen der werdenden WEer wird vorausgesetzt, daß die ETW fertiggestellt ist, vom WEer in Besitz genommen wurde und der Anspruch auf Verschaffung des Eigentums durch eine im Grundbuch eingetragene Auflassungsvormerkung gesichert ist. Ferner wird vorausgesetzt, daß die TE im Grundbuch eingetragen ist und die Wohnungsgrundbücher angelegt sind (Verdinglichung des Gem.-Verhältnisses; vgl. Staudinger–Ropp § 8 Rz. 25).

Die Mitglieder einer werdenden WEer-Gem. besitzen die glei- *58*
chen Rechte und Pflichten wie die Mitglieder einer in Vollzug gesetzten WEer-Gem. In diesem Sinne haben die werdenden WEer ein Stimmrecht in der Versammlung. Sie sind zur Lasten- und Kostentragung verpflichtet. Auch haben sie die Möglichkeit Verfahren nach § 43 in Gang zu setzen und Beschlüsse anzufechten (umstritten vgl. oben OLG Saarbrücken vom 27. 2. 1998, 5 W 252/97 – 85). Das gilt auch dann, wenn der rechtliche Vollzug der Gem. gegeben ist. Eine Gem. ist bereits dann rechtlich in Vollzug gesetzt wenn z.B. zwei WEer in das Grundbuch als Eigentümer eingetragen wurden. Obwohl mit der rechtlichen Invollzugsetzung keine werdende WEer-Gem. mehr besteht, verlieren die vorher der werdenden Gem. angehörigen und noch nicht im Grundbuch eingetragenen WEer ihre dort erworbene Rechtsstellung nicht. Der erforderliche Zwischenschritt zum Vollrechtserwerb kann nicht zum Verlust einer bereits erlangten Rechtsposition führen (Staudinger-Bub Rz. 116). Aus diesem Grunde ist auch der Entscheidung des OLG Köln (NJW-RR 1999, 959) zu widersprechen, die dem Mitglied einer werdenden Gem., dann kein Stimmrecht zubilligt, wenn die Gem. bereits rechtlich in Vollzug gesetzt ist. Hieraus leitet der Senat die – hier nicht nachzuvollziehende – Folge ab, daß ein in der Versammlung einer rechtlich in Vollzug gesetzten Gem. gefaßter Beschluß, der eine Verbindlichkeit eines noch nicht im Grundbuch eingetragenen WEers begründen soll, keine Haftung und Fälligkeit gegen diesen auslöst.

Eine werdende WEer-Gem. kann grundsätzlich nur im Zusam- *59*
menhang mit der Begründung von WE nach § 8 im Wege der

Selbstteilung entstehen. Wird WE durch Vertrag nach § 3 begründet (was grundsätzlich bei Bauherrengemeinschaften der Fall war), kann eine werdende WE-Gem. nicht entstehen, weil nach Vorlage der Teilungsverträge mit dem Eintragungsantrag sämtliche Miteigentümer in das Grundbuch als WEer eingetragen werden (BayObLG WE 1993, 26; BayObLG vom 17. 7. 1997, 25/97).

9. Gemeinschaftsvermögen der Wohnungseigentümer

60 Das WEG kennt den Begriff des gem. bzw. des Verwaltungsvermögens nicht. Es geht aber zwingend von dessen Vorhandensein aus, weil die Verwaltung des gem.E. ohne Verwaltungsvermögen nicht möglich ist. So sind die WEer zur Lasten- und Kostentragung (§ 16) ebenso verpflichtet wie zu den Maßnahmen ordnungsmäßiger Verwaltung (§ 21), zu denen auch die Ansammlung einer angemessenen Instandhaltungsrückstellung zählt.

61 Das Verwaltungsvermögen ist nicht Bestandteil des gem.E. Es dient aber der Verwaltung des gem.E. und ist dafür zweckgebunden. Das gem. Vermögen soll für diesen Zweck auf Dauer vorhanden sein, und zwar unabhängig davon, wer im einzelnen Mitglied der WEer-Gem. ist. Aus diesem Grunde muß es ständig zusammengehalten werden und sollte weder durch ausgeschiedene WEer auseinandergesetzt noch dem Zugriff einzelner WEer bzw. deren Gläubigern bezüglich deren Anteile zugänglich gemacht werden.

Diese Auffassung ist im Grunde unumstritten. Probleme ergeben sich aber deshalb, weil die Auffassungen über die rechtliche Qualität des gem. Vermögens auseinandergehen.

62 Weitnauer sieht mit der h. M. im Verwaltungsvermögen eine Rechtsgesamtheit oder den Inbegriff von Rechten, an deren Gesamtheit keine Rechte begründet werden können, sondern nur an deren einzelnen Gegenständen. Der Anteil am Verwaltungsvermögen ist demnach die Innehabung eines Rechts an einzelnen Vermögensgegenständen durch eine Rechtsgemeinschaft im Sinne der §§ 741 ff. BGB. Somit ergibt sich die Beteiligung am gem. Vermögen nicht eo ipso aus dem WE.

Anders versteht Bärmann das Verwaltungsvermögen der Gem. als untrennbaren Bestandteil des Mitgliedschaftsrechts, welches akzessorisch mit dem Miteigentum und dem SE verbunden ist, mit der Folge, daß das Verwaltungsvermögen kraft Gesetz mit dem WE auf den neuen Eigentümer - auch im Wege des Zuschlagbeschlusses - übergeht. Dazwischen gibt es noch verschiedene andere Auffassungen, die zwischen der Meinung Weitnauers und der Meinung Bärmanns stehen. *63*

Das Problem für die Praxis besteht nicht in den dogmatischen Zuordnungskriterien, sondern in der Notwendigkeit, daß das Verwaltungsvermögen auf Dauer der Verwaltung des gem.E. zur Verfügung steht und daß weder ein ausscheidender WEer noch ein Gläubiger Anspruch auf Herausgabe eines Anteils am Verwaltungsvermögen geltend machen kann. *64*

Nach Hauger können als Gegenstände und als Mittel des Verwaltungsvermögens im einzelnen bezeichnet werden (Hauger in PIG 21 S. 17ff.): *65*

- bewegliche Sachen (§ 90 BGB) z. B.
  - die Buchhaltungsunterlagen und sonstigen Akten der Gem. einschließlich der Listen mit den Namen und Anschriften der WEer,
  - Heizöl zur Beheizung der Anlage,
  - Garten- und Putzgeräte sowie Werkzeuge zur Erhaltung des gem.E.,
  - eine Waschmaschine, die die WEer für den gem. Waschraum anschaffen,
  - natürliche Früchte des gemeinschaftlichen Grundstücks (Obst und Gemüse), sobald es vom Baum oder Boden getrennt wird und kein Dritter, z. B. ein Sondernutzungsberechtigter, Anspruch darauf hat,
  - bewegliche Sachen sind aber auch Materialien (z. B. Steine und Zement) bis sie verbaut und dann wesentlicher Bestandteil werden;
- Kasse (hat in Zeiten des bargeldlosen Zahlungsverkehrs keine große Bedeutung);
- dinglich beherrschbare Rechte, über die verfügt werden kann, das sind dingliche Rechte (Grunddienstbarkeiten, Grundpfandrechte), der Besitz und rein schuldrechtliche Ansprüche. Für das Verwaltungsvermögen sind hier von Bedeutung
  - eine Zwangshypothek zugunsten der WEer auf dem Grundstück eines Handwerkers, eingetragen aufgrund Schadensersatzforderung aus schlechterfülltem Werkvertrag gegenüber der Gem.,
  - eine Zwangshypothek auf der ETW oder einem anderen Grundbesitz eines WEers wegen Wohngeldrückständen;

- der Anspruch auf Besitzeinräumung, soweit auf das gem.E. gerichtet;
- schuldrechtliche Ansprüche:
  - Bankguthaben der WEer auf einem Girokonto und Sparkonto (z. B. Instandhaltungsrückstellung),
  - Festgeldguthaben der WEer,
  - ist die Instandhaltungsrückstellung zur besseren Verzinsung in Wertpapieren angelegt, die Forderung aus dem Papier (sind Papiere angegeben, so stellt die Urkunde eine bewegliche Sache des Verwaltungsvermögens dar),
  - gegenseitige Ansprüche der WEer auf Zahlung der laufenden Hausgeldvorschüsse, der Nachzahlungen für ein geschlossenes Wirtschaftsjahr und Sonderumlagen,
  - diesbezügliche rückständige Forderungen gegen einen ausgeschiedenen WEer,
  - Schadensersatzansprüche gegen einen Verwalter oder einen ausgeschiedenen Verwalter wegen Verletzung seiner Pflichten,
  - gegen einen Handwerker auf Erfüllung eines Werkvertrages, der für das gem.E. abgeschlossen worden ist,
  - Gewährleistungsansprüche der WEer aus einem solchen Vertrag, unbeschadet ob sie auf Nachbesserung oder auf Schadensersatz gerichtet sind,
  - Ansprüche der WEer aus einem für das gem.E. abgeschlossenen Versicherungsvertrag, z. B. einer Haftpflichtversicherung, wenn infolge unzureichenden Streuens bei Eis und Schnee eine Person im Verantwortungsbereich der Gem. zu Schaden kam,
  - Ansprüche aus einer Sachversicherung, soweit sie für das gem.E. abgeschlossen ist, z. B. Brandversicherung, Leitungswasser- und Sturrmschadenversicherung,
  - Schadensersatzansprüche der WEer aus § 823 BGB aus Beschädigung des gem.E. (Bei einem Unfall wird eines der beteiligten Fahrzeuge auf das Grundstück geschleudert, wobei die Briefkastenanlage der Wohnungseigentümer beschädigt wird),
  - vermieten die WEer eine im gem.E. stehende Fläche oder einen solchen Raum, sind die Mietforderungen und damit auch die eingehenden Mieten Verwaltungsvermögen.

66 Probleme ergeben sich nur für den Teil des Verwaltungsvermögens, der als sonstiges Verwaltungsvermögen bezeichnet wird, nicht für die Teile, welche Bestandteil des Eigentums oder Zubehör sind. Wesentliche Bestandteile sind alle Sachen, die mit dem gem.E. fest verbunden, oder die zur Herstellung des Gebäudes eingefügt sind. Einfache Bestandteile einer Sache sind solche, die im räumlichen Verhältnis zur Hauptsache stehen ohne mit dieser unmittelbar verbunden zu sein (Beispiel: Ölreservetank, der nicht unmittelbar an den Heizkessel angeschlossen ist).

Wesentliche und einfache Bestandteile des gem.E. können Gegenstand der Verwaltung sein und gehen bei Veräußerung des WE, wie das gem.E. selbst, auf den Erwerber über (§§ 93, 94 BGB). Ähnlich verhält es sich mit dem Zubehör zum gem.E. Als Zubehör gelten ausschließlich bewegliche Sachen. Das Zubehör ist zwar nicht Gegenstand, sondern Mittel der Verwaltung. Es ist aber rechtlich selbständig. Gleichwohl geht es bei der Eigentumsübertragung der ETW auf den neuen WEer über, weil der Gesetzgeber bestimmt, daß das Zubehör (§§ 314, 926 BGB) als mitverkauft zu gelten hat. Es ist auch in den Hypothekenverband (§§ 1020, 1127 bis 1130 BGB) mit einbezogen.

Anders verhält es sich mit den weiteren Mitteln der Verwal- *67*
tung, die dem Verwaltungsvermögen kraft besonderer Zweckbestimmung zugehören. Das sind die oben aufgeführten rein schuldrechtlichen Forderungen und Ansprüche der WEer, die weder unter § 96 BGB fallen, noch die Zubehöreigenschaft besitzen. Mangels gesetzlicher Regelung stehen diese schuldrechtlichen Forderungen nicht den jeweiligen WEern allgemein zu, sondern den Personen (WEer), für die sie entstanden, an die sie abgetreten oder auf die sie in anderer Weise (z.B. durch Erbfolge) übergegangen sind (Hauger a.a.O.). Hieraus ergeben sich die offenbar noch nicht (voll) gelösten Probleme, wenn ein WE veräußert oder versteigert wird bezüglich der Anteile der WEer an der Instandhaltungsrückstellung und anderen Guthaben und Forderungen. Hier besteht die Frage, wer Anspruch auf die einem WEer anteilig zuzurechnenden Gemeinschaftsguthaben hat, der ausscheidende oder der neue WEer. Bei der rechtsgeschäftlichen Eigentumsübertragung wird in aller Regel der Anteil vom Veräußerer an den neuen WEer abgetreten (§ 398 BGB). Geschieht dies nicht, so bleibt konsequenterweise der Anspruch dem ausscheidenden WEer, weil der Anteil des Voreigentümers am Verwaltungsvermögen nicht kraft Gesetzes auf den neuen Eigentümer übergehen kann (BayObLG ZfBR 1985, 182; anders KG WE 1988, 132). Ebensowenig geht dieser Anteil in der Zwangsversteigerung an den neuen Eigentümer (a.A. Bärmann) über. Dies ist deshalb nicht möglich, weil die Beschlagnahme und der Zuschlag sich nur auf das WE einschließlich wesentlicher Bestandteile und Zubehör erstrecken kann.

68 Dieses Ergebnis kann aber nicht befriedigen, weil es die Möglichkeit eröffnet, daß Zahlungsansprüche Einzelner auf Teile des Verwaltungsvermögens geltend gemacht werden können. Eine solche Möglichkeit steht dem oben dargestellten Grundsatz entgegen, daß das Verwaltungsvermögen unabdingbar zusammengehalten werden muß. Dieser Grundsatz wird selbstverständlich auch durch Weitnauer vertreten. Er versucht deshalb, das Problem in der Weise zu lösen, daß im Falle des rechtsgeschäftlichen Erwerbs der ausscheidende WEer wegen der „Zweckbindung des Verwaltungsvermögens" sich daran gehindert sieht, seinen Anteil herauszuziehen (Weitnauer in Festschrift Seuß S. 313). Bei der Zwangsversteigerung eröffnet sich diese Möglichkeit nicht, so daß Weitnauer hier eine bereicherungsrechtliche Lösung aufzeigt, nach der dem Voreigentümer sein Anteil am Verwaltungsvermögen außerhalb der Zwangsversteigerung gutgebracht werden soll (Weitnauer a.a.O. S. 314). Aber auch diese Lösungsvorschläge dürften fraglich sein, so daß zur endgültigen Problemlösung der Gesetzgeber aufgerufen ist. Die Lösung könnte darin bestehen, daß dem sonstigen Verwaltungsvermögen die rechtliche Eigenschaft eines subjektiv dinglichen Rechts oder auch die des Zubehörs verliehen wird (so auch Schmidt in PiG 21, 53).

10. Sondernutzungsrechte

69 Obwohl das WEG den Begriff Sondernutzungsrechte nicht kennt, und er gesetzessystematisch in Zusammenhang mit den Vereinbarungen der WEer (§ 10 Abs. 2) über den Gebrauch des gem.E. (§ 15 Abs. 1) zu betrachten wäre, soll er hier erläutert werden.

a) Begriff und Inhalt

70 Das Sondernutzungsrecht hat sich in der Kautelarjurisprudenz entwickelt. Die rechtliche Handhabung wurde durch die Rechtsprechung geprägt. Maßgebend hierfür war die BGH-Entscheidung vom 14. 6. 1984 (NJW 1984, 2409 = DNotZ 1984, 695 m. Anm. Schmidt; vgl. Schmidt in Bä/S S. 49). Das Sondernut-

zungsrecht kommt durch Vereinbarung der WEer zustande. Wie jede Vereinbarung der WEer nach § 10 Abs. 1 S. 2 ist auch die Begründung von Sondernutzungsrechten an keine Form gebunden. Zur Wirksamkeit dieses Rechts gegenüber Sondernachfolgern ist aber dessen Eintragung im Grundbuch erforderlich (§ 10 Abs. 2), die dann zur inhaltlichen Änderung des SE aller WEer führt (BayObLG WE 1991, 52). Aus diesem Grunde können Sondernutzungsrechte nur durch Vereinbarungen, d.h. nur mit Zustimmung aller WEer begründet werden.

Umstritten ist, ob ein Sondernutzungsrecht auch durch unan- 71
gefochtenen Mehrheitsbeschluß zustande kommen kann. Während Weitnauer (Lüke Rz 25ff. zu § 15) dies kategorisch ablehnt, erkennt Bärmann/Pick (Rz. 17 zu § 15) ein als „schuldrechtliches Sondernutzungsrecht" im Beschlußwege zustande gekommenes Nutzungsrecht an. Die Rechtswidrigkeit eines solchen Mehrheitsbeschlusses führt nicht zur Nichtigkeit sondern nur zur Anfechtbarkeit (vgl. hierzu OLG Hamm vom 13. 2. 1997, 15 W 445/96: vgl. auch OLG Karlsruhe WM 1991, 54; BayObLG WE 1993, 341; vgl auch Hauger in WE 1993, 231). Dieser Auffassung wird hier nicht gefolgt sondern der von Weitnauer/Lüke und Staudinger/Kreuzer (Rz. 78 zu § 15). Auch das OLG Köln lehnt die Begründung des Sondernutzungsrechts durch „vereinbarungsersetzenden Mehrheitsbeschluß" ab, indem es – selbst für den Fall, daß in der GO eine Öffnungsklausel zur Änderung ihrer Regelungen mit einer Mehrheit von drei Viertel vorgesehen ist – zur Begründung des Sondernutzungsrechts immer die Zustimmung aller WEer verlangt. Ein Mehrheitsbeschluß zur Begründung dieses Rechts ist nichtig (OLG Köln vom 10. 12. 1997, 16 Wx 250/97). Wenzel bestätigt diese Auffassung ausdrücklich (FS für Hagen 1999, S. 238) wenn er Beschlüsse, die den Gebrauch des SE und des gem.E. ausschließen, für nichtig hält. Der Gebrauch gehört nach Wenzel zum Kernbereich des Eigentums, auch wenn der Gebrauch durch schuldrechtliche Vereinbarung geregelt werden kann. Ein Mehrheitsbeschluß, der die Gewährung eines Sondernutzungsrechts zum Inhalt hat und der den Gebrauch eines Teils des gem.E. einen WEer allein zuweist, ist deshalb nichtig. Das gleiche gilt für die Aufhebung oder

Änderung eines Sondernutzungsrechts. Die Begründung, Aufhebung und Änderung eines Sondernutzungsrechts bedarf demnach immer der übereinstimmenden Erklärung aller WEer. Der Unterteilung in ein dingliches und ein schuldrechtliches Sondernutzungsrecht bedarf es nicht. Das Sondernutzungrecht ist eine Vereinbarung der WEer untereinander im Sinne von § 10 Abs. 1 und 2, und damit grundsätzlich schuldrechtlicher Natur (Weitnauer/Lüke Rz. 29ff. zu § 15). Mit der Eintragung des Sondernutzungsrechts im Grundbuch wird diese Regelung – wie jede andere Regelung in der GO auch – Inhalt des SE mit der Folge, daß dieses Recht auch für und wider dem Sondernachfolger wirkt. Erfolgt keine Eintragung des Sondernutzungsrechts im Grundbuch so wirkt diese Vereinbarung nur für und wider die WEer die zum Zeitpunkt der Vereinbarung WEer sind oder waren.

Die von verschiedenen Obergerichten noch vertretene Auffassung, daß Sondernutzungsrechte zwar einer Vereinbarung bedürfen, aber dennoch durch Beschluß wirksam begründet werden können, wenn der Beschluß nicht angefochten wird, ist nicht mehr haltbar. Die oben aufgezeigte Meinung von Wenzel, die einen solchen Beschluß als absolut unwirksam bezeichnet, dürfte sich durchsetzen. Zwar ist diese Auffassung durch den BGH noch nicht bestätigt, sie wird sich aber durchsetzen. Einmal ist diese Rechtsauffassung dogmatisch nicht zu widerlegen. Zum anderen haben sich die führenden Kommentatoren dieser Meinung angeschlossen.

Anders kann aber ein bereits im Grundbuch eingetragenes Sondernutzungsrecht nur unter Mitwirkung aller WEer aufgehoben, geändert oder übertragen werden. Hier ist die materiellrechtliche Einigung aller WEer und die Zustimmung der betroffenen dinglich Berechtigten erforderlich (OLG Hamm WE 1997, 26). Überwiegend werden die Sondernutzungsrechte bei der Begründung des WE, sei es durch Vertrag (§ 3) oder in der GO (§ 8), festgelegt und bestimmt.

72 Das Sondernutzungsrecht ist ein verdinglichtes Gebrauchsrecht im Sinne von § 15 Abs. 1. Dieses verdinglichte Gebrauchsrecht ist aber weder ein dingliches noch ein grundstücksgleiches Recht, auch wenn der Eintragung im Grundbuch als Inhalt des SE (10 Abs. 2) gewisse dingliche Wirkung beigemessen wird.

Seinem Wesen nach bleibt das Sondernutzungsrecht eine auf dem Gemeinschaftsverhältnis beruhende persönliche und schuldrechtliche Nutzungsberechtigung (vgl. BayObLG WE 1991, 79; OLG Düsseldorf WE 1994, 374). Aus diesem Grund ist es auch nicht möglich eine Dienstbarkeit mit dem Inhalt einzutragen, daß dessen Ausübungsbereich ein Sondernutzungsrecht sein soll (OLG Zweibrücken vom 22. 12 1998, 3 W 232/98). Das Sondernutzungsrecht gewährt zugunsten eines oder mehrerer WEer den Gebrauch an bestimmten gem. Räumen oder Teilen des gem.E. (positive Komponente) und beschränkt – bzw. schließt dabei aus – die Nutzungsmöglichkeiten der anderen WEer (negative Komponente; vgl. BayObLG WE 1988, 142).

Mit dem Sondernutzungsrecht erhält demnach der begünstigte *73* WEer die Befugnis zum alleinigen Gebrauch eines bestimmten Teils des gem.E wodurch zugleich die anderen WEer das Recht zum Mitgebrauch verlieren (BGH WE 1990, 84).

Das alleinige Gebrauchsrecht des Sondernutzungsberechtigten beinhaltet auch das Recht, die Sondernutzungsfläche zumindest an den Mieter seiner ETW unentgeltlich oder entgeltlich zu vermieten (BayObLG vom 24. 10 1997, 51/74; OLG Düsseldorf vom 6. 11. 1996, 3 Wx 324/95).

Das alleinige Nutzungsrecht des Sondernutzungsberechtigten *74* schließt ein Mitgebrauchsrecht der anderen WEer nicht in jedem Fall aus. Auch die aus einem Sondernutzungsrecht folgenden Befugnisse sind der Gemeinschaftsbindung unterworfen, die sich aus dem Rechtsverhältnis der WEer untereinander ergeben; dieses Verhältnis ist von besonderer Schutz- und Treuepflicht und vom Gebot der gegenseitigen Rücksichtnahme geprägt (BayObLG WE 1997, 70).

Nicht möglich ist die Bestellung von Sondernutzungsrechten *75* zugunsten Dritter (vgl. Ertl a. a. O.).

Sondernutzungsrechte werden in der Regel eingeräumt:

- an auf gemeinschaftlichem Grund befindlichen Terrassen; Grundstücks- und Gartenflächen, besonderen Zuwegen und an Kfz-Abstellplätzen,
- an in gem.E. befindlichen Gebäudeteilen wie z. B.: Balkone, Loggien, Dachterrassen, besondere Flure, Kellerräume, besondere Räume des gem.E.

76 In der praktischen Bedeutung kommt das Sondernutzungsrecht dem SE nahe. Es besitzt aber nicht die eigentumsrechtliche Qualität wie das SE. Zwar wird das Sondernutzungsrecht als Inhalt des SE im Grundbuch eingetragen mit der Folge, daß der Rechtsnachfolger an diese Regelung gebunden ist (10 Abs. 2). Dies ändert aber nichts an der Funktion der Vereinbarung als Gebrauchsregelung. Wenn der Berechtigte sein Recht an andere WEer – auch ohne Zustimmung der übrigen WEer – übertragen kann, liegt das nicht an einer „eigentumsähnlichen Ausgestaltung" des Sondernutzungsrechts, sondern an dem Grundsatz, daß durch die Übertragung die übrigen WEer nicht im Sinne der §§ 877, 873 BGB rechtlich beeinträchtigt werden (BGH WE 1990, 84). Hieraus ergibt sich auch, daß Streitigkeiten über Inhalt und Geltungsbereich von Sondernutzungsrechten im WE-Verfahren zu entscheiden sind (BGH WE 1990, 84 gegen OLG Stuttgart OLGZ 1986, 35).

77 Sondernutzungsrechte sollten immer dort vorgesehen werden, wo eine allgemeine Nutzungsmöglichkeit für die anderen WEer nicht möglich erscheint oder nicht zweckmäßig ist.

b) Einräumung

78 Bei Einräumung von Sondernutzungsrechten sollten den Nutzungsberechtigten ein Entgelt für die Überlassung der Nutzung in einer Höhe abverlangt werden, welches zumindest die anteiligen Bewirtschaftungskosten (Betriebs- und Instandhaltungskosten) deckt sofern und soweit der Berechtigte nicht verpflichtet ist solche Kosten unmittelbar zu tragen.

Wird es übersehen bei der inhaltlichen Bestimmung des Sondernutzungsrechts eine Nutzungsgebühr für die Sondernutzung zu verlangen, bedarf die nachträgliche Gebührenregelung der Zustimmung aller WEer, insbesondere der des Sondernutzungsberechtigten. Wird über die nachträgliche Festlegung einer Nutzungsentschädigung (nur) ein Mehrheitsbeschluß gefaßt und dieser nicht angefochten, bildet dieser Beschluß die Anspruchsgrundlage für den Zahlungsanspruch hieraus (OLG Köln vom 21. 10. 1997, 16 Wx 255/97).

79 Voraussetzung für die Eintragung eines Sondernutzungsrechtes als Inhalt des SE (§ 5 Abs. 4) ist dessen Bestimmtheit. So ist

genau zu vereinbaren, welchem WEer ein Sondernutzungsrecht zusteht und an welchen Teilen des gem.E das Sondernutzungsrecht begründet werden soll (BayObLG DWE 1985, 95). Danach muß die vom Sondernutzungsrecht umfaßte Fläche in der Eintragungsbewilligung eindeutig bestimmt, mindestens aber bestimmbar sein. Zur Bezeichnung der betroffenen Grundstücksfläche wird in der Regel auf den Aufteilungsplan Bezug genommen. Die Bestimmung der Sondernutzungsfläche muß aber nicht ausschließlich aus dem Aufteilungsplan hervorgehen (BayObLG WE 1994, 3139). Es kann auch auf einen anderen Plan zurückgegriffen werden, welcher der Formvorschrift des § 29 GBO zu entsprechen hat (Beglaubigungsvermerk des Notars mit Siegel und Unterschrift). An die Beschreibung einer Sondernutzungsfläche sind somit die gleichen Ansprüche zu stellen, wie bei sonstigen Eintragungen in bezug auf einen Grundstücksteil (BayObLG WE 1990, 30). Besteht Streit über den Umfang einer Sondernutzungsfläche, so darf sich das Gericht im Zweifel nicht mit der Ablichtung des Lageplans begnügen, es hat vielmehr die Grundakten hinzuzuziehen und den darin befindlichen Plan der Entscheidung zugrunde zu legen (BayObLG WE 1996, 480). Läßt sich aus den Grundakten ein Sondernutzungsrecht an einem Grundstücksteil nicht eindeutig und zweifelsfrei bestimmen, so ist an dieser Fläche kein Sondernutzungsrecht entstanden (BayObLG WE 1997, 120). Das im Grundbuch eingetragene Sondernutzungsrecht ist Inhalt des SE und dieses wesentlicher Bestandteil des WE-Rechts. Aus diesem Grunde erstreckt sich der Schutz des guten Glaubens nicht nur auf das WE selbst sondern auch auf Bestand und Umfang eines Sondernutzungsrechts (Ertl, Festschrift Seuß S. 151 ff.; BayObLG WE 1990, 176). Die Auffassung Ertls und des BayObLG, daß sich der Schutz des guten Glaubens beim Erwerb eines WE auch auf den Bestand und Umfang eines Sondernutzungsrechts erstreckt, ist umstritten (vgl. BayObLG WE 1992, 116 m. w. N.). Nicht umstritten ist dagegen die Auffassung, daß beim Erwerb von WE durch Zuschlag in der Zwangsversteigerung ein gutgläubiger Erwerb eines Sondernutzungsrechts nicht in Frage kommen kann (BayObLG WE 1994, 313).

Möglich ist es in der GO, den Bauträger oder Veräußerer zu 80
bevollmächtigen, Sondernutzungsrechte an Kfz.-Abstellplätzen,

die zunächst an einem noch nicht veräußerten WE allein eingetragen sind, zu veräußern und einzelnen WE-Rechten gesondert zuzuweisen (BayObLG WE 1990, 176). Aber auch hier gilt der Bestimmtheitsgrundsatz.

81 Überwiegend werden Sondernutzungsrechte bereits in der GO durch den Alleineigentümer begründet. Der teilende Eigentümer kann sich auch das Recht vorbehalten, Sondernutzungsrechte nachträglich zu begründen oder Dritte zur nachträglichen Begründung dieser Rechte bevollmächtigen (OLG Frankfurt vom 2. 3. 1998, 20 W 54/98). Schließlich kann die Zuteilung von begründeteten Sondernutzungsrechten an bestimmte WE-Einheiten dem teilenden Eigentümer oder einem Dritten, z. B. dem Notar, vorbehalten bleiben. Die vorbehaltenen Rechte kann der teilende Eigentümer oder der bevollmächtigte Dritte nicht mehr alleine ausüben, wenn eine Wohnung verkauft ist oder wenn eine Auflassungsvormerkung zugunsten eines Erwerbers im Grundbuch eingetragen wurde. Hierzu bedarf es immer der Zustimmung der anderen WEer oder der sonstigen dinglich Berechtigten (Auflassungsvormerkung), weil eine solche Erklärung jeweils eine Inhaltsänderung des Sondernutzungsrechts im Sinne von § 877 BGB darstellt (BayObLG WE 1976, 235). Die Zustimmung bei der Ausübung dieser Rechte ist allerdings dann nicht erforderlich, wenn in der Vereinbarung bestimmt ist, daß die künftigen WEer vom Mitgebrauch ausgeschlossen sind.

82 Ist in der TE dem Verwalter unwiderruflich die Vollmacht erteilt, bezüglich der errichteten Kfz.-Abstellplätze eine Gebrauchs- und Nutzungsregelung zu treffen, so bedarf es zur vom Verwalter bewilligten Eintragung der Zuordnung eines Abstellplatzes zur Sondernutzung für einen bestimmten WEer nicht der Zustimmung der dinglich Berechtigten (OLG Frankfurt a. M. vom 18. 8. 1997, 20 W 71/96).

83 In bestimmten Fällen ist auch die Begründung von Sondernutzungsrechten am SE möglich, wie z. B. an einer Doppelstockgarage (vgl. hierzu BayObLG WE 1995, 380).

84 Wird ein Sondernutzungsrecht nachträglich (d. h. nicht in der TE und nicht in der Teilungsvereinbarung) begründet, so bedarf es zu dessen Eintragung im Grundbuch der Zustimmung (Bewilligung) der dinglich Berechtigten (§§ 876, 877 BGB; § 19 GBO)

all der WE- und TEms-Einheiten deren SE durch die negative Komponente dieses Rechts inhaltlich verändert und belastet wird (BayObLG WE 1990, 176; BayObLG WE 1991, 52). Dies gilt auch für die – vorgenannte – nachträgliche Zuweisung eines Sondernutzungsrechts, welches sich der teilende Grundstückseigentümer in der TE vorbehalten hat.

Nach § 7 Abs. 3 ist bei der Eintragung des Gegenstandes und *85* Inhalt des SE die Bezugnahme auf die Eintragungsbewilligung ausreichend (OLG Hamm Rpfleger 1985, 109). Es empfiehlt sich aber dringend, im Eintragungsvermerk ein Sondernutzungsrecht erkennbar zu machen (Haegele/Schöner/Stöber a.a.O. S. 830), z.B.:

... Miteigentumsanteile am Grundstück Fl.Nr.... verbunden mit dem Sondereigentum an der Wohnung Nr. 5 im Aufteilungsplan und Sondernutzungsrecht an der Terrasse Nr. 5 im Aufteilungsplan

gemäß Bewilligung vom ... *86*

Werden neue Sondernutzungsrechte aus bereits bestehenden Sondernutzungsrechten gebildet, wobei Inhalt und Umfang der Rechte insgesamt nicht verändert werden, so ist zur Eintragung dieser Rechtsänderung im Grundbuch weder die Zustimmung der hiervon nicht betroffenen WEer erforderlich, noch der davon nicht berührten Gläubiger dinglicher Rechte (BayObLG WE 1987, 13).

Das gleiche gilt für die Übertragung eines Sondernutzungs- *87* rechts vom bisherigen Berechtigten an einen anderen WEer. Hierzu ist die Zustimmung der anderen WEer nicht erforderlich (Weitnauer § 15 Rz 35; a.A. OLG Hamm vom 15. 8. 1996, 3 Wx 58/96). Zur Wirksamkeit gegenüber dem Sondernachfolger ist aber auch hier die Eintragung als Inhalt des SE im Grundbuch notwendig (Weitnauer a.a.O.).

Möglich ist auch die Verpflichtung eines WEers mit dem In- *88* halt, sein Sondernutzungsrecht an einen anderen WEer zu übertragen, wobei dieser Anspruch durch die Eintragung einer von den WEern nicht zustimmungsbedürftigen Vormerkung gesichert werden kann (BayObLG, DNotZ 1979, 307).

Sonst bedarf die Neueinräumung, Änderung und Aufhebung *89* eines Sondernutzungsrechts regelmäßig der Vereinbarung der WEer, die als Inhalt des SE im Grundbuch einzutragen ist, damit diese Rechte gegen den Sondernachfolger wirken.

Wird ein nicht entstandenes Sondernutzungsrecht im Grundbuch eingetragen, so haben die übrigen WEer gegenüber dem Grundbuchamt einen Berichtigungsanspruch (§ 894 BGB) und ein Beschwerderecht für den Fall, daß das Gericht der Anregung auf Eintragung eines Amtswiderspruchs nicht folgt (BayObLG WE 1992, 116).

90 Nach dem BayObLG (WE 1992, 229) ist auch die Aufteilung eines im Grundbuch eingetragenen Sondernutzungsrechts durch schuldrechtliche Vereinbarung – z. B. im Kaufvertrag zwischen den Berechtigten – möglich. Eine solche Aufteilung muß nicht im Grundbuch eingetragen werden. Diese Vereinbarung wirkt nach § 10 Abs. 1 S. 1 zugunsten eines Sondernachfolgers. Zur Wirksamkeit einer Vereinbarung gegen einen Sondernachfolger ist aber immer die Eintragung der Veränderung im Grundbuch unerläßlich.

91 Ist auf diese Weise im Kaufvertrag zwischen dem teilenden Eigentümer und einem Erwerber vereinbart, daß die im Aufteilungsplan bestimmte Sondernutzungsfläche nur zum Teil dem Erwerber zur Sondernutzung überlassen wird, kann der Berechtigte nachträglich die Herausgabe der restlichen Sondernutzungsfläche nicht mehr unter Berufung auf die TE verlangen, die zu einem späteren Zeitpunkt ohne Abänderung der Sondernutzungsfläche in das Grundbuch eingetragen wurde (BayObLG vom 30. 10. 1997, 2Z 55/97). Eine Sondernachfolge hat in diesem Fall nicht stattgefunden.

92 Sondernutzungsrechte können auch durch Umdeutung (§ 140 BGB) entstehen, wenn z. B. an einer Terrasse SE vereinbart war, das mangels rechtlicher Voraussetzungen (§ 3 Abs. 2) tatsächlich nicht entstanden ist (BayObLG DWE 1981, 27, BayObLG DWE 1984, 30). Hier steht dem „verhinderten Sondereigentümer" ein Sondernutzungsrecht an der Terrasse zu (vgl. KG WE 1996, 273). Eine Umdeutung ist darauf gerichtet, den rechtsgeschäftlich erklärten Willen in einer anderen Gestalt zur Wirksamkeit zu verhelfen (OLG Hamm WE 1997, 152).

93 Nicht zulässig ist die Belastung eines WE mit einer Dienstbarkeit, deren Ausübungsbereich das Sondernutzungsrecht eines WEers ist, z. B. mit einer Grunddienstbarkeit mittels der dem jeweiligen Eigentümer einer Nachbarwohnanlage die ständige und unentgeltliche Nutzung eines Kfz-Abstellplatzes, an dem der bestehende WEer ein Sondernutzungsrecht besitzt, eingeräumt werden soll (BayObLG WE 1991, 79).

Keine aus dem WEG ableitbaren Bedenken bestehen gegen Vereinbarungen, nach denen SE nur an bestimmten, nicht zu Wohnzwecken dienenden Räumen (Keller, Garagen) begründet wird und dabei an den Wohnungen „nur" Sondernutzungsrechte eingeräumt werden (BayObLG WE 1992, 28; OLG Hamm WE 1993, 249). Diese infolge der Versagung von Abgeschlossenheitsbescheinigungen entstandenen sogenannten „Kellermodelle" (vgl. Pause NJW 1990, 3178 und 1991, 307) spielen wegen der Entscheidung des gemeinsamen Senats (vgl. oben Rn. **2** 240) in der Praxis keine Rolle mehr. *94*

Die Abfassung und inhaltliche Bestimmung des Sondernutzungsrechts bedarf großer Sorgfalt, will man spätere Streitigkeiten vermeiden. Im Streitfall hat das WE-Gericht auf Antrag gem. § 43 Abs. 1 zu entscheiden. Wie bei allen Vereinbarungen, die als Inhalt des SE im Grundbuch eingetragen sind, hat der Richter die Auslegung der strittigen Regelung nach den Grundsätzen der Grundbucheintragung vorzunehmen und zwar nach dem Wortlaut und Sinn, wie er sich für den unbefangenen Betrachter als nächstliegende Bedeutung ergibt. Der übrige Inhalt der TE bzw. der GO ist dabei gegebenenfalls zu berücksichtigen (BayObLG WE 1992, 205). Nur wenn die Regelung über die Einräumung eines Sondernutzungsrechts so unrichtig ist, daß außergewöhnliche Umstände ein Festhalten an der Vereinbarung als grob unbillig und gegen Treu und Glauben verstoßend erscheinen lassen, hat ein WEer einen Anspruch auf Änderung (BayObLG WE 1992, 231). *95*

c) Befugnisse und Pflichten

Mit dem alleinigen Gebrauchsrecht ist im allgemeinen auch die Befugnis und die Pflicht verbunden, das mit dem Sondernutzungsrecht belegte gem.E. in eigener Verantwortung und auf eigene Kosten zu verwalten. Aus dieser Verantwortung heraus dürfte dem Sondernutzungsberechtigten in erster Linie die Verkehrssicherungspflicht obliegen (BayObLG DWE 1985, 95). *96*

Dies schließt aber nicht aus, daß den anderen WEern gewisse Verwaltungsrechte nach § 21 verbleiben. So kann z.B. das als Inhalt des SE vereinbarte Recht „zu alleiniger und ausschließlichen Nutzung" eines Gartengrundstückes nicht dazu führen, daß die als Fichtenhecke gepflanzte Einfriedungsanlage einem Beschluß der Gem. (Verwaltungsmaßnahme) über das Zurückschneiden der Hecke nicht zugänglich wäre (BayObLG MDR 1985, 767). Auch können die WEer von einem Sondernutzungsberechtigten verlangen, eine auf seine Sondernutzungsfläche gepflanzte, störende und behindernde Weißdornhecke zu beseitigen (BayObLG WE 1997, 275). Der Berechtigte hat bei der Bepflanzung seiner Sondernutzungsfläche den Charakter der Gesamtanlage zu berücksichtigen (KG NJW-RR 1987, 1360).

Das alleinige (Sonder-)Nutzungsrecht ermöglicht den Berechtigten auch keine störenden baulichen Veränderungen. Dies gilt selbst dann, wenn in der GO vereinbart ist, daß für Sondernutzungsrechte das gleiche gilt wie für SE (BayObLG WE 1991, 48).

97 Möglich ist eine bauliche Veränderung an der Sondernutzungsfläche aber dann, wenn dies durch Vereinbarung (GO) der WEer gestattet ist. In diesem Sinne kann auch die Regelung des § 22 Abs. 1 S. 1 durch Vereinbarung wirksam abbedungen und somit grundsätzlich bauliche Veränderungen vorgenommen werden (BayObLG WE 1990, 139). Bestehen in diesem Fall mehrere Möglichkeiten der Gestaltung der baulichen Veränderung, brauchen die übrigen WEer eine Lösung, die ihre Belange in vermeidbarer Weise wesentlich mehr beeinträchtigt als eine andere, nicht hinzunehmen (BayObLG vom 16. 4. 1998, 61/98). Eine bauliche Veränderung in diesem Sinne wäre dann zulässig, wenn ein Sondernutzungsberechtigter eine Pergola auf der als Garten ausgewiesenen Sondernutzungsfläche erstellt, weil in der GO vereinbart wurde, daß die Fläche „ortsüblich" genutzt werden darf. Entspricht die Aufstellung der Pergola der Ortsüblichkeit von Gärten, so haben die anderen WEer die bauliche Veränderung zu dulden (BayObLG vom 19. 3. 1998, 131/97). Nur wenn eine bauliche Änderung einen Rechtsmißbrauch darstellen würde, u.U. durch grobe Verletzung nachbarrechtlicher und nachbarschützender Vorschriften, könnten sich die anderen

WEer wegen Verstoßes gegen Treu und Glauben (§ 242 BGB) gegen eine vereinbarte bauliche Maßnahme wehren (BayObLG WE 1990, 139).

Hat der Sondernutzungsberechtigte eine nicht vereinbarte bauliche Veränderung an der Sondernutzungsfläche vorgenommen, kann jeder einzelne WEer seinen Beseitigungsanspruch nach § 1004 BGB selbständig geltend machen (OLG Köln WE 1996, 77). *98*

Die zur alleinigen Nutzung einem WEer überlassene Fläche bleibt gem.E. (BayObLG DWE 1985, 94, 95) mit der Maßgabe, daß der Berechtigte diese entsprechend deren Beschaffenheit nutzen kann. Ist z.B. einem WEer das Sondernutzungsrecht an einem Dachraum (Speicher) eingeräumt, so kann er diesen als Hobbyraum oder Werkstatt nutzen (BayObLG WE 1990, 70). Die Einräumung eines Sondernutzungsrechts an einem Spitzboden beinhaltet aber noch nicht das Recht zur Nutzung dieses Spitzbodens als Wohnung oder zu dessen baulicher Veränderung. Ebensowenig ermöglicht die Sondernutzung „PKW-Abstellplatz" das Abstellen eines Wohnmobils (BayObLG WE 1992, 348). *99*

Die Grundsätze der Zweckbestimmung von SE gelten auch für die Nutzung und die inhaltliche Bestimmung von Sondernutzungsrechten (BayObLG WE 1990, 176; vgl. auch Rn. **6** 70ff.). Die rechtliche Position des Sondernutzungsberechtigten entspricht nicht der des SEers, weil sie dessen Herrschafts- und Abwehrbefugnisse nicht beinhaltet. Gleichwohl gelten auch die Grenzen des Gebrauchs von SE für das Sondernutzungsrecht (s. unten Rn. **6** 203). Hinsichtlich des Gebrauchs des SE und auch der Sondernutzungsfläche sind den Rechtsinhabern durch Gesetz und durch Rechte Dritter Grenzen gesetzt. Aus diesem Grunde kann unter bestimmten Voraussetzungen für Sondernutzungsrechte eine Gebrauchs- oder Nutzungsregelung im Sinne von § 15 Abs. 2 mit Stimmenmehrheit beschlossen werden. Voraussetzung für einen solchen Beschluß ist, daß dieser einen ordnungsgemäßen Gebrauch zum Gegenstand hat, welcher der Beschaffenheit der einem Sondernutzungsberechtigten zugewiesenen Fläche und im übrigen dem Interesse der Gesamtheit der WEer nach billigem Ermessen dient (BayObLG WE *100*

1993, 115). Das wäre z. B. ein Beschluß zur Regelung einer Hausordnungsfrage, die in gleicher oder entsprechender Weise für das Sondereigentum getroffen werden könnte (KG WE 1996, 271).

101 Durch die Vereinbarung der Sondernutzung wird zwar das alleinige Gebrauchsrecht des begünstigten WEers bestimmt; es findet aber dort seine Grenzen, wo die Sondernutzung für die anderen WEer einen Nachteil bedeuten würde, der über das bei einem geordneten Zusammenleben übliche Maß hinausgeht (BayObLG WE 1993, 115 gestattet nicht die Bepflanzung einer Sondernutzungsfläche in der Weise, daß jetzt oder künftig der Blick zum nahegelegenen See beeinträchtigt wird). Ein nicht hinzunehmender Nachteil bei der Nutzung einer Sondernutzungsfläche könnte für die anderen WEer z. B. darin bestehen, daß die Sondernutzungsfläche über einer Tiefgarage liegt und die Fläche mit Gewächsen bepflanzt ist, die über eine bestimmte Höhe hinausgehen (hier: 3,50 m; BayObLG WE 1994, 114). Zur Vermeidung von Nachteilen können in solchen Fällen Nutzungsbeschränkungen durch Mehrheitsbeschluß wirksam erlassen werden. Die Beschränkung muß dabei nicht immer die Beseitigung aller störenden Bäume und Gewächse bedeuten. Vielfach genügt es, den Rückschnitt der Gehölzer zu verlangen, womit die Beeinträchtigung auf ein gesamterträgliches Maß reduziert wird (BayObLG WE 1995, 345; KG WE 1996, 267). Maßstab für eine nicht zulässige Nutzung durch Bepflanzung der Sondernutzungsfläche können nachbarrechtliche Vorschriften sein, insbesondere für Bäume und Sträucher, die an der Grenze der Sondernutzungsfläche eingesetzt werden (BayObLG vom 11. 2. 1999, 2Z 167/98).

102 Werden die Schranken des Gebrauchs des Sondernutzungsrechtes überschritten, haben die WEer einen entsprechenden Beseitigungsanspruch aus einer entsprechenden Anwendung der §§ 1004 und 249 BGB (KG WE 1987, 197).

103 Auch nach Auffassung des KG (WE 1990, 90) wird das Recht zur alleinigen Nutzung des Sondernutzungsberechtigten durch Bindungen eingeschränkt, die für das gem. E aus anderen Gründen, insbesondere zum Mitgebrauch, bestehen. So kann nach dem KG (a. a. O.) das Sondernutzungsrecht an einer rückwärtigen Gartenfläche mit dem Recht der übrigen WEer auf Benutzung eines über diese Fläche führenden Wegs zum rückwärtigen gem. Kellereingang belastet sein.

Die Befugnis der alleinigen Nutzung hat auch dort ihre Grenzen, wo auch die Nutzung des SE eingeschränkt sein würde (§ 14 Nr. 1). Deshalb hat ein Sondernutzungsberechtigter die Mitbenutzung zugunsten eines anderen (anliegenden) Sondernutzungsberechtigten dann zu dulden, wenn die Behinderung der Mitbenutzung (hier: Einzig möglicher Zugang zu einer gärtnerisch genutzten Sondernutzungsfläche über die einem anderen WEer zugewiesene Sondernutzungsfläche) für den Mitnutzer einen Nachteil darstellt, der über das bei einem geordneten Zusammenleben unvermeidliche Maß hinausgeht (BayObLG WE 1991, 163). *104*

d) Rechtsprechung

- Die Erstellung eines den optischen Eindruck der Gartenanlage störenden Gartenhäuschens auf Sondernutzungsfläche ist nicht zulässig. Das Sondernutzungsrecht gibt lediglich die Befugnis zu solchen Maßnahmen, die für die übrigen WEer keine Nachteile bedeuten, die ihnen nicht schon durch die Begründung des Sondernutzungsrechtes erwachsen sind (BayObLG WE 1987, 58; BayObLG WE 1993, 225). In diesem Sinne ist es auch unzulässig, auf einer Sondernutzungsfläche einen überdachten und durch Glaswände seitlich abgeschlossenen Sitzplatz zu errichten, wenn dadurch der optische Gesamteindruck der Wohnanlage beeinträchtigt wird (BayObLG WE 1993, 279). Ebenso sind große bauliche Veränderungen auf der Sondernutzungsfläche unzulässig, auch wenn sie sich unauffällig in die Gesamtanlage einfügen sollten (KG WE 1994, 336). *105*
- Die Erstellung eines Zaunes zur Begrenzung der Sondernutzungsfläche ist nicht zulässig, wenn dadurch der parkähnliche Charakter der Wohnanlage optisch nicht nur geringfügig beeinträchtigt wurde und eine Einzäunung nicht aus anderen Gründen im Einzelfall geboten ist (KG ZMR 1985, 17; BayObLG WE 1987, 94). Ebenso unzulässig ist die Errichtung eines 60 cm hohen Jägerzauns auf der Grenze zweier Sondernutzungsflächen, wenn es dadurch zu einer „Durchschneidung" eines relativ kleinen Gartens und damit zur negativen Umgestaltung der Anlage führt (OLG Düsseldorf WE 1997, 310).
- Die Pflanzung eines stark wachsenden Baumes (hier Ulme) ist auf der Sondernutzungsfläche trotz dem vereinbarten Recht zur gärtnerischen Gestaltung nicht zulässig. Dies wäre eine nach § 22 Abs. 1 nicht zulässige bauliche Veränderung und ein Nachteil nach § 14 Nr. 1. Die sich hieraus ergebende Beeinträchtigung ist auch nicht durch das Sonder-

nutzungsrecht gedeckt, weil dieses zwar umfassend, aber nicht schrankenlos bewilligt werden kann (KG WE 1987, 197). Zur Umgestaltung mit einer als Rasen- und Randbepflanzung vorgesehenen Sondernutzungsfläche (OLG Hamburg WE 1994, 377).

- Ist als Inhalt des Sondernutzungsrechts eine gärtnerische Nutzung vereinbart, so können auch Bäume (hier: zwei Birken) gepflanzt werden, wenn dies einer hausgartenüblichen Bepflanzung und damit einem Gebrauch nach § 14 Nr. 1 entspricht. Die Frage, ob der Schattenwurf der Bäume einen Nachteil nach § 14 Nr. 1 darstellt, ist an den nachbarrechtlichen Vorschriften des Art. 47 Abs. 1 AGBGB zu messen. Danach kann der Eigentümer eines Grundstücks verlangen, daß auf einem Nachbargrundstück nicht Bäume in einer geringeren Entfernung als 0,50 m, oder falls sie über 2 m hoch sind, in einer geringeren Entfernung als 2 m von der Grenze seines Grundstücks gehalten werden (BayObLG WE 1988, 23). Nachbarrechtliche Vorschriften können aber nicht immer als Maßstab für zulässige oder unzulässige Bäume herangezogen werden. Nimmt z.B. eine zulässig gepflanzte Schwarzkiefer nach 15 Jahren einem anderen WEer spürbar die Sicht und den Lichteinfall, hat dieser einen Beseitigungsanspruch. Dem Sondernutzungsberechtigten stehen keine über die §§ 14, 15 hinausgehenden nachbarlichen Rechte gegenüber den anderen WEer zu (OLG Köln WE 1997, 230).
- Ein Sondernutzungsrecht kann auch unter einer aufschiebenden Bedingung (§ 158 Abs. 1 BGB) eingeräumt werden (z.B. Zahlung eines bestimmten Betrages für die Einräumung dieses Rechts) mit der Folge, daß zwar das Sondernutzungsrecht mit der Bestellung (Anwartschaft) entsteht, seine Rechtswirkung aber bis zum Eintritt der Bedingung aufgeschoben ist (BayObLG WE 1988, 66). Auch das Anwartschaftsrecht ist wie das Sondernutzungsrecht übertragbar (BayObLG WE 1988, 66).
- Zulässig ist eine Vereinbarung in der GO, nach der Sondernutzungsrechte an bestimmten Teilen des gem.E., z.B. an Kfz-Abstellplätzen erst beim Verkauf einer ETW durch den Eigentümer begründet und bestimmten ETW zugeordnet werden (OLG Düsseldorf WE 1988, 58). Solche aufschiebende bedingten Sondernutzungsrechte bedürfen in der GO einer hinreichenden Bestimmung, um durch die spätere Zuordnungserklärung des teilenden Eigentümers wirksam zu werden. Ist eine solche Regelung zu unbestimmt, kann sie regelmäßig nicht als Vollmacht des teilenden Eigentümers zum Abschluß schuldrechtlicher Nutzungsvereinbarungen mit den Ersterwerbern ausgelegt werden (OLG Hamm vom 1. 12. 1997, 15 W 384/97).
- Das Sondernutzungsrecht unterliegt dem (Bayerischen Landes-)Gesetz, das Unschädlichkeitszeugnis betreffend vom 15. 6. 1898 (BayRS – 403-2 –).
- Errichtet ein WEer bauliche Anlagen auf einer einem anderen WEer zustehenden Sondernutzungsfläche, so können Berechtigte die Besei-

tigung dieser Anlagen verlangen (§ 15 Abs. 3; § 1004 BGB). Auf eine nicht im Grundbuch eingetragene Vereinbarung mit dem Rechtsvorgänger des Anspruchsberechtigten kommt es dabei nicht an (BayObLG WE 1991, 360).

- Ist in der GO hinsichtlich Sondernutzungsflächen bestimmt, daß die Zustimmung zu baulichen Maßnahmen nur dann erforderlich ist, wenn sie auch bei einer Realteilung notwendig wäre, so beurteilt sich die Zulassung der Errichtung eines Bretterzauns unmittelbar neben dem zwei Sondernutzungsflächen abtrennenden Maschendrahtzaun nicht nach § 22 WEG, sondern nach dem Nachbarrecht des BGB, hier nach § 922 Satz 3 BGB (BayObLG WE 1994, 118).
- Das Sondernutzungsrecht an einem über der Dachgeschoßwohnung befindlichen Speicherraum (Spitzboden) gibt einem WEer nicht die Befugnis, die Decke der Wohnung zum Spitzboden zu durchbrechen und eine Wendeltreppe einzubauen. Dies würde eine intensivere wohnliche und damit unzulässige andere Nutzung ermöglichen (BayObLG WE 1994, 251).
- Nützt ein Sondernutzungsberechtigter sein durch einen nicht angefochtenen Mehrheitsbeschluß erhaltenes Recht jahrelang nicht aus, weil ein anderer WEer die Sondernutzungsfläche unwidersprochen nutzt, so kann an eine Verwirkung dieses Rechts nur dann gedacht werden, wenn insgesamt Umstände vorhanden sind, die das Vertrauen in die Nichtausübung rechtfertigen, und wenn die bisherige ungerechtfertigte Nutzung schutzwürdig ist. Die Nichtausübung des Sondernutzungsrechts während eines Zeitraums von 3 Jahren allein reicht für die Verwirkung dieses Rechts jedenfalls nicht aus (OLG Köln WE 1996, 355).
- Gestattet ein Sondernutzungsberechtigter der WEer-Gem. auf seiner Sondernutzungsfläche „vorerst ohne Abstellkosten" Müllbehälter aufzustellen, kann er die Herausgabe der Gebrauchsvorteile wegen ungerechtfertigter Bereicherung verlangen, wenn die WEer die Hoffläche nach Widerruf der Gestattung des unentgeltlichen Abstellens nicht frei machen (BayObLG vom 12. 3. 1998, 174/97).
- Ob das Grillen auf Holzkohlenfeuer auf der Sondernutzungsfläche des Gartens wegen § 14 Nr. 1 uneingeschränkt verboten werden kann, hängt von der Gegebenheit des Einzelfalls ab (BayObLG NJW-RR 1999, 957).

11. Mitsondereigentum und Nachbareigentum

Auch der Begriff Mitsondereigentum kommt im WEG nicht vor. Er wird aber des öfteren in dem Sinne gebraucht, daß bestimmten Teilen des gem.E. und bestimmten Räumen (wie z.B. Treppenhäuser, Schwimmbad oder Sauna), Anlagen und 106

Einrichtungen (z.B. Lift), die nur von bestimmten WEern genutzt werden können, diesen zum alleinigen Gebrauch als Mit-SE zugewiesen werden. Man spricht in diesem Zusammenhang auch von der „dinglichen verselbständigten Untergemeinschaft".

Überwiegend wird in der Literatur diese besondere Art einer Nutzungsvereinbarung nicht als notwendig erachtet, weil eine notwendige Regelung durch das Gesetz (§ 16), insbesondere durch Vereinbarung von Sondernutzungsrechten ausreichend und gleichwertig möglich ist (Weitnauer Rz 31f. zu § 3). Unabhängig davon, ob die Begründung eines „Mitsondereigentums" wegen § 93 BGB möglich ist oder nicht, würde dieser neue Rechtsbegriff eher Verwirrung stiften und der Auslegung des WEG hinderlich sein. In diesem Sinne hat das BayObLG die Begründung von Mitsondereigentum – hier an einem Treppenhaus in einer Wohnanlage, das lediglich der Benutzung der in den Obergeschossen befindlichen Räumen (SE) dienen soll – grundsätzlich als nicht möglich bezeichnet (BayObLG DNotZ 1982, 246). Die Bildung von Mitsondereigentum ist schon deshalb nicht möglich, weil dies voraussetzt, daß ein Miteigentumsanteil an zwei SE-Einheiten gebunden wird. SE kann nämlich immer nur einem einzigen Miteigentumsanteil verbunden sein (§ 1 Abs. 2 und 4).

Nicht zu verwechseln mit dem Mitsondereigentum ist das von Weitnauer als „Nachbareigentum" bezeichnete, sich aus der Natur der Sache ergebende Mitsondereigentum, z.B. bei sonderrechtsfähigen Trennwänden zwischen zwei ETW. Hier ergibt sich an der im SE stehenden Trennwand, an der also zwei SEer anliegen, naturgemäß Mitsondereigentum mit der Konsequenz der nachbarrechtlichen Verpflichtung beider WEer im Sinne des § 922 BGB, d.h. daß beide WEer eventuell anfallende Betriebs- und Instandhaltungskosten anteilig zu tragen haben. Im Mitsondereigentum steht z.B. auch eine Abwasserleitung zweier benachbarter ETW, die innerhalb einer nichttragenden Trennwand zur gem. Hauptleitung führt, wobei diese Leitung beiden Wohnungen zur Entsorgung von Wasser dient.

12. Beschränkte dingliche Rechte

a) Erwerbsrechte

Unter Erwerbsrechten werden die Rechte verstanden, die dem Berechtigten unter bestimmten Voraussetzungen die Befugnis einräumen, das Eigentum an einem Gegenstand (z.B. einer ETW) zu erwerben. Bezüglich des Erwerbs von Grundstücken bestehen diese Rechte im Vorkaufsrecht, im Ankaufsrecht und in der Vormerkung. (Vgl. hierzu Schmidt in Bä/Se.) *107*

Die Vormerkung kann nach § 883 BGB zur Sicherung von Ansprüchen auf Einräumung eines Rechts im Grundbuch eingetragen werden. Für den Bereich von ETW ist die Auflassungsvormerkung, die Teilungsvormerkung, die Sondereigentumsvormerkung und die Aufhebungsvormerkung von Bedeutung. *108*

Die Auflassungsvormerkung sichert dem Erwerber einer ETW den Anspruch auf Verschaffung des Eigentums an der Wohnung. Sie ist von erheblicher Bedeutung beim Bauträgerkauf (vgl. oben Rn. **2** 142). Die Teilungsvormerkung sichert den Anspruch gegen einen Grundstückseigentümer, das Grundstück nach § 8 in WE und TEm aufzuteilen. Ähnlich sichert die Sondereigentumsvormerkung den Miteigentümern am Grundstück den Anspruch auf Verbindung ihrer Miteigentumsanteile mit dem SE; das ist die gegenseitige Einräumung von SE nach § 3. Die Aufhebungsvormerkung ist ein selten verlangter Anspruch auf Aufhebung des WE. *109*

Das Ankaufsrecht ist eine schuldrechtlich im BGB nicht geregelte Verpflichtung eines Eigentümers, ein Grundstück oder eine ETW unter ganz bestimmten Voraussetzungen und Bedingungen zu veräußern. Die Vereinbarung einer solchen Option bedarf der Beurkundung nach § 313 BGB. *110*

Das Vorkaufsrecht wird unterschieden in schuldrechtliches und dingliches Vorkaufsrecht. Das schuldrechtliche Vorkaufsrecht (§§ 504ff. BGB) beinhaltet das Recht, eine Sache dann zu erwerben, wenn der Eigentümer als Vorkaufsverpflichteter die Sache an einen Dritten verkauft hat. Die Einräumung eines Vorkaufsrechts an Grundstücken und an ETW bedarf der Beurkundung nach § 313 BGB. Es kann durch eine Vormerkung nach *111*

§ 883 BGB im Grundbuch gesichert werden. Das dingliche Vorkaufsrecht ist die Belastung eines Grundstücks oder einer ETW zugunsten des Vorkaufsberechtigten. Das dingliche Vorkaufsrecht entsteht durch Einigung und Eintragung im Grundbuch aufgrund der dazu erforderlichen Eintragungsbewilligung.

112 Neben diesen privatrechtlichen Vorkaufsrechten gibt es im Bereich der ETW noch öffentlich-rechtliche Vorkaufsrechte, und zwar folgende:

- Vorkaufsrecht des Mieters nach § 570b BGB im Falle der Umwandlung von Mietwohnungen in ETW;
- Vorkaufsrecht des Mieters einer Sozialwohnung bei Umwandlung nach § 2b Wohnungsbindungsgesetz.

Das Vorkaufsrecht nach den §§ 24ff. BauGB trifft für ETW nicht zu. Es ist in § 24 Abs. 4 BauGB ausdrücklich vom Vorkaufsrecht ausgenommen.

b) Dienstbarkeiten/Nutzungsrechte

113 Dienstbarkeiten sind Nutzungsrechte (Baur, Lehrbuch des Sachenrechts 10. Auflage München 1978, S. 21), welche der Eigentümer eines Grundstücks einem Dritten einräumt und die seine im Eigentumsrecht enthaltenen (Gebrauchs-)Rechte einschränken. Diese die Eigentumsrechte beschränkenden Rechte sind als Bestandteil des Sachenrechts „beschränkte dingliche Rechte“, mit dem unabdingbaren Erfordernis der Eintragung in das Grundbuch. Während Sondernutzungsrechte eine inhaltliche Beschränkung des WE darstellen, weil sie als Inhalt des SE im Grundbuch eingetragen werden, sind Dienstbarkeiten vom Gesetzgeber genau definierte (numerus clausus) Belastungen, die als solche in Abteilung II des Grundbuchs einzutragen sind. Dienstbarkeiten sind, wie alle anderen dinglichen Grundstücksrechte auch, abstrakt. D.h. Bestand und Inhalt sind grundsätzlich von den getroffenen schuldrechtlichen Abreden unabhängig.

114 Über den Inhalt von Dienstbarkeiten gibt es eine Fülle von unterschiedlichen Rechtsprechungsergebnissen. Zwei wesentliche tragende Grundsätze haben sich dabei herausgebildet (Amann in DNotZ 1986, 578):

- Hauptinhalt einer Dienstbarkeit kann nicht die Pflicht zu einem positiven Tun sein.
- Inhalt einer Dienstbarkeit können nur Einschränkungen des tatsächlichen Gebrauchs des Grundstücks sein, nicht Einschränkungen der rechtlichen Dispositionsfreiheit des Grundstückseigentümers.

Gewisse Probleme ergeben sich bei der Bestellung und der Eintragung von Dienstbarkeiten an WE und TEm deshalb, weil sich hier die Frage stellt, ob die Belastung am SE, am Miteigentumsanteil oder am gem. Grundstück eingetragen werden soll. *115*

Einigkeit besteht darüber, daß WE und TEm einzeln mit Dienstbarkeiten belastet werden kann, aber nur soweit, als sich deren Ausübung auf den Gebrauch des betreffenden SE beschränkt (Haegele/Schöner/Stöber „Grundbuchrecht“ 8. Auflage 1986, S. 946). Sollen dagegen mit den Dienstbarkeiten Belastungen am gem. Grundstück oder an gem. Gebäudeteilen begründet werden, ist man bisher davon ausgegangen, daß diese nach Maßgabe von § 747 Abs. 2 BGB nur am ganzen Grundstück und damit an allen WE- und TEms-Einheiten bestellt und eingetragen werden dürfen. *116*

Dieses Prinzip wurde durch zwei Entscheidungen des OLG Hamm (Rpfleger 1980, 468; Rpfleger 1980, 469) – allerdings bezogen auf bestimmte Sachverhalte – durchbrochen mit der Folge, daß die Dienstbarkeit in selbständige Einzelrechte und damit auf bestimmte einzelne WE-Rechte aufgeteilt werden kann (Kritik: Zimmermann „Belastung von Wohnungseigentum mit Dienstbarkeiten“ in Rpfleger 1981, 333).

Das Sachenrecht beschreibt als umfassendes Nutzungsrecht den Nießbrauch (§§ 1030–1093 BGB) und als beschränkte Nutzungsrechte die Grunddienstbarkeit (§§ 1018–1029 BGB) sowie die beschränkte persönliche Dienstbarkeit. Diese Nutzungsrechte sind kurz darzustellen, soweit sie für das WE von Bedeutung sind. *117*

aa) Nießbrauchsrecht (§§ 1030–1088 BGB)

Das Nießbrauchsrecht ist das unveräußerliche (§ 1059 BGB) und unvererbliche (§ 1061 BGB) Nutzungsrecht, welches der WEer einem Dritten (Nießbraucher, §§ 1030, 1068 BGB) gewährt. Dieses Recht ermöglicht es dem Berechtigten sämtliche Nutzungen kraft eigenem und originärem Herrschaftsrecht zu *118* ziehen, also das WE umfassend zu nutzen. Es beinhaltet nicht nur das eigene Gebrauchsrecht sondern auch das Recht, die Früchte an der Sache oder an einem Recht zu ziehen. Für Nießbrauch an einem WE bedeutet das, daß der Berechtigte Anspruch auf Überlassung des Miet- und Pachtzinses oder auf Einnahmen, die aus dem Mitbesitz (§ 866 BGB) herrühren, hat.

119 Der Nießbrauch als umfassendes Nutzungsrecht (im Gegensatz zur Grunddienstbarkeit) kann nicht auf einzelne Nutzungen beschränkt werden, wobei aber aus dem Gesamtwohnungsbereich einzelne Nutzungen mit dinglicher Wirkung ausgespart werden können. Dem Nießbraucher stehen als Besitzer (§ 1036 BGB) auch die Besitzschutzrechte (§§ 858ff. BGB) zu. Der Schutz des Nießbrauchs entspricht dem des Eigentums (§§ 1065, 985, 1004, 823, 812, 816 BGB; Fritz Baur a. a. O. S. 287).

120 Der Nießbraucher einer ETW kann die Wohnung entweder selbst nutzen, oder diese vermieten oder verpachten. Er kann sie auch einem Dritten unentgeltlich überlassen.

121 Umstritten ist die Frage, ob und wenn ja, welche Rechte der Nießbraucher im Verhältnis zur Gem. der WEer hat, insbesondere, ob der Nießbraucher verpflichtet ist, gegenüber den WEern das Hausgeld zu zahlen (vgl. hierzu Schmidt in Bä/S S. 63), und ob ihm ein Stimmrecht in der Versammlung zusteht.

122 Es bestehen in Literatur und Rechtsprechung unterschiedliche Auffassungen: Nach der von Bärmann (Lehrbuch Rz. 239 u. a.; OLG Hamburg NJW-RR 1988, 267); vertretenen Auffassung steht nach Maßgabe von § 1066 BGB dem Nießbrauchberechtigten das alleinige Stimmrecht bei den Beschlüssen zu, die sich auf die Verwaltung, den Gebrauch und die Nutzung beziehen. In allen anderen Fällen (§§ 15, 16 Abs. 1, 21, Abs. 3, 26, Abs. 1, 28 Abs. 5 und bei Verfügungen) verbleibt das Stimmrecht beim WEer. Eine andere im wesentlichen von Weitnauer (Rz. 11 zu § 25, vgl. auch Lüke in PiG 56 S. 171ff.) vertretenen Auffassung gesteht dem Nießbraucher wegen seiner dinglichen Rechtsposition und dem WEer in der Versammlung ein gemeinsames Stimmrecht zu, soweit der Nießbrauchberechtigte durch den Beschluß in seiner Rechtsposition berührt wird.

123 Das KG (WE 1987, 126; sowie OLG Hamburg NJW-RR 1988, 267) tritt der Auffassung Bärmanns bei, indem es dem Nießbraucher alleiniges Stimmrecht zugesteht in allen Fragen, die sich aus der „Gemeinschaft der Miteigentümer in Ansehung der Verwaltung und der Art der Benutzung" ergeben. Das gilt auch für die Verwalterbestellung nach OLG München II (NJW-RR 1994, 1497).

Diese Auffassung, welche aus § 1066 BGB abgeleitet wird, wä- *124*
re für die Praxis von erheblicher Bedeutung, weil sie indiziert, daß jeder Nießbrauchberechtigte grundsätzlich zu jeder WEer-Versammlung selbständig eingeladen wird, und weil vor jeder Abstimmung grundsätzlich zu fragen ist, wer von den beiden Berechtigten jeweils die Kompetenz zur Stimmrechtsausübung besitzt. Den genannten Auffassungen kann hier nicht zugestimmt werden, weil damit ein Sonderrechtsverhältnis zwischen Nießbraucher und den anderen WEern gebildet wird, das auch aufgrund der Bestimmung des § 1066 BGB nicht notwendig und im WEG nicht begründet ist. Die Bestimmung des § 1066 BGB gilt selbstverständlich nur zwischen dienstbarkeitsgebenden WEern und dem berechtigten Nießbraucher. Wegen der besonderen Bedeutung der Pflichten des Nießbrauchers scheint es aber gerechtfertigt, dem Nießbrauchberechtigten eine besondere Stellung innerhalb der Gem. der WEer zu gewähren. Diese Stellung kann aber kein Sonderrecht sein. Sie vermag nur einen Anspruch des Nießbrauchers an seinen WEer zu begründen, von diesem zwingend eine Stimmrechtsvollmacht abverlangen zu können für den Fall, daß der WEer sein Stimmrecht selbst nicht ausüben will oder kann (so auch Staudinger/Bub Rz. 129f. zu § 25). Insgesamt wird hier die Auffassung Schmidt's, der sich ausführlich und umfassend mit den Rechtsproblemen des Nießbrauchs im WE (Nießbrauchrecht und Wohnungseigentum in Festschrift Seuß II S. 271 (vgl. auch BayObLG NZM 1998, 815) befaßt, wie folgt vertreten. Die grundlegenden Selbstverwaltungsrechte im WEG (§§ 20, 21) beinhalten die Ansprüche auf ordnungsmäßige Verwaltung, für die das WEG bestimmte Instrumente bereithält. Die Selbstverwaltung mit den darin verbundenen Rechten und Pflichten steht den WEern allein und ausschließlich zu. Kein WEer kann sich diesen Verpflichtungen entziehen, auch nicht durch die Regelung des § 1066 BGB. Das Selbstverwaltungsrecht ist unteilbar (vgl. auch Armbrüster

„Stimmrecht und Beschlußanfechtungsrecht beim Nießbrauch an Wohnungseigentum“ in DNotZ 1997, 562).

125 Die wesentlichen Pflichten, die sich aus dem gesetzlichen Schuldverhältnis zwischen dem WEer und dem Nießbraucher ergeben sind folgende:

- die wirtschaftliche Bestimmung der Sache zu erhalten = Instandhaltung und Instandsetzung des SE, sowie Beitragsleistung zur Instandhaltungsrückstellung für das gem.E.,
- ordnungsgemäß zu wirtschaften (§§ 1036, 1041 BGB) und die Sache zu versichern (§§ 1045, 1046 BGB) sowie die öffentlichen und privaten Lasten (§ 1047 BGB) zu tragen = Zahlung der Grundsteuer, Zahlung der Hypotheken- und Darlehenszinsen, Zahlung von Hausgeld- und sonstige Forderungen der WEer-Gem.

126 Die vorgenannten Leistungspflichten des Nießbrauchers bestehen aber nicht gegenüber den Gläubigern der Forderungen (Darlehensgläubiger oder WEer-Gem.) sondern nur gegenüber dem WEer. Das bedeutet, daß sich die WEer-Gem. z. B. bei Verzug wegen Hausgeldes nicht an den Nießbraucher sondern nur an den WEer halten kann.

127 Als Ergebnis für das Nießbrauchrecht am WE ist mit Schmidt (Festschrift für Seuß, 1997 S. 265 ff.) festzuhalten:

§ 1066 BGB ist für das Nießbrauchrecht am WE nicht anwendbar. Die Rechtsstellung des Nießbrauchberechtigten ergibt sich zwar aus den §§ 1030 bis 1067 BGB, aber nur im Verhältnis zwischen dem WEer als Ausgeber des Rechts und dem Nießbraucher (als gesetzliches Schuldverhältnis), nicht aber im Verhältnis der anderen WEer zum Nießbraucher. Zwar besitzt der Nießbraucher kraft seines dinglichen Rechts gegenüber den WEern eine besondere Stellung innerhalb der Gem. Diese Position ist stärker als die Stellung eines Mieters. So haben die WEer den Mitgebrauch und die Mitbenutzung des gem.E. zu gewähren. Darüber hinaus hat der Nießbraucher das Recht vom Verwalter Auskünfte über Beschlüsse, Kosten und Lasten zu fordern, soweit sein Nutzungsrecht betroffen ist. Auch kann ihm die Teilnahme an der Versammlung nicht verwehrt werden. Er hat aber keinen Anspruch auf Einladung zur Versammlung und auch kein Stimmrecht in der Versammlung. Der Nießbraucher ist gegenüber der Gem. auch nicht zur Lasten- und Kostentragung verpflichtet. Dieser Auffassung schließt sich das BayObLG (25. 6. 1998, 53/98) im Ergebnis an, wenn es dem Nießbrauchberechtigten weder ein Stimmrecht noch ein Anfechtungsrecht von Beschlüssen der WEer zugesteht.

Der Nießbrauch wird als Belastung des betreffenden WE und TEms im Wohnungseigentumsgrundbuch in Abteilung II eingetragen und ist bezüglich dieser Eintragung problemlos. *128*

Das Nießbrauchsrecht erlischt mit dem Tod des Nießbrauchers (§ 1061 BGB). Ist der Berechtigte eine juristische Person, endet das Recht mit deren Erlöschen (Palandt/Bassenge Anm. 2 zu § 1061 BGB). Ist das mit dem Nießbrauchsrecht belastete WE zum Zeitpunkt der Beendigung des Rechts vermietet, so wird dadurch das Mietverhältnis nicht beendet (§ 1056 BGB). Rechtsnachfolger im Mietvertrag wird der Erbe des Nießbrauchberechtigten, und zwar unabhängig davon, ob er als WEer in den Vertrag nach § 1056 Abs. 1 BGB eintritt. Der Mietvertrag kann aber vom WEer unter Einhaltung der gesetzlichen Kündigungsfrist gekündigt werden. Dieses vorzeitige Kündigungsrecht des WEers in analoger Anwendung von § 1056 Abs. 2 S. 2 BGB ist aber dann ausgeschlossen, wenn er Alleinerbe des Nießbrauchers ist. *129*

bb) Grunddienstbarkeit (§§ 1018–1029 BGB)

Die Grunddienstbarkeit beschränkt das Recht eines Grundstückseigentümers durch Belastung seines (dienenden) Grundstücks zugunsten des jeweiligen Eigentümers eines anderen (herrschenden) Grundstücks. Entscheidend dabei ist, daß das herrschende Grundstück und nicht der individuelle Eigentümer mit seinen verschiedenen Bedürfnissen Nutznießer am dienenden Grundstück ist (Baur a. a. O. S. 290). *130*

Die Grunddienstbarkeit wird am dienenden Grundstück als Belastung in Abteilung II des Grundbuchs eingetragen und kann (muß nicht) am herrschenden Grundstück vermerkt werden (§ 9 GBO). Sie ist aber Bestandteil des herrschenden Grundstücks und geht deshalb automatisch an einen Rechtsnachfolger über. Voraussetzung der Eintragung ist die Einigung (Bestellungsurkunde) zwischen den Grundstückseigentümern. *131*

Als Besonderheit für das WE ist zu vermerken, daß Grunddienstbarkeiten sowohl an einzelnen WE-Einheiten als auch am *132*

Gesamtgrundstück bestellt werden können. Das einzelne WE kann auch herrschendes Grundstück sein (Schmidt in Bä/S S. 59). Auch ist die Bestellung einer Grunddienstbarkeit zulasten und zugunsten eines WE innerhalb einer Gem. möglich (Haegele/Schöner/Stöber a.a.O. S. 945f., vgl. auch BGH WE 1990, 22). Der mögliche Inhalt von Grunddienstbarkeiten ist im BGB in drei alternative Fallgruppen (§ 1018 BGB) zusammengefaßt:

- Der Berechtigte darf das fremde Grundstück in bestimmten einzelnen Beziehungen nutzen. Z.B. Geh- und Fahrtrechte; Leitungsrechte (Durchleitung „Belassung und Veränderung") aller Art; Recht Steine zu brechen oder Holz zu entnehmen oder eine Quelle zu fassen und abzuleiten.
- Der Belastete darf auf seinem Grundstück bestimmte Handlungen nicht vornehmen. Hieraus ergibt sich z.B. eine Baubeschränkung oder eine Nutzungsbeschränkung (z.B. Verbot ein bestimmtes Gewerbe zu betreiben).
- Der Belastete darf gegen den Berechtigten keine Rechte ausüben, die ihm nach seinen Eigentumsrechten am Grundstück (§§ 903, 1004 BGB) zustünden. Z.B. Regelung von Immissionen und Eigentumsstörungen.

133 Grundsätzlich ist der Inhalt der Dienstbarkeit in der Weise zu beschränken, daß dem Eigentümer des belasteten Grundstücks neben der Nutzung durch den Berechtigten – anders wie beim Nießbrauch (s. oben Rn. **6** 118) – noch wesentliche Nutzungsmöglichkeiten verbleiben. Unter Nutzungsmöglichkeit in diesem Sinn wird dabei aber nicht nur der Gebrauch am SE verstanden, sondern die Nutzungsmöglichkeit am gesamten Recht. Das ist beim WE oder TEm der Miteigentumsanteil und das SE. Aus diesem Grunde können Grunddienstbarkeiten oder auch beschränkte persönliche Dienstbarkeiten, die z.B. das Gebrauchsrecht am SE von Kfz.-Abstellplätzen unter Ausschluß des TEmers allein den Dienstbarkeitsberechtigten gewähren im Grundbuch eingetragen werden. Das Gesamtrecht TEm ermöglicht nämlich auch bei Gebrauchsüberlassung des SE noch Nutzungsmöglichkeiten aus dem Gesamtrecht, z.B. durch Vermietung eines im gem. Eigentum stehenden Raumes oder einer Reklamefläche. Demnach verbleibt dem TEmer noch eine sinnvolle Nutzung seines Rechts (so BayObLGZ 1987 Nr. 58). Dieser Grundsatz ergibt sich aus dem Wortlaut des § 1018 BGB, wenn danach die Dienstbarkeit nur ein Nutzungsrecht in „einzelnen Beziehungen“ zuläßt. Das bedeutet, daß dem Eigentümer des dienenden Grundstücks nicht nur eine unwesentliche Nutzungsmöglichkeit verbleiben darf. Bei WE wird der Umfang der Nutzung, der als wesentlich oder unwesentlich zu bezeichnen ist, am gesamten WE und nicht nur auf bestimmte beanspruchte Teile bemessen (BayObLG Rpfleger 1986, 484).

Bei WE sind Grunddienstbarkeiten folgenden Inhalts anzutreffen: *134*

- als Belastung des einzelnen WE: Leitungsrecht (Durchleitung von Leitungen durch das SE z. B. zur Energieversorgung – Etagenheizung –; Duldung von gewerblichen Einrichtungen wie Kühlanlagen, Werkstätten); Mitbenutzungsrechte von gemeinschaftlichen Einrichtungen anderer Häuser in einer Mehrhausanlage; Terassennutzungsrecht (BayObLG Rpfleger 1985, 486);
- als Belastung des ganzen Grundstücks und damit in allen WE-Einheiten: Wegerecht; Geh- und Fahrtrecht, Leitungsrechte, Baubeschränkungen zugunsten eines anderen (herrschenden) Grundstücks. Solche Rechte, die am ganzen Grundstück bestehen, können nicht an einzelnen Wohnungs- und Teileigentumseinheiten eingetragen werden. Die Eintragung ist unzulässig und von Amts wegen zu löschen. Rechte, die das im gem.E. stehende Grundstück belasten, sind in Abteilung II sämtlicher Wohnungsgrundbücher so einzutragen, daß die Belastung des gesamten Grundstücks erkennbar wird (BayObLG WE 1996, 147);
- als Grunddienstbarkeit zugunsten aller WEer: bestellt zu Lasten eines Nachbargrundstücks, welches teilweise PKW-Abstellplätze für die anliegenden WEer zur Nutzung zur Verfügung stellt (OLG Stuttgart WE 1990, 131).

Inhalt einer gegenseitigen Grunddienstbarkeit zugunsten des jeweiligen Eigentümers einer anderen ETW kann auch die Regelung sein, daß ein bestimmtes Fenster – das zwar im gem.E. eines WEers stehen kann, der WEer aber aufgrund seines alleinigen Nutzungsrechts am SE zum beliebigen Öffnen und Schließen der Fenster berechtigt ist – ständig geschlossen zu halten ist (BGH WE 1990, 22). Von dieser Grunddienstbarkeit betroffen ist hier nicht das wohl zumindest teilweise im gem.E. stehende Fenster, sondern der im SE stehende Raum des WEers. Damit wird auch hier an dem Grundsatz festgehalten, daß die Belastung mit einer Grunddienstbarkeit nur insoweit zulässig ist, als sich deren Ausübung auf den Gebrauch des SE und die da- *135* mit zwangsläufig verbundene Benutzung des gem.E. beschränkt, so daß nur der gegenständlich abgegrenzte Bereich des SE Bezugsobjekt der Dienstbarkeit sein kann (BayObLG WE 1991, 79 m.w.N.). Danach ist die Bestellung einer Grunddienstbarkeit, deren Ausübungsbereich das Sondernutzungsrecht eines WEers sein soll (hier: Recht zum Abstellen eines Kraftfahrzeuges zugunsten des jeweiligen Eigentümers einer Wohnung in einer benachbarten Anlage; BayObLG WE 1991, 79 oder das Recht eines WEers, auf der Sondernutzungsfläche eine Garage zu errichten zugunsten eines Grundstücksnachbarn mittels Grunddienstbarkeit (BayObLG vom 3. 4. 1997, 5/97), ausgeschlossen.

136 Die Grunddienstbarkeit besteht im Regelfall „ewig". Sie erlischt (Baur a.a.O. S. 293):

- durch rechtsgeschäftliche Aufhebung (§§ 875, 876 BGB)
- wenn eine die Ausübung des Rechts beeinträchtigende Anlage 30 Jahre bestanden hat (§ 1028) z.B., wenn ein Geh- und Fahrtrecht keine Funktion mehr besitzt, weil das belastete Grundstück öffentliche Straße wurde
- durch dauernden Wegfall des Vorteils für das herrschende Grundstück.

137 Die Grunddienstbarkeit kann wie jedes beschränkte dingliche Recht des BGB auflösend bedingt sein (§ 158 BGB). Das Ereignis, welches zur Bedingung für das Entstehen oder Erlöschen gemacht werden soll, muß aber mit genügender Bestimmtheit feststellbar sein (BayObLG Rpfleger 1985, 486).

cc) Beschränkte persönliche Dienstbarkeit (§§ 1090–1094 BGB)

138 Beschränkte persönliche Dienstbarkeiten stehen in der Mitte zwischen Grunddienstbarkeit und Nießbrauch. Mit der Grunddienstbarkeit besteht die Gemeinsamkeit im Inhalt und mit dem Nießbrauch in der Bindung an eine Person. Inhaltlich entspricht die beschränkte persönliche Dienstbarkeit der Grunddienstbarkeit, allerdings mit der Maßgabe, daß dieses Recht einer bestimmten Person zusteht (§ 1090 BGB). Weil die Rechtsbeziehungen zwischen Personen umfangreicher sein können als die zwischen Grundstücken, ist hier in der Regel auch der Anwendungsbereich größer.

Der Inhalt der beschränkten persönlichen Dienstbarkeit wird entsprechend der Vorschrift über Grunddienstbarkeiten in drei alternativen Fallgruppen geordnet (§§ 1090, 1018 BGB). 139

Bei WE kommen beschränkte persönliche Dienstbarkeiten überwiegend als Belastungen des einzelnen WE in Betracht wie z. B. Wohnungsbesetzungsrecht bei mit Wohnungsfürsorgemitteln geförderten Wohnungen, Nutzungsbeschränkungen aller Art. 140

Berechtigte sind grundsätzlich (natürliche oder juristische) Personen wie z. B. der Staat, der Bauträger, Darlehensgeber usw. 141

Die beschränkte persönliche Dienstbarkeit ist nicht veräußerlich, übertragbar, belastbar und vererblich. Dementsprechend erlischt die beschränkte persönliche Dienstbarkeit, wenn sie nicht durch Vereinbarung aufgehoben wird, mit dem Tod des Berechtigten, oder wenn der Berechtigte eine juristische Person ist, mit deren Erlöschen (Palandt/Bassenge Anm. 8 zu § 1090 BGB). Hat der durch die beschränkte persönliche Dienstbarkeit Berechtigte sein Nutzungsrecht durch Vermietung an einen Dritten vermietet, so ist bei Erlöschen dieses Rechts der WEer – anders als beim Nießbrauchsrecht – nicht an dieses Mietverhältnis gebunden. Auch kann die Ausübung dieses Rechts nur mit Einwilligung des Belasteten einem Dritten übertragen werden (§ 1092 BGB). Sonst gelten die gleichen Vorschriften wie die für Grunddienstbarkeiten. 142

Denkbar ist auch die Eintragung einer beschränkten persönlichen Dienstbarkeit an einem Grundstück der WEer, wenn z. B. ein Privatweg, der im Eigentum der WEer-Gem. steht, dem öffentlichen Verkehr zu widmen ist. Hier wird an diesem Teil des Grundstücks eine beschränkte persönliche Dienstbarkeit zugunsten der betreffenden politischen Gemeinde bestellt. 143

In Feriengebieten sind vielfach gesamtbelastende Dienstbarkeiten mit dem Inhalt anzutreffen, daß eine ständige Selbstnutzung des WE verboten ist; z. B. das Verbot, ein WE „nicht länger als sechs Wochen im Jahr selbst zu bewohnen oder durch ein und denselben Dritten bewohnen zu lassen und es zu anderen beruflichen oder gewerblichen Zwecken als denen eines fremdenverkehrsgewerblichen Beherbergungsbetriebes mit ständig wechselnder Belegung zu nutzen" (BayObLG NJW 1985, 2485). 144

dd) Wohnungsrecht (§ 1093 BGB)

145 Eine besondere Form der beschränkten persönlichen Dienstbarkeit ist das Wohnungsrecht nach § 1093 BGB, das auch für das WE von Bedeutung sein kann. Inhalt des Wohnungsrechts ist das Recht auf Nutzung (Gebrauch) eines Gebäudes oder Gebäudeteiles als Wohnung unter Ausschluß des Eigentümers.

146 Die Rechte und Pflichten von Eigentümern und Berechtigten sind in den §§ 1093, 1031 ff. BGB abschließend geregelt. Darüber hinaus kann der Eigentümer keine Rechte geltend machen, so hat er z. B. kein Recht zur Besichtigung der Wohnung, auch nicht aus dem Grundsatz von Treu und Glauben (LG Fulda NJW-RR 1989, 777).

147 Der Wohnungsberechtigte ist aber zur schonenden Ausübung verpflichtet mit der Maßgabe zur Unterhaltsverpflichtung des Objektes, d. h. der Berechtigte hat die durch die Nutzung verursachten Betriebskosten zu tragen. Dies widerspricht nicht dem tragenden Grundsatz des Wohnungsrechts, daß dieses unentgeltlich zu bestellen ist. Die Vereinbarung eines Entgelts für das Wohnungsrecht ist zwar mit schuldrechtlicher Wirkung zulässig, sie kann aber nicht zum dinglichen Inhalt des Wohnungsrechts gemacht werden (BayObLG NJW-RR 1989, 14).

148 Für das WE bedeutet dies, daß mit dinglicher Wirkung der Wohnungsberechtigte einer ETW nicht zur Tragung von Leistungen verpflichtet werden kann, die über die Betriebs- und Instandhaltungskosten hinausgehen. Für das Wohnungsrecht kann aber schuldrechtlich ein Entgelt oder eine Nutzungsentschädigung vereinbart werden. Eine solche Vereinbarung unterliegt nicht dem Mietpreisrecht. Möglich ist aber auch der Abschluß eines Mietvertrages neben der Bestellung des Wohnungsrechts. Hier gilt das Mietrecht. Wird das Mietverhältnis beendet, entfällt nicht das Wohnungsrecht. Rechtsgrund für das dingliche Wohnrecht ist nämlich der schuldrechtliche Vertrag, in dem Verpflichteter und Berechtigter die Wohnrechtsbestellung vereinbart haben, und nicht ein zusätzlich abgeschlossener Mietvertrag über die von dem dinglichen Recht erfaßte Wohnung. Aus diesem Grunde ermöglicht die Kündigung eines zusätzlich abgeschlossenen Mietvertrags keinen Anspruch auf Löschung des dinglichen Rechts (BGH Urt. DNotZ 1999, 500).

Das Wohnungsrecht kann ohne Zustimmung der anderen WEer an einem WE selbständig begründet werden, und zwar unter Wahrung der Formvorschrift des § 29 GBO. Nicht möglich ist die Bestellung eines Wohnungsrechts am TEm, insbesondere an einem als TEm begründeten Tiefgaragenabstellplatz, weil ein Tiefgaragenplatz die Nutzung als Wohnung nicht ermöglicht (BayObLG WE 1987, 94; BayObLGZ 1986, Nr. 81). *149*

Das dingliche Wohnungsrecht, das vielfach in sog. Altenteilverträgen Anwendung fand, ist weder vererblich noch übertragbar, es sei denn mit Bestimmung des Eigentümers. Das Wohnungsrecht ist inhaltlich mit dem Nießbrauch verwandt, so daß die Vorschriften des Nießbrauchsrechts zum Besitz zur Erhaltung und zur ordnungsmäßigen Bewirtschaftung (s. oben Rn. **6** 118ff.) Anwendung findet. *150*

Das Wohnungsrecht erlischt nach Aufhebung (§ 875 BGB), durch Ablauf einer vereinbarten Frist, durch Tod des Berechtigten, durch Tod der zuletzt Versterbenden, wenn das Wohnungsrecht zugunsten von Ehegatten bestellt wurde. *151*

Wie beim Nießbrauchsrecht entsteht bei dem an einem WE bestellten Wohnungsrecht die Frage, ob und ggf. wie der Wohnungsberechtigte das Stimmrecht für das belastete WE ausüben darf. Der BGH (Rpfleger 1977, 55) stellt hierzu fest, daß der Inhaber beschränkter dinglicher Rechte an einem WE nicht gänzlich von der Stimmrechtsausübung in der WEer-Versammlung ausgeschlossen wäre. Er gesteht dem Berechtigten ein Stimmrecht insoweit zu, als die Beschlußfassung die Benutzung dieser Räume und die Mitbenutzung der zum gem. Gebrauch bestimmten Anlagen und Einrichtungen berührt. Diese Auffassung ist nicht unbedenklich, wie die Diskussion um das im Grunde gleiche Problem zur Stimmrechtsausübung des Nießbrauchers (s. oben Rn. **6** 118) zeigt. *152*

13. Dauerwohnrecht

Das Dauerwohnrecht ist im WEG in den §§ 31–42 als wirtschaftliches Eigentum vermittelndes Nutzungsrecht an Wohnun- *153* gen und an nicht zu Wohnzwecken dienenden Räumen (Dauernutzungsrecht) geregelt. Dieses Institut kann hier nicht näher beschrieben werden.

Ein Dauerwohnrecht kann auch am einzelnen WE bestellt werden. Das Dauerwohnrecht ist die Belastung eines Grundstücks oder eines WE mit der Folge, dem Berechtigten unter Ausschluß des Eigentümers eine bestimmte Wohnung zur Nutzung als Wohnung zu überlassen (§ 31). Als Inhalt des Dauerwohnrechts, das veräußerlich und vererblich ist, können Vereinbarungen getroffen werden über (§ 33):

- Art und Umfang der Nutzungen
- Instandhaltung und Instandsetzung des SE
- die Pflicht zur Tragung öffentlicher und privatrechtlicher Lasten des Grundstücks (Hausgeld)
- die Versicherung des Gebäudes und seinem Wiederaufbau im Falle der Zerstörung
- das Recht des Eigentümers, bestimmte Sicherheitsleistungen zu verlangen.

Die Bestellung des Dauerwohnrechts erfolgt durch Einigung zwischen Wohnungseigentümer und Berechtigtem (§ 873 BGB) sowie Eintragung in Abteilung II des Grundbuches als Belastung des betreffenden WE, Voraussetzung für die Eintragung ist die Vorlage von (§ 32):

- Aufteilungsplan der Baubehörde (s. oben Rn **6** 184)
- Abgeschlossenheitsbescheinigung (s. unten Rn **6** 195)
- Vereinbarung, welchen Inhalt und Umfang des Dauerwohnrechts, das Nutzungsentgelt und den Heimausfallanspruch regelt.

Das Dauerwohnrecht kann nicht bedingt aber befristet bestellt werden. Im übrigen wird auf die §§ 31–42 verwiesen.

14. Grundbuch

154 Das Grundbuchrecht ist Bestandteil des umfassenderen Grundstückrechts (§§ 873–1203 BGB sowie in den Nebengesetzen: ErbbauVO; HeimstG; RSG; WEG. Vgl. hierzu Haegele/Schöner/Stöber a.a.O. S. 1ff.). Hauptaufgabe des Grundbuchrechts ist es, zuverlässige und erschöpfende Auskunft über die Rechtsverhältnisse am Grundstück zu gewährleisten.

Dementsprechend sollen insbesondere die Eigentumsverhältnisse offengelegt, die dinglichen Belastungen kenntlich gemacht und die Rangverhältnisse festgelegt werden. Insgesamt muß das Grundbuch Vertrauen schaffen für alle am Grundstücksverkehr teilnehmenden Personen (vgl. Behringer DtZ 1997, 42).

Unterschieden wird das Liegenschaftsrecht in ein materielles und ein formelles Recht. Das materielle Liegenschaftsrecht befaßt sich mit den Rechtsgrundlagen, es regelt den Inhalt, die Entstehung, Änderung und Aufhebung der Rechte an Grundstücken nach den Vorschriften des BGB. Das formelle (Grundbuch-)Recht regelt das Eintragungsverfahren in das Grundbuch. Es dient der Verwirklichung des materiellen Rechts und ist in der Grundbuchordnung und ihren Nebengesetzen geregelt (vgl. hierzu Schmidt in Bä/S Rz A 183). *155*

a) Allgemeine Grundsätze des Grundbuchrechts

Das materielle Liegenschaftsrecht bestimmt, daß alle Grundstücke zu buchen und alle an einem Grundstück bestehenden Rechte aus dem Grundbuch zu ersehen sind. *156*

Das Sachenrecht des BGB läßt in der Regel keinen Erwerb, keine Veränderung und keine Aufhebung von Eigentum und sonstigen Rechten an Grundstücken (§§ 873, 875, 877, 925 BGB, § 4) ohne Eintragung in das Grundbuch zu. Der Inhalt des Grundbuchs ist entscheidend für die Beweisvermutung der eingetragenen Rechte (§ 891 BGB) und den Nachweis des Rechtsschutzes für den gutgläubigen Erwerber eines Grundstücks (§§ 892, 893 BGB) oder eines sonstigen Rechtes an einem Grundstück. Das Grundbuch hat demnach die Aufgabe, den dinglichen Rechtszustand an Grundstücken umfassend Auskunft zu geben. *157*

Das formelle Grundbuchrecht ist Teil der f. G. und in besonderen Gesetzen und Verordnungen geregelt. Rechtsgrundlage des formellen Grundbuchs ist insbesondere die „Grundbuchordnung“ vom 5. 8. 1935 – BGBl. I S. 1513; zuletzt geändert durch Artikel 5 des Gesetzes vom 6. 6. 1995 – BGBl. I S. 778. Daneben gibt es auch eine Reihe von Ergänzungsvorschriften; für das WE wichtig ist die „Verfügung über die grundbuchmäßi- *158* ge Behandlung der Wohnungseigentumssachen“ in der Neufassung vom 24. 1. 1995 – BGBl. I S. 134.

159 Die unabdingbaren Grundsätze des Grundstücks- und Grundbuchrechts sind folgende (vgl. Haegele/Schöner/Stöber a. a. O. S. 4ff.):

- Eintragungsgrundsatz: Erwerb, Veränderung und Aufhebung von Eigentum und sonstigen Rechten an Grundstücken (WE) sind im Grundbuch einzutragen. Dies gilt in der Regel nur für den rechtsgeschäftlichen Erwerb. Daneben ergeben sich Rechtserwerbe, die außerhalb des Grundbuchs entstehen wie z. B. Erbfolge, Erbteilsübertragung, Zuschlag in der Zwangsversteigerung, Sicherungshypothek nach § 1287 BGB. Hier findet lediglich eine Grundbuchberichtigung statt (vgl. Schmidt in Bä/S Rz A 184).
- Einigungsgrundsatz als materielles Konsensprinzip: Einigung des Berechtigten und des anderen Teils über den Eintritt der Rechtsänderung. Die Einigung ist ein sachenrechtlicher Vertrag und daher unabhängig vom schuldrechtlichen Verpflichtungsgeschäft. Die Einigung bedarf keiner Form mit Ausnahme der Einigung über den Eigentumsübergang in der Form der Auflassung (§ 925 BGB).
- Ergänzungsgrundsatz als formelles Konsensprinzip: Anstelle der Einigung der Parteien gilt hier die einseitige Bewilligung des Betroffenen (§ 19 GBO).
- Antragsgrundsatz: Eintragung in das Grundbuch erfolgt nur auf Antrag (§ 13 GBO) mit Ausnahme, wenn das Grundbuchamt von Amts wegen tätig sein muß. Antragsberechtigt sind sowohl der von der Rechtsänderung Betroffene als auch der Begünstigte (vgl. Schmidt in Bä/S Rz A 187).
- Öffentlichkeitsgrundsatz (materielles Publizitätsprinzip): Gutglaubenswirkung für den Erwerber eines Rechts am Grundstück bezüglich Richtigkeit und Vollständigkeit des Inhalts des Grundbuchs. Damit verbunden ist die Offenlegung (Einsichtnahme) des Grundstücks zur Einsicht durch die am Rechtsverkehr Teilnehmenden (§ 12 GBO). Geschützt wird aber nur der gute Glaube an die Richtigkeit des Grundbuchs, nicht der Glaube an das allgemeine Verfügungsrecht des Eingetragenen (vgl. hierzu Schmidt in Bä/S Rz A 188).
- Bestimmtheitsgrundsatz (Spezialitätsprinzip): Gebot der Klarheit und Wahrheit bezüglich des Grundstücks, der Berechtigten und des Inhalts der eintragungsfähigen Rechte.
- Typenzwang: Begründet können Rechte am Grundstück nur werden, soweit sie das Recht vorsieht (numerus clausus), wobei inhaltliche Gestaltungen und Änderungen von Rechten nur in den gesetzlich vorgesehenen Grenzen möglich sind (Typenfixierung).
- Grundsatz der Sachprüfung (Legalitätsprinzip): Das Grundbuchamt hat im Eintragungsverfahren die Gesetzesmäßigkeit der Eintragungsanträge nach den Erfordernissen des formellen Grundbuchrechts zu prüfen.

- Vorranggrundsatz (Prioritätsgrundsatz): Der Rang des Grundstückrechts richtet sich nach der Reihenfolge ihrer Eintragung in das Grundbuch (§ 879 BGB) wobei bei der Eintragung dem früheren Eintragungsantrag der bessere Rang zu gewährleisten ist (§§ 17, 45 GBO).

b) Spezielle Grundsätze des Grundbuchrechts für das Wohnungs- und Teileigentum

WE kann nach § 3 durch Vertrag der Miteigentümer und nach § 8 durch Selbstteilung des Grundstückseigentümers begründet werden. Im Falle des § 3 ist gemäß § 4 Abs. 1 die dingliche Einigung (Auflassung § 925 BGB) und die Eintragungen der Rechtsänderung im Grundbuch (entspricht § 873 BGB) erforderlich. Anders besteht für die Begründung nach § 8 keine Bindung an die Einigung sondern nur das Erfordernis der Eintragung in das Grundbuch. *160*

Gegenstand und Inhalt des SE sind somit nach Maßgabe eines dinglichen Vertrages im Sinne des § 3 und nach Maßgabe der TE im Sinne der §§ 8 und 10 in das Grundbuch einzutragen. Die Form der Beurkundung (§ 20 GBO) ist dabei weder für die Erklärung der Auflassung (Einigung) noch für den Eintragungsantrag der TE notwendig, aber dringend zu empfehlen (s. unten Rn **6** 238). Erforderlich ist aber die Eintragungsbewilligung, die der Unterschriftsbeglaubigung bedarf (§§ 19, 29 GBO). Notarieller Beurkundung bedarf dagegen der schuldrechtliche Vertrag durch den sich Miteigentümer verpflichten, SE einzuräumen, zu erwerben oder aufzuheben (§ 4 Abs. 3). *161*

Formales Grundrecht wird für das WE in § 7 gesetzt:

Danach wird für jedes WE und TE ein gesondertes Grundbuchblatt (Wohnungsgrundbuch/Teileigentumsgrundbuch) eröffnet. Das Wohnungsgrundbuch enthält (vgl. Vorschriften zur Verfügung über die grundbuchmäßige Behandlung der Wohnungseigentumssachen oben Rn **6** 158): *162*

Vorderseite (Deckblatt) des Wohnungsgrundbuchs: Bezeichnung der Grundbuchstelle (Grundbuch von …, Band …, Blatt …)

- Bestandsverzeichnis: Gesamtgrundstück (Fl. Nr. …, Grundstücksgröße …; Grundstücksbeschrieb …; Miteigentumsanteil und Beschreibung des Sondereigentums des betreffenden Wohnungseigentümers; Hinweis auf Inhalt des Sondereigentums (unter Verweis auf die Ein-

tragungsbewilligung) Feststellung der Anträge, der Eintragung und der Änderungen.
- Erste Abteilung: Bezeichnung des Wohnungseigentümers mit Hinweis auf die Auflassungserklärung und Feststellung der Eintragung
- Zweite Abteilung: Eintragung aller Belastungen (insbesondere Dienstbarkeiten) Reallasten, Leibgeding, Vorkaufsrecht, Auflassungsvormerkungen, Zwangsversteigerungsvermerk, Konkursvermerk, gerichtliches Verfügungsgebot, Rechtsabhängigkeitsvermerk, Pfändungsvermerk, Sicherung eines Wiederkaufsrechts, Bestellung eines Erbbaurechts u. a.
- Dritte Abteilung: Hypotheken-Grund- und Rentenschulden (s. oben Rn **4** 108); Abtretung und Verpflichtung von Hypotheken-, Grund- und Rentenschulden; Änderung von Zahlungsbestimmungen und Konditionen; Rangveränderungen u. a.

163 Alle Eintragungen bedürfen eines Eintragungsantrages unter Berücksichtigung des materiellen (Einigung) und des formellen (Bewilligung) Konsensprinzips. Für die Begründung des WE sind in § 7 Abs. 3 und 4 besondere Formvorschriften gegeben, die unten (Rn **6** 219ff.) erläutert werden.

164 Für die grundbuchmäßige Behandlung in den neuen Bundesländern sah ab 3. 10. 1990 der Einigungsvertrag besondere Regelungen vor. Mit der Wohnungsgrundbuchverfügung vom 24. 1. 1995 (siehe oben) gilt im gesamten Bundesgebiet ein einheitliches Grundbuchrecht. Die in dieser Verfügung enthaltenen Muster für die Wohnungs- und Erbbaugrundbücher sind abgedruckt in Bä/S G Nr. 5.

c) Schließen der Wohnungsgrundbücher

165 Nach § 9 sind die Wohnungsgrundbücher in drei Fällen zu schließen:

- bei vertraglicher Aufhebung des SE gem. § 4. Hier ist die Einigung aller WEer und die Eintragung der Aufhebung des SE erforderlich. Die Schließung der Grundbücher erfolgt von Amts wegen
- bei völliger Zerstörung des Gebäudes. Hier wird das SE substanziell gegenstandslos. Zur Löschung des SE und zur Schließung des Wohnungsgrundbuchs ist der Antrag (nicht Einigung gem. § 4) aller WEer in Form des § 29 GBO erforderlich, sowie der Nachweis der völligen Zerstörung des Gebäudes
- bei Vereinigung aller WE-Rechte in einer Person: Fallen alle WE- und TEm-Einheiten in einer Person zusammen, so hat diese die Wahl, die Rechte bestehen oder löschen zu lassen. Beabsichtigt sie die Löschung, so erfolgt die Löschung des SE und die Schließung der Wohnungs-

grundbücher auf Antrag des Alleineigentümers in der Form des § 29 GBO.

Werden die Wohnungsgrundbücher durch das Grundbuchamt geschlossen, legt es ein Grundbuch für das Grundstück an. Ruhen Belastungen auf den WE und TEm, so werden diese als Belastungen des entsprechenden Miteigentumsanteils in Abteilung II oder III des allgemeinen Grundbuches übertragen. Soweit Belastungen bestehen (bestimmte Dienstbarkeiten), die nach ihrer Art an einem gewöhnlichen Miteigentumsanteil nicht bestehen können, gehen sie unter (Haegele/Schöner/Stöber a.a.O. S. 962).

Sind Rechte Dritter zu Lasten der einzelnen WE- und TEm-Einheiten bestellt, ist die Zustimmung dieser Dritten erforderlich, soweit die Rechte nicht auf das neue Grundbuch übertragen werden (vgl. Weitn. § 9 Rz 5; a.A. Bärm. § 9 Rz 14).

15. Baulast

Neben den oben besprochenen beschränkten dinglichen Rechten (Rn **6** 107ff.), die Grundstücke zivilrechtlich belasten, können Grundstücke auch öffentlich-rechtlich belastet sein. Zu diesen öffentlich-rechtlichen Grundstückslasten zählt die sogenannte Baulast, die in den Bauordnungen der Länder unterschiedlich geregelt ist. Danach bestehen für die Grundstückseigentümer in den Bundesländern – mit Ausnahme von Bayern, welches keine Baulastenregelung getroffen hat – öffentlich-rechtliche Verpflichtungen, wonach sie zu einem bestimmten „Tun, Dulden oder Unterlassen“ angehalten werden, soweit sich solche Pflichten nicht bereits aus dem öffentlichen Baurecht ergeben. Die Baulast wird durch eine freiwillige Verpflichtungserklärung des Grundstückseigentümers übernommen, die gegenüber der Bauordnungsbehörde bzw. gegenüber der Gemeinde schriftlich (überwiegend mit öffentlicher Beglaubigung der Unterschriften oder mit Unterzeichnung vor der zuständigen Behörde) abzugeben ist. Der Inhalt dieser Erklärung wird dann in das bei der Bauordnungsbehörde geführte Baulastenverzeichnis eingetragen. 166

167 Anwendungsfälle von Baulasten und deren Eintragung im Baulastenverzeichnis sind z. B. die Übernahme von Abstandsflächen; die vom Grundstücksnachbarn übernommene Pflicht, Kfz-Abstellplätze auf seinem Grundstück anlegen und nutzen zu lassen; Sicherung der Zufahrt zum Grundstück; Übernahme der Flächenbaulast u. a.

168 Die Baulast erlischt nur durch schriftlichen Verzicht der Bauordnungsbehörde, was dann möglich und notwendig ist, wenn kein öffentliches Interesse mehr an der Baulast besteht, was üblicherweise nur bei Änderung bestehender Verhältnisse gegeben ist. Die Erklärung zur Eintragung in das Baulastenverzeichnis hat wie die Verpflichtungserklärung konstitutiven Charakter mit der Maßgabe, daß diese Verwaltungsakte darstellen, die im VG-Verfahren von den Baulastverpflichteten bzw. Baulastbegünstigten angefochten werden können. Dagegen ermöglicht die Baulast keine privatrechtlichen Ansprüche und Beziehungen zwischen Baulastverpflichteten und Baulastbegünstigten selbst.

169 Bei WE und TEm wirken Eintragungen im Baulastenverzeichnis in gleicher Weise für und gegen die WEer und TEmer, wie dies bei Einzelgrundstücken für und gegen Einzel- bzw. Miteigentümer der Fall ist. Bei WE und TEm besteht aber eine Besonderheit darin, daß die Baulast sowohl am gem.E – also am Gesamtgrundstück – als auch am WE allein ruhen kann. Nach dem BGH ist die Übernahme einer Baulast durch einzelne WEer an den einzelnen WE-Einheiten ebenso möglich wie die Eintragung einer Grunddienstbarkeit am WE (BGH WE 1991, 102, vgl. auch oben Rn **6** 119). Soweit die aus dem SE fließenden Befugnisse reichen, ist demnach auch die Begründung einer zusätzlich geforderten Baulast durch den einzelnen WEer möglich. Von großer praktischer Bedeutung dürfte aber die auf einem einzelnen WE ruhende Baulast nicht sein, so daß überwiegend davon auszugehen ist, daß die Belastung am Gesamtgrundstück (gem.E.) ruht und alle WEer gem. verpflichtet sind. Das bedeutet aber auch, daß bei einem Rechtsstreit bezüglich der Übernahme einer Baulast die beklagten WEer notwendige Streitgenossen sind mit der Maßgabe, daß nur alle WEer gemeinsam zur Baulastübernahme verklagt werden können (BGH WE 1991, 102).

Soll durch die WEer-Gem. eine Baulast, z. B. die Übernahme einer Abstandsfläche zugunsten eines Nachbargrundstücks, aufgenommen werden, so bedarf es hierzu der Zustimmung aller WEer. Ein Mehrheitsbeschluß reicht hierzu nicht aus, weil es sich ausschließlich um eine rechtliche Verfügung über das gem.E., somit nicht um eine Maßnahme ordnungsmäßiger Verwaltung handelt. Die Übernahme der Baulast bedeutet darüber hinaus einen Verzicht auf den den Miteigentümern zustehenden öffentlich-rechtlichen Abwehranspruch gegenüber einer geplanten Maßnahme wegen Nichteinhaltung der bauordnungsrechtlichen Abstandsfläche (OLG Hamm WE 1991, 109). *170*

In diesem Sinn ist die Baulast auch privatrechtlich von Bedeutung, so daß der Käufer einer ETW bzw. der Ersteher in der Zwangsversteigerung gut daran tut, vor dem Erwerb bzw. vor dem Zuschlag Einsicht in das Baulastenverzeichnis zu nehmen. Diese Vorsicht ist gerade hier geboten, weil die Baulasten nicht als „Rechte Dritter" nach § 434 BGB gelten mit der Folge, daß der Veräußerer nicht verpflichtet ist, das Eigentum frei von Baulasten an den Erwerber zu übertragen. *171*

II. Begründung von Wohnungs- und Teileigentum

WE und TEm entsteht, wenn die Begründungsurkunde im Grundbuch eingetragen ist und die Wohnungsgrundbücher eröffnet sind. Damit ist ein sachenrechtlich besonders qualifiziertes Eigentumsrecht, aber noch keine WEer-Gem. entstanden (vgl. oben Rn **6** 44 ff.). *172*

Für die Begründung von WE und TEm gibt es unabdingbare Vorschriften, die zu beachten sind und deren Nichtbeachtung das Recht nicht entstehen läßt.

Einmal kann WE nur in Zusammenhang mit Bruchteilseigentum begründet werden, so daß z. B. erbengemeinschaftliche Miteigentumsanteile (Gesamthandsgemeinschaft) nicht durch Einräumung von SE beschränkt werden können (vgl. Röll: Teilungserklärung und Entstehung des Wohnungseigentums, MDR-Schriftenreihe, Heft 4, 1975). *173*

WE kann ferner nur in der Weise begründet werden, daß das SE mit Miteigentum nur an einem Grundstück begründet wird (§ 1 Abs. 4). Damit ist die Begründung von WE an zwei selbständigen Grundstücken ausgeschlossen.

174 Möglich ist aber die rechtliche Vereinigung von zunächst zwei selbständigen Grundstücken. Dies geschieht in der Weise, daß die Grundstücke unter Beibehaltung ihrer Flur-Nummern zur rechtlichen Einheit werden. Hier gibt es zwei Möglichkeiten: die Vereinigung von Grundstücken nach § 890 Abs. 1 BGB oder die Zuschreibung eines Grundstücks zum Bestandteil des anderen Grundstücks nach § 890 Abs. 2 BGB. Die Vereinigung oder die Zuschreibung erfolgt durch Antrag des Grundstückseigentümers, der Eigentümer aller zu vereinigenden Grundstücke sein muß, an das Grundbuchamt. Im Grundbuch werden die bisher selbständigen Grundstücke zu einem einhheitlichen Grundstück verbunden. Für die Vereinigung oder Zuschreibung ist es nicht erforderlich, daß die zu vereinheitlichenden Grundstücke aneinandergrenzen oder nebeneinanderliegen (Haegele/Schöner/Stöber 10. Aufl. Rz. 624ff.; vgl. auch OLG Hamm vom 28. 10. 1997, 15 W 272/97). Diese Möglichkeit der rechtlichen Vereinigung mehrerer Grundstücke ist für die Praxis, insbesondere in Zusammenhang mit der Wohnungsprivatisierung in Ostdeutschland (Rn. **2** 263) von großer Bedeutung, weil vielfach eine Vermessung (Zusammenmessung) der verschiedenen Grundstücke nicht erforderlich ist.

175 Ferner kann WE nicht unter Einbeziehung eines Gebäudes, das im Wege des Eigengrenzüberbaues (§§ 93ff., 912 BGB) auf das Nachbargrundstück hinübergebaut wurde begründet werden. Unter Eigenüberbau ist der vom Nachbar gestattete und geduldete Überbau zu verstehen, der nach § 912 BGB ein „quasidingliches Recht" begründet (Röll, Grenzüberbau, Grunddienstbarkeiten und Wohnungseigentum in MittBayNot 1983, 5). Dieser gestattete Grenzüberbau mit der Rechtsfolge, daß dem Stammgrundstück – mit einem einheitlichen Bauwerk bebaut – auch der in das fremde Grundstück überbaute Gebäudeteil rechtlich als wesentlicher Bestandteil zugeordnet ist, kann noch keine Begründung von SE am Stammgrundstück ermöglichen. Dies steht dem Grundsatz (OLG Hamm DNotZ 1977, 308) entgegen, daß sich das Gebäude nach TE und Aufteilungsplan vollständig – allseitig abgeschlossen – auf dem Grundstück zu befinden hat. Dieser Grundsatz wurde durch das OLG Stuttgart (Rpfleger 1982, 375; und das OLG Hamm Rpfleger 1984, 98) in der Weise eingeschränkt, daß, wenn der Überbau in Ausübung einer Grunddienstbarkeit erfolgt, die Einräumung von SE möglich ist. Durch die Grunddienstbarkeit wird nämlich der unabdingbare sachenrechtliche Bestimmtheitsgrundsatz erfüllt, daß der Überbau jederzeit aus dem Grundbuch zu ersehen ist.

Das OLG Hamm schließt sich der Entscheidung des OLG Stuttgart an, allerdings mit der Einschränkung, daß die Einbeziehung eines Überbaues in die Bildung von WE nur deshalb möglich ist, weil durch eine Duldungsdienstbarkeit der Nachweis der Zuordnung des überbauten Grundstücksteils als wesentlicher Bestandteil des Stammgrundstücks erbracht wird (OLG Hamm Rpfleger 1984, 266).

Für die Praxis sind diese nicht unumstrittenen Entscheidungen (Weitnauer, Tiefgarage auf dem Nachbargrundstück in ZfBR 1982, 101) sehr zu begrüßen, weil sie insbesondere bei Altstadtsanierungsmaßnahmen für Tiefgaragenbauten eine flexiblere Rechtsgestaltung von TEm ermöglichen.

Die Begründung von WE und TEm ist auch dann möglich, *176*
wenn der Zugang zu den einzelnen ETW-Einheiten nicht über ein Treppenhaus führt, das im gem.E. steht, sondern das sich im Eigentum eines Dritten befindet. In diesem Fall muß aber der Zugang für alle jeweiligen WEer durch Eintragung einer entsprechenden Grunddienstbarkeit gesichert sein (OLG Düsseldorf WE 1987, 124).

Grundsätzlich entstehen WE und TEm nur dann, wenn das SE *177*
mit einem Miteigentumsanteil unlösbar verbunden ist. Wird z. B. bei der Unterteilung eines WE übersehen, daß ein im SE stehendes Treppenhaus als gemeinschaftliches Eigentum ausgewiesen ist, ohne daß eine wirksame Umwandlung in gem.E. erfolgt ist, so fehlt hier die Bindung des tatsächlichen SE an einen Miteigentumsanteil (vgl. hierzu BayObLG WE 1996, 312) mit der Folge, daß eine entsprechende Grundbucheintragung inhaltlich unzulässig ist, so daß sich ein gutgläubiger Erwerb nicht an-

schließen kann. Eine solche Eintragung ist deshalb von Amts wegen zu löschen (§ 53 Abs. 1 S. 2 GBO).

178 Nicht möglich ist die Begründung von WE an einem bestehenden WE, also die Bildung eines Unterwohnungseigentums, weil damit unzulässig neue, nämlich Unterwohnungseigentümergem. entstünden, und weil entgegen Merle das WE kein grundstücksgleiches Recht ist (OLG Köln Rpfleger 1984, 268).

179 WE und TEm entsteht, wenn unter Beachtung der Formvorschriften (§§ 4 und 7, § 313 BGB, § 29 GBO) die Begründungsurkunde (Vertrag nach § 3 oder TE nach § 8) im Grundbuch eingetragen ist und die Wohnungsgrundbücher angelegt sind.

Das gilt unabhängig davon, ob das Gebäude auf dem rechtlich geteilten Grundstück bereits erstellt wurde oder nicht. Ist das Gebäude noch nicht erstellt und das rechtlich begründete, aber gegenständliche SE noch nicht bzw. noch nicht voll erstellt, so bestehen nach h. M. Anwartschaftsrechte auf das SE. Das Anwartschaftsrecht wandelt sich mit dem Entstehen des Gegenstands Zug um Zug in das Recht SE um (Weitnauer Rz 67f. zu § 3; Hauger PiG 32, 1990, 85 u. w. Art.).

180 Probleme könnten bei dieser Rechtsauffassung dann entstehen, wenn das SE gegenständlich nicht mehr errichtet werden kann. Sowohl das OLG Hamm (DNotZ 1987, 225 m. Anm. Röll; WE 1991, 120 m. Anm. Weitnauer; DNotZ 1992, 492 m. Anm. Hauger) als auch der BGH (WE 1990, 53 m. Anm. Weitnauer, WE 1989, 55) erkennen im Recht „WE“ dann einen (alleinigen) isolierten Miteigentumsanteil, wenn die gegenständliche Entstehung des SE unmöglich ist. Nach OLG Hamm bedeutet dies das zwangsläufige Erlöschen des Anwartschaftsrechts mit der Folge der Unmöglichkeit der Entstehung des SE der betreffenden Einheiten. Die Wirksamkeit der übrigen WE- und TEms-Rechte an diesem Objekt bleiben nach Auffassung des OLG Hamm hiervon unberührt. Dieser Auffassung ist Weitnauer (WE 1991, 120 und Hauger DNotZ 1992, 492) zu Recht entgegengetreten mit folgenden Überlegungen:

181 Die körperliche Beschaffenheit des SE hat keine Auswirkung auf die Wirksamkeit der Begründung von WE. Ist ein SE gegenständlich nicht entstanden, führt dies nicht zum Erlöschen ein-

zelner WE-Rechte. Isolierte Miteigentumsanteile können und brauchen nicht zu entstehen. Es entsteht auch keine ausweglose Lage, wenn das SE nicht gegenständlich errichtet werden kann. In diesem Fall ist der Gründungsakt gescheitert, d. h., daß nach § 138 BGB das ganze Rechtsgeschäft nichtig ist. Die Heilung erfolgt durch einen neuen, dem tatsächlichen Willen der Beteiligten und den tatsächlichen Gegebenheiten Rechnung tragenden Begründungsakt. Darauf haben die beteiligten WEer einen Rechtsanspruch. Bevor die nunmehr in Form eines Vertrags nach § 3 vorzunehmende wirksame Begründung von WE und TEm erfolgt, kann eine – auf Grund einer unwirksamen, aber für wirksam gehaltenen Begründungsurkunde – tatsächlich in Vollzug gesetzte Gem. nach den Regeln, die für die fehlerhafte Gesellschaft entwickelt worden sind, beurteilt und behandelt werden (Weitnauer WE 1991, 120; vgl. hierzu auch Ertl in WE 1992, 219).

Da die Begründung von WE ein sachenrechtlicher Akt ist, *182*
kann die inhaltliche Zulässigkeit nur von den Bestimmungen des WEG (§§ 3 Abs. 1, 8 Abs. 1) abhängig gemacht werden, so daß öffentlich-rechtliche Vorschriften – wie z. B. Bauverbot – der Eintragung des WE im Grundbuch nicht entgegenstehen (BGH WE 1990, 55).

Die vertragliche Verpflichtung von Miteigentümern an einem *183*
Grundstück, SE (nachträglich) zu begründen ist wirksam. Dies gilt auch dann, wenn sich die Bedingungen für die Begründung von WE oder TE gegenüber dem Zeitpunkt des Vertragsabschlusses geändert haben (BayObLG WE 1992, 57).

1. Aufteilungsplan

Nach § 7 ergibt sich das Erfordernis, daß in Verbindung mit *184*
den §§ 3, 4, 5, 8 der Gegenstand des SE eindeutig geregelt zu sein hat, wobei diese Regelung auch aus dem Grundbuch ersichtlich sein muß. Das bedeutet, daß der Gestaltung des Aufteilungsplanes (§ 7) besondere Aufmerksamkeit zu widmen ist, weil er nach § 7 Abs. 4 Nr. 1 durch zulässige Bezugnahme Inhalt des SE wird und bezüglich der Abgrenzung des SE vom gem.E. am öffentlichen Glauben des Grundbuchs teilnimmt.

185 Aus diesen Gründen muß der Aufteilungsplan dem sachenrechtlichen Erfordernis der Bestimmtheit Rechnung tragen (BayObLG DWE 1985, 126) mit der Folge, daß das Grundbuchamt verpflichtet ist, vor Eintragung der TE zu prüfen, ob der Aufteilungsplan die erforderlichen Angaben enthält. Die Bedeutung des Aufteilungsplanes besteht vor allem in der Bestimmung des SEs und in der Abgrenzung zum gem.E. (Bärmann § 7 Tz 63), in der Konkretisierung des Wortlauts der TE, in der ergänzenden Zweckbestimmung von Räumen und Gebäudeteilen (BayObLG WE 1994, 27). In diesem Sinne ist der Aufteilungsplan eine von der Baubehörde mit Unterschrift und Siegel oder Stempel versehene Bauzeichnung, welche die Aufteilung des Gebäudes sowie die Lage und Größe der im SE und der im gem.E. stehenden Gebäude aufzuweisen hat. Dabei sollen alle zu demselben WE gehörenden Einzelräume mit der jeweils gleichen Nummer gekennzeichnet sein (§ 7 Abs. 4 S. 1 Nr. 2). Der Aufteilungsplan sichert damit die Einhaltung des das Sachen- und Grundbuchrecht beherrschenden Bestimmtheitsgrundsatzes (vgl. BayObLG vom 9. 12. 1997, 2 Z 157/97).

186 Ergeben sich bei der Bauausführung Abweichungen vom Aufteilungsplan, so gilt in der Regel – von unschädlichen Abweichungen abgesehen – die Festlegung im Aufteilungsplan in der Weise, daß nur die hier ausgewiesenen SE-Einheiten SE werden; sonst entsteht gem.E. (vgl. OLG Celle OLGZ 1981, 106, vgl. hierzu oben Rn. **6** 30 ff.).

187 Sind die als Aufteilungsplan vorgelegten Bauzeichnungen in sich widersprüchlich, hat das Grundbuchamt die Eintragung der TE abzulehnen (BayObLG WE 1994, 27). Grundsätzlich ist bei der Abweichung vom Aufteilungsplan durch die tatsächliche Bauausführung von unwesentlichen und wesentlichen Abweichungen zu unterscheiden (vgl. Soergel/Stürner WEG § 7 Rz 10; MünchKomm-Röll WEG § 10 Rz 33). Bei unwesentlichen Abweichungen entsteht SE entsprechend den tatsächlichen Verhältnissen, wobei der Aufteilungsplan einer Berichtigung bedarf (OLG Karlsruhe DNotZ 1973, 235). Bei wesentlichen Abweichungen (wie oben dargestellt), ist SE nicht entstanden. Das Grundbuch ist unrichtig mit der Folge, daß die Begründungsur-

kunde unter Mitwirkung aller WEer entsprechend den tatsächlichen Verhältnissen zu ändern ist.

Erwirbt ein Käufer eine ETW von seinem Vorgänger und entspricht das SE nicht dem Aufteilungsplan, weil bei der Bauausführung nicht entsprechend gebaut wurde, so hat der Erwerber nachträglich keinen Anspruch gegen den WEer, dessen SE zu Lasten des veräußernden WE gegenüber dem Aufteilungsplan entsprechend größer ist (OLG Düsseldorf NJW-RR 1983, 590). *188*

Abweichungen zwischen Festlegungen im Aufteilungsplan und Vereinbarungen in der TE (GO) bedürfen der Auslegung, wobei in der Rechtsprechung verschiedene Meinungen darüber bestehen, wie unterschiedliche Regelungen in Aufteilungsplan und GO auszulegen sind. Während das BayObLG (BayObLGZ 1988, 238) Regelungen in der GO „als eigentlichen Ort einer Vereinbarung" den Vorrang gibt, erkennt das OLG Zweibrücken (WE 1987, 87) eine im Aufteilungsplan enthaltene Bezeichnung von Räumen, wie „Laden, Büro, Arzt oder Wohnung" als Zweckbestimmung mit Vereinbarungscharakter. Die h.M. vertritt die Auffassung, daß bei unterschiedlichen Bezeichnungen des Gegenstands des SE zwischen dem Text in der TE und den Angaben im Aufteilungsplan keine der widersprechenden Erklärungsinhalte Vorrang hat. Hier ist eine Auslegung der jeweiligen Einzelregelung nach Wort und Sinn des gesamten Inhalts der TE, des Aufteilungsplans und der sonstigen Anlagen sowie schließlich der für jedermann ohne weitere erkennbare Umstände geboten (OLG Düsseldorf vom 29. 10. 1997, 3 Wx 154/97). Enthalten aber die TE und die GO hinsichtlich der Zweckbestimmung, also der Nutzung eines TEms widersprüchliche Angaben, so geht grundsätzlich die Regelung in der GO vor (OLG Hamm WE 1190, 95; BayObLG vom 28. 10. 1997, 2 Z 88/97).

Bestehen keine unterschiedlichen Regelungen zwischen GO und Aufteilungsplan gilt der Grundsatz, daß letzterer insbesondere in bezug auf die Abgrenzung des Gegenstandes des SE vom gem.E Inhalt des Grundbuches wird (BayObLG Rpfleger 1982, 63). Nachträgliche Abweichungen vom Aufteilungsplan bedürfen wie Veränderungen der GO der Zustimmung aller WEer. Dies gilt aber nicht für im Aufteilungsplan eingezeichnete bewegliche Gegenstände, wie z.B. Pflanztröge auf der gem. Hof- *189* fläche. Bei dieser zeichnerischen Darstellung handelt es sich nicht um Vereinbarungen, sondern um Gestaltungsvorschläge, weil diese für die Abgrenzung des SE zum gem.E. ohne Bedeutung sind. Änderungen dieser Art können demnach als Maßnahmen ordnungsmäßiger Verwaltung beschlossen werden (BayObLG WE 1990, 135).

190 Wie der Aufteilungsplan, welcher der Eintragungsbewilligung für die SE-Rechte als Anlage beizufügen ist (§ 7 Abs. 4 Nr. 1), auszusehen hat, kann der „Allgemeinen Verwaltungsvorschrift für die Ausstellung von Bescheinigungen gemäß § 7 Abs. 4 Nr. 2 und § 32 Abs. 2 Nr. 2 des Wohnungseigentumsgesetzes" (vom 19. 3. 1974 – BAnzNr. 58 vom 23. 3. 1974) entnommen werden.

Der Aufteilungsplan hat dabei in der Regel dem genehmigten Bauplan zu entsprechen.

191 Der Aufteilungsplan ist eine von der Baubehörde mit Unterschrift und Siegel oder Stempel versehene Bauzeichnung, aus der die Aufteilung des Gebäudes sowie die Lage und Größe der im SE und der im gem.E. stehenden Gebäudeteile ersichtlich ist. Der Aufteilungsplan soll sicherstellen, daß dem Bestimmtheitsgrundsatz des Sachen- und Grundbuchrechts Rechnung getragen, also genau erkennbar gemacht wird, welche Räume zu welchem SE gehören und wo die Grenzen von SE und gem.E. verlaufen. Was unter Bauzeichnung im Sinne von § 7 Abs. 4 Satz 1 Nr. 1 zu verstehen ist, wird im WEG selbst nicht abschließend umschrieben. Nach der Auffassung des BayObLG sind regelmäßig Grundrisse, Schnitte und Ansichten vorzulegen. Dabei ist zu beachten, daß die Bauzeichnungen alle Gebäudeteile erfassen müssen. Dies gilt jedenfalls für Gebäudeteile, in denen auch SE begründet wird. Dem steht nicht entgegen, daß gewisse Gebäudeteile (z. B. Dachkonstruktionen) nach § 5 Abs. 2 zwingend gem.E. sind, auch nicht die Tatsache, daß bei nicht oder nicht ausreichend vorgenommener Bezeichnung des SE die entsprechenden Gebäudeteile gem.E. sind (BayObLG WE 1997, 399 mit Anm. Friedrich Schmidt).

192 Im Aufteilungsplan werden regelmäßig die SE-Einheiten mit einer bestimmten Nummer versehen, die bezüglich der Wohnung und den gesonderten aber zum SE gehörigen Teile (z. B. Keller) übereinstimmen sollen.

In der genannten Verwaltungsvorschrift sind auch die Bedingungen genannt, die Voraussetzung für die Erteilung der Abgeschlossenheitsbescheinigung durch die Baubehörde sind, nämlich: *193*

- Abgeschlossenheit von Wohnungen und nicht zu Wohnzwecken dienende Räumlichkeiten:
  - Trennung von anderen Wohnungen und Raumeinheiten durch Wände und Decken.
  - Zu den abgeschlossenen Wohnungen können zusätzliche abschließbare Räume außerhalb der Wohnung (Keller, Garagen) gehören.
  - Nicht außerhalb der Wohnung dürfen Wasserversorgung, Ausguß und WC sein.
  - Für Garagen gilt die Abgeschlossenheitsfiktion des § 3 Abs. 2 mit der Folge, daß aus der Bauzeichnung ersichtlich ist, wie die Flächen der Stellplätze durch dauerhafte Markierungen (= Wände aus Stein und Metall; festverankerte Geländer oder Begrenzungseinrichtungen aus Stein oder Metall; festverankerte Begrenzungsschwellen aus Stein oder Metall; in den Fußboden eingelassene Markierungssteine) abgegrenzt werden.
  - Für TEm-Einheiten gelten die gleichen Erfordernisse wie für WE.
  - Ein WC mit Vorraum, das zu einer TEm-Einheit gehört, gilt dann nicht als abgeschlossen, wenn dieses gleichzeitig dem benachbarten Eigentümer zur Nutzung dienen soll, selbst wenn dieser einen eigenen Zugang hat (BayObLG Rpfleger 1984, 407).
  - Eine zwischen Wohnungen befindliche und jederzeit zu öffnende Verbindungstür, widerspricht dem Grundsatz der Abgeschlossenheit, wenn der Einbau als Maßnahme des zweiten Rettungsweges baubehördlich vorgeschrieben ist (KG Berlin Rpfleger 1985, 107).
- Ausstattungserfordernisse:
  - Bei Wohnungen muß stets eine Küche oder ein Raum mit Kochgelegenheit vorhanden sein, ebenso Wasserver- und -entsorgung sowie WC.
  - Bei TEm sind diese Ausstattungen dann nicht notwendig, wenn diese für die zweckbestimmte Nutzung nicht erforderlich sind. Hier ist die Regelung für Wohnungen nur sinngemäß (nicht wirklich) von Bedeutung. Die Ausstattung richtet sich maßgeblich nach den Erfordernissen einer bestimmten Nutzung.
- Eigener, abschließbarer Zugang unmittelbar vom Freien, vor einem Treppenhaus oder einem Vorraum zu Wohnungs- oder Raumeinheiten.

Da WE nur an Wohnungen begründet werden kann, definiert diese Vorschrift auch den Begriff Wohnung (s. oben Rn. **6** 3). Entsprechen der Aufteilungsplan und die technischen Gegebenheiten nicht den Bestimmungen der Verwaltungsvorschrift, so *194* stellt die Baubehörde keine Abgeschlossenheitsbescheinigung aus mit der Folge, daß das Grundbuchamt die Eintragungsbewilligung nicht vollziehen kann. Weil an Kfz-Abstellplätzen in Gebäuden SE begründet werden kann, wird bezüglich der Abgeschlossenheit dieser Stellplätze die Abgeschlossenheit durch das Gesetz in § 3 Abs. 2 Satz 2 fingiert, unter den genannten (oben Rn. **6** 193) Voraussetzungen. Dies gilt aber nur für Abstellplätze innerhalb von Gebäuden. Nicht möglich ist die Begründung von SE an Stellplätzen auf dem Grundstück. Umstritten ist die Frage, ob die Abgeschlossenheitsfiktion auch für Kfz-Abstellplätze auf den nicht überdachten Flächen des Oberdecks von Gebäuden gilt. (Vgl. hierzu Staudinger/Rapp Rz. 20 zu § 3; hier wird die Begründung von SE auf offenem Garagendach abgelehnt, weil sich diese Fläche nicht in einem Raum befindet. Anders neuerdings OLG Hamm vom 26. 1. 1998, 15 W 502/97).

Nicht sondereigentumsfähig sind seitenoffene Carports und Doppelstockgaragen mit mechanischer Hebebühne. Das gilt aber nur für die jeweiligen Stellplätze für sich. An den beiden Stellplätzen kann dagegen SE begründet werden (vgl. hierzu Staudinger/Rapp Rz. 20 zu § 3).

2. Abgeschlossenheitsbescheinigung

195 Zum Nachweis der Abgeschlossenheit hat die Baubehörde die sogenannte Abgeschlossenheitsbescheinigung auszufertigen, die zusammen mit dem Aufteilungsplan und der Begründungsurkunde (§ 7 Abs. 4) dem Grundbuchamt vorzulegen ist. Ohne die Abgeschlossenheitsbescheinigung soll das Grundbuchamt das WE im Grundbuch nicht eintragen (BayObLG WE 1991, 28). Liegt die Abgeschlossenheitsbescheinigung vor, stellt dies für das Grundbuchamt kein Gebot für die Eintragung dar. Das Grundbuchamt hat selbständig und eigenverantwortlich darüber zu befinden, ob die Voraussetzungen der § 3 Abs. 2 gegeben sind (OLG Celle WE 1992, 48).

196 Die Erteilung der Abgeschlossenheitsbescheinigung ist kein Verwaltungsakt, sondern ausschließlich die Fertigung eines urkundlichen Nachweises gegenüber dem Grundbuchamt, daß das WE oder TEm in sich abgeschlossen ist (BVerwG Rpfleger 1988, 256).

Verweigert die Baubehörde die beantragte Bescheinigung, könnten Rechtsmittel als allgemeine Leistungsklage (BVerwG Rpfleger 1988, 256) im Sinne der Verwaltungsgerichtsordnung eingelegt werden. Dabei kann die Abgeschlossenheitsbescheinigung nicht versagt werden, wenn die im Hause befindlichen Räume und Wohnungen nicht den baupolizeilichen und bebauungsrechtlichen Vorschriften entsprechen sollten (VG Hamburg Urteil vom 2. 5. 1973, VIII VG 14/73, oder wenn keine Baugenehmigung vorhanden ist (VG München NJW-RR 1986, 816). Auch ist die künftige Nutzung der Räume für die Erteilung der Bescheinigung ohne Bedeutung (BVerwG Rpfleger 1988, 256). *197*

Ausdrücklich stellt der BGH zum Sinn und Zweck der Abgeschlossenheitsbescheinigung fest, daß diese nur den Nachweis der Abgeschlossenheit erbringen soll, um die Eintragung von WE im Grundbuch zu ermöglichen. Mit der Abgeschlossenheit wollten die Gesetzgeber die beim Stockwerkseigentum vorhandenen unklaren rechtlichen Verhältnisse vermeiden. Es sollte lediglich gewährleistet sein, daß jedes SE vom demjenigen der anderen WEer eindeutig abgegrenzt ist. Darüber hinausgehende Ansprüche, wie z.B. bauplanungsrechtliche Genehmigungsfähigkeit der ETW, verlangt das Gesetz nicht (BGH WE 1990, 55). Zweck des Abgeschlossenheitserfordernisses ist in erster Linie die tatsächliche und dingliche Abgrenzung der WEs-Rechte mit der Folge, daß SE und gem.E. in der Regel nur in dem im Aufteilungsplan vorgesehenen Umfang entstehen kann (BayOblG WE 1990, 132). Die Frage, ob dennoch die Baubehörde die Erteilung der Abgeschlossenheit nach den Vorschriften der „Allgemeinen Verwaltungsvorschrift" bei einem noch zu errichtenden Gebäude bei baurechtlicher Unzulässigkeit versagen kann, hat der BGH zunächst offen gelassen. *198*

In den Jahren 1987 bis 1989 sind die Baubehörden in den größeren Städten dazu übergegangen, die Abgeschlossenheitsbescheinigungen bei Wohnungen zu versagen, die bereits früher fertiggestellt wurden und die in ETW umgewandelt werden sollten. Begründet wurde dies mit der Feststellung, daß die bautechnischen Anforderungen des Schall- und Wärmeschutzes an diesen Wohnungen ungenügend seien (BayVGH vom 8. 5. 1989; BVerwG, DNotZ 1990, 247ff.). Das OLG Stuttgart (WE 1991, *199*

28) hat sich dieser Auffassung angeschlossen. Nachdem das BayObLG (WE 1991, 28) eine andere Auffassung vertrat, mußte das OLG Stuttgart den Fall dem BGH zur Entscheidung vorlegen. Aber auch der BGH hat nicht entschieden, weil er gegen die Auffassung des BVerwG nicht entscheiden durfte. Der BGH mußte deshalb den Gemeinsamen Senat anrufen. Der Gemeinsame Senat folgte der Auffassung des BGH mit der Folge, daß technische Mängel, wie mangelnde Schall- und Wärmedämmung kein Grund sind, die Abgeschlossenheitsbescheinigung zu versagen (WE 1991, 156).

200 Ist die Bescheinigung ausgestellt und treten zwischen der tatsächlichen Bauausführung und dem Aufteilungsplan Abweichungen auf, die gegen das Abschluß- und Zugangserfordernis verstoßen, oder es fehlen notwendige Einrichtungen, so kann weder die baubehördliche Bescheinigung zurückgenommen noch die Eintragung vom Grundbuchamt verweigert werden. (Umstritten. Gleiche Auffassung: OLG Frankfurt Rpfleger 1977, 312; LG München Rpfleger 1973, 141; BayObLGZ 1971, 246/247; a.A. LG Frankfurt NJW 1971, 760). Da es sich aber bei § 3 Abs. 2 um eine Sollvorschrift handelt, führt in der Regel die Eintragung von SE auch bei einer gegen die Grundsätze der Verwaltungsvorschriften verstoßenden technischen Bauausführung nicht zur Nichtigkeit oder Teilnichtigkeit der Begründung des WE oder TEm. (Vgl. Ludwig Röll „Das Erfordernis der Abgeschlossenheit nach dem Wohnungseigentumsgesetz“ in Rpfleger 1983, 381). So entsteht beispielsweise auch bei nichtgenügender Abgeschlossenheit eines Kelleranteiles SE, wenn dies im Aufteilungsplan so vorgesehen ist (BayObLG Rpfleger 1980, 295); oder wird z.B. eine im Aufteilungsplan vorgesehene Wohnungsabschlußtüre nicht eingebaut, so wird die nicht von dem Treppenhaus abgeschlossene Diele nicht gem.E. Die anderen WEer können aber verlangen, daß die Abschlußtüre im Rahmen einer ordnungsmäßigen Instandhaltung nachträglich angebracht wird (BayObLG DWE 1984, 30).

201 Die Abgeschlossenheitsbescheinigung der Baubehörde ist für das Grundbuchamt nicht bindend (KG Berlin DNotZ 1985, 437 m.w. Nachw.). Nach Auffassung des BayObLG (WE 1989, 214) ist das Grundbuchamt besonders dann nicht an die Bescheinigung gebunden, wenn sich aus den Eintragungsunterlagen (Vertrag nach § 3, TE, GO, Aufteilungsplan) das Gegenteil ergibt (BVerwG NJW-RR 1988, 649). Das Grundbuchamt ist aber verpflichtet, alle Vorschriften, die im Zusammenhang mit der Eintragung in das Grundbuch stehen zu überprüfen. Dazu gehört insbesondere die Sollvorschrift des § 3 Abs. 2 (KG DNotZ 1985, 437). Es ist aber nicht Aufgabe des Grundbuchamts zu prüfen, ob die Baubehörde bei Erteilung der Abgeschlossenheitsbescheinigung die Erfüllung bautechnischer Anforderungen an die Wohnungstrenndecken und -wände untersucht und zutreffend bejaht hat (BayObLG WE 1991, 78). Dem Grundbuchamt steht es nicht zu, allgemeinen Zweifeln an der Richtigkeit einer Abgeschlossenheitsbescheinigung nachzugehen. In diesem Sinne ist für das Grundbuchamt die „Kraftloserklärung" einer Abgeschlossenheitsbescheinigung nur von Bedeutung, wenn sich in Verbindung mit den übrigen Unterlagen ergibt, daß eine Abgeschlossenheit im räumlichen Sinn nach § 3 Abs. 2 nicht gegeben ist. Stützt sich die Kraftloserklärung auf bautechnische Standards, so stellt das für das Grundbuchamt kein Eintragungshindernis dar (BayObLG WE 1991, 28).

Eine jederzeit zu öffnende Verbindungstür zwischen zwei *202* Wohneinheiten, die bauaufsichtsbehördlich als zweiter Rettungsweg ausdrücklich verlangt wurde, ist kein Grund die Eintragung des WE zu verweigern (KG Berlin a.a.O.). Ebenso ist die Einräumung eines (Durchgangs-)Gebrauchsrechts durch ein SE kein Mangel für die Abgeschlossenheit und kein Hinderungsgrund zur Eintragung der WE-Rechte im Grundbuch (BayObLG WE 1989, 214).

3. Zweckbestimmung

Um künftige Streitigkeiten zu vermeiden, sollte stets der ge- *203* wollte Nutzungszweck einer Eigentumsanlage in den Begründungsdokumenten bezeichnet werden. Besonders ist dabei Wert auf die Bestimmung der Nutzungsart von TEm zu legen. Unklare Regelungen führen vielfach zum Streit, wenn eine eindeutige Zweckbestimmung insbesondere von TEms-Einheiten nicht getroffen wird (vgl. unten Rn. **6** 255 ff.).

Eine Zweckbestimmung in der TE für bestimmte WE- u. TEm-Einheiten hat Vereinbarungscharakter im Sinne des § 15 Abs. 1, mit der Folge, daß das grundsätzlich freie Gebrauchs- und Nutzungsrecht (§ 13 Abs. 1) des jeweiligen WEers eingeschränkt wird. Demnach kann eine andere Nutzung als die in der TE oder GO vereinbarte nur dann ermöglicht werden, wenn die andere Nutzung nicht mehr stört und beeinträchtigt, als die zweckbestimmte Nutzung (bezüglich Wohnnutzung vgl. BayObLG WE 1993, 350). Unabhängig von der störungsfreien anderen Nutzung ist eine andere Nutzung grundsätzlich und immer dann möglich, wenn alle WEer dieser Nutzung zustimmen. Verstößt ein WEer gegen diesen Grundsatz, indem er die erforderliche Zustimmung nicht einholt, so haben die anderen WEer einen Unterlassungsanspruch nach § 1004 BGB, den sie im WE-Verfahren geltend machen können.

204 Grundsätzlich kommt die allgemeine Zweckbestimmung bereits in der gegenständlichen Beschreibung des SE in der TE zum Ausdruck, wenn z. B. die Miteigentumsanteile Wohnungen (als WE) bzw. Läden (als TEm) verbunden werden. Mit dieser Festlegung ist auch eine grundsätzliche Zweckbestimmung gegeben, ohne daß es im Grundsatz einer weiteren Regelung in der GO bedarf (OLG Frankfurt vom 11. 5. 1990, 20 W 279/89). Ist eine Zweckbestimmung mit Vereinbarungscharakter in der TE oder GO nicht enthalten, so besteht die Nutzungsmöglichkeit der SE-Einheiten nach dem allgemeinen Rechtsgedanken des § 15 Abs. 2 nur im Rahmen der Beschaffenheit der Räume (BayObLG WE 1996, 191).

205 Sinnvoll ist es aber besonders bei TEm weitere Beschreibungen über mögliche Nutzungsinhalte von TEm vorzunehmen.

Das BayObLG (WE 1995, 157) erkennt eine von Weitnauer und von Schmidt kritisierte unterschiedliche Qualität der Zweckbestimmung in der Teilungserklärung. Danach ist bei der Zweckbestimmung von WE und TEm zu unterscheiden in eine solche, die der notwendige Teil des dinglichen Aktes zur Begründung von WE und TEm ist (Zweckbestimmung im weiteren Sinn) und in die Zweckbestimmung, welche die WEer untereinander vereinbaren können (Zweckbestimmung im engeren Sinne). Im ersten Fall handelt es sich um die dingliche Qualität WE und TEm. Hier kann das WE nur zu Wohnzwecken, das TEm jedoch nicht dazu genutzt werden. Soll diese Zweckbestimmung geändert werden, bedarf es einer Änderung des dinglichen Rechtsakts. Die Änderung ist einer Vereinbarung der WEer im Sinne des § 10 Abs. 1 S. 2 entzogen. Wird die dingliche Zweckbestimmung geändert - das wäre die Umwandlung von TEm in WE oder umgekehrt - bedarf es immer eines Nachtrags zur TE bzw. zum Teilungsvertrag und der Eintragung in das Grundbuch (BayObLG WE 1995, 157).

Zu unterscheiden hiervon ist die Vereinbarung der WEer, nach der WE oder TEm zu anderem als im Gegenstand WE oder TEm liegendem Zweck genutzt werden kann. Eine solche Vereinbarung kann aber die Nutzung eines WE zu Wohnzwecken und die Nutzung von TEm zu Nichtwohnzwecken nicht untersagen.

Trotz dieser gegenständlich vorgegebenen Zweckbestimmung *206* kann WE oder TEm auch ohne Vereinbarung und ohne Zustimmung der anderen Miteigentümer tatsächlich anders als entsprechend dieser Zweckbestimmung genutzt werden. Grundsätzliche Voraussetzung hierfür ist, daß die zweckbestimmungswidrige Nutzung nicht mehr stört als eine Nutzung entsprechend der Zweckbestimmung (BayObLG WE 1993, 350). Das gilt auch für durch Vereinbarung der WEer getroffene Zweckbestimmungen.

In diesem Sinn stört die Nutzung eines TEms zu Wohnzwekken wegen der intensiveren Nutzungsmöglichkeit regelmäßig mehr als die übliche Nutzung zu Nichtwohnzwecken (BayObLG WE 1995, 157).

Mit Weitnauer wird hier die Auffassung vertreten, daß es einer *207* Unterscheidung der Zweckbestimmung in engeren und weiteren Sinn nicht bedarf, weil WE und TEm nicht verschiedene Rechte, sondern verschiedene Bezeichnungen für das gleiche Recht – allerdings mit einem verschiedenen Gegenstand – sind (so Weitnauer WE 1995, 157).

Die Bezeichnung Raum oder Räume in der TE ermöglicht in *208* der Regel keine klare Zweckbestimmung, insbesondere ist es (noch) nicht klar, ob die Bezeichnung von SE mit „Raum“ mit dem sachenrechtlichen Bestimmtheitsgrundsatz vereinbar ist (BayObLG WE 1996, 191).

209 Sehr häufig wird in der TE der Begriff Laden als Zweckbestimmung verwendet. Dieser Begriff ist eng auszulegen; er ermöglicht keine anders geartete Nutzung, wie aus einer umfangreichen Rechtsprechung zu entnehmen ist (vgl. unten Rn. **7** 88).

Die Zweckbestimmung „Laden“ läßt die Nutzung dieses TEms als Kindertagesstätte bzw. als „Schülerladen“ bei Betreuung von bis zu 13 Kindern im Alter von 6 bis 12 Jahren in der Zeit von Montag bis Freitag zwischen 8.00 Uhr bis 17.00 Uhr allenfalls dann zu, wenn zuvor besondere Nutzungsbeschränkungen (z. B. die Einhaltung von Mittagsruhe, die Durchführung zusätzlicher Schallschutzmaßnahmen) festgelegt werden (KG WE 1992, 286).

210 In einem als Geschäfts- und Bürohaus zweckbestimmten TEm in einer Nichtgroßstadt kann kein Sex-Shop und Sex-Kino betrieben werden (BayObLG vom 11. 1. 1983, 2 Z 151/82). In einem als Laden zweckbestimmten TEm kann der Betrieb eines sog. Erotik- oder Sex-Shops, der sich auf den Verkauf von Waren einschließlich Filmen beschränkt, dann untersagt werden, wenn er mit dem Charakter der Wohnanlage und den diesen prägenden örtlichen Verhältnissen nicht vereinbar ist. Dies ist dann anzunehmen, wenn es sich um den einzigen Laden in einem Wohnhaus handelt, das auch zum Wohnen von Familien mit Kindern und Jugendlichen geeignet ist, und wenn sich auch in der unmittelbaren Nachbarschaft keine Läden befinden (BayObLG WE 1995, 279). Dagegen reicht die Zweckbestimmung Geschäftsräume nach dem BayObLG (Rpfleger 1980, 348) aus, um darunter ein Speiserestaurant zu subsumieren (nicht Laden), weil es sich dabei um einen Oberbegriff handelt, nach dessen objektivem Erklärungsinhalt alle gewerblichen Möglichkeiten offen gehalten werden sollten (BayObLG DWE 1982, 25). Bei der Auslegung einer in der TE für ein TEm getroffenen Zweckbestimmung kommt es aber nicht nur auf die dort getroffenen Begriffsbestimmung an, sondern auf eine wertende Gesamtwürdigung der TE unter Einbeziehung der örtlichen Verhältnisse und des Charakters der Wohnanlage (KG WE 1989, 26). Werden dem Begriff Laden alternative Nutzungen zugeordnet, führt dies zusätzlich zu Auslegungsfragen (BayObLG WE 1991, 230). Solche Zusätze, wie z. B. „zwei Ladenräume (Apo-

theke und Biothek, Nachtdienstraum, Ladenraum (Blumen), ein Werkraum (Binderaum) ..." legt das OLG Stuttgart dann nicht als eine bindende Nutzungsbeschränkung aus, wenn für die weiteren drei TEms-Rechte nur die Zweckbestimmung als Ladenraum ohne weiteren Zusatz vereinbart ist (OLG Stuttgart WE 1991, 139). Ein Tagescafé, welches die Ladenöffnungszeiten einhält, kann unter dem Begriff Laden akzeptiert werden – nicht aber ein Gaststättenbetrieb – (BayObLG WE 1986, 73; WE 1986, 151). Weitere Beispiele sind unten zusammengestellt (s. unten Rn. **7** 72).

Die ursprüngliche enge formale Auslegung der Obergerichte hinsichtlich der vereinbarten Zweckbestimmung (vgl. BayObLG DWE 1983, 94) kann im Ergebnis dahingehend zusammengefaßt werden, daß die vereinbarte Zweckbestimmung eine andere Nutzung nur dann verbietet, wenn diese die anderen WEer mehr stört oder beeinträchtigt, als die ursprünglich vorgesehene bzw. vereinbarte Nutzung (BayObLG WE 1992, 57). Ist beispielsweise ein im Sondereigentum befindlicher Raum in der TE als Kellerraum beschrieben, so stellt dies zwar eine Zweckbestimmung mit Vereinbarungscharakter dar, gleichwohl ist eine andere Nutzung zulässig, sofern sie nicht mehr stört, als eine Nutzung als Keller (BayObLG WE 1994, 245). Eine Wohnnutzung dieser Kellerräume wäre unzulässig, weil damit eine intensivere Nutzung verbunden ist. *211*

Ist aber in einer GO bestimmt, daß Wohnungen nur zu Wohnzwecken genutzt werden dürfen, ist bei Fehlen ergänzender Regelungen davon auszugehen, daß andere Nutzungsarten ausgeschlossen sind. In diesem Sinne kann eine Wohnung nicht als Wohnheim für einen fortlaufend wechselnden Personenkreis genutzt werden (OLG Hamm WE 1992, 135; hier: Aussiedler). *212*

Soweit es beabsichtigt ist, eine umfangreiche Nutzungsmöglichkeit offen zu halten, ist dies bei zu begründenden TEms-Einheiten in der GO zum Ausdruck zu bringen, wie z.B.: Die nicht zu Wohnzwecken bestimmten Räume können als Büroräume für Gewerbe und Berufe aller Art, auch als Praxisräume für Ärzte, Rechtsanwälte u.ä., sowie als Verkaufs- und Gaststätten genutzt werden.

213 Auslegungsschwierigkeiten können sich ergeben, wenn in der TE die sich aus der Begriffsbestimmung eines TEms ergebende Zweckbestimmung (z.B. Laden) nicht mit der in der GO (zum Unterschied TE und GO vergleiche unten Rn. **7** 248ff.) getroffenen Nutzungsregelung übereinstimmt. Hier bedarf es einer Auslegung von TE und GO, die in der Regel dahingeht, daß die nähere Bezeichnung von Räumen in der TE in der Regel nicht die Bedeutung einer Nutzungsbeschränkung haben, wenn über diesen Gegenstand in der GO Benutzungsregelungen getroffen wurden (BayObLG WE 1989, 108). Anders ist es, wenn die Zweckbestimmung in der TE allein getroffen wird. Obwohl diese Regelung in die GO gehören würde, hat sie dennoch Vereinbarungscharakter und ist als Zweckbestimmung wirksam (BayObLG WE 1990, 174; BayObLG WE 1991, 229).

214 Zusammenfassend ist festzustellen, daß die in der GO – allein – zu treffende Zweckbestimmung klar und umfassend getroffen werden sollte. Die umfangreiche Rechtsprechung zu diesem Problem zeigt, wie notwendig und sinnvoll eine klare und auslegungsfreie Zweckbestimmung ist.

Die Zweckbestimmung für die Nutzung von WE und TEm ist nicht nur für das Verhältnis der WEer (GO) von Bedeutung. Sie hat auch eine öffentlich-rechtliche Bedeutung.

215 Mit jeder Baugenehmigung wird die Nutzung des zu erstellenden Gebäudes verbindlich festgelegt. Sofern später eine erhebliche Nutzungsänderung eintritt, ist diese Veränderung anzuzeigen, die mit der sog. Nutzungsänderungsgenehmigung zugelassen wird. Diese bauordnungsrechtlichen Vorschriften gelten auch für die Nutzung von WE und TEm.

216 Wird einem WEer eine Nutzungsänderungsgenehmigung erteilt, so können die anderen WEer von der Bauordnungsbehörde verlangen, die zugestandene Nutzung zu widerrufen, wenn diese rechtswidrig ist. Rechtswidrig ist eine Nutzung dann, wenn sie gegen die im Bauplanungsrecht enthaltenen Ver- oder Gebote verstößt.

So ist nach einem Urteil des Verwaltungsgerichts Köln (DWE 1984, 107) die Nutzung einer ETW durch einen störenden gewerblichen Betrieb dann nicht möglich, wenn im Bebauungsplan eine Gebot der Rücksichtnahme vorgegeben ist. Bei Entscheidungen über die Zulässigkeit von Nutzungen hat sich die dabei vorzunehmende Interessenabwägung am Kriterium der Unzumutbarkeit auszurichten (vgl. DWE 1984, 107).

Gleichwohl unterscheiden sich die öffentlich-rechtlichen Ansprüche und die zivilrechtlichen Ansprüche bezüglich der Nutzung von Räumen sehr. Während die öffentlich-rechtlichen Ansprüche nur für oder gegen die davon betroffenen SEer wirken, sind diese Ansprüche allein für die WEer-Gem. in der Regel nicht maßgeblich. Besteht z. B. für ein in der TE oder GO als Hobbyraum zweckbestimmtes TEm die öffentlich-rechtliche Genehmigung zur Wohnnutzung, so hindert das die anderen WEer nicht, ihren Unterlassungsanspruch bezüglich der Wohnnutzung wirksam geltend zu machen.

Auch das Verbot der Zweckentfremdung von Wohnraum nach Art. 6 des Gesetzes vom 4. 11. 1971 (BGBl. I S. 745) wirkt nur zwischen den zuständigen Behörden und den betreffenden WEern im einzelnen, mit der Folge, daß der WEer unabhängig von der Regelung in der GO seine Wohnung nicht ohne ausdrückliche Genehmigung zu Nichtwohnzwecken nutzen oder nutzen lassen darf. Dies gilt aber nur für die Gebäude, für die das Zweckentfremdungsverbot besteht.

Bei Bestehen des Zweckentfremdungsverbots kann unter be- *217*
stimmten Voraussetzungen die zuständige Behörde eine Zweckentfremdungsgenehmigung zur Nichtwohnnutzung im Einzelfall erteilen. Eine solche Genehmigung ist ohne Auflagen zu erteilen, wenn die Räume nicht mehr als Wohnraum verwendet werden können (BVerwG NJW 1983, 640). Das gilt auch für den Fall, wenn die Vermietung einer Wohnung wegen ihrer Größe nicht mehr zu angemessenen Bedingungen möglich ist (OVG Münster WuM 1994, 387).

Keine Zweckentfremdung bzw. keine Ordnungswidrigkeit im Sinne dieser Verordnung liegt vor, wenn einzelne Räume, die bisher ausschließlich als Wohnungen genutzt wurden, teilweise einer anderen Nutzung zugeführt werden. In diesem Sinne stellt die Umwandlung von Wohnraum in Mischwohnraum keine Ordnungswidrigkeit dar und zwar unabhängig davon, welche der beiden Nutzungsarten überwiegen. Wegen der Möglichkeit eines vorhandenen Zweckentfremdungsverbots hat jeder Käufer beim Kauf eines WE oder TEms darauf zu achten, ob eine von ihm beabsichtigte Nichtwohnnutzung möglich ist. Der Verkäufer ist in der Regel nicht verpflichtet, auf das Vorhandensein solcher öffentlich-rechtlicher Verpflichtungen hinzuweisen. Nur wenn der Verkäufer eine Nichtwohnnutzung vertraglich zusichert, und wenn er das Fehlen einer öffentlich-rechtlichen Genehmigung zur Nichtwohnnutzung arglistig verschweigt, kann der Veräußerer zum Schadensersatz herangezogen werden. Dies gilt auch deshalb, weil die fehlende Zweckentfremdungsgenehmigung keinen Rechtsmangel darstellt (OLG Düsseldorf, Urteil vom 29. 3. 1995, 9 U 204/94).

219 Andererseits kann sich ein TEmer, der sein TEm als Wohnung nutzt, nicht auf die Vorschrift des § 1 Zweckentfremdungsverordnung stützen, um die Wohnnutzung aufrecht zu erhalten, falls die Nutzung von den anderen WEern beanstandet wird. Nach der Verordnung gilt, daß Räume nur dann zu Wohnzwecken genutzt werden können, wenn diese hierzu geeignet und nach subjektiven Kriterien hierfür bestimmt sind (BayObLG WE 1991, 298).

4. Formen der Begründung

219 WE- und TEm bzw. Wohnungs- und Teilerbbaurecht kann in unterschiedlichen Formen begründet werden, und zwar durch:

- Vertrag zwischen Miteigentümern an einem Grundstück bzw. zwischen Bruchteilsberechtigten an einem Erbbaurecht (§ 3)
- Teilung des Grundstücks in Miteigentumsanteile seitens des Eigentümers bzw. durch Aufteilung eines Erbbaurechtes in Bruchteile seitens der Erbbauberechtigten (§ 8).

a) Vertragliche Einräumung von Sondereigentum

220 Miteigentümer eines Grundstückes nach Bruchteilen (§ 1008 BGB) können ihren Miteigentumsanteil durch Vertrag in der Weise beschränken, daß SE an Wohnungen (WE) oder an nicht zu Wohnzwecken dienenden Räumen (TEm) eingeräumt wird, wobei es nicht darauf ankommt, ob das Gebäude bereits errichtet ist oder nicht. Der Vertrag bedarf der Form der Auflassung

(§ 4 Abs. 2, § 925 BGB) was bedeutet, daß er der Erklärung der Vertragsparteien vor dem Notar und der Eintragung in das Grundbuch bedarf. Wird bei Vertragsabschluß diese zwingende Formvorschrift nicht beachtet, so führt dieser Mangel zur Unwirksamkeit der Vereinbarung (BGHZ 29, 6, 10). Eine Heilung dieses Mangels tritt nach § 897 BGB dann ein, sobald ein Käufer gutgläubig WE erwirbt (Röll, Festschrift Seuß 1987, S. 233ff.). In diesem Fall und zu diesem Zeitpunkt wird der Fehler beim Abschluß des Gründungsgeschäfts geheilt (BGH WE 1990, 53 m. Anm. Weitnauer).

In einem solchen Vertrag können die Miteigentümer WE auch *221* in der Weise begründen, daß sie die Zahl bzw. die Höhe der Miteigentumsanteile verändern und den veränderten Miteigentumsanteilen jeweils das SE zuordnen (BGH DNotZ 1983, 487). Die Veränderung der bisherigen Miteigentumsanteile bedarf ebenfalls der Auflassung (BayObLG vom 22. 8. 1985, 2 Z 126/84).

Während früher die Begründung von WE durch Vertrag nur *222* eine geringe Rolle spielte, hat diese Art der Begründung zwischenzeitlich und vorübergehend durch die Bauherrnmodelle größere Bedeutung erlangt.

Der Vertrag nach § 3 unterliegt nach h.M. nicht der Inhalts- *223* kontrolle nach dem AGBG (Ertl, AGB-Kontrolle von GO der WEer durch das Grundbuchamt in PiG 7 a.a.O. S. 123ff.) weil es meistens an der einseitigen Vorformulierung, bestimmt aber an dem Verwender fehlt, der die AGB-Klausel seinen Vertragspartnern stellt. Außerdem beinhaltet der Einräumungsvertrag keinen Austausch von Leistungen.

Der Vertrag nach § 3 hat wie die TE zwei – dort zu besprechende – Bestandteile, nämlich die

- Erklärung an das Grundbuchamt, die bestehenden Miteigentumsanteile mit SE zu verbinden als dinglichen Akt
- GO als Vereinbarung der WEer untereinander und als inhaltliche Bestimmung des Gemeinschaftsverhältnisses.

Die GO ist nicht zwingend, weder für den Vertrag nach § 3 noch für die Teilung nach § 8. Fehlt sie, gelten die gesetzlichen Bestimmungen der §§ 10 bis 29 allein.

b) Begründung durch Teilungserklärung des Grundstückseigentümers

224 Die sogenannte Vorratsteilung nach § 8 ist in der Praxis von größter Bedeutung, weil nur durch sie die Veräußerung von ETW vor und während der Bauerstellung und die dabei notwendige Finanzierung und Beleihung des einzelnen WE möglich ist.

Nach dem Gesetzeswortlaut kann der Alleineigentümer eines Grundstücks dieses durch Erklärung gegenüber dem Grundbuchamt in Miteigentumsanteile so aufteilen, daß mit jedem Anteil SE verbunden wird.

225 Wie der Einräumungsvertrag beinhaltet die TE zwei unterschiedliche Sachverhalte, nämlich die eigentliche TE und die GO.

226 Das WEG kennt zwar weder den Begriff der TE noch den der GO. Der Begriff TE läßt sich aber aus dem WEG (§ 8 Abs. 1) ableiten, wonach mit der TE das SE durch den Eigentümer sachenrechtlich begründet werden soll. Die TE enthält vornehmlich die Festlegung des Umfangs des SE, die Bestimmung des Miteigentumsanteils und die Abgrenzung des SE zum gem.E.

227 Der Antrag auf Eintragung der Begründung von WE und TEm hat gegenüber dem Grundbuchamt zu erfolgen, wobei behördliche Genehmigungen (außer Abgeschlossenheitsbescheinigung) nicht erforderlich sind. Dieser bedarf der Form des § 29 GBO, also mindestens der öffentlichen Beurkundung oder Beglaubigung. Für die Erstellung der TE genügt die Beglaubigung der Unterschrift des Antragstellers vor dem Notar. Obwohl die Kosten der Beglaubigung spürbar geringer sind (vgl. § 45 KostO) als die Kosten einer Beurkundung, empfiehlt es sich aber, die TE beurkunden zu lassen. Einmal übernimmt hier der Notar eine gewisse Mitverantwortung für die inhaltlich richtige Ausgestaltung hinsichtlich der rechtlichen Rahmenbedingungen der TE. Dazu kommt, daß sich die Beurkundung immer dann als sinnvoll erwiesen hat, wenn beim Verkauf der neu zu errichtenden ETW auf die TE Bezug genommen werden konnte. Nach § 13a braucht bei Abschluß eines Kaufvertrages, in dem auf die TE Bezug genommen wird, letztere auch im Falle der Nochnicht-

eintragung im Grundbuch, als öffentliche Urkunde nicht verlesen werden. Es ist sinnvoll und zweckmäßig, eine sog. Grundlagenurkunde zu erstellen, die insgesamt vom Notar beurkundet wird. Diese Grundlagenurkunde beinhaltet die TE und zweckmäßigerweise auch die Baubeschreibung. Es ist ferner sinnvoll, in diese Grundlagenurkunde den Verwaltervertrag mit aufzunehmen, welcher als Angebot an den Erwerber ausgestaltet ist.

Ist die TE im Grundbuch eingetragen, so ist WE und TEm rechtswirksam entstanden.

c) Gemeinschaftsordnung

Während die TE den Gegenstand von WE und TEm feststellt 228
und diese Rechte somit sachenrechtlich begründet, bestimmt die GO den Inhalt dieses Rechts. Die GO, die sowohl für den Vertrag nach § 3 als auch für die Teilung nach § 8 üblich ist, muß nicht Bestandteil dieser Begründungsurkunden sein. In diesem Fall gilt für das Verhältnis der WEer allein das Gesetz, das sind die §§ 10ff. Da aber nach § 10 Abs. 2 durch Vereinbarungen von den gesetzlichen Bestimmungen abgewichen werden kann und vielfach ergänzende Bestimmungen vorgesehen werden können, gibt es kaum TEn, die nicht auch eine GO beinhalten.

Die GO als Vereinbarung der WEer untereinander (s. unten Rn. **6** 255) knüpft an die Regelungen der §§ 10 bis 29 an.

Grundsätzlich besteht für die Gestaltung der GO Vertrags- 229
(Gestaltungs-)Freiheit mit Ausnahme von unabdingbaren Gesetzesvorschriften. Diese können auch durch die GO nicht verändert oder abbedungen werden.

Die Grenzen der Vertragsfreiheit und damit für die inhaltliche 230
Bestimmung der GO sind die §§ 134 (Verstoß gegen ein gesetzliches Verbot) und 138 BGB (Sittenwidrigkeit). Demnach können unabdingbare Gesetzesvorschriften grundsätzlich nicht Inhalt der GO sein, das gilt auch für unabdingbare Vorschriften des WEG.

Unabdingbare Vorschriften im WEG sind

– § 5 Abs. 2: Statische Bauteile können ebensowenig SE sein, wie Anlagen und Einrichtungen, die den WEern zum gemeinschaftlichen Gebrauch dienen;

- § 6: Unselbständigkeit des SE;
- § 11: Unauflöslichkeit der Gem.;
- § 12 Abs. 2 Satz 1: Ist eine Veräußerungszustimmung vereinbart, kann sie nur aus wichtigem Grund versagt werden;
- § 18 Abs. 1 und 4: Der Anspruch auf Entziehung des WE kann weder eingeschränkt noch ausgeschlossen werden;
- § 20 Abs. 2: Keine Abbedingung der Verwalterbestellung;
- § 23 Abs. 3: Umlaufbeschluß erfordert Einstimmigkeit (OLG Köln WEM 1977, 52 und BayObLG MDR 1981, 320);
- § 24 Abs. 2: Das Minderheitenrecht bei der Einberufung zur Wohnungseigentümerversammlung kann nicht eingeschränkt werden;
- § 26 Abs. 1 und 2: Über Bestellung des Verwalters auf längstens fünf Jahre und dessen Abberufung, die nur auf das Vorliegen eines wichtigen Grundes beschränkt werden darf, entscheiden die WEer mit Stimmenmehrheit. Eine wiederholte Bestellung bedarf eines erneuten, frühestens ein Jahr vor Ablauf der Bestellungszeit, zu fassenden Beschlusses der Gem.
- § 27 Abs. 1 und 2: Die hier aufgeführten Aufgaben und Befugnisse des Verwalters.

231 Alle hier nicht genannten Vorschriften des WEG sind abdingbar und können in der GO abweichend vom Gesetz geregelt werden. Die Grenzen für den Inhalt von Vereinbarungen und damit der Gestaltungsfreiheit in der GO bestehen in den §§ 134, 138 BGB auch in den §§ 242, 315 BGB (BayObLG NJW 1973, 151; KG ZMR 1986, 127). Auch unbillige Regelungen der GO sind wirksam und unbeachtlich, soweit sie die Grenze der Gestaltungsfreiheit nicht überschreiten. Nach Auffassung des BGH (WuM 1987, 92) endet die Gestaltungsfreiheit auch dort, wo die „personenrechtliche Gemeinschaftsstellung", zu stark ausgehöhlt wird.

232 Klauseln, welche die Rechte der WEer in unzulässiger Weise aushöhlen, wären z.B. Regelungen, die einen WEer allgemein vom Stimmrecht und damit von der Verwaltung von gem.E. ausschließen (BGH 1987, 92), oder die Bestimmung, daß eine Jahresabrechnung dann als anerkannt gilt, wenn dagegen nicht ein schriftlich begründeter Widerspruch innerhalb von

14 Tagen von mehr als der Hälfte der Miteigentümer eingelegt wird (BayObLG DNotZ 1989, 24 m. Anm. Weitnauer). Auch wird die Klausel gegen Treu und Glauben verstoßen, welche den Grundsatz des Minderheitenschutzes verletzt.

Beispiele aus der Rechtsprechung über mögliche und nicht mögliche Inhalte der GO: *233*

- Grob unbilliger Kostenverteilungsschlüssel, der einen WEer so benachteiligt, daß das Festhalten an diesem Schlüssel gegen Treu und Glauben verstoßen würde (BayObLG WE 1986, 25).
- Genereller Stimmrechtsausschluß von WEern, gegen die ein Beschluß nach § 18 Abs. 3 gefaßt ist. Ein solcher Beschluß hat nämlich solange einen vorläufigen Charakter bis eine eventuelle Entziehungsklage rechtskräftig entschieden ist.
- Ein Aufrechnungsverbot in der GO kann die Aufrechnung mit rechtskräftig festgestellten Gegenforderungen nicht ausschließen, weil dies ein Verstoß gegen Treu und Glauben ist (§ 242 BGB; BGH WPM 1978, 620).
- Eine Vertretungsbeschränkung, nach der sich ein WEer in der Versammlung nur durch seinen Ehegatten, den Verwalter oder einen anderen WEer vertreten lassen darf, ist zulässig (BGH WE 1987, 79 mit Anmerkung Schmidt).
- Zulässig ist die Regelung des Stimmrechts in der GO nach dem Wertprinzip (vgl. unten Rn **7** 311) auch dann, wenn dadurch eine „Majorisierung“ von WEern ermöglicht wird (OLG Karlsruhe vom 23. 7. 1986 - 11 W 8/86).
- Zulässig ist es, in der GO eine unterschiedliche Regelung über das Stimmrecht und über den Kostenverteilungsschlüssel zu treffen, weil es einen Grundsatz über die Einheitlichkeit von Stimmrecht und Kostenverteilungsschlüssel nicht gibt (OLG Karlsruhe vom 23. 7. 1986, 11 W 8/86).
- Zulässig ist die Aufnahme einer Konkurrenzschutzklausel in die GO, nach der zur Ausübung eines Gewerbes oder Berufes gleicher Art in einem TEm oder WE neben dem Verwalter auch der WEer oder TEmer, der bereits ein gleiches Gewerbe oder einen gleichen Beruf ausübt, der Neuausübung des anderen Eigentümers zuzustimmen hat (BayObLG WE 1991, 47). Eine Änderung des Inhalts der Klausel ist nur mit Zustimmung aller WEer möglich. Ohne Zustimmung der anderen WEer kann der berechtigte WEer mit dinglicher Wirkung gegenüber einem anderen WEer auf seine Rechte aus dieser Klausel verzichten (OLG Köln WE 1994, 86).

Von den grundsätzlich abdingbaren Vorschriften des WEG können manche nicht vollständig und ersatzlos abbedungen werden. In diesem Sinne können nach § 28 Abs. 5 abweichende *234*

Regelungen für die Beschlüsse über Wirtschaftsplan, Jahresabrechnung und Rechnungslegung vereinbart, aber nicht völlig abbedungen werden (LG Berlin ZMR 1984, 424).

235 Die GO ist der Status der Miteigentümer und gleichzeitig eine Erklärung an das Grundbuchamt, diesem Status dinglichen Inhalt zu verleihen mit der Maßgabe „für und gegen jedermann" zu wirken (vgl. Friedrich Schmidt „Teilungserklärung als AGB" in MittBayNot 1979, 139ff.). In diesem Sinne ist die GO die inhaltliche Ausgestaltung des Vollrechts Eigentum, das sich beim WE auf das SE und auf die Miteigentumsanteile erstreckt. Das WEG bezeichnet diesen Rechtsinhalt als Inhalt des SE (§ 5 Abs. 4 WEG, vgl. Friedrich Schmidt in PiG Nr. 18 S. 47ff.; vgl. auch oben Rn. **6** 255ff.).

236 Die Frage, ob in der GO nur die vom Gesetz abweichenden und darüber hinaus gehenden Vereinbarungen aufzunehmen sind oder ob diese auch die gesetzlichen Regelungen enthalten soll, wird unterschiedlich beantwortet. Röll (MittBayNot 1980/1) und Schmidt (PiG Nr. 9 a.a.O. S. 90f.) plädieren dafür, daß die GO ausschließlich nur die Regelungen enthalten soll, welche in Abweichung und Ergänzung des Gesetzes zu vereinbaren sind. Alles weitere, ‚was sonst in der herkömmlichen GO steht, bekommt der künftige WEer in Form eines Merkblattes ausgehändigt, welches die eigentliche GO des Gesetzes, aufbereitet für den praktischen Gebrauch des Laien als WEer, enthält' (Schmidt a.a.O). Es ist sicher richtig, daß durch dieses Verfahren die GO kürzer, klarer und überschaubarer wird und daß ein Merkblatt verständlicher abgefaßt werden kann. Dennoch wird hier daran festgehalten, in die GO neben den ergänzenden und abweichenden Vereinbarungen auch die wichtigsten gesetzlichen Rahmenbedingungen mit aufzunehmen. Nachdem die TE heute überwiegend beurkundet und nicht nur unterschriftsbeglaubigt wird ist wegen der Beratungspflicht des Notars bezüglich des Inhalts der GO weitgehend sichergestellt, daß diese keine Fehler enthält und die wichtigsten Regelungstatbestände berücksichtigt werden. Dazu kommt, daß eine Urkunde ernster genommen wird als ein Merkblatt und dadurch der Satzungscharakter der GO besser zum Ausdruck kommt.

Manchmal werden in der GO schuldrechtliche Verpflichtungen für die WEer aufgenommen, die nicht in das Grundbuch eingetragen werden. Es stellt sich hier die Frage, welche rechtliche Bedeutung solche Vereinbarungen haben. Nach Auffassung des BayObLG (WE 1992, 262) sind solche schuldrechtlichen Vereinbarungen in gleicher Weise auszulegen, wie die verdinglichten, weil es im Ergebnis keinen Unterschied macht, „ob die Vereinbarung infolge Eintragung im Grundbuch nach § 10 Abs. 2 dinglich wirkt oder nur schuldrechtlich durch Weitergabe von einem Wohnungseigentümer an den nächsten im jeweiligen Kaufvertrag". Dieser Auffassung folgt das OLG Düsseldorf (WE 1997, 191) – allerdings bei einer anderen Fallgestaltung – nicht, wenn es feststellt, daß eine in der TE (GO) getroffene Regelung dann nicht gegen den Sondernachfolger wirkt, wenn diese nur schuldrechtliche Regelung ausdrücklich von der Eintragung im Grundbuch ausgenommen ist. Das gilt auch dann, wenn der Sondernachfolger beim Erwerb seines WE die nicht eingetragene Vereinbarung kennt. *237*

Verwiesen wird auf die in Bä/S (S. 968ff.) dargestellten unterschiedlichen Muster von TE und GO.

5. Eintragung der Begründungsurkunde ins Grundbuch

Die Begründungsurkunde – sei es in der Form des Vertrages nach § 3 oder in Form der Teilung nach § 8 – hat den Antrag auf Eintragung in das Grundbuch verbunden mit der Bewilligung zur Eintragung zu enthalten (Einigungs- und Antragsgrundsatz: s. oben Rn. **6** 156). Als Anlagen sind der Eintragungsbewilligung der Aufteilungsplan und die Abgeschlossenheitsbescheinigung beizufügen. Durch den Eintragungsantrag und die Eintragungsbewilligung ist das Grundbuchamt veranlaßt, gesonderte Grundbuchblätter (WE-Grundbuch, TEms-Grundbuch) anzulegen und den Gegenstand und Inhalt von SE, also das WE und TEm im Grundbuch einzutragen. Die Eintragung hat den in Bruchteilen bezeichneten Miteigentumsanteil an dem mit der bestimmten Flur-Nummer gekennzeichneten Grundstück zu enthalten. Dabei ist das SE als Verbindung zum Miteigentumsanteil gegenständlich auszuweisen. Die Beschränkung des Miteigentums auf *238* das SE des betreffenden WEer braucht dabei nicht gesondert beschrieben zu werden. Die Bestimmung von Gegenstand und Inhalt des SE ist im Grundbuch nicht einzeln auszuführen. Nach § 7 Abs. 3 genügt die Bezugnahme hierauf in der Eintragungsbewilligung (vgl. hierzu OLG Hamm WE 1997, 196). Als besonderer Inhalt des SE gilt auch die Bestimmung von Sondernutzungsrechten (s. oben Rn. **6** 69ff.), die zweckmäßigerweise durch genauere Beschreibungen darzustellen sind.

239 Das Grundbuchamt ist grundsätzlich verpflichtet, nach §§ 13, 19 und 39 GBO den Inhalt der Begründungsurkunden (TE und Teilungsvertrag) zu prüfen, und zwar unter Berücksichtigung des Grundsatzes der Vertragsfreiheit. So hat es darauf zu achten, daß in der TE nur eintragungsfähige Bestimmungen enthalten sind. Bei offenen Verstößen gegen die Eintragungsfähigkeit (Verstoß gegen §§ 134, 138, 242 BGB) und bei begründeten Zweifeln hat der Rechtspfleger die Eintragung abzulehnen. Das Grundbuchamt darf die Eintragung aber nur ablehnen, wenn zweifelsfrei feststeht, daß das Grundbuch durch die Eintragung unrichtig würde. Bloße Zweifel genügen nicht. Sofern die Prüfung eine wertende Prüfung unter Berücksichtigung aller Umstände erfordert, ist das Grundbuchamt dazu nicht in der Lage. Hier bleibt eine Prüfung im Einzelfall dem WE-Gericht vorbehalten (BayObLG vom 2. 4. 1997, 2 Z 36/97).

240 Besondere Prüfungsgegenstände sind dabei im wesentlichen:

- die formellen Voraussetzungen: richtiger Aufteilungsplan und Vorhandensein der Abgeschlossenheitsbescheinigung.
- Gegenstand des SE: z. B., unter Berücksichtigung, daß an wesentlichen Bestandteilen des Gebäudes kein SE begründet werden kann und daß das Eigentum in Miteigentumsanteile aufgeteilt wird.
- Inhalt des SE: z. B., daß Vereinbarungen nicht gegen unabdingbare gesetzliche Regeln verstoßen bzw. sittenwidrig sind u. a.

Besonders für die gegenständliche Begründung in der (eigentlichen) TE ist der sachenrechtliche Grundsatz der Bestimmtheit maßgebend (§§ 7 Abs. 3, 8 Abs. 2), weil es Zweck des Grundbuchs ist, sichere Rechtsverhältnisse zu schaffen und zu erhalten. Aus diesem Grunde haben die Erklärungen eindeutig und klar zu sein (OLG Frankfurt vom 23. 4. 1997, 20 W 135/97). Ist dieser Grundsatz nicht gegeben, indem z. B. die wörtliche

Beschreibung des Gegenstands von SE im Text der TE und die Angaben im Aufteilungsplan nicht übereinstimmen, so hat grundsätzlich keine der widersprechenden Erklärungsinhalte dem anderen gegenüber Vorrang, so daß hier eine Eintragung zu versagen ist (OLG Zweibrücken vom 6. 2. 1996, 3 W 212/95 m.w.N.).

Ob die GO und der Inhalt des SE der Inhaltskontrolle des Grundbuchamtes unterliegen, ist nicht unumstritten. Mehr noch besteht aber Streit darüber, ob das Grundbuchamt das Prüfungsrecht und/oder die Prüfungspflicht hat, die TE dahin zu überprüfen, ob durch bestimmte Regelungen die Vorschriften des AGBG verletzt wurden. 241

Gefolgt wird hier der von Weitnauer (Rz 10c ff. zu § 7), Schmidt (a.a.O.) und Ertl (in PiG Nr. 7 a.a.O. S. 123ff.) vertretenen Auffassung, daß TE und GO zwar rechtsgeschäftlich ausgestaltet werden, daß sie aber das Gemeinschaftsverhältnis kraft Gesetzes regeln und damit kein dem AGBG unterliegendes Schuldverhältnis sind. Demnach gibt es keine gesetzliche Grundlage für das Grundbuchamt einer AGB-Kontrolle der TE und GO, weil es sich im Verfahren nach § 8 nur um die abstrakte Festlegung des Eigentümerstatus handelt (so Schmidt a.a.O. S. 141). Die TE und GO sind in kein konkretes Austauschverhältnis einbezogen, so daß die Voraussetzung des § 1 Abs. 1 AGBG für sie nicht gegeben ist. 242

Für die TE und GO und deren Inhaltskontrolle gelten zusammenfassend folgende Grundsätze (vgl. OLG Zweibrücken WE 1990, 108): 243

- Vertragsfreiheit; die nicht mehr als notwendig beschränkt werden darf;
- Schranken der Vertragsfreiheit: Gesetzliche Ge- und Verbote (§ 134 BGB), Sittenwidrigkeit (§ 138 BGB), allgemeine Schranken, die sich durch Auslegung (§ 315 BGB) bezüglich nicht hinzunehmender Regelungen wegen Verletzung des Gebots von Treu und Glauben (§ 242) im Einzelfall ergeben.

Hat das Grundbuchamt, üblicherweise in der Person des Rechtspflegers, geprüft, so erläßt es eine Eintragungsverfügung (§ 2 GBAVO), wenn alle Eintragungsvoraussetzungen gegeben sind. Daraufhin kann die Eintragung entsprechend der Eintragungsbewilligung vorgenommen werden. Bestehen Ein- 244 tragungshindernisse hat der Rechtspfleger den Antrag zurückzuweisen, oder eine Zwischenverfügung zu erlassen, oder eine sonstige sachliche Entscheidung zu treffen (vgl. hierzu Haegele/Schöner/Stöber, Grundbuchrecht, 11. Aufl. 1997, S. 193ff.).

Die Zurückweisung des Antrags erfolgt, wenn das in der Regel durch Zwischenverfügung gekennzeichnete Eintragungshindernis nicht beseitigt ist.

Zwischenverfügung ergeht vor der Eintragung von WE und TEm, wenn eine Eintragungsvoraussetzung fehlt (z.B. die Abgeschlossenheitsbescheinigung oder der Aufteilungsplan) oder wenn der Rechtspfleger eine bestimmte Regelung in der GO nicht für eintragungsfähig hält. Eine Zwischenverfügung kommt im allgemeinen nur bei leicht und schnell behebbaren Mängeln in Betracht (BayObLG WE 1997, 271). Gegen die Zwischenverfügung und gegen die Zurückweisung ist das Rechtsmittel der unbefristeten Beschwerde durch Einreichung einer Beschwerdeschrift beim Grundbuchamt oder beim Landgericht oder durch Erklärung zur Niederschrift des Grundbuchamts oder der Geschäftsstelle des Beschwerdegerichts einzulegen.

245 Hat der Rechtspfleger die Zwischenverfügung erlassen, ist gegen sie zunächst der Rechtsbehelf der Erinnerung möglich. Der Rechtspfleger kann der Erinnerung abhelfen (§ 11 Abs. 1 u. 2 RpflG). Tut er das nicht, hat er die Erinnerung dem Grundbuchrichter vorzulegen.

246 Hält der Grundbuchrichter die Erinnerung für zulässig und begründet, entscheidet er die Sache. Ist der Richter der Auffassung, daß die Erinnerung unbegründet ist, legt er die Sache dem Landgericht als dem Rechtsmittelgericht vor. In diesem Fall gilt die Erinnerung als Beschwerde (vgl. Haegele/Schöner/Stöber a.a.O. S. 206). Gegen die Beschwerdeentscheidung ist die weitere Beschwerde zulässig. Im Grundbuchverfahren sind für weitere Beschwerden die gleichen Obergerichte wie im WE-Verfahren zuständig (s. unten Rn. **11** 288ff.).

247 Rechtsprechung:

– Die Erledigung der Hauptsache (z.B. durch Fertigung eines berichtigenden Nachtrags zum Eintragungsantrag) ist von Amts wegen zu beachten (BayObLG WE 1991, 365).

- Die Erledigung der Hauptsache hat zur Folge, daß eine zuvor eingelegte Beschwerde unzulässig wird, wenn sie nicht auf die Kosten beschränkt wird (BayObLG WE 1991, 365).
- Die weitere Beschwerde gegen eine Zwischenverfügung ist auch dann zulässig, wenn das Grundbuchamt den Eintragungsantrag wegen vorhandener Eintragungshindernisse nach Erlaß der Beschwerdeentscheidung in dieser Sache zurückgewiesen hat. Würde in diesem Fall die Rechtsbeschwerdeinstanz zu einem anderen Ergebnis kommen, hätte das Grundbuchamt den Zurückweisungsbeschluß wegen fehlender Rechtsgrundlage aufzuheben (BayObLG WE 1993, 254).

III. Gestaltung von Teilungserklärung und Gemeinschaftsordnung

1. Festlegung der Miteigentumsquoten

Die Miteigentumsquoten sind der rechnerische Ausdruck für die Miteigentumsanteile. Diese Miteigentumsquoten können die Grundstückseigentümer nach eigenem Ermessen bestimmen (BayObLG NJW 1958, 2116). Sie müssen weder den Verhältnissen der Werte noch denjenigen der Grundflächen oder Rauminhalte der einzelnen SE-Rechte entsprechen (BGH DNotZ 1976, 41; BGHZ 1986, 2759; BayObLG NJW 1958, 216; BayObLG Rpfleger 1982, 419; OLG Celle Rpfleger 1974, 267; OLG Zweibrücken WE 1990, 108). *248*

Die Miteigentumsanteile sind dennoch ein Wertmaßstab für die ETW. Im Miteigentumsanteil wird einerseits der anteilige Gesamtwert am Grundstück und Gebäude gesehen. Er kann aber auch Maß für die Nutzung (Früchteziehung gem. § 100 BGB) des gem. E. (§ 16 Abs. 1) sein. Ferner kann er nach gesonderter Vereinbarung die Höhe des Stimmrechtes festlegen. Schließlich ist er Kostenverteilungsschlüssel (§ 16 Abs. 2), sofern nicht anderes ausdrücklich bestimmt wird. Die Miteigentumsquote ist aber nicht naturgemäß der Umlagemaßstab für die Berechnung der anteiligen Herstellungskosten bzw. für die Festlegung des Kaufpreises. Es ist deshalb zulässig, eine Änderung der Miteigentumsanteile, bei unverändertem Fortbestand des dazugehörigen SE zu vereinbaren (BGH NJW 1976, 1976). *249*

250 Von wenigen Ausnahmen abgesehen, sollte der Miteigentumsanteil nicht als Verhältniswert aus den Kaufpreisen der ETW gewonnen werden. In aller Regel dürfte als Berechnungsgrundlage die m^2 WFl als geeignetster einheitlicher Verhältniswert gelten. Wird der Gesamtwert in Tausendstel Einheiten als die gebräuchlichste Art der Bruchteilsrechnung ausgedrückt, so errechnet sich der Miteigentumsanteil für eine Wohnung nach der Formel:

$$\frac{1000 \times \text{qm Einzelwohnfläche}}{\text{qm Gesamtwohnfläche}}$$

2. Bestimmung der Gegenstände des Sondereigentums

251 Wie oben (Rn **6** 11ff.) dargelegt ist die genaue Bestimmung des SE sehr wichtig, wobei der Grundsatz zu beachten ist, daß mit der Bestimmung der Gegenstände des SE eine Festlegung getroffen wird, die nur unter Mitwirkung aller WEer wieder geändert werden kann (vgl. hierzu OLG Frankfurt vom 3. 4. 1997, 20 W 90/97). Des weiteren ist zu berücksichtigen, daß im Fall der Zuordnung eines Gebäudeteiles oder einer Einrichtung zum SE, die nicht sonderrechtsfähig sind (s. oben Rn **6** 15ff.), SE tatsächlich nicht entsteht und diese im gem.E. verbleiben. Unklare Regelungen bewirken eine Auslegung zugunsten des gem.E., weil dafür eine Vermutung besteht. So kommt es für die Abgrenzung zwischen SE und gem.E. allein auf die durch Bezugnahme zum Grundbuchinhalt gewordene TE mit Aufteilungsplan an und nicht auf die tatsächliche Bauausführung (BayObLG WE 1989, 67).

252 Aus diesem Grund ist bei der Bestimmung der Gegenstände des SE, insbesondere dort wo wahlweise SE oder gem.E. mit Sondernutzungsrecht möglich ist, besondere Sorgfalt erforderlich. Besondere Sorgfalt ist auch für die Festlegung von SE-Teilen anzuwenden, wie beispielsweise Dachräume, für die ein späterer Ausbau zu Wohnräumen vorgesehen ist. Hier ist das noch auszubauende SE nicht nur wörtlich, sondern auch gegenständlich im Aufteilungsplan zu bezeichnen (vgl. BayObLG WE 1988, 199). Die zweckmäßigste Regelung ist im Blick auf die

künftige Verwaltung von Fall zu Fall und je nach Besonderheit des Objektes zu finden.

In diesem Sinne sind zu regeln:

- Balkone, Loggien, Veranden, wobei an Balkonen und Loggien nur am Bodenbelag und an den inneren Brüstungs- und Fassadenteilen (Anstrich) SE begründet werden kann (BayObLG WE 1994, 184)
- Keller- und Speicherräume
- Garagen und Kfz.-Abstellplätze: hier gibt es die unterschiedlichsten Gestaltungsformen. Verwiesen wird auf die von Schmidt erarbeiteten Tabellen, in denen alle möglichen Rechtsformen aufgezeigt sind (Schmidt in Bä/S Nr. 18 Formulare und Muster).
- Rolläden und Jalousetten
- Antennen
- Dachterrassen (auch hier ist SE nur am Bodenbelag möglich, nicht an den darunter liegenden Schichten: BayObLG WE 1994, 314)
- Schwimmbäder und Saunen
- Hausmeisterwohnung.

Ein besonderes Regelungsbedürfnis besteht für die rechtliche *253* Ausgestaltung der Doppelgarage oder der Duplexgarage. Es handelt sich dabei um ein Garagensystem, das 2 Abstellplätze übereinander besitzt. Mittels einer Hebebühne kann jeweils der untere oder der obere Stellplatz angefahren werden. Für eine solche Doppelgarage kann SE nur an den beiden Abstellplätzen insgesamt begründet werden, nicht an den einzelnen Plätzen (vgl. Weitnauer Rz. 29 zu § 5; offen gelassen BayObLG WE 1995, 127). Bislang wurde mit der Begründung des SE von den beiden Miteigentümern nach Bruchteilen (Garagenstellplatznutzern) eine Gebrauchsregelung im Sinne von §§ 745, 746 und 1010 Abs. 1 BGB getroffen. Zur Sicherung dieses Anspruchs gegenüber den Sondernachfolgern bedarf diese Regelung als Belastung des Miteigentums der Eintragung in das Grundbuch § 1010 BGB). Mit der Entscheidung des BayObLG (WE 1995, 127 mit Anmerkung Schmidt) kann anstelle einer Benutzungsregelung nach §§ 745, 746 und 1010 BGB auch die Gebrauchsregelung nach § 15 Abs. 1 wirksam vereinbart werden. Es handelt sich dabei um nichts anderes als ein Sondernutzungsrecht am SE der Doppelgarage, wenngleich das BayObLG diesen Begriff für die Begründung des Gebrauchsrechts nicht benützen will (vgl. Schmidt WE 1995, 128; a.A. Schöner in Rpfleger 1997, 416).

Die Frage in diesem Zusammenhang, ob die Hebebühne Teil des SE ist, oder ob an dieser Bühne SE wegen § 5 Abs. 2 SE nicht begründet werden kann, wird unterschiedlich beantwortet. Hier wird davon ausgegangen, daß die Hebebühne sondereigentumsfähig ist (Staudinger/Rapp Rz. 20 zu § 3; a.A. OLG Hamm OLGZ 1983, 1 vgl. Sauren zu 1 Seite 13). Sie ist weder für den Bestand oder die Sicherheit eines Gebäudes erforderlich noch dient sie dem gemeinschaftlichen Gebrauch der Wohnungseigentümer.

Die Frage, ob die Hebebühne sondereigentumsfähig ist, spielt besonders dann eine Rolle, wenn es darum geht, wer die Kosten die Betriebs- und Instandhaltungskosten zu tragen hat, die Gemeinschaft oder die Miteigentümer am SE.

Allein wegen dieser Frage ist es sinnvoll bei Duplexgaragen immer eine Gebrauchsregelung nach § 15 Abs. 1 zu treffen. In diesen Fällen ist es üblich nicht nur die Nutzungsrechte zu regeln, sondern auch die Pflicht zur Kostentragung. Hier dürfte die Vereinbarung geboten sein, daß die genannten Kosten von den Miteigentümern an der Doppelgarage zu gleichen Anteilen allein zu übernehmen sind.

254 Bezüglich der Fenster bestand vielfach Streit, ob diese ganz oder teilweise als Gegenstand des SE bestimmt werden können. Dies hat die Rechtsprechung im wesentlichen verneint (BayObLG WE 1982, 109; OLG Stuttgart WEM 1980, 36; Lübeck Rpfleger 1985, 90; OLG Bremen WE 1987, 162; OLG Oldenburg WEZ 1988, 281; OLG Hamburg OLGZ 1989, 164: vgl. auch Bielefeld in DWE 1989, 2). Nach h. M. sind Fenster, das sind der Fensterrahmen, die Verglasung sowie die konstruktiven Funktionselemente zwingend gem.E. Dies gilt auch für doppeltverglaste Fenster. Dementsprechend können nur reine Innenfenster von Doppel- und Kastenfenstern mit selbständigem Rahmen sowie frei montierbare Innenbeschläge dem SE zugeordnet werden. Es empfiehlt sich aber auch sonderrechtsfähige Teile von Fenstern nicht mehr dem SE zuzuweisen.

Durch die genannte Rechtsprechung sind die vielfach in älteren TE getroffenen Zuordnungen der Fenster zum SE gegenstandslos mit der Folge, daß die Kosten der Instandhaltung von Fenstern von den WEern gem. zu tragen sind. Nur in Ausnahmefällen läßt sich eine rechtlich nicht wirksame Zuordnung dahin umdeuten, daß dem jeweiligen WEer bezw. TEmer die Instandhaltungspflicht seiner Fenster allein obliegt (OLG Hamm WE 1992, 82).

3. Inhalt der Gemeinschaftsordnung

Den obigen Ausführungen entsprechend ist die Gestaltung der GO für das Verhältnis der WEer und für die Verwaltung des gem.E. von ausschlaggebender Bedeutung. Fehlerhafte Regelungen in der GO bewirken vielfach Streit und Unfrieden beim Zusammenleben der WEer. Hier können die üblichen Bestimmungen der GO nicht besprochen werden. In Bä/S (a.a.O. S. 968 bis 1025) ist ein Grund- und Auswahlmuster für alle möglichen Bedürfnisse aufgezeichnet. Verwiesen wird auch auf das im Anhang abgedruckte Muster einer TE und GO: *255*

Im Grundsatz hat sich jeder teilende Eigentümer und künftige Verwalter, der nach Möglichkeit an der Erstellung der GO beteiligt sein sollte, die Frage zu stellen, welche vom Gesetz abweichenden Regelungen er für wichtig hält, um diese in die GO aufzunehmen. *256*

Die wichtigsten Regelungsbereiche sind dabei zu hinterfragen. Es sind dies:

- Zweckbestimmung des Objekts und der Raumeinheiten, besonders des TEms
- Gebrauchsregelungen bei SE
- Gebrauchsregelungen für Kfz-Abstellplätze
- Konkurrenzverbote bzw. Konkurrenzschutzklauseln bei TEm (BayObLG vom 7. 5. 1997, 2 Z 32/97)
- Vermietungsbeschränkungen
- Sondernutzungsrechte für Teile des gem.E.
- Veräußerungsbeschränkung nach § 12
- Erwerberhaftungsklausel für Rückstände des Veräußerers
- Andere Kostenverteilungsschlüssel
- Regelungen für Mehrhausanlagen, die den Gebrauch, die Kostentragung und die Verwaltung trennen auf die Gesamtanlage und auf einzelne Häuser
- Regelungen für WEer-Versammlung: Stimmrecht (Objekt- oder Wert-Prinzip); Einladungsfristen; Bestimmung der Beschlußfähigkeit; Beschränkung der Stimmrechtsvollmacht auf Verwandte, andere WEer und Verwalter

- Verwalterbestellung
- Verfahrensstandschaftserteilung gegenüber dem Verwalter

257 Bei den zu privatisierenden Wohnungen in Ostdeutschland sind darüber hinaus weitere Regelungen erforderlich. Die wichtigsten sind:

- Grundsatzbestimmung, daß es sich bei dem Objekt um ein Gebäude handelt, das im Jahre X erstellt wurde und das saniert nach Maßgabe der Baubeschreibung – bzw. teil- oder unsaniert – veräußert wurde. Alle anderen Bauteile am gemeinschaftlichen Eigentum ermöglichen einen funktionsgerechten Gebrauch, ohne daß sie den z. Zt. geltenden technischen Normen entsprechen müssen, was besonders für die Ansprüche auf ordnungsmäßige Instandhaltung und Instandsetzung des nicht sanierten Teils des gemeinschaftlichen Eigentums gilt.
- Regelungen über Mehrhausanlagen, die Stimmrechte, Kosten und Lastentragung sowie bestimmte Nutzungsrechte nur bestimmten Häusern jeweils getrennt zuordnen.
- Regelungen über Zuordnung und Nutzung der Kfz-Abstellplätze, eventuell durch Sondernutzungsrechte.
- Regelungen, daß Instandhaltungsmaßnahmen von einzelnen Wohnungseigentümern nur unter bestimmten Voraussetzungen verlangt werden können, und zwar nach Maßgabe darüber, ob die Objekte saniert (Verkäufermodell), teilsaniert oder unsaniert (Käufermodell) veräußert wurden.

258 Sollte es notwendig sein, daß nach der Bauerstellung Änderungen in der Bauausführung vorgenommen werden, die zum Zeitpunkt der Erstellung der TE noch nicht präzisiert werden konnten, sind entsprechende Regelungen für bestimmbare Fälle in die GO aufzunehmen. Am häufigsten werden in diesem Zusammenhang Regelungen für künftig auszubauende Dachgeschosse vorgesehen (vgl. hierzu KG WE 1993, 138; OLG Hamburg WE 1006, 349).

259 Alle in der GO aufzunehmenden und vom Gesetz abweichende Regelungen sind eindeutig zu formulieren. Unklare Regelungen bedürfen sonst der Auslegung oder sind unwirksam. Z. B. ist eine Regelung folgenden Inhalts unwirksam (KG vom 4. 3. 1998, 24 W 6949/97): Beschlüsse in der Wohnungseigentümer-Versammlung kommen grundsätzlich nur mit Dreiviertelmehrheit zustande. Nur bei Angelegenheiten, denen keine erhebliche Bedeutung zukommt, genügt die einfache Mehrheit.

260 Es verstößt nicht gegen die Interessen der Gesamtheit der WEer, wenn in der GO vereinbart wird, daß Kosten der Instandhaltung

und Instandsetzung von Teilen des gem.E., die sich im Bereich des SE befinden, von den betreffenden WEern allein getragen werden müssen (vgl. OLG Düsseldorf WE 1996, 347). Das gilt z.B. vielfach für im gem.E. befindliche Fenster und auch für Wohnungsabschlußtüren. Eine solche Kostenvereinbarung wäre:

„Die Kosten für Pflege, Instandhaltung sowie Instandsetzung an den Fenstern, die in räumlicher Verbindung zum jeweiligen SE stehen, tragen die betreffenden WEer. Das gilt auch für die Behebung von Glasschäden. Mit der Pflicht zur Kostenübernahme ist auch die Pflicht zur laufenden und ordnungsmäßigen Instandhaltung und Instandsetzung verbunden".

Will man nur die Glasschäden an Fenstern den WEern allein *261* zuordnen, so könnte folgendes vereinbart werden (vgl. BayObLG WE 1994, 184):

„Die Behebung von Glasschäden an Fenstern und Türen im räumlichen Bereich des SE obliegt, obwohl diese zu gem.E. gehören, ohne Rücksicht auf die Schadensursache, dem Sondereigentümer. Dies gilt sowohl für die Innen- als auch Außenscheiben".

Inhalt der GO können auch Kostentragungsregelungen für *262* Nachbargrundstücke sein, wenn das Nachbargrundstück für das Grundstück der WEer von besonderer Bedeutung ist (vgl. hierzu OLG Hamburg WE 1996, 427).

Ebenso zulässig ist, in der GO eine Regelung zu treffen, daß *263* bauliche Veränderungen entgegen § 22 Abs. 1 durch (einfachen oder qualifizierten) Mehrheitsbeschluß ermöglicht werden (BayObLG WE 1996, 395). Zulässig ist auch die Aufnahme einer Konkurrenzschutzklausel in die GO (BayObLG WE 1997, 477).

Besteht Streit über den Inhalt einzelner Regelungen der GO, *264* so kann das Gericht im Verfahren nach § 43 angerufen werden, um durch Auslegung strittige Fragen zu klären.

Für die Auslegung der GO sowie der TE und des Aufteilungs- *265* planes gilt folgendes: Durch Bezugnahme im Eintragungsvermerk (§ 7 Abs. 3) sind GO, TE und Aufteilungsplan Inhalt des Grundbuches geworden. Die Auslegungsgrundsätze für Eintragungen im Grundbuch besagen, daß dabei allein auf den Wortlaut und den Sinn der Eintragung abzustellen ist, wie er sich für einen unbefangenen Betrachter als nächstliegende Bedeutung des Eingetragenen ergibt (BayObLG DWE 1986, 29 m.w.N.; BayObLG WE 1997, 120). Die „nächstliegende Bedeutung" des Eingetragenen ist aber nicht ein zufällig gewolltes Wort ohne Inhalt, sondern eine Bezeichnung, die eine Zweckbestimmung darstellt, auf die sich der einzelne WEer verlassen kann (OLG Stuttgart vom 4. 11. 1982 - 8 W 297/86). Auf das bei der Abfassung der Begründungsurkunde tatsächlich Gewollte kommt es dabei nicht an (OLG Stuttgart NJW 1987, 385). Demnach sind die Vorstellungen des planenden Architekten, des teilenden Eigentümers oder des die TE beurkundenden Notars für die Auslegung ohne Bedeutung (OLG Hamm WE 1990, 96; BayObLG WE 1992, 170).

266 Grundbucheintragungen unterliegen nach der Zweckbestimmung des Grundbuchs erhöhten Anforderungen an Klarheit und Bestimmtheit, weil sie Auskunft und Aufschluß über die dingliche Rechtslage zu geben haben. Das gilt auch für Regelungen in der GO, die als Inhalt des SE dem Sondernachfolger Pflichten und Beschränkungen auferlegen (BayObLG WE 1991, 47). Ebenso erfordert der beherrschende Bestimmtheitsgrundsatz, daß eine von der gesetzlichen abweichende Regelung klar und eindeutig feststellbar ist (BayObLG vom 19. 2. 1998, 2Z 119/97).

267 Die genannten Auslegungsgrundsätze gelten auch für das Rechtsbeschwerdeverfahren, dessen Gericht zur selbständigen Auslegung dieser im Grundbuch eingetragenen Bestimmungen berechtigt und auch nicht an die Auslegung des Landgerichts gebunden ist (BayObLG WE 1992, 85; WE 1997, 120).

268 Auszulegen ist neben der TE und GO auch der Aufteilungsplan, der nach § 7 Abs. 3, Abs. 4 Nr. 1 zum Grundbuchinhalt gehört. (Zum Abgrenzungsstreit von SE zum gem.E. vgl. oben Rn. **6** 15ff.).

Wegen des grundsätzlichen Inhalts und der Grenzen einer Vereinbarung wird verwiesen auf Rn. **8** 4ff. unten.

4. Änderung von Teilungserklärung und Gemeinschaftsordnung

269 Wie oben dargestellt, umfaßt die TE einmal die „TE im engeren Sinn" und zum anderen die GO. Während eine Änderung der TE im engeren Sinn zu ihrer Wirksamkeit immer die Eintragung im Grundbuch erforderlich macht, ist dies bei der Änderung der GO nur bedingt erforderlich. Da die Eintragung der TE im Grundbuch der Eintragungsbewilligung der Form des § 29 GBO bedarf (öffentliche Beglaubigung vgl. auch oben Rn. **6** 224), ist dies auch für jede Änderung der TE erforderlich.

Wird der Gegenstand des WE, also das SE oder das gem. Eigentum nachträglich geändert, bedarf diese Veränderung der eigentlichen TE zu ihrer Wirksamkeit der Eintragung in das Grundbuch. Das setzt sowohl eine entsprechende Eintragungsbewilligung als auch einen geänderten Aufteilungsplan voraus. Bezüglich des Aufteilungsplans gibt es Ausnahmen. So kann auf die Vorauflage eines neuen Aufteilungsplans ausnahmsweise verzichtet werden, wenn durch die Beschreibung der Änderung in der Eintragungsbewilligung im Zusammenhang mit dem vorhandenen Aufteilungsplan Umfang und Ausmaß der Änderung des Gegenstands von SE und gem.E. eindeutig und zweifelsfrei festgelegt werden kann. In diesem Fall wäre es bloßer Formalismus, erneut einen geänderten behördlichen Aufteilungsplan zu verlangen (BayObLG vom 9. 12. 1997, 2Z 157/97). *270*

Die Umwandlung von SE in gem.E. ist eine gegenständliche Veränderung des Rechts WE oder TEm. Eine solche Umwandlung betrifft das Grundverhältnis der Mitglieder der Gem. und die sachenrechtliche Zuordnung der Flächen, Gebäudeteile und Räume. Sie betrifft nicht das Verhältnis der WEer untereinander im Sinne von § 5 Abs. 4, § 10 Abs. 1 S. 2, und Abs. 2, sondern das sachenrechtliche Grundverhältnis. Aus diesem Grunde bedarf die Umwandlung von SE in gem.E. und umgekehrt gem. § 4 Abs. 1 und 2 der Einigung aller WEer und TEmer in der Form der Auflassung und der Eintragung in das Grundbuch (§§ 873, 925 BGB; BayObLG WE 1998, 151; KG vom 17. 12. 1997, 24 W 3797/97).

Weicht die tatsächliche Bauausführung vom im Grundbuch eingetragenen Aufteilungsplan bei zwei nebeneinander liegenden Wohnungen in der Weise ab, daß eine Fläche von wenigen m², die nach dem Aufteilungsplan der Wohnung Nr. 2 zugeordnet ist, tatsächlich aber durch Trennwandversetzung in die Wohnung Nr. 1 integriert ist, so gehört die Fläche trotz der Ab- *271* trennung zum SE der Wohnung Nr. 1. Voraussetzung hierfür ist, daß der Grundriß des Gebäudes und die Lage der Wohnungstrennwände im übrigen unverändert geblieben sind. Soll eine Korrektur des rechtlichen Zustands im Sinne der praktischen Gegebenheiten erfolgen, bedarf es hierzu der Übertragung des Sondereigentumsteils von der Wohnung Nr. 2 zur Wohnung Nr. 1 nur in einer notariellen Vereinbarung der beiden WEer in der Form von § 4 Abs. 2, § 925 BGB. Eine Mitwirkung der übrigen WEer ist nicht erforderlich (vgl. hierzu die ausführliche Entscheidung des BayObLG vom 30 7. 1998, 9/98).

272 Ist ein schuldrechtlicher Anspruch über die Umwandlung und die Veränderung von SE und gem.E. strittig, ist für die Durchsetzung eines solchen Anspruchs allein das Prozeßgericht zuständig (KG vom 17. 12. 1997/24 W 373797/97).

273 Die Umwandlung von WE in TEm und umgekehrt stellt dagegen nur eine Änderung der Zweckbestimmung dar, die allein das Verhältnis der WEer untereinander betrifft (§ 5 Abs. 4, § 10 Abs. 1 S. 2 und Abs. 2). Es handelt sich dabei um eine inhaltliche Änderung des SE oder des TEms im Sinne der §§ 873, 877 BGB. Diese Zweckänderung bedarf neben der Eintragung im Grundbuch auch der Zustimmung aller WEer und TEmer sowie der hiervon nachteilig dinglich Betroffenen (§§ 876, 877 BGB). Das Erfordernis der Mitwirkung kann aber durch eine Regelung in der GO wirksam abbedungen werden. In diesem Fall ist weder die Mitwirkung der übrigen WEer und TEmer erforderlich noch die der dinglich Berechtigten einschließlich der Berechtigten einer Auflassungsvormerkung (BayObLG WE, 1998, 151; BayObLG vom 27. 11. 1997, 136/97).

274 Die Form des § 29 GBO kann gem. §§ 127a, 129 Abs. 2 BGB durch einen gerichtlichen Vergleich ersetzt werden. Ein gerichtlicher Vergleich ist z. B. dann denkbar, wenn sich WEer vorher über die Änderung von Bestimmungen der TE gestritten haben und sie sich während des Verfahrens über die Änderung und die Eintragung der Änderung im Grundbuch vergleichen. Ein solcher gerichtlicher Vergleich, für den nach § 44 Abs. 2 die Vorschriften der ZPO Geltung haben, unterliegt selbst wieder Formvorschriften, er bedarf zwingend der Feststellung im Verhandlungsprotokoll (§ 160 Abs. 3 Nr. 1 ZPO) bzw. sind diese dem

Verhandlungsprotokoll als Anlage beizufügen (§ 160 Abs. 5 ZPO). Auf alle Fälle hat das Gericht die Vergleichsfeststellungen den Beteiligten vorzulesen oder zur Durchsicht vorzulegen. Verstöße gegen diese Vorschriften bewirken die Nichtigkeit des gerichtlichen Vergleichs mit der Folge, daß auch die Änderung der TE im Grundbuch nicht eingetragen werden kann (BayObLG WE 1989, 110).

Für die GO gilt überwiegend, daß die WEer diese nur durch *275*
Vereinbarung, d.h. durch Erklärung aller WEer ändern können. Eine solche vereinbarliche Änderung unterliegt eigentlich keiner Formvorschrift, so daß sie auch mündlich getroffen werden könnte. Die formlos geänderte Vereinbarung ist grundsätzlich schuldrechtlich für die WEer verbindlich, die hieran mitgewirkt haben, auch ohne Eintragung in das Grundbuch. Wegen der Vorschrift, daß Vereinbarungen gegenüber Sondernachfolgern nur dann wirksam sind, wenn sie als Inhalt des SE im Grundbuch eingetragen werden (§ 10 Abs. 2), ist eine notarielle Unterschriftsbeglaubigung des Eintragungsantrags der WEer sowie die Eintragung im Grundbuch unerläßlich.

Wird eine von allen WEern getroffene Vereinbarung nicht in *276*
das Grundbuch eingetragen, wirkt diese „schuldrechtliche Vereinbarung" nur für und gegen diese WEer, nicht aber gegen Sondernachfolger. Eine schuldrechtlich getroffene, nicht eingetragene Vereinbarung wirkt auch dann nicht gegen den Sondernachfolger, wenn dieser die Vereinbarung bei seinem Erwerb kannte. Darüber hinaus wird eine solche schuldrechtliche Vereinbarung, die auf eine grundlegende Änderung der GO gerichtet ist, mit ihrem Gesamtinhalt hinfällig, wenn an diese Vereinbarung nicht gebundene Sondernachfolger in die Gem. eintreten (vgl. hierzu OLG Hamm WE 1997, 32 m.w.N.).

Vom Grundsatz, daß schuldrechtliche Vereinbarungen nicht gegenüber dem Sondernachfolger wirken, läßt die Rechtsprechung in bestimmten Fällen Ausnahmen zu. So hat das BayObLG (WE 1991, 292 m.w.N.) entschieden, daß eine Verwirkung des auf Unterlassung einer Nutzung zu Wohnzwecken gerichteten Anspruchs der übrigen WEer auch deren Sondernachfolger bindet. Wenn ein Unterlassungsanspruch wegen einer nicht zulässigen Nutzung von gem.E. verwirkt ist, so wirkt dies sowohl für wie gegen den Sondernachfolger (BayObLG WE 1991, 165). Des weiteren hat das OLG Hamm (WE 1996, 351) entschieden, daß ein nachteilig betroffener Sondernachfolger keinen Beseitigungsanspruch gegen die von einem WEer vorgenommene bauliche Veränderung hat, wenn dessen Rechtsvorgänger der Veränderung zugestimmt hat. Ähnlich argumentiert das OLG Düsseldorf (vom 21. 5. 1997, 3 Wx 558/96), daß ein WEer, der mit einer anderen als der vereinbarten Nutzung ausdrücklich einverstanden ist, nicht nachträglich gegen den Sondernachfolger des betreffenden WEers geltend machen kann, er sei mit dieser Nutzung nicht einverstanden, weil die Neuregelung nicht im Grundbuch eingetragen ist.

277 Zu prüfen ist in diesem Zusammenhang (Grundbuchamt), ob durch eine Änderung der GO die Rechte der Realgläubiger der einzelnen WE-Einheiten beeinträchtigt, d.h. verschlechtert werden. Denkbar wäre eine Verschlechterung der Beleihungsfähigkeit des WE. In diesem Fall ist (§§ 877, 876 BGB) die Zustimmung der Realgläubiger zwingend. Häufig wird die Rechtsänderung die dinglich Berechtigten nicht erheblich beeinträchtigen, so daß deren Zustimmung durch das Grundbuchamt nicht gefordert werden kann (LG München DWE 1984, 91).

278 Sondernachfolger eines WEers ist, wer das WE durch Rechtsgeschäft (Kaufvertrag, Auflassung, Eintragung in das Grundbuch) oder durch Zuschlag in der Zwangsversteigerung erwirbt. Ein Erbe ist nicht Sondernachfolger, sondern Gesamtrechtsnachfolger. Er tritt kraft Gesetz in die Rechte und Pflichten des Erblassers ein. Aus diesem Grunde hat ein Erbe eine Vereinbarung in jedem Fall gegen sich gelten zu lassen, auch wenn diese nicht im Grundbuch eingetragen ist (vgl. Müller in PiG Nr. 15; BayObLG WE 1992, 347).

279 Entgegen einer weit verbreiteten anderen Auffassung (z.B. Röll in DNotZ 1982, 731) wird hier die Auffassung vertreten, daß in der GO keine Regelung getroffen werden sollte, die eine zukünftige inhaltliche Veränderung durch Mehrheitsbeschluß vorsieht (Öffnungsklausel). Das Vertrauen jedes einzelnen WEers auf Erhalt des Status der Gem. muß in der Weise gewährleistet sein, daß eine Änderung ohne seinen Willen nicht zulässig ist.

Das bedeutet, daß das Einstimmigkeitsprinzip für die Änderung der TE und GO mit Ausnahme der Veränderung des Kostenverteilungsschlüssels nicht aufgeweicht werden sollte. Sofern dennoch rechtsmißbräuchliche Regelungen getroffen wurden, sind diese im Verfahren nach § 43 zu korrigieren; was jedoch nur dann möglich ist, wenn wichtige Gründe dafür sprechen. *280*

Wenn in der GO keine Öffnungsklausel enthalten ist, kann die Gem. von einem einzelnen WEer dann die Zustimmung zu einer Änderung im Verfahren nach § 43 verlangen, wenn ein wichtiger Grund für die Änderung der GO vorhanden ist. Nur ausnahmsweise kann der Anspruch auf Änderung der GO als Einrede von einem WEer im Rechtsstreit über seine Zahlungspflicht geltend gemacht werden (OLG Celle vom 26. 1. 1998, 4 W 228/97). Ein Grund für die Änderung der GO besteht nur dann, wenn außergewöhnliche Umstände das Festhalten an der getroffenen Regelung als grob unbillig und damit als gegen Treu und Glauben verstoßend erscheinen lassen (BayObLG WE 1987, 46; NJW-RR 1994, 685; WE 1994, 282; WE 1995, 339; WE 1996, 196; OLG Hamm WE 1996, 430; BayObLG vom 18. 7. 1996, 2 Z 59/96). Solche untragbaren und mit Recht und Gerechtigkeit nicht zu vereinbarenden Regelungen sind anhand objektiver Kriterien festzustellen. Das Gericht hat bei der Prüfung dieser Voraussetzungen strenge Maßstäbe anzulegen. Eine vorschnelle Änderung einer Vereinbarung aus Billigkeitserwägungen würde den Rechtsgrundsatz, daß einmal Vereinbartes grundsätzlich bindet, aushöhlen und die für die Funktionsfähigkeit jeder WEer-Gem. notwendige Rechtssicherheit nicht mehr gewährleisten (OLG Köln WE 1995, 155).

Hat das Gericht eine rechtskräftige Entscheidung zu einem Regelungsgegenstand (Vereinbarung) in der Gemeinschaftsordnung getroffen, so kann diese vom Gericht getroffene Regelung durch Vereinbarung – nicht durch Mehrheitsbeschluß – wieder geändert werden. Ein Anspruch auf Änderung der rechtskräftigen Entscheidung besteht dann, wenn eine wesentliche Änderung der tatsächlichen Verhältnisse eine grob unbillige Regelung verlangt (BayObLG WE 1995, 252). *281*

Die Entscheidung des Gerichts kann auch darin bestehen, daß die Zustimmung des Verweigerers zur Abänderung einer *282*

Vereinbarung durch Richterspruch ersetzt wird (BGH WE 1995, 371).

283 Denkbar wäre auch eine Änderung der GO zu erzwingen, wenn deren Geschäftsgrundlage entfällt. Dies setzt die Anwendung der Rechtsprechung über den Fortfall der Geschäftsgrundlage voraus. Geschäftsgrundlage sind die beim Vertragsabschluß zutage getretenen, vom Geschäftspartner erkennbare und von ihm nicht beanstandete Vorstellungen der einen Vertragspartei oder die gemeinsamen Vorstellungen beider Vertragsparteien von dem Vorhandensein oder dem künftigen Eintritt gewisser Umstände, sofern der Geschäftswille der Parteien auf diesen Vorstellungen aufbaut (BGH NJW 1982, 2184). Bei entsprechender Anwendung dieser Grundsätze auf eine GO in einer TE nach § 8 kommt es auf die Vorstellung des teilenden Eigentümers nur insoweit an als sie sich in der GO niedergeschlagen haben und diese daraus für die einzelnen Erwerber erkennbar geworden sind (BayObLG WE 1988, 104). Bei tatsächlicher Änderung oder Wegfall der Geschäftsgrundlage ergeben sich nur dann Rechtsfolgen, wenn ein Festhalten am ursprünglichen Vertrag für eine oder beide Vertragsparteien zu untragbaren, mit Recht und Gerechtigkeit unvereinbaren Ergebnissen führt (BayObLGZ 1984, 50/55; 1987, 66/69). Unter dem Gesichtspunkt des Wegfalls der Vertragsgrundlage sind beispielsweise bei bestehenden WEer-Gem. die Veränderungen der Wohnflächen durch nachträglichen Anbau an bestehenden Baulichkeiten zu sehen. Hier sind entweder die Miteigentumsquoten oder der Kostenverteilungsschlüssel entsprechend zu ändern (BayObLG WE 1992, 57 m.w.N.).

284 Der hier und vom OLG Köln (Rpfleger 1982, 278) sowie vom OLG Frankfurt (DWE 1984, 126) vertretenen Auffassung über die Unzulässigkeit einer Vereinbarung in der GO, diese generell durch (qualifizierten) Mehrheitsbeschluß (Öffnungsklausel) abändern zu können, ist das BayObLG (WE 1986, 74) durch Vorlagebeschluß an den BGH entgegengetreten. Der BGH (WE 1986, 19) hat daraufhin die generelle Abänderbarkeit der GO durch einen absoluten Mehrheitsbeschluß (Qualifizierter Mehrheitsbeschluß vgl. unten Rn. **8** 36ff.) bezüglich der Veränderung von Kostenverteilungsschlüsseln unter der Einschränkung

für zulässig erklärt, daß ein solcher Beschluß sachlich gerechtfertigt ist und die einzelnen WEer gegenüber dem früheren Rechtszustand nicht unbillig benachteiligt werden. Im entschiedenen Fall wurde dem qualifizierten Mehrheitsbeschluß, der die bisherige Befreiung von den Liftkosten für Miteigentümer der Erdgeschoßwohnungen beinhaltete, die Berechtigung versagt.

Diese Entscheidung befriedigt im Grunde nicht, weil damit die Wirksamkeit eines grundsätzlich vereinbarten qualifizierten Mehrheitsbeschlusses von zwei unbestimmten Rechtsbegriffen – „sachlich gerechtfertigt" und „keine unbillige Benachteiligung eines WEers gegenüber dem früheren Rechtszustand" – abhängig gemacht wird. Die Beurteilung solcher Rechtsbegriffe dürfte wohl einige Schwierigkeiten bereiten. *285*

Wie schwierig im Streitfall Auslegungen bezüglich der Abänderbarkeit von Vereinbarungen sind, zeigt eine Entscheidung des BayObLG (WE 1991, 229), in der die Frage behandelt wurde, ob eine in der GO vereinbarte Nutzung aufgrund einer nach der GO möglichen Änderung durch einen qualifizierten Mehrheitsbeschluß versagt werden kann. Das Beschwerdegericht hat den Änderungsbeschluß deshalb für ungültig erklärt, weil es der Auffassung war, daß der betreffende WEer eine der GO entsprechende Nutzung erlangt hat, die ihm auch erhalten bleiben müsse. Das Rechtsbeschwerdegericht ist zwar im Ergebnis mit dem Beschwerdegericht einig, will aber die Begründung des Bestandsschutzes nur insoweit gelten lassen, als zusätzlich sachliche Gründe vorliegen, die einzelne WEer gegenüber dem früheren Rechtszustand nicht unbillig benachteiligen. Würde nämlich eine Änderung der GO nur darauf gestützt – wie es das Beschwerdegericht sieht –, daß der WEer eine gesicherte Rechtsposition erlangt habe, die ihm nicht mehr genommen werden könne, so würde das nach dem BayObLG die Folge haben, daß die in der GO vorgesehene Änderungsmöglichkeit in vielen Fällen von vorneherein ausgeschlossen wäre. *286*

Die Rechtsprechung hat die vom BGH vorgenommene Einschränkung der nicht unbilligen Benachteiligung von WEern bei Abänderung der GO durch qualifizierten Mehrheitsbeschluß wie folgt ausgelegt: *287*

Eine unbillige Benachteiligung liegt in der Regel u.a. vor, wenn durch bauliche Veränderungen am Gemeinschaftseigentum in die Statik und Substanz des Gebäudes eingegriffen und ein Zustand geschaffen wird, der der TE widerspricht und der die Möglichkeit zu intensiverer Nutzung von SE ermöglicht (BayObLG WE 1997, 112 m.w.N.).

288 Für erforderlich und zweckmäßig wird hier eine spezielle Änderungsregelung gehalten, die sich auf einen ganz bestimmten Sachverhalt richtet. Es handelt sich um eine Regelung über die Veränderung des Kostenverteilungsschlüssels, wobei die Veränderungen genau bestimmt sein müssen. Inhalt einer solchen Vereinbarung könnte z.B. sein:

„Änderungen des festgelegten Verteilungsschlüssels sind nur möglich, wenn solche von 3/4 der stimmberechtigten WEer beschlossen werden. Als Verteilungsschlüssel können dabei nur die Flächengrößen der einzelnen Einheiten, die Miteigentumsanteile, die Anzahl der Einheiten und bei den Kosten des Betriebs der zentralen Heizungs- und Warmwasserversorgungsanlage ein anderer verbrauchsbezogener Verteilungsschlüssel, soweit dieser nach der Heizkostenverordnung zulässig ist, gewählt werden.“

289 Eine solche Änderungsvereinbarung nur bezüglich des Kostenverteilungsschlüssels widerspricht nicht der hier vertretenen Auffassung in der GO, möglichst keine allgemeine und grundsätzliche Änderungsvereinbarung (Öffnungsklausel) zu treffen, die alle Vereinbarungen berühren würde. Einmal ist die vorgesehene Änderung des Kostenverteilungsschlüssels eine ganz spezielle Regelung, die zum andern die tatsächlich möglichen Veränderungstatbestände von vornherein umschreibt.

290 Werden unabhängig von einer Öffnungsklausel durch die WEer Mehrheitsbeschlüsse gefaßt, deren Gegenstand die Abänderung einer Vereinbarung (z.B. eine Nutzungsänderung, BayObLG vom 25. 6. 1997, 2 Z 90/96) ist, so ist dieser Beschluß zwar rechtswidrig, aber dennoch gültig, wenn er nicht angefochten wird (§ 23 Abs. 4), wenn er nicht sittenwidrig ist (§ 138 BGB), nicht gegen ein gesetzliches Gebot verstößt (§ 134 BGB) und wenn er nicht in den Kernbereich des WE eingreift (a.A. vgl. hierzu unten Rn. **8** 14). Ein solcher nicht angefochtener

Beschluß bindet auch die WEer, die an dem Beschluß nicht mitgewirkt haben, und ebenso den Sondernachfolger (§ 10 Abs. 3) eines WEers (BayObLG vom 30. 4. 1997, 21/97). Wird der Beschluß angefochten, muß er durch das Gericht wegen seiner Rechtswidrigkeit aufgehoben werden (BayObLG vom 30. 4. 1997, 21/97). Einem solchen Anfechtungsantrag kann nicht entgegengehalten werden, daß der Anfechtende nach Treu und Glauben verpflichtet sei, einer Änderung der GO zuzustimmen (BGH WE 1995, 371). Sollte die Änderung der GO nach den oben geschilderten Voraussetzungen geboten sein, so ist gegen den versagenden WEer ein gesondertes Verpflichtungsverfahren in Gang zu setzen.

Sollten in der GO auch Regelungen getroffen worden sein, die *291* erkennbar keine rechtsgestaltende Wirkung für die Zukunft haben, wie z.B. die Hausordnung, können solche Sachverhalte stets durch einen Mehrheitsbeschluß geändert werden (Rpfleger 1975, 367).

Auch führen in der GO zusätzliche Formerfordernisse, die *292* über die gesetzliche Regelung hinausgehen (hier: Protokollierung der WEer-Beschlusses durch drei Unterschriften) wegen dieses Mangels nicht zur Ungültigkeitserklärung eines WEer-Beschlusses im Beschlußanfechtungsverfahren. Aus übergeordneten Gesichtspunkten können vom WEG abweichende Regelungen, wie z.B. die Zustimmung aller WEer zum WEer-Beschluß – trotz des Fehlens eines gesetzlichen Gebots – wegen des Gebots des Minderheitenschutzes nicht vereinbart werden (BayObLG DWE 1981, 55). Gegen die Wirksamkeit der zusätzlichen Formerfordernis in der GO könnte der Grundsatz der Rechtssicherheit sprechen (so KG WE 1994, 45; a.A. OLG Oldenburg ZMR 1985, 30).

Der in diesem Zusammenhang vom OLG Düsseldorf (WE *293* 1988, 172) vertretenen Auffassung, daß die (ohne Beschluß) praktizierte und von der GO abweichende Abrechnung der Heizkosten nach dem Kalenderjahr und nicht nach dem Heizjahr (hier: 1. 7. bis 30. 6. des Folgejahres) keine rechtsgestaltende Wirkung habe und deshalb ohne Vereinbarungsänderung zulässig sei, kann nicht gefolgt werden. Der Maßstab für die Bindungswirkung von Vereinbarungen ist sehr eng zu setzen, weil sonst die Rechtswirkung und die Bestandskraft von Vereinbarungen weitgehend in Frage gestellt wird.

294 Häufig besteht ein Bedürfnis zur nachträglichen Änderung der TE insbesondere dann, wenn beim Verkauf der ETW geringfügige bauliche Änderung (z. B. Dachgeschoßausbau oder abweichende Grundrisse) gewünscht werden. Für diesen Zweck werden vielfach vom Erwerber im Kaufvertrag zugunsten des Bauträgers Änderungsvollmachten abverlangt, die zu ihrer Wirksamkeit inhaltlich zweifelsfrei und eindeutig sein müssen, um dem Bestimmtheitsgrundsatz des Grundbuchverfahrens Rechnung zu tragen (BayObLG DNotZ 1994, 233 m. Anm. Röll; vgl. auch BayObLG WE 1990, 132).

295 Mit der Entscheidung vom 25. 8. 1994 (WE 1995, 281) hat sich das BayObLG ausführlich mit der Frage auseinandergesetzt, ob eine Vollmacht im Kaufvertrag zugunsten des Veräußerers (Bauträgers) mit der Maßgabe TE und GO einseitig ändern zu können wirksam ist, und wenn ja, wie diese inhaltlich gestaltet sein muß. Da solche Vollmachten grundsätzlich zu Lasten der anderen WEer gehen und diese keine Möglichkeit zur Mitwirkung an der Veränderung haben, muß diese Vollmacht inhaltlich genau bestimmt sein, sie muß mindestens im Wege der Auslegung zu einem eindeutigen Ergebnis führen. Insgesamt gilt der für das Grundbuchamt beherrschende Bestimmtheitsgrundsatz: Berücksichtigt eine Vollmacht den Bestimmtheitsgrundsatz – auch nur teilweise – nicht, so ist die gesamte Vollmacht unwirksam (BayObLG WE 1995, 317). Nicht dem Bestimmtheitsgrundsatz entspricht z. B. eine Vollmacht, mit welcher „die Änderung der TE nach billigem Ermessen" „oder insbesondere soweit ermöglicht werden soll", als dadurch keinem der anderen WEer zusätzliche Kosten und Pflichten auferlegt werden". Eine so formulierte Vollmacht ist nicht eintragungsfähig (BayObLG WE 1997, 271).

296 Möglich ist, in der GO eine Regelung – z. B. über eine bauliche Veränderung und eine Umwandlung in WE – zu vereinbaren, nach der die begünstigten WEer eine bestimmte bauliche Veränderung vornehmen dürfen. Eine solche Regelung kann die vorweggenommene Mitwirkung der übrigen WEer betreffen. Das gilt besonders dann, wenn die erforderliche Zustimmung zur

Umwandlung abbedungen ist. Sonst sind bei einer solchen Regelung die übrigen Miteigentümer verpflichtet, die hierzu materiellen und grundbuchrechtlichen Erklärungen abzugeben (BayObLG WE 1997, 271). Zur Ermächtigung eines Dachgeschoßausbaus wird verwiesen auf KG WE 1995, 313. Dies ist für den Fall notwendig, daß der Ersteller nicht mehr Alleineigentümer ist. Mit dem Zeitpunkt der Anlegung der Wohnungsgrundbücher und der Eintragung einer Auflassungsvormerkung für den ersten Erwerber eines WE verliert nämlich der Alleineigentümer sein Recht zur einseitigen Änderung der TE (BayObLG DNotZ 1994, 233 m. Anm. Röll, 249; BayObLG WE 1995, 317).

Vielfach besteht oft lange nach der Entstehung der WEer-Gem. das Bedürfnis den in der TE festgelegten Nutzungszweck von WE oder TEm zu ändern. Dies ist in der Regel nur dann möglich, wenn alle WEer einer Zweckänderung zustimmen, weil Zweckbestimmungen in der TE oder GO Vereinbarungscharakter (vgl. oben Rn. **6** 203ff.) besitzen. So ist z.B. die in das Grundbuch einzutragende Umwandlung eines in der TE als Hobbyraum bezeichneten TEms in WE von der Bewilligung aller WEer und der Grundpfandrechtsgläubiger abhängig (BayObLG WE 1992, 196). Dagegen bedarf die bloße Aufteilung eines WE oder TEm durch den Eigentümer, wenn in der GO nichts anderes vereinbart ist, nicht der Zustimmung der anderen Miteigentümer und der Grundpfandrechtsgläubiger. Dies gilt auch dann, wenn gleichzeitig der Beschrieb eines in der TE als „Gewerbe- und Lagerraum" bezeichneten TEms in „Kellerabteil" geändert werden soll. Hier ändert sich die materielle Zweckbestimmung nicht (BayObLG WE 1992, 197). *297*

Soll gem.E. in SE umgewandelt werden, ist ebenfalls die Zustimmung aller WEer und der Grundpfandrechtsgläubiger erforderlich. Das gilt auch für den Fall der Umwandlung eines in gem.E. befindlichen Raumes (hier: Speicher), an dem ein Sondernutzungsrecht begründet ist, in SE (BayObLG WE 1992, 200). *298*

Rechtsprechung:

– Umwandlung von gem.E. in SE kann nicht durch Änderung der TE mit nachfolgender Zustimmung der WEer erfolgen, sondern nur durch Einigung in der Form der Auflassung und der Eintragung in das Grund-

buch bewirkt werden (BayObLG WE 1989, 67; OLG Düsseldorf WE 1996, 276).
- Verpflichtung zur Umwandlung von gem.E. in SE in einer notariellen Urkunde sowie die Verpflichtung zur Erstellung eines entsprechenden Aufteilungsplans zwingt die Beteiligten zur Schaffung der Voraussetzung der Abgeschlossenheit des umzuwandelnden Teils (BayObLG WE 1994, 280, hier: das Zumauern einer Tür).

299 Sollen selbständige WE-Einheiten vereinigt oder umgekehrt in selbständige Einheiten unterteilt werden, kann dies nur unter Vorlage einer (neuen) TE geschehen, bei der nur die beteiligten WEer mitwirken müssen. Zur Eintragung dieser Rechtsänderung ist jeweils die Vorlage eines Aufteilungsplans und einer Abgeschlossenheitsbescheinigung erforderlich. Das gilt auch dann, wenn ein WE in selbständige Einheiten unterteilt wird, wobei dieses WE vorher durch die Zusammenlegung zweier Einheiten entstanden ist, wenn also der ursprüngliche Rechtszustand wieder hergestellt wird (OLG Hamburg Rpfleger 1966, 79; OLG Stuttgart OLGZ 1977, 431; BayObLG vom 24. 2. 1996, 2 Z 122/93; vgl. auch oben Rn. **6** 184 ff.).

IV. Beendigung der Wohnungseigentümergemeinschaft

300 Die WEer-Gem. kann nur unter ganz besonderen Bedingungen beendet werden. Die Beendigung der Gem. bedeutet die Aufhebung des SE-Rechts mit der Folge – wie umgekehrt bei der Begründung nach § 3 – einer Inhaltsänderung des Miteigentums, ohne daß sich aber der Miteigentumsanteil verändert. Gegenstand und Inhalt des Miteigentums bestimmen sich dann nach den allgemeinen Regeln des BGB (§§ 93, 94). Alle inhaltlichen Bestimmungen des SE entfallen oder reduzieren sich auf die allgemeinen Rechte der Bruchteilsgemeinschaft.

1. Unauflöslichkeit der Gemeinschaft

301 Die Gem. der WEer ist grundsätzlich (abweichend von § 749 BGB) unauflöslich. Dies bestimmt § 11 unabdingbar mit der

Maßgabe, daß kein WEer die Auflösung der Gem. verlangen kann, auch nicht bei Vorhandensein eines wichtigen Grundes. Das gilt ebenso für Pfändungsgläubiger und Konkursgläubiger, welche ihre Rechte zur Aufhebung einer Gem. (§ 751 BGB; § 16 Abs. 2 KO) hier nicht ausüben können.

Im Prinzip ist auch keine Vereinbarung zulässig, die unter bestimmten Bedingungen einem (einzelnen) WEer das Recht einräumt, zu einem bestimmten Zeitpunkt die Gem. aufzulösen. Eine solche Vereinbarung wäre rechtsunwirksam (BayObLGZ 1979, 414).

Ausnahmeregelungen können nur wie folgt vereinbart werden:

- bei ganzer oder teilweiser Zerstörung des Gebäudes
- für den Fall, daß sich alle WEer verpflichten, bei Eintritt bestimmter Ereignisse die Gem. aufzuheben und bei der Realteilung des Grundstücks mitzuwirken. Eine solche Vereinbarung ist manchmal bei Doppelhaushälften und Reihenhäusern anzutreffen, an denen aus baurechtlichen Gründen WE begründet werden mußte. In diesem Fall ist jeder WEer zur Mitwirkung an der realen Grundstücksteilung verpflichtet. Ansprüche, die sich hieraus ergeben, sind im WE-Verfahren geltend zu machen (BayObLG WE 1984/2, 32).

2. Zerstörung des Gebäudes

Auch bei der ganzen oder teilweisen Zerstörung des Gebäudes kann der einzelne WEer nicht die Aufhebung der Gem. verlangen. Dies wäre nur dann möglich, wenn eine Wiederaufbauvereinbarung getroffen wurde. Eine solche Vereinbarung ist entgegen dem Grundsatz der Unauflöslichkeit zulässig unter der Voraussetzung, daß eine Verpflichtung zum Wiederaufbau (§ 11 Abs. 1 S. 1) nicht besteht. Nach § 22 Abs. 2 besteht eine Verpflichtung zum Wiederaufbau dann nicht, wenn das Gebäude zu mehr als der Hälfte seines Wertes zerstört und der Schaden nicht durch eine Versicherung oder anderweitig gedeckt ist. Ist keine anderweitige Vereinbarung getroffen – diese Vorschrift ist nach h.M. abdingbar –, kann der Wiederaufbau in diesem Fall nicht als Maßnahme ordnungsmäßiger Verwaltung verlangt bzw. beschlossen werden. *302*

3. Aufhebung durch Vereinbarung

303 Die WEer können durch Vertrag die Gem. aufheben, und zwar in der gleichen Weise wie SE durch Vertrag nach § 3 begründet wurde. Mit der zu beurkundenden vertraglichen Aufhebung der SE-Einheiten verwandelt sich die WEer-Gem. in eine das Gesamtgrundstück betreffende Bruchteilsgemeinschaft nach §§ 741 ff., 1008 ff. BGB (OLG Düsseldorf WE 1996, 274).

Im Falle der Aufhebung wird das Grundstück verwertet entweder durch Veräußerung oder durch Zwangsversteigerung. Hierbei stellt sich die Frage nach dem Wert der Miteigentumsanteile. Ist hierüber keine bestimmte Vereinbarung getroffen, wird der Wert der Anteile nach dem tatsächlichen Wert zum Zeitpunkt der Aufhebung (§ 17) und nicht nach dem Verhältnis der Miteigentumsanteile (§ 16) am Grundstück festgesetzt.

4. Verzicht auf Wohnungseigentum

304 Nach § 928 Abs. 1 BGB kann auf das Eigentum an einem Grundstück verzichtet werden. Ein solcher Verzicht wird durch Erklärung gegenüber dem Grundbuchamt im Grundbuch eingetragen. Mit dieser „Dereliktion" wird das Grundstück herrenlos mit der Maßgabe, daß dem Fiskus (jeweiliges Bundesland) ein Aneignungsrecht zusteht (§ 928 Abs. 2 BGB).

Da auf das WE als gesetzlich besonders ausgestaltetes Miteigentum (vgl. oben Rn. **6** 31 ff.) die Grundsätze der Eigentumsrechte am Grundstück anzuwenden sind, besteht hier die Frage, ob ein WEer bzw. TEmer auf sein Eigentumsrecht verzichten kann.

305 Nach MünchKomm (Kanzleiter § 928 Anm. 2) kann neben dem Eigentümer am Grundstück auch jeder Miteigentümer gesondert (die Gesamthandseigentümer nur gemeinsam) und damit auch jeder WEer und TEmer auf sein Eigentumsrecht verzichten. Ob die Miteigentümer und entsprechend die WEer und TEmer ein jeweils gesondertes Dereliktionsrecht haben, ist aber umstritten. Nach Auffassung des KG (NJW 1989, 42) ist ein Verzicht auf schlichte Miteigentumsanteile deshalb nicht zulässig,

weil ein solcher eine Teilaufhebung der schlichten Rechtsgemeinschaft zur Folge hätte. Einerseits findet hier eine Anwachsung nicht statt und andererseits hätten die übrigen Miteigentümer die Lasten des herrenlos gewordenen Miteigentums zu tragen. Die unterschiedlichen Auffassungen für oder gegen die Anwendung des § 928 BGB sind in der Entscheidung des BayObLG WE 1992, 83 wiedergegeben. Das BayObLG schließt sich der Rechtsauffassung des KG an, in dem es einen Verzicht auf WE rechtlich nicht für möglich erklärt (vgl. LG Konstanz NJW-RR 1989, 1424).

Die besondere Ausgestaltung des Miteigentums in Form des 306
WE besteht in der Verbindung von gem.E. und SE, wobei als Inhalt des SE die gesetzlichen Regelungen der §§ 10ff. sowie die Vereinbarungen (GO) der WEer gelten. Aus diesem gesetzlichen Schuldverhältnis ergeben sich die Verpflichtungen der WEer untereinander, insbesondere die Pflicht zur Lasten- und Kostentragung gem. § 16. Da nach § 11 die Gem. der WEer unauflöslich ist, wird durch die Aufgabe eines WE, die einer Teilaufhebung einer Gem. gleichkäme, dieser Grundsatz durchbrochen. Der das Eigentum aufgebende WEer würde sich außerdem der Pflicht zur anteiligen öffentlichen Lastentragung ebenso entziehen, wie gegenüber den Pflichten der anderen WEer. Eine solche Möglichkeit ist im WEG nicht vorgesehen und läßt sich auch aus den dort zusammengefaßten Rechtsgrundsätzen nicht ableiten. Aus diesem Grunde kann eine Dereliktion von WE nicht möglich sein (so BayObLG WE 1992, 83).

V. Steckengebliebener Bau

Vom steckengebliebenen Bau spricht man dann, wenn ein 307
Bauträger bzw. Bauunternehmer wegen Konkurs den begonnenen Bau nicht mehr fertigstellen kann. In diesem Fall hat jeder WEer gegenüber den anderen WEern einen Anspruch auf Mitwirkung zur Fertigstellung des Bauwerkes, wenn diese wirtschaftlich sinnvoll und finanziell gesichert ist. Die Beschränkung des § 22 Abs. 2 hinsichtlich eines Fertigstellungsgrads, der unter der Hälfte des Werts der Baumaßnahme ist,

scheint man aufgegeben zu haben (vgl. Weitnauer § 22 Rz 29), obwohl ein nur halb fertiggestelltes Objekt, das von den WEern fertigzustellen wäre, kaum denkbar ist. Ist nämlich eine ETW-Maßnahme so frühzeitig „steckengeblieben" so dürften wohl kaum viele Wohnungen verkauft gewesen sein. In diesem Fall wird in der Regel die finanzierende Bank das Objekt ersteigern, fertigstellen und die ETW veräußern. Bei einem höheren Fertigstellungsgrad wird der Konkursverwalter versuchen, die vorhandenen Verträge mit den Erwerbern zu erfüllen und ebenfalls die Fertigstellung sowie den Verkauf der restlichen ETW betreiben.

308 Die in der Rechtsprechung bekanntgewordenen Fälle eines „steckengebliebenen Baus" beinhalten überwiegend nur Fertigstellungs- und Ergänzungsmaßnahmen von im Verhältnis zum Bauwerk geringeren Umfangs.

309 Die Zuordnungen noch nicht fertiggestellter Bauteile zum SE oder gem.E. spielen für die Pflicht der WEer, sich an der Fertigstellung zu beteiligen, keine Rolle. Die Fertigstellungskosten werden im Prinzip nach Maßgabe von § 16 Abs. 2, also nach den Miteigentumsanteilen verteilt, ohne daß es hierzu eines gesonderten Beschlusses der WEer bedarf (BayObLG ZMR 1983, 421).

Entgegen des Prinzips der gesamtschuldnerischen Haftung (§ 427 BGB) für Verwaltungsleistungen haften die WEer für Herstellungskosten gegenüber Dritten und Bauhandwerkern nur anteilig (BGH NJW 1979, 2101). In diesem Fall sind sie also nur Teilschuldner.

310 Zu Recht sind allerdings bei der Verteilung der restlichen Fertigstellungskosten die von den WEern mit dem Kaufpreis entrichteten Beträge zu berücksichtigen (OLG Karlsruhe NJW 1981, 466). Dagegen bleibt bei der Verteilung der Fertigstellungskosten ein im Wege der Zwangsversteigerung erzielter niedrigerer Kaufpreis im Verhältnis zu den Kaufpreisen des rechtsgeschäftlichen Erwerbs der anderen WEer außer Betracht (BayObLG ZMR 1983, 421). Außer Betracht bleiben auch Kaufpreisteile eines WEers, die er wegen des „Steckenbleibens" des Bauwerks hätte nicht leisten müssen, bzw. die er von einer bürgenden Bank bei Geltendmachung wieder hätte zurückerhalten können (Hans. OLG Hamburg WE 1990, 204).

Nach dem OLG Hamm (NJW 1984, 149 u. 2708) kann ein sich zur anteiligen Zahlung der Fertigstellungskosten weigernder WEer nicht dadurch „zahlungsbereit" gemacht werden, daß die übrigen WEer diesen von der Versorgung mit Wasser, Strom, Gas u.ä. ausschließen. Die Ansprüche der übrigen WEer können in diesem Fall nur als Zahlungs- und nicht als Zurückbehaltungsanspruch (§ 273 BGB) durchgesetzt werden. *311*

Die Grundsätze des steckengebliebenen Baues gelten auch für WEer, die einen Altbau erworben und gleichzeitig vereinbart haben, notwendige Um-, Ein- und Ausbauarbeiten durchzuführen. Das bedeutet, daß diese WEer die Durchführung der vorgesehenen Maßnahmen mit Mehrheitsbeschluß durchsetzen können. Geht aber die durch Beschluß festgelegte Maßnahme über die ursprüngliche Festlegung hinaus, so handelt es sich um eine bauliche Veränderung (§ 22 Abs. 1 S. 1), die der Zustimmung aller WEer bedarf (OLG Köln WE 1990, 26). *312*

Im übrigen beschränken sich die überwiegenden Fälle nicht vollständiger Fertigstellungen mangels nicht mehr vorhandener Leistungsfähigkeit des Bauträgers (Konkurs; Erlöschen der Firma) auf kleinere Leistungen, meist im Außenanlagenbereich, bzw. auf nicht beseitigte anfängliche Baumängel. Alle diese „Maßnahmen zur Herstellung eines einwandfreien Zustands" bzw. die „Maßnahmen zur Beseitigung anfänglicher Baumängel" zählen zu den Maßnahmen ordnungsmäßiger Instandhaltung (§ 21 Abs. 5 Nr. 2) und sind wie diese abzuwickeln (vgl. unten Rn. **7** 217f. und die dort aufgezeigte umfangreiche Rechtsprechung hierzu). *313*

7. Kapitel
Rechte und Pflichten der Wohnungseigentümer

Die allgemeinen Eigentumsrechte des WEers ergeben sich aus den §§ 903 ff. BGB. Somit steht dem WEer das gleiche Eigentumsrecht zu wie einem Hauseigentümer. Die Besonderheit beim WE ergibt sich aus der Gemeinschaftsbezogenheit mit den anderen Miteigentümern. Um dieses Gemeinschaftsverhältnis zu bestimmen und die Rechte und Pflichten der WEer abzugrenzen, bedarf es besonderer Regelungen, die in den §§ 13 und 14 vorgegeben sind (vgl. hierzu Schmidt in Bä/S Rz. B 1 ff.). *1*

Die sich aus dem BGB ergebenden Eigentumsrechte des WEers sind: *2*

- Verfügungsrechte (§§ 903, 747 BGB)
- Ansprüche gegen Dritte auf Herausgabe (§ 985 BGB) und wegen Eigentumsstörung (§ 1004 BGB)
- Besitzschutz als Eigenbesitzer (§ 872 BGB), und zwar für das SE als Teilbesitzer (§ 865 BGB) und für das gem.E. als Mitbesitzer (§ 866 BGB) mit dem Recht sich gegen verbotene Eigenmacht (§ 859 BGB) zu wehren.

Die besonderen Rechte der WEers, die sich aus dem WEG bzw. ersatzweise aus den Bestimmungen über die schlichte Rechtsgemeinschaft (§§ 741 ff. BGB) ergeben, sind: *3*

- Recht zum alleinigen Gebrauch des SE (§ 13 Abs. 1)
- Recht zum Mitgebrauch des gem.E. (§ 13 Abs. 1 S. 1)
- Recht zu sonstigen Nutzungen (§ 13 Abs. 2 S. 2), d.h. zur anteiligen Ziehung von Früchten (§ 16 Abs. 1 WEG; § 100 BGB)
- Recht zur Mitwirkung bei der Verwaltung (§§ 20 bis 25).

Die zuletzt genannten Regelungen haben zum Ziel, den WEern die Ausübung der Eigentumsrechte zu ermöglichen, ohne daß dabei das Gemeinschaftsverhältnis gestört wird. Im Grundsatz sollen den WEern individuelle Eigentumsrechte soweit wie möglich zustehen (SE), jedoch innerhalb der Grenzen des notwendigen Zusammenlebens der Miteigentümer. Das geordnete harmonische Zusammenleben der WEer ermöglicht nicht nur eine *4* notwendige nachbarschaftlich ausgerichtete Hausgemeinschaft, es sichert auch die Erhaltung von Gebäude und Vermögen.

I. Verfügungsrechte

5 Von den allgemeinen Eigentumsrechten ist das bedeutendste das Verfügungsrecht, auf das hier kurz einzugehen ist. Im WEG ist das Verfügungsrecht nicht erwähnt. Es leitet sich aus den §§ 903, 947 BGB ab und ist in Art. 14 Abs. 1 GG verfassungsrechtlich geschützt. Es gestattet dem Eigentümer, über die in seinem Eigentum stehende Sache nach Belieben zu verfahren und andere von jeder Einwirkung auszuschließen, soweit nicht das Gesetz oder Rechte Dritter entgegenstehen. Zu den Rechten „nach Belieben zu verfahren" zählt das Verfügungsrecht. Ein Eigentümer verfügt über sein Eigentumsrecht dann, wenn er dieses Recht verändert, z. B. durch:

- Veräußerung (Übereignung)
- Vererbung
- Verschenkung
- Belastung mittels Dienstbarkeiten, Vorkaufsrechten, Reallasten und Grundpfandrechten.

6 Verfügungsgeschäfte sind Rechtsgeschäfte mit der Rechtsfolge der Begründung einer Leistungspflicht. Verfügungen über Rechte am Grundstück unterliegen alle den besonderen Vorschriften über Rechte an Grundstücken (§§ 873, 925 ff. BGB) und den damit verbundenen besonderen Formvorschriften (§ 313 BGB, § 4).

7 In diesem Sinne erfolgt die Verfügung durch Einigung und Eintragung im Grundbuch (§ 878 BGB). Die Einigung der rechtsgeschäftlichen Eigentumsübertragung hat dabei in der Form der Auflassung (§ 925 BGB) zu erfolgen. Von dem eigentlichen (sachenrechtlichen) Verfügungsakt ist der schuldrechtliche Vertrag, wie z. B. der Kaufvertrag, zu unterscheiden, in dem sich der Verfügungsberechtigte zur Verfügung verpflichtet. Die Verfügungsverträge bedürfen in der Regel der Beurkundung nach § 313 BGB.

1. Veräußerung von Wohnungs- und Teileigentum

Die häufigste Art der Verfügung ist die Veräußerung und die schenkungsweise Überlassung einer ETW. Bei der Veräußerung ist zu unterscheiden zwischen dem Ersterwerb und der späteren Weiterveräußerung. Der Ersterwerb tritt dann ein, wenn eine neu gebaute oder eine aus einer Mietwohnung (Altbau) umgewandelte ETW vom teilenden Eigentümer (§ 8) an den Kaufinterressenten (erstmals) veräußert wird. Weitere Veräußerungen finden dann statt, wenn der Käufer einer ETW diese wieder weiterveräußert. *8*

Die schenkungsweise Überlassung einer ETW erfolgt häufig als vorweggenommene Erbfolge von den Eltern auf die Kinder (vgl. hierzu Schmidt in Bä/S Rz. B 6), wobei den Eltern als Veräußerer häufig ein lebenslanges Nutzungsrecht (Nießbrauchrecht oder Wohnungsrecht) eingeräumt wird. *9*

Für den Inhalt und die Form des Kaufvertrages ist von entscheidender Bedeutung, ob eine neu errichtete und nach § 8 begründete (s. oben Rn. **2** 173ff.) ETW oder eine bereits genutzte ETW (s. oben Rn. **2** 226ff.) veräußert wird. Im ersten Fall erfolgt die Eigentumsübertragung durch einen sogenannten gemischten Vertrag, bei dem die werkvertragsrechtlichen Elemente im Vordergrund stehen. Das typische Beispiel eines solchen Vertragstypes ist der Bauträgervertrag. Die wesentlichsten Elemente und Bestimmungen dieses Vertragstypus wurden bereits erörtert (s. oben Rn. **2** 135ff.), so daß weitere Ausführungen hier nicht erforderlich sind. *10*

Wird eine bereits genutzte ETW zum ersten Mal oder wiederholt veräußert, richtet sich der darauf bezogene Kaufvertrag ausschließlich nach den Regeln des Kaufrechtes (§§ 433ff. BGB). Auch dieser Vertragstypus wurde besprochen, und zwar im Zusammenhang mit dem Verkauf von gebrauchten ETW (s. oben Rn. **2** 252f.). Auf diese Ausführungen ist zu verweisen. Das Recht der freien Veräußerbarkeit der ETW kann nach Maßgabe des § 12 eingeschränkt sein, wie es unten (Rn. **7** 12ff.) im einzelnen noch dargestellt wird. Die wesentlichen Vertragsinhalte der Kauf-(Veräußerungs-)Verträge sowohl bezüglich des Bauträger- *11* vertrages als auch des Veräußerungsvertrages wurden ebenfalls dargestellt (s. oben Rn. **2** 141ff., 252).

2. Veräußerungsbeschränkung

12 Nach § 12 können die WEer als Inhalt des SE vereinbaren, daß jede Veräußerung eines WE der Zustimmung anderer WEer oder eines Dritten bedarf. Eine solche Veräußerungsbeschränkung schränkt die Verfügungsbefugnis des Rechtsinhabers von WE stark ein, weil sie die Rechtswirksamkeit der Verfügung von der Erteilung einer Zustimmung abhängig macht.

Ist in der GO eine solche Vereinbarung getroffen, wird ein Kaufvertrag zur Übertragung von WE erst dann rechtswirksam, wenn die Genehmigung des Zustimmungsbefugten vorliegt (§ 12 Abs. 3). Bis zu diesem Zeitpunkt ist das Rechtsgeschäft schwebend unwirksam (OLG Köln WE 1996, 434).

Diese Vorschrift hat den Sinn, die WE-Gem. vor dem Eindringen unerwünschter Personen zu schützen. Da eine solche Vereinbarung das grundsätzliche Verfügungsrecht eines Eigentümers nicht unerheblich einschränkt, kann die Zustimmung zur Veräußerung nur aus wichtigem Grund (§ 12 Abs. 2) versagt werden, d.h. daß diese Regelung, die als Ausnahmevorschrift des § 137 BGB gilt, äußerst restriktiv auszulegen und zu handhaben ist. Die Ausgestaltung einer solchen Vereinbarung unterliegt zwar der Dispositionsfreiheit der WEer, sie kann aber nur in der Auslegung eines wichtigen Grundes liegen. Über den Rahmen der gesetzlichen Vorschriften des § 12 Abs. 1 S. 1 hinaus dürfem auch durch Vereinbarungen (GO) keine weiteren Gründe zur Versagung der Veräußerungszustimmung vorgesehen werden (OLG Hamm WE 1993, 52).

13 Unzulässig ist z.B. eine Vereinbarung in der GO, die das Gebot enthält, daß WE nur an bestimmte Personen – z.B. nur an solche, die nach den Bestimmungen des Bergarbeiterwohnungsbaugesetzes wohnberechtigt sind – zu veräußern. Diese, schuldrechtlich zwar zulässige Vereinbarung, ist aber auch im Falle der Eintragung im Grundbuch als Inhalt des SE keine vom Grundbuchamt zu beachtende Veräußerungsbeschränkung (BayObLG WE 1986, 26).

Wird eine Veräußerungsbeschränkung nachträglich (also nicht in der GO) durch die WEer vereinbart, ist zur Eintragung in das Grundbuch die Bewilligung aller Gläubiger von Grundpfandrechten am WE erforderlich, weil deren dingliche Rechtstellung durch die Rechtsänderung ungünstiger gestaltet wird (§ 19 GBO). Dies gilt nicht für die Eintragung der Aufhebung einer Veräußerungsbeschränkung (LG Bielefeld Rpfleger 1985, 232). 14

a) Zustimmungsbefugte

Zustimmungsbefugte können nach dem Gesetz sowohl Miteigentümer als auch Dritte sein. Unter „Dritte" dürfte in der Regel der Verwalter zu verstehen sein, obwohl rechtstheoretisch (aber nicht praktisch) auch unbeteiligte Dritte mit der Zustimmungsbefugnis ausgestattet werden können. 15

In der Mehrzahl der Vereinbarungen wird der Verwalter zum Zustimmungsbefugten bestellt, weil dieser aus verschiedenen Gründen am besten in der Lage ist, die Zustimmung zur Veräußerung zu erteilen. Umstritten ist in der Literatur die Rechtstellung des Zustimmungsbefugten, und zwar ob dieser als Vertreter der WEer (OLG Hamm OLGZ 1967, 109) oder als Beauftragter zu sehen ist. 16

Im allgemeinen besteht hier die Auffassung, daß der Verwalter bei der Ausübung seiner Zustimmungsbefugnis kein eigenes Recht, sondern ein solches der WEer wahrnimmt und er wie ein Treuhänder und mittelbarer Vertreter der WEer handelt (OLG Zweibrücken WE 1987, 86).

Die Veräußerungszustimmung kann der zustimmungsbefugte Verwalter auch dann erteilen, wenn Gegenstand der Veräußerung seine eigene ETW ist. Diese Erklärung ist kein Verstoß gegen § 181 BGB (OLG Düsseldorf NJW 1985, 390; BayObLG 1987, 22).

Die in der GO für den Verwalter vorgesehene Zustimmungsbefugnis kann in der Praxis dadurch ersetzt werden, daß alle WEer die Veräußerungszustimmung erteilen (OLG Saarbrücken DNotZ 1989, 439 m.w.N.). Durch Mehrheitsbeschluß der WEer kann die Versagung der Zustimmung seitens des Verwalters dann ersetzt werden, wenn eine entsprechende Regelung in der GO getroffen wurde (OLG Hamm WE 1993, 52). 17

18 Ein Problem bei der Veräußerungszustimmung kann dann entstehen, wenn ein zustimmungspflichtiger Verwalter (noch) nicht vorhanden ist. Hier genügt es, wenn alle WEer der Veräußerung in notarieller Form zustimmen. Diese Zustimmung kann dem Grundbuchamt durch Vorlage einer in notarieller Form abgegebenen eidesstattlichen Versicherung nachgewiesen werden (OLG Zweibrücken WE 1987, 86). Entbehrlich ist in diesem Fall ausnahmsweise die Zustimmung der anderen WEer dann, wenn die Anrufung der WEer-Vers. dem antragstellenden WEer nicht zugemutet werden kann (BayObLG WE 1991, 171).

b) Zustimmungsbedürftige Veräußerungen

19 Ist eine Veräußerungsbeschränkung vereinbart, so ist es fraglich, welche Veräußerungen der Zustimmung durch den Zustimmungsbefugten bedürfen.

Peter Sohn (in PiG 1983 Heft 12) und die Rechtsprechung nimmt zu den einzelnen Fällen mit folgendem Ergebnis Stellung:

- Erstveräußerung durch teilenden Eigentümer: Zustimmungserfordernis war bis 15. 1. 1994 nicht geboten (vgl. § 61). Ab diesem Zeitpunkt ist auch die Erstveräußerung zustimmungspflichtig, sofern dies in der GO nicht ausgeschlossen ist. Zur Aulsgegung des Begriffes „Erstveräußerung" wird verwiesen auf BayObLG, WE 1986, 21.
- Veräußerung des gesamten WE: zustimmungsbedürftig.
- Teilung bestehenden WE nach § 8: nicht zustimmungsbedürftig.
- Veräußerung eines durch Teilung entstandenen (hinkenden) WE: zustimmungsbedürftig.
- Übertragung eines Miteigentumsanteils an einem WE-Recht: zustimmungsbedürftig (umstritten).
- Übertragung eines Anteils an einem Gesamthandsvermögen (Erbengemeinschaft – BGB-Gesellschaft) zu dem WE gehört: zustimmungsbedürftig.
- Übergang von WE in Gesamtgut gem. § 1416 BGB: nicht zustimmungsbedürftig.
- Rückabwicklung fehlgeschlagener Rechtsgeschäfte (wegen Nichtigkeit oder Rückabwicklung gem. § 812 BGB): nicht zustimmungsbedürftig.
- Rücktritt vom Kaufvertrag (§§ 346ff. BGB): zustimmungsbedürftig.
- Einvernehmliche Aufhebung des Kaufvertrages: zustimmungsbedürftig.
- Erwerb von WE im Wege der Erbfolge: zustimmungsbedürftig.
- Erwerb von WE durch Vermächtnis oder Teilungsanordnung gem. § 2048 S. 1 BGB: zustimmungsbedürftig.

- Übertragung des WE durch Maßnahmen der Zwangsvollstreckung: Nur Zwangsversteigerung und Veräußerung durch Konkursverwalter sind zustimmungsbedürftig.
- Veräußerung von WE an ein anderes Mitglied (WEer) der Gem.: zustimmungsbedürftig.
- Übertragung einer Miteigentumsquote am gemeinschaftlichen Vermögen ohne gleichzeitigen Übergang von SE: zustimmungsbedürftig.
- Übertragung von SE ohne gleichzeitige Mitübertragung von Miteigentumsanteilen: zustimmungsbedürftig.
- Erwerb eines Grundpfandgläubigers zur Rettung seines Grundpfandrechts, wenn die Veräußerung im Wege der Zwangsvollstreckung keiner Zustimmung bedarf: zustimmungsbedürftig (LG Düsseldorf Rpfleger 1981, 193).

Ist für die Erstveräußerung das Zustimmungserfordernis ausgeschlossen, so kann sich der teilende Eigentümer dann nicht mehr auf diese Vereinbarung berufen, wenn er sich in die Gem. eingeordnet und auf mehrere Jahre hin eine Veräußerung nicht vorgenommen hat (LG Wuppertal Rpfleger 1985, 190).

c) Zustimmung – Versagung der Zustimmung

Bei Vorhandensein einer Veräußerungsbeschränkung kann eine Eigentumsübertragung nur dann im Grundbuch vollzogen werden, wenn die Zustimmungserklärung vorliegt. Diese Erklärung wird vom Notar beim Zustimmungsberechtigten angefordert und ist in der Form des § 29 GBO abzugeben. Ist der Verwalter Zustimmungsberechtigter hat er seine Verwaltungseigenschaft durch Vorlage der Niederschrift, in der die letzte Verwalterbestellung enthalten ist, nachzuweisen, wobei die Unterschriften unter dieser Niederschrift öffentlich beglaubigt sein müssen (§ 26 Abs. 4). Zum Nachweis der Verwaltereigenschaft wird zwar die Vorlage der öffentlich beglaubigten TE genügen, wenn daraus ohne weiteres zu schließen ist, daß der in der TE festgelegte Verwaltungszeitraum des dort bestimmten Verwalters noch nicht abgelaufen ist. Besteht die Möglichkeit, daß die Verwalterbestellung bei Erklärung der Veräußerungszustimmung schon beendet war, hat dies das Grundbuchamt nachzuprüfen (vgl. hierzu BayObLG WE 1992, 141 m. w. N.). *20*

21 Die Zustimmungserklärung bedarf zum Vollzug der Eigentumsumschreibung im Grundbuch nicht nur der Form des § 29

GBO sondern auch eines zweifelsfreien Inhalts. Eine Veräußerungszustimmung mit einer „Maßgabe" (OLG Hamm WE 1992, 288; hier: mit der Maßgabe, daß u.a. der über der veräußerten Wohnung befindliche Spitzboden im Gemeinschaftseigentum verbleibt) genügt diesen Ansprüchen nicht.

22 Entsteht Streit über die Erteilung der Veräußerungszustimmung, ist diese Frage durch das WE-Gericht (§ 43 Abs. 1 Nr. 2) zu entscheiden. Aktiv legitimiert ist hierbei nur der Veräußerer, nicht der Erwerber. Passiv legitimiert ist der Zustimmungsberechtigte (meist der Verwalter). Die WEer sind als materiell Beteiligte (§ 43 Abs. 4 Nr. 2) auch formell am Verfahren zu beteiligen. Das bedeutet, daß den WEern wegen der Rechtskrafterstreckung (§ 45 Abs. 2, S 2) und der von Amts wegen vorzunehmenden Sachaufklärung rechtliches Gehör zu gewähren ist (BayObLG WE 1995, 375).

23 Die Zustimmung kann nur aus wichtigem Grund versagt werden. Die Entscheidung darüber, ob ein wichtiger Grund zur Versagung vorliegt oder nicht, ist nicht immer leicht zu treffen. Auszugehen ist dabei von der ratio legis, die darin besteht, daß mögliche Erwerber, die nicht in die Gem. passen, von dieser ferngehalten werden. Auf jeden Fall ist die Versagung der Zustimmung nur dann gerechtfertigt, wenn die Gründe allein in der Person des Erwerbers liegen (BayObLG WE 1993, 349; BayObLG WE 1995, 357). Das ist z.B. nach dem OLG Düsseldorf (WE 1997, 148) dann der Fall, wenn der Erwerber eines WE in einer Zweiergemeinschaft die erkennbare Absicht hat, einen zu seinem künftigen WE gehörenden Raum entgegen der TE zu nützen.

24 Der Verwalter hat bei der Entscheidung darüber, ob er die Zustimmung erteilen soll oder nicht, die Möglichkeit, beim veräußernden WEer jede mögliche Information über die Person des Erwerbers einzuholen bzw. den Veräußerer zur Einholung der „Selbstauskunft" des Erwerbers zu veranlassen. Dazu ist der Veräußerer verpflichtet (KG WE 1990, 86; OLG Köln WE 1996, 434).

Nach dem BayObLG kann eine rechtsgeschäftliche Veräußerungsbeschränkung (in GO) mit dem Inhalt vereinbart werden, daß das WE nur an bestimmte Personen veräußert werden darf. Diese Veräußerungsbeschränkung hat aber nicht die Unwirksamkeit des § 12 Abs. 3 zur Folge, d.h. daß ein entsprechender Veräußerungsvertrag auch ohne Zustimmung des Zustimmungsverpflichteten wirksam ist und deshalb die Eigentumsübertragung im Grundbuch vollzogen werden kann. Die betreffende Vereinbarung hat zwar dingliche Wirkung, aber nur in der Weise, daß der veräußernde WEer bezüglich der vorgeschriebenen Eigenschaften des Sondernachfolgers gebunden ist (BayObLG WE 1986, 26).

Die rechtsgeschäftliche Veräußerungsbeschränkung kann be- *25* stimmte Verkaufsfälle von der Veräußerungszustimmung ausnehmen. Eine Zustimmungsfreiheit in diesem Sinne ist häufig beim Verkauf des WE an Ehegatten vorgesehen. Dies gilt auch im Falle einer Scheidung von Ehegatten, wenn die Auflassung des Miteigentums am WE an den Ehegatten erfolgt, unter der Voraussetzung, daß die Auflassung die Erfüllung einer vor Rechtskraft der Scheidung getroffenen Scheidungsfolgevereinbarung darstellt KG WE 1966, 388.

Die Rechtsprechung hat sich vielfach mit Versagungsgründen *26* befaßt. Die wichtigsten sind (vgl. auch Sohn PiG Nr. 12):

- Insolvenz des Erwerbers (nicht des Veräußerers; vgl. hierzu OLG Köln WE 1994, 434),
- bestimmte, beeinträchtigende, gewerbliche Nutzungen.
- anstößige Nutzungen (Massagesalons) soweit diese nachweisbar sind; bloße Vermutungen reichen nicht aus,
- soziale, ethische und charakterliche Gründe in der Person des Erwerbers reichen zur Versagung nur dann aus, wenn diese nicht nur unangenehm (z.B. Ausländer) sondern als objektiv störend gelten und die den Gemeinschaftsfrieden gefährden.
- Beharrliche Weigerung des Erwerbers, die bestandskräftig beschlossene Hausordnung zu befolgen (OLG Düsseldorf vom 5. 5. 1997, 3 Wx 459/96).
- Absicht des erwerbenden WEers, die Wohnung dem wegen nachhaltiger Störung des Gemeinschaftsfriedens zur Veräußerung verurteilten früheren WEer zur weiteren Benutzung zu überlassen (BayObLG vom 4. 6. 1998, 2Z 19/98).

Auf keinen Fall sind Hausgeldrückstände des Veräußerers *27* – auch nicht dessen unzutreffende Erklärung im Kaufvertrag, keine Hausgeldrückstände zu haben – ein wichtiger Grund, der die Versagung der Zustimmung rechtfertigen würde (BayObLG DWE 1984, 60).

Ein, die Versagung rechtfertigender wichtiger Grund ist aber darin zu sehen, wenn der Erwerber beabsichtigt eine seit langem geduldete zweckwidrige Nutzung von WE und TEm fortzusetzen und die dafür geschaffene bauliche Veränderung beizubehalten (BayObLG WE 1991, 202).

28 Sollte für den Erwerber bereits eine Auflassungsvormerkung im Grundbuch eingetragen sein, hindert das den Zustimmungsverpflichteten nicht, bei Vorhandensein eines wichtigen Grundes die Zustimmung zu versagen (OLG Köln 5. 5. 1997, 3 Wx 459/96).

Die Folgen einer versagten und im Gerichtswege durchgesetzten Veräußerungszustimmung sind für den Zustimmungsberechtigten (Verwalter) wegen der entstehenden Gerichtskosten nicht unbeachtlich, weil dieser in der Regel die Gerichtskosten zu tragen hat, wenn keine anderslautende Vereinbarung mit den WEern vorhanden ist.

29 Bezüglich der Geschäftswertfestsetzung im Rechtsstreit um die Veräußerungszustimmung hat sich die Auffassung des KG (WE 1990, 86) durchgesetzt mit der Begründung, daß es für einen effektiven gerichtlichen Schutz erforderlich ist, Verfahrenskosten so zu bemessen, daß sie nicht außer Verhältnis zum Verfahrensanlaß stehen. Für gerichtliche Streitigkeiten bezüglich der Veräußerungszustimmung hält deshalb das KG einen Geschäftswert für angemessen, der bei 10 bis 20 v. H. des Verkaufspreises liegt (vgl. hierzu BayObLG WE 1991, 171, 202; WE 1995, 375).

30 Die Gerichtskosten können dem Verwalter dann nicht auferlegt werden, wenn er bei der Versagung der Veräußerungszustimmung treuhänderisch in mittelbarer Stellvertretung und im Interesse der WEer tätig geworden ist. Dies ist in der Regel der Fall, wenn dem Verwalter die Erteilung oder Versagung der Veräußerungszustimmung in der GO zugeordnet wird (BayObLG WE 1989, 67). Nur wenn der Verwalter im Verfahren ganz überwiegend eigene Interessen vertritt oder wenn er wegen eigenen schuldhaften Verhaltens am Verfahren beteiligt ist, kann ihm das Gericht die Gerichtskosten auferlegen (BayObLG WEM 1981, 2/57). Das bedeutet, daß bei einer im Gerichtswege gegen den Verwalter durchgesetzten Veräußerungszustimmung die Gerichtskosten im Regelfall die WEer zu tragen haben. Unabhängig davon können aber die WEer diese Kosten als Schadensersatzanspruch gegen den Verwalter geltend machen, wenn dieser mit der Versagung schuldhaft seine Pflichten verletzt hat.

31 Kosten, die im Zusammenhang mit der Erteilung der Veräußerungszustimmung entstehen, insbesondere die Kosten der Unterschriftsbeglaubigung, haben die WEer insgesamt zu tragen, wenn in der GO nichts anderes vereinbart ist. Gebühren seitens des Verwalters können von diesem nur dann von der Gem. oder anderen Zahlungspflichtigen verlangt werden, wenn dies im Verwaltervertrag oder durch Beschluß ausdrücklich bestimmt ist. Auf keinen Fall kann der Zustimmungspflichtige die Zustimmung von der Übernahme der Beglaubigungskosten abhängig machen (OLG Hamm WE 1989, 173).

Rechtsprechung

32
- Kommt der für die Veräußerungszustimmung zuständige Verwalter mit der Erteilung der Zustimmung in Verzug, so ist er zum Schadensersatz (§ 286 BGB; hier: ausgefallene Festgeldzinsen, Telefongebühren, Anwaltskosten) verpflichtet. Verzug tritt auch ohne Abmahnung ein, wenn die Ablehnung erklärt wurde nach Ablauf einer Frist von einer Woche.
- Allgemeine schlechte Erfahrungen mit einer GmbH bzw. die personelle Verflechtung des Veräußerers mit der GmbH reichen nicht aus, um die Zustimmung zu versagen (BayObLG WE 1989, 67).
- Handelt der Verwalter bei der Veräußerungszustimmung als Treuhänder der WEer, so scheint es angemessen die Gerichtskosten nicht ihm sondern den anderen WEern als weitere Beteiligte aufzuerlegen, es sei denn der Verwalter verfolgt bei diesem Verfahren ganz überwiegend eigene Interessen oder ist durch eigenes schuldhaftes Verhalten an diesem Verfahren beteiligt (BayObLG WE 1989, 67).
- Die Veräußerung eines Kfz-Abstellplatzes, an dem selbständiges TEm besteht, an einen nicht zur Gem. gehörenden Dritten kann nicht aus bauordnungsrechtlichen Gründen (hier: Art. 55 Abs. 1 BayBO) versagt werden (BayObLG WE 1992, 142).

3. Verfügungen über Mit- und Sondereigentum

33 Das Sondereigentum ist mit dem Miteigentum untrennbar verbunden (§ 6). Demnach kann das SE ohne den dazugehörigen Miteigentumsanteil weder veräußert noch belastet werden. Damit kommt die enge rechtliche und unauflösliche Verbindung

zwischen SE und Miteigentumsanteil zum Ausdruck, d.h. daß kein WEer über das SE allein verfügen kann und daß damit jeder – auch gutgläubiger – Erwerb von SE allein ausgeschlossen ist. Die zwingende, weil sachenrechtliche Vorschrift gilt aber nur im Verhältnis zwischen WEern und Dritten. Im Verhältnis der WEer untereinander sind sowohl Verfügungen über die Miteigentumsanteile (Quoten) als auch über das SE (Veränderung des Gegenstandes) möglich.

34 Fälle zulässiger Verfügungen durch Miteigentümer sind

- Veränderungen der Miteigentumsquoten ohne Veränderung des SE (BayObLG NJW 1958, 2116), z.B. wenn sich die Quoten als unangemessen erweisen.
- Änderung der Miteigentumsquoten zwischen zwei WEern, ohne Beteiligung der anderen WEer, wenn deren Quoten daran nicht betroffen sind (BGH NJW 1976, 1976).
- Veränderung des Gegenstandes des SE, ohne Veränderung der Miteigentumsquoten (BayObLG NJW 1974, 152), z.B. durch Austausch vom im SE stehenden Garagen oder Kellerräumen oder durch Versetzen von Trennwänden zwischen zwei verschiedenen WE-Einheiten (Tasche DNotZ 1972, 710), oder durch Austausch von zwei im SE stehenden Räumen zwischen zwei WEern. Zulässig ist auch der Austausch von zwei vollständigen SE-Einheiten unter Beibehaltung des jeweiligen Miteigentumsanteiles (BayObLG Rpfleger 1984, 268).
- Überführung eines bisher im gem.E. stehenden Raumes in SE (BayObLG NJW 1974, 152).
- Überführung eines bisher im SE eines WEers stehenden Raumes in gem.E., z.B. das im SE stehende Kellerabteil in einen Zählerraum (Tasche DNotZ 1972, 710).
- Vereinigung von zwei WE-Einheiten, die zum selben Stammgrundstück gehören, zu einem Recht (Weitnauer in PiG Nr. 8 S. 30). Hierzu ist weder eine weitere Abgeschlossenheitsbescheinigung (vgl. oben Rn. **6** 195) erforderlich, noch ist dabei die Besorgnis der Verwirrung nach § 5 GBO begründet (KG WE 1990, 22; WE 1993, 220). In diesem Fall kann dem Eigentümer der neuen Rechtseinheit ein Anspruch zustehen, daß die übrigen WEer den Durchbruch einer zwischen den beiden ehemals selbständigen ETW befindlichen Brandschutzwand genehmigen (vgl. KG WE 1997, 185).
- Zuschreibung zum SE als Bestandteil, z.B. im Falle einer Garage (LG Ravensburg Rpfleger 1976, 303).
- Unterteilung eines SE in mehrere SE-Einheiten unter der Voraussetzung der jeweils gegebenen Abgeschlossenheit (BGH NJW 1968, 499, sowie BGH NJW 1979, 870).
- Veräußerung eines durch Abtrennung von SE gewonnenen WE (BayObLG Rpfleger 1977, 140).

- Abveräußerung von realen Teilen des gem. Grundstückes infolge öffentlich-rechtlicher Auflagen, wie z. B. die Straßenlandabtretung an Gemeinde (Weitnauer in PiG Nr. 8 S. 30, a. A. Merle „System" S. 192).
- Hinzuerwerb eines Grundstückteils zum gem. Grundstück (Vereinigung) sofern Miteigentumsquoten übereinstimmen (Weitnauer in PiG Nr. 8 S. 31).
- Unterteilung eines Miteigentumsanteils in mehrere selbständige Wohnungseigentumsrechte (BayObLG WE 1992, 55).

Die vorgenannten Veränderungen der Mit- und Sondereigentumsanteile bedürfen der für die Auflassung (§ 925 BGB) vorgeschriebenen Form und sind deshalb notariell zu beurkunden und im Grundbuch einzutragen. *35*

Die Veränderung des gem.E. und SE bedarf in der Regel nicht nur der Beurkundung und damit der Mitwirkung aller WEer, sondern auch der Zustimmung der dinglich Berechtigten und Gläubiger an den übrigen WE-Rechten. Wegen der dadurch erforderlichen Einholung von Genehmigungen, die besonders bei großen Gemeinschaften zeitraubend und schwierig ist, kann für Bayern nach dem Landesgesetz „Gesetz, das Unschädlichkeitszeugnis betreffend" ein Unschädlichkeitszeugnis beim Grundbuchamt beantragt werden. Wird dieses Zeugnis erteilt, kann die Rechtsänderung ohne Erklärung der dinglich Berechtigten im Grundbuch vollzogen werden. Dieses Zeugnis wird aber nur erteilt, wenn die Wertminderung, welche durch die Rechtsänderung pro Recht entsteht, den Betrag von DM 300 nicht übersteigt (vgl. hierzu BayObLG WE 1994, 251). Auch in anderen Bundesländern gibt es ähnliche Regelungen für die Erteilung eines Unbedenklichkeitszeugnisses. *36*

Bei der Veräußerung eines durch Abtrennung gewonnenen WE ist, sofern keine Veräußerungsbeschränkung nach § 12 WEG besteht, die Zustimmung der anderen WEer nicht erforderlich. *37*

Veränderungen von WE und TEm sind in der Regel nur dann möglich, wenn dadurch der Status (Stimmrecht – OLG Düsseldorf NJW-RR 1990, 521 – Kostenverteilung) nicht verändert wird. Möglich sind aber Veränderungen dann, wenn dies in der GO ausdrücklich geregelt ist (BayObLG WE 1992, 55; hier: Erhöhung der Zahl der Stimmen). *38*

4. Vereinigung und Zuschreibung von Grundstücken

39 Als Verfügung ist auch die Vereinigung von Grundstücken oder die Zuschreibung eines Grundstücks zu einem anderen nach § 890 BGB zu verstehen (vgl. hierzu oben Rn. **6** 174).

5. Verschiedene Verfügungen

a) Belastung

40 Das WE kann – wie jedes Grundstück – auch mit dinglichen Rechten belastet werden. Die Belastung erfolgt, indem die beschränkt dinglichen Rechte (vgl. oben Rn. **6** 107ff.) in Abteilung II und die Grundpfandrechte (vgl. oben Rn. **3** 103ff.) in Abteilung III des Wohnungs- oder Teileigentumsgrundbuchs eingetragen werden. Möglich sind auch die Eintragungen von Globalbelastungen, die gleichzeitig an allen Wohnungs- und Teileigentumsgrundbüchern vorgetragen werden.

b) Zwangsvollstreckung

41 Wie das Grundstück kann auch das WE zwangsvollstreckt werden. Es gelten hierfür die Vorschriften der §§ 864 ZPO. Die Zwangsverwaltung und die Zwangsversteigerung als besondere Form der Immobilienzwangsvollstreckung richten sich nach den Vorschriften des ZVG (vgl. zum Ganzen unten Rn. **11** 159).

c) Insolvenz des Wohnungseigentümers

42 Wird über das Vermögen das Insolvenzverfahren eröffnet, verliert der WEer sein Verfügungsrecht. Nach der Eröffnung des Insolvenzverfahrens steht das Verfügungsrecht dem Insolvenzverwalter zu. Dieser hat die Wohnung zu verkaufen und aus dem Erlös die Gläubiger zu befriedigen. Forderungen der Gem. gegen den betreffenden WEer sind bis zum Zeitpunkt der Eröffnung des Insolvenzverfahrens Insolvenzforderungen und damit meist uneinbringlich (vgl. hierzu unten Rn. **11** 152ff.).

II. Gebrauch des Sondereigentums

Die Gebrauchsrechte, die einem WEer sowohl für das SE als auch für das gem.E. zugestanden werden, sind die wichtigsten Befugnisse, die das Herrschaftsrecht Eigentum gewährt. *43*

Die Regelung des § 13 Abs. 1 ist dem § 903 BGB nachgebildet. Danach kann der WEer mit dem SE stehenden Räumen und Gebäudeteilen im Sinne von § 5 als deren Alleineigentümer nach Belieben verfahren, insbesondere diese bewohnen, vermieten, verpachten und in sonstiger Weise nutzen. *44*

Unter Bewohnen ist die Eigennutzung zu verstehen mit all dem für die Wohnnutzung üblichen Gebrauch. Die Wohnnutzung soll insbesondere „ein ungestörtes Leben mit der Familie und für private Interessen gewährleisten und Gelegenheit zur Entspannung und Erholung sowie im Falle der häuslichen Arbeit die hierzu notwendige Ruhe unbehindert durch die Umwelt geben“ (OLG Hamm NJW 1981, 465). *45*

WE und TEm kann darüber hinaus beliebig vermietet oder verpachtet werden, soweit keine Einschränkungen durch Vereinbarung (GO) gegeben sind. Zulässig ist auch die Nutzung des SE in sonstiger Weise, d.h. die Nutzung als TEm. Mit der Nutzung als TEm kommt zum Ausdruck, daß diese keine Wohnnutzung darstellt. In der Regel stellt das Recht, das WE oder TEm in sonstiger Weise nutzen zu können, die Nutzung zu gewerblichen oder beruflichen Zwecken dar. Das Recht zur gewerblichen oder beruflichen Nutzung wird überwiegend durch besondere Vereinbarungen beschränkt, wie noch ausgeführt wird. *46*

Das Gebrauchs- und Nutzungsrecht der WEer und TEmer ist gesetzlich eingeschränkt, durch den Verweis in § 13: „soweit nicht das Gesetz oder Rechte Dritter entgegenstehen“. Mit dem Gesetz sind die höherrangigen öffentlich-rechtlichen (z.B. drittschützenden bauordnungs-, immissionschutz- oder gewerberechtlichen Normen) sowie alle privatrechtlichen (z.B. nachbarrechtlichen) Vorschriften gemeint. Die Rechte Dritter beziehen sich vor allem auf die Rechte der übrigen WEr (§§ 14 und 15) oder auf Rechte Dritter (Staudinger–Kreuzer Rz. 4 § 13). Mit diesen die WEer einschränkenden Regelungen, welche die be- *47* sonderen Gemeinschaftsbindungen beinhalten, werden bei den Pflichten des Gebrauchs und bei den Gebrauchsregelungen eingehender behandelt.

Die Grenzen des Gebrauchs des SE bestimmt § 14 Nr. 1 nach dem jeder WEer von seinem SE nur in solcher Weise Gebrauch machen kann, daß dadurch keinem anderen WEer über das bei einem geordneten Zusammenleben unvermeidliche Maß hinaus ein Nachteil entsteht. Sonst kann jeder WEer nach § 15 Abs. 3 einen Gebrauch der im SE stehenden Gebäudeteile vornehmen und verlangen, der dem Gesetz, den Vereinbarungen und Beschlüssen und soweit sich Regelungen hieraus nicht ergeben, dem Interesse der Gesamtheit der WEer nach billigem Ermessen entspricht.

1. Grenzen des Gebrauchs

48 Schranken des Gebrauchsrechtes insgesamt ergeben sich einmal aus der Sozialpflichtigkeit des Eigentums im Grundsätzlichen (Art. 14 und 15 GG) sowie aus dem Gesetz im Besonderen, wenn die Befugnisse des WEers insoweit eingeschränkt werden, daß nicht „Gesetz oder Rechte Dritter entgegenstehen".

Für den Gebrauch des SE können die WEer in der GO besondere Zweckbestimmungen (s. oben Rn. **6** 203ff.) oder besondere Gebrauchsregelungen treffen (§§ 5 Abs. 4, 8 Abs. 2, 10 Abs. 1, 15 Abs. 1), was bei der Begründung von TEm häufig anzutreffen ist.

a) Schranken des Gebrauchs

49 Schranken des Gebrauchs ergeben sich somit aus der Zweckbestimmung und der Gebrauchsregelung des SE und des Gebäudes, aus dem Wesen des WE, aus den gesetzlichen Bestimmungen des WEG (z. B. §§ 14 und 15 BGB, §§ 134, 138).

50 Die Zweckbestimmung von SE an Teilen des gem.E. hat dann Vereinbarungscharakter, wenn eine ausreichend genaue Bestimmung des Nutzungszwecks getroffen wird. Als Hauptnutzungsmerkmale gelten die Wohnungsnutzung für das WE und die Nichtwohnnutzung für das TEm. Während für die Wohnnutzung der Nutzungszweck im allgemeinen weitgehend bestimmt ist, bedarf es für die Nichtwohnnutzung in der Regel einer weitergehend detaillierten Bestimmung des Nutzungszwecks, wie z.B. Nutzung als Laden, als Gaststätte, als Arztpraxis, als Anwaltskanzlei, als Büro u.a.m. Dies gilt auch für SE-Einheiten, die dem WE oder TEm zugeordnet sind, wie Keller- und Bodenabteile. Hier werden manchmal Zweckbestimmungen wie Party-Raum, Werkstatt, Hobby-Raum, Abstellraum u.a. getroffen.

Solche in der GO geregelten Zweckbestimmungen haben Vereinbarungscharakter, so daß die WEer und auch spätere Erwerber darauf vertrauen können, daß jedenfalls keine Nutzung zulässig ist, die mehr stört oder beeinträchtigt als die in der TE angegebene. Durch diese typisierende Betrachtungsweise werden andere Nutzungen zugelassen, sofern damit keine zusätzlichen Störungen verbunden sind (BayObLG WE 1996, 358 vgl. auch unten Rn. **7** 49ff.). Dies gilt nicht für eine Wohnnutzung von Kellerräumen, Partyräumen, Bodenräumen und ähnlichen Räumen. Die Wohnnutzung dieser Nebenräume ist auch durch die typisierende Betrachtungsweise nicht möglich, weil solche Räume bei einer Wohnnutzung intensiver genutzt werden, was besonderes für kleinere Wohnanlagen gilt (BayObLG WE 1990, 71).

Daneben können „Rechte Dritter" das Gebrauchsrecht des *51* SEmers einschränken, wenn in der GO bestimmte Nutzungsarten gem. § 15 Abs. 1 ausgeschlossen (z.B. gewerbliche Nutzung) oder auch vorgeschrieben werden (z.B. Nutzung nur als Ferienwohnung oder Beschränkung der Nutzung auf die Verpachtung zwecks einer hotelmäßigen Nutzung; vgl. BayObLG WE 1988, 202; BayObLG WE 1991, 83).

Auch können bestandskräftige Mehrheitsbeschlüsse der WEer den Gebrauch des SE im Sinne von § 15 Abs. 2 einschränken (s. unten Rn. **7** 73).

Grenzen des Gebrauchs von SE ergeben sich auch dann, *52* wenn in der GO weitere Einschränkungen vereinbart sind, oder wenn im Grundbuch „beschränkt dingliche Rechte", insbesondere Dienstbarkeiten (s. oben Rn. **6** 107ff.) bestellt sind.

Einzelne WEer können sich individuell verpflichten eine be- *53* stimmte Nutzung des SE zu unterlassen. Dies ist sowohl in einem gerichtlichen Vergleich aber auch in einer Vereinbarung bestimmter WEer möglich. Diese Regelung, die nur die beiden Parteien betrifft, ist möglich, weil hier nach § 15 Abs. 3 ein jeder WEer einen vereinbarungsmäßigen Gebrauch des SE verlangen kann; daraus folgt, daß es sich um einen individuellen Anspruch handelt, den jeder einzelne WEer ohne Ermächtigung durch die anderen WEer hat. Über den Individualanspruch können Gläubiger und Schuldner dieses Anspruchs eine Vereinbarung oder einen Vergleich über die Nutzung bzw. deren Unterlassung treffen (BayObLG vom 10. 6. 1998, 2 Z 15/98).

54 Nach dem WEG ist der Gebrauch des SE unzulässig, wenn er:

- nicht der Zweckbestimmung der Wohnanlage (Beschaffenheit der im SE stehenden Gebäudeteile, § 15 Abs. 2) entspricht (s. oben Rn **6** 203),
- nicht dem Interesse der Gesamtheit der WEer nach billigem Ermessen entspricht (§ 15 Abs. 3), wobei Maßstab für den interessengerechten Gebrauch nur solche Sachverhalte sind, die als Maßnahme ordentlichen Gebrauchs von den WEern durch Stimmenmehrheit beschlossen (§ 15 Abs. 2) werden können (BayObLG vom 15. 9. 1983 – 2 Z 87/82),
- für die anderen WEer ein Nachteil ist, der über das bei einem geordneten Zusammenleben unvermeidliche Maß hinausgeht (§ 14 Nr. 1),
- den Bestand, die Stabilität, die Sicherheit und das architektonisch-ästhetische Aussehen des Gebäudes verändert,
- nicht auf Ordnung, Ruhe und Sauberkeit im Hause im notwendigen Umfang Rücksicht nimmt,
- nicht auf den Ruf (Sitten), die Gewohnheiten des Ortes und der Zeit der WEer gebührend Rücksicht nimmt.

b) Unterlassungsansprüche und Schadensersatz

55 Werden die Grenzen des zulässigen Gebrauchs durch einen WEer überschritten, haben die anderen WEer Anspruch auf Unterlassung, der im Verfahren nach § 43 geltend zu machen ist.

Dabei kann der WEer auch seine allgemeinen Ansprüche als Eigentümer und Besitzer geltend machen, z. B. auf Herausgabe (§ 985 BGB), auf Beseitigung und Unterlassung von Beeinträchtigungen und Störungen (§ 1004 BGB), bzw. auf Besitz (§§ 858 ff. BGB). Einen Herausgabeanspruch nach § 985 BGB kann z. B. der WEer gegen einen anderen WEer geltend machen, der entgegen der Festlegung in der TE nicht seinen im SE stehenden eigenen Keller sondern irrtümlich einen anderen Keller nutzt (Kellertausch vgl. OLG Hamm WE 1991, 135).

Der Anspruch der WEer auf Beseitigung bzw. Unterlassung ist in § 15 Abs. 3 begründet und kann bei Verstößen gegen diese Ordnungen, d.h. bei unzulässigem Gebrauch und dann, wenn der ausgeübte Gebrauch entgegen der Zweckbestimmung die übrigen WEer mehr stört oder sonst beeinträchtigt, als der in der Vereinbarung (GO) vorgesehene Gebrauch (BayObLG WE 1989, 179), nach Maßgabe von § 1004 BGB individuell von jedem WEer (BayObLG vom 23. 5. 97, 2 Z 44/97), gerichtlich durchgesetzt werden. Dies gilt auch, wenn die Störung vom Mieter eines WE oder TEms ausgeht. Hier kann der gestörte WEer gegen den WEer, welcher zu nicht zweckbestimmtem bzw. zu nicht ordnungsmäßigem oder zu störendem Gebrauch vermietet hat, auf Beseitigung bzw. Unterlassung klagen (BayObLG vom 23. 5. 97, 2 Z 44/97), und zwar unabhängig davon, ob der vermietende WEer nach Maßgabe seines Mietvertrages gegen seinen Mieter Unterlassung (§ 550 BGB) oder unter Umständen eine Kündigung des Mietvertrages (§ 553 BGB) durchsetzen kann. Die zweckwidrige Nutzung des Mieters kann auch Schadensersatzansprüche gegen den Vermieter der WEer oder TEmer mit zur Folge haben (BayObLG vom 23. 5. 97, 2 Z 44/97). Der Anspruch auf Unterlassung besteht demnach auch dann, wenn der vermietende Eigentümer aufgrund eines langfristigen Mietvertrags keine rechtliche Handhabe zur Durchsetzung des Unterlassungsbegehrens besitzt. Der Unterlassungsanspruch ist nicht auf eine unmögliche Leistung gerichtet, wenn die Kündigung des Mietvertrags befristet vereinbart und eine fristlose Kündigung auf lange Sicht ausgeschlossen ist (OLG Hamm WE 1990, 97) Auch hier hat der Vermieter alle ihm zumutbaren Schritte zu unternehmen, um die rechtswidrige Nutzung zu unterbinden, z.B. durch Angebot einer Abstandszahlung, durch Vermittlung einer anderen Mietsache, durch eine freiwillige Regelung, die störende Nutzung aufzugeben, um gegebenenfalls ein nicht störendes Gewerbe in den betreffenden Räumen zu betreiben. Das WE-Gericht kann den Vermieter dabei aber nicht zu bestimmten Maßnahmen verpflichten, insbesondere nicht 56 dazu den Mietvertrag zu kündigen und die Räumung zu betreiben (BayObLG WE 1992, 53; WE 1994, 278). Offen gelassen hat das BayObLG in dieser Entscheidung die Frage, ob der Vermieter wegen der zweckbestimmungswidrigen, aber dem Mietvertrag entsprechende Nutzung durch den Mieter im Hinblick auf seine Unterlassungsverpflichtung den Mietvertrag aus wichtigem Grund kündigen kann.

57 Sollte die zweckwidrige Nutzung nicht zu verhindern sein, so bleibt dem Inhaber des Unterlassungsanspruchs möglicherweise ein Schadensersatzanspruch (OLG Hamm WE 1990, 97 und WE 1990, 96).

58 Denkbar ist ein Schadensersatzanspruch wegen Pflichtverletzung (§§ 14 Nr. 1, 15) und wegen unerlaubter Handlung (§ 823 BGB – so OLG Stuttgart WE 1994, 112) dann, wenn ein WEer sein SE unzulässig und zweckwidrig genutzt hat. In diesem Fall hat der unzulässig nutzende WEer die anderen WEer hinsichtlich der Kostenbelastung nach Maßgabe von § 249 S. 1 BGB so zu stellen, wie diese bei der zulässigen Nutzung gestanden wären. Eine abstraktnormative Schadensberechnung ist hier nicht möglich (OLG Stuttgart WE 1994, 112: hier wurde ein Dachbodenraum jahrelang entgegen der Zweckbestimmung als Wohnung genutzt). Ein Schadensersatzanspruch erwächst einem WEer, der sich durch pflichtwidrige Nutzung des SE durch einen anderen WEer gestört fühlt nicht deshalb, weil er seine ETW verkauft und er beim Verkauf Verluste und Kosten aus dem Erwerb hat. Diese Schäden liegen außerhalb des Schutzzwecks der verletzten Norm (§ 15). Nur eine provozierte Veräußerung könnte Schadensersatz auslösen (OLG Köln WE 1996, 434). Das gleiche gilt für den vermögensmäßigen Vorteil, den ein WEer aus der pflichtwidrigen Nutzung zieht. Dieser Vorteil hat keinen zurechenbaren Schadensersatzanspruch an den WEer zur Folge.

59 Nach Weitnauer ist es möglich, daß der gestörte WEer seinen Unterlassungsanspruch (§ 1004 BGB) gegen einen störenden Mieter direkt wahrnimmt, weil der Mieter auch Störer im Sinne des § 1004 BGB ist (BayObLG WE 1987, 97 m. Anm. Weitnauer). Der Anspruch unmittelbar gegen den Mieter kann aber nicht im Verfahren nach § 43 geltend gemacht werden, sondern nur im Zivilprozeß, weil den Mieter Verpflichtungen aus dem Gemeinschaftsverhältnis nicht treffen.

Dieser Auffassung schließt sich auch das OLG Karlsruhe (Urteil vom 22. 9. 1993, 6 U 49/93, ebenso OLG Stuttgart, ZMR 1992, 553) an, wenn es feststellt, daß der Unterlassungsanspruch gegen den Mieter unmittelbar geltend gemacht werden kann, wenn der Vermieter seinem Mieter eine von der TE abweichende Nutzung gestattet und diese sich als eine gegen die Zweckbestimmung gerichtete und tatsächlich störende Nutzung erweist. Das OLG München (NJW-RR 1992, 1402) bestätigt diese Auffassung, indem es den Pächter eines TEms zur Unterlassung einer eigentumsrechtlich zweckwidrigen Nutzung verurteilt. *60*

Der Anspruch auf Unterlassung wegen zweckwidriger Nutzung des SE besteht auch dann, wenn die WEer diese Nutzung über mehrere Jahre hin ohne Widerspruch hingenommen haben. Das gilt auch gegen den Erwerber eines WE. Dieser kann sich nicht mit Erfolg darauf berufen, die WEer müßten die zweckwidrige Nutzung weiter dulden, weil sie diese gegenüber den Voreigentümern widerspruchslos hingenommen haben (OLG Köln, WE 1995, 220).

Der Anspruch auf Unterlassung einer bestimmten Nutzung besteht in der Regel nicht, wenn öffentlich-rechtliche Vorschriften diese nicht gestatten. Nur wenn die öffentlich-rechtliche Norm eine drittschützende Wirkung besitzt, läßt sich ein Unterlassungsanspruch aufgrund dieser öffentlich-rechtlichen Norm durchsetzen. So dienen z. B. die Art. 48 und 50 der BayGO nicht dem Schutz anderer WEer (BayObLG WE 1996, 471). *61*

Die Durchsetzung des Anspruchs auf Unterlassung des unzulässigen, weil nicht zweckbestimmten Gebrauchs könnte nur wegen Verwirkung (§ 242 BGB) und wegen unzulässiger Rechtsausübung (§ 242 BGB) gehindert sein. Von einer Verwirkung kann beispielsweise dann keine Rede sein, wenn ein WEer, der im Jahre 1981 seine ETW (Zweiterwerb) erworben hat, $1^1/_2$ Jahre später Unterlassung gegen einen TEer geltend macht, der seit 1971 ein als „Laderaum“ in der TE zweckbestimmtes SE an verschiedene Pächter zur Nutzung als Gaststätte überließ (BayObLG WE 1990, 32). Hier fehlt es sowohl am „Zeitmoment“ (nur $1^1/_2$ Jahre) als auch am notwendigen „Umstandsmoment" (Kenntnisnahme und Billigung der Nutzung beim Erwerb).

62 Eine unzulässige Rechtsausübung setzt voraus, daß der Berechtigte (Anspruchsinhaber) keine schutzwürdigen Interessen verfolgt oder überwiegende Interessen des anderen Teils entgegenstehen, mit der Folge einer groben unerträglichen Unbilligkeit (BayObLG WE 1990, 32). Unzulässige Rechtsausübung stellt z.B. der Antrag eines WEers auf Unterlassung der gewerblichen Nutzung seines Miteigentümers dar, wenn er wie der Antragsteller das gleiche Gewerbe in seiner Wohnung betreibt und es ihm mit seinem Antrag nur darum geht, unerwünschten Wettbewerb auszuschalten. In diesem Fall steht dem angegriffenen WEer, dem Antragsgegner, der Einwand der unzulässigen Rechtsausübung wirksam zu (BayObLG WE 1997, 69).

63 Der Unterlassungsanspruch kann von jedem WEer einzeln, also unabhängig von einem diesbezüglichen Beschluß und ohne Ermächtigung der WEer geltend gemacht werden (KG WE 1990, 206; BayObLG WE 1996, 146).

c) Vermietungsbeschränkung

64 Häufig wird in der GO die Regelung aufgenommen (s. Muster-GO § 6 unten Anlage III), daß zur Ausübung eines Gewerbes oder Berufes in der ETW die schriftliche Zustimmung des Verwalters erforderlich ist, wobei die Zustimmung nur aus einem wichtigen Grund versagt werden darf. Als wichtiger Grund wird meist eine unzumutbare Beeinträchitigung der WEer oder eine übermäßige Abnutzung des gem.E. bezeichnet. Kommt es zum Streit über die Auslegung der Frage, ob ein wichtiger Grund zur Versagung der Zustimmung vorhanden ist, muß berücksichtigt werden, daß der in der GO gezogene Rahmen die gesetzlich zulässigen Befugnisse übersteigt. Während die Regelung in der GO die Grenze des Gebrauchs in einer „unzumutbaren Beeinträchtigung" sieht, brauchen nach § 14 Nr. 1 nur solche Nachteile hingenommen zu werden, die bei einem geordneten Zusammenleben unvermeidbar sind (BayObLG WE 1987, 51). Ein wichtiger Grund für die Versagung der Zustimmung zur

Ausübung eines Gewerbes ist z. B. die Prostitution in einer ETW (BayObLG WE 1986, 74).

Die Einwilligung des Verwalters ist eine formelle Voraussetzung für die Ausübung eines Berufs oder Gewerbes. Die Prüfung und Entscheidung der Frage, ob die Voraussetzungen für die Einwilligung gegeben oder ausnahmsweise nicht gegeben sind, wird zunächst in die Hand des Verwalters gelegt. Allein der Umstand, daß er die Genehmigung erteilt hat, macht jedoch die von der Zweckbestimmung abweichende Nutzung materiell noch nicht zulässig. Die Entscheidung des Verwalters unterliegt einer Kontrolle durch die WEer sowie einer Überprüfung durch das Gericht (BayObLG NJW-RR 1991, 849). In diesem Sinne können alle WEer durch Mehrheitsbeschluß eine Genehmigung erteilen oder versagen bzw. widerrufen. Dieser Beschluß kann angefochten werden und ist für ungültig zu erklären, wenn die Genehmigung aus wichtigem Grund hätte versagt werden müssen (BayObLG vom 24. 2. 1997, 2 Z 89/996). 65

Wird in der GO eine bestimmte Nutzung einer ETW, z. B. für gewerbliche oder freiberufliche Zwecke, von der Zustimmung des Verwalters abhängig gemacht, ohne daß eine Verweigerung der Zustimmung an einen wichtigen Grund gebunden ist, so kann der Verwalter die Zustimmung aus jedem Grund verweigern. Die Verweigerung darf aber nicht willkürlich oder mißbräuchlich erscheinen (BayObLG WE 1989, 219). In diesem Sinne ist eine Verweigerung der Zustimmung nur möglich, wenn dies im Interesse der Gesamtheit der übrigen WEer liegt. Dem Verwalter obliegt die Wahrung der Interessen der WEer, so daß die Zustimmungsverweigerung nicht in sein Belieben gestellt ist. 66

In der Regel wird bei solchen Vereinbarungen die schriftliche Zustimmung des Verwalters verlangt. Verstößt der Verwalter gegen diese Formschrift, so ist eine mündlich erteilte Genehmigung unwirksam, es sei denn, die Auslegung der GO ergibt zweifelsfrei, daß die Schriftform ausschließlich beweissichernde Funktion (deklaratorische Bedeutung) haben soll. In der Regel wird wegen der Tragweite der Genehmigung die Schriftform warnende Funktion (konstitutive Bedeutung) haben, und damit Gültigkeitsvoraussetzung für die vom Verwalter zu erteilende Genehmigung sein. (BayObLG WE 1990, 58). 67

68 Befindet sich in einer Anlage neben WE auch TEm und ist in der GO vorgesehen, daß die gewerbliche oder berufliche Nutzung einer Wohnung eines Mehrheitsbeschlusses der WEer bedarf, so ist hieraus abzuleiten, daß diese Regelung auch für das TEm anzuwenden ist (BayObLG WE 1994, 247). Dies gilt insbesondere dann, wenn in der GO vorgesehen ist, „alle auf das WE bezogenen Regelungen gelten sinngemäß auch für das TEm".

69 Die dem Verwalter in der GO übertragene Zustimmungsbefugnis hindert die WEer nicht über einen Antrag in der WEer-Vers. abzustimmen. An einen solchen Mehrheitsbeschluß ist der Verwalter gebunden (OLG Zweibrücken WE 1991, 333). Eine vom Verwalter erteilte Zustimmung kann jederzeit durch die WEer oder duch das Gericht korrigiert werden mit der Folge, daß eine die anderen WEer störende oder benachteiligende Nutzung trotz Verwalterzustimmung unzulässig ist (BayObLG WE 1992, 57).

70 Bei der Regelung in der GO, daß die Ausübung eines Gewerbes nur mit Zustimmung der Eigentümerversammlung möglich ist, die ihrerseits nur aus wichtigem Grund versagt werden darf, kann die Zustimmung für die Einrichtung eines Ingenieur-Planungsbüros nicht versagt werden, wenn durch sie die Interessen der übrigen WEer nicht in einem stärkerem Maße beeinträchtigt werden, als bei einer ohnehin zulässigen Wohnungsnutzung (OLG Zweibrücken vom 27. 5. 1997, 3 W 81/97).

71 Ist in der GO eine die Gemeinschaft nicht beeinträchtigende Ausübung einer freiberuflichen Tätigkeit gestattet, die Ausübung einer gewerblichen Tätigkeit untersagt, so hat sich die gebotene Auslegung dieser Regelung an der nächstliegenden Bedeutung aus der Sicht eines unbefangenen Betrachters zu orientieren. Hieraus ergibt sich, daß auch bestimmte gewerbliche Tätigkeiten – wie z.B. Versicherungsvertretung und Wahrsagerei – erlaubt sind. Diese gewerblichen Tätigkeiten entsprechen einer nicht beeinträchtigenden freiberuflichen Tätigkeit.

72 Ist in der GO für einen im TEm befindlichen Keller ausdrücklich bestimmt, daß der Eigentümer diesen Raum ohne Zustimmung der übrigen WEer zu gewerblichen oder zu Wohnzwecken nutzen darf, haben die WEer die erforderlichen Maß-

nahmen - auch baulicher Art - zu dulden, damit die erlaubte Nutzung möglich wird (BayObLG vom 13. 3. 1997, 2 Z 8/97). Sofern in der GO keinerlei Regelung getroffen wurde, kann eine gewerbliche oder freiberufliche Nutzung der ETW nur dann untersagt werden, wenn die hierdurch bedingten Beeinträchtigungen Nachteile im Sinne von § 14 Nr. 1 für die anderem WEer nach sich ziehen. So ist z. B. die Nutzung einer 8 Zimmer großen ETW in einer Großstadt als Architekturbüro oder als Steuerberatungspraxis von den anderen WEern hinzunehmen (KG WE 1995, 19).

d) Rechtsprechung

Aus der Rechtsprechung bei der Verfolgung von Ansprüchen *73*
wegen nicht zulässigen Gebrauchs von SE (vgl. auch Rechtsprechungsergebnisse unten Rn. 7 89):

- Eine zweckwidrige Nutzung (z. B. eine gegen die GO verstoßende gewerbliche Nutzung) besteht im wohnungseigentumsrechtlichen Sinne auch dann, wenn das Bauordnungsamt eine Genehmigung zur Nutzungsänderung erteilt hat. Einer solchen Genehmigung können die WEer nicht mit Erfolg durch Klage gegen das Bauordnungsamt begegnen. Planungsrechtliche (öffentlich-rechtliche) Bestimmungen schützen die WEer nicht vor vertraglich vereinbarten unzulässigen Nutzungen. Das Planungsrecht beurteilt die Zulässigkeit der gewerblichen Nutzung allein nach öffentlichen Interessen. Es vermittelt den WEern keine subjektive Rechtsposition (OVG Münster, Urteil vom 17. 10. 1985).
- Stützt sich ein gerichtlicher Antrag bezüglich der Überschreitung des zulässigen Gebrauchs auf eine Vereinbarung in der GO, nach der z. B. die gewerbliche Nutzung einer Wohnung bei Vorliegen bestimmter Voraussetzungen von der WEer-Vers. untersagt werden kann, so ist es für den Erfolg dieses Antrags unerläßlich, daß vorher ein Beschluß der WEer herbeigeführt wird (BayObLG WE 1987, 92).
- Ein WEer kann seinen Anspruch auf Unterlassung (hier das Offenhalten einer Gaststätte über den in der TE vorgesehenen Zeitraum hinaus) auch gegen den TEer richten, welcher sein TEm vermietet hat, wobei der unzulässige Gebrauch vom Mieter veranlaßt ist (BayObLG WE 1987, 97 mit Anmerkung Weitnauer).
- Im Falle der zweckwidrigen Nutzung widerspricht das Unterlassungsbegehren auch nicht gegen Treu und Glauben, wenn die störende Nutzung von den WEern längere Zeit geduldet wurde (BayObLG ZMR 1985, 206).

2. Pflichten für den Gebrauch

74 § 14 bezeichnet die Pflichten der WEer im einzelnen, die diese beim Gebrauch des SE und auch des gem.E. zu beachten haben. Mit diesen Pflichten werden gleichzeitig die Gebrauchsrechte der WEer eingeschränkt. Die Einschränkungen ergeben sich immer dort, wo die Ausübung eines Rechtes (Gebrauchs) durch einen WEer für den anderen WEer einen beachtlichen Nachteil (§ 14 Nr. 1) darstellt.

75 Die Rechtsprechung hat den Begriff Nachteil in etwa wie folgt definiert: Unter Nachteil im Sinne des § 14 Nr. 1 ist ein Verstoß gegen ein friedliches und geordnetes Zusammenleben der WEer zu verstehen. Als Nachteil gilt dabei nicht nur eine erhebliche Beeinträchtigung oder Gefährdung, wenn auch geringfügige Beeinträchtigungen außer acht bleiben können (BayObLG Rpfleger 1979, 446; BayObLG WEM 1981, 57).

76 Besondere Pflichten der WEer in diesem Zusammenhang bestehen in der Instandhaltungspflicht, in der Pflicht zum rücksichtsvollen Gebrauch, in der Verpflichtung Dritter und in der Duldung ordnungsgemäßen Gebrauchs (vgl. Merle, in PiG Nr. 15).

77 Über den Gebrauch des SE können auch Gebrauchsregelungen (z.B. Hausordnung s. unten Rn. **7** 180ff.) durch Stimmenmehrheit beschlossen werden soweit eine Vereinbarung nicht entgegensteht und diese einem ordnungsgemäßen Gebrauch entspricht (§ 15 Abs. 2). Ein solcher Beschluß zur Gebrauchsregelung darf aber dem WEer nicht die Nutzung seines SE untersagen, die sich in den Grenzen der §§ 13, 14 Nr. 1 hält (BayObLG WE 1984/1, 3).

a) Instandhaltungspflicht

78 Jeder WEer ist verpflichtet (§ 14 Nr. 1), die im SE stehenden Gebäudeteile so instand zu halten, daß dadurch keinem anderen WEer ein nicht zumutbarer Nachteil entsteht. Danach ist ein WEer zur Instandhaltung (z.B. Schönheitsreparaturen) nur insoweit verpflichtet, als eine eventuelle Vernachlässigung dieser Verpflichtung die Rechte der anderen WEer beeinträchtigt. Im

Grunde bräuchte ein WEer in seiner Wohnung keine Schönheitsreparaturen ausführen, wenn die anderen WEer hiervon nicht benachteiligt werden. Ein Nachteil in diesem Sinne ist an objektiven Kriterien zu messen, die aber nur dann von Bedeutung sind, wenn vom mangelhaften Zustand eines SE negative Einflüsse auf das gem.E. oder auf das SE anderer WEer ausgehen (vgl. BayObLG WE 1991, 224).

Zu folgenden Instandhaltungsmaßnahmen ist dagegen der WEer verpflichtet (s. Merle a.a.O.): 79

- Instandhaltung von Heizkörpern, wenn dadurch die gem. Heizungsanlage gestört wird.
- Reparatur von Wasserleitungen und Waschmaschinen (OLG Düsseldorf JMBZ. NRW 1972, 69).
- Vernichtung von Ungeziefer in der Wohnung.
- Beseitigung aller technischen Mängel (z.B. mangelnde Schall- und Wärmedämmung), soweit diese die anderen WEer wesentlich beeinträchtigen (vgl. BayObLG DWE 1980, 60; BayObLG WE 1993, 283).

Die Notwendigkeit, wann der WEer zur Instandhaltung seines SE verpflichtet ist und wie er die Instandhaltungsmaßnahme durchzuführen hat, ist in der Praxis nicht immer leicht festzustellen. Störungen, die beim Zusammenleben in einer Hausgemeinschaft unvermeidbar sind, haben die anderen WEer nämlich zu dulden. Nur wenn die Grenze der Unvermeidbarkeit überschritten wird, sind einerseits die in das gem.E. hineinreichenden Schäden am SE durch Instandhaltungsmaßnahmen zu beseitigen, andererseits sind die Instandhaltungsmaßnahmen möglichst ohne die anderen WEer beeinträchtigende Störungen durchzuführen. Die Bestimmung der Unzulässigkeitsgrenze kann nur vom jeweiligen Sachverhalt des Einzelfalls her und unter Berücksichtigung der Verkehrsanschauung getroffen werden. Nach Bärmann (Lehrbuch Tz 334) unterliegen alle WEer den allgemeinen Rechtsverkehrsverpflichtungen aus der Gem. Danach besteht für die SEer nicht nur eine Haftung aus unerlaubter Handlung nach den §§ 276, 278 BGB, sondern auch eine Haftung aus dem Gemeinschaftsverhältnis. 80

Aus dem Grundsatz des § 14 Nr. 1 Mängel am SE zu heilen, wenn diese für die anderen WEer einen Nachteil darstellen, und aus der allgemeinen Schutz- und Treuepflicht aus dem Gemein- 81 schaftsverhältnis, läßt sich eine Duldungspflicht hinsichtlich der Mängelbehebung am SE des betreffenden WEers ableiten. Diese Duldungspflicht kann sich dann ergeben, wenn wegen Baumängeln ein Dritter (Bauträger) oder die WEer-Gem. hinsichtlich der notwendigen Herstellung eines ordnungsmäßigen Zustands zur Mängelbeseitigung verpflichtet ist (vgl. BayObLG WE 1994, 22) hier: Trittschallmangel und fehlender Sichtschutz).

82 Eine Verpflichtung besteht aber nicht schon dann, wenn sich bestimmte technische Normen im Laufe der Zeit ändern. Wenn z.B. ein Haus im Jahre 1906 errichtet und später WE begründet wurde, kann ein WEer gegen den anderen WEer nicht die Beseitigung eines Trittschalls durch Instandhaltungsmaßnahmen (bessere Trittschalldämmung) im SE verlangen, weil die gültige DIN-Norm eine erhöhte Trittschalldämmung verlangt (OLG Stuttgart 1995, 24). Der bei der Aufteilung in WE bestehende Zustand bestimmt in diesem Fall den technischen Standard der Wohnung (OLG Stuttgart WE 1995, 241).

83 Für die Kosten der Instandhaltung und Instandsetzung des SE ist grundsätzlich der betreffende WEer allein verantwortlich. Die Instandsetzungspflicht gegenüber den anderen WEern beschränkt sich auf den geschilderten Rahmen. Anderes kann dann gelten, wenn in der GO über die gesetzlichen Schranken des § 14 Nr. 1 hinaus besondere Instandhaltungspflichten für das SE vereinbart werden. Solche Regelungen werden häufig mit einem Kontrollrecht des Verwalters verbunden.

84 Häufig bereitet die Frage Schwierigkeiten, ob notwendige Instandhaltungsmaßnahmen dem SE oder dem gem.E. zuzuordnen sind. Wenn nichts anderes vereinbart ist sind für alle Teile des gem.E. alle WEer gemeinschaftlich und für die Teile des SE die einzelnen WEer zuständig. Es gibt jedoch Grenzfragen, wenn SE und gem.E. von einer Instandhaltungsmaßnahme berührt werden. Hier ist zu unterscheiden, von welchem Bauteil (gem.E. oder SE) der Schaden ausgeht. Liegt die Schadensursache im gem.E. und die Reparatur ist eine Folge des Schadens am gem.E., so tragen die Gesamtkosten die WEer insgesamt, weil es sich hier um eine Maßnahme ordnungsmäßiger Verwaltung handelt. Werden zur ordnungsmäßigen Abwicklung der Instandhaltungsmaßnahmen am gem.E. zusätzliche Maßnahmen im SE erforderlich, so hat der betreffende WEer diese Maßnahme zu dulden. Entstehen für die zusätzlichen Maßnahmen Kosten, so sind die WEer insgesamt nach Maßnahme des vereinbarten oder gesetzlichen Kostenverteilungsschlüssels, sowie zur Zahlung des Schadensersatzes verpflichtet. Alle kausal verursachten Schäden (§ 14, Nr. 4) sind zu ersetzen, wobei der in § 14 Nr. 4 genannte Schadensersatz verschuldensunabhängig (Staudinger-Kreuzer Rz. 41 zu § 14) ist. Nach Niedenführ/Schulze (4. Aufl. Rz. 11 zu § 14) umfaßt der Schadensersatz nicht nur Arbeiten am SE selbst, sondern auch Verdienstausfall, entgangenen Gewinn durch Unvermietbarkeit, Entzug der Nutzung u.a.m. Schäden am SE trifft den betreffenden WEer grundsätzlich allein.

Für Schäden am gem.E. und der Verpflichtung zur Kostentra- *85*
gung gilt das Gleiche, wenn sich bestimmte Teile des gem.E. im SE befinden. Abgrenzungsprobleme ergeben sich dann, wenn die Zuordnung zum SE problematisch ist. Dies trifft häufig dann zu, wenn z.B. an Balkonen SE begründet wird. Da bei Balkonen die tragenden Elemente und die konstruktiven Bauteile einschließlich der Isolierschichten und der Brüstungen zwingend gem.E sind, haben die WEer die anteiligen Instandhaltungskosten insgesamt zu tragen. Dazu gehören auch die Kosten für Arbeiten am SE, wenn die Arbeiten am gem.E. notwendig sind, um einen Zustand zu schaffen, der es erlaubt die erforderlichen Arbeiten vorzunehmen (OLG Hamm vom 21. 12. 1998, 3 Wx 418/98). Bei Schäden am Balkon, die eine gemeinsame Ursache im gem.E. und im SE haben, erfolgt eine Kostentrennung nach gem. Kosten und Kosten des SE, für die jeweils die WEer insgesamt oder der betreffende WEer allein aufzukommen haben (OLG Hamm vom 21. 12. 1998, 3 WX 418/98). Anderes gilt nur, wenn die WEer eine andere Kostenverteilung vereinbart haben (vgl. Rn. **7** 312ff.).

Befinden sich im SE eines WErs Einrichtungen, die zum *86*
gem.E. gehören, weil sie – wie z.B. Wasserleitungen – dem gem. Gebrauch der WEer dienen, so ist der betreffende SEer zwar nicht zur Instandhaltung dieser Einrichtung, wohl aber zu deren vorsorglichen Behandlung verpflichtet. Der WEer hat z.B. für eine durch sein SE verlaufende Wasserleitung Sorge dafür zu tragen, daß vorhersehbare Schäden durch Naturkräfte oder

Naturereignisse vermieden werden. Diese Verpflichtung ergibt sich aus § 14 Abs. 1, gegen die ein WEer dann verstößt, wenn er keine Maßnahmen ergreift, die z.B. das Einfrieren einer durch das SE führenden Wasserleitung verhindern. Eine schuldhafte Verletzung der Verpflichtung aus § 14 Abs. 1 stellt dementsprechend eine zum Schadensersatz verpflichtende positive Forderungsverletzung dar, für die der betreffende SEmer einzustehen hat (BayObLG WE 1989, 184).

87 Voraussetzung für einen Schadensersatz ist demnach ein Verschulden. Ein Verschulden ist immer dann gegeben, wenn es ein WEer pflichtwidrig unterläßt, notwendige Instandhaltungsmaßnahmen in seinem SE durchzuführen, und wenn daraus anderen WEern ein Schaden erwächst. Das ist z.B. bei einem Wasserschaden nicht der Fall, wenn unerwartet ein Eckventil am Waschbecken bricht. Der WEer ist nämlich nicht verpflichtet, die Wasserinstallation regelmäßig von einem Fachmann überprüfen zu lassen (BayObLG WE 1995, 92).

b) Bauliche Veränderungen am Sondereigentum

88 Jeder WEer kann an und in seinem SE bauliche Veränderungen vornehmen, soweit diese das SE anderer WEer oder das gem. Eigentum nicht tangieren, und wenn hieraus den WEern kein Nachteil im Sinne von § 14 Nr. 1 erwächst. Solche Nachteile wären z.B. Maßnahmen am SE, die geeignet sind, Bestand, Stabilität oder Sicherheit des Gebäudes zu beeinträchtigen oder das architektonische Gesamtbild zu verändern (BayObLG NJW-RR 1996, 1165). Solche baulichen Veränderungen können deshalb nur mit Zustimmung aller WEer vorgenommen werden (OLG Hamm vom 23. 12. 1996, 15 W 362/96).

c) Katalog zulässigen und unzulässigen Gebrauchs

89 Eine Abgrenzung des Gebrauchs im Blick auf eine Benachteiligung oder Nichtbenachteiligung im Sinne dieses unbestimmten Gesetzesbegriffes ist schwierig, so daß man sich wie überall in solchen Fällen durch Fallgestaltungen aus der Rechtsprechung behelfen muß, von denen die wichtigsten aufzuzeigen sind, immer unter der Voraussetzung, daß keine anders lautende Vereinbarung (GO) getroffen wurde:

- Tierhaltung kann durch Hausordnung oder Mehrheitsbeschluß nicht gänzlich ausgeschlossen werden (OLG Frankfurt Rpfleger 1978, 414). So entspricht z. B. das Halten von Hunden „nach den hiesigen tradierten soziokulturellen Vorstellungen" ordnungsmäßigem Gebrauch (OLG Stuttgart Rpfleger 1982, 220). Ein generelles Tierhaltungsverbot kann wirksam nur durch eine Vereinbarung erlassen werden (OLG Karlsruhe WE 1988, 96 - nicht unumstritten). Dagegen kann in einer Hausordnung wirksam bestimmt werden, daß bei Nichtbeachtung der Vorschriften über Tierhaltung bei drei erfolglosen schriftlichen Abmahnungen die Tierhaltung vom Verwalter versagt werden muß (BayObLG WE 1995, 60). Eine unbeschränkte Tierhaltung ist dagegen - wenn in der GO keine Beschränkung vorgesehen ist - unzulässig und unbillig, weil dadurch die anderen WEer unzumutbar belästigt werden (OLG Köln WE 1996, 24). Ein Mehrheitsbeschluß über ein generelles Verbot der Hundehaltung ist wirksam, wenn er nicht angefochten wird. Ein solcher Beschluß hat vereinbarungsersetzenden Charakter. Er bindet alle WEer, weil er weder sittenwidrig ist, noch in den dinglichen Kernbereich des WE eingreift (BGH WE 1995, 311; Vorlagebeschluß BayObLG vom 2. 2. 1995; 2 Z BR 120/94; a. A. KG WE 1992, 111 OLG Köln vom 5. 5. 1997, 3 Wx 459/96).
  - Unbeschränkte Haustierhaltung, wie z. B. mehr als zwei bzw. vier oder sieben Katzen in einer Wohnung: nicht zulässig (KG NJW 1956, 1679; BayObLG MDR 1972, 516; KG WE 1991, 328; BayObLG WE 1992, 143).
  - Haltung von Kleintieren wie Goldhamster, Zierfische und Vögel, die im allgemeinen nicht als störend empfunden werden: zulässig (OLG Frankfurt Rpfleger 1978, 414).
  - Mehrheitsbeschluß über Maßnahmen, welche die bei der Tierhaltung zu erwartende Belästigung ausschließen oder mindern: zulässig (OLG Stuttgart Rpfleger 1982, 220).
  - Haltung von Schlangen und Ratten: nicht zulässig (OLG Frankfurt NJW-RR 1990, 1430).
  - Haltung von 30 Giftschlagen: nicht zulässig (LG Bochum NJW-RR 1990, 1430).
  - Das Halten von über 100 Kleintieren wie Chinchillas, Kaninchen, Vögeln, darunter Boas und exotische Ziervögel, Hamstern und Mäusen ist eine unzulässige Tierhaltung, zumal die Wohnung mit Tierkäfigen zugestellt ist und offene Futterreste vorhanden waren (OLG Köln WE 1996, 234).
  - Beschränkungen der Tierhaltung auf einen Hund und drei Katzen pro Wohnung durch Eigentümerbeschluß: zulässig (Kg vom 8. 4. 1998, 24 W 1012/97).
- Musikausübung kann ebenfalls nicht völlig ausgeschlossen werden (OLG Hamm NJW 1981, 465). Üblicherweise dürfte sie während der Nachtstunden (22.00 bis 9.00 Uhr) und während der Mittagszeit (12.00 bis 15.00 Uhr) ausgeschlossen werden.

- Die Musikausübung kann nicht auf Zimmerlautstärke eingeschränkt werden (OLG Oldenburg ZMR 1978, 245).
- Die WEer haben eine Musikausübung zu dulden, soweit diese täglich zwei Stunden nicht überschreitet (OLG Hamm NJW 1981, 469).
- Ist in der Hausordnung ein zeitlicher Rahmen für Musikausübung (hier 2 Stunden täglich) festgelegt, so kann sich die zulässige Musikausübung dadurch reduzieren (auf 1 Stunde), daß mehrere in einer Eigentumswohnung zusammenlebende Familienmitglieder musizieren (OLG Frankfurt NJW 1985, 2138).
- Die tägliche Klavierspielzeit kann nach Umständen des Einzelfalls auch auf 1½ bis 3 Stunden täglich beschränkt werden (OLG Frankfurt DWE 1985, 30). Die Beschränkung, das Klavierspielen eines Musikstudenten auf täglich 3 Stunden zu bemessen, ist angemessen, nicht aber das Verbot, an Sonn- und Feiertagen zu spielen (BayObLG WE 1996, 439).
- Die Beschränkung der Musikausübung mit der Maßgabe, daß die Musikausübung vor 10.00 Uhr vormittags und nach 20.00 Uhr abends generell untersagt ist, ist unzulässig, weil es damit vielen Berufstätigen unmöglich gemacht würde, überhaupt Musik auszuüben (BayObLG WM 1986, 148), wenn wie hier die Musikausübung bereits auf drei Stunden täglich eingeschränkt ist. Auch ist die Beschränkung der Zeit für die Musikausübung zwischen 10.00 Uhr und 12.00 Uhr vormittags und zwischen 15.00 Uhr und 17.00 Uhr nachmittags zu weitgehend und eine unzulässige, weil durch § 14 Nr. 1 nicht mehr gedeckte Einschränkung (OLG Zweibrücken WE 1990, 213). Das OLG Stuttgart wendet sich mit Vorlagebeschluß vom 16. 3. 1998, 8 W 68/97 gegen die Auffassung des BayOBLG, daß ein Verbot des Musizierens ab 20 Uhr unzulässig sei. Es räumt den WEern einen Ermessensspielraum ein, der es den WEern durchaus ermöglicht das Verbot des Musizierens ab 20 Uhr zu beschließen. Dem widerspricht der BGH (10. 9. 1998, V ZB 11/98) nicht. Er bestätigt den genannten Ermessensspielraum der sich nach Treu und Glauben (§ 242 BGB) richtet (vgl. Derleder in Festschrift Seuß 1987, 115). Eine Ermessensgrenze für Ruhezeitenregelungen kann nach Treu und Glauben nur dort gezogen werden, wo der Beschluß entweder ein völliges Musizierverbot oder eine praktisch gleichzusetzende Reglementierung erhält. Das Musizieren innerhalb der eigenen Wohnung ist Bestandteil eines sozialüblichen Verhaltens und Element der Zweckbestimmung einer Wohnanlage. Es darf zwar auf bestimmte Zeiten und einen bestimmten Umfang beschränkt, nicht jedoch insgesamt verboten werden (so BGH a.a.O. m.w.N.). Gleichwohl wurde der Beschluß mit diesem Inhalt vom BGH für unwirksam erklärt, weil er auf Grund weiterer Festlegungen nach § 139 BGB teilunwirksam ist. Die weiteren Festlegungen bestanden in unklaren und nicht hinreichend bestimmten Regelungen, die das Singen und Musizieren außerhalb von Ruhezeiten nur in „nicht belästigender Weise

und Lautstärke" gestatten, wobei das Singen und Musizieren ohne sachlichen Grund stärker eingeschränkt wurde als die Tonübertragung durch Fernseh-, Rundfunkgeräte oder Kassetten- bzw. Plattenspieler.

- Musikstudenten und Berufsmusiker können einen die Musikausübung zulässig einschränkenden Mehrheitsbeschluß nicht mit der Begründung anfechten, ihnen müßten längere Zeiten der Musikausübung eingeräumt werden als anderen WEern (BayObLG WM 1986, 148).
- Antrag auf Unterlassung (§ 1004 BGB) übermäßigen Musizierens kann rechtlich nur durchgesetzt werden, wenn Wiederholungsgefahr besteht (Hans. OLG Hamburg WE 1987, 82).
- In einem als Gaststätte zweckbestimmten TEm kann nicht jegliche musikalische Darbietung untersagt werden. Verboten können aber solche Geräuschemissionen werden, die über eine lautstärkenbegrenzte Anlage hinaus auftreten, und die nach öffentlich-rechtlichen Auflagen unzulässig sind (BayObLG WE 1994, 278).

• Vermietung (s. unten Rn. **7** 102ff.).
• Gewerbliche und berufliche Nutzung des WE ist grundsätzlich möglich, soweit die anderen WEer dadurch nicht beeinträchtigt werden und soweit nach der Verkehrsauffassung der Charakter der Wohnanlage eine bestimmte andere Nutzung nicht verbietet und daß durch die andere Nutzung die anderen WEer nicht mehr beeinträchtigt werden als durch die eine der Zweckbestimmung entsprechende Nutzung als Wohnung (OLG Düsseldorf vom 7. 1. 1998, 3 Wx 500/97). Es kommt dabei sehr auf den Einzelfall an.
  - Allgemeinarztpraxis im Erdgeschoß eines Hauses, die nur über den Laubengang, vorbei an einer anderen Wohnung, erreicht werden kann, bei dauernder Beeinträchtigung (Einsehbarkeit anderer Wohnungen; andauernde Gespräche im Treppenhaus): nicht zulässig (BayObLG ZMR 1980, 125).
  - Zahnarztpraxis im Erdgeschoß eines Hauses neben einer anderen Arztpraxis: zulässig (BayObLG Rpfleger 1973, 139). Dagegen ist eine Zahnarztpraxis in einer ETW, die sich in einer reinen Wohnanlage befindet, nicht zulässig, insbesondere wegen der erhöhten Abnutzung des gem.E. durch den notwendigen Publikumsverkehr und der damit zusammenhängenden höheren Kosten der Gem. in Verbindung mit einer festgestellten Geruchsbelästigung (BayObLG WE 1990, 68).
  - Ausübung einer Frauenarztpraxis im zweiten Obergeschoß eines Hochhauses: zulässig (OLG Karlsruhe WEM 1976, 104).
  - Ausübung einer Kinderarztpraxis in einem als „Büroräume" zweckbestimmten TEm: nicht zulässig, weil die Besucherfrequenz höher ist, ein höherer Geräuschpegel gegeben ist und eventuell Ansteckungsgefahr besteht (OLG Düsseldorf WE 1996, 72).
  - Ausübung einer psychologischen und psychotherapeutischen Praxis in der Zeit vom Montag bis Freitag zwischen 8.30 Uhr und 18.30 Uhr: zulässig (OLG Düsseldorf vom 7. 1. 1998, 3 Wx 500/97).

- Ausübung eines Massageinstituts im Erdgeschoß eines Mehrfamilienhauses mit 6 Wohnungen: zulässig (OLG Hamburg MDR 1974, 138).
- Betreuung von Jugendlichen durch einen Verein: nicht zulässig (OLG Frankfurt Rpfleger 1981, 148).
- Betrieb einer Krankengymnastikpraxis: zulässig (BayObLG DWE 1984, 86), auch wenn in der Gemeinschaftsordnung vorgesehen ist, daß die Eigentümer verpflichtet sind, die Eigenart des Bauwerks als gutes Wohnhaus ... zu wahren.
- Ausübung einer Tätigkeit als „Fotomodell" in einer ETW ist eine gewerbliche Nutzung zu sittenwidrigen Zwecken: nicht zulässig (AG Neuss vom 21. 9. 1979, Bielefeld a. a. O. S. 96).
- Ausübung der Prostitution in einer ETW: nicht zulässig (BayObLG WE 1987, 87; WE 1996, 151).
- Ausübung der Prostitution in einer Wohnanlage, bei der nach der GO die ETW zu „gewerblichen oder beruflichen" Zwecken genutzt werden kann: zulässig, wenn die Ausübung der Prostitution nicht in einer Weise nach außen hervortritt, daß Außenstehende daran Anstoß nehmen müssen (LG Nürnberg NJW-RR 1990, 1355).
- Betrieb einer als TEm zweckbestimmten Sauna in der Art, daß den Besuchern in den Räumen die Aufnahme sexueller Kontakte ermöglicht wird: nicht zulässig (BayObLG WE 1995, 189).
- Nutzung einer Wohnung als Wachstation für Polizeibeamte, die zum Objektschutz eines gegenüberliegenden Anwesens eingesetzt sind: zulässig, weil in GO vereinbart ist, daß eine Verwalterzustimmung zur gewerblichen oder freiberuflichen Nutzung der Wohnung nur versagt werden darf, wenn andere WEer erheblich beeinträchtigt werden. Wenn auch die Nutzung durch die Polizei weder eine Nutzung zu Wohnzwecken noch eine gewerbliche oder freiberufliche Nutzung ist, kann die einer gewerblichen Nutzung angenäherte Nutzung als Wachstation durch die Polizei zulässig sein, wenn und weil sie keine erhebliche Beeinträchtigung der anderen WEer darstellt (BayObLG WE 1997,77).

• Andere Nutzungen als die vereinbarte Zweckbestimmung. Die Nutzung des SE ist immer nur in der Weise möglich, wie dies in der Zweckbestimmung oder in der Vereinbarung vorgegeben ist. So kann z. B. eine Wohnung nur als Wohnung genutzt werden, es sei denn eine andere Nutzung ist ausdrücklich genehmigt bzw. die andere Nutzung stört oder beeinträchtigt nicht mehr als die Nutzung als Wohnung. Weiter kann z. B. ein als Laden zweckbestimmtes TEm nur als Laden genutzt werden, zumindest aber nicht durch eine andere Nutzungsart, die mehr stört oder beeinträchtigt als die reine Ladennutzung (vgl. die weiteren Beispiele oben Rn. **6** 202).

• Vereinbarte Nutzung als Laden läßt in der Regel keine anders geartete Nutzung zu. Nachstehende Nutzungen sind nicht mit der Zweckbestimmung Laden zu vereinen:

- Tanzcafe (BayObLG Rpfleger 1978, 414); eine bis in die Nacht hinein geöffnete Gaststätte (BayObLG DWE 1983, 94; BayObLG ZMR 1985, 206); Bierbar (BayObLG Rpfleger 1980, 348); Pilsstube (BayObLG Rpfleger 1980, 349); Teestube mit Spielsalon (BayObLG Rpfleger 1984, 269); Peep-Show mit Striptease-Vorführungen (AG München vom 6. 4. 1982; Peep-Shows sind ohnehin verfassungswidrig BVerwGE 64, 274, 278 ff.); Tages-Cafe, das auch am Wochenende geöffnet ist und das am Vorplatz Tische und Stühle aufstellt (LG Traunstein vom 20. 10. 1983) nach Zurückverweisung durch BayObLG vom 23. 2. 1983, 2 Z 59/82; Chemische Schnellreinigung (OLG Hamm Rpfleger 1978, 60); Annahme- und Ausgabestelle für Wäschereibetrieb (OLG Düsseldorf vom 27. 4. 84, 3 W 85/83); Salatrestaurant ohne Alkoholausschank (KG Berlin ZMR 1985, 207); Spielothek (OLG Frankfurt W 1986, 135); Stehimbiß (KG Berlin DW 1986, 30); Sportvereinskantine (KG Berlin NJW-RR 1986, 1073); Getränkeausschank in einem als Waschsalon genutzten Laden (OLG Frankfurt WE 1987, 161); Spielsalon (auch die Unvermietbarkeit eines Ladens ist kein Grund, daß die anderen WEer einen Spielsalon [OLG Zweibrücken WE 1987, 87] bzw. eine Spielhalle [BayObLG 1991, 169] dulden müßten); Imbißstube/Bistro bis 22 Uhr geöffnet (BayObLG); Pizzeria (LG Bremen NJW-RR 1992, 1297); Stehpizzeria (OLG Düsseldorf WE 1994, 109); Pizza-Liefer-Service (BayObLG vom 17. 2. 1998, 161/97); Verkaufspavillon (OLG Düsseldorf WE 1996, 275); außerhalb der Ladenöffnungszeiten unbeaufsichtigt betriebenes Automaten-Sonnenstudio, durch das die Benutzer in das Treppenhaus der Wohnanlage gelangen können (BayObLG WE 1996, 479).
- Betrieb einer bis in die Nacht hinein geöffneten Sauna in einem als „gewerblich genutztem Laden" zweckbestimmtem TEm: nicht zulässig, soweit die Nutzung über die Ladenschlußzeit hinausgeht. Erfolgt der Betrieb der Sauna nur im Rahmen der Ladenschlußzeit, so kann diese Nutzung hingenommen werden, wenn die Sauna nicht mehr als ein Laden stört oder sonst beeinträchtigt (BayObLG NJW-RR 1986, 317).
- Betrieb eines Billard-Cafés in Räumen, die als „Laden, Büro, Arzt(praxis) oder Wohnung" bestimmt sind: nicht zulässig (OLG Zweibrücken WE 1987, 87).
- Betrieb einer Gaststätte bzw. eines Billardsalons mit der Zweckbestimmung „Gewerberäume": zulässig nach Auffassung OLG Stuttgart (WE 1989, 142), „weil die kraft Gesetzes umfassendste Nutzungsmöglichkeit" zulässig sein muß.
- Betrieb eines Sex-Shops und eines Sex-Kinos in einem als Geschäfts- und Bürohaus zweckbestimmten TEm, welches sich in einer Nicht-Großstadt befindet: nicht zulässig (BayObLG vom 11. 1. 1983, 2 Z 151/82).

- Betrieb einer Speisegaststätte oder eines Cafés in Räumen, die als Geschäftsräume zweckbestimmt sind: zulässig (BayObLG Rpfleger 1980, 348).
- Betrieb eines Pizzeria-Restaurants, eines Pilslokals (Pilsbar) oder eines Bistro mit Spielgeräten in einem als Café/Eisdiele zweckbestimmten TEm: nicht zulässig (BayObLG DWE 1982, 35 OLG München NJW-RR 1992, 1402; OLG Zweibrücken vom 3. 6. 1997, 3 W 91/97).
- Betrieb eines Spielsalons in Räumen, die als Büro zweckbestimmt sind: nicht zulässig (AG Passau Rpfleger 1980, 23).
- Betrieb eines Bordells im TEm: nicht zulässig (BayObLG WEM 1981, 57). Das gilt auch dann, wenn das TEm nach der GO „zu beliebigen geschäftlichen Zwecken" genutzt werden darf (KG ZMR 1987, 384).
- Nutzung als Wohnung im TEm: nicht zulässig (umstritten), z.B. Wohnraumnutzung in als Hobbyräume zweckbestimmtem TEm (BayObLG WE 1991, 298; WE 1995, 27).
- Nutzung (u. Umwandlung) einer in der TE bestimmten Kellergarage als Diele: nicht zulässig (BayObLG Rpfleger 1984, 409). Ein in der TE zweckbestimmter Keller kann auch nicht als Wohnung genutzt werden, weil die Wohnnutzung mehr stört oder beeinträchtigt als die Nutzung als Keller (BayObLG WE 1992, 350; BayObLG vom 29. 1. 1998, 2 Z 146/97). Dagegen dürfen Kellerräume zu Hobbyzwecken genutzt werden, wenn diese Nutzung nicht mehr stört als der bestimmungsgemäße Gebrauch (OLG Düsseldorf WE 1997, 346). Die Nutzung eines im Dachspitz gelegenen, im SE stehenden Abstellraums zu Wohn- und Schlafzwecken (BayObLG WE 1994, 275) ist ebenfalls nicht zulässig. Wird vom WEer eine Wendeltreppe von der darunter liegenden Wohnung aus zum Speicher errichtet, um die – nicht geduldete – Nutzung zu ermöglichen, haben die anderen WEer einen Beseitigungsanspruch (BayObLG WE 1995, 90). Ebenfalls untersagt ist die Wohnnutzung von „Dach-" oder „Speicherräumen" (OLG Düsseldorf vom 21. 5. 1997, 3 Wx 566/96).
- Betrieb eines Nachtlokals in einem als Gastwirtschaft bezeichneten TEm: nicht zulässig (BayObLG WE 1986, 72).
- Betrieb eines Fitness-Centers in einem als Schwimmbad bestimmtem TEm: nicht zulässig (BayObLG WE 1989, 109).
- Betrieb eines bis in die frühen Morgenstunden geöffneten Nachtlokals mit Musikveranstaltungen in einem TEm, das als „Geschäftsräume" zweckbestimmt ist: zulässig, wenn eine solche gewerbliche Nutzung dem Charakter der Wohnanlage entspricht (KG WE 1989, 26).
- Betrieb eines Bierpavillons in einem als Café und Ziergarten bestimmten TEm: nicht zulässig (AG Passau Rpfleger 1984, 269).
- Nutzung eines „Speichers" als Wohnraum: nicht zulässig (BayObLG WE 1986, 73).

- Nutzung (und Teilung) eines Speichers als Wohnung, der in der GO als „Laden mit Speicher im Dachraum" bezeichnet war: nicht zulässig (BayObLG vom 23. 3. 83 – 2 Z 89/82).
- Betrieb eines Ballettstudios in Räumen, welche in der TE als Hobbyraum bezeichnet sind: nicht zulässig, weil Ballettstudio kein Gebrauch ist, der dem Interesse der Gesamtheit der WEer nach billigem Ermessen dient (BayObLG MDR 1985, 939).
- Nutzung eines selbständigen SE an einem „Hobbyraum im Kellergeschoß, bestehend aus einem Raum und Abstellraum" als Wohnung: nicht zulässig, weil die Zweckbestimmung Hobbyraum eine selbständige Nutzung als Wohnung nicht zuläßt (BayObLG WE 3/1985, 3).
- Nutzung eines als „Büro" zweckbestimmten TEm als stark frequentierte Arztpraxis: nicht zulässig (OLG Stuttgart WE 1987, 23).
- Nutzung als Garage bei Zweckbestimmung „abgeschlossener Raum" für die eine SE-Einheit, „Garage" für die andere Einheit: nicht zulässig (BayObLG WE 1994 88).
- Nutzung als Gymnastik-/Tanzstudio in einem als „Lagerraum" zweckbestimmten TEm: nicht zulässig (BayObLG WE 1995, 29).
- Nutzung eines in einem Vertrag nach § 3 zweckbestimmten „Büro" und „Archivraum" als Wohnung durch Installation eines Badezimmers und Einrichtung eines Schlafzimmers: nicht zulässig (OLG Stuttgart WE 1987, 23).
- Nutzung (und Umwandlung) eines in der TE zweckbestimmten Massageraums mit Windfang, Warteraum, Abstellraum, WC mit Vorraum und Aufenthaltsraum als Pilsstube: nicht zulässig, auch wenn sich die Anlage in Nähe einer lauten Gaststätte sowie einer verkehrsreichen Kreuzung befindet (BayObLG WE 1988, 37).
- Nutzung von drei zu zwei verschiedenen Wohnungen gehörenden Kellerräumen als Sauna, die zusätzlich mit Dusche und WC ausgestattet ist: nicht zulässig, weil dadurch eine intensivere Nutzung der Kellerräume als bei einer Wohnung ermöglicht wird (BayObLG WE 1992, 228).
- Nutzung eines TEms, das in der TE als gewerbliche Räume bezeichnet ist, zur Schulung und Unterrichtung von Asylbewerbern und Aussiedlern in der Zeit von Montag bis Freitag von 8.00 Uhr bis 15.30 Uhr: zulässig, weil diese Nutzung die für einen Gewerberaum üblichen Beeinträchtigung nicht überschreitet (BayObLG WE 1992, 227).
- Nutzung einer ETW, die in der TE als „Einfamilienhaus" bezeichnet ist, mit bis zu 18 Aus- und Übersiedlern: unzulässig, weil die räumliche Aufteilung dieser Wohnung mit einer Küche und zwei Bädern die willkürliche Zusammenführung einander fremder Familien – also eine heimartige Belegung – nicht zulaßt (OLG Hamm WE 1993, 225). Die Belegung einer ETW mit Aussiedlern hält sich im zulässigen Rahmen, wenn in etwa ein Richtwert von zwei Personen je Zimmer eingehalten wird und für jede mindestens 6 Jahre alte Per-

son eine Wohnfläche von mindestens 10qm vorhanden ist (BayObLG WE 1995, 32).

- Betrieb einer Kampfsport- und Selbstverteidigungsschule in einem als „Massageinstitut" zweckbestimmten, aber zu einer Turnhalle ausgebauten TEm: nicht zulässig (BayObLG vom 1. 7. 1993, 2 Z 38/93).
- Nutzung von Teilen einer Wohnung, die als Flur und Speicher im Dachgeschoß bezeichnet sind: nicht zulässig. Das gilt auch dann, wenn an diesen Räumen im Dachgeschoß eine selbständige Raumeinheit gebildet und diese als „Räume" im Grundbuch eingetragen wurde (BayObLG WE 1996, 116).
- Nutzung als Hobbyraum oder als Gästezimmer in als „nicht zu Wohnzwecken dienenden Räumen": zulässig (BayObLG vom 28. 10. 1995, 2 Z 95/95).

• Nutzung von Balkonen, Loggien und Terrassen (nach Bielefeld DW 1983, 88 u.a.).
  - Bepflanzung eines Balkons mit Bohnen- und Rankgewächsen an Schnüren: zulässig, und kann auch nicht durch Mehrheitsbeschluß versagt werden (BayObLG WE 1986, 24).
  - Grillen auf dem Balkon, und auch in Gärten, sofern hiervon Geruchsimmissionen ausgehen: nicht zulässig (AG Wuppertal Rpfleger 1977, 445).
  - Aufstellen von Beleuchtungskörpern und Christbäumen, wenn sie durch den Lichteinfall (besonders spät nachts) nicht andere WEer stört und kein Ungeziefer anlockt: zulässig.
  - Offenes Licht und Fackeln: nicht zulässig, aber Windlicht.
  - Bepflanzung von Blumenkästen und Pflanzkübeln mit kleinen Sträuchern: zulässig, wobei normaler Blüten- und Laubabfall nicht beanstandet werden kann.
  - Bepflanzung mit Bäumen wie z.B. Birken und Weiden: nicht zulässig.
  - Hobbyarbeiten: nicht zulässig, soweit sie Schmutz und Lärm verursachen.
  - Lüften von Betten und Bekleidung: bedingt zulässig. Vielfach zeitliche Beschränkung in Hausordnung.
  - Aufstellen von Möbeln: generell zulässig für typische Balkonmöbel; zulässig für andere Möbel nur, soweit sie von außen nicht einsehbar sind.
  - Einrichtung einer Sitzecke über den Licht- und Luftschächten eines Hobbyraumes eines WEers im Kellergeschoß: nicht zulässig, wenn dadurch Licht- und Luftzufuhr behindert wird (BayObLG vom 15. 9. 1982 – 2 Z 87/82).
  - Verlegung einer Humusschicht auf eine Dachterrasse: nicht zulässig, wenn dadurch Schäden auftreten (BayObLG WE 1992, 203; BayObLG WE 1993, 256).

- Sonstiger Gebrauch des SE:
  - Aufstellung eines Öltanks im zum SE gehörenden Kellerabteil: zulässig nur, wenn Gewässerschadenversicherung abgeschlossen wird (OLG Braunschweig OLGZ 1966, 571).
  - Anbringen von Futterkästen an den Fenstern (Merle a.a.O. PiG Nr. 15 S. 22): nicht zulässig, wenn dadurch Tauben angelockt werden, welche die Hausfassade verunreinigen.
  - Anbringen von Windschutzvorrichtungen an im SE stehenden Dachterrassen: nicht zulässig (BayObLG WEM 1978, 116).
  - Öffnung einer Gaststätte in einem TEm über die in der TE vorgesehene Zeit hinaus: nicht zulässig (BayObLG WE 1987, 97 mit Anmerkung Weitnauer).
  - Verursachen normaler Wohngeräusche wie Gehen, Putzen des Bodens, Badbenutzung, Herumdrehen im Bett, Telefonieren: zulässig, weil dieses Tun keine wesentliche Beeinträchtigung darstellt, es ist ortsüblich (LG Frankfurt NJW-RR 1993, 281).
  - Trampeln von Kindern (wiederholtes Springen und Hüpfen): nicht zulässig (BayObLG WE 1994, 312).
- Veränderung des SE:
  - Demontieren von Heizkörpern in einer Wohnung: nicht zulässig, weil damit Beeinträchtigung der zentralen Wärmeversorgung zumindest dann zu erwarten ist, wenn andere WEer diesem Beispiel folgen (AG Kaufbeuren vom 25. 5. 1984, Deckert a.a.O. Gruppe 2, S. 225; vgl. auch BayObLG ZMR 1985, 208); Die Entfernung von Heizkörpern, die mit Meßgeräten ausgestattet sind und zum SE gehören, stellt eine Beeinträchtigung der gem. Heizungsgesamtanlage i.S. des § 14 Nr. 1 dar (OLG Hamm vom 26. 6. 1987 – 15 W 438/85): Obwohl Heizkörper zum SE gehören (strittig), sind sie zugleich Bestandteil der Zentralheizungsanlage, deren Funktionsfähigkeit durch Eingriffe in die einzelnen Heizkörper nicht beeinträchtigt werden darf.
  - Verringerung des Trittschalls durch Auswechseln des Bodenbelags (hier: Parkett statt Teppich): zulässig, solange die Anforderung der DIN 4109 eingehalten wird) BayObLG WE 1994, 312).
  - Umgestaltung des Schaufensters eines Ladengeschäfts durch Abmauerung der bisherigen Fensterverglasung und durch Ersatz des Schaufensters durch zwei Glasschiebetüren: zulässig, sofern damit keine optische Veränderung und keine nachteilige Auswirkung auf die Bausubstanz des gem.E. ausgeht (BayObLG WE 1996, 395).

d) Pflicht Dritter zum ordnungsgemäßen Gebrauch (Abgrenzungen)

Nach § 14 Nr. 2 hat jeder WEer dafür zu sorgen, daß die ihm obliegende Verpflichtung zur Instandhaltung und zum rücksichtsvollen Gebrauch auch durch Personen eingehalten wird, 90 die zum Hausstand oder Geschäftsbetrieb des WEers gehören oder denen er sonst die Benutzung der im Sonder- oder Miteigentum stehenden Grundstücks- und Gebäudeteile überläßt. Mit dieser Regelung wird nicht die Haftung des WEers für die genannten Personen berührt, diese richtet sich nach den allgemeinen Bestimmungen (§§ 278, 831 BGB). Sie verpflichtet aber den WEer dazu, den betreffenden Personen die Einhaltung der genannten Pflichten aufzuerlegen.

e) Pflicht zur Duldung von Einwirkungen wegen Instandhaltungsmaßnahmen

91 Jeder WEer hat das Betreten und Benutzen der im SE stehenden Gebäudeteile zum Zwecke der Durchführung von Instandhaltungs- und Instandsetzungsmaßnahmen am gem.E. zu dulden, z.B. wenn Außenfenster zur streichen sind, wenn innenliegende Rohre (Rohrbruch) zu reparieren sind, wenn Dächer neu zu decken sind, wenn Isolierschichten (Balkon) zu erneuern sind, wenn sich aufgrund eines Sachverständigengutachtens die Notwendigkeit von Balkonsanierungsarbeiten ergibt (OLG Hamm DWE 1984, 126) u.a.m. Die WEer haben darüber hinaus das Betreten des SE zu gestatten, wenn festgestellt werden soll, ob Maßnahmen der Instandhaltung und Instandsetzung in Betracht kommen. Voraussetzung hierfür ist, daß ausreichende Anhaltspunkte für einen Schaden vorhanden sind (BayObLG WE 1997, 115).

92 Die Duldungspflicht des SEmers ist aber keine Handlungspflicht, indem z.B. der WEer alle Gegenstände in seinem SE, welche die Sanierung des gem.E. behindern, auf seine Kosten entfernt. Die Duldungspflicht der WEer geht auch nicht soweit, daß alle Arbeiten von seinem SE aus erledigt werden, wenn eine angemessene andere Lösung (z.B. Balkonreparatur von außen) möglich ist (BayObLG WE 1996, 152).

93 Das Betreten und Benutzen muß aber dem betreffenden WEer im Normalfall rechtzeitig vorher angezeigt werden. Mit der Duldungspflicht ist gleichzeitig ein Anspruch auf Ersatz des Schadens verbunden, der mit und durch die Instandhaltungsmaßnahme entsteht. Der Ersatzanspruch erstreckt sich dabei auch auf Schäden am SE, welche in der Reparaturmaßnahme ihre Ursache haben (z.B. im SE stehende Balkonplatten, wenn der darunter liegende Estrich zu erneuern ist). Der Schadenersatz umfaßt auch einen eventuellen Verdienstausfall sowie einen entgangenen Gewinn bzw. einen Mietausfall durch Unvermietbarkeit des SE während der Durchführung der Instandhaltungsmaßnahme (BayObLG DVE 1957, 58). Die Kosten des Schadensersatzes zählen dabei nach § 16 Abs. 4 zu den Kosten der Verwaltung, an denen sich der geschädigte WEer anteilmäßig zu beteiligen hat (OLG WE 1997, 199), sie werden als solche verrechnet. Das gleiche gilt auch für die Behebung von Schäden am SE, wenn diese nur vom anderen SE aus beseitigt werden können. Da das WEG diesen gesonderten Fall nicht regelt, gilt hier der allgemeine Aufopferungsanspruch des § 904 BGB, nach dem zur Abwendung eines drohenden Schadens das Betreten eines anderen SE notwendig ist. Merle begründet diese Duldungspflicht zusätzlich aus der besonderen allgemeinen Treuepflicht (BayObLG Rpfleger 1982, 219) der WEer, „die auf dem ständigen und engen Miteinanderleben und dem damit verbundenen intensivierten Nachbarschaftsverhältnis beruhen“ (Merle, a.a.O. S. 154).

Ein Recht zum Betreten des SE besteht auch dann, wenn be- *94*
stimmte Einrichtungen – auch wenn sie zum SE gehören – dem Funktionieren einer gem. Einrichtung dienen und diese überprüft werden sollen. In diesem Sinne ist ein Beschluß zur Überprüfung der Heizkörperventile in der Wohnung der WEer eine Gebrauchsregelung im Sinne von § 15 Abs. 2 WEG, welcher alle WEer Folge zu leisten haben (BayObLG WE 1988, 70).

Bei der Auslegung und Anwendung des § 14 Nr. 4 ist größte Sorgfalt anzuwenden, weil das Betretungsrecht den Schutzbereich des Art. 13 GG auf Unverletzlichkeit der Wohnung berührt (BayObLG WE 1997, 115).

f) Dachgeschoßausbau

Der Dachgeschoßausbau stellt dann kein Problem dar, wenn *95*
beim Neubau der Anlage das Dachgeschoß mit ausgebaut und an den entsprechenden Räumlichkeiten SE begründet wird. Hier

ergeben sich keine Probleme. Das ist aber nicht der Regelfall, weil sehr häufig das Dachgeschoß nachträglich, meist viele Jahre nach der Erstellung des Gebäudes, ausgebaut wird.

96 Der nachträgliche Ausbau eines Dachgeschosses bedarf immer der Genehmigung der WEer. Die Genehmigung kann in der Gemeinschaftsordnung im voraus bestimmt werden, indem vereinbart wird, daß dem Sondereigentümer des noch nicht ausgebauten Dachgeschosses das Recht zum Ausbau eingeräumt wird. Einer weiteren Genehmigung bedarf es in diesem Fall nicht.

97 Sollte ein Ausbaurecht nicht vereinbart sein und will der Sondereigentümer des Dachbodenraums – in der Gemeinschaftsordnung häufig mit der Zweckbestimmung zur Nutzung als Hobby-Raum oder Abstellraum bezeichnet –, diesen Raum als Wohnraum ausbauen, bedarf er immer der Zustimmung der anderen WEer. Diese Zustimmung muß sowohl die Genehmigung zur Wohnnutzung (Nutzungsänderung) als auch die Genehmigung zum Ausbau (bauliche Veränderung) enthalten. Das ist dann gegeben, wenn die Genehmigung den „Ausbau des Dachgeschosses zur Wohnnutzung" beinhaltet (BayObLG vom 5. 2. 1998, 2 Z 110/97). Haben die WEer dem Dachgeschoßausbau zu Wohnzwecken zugestimmt, sind die Rechtsnachfolger an diese Zustimmung zur baulichen Veränderung gebunden, aber nur dann, wenn der Ausbau – zumindest teil-weise – im Zeitpunkt der Rechtsnachfolge bereits vorgenommen war (BayObLG vom 5. 2. 1998, 2 Z 110/97).

98 Oft tritt auch der Fall ein, daß WEer, die unter dem Dachgeschoß ihre Wohnung haben, den in gem.E. befindlichen Dachraum ausbauen und in ihr SE integrieren wollen. Hier und sonst, wenn durch den Dachgeschoßausbau das SE und das gem.E. verändert wird, ist die Änderung der TE erforderlich, was in der Regel auch die Vorlage einer diesbezüglichen Abgeschlossenheitsbescheinigung voraussetzt (vgl. hierzu: Schmidt in Bä/S Rz A 598). Ferner bedarf die Umwandlung von SE in gem.E. und umgekehrt die Einigung aller WEer in der Form der Auflassung (§ 925 BGB) und die Eintragung in das Grundbuch. Die Änderung des SE und des gem.E. betrifft das sachenrechtliche Grundverhältnis der WEer und nicht deren Verhältnis untereinander im Sinne von § 5 Abs. 4, § 10 Abs. 1 Satz 2 und Abs. 2). Bei der

Veränderung von SE und gem.E. werden häufig auch die Miteigentumsanteile, u. U. auch die Kostenverteilungsschlüssel, geändert werden müssen.

Der Dachgeschoßausbau zu Wohnzwecken kann auch aufgrund eines Sondernutzungsrechts betrieben werden. Hier ge- 99
nügt es aber nicht dem Berechtigten das Sondernutzungsrecht an der Dachfläche einzuräumen. Der Inhalt des Sondernutzungsrechts muß auch das Recht zum Dachgeschoßausbau enthalten.

Die Kosten des Dachgeschoßausbaus gehen zu Lasten des 100
ausbauberechtigten WEer. Dies wird grundsätzlich mit dem Ausbaurecht vereinbart. Werden allerdings in Zusammenhang mit den Ausbauarbeiten Sanierungsmaßnahmen am gem.E. durchgeführt, die nicht ihre Ursache in der Baumaßnahme haben (hier Schwamm), so handelt es sich bei diesen Kosten, soweit nichts anderes vereinbart ist, um Kosten der Instandhaltung, für welche die WEer insgesamt aufzukommen haben. Werden solche Aufwendungen zunächst von den ausbauenden Eigentümern übernommen, können die angefallenen Kosten als notwendige Folge einer Geschäftsbesorgung bei den übrigen WEern geltend gemacht werden (KG vom 17. 9. 1997, 24 W 7853/96). Entstehen im Zusammenhang mit dem vereinbarten Dachgeschoßausbau anderen WEern gewisse Nutzungsbeeinträchtigungen, ergibt sich eine Ersatzpflicht in diesen Fällen nur dann, wenn der Ausbauende schuldhaft oder aus Delikt das Gemeinschaftsverhältnis verletzt hat. Bei nur Nutzungsbeeinträchtigungen (anders bei totalem Nutzungsausfall) entsteht kein erstattungsfähiger Vermögensschaden. Das gilt auch bei der Annahme eines verschuldensunabhängigen Aufopferungsanspruchs gem. § 14 Nr. 4.

Sehr häufig wird über den nachträglichen Dachgeschoßaus- 101
bau, insbesondere zu Wohnzwecken, gestritten. Das trifft vor allem in dem Fall zu, bei dem im Zeitpunkt der Bauerstellung oder der Erteilung der Abgeschlossenheitsbescheinigung nach öffentlich rechtlichen Gesichtspunkten eine Wohnnutzung des Dachgeschosses ausgeschlossen war. Vielfach haben sich die baurechtlichen Vorschriften geändert, so daß die Frage einer Wohnnutzung durch die Berechtigten erneut gestellt wird. Aber

auch hier läßt sich die Wohnnutzung gegen den Willen der WEer nicht durchsetzen. Selbst dann nicht, wenn in einer Versammlung einer Bauherrengemeinschaft, die der Erstellung des Teilungsvertrags voraus ging, einstimmig der Ausbauf des Dachgeschosses genehmigt wurde. Die Regelung im Teilungsvertrag, daß das Dachgeschoß nicht zu Wohnzwecken genutzt wird, sollte nur dazu dienen die Abgeschlossenheitsbescheinigung zu erhalten. In diesem Fall kann einem auf Treu und Glauben gestützten Anspruch auf Wohnnutzung dann nicht stattgegeben werden, wenn mittlerweile Dritte eine ETW erworben haben. Auch bei einem echten Gründungsmangel wird durch den gutgläubigen Erwerb auch nur eines WEers dieser geheilt (BayObLG vom 5. 2. 1998, 2 Z 127/97).

3. Vermietung der Eigentumswohnung

102 Jeder WEer hat nicht nur das Recht zum eigenen Gebrauch des SE sondern auch das Recht den Gebrauch des SE einem Dritten zu überlassen (§ 903 BGB).

103 Dieses in § 13 Abs. 1 gefaßte Recht zur Vermietung des SE schließt die Befugnis des WEers ein, das ihm gemäß § 13 Abs. 2 Satz 1 zustehende Recht auf den Mitgebrauch des gem.E. auf den Mieter zu übertragen. Dies gilt für alle gem. Einrichtungen, ohne deren Benutzung die Nutzung des SE nicht möglich wäre. Darüber hinaus ist der Mieter berechtigt auch die gem. Einrichtungen mit zu benutzen, die für die Nutzung des SE nicht notwendig sind (BayObLG vom 9. 10. 1997, 90/97). Zu berücksichtigen ist allerdings – wie beim Gebrauch durch den WEer selbst – die Zweckbestimmung (Rasenfläche; gem. Fahrradraum; Kinderspielplatz u.a.) der Teile des gem.E. Diese hat der Mieter bei der Mitbenutzung des gem.E. in gleicher Weise zu beachten. Das bedeutet zum Beispiel, daß die im Hause wohnenden Kinder von Mietern den vorhandenen Kinderspielplatz nutzen dürfen. Der Kinderspielplatz ist nämlich nach öffentlichem Baurecht zwingend den Wohnungen zugeordnet, was nicht für das TEm gilt. Das bedeutet auch, daß bei Vermietung des TEm an eine Betreuungseinrichtung für Kinder, diese den Kinderspielplatz nicht benützen dürfen. Dies würde über die vereinbarte

Zweckbestimmung hinausgehen (BayObLG vom 9. 10. 1997, 2 Z 90/97).

Das Vermietungsrecht des § 13 Abs. 1 beinhaltet auch das Recht zur Vermietung an Kur- und Feriengäste (BayObLG Rpfleger 1978, 444; BayObLG WE 1988, 32).

Die Gebrauchsüberlassung kommt durch einen Mietvertrag 104
zwischen dem WEer als Vermieter und dem Mieter zustande. Ob eine Vermietung durch eine Vereinbarung der WEer gänzlich ausgeschlossen werden kann, ist umstritten. Die h. M. hält den Ausschluß der Vermietung durch Vereinbarung nach §§ 10 Abs. 2, 15 Abs. 1 für möglich. Einem Mehrheitsbeschluß ist der Ausschluß der Vermietung nicht zugänglich. Bärmann vertritt die Meinung, daß der gänzliche Ausschluß des Vermietungsrechts wegen der damit verbundenen Einschränkung des Herrschaftsrechts des Eigentümers als Verstoß gegen die guten Sitten (§ 138 BGB) zu werten ist (a. A. Michael J. Schmid, „Einschränkungen der Vermietbarkeit des Wohnungseigentums" in BlGBW 1982, 143). Nicht zulässig ist wohl auch das grundsätzliche Verbot zur Vermietung an Ausländer. Wie bei der Veräußerungsbeschränkung (vgl. oben Rn. **7** 12ff.) kann bei der Vermietungsbeschränkung die Nationalität des potentiellen Interessenten (hier Türke; BayObLG WEM 1981/2, 56) kein echter Versagungsgrund sein. Eine solche Vereinbarung wäre nach § 138 BGB nichtig, weil diese gegen das Diskriminierungsverbot des Art. 3 Abs. 3 GG verstößt.

Einigkeit besteht ferner darüber, daß das Recht des WEers zur 105
Vermietung sowohl gesetzlichen als auch rechtsgeschäftlichen Einschränkungen unterliegt.

Die gesetzlichen Einschränkungen bei einer Vermietung erge- 106
ben sich aus den oben geschilderten Schranken des Gebrauchsrechts der WEer (§§ 13 Abs. 1; 14 Nr. 1 und 2; 15 Abs. 1 und 2: keine belästigende und unzumutbare Nutzung, s. oben Rn. **7** 49f.).

Eine beschränkende Verpflichtung des vermietenden WEers gegenüber den anderen WEern ergibt sich aus § 14 Nr. 2, wenn dieser dafür Sorge zu tragen hat, daß sein Mieter von dem vermieteten SE und dem mitbenutzten gem.E. nur in solcher Weise Gebrauch macht, daß dadurch keinem der anderen WEer über das bei einem geordneten Zusammenleben unvermeidliche Maß hinaus ein Nachteil erwächst (§ 14 Nr. 1). Als Nachteil genügt dabei jede nicht ganz unerhebliche Beeinträchtigung der Rechtsposition der anderen WEer unter Berücksichtigung der Vereinbarungen der WEer (GO) in Verbindung mit den allgemeinen nachbarrechtlichen Grundsätzen (BayObLG NJW-RR 1987, 846). Diese Verpflichtung setzt bereits mit der Auswahl eines Mieters ein und beinhaltet eine bestimmte Ausgestaltung mietvertraglicher Vereinbarungen, wonach dem Mieter keine weitergehenden Rechte eingeräumt werden dürfen, als sie dem vermietenden WEer selbst zustehen. Macht der Mieter von dem vermieteten SE und dem gem.E. in unzulässiger Weise Gebrauch, indem er die Rechte der anderen WEer beeinträchtigt, so hat der vermietende WEer seinen Mieter – notfalls gerichtlich – auf Unterlassung in Anspruch zu nehmen (§ 1004 BGB) und notfalls das Mietverhältnis zu beenden (OLG Düsseldorf WE 1995, 315).

107 Verletzt ein WEer diese Pflicht schuldhaft, so hat er einem anderen WEer den dabei entstehenden Schaden zu ersetzen (BayObLG WE 1992, 23; 1995, 92). In diesem Sinne haftet der vermietende WEer für das schuldhafte Verhalten seines Mieters nach § 278 BGB als dessen Erfüllungsgehilfe im Rahmen der gesetzlichen Pflicht nach § 14 Nr. 1.

108 Der Anspruch eines WEers gegen den vermietenden WEer kann aber nicht darin bestehen, daß der Vermieter durch Gerichtsbeschluß gezwungen wird das Mietverhältnis zu kündigen. Der Anspruch kann sich nur auf die Unterlassung der unzulässigen Störung richten. Es ist dann Sache des vermietenden WEers Maßnahmen nachhaltigen Beseitigung der Störung zu ergreifen. Die Unterlassungspflicht, die sich gegen den vermietenden WEer richtet, kann nach Maßgabe von § 890 BGB vollstreckt werden (OLG Köln vom 15. 1. 1997, 16 Wx 275/96).

109 Die sonstigen Beschränkungen des Vermietungsrechts des WEers können sich aus den Vereinbarungen oder Beschlüssen bzw. aus der Hausordnung ergeben (vgl. Zustimmung zur Vermietung unten Rn. **7** 116).

110 Das grundsätzliche Vermietungsrecht der einzelnen WEer kann z.B. in der GO dahingehend beschränkt werden, daß alle Wohnungen an einen gewerblichen Zwischenmieter vermietet werden (z.B. bei Studentenwohnheim) oder an einen Betreiber von Apparthotels oder Ferienwohnanlagen. In diesen Fällen gilt die für die Verwaltung des gem.E. bestehende Zuständigkeit ausnahmsweise auch für das SE (BayObLG WE 1994, 283).

Aufgrund der Regelungen in der Hausordnung hat jeder WEer beim Abschluß eines Mietvertrags darauf zu achten, daß er seine Verpflichtungen, die er gegenüber der Gem. hat, auch dem Wohnungsmieter auferlegt. Beachtet das der WEer nicht, so kann er sowohl der Gem. als auch dem Mieter gegenüber schadensersatzpflichtig werden. Da der Mietvertrag ein Rechtsgeschäft darstellt, das vom Recht zur Vermietung abhängig ist (Blank a.a.O. PiG Nr. 15), hat der WEer dem Mieter auch den Gebrauch zu gewähren, der u.U. gegen eine Vereinbarung der WEer verstößt. Für einen Mieter sind Vereinbarungen und Beschlüsse der WEer bedeutungslos; sie binden ihn nicht, es sei denn, daß sie Gegenstand des Mietvertrages sind (LG Darmstadt WM 1976, 156). Für die Gem. wirkt sich das so aus, daß sie bei einem Verstoß eines Wohnungsmieters gegen mietvertraglich nicht geregelte Gemeinschaftsverpflichtungen keine rechtliche Möglichkeit hat, ein Kündigungsverlangen gegenüber dem vermietenden WEer durchzusetzen, wenn dieser keinen vertraglichen Kündigungsgrund besitzt (Blank a.a.O. PiG Nr. 15; vgl. auch BGH WE 1996, 230). *111*

Der Mieter einer ETW hat im Prinzip die gleichen Rechte und Pflichten wie jeder andere Mieter von Wohnraum auch, so daß die Grundsätze des allgemeinen Mietrechts Anwendung finden. Die Hauptpflicht des Vermieters ist dabei die Gewährung des Gebrauchs des WEs oder TEms, während als Hauptpflicht des Mieters die Leistung des vertraglich vereinbarten Mietzinses bezeichnet wird (§ 535 BGB). Diese Pflichten des vermietenden WEers können vom Mieter zwecks Erfüllung des Vertrags eingeklagt werden. Das gilt auch dann, wenn die Verpflichtungen in das Gemeinschaftsverhältnis der WEer eingreifen. So hat z.B. nach dem KG (Rechtsentscheid NJW-RR 1990, 1166) der Mieter einer ETW gegen seinen Vermieter auch dann einen gerichtlich durchsetzbaren Anspruch, wenn die zur Mängelbeseitigung erforderliche Maßnahme einen Eingriff in das gem.E. erforder- *112* lich macht und – soweit erforderlich – ein zustimmender Beschluß der WEer-Gem. noch nicht vorliegt.

113 Das Mietrecht des BGB hält daneben unterschiedliche Bestimmungen bereit, und zwar je nachdem ob der Mietgegenstand eine bewegliche oder eine unbewegliche Sache ist. Bei Immobilien (unbewegliche Sache), die hier allein maßgeblich sind, wird weiter unterschieden in Vermietung von Wohnraum und in Vermietung von Räumen zu Nichtwohnzwecken. Für die Wohnraummiete ergeben sich aus sozialen Gesichtspunkten sehr weitgehende und besondere gesetzliche Bedingungen.

114 Die wichtigsten allgemeinen Vorschriften bei der Vermietung von WE und TEm sind:

- Pflicht des Vermieters zur vertragsgemäßen Gebrauchsüberlassung und Unterhaltung (§ 536 BGB). Zur Unterhaltung zählen grundsätzlich alle Instandhaltungsmaßnahmen, das sind auch die sogenannten Schönheitsreparaturen. Zulässig ist die Abwälzung von kleineren Instandhaltungsmaßnahmen und Schönheitsreparaturen auf den Mieter, was aber ausdrücklich im Mietvertrag zu vereinbaren ist (zweckmäßig: Bezeichnung der Schönheitsreparaturen im Vertrag).
- Recht des Mieters bei Fehlern der Mietsache keinen oder nur einen herabgesetzten Mietzins zu entrichten (§ 537 BGB), sowie Recht auf Schadensersatz und Aufwendungsersatz zu verlangen.
- Pflicht des Mieters Instandhaltungsmaßnahmen zu dulden (§ 541 a BGB).
- Pflicht des Mieters zur Duldung von Verbesserungsmaßnahmen (Sanierung, Modernisierung, Maßnahmen der Energieeinsparung) nur unter folgenden Voraussetzungen (§ 541 b BGB):
  - Einspruchsrecht des Mieters für den Fall, daß die Maßnahmen für ihn oder seine Familie unter Würdigung der berechtigten Interessen des WE eine nicht zuzumutende Härte bedeuten.
  - Der WEer ist verpflichtet, zwei Monate vor Beginn der Erneuerungsmaßnahmen dem Mieter Art, Umfang, Beginn und Dauer der Maßnahme sowie die zu erwartende Mietzinserhöhung schriftlich mitzuteilen.
  - Recht des Mieters zur Kündigung (nach Maßgabe § 541 b Abs. 2 S. 2).
  - Pflicht des WEers zur angemessenen Aufwendungsersatzleistung an den Mieter (§ 541 b Abs. 3).
- Ohne Zustimmung kann der Mieter die Mietsache nicht einem Dritten zum Gebrauch überlassen (Untermiete § 549 BGB).
- Bei vertragswidrigem Gebrauch seitens des Mieters kann der WEer nach erfolgter Abmahnung auf Unterlassung klagen (§ 550 BGB) oder das Mietverhältnis fristlos kündigen (§ 553 BGB).

- Pflicht des Wohnraummieters zur Leistung einer Kaution besteht nur bei Vereinbarung und dann unter folgenden unabdingbaren Voraussetzungen (§ 550b BGB):
  - Höhe der Kaution, höchstens die dreifache Monatsmiete.
  - Mieter kann die Kaution in drei gleichen Monatsraten erbringen.
  - WEer ist verpflichtet, die Kaution von seinem Vermögen getrennt bei einer Sparkasse oder Bank auf einem Sparkonto zum Zinssatz für dreimonatige Kündigung anzulegen.
- Mietverträge über Immobilien bedürfen der Schriftform (§ 566 BGB) und unterliegen den Bestimmungen des AGBG sofern allgemeine Musterverträge verwendet werden.
- Mietverhältnisse enden:
  - bei Verträgen auf eine bestimmte Zeit, nach Ablauf der vereinbarten Frist (§ 564 Abs. 1 BGB; bei Wohnraummietverhältnissen ist die Sozialklausel zu beachten; vgl. Rn. **7** 119).
  - bei Verträgen auf unbestimmte Zeit, nach zulässiger Kündigung unter Einhaltung der vereinbarten oder vorgeschriebenen Kündigungsfristen, oder ohne Einhaltung einer Kündigungsfrist bei Vorhandensein besonderer (wichtiger) Gründe (a. o. Kündigung).
- A. o. Kündigungen:
  - durch den Mieter, wegen Nichtinnehabung der Mietsache oder wegen gesundheitsgefährdenden Zustands der Mietsache (§§ 542 bis 544 BGB).
  - durch Vermieter, bei vertragswidrigem Gebrauch; z. B. wenn eine ETW entgegen Vereinbarung gewerblich genutzt wird (§ 553 BGB) oder bei Mietrückständen (zwei Monatsmieten) bzw. bei Zahlungsverzug in Höhe von zwei Monatsmieten (§ 554 BGB).
- Ordentliche Kündigung bei Nichtwohnraum (§ 565 Abs. 1 BGB), wenn der Mietzins nach Monaten oder längeren Zeitabschnitten bemessen ist, spätestens am dritten Werktag eines Kalendermonats für den Ablauf des übernächsten Monats.
- Ordentliche Kündigung bei Wohnraum (unter Beachtung des Kündigungsschutzes s. unten), die schriftlich unter Angabe von Gründen unter Hinweis auf die Sozialklausel (s. unten Rn. **7** 119) zu erfolgen hat (§ 564 a BGB), jeweils am dritten Werktag eines Kalendermonats wie folgt:
  - zum Ablauf des übernächsten Monats (= 3 Monate abzüglich 3 Tage).
  - zum Ablauf des fünften Monats (= 6 Monate abzüglich 3 Tage) nach 5jähriger Mietdauer.
  - zum Ablauf des achten Monats (= 9 Monate abzüglich 3 Tage) nach 8jähriger Mietdauer.
  - zum Ablauf des elften Monats (= 12 Monate abzüglich 3 Tage) nach 10jähriger und längerer Mietdauer.
- Obhuts- und Mängelanzeigepflicht des Mieters, bei deren Verletzung er zum Schadensersatz verpflichtet ist (§ 545 BGB).
- Bei der Veräußerung von vermietetem WE bleibt das Mietverhältnis unberührt (Kauf bricht nicht Miete: § 571 BGB).

- Der WEer hat wegen Forderungen aus dem Mietverhältnis ein nach Maßgabe der §§ 559 bis 563 BGB geregeltes gesetzliches Pfandrecht.
- Eintritt in das Mietverhältnis beim Tod eines Mieters durch dessen Ehegatten oder einen bisher im gemeinsamen Hausstand mit dem Verstorbenen lebenden Familienangehörigen gem. § 569a BGB. Das gleiche Recht kommt nach jüngster Rechtsprechung dem überlebenden Partner einer eheähnlichen Gemeinschaft zu (BGH WE 1993, 191). Der Eintritt in das Mietverhältnis gilt dann als nicht erfolgt, wenn der Ehegatte, ein Familienangehöriger oder der Partner der eheähnlichen Gemeinschaft innerhalb eines Monats gegenüber dem vermietenden WEer erklärt, daß das Mietverhältnis nicht fortgesetzt werden soll.

115 Damit der vermietende WEer diese schwerwiegenden Verpflichtungen nicht übersieht, wird vielfach die Gebrauchsüberlassung in der GO ausdrücklich auf den zulässigen Gebrauch durch eine ausdrückliche Zweckbestimmung eingeschränkt.

Sofern in der GO keine den Gebrauch beschränkende Regelung für Mieter getroffen ist, gebührt dem Mieter und dessen Haushaltsangehörigen der gleiche Gebrauch, also der Mitgebrauch, des gem.E. wie dem Eigentümer (§§ 13 Abs. 2, 14 Nr. 2; BayObLG WE 1988, 32; OLG Düsseldorf WE 1996, 347 – 2 Z 68/86). Das gilt auch für im gem.E. stehende besondere Anlagen, wie Schwimmbad, Sauna und Tennisplätze einer Ferienwohnanlage (BayObLG vom 19. 10. 1983 BReg. 2 Z 97/82).

a) Zustimmung zur Vermietung

116 Die Vermietung von ETW ist in der GO vielfach eingeschränkt, indem vereinbart wird, daß der WEer nur mit Zustimmung des Verwalters eine Vermietung vornehmen darf. Die wichtigsten Grundsätze zur Beschränkung des Rechts zur Vermietung wurden oben (Rn. **7** 64f.) beschrieben. Hier sollen nur die Verfahrensweisen aufgezeigt werden, die beim Abschluß eines Mietvertrags von Bedeutung sind. Wichtig ist, daß bei der Vereinbarung, die Vermietung einer ETW genehmigen lassen zu müssen, eine Versagung zur Zustimmung immer nur aus einem wichtigen Grund möglich ist.

117 Aus dem grundsätzlichen Herrschaftsrecht des WErs heraus (§ 903 BGB, § 13 Abs. 1) kann die Zustimmung zur Vermietung nur in entsprechender Anwendung des Rechtsgedankens in § 12 Abs. 2 versagt werden. Das ist dann der Fall, wenn ein wichtiger

Grund eine Versagung rechtfertigt (BayObLG WE 1988, 73). Im allgemeinen liegt ein wichtiger Grund vor, wenn eine konkrete Befürchtung in der Person des Mieters besteht, er würde erkennbar rechtlich geschützte Gemeinschaftsinteressen stören (z. B. nachhaltige Störung von Hausfrieden und Hausordnung). Im Einzelfall kann ein wichtiger Grund unter bestimmten Umständen an die Berücksichtigung der Interessen der zustimmungsberechtigten WEer gebunden sein, wenn diesen z. B. ein besonderes alleiniges Zustimmungsrecht zur Gebrauchsüberlassung eingeräumt wird (BayObLG WE 1988, 73).

Um diese Verpflichtung zu erfüllen und um keine Nachteile *118*
durch Mietausfall zu erleiden, müßte der Vermieter den Mietvertrag vor Abschluß durch den Zustimmungsberechtigten genehmigen lassen, oder er schließt diesen bedingt unter Vorbehalt der zu erteilenden Genehmigung ab.

Da aber auch der Verwalter in der Regel kaum in der Lage ist zu prüfen, ob der Mieter die in der GO vorgesehenen Gebrauchsregelungen erfüllen wird, ist eine Zustimmungsverpflichtung nicht nur unbrauchbar, sondern auch wegen der hieraus abzuleitenden Ersatzansprüche nicht ungefährlich. Aus diesem Grunde und auch wegen der sich hieraus gegen den Zustimmungspflichtigen ableitenden Haftungsfolgen bei schuldhaftem Zuwiderhandeln ist von der Vereinbarung einer Zustimmung zur Gebrauchsüberlassung, von besonderen Fällen abgesehen, abzuraten.

b) Mieterschutz

Für das Verhältnis zwischen WEer und Mieter gelten neben *119*
den allgemeinen Vorschriften des Mietrechts, von denen die wesentlichsten dargestellt wurden (oben Rn. **7** 102ff.), auch die Sozialklausel und die allgemeinen Mieterschutzbestimmungen des BGB (vgl. Schmidt-Futterer/Blank, Mietrecht von A–Z, bei den jeweiligen Stichworten):

– die Sozialklausel gem. §§ 556a bis c BGB: Der Mieter kann die Fortsetzung des gekündigten oder abgelaufenen Mietverhältnisses verlangen, wenn die Kündigung für ihn oder seine Familie eine Härte bedeuten würde, die auch unter Würdigung der berechtigten Interessen des Vermieters (WEers) nicht zu rechtfertigen ist. Nicht zu rechtfertigende Härten für den Mieter sind: fehlende Ersatzwohnung; Zwischenumzug; hohes Alter, Krankheit, Gebrechen; Armut; Verlust finanzieller Vorteile; fortgeschrittene Schwangerschaft der Ehefrau; kinderreiche Familie; besondere Aufwendungen für die Wohnung. Den Härtegründen des Mieters kann der Vermieter seine berechtigten Interessen gegenüberstellen, und zwar gelten als solche nur die erheblich berechtigten Interessen zur Kündigung des Mietvertrags nach § 564 b BGB. Bestehen sie, ist das Fortsetzungsverlangen des Mieters unbegründet.

- Kündigungsschutz gem. § 564 b BGB: Der WEer darf das Mietverhältnis nur dann kündigen, wenn erhebliches berechtigtes Interesse des Vermieters vorliegt. Das sind:
  - Nicht unerhebliche schuldhafte Verletzungen der Vertragspflichten durch den Mieter (Zahlungsrückstände, vertragswidriger Gebrauch, Belästigungen, unbefugte Untervermietung).
  - Eigenbedarf des Vermieters, der konkret nachweisbar und billigenswert ist: Einschränkung des Eigenbedarfs bei in ETW umgewandelten Wohnungen. Hier kann Kündigung in bestimmten Gebieten erst nach Ablauf von drei bzw. fünf Jahren vorgenommen werden (§ 564 b Abs. 2 Nr. 3 S. 3 BGB).
  - Das gilt auch für den WEer, dem die umgewandelte ETW mittels Zwangsversteigerung durch Zuschlag übereignet wurde. Die in § 564 b Abs. 2 Nr. 2 S. 2 BGB enthaltene Einschränkung des Kündigungsrechts wegen Eigenbedarfs ist auch dann beachtlich, wenn das Mietverhältnis gem. § 57 a ZVG unter Einhaltung der gesetzlichen Kündigungsfrist gekündigt wird. Der Zuschlag einer umgewandelten ETW in der Zwangsversteigerung ist als Veräußerung im Sinne der genannten Vorschrift anzusehen (BayObLG, Rechtsentscheid vom 10. 6. 1992, RE – Miet 2/92).
  - Umstritten ist dagegen, ob die Frist auch dann gilt, wenn in der Wohnung nach Überlassung an einen Mieter WE nach § 3 WEG begründet wurde. Während das KG im Rechtsentscheid vom 26. 3. 1987 (8 RE-Miet 6750/86) die Auffassung vertritt, daß in diesem Fall für die Eigenbedarfskündigung die Frist des § 564 b Abs. 2 Nr. 2 BGB nicht gilt, weil die Begründung von WE nach § 3 keine Veräußerung im Sinne dieser Vorschrift darstellt, ist das BayObLG dieser Rechtsauffassung nicht gefolgt. Es hat deshalb mit Rechtsentscheid vom 9. 2. 1994 (RE-Miet 5/93) diese Frage dem BGH zur Entscheidung vorgelegt.
  - Verhinderung einer angemessenen wirtschaftlichen Verwertung. Dazu zählt nicht die Absicht eines Hauseigentümers, seine Mietwohnungen in ETW umzuwandeln. Dieser Kündigungsgrund kommt bei vermieteten ETW kaum in Betracht.
  - Sonstige wirtschaftliche Interessen des Vermieters. Z. B. der Wegfall einer Grunderwerbssteuerbefreiung nach altem Recht; durch eine vom Vermieter unterlassene Eigennutzung, sofern die dem Vermie-

ter dadurch erwachsenden wirtschaftlichen Nachteile unter Würdigung aller Umstände des Einzelfalles erheblich sind (Mietrechtsentscheid BayObLG vom 17. 10. 1983, 1 Z RE-Miet 6/83.

- Zweckentfremdung von Wohnraum (Gesetz zur Verbesserung des Mietrechts vom 4. November 1971, Artikel 6 § 1 – BGBl. I S. 1745) in bestimmten Gemeinden nur mit Genehmigung der Behörde möglich. Zweckentfremdung ist, wenn bisheriger Wohnraum zu Geschäftszwecken verwendet wird, wenn Wohnraum längere Zeit unbenützt gelassen wird.
- Kündigungsfrist gem. § 565 BGB.
- Untervermietung gemäß § 549 Abs. 2 BGB kann auch durch Vereinbarung der WEer nicht ausgeschlossen werden.

Im Prinzip gelten die von der Rechtsprechung entwickelten Grundsätze der Eigenbedarfskündigung von Mietwohnungen auch für vermietete ETW. Dennoch ergeben sich hier einige Besonderheiten, von denen die wichtigsten aufgezeigt werden: *120*

- Das Kündigungsrecht des Vermieters einer ETW wegen § 564 b Abs. 2 Nr. 3 BGB, wonach eine Kündigung dann möglich ist, wenn durch die Fortsetzung des Mietverhältnisses eine angemessene wirtschaftliche Verwertung der ETW nicht mehr gegeben ist, wurde von den Instanzgerichten häufig sehr eng ausgelegt. Dazu stellt die Entscheidung des BVerfG (vom 20. 9. 1991, 1 BvR 539/91) klar, daß der Kündigungstatbestand nicht nur auf die Fälle des drohenden Existenzminimums beschränkt werden darf. Im entschiedenen Fall war der WEer gezwungen, seine ETW zu veräußern, die er für DM 143 000 erworben hatte. Beim Verkauf in unvermietetem Zustand konnte er als Verkaufserlös den Betrag von DM 135 000 erzielen, während der theoretische Minderwert bei der Veräußerung in unvermietetem Zustand DM 92 000 betragen hätte. Hier muß eine Kündigungsbefugnis aus verfassungsrechtlichen Gründen bejaht werden, wenn der Verkauf im vermieteten Zustand „wirtschaftlich sinnlos" erscheint.
- Zur obigen Entscheidung des BVerfG vom 20. 9. 1991 stellt dasselbe Gericht im Bescheid vom 9. 10. 1991 (1 BvR 277/91) abgrenzend fest: Der Eigentümer einer ETW hat keinen verfassungsrechtlich geschützten Anspruch auf den höchstmöglichen Veräußerungsgewinn beim Verkauf seiner vermieteten ETW. Aus diesem Grunde kann der Mietvertrag einer vermieteten ETW nicht schon deshalb gekündigt werden, weil die Veräußerung einer unvermieteten ETW einen wesentlich höheren Kaufpreis ermöglichen würde als die Veräußerung der vermieteten ETW.

c) Mietpreis und Nebenkosten

Bei der Vermietung unterliegt der Mietpreis der freien Vereinbarung zwischen WEer und Mieter. Die Grenze der Miethöhe ist *121* die sogenannte Wuchermiete. Danach dürfen die üblichen Entgelte (Vergleichsmieten) die vereinbarte Miete nicht unwesentlich übersteigen. Weit darüber hinausgehende Mietpreise, die „bloße Ausnützung einer Mangellage am Wohnungsmarkt" nach § 5 WiStG (Gesetz zur weiteren Vereinfachung des Wirtschaftsstrafrechts – Wirtschaftsstrafgesetz – in der Fassung vom 3. 6. 1975 – BGBl. I S. 1313 – zuletzt geändert am 21. 7. 1993 – BGBl. I S. 1257) angesehen werden, können mit Bußgeldern geahndet werden.

122 Es kommt gerade bei der Vermietung einer ETW darauf an, die Miete unter Berücksichtigung der Erfordernisse der Hausgeldabrechnung der Gem. richtig zu vereinbaren.

123 Im Bereich der Vergleichsmieten sind folgende Mietfestlegungen möglich:

- Pauschalmieten: Vereinbart wird ein einheitlicher fester Mietsatz, der alle Nebenkosten enthält. Eine Abrechnung (Nachforderung und Rückvergütung) ist ausgeschlossen. Die Nebenkosten sind somit grundsätzlich abgegolten.
- Grundmiete mit Nebenkostenpauschale: Hier werden zwar Grundmiete und Nebenkosten getrennt ausgewiesen; da die Nebenkosten als Pauschale vereinbart sind, ist eine jährliche Abrechnung (Nachforderung und Rückvergütung) ebenfalls ausgeschlossen. Erhöhte Nebenkosten können aber nach Maßgabe des § 4 MHG durch ein Erhöhungsverlangen auf den Mieter vom Zeitpunkt der Entstehung an umgelegt werden, aber nur für die Nebenkosten, welche Betriebskosten im Sinne von § 27 Abs. 1 der II. BV und der diesbezüglichen Anl. 3 sind.
- Grundmiete mit abrechenbaren Nebenkosten: Neben der Grundmiete wird eine Vorauszahlungsleistung für die gesamten oder für Teile der Nebenkosten vereinbart, die jährlich abzurechnen sind.
- Staffelmieten (§ 10 Abs. 2 – neu – MHG): Festlegung eines gestaffelten Mietzinses bis zu jeweils 10 Jahren, wobei hier die Mieterhöhungen nach den §§ 2, 3 und 5 ausgeschlossen sind.

124 Bei Mietverträgen über ETW ist die Vereinbarung mit abzurechnenden Nebenkosten zu empfehlen. Als Nebenkosten dürfen aber nur die Betriebskosten im Sinne der II. BV angesetzt und für diese eine abrechenbare Vorauszahlung bestimmt werden. Die Nebenkosten dürfen also nicht Verwaltungskosten, Instandhaltungskosten oder Instandhaltungskostenpauschale enthalten. Letztere sind Bestandteil der Grundmiete (Blank a.a.O. in PiG Nr. 15). Das gesamte Hausgeld kann somit nicht als Nebenkostenvorauszahlung vereinbart werden, weil dies im Blick auf § 10 MHG ein Verstoß gegen § 2 MHG darstellen würde (LG München ZMR 1981, 205).

Der vermietende WEer sollte darauf achten, daß er bezüglich der Verteilung der Nebenkosten im Mietvertrag den gleichen Kostenverteilungsschlüssel vereinbart, wie er in der GO festgelegt ist. Ist im Mietvertrag ein Umlageschlüssel nicht enthalten, so ist es nach Auffassung des LG Düsseldorf (Urteil vom 19. 4. 1988 - 24 S 411/87) nicht unbillig, die Nebenkosten nach dem in der GO vorgesehenen Verteilungsschlüssel umzulegen, weil es dann Sache des Vermieters ist, nach billigem Ermessen den Kostenverteilungsschlüssel zu bestimmen (§§ 315 Abs. 1, 316 BGB). Das bedeutet aber nicht, daß der Mieter auch einen durch Vereinbarung oder Beschluß der WEer geänderten Verteilungsschlüssel für sich akzeptieren müßte. Eine solche Änderung ist für den Mieter nicht bindend. *125*

In der Jahresabrechnung des Verwalters sind in der Regel die Betriebskosten gesondert ausgewiesen, so daß sich Abrechnungsschwierigkeiten bei dieser Art der Mietpreisgestaltung nur hinsichtlich der nicht nach dem tatsächlichen Verbrauch abgerechneten Betriebskosten ergeben. *126*

Besonderer Wert ist auf die Vereinbarung der Maßstäbe der Heizkostenabrechnung zu legen. Da einem Mieter nur die Heizkostenabrechnung weitergegeben werden kann, die der Verwalter der Gem. erstellt hat, müssen die Grundsätze der Heizkostenabrechnung im Mietvertrag mit denen der Heizkostenabrechnung der Gem. übereinstimmen. *127*

Der Mieter einer ETW hat das Recht, eine ordnungsgemäße Nebenkostenabrechnung von seinem Vermieter zu erhalten (§ 259 BGB). Dieses Recht schließt auch die Befugnis des Mieters ein, die der Nebenkostenabrechnung zugrunde liegenden Belege nachzuprüfen. Da der WEer hierzu von sich aus nicht in der Lage ist, hat er dafür Sorge zu tragen, daß der Verwalter der Gem. seinem Mieter unter zumutbaren Bedingungen eine Einsichtnahme in die Belege ermöglicht. *128*

Die Nebenkostenabrechnung hat rechtzeitig zu erfolgen, sonst verletzt der WEer seine Nebenpflichten als Vermieter. Die Ab- *129* rechnung kann der WEer aber erst vornehmen, wenn er die Jahresabrechnung vom Verwalter erhalten hat. Eine Verwirkung von Ansprüchen aus der Nebenkostenabrechnung kann der Mieter nicht allein wegen des Verstreichens einer angemessenen Frist geltend machen. Der Verwirkungstatbestand nach Treu und Glauben ist erst gegeben, wenn der Mieter nicht mehr mit einer Nebenkostenabrechnung rechnen muß, und die Geltendmachung seitens des Vermieters eine Illoyalität darstellt (BGH vom 29. 2. 1984, VIII ZR 310/82).

130 Entgegen der h. M. vertritt Blank (Festschrift Bärmann/Weitnauer 1990, S. 29ff.) die Auffassung, daß die Betriebskostenumlage bei der vermieteten ETW nicht unbedingt dem Grundsatz der Verbrauchsbezogenheit bzw. der Einzelobjektbezogenheit bei Mehrhauswohnanlagen zu entsprechen hat. Der Mieter einer ETW hat die Betriebskosten zu tragen, die in der Verwalterjahresabrechnung gemäß dem in der GO festgelegten Verteilungsschlüssel anteilig auf die betreffende Wohnung umgelegt wurden. Vorausgesetzt wird, daß im Mietvertrag eine entsprechende Vereinbarung getroffen wurde. Im Falle der vermieteten ETW werden nämlich die für die Gesamtumlage entstandenen Betriebskosten nicht – wie bei der Mietwohnanlage – auf die Mieter verteilt, sondern gemäß der Einzelabrechnung an den Mieter der ETW weitergegeben. Nach Blank wird dabei das Interesse des Mieters an einer gerechten und kontrollierbaren Betriebskostenbelastung nicht beeinträchtigt:

- Nach § 4 Abs. 1 MHG kann der Eigentümer eines Miethauses sämtliche tatsächlich entstandenen Betriebskosten umlegen. Das gleiche muß für den Eigentümer einer vermieteten ETW gelten.
- Die Umlage von Betriebskosten setzt eine wirksame Umlagenvereinbarung voraus. Wenn der Eigentümer eines Einfamilienhauses alle Betriebskosten durch Vereinbarung auf den Mieter umlegen kann, muß dies auch für die WEer gelten.
- Der Mieter einer Wohnung in einem Miethaus kann nicht verlangen, daß der vom Vermieter gewählte Maßstab für die Verteilung der einzelnen Betriebskostengruppen in jedem Fall zu dem jeweils genauesten und gerechtesten Ergebnis führt. Nichts anderes kann für den Mieter einer ETW gelten.
- Bezüglich der Betriebskostenabrechnung der Gem. hat der Mieter kein Einsichtsrecht in die Belege der Gem., wohl aber in die Abrechnungsunterlagen, die dem vermietenden WEer zur Verfügung stehen. Da die

Abrechnung durch den Verwalter erstellt wird, besteht keine Identität zwischen dem Berechner und dem Schuldner des Nachzahlungsanspruchs bzw. dem Gläubiger des Guthabens. Gegen ein unredliches Verhalten der Gem. bzw. des vermietenden WEers ist der Mieter durch den Wirtschaftlichkeitsgrundsatz (§ 242 BGB) geschützt. Nach Blank besagt der Wirtschaftlichkeitsgrundsatz, „daß sich der vermietende Eigentümer in allen die Betriebskosten betreffenden Fragen so zu verhalten hat, wie sich ein wirtschaftlich denkender Eigentümer verhalten würde, der nichts umlegen kann, sondern alles selber bezahlen muß". Aus diesem Grund hätte sich ein WEer gegen eine von der Gem. beschlossene Kostenverteilung zu wehren, welche die vermietenden WEer bezüglich der Betriebskosten stärker belastet als die selbstnutzenden WEer.

Die Verpflichtung des Mieters, die Betriebskosten im Sinne *131*
von § 27 Abs. 1 der II. BV als Umlage und Vorauszahlung zu leisten, hat wegen der darin enthaltenen Versicherungsprämien eine besondere Rechtsfolge im Zusammenhang mit bestimmter positiver Vertragsverletzungen des Mieters aus dem Mietvertrag. In der Regel haftet der Mieter gegenüber dem vermietenden WEer durch schuldhafte Verletzung der ihm obliegenden Sorgfaltspflicht. Verursacht der Mieter z.B. einen Brandschaden, weil er seine Sorgfaltspflicht verletzt hat, und haftet er deshalb gegenüber dem Vermieter aus positiver Vertragsverletzung des Mietvertrags, so ist der Mieter wegen des Schadens auch nicht durch die Gebäudeversicherung des Vermieters (Wohnungseigentümergemeinschaft) abgesichert. Der Mieter partizipiert nicht an der Versicherung des Vermieters bzw. der Gemeinschaft. Gleichwohl haftet der Mieter für einen von ihm verursachten Brandschaden – ohne weitere Vereinbarung –, also stillschweigend und für Vorsatz und grobe Fahrlässigkeit, weil er die Versicherungsprämien anteilig in der Betriebskostenumlage bezahlt (BGH WE 1996, 231).

d) Mieterhöhungen

Mieterhöhungen für vermietete ETW können nur nach Maß- *132*
gabe der Vorschriften des MHG (Gesetz zur Regelung der Miethöhe, Artikel 3 des Zweiten Wohnraumkündigungsschutzgesetzes – 2. WKSchG – vom 18. 12. 1974 – BGBl. I S. 3603, zuletzt geändert durch „Gesetz zur Änderung des Gesetzes zur Rege-

lung der Miethöhe“ vom 15. 12. 1995 – BGBl I S. 1722) vorgenommen werden, sieht man von den öffentlich geförderten, dem Kostenmietenprinzip unterliegenden Wohnungen ab, die hier kaum in Frage kommen dürften.

133 Danach sind Erhöhungen der Grundmieten wie folgt zulässig und durchzuführen (§ 2 MHG):

- Frühestens nach Ablauf eines Jahres.
- Höchstens bis zur Vergleichsmiete anderer Wohnungen der betreffenden Gemeinde, wobei solche Mieten zum Vergleich heranzuziehen sind, die innerhalb der letzten 4 Jahre ermittelt wurden.
- Höchstens bis zu 30 v. H., in bestimmten Fällen bis zu 20 v. H. (§ 2 Abs. 1 Nr. 3 MHG) der Ausgangsmieten innerhalb eines Zeitraums von drei Jahren (Kappungsgrenze: höchst umstritten).
- Mieterhöhung ist durch formelles Mieterhöhungsverlangen schriftlich an den Mieter unter Benennung der Vergleichsmieten zu stellen. Bei rechtmäßiger Begründung ist der Mieter innerhalb der Überlegungsfrist (nach Ablauf des 2. Kalendermonats, gerechnet vom Zugang der Erklärung an) zur Erteilung der Zustimmung verpflichtet. Erteilt der Mieter die Zustimmung nicht, ist der Vermieter innerhalb einer Klagefrist (weitere 2 Monate nach Ablauf der Überlegungsfrist) berechtigt, Klage beim zuständigen Amtsgericht zu erheben. Erteilt der Mieter die Zustimmung, so hat der Mieter die erhöhte Miete vom Beginn des dritten Kalendermonats an zu entrichten, das dem Zugang des Erhöhungsverlangens folgt.
- Vergleichsmieten sind durch Mietspiegel oder Sachverständigengutachten bzw. durch Benennung von drei vergleichbaren Wohnungen nachzuweisen.

134 Neben der Erhöhung der Grundmiete können weitere Kostenerhöhungen durchgeführt werden wie folgt:

- bei baulichen Maßnahmen die den Gebrauchswert der Wohnung nachhaltig erhöhen (Sanierung, Modernisierung) nach Maßgabe des § 3 MHG,
- bei Änderungen der Betriebskosten im Sinne der II. BV nach Maßgabe des § 4 MHG,
- bei Änderung der Kapitalkosten (Hypothekenzinsen) nach Maßgabe des § 5 MHG.

e) Zeitmietvertrag

135 Für die zur Vermietung anstehende ETW ist die Regelung des Zeitmietvertrages nach § 564 c BGB nicht uninteressant, obwohl bei einem Zeitmietvertrag der Mieter spätestens zwei Monate vor der Beendigung des Mietverhältnisses durch schriftliche Erklärung gegenüber dem Vermieter die Fortsetzung des Mietverhältnisses verlangen kann, wenn dieser nicht ein berechtigtes Interesse im Sinne des § 564b BGB hat (§ 564c Abs. 1 BGB).

Ein Zeitmietvertrag (§ 564 Abs. 1 BGB) liegt vor, wenn das Mietverhältnis auf eine bestimmte Zeit abgeschlossen wurde. In diesem Fall endet der Vertrag mit Ablauf der vereinbarten Zeit. Einer Kündigung bedarf es hier nicht.

Nach § 564c Abs. 2 wird der qualifizierte Zeitmietvertrag be- *136*
stimmt. Beim qualifizierten Zeitmietvertrag wird der Mieterschutz und die Sozialklausel zugunsten des Mieters (§ 564 Abs. 1 u. 2 BGB) dahingehend eingeschränkt, daß das Recht des Mieters, die Fortsetzung des Vertrages zu verlangen, in folgenden Fällen ausgeschlossen ist (§ 564c BGB Abs. 2):

- das Mietverhältnis für nicht mehr als fünf Jahre eingegangen ist,
- der vermietende WEer die Räume für sich, für zu seinem Hausstand gehörende Personen oder für seine Familienangehörigen nutzen will,
- der vermietende WEer die SE-Räume zulässigerweise so wesentlich verändern oder instandsetzen will, daß diese Maßnahmen durch eine Fortsetzung des Mietverhältnisses erheblich erschwert würden,
- der vermietende WEer die vorgenannten Absichten bei Abschluß des Mietvertrages schriftlich mitgeteilt hat,
- der vermietende WEer dem Mieter drei Monate vor Ablauf der Mietzeit schriftlich mitgeteilt hat, daß die vorgenannten Verwendungsabsichten noch bestehen.

Für den Fall, daß sich die vom vermietenden WEer beabsich- *137*
tigte Verwendung der Wohnung ohne sein Verschulden verzögert, kann der Mieter eine Verlängerung des Mietverhältnisses um einen entsprechenden Zeitraum verlangen. Mit dieser Regelung soll die normale Rechtsfolge verhindert werden, daß nach Ablauf von 5 Jahren das Recht des Mieters auf Fortsetzung des Mietverhältnisses von ihm nur dann ausgeübt werden kann, wenn der Vermieter die beabsichtigte Verwendung von sich aus (eigenes Verschulden) nicht durchgeführt hat.

f) Rechtsprechung zur Vermietung von Eigentumswohnungen

Bei vermieteten ETW entsteht vielfach Streit hinsichtlich der *138*
Frage, ob und wann das Mietverhältnis einer ETW gekündigt werden kann (vgl. oben Rn. **7** 119f.):

- Die Kündigung eines Mietvertrags durch den Grundstückskäufer vor Eigentumsübertragung ist aufgrund einer Vollmacht oder auch Ermächtigung des Verkäufers nur in dessen Namen zulässig (LG Augsburg NJW-RR 1992, 520).
- Eine Eigenbedarfskündigung bezüglich des Mietverhältnisses einer ETW ist nicht schon deshalb gerechtfertigt, weil die monatlichen Mieteinnahmen des WEers die ihn treffenden Kosten nicht decken, wenn er die Wohnung bereits mit demselben Mietverhältnis erworben hat. Die Eigenbedarfskündigung wird auch dadurch nicht gerechtfertigt, daß der WEer beim Verkauf der vermieteten Wohnung nicht den vollen Marktwert erzielen kann (LG München NJW-RR 1992, 520). Bei der Bemessung der Kaufpreise hat hier der WEer die Ersparnisse zu berücksichtigen die er beim Kauf der ETW erzielte, weil er sie im vermieteten Zustand erworben hat (LG Berlin NJW-RR 1997, 10).
- Die Eigenbedarfskündigung eines Mietverhältnisses über einer ETW ist gerechtfertigt, wenn die Vermieter durch das Mietverhältnis an einem Verkauf der ETW gehindert sind und diese andererseits den Verkaufserlös benötigen, um einen infolge Zinsentwicklung stark verteuerten Kredit für das von ihnen bewohnte Eigenheim zurückführen zu können (LG Düsseldorf NJW-RR 1992, 522).
- Der Mieter einer ETW hat gegenüber dem vermietenden WEer Anspruch auf die Erhaltung der Mietsache in einem zu vertragsgemäßen Gebrauch geeigneten Zustand. Das bedeutet, daß der Mieter einen Anspruch gegenüber dem WEer auf Instandhaltung und Instandsetzung der Wohnung hat, unabhängig davon, ob der Mangel am SE oder am gem.E. besteht, und unabhängig davon, ob die WEer-Gem. einen Beschluß zur Instandhaltung des gem.E. gefaßt hat oder nicht. Ist die ETW an einen gewerblichen Zwischenvermieter vermietet, richtet sich der Anspruch des Endmieters an diesen (vgl. Rechtsentscheid des OLG Zweibrücken RE-WE 1995, 88; vgl. auch KG RE NJW-RR 1990, 1166).

4. Vermietung zur Nichtwohnnutzung

139 Zu Nichtwohnzwecken kann eine ETW vermietet werden, sofern und soweit sich aus diesem Gebrauch des SE keine Nachteile im Sinne des § 14 Nr. 1 (s. oben Rn. **7** 48ff.) für die anderen WEer ergeben. Dementsprechend kann auch eine ETW – sofern die Zweckbestimmung nicht eindeutig geregelt und nichts anderes vereinbart ist – zur freiberuflichen oder gewerblichen Nutzung vermietet werden, wenn diese Nutzung keine unzumutbare Störung und Beeinträchtigung für die WEer bedeutet. Als eine nicht unzumutbare gewerbliche oder berufliche Nutzung einer 8-Zimmer großen, im Zentrum einer Großstadt befindlichen ETW kann der Betrieb eines Architekturbüros oder einer Steuerkanzlei gelten (KG WE 1995, 19).

Die Grenzen der Vermietung einer ETW zur Nichtwohnnutzung sind (KG WE 1986, 142) dort gegeben, wo eine Betätigung erfolgt, die nicht in einem privaten geselligen Bedürfnis besteht, sondern allein im Bestreben zur Gewinnerzielung. Diese gewerblichen Belange fallen nach dem KG nicht mehr unter Wohnzwecke (hier: bordellähnlicher Betrieb in der Zeit von 10.00 bis 19.00 Uhr) im Sinne des § 1 und der GO der WEer. *140*

Die gewerbliche Nutzung setzt voraus, daß mit dieser Nutzung eine Erwerbsquelle ermöglicht werden soll mittels einer besonders umfangreichen berufsmäßigen Tätigkeit (OLG Hamm WE 1992, 135 m.w.N.).

Das Verbot, eine ETW zu Nichtwohnzwecken zu vermieten, kann sich aber aus anderen gesetzlichen Bestimmungen ergeben, z.B. aus dem Verbot der Zweckentfremdung von Wohnraum. *141*

Durch dieses Gesetz wurden die Landesregierungen ermächtigt, die Zweckentfremdung von Wohnraum in Gebieten zu untersagen, in denen ausreichender Wohnraum nicht vorhanden ist.

Die meisten Länder haben von dieser Ermächtigung Gebrauch gemacht und entsprechende Rechtsverordnung erlassen, nach der in bestimmten Städten eine Zweckentfremdung von Wohnraum grundsätzlich genehmigungspflichtig ist. Die Genehmigung ist demnach auch bei ETW einzuholen, wenn diese zu Nichtwohnzwecken vermietet werden. Ein Verstoß gegen diese Vorschriften kann als Ordnungswidrigkeit mit einer Geldbuße bis zu DM 20000,00 geahndet werden (Artikel 6 § 2 MVerbG).

Als Verstoß gegen das Zweckentfremdungsverbot kann auch das Leerstehen (Nichtvermieten) einer ETW anzusehen sein, wenn Eigentümerin der Wohnung eine Gesellschaft ist, zu deren Geschäftszweck nicht das Vermieten von Wohnraum gehört und sich der Verkauf der Wohnung schwierig gestaltet (VG Frankfurt NJW-RR 1988, 13).

Anders ist es bei TEm. Hier ist bei der Vermietung keine Zweckentfremdungsgenehmigung einzuholen, weil diese Objekte mit der Baugenehmigung als Nichtwohnraum zweckbestimmt werden. *142*

Ist in einer GO vorgesehen, daß für die Ausübung eines Gewerbes oder Berufes die schriftliche Zustimmung des Verwalters erforderlich ist, so gilt diese Vereinbarung auch dann, wenn eine ETW zur Ausübung eines Gewerbes oder Berufes vermietet werden soll.

5. Gebrauch des Sondereigentums durch Miteigentümer

143 Erwerben mehrere Personen WE zu Bruchteilen, so entsteht eine besondere Gem., die als schlichte Rechtsgemeinschaft nach den Regeln der §§ 741 ff. und 1008 ff. BGB zu bewerten ist. Die Rechte aus dem WE stehen den Miteigentümern gem. zu. Das gilt auch im Verhältnis gegenüber den anderen WEern. In diesem Sinne haben die Teilhaber der Gem. am WE das Recht zum Mitgebrauch des gem.E. je für sich allein. Dieser Anspruch kann jeder Miteigentümer am WE gem. § 1011 BGB – auch allein – geltend machen (vgl. BayObLG WE 1988, 98).

Üblicherweise treten Ehegatten als eine solche Gem. auf, wenn sie eine ETW in Bruchteilen zu je ein Halb erwerben.

144 Probleme bei der Nutzung einer gem. ETW können sich insbesondere im Vorstadium einer Ehescheidung dann ergeben, wenn ein Ehepartner (Miteigentümer) vor der Scheidung aus der Wohnung auszieht.

145 Nach § 743 Abs. 2 BGB ist jeder Miteigentümer zum Gebrauch der gem. Wohnung insoweit befugt, als nicht der Mitgebrauch des anderen Miteigentümers beeinträchtigt wird. Zieht ein Miteigentümer aus der Wohnung aus, so kann einer der Miteigentümer (§ 745 Abs. 2) eine neue Regelung über die Verwaltung und Benutzung durch Mehrheitsbeschluß verlangen. Zieht also ein Ehegatte aus der ETW aus, so bedeutet dies eine Änderung des bisherigen Gemeinschaftsverhältnisses, für dessen Neuregelung jeder WEer – gegebenenfalls durch Klage – einen Anspruch hat.

146 Im Falle des Auszuges eines Ehepartners, wobei der andere Ehepartner in der Wohnung verbleibt, hat der ausziehende Partner Anspruch auf ein angemessenes Entgelt, das – gegebenenfalls – im Wege der Klage aus der beanspruchten Neuregelung geltend gemacht werden kann (BGH vom 4. 2. 1982, WE 1984/1, 20).

Die Rechtsprechung nimmt in diesem Fall in der Regel ein Mietverhältnis an.

Wird die gem. Wohnung von keinem der Partner mehr genutzt, haben beide eine Neuregelung der Verwaltung und Benutzung (Vermietung) zu treffen, die im Streitfall in der Regel als Leistungsklage, und zwar auf Zustimmung zu einer bestimmten Art der Verwaltung und Benutzung zu führen ist. *147*

Gegenüber der Gem. sind die Miteigentümer bezüglich der Hausgelder und sonstigen Verbindlichkeiten Gesamtschuldner im Sinne von § 427 BGB (Weitn. Rz 36a zu § 3). *148*

Im Falle der endgültigen Scheidung ist im Rahmen der Vermögensauseinandersetzung auch eine Regelung über das Miteigentümerverhältnis zu treffen. Hier bestehen folgende Möglichkeiten: *149*

- Keine Änderung des Rechtsverhältnisses. Der in der Wohnung verbleibende (geschiedene) Ehegatte zahlt ein entsprechendes Nutzungsentgelt.
- Teilungsversteigerung zur Aufhebung der Gem.

III. Gebrauch des gemeinschaftlichen Eigentums

Der Gebrauch des SE wird im wesentlichen durch das alleinige Herrschaftsrecht des SEers bestimmt. Beim Gebrauch des gem.E. stehen die Nutzungsrechte sämtlicher Miteigentümer im Vordergrund. Das Recht zum Mitgebrauch bezieht sich stets auf die gemeinschaftliche Sache, es gewährt die Nutzungen nach § 100 BGB im Sinne von Gebrauchsvorteilen, die der Beschaffenheit des gem.E. entsprechen (vgl. hierzu Schmidt in Bä/S RzB 68). *150*

Das allgemeine Recht zum Mitgebrauch des gem.E. aller WEer ergibt sich aus § 743 Abs. 2 BGB. Das besondere Gebrauchsrecht der WEer bestimmt § 13 Abs. 2 Satz 1. Danach hat jeder WEer das Recht zum Mitgebrauch des gem.E., wobei der Mitgebrauch nicht auf die Miteigentumsanteile beschränkt ist, sondern jedem WEer unabhängig von der Größe im gleichen Umfang zusteht. *151*

152 Mitgebrauch ist das aus der Gemeinschaft der Eigentümer herzuleitende Recht jedes Einzelnen, persönliche Gebrauchsvorteile aus der gem. Sache zu ziehen, d.h. an dieser einen Mitbesitz im Sinne des § 866 BGB auszuüben. Dieser Mitbesitz kann seiner Natur nach nicht in Bruchteilen bestehen. Dieses Recht auf einen allseits gleichen Mitgebrauch, das im Widerspruch zur Größe der unterschiedlichen Miteigentumsanteile steht, ist im Wesen der WEer Gem. begründet, der alle WEer unterworfen sind (KG WE 1994, 339).

Der tatsächliche Mitgebrauch des gem.E. durch die WEer ist je nach den Gegebenheiten und Möglichkeiten des zu nutzenden Teils unterschiedlich. Teilweise ist ein gleichzeitiger Gebrauch (Treppenhaus) und teilweise ein nur abwechselnder Gebrauch (Waschmaschine, Lift) möglich. Um diesen Gegebenheiten Rechnung zu tragen, bedarf es bestimmter Regelungen.

Der Gebrauch des gem.E. kann deshalb durch die WEer mittels Vereinbarung oder Beschluß bzw. durch richterliche Entscheidung geregelt werden.

1. Grenzen des Gebrauchs

153 Inhalt und Grenzen des Gebrauchs des gem.E. werden in den §§ 13, 14 und 15 bestimmt. Dabei sind die Pflichten und Grenzen beim Gebrauch des gem.E. dieselben wie die beim Gebrauch des SE (s. oben Rn. **7** 43ff.). Nach § 15 Abs. 3 kann jeder WEer einen Gebrauch des SE und des gem.E. verlangen, der dem Gesetz, der Vereinbarung, den Beschlüssen und, soweit sich die Regelung hieraus nicht ergibt, dem Interesse der Gesamtheit der WEer nach billigem Ermessen entspricht. Jeder WEer kann demnach vom SE und gem.E. Gebrauch machen, der § 14 Nr. 1 entspricht. Diese Bestimmung verbietet einen Gebrauch, der einem anderen WEer über das bei einem geordneten Zusammenleben unvermeidliche Maß hinaus einen Nachteil bringt.

Grundsätzlich kann der Gebrauch des gem.E. keinem WEer vorenthalten werden. Ausnahmen von diesem Grundsatz sind für bestimmte Teile des gem.E. nur durch Vereinbarung möglich. Dies gilt besonders dann, wenn die Nutzung eines Teils des gem.E. unter vollständigem Ausschluß aller anderen WEer nur einem bestimmten WEer zustehen soll (Sondernutzungsrechte vgl. oben Rn. **6** 69ff.; OLG Stuttgart WE 1987, 84; BayObLG WE 1991, 365 m.w.N.). Ein Mehrheitsbeschluß reicht für die Zuweisung eines ausschließlichen Nutzungsrechts zu Gunsten eines WEers nicht aus, es sei denn die Einschränkung der anderen WEer ist nach Art, Ausmaß und Zeit ohne vollständige und gegenständliche Beschränkungen des Mitgebrauchs begrenzt (BayObLG WE 1991, 365). Unter solchen, einem Mehrheitsbeschluß zugänglichen Regelungen, sind im allgemeinen Hausordnungsbestimmungen (z.B. Benutzungsregelung für Wasch- und Trockenraum, Nutzungsregelungen für im gem.E. stehende Kfz-Abstellplätze und nach der hier vertretenen Auffassung bei Vermietung von Teilen des gem.E., z.B. der Beschluß, daß einzelne WEer nur zusammen mit dem Hausmeister den Heizungsraum betreten dürfen = OLG Köln vom 8. 11. 1996, 16 Wx 215/96; weitere Beispiele s. Weitnauer/Lüke Rz 22 zu § 15) zu verstehen.

Das Recht zum Gebrauch des gem.E., insbesondere auch der *154*
Umfang des Gebrauchs, hängt nicht zuletzt vom Bestimmungszweck der gem. Einrichtung ab, wobei der Bestimmungszweck durch Vereinbarung (GO; Aufteilungsplan) vorgegeben sein kann. Er kann sich aber auch aus den Umständen des Einzelfalls ergeben (BayObLG WE 1986, 72). Es können sich aus der Natur der Sache heraus abgesonderte Nutzungsrechte für einzelne WEer ergeben. Das ist z.B. der Fall bei Spitzbodendachräumen, die nur von einem SE (Wohnung) aus zugänglich sind und deshalb nur von diesem SEer betreten werden können (BayObLG WE 1990, 142).

Der Gebrauch des gem.E. kann auch durch eine Vereinbarung *155*
ausgeschlossen sein, ohne daß es sich dabei um ein Sondernutzungsrecht handeln muß. Jedenfalls können die Miteigentümer an einem Grundstück, die WE durch Vertrag nach § 3 begründen, in der GO vereinbaren, daß künftige Erwerber von den sonstigen Nutzungen eines bestimmten Teils des gem.E. ausgeschlossen sind. Diese Vereinbarung bleibt jedenfalls solange wirksam, als noch einer der Vereinbarenden Mitglied der Gemeinschaft ist. Die getroffene Regelung gilt nicht gegen den

Sondernachfolger, wenn sie nicht als Inhalt des SE im Grundbuch eingetragen ist, es sei denn der Sondernachfolger hat im Kaufvertrag ausdrücklich erklärt, in alle sich aus der Begründungsurkunde ergebenden Verpflichtungen einzutreten (BayObLG WE 1997, 157).

2. Katalog zulässigen und unzulässigen Gebrauchs (Abgrenzungen)

156 Bei Streit über den bestimmungsgemäßen Gebrauch von Teilen des gem.E. hat das Gericht für die diesbezügliche Regelung in der GO wie für alle Grundbucheintragungen eine wertende Auslegung nach allgemeinem Verständnis unter Berücksichtigung der örtlichen Verhältnisse vorzunehmen (KG NJW-RR 1989, 140). Dabei kommt es darauf an, ob der Bestimmungszweck von gem.E., wie z.B. „Garagenhof“, durch eine andere Nutzung (Spielen von Kindern s. unten, BayObLG WE 1991, 27) beeinträchtigt wird. Tritt keine Beeinträchtigung durch eine andere Nutzung ein, so kann diese nicht schlechthin ausgeschlossen oder verboten werden.

157 Unzulässig ist auch ein Gebrauch des gem.E., der sich aus einer besonderen Nutzung des SE ergibt und der gleichzeitig die Nutzungsrechte der anderen WEer schmälert, z.B.: Stärkere Benutzung der Waschküche durch einen WEer, der eine Pension betreibt; Anbringen von Ausstellungskästen und Ausstellen von Waren in Fluren usw. (s. Bärm. zu § 13 Rz 49).

Verstößt ein WEer gegen die gültigen Gebrauchsregelungen oder nutzt er das gem.E. in unzulässiger Weise, so kann jeder andere WEer Unterlassung im Verfahren nach § 43 beantragen (OLG Frankfurt NJW 1961, 324).

158 Der Unterlassungsanspruch läßt sich aber nur dann gerichtlich durchsetzen, wenn eine Wiederholungsgefahr der unzulässigen Nutzung besteht. Die Wiederholungsgefahr und damit der Wegfall der Rechtshängigkeit ist nicht schon dann gegeben, wenn der Störer während des laufenden Verfahrens Abstand von der unzulässigen Nutzung genommen hat (OLG Düsseldorf WE 1996, 394).

Läßt sich ein Beseitigungsanspruch wegen unzulässigem Gebrauch durch einen WEer rechtlich nicht durchsetzen, so haben die übrigen WEer nach §§ 13 Abs. 2, 16 Abs. 1 einen Anspruch auf anteiliges Nutzungsentgelt (OLG Düsseldorf WE 1988, 40). *159*

Die Rechtsprechung hatte in einer Vielzahl von Entscheidungen über zulässigen und unzulässigen Gebrauch von gem.E. zu befinden: *160*

- Abstellen eines Wohnmobils auf Nichtparkplatz im Hof (BayObLG DWE 1984, 57): nicht zulässig wegen optischer Beeinträchtigung und wegen erschwerter Zufahrt zum Hof, wobei eine auch längere stillschweigende Duldung kein Abstellrecht begründet.
- An Balkonbrüstungen außenhängende Blumenkästen: zulässig (LG Hamburg DWE 1984, 93), wobei die betreffenden WEer dafür Sorge zu tragen haben, daß das Herabfallen von Erde, Pflanzenteilen und Wassertropfen von Gießwasser möglichst verhindert wird.
- An Balkonbrüstungen und Hausfassaden angebrachte Spruchbänder mit politischen Parolen: nicht zulässig. KG WE 1988, 132.
- Das Aufstellen einer Tischtennisplatte auf einem mit einem Sandkasten und Klettergerüst ausgestatteten Kinderspielplatz. Darin liegt eine Änderung der Zweckbestimmung des Spielplatzes, weil dadurch Erwachsenen und älteren Kindern der Anreiz geboten wird, sich auf dem Kinderspielplatz aufzuhalten und sportlich zu betätigen (AG Berlin-Charlottenburg DWE 1984, 28): nicht zulässig.
- Benutzung des gem. Garagenhofes zu gewerblichen Zwecken, z. B. Abstellen von Waren und Verpackungsmaterial (KG WEM 6/84, 26): nicht zulässig.
- Abstellen von Lastkraftwagen oder Firmenfahrzeugen von Benutzern der Wohnanlage zu Betriebszwecken auf dem Garagenhof (KG WEM 6/1984, 26): nicht zulässig.
- Abstellen des Krankenfahrstuhls eines Behinderten auf einer nicht begehbaren Fläche im Erdgeschoß des Treppenhauses (BayObLG DWE 1984, 117): zulässig, weil der Behinderte nicht in der Lage ist, den Krankenfahrstuhl in die Wohnung oder in den Keller zu tragen.
- Nutzung der in der gem. Eingangshalle befindlichen Rezeption seitens des TEmers des Hallenbadtraktes als Schalter (Annahme-Stelle) für einen benachbarten Campingplatz: nicht zulässig (BayObLG WE 1986, 74). Der Untersagungsanspruch (§ 1004 BGB) war in diesem Fall auch nicht verwirkt, weil für die Verwirkung nicht nur der Zeitablauf, sondern auch das Vertrauensmoment von Bedeutung ist.
- Anschluß eines offenen Kamins an einen gem. Notkamin: nicht zulässig, weil dadurch keine anderen Öfen mehr angeschlossen werden können; daran ändere auch eine öffentlich-rechtliche Genehmigung

des Kamins nichts (BayObLG ZMR 1985, 339; BayObLG WE 1996, 317).

- Aufstellen eines Schirmständers in der gemeinschaftlichen Eingangsdiele einer kleinen Wohnanlage mit nur 2–3 Wohnungen : zur Nutzung für alle WEer zulässig (BayObLG WE 1994, 178).
- Abstellen von Kraftfahrzeugen auf gem. Kfz-Abstellplatz seitens der Besucher einer in TEm befindlichen Gaststätte: zulässig, wenn die Umstände des Einzelfalles insbesondere die Zweckbestimmung des Abstellplatzes dies ermöglichen (BayObLG WE 1986, 72).
- Anbringen von Reklameschildern: zulässig auch ohne Zustimmung durch TEer, der zulässiges Gewerbe betreibt, wenn die Schilder angemessen und ortsüblich sind (OLG Frankfurt Rpfleger 1982, 64, umstritten).
- Ausdehnung eines zur Sondernutzung zugewiesenen Gartenteils durch Spannen von Wäscheleinen darauf: nicht zulässig (BayObLG DWE 1983, 22).
- Verstellen eines Lichtschachtes mit Gitterrosten, der zur Belichtung des Hobbykellers eines anderen WEers dient: nicht zulässig, auch wenn sich der Lichtschacht im SE-Bereich einer Terrasse befindet (BayObLG vom 15. 9. 1983 – 2 Z 87/82).
- Anbringen eines Heizkörpers am Hauptstrang der Steigleitung: nicht zulässig (BayObLG DWE 1984, 92).
- Anlieferungsverkehr mit LKW und Paletten auch außerhalb der Ruhezeiten der Hausordnung: zulässig, bei TEer eines zulässigen „Lebensmittelmarktes“ (BayObLG WM 1985, 233).
- Nutzung der gem. Waschküche durch erwerbstätige WEer auch am späten Nachmittag: zulässig (KG ZMR 1985, 131).
- Änderung des Schließmechanismus der durch Fernbedienung zu öffnenden Haustür in der Weise, daß der Mechanismus nicht an Ort und Stelle ausgeschaltet werden kann: in der Regel nicht zulässig, bzw. hat der einzelne WEer keinen Anspruch, den Schließmechanismus zeitweise außer Betrieb zu setzen (KG ZMR 1985, 345).
- Einräumung eines Parkplatzes für Verwalter auf gem. Zufahrt zur Tiefgarage: nicht zulässig (BayObLG WE 1987, 26).
- Nutzung eines als „Gemeinschaftsraum“ zweckbestimmten Raumes zum Abstellen von gem. Gartengeräten: nicht zulässig (BayObLG WE 1987, 22).
- Einschränkung des Zugangs zu Räumen, in denen sich technische Einrichtungen (Installationsraum) befinden, durch andere WEer: zulässig, da es nach billigem Ermessen dem Interesse der Gesamtheit der WEer entspricht, wenn zu diesen Räumen nur der Hausmeister und darüber hinaus solche Personen Zugang haben, die mit der Betreuung und Wartung der Einrichtung zu tun haben (BayObLG WE 1988, 23).
- Aufstellung von Gartenzwergen (2 etwa 20 und 25 cm große Gartenzwerge) im Garten einer Wohnanlage: nicht zulässig, weil die Aufstel-

lung von Gartenzwergen bei nicht wenigen Menschen Anstoß erregt und dies zu einer nicht ganz unerheblichen Beeinträchtigung des optischen Gesamteindruckes der Wohnanlage geeignet ist (OLG Hamburg WE 1988, 174).

- Nutzung einer in der TE als „Garagenhof" bezeichneten Fläche als Spielplatz für Kinder: zulässig, weil der Bestimmungszweck des Garagenhofs nicht beeinträchtigt wird und das Spielen von Kindern auf solchen Flächen in dicht besiedelten Stadtgebieten verkehrsüblich ist. Dagegen kann aber das „Ballspielen und Bolzen" in einem solchen Garagenhof untersagt werden, wenn älteren Kindern und Jugendlichen zugemutet werden kann, einen in der Nähe gelegenen öffentlichen Spielplatz aufzusuchen (BayObLG WE 1991, 27).
- Nutzung eines als „Abstellraum (Kinderwagen/Fahrräder)" zweckbestimmten Kellerraums als Abstellraum für Geräte, Düngemittel, Streumaterial und Blumenzwiebeln: nicht zulässig (BayObLG WE 1991, 77).
- Anbringen eines Schildes mit der Aufschrift „Architekturbüro" oder „Steuerkanzlei" an der Hauseingangstür und an der Wohnungstür: zulässig nach § 242 BGB, wenn die Nutzung der bestehenden ETW zu gewerblichen oder beruflichen Zwecken gestattet oder sonst möglich ist (KG WE 1995, 19; vgl. unten Rn. **7** 172).
- Regelmäßiges Abstellen von Mülltüten und ähnlichen Abfällen vor der Wohnungstür im gem.E. ist unzulässiger und abwehrfähiger Gebrauch und stellt eine Beeinträchtigung der anderen WEer dar (OLG Düsseldorf vom 25. 1. 1996, 3 Wx 88/96).
- Beseitigung eines im gem.E. stehenden Baumes, wobei der WEer in Kenntnis der vorhandenen Bepflanzung das WE erworben hat: nicht zulässig, insbesondere dann nicht, wenn die beeinträchtigende Schattenbildung durch Rückschnitt beseitigt werden kann (BayObLG vom 5. 6. 1997, 23 Z 31/97).

3. Gebrauchsregelungen

Das grundsätzliche Recht zum Mitgebrauch des gem.E. schließt nicht das Recht der WEer aus, bestimmte Gebrauchsregelungen für die Nutzung des gem.E. zu treffen. *161*

Inhaltlich können die Gebrauchsregelungen unterschieden werden in:

- Gebrauchsrechte: Überwiegend Sondernutzungsrechte wie sie oben Rn. **6** 69 ff. beschrieben sind.
- Nutzungsbeschränkungen: überwiegend im SE anzutreffen und in Hausordnungen.
- Benutzungspflicht: Gemeinschaftsantenne, Heizungsanlage u. a.

162 Die WEer können den Gebrauch des gem.E. durch Vereinbarungen regeln (§ 15 Abs. 1). Liegt keine Vereinbarung vor, kann der Gebrauch durch Mehrheitsbeschluß (§ 15 Abs. 2) oder auf Antrag eines WEers durch den Richter nach billigem Ermessen bestimmt werden.

a) Gebrauchsregelungen durch Vereinbarung

163 Die wichtigsten Gebrauchsregelung hinsichtlich der Nutzung von Teilen des gem.E. sind die oben ausführlich beschriebenen Sondernutzungsrechte (Rn. **6** 78f.), die nur durch Vereinbarung der WEer begründet, verändert und aufhoben werden können.

Zweckbestimmungen von Räumen in gem.E. bzw. für Teile des gem. E. sind wie eine Vereinbarung anzusehen mit der Folge, daß eine andere Nutzung als die zweckbestimmte nicht durch Mehrheitsbeschluß erreicht werden kann (OLG Stuttgart NJW 1961, 1359; BayObLG WEM 1981 H. 6, 32). Die Zweckbestimmung ergibt sich im allgemeinen aus der TE oder der GO. Die in TE, GO oder Aufteilungsplan angegebene nähere Bezeichnung eines Raumes (z.B. Hobbyraum) ist demnach in der Regel eine Zweckbestimmung mit Vereinbarungscharakter (BayObLG vom 11. 7. 1985, 2 Z 33/85). Dies gilt nicht nur für das SE sondern auch für das gem.E. Ist z.B. ein im gem.E. stehender Raum als „Gemeinschaftseigentum" zweckbestimmt, so darf dieser Raum nicht als Abstellraum für gem. Gartengeräte durch Mehrheitsbeschluß umfunktioniert werden, weil nach dem heute üblichen Sprachgebrauch unter Gemeinschaftsraum ein Raum zu verstehen ist, der den WEern zur Freizeitgestaltung (z.B. Spiele, Basteln, Einladungen usw.) zur Verfügung steht (BayObLG WE 1987, 22 mit Anmerkung Seuß). Ebenso kann die Nutzung einer im gem.E. stehenden Hausmeisterwohnung durch Mehrheitsbeschluß nicht in einen allen WEern dienenden Fahrradkeller umgestaltet werden, weil mit der neuen Nutzung eine höhere Belastung verbunden ist (OLG Düsseldorf vom 13. 6. 1997, 491/96).

164 Im Rahmen von Vereinbarungen können nahezu unbeschränkt Gebrauchsregelungen getroffen werden, so z.B.:

- Bestimmungszweck
- Ausschluß von bestimmten Nutzungen

- Ausschluß der Nutzung durch andere WEer
- Sondernutzungsrechte an bestimmten Teilen des gem.E. (Kfz.-Abstellplätze, Terrassen, Gartenflächen u.a.)
- Benutzungsregelungen über Fahrstühle, Höfe, Garagen, Lagerplätze, Trockenplätze und Trockenräume, Waschküchen und Waschmaschinen.

Gebrauchsvereinbarungen haben die gleiche rechtliche Bedeutung und Wirksamkeit wie jede Vereinbarung. Sie können – sofern die GO nichts anderes vorsieht – auch wieder nur durch Vereinbarung, d.h. einstimmig abgeändert oder aufgehoben werden. Ist eine Vereinbarung durch einstimmige Erklärung aller WEer geändert worden, so wirkt diese Veränderung für Rechtsnachfolger nur, wenn sie als Inhalt des SE (§ 10 Abs. 2) im Grundbuch eingetragen ist. *165*

Eine Gebrauchsregelung durch Vereinbarung (GO) kann auch in der Weise getroffen werden, daß die bestimmte Nutzung an im gem.E. stehenden Räumen oder an Teilen des gem.E. der Zuteilung durch den teilenden Eigentümer oder der Zuweisung durch den Verwalter vorbehalten wird (z.B. Zuteilung von Kfz-Stellplätzen oder Kellerräumen). Ist z.B. in der GO vorgesehen, daß die Kellerräume vom Verwalter den einzelnen WEern zugeteilt werden, so hat unter bestimmten Voraussetzungen auch der WEer Anspruch auf Zuteilung eines bestimmten Kellerabteils, der sein WE neu durch Aufteilung in WE-Einheiten erworben hat (KG WE 1990, 88). *166*

Ist in der GO vereinbart, daß Kellerabteile, die in geringerer Zahl als Wohnungen vorhanden sind, vom Verwalter an einzelne WEer zur Nutzung vergeben werden, so ist diese Regelung dahin auszulegen, daß der Verwalter die Zuteilung auch wieder ändern kann. Diese Entscheidung kann aber durch Mehrheitsbeschluß der WEer abgeändert werden (BayObLG WE 1993, 279). *167*

b) Gebrauchsregelungen durch Mehrheitsbeschluß

Liegt keine Gebrauchsvereinbarung sowie keine Zweckbestimmung der Sache vor, so können die WEer durch Stimmenmehrheit einen der Beschaffenheit des gem.E. entsprechenden ordnungsgemäßen Gebrauch beschließen. Ein Mehrheitsbe- *168* schluß ist bei Vorhandensein einer Zweckbestimmung dann und insoweit zulässig, um eine Regelung zu treffen, durch die der bestimmte Zweck erfüllt werden kann.

169 Schranken des Mehrheitsbeschlusses sind nicht nur bestehende Gebrauchsvereinbarungen (GO), sondern alle Entscheidungen, die wegen Gesetzesverstoß oder wegen Verstoß gegen die guten Sitten grundsätzlich unwirksam sind.

170 Inhalt eines Mehrheitsbeschlusses kann demnach nur ein ordnungsgemäßer Gebrauch des gem.E. sein, wie er sich aus der Beschaffenheit des Gegenstandes und aus dem Interesse aller WEer nach billigem Ermessen ergibt. Der Mehrheitsbeschluß über einen Gebrauch darf einem WEer keinen Nachteil im Sinne des § 14 Nr. 1 bringen (BayObLG ZMR 1980, 125). Durch den Mehrheitsbeschluß dürfen WEer vom Mitgebrauch nicht ausgeschlossen werden, auch darf in die Substanz des gem.E. bzw. in die natürliche oder bauliche Beschaffenheit (BayObLG WE 1988, 200) nicht eingegriffen werden.

171 Grundsätzlich kann einem WEer an einem im gem.E. stehenden Raum das alleinige Nutzungsrecht (Sondernutzungsrecht) unter vollem Ausschluß aller WEer vom Mitgebrauch nur durch Vereinbarung, also nicht durch Mehrheitsbeschluß eingeräumt werden (BayObLG WE 1991, 260; vgl. oben Rn. **6** 69ff.). Das gilt auch dann, wenn der Raum nur durch Betreten des SE des an der Nutzung interessierten WEers möglich ist (BayObLG WE 1992, 173). Anderes gilt bei der Vermietung einer Fläche oder eines Raumes im gem.E. (vgl. unten Rn. **7** 192).

172 Sehr häufig werden Gebrauchsregelungen bezüglich der Nutzung von Kfz-Stellplätzen getroffen, insbesondere dann, wenn nicht für jede Wohnung ein Stellplatz vorhanden ist. Liegt keine gesonderte Vereinbarung über die Nutzung der Stellplätze vor, so können solche Stellplätze vermietet werden (vgl. unten Rn. **7** 211). Zulässig ist auch eine andere zeitlich begrenzte Nutzungszuweisung entweder durch ein jährliches Losverfahren oder durch Erwerb eines Anwartschaftrechts durch ein bestimmtes Punktesystem (vgl. KG WE 1996, 384).

173 Die Rechtsprechung hatte in einer Vielzahl von Fällen zu entscheiden, ob Gebrauchsregelungen für das gem.E. einem Mehr-

heitsbeschluß zugänglich sind oder nicht. Die wichtigsten davon sind (vgl. Müller in PiG Nr. 15 a.a.O.):

- Beschränkung der Befugnis zum Betreten des gem. Heizungsraumes (BayObLG Rpfleger 1972, 176): zulässig.
- Regelung über ständiges Geschlossenhalten der Haustüre einer Wohnanlage (LG Wuppertal Rpfleger 1972, 451): zulässig. Nicht einem Mehrheitsbeschluß zugängig ist das Verlangen eines Friseurs, die Haustüre bis 19.00 Uhr offenzuhalten (BayObLG DWE 1982, 99) bei Vorhandensein einer elektrischen Sprech- und Haustüranlage.
- Benutzungsregelung für Aufzug, Schwimmbad (einschließlich der Bestimmung von Raum- und Wassertemperatur), Sauna, Garage: zulässig (M.K. Röll Rz 8 § 8; DWE 1984, 64).
- Benutzungsregelung zur turnusmäßigen Nutzung von gem. Anlagen und Einrichtungen, z.B. Waschmaschinen: zulässig.
- Regelungspunkte wie sie für Hausordnungen typisch sind: zulässig.
- Anbringen von Plakaten, Firmenschildern, Reklamen, Leuchtschriften, Schaukästen u.a. (Deckert a.a.O. Gruppe 5, S. 73): zulässig, sofern damit keine Störungen verbunden sind, die aufgrund des Charakters und der Lage der Gebäude nicht geduldet zu werden brauchen.
- Regelungen durch welche wohlerworbene Nutzungsrechte eines oder mehrerer WEer beseitigt werden sollen: nicht zulässig.
- Regelungen über tätige Mitwirkung im Rahmen der Hausordnung, z.B. Erfüllung der Streupflicht (OLG Hamm NJW 1982, 1108): nicht zulässig.
- Regelung der Nachtabsenkung einer gem. Zentralheizungsanlage (BayObLG DWE 1984, 122; 1985, 56): zulässig.
- Regelung in Ergänzung der Hausordnung, daß das (Dauer-) Parken von Wohnwagen, Wohnmobilen usw. auf gem. Kfz.-Abstellplätzen nicht erlaubt ist (BayObLG ZMR 1985, 29) bzw. daß auf der gem. Parkfläche nur das Abstellen von PKW's gestattet ist (BayObLG WE 1986, 73): zulässig.
- Regelung über alternative Hausmeistertätigkeit entweder durch Hausmeister oder teilweise durch verschiedene WEer (tätige Mitwirkung): unzulässig, wenn dadurch gegen das Prinzip des in der GO festgelegten Verteilungsschlüssels verstoßen wird.
- Errichtung und Vermietung von Kfz-Abstellplätzen, die im gem.E. stehen und gleichzeitig Feuerwehrzufahrt im Sinne § 3 Abs. 2 DVBayBO sind, durch Mehrheitsbeschluß: nicht zulässig, weil solches einerseits keine Maßnahme ordnungsmäßigen Gebrauchs ist und andererseits dabei gegen öffentlich-rechtliche Vorschriften verstoßen wird (BayObLG WE 1988, 200).
- Aufstellen eines von einem WEer allein finanzierten und von allen interessierten WEern zu nutzenden elektrischen Wäschetrockners in

einer gem. Waschküche, wobei der verbrauchte Strom vom jeweiligen Nutzer über einen Münzautomaten bezahlt wird, während der Wasserverbrauch insgesamt nach der Wohnfläche umgelegt wird: als Beschluß zur Gebrauchsregelung nach § 15 Abs. 2 WEG zulässig, zumal er nicht angefochten wurde (BayObLG WE 1989, 59).

- Inanspruchnahme der Versorgung mit Nachtstrom, die bei Unterkapazität der Versorgungsleitung nach den Miteigentumsanteilen oder nach m^2-WFl. aufzuteilen ist: zulässig (BayObLG WE 1989, 62).
- Aufstellen eines Getränkeautomaten auf dem Gang einer aus Ferienappartements bestehenden Wohnanlage: nicht zulässig, weil die Automatenaufstellung keinen dem Interesse der Gesamtheit der WEer entsprechenden Gebrauch darstellt.
- Belüftungsregelung (Öffnen und Schließen von Fenstern und Türen nach gesonderten Kriterien) für den Waschkeller, den Heizungsraum, die übrigen Kellerräume und das Treppenhaus: zulässig, wenn die Regelung die Pflichten aus § 14 Nr. 1 zur gegenseitigen Rücksichtnahme konkretisiert (BayObLG WE 1994, 17).
- Regelung, daß auf einem jeweils bestimmten Grundstücksteil, der als Verkehrs- und Zufahrtsfläche zu Garage und Haus dient, jedem der WEer eine zusätzliche Parkfläche angeboten wird: zulässig, wenn der Verkehr nicht behindert wird und wenn eine allgemeine Parkraumnot vorhanden ist (OLG Hamburg WE 1993, 167).

174 Eine Besonderheit besteht bei Gebrauchsregelungen in sogenannten Mehrhauswohnanlagen. Hier können die WEer eines Hauses durch Stimmenmehrheit zulässige Gebrauchsregelungen treffen, wenn dabei allein und ausschließlich die Interessen der WEer eines Hauses betroffen werden, wie z. B. Nutzung eines Fahrradkellers (BayObLG NJW 1962, 492). Keine Entscheidung im Sinne einer Mehrheitswohnanlage kann durch WEer über den Gebrauch einer im Hause befindlichen Wasch- und Trokkenanlage getroffen werden, wenn in den anderen 4 Häusern nur 3 gleichartige Einrichtungen vorhanden sind und alle WEer die Strom- und Instandhaltungskosten der betreffenden Anlage mit zu tragen haben (BayObLG vom 19. 4. 1983, 2 Z 47/82). Ebensowenig können Regelungen der Hausordnung für einzelne Häuser innerhalb einer Wohnanlage durch Stimmenmehrheit nur der einzelnen Häuser getroffen werden. Zwar kann die Hausordnung in bestimmten Fällen für einzelne Häuser unterschiedliche Regelungen vorsehen. Dies bedarf aber aus Gründen der Klarheit und Rechtssicherheit (Müller PiG Nr. 15 a. a. O.) der Stimmenmehrheit aller WEer.

Auf keinen Fall können Kosten getrennt nach einzelnen Häusern abgerechnet werden, wenn dies nicht ausdrücklich vereinbart ist. Ein entsprechender Mehrheitsbeschluß ist aber solange wirksam, bis er durch das Gericht für unwirksam erklärt wird (BayObLG WE 1994, 304).

In der Regel ist es notwendig und sinnvoll, einschränkende Gebrauchsregelungen in Mehrhausanlagen durch Vereinbarungen (Gemeinschaftsordnung) zu regeln. Dabei könnte eine diesbezügliche Vereinbarung folgenden Inhalt haben (OLG Düsseldorf WE 1995, 150). *175*

Die Eigentumswohnanlage wird zur Mehrhauswohnanlage bestimmt mit der Maßgabe, daß jedes der einzelnen Häuser als gesonderte Einheit behandelt wird, soweit dies möglich und zweckmäßig ist. Dabei gilt insbesondere folgendes: *176*

- Soweit gemeinschaftliche Einrichtungen und gemeinschaftliche Gebäudeteile eines Hauses ihrer Natur nach ausschließlich den Eigentümern dieses Hauses zu dienen bestimmt sind, beschränkt sich das Recht auf Mitbenutzung auf die betreffenden Eigentümer.
- Angelegenheiten, die nur die Belange oder das gemeinschaftliche Eigentum eines oder mehrerer Häuser betreffen, werden in einer abgetrennten Eigentümerversammlung der betreffenden Eigentümer geregelt.
- Anfallende ausscheidbare Betriebskosten werden, soweit eine eindeutige Zuordnung zu den einzelnen Häusern möglich ist (Verbrauchsmessung/Zähler), von den Eigentümern der betreffenden Häuser allein getragen.
- Instandhaltungsmaßnahmen und Instandsetzungsmaßnahmen im und am Gebäude werden grundsätzlich von den Eigentümern des Hauses getragen, bei dem die Maßnahme durchgeführt wird. Soweit solche Maßnahmen innerhalb des Gebäudes notwendig sind, entscheiden darüber die Eigentümer des betreffenden Hauses durch Mehrheitsbeschluß allein. Nur bei Maßnahmen an den Außenseiten des Gebäudes ist ein Mehrheitsbeschluß aller Eigentümer erforderlich, wenn dadurch der äußere Eindruck des Gebäudes optisch verändert wird. Die Kostentragung obliegt aber auch hier den Eigentümern des betreffenden Hauses allein.
- Für jedes getrennt zu behandelnde Haus der Mehrhausanlage wird eine gesonderte Instandhaltungsrückstellung geführt, aus der nur die Kosten der Instandhaltung und Instandsetzung des betreffenden Hauses entnommen werden dürfen. Für Geldanlagen aus dieser Rückstellung gilt das gleiche.
- Ist eine Gebrauchsregelung durch Mehrheitsbeschluß getroffen worden, kann sie durch einen anderen Mehrheitsbeschluß wieder geändert oder aufgehoben werden, dies gilt auch dann, wenn die Gebrauchsre-

gelung durch einstimmigen Beschluß (nicht Vereinbarung) zustandegekommen ist.

c) Gebrauchsregelungen durch richterliche Entscheidung

177 Nach § 15 Abs. 3 WEG hat jeder WEer einen Anspruch auf Gebrauch des gem.E., sofern dieser dem Gesetz, den Vereinbarungen und Beschlüssen und sofern sich Regelungen hieraus nicht ergeben, dem Interesse der Gesamtheit der WEer nach billigem Ermessen entspricht. Es geht aber dabei nicht nur darum, daß bei Fehlen einer bestimmten Regelung das Gericht zum Erlaß einer richterlichen Anordnung angerufen wird, sondern auch um das Verlangen, vorhandene Vereinbarungen oder Mehrheitsbeschlüsse zu ändern bzw. um den Anspruch auf Durchführung bestehender Vereinbarungen oder Beschlüsse.

178 Immer ist bei einer gerichtlich anzuordnenden Gebrauchsregelung davon auszugehen, daß diese im Sinne von § 15 Abs. 3 notwendig ist, und daß die WEer selbst eine solche notwendige Regelung abgelehnt oder ungenügend bestimmt haben. In der Praxis werden gerichtliche Gebrauchsregelungen häufig im Zusammenhang mit nicht ausreichend vorhandenen Kfz-Stellplätzen verfügt (vgl. KG WE 1994, 339).

179 Die richterliche Anordnung setzt den Antrag eines WEers voraus, der im Rahmen des Anspruchs auf ordnungsmäßige Verwaltung zu verfolgen ist, und den der Richter nach Maßgabe von § 44 Abs. 4 zu treffen hat.

180 Die WEer sind aber nicht daran gehindert, eine durch richterliche Entscheidung getroffene Gebrauchsregelung durch eine andere, ebenfalls dem Grundsatz ordnungsmäßiger Verwaltung entsprechende Regelung durch Mehrheitsbeschluß zu ersetzen (vgl. KG WE 1996, 384 hier: Zuteilungsregelung für Kfz-Stellplätze). Nachstehend wird eine Anzahl richterlicher Entscheidungen im Zusammenhang mit Gebrauchsregelungen wiedergegeben (vgl. auch Müller PiG Nr. 15):

- Aufhebung bzw. Ergänzung einer Vereinbarung durch richterliche Entscheidung: Möglichkeit durch gestaltende Einflußnahme seitens des Richters besteht nicht, es sei denn, daß eine Vereinbarung wegen

Verstoß gegen die guten Sitten oder gegen ein gesetzliches Verbot überhaupt nichtig ist.

- Aufhebung bzw. Ergänzung eines Mehrheitsbeschlusses und richterliche Entscheidung: Bei Bestandskraft eines Beschlusses (nicht angefochten, nicht nichtig) hat der Richter, wie bei der Vereinbarung, keine Möglichkeit gestaltende Regelungen im Entscheidungsweg zu treffen; ausgenommen in Extremfällen (vgl. Müller a.a.O., OLG Frankfurt vom 1. 12. 1981 – 20 W 539/81). Wird der Beschluß über eine Gebrauchsregelung innerhalb der Monatsfrist angefochten, so kann er diesen nicht umgestalten, sondern nur aufheben, wenn er einem ordnungsgemäßen Gebrauch (§ 15 Abs. 2) oder einer ordnungsgemäßen Verwaltung (§ 21 Abs. 3) nicht entspricht.
- Antrag auf richterliche Anordnung für Maßnahmen zur Durchführung vorhandener Vereinbarungen oder Beschlüsse: Die Entscheidung des Richters wird hier so zu treffen sein, daß die notwendigen Maßnahmen zum Vollzug der Vereinbarung oder des Beschlusses durchgeführt werden (§ 44 Abs. 4). So kann z. B. von einem WEer bei Vereinbarung eines Sondernutzungsrechts verlangt werden, die von den übrigen WEern zu erteilende Eintragungsbewilligung durch richterliche Entscheidung zu ersetzen. Ferner kann z. B. der Verwalter durch richterliche Anordnung dazu verurteilt werden, eine beschlossene Gebrauchsregelung zu veranlassen.
- Anspruch auf Verwaltungsmaßnahmen bei Fehlen einer Vereinbarung oder eines Mehrheitsbeschlusses: Der Antrag eines WEers auf Gebrauchsregelung nach § 15 Abs. 3 ist nicht leicht durchsetzbar, weil die Richter eine verständliche Zurückhaltung bei gestaltenden Maßnahmen für die Gem. üben. Trifft ein Richter eine Gebrauchsregelung, so muß diese so gestaltet sein, daß sie einem Mehrheitsbeschluß (nicht Vereinbarung) durch die Gem. zugänglich ist (KG NJW 1972, 691; BayObLG MDR 1981, 937).

4. Hausordnung

Die Hausordnung ist die übliche Form einer Gebrauchsregelung nach § 15 Abs. 2. Nach § 21 Abs. 5 Nr. 1 wird die Hausordnung ausdrücklich als Maßnahme ordentlicher Verwaltung herausgestellt und damit der Selbstverwaltung der WEer zugeordnet. Die Hausordnung konkretisiert die gesetzlichen und rechtsgeschäftlichen Gebrauchsrechte. Da die Regelungen der Hausordnung ständig den praktischen Bedürfnissen angepaßt werden müssen, eignen sich diese nicht zur Festschreibung mittels Vereinbarungen. Deshalb müssen Hausordnungsregelungen immer einem Mehrheitsbeschluß zugänglich sein (vgl. hierzu *181*

Schmidt in Bä/S Rz B 81ff.). Die Hausordnung regelt im allgemeinen den Gebrauch des SE und gem.E. in besonderen Fällen, vor allem bezüglich der nachbarschaftlichen Beziehungen der WEer untereinander.

a) Begründung der Hausordnung

182 Manchmal wird die Hausordnung im Rahmen der GO oder durch Vereinbarung festgelegt. Dieses nicht zu empfehlende Verfahren wird aber nicht als Vereinbarung der WEer verstanden, weil Hausordnungen, auch wenn sie Bestandteil der GO sind, grundsätzlich durch Mehrheitsbeschluß geändert werden müssen (vgl. hierzu BayObLG DWE 1974, 30; BayObLG WE 1989, 109; WE 1992, 291).

183 Die Hausordnung sollte grundsätzlich mittels Mehrheitsbeschluß erlassen und zweckmäßigerweise vom Verwalter (Bauträger) im Entwurf gefertigt werden.

184 In manchen GO findet sich die Regelung, daß der Verwalter zur Aufstellung einer Hausordnung ermächtigt wird. In diesem Fall kann dem Verwalter die Pflicht und das Recht zur Abfassung der Hausordnung nicht durch Mehrheitsbeschluß entzogen werden. Andererseits wird durch eine solche Regelung nicht das Recht der WEer ausgeschlossen Hausordnungsbeschlüsse durch Stimmenmehrheit in der Versammlung zu beschließen (KG WE 1992, 110). Das bedeutet, daß auch hier die Hausordnung durch Mehrheitsbeschluß geändert werden kann (BayObLG WE 1992, 291).

185 Die Aufstellung einer Hausordnung zählt zu den Maßnahmen ordnungsmäßiger Verwaltung (§ 21 Abs. 5 Nr. 1), auf welche die WEer einen einklagbaren (§ 43) Anspruch haben. Kommt ein Mehrheitsbeschluß über die Hausordnung nicht zustande, kann dieser auf Antrag eines WEers durch das Gericht erlassen werden (OLG Hamm NJW 1969, 884).

186 Das Gericht kann aber nur dann dem Antrag auf Gebrauchsregelung stattgeben, wenn dies für die ordnungsmäßige Verwaltung unerläßlich ist, weil sie dem Interesse der Gesamtheit der WEer dient (KG ZMR 1986, 189). So ist z.B. die Gem. nicht gezwungen, eine Gebrauchsbeschränkung für den gemeinsamen Parkplatz zu beschließen, solange keine konkreten Beeinträchtigungen des Mitgebrauchsrechts eines WEers vorliegen (KG ZMR 1986, 189). Die eine Hausordnungsregelung der WEer ersetzende gerichtliche Entscheidung kann im übrigen erst dann erfolgen, wenn der Beschluß der WEer grob unbillig oder gar sittenwidrig ist (KG WE 1992, 110).

b) Inhalt der Hausordnung

Der Inhalt der Hausordnung hat sich nach der Beschaffenheit des gem.E. sowie nach dem Interesse der Gesamtheit der WEer zu richten (BayObLG WE 1992, 201). Das bedeutet, daß sich die Hausordnung nach den Besonderheiten einer Wohnanlage und nach den regelungsbedürftigen Anforderungen der WEer in ihren Verhältnissen und Beziehungen untereinander auszurichten hat. Vorrang soll dabei das reibungslose Zusammenleben der WEer, der Schutz des Gebäudes, die Pflege der gemeinschaftlichen Einrichtungen und die allgemeine Ordnung und Sicherheit der Bewohner haben. *187*

Je nach Art und Zweckbestimmung des Objekts und nach den Bedürfnissen der Bewohner (reine Wohnanlage; Alter und Lebensgewohnheiten der Bewohner; Lage des Objektes; gemischte Anlage; hotelähnlicher Betrieb; überwiegend vermietete ETW; besondere Einrichtungen wie Sauna und Schwimmbad, Tiefgarage, Tennisplätze, Waschanlage u.a.m.) ist der Inhalt der Hausordnung zu bestimmen. *188*

Deckert hält (in PiG Nr. 15 S. 123f) folgende Sachverhalte in der Hausordnung für regelungsbedürftig: *189*

„– Allgemeine Sorgfalts-, Sicherheits- und Gefahrvorbeugungspflichten (Immissionsschutzregelungen, Geschlossenhalten gemeinschaftlicher Türen und Fenster, Tierhaltung, Ungezieferbekämpfung, Feuer- und Kälteschutzregeln, Aufbewahrung brennbarer Gegenstände, Grillen auf Balkonen und Terrassen, Erfüllung von Verkehrssicherungspflichten, Wäschetrocknen und Lüften auf Balkonen, Verbote zur Vermeidung von Rohrverstopfungen, pauschaler Kostenersatz im Umzugsfall, Schließen von Installationen und Absperren der Waschmaschinen- und Spülmaschinenzuläufe sowie etwaiger Gashähne bei längerfristiger Abwesenheit usw.).
– Benutzungsregelungen hinsichtlich gemeinschaftlicher Flächen, Räume und Einrichtungsgegenstände
(Vereinheitlichung der Namensschilder, Regelungen über Plakat- und Schilderwerbung, Abgrenzung von Kinderspielflächen, Waschraum-

und Trockenraumbenutzung, Kinderwagen- und Fahrradabstellen, Benutzung von Treppenhaus und Fahrstuhl, Benutzung des gemeinschaftlichen Gartens zum Sonnen, Hobbyraum- und Schwimmbadbenutzung, Müllentsorgung, Tonnenraumnutzung, Balkon-Nutzungsregelungen usw.).
- Reinigungspflichten
(Turnusmäßige Reinigung von Hausfluren, Streupflichten, erhöhter Reinigungsbedarf bei gewerblichen Einheiten, Müllbeseitigung, ordnungsgemäße Benutzung der Müllschluckschächte usw.).
- Ruhezeiten
(Einhaltung der Ruhezeiten, Sperrfristen für geräuschvolle Tätigkeiten, Musizieren, Lautstärkenregelungen für Tonträger usw.)."

190 Umstritten ist die Frage, ob den WEern in der Hausordnung oder durch Mehrheitsbeschluß Aufgaben zur tätigen Selbsthilfe übertragen werden können. Dies spielt insbesondere bei der Instandhaltung eine Rolle. Nachdem in der – nicht glücklichen – Terminologie des § 16 das Reinigen des Treppenhauses zu Maßnahmen der Instandhaltung des gem.E. gezählt wird (vgl. hierzu unten Rn. **10** 179ff.), stellt sich hier die Frage, ob die in vielen Hausordnungen zu findende Verpflichtung (wie in Mietverträgen üblich), die WEer haben die Treppenhausreinigung turnusmäßig persönlich vorzunehmen, durch einen Mehrheitsbeschluß überhaupt getroffen werden kann. Es mehren sich die Meinungen, daß persönliche Verpflichtungen zur Hausreinigung in der Hausordnung und durch Mehrheitsbeschluß möglich ist (OLG Hamm vom 26. 11. 1985, 15 W 309/85; BayObLG WE 1992, 291; a.A. KG OLGZ 1978, 146). Ein solcher Beschluß ist aber nur dann gerechtfertigt, wenn er die WEer annähernd gleichmäßig zur Treppenhausreinigung verpflichtet (BayObLG WE 1992, 291).

Rechtsprechung:

191 – Ein Bade- und Duschverbot für die Zeit von 23.00 Uhr bis 5.00 Uhr bedarf keiner einschränkenden Ergänzung für Ausnahmen (BayObLG WE 1992, 60).
- Es entspricht ordnungsmäßiger Verwaltung, wenn im Rahmen eines Hausordnungsbeschlusses auf der Rasenfläche einer Wohnanlage auch die Nutzung zum Spielen für die in der Anlage wohnenden Kinder ermöglicht wird (OLG Frankfurt WE 1992, 82).
- Öffentlich-rechtliche Lärmschutzregelungen sind für private Ruhezeitenregelungen (WEer-Beschluß) in der Hausordnung nicht maßgeblich (KG WE 1992, 110 gegen OLG Braunschweig NJW-RR 1987, 845), es sei denn, daß die Hausordnung auf sie verweist.

- Das Verbot von Kinderspielen (Ballspiele und Radfahren) auf der Zufahrtsfläche zu Kfz-Abstellplätzen im Rahmen einer Hausordnung hält sich auch dann in den Grenzen ordnungsmäßiger Verwaltung, wenn es in der Wohnanlage keinen eigenen Kinderspielplatz gibt (BayObLG WE 1992, 201).
- Die Hausordnungsregelung „im Flur können Kinderwagen grundsätzlich abgestellt werden, wobei der Kellergang freizuhalten ist" widerspricht dann dem Grundsatz ordnungsmäßiger Verwaltung, wenn der Flurteil so klein ist, daß er höchstens mit maximal 2 Kinderwagen belegt werden kann, daß er teilweise unzureichend beleuchtet ist, und daß außerdem ein anderer Teil des gem.E. zum Abstellen von Kinderwagen besser geeignet ist (OLG Hamburg WE 1993, 87).

c) Durchführung der Hausordnung

Nach § 27 Abs. 1 Nr. 1 ist der Verwalter berechtigt und verpflichtet, für die Durchführung der Hausordnung zu sorgen. *192*
Hier ergeben sich sowohl für den Verwalter als auch für die WEer erhebliche Probleme (vgl. Vitzthum in DWE 1981, 106), weil Sanktionen gegen die WEer, welche ständig gegen die Hausordnung verstoßen, in der Praxis nur schwer durchsetzbar sind.

Einmal lassen sich solche Verstöße nur schwer objektiv feststellen und zum anderen nur selten tatsächlich beweisen.

Schriftliche Abmahnungen des Verwalters sind vielfach in der Sache wenig hilfreich und vergiften häufig die Atmosphäre im Verhältnis der betroffenen Nachbarn. Dazu kommt, daß der Verwalter bei Dauerstörern nur ungern von sich aus gerichtliche Maßnahmen einleitet. Der Verwalter wird in diesen Fällen ohnehin zum Tätigwerden in diesem Sinne den Mehrheitsbeschluß der WEer herbeiführen. Liegt ein Beschluß vor, hat der Verwalter einen Antrag auf Unterlassung der Störung nach § 43 Abs. 1 Nr. 1 zu stellen.

5. Vermietung von Teilen des gemeinschaftlichen Eigentums

Dic Frage, ob die Gebrauchsüberlassung von Teilen des *193*
gem.E. durch Mehrheitsbeschluß möglich ist, ist in Literatur und Rechtsprechung umstritten (vgl. OLG Stuttgart NJW 1961, 1359; BayObLGZ 1973, 267; OLG Frankfurt Rpfleger 1980, 391; OLG

Hamburg MDR 1985, 501; KG Rpfleger 1972, 62; OLG Zweibrücken MDR 1986, 60; s. auch Röll in WE 1987, 3). Das OLG Stuttgart (WE 1987, 84) vertritt die Auffassung, daß die Zuweisung eines ausschließlichen Nutzungsrechts am gem.E. in jedem Fall der Zustimmung aller Miteigentümer bedarf, weil dadurch das Recht der übrigen WEer auf Mitgebrauch des gem.E. (§ 13 Abs. 2 S. 1) ausgeschlossen wird. Es sieht in einer solchen Gebrauchsüberlassung sogar ein „schuldrechtlich ausgestaltetes Sondernutzungsrecht".

194 Richtig ist, daß mit der Begründung eines Sondernutzungsrechts die anderen WEer von der Mitbenutzung ausgeschlossen werden. Ein Sondernutzungsrecht kann aber nur durch Vereinbarung aller WEer und mit der Eintragung im Grundbuch begründet werden (vgl. oben Rn. **6** 78ff.).

195 Denkbar ist aber auch die Gebrauchsüberlassung von gem.E. mittels Mehrheitsbeschluß der WEer, wenn eine solche als Maßnahme ordnungsmäßigen Gebrauchs im Sinne von § 15 Abs. 2 anzusehen ist. Wie das OLG Stuttgart ist auch das KG (WE 1989, 137) der Auffassung, daß eine Gebrauchsregelung bezüglich des gem.E. (hier: Überlassung eines im gem.E. stehenden Kellers bis zum Eigentümerwechsel) nicht durch Mehrheitsbeschluß getroffen werden kann, weil dadurch das Mitgebrauchsrecht (§ 15 Abs. 2) der anderen WEer unzulässig eingeschränkt wird.

196 Die Gebrauchsüberlassung von Teilen des gem.E. an einzelne WEer kann auch durch die Begründung eines Mietverhältnisses zwischen der Gem. und WEern nach Maßgabe von § 15 Abs. 2 erfolgen. Grundsätzlich ist eine solche Vermietung möglich, wenn dies eine Vereinbarung der WEer vorsieht. Umstritten ist die Frage, ob auch durch Mehrheitsbeschluß Mietverträge über Teile des gem.E. abgeschlossen werden können. Merle verneint diese Frage (WE 1989, 20) unter Berufung auf obergerichtliche Entscheidungen (OLG Zweibrücken NJW-RR 1986, 1338; KG Rpfleger 1972, 62; OLG Hamburg MDR 1965, 501; OLG Stuttgart WE 1987, 84) mit der Begründung, daß die Gebrauchsüberlassung von Teilen des gem.E. an einen einzelnen WEer den Ausschluß der anderen Miteigentümer am Mitgebrauch bedeutet. Eine solche Entziehung des jedem WEer zustehenden Mitgebrauchsrechts stellt nach Merle auch keine Regelung des Gebrauchs im Sinne von § 15 Abs. 2 dar. Weitnauer ist dieser Auffassung zu Recht entgegengetreten (WE 1989, 42). Er stellt fest, daß die WEer durchaus im Rahmen ordnungsmäßiger Verwaltung (§ 21 Abs. 3) gem.E. durch Mehrheitsbeschluß vermieten können. In diesen Fällen wird nämlich den WEern nicht - auch nicht den überstimmten - das Mitgebrauchsrecht entzogen. Hier wandelt sich der Anspruch auf (eigenen) Mitgebrauch um in den Anspruch auf Nutzung (§ 16 Abs. 1), d.h. auf den Anteil an den Rechtsfrüchten (Mietzins). Ob Teile des gem.E. durch Stimmenmehrheit vermietet werden können, ist demnach ausschließlich unter dem Gesichtspunkt der ordnungsmäßigen Verwaltung im Rahmen der für diesen Bauteil vorgegebenen Zweckbestimmung zu entscheiden. Als Musterbeispiel für solche Mietverhältnisse ist die Vermietung von Kfz-Abstellplätzen an WEer zu bezeichnen. Auch das BayObLG (WE 1992, 346; vgl. auch KG WE 1996, 384) bejaht die Vermietung von Kfz-Abstellplätzen durch Mehrheitsbeschluß der WEer, weil durch den Mietvertrag (anders bei Einräumung von Sondernutzungsrechten) die anderen WEer vom Mitgebrauchsrecht des § 13 Abs. 2 (nicht vollständig und endgültig) ausgeschlossen werden. An die Stelle des tatsächlichen Mitgebrauchs tritt der Anteil an den Mieteinnahmen.

Es können auch andere Teile des gem.E. an einzelne WEer *197* vermietet werden, immer unter der Voraussetzung, daß damit die Zweckbestimmung des zu vermietenden Teils nicht geändert wird, und die anderen WEer in ihrem Anspruch auf Mitgebrauch des gem.E. (§ 13 Abs. 2) nicht unangemessen (im Sinne § 14 Nr. 1) benachteiligt werden. So kann z.B. eine WEer- und TEmer-Gem., deren Zwecksetzung die hotelmäßige Nutzung der Appartements ist, eine vorhandene Rezeption auch an Dritte vermieten, welche die hotelmäßige Nutzung der Appartements für die WEer gewerbsmäßig betreiben (BayObLG DWE 1982, 98), wenn dies dem Interesse der Gesamtheit der WEer dient.

Ein Mehrheitsbeschluß über die Vermietung von Teilen des *198* gem.E. ist auch dann wirksam, wenn damit ein zweckwidriger Gebrauch des vermieteten Teils verbunden ist, und wenn der

Beschluß mangels Anfechtung nicht vom Gericht für ungültig erklärt wird.

199 Will ein WEer später sein Mitgebrauchsrecht bezüglich des vermieteten Teils entsprechend der vorgegebenen Zwecksetzung geltend machen, ist der Verwalter verpflichtet, den Mietvertrag zum nächstmöglichen Termin (ordentlich) zu kündigen (OLG Frankfurt WE 1987, 161; hier Fahrradabstellraum).

200 Selbstverständlich ist die Vermietung einer gem. Fläche dann nicht möglich, d.h. ein solcher Beschluß kann wirksam angefochten werden, wenn damit einem WEer ein Nachteil nach § 14 Nr. 1 entsteht (BayObLG WE 1988, 22; hier: Nutzung einer Freifläche von 50 m^2 durch einen Blumenladen). In dieser Entscheidung hat das BayObLG gegen die Auffassung der generellen Unzulässigkeit der Vermietung von Teilen des gem.E. Bedenken geltend gemacht, ohne daß der Senat auf diese Frage eingehen mußte, weil die vorgesehene Nutzung einen WEer über das Maß des § 14 Nr. 1 hinaus beeinträchtigte.

201 Denkbar ist es auch, daß bereits bei der Begründung von WE Teile des gem.E vermietet sind. Das ist dann der Fall, wenn der teilende Eigentümer bei der Umwandlung von Mietwohnungen in ETW einen Kellerraum vorher vermietet hat. Wenn der Kellerraum mit der Aufteilung gem.E. wird, tritt die WEer-Gem. in das bestehende Mietverhältnis ein (§ 571 BGB). Vor Beendigung des Mietverhältnisses kann in diesem Fall die Herausgabe des Kellerraums nicht verlangt werden KG WE 1993, 310).

6. Gebrauch von Außenanlagen und Gartenflächen

202 Außenanlagen und Gartenflächen stehen grundsätzlich im gem.E. Die Begründung von SE an solchen Flächen ist ausgeschlossen, weil es sich dabei um Grundstücksflächen handelt (§ 1 Abs. 5). Der gemeinschaftliche Gebrauch dieser Außenflächen ist für die WEer von besonderer Bedeutung, deshalb werden Teile der Außenanlagen mit Sondernutzungsrechten (vgl. oben Rn. **6** 69ff.) belegt.

203 Mit dem Sondernutzungsrecht wird das alleinige Nutzungsrecht eines bestimmten Grundstücksteils einem bestimmten WEer zugeordnet, in der Regel mit der Verpflichtung, alle ent-

stehenden Kosten (Betriebs- und Instandhaltungskosten) alleine zu tragen. Mit dem Sondernutzungsrecht wird aber den anderen WEern nicht völlig das Recht genommen, auf die ordnungsmäßige Gestaltung des gem.E. Einfluß zu nehmen.

Ist kein Sondernutzungsrecht bestellt, steht der Mitgebrauch der Außen- und Gartenanlagen allen WEern gemeinschaftlich zu (§ 13 Abs. 2 WEG) und zwar nach Maßgabe der Zweckbestimmung aller Außenanlagenteile. 204

In der Regel werden die Außenanlagen unterteilt in: 205

- Rasen- und Grünflächen
- Gartenflächen
- Kinderspielplätze
- Terrassen
- Kfz-Abstellplätze
- Wege und Zugänge

Diese Außenanlagenteile werden meist im Aufteilungsplan nach den genannten Kriterien bestimmt. Damit ist eine Zweckbestimmung gegeben, welche für die Nutzung dieser gemeinschaftlichen Flächen im Grundsatz maßgeblich ist. Sofern darüber hinaus Nutzungsregelungen notwendig sind, werden sie üblicherweise durch die Hausordnung oder durch sonstige Mehrheitsbeschlüsse vorgegeben. 206

Nachstehend wird nach Maßgabe der genannten Zweckbestimmungen auf Besonderheiten im Gebrauch und in der Pflege der Außenanlagen eingegangen.

a) Rasen- und Grünflächen

Mit Rasen bepflanzte Grundstücksflächen sind laut einer gesonderten Regelung (Hausordnung) in der Regel einer Nutzung durch Betreten und Begehen nicht zugänglich. Üblicherweise sind Rasenflächen auch nicht zum Spielen für Kinder vorgesehen, es sei denn, daß die WEer eine solche Nutzung ausdrücklich durch Mehrheitsbeschluß ermöglicht haben. So ist es denkbar, abgegrenzte Teile einer Grünfläche mittels Mehrheitsbeschluß als Liegewiese oder Kinderspielplatz zu nutzen (BayObLG WE 1992, 264). Nach allgemeiner Auffassung entspricht es der Beschaffenheit von Grünflächen, mittels Mehrheitsbeschluß diese gärtnerisch als Zierrasen oder als Liege- 207 wiese oder als Spielrasen für Kinder zu nutzen (OLG Saarbrükken NJW 1990 24; OLG Hamburg DWE 1991, 121; OLG Frankfurt DWE 1991, 119), immer mit der Maßgabe, daß dabei die Grünfläche nicht über ein bestimmtes Maß hinaus Schaden erleidet. Aus diesem Grunde kann im allgemeinen eine Rasenfläche zum Ball- und Fußballspielen nicht mittels Mehrheitsbeschluß freigegeben werden, weil Fußballspielen kein ordnungsmäßiger Gebrauch einer Rasenfläche ist (OLG Düsseldorf WE 1984, 135).

b) Gartenflächen und Bäume

208 Als Gartenfläche werden die Teile der Außenanlage bezeichnet, die mit Blumen, Rabatten, Sträuchern und Bäumen bepflanzt sind.

209 Eine besondere Rolle spielt hier die Bepflanzung mit Bäumen, weil diese wegen starkem Wachstum durch Verschattungen Probleme bei der Nutzung von Wohnungen bereiten können. Auf der anderen Seite stehen eine Vielzahl von Bäumen unter besonderem Schutz. Maßgeblich sind hierfür Baumschutzverordnungen, welche die Gemeinden erlassen können.

Diese sind im allgemeinen vom Verwalter und von den WEern zu beachten.

210 Nicht nur aus öffentlich-rechtlichen Gründen stellt das Fällen von Bäumen und das starke Zurückschneiden von Bäumen auch ein wohnungseigentumsrechtliches Problem dar. Beides ist im Grunde eine bauliche Veränderung, die überwiegend der Zustimmung aller WEer bedarf (LG Frankfurt NJW-RR 1990, 24; OLG Karlsruhe DWE 1994, 20, 43). Nur wenn solche Maßnahmen notwendig sind und sie die WEer nicht nachteilig beeinträchtigen, stellen diese Maßnahmen ordnungsmäßige Verwaltung dar. Bei der Beurteilung darüber, ob ein Baum wegen totaler Verschattung gefällt werden darf oder nicht, ist vom Grundsatz des Übermaßverbots auszugehen. Danach kann die Beseitigung eines Baumes wegen Schattenbildung dann nicht verlangt werden, wenn ein Rückschnitt der Pflanze zur Beseitigung der Beeinträchtigung möglich ist (BayObLG WE 1995, 346).

Im übrigen ist alles eine Maßnahme ordnungsmäßiger Instandhaltung, was zur üblichen Gartenpflege gehört: Ersatz abgestorbener Pflanzen, Zurückschneiden von Hecken und Sträuchern u.ä. 211

Die Gartenanlagen sollen so gestaltet und gepflegt werden, daß sie der Verschönerung der Gesamtanlage dienen und deren optischen Eindruck insgesamt ansehnlich und erfreulich ausgestalten.

c) Kinderspielplätze

Die Größe und die Ausstattung der Kinderspielplätze sind in den Landesbauordnungen vorgeschrieben. Das bedeutet, daß die Art der Kinderspielplätze bei der Baufertigstellung von ETW bereits vorgegeben ist. Sind die Kinderspielplätze nicht nach den Grundsätzen der Landesbauordnungen fertiggestellt, erfolgt die endgültige Herstellung im Rahmen ordnungsmäßiger Instandhaltung mittels Mehrheitsbeschluß der WEer. Werden darüber hinausgehende Maßnahmen verlangt, handelt es sich um bauliche Veränderungen, die der Zustimmung aller WEer bedürfen. 212

Die Nutzung und der Gebrauch der Kinderspielplätze richtet sich grundsätzlich nach den vorhandenen Einrichtungen. Hier können zusätzliche Mehrheitsbeschlüsse gefaßt werden, wie der Gebrauch im einzelnen im Rahmen der vorgegebenen Einrichtungen vorzunehmen ist. Dazu gehört auch die Anschaffung von Geräten (Klettergerüst, Sandkasten, Schaukel u.ä.).

d) Kfz-Abstellplätze

Die Kfz-Abstellplätze im Freien sind Anlagen des gem.E. Sehr häufig werden bereits in der GO Nutzungsregelungen (Sondernutzungsrechte-Vermietung) getroffen. Liegen keine Regelungen vor, können die WEer eine bestimmte Nutzungsregelung als Maßnahme ordnungsmäßiger Verwaltung mittels Mehrheitsbeschluß treffen. 213

Sollen über die von Anfang an vorhandenen und bestimmten Kfz-Abstellplätze hinaus neue Plätze geschaffen werden, handelt es sich um bauliche Veränderungen, die der Zustimmung aller WEer bedürfen.

e) Rechtsprechung zu Gebrauchsregelungen und zur Nutzung von Außenanlagen

214 – Freigabe einer Rasen- oder Hoffläche zum Kinderspielen: zulässig.
– Freigabe einer über einer Tiefgarage befindlichen Rasenfläche zum Ballspielen (einschließlich Fußballspielen) innerhalb bestimmter Zeiten: nicht zulässig, weil Fußballspielen kein ordnungsmäßiger Gebrauch einer Rasenfläche ist (OLG Düsseldorf WE 1984, 135 mit Anmerkung Seuß).
– Benutzungsregelung für Kinderspielplatz (BayObLG DEW 1982, 98): zulässig.
– Beschränkung der Nutzung von im gem.E. stehenden Kfz-Abstellplätzen auf das ausschließliche Abstellen von PKW, Motorrädern und Motorrollern bei Verbot des Abstellens von Klein-LKW und Wohnwagen: zulässig (OLG Hamburg WE 1992, 115).
– Regelung, daß ein abgegrenzter Teil der zweckbestimmten Grünfläche als Liegewiese und als Kinderspielplatz genutzt werden darf: zulässig (BayObLG WE 1992, 264), weil es der Beschaffenheit von Grünflächen entspricht, wenn sie gärtnerisch als Zierrasen oder als Liegewiese oder als Kinderspielplatz genutzt werden (OLG Saarbrücken NJW 1990, 24; OLG Hamburg DWE 1991, 121; OLG Frankfurt DWE 1991, 119).
– Schaffung von zusätzlichen Kfz-Abstellplätzen aufgrund einer im rechtskräftigen Bebauungsplan enthaltenen Anordnung (OLG Köln WEM 1978, 122): zulässig.
– Gelegentliches Spielen von Kindern auf gem. Zufahrtsweg einer Wohnanlage mit zwei ETW, der als solcher zweckbestimmt ist: zulässig (KG vom 29. 4. 1998, 24 W 1107/98).

IV. Instandhaltung, Instandsetzung, bauliche Veränderungen

215 Ziel der Instandhaltung und Instandsetzung des gem.E. ist die Werterhaltung sowie die Erhaltung, Funktionstüchtigkeit und Gebrauchsfähigkeit der Baulichkeiten. Solche Maßnahmen unterliegen dem Grundsatz der ordnungsmäßigen Verwaltung. Es gehört deshalb zu den pflichtmäßigen und besonders wichtigen Aufgaben der WEer Instandsetzungs- und Instandhaltungsmaßnahmen am gem.E. vorzusehen und zu betreiben.

216 Bevor die WEer über die durchzuführende Instandhaltungsmaßnahme durch Stimmenmehrheit entscheiden ist zu prüfen,

ob der zu reparierende Gegenstand tatsächlich im gem.E. steht. Dieser Hinweis ist notwendig, weil es zwischen der Abgrenzung von SE und gem.E. und bezüglich der Verpflichtung, Instandhaltungs- und Instandsetzungskosten zu tragen, besondere Vereinbarungen in der GO sowie Grenzfälle geben kann.

Im Grundsatz gilt, daß die Kosten der Instandhaltung des gem.E. nach § 16 Abs. 2 von den WEern gemeinschaftlich zu tragen sind.

Besonders umstritten war die Frage, ob Fenster im SE stehen *217*
können (vgl. oben Rn. **6** 15) und ob die Instandhaltungskosten an Fenstern von den WEern allein zu tragen sind oder nicht. Auch ist es denkbar, daß für Teile des gem.E. Instandhaltungskosten aufgrund einer getroffenen Vereinbarung (GO) von einzelnen oder bestimmten WEern allein zu tragen sind (z.B. bei Sondernutzungsrechten vgl. oben Rn. **6** 69ff.).

Bauliche Veränderungen oder besondere Aufwendungen, die *218*
über die ordnungsmäßige Instandhaltung oder Instandsetzung des gem.E. hinausgehen, zählen nicht zu den Maßnahmen ordnungsmäßiger Verwaltung und können – soweit keine anders lautende Vereinbarung vorliegt – nur mit der Zustimmung aller WEer ausgeführt werden. Keiner Zustimmung bedürfen bauliche Veränderungen dann, wenn durch diese Maßnahmen schutzwürdige Interessen einzelner oder aller WEer nicht berührt werden bzw. wenn sie für die anderen WEer keinen Nachteil im Sinne von § 14 Nr. 1 bedeuten (§ 22 Abs. 1 S. 2). Die Abgrenzung zwischen baulichen Veränderungen bzw. besonderen Aufwendungen und ordentlichen Instandhaltungsmaßnahmen ist besonders schwierig. Aus diesem Grunde hat sich eine umfangreiche Rechtsprechung mit sehr unterschiedlichen Fallgestaltungen entwickelt, auf die in Zweifesfällen zurückgegriffen werden kann.

Denkbar ist es auch, daß Mängel sowohl am SE als auch am *219*
gem.E. bestehen. Als Beispiel kann hier das Eindringen von Feuchtigkeit über eine schlecht verfugte Balkonplatte (SE) oder durch eine mangelhafte Isolierschicht (gem.E.) in das SE eines WEers genannt werden. In einem solchen Fall kann die Gem. von den betreffenden WEern die Beseitigung des Mangels am SE verlangen, wenn dadurch das Eindringen weiterer Feuchtigkeit

verhindert und die Gem. vor größeren Kosten bewahrt werden kann (OLG Düsseldorf WE 1995, 314).

Im folgenden sollen die wesentlichen Gesichtspunkte ordnungsmäßiger und außerordentlicher Instandhaltungsmaßnahmen aufgezeigt werden:

1. Maßnahmen ordnungsmäßiger Instandhaltung und Instandsetzung

220 Die ordnungsmäßige Instandhaltung und Instandsetzung des gem.E. zählt zu den Maßnahmen ordnungsmäßiger Verwaltung (§ 21 Abs. 5 Nr. 2), die durch Stimmenmehrheit beschlossen werden können (§ 21 Abs. 3) und auf die jeder WEer einen Rechtsanspruch hat (§ 21 Abs. 4), den er gegebenenfalls gerichtlich durchsetzen kann (§ 43 Abs. 1).

221 Die Frage, was Instandhaltung und Instandsetzung ist, beantwortet das WEG nicht. Nach dem wohnungswirtschaftlichen Berechnungsrecht versteht man unter Instandhaltung (§ 28 II. BV, wobei es eine Legaldefinition der Begriffe Instandhaltung und Instandsetzung auch dort nicht gibt) die Verhinderung von Schäden und Beseitigung von Mängeln, die durch Abnutzung, Alterung oder normale Witterungseinwirkungen in mehr oder weniger zeitlich gleichbleibenden Abständen auftreten (Fischer-Dieskau, Wohnungsbaurecht, Loseblatt-Kommentar, Bd. 4 II. BV zu § 28 S. 7 und 8). Instandhaltungsmaßnahmen sind danach mehr vorbeugende Maßnahmen zur Verhinderung von Schäden (vgl. hierzu BayObLG WE 1992, 139), z.B.: Treppenhausanstrich, Erneuerung des Außenputzes der Fassade, Dacherneuerung. Unter Instandsetzung wird dagegen die Behebung von bereits eingetretenen Schäden verstanden, deren Auftreten ungewiß und unregelmäßig ist oder die durch unterlassene Instandhaltung oder Einwirkung Dritter entstanden sind.

222 Die Begriffe Instandhaltung und Instandsetzung im Bereich des WE gehen aber weit über die der II. BV zugrundeliegenden gleichen Begriffsinhalte hinaus. Das liegt daran, daß in der II. BV die Instandhaltungskosten einer zum Gebrauch überlassenen Mietsache zwischen Vermieter und Mieter abgegrenzt werden müssen, während im Wohnungseigentumsrecht die In-

standhaltung und Instandsetzung des gem.E. im Verhältnis der Miteigentümer zu beurteilen ist mit der Folge, daß im WE-Recht eine Unterscheidung in Instandhaltung und Instandsetzung eigentlich überflüssig ist.

In der Rechtsprechung hat sich die Auffassung durchgesetzt, *223* daß zur Instandhaltung des gem.E. im Sinne von § 21 Abs. 5 Nr. 2 auch pflegende, erhaltende und vorsorgende Maßnahmen, die der Aufrechterhaltung des ursprünglichen Zustands dienen, zählen (OLG Hamm DWE 1987, 54; KG vom 14. 6. 1993, 24 W 5328/92; BayObLG WE 1984, 184). In diesem Sinne würden die Hausreinigung und die vom Hauswart durchgeführte Gartenpflege Instandhaltungsmaßnahmen darstellen mit der Folge, daß diese Kosten unter den Instandhaltungskosten nach § 16 Abs. 2 auszuweisen wären. Zwar ist eine Abgrenzung der in § 16 aufgeführten Kosten: Lasten des gem.E., sowie die Kosten der Instandhaltung, Instandsetzung, sonstigen Verwaltung und eines gem. Gebrauchs des gem.E. wegen ihrer rechtlichen Gleichbehandlung nicht unbedingt notwendig. Gleichwohl ist eine richtige Zuordnung der Kosten formell und auch materiell nicht bedeutungslos, auch nicht im WE-Recht.

Im Mietrecht zählen die Kosten der Hausreinigung, des Haus- *224* warts und der Gartenpflege eindeutig zu den Betriebskosten (Anlage 3 zu § 27 Abs. 1 II. BV Ziff. 9; Ziff. 14; Ziff. 10) mit der Folge, daß diese Kosten auf den Mieter umlagefähig sind. Zwar werden in der Jahresabrechnung des Verwalters alle verauslagten Kosten auf die Wohnungseigentümer umgelegt, gleichwohl ist es auch für den Wirtschaftsplan und die Jahresabrechnung nicht bedeutungslos, unter welchen Positionen die genannten Kosten ausgewiesen werden. Es ist auch hier üblich, diese Kosten unter den Betriebskosten und nicht unter den Instandhaltungskosten auszuweisen. Zum einen wird damit dem mietrechtlichen Grundsatz des gesonderten Ausweisens von Betriebs- oder Nebenkosten Rechnung getragen, was für die vermietete ETW von besonderer Bedeutung sein kann. Zum anderen braucht dabei nicht die WE-rechtliche Frage erörtert zu werden, ob diese Art der Instandhaltungskosten direkt umzulegen oder ob sie der Instandhaltungsrückstellung zu entnehmen ist. Schließlich ist die richtige Zuordnung dieser

Kosten auch dann von WE-rechtlicher Relevanz, wenn in der GO – was überwiegend der Fall ist – die Betriebskosten im Sinne des § 27 der II. BV als gesondert abrechnungspflichtig und mit einem gesonderten Verteilungsschlüssel versehen bezeichnet werden.

225 Unter den Fallgruppen der Instandhaltungs- und Instandsetzungsmaßnahmen gewinnen die wertverbessernden Maßnahmen immer mehr an Bedeutung. Als Maßnahme ordnungsmäßiger Verwaltung können sie nur dann verstanden werden, wenn sie in Zusammenhang mit notwendigen Instandhaltungen stehen und der wirtschaftliche Aufwand im vertretbaren Verhältnis zum Erfolg steht, d. h. daß die Kosten der Maßnahmen nicht wesentlich höher sind, als die sonst zu erwartenden künftigen Reparaturkosten (Bielefeld a. a. O. S. 259). (Vgl. hierzu: Müller, „Modernisierende Instandhaltung“ in WE 1986, 58.)

226 Mehr und mehr setzt sich in Literatur und Rechtsprechung die Erkenntnis durch, daß die ordnungsmäßige Instandhaltung nicht nur in einer bloßen Reparatur besteht, sondern daß dazu durchaus eine sinnvolle Modernisierung gehört, welche die Vorteile neuerer technischer Entwicklungen nutzt. In diesem Sinne ist für die notwendige Ersatzbeschaffung von Maschinen, Installationen und Einrichtungen ein verbesserter moderner Standard sehr wohl sachgerecht (BayObLG WE 1989, 209).

227 Die hier bestehende Frage, wo im Einzelfall die Grenze ordnungsmäßiger Instandsetzung liegt, ist nicht einfach zu beantworten. Als grundsätzlicher Maßstab kann dabei ein vernünftig und wirtschaftlich denkender und erprobten Neuerungen gegenüber aufgeschlossener Hauseigentümer gelten, dem die Werterhaltung seines Gebäudes ein echtes Anliegen ist (BayObLG a. a. O.). Als Bewertungsmaßstab im einzelnen für die sogenannte modernisierende Instandhaltung können (BayObLG WE 1991, 228) folgende Gesichtspunkte eine Rolle spielen:

- Funktionsfähigkeit der bisherigen Anlage;
- langfristige Funktionsfähigkeit und erprobte Bewährung der neuen Anlage;
- Verhältnis zwischen wirtschaftlichem Aufwand und zu erwartendem Erfolg;
- die künftigen Betriebs- und Instandhaltungskosten;
- Umweltverträglichkeit.

Dieser Auffassung schließt sich das KG (WE 1989, 136; WE 1994, 335) an, wenn es der Senat als Gebot wirtschaftlicher Vernunft bezeichnet, nicht nur die Wiederherstellung des früheren Zustands ins Auge zu fassen, sondern auch inzwischen eingetretene technische Entwicklungen zu berücksichtigen, sofern diese mit einem relativ geringen Mehraufwand einen relativ hohen Nutzen ermöglichen. In diesem Sinne kann die Veränderung des ursprünglichen Zustands des Gebäudes z. B. durch Anbringen eines Pultdaches aus Kupferblech zur Sanierung eines Flachdaches eine Maßnahme ordnungsmäßiger Verwaltung sein. Das gilt insbesondere dann, wenn die doppelt so hohen Kosten des Pultdaches im Vergleich zur Sanierung des Flachdaches durch eine drei- bis viermal höhere Lebensdauer des Pultdaches überkompensiert werden (BayObLG WE 1991, 196). (Wegen Anschluß an Kabelnetz der Telekom vergleiche unten Rn. **7** 291.) *228*

Ebenso kann sich die Sanierung eines zum Zeitpunkt der Bildung des WE (hier: Erstellung des Hauses 1900) vorhandenen Flachdachs durch Wiederherstellung der ursprünglichen Walmdachkonstruktion im Rahmen ordnungsmäßiger Instandhaltung halten, wenn diese Maßnahme zur dauerhaften Schadensbeseitigung technisch geboten ist und nach Durchführung einer Kosten-Nutzen-Analyse wirtschaftlich sinnvoll erscheint (so KG WE 1994, 335).

Grundsätzlich kann der Ersatz einer Anlage (hier: Wärmepumpe) durch eine kostengünstigere andere Anlage (hier: Gasheizungsanlage) als Maßnahme ordnungsmäßiger Verwaltung geboten sein, wenn die Maßnahme technisch notwendig ist und nach einer Kosten-Nutzen-Analyse wirtschaftlich sinnvoll erscheint (KG WE 1995, 58). Sehr problematisch kann die Instandhaltung und Instandsetzung von Gartenanlagen sein. Hier stellt sich besonders oft die Frage nach ordnungsmäßiger Instandhaltung, wenn Bäume, Sträucher und andere Pflanzen so stark wachsen, daß ein Rückschnitt vielfach nicht genügt, sondern Ersatzpflanzungen notwendig sind. Ob Ersatzpflanzungen eine Maßnahme ordnungsmäßiger Instandsetzung sind oder nicht, kann nur im Einzelfall entschieden werden. Zu folgen ist der Auffassung des OLG Hamm (WE 1996, 310), *229* wenn es feststellt, daß der Ermessensspielraum der WEer für ordnungsmäßige Instandhaltung und Instandsetzung bei Gartenanlagen im Hinblick auf das nicht geplante Wachstum einer Anpflanzung und eine dadurch eintretende Veränderung des Erscheinungsbildes der Wohnanlage weit zu fassen ist.

230 Eine modernisierende Instandhaltung hat dann ihre Grenzen, wenn die bisherige Anlage weiterhin ordnungsgemäß funktioniert und mit größeren Reparaturen in nächster Zeit nicht zu rechnen ist (z.B. Umstellung einer Öl-Zentralheizung auf Fernwärme, OLG Düsseldorf vom 8. 10. 1997, 3 Wx 352/97) und schließlich auch dort, wo die Amortisation des Zusatzaufwands einen erheblichen Zeitaufwand in Anspruch nimmt. Das KG bezeichnet eine Maßnahme, bei der die Amortisation des Zusatzaufwands erst nach 20 Jahren eintritt, nicht mehr als modernisierende Instandhaltung, sondern als eine bauliche Veränderung, die der Zustimmung aller WEer bedarf (KG WE 1996, 345).

231 Vielfach besteht unter den WEern Streit über die Frage, ob im technischen Sinn ein Mangel vorliegt, der durch Instandhaltungs- oder Instandsetzungsmaßnahmen zu beseitigen ist. Maßstab zur Beurteilung dieser Frage ist die Feststellung, ob ein gerügter als Mangel bezeichneter Zustand vom betreffenden WEer allgemein hinnehmbar ist oder nicht. Orientierungshilfen hierfür geben die DIN-Normen und die VDI (Verein Deutscher Ingenieure)-Richtlinien als allgemein anerkannte technische Anforderungen. Rechtsvorschriften sind diese aber nicht und somit auch nicht grundsätzlich und unmittelbar verbindlich. Gleichwohl haben diese Normen erheblich tatsächliches Gewicht bei der Beurteilung der Frage, ob ein Mangel vorliegt oder nicht (BayObLG WE 1986, 26). Bei der Beurteilung eines Mangels sind nicht immer die gültigen Normen Bemessungsgrundlage. Sofern kein offensichtlicher Mangel vorliegt, kann ein Anspruch auf modernisierende Instandhaltung nicht auf den heutigen Stand der Technik bezogen werden, sondern lediglich auf die Vorschriften, die zum Zeitpunkt der Errichtung des Gebäudes maßgeblich waren (vgl. OLG Hamburg vom 20. 1. 1998, 2 Wx 61/95).

232 Reichen diese Normen als Orientierungshilfe nicht aus, kann über das Vorhandensein und über die Ursache eines Mangels nur ein Sachverständigengutachten Klarheit verschaffen. In solchen Fällen gehört die Beauftragung eines Sachverständigen zu den Maßnahmen ordnungsmäßiger Instandhaltung, weil jeder WEer einen Anspruch auf sachgemäße Feststellung von Baumängeln hat (OLG Hamm WE 1993, 110).

Kommt es zum Streit, weil beispielsweise ein WEer einen Mangel am gem.E. reklamiert, der Schäden am SE verursacht, so können dann erhebliche Probleme entstehen, wenn sich der geschädigte WEer und die übrigen WEer über die vorzunehmende Instandhaltungsmaßnahme nicht einig werden. In diesem Falle entscheiden die Gerichte nach Maßgabe von einzuholenden Sachverständigengutachten. Als Grundsatz bei solchen Auseinandersetzungen gilt, daß Instandhaltungsmaßnahmen am gem.E. technisch dann einwandfreie Lösungen darstellen, wenn sie zur dauerhaften Beseitigung von Mängeln führen. Auf die Wirtschaftlichkeit solcher Maßnahmen ist dabei Rücksicht zu nehmen (BayObLG WE 1990, 181). Ein besonderes Problem ergibt sich dann, wenn der vom Sachverständigen zu beurteilende Mangel technisch schwierig ist und er deshalb eine einfache preiswerte – aber nicht oder nicht mehr den anerkannten Regeln der Technik entsprechende – Lösung zu Gunsten einer sehr teuren aber technisch absolut sicheren Maßnahme verwirft. Die Gerichte sind hier ausschließlich auf Sachverständigengutachten angewiesen und können über diese hinaus kaum andere Entscheidungen treffen. Um so wichtiger ist es hier für die WEer, daß der beauftragte Sachverständige ein zutreffendes Gutachten erstellt. Dies ist nach allgemeiner Erfahrung nicht immer gegeben, schon allein deswegen, weil technische Mängel und deren einfache, aber richtige Behebung meist sehr schwer zu beurteilen sind. Aus diesem Grunde sollten die Gerichte hohe Anforderungen an solche Gutachten stellen und bei einleuchtenden Zweifeln über deren Richtigkeit großzügiger mit der Zulassung von weiteren Gutachten sein. Es bestehen Zweifel, ob der Grundsatz der Gerichtspraxis den berechtigten Anliegen der WEer, zwar auf eindeutige aber preiswerte Instandhaltungsmaßnahmen, immer gerecht wird. Danach ist nämlich die Einholung eines weiteren Gutachtens nur in Ausnahmefällen gestattet (§ 15 Abs. 1, 1 FGG, § 412 Abs. 1 ZPO). Solche Ausnahmefälle sind 233 gegeben, wenn die Sachkunde des Gutachters zweifelhaft ist; wenn das Gutachten von unzureichenden Voraussetzungen ausgeht; wenn es Widersprüche enthält bzw. wenn der neue Sachverständige über Forschungsmittel verfügt, die denen des früheren Gutachters überlegen erscheinen (BayObLG WE 1990, 181; BayObLG vom 4. 8. 1997, 2Z 51/97).

234 Besonders bei Feuchtigkeitserscheinungen, die im SE auftreten, ist die Schadensursache oft nicht eindeutig festzusellen. Während der geschädigte WEer die Schadensursache meist in einem Mangel (z.B. undichte Dach- oder Fassadenfugen) am gem.E. vermutet, kann der Mangel auch im ungenügenden Heiz- und Lüftungsverhalten des WEers seine Ursache haben. Im Zweifel wird auch hier ein Gutachter mit der Feststellung der Schadensursache beauftragt werden. Die Kosten dieses Gutachtens hat zwar zunächst der Auftraggeber zu tragen, er kann sie aber im Wege des Ersatzes von Aufwendungen für Geschäftsführung ohne Auftrag (§§ 683, 670 BGB) von demjenigen verlangen, der letzlich für den Schaden verantwortlich ist. Das ist für das SE der betreffende WEer und für das gem.E. die Gem. der WEer (OLG Hamm WE 1993, 110).

235 Beantragt dagegen ein WEer ein selbständiges Beweissicherungsgutachten zur Feststellung von allgemeinen Mängeln am gem.E., so kann er die dabei entstehenden Kosten nicht nach § 21 Abs. 2 von den anderen WEern verlangen, wenn das Verfahren nicht zur Abwendung eines unmittelbaren Schadens dient. Zwar schließt § 21 Abs. 2 die Ansprüche eines WEers aus Geschäftsführung ohne Auftrag oder aus ungerechtfertiger Bereicherung nicht aus. Voraussetzung hierfür ist aber, daß das Beweissicherungsverfahren dem Interesse bzw. dem wirklichen oder mutmaßlichen Willen der Gem. zu entsprechen hat (BayObLG WE 1996, 152).

236 Denkbar ist auch, daß ein WEer in Zusammenhang mit einer in der GO vorgesehenen Baumaßnahme (z.B. zum Ausbau eines Dachgeschosses) Mängel am gem.E. verursacht. In diesem Fall ist dieser WEer Handlungsstörer und der Gem. gegenüber schadensersatzpflichtig. Verkauft dieser WEer sein WE, ohne daß die anderen WEer Ansprüche gegen ihn geltend gemacht haben, kann der Sonderrechtsnachfolger nicht durch Mehrheitsbeschluß zur alleinigen Schadensbeseitigung gezwungen werden. Für die Handlungsstörung kann der Erwerber nicht haftbar gemacht werden, das gilt besonders dann, wenn der WEer sein WE im Wege des Zuschlagbeschlusses erworben hat. Die Zustandshaftung trifft den WEer nicht allein, sondern die gesamte WEer-Gem. (KG WE 1996, 387).

In diesem Zusammenhang wäre auch noch die Frage zu untersuchen, nach welchen Maßstäben und in welchem Umfang die Beseitigung von anfänglichen Baumängeln, die – wie unten dargestellt – zu den Maßnahmen ordnungsmäßiger Instandsetzung gehören, vorzunehmen ist. Sind hierfür die in der Baubeschreibung vorgegebenen Ausführungen vollinhaltlich nachzuvollziehen, oder genügt eine weniger kostenträchtige Maßnahme, die zwar den Zweck voll erfüllt, aber der Ausführungsart nicht ganz entspricht? Gilt auch hier der Grundsatz der Beachtung der Wirtschaftlichkeit bei Instandhaltungsmaßnahmen? Darauf versucht das BayObLG (WE 1991, 23) eine Antwort zu geben, wenn es feststellt, daß Baumängel, auf deren Beseitigung jeder WEer einen Anspruch hat, auch dann vorliegen können, obwohl zum Zeitpunkt der Bauerstellung die geltenden DIN-Vorschriften (hier: Wärmedämmung) eingehalten wurden. Allerdings ist bei von mehreren in Betracht kommenden Behebungslösungen der Gesichtspunkt der Wirtschaftlichkeit zu beachten. Das bedeutet, daß es einem WEer zuzumuten ist zunächst weniger weitreichende Maßnahmen zur Behebung der Mängel hinzunehmen. Nur wenn der erstrebte Erfolg nicht erreicht wird, kann er weitergehende Maßnahmen verlangen. Auch bei der Beseitigung von Baumängeln gilt demnach der Grundsatz, daß jeder WEer nur eine dem Interesse der WEer nach billigem Ermessen insgesamt entsprechende Instandsetzung verlangen kann. Das bedeutet, daß einerseits technische Lösungen gewählt werden müssen, die den Baumangel dauerhaft beseitigen, daß andererseits aber auch die Wirtschaftlichkeit der verschiedenen Lösungsmöglichkeiten zu berücksichtigen ist (BayObLG WE 1990, 183). *237*

Auch zählt die aufteilungsplanwidrige Herstellung einer Anlage zu den Mängeln, welche den Anspruch auf erstmalige ordnungsmäßige Herstellung entsprechend dem Aufteilungsplan und den Bauplänen verlangen (BayObLG WE 1991, 162). Dieser *238*

Anspruch kann jedoch nach Treu und Glauben ausgeschlossen sein, wenn die ordnungsmäßige Herstellung den WEern bei Berücksichtigung aller Umstände nicht zumutbar ist. In diesen Fällen kann es geboten sein, einem WEer, der durch die nicht ordnungsmäßige Erstellung des Objekts in seinen Rechten nicht nur unwesentlich beeinträchtigt ist, in geeigneter Weise einen Ausgleich zu verschaffen (BayObLG WE 1991, 162; hier: Versetzung von 2 Fertigteilgaragen um 1 Meter zu weit nach vorne).

239 Die Rechtsprechung hat für die Grenzbereiche von Instandhaltungs- und Instandsetzungsmaßnahmen zu baulichen Veränderungen bestimmte Fallgruppen gebildet. Dabei zählen folgende zu den Maßnahmen ordnungsmäßiger Verwaltung:

- Maßnahmen zur erstmaligen Herstellung eines einwandfreien Zustandes
- Maßnahmen zur Beseitigung anfänglicher Baumängel sowie zur Behebung eines gemeinschaftsrechtlich nicht einwandfreien Zustandes (BayObLG WE 1989, 178).
- Wohnwertverbessernde Maßnahmen soweit sie zur Senkung der laufenden Aufwendungen beitragen und geringfügige Erstellungskosten verursachen
- Verbesserungsmaßnahmen anläßlich notwendiger Reparaturen bei nicht wesentlich höheren Kosten (modernisierende Instandsetzung)
- Ersatzbeschaffungsmaßnahmen
- Maßnahmen zur Anpassung an rechtliche Erfordernisse.

240 Nachstehend werden die wichtigsten Maßnahmen ordnungsmäßiger Instandhaltung in Fallgruppen aufgezeigt, wobei eine Bewertung aller dargestellten Gerichtsentscheidungen nicht ohne Berücksichtigung der besonderen Umstände des Einzelfalles vorgenommen werden darf (vgl. auch Deckert a. a. O. Gruppe 5 S. 78 ff. und Bielefeld a. a. O. S. 257 ff.):

- Erstmalige Herstellung eines einwandfreien Zustandes sowie Beseitigung anfänglicher Baumängel:
  - Die erstmalige Herstellung eines Gebäudes ergibt sich aus den Bauplänen, der Baubeschreibung und gegebenfalls aus dem Aufteilungsplan, der in der Regel aus dem Eingabeplan entwickelt wurde. Enthalten Pläne und Baubeschreibung zur Bauausführung im Detail keine Angaben, gelten diejenigen Ausführungen als sachgerecht, welche den gegebenen Vorschriften entsprechen (BayObLG WE 1995, 344).

- Inwieweit die WEer gegen den Bauträger wegen planwidriger Herstellung Ansprüche haben, wurde oben (Rn. **2** 156 ff.) aufgezeigt. Sonst haben die WEer insgesamt im Rahmen der Instandhaltung und Instandsetzung Anspruch auf erstmalige Herstellung eines einwandfreien Zustands. In bestimmten Fällen kann ein solcher Anspruch auch gegen einen WEer allein bestehen (vgl. BayObLG WE 1997, 76 hier: abweichende Bauausführung bei der Abgrenzung zwischen zwei Dachterrassen); nicht aber dann, wenn die planwidrige Herstellung oder wenn Mängel nach sich ziehende Sonderwünsche vor dem Entstehen der werdenden WEer-Gem. zwischen einem Erwerber und dem Bauträger veranlaßt wurden (vgl. OLG Hamm vom 21. 7. 1997, 15 W 482/96).
- Vornahme schalldämmender Maßnahmen, wenn andere WEer unangemessen benachteiligt werden (BayObLG DWE 1980, 63), z. B. durch Auslegen von Treppen mit Teppichboden (BayObLG DWE 1982, 31), oder durch besondere Lärmschutzmaßnahmen infolge einer unangemessenen Störung durch eine Wasserdruckerhöhungsanlage (BayObLG Rpfleger 1981, 284) und durch Einbau einer Eingangs-Doppeltür zur Verbesserung des Schallschutzes (möglich auch ohne Beschluß: BayObLG Rpfleger 1978, 299).
- Anschaffung von Spielgeräten für einen Kinderspielplatz sofern baurechtliche Vorschriften (BayObLG DWE 1981, 22) dies vorsehen.
- Errichtung eines baurechtlich vorgeschriebenen Spielplatzes (BayObLG ZMR 1980, 381; BayObLG vom 25. 6. 1998 2Z 10/98) sowie Anschaffung von Spielgeräten für einen Kinderspielplatz, ebenso das Versetzen einer Kinderschaukel, sofern baurechtliche Vorschriften (BayObLG DWE 1981, 22) dies vorsehen.
- Umgestaltung der Rasenfläche einer Mehrhausanlage in einen Kinderspielplatz vor dem endgültigen Abschluß der gärtnerischen Arbeiten (OLG Düsseldorf DW 1983, 31). Sollte dennoch ein Beseitigungsanspruch geltend gemacht werden, könnte dieser nur aus dem Kaufvertrag abzuleiten sein und wäre deshalb vor dem Prozeßgericht geltend zu machen. Dies gilt auch dann, wenn der Veräußerer auch WEer ist.
- Erstellung zusätzlicher Parkplätze und Feuerwehrzufahrten (BayObLG ZMR 1983, 419) zwecks Erfüllung der Pflicht zur Herstellung einer Wohnanlage.
- Nachträgliche und angemessene Bepflanzung einer Gartenanlage (BayObLG Rpfleger 1975, 367).
- Beseitigung der Schadensursachen bei Feuchtigkeitsschäden in Räumen des SE durch Isolierung der Fassaden (BayObLG Rpfleger 1982, 267; OLG Frankfurt DWE 1984, 89).
- Umzäunung eines Grundstückes, wenn eine solche von Anfang an vorgesehen war, und dies von der natürlichen Zweckbestimmung her (OLG Karlsruhe Justiz 1979, 336) geboten ist (KG Rpfleger 1982, 22).

- Änderung der Umzäunung einer Sondernutzungsfläche, soweit diese nicht dem Aufteilungsplan entspricht (BayObLG WE 1995, 284) als Anspruch gegen alle WEer.
- Nachträglicher Einbau einer im Aufteilungsplan vorgesehenen, tatsächlich aber nicht angebrachten Wohnungsabschlußtüre (BayObLG DWE 1984, 30).
- Verlegung von Dachrinnen, wenn sich das bisherige Entwässerungssystem nach zahlreichen Reparaturen als bautechnisch verfehlt erwiesen hat (AG München immo-telex 1984, 87).
- Errichtung eines Kinderspielplatzes auf Rasenfläche, wenn dieser vor endgültiger Fertigstellung der gesamten Außenanlage angelegt wurde (OLG Düsseldorf immo-telex 1984, 34).
- Keine erstmalige Herstellung eines ordnungsmäßigen, in der TE vorgesehenen baulichen Zustandes ist das nachträgliche Anbringen eines Balkons, der zwar in einem Aufteilungsplan (aus dem Jahr 1909) vorgesehen, aber nicht ausgeführt war (BayObLG WE 1987, 17). Ebensowenig kann nach Ablauf von 10 Jahren der Einbau einer Tür verlangt werden an der Stelle wie sie im Aufteilungsplan (TE) vorgesehen war, wenn die Eingangstüre an einer anderen in der TE nicht vorgesehenen Stelle angebracht war. Einerseits entstehen zwei Eingangstüren, was in der TE nicht vorgesehen ist, zum anderen wäre der Anspruch auf Herstellung der Eingangstür an der hierfür vorgesehenen Stelle nach Ablauf vor 10 Jahren verwirkt (OLG Hamm WE 1990, 101).
- Entfeuchtung der Grundmauern als Behebung eines von Anfang an vorhandenen Baumangels. Der Beseitigungsanspruch gegenüber den anderen WEern stellt auch keinen Rechtsmißbrauch dar, wenn der den Anspruch stellende WEer beim Erwerb des WE den Mangel nicht kannte, auf alle Gewährleistungsansprüche verzichtete und wenn er die ETW nicht vom Bauträger erworben hat (BayObLG WE 1989, 221).
- Anlage eines mit Platten belegten Weges auf einer Rasenfläche, wenn erst dadurch für alle WEer ein rechtlich gesicherter und ständig sicher begehbarer Zugang zu ihrem SE (hier: um eine Rasenfläche gruppierte Einfamilienhäuser) geschaffen wird (BayObLG WE 1989, 178).
- Beseitigung und Begrünung eines ohne Rechtsgrund öffentlich genutzten Weges auf gem. Grund und Einzäunung des gem. Grundstücks, welches unmittelbar an einem öffentlichen Uferweg anliegt (BayObLG WE 1991, 47).
- Wiederherstellung des äußeren Erscheinungsbildes, wenn gegen früher erfolgte eigenmächtige bauliche Maßnahmen Einzelner keine Beseitigungsansprüche mehr erhoben werden können (KG WE 1991, 324 = Eigenmächtige Verfliesung des ursprünglich einheitlich betonierten Eingangsbereichs einer Mehrhausanlage).

- Anpassung an rechtliche Erfordernisse:
  - Einbau von selbstschließenden Sicherheitstüren in Fahrstühlen (LG München DB 1977, 2231).
  - Nachträglicher Einbau von Entlüftungsrohren zum Dach (gem.E.) durch einen Speicher (SE) aufgrund einer baubehördlichen Auflage. Diese Instandsetzungsmaßnahme des gem.E. hat auch der betroffene SEer (§ 14 Nr. 4) zu dulden (BayObLG WE 1986, 74).
  - Nachträgliche Verlegung von Betonschwellen in das Verbundsteinpflaster einer Parkplatzzufahrt, wenn diese Maßnahme der Gefahrenminderung dient (KG Berlin OLGZ 85, 263).
- Energieeinsparende Maßnahmen nach den Bestimmungen der Heizanlagenverordnung (s. unten Rn. **7** 344 ff.).
- Sonstige energieeinsparende Maßnahmen:
  - Anschaffung von Meßeinrichtungen zur verbrauchsbezogenen Abrechnung der Heiz- und Warmwasserkosten (s. unten Rn. **7** 344 ff.; HeizkostenV).
  - Einbau von Rauchgasklappen stellen zwar eine zu beschließende bauliche Veränderung dar. Entfernung kann nicht mehr verlangt werden, weil durch die Heizkosteneinsparung die WEer gegen den anfechtenden Miteigentümer einen Bereicherungsanspruch hätten (BayObLG NJW 1981, 690).
- Verbessernde Maßnahmen durch Erneuerung bei nur geringen Einbaukosten und künftigen Einsparungen bei den laufenden Aufwendungen (umstritten).
  - Einbau von Kaltwasserzählern zur Einschränkung des Gesamtverbrauchs und der verbrauchsbezogenen Kaltwasserabrechnung (AG Mannheim DWE 1980, 93).
  - Umstellung der Heizungsanlage von Öl- auf Erdgasversorgung, wenn die ölbefeuerte Heizungsanlage erneuerungsbedürftig ist (OLG Celle WE 1993, 224).
  - Notwendige Erneuerung einer mit Heizöl betriebenen Heizungsanlage, die eine wahlweise Energieversorgung mit Heizöl oder Erdgas vorsieht, wenn sie mit vertretbaren Mehrkosten vorgenommen werden kann (BayObLG WE 1989, 299).
  - Nachträglicher Farbanstrich auf einer nur mit einem Naturputz (also ohne Farbe) versehenen Fassade (KG WE 1993, 275)
- Verbesserungen anläßlich notwendiger Reparaturen, wenn die Verbesserungsmaßnahmen nicht wesentlich höhere Kosten als die einfachen Reparaturmaßnahmen ausmachen:
  - Ersatz eines schadhaften Asphaltbodens im Laubengang einer Wohnanlage durch einen Plattenbelag (OLG Schleswig SchlHolA 1968, 70).
  - Ersatz einer zerbrochenen Außenscheibe an der Glastür zur Eingangshalle einer Wohnanlage durch eine vertikal zweigeteilte mit einem schmalen Steg versehene Scheibe (BayObLG DWE 1983, 30).

- Ersatz einer alten noch gebrauchsfähigen Fernsehantenne durch eine moderne zum Empfang mehrerer Sender, wenn der Aufwand die WEer nicht übermäßig belastet (AG Augsburg DWE 1975/3, 94).
- Notwendige Fassadensanierung mit zusätzlichen Wärmedämmaßnahmen (vgl. Bielefeld a.a.O. S. 216f.; AG Bergisch Gladbach DW 1983, 62; OLG Düsseldorf vom 25. 2. 1981, 3 W 359/80; BayObLG DWE 1984, 59; OLG Frankfurt DWE 1984, 89).
- Zusammenlegung eines vorhandenen Parkplatzes mit dem Zufahrtsweg zu einem neuen Parkplatz bei gleichzeitiger Erhaltung bzw. sogar Neuschaffung zusätzlicher Stellplätze (keine bauliche Änderung sondern Änderung der Parkplatzordnung gem. § 15 = Köln WEM 1978, 122).
- Schneiden eines Durchgangs durch eine Hecke, die das gem.E. in zwei Teile trennt, zählt (BayObLG WE 1990, 60), wie das Zurückschneiden einer Hecke (BayObLG WE 1986, 152), zu den Maßnahmen ordnungsmäßiger Verwaltung.
- Entfernung von auf einem Tiefgaragendach stehenden Bäumen kann mit Stimmenmehrheit beschlossen werden, wenn Anhaltspunkte dafür bestehen, daß die Baumwurzeln in die schon beschädigte Dichtungsschicht eindringen und weitere Schäden verursachen. Dies gilt auch dann, wenn die Bäume das Erscheinungsbild der Wohnanlage prägen und Straßenlärm abschwächen (BayObLG WE 1997, 72).
- Ersatz einer Rauhfasertapete durch eine Glasfasertapete bei der Renovierung eines Treppenhauses (OLG Düsseldorf WE 1995, 149).
- Sanierung eines Flachdaches durch Herstellung eines Walmdachs kann nach Vorliegen einer Kosten–Nutzenanlyse eine Maßnahme ordnungsmäßiger Verwaltung sein (BayObLG vom 12. 3. 1998 2Z 4/98).

• Ersatzbeschaffung von Einrichtungen und Ausstattungen:
  - Ersatz einer alten Waschmaschine sowie dem Hausmeister zur Verfügung gestellter Gerätschaften, auch ohne Beschluß der Gemeinschaft (BayObLG NJW 1975, 2296).
  - Abriß einer alten, verrosteten Kinderschaukel und Ersatz durch Aufstellen einer neuen, technisch moderneren, aber den Gesamtcharakter der Einrichtung nicht verändernden Schaukel an einer anderen, die WEer nicht stärker beeinträchtigenden Stelle (KG WE 1990, 210).

• Verschiedene Maßnahmen:
  - Ersatz eines Zeitschalters für Außenbeleuchtung durch einen Dämmerungsschalter zur Sicherung einer ausreichenden Beleuchtung (BayObLG WE 1994, 275).
  - Anschaffung und Montage eines Fahrradständers auf dem im gem.E. stehenden Hof, auch wenn bisher dort noch kein Fahrradständer vorhanden war und die Räder unkontrolliert im Hof abgestellt wur-

den (OLG Köln WE 1997, 199), und wenn damit nicht eine wesentliche Behinderung des Geh- und Fahrverkehrs verbunden ist (BayObLG WE 1991, 228).

Alle diese Maßnahmen können als Maßnahmen ordnungsmä- 241
ßiger Instandhaltung und Verwaltung durch Stimmenmehrheit beschlossen werden. Anderes gilt, wenn die WEer wegen anfänglicher Baumängel vom Bauträger einen Minderungs- oder Schadensersatzbetrag erhalten und diesen nicht zur Mängelbeseitigung verwenden, sondern aufgrund Mehrheitsbeschluß anteilig an die WEer zur Auszahlung bringen. In diesem Fall hat ein WEer keinen Anspruch auf Mängelbeseitigung im Wege einer Instandhaltungsmaßnahme, weil die WEer mit einem unangefochtenen Auszahlungsbeschluß auf die Beseitigung des Mangels verzichtet haben (BayObLG WE 1990, 175). Bestehen keine Gewährleistungsansprüche gegen den Veräußerer mehr oder lassen sie sich nicht durchsetzen, so ist die erstmalige Herstellung eines einwandfreien Zustands sowie die Beseitigung anfänglicher Baumängel Sache der WEer, die im Rahmen ordnungsmäßiger Instandhaltung und Instandsetzung den ordnungsmäßigen Zustand herzustellen haben. Das gilt auch dann, wenn in der GO abweichend vom Gesetz vereinbart ist, daß die Sondereigentümer bestimmte Teile des gem.E. auf eigene Kosten instand zu halten haben. (BayObLG WE 1996, 400).

Zu einem ordnungsmäßigen, den Interessen der Gesamtheit 242
der WEer entsprechenden Instandhaltung und Instandsetzung (Verwaltung) gehört auch eine ordnungsmäßige Regelung der Kostenfrage. Aus diesem Grunde wird der Verwalter in den Beschlußvorschlag über die durchzuführende Instandhaltungsmaßnahme in der Regel auch die Finanzierung dieser Maßnahme mit einbeziehen (BayObLG WE 1996, 476).

Keine Maßnahme ordnungsmäßiger Verwaltung ist die tätige 243
Mithilfe (vgl. hierzu oben Rn. 7 218ff.) von WEern bei Hausordnung und bei Instandhaltungsmaßnahmen, wenn dies in der GO nicht ausdrücklich vorgesehen ist. Ein Mehrheitsbeschluß, der eine tätige Mithilfe zum Inhalt hat, z.B. das Selbststreichen von Balkongittern, kann rechtswirksam angefochten werden (BayObLG DWE 4/1983, 119). Dagegen zählt das KG die Ausführung bestimmter Instandhaltungsarbeiten (hier: Anstrich

der Außenfenster bestimmter SE-Einheiten) durch einzelne WEer als Eigenleistung unter Zusage eines ortsüblichen Entgelts unter bestimmten Voraussetzungen zu den Maßnahmen ordnungsmäßiger Verwaltung (KG WE 1991, 325).

244 Die Frage, wann Instandhaltungsmaßnahmen vorzunehmen sind, ist in der Praxis von großer Bedeutung. Da jeder WEer einen Rechtsanspruch auf ordnungsmäßige Instandhaltung hat, kann er Mängel am gem.E. rügen und die Vornahme von Instandsetzungsmaßnahmen zwecks Mängelbeseitigung verlangen. Gestritten wird in diesem Zusammenhang häufig darüber, ob der gerügte Zustand tatsächlich ein zu behebender Mangel ist oder nicht, bzw. darüber, wie der Mangel zu beheben ist. Entscheidungsgrundlage für eine Mängelfeststellung sind die anerkannten Regeln der Technik, wie sie oben beschrieben wurden. Über die Art der Instandhaltungsmaßnahme bestimmen die WEer durch Mehrheitsbeschluß. Es liegt im grundsätzlichen Ermessen der WEer zu entscheiden, welche der möglichen Instandhaltungsmaßnahmen zu ergreifen sind. Voraussetzung hierfür ist, daß die gewählte Maßnahme dem Interesse der Gesamtheit der WEer dient (BayObLG WE 1996, 480).

245 Die ordnungsmäßige Instandhaltung als Maßnahme ordnungsmäßiger Verwaltung ist Sache aller WEer und verpflichtet deshalb nicht nur einzelne WEer, sondern die WEer in ihrer Gesamtheit.

246 Der Umfang des Schadens am gem.E. spielt dann eine besondere Rolle, wenn das Gebäude zu mehr als der Hälfte seines Wertes zerstört und der Schaden nicht durch eine Versicherung bzw. in anderer Weise gedeckt ist. In diesem Fall kann – sofern nichts anderes vereinbart ist – der Wiederaufbau nicht durch Mehrheit der WEer beschlossen und von einzelnen WEern nicht verlangt werden (§ 22 Abs. 2). Der Wiederaufbau wäre in diesem Fall keine Maßnahme ordnungsmäßiger Instandsetzung. Anders hat aber ein WEer dann Anspruch auf baldmöglichste Instandsetzung, wenn die WEer durch Beschluß ihren Willen zur Wiederherstellung eines teilzerstörten Gebäudes bekundet haben (OLG Braunschweig WE 1991, 107, hier: teilzerstörte Scheune).

247 Die Kosten für Instandhaltungsmaßnahmen zählen zu den Kosten der Verwaltung nach § 16 Abs. 2 und sind im Rahmen des Hausgeldes nach Maßgabe des gesetzlichen oder vereinbarten Verteilungsschlüssels von den WEern anteilmäßig zu tragen, bzw. sind diese der Instandhaltungsrückstellung zu entnehmen.

Zu den Kosten der Verwaltung, die im Zuge der Instandhaltung des gem.E. entstehen, gehören auch die dabei am SE entstandenen Schäden (§ 14 Nr. 4). Solche Schäden umfassen auch einen eventuellen Nutzungs- und Mietausfall, die einem privatrechtlichen Aufopferungsanspruch ähnlich sind. Der Anspruch auf Nutzungs- und Mietausfall ist aber um den Anteil der Berechtigten an den Gemeinschaftskosten zu kürzen (KG WE 1994, 51). Wird eine Zentralheizungsanlage saniert, zählen neben den Sanierungskosten auch deren Folgekosten zu den Gemeinschaftskosten und zwar unabhängig davon, ob die Installationskosten SE oder gem.E. darstellen (KG vom 14. 10. 1996, 24 W 1170/96). Ferner hat die Gemeinschaft die Kosten zu übernehmen bzw. zu erstatten, die für das SE entstanden sind, weil nur dadurch die Reparaturmaßnahmen am gem.E. möglich waren. Das kommt meist dann vor, wenn an Balkonen und Dachterrassen die Mängelursache im gem.E. (z.B. an der Isolierung) liegt und bei der Sanierung die im Sondereigentum befindlichen Fliesen abgedeckt und erneuert werden müssen. In diesem Fall haben die WEer gegen den betreffenden Sondereigentümer in der Regel auch keinen Ausgleichsanspruch im Sinne von „neu für alt", wenn durch die Erneuerung der Fliesen keine sich wirtschaftlich auswirkende Wertsteigerung des SE gegeben ist (BayObLG vom 19. 3. 1998, 2Z 18/98).

Werden laufende Instandhaltungsmaßnahmen am gem.E. irrtümlich durch einzelne WEer veranlaßt und bezahlt (weil sie z.B. der Meinung waren, daß Balkonsanierungsmaßnahmen im SE ausgeführt werden), so haben sie einen Aufwendungsersatzanspruch (§ 21 Abs. 4, § 683 BGB) gegen die Miteigentümer, wenn sie mit der Reparatur im Interesse und im mutmaßlichen Willen der Miteigentümer gehandelt hätten (OLG Frankfurt immo-telex 1984, 74). *248*

Die Kostenerstattungspflicht der anderen WEer für eine von einem WEer veranlaßte und bezahlte Instandhaltungsmaßnahme besteht aber nur dann und insoweit, als die Maßnahme im Sinne einer ordnungsmäßigen Instandhaltung notwendig ist. Läßt z.B. *249* ein WEer in seiner Wohnung neue Fenster einbauen, um mit der besseren Dichtung eine Wohnwertverbesserung zu erreichen, kann er von den anderen WEern keine Kostenerstattung verlangen, wenn ein Gutachter feststellt, daß die alten Fenster mit einem neuen preisgünstigen Farbanstrich noch 6–8 Jahre dem gängigen Standard an Wärmeschutz entsprochen hätten (OLG Köln WE 1995, 240).

250 Bezüglich der Beteiligung an der Kostentragung für Instandhaltungs- und Instandsetzungsmaßnahmen des gem.E. können durch Vereinbarung andere Regelungen getroffen werden, wie z.B. bei der Instandhaltung von Fenstern (vgl. oben Rn. **6** 254). Solche Vereinbarungen müssen aber klar gefaßt sein, um Auslegungsschwierigkeiten zu vermeiden. So ist z.B. die Regelung in der GO einer aus zwei Einfamilienhäusern mit zwei Garagen bestehenden ETW-Wohnanlage, jeder WEer hat die in „seinem Bereich“ anfallenden Instandhaltungskosten zu tragen, dann nicht eindeutig, wenn die Zufahrt zu einer der beiden Garagen der gem. Nutzung zugewiesen wird. Wegen der unklaren Regelung müssen die Instandhaltungskosten von allen WEern gem. getragen werden, obwohl diese Garagenzufahrt von nur einem WEer genutzt wird (BayObLG WE 1993, 55).

2. Bauliche Veränderungen und besondere Aufwendungen

a) Maßnahmen baulicher Veränderungen

251 Unter baulichen Veränderungen sind alle Maßnahmen zu verstehen, die über den bisherigen Zustand hinausgehende Veränderungen am Gebäude und an Anlagen und Einrichtungen bewirken. Eine bauliche Veränderung ist (nach Bub, PiG Bd. 51 S. 23):

- jede auf Dauer angelegte, umgestaltende Maßnahme an realen Teilen des gemeinschaftlichen Eigentums (BayObLG NJW 1981, 690; MDR 1986, 853; WE 1990, 60), das gilt sowohl für den unbebauten Grundstücksteil – Abs. 1 S. 1 spricht nämlich anders als Abs. 2 nicht vom Gebäude, sondern vom gemeinschaftlichen Eigentum – als auch für das oder die Gebäude,
- die auf Veränderung des bei Entstehen der faktischen Wohnungseigentümergemeinschaft – ggf. nach Vornahme früherer zulässigen bau-

lichen Veränderungen – vorhandenen bzw. nach dem Aufteilungsplan vorgesehenen Zustandes gerichtet ist,
- und zwar dadurch, daß
  - Gebäudeteile – oder auch ganze Gebäude – hergestellt, beseitigt oder umgestaltet werden,
  - Einrichtungen oder Anlagen neu angeschafft, abgeschafft oder abgeändert werden, oder
  - unbebaute Grundstücksteile umgestaltet werden.

Die Umgestaltung von Gebäudeteilen, Anlagen und Einrichtungen, die Gegenstand von SE sind, ist keine bauliche Veränderung i.S. von Abs. 1 S. 1. *252*

Der Grundsatz für die Entscheidung der Frage, ob eine bestimmte Maßnahme eine bauliche Veränderung ist oder nicht, ergibt sich aus § 22 Abs. 1 S. 1 und 2 i.V.m. § 14. Danach liegen immer dann bauliche Veränderungen vor, die der Zustimmung aller WEer bedürfen, wenn bauliche Maßnahmen an den bestehenden Gebäuden, Anlagen und Einrichtungen vorgenommen werden, die nicht als Instandhaltungs- und Instandsetzungsmaßnahmen anzusehen sind, und die über die im Aufteilungsplan festgelegte Gestaltung hinausgehen.

Wird dagegen vom teilenden Eigentümer abweichend vom Plan gebaut, und zwar zu einem Zeitpunkt zu dem noch keine ETW verkauft war, so handelt es sich dabei nicht um eine bauliche Veränderung. Das gilt auch dann, wenn die vom Plan abweichende Maßnahme vom künftigen WEer verlangt wurde (BayObLG WE 1994, 307). Die Beseitigung der planwidrigen Bauausführung kann deshalb von den anderen WEern nicht gefordert werden. Hier ist davon auszugehen, daß sich das gem.E. in seinem ursprünglichen Zustand befindet. Der teilende Eigentümer ist Alleineigentümer und kann aufgrund der ihm allein zustehenden Herrschaftsmacht die bauliche Ausgestaltung seines Grundstücks nach eigenem Ermessen vornehmen. Daran ändert auch eine andersgerichtete TE nichts, solange noch keine ETW in diesem Objekt veräußert ist (OLG Hamm WE 1993, 318 m.w.N.). Sollte diese bauliche Änderung ein Mangel für das gem.E. sein, besteht ein Anspruch aller gegenüber der WEer-Gem. auf ordnungsmäßige Instandhaltung und Instandsetzung bzw. ein Anspruch auf erstmalige Herstellung eines einwandfreien Zustands (vgl. auch BayObLG WE 1994, 307). *253*

254 Planabweichende Ausführungen können vom Bauträger aber nur bis zur Fertigstellung des Gesamtobjektes, längstens aber bis zum Entstehen der faktischen bzw. der rechtlich in Vollzug gesetzten WEer-Gem. vorgenommen werden. Das gilt demnach nur für den Zeitraum, in dem der Bauträger alleiniger Eigentümer war (BayObLG WE 1994, 307). Das bedeutet, daß planabweichende Ausführungen nach dem Entstehen der WEer-Gem. als bauliche Veränderungen gelten, welche die anderen WEer nicht dulden müssen, wenn die Maßnahmen für sie einen Nachteil darstellen.

255 Die bauliche Veränderung allein bedingt für sich noch keinen Beseitigungsanspruch (§ 1004 BGB), sondern erst, wenn diese die anderen WEer in vermeidbarer Weise tatsächlich benachteiligt (BGH NJW 1979, 817; OLG Hamburg WE 1987, 161; BayObLG WE 1987, 51). Die Nachteile, die einen Beseitigungsanspruch auslösen, sind unten (Rn. **7** 261 ff.) im einzelnen beschrieben.

Bauliche Veränderungen können aber auch in bestimmten Fällen Maßnahmen ordnungsmäßiger Verwaltung sein und dementsprechend mit Stimmenmehrheit beschlossen werden. So ist z. B. die Entfernung von im gem.E. befindlichen Pflanzentrögen dann eine Maßnahme ordnungsmäßiger Instandhaltung, wenn die Pflanztröge wegen Asbesthaltigkeit gesundheitsschädlich sind (BayObLG WE 1994, 26). In diesen und in ähnlichen Fällen stellen bauliche Veränderungen Maßnahmen ordnungsmäßiger Instandhaltung dar.

256 Instandhaltungs- und Instandsetzungsmaßnahmen, die vorzeitig und ohne Vorhandensein eines Erneuerungsbedürfnisses ausgeführt werden, bedingen besondere Aufwendungen, die von den WEern nicht hingenommen werden. Dazu zählen auch unnötige Ersatzbeschaffungen.

257 Nachdem § 22 Abs. 1 abdingbar ist, kann durch Vereinbarung vom Grundsatz der Zustimmung aller WEer für nachteilige bauliche Veränderungen abgesehen werden. In manchen GO finden sich Regelungen, wonach bauliche Veränderungen vorgenommen werden können, wenn die WEer hierüber mit qualifizierter oder auch mit einfacher Mehrheit beschließen. Eine solche Regelung mag in bestimten Fällen nützlich sein, generell zu empfehlen ist sie aber nicht. Die Rechtsprechung zur ordnungsmäßigen Instandhaltung hat sich mit der „modernisierenden Instandhaltung" (vgl. oben Rn. **7** 225) den modernen Bedürfnissen weitgehend geöffnet, so daß es bei dem Grundsatz verbleiben kann, daß bauliche Veränderungen nur mit Zustimmung aller WEer durchgeführt werden können. Gleichwohl kann eine bauliche Veränderung durch Mehrheitsbeschluß wirksam vorgesehen werden, wenn der Beschluß nach § 23 Abs. 4 nicht angefochten wird. Wird er angefochten, muß er durch das Gericht für ungültig erklärt werden.

Ist die Regelung des § 22 Abs. 1 S. 2 wirksam abbedungen, *258* können bauliche Veränderungen durchgeführt werden. Zu beachten sind aber hier Normen des öffentlichen Bauordnungsrechts, soweit sie die Einhaltung drittschützender Normen zum Gegenstand haben. In diesem Falle sind die baulichen Maßnahmen materiell baurechtswidrig und unzulässig. Die materielle Baurechtswidrigkeit solcher Maßnahmen kann auch im Verfahren der fG geltend gemacht werden (BayObLG WE 1997, 155).

Bei abweichender Vereinbarung des § 22 Abs. 1, indem bauli- *259* che Veränderungen mittels Mehrheitsbeschluß durchgeführt werden können, gilt für diese das Prinzip der ordnungsmäßigen Instandhaltung. Bei Anfechtung dieser Beschlüsse wird deshalb zu prüfen sein, ob ein sachlicher Grund für die bauliche Veränderung vorliegt und, ob der Beschluß andere WEer nicht unangemessen benachteiligt (BayObLG WE 1991, 78). Ein solcher Beschluß wäre z.B., der es einem WEer oder einem Dritten (Mieter) gestattet, grundsätzliche bauliche Veränderungen am gem.E. vorzunehmen, die über eine ordnungsmäßige Instandhaltung und Instandsetzung hinausgehen (BayObLG WE 1995, 61).

Vielfach findet sich in der GO die Regelung, daß bauliche *260* Veränderungen der schriftlichen Einwilligung des Verwalters bedürfen. Diese Regelung ist als zusätzliches Erfordernis anzusehen, das weder die übergreifende Entscheidung der WEer durch Mehrheitsbeschluß verhindert, noch die notwendige Zustimmung der beeinträchtigten WEer ersetzt (BayObLG WE 1992, 195). Anders gilt, wenn in der GO festgelegt ist, daß zur baulichen Veränderung die Zustimmung des Verwalters nicht aber die Zustimmung der WEer erforderlich ist. Hier entscheidet der Verwalter allein, ohne daß diese Zustimmung durch eine andere Entscheidung der WEer verdrängt werden kann (KG vom 18. 3. 1998, 24 W 2334/97).

b) Fallgruppen baulicher Veränderungen

261 Die Rechtsprechung hat viele Entscheidungen getroffen, die sich mit der Frage der baulichen Veränderungen auseinandersetzen. Die wichtigsten Entscheidungen werden nach Fallgruppen zusammengestellt wiedergegeben. In allen Fällen ist die Zustimmung aller WEer erforderlich:

- Neuanlagen und Neugestaltungen:
  - Einbau einer Enthärtungsanlage zur Entkalkung sowohl des Warm- als auch des Kaltwassers wegen einer möglichen Gesundheitsgefährdung (BayObLG WE 1986, 24; a. A. AG Neuss DWE 1980, 93).
  - Installation von Amateurfunkantennen auf dem Dach (OLG Celle DWE 1982, 33; LG Stuttgart WuM 1991, 213), das gilt auch, wenn eine Genehmigung zur Errichtung und zum Betrieb der Funkstation nach § 2 Abs. 1 des Gesetzes über Fernmeldeanlagen (FAG) in Verbindung mit § 1 Abs. 1 S. 2, §§ 2, 3 des Gesetzes über den Amateurfunk (AFuG) vorliegt (BayObLG WEM 1982, 114). Ebenso ist die Installation einer solchen Antenne, die an der Decke des Balkons der Wohnung des Funkers angebracht ist, wobei die beiden Rohre parallel zur Decke des Balkons entlang der Außenfassade verlaufen und die Antenne bis zu einem Abstand von 96 cm der Hauswand ausgefahren werden kann (BayObLG WE 1987, 93) eine von den anderen WEern nicht zu duldende bauliche Veränderung. Auch das Anbringen einer Parabolantenne (vgl. hierzu unten Rn. 7 292 ff.) an der Außenwand eines Gebäudes stellt üblicherweise eine optisch-ästhetische Beeinträchtigung dar (LG Stuttgart WuM 1991, 212). Anderes gilt für eine von einem WEer angebrachte Funkantenne bzw. Parabolantenne nur, wenn diese weder die Wohnanlage optisch beeinträchtigt noch sonstige Nachteile für die WEer entstehen mit der Folge, daß die Beseitigung der Antenne in diesem Fall nicht verlangt werden kann (BayObLG WE 1991, 261).
  - Nachträglicher Anbau eines Balkones, wenn dadurch neben der optischen Beeinträchtigung des Gebäudes auch der Lichteinfall in einer Nachbarwohnung beeinträchtigt wird (BayObLG DWE 1984, 27).
  - Errichtung eines Holzbalkons und die Vergrößerung von zwei Einzelfenstern zu einer Fenster-Tür-Kombination (BayObLG WE 1995, 64).
  - Verbauung und Schließung einer Terrasse (BayObLG WE 1992, 84).

- Anbringung einer Treppe an einem Balkon (BayObLG Rpfleger 1974, 316).
- Errichtung einer Dachterrasse auf einer im gem.E. stehenden Dachfläche (OLG Köln vom 22. 1. 1997, 16 Wx 238/96).
- Anbringung einer Balkonüberdachung (AG Wuppertal vom 31. 3. 1981, Bielefeld S. 262). Erweiterung des Glasdaches und Anbringung von gläsernen Seitenwänden (Vollverglasung) am zur Sondernutzung bestimmten Sitzplatz (OLG Zweibrücken WE 1989, 102). Anbringung einer Balkonverglasung ist bauliche Veränderung des gem.E., welche den ästhetischen Gesamteindruck der Anlage stört (BayObLG WE 1991, 257; OLG Düsseldorf WE 1995, 217; BayObLG WE 1996, 470 vgl. auch BayObLG vom 10. 7. 1998, 89/98).
- Änderung des architektonischen Erscheinungsbildes geht über das in § 14 Nr. 1 WEG bestimmte Maß hinaus, so daß im Ausnahmefall eine Balkonverglasung nicht zu einer nachteiligen Veränderung des optischen Gesamteindrucks führt (BayObLG WE 1995, 249).
- Anbringung von Fensterflügeln an Balkontrennwänden sowie die Vornahme von Teil- und Vollverglasungen (BayObLG WEM 1980, 81; und OLG Frankfurt WEM 1980, 36; BayObLG WE 1988, 64; WE 1993, 286; WE 1993, 351), und Holzverkleidungen an Balkonen (AG Stuttgart DWE 1980, 128) sowie das Anbringen einer Loggiaverkleidung mittels einer faltbaren Glasfensterkonstruktion (BayObLG WE 1990, 71).
- Ausbau von Dachgeschoßräumen mit Einbau von Dachfenstern bzw. die Vergrößerung vorhandener Fenster (BayObLG WE 1994, 227) und Umgestaltung der Giebelfenster, sofern dies nicht in der Gemeinschaftsordnung ausdrücklich geregelt ist (BayObLG ZMR 1982, 35). Das gilt auch für den Ausbau von Dach/Speicherräumen, an denen ein Sondernutzungsrecht begründet wurde, weil damit eine intensivere, als die für solche Räume übliche Nutzung ermöglicht wird (BayObLG WE 1990, 70). Eine baupolizeiliche Genehmigung der Umbaumaßnahme berührt dabei das Rechtsverhältnis unter den WEern nicht (BayObLG ZMR 1973, 213).
- Einbau eines Klimagerätes in das Außenfenster eines Schlafzimmers (OLG Frankfurt WE 1986, 104).
- Aufstockung von Gebäuden.
- Mauerdurchbruch und Anbringen eines Entlüftungsgitters an der Außenwand (OLG Köln WE 1982/3, 16) bzw. die Anbringung eines Entlüftungsrohres (BayObLG WE 1991, 204). Auch Mauerdurchbruch durch Brandmauer, selbst wenn dies baurechtlich genehmigt ist (BayObLG MDR 1972, 52). Ferner Mauerdurchbruch durch eine tragende Wand zwischen Keller und Garage, verbunden mit dem Einbau einer feuerhemmenden Türe (OLG Celle Nds. Rpfleger 1981, 38). Auch Deckendurchbruch zum Dachgeschoß, um durch Einbau

einer Wendeltreppe Dachgeschoßräume in die Wohnung einbeziehen zu können (BayObLG WE 1984, 72; WE 1994, 277) bzw. mittels des Durchbruchs zwei ETW miteinander zu verbinden (KG WE 1990, 91; WE 1993, 200). Durch den Durchbruch sind nach Auffassung des KG die beiden Wohnungen – solange sie nicht zu einem einheitlichen WE verschmolzen sind – nicht in sich abgeschlossen. Dies ist ein gemäß § 3 Abs. 2 fehlerhafter Zustand, den kein WEer hinnehmen muß. Der Durchbruch der Decke zum Erdgeschoß und Keller erfordert erhebliche Sicherheits- und Ausgleichsmaßnahmen, so daß dieser erhebliche Eingriff in die Statik und in die Substanz des Gebäudes ohne Zustimmung aller WEer nicht möglich ist (BayObLG WE 1992, 228).

- Durchbruch einer Außenwand und Errichtung von Pflanzbeeten sowie eines Stahlbeton-Ringankers. Diese zwar bautechnisch möglichen Maßnahmen bedeuten für die anderen WEer einen nicht hinzunehmenden Nachteil, weil zukünftige Schäden am gem.E. wegen des Pflanzbeets nicht völlig auszuschließen sind und weil durch die Maßnahmen die Zuordnung und Behebung von Schäden am gem. Dach erschwert werden. Ferner ergeben sich zusätzliche Krafteinwirkungen auf den Stahlbeton-Ringanker, eine Erweiterung der Wohnfläche und eine gewisse Beeinträchtigung des Erscheinungsbildes der Wohnanlage. Insgesamt lassen solche Maßnahmen befürchten, daß Schäden am gem.E. wegen der baulichen Veränderung nur erschwert festgestellt und behoben werden können, wobei dann vielfach Streit über die tatsächliche Mängelursache entsteht. Auch ist bei sorgfältiger technischer Planung nicht auszuschließen, daß die tatsächliche Ausführung der Maßnahmen doch nicht den planerischen Vorgaben entspricht (BayObLG WE 1991, 254; BayObLG WE 1991, 256).
- Einbau eines Außenfensters (BayObLG WE 1994, 116).
- Durchbruch des Daches eines Hochhauses zwecks Einbau eines Kamins in der darunter befindlichen Wohnung (OLG Hamburg WEZ 1988, 173).
- Erstellung einer Garage (KG Rpfleger 1977, 314), und einer Fertiggarage (KG NJW 1968, 160) und mehrerer Garagen an Stelle von in notarieller Vereinbarung vorgesehenen Kfz-Abstellplätzen (BayObLG WE 1984, 71). Errichtung von 14 Garagen, wobei der Nachteil in der Pflasterung des Vorplatzes, in der Verlegung des Kinderspielplatzes, in der Beeinträchtigung des optischen Gesamteindrukkes und an der Unterhaltskostenbeteiligung eines neuen für die Gem. bestimmten Gerätehauses sowie in einer Nutzungsänderung (Entzug der anteiligen Nutzung des gem.E. für bestimmte WEer) liegt. Errichtung von Fertiggaragen auf gem. Grundstücksfläche (BayObLG vom 12. 10. 1994, 69/94).
- Erstellung eines Gerätehauses (KG Rpfleger 1977, 314).
- Erstellung einer Gartenhütte (OLG Frankfurt DWE 1986, 30).

- Errichtung einer Holzterrasse auf unbebauter Grundstücksfläche (BayObLG vom 25. 11. 1997, 2 Z 99/97).
- Anbringen einer das Gesamtbild verändernden Terrassenüberdachung (OLG Stuttgart NJW 1970, 102), sowie einer Pergola (BayObLG Rpfleger 1981, 284).
- Einbau von Fahrstühlen.
- Anschaffung eines bisher nicht vorhandenen Teppichläufers (OLG Stuttgart DWE 1980, 36).
- Anbringen von Markisen, soweit damit der architektonisch-ästhetische Gesamteindruck des Gebäudes beeinträchtigt wird (BayObLG WEM 1982, 109; BayObLG NJW-RR 1986, 178). Das gilt auch für das Anbringen einer Ladenmarkise, wobei hier ein zusätzlicher Nachteil darin besteht, daß durch die Markise die Sicht auf das Praxisschild eines WEers behindert wird (KG WE 1995, 122). Es kommt hier ganz besonders auf die Umstände des Einzelfalles an. Ob eine Markise zu einer nachteiligen Veränderung des optischen Gesamteindrucks führt, liegt weitgehend auf tatrichterlichem Gebiet (BayObLG WE 1996, 193). Nach OLG Düsseldorf (WE 1990, 203) ist die Veränderung der Außenfassade (hier: durch Anbringen einer Außenjalousie mit Abdeckkasten und Führungsschiene) grundsätzlich nicht möglich, weil jegliche Veränderung des architektonisch-ästhetischen Aussehens unzulässig ist (gegen BayObLG Rpfleger 1975, 310). Ähnlich wirkt sich das nachträgliche Anbringen von Außenrolläden auf den optischen und ästhetischen Gesamteindruck negativ aus (BayObLG WE 1992, 138; BayObLG WE 1992, 232).
- Anstrich eines Kalksandsteinmauerwerkes mit weißer Farbe (AG Köln vom 23. 7. 1980, W 1980/4, 18).
- Betonieren der Zufahrt zu den im SE stehenden Garagen (OLG Celle MDR 1968, 48). Anlage von Gehwegen und Zufahrten (OLG Stuttgart DWE 1980, 36).
- Ein- und Ausbau einer Hausmeisterwohnung.
- Einbau einer Kellertrennwand in einem im gem.E. stehenden, aber zur alleinigen Nutzung (nicht Sondernutzungsrecht) einem WEer überlassenen und abgeschlossenen Kellerabteil, wegen optischer Beeinträchtigung der Einheitlichkeit des gemeinschaftlichen Kellers (BayObLG DWE 1983, 61).
- Unterkellerung einer Terrasse (OLG Hamm Rpfleger 1976, 101).
- Anbringen eines verglasten Windfangs auf einer vor einer Hauseingangstüre bereits vorhandenen Balkonbrüstung (BayObLG Rpfleger 1982, 268).
- Anbringen eines Windschutzes auf einer Dachterrasse (BayObLG DWE 1984, 30).
- Anpflanzung von Fichten und Hecken (BayObLG Rpfleger 1975, 367; BayObLG WE 1992, 177).
- Verlegung von Betonplattenreihen im Garten einer Großwohnanlage vor der Loggia eines Eigentümers (OLG Stuttgart WEM 1980, 75),

soweit davon alle WEer betroffen sind. Einbau einer Betontreppe in die Böschung einer Terrasse (BayObLG WE 1992, 198).

- Anbringung einer die Sicht behindernden Müllbox an einer Einfahrt (BayObLG vom 17. 11. 1983, BReg. 2 Z 73/83).
- Anschluß eines Heizkörpers am Hauptstrang der Steigleitung einer gemeinschaftlichen Zentralheizung (BayObLG DWE 1984, 92).
- Anbringen einer Terrassenverglasung (OLG Köln WE 1990, 172), einer Balkon- oder Loggiaverglasung (OLG Frankfurt WE 1985/1, 3) sowie nachträgliche Überdachung einer Pergola (BayObLG WE 1990, 177).
- Anbringen einer Pergola auf Sondernutzungsfläche vor dem Balkon der benachbarten Wohnung (BayObLG WE 1991, 48).
- Ausbau einer Dachterrasse statt eines im Zuge eines erlaubten (TE) Ausbaues eines Dachraumes und des vorgesehenen Dachfensters (KG Berlin ZMR 1986, 189).
- Anbringen eines Zaunes (KG Berlin ZMR 1985, 27; a.A. OLG Hamburg DW 1984, 91; 374 BayObLG WE 1992, 179).
- Einbau eines Ladeneinganges in eine Wohnung, die nach der Teilungserklärung nachträglich in einen daneben befindlichen Laden – unter Veränderung von Schaufenster und Eingangstüre – einbezogen werden darf (BayObLG WE 1987, 12).
- Anbringen eines Garagentores an offenen im SE stehenden Stellplätzen einer Tiefgarage (BayObLG WE 1987, 57).
- Von einem WEer neu verlegte Versorgungsleitungen (Elektrizität, Heizung) vom Hauptanschluß an durch gem.E. in den Hobbyraum (SE) im Keller (OLG Zweibrücken WE 1988, 60).
- Anbau eines Wintergartens auf der Sondernutzungsfläche eines Reihenbungalows an dem WE begründet ist, sowie Anbringung einer Betonplatte im Anschluß an das im Sondernutzungsrecht befindliche gem. Grundstück, die etwa 40 m von dem zur Wohnanlage zählenden Geschoßhaus-ETW als Sichtschutz (Hans. OLG Hamburg WE 1989, 141) entfernt ist.
- Verbreiterung einer Terrasse und Verlegung einer Treppe (BayObLG WE 1989, 224).
- Eingriff in das gem. Versorgungssystem zum Zwecke der Einrichtung (Anbringen von Geräten und Gegenständen im Heizungskeller und an Heizungsanlage; Entlüftungsschächte u.a.) eines Automatenwaschsalons (BayObLG WE 1991, 256).
- Anbringen von Fahrradständern (BayObLG WE 1992, 195), wenn der optische Gesamteindruck gestört wird.
- Umbau eines Fensters zu einer Tür (BayObLG WE 1994, 245).

• Ersatz von Bauteilen sowie Ersatzbeschaffung für gem. Geräte und Einrichtungen, wenn damit eine grundsätzliche Veränderung oder Neuerung verbunden ist.
  - Austausch einer mechanischen Wasserstrahlpumpe mit einer elektrischen Tauchpumpe (BayObLG DWE 1982, 29).

- Ersatz eines Balkongitters durch eine Balkongittertüre (BayObLG Rpfleger 1974, 316).
- Ersatz einer Holztüre durch eine moderne Glastüre.
- Ersatz eines einfachen herkömmlichen Fensters durch ein Fenster mit Sprossenverglasung (OLG Frankfurt Rpfleger 1983, 64).
- Austausch eines herkömmlichen Türschließers durch eine elektrische Schließanlage (OLG Braunschweig ZMR 1979, 21).
- Ersatz von Glasbausteinen im Treppenhaus durch Fenster kann eine nachteilige optische Veränderung des architektonischen Gesamteindrucks sein (BayObLG vom 11. 3. 1998 2Z 3/98).

• Umgestaltung, Umwandlung und Verlegung von Gebäuden, Anlagen und Einrichtungen:
  - Umwandlung einer Grünfläche in Kfz-Abstellplätze (OLG Stuttgart NJW 1961, 1359; BayObLG WE 1991, 290).
  - Umwandlung eines Kfz-Abstellplatzes in feste Garagen (BayObLGZ 1973, 81).
  - Umwandlung eines Müllcontainerplatzes in einen Parkplatz (OLG Frankfurt Rpfleger 1980, 112).
  - Umwandlung einer intakten Gemeinschaftsantennenanlage für einen größeren Empfangsbereich (AG Wiesbaden ZMR 1967, 114).
  - Verlegung eines Mülltonnenplatzes (OLG Karlsruhe WEM 1978, 120).
  - Umstellung einer gem. Heizungsanlage von Öl- auf Gasversorgung (AG Hamburg vom 16. 1. 1980, 102 II Wo 50/79).
  - Zurückversetzung einer Ladeneingangstür, wenn dadurch der optische Gesamteindruck verändert wird (KG Berlin DWE 1986, 30).
  - Einbeziehung eines Teils des Treppenhauses beim Zusammenlegen von zwei ETW, die einem WEer gehören (KG Berlin ZMR 1985, 27).
  - Verlegung eines Lieferanteneinganges, Schaffung eines neuen Kundeneinganges, Errichtung einer Treppe mit Treppenvorplatz sowie schmale Auffahrt zum Schieben vom Einkaufswagen jeweils an einem zweigeschossigen zwischen zwei Wohnhäusern stehenden Geschäftstrakt (BayObLG WE 1987, 51).
  - Umgestaltung einer Rasenfläche in einen geteerten Kundenparkplatz vor einem Geschäftstrakt (BayObLG WE 1987, 51).
  - Umgestaltung einer Rasenfläche in einen Abstellplatz für Müllbehälter (OLG Zweibrücken WE 1987, 162) bzw. in einen Gehweg (BayObLG WE 1991, 290).
  - Umgestaltung einer Rasenfläche in einen Kfz-Abstellplatz durch einen einzelnen WEer auf dessen Kosten mit dem Ziel zur alleinigen Nutzung dieses Abstellplatzes (OLG Stuttgart NJW 1974, 2137).
  - Beseitigung der Plattierung wegen Anpflanzen von Sträuchern auf der früheren Wegfläche und Anbringen eines Maschendrahtzaunes anstelle eines Türchen zum Nachbargrundstück (AG Siegburg vom 11. 6. 1987; immo-telex 1987, 107).

- Veränderung eines ordnungsgemäß angelegten Gartens, indem die Bepflanzung radikal beseitigt wird und die Neuanlage ein nach Charakter, Erscheinungsbild und Funktion eine völlig andere Gartenanlage schafft (OLG Hamm vom 24. 3. 1997, 15 W 314/96).
- Verlegen eines Wäschetrockenplatzes von der Nord- zur Westseite einer Wohnanlage durch Umsetzen und Einbetonieren von Wäschestangen (BayObLG WE 1988, 18).
- Vergrößerung von zwei Fenstern einer Wohnung sowie Einbau einer Türe an der Stelle eines dritten Fensters. Diese Maßnahme bewirkt nur eine optische Veränderung des Bildes des Gebäudes, ohne daß damit eine Beeinträchtigung (wobei eine ästhetische Beeinträchtigung ausreichen würde) gegeben sein muß. Der Nachteil besteht hier aber darin, daß der Türeinbau zu einer Mehrnutzung des gem.E. und damit zu einer höheren Lärmbelästigung führt. Diese Erkenntnis hat das Gericht aus der allgemeinen Lebenserfahrung gewonnen (BayObLG WE 1988, 26). Ersetzen eines Fensters durch eine Tür und die dadurch geschaffene oder erleichterte Möglichkeit, aus den Räumen einer krankengymnastischen Praxis in den Garten der Wohnanlage zu gelangen (BayObLG vom 27. 11. 1997, 2Z 89/97). Vergrößerung eines Kellerfensters und Bodenaushub im Vorgarten zur Verbesserung des Lichteinfalls in den Keller (OLG Köln WE 1995, 220). Die Veränderung von Fensterscheiben durch das Anbringen von zwei kreisrunden Öffnungen zwecks Entlüftung der installierten Klimaanlage ist zwar keine das äußere Erscheinungsbild sehr beeinträchtigende Maßnahme, aber sie ermöglicht eine sonstige Gefahr für die WEer durch Lärmbelästigungen (OLG Köln WuM 1999, 296).
- Durchbruch einer Brandmauer zwecks Erweiterung einer Gaststätte um einen Raum im Nachbaranwesen (BayObLG WE 1992, 171).
- Ersetzung einer Dachluke durch ein Dachflächenfenster. Dachflächenfenster lassen einen künftig erhöhten Wartungs- und Reparaturaufwand vermuten (KG Vorlagebeschluß WE 1991, 133 gegen OLG Karlsruhe ZMR 1985, 209).

• Veränderung durch Erweiterung sowie Stillegung von Anlagen und Einrichtungen und der damit verbundenen Änderung der Zweckbestimmung des betreffenden Teils des gem.E. (BayObLG vom 13. 2. 1997, 2 Z 115/96):
- Stillegung eines Liftes (AG München ZMR 1976, 320).
- Stillegung eines Schwimmbades (strittig; BayObLG Rpfleger 1974, 291).
- Stillegung einer gemeinschaftlichen Gasleitung und gleichzeitige Umstellung auf Elektroheizung (BayObLG Rpfleger 1976, 291).
- Erweiterung (Verstärkung der Elektrosteigleitung) einer nur für Beleuchtung und übliche elektrische Haushaltsgeräte ausgelegten Stromversorgung in der Weise, daß der gesamte Heizungs- und Wärmebedarf mit Nachtstrom gedeckt werden kann (BayObLG WE 1989, 62).

c) Rechtsfolgen nachteiliger baulicher Veränderungen

Alle diese Maßnahmen bedürfen der einstimmigen Entscheidung der WEer, wenn in der GO nichts anderes vereinbart ist. Bauliche Veränderungen, die über eine ordnungsmäßige Instandhaltung oder Instandsetzung hinausgehen, können von den WEern nicht mit Stimmenmehrheit beschlossen werden; vielmehr ist hier die Zustimmung derjenigen WEer erforderlich, aber auch ausreichend (vgl. unten Rn. **7** 282ff.), die durch die Veränderung in ihren Rechten über das bei einem geordneten Zusammenleben unvermeidliche Maß hinaus beeinträchtigt werden (§ 22 Abs. 1 i.V.m. § 14 Nr. 1 WEG; BayObLG WE 1996, 480). *262*

Werden bauliche Veränderungen im Gegensatz dazu nur durch Stimmenmehrheit beschlossen, können sie durchgeführt werden, wenn der Beschluß nicht innerhalb eines Monats angefochten und durch das Gericht für unwirksam erklärt wird (§ 23 Abs. 4, vgl. auch BayObLG WE 1988, 140), es sei denn, diese gefährden den Bestand und die Sicherheit des Gebäudes (BayObLG WE 1986, 71). *263*

Ein WEer kann eine bauliche Veränderung nicht dadurch verhindern, daß er die für diese Maßnahme erteilte Baugenehmigung mittels Klage anficht. Hierzu fehlt ihm die Klagebefugnis, weil die Baugenehmigung gegenüber dem einzelnen WEer keine öffentlich-rechtliche Wirkung entfaltet (BVerwG WEZ 1988, 245; NJW-RR 1990, 1294). Auf der anderen Seite ersetzt die einem WEer erteilte Baugenehmigung wegen einer baulichen Maßnahme im gem.E. nicht die Zustimmung aller anderen WEer zu dieser Maßnahme im Sinne von § 22 Abs. 1 S. 1. *264*

Bauliche Änderungen, aufgrund eines wegen Nichtanfechtung gültig gewordenen Beschlusses, haben die WEer hinzunehmen und zu dulden, das gilt auch für die WEer, die diesem Beschluß nicht zugestimmt haben (BayObLG WE 1986, 71; BayObLG WE 1988, 32). Das gleiche gilt für einen Beschluß der WEer, der eine bauliche Veränderung nachträglich genehmigt (BayObLG WE 1991, 53). Dies gilt nicht, wenn durch die bauliche Änderung bauordnungsrechtliche Vorschriften verletzt werden, insbesondere dann, wenn dies in der GO ausdrücklich geregelt ist. Hier kann jeder der WEer Beseitigung baulicher Veränderungen verlangen (BayObLG WE 1992, 54).

Wird ein Mehrheitsbeschluß gefaßt oder eine nachträgliche bauliche Veränderung genehmigt, ist der Beschluß auf rechtzeitige Anfechtung ohne weiteres für ungültig zu erklären, ohne daß der Anfechtende durch die bauliche Maßnahme beeinträchtigt sein muß (BayObLG WE 1992, 195). Anders stellt das BayObLG im Beschluß vom 22. 4. 1994 (WE 1995, 126) fest, daß ein Mehrheitsbeschluß zu einer baulichen Veränderung im Beschlußanfechtungsverfahren dann nicht für unwirksam zu erklären ist, wenn die Maßnahme die übrigen WEer in ihren Rechten nicht beeinträchtigt. Keine Beeinträchtigung in diesem Sinne liegt vor, wenn ein WEer, der ein Sondernutzungsrecht am über seiner Dachgeschoßwohnung liegenden Spitzboden besitzt, eine Verbindungstreppe von seiner Wohnung zum Spitzboden einbauen läßt. Voraussetzung hierfür ist, daß dadurch keinerlei Nachteile aus statischer, schalltechnischer oder brandtechnischer Sicht entstehen, noch eine wohnungsähnliche Nutzung des Spitzbodens in Betracht kommt.

265 Die Bindungswirkung des nichtangefochtenen Beschlusses zu baulichen Änderungen beinhaltet auch die anteilige Kostentragungspflicht für alle WEer, aber nur dann, wenn die Verpflichtung zur Kostentragung für alle WEer Bestandteil des Beschlusses der baulichen Veränderung ist. Ist dies nicht der Fall, greift die Bindungswirkung nicht. D.h., daß bei einem nicht angefochtenen Mehrheitsbeschluß zwar alle WEer die Maßnahme zu dulden haben, daß aber die WEer, die gegen den Beschluß gestimmt haben, nicht zur Kostentragung im Sinne von § 16 Abs. 3 verpflichtet sind (OLG Hamm WE 1997, 387). Dieser Auffassung widerspricht die h. M. (Bärmann/Pick Merle 7. Aufl. Rz 148 zu § 16; Demharter MDR 1988, 266), die den § 16 Abs. 3 nur in Zusammenhang mit den Maßnahmen verstanden wissen will, bei denen eine Zustimmung zur baulichen Veränderung im Sinne von § 22 Abs. 1. S. 2 nicht oder nur von den nachteilig betroffenen WEern erforderlich ist (vgl. unten Rn. **7** 282 ff.). Eine dritte Rechtsmeinung stützt sich auf den Wortlaut des § 16 Abs. 3, der eindeutig feststellt, daß die WEer, welche einer baulichen Maßnahme nicht zugestimmt haben – sei es in einem nicht angefochtenen Mehrheitsbeschluß oder sonst – grundsätzlich keine Kostentragungspflicht besitzen (Huff in PiG Nr. 51 S. 57f; Müller/P, S. 162 und 166).

Hat ein WEer bauliche Veränderungen vorgenommen, die der Zustimmung einzelner (Betroffener) oder aller WEer bedurft hätte, so haben letztere folgende Ansprüche (BayObLG WE 1996, 473): *266*

- Beseitigungsanspruch §§ 14 Nr. 1, 15 Abs. 3, 1004 BGB; BayObLG NJW-RR 1986,178).
- Anspruch auf Wiederherstellung des ursprünglichen Zustands als Schadensersatz nach § 823 Abs. 1 i. V. m. mit § 249 S. 2 BGB.
- Unterlassungsverpflichtung bei Vorhandensein einer Wiederholungsgefahr (§ 1004 Abs. 1 S. 2 BGBG).

aa) Beseitigungsanspruch/Wiederherstellung

Der Beseitigungsanspruch, der sich aus der innerhalb der WEer-Gem. bestehenden gegenseitigen Schutz- und Treuepflicht ergibt (KG WE 1986, 104), steht jedem WEer allein zu, soweit er persönlich beeinträchtigt ist. Er ist also kein gem. Anspruch der WEer, der nur von der Gem. oder von einem durch diese ermächtigten WEer geltend gemacht werden könnte (vgl. BayObLG WE 1991, 256; BGH WE 1992, 105; BayObLG WE 1996, 195; OLG Düsseldorf WE 1996, 391). Dem Miteigentümer eines WEer (z.B. Ehefrau) steht ein Beseitigungsanspruch auch dann zu, wenn der andere Miteigentümer der baulichen Änderung zugestimmt hat (BayObLG WE 1992, 198). Hat ein WEer die Zustimmung zu einer baulichen Veränderung erteilt, so ist auch sein Rechtsnachfolger daran gebunden. Dieser kann deshalb keinen Beseitigungsanspruch wirksam geltend machen (BayObLG WE 1994, 178; WE 1996, 195). *267*

Der Beseitigungsanspruch läßt sich aber nur durchsetzen, wenn die bauliche Maßnahme als eine Störung im Sinne von § 1004 BGB angesehen werden kann, die der andere WEer zu dulden nicht verpflichtet ist.

Als Beeinträchtigung nach § 1004 BGB gilt jeder dem Inhalt des Eigentumsrechts widersprechende tatsächliche Zustand oder Vorgang; sie ist zu begreifen als die gegenwärtige tatsächliche Inanspruchnahme des Eigentums durch einen Dritten. Sie liegt *268* dann vor, wenn ein Dritter durch sein Handeln (Handlungsstörer) oder durch den Zustand (Zustandsstörer) der ihm gehörenden Sache sein eigenes Recht überschreitet und deshalb die Ausübung des betroffenen fremden Rechts faktisch beschränkt, indem er gleichsam selbst dieses Recht ausübt (so BayObLG WE 1997, 73). Übertragen auf bauliche Veränderungen beim WE ist Handlungsstörer der WEer, der die nachteilige bauliche Veränderung vornimmt, und Zustandsstörer z.B. dessen Sondernachfolger. Zustandsstörer ist, wer eine störende Anlage besitzt, deren Beseitigung von seinem Willen abhängt. Der Zustandsstörer haftet orginär und unabhängig davon, ob er selbst oder ein Dritter den störenden Zustand geschaffen hat. Er haftet aber nur in der Weise, daß er die Rückmaßnahme zu dulden hat und er gemeinsam mit den anderen WEern die Kosten der Rückbaumaßnahme trägt (KG WE 1991, 328).

269 Als Störung bzw. als Nachteil im Sinne von § 14 Nr. 1 WEG ist dabei jede nicht ganz unerhebliche Beeinträchtigung zu verstehen (BayObLG WE 1988, 34; BayObLG WE 1990, 70). Dabei gelten nur konkrete und objektive Beeinträchtigungen als Nachteil in diesem Sinne. Entscheidend ist dabei, ob sich nach der Verkehrsanschauung ein WEer in der entsprechenden Lage verständlicherweise beeinträchtigt fühlen kann (BGH WE 1992, 105). Nicht unerhebliche Beeinträchtigungen sind z.B.: Beschränkung des Rechts zur Benutzung des gem.E.; lästige Lärm- oder Geruchsimmissionen; Beeinträchtigung der Stabilität und statischen Sicherheit des Gebäudes; erhöhte Reparaturanfälligkeit des gem.E. durch die bauliche Veränderung (BayObLG WE 1989, 65); Bevorzugung einzelner WEer; Beseitigung einer allen dienenden Einrichtung; Änderung der Zweckbestimmung; wesentliche Verschlechterung des optischen Gesamteindrucks einer Wohnanlage; Kostenbelastung durch die Maßnahme sowie die Möglichkeit einer intensiveren Nutzung u.a. (OLG Hamm WE 1990, 101).

270 Eine Benachteiligung muß aber nicht nur in der Maßnahme selbst gesehen werden, sie besteht auch in Beeinträchtigungen, z.B. durch Lärm und Schmutz (Aufstellung von Gerüsten und Baumaschinen; Lagerung von Material usw.), die bei der Durchführung von Maßnahmen entstehen (BayObLG WE 1991,

254). Nachteile bei baulichen Veränderungen bzw. bei einem geordneten Zusammenleben der WEer allgemein können dann unterschiedlich bewertet werden, wenn die Pflicht zur besonderen Rücksichtnahme für WEer besteht, die untereinander eng verwandt sind. So hat der § 1618a BGB durchaus Leitbildfunktion, wenn dort bestimmt wird, daß Eltern und Kinder einander Beistand und Rücksicht schulden. Diese Rücksichtnahme kann aber nicht so weit gehen, daß ein Vater und Schwiegervater als WEer den Ausbau eines Dachgeschoßes in einem Haus mit zwei Wohnungen durch Tochter und Schwiegersohn, die WEer der zweiten Wohnung sind, dulden müßte. Das gilt auch dann, wenn Tochter und Schwiegersohn drei Kinder haben (BayObLG WE 1994, 25).

Einen Beseitigungsanspruch wegen nicht störender baulicher *271*
Veränderungen können WEer in bestimmten Fällen haben, wenn eine entsprechende Regelung in einer Vereinbarung oder in einem bestandskräftigen WEer-Beschluß vorgegeben ist. Ist z.B. in einem Beschluß die Regelung enthalten, daß bauliche Veränderungen vom Verwalter zu genehmigen sind, wobei für die Genehmigung ganz bestimmte Bedingungen gelten, so kann in diesem Fall die Beseitigung verlangt werden, wenn die Verwaltergenehmigung nicht vorliegt und die beschlossenen Bedingungen nicht eingehalten wurden (BayObLG vom 4. 12. 1997, 2 Z 123/97).

Der Beseitigungsanspruch, den die WEer gegen den Hand- *272*
lungsstörer haben, kann nicht unbegrenzt geltend gemacht werden, weil er nach einer bestimmten Zeit (hier 5 Jahre) verjährt. Auch kann der Beseitigungsanspruch verwirkt sein (vgl. hierzu BayObLG WE 1994, 178). Die Verwirkung (§ 242 BGB) tritt aber nur dann ein, wenn sich die nach längerer Zeit geltend gemachte Einrede auf weitere Umstände (widersprüchliches Verhalten oder schikanöses Verhalten) stützt (OLG Köln vom 22. 1. 1997, 16 Wx 238/96; BayObLG WE 1988, 143).

Keine Schikane ist das Beseitigungsverlangen (hier: 15 Jahre nach der baulichen Maßnahme) dann, wenn der WEer nicht wußte, daß er einen Beseitigungsanspruch besitzt. Wenn der Inhaber eines Rechts nicht weiß, daß ihm das Recht zusteht, so kann aus einer späteren Geltendmachung nicht abgeleitet werden, daß damit nur der Schaden des anderen bezweckt werden soll (BayObLG WE 1988, 69).

273 Denkbar ist auch die Abweisung eines Beseitigungsanspruchs durch das Gericht wegen widersprüchlichen Verhaltens (§ 242 BGB; BayObLG WE 1988, 69).

274 Nicht mehr geltend machen kann den Beseitigungsanspruch ein Rechtsnachfolger eines WEers, wenn letzterer die bauliche Veränderung geduldet und er damit den Beseitigungsanspruch verwirkt hat (KG WE 1994, 51). Das gilt aber nur, wenn im Zeitpunkt der Rechtsnachfolge die bauliche Veränderung – zumindest teilweise – vorgenommen worden ist. Nur in diesem Fall sieht der Erwerber die durchgeführte Baumaßnahme und kann sich entscheiden, ob er das WE so erwerben will (BayObLG). Das KG (WE 1994, 336) differenziert den Beseitigungsanspruch bei baulichen Veränderungen in der Weise, daß es zwischen geringfügigen und umfangreichen Maßnahmen unterscheidet. Nur bei geringfügigen baulichen Veränderungen ist die Frage zu prüfen, ob durch sie Nachteile für die anderen WEer entstehen und ob diese erheblich sind mit der Folge eines Anspruchs auf Beseitigung. Anders lösen große bauliche Veränderungen immer einen Beseitigungsanspruch aus, auch wenn diese sich unauffällig in die Gesamtanlage einpassen. Würde man große bauliche Veränderungen mangels nachteiliger Auswirkungen zulassen, würde dies den in § 22 Abs. 1 verbürgten Bestandsschutz verletzen.

275 Dagegen stellt das Verlangen eines WEers keinen Verstoß gegen Treu und Glauben dar, wenn er gegen einen anderen WEer die Beseitigung der baulichen Veränderung gerichtlich durchsetzen will, obwohl er selbst das Erscheinungsbild der Anlage nachteilig verändert hat (BayObLG WE 1995, 377).

276 Neben dem Anspruch auf Beseitigung von baulichen Veränderungen (§ 14 Nr. 1, § 15 Abs. 3, § 22 Abs. 1; § 1004 BGB) kommt in der Regel auch ein Anspruch auf Wiederherstellung des früheren Zustandes in Betracht. Der Beseitigungsanspruch selbst ist nicht auf die Wiederherstellung des ursprünglichen Zustands gerichtet, sondern nur auf die Beseitigung der Beeinträchtigung (Staudinger/Bub). Neben dem Beseitigungsanspruch

kann die Wiederherstellung des ursprünglichen Zustands nach § 1004 Abs. 1 BGB dann verlangt werden, wenn die Beeinträchtigung in der baulichen Umgestaltung liegt, was in der Regel bei rechtswidrigen baulichen Veränderungen gegeben ist.

Der Beseitigungs- und Wiederherstelungsanspruch kann über § 1004 Abs. 1 hinaus auch nach § 823 Abs. 1 in Verbindung mit § 249 S. 1 BGB durchgesetzt werden, wenn durch bauliche Veränderung das zwischen den WEern bestehende Schuldverhältnis verletzt wird. Das ist dann der Fall, wenn der die bauliche Maßnahme betreibende WEer fahrlässig schuldhaft handelt (§ 276 Abs. 1 S. 2 BGB), indem er bei gebotener Sorgfalt wissen mußte, ohne Zustimmung der übrigen WEer bauliche Veränderungen am gem.E. nicht vornehmen zu können (BayObLG WE 1987, 51; BayObLG WE 1996, 473 vgl. auch BayObLG vom 30. 7. 1998, 54/98).

Keine bauliche Veränderung stellt die Beseitigung einer Grundstücksbepflanzung dar (hier: Fällen von Bäumen). Aus diesem Grund kann die Wiederherstellung einer Pflanzung nicht wie die Rückgängigmachung baulicher Veränderungen auf § 1004 Abs. 1 BGB gestützt werden, sondern nur auf Schadensersatz nach § 823 Abs. 1 und 2, § 1004 Abs. 1, § 249 S. 1 BGB), was wiederum Verschulden voraussetzt (BayObLG vom 30. 7. 1998, 54/98).

Anstelle des Beseitigungsanspruchs kann – wie oben fest- 277
gestellt – ein Unterlassungsanspruch nach § 1004 Abs. 1 S. 2 BGB treten, wenn eine Wiederholungsgefahr besteht (BayObLG WE 1996, 437). Der Unterlassungsanspruch kann insbesondere dann geltend gemacht werden, wenn eine beabsichtigte Baumaßnahme – z.B. nach Maßgabe eines Bauantrags – eine nachteilige bauliche Veränderung erkennen läßt (BayObLG WE 1994, 116).

bb) Bauliche Veränderung vor Entstehung der Gemeinschaft

Wird eine bauliche Veränderung (gegenüber dem Aufteilungs- 278
plan) durch den teilenden Eigentümer (§ 8) vor Entstehung der faktischen oder rechtlich in Vollzug gesetzten Gem. vorgenommen, haben die WEer keinen Beseitigungsanspruch nach § 1004 BGB gegen den betreffenden WEer (vgl. oben Rn. **6** 50ff.). Zu

dieser Zeit hat der Eigentümer noch die alleinige Herrschaftsmacht über SE und gem.E. Das gilt auch dann, wenn die Rechtsform von WE und TE nach § 8 bereits begründet wurde (BayObLG WE 1988, 23) und wenn die Anlage vom Eigentümer-Bauträger von vorneherein abweichend von den ursprünglichen Plänen und Baubeschreibungen errichtet wird (BayObLG WE 1986, 99; BayObLG NJW-RR 1988, 587 m.w.N.; vgl. auch OLG Schleswig WE 1994, 87). In diesem Sinne haben die anderen WEer keine Ansprüche gegen den WEer, der vor Entstehen der Gem. mit dem Bauträger einen Sonderwunsch vereinbart hat, wobei die Ausführung des Sonderwunsches Mängel nach sich gezogen hat (OLG Hamm vom 21. 7. 1997, 15 W 482/96). In einer solchen abweichenden Bauausführung ist allgemein keine Beeinträchtigung des gem.E. im Sinne des § 1004 BGB zu sehen. Die bauliche Maßnahme wurde nämlich in diesem Fall vom Bauträger kraft seiner alleinigen Herrschaftsmacht durchgeführt, so daß er nicht (sein eigener) Störer nach § 1004 BGB sein kann. Anderes kann gelten, wenn die Wohnanlage nicht von einem Bauträger, sondern von einer Bauherrengemeinschaft errichtet wurde. Hier können die Bauherren bereits zum Beginn der Baumaßnahme WEer geworden sein (vgl. BayObLG vom 29. 5. 1998, 2 Z 57/98). Die alleinige Herrschaftsmacht des teilenden Grundstückseigentümers besteht auch noch nach Anlegung der Wohnungsgrundbücher, sie endet mit der Entstehung der werdenden oder in Vollzug gesetzten WEer-Gem. Wird eine bauliche Veränderung durch einen WEer nach diesem Zeitpunkt vorgenommen, ist hierzu die Einwilligung der anderen WEer bzw. der durch die bauliche Veränderung nachteilig Betroffenen erforderlich. Wird eine solche Zustimmung durch diese WEer erteilt – auch zu einem Zeitpunkt, der vor der rechtlichen Invollzugsetzung und vor der Entstehung einer faktischen WEer Gem. liegt – so sind diese WEer an diese Zusage, auch ohne förmlichen Beschluß, gebunden (BayObLG WE 1995, 282).

279 Ein Beseitigungsanspruch ergibt sich in der Regel auch nicht aus § 15 Abs. 3, wenn in der GO keine anderslautende Regelung vorhanden ist und die bauliche Maßnahme nach billigem Ermessen dem Interesse der Gesamtheit der WEer nicht widerspricht (BayObLG WE 1991, 364).

Ein berechtigter Beseitigungsanspruch besteht im Gegensatz zu den geschilderten Grundsätzen bei Abweichung von den ursprünglichen Plänen dann, wenn die bauliche Maßnahme vor dem Entstehen der WEer-Gem. begonnen aber erst danach fertiggestellt wurde. Hier handelt es sich um eine bauliche Veränderung (BayObLG WE 1992, 194), welche die WEer nicht dulden müssen.

Eine Beeinträchtigung beim Abweichen von den Plänen käme 280
nur bei Einwirkungen auf das Eigentum in seinem tatsächlichen Zustand in Betracht, wenn der tatsächliche Zustand einer Sache nicht den – möglicherweise berechtigten – Erwartungen eines WEers entspricht (so BayObLG WE 1990, 142 m.w.N.). Solche Ansprüche könnten auf erstmalige Herstellung eines einwandfreien Zustands im Rahmen ordnungsmäßiger Instandhaltung und Instandsetzung des gem.E. nach § 21 Abs. 4 und 5 Nr. 2 gegen alle WEer geltend gemacht werden, wenn eine Beseitigung der baulichen Maßnahme dem Interesse der Gesamtheit der Wohnungseigentümer nach billigem Ermessen entspricht (BayObLG WE 1989, 221; BayObLG WE 1990, 142). Das gilt selbstverständlich nicht für nicht fertiggestellte Teile der SE-Einheiten. Hierfür sind die SEmer allein verantwortlich (BayObLG WE 1992, 207).

cc) Abweichen der tatsächlichen Bauausführung beim Sondereigentum

Weicht die tatsächliche Bauausführung vom Aufteilungsplan 281
in der Abgrenzung von SE zu SE ab, so ist umstritten, welche sachenrechtlichen Folgen sich hieraus ergeben (vgl. hierzu: BayObLG, 2 Z 18/96; OLG Düsseldorf NJW-RR 1988, 590; Röll WE 1991, 340). Einmal wird die Auffassung vertreten, daß jeder Erwerber das WE so erwirbt, wie es rechtlich nach dem Teilungsplan, und nicht wie es tatsächlich nach der Bauausführung besteht (vgl. hierzu BayObLG WE 1997, 73). Nach anderer Auffassung entsteht bei unwesentlicher oder geringfügiger Abweichung des tatsächlichen Bauzustands vom Aufteilungsplan SE im Rahmen der planwidrigen Bebauung, und der Aufteilungsplan ist entsprechend zu berichtigen (OLG Celle OLGZ 1981, 106/108; OLG Karlsruhe DNotZ 1973, 235/237). Bei

wesentlichen Abweichungen soll insbesondere dann, wenn Räumlichkeiten gar nicht vorhanden sind oder die tatsächlich errichteten Räume dem Teilungsplan nicht zugeordnet werden können, SE überhaupt nicht entstehen (OLG Hamm Rpfleger 1986, 374).

282 Unabhängig von der tatsächlichen Rechtslage kann in dem Fall, wenn zwei SE-Einheiten nicht mit dem Aufteilungsplan übereinstimmen und hierüber Streit besteht, der eine WEer vom anderen WEer verlangen, gem. § 21 Abs. 4, Abs. 5 Nr. 2 bei der Herstellung eines einwandfreien Zustands der Wohnanlage entsprechend dem Aufteilungsplan und den Bauplänen mitzuwirken. Ein solcher Anspruch findet aber seine Grenze hinsichtlich der Herstellung des planmäßigen Zustands dann, wenn dies dem Anspruchsgegner bei Berücksichtigung aller Umstände nach Treu und Glauben nicht zumutbar ist (BayObLG WE 1997, 73). Das wäre z. B. dann der Fall, wenn nur durch tiefgreifende Eingriffe in das Bauwerk der plangemäße Zustand hergestellt werden könnte.

3. Keine zustimmungsbedürftigen baulichen Veränderungen

283 Nach § 22 Abs. 1 S. 1 WEG können bauliche Veränderungen, die über eine ordnungsmäßige Instandhaltung und Instandsetzung hinausgehen, nicht ohne Zustimmung der WEer vorgenommen werden, denen durch die Baumaßnahme ein über das bei einem geordneten Zusammenleben hinaus unvermeidliche Maß hinaus ein Nachteil erwächst (§ 14 Nr. 1). Als bauliche Veränderung kommen nur auf Dauer angelegte Eingriffe in die Substanz des gem.E. in Betracht (BayObLG WE 1995, 344, 110/94). Werden WEer von der baulichen Maßnahme nicht beeinträchtigt, d. h. wenn solche Maßnahmen für die anderen WEer keinen Nachteil im Sinne des § 14 Nr. 1 darstellen, ist eine Zustimmung durch die anderen WEer nicht erforderlich. Ebenso bedarf es in diesen Fällen keiner Mehrheitsbeschlüsse. Erforderlich kann aber die ausdrückliche Zustimmung einzelner, von solchen Maßnahmen allein betroffener WEer sein (BGH NJW 1979, 817; OLG Hamm Rpfleger 1976, 100). Die Zustimmung der nachteilig betroffenen WEer zu baulichen Maßnahmen sollte

schriftlich gegeben werden. Zwingend ist dies jedoch nicht, weil die Zustimmungserklärung keiner Form bedarf (vgl. OLG Hamm WE 1996, 351). Die Zustimmung kann sogar stillschweigend erklärt werden. Die bloße Duldung einer baulichen Änderung durch die zustimmungspflichtigen WEer ersetzt aber nicht die Zustimmung. Rechtsnachfolger sind an die Zustimmung der Vorgänger gebunden, aber nur dann, wenn die bauliche Veränderung zum Zeitpunkt der Rechtsnachfolge – zumindest teilweise – vorgenommen war (BayObLG vom 5. 2. 1998, 2 Z 110/97). Hat ein solchermaßen betroffener WEer einer baulichen Änderung – auch formlos – ausdrücklich zugestimmt, so kann dessen Rechtsnachfolger die Beseitigung der Maßnahme nicht verlangen (OLG Hamm WE 1991, 331; WE 1996, 351).

Die Zustimmung zu nicht störenden baulichen Maßnahmen *284* ist aber dann erforderlich, wenn dies in der GO ausdrücklich vorgesehen ist (BayObLG WE 1988, 142).

Haben die betroffenen WEer einer für sie nachteiligen Ände- *285* rung durch Beschluß zugestimmt, sind die WEer später zu einem Widerruf der Maßnahme durch einen neuen Beschluß nur dann befugt, wenn hierfür ein sachlicher Grund vorliegt und der bauliche Veränderer gegenüber dem bisherigen Zustand nicht unbillig benachteiligt wird (BayObLG WE 1995, 342).

Auch zu bestimmten störenden baulichen Maßnahmen ist eine *286* Zustimmung nicht erforderlich, wenn durch Vereinbarung (GO) der betreffende WEer zur Durchführung dieser Maßnahmen ermächtigt ist. Eine entsprechende Regelung wird vielfach für einen späteren Dachgeschoßausbau vorgesehen. Der Berechtigte kann die Maßnahme aber nur in der Weise ausführen, daß bei Berücksichtigung alle Umstände des Falles und der Belange aller Beteiligten eine solche Ausbaumöglichkeit gewählt wird, welche die anderen WEer in vermeidbarer Weise nicht wesentlich beeinträchtigt; sonst haben die beeinträchtigten WEer einen Beseitigungsanspruch nach § 1004 BGB (BayObLG WE 1990, 134). Ist eine solche Regelung in der GO getroffen, so handelt es sich um die erstmalige Herstellung eines einwandfreien Zustands und nicht um eine bauliche Änderung nach § 22 Abs. 1 (BayObLG WE 1992, 206). Entstehen beim Ausbau Mängel, haftet hierfür der Ausbauende allein.

287 Praktische Beispiele für nicht oder nur bedingt zustimmungsbedürftige bauliche Maßnahmen, für die keine Mehrheitsbeschlüsse der Gem. erforderlich sind, werden in Fallgruppen wie folgt aufgezeigt, wobei in allen Fällen die Kosten der Maßnahme sowie alle Folgekosten allein vom veranlassenden WEer getragen werden:

- Neuanlagen und Neugestaltungen:
  - Ausbau einer Terrasse und Einbau einer Terrassentür an einem Teil des gem.E., das den betreffenden WEern durch Vereinbarung zur alleinigen Benutzung nach eigenem Gutdünken überlassen wurde (BayObLG DWE 1984, 27).
  - Errichtung einer massiven Stahlrohrtüre als Gartentor zwischen Gebäudewand und angrenzender Hecke, weil Größe, Form und Farbe keine Beeinträchtigung bewirken.
  - Freilegung einer mit Rasen überdeckten früheren Wegebefestigung zur Wiederherstellung eines Privatweges (OLG Stuttgart DWE 1980, 62).
  - Einbau einer Gassteigleitung für den Umbau einer Etagenheizung auf Gas (AG Hannover Rpfleger 1969, 132). Verlegung einer zusätzlichen Wasserleitung aus der Tiefgarage in die Loggia einer Erdgeschoßwohnung, wenn dadurch das gem.E. nicht berührt wird (Vorhandensein eines Deckendurchbruchs und Mauerschlitze) und eine Beeinträchtigung des ästhetischen Gesamteindrucks nicht vorliegt und wenn eventuelle Fließgeräusche sowie die Gefahr des Einfrierens der Leitung keine Beeinträchtigung gegenüber anderen WEern darstellt (BayObLG WE 1992, 84).
  - Anbringen eines 1,10 m hohen Maschendrahtzaunes zur Begrenzung des Grundstücksteils, der einem SEer einer Doppelhaushälfte in der TE zur alleinigen und ausschließlichen Nutzung zugewiesen wurde (OLG Hamburg DWE 1984, 91; Diese Entscheidung überzeugt nicht! a. A. mit überzeugenden Argumenten KG Berlin ZMR 1985, 27).
  - Anbringen einer Markise bzw. eines Rolladens (BayObLG WEM 1982, 209), wenn dadurch das optische Bild der Wohnanlage nicht beeinträchtigt wird (BayObLG DWE 1984, 27). Dabei kommt es auf die Umstände des Einzelfalles an.
  - Verlegung von Müllboxen, sofern dies eine bauliche Verbesserung und für alle Eigentümer eine nützliche Maßnahme darstellt (OLG Hamburg MDR 1977, 58).
  - Verlegung von Mülltonnen mit baulicher Veränderung einer Stützmauer an einer Straße (OLG Karlsruhe WEM 1978, 120).
  - Plattierung einer Gartenfläche vor der Wohnung eines WEers, wobei dieser ein Sondernutzungsrecht an der Gartenfläche besitzt (BayObLG Rpfleger 1975, 310).

- Anbringen von Wäschetrockenstangen auf dem Balkon, wenn diese nicht sichtbar sind bzw. wenn diese das Erscheinungsbild nur unwesentlich ändern oder wenn diese der Hausfront sogar durch besondere farbliche Gestaltung ein freundliches Ansehen geben (AG Stuttgart DWE 1980, 128).
- Anbringen einer Leuchtreklame durch einen Teileigentümer (OLG Frankfurt Rpfleger 1982, 64), oder durch einen WEer bei Berücksichtigung besonderer Umstände (OLG Hamm OLGZ 1980, 274).
- Anbringen eines Leuchttransparents in der Größe 80 × 40; welches im Winter bis 20.00 Uhr beleuchtet wird (BayObLG WE 1988, 18).
- Anbringen eines Schildes zur ortsüblichen und angemessenen Werbung für ein in Räumen der Wohnanlage ausgeübtes Gewerbe (OLG Frankfurt Rpfleger 1982, 64).
- Schaukästen an einer Häuserfront, sofern in der GO Hinweis- und Reklametafeln für bestimmte gewerbliche Nutzungen (hier: Bäkkereibetrieb) zugelassen sind (OLG Stuttgart WEM 1980, 38).
- Errichtung einer Garage durch einen WEer auf einem Grundstück mit einem ihm allein zustehenden Sondernutzungsrecht, wobei dabei das Fenster des im SE eines anderen WEers stehenden Hauses zugebaut werden soll. Hier wird die Zustimmung des beeinträchtigten WEers benötigt (BayObLG WE 1986, 26).
- Pflanzen von Bohnen und anderen Rankengewächsen unter Zuhilfenahme von Schnüren an den Balkonen und Terrassen, wenn dadurch der optische Gesamteindruck der Wohnanlage nicht erheblich beeinträchtigt wird und auch sonst kein Nachteil im Sinne des § 14 Nr. 1 entsteht (BayObLG WE 1986, 24).
- Schaffung eines Dachdurchbruchs und der Einbau eines Fensters durch den Eigentümer einer Dachgeschoßwohnung, wenn ein konkreter Nachteil nicht erkennbar ist (OLG Karlsruhe ZMR 1985, 209).
- Deckendurchbruch und Einbau einer Wendeltreppe von dem unteren zu dem darüberliegenden SE bei gleicher Zweckbestimmung unter der Voraussetzung, daß durch die Nutzungserweiterung den anderen WEern kein Nachteil (hier: erhöhte Kundenbesuche) entsteht (BayObLG WE 1988, 23).
- Einbau von Wärmemengenzählern zur Vorerfassung des Wärmeverbrauchs eines mitversorgten Nachbargrundstücks (BayObLG WE 1988, 38).
- Nicht genehmigte Anbringung eines Glasgiebels in eine mit Eternit verkleidete Bretterwand, obwohl nach der GO die äußere Veränderung der Zustimmung des Verwalters bedarf. Diese optisch nicht störende Maßnahme konnte aber ohne Zustimmung durchgeführt werden, weil deren Versagung eine unzulässige Rechtsausübung (§ 242 BGB) gewesen wäre, nachdem der Giebel renovierungsbedürftig war und die WEer einer solchen hätten zustimmen müssen (BayObLG WE 1988, 142).

- Einbau einer Türe unter teilweiser Veränderung eines vorhandenen Fensters vom im SE stehenden Kellerraum aus in die Außenmauer, die zu dem im Sondernutzungsrecht des betreffenden WEer stehenden Lichthof führt, sowie die Verlegung einer Stromleitung vom SE aus über einen gem. Kellergang zum Hauptanschluß (Hans. OLG Hamburg WE 1992, 115).
- Veränderung des äußeren, optischen Gesamteindrucks der Wohnanlage ist noch kein Nachteil, aber die Beeinträchtigung des ästhetischen Gesamteindrucks (Störung der Harmonie: BayObLG WE 1989, 65) z. B. der Einbau eines Fensters mit Sprossenverglasung (OLG Frankfurt Rpfleger 1983, 64).
- Anbringen von Fenstergittern zwecks bisher nicht vorhandener Einbruchssicherung auf eigene Kosten, und bis zur Schaffung gemeinschaftlicher Sicherungsmaßnahmen unter der Voraussetzung, daß bisher feststellbar eine erhöhte Einbruchsgefahr bestand (KG WE 1994, 217).

• Ersatz von Bauteilen, Einrichtungen und Ausstattungen:
- Fenster zum Innenhof (BayObLG DWE 1983, 30), Außenfenster und Balkontüren, sofern sie nur eine geringfügige optische Beeinträchtigung darstellen, z. B. wenn der Rahmen nur einen unwesentlich anderen Farbton aufweist und die Veränderung von außen nicht sichtbar ist bzw. diese nur geringfügig auffällt (OLG Köln NJW 1981, 585).
- Ersatz einfacher Fenster durch Thermopane-Fenster, wenn sie den äußeren Eindruck nur geringfügig verändern (OLG Köln NJW 1981, 585; vgl. hierzu Deckert a. a. O. Gruppe 2 S. 125).
- Ersatz eines schadhaften Holzzaunes teils durch Berberitzenhecken, teils durch einen schmiedeeisernen Zaun, wenn die WEer, die nicht einverstanden sind, nicht an den Kosten beteiligt werden (BayObLG WE 1982/4, 18).
- Ersatz einer mit Öl betriebenen Heizungsanlage durch eine Anlage, die wahlweise mit Heizöl oder mit Erdgas betrieben werden kann (BayObLG WE 1987, 186 m. Anm. Seuß). Diese bauliche Maßnahme bringt für die dem Beschluß nicht zustimmenden WEer keine Nachteile, weil sie nicht verpflichtet sind, die anteiligen Investitionskosten (§ 16 Abs. 3 Halbsatz 2) mit zu tragen.
- Ersatz von zwei Dachflächenfenstern durch größerer Dachflächenfenster im Zuge des erlaubten Dachgeschoßausbaus zu Wohnzwecken (BayObLG WE 1997, 201).

288 In all den genannten Fällen können die Maßnahmen ohne Zustimmung der anderen, nicht benachteiligten WEer durchgeführt werden. Diese WEer haben also in den genannten Fällen baulicher und verändernder Maßnahmen eine Duldungspflicht. Das bedeutet auch, daß hierfür kein Beschluß erforderlich ist. Wird ein Beschluß dennoch gefaßt ist er rechtswirksam, weil die Regelung des § 22 Abs. 1 nicht zwingend ist (BayObLG WE 1991, 50). Wird ein solcher Beschluß angefochten, so ist der Beschluß nicht für ungültig zu erklären, wenn feststeht, daß keiner der den Beschluß anfechtenden WEer durch die bauliche Veränderung nicht benachteiligt wird (BayObLG in Abweichung von WE 1993, 345; BayObLG WE 1992, 117).

Die Duldungspflicht stößt an ihre Grenzen dann, wenn durch die Maßnahmen einzelner WEer folgende Nachteile entstehen (vgl. Soergel/Stürner Rz. 3c zu § 22):

- Beeinträchtigung des Mitgebrauchs des gem.E.
- Lästige Immissionen bzw. Vorenthalten von Luft, Licht, Sonne
- Beeinträchtigung der konstruktiven Stabilität des Gebäudes
- Veränderung des architektonisch-ästhetischen Gesamteindrucks
- Nachteile durch intensivere Nutzung.

Wird die Grenze der Duldungspflicht erreicht, ist die Zustim- 289
mung aller oder einzelner (betroffener) WEer zu den Maßnahmen baulicher Änderung, die in der Fallsammlung oben zusammengefaßt sind (Rn **7** 260), erforderlich. Der Mehrheitsbeschluß, eine nicht zustimmungsbedürftige durchgeführte bauliche Veränderung zu beseitigen, wächst in die Bestandskraft, wenn er nicht angefochten wird, es sei denn, der Beschluß ist im Sinne von §§ 226 und 242 BGB rechtsmißbräuchlich. Der Vorwurf des Rechtsmißbrauchs in diesem Fall setzt mindestens voraus, daß die bauliche Maßnahme auf keinen Fall eine nachteilige Beeinträchtigung der anderen WEer darstellt (BayObLG WE 1997, 154). Hat ein WEer einer für ihn nachteiligen baulichen Veränderung ausdrücklich zugestimmt, so kann weder er noch sein Rechtsnachfolger die Beseitigung der baulichen Veränderung verlangen. Betrifft diese bauliche Maßnahme die Sondernutzungsfläche eines Sondernutzungsberechtigten, so kann dieser die bauliche Veränderung ohne Zustimmung der anderen WEer nicht wieder beseitigen. Tut er es dennoch, dann haben die anderen WEer einen Anspruch auf Wiederherstellung des früheren Zustands (der baulichen Maßnahme). Diesen Anspruch kann jeder WEer individuell geltend machen (BayObLG WE 1996, 195).

290 Nach § 16 Abs. 3 haben die anderen WEer hinsichtlich dieser baulichen Veränderungen weder ein Mitbenutzungsrecht noch sind sie verpflichtet anteilige Kosten zu tragen, die in dieser Maßnahme ihre Ursache haben (vgl. hierzu BGH WE 1992, 105; KG vom 13. 4. 1992, 24 W 2935/91).

Ausnahmsweise können die anderen WEer dann zur anteiligen Kostentragung verpflichtet sein, wenn dies zur Aufrechterhaltung des ordnungsmäßigen Zustands des gem.E. erforderlich ist. Dies ist nur für den Fall denkbar, wenn der Verwalter Mängel am gem.E. durch Auftragerteilung an einen Dritten zu beseitigen hat, weil der die bauliche Veränderung zu vertretende WEer zahlungsunfähig ist. Hier haften im Außenverhältnis alle WEer gesamtschuldnerisch. Im Innenverhältnis können aber die WEer, welche der baulichen Veränderung nicht zugestimmt haben, nach § 426 BGB Ausgleich von den WEern verlangen, die dieser Maßnahme ihre Zustimmung erteilt haben.

291 Im Innenverhältnis läßt sich ein Restrisiko nicht völlig ausschließen, wenn wegen der baulichen Veränderung Kosten entstehen, die der betreffende WEer wegen Zahlungsunfähigkeit nicht abdecken kann und kein anderer WEer dieser baulichen Veränderung zugestimmt hat (und auch nicht zustimmen mußte). Hier sind die entstehenden Kosten von allen WEern gem. zu tragen.

292 Diese Konsequenz setzt aber nicht – wie das KG annahm – die Zustimmung aller WEer zu sonst nicht störenden baulichen Veränderung voraus. Dies würde nämlich die Regelung des § 16 Abs. 3 wirkungslos machen. Die Zustimmungsbedürftigkeit zu solchen baulichen Veränderungen ergibt sich auch nicht deshalb, weil ein Sondernachfolger die sich hieraus ergebende eventuelle Verpflichtung nicht aus dem Grundbuch erkennen kann. Der den rechtsgeschäftlichen Erwerber schützende öffentliche Glaube des Grundbuchs (§ 892 BGB) kommt hier nicht in Betracht, weil die gesetzliche Anordnung des § 16 Abs. 3 uneingeschränkt gegenüber jedermann wirkt (BGH WE 1992, 105).

4. Kabelfernsehen und Parabolantennen

Hinter dem Begriff Kabelfernsehen verbirgt sich die immer noch diskutierte Frage, ob die gem. Antennenversorgung für Rundfunk und Fernsehempfang durch das Breitbandkabelnetz vorgenommen werden soll oder nicht. Das Breitbandkabel ermöglicht nicht nur eine bessere Empfangsqualität, sondern gewährleistet neben dem Empfang weiterer Fernseh- und Rundfunkprogramme auch den Anschluß an weitere neue Medien. Nicht verschwiegen werden darf aber, daß die Lang-, Mittel- und Kurzwelle (LMK-) des Rundfunkprogramms nicht durch das Kabelnetz übertragen wird, weil dies nach allgemeiner Auffassung nicht notwendig ist, da nur 2 v.H. der Bevölkerung überhaupt den LMK-Empfang wünschen und im übrigen die meisten Mittelwellensender gleichzeitig über UKW ausgestrahlt werden. Damit wird – wenn auch einigen wenigen WEern – der Empfang von bestimmten Auslandssendern abgeschnitten. Ob diesen WEern der Einbau einer zusätzlichen Zimmer(-Ferrit)Antenne im SE zugemutet werden kann, ist zumindest fraglich (AG München vom 29. 11. 1988 – UR II 293/88). *293*

Zunächst ist davon auszugehen, daß es technisch zwei Möglichkeiten gibt, von der zentralen Hausverteileranlage aus zwei unterschiedliche private Hausverteileranlagen innerhalb des Hauses zu installieren: *294*

- Netz- oder Baumstruktur: Hier wird vom neuen Hausanschluß im Keller aus ein Kabel zur bestehenden Verteileranlage geführt und mit dem bisherigen Netz verbunden. Die Gemeinschaftsantenne wird nicht mehr benötigt und kann abgebaut werden. Kosten und Gebühren fallen hierbei wie folgt an:
  - Anschlußentgelt für Übergabepunkt (einmalig).
  - Umrüstung der Hausverteiler-/Verstärkeranlage (Elektriker).
  - Austausch der Anschlußdosen in der Wohnung und der Gerätestekker.
  - Laufendes Entgelt (monatlich an Betreiber).
- Sternstruktur: Diese ermöglicht allen WEern einen individuellen Zugang zum Netz, indem ein neues Kabel vom neuen Übergabepunkt aus direkt in die einzelnen Wohnungen geführt wird. Voraussetzung hierfür ist bei bestehenden Wohnanlagen, daß ohne Beeinträchtigung anderer WEer das Kabel verlegt werden kann (z.B. durch Benutzung vorhandener Leerrohre). Bei diesem System braucht nur der WEer an-

zuschließen, der dazu bereit ist und die dabei entstehenden Kosten übernimmt. Daneben sind die Betriebs- und Instandhaltungskosten der bisherigen Gemeinschaftsantennenanlage weiterhin anteilig von den anschlußbereiten WEern zu leisten, sofern und solange der Betrieb der alten Anlage notwendig ist.

Kosten und Gebühren sind wie oben angegeben zu bezahlen, allerdings mit der Maßgabe, daß die Gesamtkosten nur vom anschlußbereiten WEer zu entrichten sind.

295 Die Rechtsprechung über den Anschluß an das Kabelfernsehen war anfangs – zumindest bei den Gerichten erster und zweiter Instanz – recht unterschiedlich (LG Hamburg WM 1986, 153; LG Würzburg NJW-RR 1986, 16; AG Hannover vom 15. 11. 1986 – 86 II 56/85; AG Helmstedt DWE 1985, 62; AG München ZfgWBau 1986, 159; AG Offenbach ZfgWBau 1986, 159; AG Würzburg DWE 1985, 11). Die mittlerweile ergangenen obergerichtlichen Entscheidungen (OLG Celle WE 1986, 139; OLG Oldenburg WM 1989, 346; OLG Celle WE 1988, 170; OLG Karlsruhe NJW-RR 1989, 1041; vgl. KG WE 1992, 109) kamen überwiegend zu der Auffassung, daß der Kabelanschluß eine bauliche Änderung ist, die der Zustimung aller WEer bedarf, es sei denn, die bisherige Gemeinschaftsantenne ist reparaturbedürftig und die hierfür aufzuwendenden Kosten entsprechen in etwa den Anschlußkosten an das Kabelnetz (vgl. BayObLG WE 1991, 161 vgl. hierzu BayObLG vom 1. 10. 1998, 71/98). Ob diese Auffassung aufrecht erhalten bleibt, dürfte zu bezweifeln sein, wie noch dargestellt wird.

296 Bei der Beurteilung der Frage, ob ein WEer wegen des Kabelanschlusses in seinem Rundfunk- und Fernsehempfang nicht ganz unerheblich in rechtserheblicher Weise beeinträchtigt wird, kommt es nicht auf das subjektive Empfinden an, sondern darauf, ob nach der Verkehrsanschauung sich ein WEer in der betreffenden Lage verständlicherweise beeinträchtigt fühlen kann oder ob er die Beeinträchtigung hinzunehmen hat.

297 Bei diesen Fragen ist zwar das verfassungsmäßige Recht der Einzelnen zu berücksichtigen. Das kann aber nicht so weit gehen, daß einerseits der Ersatz der Antennenanlage durch den Kabelanschluß deshalb einen Eingriff in das Grundrecht der Informationsfreiheit darstellt (vgl. hierzu AG München WE 1989, 105), weil durch die eingespeisten Programme der Umfang des Empfangs von Rundfunksendern bestimmt und beschränkt wird. Das gilt insbesondere dann, wenn die betroffenen WEer die im Kabelnetz nicht eingespeisten Sender bestimmter Mittel- und Kurzwellenprogramme im üblichen Umfang auch ohne Gemeinschaftsantenne empfangen bzw. wenn diese durch geeignete Maßnahmen die für sie für erforderlich oder wünschenswert gehaltenen Möglichkeiten des Rundfunkempfangs erreichen können (so BayObLG a.a.O.).

Das verfassungsmäßig geschützte Informationsinteresse des Einzelnen und der Gemeinschaft ist gegeneinander abzuwägen. Das bedeutet, daß ein WEer den Mehrheitsbeschluß der Gemeinschaft, anstelle der bisherigen Dachantenne den Anschluß an das Breitbandkabelnetz vorzusehen, hinnehmen muß, wenn diese Veränderung seine bisherigen Möglichkeiten des Rundfunk- und Fernsehempfangs wenig spürbar, das heißt nur in geringem Umfange, beeinträchtigt (OLG Köln WE 1996, 39).

Der einzelne WEer hat demnach im wesentlichen nur einen *298*
Anspruch darauf, daß ihm der Empfang in dem Umfang erhalten bleibt, wie er durch eine vorhandene, ordnungsgemäß gewartete und reparierte bzw. erneuerte Empfangsanlage möglich ist.

Als allgemeine Grundsätze für den Ersatz der Gemeinschafts- *299*
antenne durch den Anschluß an das Kabelnetz kann – heute noch – folgendes gelten:

- Einzelanschlüsse, die von den einzelen Wohnungseigentümern beantragt, installiert und bezahlt werden, haben die anderen WEer zu dulden, sofern ihnen Nachteile hieraus nicht entstehen (Sternstuktur). Sie sind als analoge Maßnahmen des § 21 Abs. 5 Nr. 6 zu werten.
- Gemeinschaftliche Anschlüsse an das Breitbandnetz sind dann möglich und durchführbar, wenn die dabei entstehenden Anschluß- und Betriebskosten von den zustimmenden WEern allein getragen werden. In diesem Fall muß die bisherige Gemeinschaftsantenne erhalten bleiben. Die dabei entstehenden Betriebs- und Instandhaltungskosten sind nach wie vor von allen WEern anteilig zu tragen (Netz- und Sternstruktur). Diese Maßnahmen entsprechen § 22 Abs. 1 S. 2.
- Der gemeinschaftliche Anschluß an das Kabelnetz für alle WEer ist dann durch Mehrheitsbeschluß möglich, wenn die bisherige Gemeinschaftsantennenanlage stark reparaturbedürftig ist und die Anschlußkosten an das Kabelnetz die Reparaturkosten der alten Gemeinschaftsantenne nicht oder nur unwesentlich übersteigen.

- Ist die vorhandene Gemeinschaftsantenne noch nicht reparaturbedürftig, so kann der gemeinschaftliche Anschluß an das Kabelnetz nach bisheriger Auffassung nur dann erfolgen, wenn alle WEer hierzu ihre Zustimmung erteilen. Bei einer Entscheidung nur durch Mehrheitsbeschluß kann diese erfolgreich angefochten werden. Wird der Beschluß nicht angefochten, ist er auf alle Fälle gültig.
- Der Anschluß an das Breitbandkabelnetz gehört zur modernisierenden Instandhaltung, wenn die vorhandene ältere Gemeinschaftsanlage reparaturbedürftig ist. Das bedeutet, daß eine Reparatur nur dann sinnvoll und geboten ist, wenn diese einen ausreichenden Empfang ermöglicht. Als nicht ausreichend ist ein Fernsehempfang anzusehen, wenn die reparierte Antenne, die neben den drei öffentlich-rechtlichen Programmen auf die Privatsender RTL und SAT 1 ausgerichtet ist, einen der Privatsender aber nur stark verrauscht empfangen kann (OLG Hamm vom 9. 10. 1997, 15 W 245/97).

300 Es ist damit zu rechnen, daß sich die herrschende Meinung einer bereits vorhandenen Auffassung (Bub, PiG 48 S. 24; Bielefeld S. 362ff.) anschließt, die im Anschluß an das Kabelnetz deshalb eine Maßnahme ordnungsmäßiger Verwaltung sieht, weil die Anschlußdichte an dieses Netz bereits 70% erlangt hat. Das bedeutet, daß der Kabelanschluß heute – nach dieser von der Rechtsprechung noch nicht nachvollzogenen Auffassung – zum üblichen Ausstattungsstandard gehört. Aus diesem Grund sollte der Anschluß an das Kabelnetz grundsätzlich und unabhängig vom Zustand der vorhandenen Gemeinschaftsantenne mittels Mehrheitsbeschluß zulässig sein.

Dieser (noch) engen Sicht, daß der Anschluß an das Kabelnetz nur dann ordnungsmäßiger Verwaltung entspricht, wenn die Gemeinschaftsantenne von Grund auf erneuerungsbedürftig ist, braucht dann nicht gefolgt zu werden, wenn in der GO wertverbessernde Maßnahmen durch Mehrheitsbeschluß zulässig sind und wenn für die vorhandene Gemeinschaftsantenne davon auszugehen ist, daß sie in Kürze erneuert werden muß (BayObLG WE 1992, 290).

301 Während der Kabelanschluß im Zusammenhang mit der Gemeinschaftsantenne zu sehen ist, weil dieser als Anlage und Einrichtung den WEern einen gem. Rundfunk- und Fernsehempfang ermöglicht, trifft dies für die Parabolantenne überwiegend nicht zu. Die Parabolantenne versorgt in der Regel nur einzelne WE-Einheiten, meist neben der vorhandenen Gemeinschaftsantenne zusätzlich. Die Anbringung eines Parabolspiegels kann auch nicht als Maßnahme ordnungsmäßiger Verwaltung im Sinne von § 21 Abs. 5 Nr. 6 verstanden werden, wie beispielsweise eine Rundfunkempfangsanlage nach den dort zu verstehenden Kriterien. Ob das Anbringen einer Parabolantenne von den übrigen WEern zu dulden ist, richtet sich nach den Grundsätzen des § 22 (BayObLG WE 1992, 199). Danach kann die Parabolantenne von einem anderen WEer nur dann montiert werden, wenn hieraus den anderen WEern kein Nachteil erwächst (vgl. hierzu Rn **7** 282ff.). Die Nachteile eines Parabolspiegels dürften überwiegend in der Veränderung des optischen Gesamteindrucks der Anlage zu sehen sein. Ein weiterer Nachteil einer solchen baulichen Änderung kann darin zu sehen sein, daß dann weiteren WEern das Anbringen solcher Antennen nicht versagt werden könnte. Ferner können technische Probleme bei der Anbringung entstehen, weil die Windlast eines Parabolspiegels eine besondere Verankerung verlangt, die unter Umständen Schäden am gem.E. nach sich zieht.

Die Durchsetzung der Genehmigung einer Parabolantenne kann von einem WEer auch nicht grundsätzlich mit den Argumenten erzwungen werden, ihm werde durch die Versagung der Empfang von Informationen aus dem täglichen Leben verwehrt, die bei einem überwiegenden Teil der Bevölkerung selbstverständlich sind und die mithin zum heute allgemeinen Lebensstandard zählen (OLG Hamburg WE 1991, 194). Zum üblichen Standard gehört heute nur der Empfang der gängigen Rundfunk- und Fernsehprogramme, der mittels herkömmlicher Antennen erreicht werden kann (vgl. hierzu OLG Köln WE 1996, 432). *302*

Bei der Anbringung von Parabolantennen ist nicht nur das Recht der WEer von Bedeutung. In bestimmen Fällen ist das Eigentumsrecht mit bestimmten Grundsätzen des Grundgesetzes abzuwägen, das gilt insbesondere mit dem Recht auf Informationsfreiheit.

Das individuelle Recht eines WEers auf Informationsfreiheit nach Art. 5 GG und das Recht der Gemeinschaft, Nachteile nicht hinnehmen zu müssen, soweit diese über das bei einem geordneten Zusammenleben unvermeidliche Maß hinausgehen, *303* muß gegeneinander abgewogen werden (BVerfG NJW 1993, 1252), wobei für ausländische WEer und Mitbürger besondere Maßstäbe zu berücksichtigen sind. Bei einer Güter- und Interessenabwägung hat das Recht auf Informationsfreiheit eines ausländischen Mitbürgers dann Vorrang, wenn er keine Empfangsmöglichkeit eines Heimatsenders hat. Anderes gilt, wenn die bisherige Anlage bereits den Empfang eines heimatlichen Senders ermöglicht, der ausländische Mitbürger aber mehrere Sender empfangen will (OLG Düsseldorf WE 1994, 108).

304 Die gleichen Probleme bestehen im Mietrecht, wenn ein Mieter einen Parabolspiegel am Balkon oder am Dach eines Miethauses gegen den Willen des Vermieters anbringt. In einem solchen Fall hat das OLG Karlsruhe entschieden, daß der ausländische Mieter Anspruch auf Empfang nicht nur eines Heimatsenders im Sinne des Rechts auf Informationsfreiheit nach Art. 5 Abs. 1 GG hat. Diesem Anspruch kann aber nur dann Rechnung getragen werden, wenn zum Schutze des Vermieters eine Reihe von Bedingungen erfüllt werden, und zwar folgende:

- Vorschriften des öffentlichen Baurechts dürfen der Anbringung der Antenne nicht entgegenstehen.
- Der Vermieter hat das Recht, im Rahmen der Zumutbarkeit den Aufstellungsort der Antenne zu bestimmen.
- Die Antenne ist durch einen Fachmann zu installieren.
- Der Vermieter kann vom Mieter eine Sicherheitsleistung für die Entfernung der Antenne im Falle des Auszugs des Mieters verlangen.

305 Ähnlich nennt das OLG Frankfurt im Mietrechtsentscheid vom 22. 7. 1992 (2 = RE Miet 1/91) sachliche Voraussetzungen, die gegeben sein müssen, damit der Vermieter die Anbringung eines Parabolspiegels nicht versagen kann, und zwar wenn:

- im Hause weder eine Gemeinschaftsparabolantenne noch ein Breitbandkabelanschluß vorhanden ist und auch in der nächsten Zeit mit einem derartigen Anschluß nicht gerechnet werden kann,
- der Mieter den Vermieter von allen Kosten, Gebühren sowie von allen Folgekosten im Zusammenhang mit der Installation der Antenne freistellt,
- der Mieter sich verpflichtet, bei späterer Installation einer Gemeinschaftsparabolantenne oder beim späteren Anschluß an das Breitbandkabelnetz seine Antennenanlage wieder zu entfernen,

- die Antenne von einem Fachmann angebracht wird,
- der Mieter beim Anbringen der Antenne die örtlichen Bauvorschriften beachtet,
- der Vermieter den Ort bestimmt, an dem die Antenne installiert wird, wo sie am wenigsten stört (in Ausnahmefällen kann das Anbringen grundsätzlich stören, wie z. B. bei einem freistehenden Bungalow oder bei einer Jugendstilvilla mit der Folge, daß hier die Genehmigung versagt werden kann),
- bei einer vermieteten ETW, bei der der Vermieter einen Anspruch auf Anbringung einer Parabolantenne gegen die anderen WEer hat.

Das Bundesverfassungsgericht (WE 1994, 205) hat die Auffassungen des OLG Köln und des OLG Frankfurt bestätigt und als mit dem Grundgesetz vereinbar bezeichnet. *306*

Die dargestellten, für das Mietrecht entwickelten Grundsätze sind nach dem OLG Celle auch für das WE-Recht maßgebend (WE 1994,371; BayObLG WE 1995, 341). *307*

Im Falle des OLG Celle hat ein ausländischer WEer eine Parabolantenne angebracht, um über den vorhandenen Heimatsender hinaus mehrere Programme seines Heimatlandes empfangen zu können. Hier hat das Gericht die Anbringung eines Parabolspiegels unter den gleichen Voraussetzungen wie bei den Entscheidungen der OLG Karlsruhe und Frankfurt genehmigt. Dagegen hat das BayObLG (WE 1995, 341) einen in der Türkei geborenen, in Deutschland lebenden WEer, der die deutsche Staatsangehörigkeit angenommen hat, die Anbringung einer Parabolantenne zum Empfang eines türkischen Senders untersagt. Ähnlich hält das OLG Hamm (vom 9. 10. 1997, 15 W 245/97) das Begehren eines gebürtigen Oberschlesiers auf Anbringung einer Parabolantenne zwecks Empfang von in Polen ausgestrahlter Fernsehprogramme nicht für gerechtfertigt: nach Abwägung der Interessen der übrigen WEer ist das Interesse des gebürtigen Oberschlesiers geringer zu gewichten, als das eines auf Dauer in Deutschland lebenden ausländischen WEer (OLG Hamm vom 9. 10. 1997, 15 W 245/97).

Der Informationsanspruch eines ausländischen Mitbürgers ermöglicht also nicht unbegrenzt die Anbringung von Parabolantennen. Eine Installation muß technisch möglich sein und so ausgeführt werden, daß möglichst wenig Beeinträchtigungen und Störungen von der Antenne und deren Montage ausgehen. *308*

In diesem Sinne haben die WEer bezüglich der „Art und Weise der Installation einer Parabolantenne ein gewisses Direktionsrecht und Beurteilungsermessen“ (so OLG Düsseldorf WE 1996, 71).

309 Ein weiteres Grundrecht kann für die Nutzung von WE eine Rolle spielen, nämlich das Recht nach Art. 12 Grundgesetz auf unbehinderte Berufsausübung. Sollte die Berufsausübung wegen nicht ausreichender Antennenversorgung beeinträchtigt sein, so ist dieses Argument bei der Nutzung einer ETW nur dann von Bedeutung, wenn die zweckwidrige Nutzung der Wohnung zu beruflichen oder gewerblichen Zwecken nicht mehr stört, als eine Nutzung zu Wohnzwecken (BayObLG vom 4. 8. 1998, 103/98).

V. Lasten- und Kostentragungspflicht der Wohnungseigentümer

310 Zu den Hauptpflichten der WEer zählt die Lasten- und Kostentragung. Nach § 16 Abs. 2 ist jeder WEer den anderen WEern gegenüber verpflichtet, die Lasten des gem.E. sowie die Kosten der Instandhandlung, Instandsetzung, sonstiger Verwaltung und eines gemeinschaftlichen Gebrauchs des gem.E. zu tragen, und zwar im Verhältnis seines Anteils.

311 Die in § 16 Abs. 2 formulierte Leistungspflicht der WEer bezieht sich auf die Zahlungspflicht im Außenverhältnis, also auf die Verpflichtung der WEer, für die in Zusammenhang mit dem gem.E. entstehenden Lasten und Kosten einzustehen. Für alle Zahlungsansprüche, die Dritte wegen Lieferungen und Leistungen an die Gemeinschaft haben, haften die WEer gemeinschaftlich und gesamtschuldnerisch, und zwar ab dem Zeitpunkt des Entstehens der einzelnen Verpflichtungen an (Bub Finanzwesen S. 31). Diese Haftung ist auf den Haftungsverband der tatsächlichen WEer begrenzt mit der Folge, daß in die Gemeinschaft neu eintretende WEer gegenüber außenstehenden Dritten für vor dem Eigentumserwerb entstandene Zahlungsverpflichtungen nicht haften (OLG Düsseldorf Urteil vom 24. 5. 1996, 22 U 245/95). Im Innenverhältnis wird die

Verpflichtung der WEer zur Deckung dieser Kosten in der gesondert bestimmten Beitragspflicht des § 28 (vgl. unten Rn. **10** 222ff.) festgelegt, und zwar durch den Wirtschaftsplan und die Jahresabrechnung.

Die Lasten und Kosten sind im WEG nicht praxisorientiert definiert, so daß bezüglich der Kostenarten im Bereich der Verwaltung manchmal Auslegungsschwierigkeiten auftreten können. Hier sollen die von den WEern nach § 16 anteilig zu tragenden Lasten und Kosten des gem.E. und Kosten der Verwaltung abgegrenzt werden. Die Kosten der Verwaltung werden hier weiter unterschieden in: *312*

- Bewirtschaftungskosten i.S. der II. BV
- sonstige Verwaltungskosten
- Nichtverwaltungskosten

1. Verteilungsschlüssel

Im Gesetz wird der Anteil der Nutzung am gem.E. sowie der Anteil an den gem. Kosten nach dem im Grundbuch eingetragene Miteigentumsanteil (Miteigentumsquote) bemessen. Es kann aber auch ein anderer Verteilungsschlüssel für die anteilige Lasten- und Kostentragung in der GO (s. oben Rn. **6** 228 und 255) bestimmt oder sonst vereinbart werden. Wird kein gesonderter oder überhaupt kein Verteilungsschlüssel vereinbart, gilt der gesetzliche Verteilungsschlüssel (§ 16 Abs. 1 S. 2), das ist die Miteigentumsquote. *313*

Die Miteigentumsquote wird aber nicht allen Anforderungen gerecht, weil die Größe der Miteigentumsanteile grundsätzlich unabhängig von der Größe und dem Wert des einzelnen WE festgelegt werden kann (BayObLG WE 1992, 233; Rn **6** 248), so daß daneben andere Verteilungsschlüssel zur Anwendung kommen, und zwar nach:

- m^2-Wohn- oder Nutzfläche
- tatsächlichem Anfall oder Verbrauch
- der Anzahl der Wohnungen.

Als gebräuchlichste Verteilungsschlüssel kommen im allgemeinen in Betracht: *314*

- Betriebskosten: Miteigentumsquote oder m^2-Wohn- bzw. Nutzfläche.
- Heizkosten: teils nach Verbrauch, teils nach Festschlüssel entsprechend den Regelungen der HeizkostenV.
- Instandhaltungskosten: Miteigentumsquote oder m^2-Wohn- bzw. Nutzfläche.
- Verwaltungsgebühr: anteilig pro Wohnung.

315 Zu den Betriebskosten zählen auch die Kosten des Kaltwasserverbrauchs. Diese Kosten bzw. deren Verteilung erfahren auch bei ETW zunehmend größere Bedeutung. Das hängt damit zusammen, daß in den Bauordnungen der Länder (außer Bayern) eine Verpflichtung zum Einbau von Kaltwasserzählern in neu zu errichtende Wohngebäude enthalten ist. Teilweise beinhalten einige Bauordnungen auch die Verpflichtung zum nachträglichen Einbau von Kaltwasserzählern.

Zweifellos ist die Messung des Kaltwasserverbrauchs durch Zähler die gerechteste Methode der Verbrauchserfassung und deren Verrechnung. Auch dürfte diese Art der Berechnung insgesamt zum geringeren Wasserverbrauch und damit zu einer Kostenminderung beitragen. Bei ETW können sich aber Schwierigkeiten ergeben, wenn die Verbrauchsmessung des Kaltwassers nicht vereinbart ist. Das bedeutet, daß eine entsprechende Vereinbarung zur Änderung der Kostenverteilung nachträglich getroffen werden muß (vgl. hierzu: Drasdo in PiG 56 S. 105ff.). In der Regel wird bei Neubaumaßnahmen eine entsprechende Regelung in die GO aufgenommen, wenn Wasserzähler wegen der genannten baurechtlichen Verpflichtung vorhanden sind. Sollte der Bauträger oder der Veräußerer die Aufnahme dieser gesonderten Kostenverteilung in der GO nicht vorgenommen haben ergeben sich dann Schwierigkeiten, wenn ein WEer verlangt, die Kaltwasserkosten nach dem tatsächlichen Verbrauch umzulegen. Hier gilt nach Auffassung von Drasdo das WEG und die vereinbarte Kostenverteilung. Sofern für die Betriebskosten ein fester Verteilungsmaßstab (z.B.: m^2-Wohnfläche) oder keine gesonderte Regelung getroffen wurde (hier gilt der Miteigentumsanteil als vereinbart) soll auch bei Vorhandensein von Kaltwasserzählern nicht verbrauchsbezogen abgerechnet werden können, es sei denn, alle WEer stimmen dieser Kostenverteilungsänderung nachträglich zu. Ein

diese Verhältnisse unterdessen nicht geändert haben (KG vom 30. 3. 1998, 24 W 9038/97).

Liegt ein WEer Beschluß zur Jahresabrechnung vor, in der ein falscher oder unrichtiger Verteilungsschlüssel verwendet wurde, muß der WEer diesen Beschluß anfechten, wenn er mit der Kostenverteilung nicht einverstanden ist. Unterläßt dies ein WEer, kann er sich in einem gegen ihn gerichteten gerichtlichen Zahlungsantrag nicht wirksam auf den unrichtigen Verteilungsschlüssel berufen (BayObLG WE 1995, 339; BayObLG WE 1997, 37), es sei denn als Einwand der unzulässigen Rechtsausübung. Danach haben die WEer Anspruch auf Änderung des Verteilungsschlüssels bei außergewöhnlichen Umständen. Außergewöhnliche Umstände sind dann gegeben, wenn der vereinbarte oder der gesetzliche Verteilungsschlüssel so unrichtig bemessen ist, daß er zu grob unbilligen Ergebnissen führt und damit einen WEer so benachteiligt, daß das Festhalten an diesem Schlüssel als grob unbillig und gegen Treu und Glauben verstoßend anzusehen ist (BayObLG WE 1986, 25; WE 1992, 233; WE 1996, 439). Dieser Anspruch kann in einem Antrag an das Gericht – nicht aber durch eine Einrede im Verfahren der Beschlußanfechtung (BayObLG WE 1991, 228) – geltend gemacht werden. Bei der Prüfung eines solchen Antrags hat das Gericht einen strengen Maßstab anzulegen, weil sich im Grunde jeder WEer darauf verlassen können sollte, daß das einmal Vereinbarte grundsätzliche Gültigkeit hat (BayObLG WE 1995, 343) und daß ohne seine Einwilligung eine Vereinbarung nicht geändert werden kann. Das bedeutet, daß auch nachteilige Kostenverteilungsschlüssel im allgemeinen von den WEern hinzunehmen sind, und zwar bis zur oben geschilderten Unbilligkeitsgrenze. *320*

Diese Unbilligkeitsgrenze ist nach der Rechtsprechung sehr hoch angesetzt, wenn das BayObLG einem WEer zumutet, einen Kostenverteilungsschlüssel hinzunehmen, der ihn in einigen Kostenteilen bis zu 22 v.H. mehr belastet (BayObLG WE 1995, 343). Insgesamt gibt es keine allgemeingültigen Kriterien für das Erreichen der Unbilligkeitsgrenze bzw. für das Vorliegen eines grob unbilligen Kostenverteilungsschlüssels. Bei der Entscheidung nach billigem Ermessen ist stets von den besonderen Umständen des Einzelfalls auszugehen (vgl. OLG Zweibrücken WE 1999, 200).

321 Kommt das Gericht zu dem Ergebnis, daß der Verteilungsschlüssel grob unbillig ist, kann es selbst die Ausgestaltung eines neuen Verteilungsmaßstabs nach Treu und Glauben unter Berücksichtigung der gegebenen Verhältnisse vornehmen (BayObLG WE 1992, 238). Hier ersetzt die Gerichtsentscheidung mit Eintritt der Rechtskraft gem. § 45 Abs. 2 die Zustimmungserklärung des sich weigernden WEers im Sinne von § 894 ZPO (vgl. WE 1999, 200). Nicht möglich ist es dagegen, die Miteigentumsanteile selbst zu ändern, weil dies ein nicht zulässiger Eingriff in den Kernbereich des WE wäre.

322 Werden durch die WEer vom Gesetz abweichende Vereinbarungen (GO) über die Kostenverteilung getroffen, so ist unbedingt darauf zu achten, daß diese klar und eindeutig bestimmt werden. Unklare Regelungen bedürfen im Streitfall der Auslegung durch die Gerichte, was vermieden werden kann. Eine unklare Regelung ist z.B. die, daß die gesamten Betriebskosten nach der Wohnfläche umzulegen sind, ohne daß für die dem SE zugeordneten Balkone eine Sonderregelung getroffen wurde. In einem solchen Fall hat das BayObLG entschieden (WE 1997, 34), daß die Balkone, Loggien und Dachterrassen mit einem Viertel ihrer Grundfläche anzusetzen sind.

323 Ist in der GO eine generelle Abänderungsmöglichkeit mittels eines qualifizierten Mehrheitsbeschlusses vorgesehen (vgl. oben Rn. **6** 255), so ist die Veränderung eines Verteilungsschlüssels aber nur zulässig, wenn hierzu ein sachlicher Grund vorliegt und einzelne WEer gegenüber dem früheren Zustand nicht unangemessen benachteiligt werden (BayObLG WE 1992, 176; OLG Zweibrücken vom 30. 4. 1999, 3 W 83/99). Diese Grundsätze gelten auch dann, wenn der Verteilungsschlüssel erneut mit der hierfür vorgesehenen Stimmenmehrheit geändert werden soll (BayObLG WE 1992, 261).

324 Möglich ist in der GO eine Regelung zu treffen, daß z.B. Kosten für Instandhaltungsmaßnahmen an Teilen des gem.E. von bestimmten SEern zu tragen sind. Solche Regelungen bedürfen einer klaren und unmißverständlichen Ausgestaltung,

damit ganz klar ist, wer Kosten für welche Teile des gem.E. zu tragen hat.

Die Pflicht der SEer, bestimmte Kosten des gem.E. allein tragen zu müssen, beinhaltet nicht das Recht, die notwendigen Reparaturmaßnahmen losgelöst von der Gem. auszuführen. Über die Ausführung (z.B. Farbgestaltung von Fenstern) entscheidet die Gem. durch Mehrheitsbeschluß. In der Regel hat der Verwalter auch diese Maßnahmen zu betreuen, wobei er die Kosten bei den einzelnen WEern einzufordern hat (vgl. BayObLG WE 1997, 156). 325

Die Verpflichtung eines SEers zur Kostentragung für Teile des gem.E. kann sich aus der Umdeutung einer Vereinbarung in der GO ergeben. Dies ist z.B. dann geboten, wenn in der TE (fälschlicher Weise) die Isolierschicht einer Decke als SE bezeichnet ist und den jeweiligen WEern die Pflicht zur Tragung der Kosten auferlegt ist für alle in seinem SE befindlichen Einrichtungen (gem.E.) (OLG Hamm WE 1997, 152).

In Mehrhausanlagen werden vielfach besondere Kostenverteilungen vereinbart, nach denen Kosten – falls ausscheidbar – den einzelnen Häusern zuzuordnen sind. Solche besonderen Kostenverteilungsregelungen sind dann sinnvoll, wenn die Nutzung einzelner Häuser recht unterschiedlich ist (z.B. ein Gebäude wird als Wohnhaus und ein anderes als Ladenzentrum genutzt). Hier ist die Kostenverteilung sehr sorgfältig zu regeln mit der Maßgabe, daß nach Möglichkeit die anfallenden Kosten dem Gebäude zuzurechnen sind, für das sie entstehen. Als wichtiges Kriterium gilt dabei die Ausscheidbarkeit der Kosten. So zählen z.B. zu den nicht ausscheidbaren die Gemeinschaftskosten, welche die WEer und TEmer gemeinsam treffen, im Innenverhältnis aber erst nachträglich umgelegt werden müssen (BayObLG WE 1994, 148). 326

Mit der Kostenverteilung hat sich die Rechtsprechung vielfach befaßt. Die wichtigsten Entscheidungen sind: 327

- Die Wartungskosten einer in einem Keller befindlichen Hebepumpenanlage – über welche die Abflüsse der gem. Heizungsanlage und einer im Keller befindlichen Pizzeria abgeleitet wurden – sind entgegen einer anderen (nicht eindeutigen) Regelung von dem TEer allein zu tragen, weil diese im wesentlichen diesem SEer dient. Für die anderen WEer, welche die Anlage zwar nicht mitbenutzen, wäre die Hebeanlage nicht notwendig gewesen, weil für die Abwasser der Heizung und der Waschküche eine wartungsfreie Schmutzwasserpumpe genügt hätte. Bezüglich der Instandhaltungskosten der Pumpe kann eine generelle Aussage über die Kostentragungspflicht nicht gemacht werden. Hier komme es auf die Ursachen des Mangels an, zumal auch eine Schmutzwasserpumpe, selbst bei Wartungsfreiheit, reparaturbedürftig sein kann (BayObLG DWE 1983, 55).

- Betriebs- und Instandhaltungskosten eines Fahrstuhls sind auch von den WEern zu tragen, die keine Möglichkeit zur Nutzung dieser gem. Einrichtung (OLG Köln DWE 1978, 87; BayObLG Rpfleger 1979, 427) haben (OLG Düsseldorf NJW-RR 1986, 95; BGH NJW 1984, 2574; gilt auch in Mehrhausanlagen bei denen nur in einem Haus ein Aufzug vorhanden ist = BayObLG WE 1992, 261; vgl. auch OLG Zweibrücken vom 30. 4. 99, 3 W 83/99). Nur bei Vorhandensein einer ergänzungsbedürftigen Regelungslücke (wie z. B. im Fall des BayObLG Rpfleger 1979, 427) könnte eine andere Auffassung vertretbar erscheinen.
- Haben die WEer vereinbart, daß die Kosten eines Fahrstuhls nur von den Eigentümern der Obergeschoßwohnung zu tragen sind, so ist eine Änderung wieder nur durch die Zustimmung aller WEer möglich (LG Mannheim DWE 1977, 28).
- Eine Vereinbarung, welche zur Kostentragung für selbständige Hobbyräume mit ihren Miteigentumsanteilen in gleicher Weise wie für die Wohnungen verpflichtet, verstößt in der Regel nicht gegen § 242 BGB (BayObLG WE 1996, 115).
- Ist in einem Verwaltervertrag vorgesehen, daß entgegen einer Vereinbarung (GO) oder eines Beschlusses die Verwaltervergütung nach Wohneinheiten berechnet wird, so berührt diese Regelung nicht die tatsächliche Kostenverteilung. Diese Regelung stellt lediglich eine Berechnungsgrundlage für das dem Verwalter insgesamt zustehende Honorar dar und betrifft nicht das Verhältnis der WEer untereinander. Hier gilt der in der GO vereinbarte Kostenverteilungsschlüssel bzw. wenn nichts vereinbart ist, die gesetzliche Regelung gemäß § 16 Abs. 1 (KG ZMR 1986, 190).
- Wenn außergewöhnliche Umstände ein Festhalten an einem vereinbarten Kostenverteilungsschlüssel als grob unbillig und damit als gegen Treu und Glauben verstoßend erscheinen lassen, kann ein Gericht – bei Zugrundelegung strenger Maßstäbe – durch Entscheidung eine neue Lasten- und Kostenverteilungsregelung anstelle der bisherigen Vereinbarung mit gleichzeitiger Bestimmung eines Wirksamkeitszeitpunktes (Rechtskraft der Entscheidung) treffen. Diese Neuregelung durch Gerichtsbeschluß bedarf nicht der Zustimmung der Grundpfandgläubiger. Sie ist auch gegenüber Sondernachfolgern wirksam (BayObLG WE 1988, 19).
- Ist in einer GO vereinbart, daß der Kostenverteilungsschlüssel mit einer Mehrheit von $^2/_3$ geändert werden kann, so ist ein entsprechen-

der Mehrheitsbeschluß, der in einer Mehrhauswohnanlage (hier: 1 Hochhaus mit 35 und 3 weiteren Häusern mit je 7 bis 8 Wohnungen) bestimmt, daß die Betriebskosten für Heizung und Wasser sowie Kanal getrennt nach Häusern abgerechnet werden, wirksam, er benachteiligt die WEer der kleineren Häuser gegenüber dem früheren Rechtszustand nicht unbillig (OLG Düsseldorf vom 29. 11. 1987 – 3 Wx 516/87).

- Wird ein Kostenverteilungsschlüssel entsprechend einer Regelung in der GO durch einen Beschluß mit qualifizierter Mehrheit geändert, so kann dieser Beschluß durch einen „einfachen" Mehrheitsbeschluß nicht wieder verändert oder aufgehoben werden (BayObLG WE 1989, 145).
- Werden über Jahre hinweg die Kosten entgegen dem gültigen (gesetzlichen bzw. vereinbarten) Verteilungsschlüssel unangefochten verteilt, ist darin eine entsprechende Vereinbarung nur dann zu sehen, wenn festgestellt werden kann, daß alle WEer mit einer solchen Abrechnung auch für die Zukunft einverstanden sind (BayObLG WE 1989, 178).
- Ist als Verteilungsschlüssel die „Wohnungsgröße" vereinbart, so ist auch dann auf die m^2-WFl. abzustellen, wenn die Wohnung unrechtmäßig durch Einbeziehung von gem.E. vergrößert wurde (BayObLG WE 1989, 218).

2. Lasten des gemeinschaftlichen Eigentums

Das Vorbild zur Pflicht der Lastentragung ergibt sich aus den Bestimmungen des Nießbrauchsrechts (§ 1047 BGB). Übertragen auf das WE bedeutet dies, daß die WEer verpflichtet sind, alle privaten und öffentlichen Lasten zu tragen, welche auf dem gem.E. ruhen bzw. welche von der Gem. gesamtheitlich zu tragen sind. *328*

Privatrechtliche Lasten sind z. B. Verpflichtungen aus Hypotheken und Grundschulden, die am Gesamtgrundstück lasten. Beispiel: Aufnahme eines mittels Grundschuld gesicherten Darlehens, das durch die Gem. zur Finanzierung gem. Instandhaltungsmaßnahmen benötigt wurde. Zwar kann das Grundstück nach der Begründung von WE kein selbständiges Haftungsobjekt mehr sein (vgl. Becker in WE 1994, 361), weil es im WE-Recht aufgegangen ist und dieses aus jeweils einem SE in Verbindung mit Miteigentumsanteilen am gem.E. besteht. Gleichwohl besteht eine gesamtschuldnerische dingliche Haftung aller WE-Rechte im Sinne von § 1132 Abs. 1 BGB, weil sich die Hypothek am Grundstück in eine Gesamthypothek, die *329* auf allen WE-Rechten lastet, wandelt. Etwas anderes ist die Hypothek oder ein Grundpfandrecht, das der dinglichen Sicherung eines von einem WEer allein – eventuell zur Finanzierung seines Kaufpreises – aufgenommenen Darlehens dient. Das ist zwar auch eine private Last, die aber nicht auf dem gem.E., sondern auf dem einzelnen WE allein ruht.

330 Unter öffentlichen Lasten werden also öffentlich-rechtliche Ansprüche verstanden, die sich auf das gesamte Grundstück wie auch auf das einzelne WE und TEm beziehen können. Der Begriff öffentliche Lasten ist gesetzlich nicht definiert, obwohl er im Gesetz gelegentlich gebraucht wird (z.B. §§ 436, 1047 BGB, § 10 ZVG). Unter öffentlichen Grundstückslasten wird eine öffentlich-rechtliche Verpflichtung (Verfügungsbeschränkungen, Leistungen) verstanden, die entweder durch freiwillige Übernahme, wie z.B. die Baulast (s. oben Rn. **6** 166), oder kraft Gesetzes entsteht, wie die sich aus dem BauGB ergebenden Pflichten und Gebote für die einzelnen Grundstückseigentümer. Daneben können öffentliche Lasten auch eine gesetzliche Abgabenverpflichtung beinhalten, wie z.B. Grundsteuer, Grunderwerbsteuer, Geldleistungen im öffentlichen Umlegungsverfahren, Erschließungsbeiträge u.a., die durch wiederkehrende oder einmalige Geldleistungen zu erfüllen sind mit der Folge, daß die WEer im Außenverhältnis gesamtschuldnerisch haften. Dies trifft vielfach im öffentlichen Gebühren- und Abgabenrecht zu. Wenn z.B. für Kanalbenutzungsgebühren (vgl. KAG der einzelnen Bundesländer) in den von den Kommunen zu erstellenden Abwassersatzungen keine Sonderbestimmungen hinsichtlich der Abgabepflicht für WEer und TEmer getroffen wurden, gelten als Abgabeschuldner die Grundstückseigentümer. Das bedeutet, daß in diesem Fall die WEer als Grundstückseigentümer gegenüber den Kommunen nicht im Verhältnis ihrer Miteigentumsanteile, sondern als Gesamtschuldner nach § 421 BGB (vgl. hierzu OVG Saarlouis NJW-RR 1992, 1491) haften. Das gleiche gilt für die Kaminkehrergebühr dann, wenn die nach dem Schornsteinpfleger-Gesetz kehr- und prüfungspflichtige Anlage im gem.E. der WEer steht. Befindet sich aber eine solche Anlage allein im SE eines WEers, so ist allein der betreffende WEer Gebührenschuldner, wobei die sich hieraus ergebende öffentliche Last auf dem betreffenden WE ruht (umstritten vgl. hierzu Becker in WE 1994, 361), was z. B. bei einer Gasthermenheizung gegeben ist.

Obwohl die öffentlichen Lasten nicht im Grundbuch eingetragen werden, haften hierfür die Grundstückseigentümer dinglich, weil diese wegen Forderungen aus der öffentlichen Last die Zwangsversteigerung in das Grundstück zu dulden haben (§ 77 Abs. 2 AO; § 10 Abs. 1 Nr. 3 ZVG), wobei die öffentliche Hand in der Immobilienvollstreckung Befriedigungsvorrang genießt. 331

Unter Lasten des gem.E. können auch die Kosten verstanden werden, die aufgrund öffentlich-rechtlicher Auflagen zur Fertigstellung von Gebäuden und Anlagen aufgewendet werden müssen. Z. B.: 332

- Kosten zur nachträglichen und angemessenen Bepflanzung einer Gartenanlage (BayObLG Rpfleger 1975, 367).
- Fertigstellungskosten von baurechtlich angeordneten zusätzlichen Parkplätzen und Feuerwehrzufahrten (BayObLG ZMR 1983, 419).

Die Lasten des gem.E. sind im Innenverhältnis nach dem Verhältnis der Miteigentumsanteile zu tragen, weil die Pflicht zur Lastentragung unmittelbar dem Gemeinschaftsverhältnis entspricht. Es bedarf auch keiner besonderen Festsetzung (Beschluß) der Beitragspflicht durch die WEer, weil dies unwirtschaftlich und umständlich wäre (so BayObLG ZMR 1983, 419).

Die öffentliche Last kann somit auch auf dem einzelnen WE-Recht, aber auch auf den Miteigentumsanteilen ruhen, wie z. B. überwiegend beim landesrechtlichen Beitragsrecht (z. B. Erschließungskosten). Hier wird bezüglich der Beitragsleistung auf Miteigentumsanteile abgestellt, so daß hier für die WEer nur eine teilschuldnerische Haftung im Sinne von § 420 BGB besteht. 333

Die Abgrenzung zwischen Lasten des gem.E. und Kosten der Verwaltung ist nicht immer eindeutig vorzunehmen. Die Grenzen sind fließend. Während sich die Lasten des gem.E. überwiegend aus dem Grundeigentümerverhältnis ableiten und deshalb selten laufende Leistungspflichten sind, ergeben sich die Kosten der Verwaltung aus dem Erfordernis zur Bewirtschaftung der Objekte. Diese sind in aller Regel stets wiederkehrende Leistungen. 334

3. Kosten der Verwaltung

335 Die Kosten der Verwaltung sind im WEG genannt. Im einzelnen sind es sämtliche Bewirtschaftungskosten (§ 16 Abs. 2) sowie die sonstigen Kosten der Verwaltung und des gem. Gebrauchs des gem.E.

a) Bewirtschaftungskosten

336 Unter Bewirtschaftungskosten werden die Betriebskosten, die Instandhaltungskosten und die Verwaltungskosten verstanden, die zunächst vom Verwalter aufgrund eines Wirtschaftsplanes vorläufig ermittelt werden. Ist der Wirtschaftsplan (s. unten Rn. **10** 228ff.) durch die Gem. beschlossen, haben die WEer die anteiligen Bewirtschaftungskosten als (in der Regel) monatliche Vorschüsse (§ 28 Abs. 2 = Hausgeld) an den Verwalter zu leisten.

337 Mit der Jahresabrechnung werden die im Wirtschaftsplan geschätzten Bewirtschaftungskosten nach tatsächlichem Anfall abgerechnet. Möglich ist aber auch die Festlegung einer nicht abzurechnenden Kostenpauschale, was aber nur durch Vereinbarung (GO) möglich ist (vgl. hierzu BayObLG vom 10. 4. 1997, 2 Z 27/97).

338 Die Betriebskosten werden umfassend in der Anlage 3 der II. BV aufgeführt. Es handelt sich um folgende:

- Laufende öffentliche Lasten (für Gemeinschaftseigentum)
- Kosten der Wasserversorgung
- Kosten der Entwässerung
- Kosten der zentralen Wärmeversorgung
- Kosten der zentralen Warmwasserversorgung
- Kosten des Betriebs des maschinellen Personen- oder Lastenaufzugs
- Kosten der Straßenreinigung und Müllabfuhr
- Kosten der Hausreinigung
- Kosten der Gartenpflege
- Kosten der Beleuchtung
- Kosten der Schornsteinreinigung
- Kosten der Sach- und Haftpflichtversicherung
- Kosten für den Hausmeister
- Kosten des Betriebs der Gemeinschaftsantennenanlage
- Kosten des Betriebs der maschinellen Wascheinrichtung
- Sonstige Betriebskosten.

Zu den Kosten des Betriebs der Gemeinschaftsantennenanlage zählt auch das laufende Entgelt der Antennenversorgung für Rundfunk und Fernsehen durch das Kabelnetz (vgl. Kabelfernsehen oben Rn. **7** 292 ff.). *339*

Die Kosten des Betriebs der maschinellen Wascheinrichtung werden meist nach tatsächlichem Verbrauch und neben dem Hausgeld gesondert erhoben. Diesbezügliche Regelungen sind in der GO selten zu finden. Die Rechtsprechung hat sich mit diesem Problem nur wenig auseinandergesetzt (Ausnahme Ersatzbeschaffung vgl. BayObLG NJW 1975, 2296, und Anmerkung von Amann NJW 1976, 1321). Als Maßnahme ordnungsmäßiger Verwaltung wird hier offenbar ein Mehrheitsbeschluß oder ein bloßes Handeln angesehen, nachdem für die Benützung einer Waschmaschine Entgelte mittels Münzautomaten erhoben werden. Diese Einnahmen dienen in der Regel zur Deckung der laufenden Betriebskosten, der laufenden Instandhaltungskosten und eventuell für die Ersatzbeschaffung der gem. Einrichtungen. Ist in der GO hierüber nichts vereinbart, kann kein WEer verlangen, daß größere Instandhaltungsmaßnahmen und Ersatzbeschaffungen, die durch das Waschmaschinenrücklagenkonto nicht gedeckt sind, nur von den WEern zu zahlen sind, die ausschließlich die gem. Wascheinrichtung benützen. Wird für die Nutzung einer gem. Waschmaschine das sogenannte „Trommelgeld“ erhoben, so widerspricht es dem Grundsatz ordnungsmäßiger Verwaltung nicht, wenn das für den Waschvorgang benötigte Wasser und die dadurch entstehenden Kanalbenutzungsgebühren nicht aus dem „Trommelgeld“ bezahlt werden. Die Nichtverwendung dieser Kostenanteile ist deshalb gerechtfertigt, weil die den Waschautomaten nicht nutzenden WEer ihre Wäsche vielfach in der eigenen Waschmaschine, die sich in der ETW befindet, reinigen (BayObLG WE 1991, 360). Danach ist es gerechtfertigt, die Wasserkosten und die Kanalgebühren insgesamt nach dem vereinbarten bzw. gesetzlichen Kostenverteilungsschlüssel umzulegen. *340*

Das gleiche gilt für die Wasser- und Stromkosten, die beim Reinigen von Autos entstehen (BayObLG WE 1991, 360) unter der Voraussetzung, daß jeder WEer die gleiche Möglichkeit zum Autowaschen hat. *341*

342 Es empfiehlt sich aber, um Mißverständnisse und Streit wegen der richtigen Kostenverteilung und der richtigen Darstellung in den Jahresabrechnungen auszuschließen, eine Regelung zu treffen. Eine solche Regelung könnte folgenden Inhalt haben:

343 Sofern gemeinschaftliche Waschmaschinen installiert sind, wird neben dem Hausgeld eine angemessene Nutzungsgebühr (Trommelgeld) erhoben. Das Trommelgeld beinhaltet die Kosten für den Gebrauch, die Instandhaltung und Instandsetzung sowie die Erneuerung dieser Einrichtung. Die Höhe des Trommelgeldes wird vom Verwalter festgelegt, wobei eine Änderung dieser Festlegung durch Mehrheitsbeschluß der WEer möglich ist.

Für die Abrechnung der Einnahmen und Ausgaben wird ein gesondertes Waschmaschinenkonto als Sachkonto angelegt, wobei der verbleibende Überschuß als Waschmaschinenrücklage geführt und an die WEer nicht ausbezahlt wird. Aus diesem Konto werden sowohl die laufenden Betriebskosten als auch Instandhaltungs- und Instandsetzungskosten bezahlt, ohne daß es hierüber einer Beschlußfassung durch die WEer bedarf. Sollte die Waschmaschinenrücklage zur Deckung der Kosten für Instandhaltung und Ersatzbeschaffung nicht ausreichen, sind diese der allgemeinen Instandhaltungsrücklage zu entnehmen. Hierzu bedarf es eines Mehrheitsbeschlusses der WEer.

344 Die Heiz- und Warmwasserkosten sind wegen ihrer zwingend vorgeschriebenen verbrauchsbezogenen Kostenverteilung gesondert zu behandeln und zu besprechen.

345 Die Kosten der Instandsetzung und Instandhaltung wurden bereits definiert (s. oben Rn. **7** 218 f.). Nicht dazu zählen die Beiträge, die zu der Ansammlung einer angemessenen Instandhaltungsrückstellung erforderlich sind (§ 21 Abs. 5 Nr. 4). Da die Instandhaltungsrückstellung zur Zahlung künftiger Instandhaltungskosten dient, stehen diese im engen Zusammenhang mit den Instandhaltungskosten.

346 Als Verwaltungsgebühren sind alle die Aufwendungen zu verstehen, die dem Verwalter zur Deckung seiner Auslagen dienen und soweit diese aufgrund der üblichen Verwaltungsleistung als vereinbart gelten oder im Verwaltervertrag gesondert vereinbart sind. Es sind (vgl. Deckert a. a. O. Gruppe 5 S. 37):

- Verwaltervergütung allgemein als Pauschale
- Sonderauftragsvergütung an Verwalter

b) Heiz- und Warmwasserkosten (HeizkostenV)

In der Regel werden in der GO für die Feststellung und Umlage der Heiz- und Warmwasserkosten besondere Vereinbarungen getroffen. Durch die am 1. 3. 1981 in Kraft getretene Heizkostenverordnung (Verordnung über die verbrauchsabhängige Abrechnung der Heiz- und Warmwasserkosten, Verordnung über die Heizkostenabrechnung – HeizkostenV – in der Neufassung der Bekanntmachung vom 20. 1. 1989 – BGBl. I S. 120) gelten neue Grundsätze. *347*

Nach Maßgabe der HeizkostenV haften die WEer durch Mehrheitsbeschluß folgende Entscheidungen zu treffen: *348*

- Anschaffung von Meßeinrichtungen, die eine verbrauchsbezogene Abrechnung ermöglichen: Wärmezähler oder Wärmemesser (eichpflichtig); Heizkostenverteiler elektronisch oder nach dem Verdunstungsprinzip: Warmwasserzähler (eichpflichtig), Warmwasserkostenverteiler elektronisch. Alle Geräte müssen den Mindestanforderungen der DIN 4713 und 4714 entsprechen und ausdrücklich zugelassen sein.
- Aufbringung der Investitionskosten, die ausdrücklich als Kosten der Verwaltung anzusehen sind (§ 3 HeizkostenV).
- Festlegung des Verbrauchskostenverteilungsschlüssels innerhalb folgender Grenzen (§§ 7 bis 9 HeizkostenV).
  - Wärmeversorgung mindestens 50 v. H., höchstens 70 v. H. nach dem erfaßten Wärmeverbrauch.
  - Warmwasserversorgung mindestens 50 v. H., höchstens 70 v. H. nach dem erfaßten Warmwasserverbrauch.

Die Umlage der verbleibenden festen (fixen) Kosten (30 bis 50 v. H.) hat nach den m^2-Nutz- oder -Wohnflächen oder nach dem m^3-umbauten-Raum (beheizt oder nicht beheizt) zu erfolgen (§§ 7 und 8 HeizkostenV). Die verbrauchsunabhängigen Heizkosten können nur nach diesen Umlagemaßstäben, also nicht nach den Miteigentumsanteilen berechnet werden. Abweichend von § 7 Abs. 1 HeizkostenV kommt es dabei nicht auf die beheizten, sondern auf die beheizbaren Flächen oder Räume an. Dazu zählen nicht die Flächen von Terrassen und Balkonen. Letztere sind also nicht Berechnungsgrundlage für die verbrauchsunabhängigen Kosten (Staudinger/Bub § 16 Rz. 228). *349*

350 Kamen die WEer der Pflicht zur Beschlußfassung nicht nach oder kam ein Mehrheitsbeschluß über die Einführung der HeizkostenV in der WEer-Vers. nicht zustande, so ergeben sich laut Gesetz keine Sanktionen gegen die WEer. Auch ist die Heizkostenabrechnung (Jahresabrechnung), die nicht den Vorschriften der HeizkostenV entspricht, nicht nichtig, sondern nur anfechtbar (BayObLG WE 1986, 14; BayObLG WE 1989, 62).

351 Nach dem OLG Hamm (WE 1995, 153) ist aber der WEer-Beschluß nichtig, der die Einführung der verbrauchsabhängigen Heizkostenabrechnung aus Gründen ablehnt, die außerhalb der Regelungstatbestände des § 3 S. 2 HeizkostenV. liegen, unabhängig von einem erfolgten oder nicht erfolgten Beschluß.

352 Jeder Mieter kann von seinem Vermieter (WEer) die verbrauchsbezogene Abrechnung seit 1985 verlangen. Kommt der Vermieter dieser Aufforderung nicht nach, kann der Mieter bei einer nichtverbrauchsabhängigen Abrechnung den auf ihn entfallenden Anteil um 15 v.H. kürzen.

353 Jeder WEer kann im Rahmen seines Rechts auf ordnungsmäßige Verwaltung von der Gem. die verbrauchsbezogene Heizkostenabrechnung verlangen und gegebenenfalls gerichtlich durchsetzen. Das gilt nicht, wenn die WEer unter Bezugnahme auf die Ausnahmeregelung des § 11 HeizkostenV beschließen, von der Ausstattung mit Erfassungsgeräten abzusehen, weil dies nur mit unverhältnismäßig hohen Kosten möglich ist (vgl. OLG Düsseldorf DWE 1989, 29, sowie BayObLG WE 1990, 136: Einbau von Warmwasserzählern bei Wohnanlage mit 124 Wohnungen und Kostenaufwand von DM 75000). Ein unverhältnismäßig hoher Kostenaufwand beim Einbau von Meßgeräten liegt nach dem KG (WE 1993, 138) jedenfalls dann vor, wenn in einem 10-Jahre-Vergleich die Kosten für die Installation der Meßgeräte sowie für deren Wartung und Ablesung die voraussichtliche Einsparung der Energiekosten (geschätzt mit rund 15 v.H.) übersteigen (so auch BayObLG WE 1994, 282). Auch kann durch Mehrheitsbeschluß eine andere Heizkosten- bzw. Warmwasserkostenverteilung nicht vorgesehen werden, wenn in der GO (hier: ausschließlich nach Verbrauch) ein höherer Höchstsatz als in § 8 Abs. 1 HeizkostenV vorgesehen ist. In diesem Fall

bleiben nach § 10 HeizkostenV die übrigen Regelungen der Verordnung unberührt (BayObLG WE 1991, 295).

Besteht für eine WEer-Gem. bereits eine Vereinbarung (GO) über eine verbrauchsbezogene Heizkostenabrechnung innerhalb des Rahmens (Verteilungsschlüssels) der HeizkostenV, so können die WEer nicht mit Stimmenmehrheit einen anderen Verteilungsschlüssel beschließen. Die HeizkostenV enthält keine Ermächtigung, den in der GO festgelegten Heizkostenverteilungsschlüssel, der sich im Rahmen der §§ 7 und 8 dieser Verordnung hält, durch Mehrheitsbeschluß zu ändern (BayObLG WE 1990, 112). Hierzu ist Einstimmigkeit erforderlich (BayObLG WEM 1983/1, 38) sofern nicht die GO etwas anderes bestimmt, z. B. daß die Kostenverteilung durch (qualifizierten) Mehrheitsbeschluß geändert werden kann (BayObLG ZMR 1985, 104). *354*

Möglich ist es aber, daß ein zur Anpassung an die HeizkostenV erfolgter Mehrheitsbeschluß wieder durch Mehrheitsbeschluß geändert werden kann. Dies war lange Zeit umstritten, wurde aber durch die Neufassung der HeizkostenV 1989 klargestellt, weil der § 6 Abs. 4 in Verbindung mit § 3 ausdrücklich feststellt, daß und wann ändernde Mehrheitsbeschlüsse möglich sind (vgl. Peruzzo „Heizkostenabrechnung nach Verbrauch" zu § 6 Abs. 4). *355*

Bei der Verteilung der Wärme- und Warmwasserkosten brauchen die sogenannten Gemeinschaftsräume nicht berücksichtigt zu werden (Neuregelung: § 4 Abs. 2). Bei solchen Gemeinschaftsräumen handelt es sich meist um Flure, Treppenhäuser, Trockenräume u. ä., ausgenommen von dieser Regelung sind solche Gemeinschaftsräume, die nutzungsbedingt hohen Wärme- oder Warmwasserverbrauch haben, wie z. B. Schwimmbäder oder Saunen (vgl. Peruzzo a.a.O. S. 24 f.). *356*

Bei der Heizkosten- und Brauchwarmwasserkostenabrechnung kommt es vielfach zum Streit darüber, welche Kostenarten im einzelnen zu den Heiz- und Warmwasserkosten zählen. Um eine ordnungsmäßige verbrauchsbezogene Heiz- und Warmwasserkostenabrechnung zu ermöglichen hat der Gesetzgeber die Heiz- und Warmwasserbetriebskosten eindeutig und ausschließlich definiert. *357*

358 Kosten des Betriebes der zentralen Heizungsanlage einschließlich der Abgasanlage sind (§ 7 Abs. 2 HeizkostenV):

- Kosten des verbrauchten Brennstoffs und seiner Lieferung
- Kosten des Betriebsstroms
- Kosten der Bedienung, Überwachung und Pflege der Anlage
- Kosten der regelmäßigen Prüfung der Betriebsbereitschaft, der Betriebssicherheit und der Einstellung durch einen Fachmann
- Kosten der Reinigung der Anlage und des Betriebsraums
- Kosten der Messung nach dem Bundes-Immissionsschutzgesetz
- Kosten der Anmietung oder anderen Arten der Gebrauchsüberlassung einer Ausstattung zur Verbrauchserfassung
- Kosten der Verwendung einer Ausstattung zur Verbrauchserfassung einschließlich der Kosten der Berechnung und Aufteilung.
- Kosten der Abrechnung durch Wärmedienstunternehmen für das Ablesen der Verbrauchserfassungsgeräte bzw. dem Austausch der Verdunstungsröhrchen u. ä. Nicht zu diesen Kosten zählen die Versandkosten der Abrechnung an die WEer (Staudinger/Bub § 16 Rz. 152).

Kosten des Betriebs der zentralen Warmwasserversorgung sind (§ 8 Abs. 2 HeizkostenV):

- Kosten der Wasserversorgung, soweit sie nicht gesondert abgerechnet werden und die Kosten der Wassererwärmung entsprechend § 7 Abs. 2:
  - Kosten des Wasserverbrauchs
  - Grundgebühren
  - Zählermiete
  - Kosten der Verwendung von Zwischenzählern
  - Kosten des Betriebs einer hauseigenen Wasserversorgungsanlage und einer Wasseraufbereitungsanlage einschließlich der Aufbereitungsstoffe

359 Andere als die aufgeführten Kostenarten dürfen in die Heiz- und Warmwasserkostenrechnung nicht einbezogen werden.

Nach der HeizkostenV sind Heizkosten- und Wärmekostenverteiler in Form der Verdunstungsröhrchen ausdrücklich zugelassen, obwohl sie nur ein grobes Verhältnis für die relative Benutzung der Heizkörper und der Warmwasseranschlußstellen festhalten. Sie ermöglichen also keine genaue Messung der abgegebenen Wärme, wie z. B. die Wärmezähler oder Wärmemesser. Da die Verdunstung der Heizkostenverteilerröhrchen nicht parallel zur Erhitzung des Heiz- und Warmwassers erfolgt (z. B. erfolgt Kaltverdunstung auch bei normaler Zimmertemperatur, ohne daß die Heizkörper angestellt sind), ergeben sich „Messungsungenauigkeiten“, die von den WEern hinzunehmen sind, wenn sie sich durch Mehrheitsbeschluß für solche Meßgeräte entschieden haben.

Dies gilt auch für Einrohrleitungen (DIN 4713 Teil 2 Nr. 1), obwohl bei dieser Heizleitung ein großer Teil der verbrauchten Wärme nicht über die Heizkörper, sondern über die Ringleitung abgegeben wird (BayObLG WE 1994, 116). Treten wegen der Art der Meßgeräte unterschiedliche Verbrauchsergebnisse auf, so können diese – wie bei der Kostenverteilung (s. oben Rn. **7** 312) – vernachlässigt werden, es sei denn, das Abrechnungsergebnis führt im Einzelfall zu einer nach den Grundsätzen von Treu und Glauben nicht mehr zumutbaren Mehrbelastung (BayObLG WE 1994, 116). Ist dies der Fall, kann der benachteiligte WEer diese Umstände nicht als Einrede in der Beschlußanfechtung zur Jahresabrechnung geltend machen. Sofern tatsächlich die Heizkostenabrechnung bei Anwendung des geltend gemachten Kostenverteilungsschlüssels zu einer unzumutbaren Benachteili-gung eines WEer führt, kann der Anspruch auf eine andere Kostenverteilung bzw. auf eine Veränderung des Heizleitungssystems nur durch einen auf § 242 BGB gestützten gesonderten Antrag geltend gemacht werden (BayObLG vom 4. 9. 1997, 2 Z 105/97).

Tritt während des Abrechnungsjahres ein Nutzerwechsel in *360*
der ETW ein, sei es, daß ein WEer seine Wohnung veräußert oder daß bei der vermieteten ETW ein Mieterwechsel stattfindet, so ergeben sich Probleme für die verbrauchsbezogene Abrechnung dann, wenn nicht eine Zwischenablesung erfolgt und die Heizkostenabrechnung entsprechend aufgeteilt wird. Nachdem diese Probleme bei Nutzerwechsel allgemein aufgetreten sind, wurde mit der Novellierung der HeizkostenV am 20. 1. 1989 ein neuer § 9b in die Verordnung aufgenommen, welcher die Kostenverteilung bei Nutzerwechsel regelt. Danach gilt als gesetzliche Vorgabe die Zwischenablesung. Ist eine solche nicht möglich, sind die Kosten nach Maßgabe der Gradtagszahlen aufzuteilen (§ 93 Abs. 1 bis 3). Abweichende rechtsgeschäftliche Bestimmungen haben nach Abs. 4 Vorrang vor der gesetzlichen Regelung. Das bedeutet, daß in der GO oder in einer anderen Vereinbarung andere Regelungen getroffen werden können. Dies

ist in der Musterteilungerklärung (vgl. unten Anhang II) geschehen, wonach eine Zwischenablesung und eine Zwischenabrechnung ausgeschlossen ist. Soll diese Regelung auch zwischen dem vermietenden WEer und seinem Mieter gelten, müßte das im Mietvertrag gesondert vereinbart werden. Die Frage, wer die Kosten der Zwischenablesung trägt, ist umstritten. Gerecht dürfte eine Aufteilung dieser Kosten auf den aus- und einziehenden Mieter oder WEer sein (vgl. hierzu Deckert a.a.O. Gruppe 5/518f.).

361 Erschwert wird die richtige Kostenverteilung auch dann, wenn z.B. Meßgeräte ausfallen. Für diesen Fall wurde 1989 eine Neugelung in § 9a eingeführt mit der Maßgabe, daß der Gebäudeeigentümer (hier die WEer) den anteiligen Wärme- und Warmwasserverbrauch auf der Grundlage des Verbrauchs der betroffenen Räume in vergleichbaren früheren Abrechnungszeiträumen zugrunde legt. Diese Verbrauchsermittlung ist dann nicht zulässig, wenn die betroffene Nutzfläche 25 v.H. der für die Kostenverteilung maßgeblichen Gesamtnutzfläche überschreitet. Hier sind die Kosten nach Maßgabe von § 7 Abs. 1 S. 2 und § 8 Abs. 1 in der Weise zu verteilen, daß die gesamten Kosten verbrauchsunabhängig nach Nutzfläche oder umbauten Raum umgelegt werden.

362 Seit der Novellierung der HeizkostenV im Jahre 1989 wird keine Unterscheidung mehr zwischen eigener Wärmeversogung und Fernwärmeversorgung gemacht. Mit dem § 1 Abs. 1 Nr. 2 wird jetzt die eigenständig gewerbliche Lieferung von Wärme und Warmwasser, auch aus Anlagen nach Nr. 1 (Wärmelieferung, Warmwasserlieferung) in die HeizkostenV mit einbezogen. So kann auch Wärme aus einer im Hause befindlichen zentralen Heizungsanlage gegen Entgelt geliefert werden. Im Gegensatz zum selbstversorgenden Hauseigentümer ist der Wärmelieferant nicht darauf beschränkt, die Kosten nach § 7 Abs. 2 allein umzulegen; er kann ein zu vereinbarendes Entgelt verlangen, das neben den reinen Wärme- und Warmwasserkosten sonstige Kosten (Bau- und Investitionskosten, Abschreibungen, Zinsen, Reparaturkosten, Verwaltungskosten u.a.) enthält. Einen Nachweis über diese Kosten und deren Aufteilung in Grund- und Arbeitspreis braucht der Wärmelieferer nicht zu führen. Es kommt hierbei allein auf die Liefervereinbarung an (vgl. hierzu: Deckert a.a.O. 5/513).

In den neuen Bundesländern ist die HeizkostenV ab 1. 1. 1991 in Kraft getreten. Räume, die vor diesem Stichtag bezugsfertig waren und in denen die nach der HeizkostenV erforderlichen Ausstattungen zur Verbrauchserfassung noch nicht vorhanden waren, waren bis spätestens 31. 12. 1995 nachzurüsten. Bis zum Ablauf dieser Frist bestand also keine Verpflichtung zur verbrauchsbezogenen Abrechnung unter der Voraussetzung, daß keine Verbrauchsmeßgeräte vorhanden waren. *363*

Die Vorschriften der HeizkostenV bezüglich der Kostenverteilung gelten erstmalig für den Abrechnungszeitraum, der nach der Ausstattung mit Meßeinrichtungen beginnt. *364*

Rechtsprechung: *365*

- Manipulationen an Heizkostenverteilern zur Vortäuschung eines niedrigeren Verbrauchs erfüllen den Tatbestand des Betrugs nach § 263 StGB und im Falle der Manipulation durch den Mieter den Tatbestand der Sachbeschädigung nach § 303 StGB (LG Stuttgart, Urteil vom 5. 6. 1985).
- Das Entfernen von Heizkörpern ist nicht gestattet und ermöglicht keine Befreiung aus der Verpflichtung der verbrauchsbezogenen Heizkostentragung (BayObLG DWE 1985, 61; AG Laufen vom 23. 3. 1987, UR II 90/86).
- Sind Heizkörper bzw. Meßeinrichtungen unberechtigterweise abmontiert worden, so wirkt dieser Sachverhalt in der Heizkostenabrechnung so als wären die Heizkörper angeschlossen, aber ständig abgeschaltet (Nullverbrauch) gewesen (OLG Hamm vom 26. 6. 1987 - 15 W 438/85).
- Wird zur Verbrauchsermittlung in einer Heizkostenabrechnung, die ein Vermieter seinem Mieter vorlegt, eine allgemein zulässige Methode (hier: Heizkostenverteiler nach dem Verdunstungsprinzip) verwendet, so muß deren behauptete Fehlerhaftigkeit konkret bewiesen werden, es sei denn, daß so viele Anzeichen für Fehler sprechen, daß diese entkräftet werden müssen. Eine insoweit unsubstantiierte Behauptung fehlerhafter Meßeinrichtung gibt (dem Mieter) kein Recht zur Zahlungsverweigerung. Unterzeichnet der Wohnungsmieter anläßlich der Ablesung der Heizkostenverteiler die Ableseergebnisse, so dient die darin liegende Bestätigung zumindest der Beweiserleichterung des Wärmelieferanten, so daß der Mieter die Unrichtigkeit nachweisen müßte (BGH DWW 1986, 180).
- Sollen mehr als 70 v.H. der Kosten der Versorgung mit Wärme und mit Warmwasser nach dem erfaßten Verbrauch abgerechnet werden, ist eine Vereinbarung aller WEer, also Einstimmigkeit erforderlich. Ein

Mehrheitsbeschluß reicht insoweit nicht aus (OLG Düsseldorf DWE 1986, 30).

- Bei der Verteilung der Heizkosten auf die einzelnen WEer ist die Anwendung unterschiedlicher Abrechnungsmaßstäbe innerhalb der Gem. mit dem sich aus den §§ 6 Abs. 1, 7 Abs. 1 HeizkostenV ergebenden Prinzip der einheitlichen Kostenabrechnung nicht vereinbar und damit unzulässig (KG DWE 1985, 61).
- Besteht keine wirksame, mit der HeizkostenV in Einklang stehende Regelung über den Heizkostenverteilungsschlüssel, so muß zunächst eine solche Regelung durch die WEer getroffen werden, damit auf ihrer Grundlage die Heizkosten verteilt werden können (BayObLG WE 1987, 22).
- Ein Eigentümerbeschluß über die Heizkostenverteilung ist nicht nichtig, wenn diese der HeizkostenV nicht entspricht (BayObLG WE 1986, 14).
- Haben die WEer eine der HeizkostenV entsprechend andere Kostenverteilung durch Mehrheitsbeschluß bestimmt, können sie danach weder die alte noch künftige Abrechnungen auf andere zulässige Heizkostenverteilungsschlüssel mittels eines neuen Mehrheitsbeschlusses umstellen (KG WE 1988, 167).
- Ein WEer, der nachweislich sämtliche Heizkörper abgestellt hat, besitzt keinen Anspruch darauf, von den „verbrauchsbezogenen“ Heizkosten völlig freigestellt zu werden. Dieser Anteil kann aber nicht höher sein als bei einer im Betrieb befindlichen vergleichbaren anderen Wohnung der gleichen Wohnanlage. Nach § 242 BGB hat der WEer einen Anspruch darauf, so gestellt zu werden wie der WEer einer vergleichbaren Wohnung, bei dem die niedrigsten Verbrauchswerte festgestellt wurden (BayObLG WE 1989, 54).

c) Sonstige Verwaltungskosten

366 Unter den „sonstigen Verwaltungskosten“ sind alle die Kosten zu verstehen, die von den WEern gem. und anteilig zu tragen sind und die nicht zu den Lasten des gem.E. und den Bewirtschaftungskosten zählen.

Das Gesetz nennt zwei solcher Kostenarten. Zunächst die Kosten des Rechtsstreites gem. § 18. Diese Verfahrenskosten sind deshalb von allen WEern nach dem vereinbarten oder – wenn eine Vereinbarung nicht vorliegt – nach dem gesetzlichen Verteilungsschlüssel (Miteigentumsanteile) zu tragen. Zu den Kosten eines Rechtsstreites nach § 18 zählt auch ein in diesem Zusammenhang angestrengtes Richterablehnungsverfahren (BayObLG WEM 1984/5, 29). Verfahrenskosten nach § 18 sind als sonstige Verwaltungskosten auch dann von den WEern gem. und anteilig zu tragen, wenn die Wohnanlage nur aus zwei Wohnungen besteht und wenn die Kosten des Rechtsstreits allein einer der Parteien (Kläger oder Beklagte) rechtskräftig durch Kostenfestsetzungsbeschluß des Gerichts auferlegt wird.

Die vom Gesetz weiter genannten „sonstigen Verwaltungskosten“ sind Kosten die entstehen, wenn ein WEer einen Schaden an seinem SE hat, weil das Betreten und Benutzen des SE zum Zwecke einer Instandhaltungsmaßnahme am gem.E. notwendig wurde (§ 14 Nr. 4).

Unter sonstigen Verwaltungskosten können auch solche Aufwendungen verstanden werden, die einem Dritten entstanden sind, wenn er für die WEer Betriebskosten der Lasten und Kosten im Sinne von § 16 Abs. 2 bezahlt hat und er diese gegen die WEer geltend macht. Es handelt sich dabei um einen Aufwendungsersatzanspruch aus Geschäftsführung ohne Auftrag (BayObLG WE 1996, 467).

d) Nicht-Verwaltungskosten

Nicht zu den (sonstigen) Verwaltungskosten gehören die 367
Verfahrenskosten gemäß § 43 (§ 16 Abs. 5). Nach § 47 sind diese Kosten nach Maßgabe der richterlichen Entscheidung zu tragen, (s. unten Rn. **11** 377 ff.). Es ist auch nicht möglich, durch Mehrheitsbeschluß eine grundsätzliche (und andere) Regelung über die Tragung der Verfahrenskosten herbeizuführen. Verfahrensgegenstand eines laufenden WEs-Verfahrens und dessen Kostenregelung unterliegen nicht der Regelungsmacht der WEer, sondern allein der Entscheidungsbefugnis des Gerichts (KG WE 1987, 122).

Unter sonstigen Verwaltungskosten können auch solche Auf- 368
wendungen verstanden werden, die einem Dritten entstanden sind, wenn er für die WEer Betriebskosten oder Lasten und Kosten im Sinne von § 16 Abs. 2 bezahlt hat und er diese gegen die WEer geltend macht. Es handelt sich dabei um einen Aufwendungsersatzanspruch aus Geschäftsführung ohne Auftrag (BayObLG WE 1996, 467).

369 Da Kosten des WE-Verfahrens nicht zu den Verwaltungskosten gehören, konnten sie nach bisheriger Auffassung keine Aufnahme in die Jahresabrechnung finden, und zwar weder in die Gesamt- noch in die Einzelabrechnung (s. unten Rn. **10** 264 ff.; BayObLG WE 1988, 26; BayObLG WE 1991, 360). Im Grunde bedeutete dies, daß die Verfahrenskosten auch nicht aus dem gem. Hausgeldkonto hätten bezahlt werden dürfen. Diese Auffassung war zwar vom Gesetzeszweck verständlich, aber nicht praktikabel. Aus diesem Grund hat das KG (WE 1992, 284) die Aufnahme von Gerichtskosten in die Gesamtjahresabrechnung und Verteilung auf die betreffenden WEer in der Einzelabrechnung als zulässig erklärt, wenn diese Kosten aus dem Gemeinschaftskonto der WEer bezahlt wurden. Das BayObLG hat diese Auffassung in Abweichung von seiner bisherigen Rechtsprechung ausdrücklich bestätigt.

370 Ebenso können die Kosten, welche im Zusammenhang mit baulichen Änderungen stehen oder die Aufwendungen, die über die ordnungsmäßige Instandhaltung oder Instandsetzung des gem.E. hinausgehen, nicht als sonstige Verwaltungskosten verstanden werden.

371 Eine Zahlungspflicht für solche Kosten und Aufwendungen ergibt sich für die WEer nur unter ganz besonderen Bedingungen und Voraussetzungen.

372 Auch können die Kosten des Wiederaufbaus eines mehr als zur Hälfte zerstörten Gebäudes (§ 22 Abs. 2) oder die Fertigstellungskosten eines „steckengebliebenen Baues" nicht unter die sonstigen Verwaltungskosten nach der hier vertretenen Auffassung subsumiert werden. Die Kostentragungspflicht durch die WEer mag in bestimmten Fällen gegeben sein, als Verwaltungskosten sollten aber diese besonderen Aufbaukosten oder Baukosten nicht gesehen werden.

373 Anders verhält es sich bei „Wiederaufbaukosten" von weniger als zur Hälfte zerstörten Bauwerken, die aber auch keine sonstigen Verwaltungskosten sind, sondern als Kosten von Instandsetzungsmaßnahmen zu den Bewirtschaftungskosten zählen.

4. Hausgeld, Fälligkeit und Geltendmachung

a) Begriff und Arten des Hausgelds

Der Begriff Hausgeld beinhaltet die Pflicht der WEer im Innenverhältnis die Beitragsleistung aus Wirtschaftsplan und Jahresabrechnung nach § 28 Abs. 2 und 3 an die Gemeinschaft zu leisten. Mit diesen Beiträgen werden die Kosten und Lasten des gem.E. sowie die Kosten der Instandhaltung, Instandsetzung, sonstigen Verwaltung und des gemeinschaftlichen Gebrauchs finanziert, die im Außenverhältnis der WEer entstehen und zu deren Tragung die WEer gegenseitig nach § 16 Abs. 2 verpflichtet sind. Die Ansprüche zur Beitragsleistung nach § 28 und die Pflicht der WEer gesamtschuldnerisch für die Lasten- und Kostentragung gegenseitig verantwortlich zu sein, sind demnach nicht identisch. Das bedeutet, daß ein WEer gegen einen anderen WEer auch dann einen Anspruch auf Kostenersatz für Leistungen an Dritte hat, wenn ein Beschluß über Wirtschaftsplan und Jahresabrechnung nicht besteht (BayObLG vom 30. 10. 1997, 2 Z 83/97). *374*

Für das Hausgeld findet auch der Begriff Wohngeld Anwendung. Vor allem verwenden die Obergerichte den Begriff Wohngeld, was deshalb nicht zweckmäßig ist, weil Wohngeld sprachlich nicht voll zutreffend ist und ferner der Begriff Wohngeld durch das Wohngeldgesetz rechtsbegrifflich belegt ist. *375*

Das Hausgeld selbst besitzt sowohl bezüglich seiner rechtlichen Begründung wie auch wegen seiner Fälligkeit unterschiedliche Qualität. Zum einen ergibt sich der Hausgeldanspruch der WEer im Sinne von § 28 Abs. 2 als Pflicht zur Vorschußleistung auf den Wirtschaftsplan (s. unten Rn. **10** 228ff.) und zum andern als Nachschußpflicht nach erfolgter und beschlossener Jahresabrechnung (s. unten Rn. **10** 264ff.).

Eine dritte Leistungspflicht ist die unten (Rn. **10** 262) beschriebene Sonderumlage.

Die Fälligkeit des Hausgelds ist mit der jeweiligen rechtskräftigen Beschlußfassung zum Wirtschaftsplan, zur Jahresabrechnung und zur Sonderumlage gegeben. *376*

b) Haftung, Aufrechnung und Zurückbehaltung

377 Jeder WEer ist gegenüber den anderen WEern verpflichtet, das Hausgeld zu leisten. Insoweit haften sie für diese Leistungen gegenüber den WEern. Es besteht demnach eine interne gesamtschuldnerische Haftung der WEer untereinander. Sie ist immer dann gegeben, wenn ein WEer mit seinem Beitrag an die Gem. ausfällt. Hier besteht für die anderen WEer eine gemeinsame Nachschußpflicht. Die Deckung solcher Ausfälle erfolgt, wenn nichts anderes vereinbart ist, durch die WEer im Verhältnis ihrer Miteigentumsanteile (OLG Stuttgart DWE 1983, 119). Steht ein WE im Bruchteilseigentum mehrerer Personen, so haften diese für das Hausgeld als Gesamtschuldner im Sinne von § 421 BGB (OLG Stuttgart OLGZ 1969, 232).

378 Auf der anderen Seite hat ein WEer, der Beträge an die Gem. bezahlt, welche über die fällig gestellten Leistungen hinausgehen, einen persönlichen Ausgleichsanspruch gegen die anderen WEer (§§ 16 Abs. 2, 21 Abs. 2 und 3, §§ 683, 748 BGB; BayObLG WE, 243).

379 Ist eine Wohnung noch nicht verkauft oder wird sie aus sonstigen Gründen nicht genutzt, so ist der WEer (Bauträger oder Erwerber) verpflichtet, das Hausgeld zu zahlen und die Lasten und Kosten nach dem vereinbarten Verteilungsschlüssel anteilig zu tragen (OLG Hamburg DWE 1975, 122; LG München DB 1977, 2231; a.A. OLG Köln DWE 1978, 87).

380 Bei Ferienwohnanlagen, Apparthotels und Studentenwohnheimen wird häufig in der Gemeinschaftsordnung wirksam vereinbart, daß die gesamte Anlage einem Zwischenvermieter zu vermieten ist. Häufig wird dann zwischen der Gemeinschaft und dem Zwischenmieter im Mietvertrag vereinbart, daß der Zwischenmieter den Mietzins abzüglich des jeweiligen Hausgelds an den einzelnen WEer zu überweisen hat. Diese Regelung ist auf die Hausgeldzahlungspflicht des WEers ohne Einfluß, was sich besonders dann auswirkt, wenn das Konkursverfahren über das Vermögen des Zwischenmieters eröffnet wird. Nur eine eindeutige befreiende Schuldübernahme der Hausgeldschuld nach § 414 BGB durch den Zwischenmieter würde die einzelnen

WEer von der Hausgeldleistungspflicht in diesem Fall entlasten (BayObLG WE 1995, 93).

Wird über das Vermögen eines WEers das Insolvenzverfahren (Insolvenzordnung – InsO – vom 5. Oktober 1994 – BGBl. I S. 2866) eröffnet, so haben die anderen WEer nur die Möglichkeit, rückständige Hausgelder vor Eröffnung des Insolvenzverfahrens als Insolvenzgläubiger geltend zu machen (OLG Stuttgart Rpfleger 1978, 383). 381

Das bedeutet, daß die WEer-Gem. als Insolvenzgläubigerin nur dann die Möglichkeit einer Befriedigung ihrer Forderungen haben, wenn in der Abschlußverteilung nach § 187 InsO ein quotenmäßig festgelegter Abschlag aus der Insolvenzmasse verbleibt, was in der Regel selten der Fall sein wird. Das gleiche gilt für den einen eventuellen Anteil aus dem Erlös bei der Zwangsversteigerung. 382

Die WEer sind bezüglich der Hausgeldforderungen gegenüber den WEern, deren Hausgelder vor der Eröffnung des Insolvenzverfahrens nach bestandskräftigem Wirtschaftsplan oder Jahresabrechnung fällig wurden, nicht Massegläubiger. Das bedeutet, daß die WEer bezüglich solcher Forderungen nicht aus der Masse befriedigt werden können, sie stellen „nur" Insolvenzforderungen dar. Anderes gilt für Forderungen der Gem., die nach Eröffnung des Insolvenzverfahrens fällig wurden. Solche Forderungen stellen Masseverbindlichkeiten dar.

Es ist selten, daß die WEer geltend gemachte Forderungen an den Insolvenzverwalter realisieren können. Wenn ja, ist meist eine lange Zeit vergangen mit der Folge, daß in der Zwischenzeit verschiedene Eigentümerwechsel stattgefunden haben. Aus diesem Grunde ist bei Überweisung des quotenmäßigen festgelegten Abschlags aus der Insolvenzmasse an die Gem. die Frage zu stellen, wer von den jetzigen WEern darauf einen Anspruch besitzt. In diesem Fall hat jeder WEer, der sich an der Abdeckung der angemeldeten Forderungen beteiligt hatte, einen Anspruch an die Gem. auf anteiligen Abschlag nach den Grundsätzen ordnungsmäßiger Verwaltung (KG vom 28. 1. 1998, 24 W 7648/96).

Das bedeutet, daß nach Eröffnung des Insolvenzverfahrens die ab diesem Zeitpunkt fälligen Hausgelder einschließlich der Fehlbeträge aus der Jahresrechnung, soweit sie nicht Rückstände 383 aus Leistungen nach dem Wirtschaftsplan enthalten (BGH WE 1994, 210; KG WE 1994, 53), Masseverbindlichkeiten sind, die der Insolvenzverwalter in vollem Umfang an die Gem. laufend zu leisten (BGH WE 1989, 197) hat. Das gilt auch für Sonderumlagen, welche die WEer zur Deckung von Hausgeldschulden bzw. zur Aufstockung von Instandhaltungsrückstellungen beschließen (BGH WE 1993, 80; s. unten Rn. **10** 262).

384 Im Falle der Zwangsverwaltung ist der Zwangsverwalter ebenfalls verpflichtet, das Hausgeld an die Gem. abzuführen (LG Darmstadt Rpfleger 1977, 332; OLG Karlsruhe WE 1990, 105). Dies gilt nach Auffassung des OLG Karlsruhe (WE 1988, 95) auch für die Dauer der Sequestration (§ 106 KO).

385 Das Recht zur Zurückbehaltung sowie zur Aufrechnung gegen Ansprüche aus Hausgeld wird allgemein für unzulässig erachtet (BayObLG WE 1989, 106), weil die Gem. dringend auf Hausgeldzahlungen angewiesen ist. Das bedeutet, daß nur mit anerkannten bzw. mit rechtskräftig festgestellten und mit gerichtlich titulierten Gegenforderungen sowie mit Ansprüchen aus der Notgeschäftsführung (§ 21 Abs. 2) aufgerechnet werden kann (BayObLG vom 13. 12. 1983, 2 Z 119/82; BayObLG Rpfleger 1976, 422; KG Berlin WEM 1977, 20; BayObLG DWE 1984, 62; BayObLG WE 1986, 104).

386 Ein Anspruch aus Notgeschäftsführung läßt aber nur dann eine Aufrechnung zu, wenn die Notgeschäftsführung von dem aufrechnenden WEer selbst erbracht wurde. Einen abgetretenen Anspruch auf Notgeschäftsführung kann der aufrechnende WEer wirksam nicht geltend machen (KG WE 1995, 211).

Die Aufrechnungsbeschränkung gegenüber Hausgeldforderungen gilt auch für die ausgeschiedenen WEer (BayObLG WE 1996, 480).

387 Die WEer sind auf pünktliche Zahlung der Vorschüsse angewiesen, so daß Auseinandersetzungen um Gegenforderungen die Vorschußleistungen nicht verzögern dürfen (BayObLG DWE 1984, 62). Dies gilt in gleicher Weise für die Zuführungsbeträge zur Instandhaltungsrückstellung wie auch für Sonderumlagen zur Aufstockung (BayObLG WE 1989, 106) der Rücklagen.

Das Recht zur Aufrechnung kann in der GO grundsätzlich ausgeschlossen werden (vgl. hierzu BayObLG WE 1991, 24; BayObLG WE 1991, 26). *388*

Gläubiger des Hausgeldes ist die Gem. und nicht der Verwalter. Dies gilt auch für Ansprüche einzelner WEer bezüglich der Hausgeldabrechnung, die vom Verwalter falsch oder unzureichend erstellt wurde. Gegen den Verwalter kann ein einzelner WEer wegen fehlerhafter Hausgeldabrechnung nur vorgehen, wenn ein Abrechnungsbeschluß (§ 28 Abs. 5) nicht gefaßt wurde oder wenn dieser erfolgreich angefochten wurde (s. unten Rn. **10** 212). Nur in diesen Fällen kann der einzelne WEer vom Verwalter wegen Schlechterfüllung des Verwaltungsvertrags eine Zahlung verlangen, aber auch nicht an sich selbst, sondern nur an alle WEer (§ 432 BGB; OLG Zweibrücken ZMR 1984, 166). *389*

Gegen einen im Grundbuch eingetragenen Erwerber von WE, der den Kaufvertrag nach § 123 BGB wirksam angefochten hat, hat die Gem. keinen Anspruch auf Hausgeldleistungen, weil der Erwerber in diesem Fall nicht Angehöriger der WEer-Gem. ist (BGH WE 1995, 57). *390*

Die Hausgeldleistungen der WEer dienen in erster Linie zur Deckung aller gem. Lasten und Kosten. Es handelt sich dabei im Außenverhältnis um Forderungen Dritter, die den WEern insgesamt in Rechnung gestellt werden. Für solche Ansprüche haften die WEer gesamtschuldnerisch (§ 427 BGB), das heißt, daß die WEer gegenüber Dritten, die Forderungen gegenüber der Gem. haben, wie z.B. Stadtwerke, Versicherungsgesellschaften, Handwerker, Lieferanten usw., jeweils voll mit ihrem Vermögen haften. *391*

Die gesamtschuldernische Haftung besteht nicht für Bauleistungen (Bauvertragsschulden) bezüglich der Bauerstellung, weil hier der BGH (NJW 1979, 2101) nur eine anteilige Haftung (Miteigentumsanteile) der WEer für angemessen hält, und zwar unabhängig davon worauf sich die Werkleistungen beziehen, welchen Umfang sie haben und wie begütert die WEer sind (vgl. oben Rn. **6** 307). *392*

c) Hausgeld bei Veräußerung

Die Frage, wer von den Vertragspartnern (Erwerber oder Veräußerer) bei einer Veräußerung für Hausgeld, oder Verwaltungs- *393* schulden haftet und in welchem Umfang, ist nun durch den BGH (WE 1988, 162) insoweit geklärt, als der Erwerber und auch der Ersteher in der Zwangsversteigerung mit Nachforderungen aus der Jahresabrechnung ab Fälligkeit einzustehen hat, sofern er zum Zeitpunkt der Beschlußfassung bereits Eigentümer ist. Ob dies auch für Rückstände von Vorauszahlungen auf den Wirtschaftsplan gilt, ist durch die Entscheidung des BGH vom 30. 11. 1995 (WE 1996, 144) im Sinne der Auffassung von Hauger (PiG 27 S. 121 ff.) entschieden worden. Danach bleibt der Veräußerer nach seinem Ausscheiden Schuldner gegenüber der Gem. für Rückstände aus den Vorjahren, insbesondere für rückständige Vorauszahlungsverpflichtungen aus dem Wirtschaftsplan. Diese Thematik wird im Zusammenhang mit der Jahresabrechnung ausführlicher behandelt (vgl. unten Rn. **10** 332).

394 Der BGH hat damit entschieden, daß der Erwerber nicht für die Rückstände des Veräußerers haftet, er hat aber nicht untersuchen müssen, wann ein Rückstand entsteht. Diese Frage ist dann von Bedeutung, wenn der Termin der Eigentumsumschreibung auf den Erwerber zwischen dem eine Zahlungspflicht der WEer begründenden Beschluß und dem Fälligkeitstermin dieser Zahlungspflicht liegt. Nach dem OLG Hamm (WE 1996, 353) entsteht die Beitragspflicht unabhängig davon, ob es sich um eine Vorschußleistung aus dem Wirtschaftsplan, um eine Verpflichtung aus einer Sonderumlage oder um einen Fehlbetrag aus der Jahresabrechnung handelt, erst mit der Fälligkeit. Wird z. B. eine Sonderumlage am ersten eines Monats beschlossen mit der Maßgabe, daß diese erst zum Ende eines Monats fällig ist und die Eigentumsumschreibung auf einen Erweber findet Mitte des Monats statt, dann haftet für die Sonderumlage der Erwerber, und zwar auch dann, wenn der Erwerb im Wege des Zuschlagsbeschlusses in der Zwangsversteigerung stattgefunden hat (wobei hier der Eigentumsübergang mit dem Zuschlagsbeschluß gegeben ist).

Die volle Erwerberhaftung – auch die für rückständige Beiträge (Hausgeld, Abrechnungsfehlbeträge, Sonderumlagen) – ist dagegen anerkannt beim rechtsgeschäftlichen Erwerb unter der Voraussetzung, daß eine entsprechende Vereinbarung in der GO getroffen wurde (OLG Frankfurt Rpfleger 1980, 349; BayObLG

WE 1997, 111). Die vereinbarte Erwerberhaftung gilt auch im Falle des Ersterwerbs der ETW vom teilenden Eigentümer (OLG Düsseldorf WE 1997, 229).

Wird in der GO die gesamtschuldnerische Haftung des Erwerbers für rückständige Zahlungen im Sinne von § 421 BGB vereinbart, entsteht die Haftung unmittelbar mit dem Erwerb. Einer schuldrechtlichen Übernahme bedarf es nicht (BayObLG WE 1995, 350). Das bedeutet, daß die WEer anstelle und neben dem Veräußerer den Erwerber in Anspruch nehmen können, und zwar unabhängig vom Zeitpunkt der Fälligkeit der Rückstände. 395

Der BGH (WE 1994, 207) hat die Wirksamkeit einer rechtsgeschäftlichen Vereinbarung gegen das KG ausdrücklich bestätigt. Das Gesetz sieht in § 10 Abs. 1 vor, daß die WEer in der Bestimmung ihres Verhältnisses untereinander vom Gesetz abweichende Regelungen als Vereinbarung treffen können. Die Vereinbarung der Schuldenhaftung für den Rechtsvorgänger ist eine solche abweichende Vereinbarung. Sie ist zulässig, weil sie nicht gegen Treu und Glauben (§ 242 BGB) verstößt und auch nicht die Schranken der §§ 134, 138, 315 BGB überschreitet. Sie ist auch keine Vereinbarung im Sinne eines Vertrags zu Lasten Dritter. 396

Die Vereinbarung der Erwerberhaftung ist aber nur für die rechtsgeschäftliche Übertragung von WE möglich. Nicht möglich ist eine Erwerberhaftung für den Fall des Erwerbs im Wege der Zwangsversteigerung (BGH Rpfleger 1984, 70). Eine solche Vereinbarung in der GO wäre nichtig (§ 314 BGB), weil diese gegen die unabdingbare Vorschrift des § 56 S. 2 ZVG verstoßen würde (BGH JZ 1986, 191 mit Anmerkung Weitnauer). 397

Der Grundsatz, daß der im Grundbuch eingetragene WEer für fällige Lasten und Kosten haftet, gilt auch dann, wenn ein WEer seine ETW im Zeitpunkt der Fälligkeit bereits veräußert, sowie Besitz, Nutzen und Lasten an der ETW dem Erwerber übertragen hat, und wenn zu dessen Gunsten eine Auflassungsvormerkung eingetragen ist. In diesem Sinne lehnt der BGH das Institut des „werdenden" WEers in der Einzelrechtsnachfolge ausdrücklich ab (BGH WE 1989, 196, vgl. auch BGH, WE 1989, 48). Das gilt für das rückständige Hausgeld ebenso wie für eine Sonderumlage. 398

Nach dem BGH fehlt jedes Bedürfnis, den Geltungsbereich des § 16 Abs. 2 auf einen „faktischen WEer" auszudehnen, weil 399

Veräußerer und Erwerber im Kaufvertrag die Mithaftung des Erwerbers begründen können, und der Veräußerer es außerdem in der Hand hat, seinen Freistellungsanspruch gegen den Erwerber an die übrigen WEer abzutreten.

d) Geltendmachung, Fälligkeit, Verzug und Verjährung

400 Die Geltendmachung der Hausgeld- und Beitragsleistungen gehört zu den Aufgaben des Verwalters (§ 27 Abs. 2 Nr. 1). Bei Verzug seitens eines WEers hat der Verwalter den Anspruch gegebenenfalls gerichtlich geltend zu machen, wobei er hierzu der Ermächtigung der Gem. bedarf (Vereinbarung in GO, Verwaltervertrag oder durch Mehrheitsbeschluß: § 27 Abs. 2 Nr. 5). Nach Weitnauer (Rz 27 zu § 16; vgl. auch unten Rn. **10** 425) können rückständige Hausgelder wegen des Anspruchs, daß jeder WEer dem anderen WEer gegenüber verpflichtet ist, die Lasten des gem.E. und die Kosten der Verwaltung jeweils anteilig (§ 16 Abs. 2) zu tragen, von jedem WEer im Verfahren nach § 43 mit der Maßgabe zur Leistung an die Gem. (§ 432 BGB) einzeln geltend gemacht werden. Diese sicher richtige Auffassung wurde zweifelhaft durch die Entscheidung des BGH (WE 1989, 94), nach der gem. Ansprüche der WEer (hier: Schadensersatzanspruch gegen Verwalter) von den einzelnen WEern nur dann für die Gem. geltend gemacht werden können, wenn diese dazu durch die Gem. ermächtigt wurden; sonst ist ein entsprechender Antrag mangels Rechtsschutzbedürfnis abzulehnen. Diesen Grundsatz hat das BayObLG unter Aufgabe seiner früheren ständigen Rechtsprechung (vgl. BayObLG Rpfleger 1979, 217; BayObLG WE 1988, 77) übernommen (BayObLG WE 1990, 177). Das KG (mit Vorlagebeschluß WE 1990, 93) ist dieser Auffassung ohne Erfolg entgegengetreten. Der BGH (WE 1990, 202) hält an seiner Meinung fest, daß Zahlungen auf den beschlossenen Wirtschaftsplan von einzelnen WEern nur dann gerichtlich geltend gemacht werden können, wenn sie durch Beschluß der Gem. hierzu ermächtigt sind. Die Einziehung von Hausgeldern ist Gegenstand gem. Verwaltung im Sinne von § 21 Abs. 1. Dies gilt trotz des Anspruchs der einzelnen WEer auf ordnungsmäßige Verwaltung gem. § 21 Abs. 4. Dagegen können die WEer insgesamt gegen den säumigen Zahler einen Zahlungsanspruch auch ohne Ermächtigungsbeschluß durchsetzen, weil hier absolute Interessenidentität besteht (OLG Düsseldorf vom 7. 1. 1998, 3 Wx 503/97).

Die Geltendmachung von Hausgeldforderungen ist grundsätzlich erst dann möglich, wenn die Abrechnungsgrundlagen (Wirtschaftsplan, Jahresabrechnung) für alle WEer durch gültigen Beschluß verbindlich festgestellt und damit die darin enthaltenen Leistungen fällig sind (BGH NJW 1985, 912). *401*

In diesem Sinne sind die WEer Gläubiger einer unteilbaren Leistung nach § 432 Abs. 1 BGB mit der Maßgabe, daß Hausgeldleistungen nur zur Zahlung an alle WEer gefordert werden können (BayObLG WE 119, 94, vgl. BGH vom 23. 9. 1999, V 2 B 17/99). *402*

Die Fälligkeit der Zahlungspflicht der WEer entsteht jeweils mit der wirksamen Beschlußfassung, und zwar bezüglich *403*

- der Leistung des Hausgelds (Vorauszahlung gem. § 28 Abs. 2) mit Beschluß zum Wirtschaftsplan
- der Leistung der Nachforderung aus Jahresabrechnung mit Beschluß zur Jahresabrechnung
- der Leistung zu einer Umlage mit Umlagenbeschluß.

Voraussetzung ist, daß jeweils der Verwalter die Beträge zur Überweisung an das Gemeinschaftskonto – in welcher Form auch immer – abruft. *404*

Jeder Zahlungsanspruch setzt demnach einen Beschluß der WEer voraus. Vor der Beschlußfassung besteht somit keine Zahlungsverpflichtung (BGH NJW 1985, 912; BayObLG WE 1986, 104 m. Anm. Weitnauer). Ist der Beschluß gefaßt, bleibt er wirksame Zahlungsverpflichtung ab dem Tag der Beschlußfassung (BayObLG WE 1988, 64). Das gilt auch für den Fall, daß der Beschluß angefochten wird, und zwar solange bis er durch das Gericht für ungültig erklärt wird (BayObLG WE 1989, 147). *405*

Mit der Fälligkeit der Beitragsleistungen ist nicht automatisch ein Verzug verbunden. Automatisch geraten die WEer mit den fälligen Leistungen dann in Verzug, wenn in der GO, im Verwaltervertrag oder im Beschluß ein bestimmter Kalendertag als Fälligkeitstermin bestimmt ist (§ 284 Abs. 2 BGB). Liegt eine kalendermäßig bestimmte Leistungspflicht nicht vor, gerät der leistungspflichtige WEer erst dann in Verzug, wenn er vom Verwalter entsprechend angemahnt wird (§ 284 Abs. 1 BGB). *406*

407 Entbehrlich ist die Mahnung, wenn der Schuldner die Leistung vor oder nach der Fälligkeit ernsthaft und endgültig verweigert (BayObLG WE 1993, 280).

408 Gerät ein WEer mit einer fälligen Leistung in Verzug, so ist er zum Ersatz des dabei der Gem. entstehenden Schadens verpflichtet (§ 286 Abs. 1 BGB).

Als Verzugsschaden ist mindestens der gesetzliche Zinsfuß (§ 288 BGB) anzusehen, oder der Zinsbetrag, welcher der Gem. entstanden ist, weil ein WEer nicht rechtzeitig seiner Zahlungsverpflichtung nachgekommen ist.

Der Anspruch auf Verzugszinsen stützt sich allein auf die §§ 284, 286 BGB. Eines WEer-Beschlusses bedarf es bezüglich der Geltendmachung solcher Ansprüche nicht (BayObLG WE 1989, 147. Durch das Gesetz zur Beschleunigung fälliger Zahlungen vom 30. 3. 2000 (BGBl I 330), das am 1. 5. 2000 in Kraft getreten ist, beträgt nach § 588 Abs. 1 neu der Verzugszins einen Satz, der 5 v. H. über dem Basiszins (vgl. Rn. **12** 1 und **3** 11) liegt. Zur Zeit wird (Mai 2000) der Basiszins mit 3,42 v. H. festgestellt, so daß der gesetzliche Verzugszins heute 8,42 v. H. betragen würde. Ein darüber hinaus gehender Zinssatz als pauschalierter Schadensersatz kann nur verlangt werden, wenn dies in der GO oder durch eine Vereinbarung der WEer vorgesehen ist. Liegt eine solche Regelung nicht vor, fehlt es den WEern an der Kompetenz einen pauschalierten höheren Zinssatz durch Mehrheitsbeschluß wirksam zu verlangen, weil hier die Grundordnung des Gemeinschaftsverhältnisses – die auch von den allgemeinen Grundsätzen des Schuldrechts (z. B. durch die §§ 285, 286 BGB) beeinflußt wird – solches nicht vorsieht (vgl. hierzu KG WE 1991, 132; BGH WE 1991, 321 gegen: BayObLG ZMR 1986, 297 und BayObLG WE 1987, 46).

409 Wird dennoch ein Mehrheitsbeschluß gefaßt und dieser nicht angefochten, so ist der Verzugszins als pauschalierter Schadensersatz als sogenannte Ersatzvereinbarung (Zitterbeschluß) wirksam (OLG Düsseldorf vom 3. 8. 1998, 3 Wx 10/98). Das gilt auch dann, wenn eine entsprechende Regelung im Verwaltervertrag enthalten ist (BayObLG WE 1995, 254) und dieser von der Mehrheit der WEer gebilligt wurde.

Solche rechtswirksam vorgesehenen (Vereinbarung/Beschluß) Verzugszinsen können ebenso wie zulässig vereinbarte Mahngebühren und pauschalierte Verwaltungskosten vom Hausgeldschuldner aber nur dann abverlangt werden, wenn diesem die angemahnten Rückstände bekannt sein mußten, weil die bestehenden Schulden vom Verwalter hinreichend aufgeklärt bzw. in einer ordnungsmäßigen Abrechnung nachgewiesen wurden (BayObLG WE 1986, 62).

Ohne Beschluß der WEer kann kein Nachzahlungsanspruch gegen einen WEer durchgesetzt werden, sei es, weil bei den Jahresabrechnungen wohl die Gesamt- nicht aber die Einzelabrechnung genehmigt wurde, sei es, weil WEer von einem Miteigentümer Nachzahlungen wegen unrichtig umgelegter Heizkosten verlangen (BayObLG WE 1988, 35). *410*

Hat ein WEer Hausgeld an den Verwalter geleistet, ohne hierzu – z.B. mangels wirksam zustande gekommenen Beschlusses zum Wirtschaftsplan – verpflichtet gewesen zu sein, so hat er für diese Leistung nicht ohne weiteres einen Rückzahlungsanspruch, weil auch eine vor Fälligkeit erbrachte Leistung (§ 271 Abs. 2 BGB) Erfüllungswirkung hat und nicht von vornherein mangels Rechtsgrund (§ 812 BGB) zurückgefordert werden kann. Nur wenn sich aus der nachfolgenden Jahresabrechnung Überschüsse ergeben, bestehen Ansprüche auf Rückzahlung der zuviel erbrachten Zahlung (so KG WE 1989, 138; vgl. hierzu oben Rn. **10** 332ff.). *411*

Die gerichtliche Geltendmachung von Hausgeldansprüchen wird überwiegend im unten (Rn. **11** 138ff.) beschriebenen Hausgeldinkassoverfahren betrieben. Möglich wäre es auch, das eigens für solche Fälle vorgesehene Entziehungsverfahren nach § 18 (u. §§ 19, 51, 53–58) in Anspruch zu nehmen. Das Entziehungsverfahren (s. unten Rn. **7** 459) hat sich aber als eine „stumpfe Waffe" herausgestellt, weil sich bei einer – in diesem Fall üblicherweise – überschuldeten ETW wegen der Übernahme der vorrangigen Grundpfandrechte kein Erwerber finden läßt, der ein Gebot abgeben würde. Aus diesem Grund wird in § 18 WEG keine abschließende Regelung gesehen, mit der Folge, daß die WEer auch andere Maßnahmen zur Verhinderung weiterer Zahlungsrückstände betreiben können. So wird den anderen *412*

WEern bei erheblichem Zahlungsverzug eines WEers das Recht zugestanden, in Bezug auf die gem. Versorgung (wie z. B. Wärme, Allgemeinstrom und Wasser) ein Zurückbehaltungsrecht nach § 273 BGB auszuüben. Danach können die WEer den säumigen WEer unter Berücksichtigung des verfassungsmäßigen Grundsatzes der Verhältnismäßigkeit z. B. vom Wärme- und Wasserbezug ausschließen. Erforderlich ist hierzu ein Mehrheitsbeschluß der WEer (OLG Celle WE 1991, 107; BayObLG WE 1992, 347; OLG Hamm WE 1994, 84 i). Das gilt auch für den Einbau eines Absperrventils, der hier als Maßnahme ordnungsmäßiger Verwaltung zu verstehen ist (OLG Celle WE 1991, 107).

413 Den Einbau einer Sperreinrichtung zum Zwecke der Unterbrechung der Wärme- und Wasserlieferung kann dann schwierig sein, wenn diese nur innerhalb der Wohnung des Schuldners angebracht werden kann. Hier kann der Zugang durch eine gerichtliche Entscheidung erzwungen werden. Als Beispiel dient die Entscheidung des AG München vom 24. 11. 94 (VR II 724/94 WE 612), dessen Leitsatz wie folgt lautet (zitiert aus Deckert, „Die Eigentumswohnung" Gruppe 2, S. 2440):

a) Die Antragsgegner sind schuldig, dem Geschäftsführer der Verwalterin oder einem sonst von diesem schriftlich bevollmächtigten Vertreter sowie dem Hausmeister und dem beauftragten Handwerker zum Zwecke der Durchführung von Arbeiten zur Absperrung der Zuleitungen für Kaltwasser, Warmwasser und Heizung den Zutritt zu ihrer Wohnung Nr. ... im EG des Anwesens ... in München zu gestatten und die Vornahme der genannten Arbeiten zu dulden.

b) Der mit dem Handwerker vereinbarte und für diese Arbeiten vorgesehene Termin ist den Antragsgegnern spätestens 3 volle Werktage vorher schriftlich anzukündigen.

c) Sollte 20 Min. nach dem so festgesetzten Termin die Wohnung nicht geöffnet oder sonst der Zutritt verweigert werden, ist die Verwalterin berechtigt, mit dem Generalschlüssel oder mit Hilfe eines Schlüsseldienstes die Wohnung zu öffnen und einen etwa dabei geleisteten körperlichen Widerstand durch den Gerichtsvollzieher mit Gewalt brechen zu lassen.

d) Der Vertreter der Verwalterin hat unabhängig davon, ob auch die Antragsgegner anwesend sind, während der gesamten Dauer der Öffnung anwesend zu sein und dafür zu sorgen, daß nach Beendigung der Arbeiten die Wohnung wieder ordnungsgemäß verschlossen wird.

e) Der Vertreter der Verwalterin hat die anwesenden Personen sowie den wesentlichen Ablauf der Arbeiten und die Dauer der Wohnungsöffnung in einem Protokoll festzuhalten.

f) Die Antragsgegner tragen die Gerichtskosten, ihre eigenen notwendigen außergerichtlichen Auslagen und diejenigen der Antragsteller.
g) Der Geschäftswert wird auf DM 15000 festgesetzt.

Auch das BayObLG (WE 1992, 347) bestätigt die Möglichkeit des von Deckert als „Ausfrieren" und „Austrocknen" bezeichneten Verhaltens gegenüber einem Hausgeldschuldner.

Sind die Hausgeldrückstände gegen einen im Vermögensverfall befindlichen WEer erheblich, so kann die Zurückbehaltung von Strom und Wärme für dieses WE auch dann wirksam beschlossen werden, wenn die Wohnung vermietet ist (AG Tempelhof-Kreuzberg, Urteil vom 17. 2. 1997, 6 C 1001/97).

5. Sonderumlagen und andere Umlagen

Sofern die im Wirtschaftsplan vorgesehenen Vorauszahlungen *414* zur Deckung der tatsächlichen Kosten nicht ausreichen, können die WEer durch Mehrheitsbeschluß die Erhebung einer Sonderumlage zur Beseitigung von Liquiditätsschwierigkeiten verlangen (BayObLG DWE 1982, 136). Dies gilt auch, „sofern die Ansätze des Wirtschaftsplans unrichtig waren, durch neue Tatsachen überholt sind oder der Plan aus anderen Gründen zum Teil undurchführbar geworden ist" (so BGH WE 1989, 197 m. Anm. Weitnauer/Hauger).

Möglich und ordnungsmäßiger Verwaltung entsprechend ist *415* auch die Erhebung einer Sonderumlage zum Ausgleich von Nachforderungen gegenüber einzelnen WEern, wenn diese vorübergehend oder dauernd uneinbringlich sind und dabei Einnahmenausfälle entstehen (BGH WE 1989, 197 vgl. auch KG WE 1995, 59). Wird eine solche Sonderumlage beschlossen, ist sie auch gegenüber dem WEer geltend zu machen, der das rückständige Hausgeld schuldet, weil der betreffende WEer durch Unvermögen nicht aus seiner Pflicht entlassen werden kann. Das gilt auch dann, wenn über das Vermögen des betreffenden WEer das Insolvenzverfahren eröffnet ist. In diesem Fall richtet sich die Umlagenforderung gegen den Insolvenzverwalter, wenn die Fälligkeit der Umlage nach Insolvenzeröffnung eingetreten ist. Auch die durch eine Sonderumlage entstehende Forderung ist eine

Masseverbindlichkeit, die den Insolvenzschuldner trifft und deshalb vom Insolvenzverwalter zu leisten ist (BGH Wu 1989, 197; §§ 80, 148 InsO).

416 Sonderumlagen können auch für Instandhaltungsmaßnahmen und für bauliche Änderungen erhoben werden. Für bauliche Änderungen aber nur, wenn der Mehrheitsbeschluß nicht angefochten wurde (BayObLG DWE 1982, 136).

417 Der Inhalt des Beschlusses über die Sonderumlage muß bezüglich des insgesamt zu leistenden Betrags ebensowenig exakt sein wie die Zahlen des Wirtschaftsplans. Wie bei der Aufstellung des Wirtschaftsplans steht den WEern ein weiter Ermessensspielraum zu. Dem Wirtschaftsplan und der Umlage ist gemeinsam, daß erst die endgültige Abrechnung darüber Aufschluß gibt, welche Ausgaben tatsächlich entstanden sind, nach denen die Höhe des Hausgelds bzw. der Umlage definitiv zu bemessen ist (KG WE 1997, 186).

In diesem Sinne hat sich die Sonderumlage am geschätzten Finanzbedarf auszurichten, was eine Prognose der erforderlichen Kosten voraussetzt. Dabei ist eine großzügige Handhabung zulässig. Nur wenn die benötigten Gelder erheblich zu hoch oder zu niedrig angesetzt werden, entspricht dies nicht mehr dem Grundsatz ordnungsmäßiger Verwaltung (BayObLG vom 11. 3. 1998, 12/98 m. w. N.).

418 Ohne Mehrheitsbeschluß kann eine Sonderumlage nicht erhoben werden, es sei denn, daß in der GO eine entsprechende Regelung getroffen wurde.

419 Die Frage, ob Instandhaltungskosten durch Mehrheitsbeschluß im Wege der Umlage anstatt der Entnahme aus der Instandhaltungsrückstellung finanziert werden können, beantwortet das BayObLG (Rpfleger 1981, 284) mit der Feststellung, daß ein solcher Umlagebeschluß dann eine Maßnahme ordnungsmäßiger Verwaltung ist, wenn es sich um Kosten kleinerer Reparaturen handelt und wenn die vorhandene Instandhaltungsrückstellung eine in Bezug auf die Wohnanlage (z. B. baulicher Zustand) erforderliche Höhe noch nicht erreicht hat. Ist eine ausreichende Rückstellung vorhanden, entspricht es nicht ordnungsmäßiger Verwaltung, wenn Instandhaltungskosten im Wege der Sonderumlage erhoben werden.

Gläubiger des Zahlungsanspruchs aus einer Sonderumlage sind die WEer. Es gehört zu den Pflichten des Verwalters nicht nur die durch ihn in die Wege geleitete Umlage, sondern auch die Umlagen einzufordern und geltend zu machen, die unter der Amtszeit seines Vorgängers beschlossen wurden (BayObLG vom 22. 3. 1984, 2 Z 38/83). *420*

Die Sonderumlage ist demnach eine Beitragspflicht der WEer im Innenverhältnis nach Maßgabe von § 28. Aus diesem Grunde ist es auch nicht möglich, daß ein WEer einen Teil des von ihm zu leistenden Umlagenanteils einbehält mit der Maßgabe, die Bauleistung sei mangelhaft. Solche Ansprüche bestehen als Gewährleistungsansprüche gegenüber Dritten (Außenverhältnis) und sind unabhängig von der Beitragspflicht (Sonderumlage) der WEer geltend zu machen (vgl. BayObLG WE 1997, 269). *421*

Die Umlage entspricht im Rechtssinne der Vorauszahlung auf den Wirtschaftsplan. Sie wird wie das Hausgeld mit der Beschlußfassung zur Zahlung fällig, es sei denn im Umlagebeschluß ist ein bestimmtes Fälligkeitsdatum genannt. *422*

Bestehen Zweifel über die Fälligkeit, so genügt es für die Fälligkeit, daß die Einzelbeträge der WEer nach objektiven Maßstäben aus dem Beschluß eindeutig bestimmbar sind (KG WE 1991, 322). Bei einem akuten Reparaturbedarf des gem.E. ist im Zweifel die sofortige Fälligkeit einer konkret beschlossenen Umlage anzunehmen (KG WE 1991, 322). *423*

Im Umlagebeschluß ist, wie im Wirtschaftsplan, die anteilige Verpflichtung der einzelnen WEer im Sinne von § 28 Abs. 1 Nr. 2 auszuweisen, weil dieser wie als Nachtrag zum Jahreswirtschaftsplan zu behandeln ist. Der Umlageschlüssel ergibt sich aus § 16 Abs. 2, wenn in der GO kein anderer Verteilungsschlüssel für die adäquat entstehenden Kosten vorgesehen ist (BGH WE 1989, 197). *424*

Gleichwohl muß der Umlagenbeschluß wie der Beschluß zur Leistung der Vorauszahlungen nach dem Wirtschaftsplan grundsätzlich die Zahlungspflicht des einzelnen WEers betragsmäßig ausweisen. Ausnahmsweise genügt es aber, daß der geschuldete Betrag von den WEern ohne weiteres selbst errechnet werden kann (BayObLG vom 11. 3. 1998, 7/98).

425 Wird z. B. in einem WEer-Beschluß über eine Sonderumlage der Verteilungsschlüssel und die Belastung des einzelnen WEers nicht genannt, führt ein Beschlußanfechtungsantrag nicht zur Ungültigkeitserklärung, weil sich ohne Schwierigkeit durch Auslegung ermitteln läßt, daß die Kostenverteilung nach dem allgemeinen für die WEer-Gem. gültigen Verteilungsschlüssel vorzunehmen ist (BayObLG WE 1993, 27).

426 Werden Umlagebeschlüsse nicht vollzogen, so können diese nachträglich durch einen Aufhebungsbeschluß wieder außer Kraft gesetzt werden, wenn dabei nicht in die durch den Beschluß begründete Rechtstellung einzelner WEer eingegriffen wird (BGH NJW 1991, 979). Eine Beeinträchtigung schutzwürdiger Belange ist z. B. dann nicht gegeben, wenn die Umlagenbeschlüsse durch folgende Abrechnungsbeschlüsse überholt werden (KG WE 1993, 84).

427 Wird ein Sonderumlagenbeschluß angefochten und für ungültig erklärt, nachdem die Zahlungen erfolgt sind, diese im Sinne des Beschlusses verwendet und die Leistungen abgerechnet wurden, können die WEer nur noch über die Fogenbeseitigung der mißlungenen Umlage beschließen. Ein solcher Beschluß ist gerichtlich erzwingbar (KG vom 28. 1. 1998, 24 W 7648/96).

428 Als Umlage kann auch die sogenannte Umzugskostenpauschale bezeichnet werden, wenn sie auch nicht von allen WEern zu leisten ist. Sie fällt nur in bestimmten Fällen an und ist nur von den WEern zu bezahlen, bei deren Wohnung ein Umzug stattfindet. Die Erhebung dieser Umlage setzt eine Vereinbarung oder einen Beschluß der WEer voraus.

429 Die Umzugskostenpauschale wird in der Rechtsprechung unterschiedlich behandelt. Es handelt sich dabei um einmalige Umlagen von ca. DM 50 bis DM 200, die den WEern aufgrund eines Mehrheitsbeschlusses im Falle eines Ein- oder Auszugs in eine Wohnung abverlangt werden. Die Umzugskostenpauschale (LG Wuppertal Rpfleger 1978, 23) ist wohl sachgerecht und entspricht dem Interesse der Mehrheit der WEer, weil Umzüge in einer ETW-Anlage über die alltäglich wiederkehrende Nutzung des gem.E. hinausgehen und vor allem das Treppenhaus und den Aufzug über das normale Maß hinaus beanspruchen. Beschädigungen sind dabei nicht auszuschließen. Um solche – in der Re-

gel nicht nachweisbare – Schäden abzudecken, ist die Umzugskostenpauschale gerechtfertigt. Die gegenteiligen Entscheidungen (LG Frankfurt vom 12. 2. 1981, 2/9 T 999/80; BayObLG NJW 1975, 2296; OLG Stuttgart MDR 1981, 587; OLG Frankfurt WuM 1990, 461) begründen ihre ablehnende Meinung meist mit der Feststellung, daß die Festlegung einer Umzugskostenpauschale durch Mehrheitsbeschluß dem für Instandhaltungsmaßnahmen in der GO vereinbarten Kostenverteilungsschlüssel widerspreche.

VI. Sanktionen und Ersatzansprüche

Die WEer stehen zueinander in einem Gemeinschafts- *430*
(Schuld-)Verhältnis, das kraft Gesetzes entsteht. Dieses Gemeinschaftsverhältnis, welches durch Vereinbarungen (GO) der WEer ausgestaltet werden kann, bedingt die einzelnen Ansprüche und Verpflichtungen, und zwar aus den bestehenden Vereinbarungen, den besonderen gesetzlichen Regelungen im WEG und aus den allgemeinen Rechtsgrundsätzen. Verstößt ein WEer gegen die im Gesetz (§§ 10ff.), in den Vereinbarungen und Beschlüssen vorgegeben Pflichten gegenüber den anderen Miteigentümern, gegebenenfalls auch gegen Dritte können solche Pflichtverstöße zu Ersatzansprüchen und bei Eintritt von Schäden zu Schadensersatzansprüchen führen.

1. Schadensersatzansprüche

Die Schadensersatzansprüche sind im BGB und in anderen *431*
Gesetzen geregelt. Sie entstehen, wenn das Gesetz oder auch vertragliche und andere schuldrechtliche Verpflichtungen verletzt werden. Für den Schadensersatz selbst gelten die Vorschriften der §§ 249ff. BGB. Voraussetzung der Verpflichtung zum Schadenersatz ist das zum Schadensersatz verpflichtende Ereignis, das ursächlich für den Schaden sein muß und für das der Schädiger verantwortlich ist (vgl. Schmidt Bä/S Tz. B 129).

Zu den allgemeinen Rechtsgrundlagen in diesem Zusammen- *432*
hang gehört die Vorschrift des § 276 BGB, nach der jeder WEer gegenüber den anderen WEern für Vorsatz und Fahrlässigkeit bei Verletzung der Gemeinschaftspflichten einzustehen hat. Bei

Fahrlässigkeit wird unterschieden zwischen grober und einfacher Fahrlässigkeit. Fahrlässig handelt, wer die im Verkehr erforderliche Sorgfalt außer Acht läßt. Vorsatz bedeutet, wissentlich einen rechtswidrigen Erfolg anzustreben. Besondere Schadensersatzansprüche werden in den §§ 278 und 831 BGB normiert. Während § 278 BGB die Haftung für Erfüllungsgehilfen vorsieht, bestimmt § 831 BGB für deliktische Schadensfälle die Haftung für Verrichtungsgehilfen (vgl. Schmidt Bä/S Tz. B 129).

433 Der zum Schadensersatz Verpflichtete hat den Zustand herzustellen, der bestehen würde, wenn der zum Ersatz verpflichtende Umstand nicht eingetreten wäre. Ist für den Verlust von Einkünften oder für die Belastung mit Ausgaben Schadensersatz zu leisten, besteht die Naturalrestition in einer Geldzahlung. Folgeschäden sind von der Schadensersatzpflicht mit umfaßt, sofern sie mit dem schadenstiftenden Ereignis in einem adäquaten Ursachenzusammenhang stehen und in den Schutzbereich der verletzten Norm fallen (OLG Hamm WE 1996, 189).

a) Ansprüche der Wohnungseigentümer untereinander

434 Schadensersatzansprüche gegen einzelne WEer können nicht nur wegen Pflichtverletzungen entstehen, sondern auch aus unerlaubter Handlung und aus anderen gesetzlichen Regelungen. Bei Verletzung des Gemeinschaftsverhältnisses kommt eine Haftung nach § 278 BGB für eigenes Verschulden und bei Verschulden des Erfüllungsgehilfen nach § 278 BGB in Betracht. Eine besondere Schadensersatzpflicht bestimmt § 14 Nr. 4. Danach haften die WEer gegenüber einem Miteigentümer, wenn zur Instandsetzung das SE des betreffenden WEers betreten und benutzt wurde und dabei Schäden am SE entstanden sind. Dieser Schadensersatzanspruch setzt kein Verschulden voraus (BayObLG WE 1987, 160) und kann nach Auffassung des BayObLG (a.a.O.) recht weitgehend sein, weil unter Berücksichtigung der Entscheidung des BGH (NJW 1987, 50ff.) ein Schadensersatz in Geld auch für die Beeinträchtigung der Nutzung (Entschädigung für entgangene Nutzung) des SE in Frage kommen kann, auch wenn der Anspruch nicht aus unerlaubter Handlung, sondern aus § 14 Nr. 4 abgeleitet wird. In der Regel sind folgende, Schadensersatzpflicht gegen WEer auslösende Sachverhalte denkbar:

- Verletzung der gesetzlichen Pflichten der WEer beim Gebrauch des SE und gem.E. (§ 14 Nr. 1). Haftung nach §§ 276, 278 BGB.
- Verletzung der gesetzlichen Instandhaltungspflicht des SE (§ 14 Nr. 1). Haftung nach §§ 276, 278 BGB.
- Verletzung der „Schutz- und Treuepflicht" aus dem Gemeinschaftsverhältnis des WE (Weitn. 8a zu § 10): Haftung durch den verletzenden WEer nach § 276 BGB für Vorsatz und Fahrlässigkeit und für dessen Erfüllungsgehilfen im Sinne des § 14 Abs. 2 nach § 278 BGB.
- Beschädigung des gem.E. durch einen WEer oder Erfüllungsgehilfen (vorsätzlich oder fahrlässig): Haftung nach §§ 823, 831 BGB.
- Beschädigung des SE durch Mängel am gem.E. (z. B. durch schadhaftes Dach): Schadensersatzanspruch entsteht nur, wenn WEer oder Verwalter schuldhaft die Pflicht zur Instandhaltung des gem.E. verletzt haben, d. h. wenn sie trotz Kenntnis des Mangels nicht unverzüglich die notwendige Reparatur (durch Beschluß) veranlaßt haben. Hier Haftung nach § 276 BGB (BayObLG WE 1986, 73; BayObLG WE 1987, 56).
- WEer ver- oder behindert die Durchführung eines wirksam gefaßten Beschlusses (z. B. Instandhaltungsmaßnahme): Haftung nach § 276 BGB.
- WEer holt die in der Vereinbarung (GO) vorgesehene Genehmigung zur Vermietung nicht ein: Haftung nach § 276 BGB.
- WEer behindert die Ausübung des Rechts der anderen WEer gemäß § 14 Nr. 4 nach dem das SE zur Instandhaltung und Instandsetzung des gem.E. betreten werden darf: Haftung nach § 276 BGB (BayObLG WE 1989, 60).
- Beschädigung des gem.E. durch Nutzung eines SEers. (Hier Verstopfung eines Abflußrohres durch Blätter und Nadeln von Kübelpflanzen, die ein WEer auf dem gem.E. aufgestellt hat.) Der Schadensersatzanspruch ergibt sich aus positiver Forderungsverletzung (14 Nr. 1, vgl. BayObLG WE 1989, 60).
- Veranlassen die WEer die Räumung der Dachterrasse eines zur Räumung verpflichteten WEers in Selbsthilfe, so haben sie die beim Räumungsversuch entstandenen Kosten selbst zu tragen (BayObLG WE 1993, 533).
- Schaden, für den ein vermietender WEer einzustehen hatte, weil sein Mieter zu Recht Mietminderung wegen Geruchsbelästigung aus einem Bistro kommend geltend gemacht hat. Das Bistro wurde vom TEmer, obwohl als Laden in der TE zweckbestimmt, als solches vermietet: Haftung wegen Pflichtverletzung durch den TEmer wegen der Vermietung des TEm Laden als Bistro und damit Verletzung der Gebrauchspflicht (positive Vertragsverletzung) des § 14 Nr. 1 (OLG Hamm WE 1996, 189).

435 Treten Schäden am SE auf, die ihre Ursache in der Instandsetzung des gem.E. haben, dann sind die WEer schadensersatzpflichtig, wenn sie ein Verschulden trifft. Ein Verschulden ist gegeben, wenn eine erforderliche Instandsetzung nicht oder verspätet ausgeführt wird. Entstehen Schäden am SE wegen von einer Fachfirma nicht fachgerecht durchgeführten Instandsetzungsarbeiten am gem.E., so haften die übrigen WEer (nicht der Verwalter) für das Verschulden dieser Firma nach § 278 BGB. In diesem Fall hat sich aber der geschädigte WEer ein Mitverschulden nach Maßgabe seines Miteigentumsanteils anzurechnen lassen (BayObLG WE 1993, 278).

436 Ein weiterer Schadensersatzanspruch kann in diesem Zusammenhang auch ohne Verschulden gegeben sein, wenn ein WEer eine durch Vereinbarung vorgesehene Baumaßnahme am gem.E. (hier: bei Dachgeschoßaus- und Umbau) vornimmt und dabei am SE eines anderen WEers ein Schaden entsteht (KG WE 1993, 138).

Schadensersatzansprüche sind grundsätzlich im Verfahren nach § 43 geltend zu machen, auch wenn sie mit unerlaubter Handlung (§ 823 BGB) begründet werden.

Bei zugestandenem Schadensersatz durch das Gericht richtet sich die Ersatzpflicht nach den Vorschriften der §§ 249ff. BGB, d.h. auch, daß die Gem. oder der Verwalter bei der Schadensbehebung bzw. bei der Schadensbemessung die Schadensminderungspflicht (§ 254 Abs. 2 S. 1 BGB) zu berücksichtigen hat.

b) Ansprüche Dritter gegenüber Wohnungseigentümern

437 Ansprüche Dritter gegenüber der Gem. können sich ebenfalls aus dem besonderen Gemeinschaftsverhältnis ergeben, das für eine WEer-Gem. maßgeblich ist.

Die WEer haften für alle Ansprüche Dritter, die im Zusammenhang mit der Verwaltung des gem.E. stehen, gesamtschuldnerisch (§ 427 BGB).

aa) Ansprüche wegen Fehlverhaltens des Verwalters

438 Der Verwalter ist Erfüllungsgehilfe der Gem., so daß die WEer bei Schäden, die Dritten wegen schuldhaften Fehlverhaltens des

Verwalters entstehen, für diese nach Maßgabe von § 278 BGB haften.

Voraussetzung hierfür ist, daß der Verwalter mit der Handlung eine schuldrechtliche Verpflichtung der WEer erfüllt und ihn dabei ein Verschulden trifft.

Beispiele für schuldhafte Fehlverhalten des Verwalters aus schuldrechtlichen Pflichten sind (vgl. Weitn. Rz 22 und 23 zu § 27): *439*

- Nicht- oder Schlechterfüllung von im Namen der Gem. abgeschlossenen Verträgen (z.B. wenn der Verwalter in Zahlungsverzug gerät bei Werkverträgen oder bei Versicherungsverträgen).
- Verletzung der Schutz- und Treuepflicht aus bestehenden Verträgen (Positive Forderungsverletzung).
- Verletzung der Schutz- oder Treuepflicht bei Vertragsverhandlungen (culpa in contrahendo).

Auch kann der Verwalter für schuldhafte Handlungen, die außerhalb seiner bestehenden schuldrechtlichen Verpflichtungen stehen, gegenüber den WEern schadensersatzpflichtig sein. Dies gilt insbesondere für die Verkehrssicherungspflicht (vgl. unten Rn. 7 439). Eine Haftung der WEer besteht hier nach § 831 BGB mit der dort vorgesehenen Beschränkung, daß die Gem. schadensersatzpflichtig nur dann wird, wenn sie nicht nachweisen kann, den Verwalter mit der gebotenen Sorgfalt ausgewählt und beaufsichtigt zu haben.

bb) Ansprüche aus unerlaubter Handlung, insbesondere aus Verletzung der Verkehrssicherungspflicht

Die WEer können gegenüber Dritten aus unerlaubter Handlung (§§ 823ff. BGB) und als Eigenbesitzer eines Grundstücks (§ 836 BGB) zum Schadenersatz verpflichtet sein. In diesem Sinne haften die WEer nach § 823 Abs. 1 BGB, wenn das SE oder das gem.E. fehlerhaft erstellt oder ungenügend unterhalten wurde, und sich deshalb Teile des Bauwerks ablösen, die Menschen verletzten oder töteten. Voraussetzung für die Haftung ist Vorsatz oder Fahrlässigkeit. *440*

Ein wesentlicher deliktischer Haftungsanspruch ergibt sich aus der Verletzung der sogenannten Verkehrssicherungspflicht. Die Verkehrssicherungspflicht obliegt zunächst der Gem. als *441*

Eigentümerin des gem.E. (Grundstücks). Da die WEer allein dieser Pflicht praktisch nicht nachkommen können, wird sie in der Regel an einen Dritten (Verwalter, Hausmeister, Reinigungsfirma) übertragen. Trotz der Übertragung dieser Verkehrssicherungspflicht bleiben die WEer für Schäden bei Verletzung der Verkehrssicherungspflicht zumindest neben dem Dritten mitverantwortlich. Weitnauer (PiG Nr. 3 S. 71) formuliert dies wie folgt:

„Die Wohnungseigentümer sind aufgrund ihrer Verkehrssicherungspflicht für den Schaden verantwortlich, den entweder sie selbst unmittelbar verursachen, oder den der Verwalter schuldhaft dadurch verursacht, daß er seine aus der Übernahme der Verkehrssicherungspflicht erwachsenen Pflichten, sei es auch durch Unterlassen, schuldhaft verletzt".

442 Im Rahmen der Verkehrssicherungspflicht sind die WEer verpflichtet, Vorkehrungen zu treffen, daß Unfälle auf den Gehwegen oder im Treppenhaus vermieden werden. Die Verkehrssicherungspflicht geht aber nicht so weit, daß übliche und nachvollziehbare Handlungsweisen der WEer (hier: zeitweiliges Abstellen von Schuhen auf der Fußmatte) unterbunden werden müßten, um denkbare entfernte Gefahren von den Benutzern abzuwenden. Solche Gefahren können von den Nutzern bei der verkehrsüblichen und zumutbaren eigenen Sorgfalt ohne weiteres abgewendet werden (OLG Hamm vom 20. 4. 1988 - 15 W 168–169/88).

443 Die Mitverantwortung der WEer bezüglich der gemeinsamen Streupflicht bei Schnee und Eis kann auch dann nicht völlig ausgeschlossen werden, wenn die Streupflicht Anderen (z. B. im Turnus den WEern, dem Hauswart oder den Mietern) obliegt. Die Mitverantwortung besteht in der Pflicht zur Überwachung und Kontrolle, ob der Winterdienst regelmäßig und ordnungsgemäß ausgeführt wird (BGH NJW 1985, 484).

444 Wird die Verkehrssicherungspflicht an Dritte übertragen, ist der Übernehmende deliktisch verantwortlich. Das gilt für den Verwalter (vgl. unten Rn. **10** 135) ebenso wie für einen Mieter der ETW. Wird z. B. die Streupflicht dem Mieter übertragen und der Vermieter kann nachweisen, daß er die Erfüllung dieser Pflicht überwacht hat, so trifft den Mieter die Haftung, wenn er der Verkehrssicherungspflicht nicht nachgekommen ist.

Ist in einer Ortssatzung öffentlich-rechtlich geregelt, daß die Anlieger bei Schnee- und Eisglätte die Gehwege innerhalb bestimmter Zeiten von Schnee und Eis freizuhalten haben, handelt es sich dabei um ein Schutzgesetz im Sinne von § 823 Abs. 2 BGB. Die Folge hiervon ist, daß bei Verletzung eines Passanten der Beweis des ersten Anscheins dafür spricht und der Verstoß gegen das Schutzgesetz schadensursächlich war (BGH NJW 1984, 432; OLG Köln WE 1996, 277). *445*

Die Verkehrssicherungspflicht der WEer ist nicht grundsätzlich ausgeschlossen, sie verengt sich aber auf eine Kontroll- und Überwachungspflicht. Diese deliktische Einstandspflicht des die Verkehrssicherungspflicht Übernehmenden gilt nicht nur gegenüber Dritten (Passanten, Besuchern, Mietern), sondern auch gegenüber geschädigten WEern (BGH WE 1989, 95). *446*

Daneben haften die WEer als „Eigenbesitzer eines Grundstücks" (§ 872 BGB) auch für den ordnungsmäßigen Zustand der auf dem Grundstück errichteten Gebäude (§ 836 BGB). Das bedeutet, daß bei Schäden, die Dritten dadurch entstehen, wenn das Gebäude einstürzt, oder wenn sich Teile von ihm ablösen (z. B. herabfallende Dachziegel), die WEer einzustehen haben. *447*

Die Haftung tritt aber nur dann ein, wenn die WEer nicht nachweisen können, daß sie zur Abwendung der Gefahr die erforderliche Sorgfalt haben walten lassen. Mangelnde Sorgfalt wird dabei im wesentlichen in der fehlerhaften Erstellung und unzureichenden Unterhaltung des Besitzes gesehen.

Eine weitere Haftung der Gem. als „Eigenbesitzer eines Grundstücks" ergibt sich aus § 22 des Wasserhaushaltsgesetzes (Neufassung – BGBl. 1986 I S. 1529, 1654). Diese Norm bestimmt, daß die Inhaber einer Anlage (hier die WEer) jedem Dritten zum Ersatz des Schadens verpflichtet sind, der dadurch entsteht, wenn aus dieser Anlage (z. B. aus Öltank) wassergefährliche Stoffe in ein Gewässer und in das Grundwasser gelangen. Der Schaden ist dabei nicht nur auf die Verletzung der Gesundheit oder des Eigentums beschränkt, sondern umfaßt auch den reinen Vermögensschaden. Um solche Schäden abzudecken ist der Abschluß einer Gewässerschadenhaftpflichtversicherung (s. oben Rn. **5** 13 ff.) dringend geboten. *448*

449 Darüber hinaus können Dritte gegen WEer in deren Eigenschaft als Eigenbesitzer eines Grundstücks Schadenersatz geltend machen, bei wesentlicher und nicht ortsüblicher Beeinträchtigung des Nachbargrundstückes der Gem., z.B. durch herabfallendes Laub, Nadeln, Blütenstaub und Kiefernzapfen (hier: auf Vorplatz, Garagendach und Dachrinne des Nachbarn) von den Bäumen, die sich auf dem Grundstück der Gem. befinden. Unwesentliche Immissionen dieser Art hat ein Nachbar zu dulden. Wesentliche aber ortsübliche Beeinträchtigungen hat der Nachbar ebenfalls zu dulden, er kann aber hierfür einen angemessenen Ausgleich in Höhe des Reinigungsaufwandes verlangen (OLG Karlsruhe immo-telex 1984, 77).

450 Bei Ersatzpflicht der WEer in den genannten Fällen haften dem geschädigten Dritten (der auch Bewohner, z.B. Mieter der betreffenden Wohnanlage sein kann, vgl. BGH NJW 1985, 484) die WEer als Gesamtschuldner (§ 840 BGB).

451 Rechtsprechung:

- Winterdienst
  - Bei längerem Schneefall muß *nicht* während des und unmittelbar nach dem Ende des Niederschlags geräumt werden (Urteil OLG Nürnberg AU 907/87).
- Baum- und Gartenpflege
  - Beeinträchtigungen durch Laubabfall von heimischen, ortsüblichen Bäumen sind hinzunehmen, weil Bäume eine erhebliche Funktion im Naturhaushalt haben. Aufwendungsersatz kommt hier nur dann in Betracht, wenn der Nachbar durch das Laub in der ortsüblichen Benutzung seines Grundstücks über das zumutbare Maß hinaus beeinträchtigt wird (Urteil LG Saarbrücken vom 25. 9. 1987 – 11 S 363/86).
  - Ständige Überwachung der Bäume ist nicht erforderlich, weil gewisse auf Naturgewalten beruhende Gefahren hingenommen werden müssen. Eine regelmäßige Überwachung ist aber dann erforderlich, wenn ein Baum über das normale Maß hinaus Äste abwirft (Urteil LG Frankfurt vom 12. 12. 1986 – 2/1 S. 384/84).
  - Für das Entfernen von Laub des Baums vom Nachbargrundstück kann kein „Reinigungsentgelt" verlangt werden (Urteil OLG Stuttgart vom 22. 9. 1985; LG Aachen vom 24. 2. 1987 – 10 O 619/86).
- verschiedene Pflichten
  - Verbotswidrig abgelagerte Abfälle hat der Grundstückseigentümer nach Beseitigungsanordnung durch die Behörde auf eigene Kosten zu beseitigen, auch wenn der Abfall von Dritten stammt (Urteil BayVHG vom 29. 12. 1987 – 20 B 86.02164).

cc) Ansprüche gegenüber ausgeschiedenen Wohnungseigentümern

Dritte können auch gegenüber ausgeschiedenen WEern Ansprüche geltend machen, solange und soweit sie in der Zeit ihrer Zugehörigkeit zur Gem. gemeinschaftlichen Pflichten nachzukommen hatten. Dies gilt auch dann, wenn der Rechtsnachfolger des WEers im Innenverhältnis gemeinschaftliche Verpflichtungen übernommen hat (BGH NJW 1981, 282). *452*

2. Andere Ersatz- und Erstattungsansprüche

Erbringt ein WEer eine Leistung, die als Notmaßnahme oder sonst im Rahmen ordnungsmäßiger Verwaltung durch die WEer gemeinschaftlich zu tragen gewesen wäre, so hat der leistende WEer Anspruch auf Ersatz oder Erstattung der von ihm verauslagten Kosten. *453*

Je nach der Art der Leistung sind die Ansprüche unterschiedlich.

Handelt es sich bei der Leistung um eine Notmaßnahme, so gründet sich der diesbezügliche Anspruch auf Ersatz der von dem WEer verauslagten Beträge auf §§ 21 Abs. 2, 16 Abs. 2. *454*

Läßt sich die Leistung des WEers nicht mit einer Notmaßnahme begründen, so kann der Erstattungsanspruch auf Geschäftsführung ohne Auftrag (§§ 677 ff. BGB) dann geltend gemacht werden, wenn die dabei entstandenen Kosten im Rahmen ordungsmäßiger Verwaltung entstanden sind, indem der WEer zwar ohne Auftrag aber als berechtigter Geschäftsführer handelte.

Andernfalls könnte die Erstattung verauslagter Kosten auch nach Maßgabe der §§ 812, 818 BGB (ungerechtfertigte Bereicherung) ggf. in Verbindung mit § 683 S. 2 BGB verlangt werden (vgl. BayObLG WE 1987, 46). *455*

Umgekehrt kann aber auch die Gem. Erstattungsansprüche gegen einzelne WEer aus Geschäftsführung ohne Auftrag oder aus ungerechtfertigter Bereicherung dann geltend machen, wenn sie Leistungen erbringt, für die allein der betreffende WEer zuständig ist. *456*

457 Aufwendungsersatzansprüche – sei es aus Notgeschäftsführung oder aus Geschäftsführung ohne Auftrag – können anspruchsberechtigte WEer gegen andere WEer nur anteilig, nicht gesamtschuldnerisch, geltend machen (WE 1993, 314 OLG Hamm m.w.N.; a.A. Bärmann/Pick Rz. 21 zu § 21; Müller P, S 103). Üblicherweise wird der Anspruch gegen die Gem. geltend gemacht, indem der Verwalter den Ausgleich nach Maßgabe von § 27 Abs. 2 Nr. 2 herbeiführt.

458 Ansprüche aus Geschäftsführung ohne Auftrag können auch Dritte gegenüber den WEern haben. Das ist z.B. dann der Fall, wenn der Verwalter eine von der Sache her notwendige, aber von der Gem. nicht beschlossene Instandhaltungsmaßnahme durchführen läßt und den Werklohn an die ausführende Firma nicht leistet. Hier kann der Handwerker seinen Werklohn als Aufwendungersatz (§§ 683, 670 BGB) gegenüber den WEern oder auch nur gegenüber einem WEer – hier haften, anders als beim Anspruch eines WEers gegen die Gem., alle WEer gem. § 427 BGB als Gesamtschuldner – geltend machen (BayObLG WE 1988, 28).

459 Rechtsprechung:

- Ein WEer hat Anspruch auf sachverständige Feststellung von Baumängeln und Schäden am gem.E. (§ 21 Abs. 4). Wenn die anderen WEer ein entsprechendes Verfahren ablehnen, kann ein WEer im Rahmen der Notgeschäftsführung ein Sachverständigengutachten einholen und Ersatz für die dabei entstehenden Aufwendungen verlangen, und zwar unabhängig davon, ob die anderen WEer den festzustellenden Schaden infolge Unterlassens von Maßnahmen zu vertreten haben oder nicht (OLG Frankfurt WE 1986, 23; vgl. Müller, P Tz 301).
- Hat die Gem. Reparaturarbeiten (hier Malerarbeiten) am SE eines WEers veranlaßt, und die entsprechenden Kosten übernommen, ohne hierzu verpflichtet gewesen zu sein (hier: Schäden am SE wegen Mängeln am gem.E.), kann die Gem. diese Kosten im Wege des Anspruchs aus der Bereicherungshaftung geltend machen.
- WEer, die Betriebs- und Instandhaltungskosten einer Pumpanlage wegen eines fehlerhaften Beschlusses der Eigentümer irrtümlich bisher allein getragen haben, können Erstattung dieser Aufwendungen – die zur Verwaltung des gem.E. gehören – verlangen, entweder wegen Notgeschäftsführung (§ 21 Abs. 2, § 16 Abs. 2) oder aus Geschäftsführung ohne Auftrag bzw. aus ungerechtfertigter Bereicherung (BayObLG WE 1987, 46).

- Verauslagte Beträge dieser Art können durch Gerichtsbeschluß nur insoweit geltend gemacht werden, als der Kostenanteil des betreffenden WEers nach Maßgabe des gültigen Verteilungsschlüssels vom verauslagten Gesamtbetrag abgezogen werden kann. Ist dies nicht möglich, so kann das Gericht dem Zahlungsanspruch über den verauslagten Gesamtbetrag nicht stattgeben, weil ein solcher Gerichtsbeschluß einen Titel beinhaltet, mit dem in das gesamte Vermögen des oder der Verpflichteten vollstreckt werden könnte (BayObLG WE 1987, 46).

3. Entziehung des Wohnungseigentums bei schwerer Pflichtverletzung

Die Gem. der WEer ist unauflöslich (Rn. **6** 11). Als Ausgleich *460*
gegen die Unauflöslichkeit der Gemeinschaft der WEer gewährt § 18 gegen einen Störenfried nach dem Vorbild des im Höferecht gegebenen „Abmeierungsanspruchs" eine Entziehungsklage. Das Gesetz geht dabei von einer Generalklausel aus, die den Entziehungsgrund wie folgt umschreibt:

Hat ein WEer sich einer so schweren Verletzung der ihm gegenüber anderen WEern obliegenden Verpflichtungen schuldig gemacht, daß diesen die Fortsetzung der Gem. mit ihm nicht mehr zugemutet werden kann, und sind in seiner Person so gewichtige Gründe vorhanden, die eine Harmonie unter den WEern für immer aussschließen (LG Stuttgart NJW-RR 1997, 589), so können die anderen WEer von ihm die Veräußerung seines WE verlangen (§ 18 Abs. 1). Hierbei handelt es sich um das letzte Mittel gegen einen Störenfried oder ein „schwarzes Schaf". Die Vorschrift ist zugleich ein Beispiel für die Sozialpflichtigkeit des Eigentums. Bei einem Streit über die Rechte und Pflichten eines WEers muß daher im Zweifel erst eine Klärung im Wege der freiwilligen Gerichtsbarkeit versucht werden (§ 43 Abs. 1 Nr. 1 AG München ZMR 1961, 304). Die Verletzung muß nicht grundsätzlich schuldhaft sein. Eine entsprechende Anwendung auf unverschuldete schwere Störungen der Gem. dürfte dann möglich sein, wenn z. B. der WEer deliktsunfähig (§ 827 BGB) oder schuldunfähig (§ 20 StGB) ist. Die Verpflichtung des § 18 Abs. 1 verstößt nicht gegen Art. 14 Abs. 1 GG. Das gilt auch für den Fall, daß die schwerwiegende Pflichtverletzung eines WEers von diesem nicht schuldhaft begangen wurde. Allerdings müssen besondere Gründe vorliegen, wenn eine Verpflichtung zur Veräußerung des WE erfolgen soll, ohne daß eine solche Verletzung schuldhaft erfolgt ist und eine Wiederholungsgefahr nicht naheliegt. (BVerfG NJW 1994, 241).

461 Das Gesetz nennt Beispiele besonders schwerer Pflichtverletzungen (§ 18 Abs. 2 Nr. 1 u. 2), und zwar:

- der WEer trotz Abmahnung wiederholt gröblich gegen die ihm als WEer nach § 14 obliegenden Pflichten verstößt;
- der WEer sich mit der Erfüllung seiner Verpflichtungen zur Lasten- und Kostentragung nach § 16 Abs. 2 in Höhe eines Betrages, der 3 v. H. des Einheitswertes seines WE übersteigt, länger als drei Monate im Verzug befindet.

462 Nach der Generalklausel genügt es, wenn die Pflichtverletzung gegenüber einem einzelnen WEer (z. B. tätliche und grobe Beleidigung, versuchte Notzucht, Einbruchsdiebstahl im Keller, Verleumdungen, bauliche Veränderungen ohne Genehmigung, grobe und störende Vernachlässigung des SE) begangen worden ist. Bereits ein einziger Verstoß kann so schwerwiegend sein, daß der Entziehungsanspruch begründet ist. Sind mehrere Personen Eigentümer der Wohnung, dann ist gegen sie der Entziehungsanspruch gegeben, auch wenn nur einer von ihnen eine Entziehungshandlung begeht. Dies folgt aus der Verantwortung nach § 14 Nr. 2.

463 Gleichwohl kann die Entziehung des WE nur die „ultima ratio“ sein, weil sie einer privatrechtlichen Enteignung gleichkommt. Die Entziehung kann deshalb als letztes Mittel nur in Frage kommen, wenn alle rechtlichen Maßnahmen ausgeschöpft sind, oder nicht in Betracht kommen (AG Stuttgart-Bad Cannstadt vom 11. 6. 1981, 4 C 1922/80, unter Berufung auf AG München ZMR 1961, 304; hier: Geltendmachung von Unterlassungsansprüchen im Wege der Klage oder einstweiligen Verfügung und Maßnahmen nach § 890 ZPO gegen Lärm- und Geruchsbelästigung aus einer an sieben Asylbewerber vermieteten Eigentumswohnung). Z. B. reichen „Unbequemlichkeiten, lästiges oder gar persönlich kränkendes Verhalten eines Eigentümers, die insbesondere andere Eigentümer am Gebrauch und an der Nutzung ihres Eigentums nicht wesentlich behindern, für eine Entziehung nicht aus“ (LG Passau Rpfleger 1984, 413). Ebensowenig sind die Vielzahl von WE-Verfahren, die ein WEer gegen Miteigentümer in Gang setzt sowie eventuelle Beleidigungen im Verfahren ein Grund, die Entziehung anzuordnen (vgl. hierzu LG Stuttgart NJW-RR 1997, 589).

Bei dem Entziehungstatbestand des Zahlungsverzugs ist ein Verschulden nicht vorausgesetzt. Es kommt daher nicht darauf an, aus welchem Grund der WEer seiner Zahlungsverpflichtung nicht nachzukommen vermag. Die Geldschuld ist eine Gattungsschuld, für die ein Schuldner immer einzustehen hat (§ 279 BGB). *464*

Der WEer kann aber die Wirkung eines für ihn ungünstigen Urteils dadurch abwenden, daß er die Verpflichtungen, wegen deren Nichterfüllung er verurteilt ist, einschließlich der Verpflichtung zum Ersatz der durch den Rechtsstreit und das Versteigerungsverfahren entstandenen Kosten sowie die fälligen weiteren Verpflichtungen zur Lasten- und Kostentragung erfüllt. Der Verzug muß also im Zeitpunkt der letzten mündlichen Verhandlung noch bestehen (§ 19 Abs. 2). *465*

Der Entziehungsklage muß ein Beschluß der WEer über die Entziehung vorangehen, wobei der Störenfried selbst nicht stimmberechtigt ist (§ 25 Abs. 5). Über das Verlangen, die Entziehungsklage zu erheben, beschließen die WEer durch qualifizierte Stimmenmehrheit. Der Beschluß bedarf einer Mehrheit von mehr als der Hälfte der stimmberechtigten WEer (§ 18 Abs. 3). Damit ist eine absolute Stimmenmehrheit (d.h. aller WEer, nicht nur der erschienenen) nach Köpfen notwendig. Sind nur zwei WEer vorhanden, dann entfällt die Beschlußfassung.

Der qualifizierte Mehrheitsbeschluß enthält regelmäßig die Ermächtigung der WEer zur Mandatserteilung für die Entziehungsklage gegen den Störer (KG vom 26. 2. 1992, 24 W 3965/91). *466*

Wird der Beschluß zur Erhebung der Entziehungsklage angefochten, entscheidet das WE-Gericht nur über die formale Gesetzmäßigkeit des Beschlusses. Die materielle Richtigkeit kann nur das ordentliche Gericht im Sinne von § 51 feststellen (KG WE 1994, 334 OLG Köln vom 23. 12. 1997, 16 Wx 236/97).

Das gleiche gilt für einen Beschluß der WEer, einen Entziehungsbeschluß anzudrohen für den Fall, daß der betreffende WEer weiterhin gegen Gemeinschaftsregeln verstößt (BayObLG WE 1996, 115 unter Aufgabe seiner bisher anderen Auffassung: BayObLGZ 1985, 121/127).

467 Kommt ein beantragter Entziehungsbeschluß mangels Stimmenmehrheit in der Versammlung nicht zustande, kann ein einzelner WEer die gerichtliche Ersetzung des nicht zustandegekommenen Mehrheitsbeschlusses durch einen Verpflichtungsantrag verlangen. Einem solchen Antrag kann aber nur stattgegeben werden, wenn die Ablehnung des Entziehungsverlangens durch die übrigen WEer treuwidrig und ermessensmißbräuchlich war. Die Ablehnung einer solchen Mehrheitsentscheidung der WEer ist nur in besonderen Ausnahmefällen möglich. Die WEer haben nämlich einen weiten Beurteilungsspielraum darüber, ob sie einen Miteigentümer durch Prozeß zur Veräußerung seines WEs zwingen wollen (KG WE 1996, 345).

468 Der Entziehungsbeschluß kann nicht durch einen Beschluß der WEer ersetzt werden, mit dem diese den Verwalter oder einen Dritten ermächtigen, den Entziehungsprozeß – auch im eigenen Namen – zu führen. Der Beschlußinhalt nach § 18 Abs. 3 muß eindeutig erkennbar sein (OLG Hamm WE 1990, 97).

Wird mit der Geltendmachung des Entziehungsanspruchs zu lange gewartet, so kann dieser verwirkt sein.

469 Das Gesetz sagt nicht, wer die Entziehungsklage gegen den Störer erheben kann und muß. Es bieten sich drei Möglichkeiten an:

- Die Entziehungsklage wird durch sämtliche WEer erhoben;
- durch die WEer, die für die Erhebung der Klage gestimmt haben.
- Klageberechtigt ist auch in entsprechender Anwendung des § 432 BGB jeder einzelne WEer.

470 Der Entziehungsanspruch nach der Generalklausel kann durch Vereinbarung der WEer nicht ausgeschlossen werden.

471 Die Entziehungsklage, mit der die Verurteilung des Beklagten zur Veräußerung seines WE beantragt wird, ist ohne Rücksicht auf den Wert des Streitgegenstandes für Rechtsstreitigkeiten zwischen WEern wegen Entziehung des WE beim Amtsgericht des belegenen Grundstücks zu erheben (§ 19 Abs. 1, § 51). Es handelt sich also dabei um ein der ZPO zugeordnetes streitiges Verfahren, für welches, wie bei allen Ansprüchen aus Grundeigentum oder dinglichen Rechten, das Amtsgericht (§ 24 ZPO) der belegenen Sache ausschließlich zuständig ist (§ 51). Das gilt auch für den Streit über die Wirksamkeit eines Entziehungsbeschlusses. Hierfür ist allein das ordentliche (nicht fG) Gericht zuständig (OLG Frankfurt DWE 1984, 62).

Das Urteil, durch das ein WEer zur Veräußerung seines WE verurteilt wird, ersetzt die für die freiwillige Versteigerung des WE und für die Übertragung des WE auf den Ersteher erforderlichen Erklärungen. Damit wird das Urteil als ein solches auf Abgabe von Erklärungen aufgefaßt. Aus dem Urteil findet zu Gunsten des Erstehers die Zwangsvollstreckung auf Räumung und Herausgabe statt (§ 19 Abs. 1). *472*

Ein gerichtlicher oder vor einer Gütestelle geschlossener Vergleich, durch den sich der WEer zur Veräußerung seines WE verpflichtet, steht in seinen Wirkungen einem Urteil auf Veräußerung gleich (§ 19 Abs. 3).

Ein gesetzliches Vor- und Ankaufsrecht der übrigen WEer besteht nicht.

Das Urteil hat auch keine Zuschlagswirkung i.S. des § 90 ZVG. Vielmehr kommt erst mit dem Zuschlag der Kaufvertrag zwischen dem verurteilten WEer und dem Ersteher zustande. Außerdem werden durch das Urteil nur die zur Übertragung des WE auf den Ersteher notwendigen Erklärungen ersetzt. Da der Eigentumsübergang sich aber nicht kraft Gesetzes vollzieht, bedarf es dazu erst der Eintragung in das Grundbuch. *473*

Problematisch wird die Rechtslage, wenn der Ersteher im Einverständnis mit dem abgemeierten Störer die Vollstreckung unterläßt. Dann sind zwei Fallgestaltungen denkbar: *474*

- Der Ersteher hat sich zwar als neuer WEer im Grundbuch eintragen lassen, sieht aber von einer Vollstreckung des Urteils ab. Die Unterlassung der Vollstreckung kann u.U. wiederum den Entziehungsanspruch begründen.
- Der Ersteher hat die Erklärung der Annahme zu der fingierten Auflassungserklärung nicht abgegeben oder sich nicht eintragen lassen. In diesem Falle ist er nicht Mitglied der WEr-Gem. geworden. „Dann bleibt alles beim alten, ein großer Aufwand ist nutzlos vertan" (Palandt/Bassenge WEG § 19 Anm. 4). Friese, NJW 1951, 510 will einen

Schutz über § 826 BGB (Schadensersatz wegen vorsätzlicher sittenwidriger Schädigung) gewähren. Nach anderer Meinung soll auch in diesem Falle gegen den Ersteher auf Veräußerung der Anwartschaft auf das WE geklagt werden können. Jedoch ist in dieser Hinsicht die Rechtslage sehr zweifelhaft und umstritten.

475 Nach § 16 Abs. 4 zählen die Kosten des Entziehungsverfahrens zu den Verwaltungskosten, sie sind also von allen WEern im Verhältnis des gesetzlichen oder vereinbarten Verteilungsschlüssels zu zahlen. Das gilt auch für die WEer, die der Durchführung des Entziehungsverfahrens nicht zugestimmt haben (OLG Karlsruhe Justiz 1983, 416). Ebenso sind die Prozeßkosten im Entziehungsprozeß vom obsiegenden Miteigentümer anteilig mit zu tragen. Das gilt ebenso für dessen Kostenerstattungsanspruch (OLG Düsseldorf WE 1996, 423).

476 Der Geschäftswert im Entziehungsverfahren dürfte sich nach dem Verkehrswert (LG Hamburg WM 1998, 374; vgl. auch Wenzel WM 1998, 454 f.) der betreffenden ETW richten. Die Kosten des Entziehungsverfahrens erstrecken sich auch auf ein im Zusammenhang mit dem Entziehungsverfahren eingeleitetes Richterablehnungsverfahren (BayObLG WEM 1984/4, 29 s. unten Rn. **11** 377 ff.).

Insgesamt gesehen dürfte die Entziehung des WE eine „stumpfe Waffe" sein (vgl. Palder in WM 1998, 331 f.). Meist scheitert die freiwillige Versteigerung daran, daß das Objekt zu hoch belastet ist, so daß kein Interessent gefunden wird, der bereit ist die vorhandenen Schulden mit zu übernehmen. Nur für den Fall, daß das WE unbelastet bzw. nur gering belastet ist, kann der Erwerb von WE im Wege der freiwilligen Versteigerung interessant sein (vgl. hierzu Wenzel in WE 1998, 454 f.).

477 Rechtsprechung:

- Stört und schikaniert ein WEer die anderen WEer durch ständige Beleidigungen, Störanrufe, Türklingeln, und Lärmschikanen bis über die Grenze des Erträglichen und der psychischen Belastbarkeit hinaus, so genügt dieser „Psychoterror" den gesetzlichen Voraussetzungen des § 18 Abs. 1. Dies gilt auch dann, wenn das Verhalten dieses WEers in einer schweren psychischen Erkrankung begründet ist (AG Karlsruhe Urteil vom 22. 4. 1988 – 11 C 525/87).
- Wird in einem Beschluß der WEer vorgesehen, daß nach erfolgloser Abmahnung von erheblichen Belästigungen und Störungen ein Ent-

ziehungsbeschluß nach § 18 angedroht wird, so kann ein solcher Beschluß weder aus formellen noch inhaltlichen Gründen für nichtig erklärt werden, wenn die Beanstandungen nicht grundlos sind und damit die Abmahnungen dem Interesse der anderen WEer entsprechen (BayObLG WE 1990, 29).
- Der Streitwert der Entziehungsklage richtet sich dann nach der Höhe des rückständigen Wohngeldbetrages, wenn Wohngeldrückstände der Grund für die Klageerhebung sind. Der Verkehrswert der ETW kommt hierbei nicht in Betracht (LG Hamburg WM 1991, 55).
- Erledigt sich die Entziehungsklage schon vor der Zustellung dadurch, daß der Beklagte die Wohngeldrückstände begleicht, so sind die Anwaltskosten der Kläger unter dem Gesichtspunkt des Verzugsschadens zu ersetzen (KG WE 1992, 257).

4. Verjährung von Ansprüchen

Unter Verjährung (§§ 194 ff. BGB) versteht man den Fristab- *478*
lauf von Ansprüchen (Recht, von einem anderen ein Tun oder Unterlassen zu verlangen), der aber nur rechtswirksam wird, wenn ihn der Schuldner durch seine Einrede geltend macht mit der Folge, daß er die Leistung verweigern kann (§ 222 BGB). Nicht alle Ansprüche unterliegen der Verjährung. So sind bestimmte Ansprüche aus dem Nachbarrecht (§ 924 BGB) und aus verdinglichten Rechten der Verjährung entzogen. Auch können die sogenannten Gestaltungsrechte (wie Rücktritt, Kündigung, Anfechtung, Aufrechnung) nicht verjähren.

Die Regelverjährungsfrist beträgt 30 Jahre (§ 195 BGB). Hier- *479*
von macht das Gesetz in den §§ 196 (zweijährige Frist) und 197 BGB (vierjährige Frist) zahlreiche Ausnahmen.

Für die WEer besitzt die Verjährung beim Erwerb einer neu *480*
erstellten ETW besondere Bedeutung insbesondere bezüglich der Gewährleistung der Bauleistungen (vgl. oben Rn. **2** 152 zum Bauträgervertrag).

Für die Verwaltung von WE spielt die Gewährleistungsfrist ei- *481*
ne Rolle, wenn die Gem. einen Bauvertrag z. B. für bestimmte Instandhaltungsmaßnahmen mit einem Bauunternehmer oder Bauhandwerker abschließt (vgl. unten Rn. **10** 409). Danach kann ein Vertrag nach VOB (vgl. oben Rn. **2** 102 ff.) oder nach den Regeln des Werkvertrags des BGB (vgl. oben Rn. **2** 51 ff.) mit dem Auftragnehmer vereinbart werden mit einer möglichen

unterschiedlichen Verjährungsfrist für Erfüllungs- oder Gewährleistungsansprüche von 2 bzw. 5 Jahren.

482 Weitere für die Verwaltung von WE bedeutsame Verjährungsfristen sind:

- Hausgeldansprüche der WEer aus genehmigten Jahresabrechnungen: 30 Jahre (BayObLG DWE 1984, 30, WE 1986, 72),
- Hausgeldansprüche für die monatlichen Vorauszahlungen als regelmäßig wiederkehrende Leistungen: (§ 197 BGB) 4 Jahre. Werden solche Rückstände in die Jahresabrechnung aufgenommen, so tritt wieder die 30jährige Frist ein.
- Ansprüche der WEer wegen Mietzinses bezüglich der Vermietung gem.E.: 4 Jahre (regelmäßig wiederkehrende Leistungen § 197 BGB).
- Ansprüche der WEer gegen Mieter bei der Vermietung gem.E. wegen Schadensersatzansprüchen aus vertragswidrigem Verhalten: 6 Monate (§ 558 Abs. 1 BGB).
- Ansprüche der WEer wegen Vorschüsse an Rechtsanwälte: 2 Jahre (§ 196 Abs. 1 Nr. 16 BGB); wegen Herausgabe von Handakten (vgl. § 50 BRAO).
- Ansprüche der WEer wegen Zinsforderungen aus Hausgeldrückständen: 4 Jahre (§ 197 BGB).
- Ansprüche der WEer untereinander wegen ungerechtfertigter Bereicherung (§ 812 BGB): 30 Jahre (§ 195 BGB).
- Ansprüche der WEer gegenüber VB wegen Geschäftsführung ohne Auftrag: 30 Jahre.
- Ansprüche der WEer gegenüber dem Verwalter (wenn Ersatzpflicht nicht ausgeschlossen wurde), wegen
  - positive Forderungsverletzungen, pflichtwidrige Vertragsverletzungen bzw. Verletzung von Nebenpflichten (§ 675 BGB; §§ 24, 27, 28): 30 Jahre
  - Unmöglichkeit bzw. Verzug bei der Erbringung von Leistungen: 30 Jahre
  - Verschulden bei Vertragsabschluß (culpa in contrahendo): 30 Jahre
  - Geschäftsführung ohne Auftrag (§§ 677, 678 BGB): 30 Jahre
  - Unerlaubte Handlung (§§ 823ff. BGB): 30 Jahre; nach Kenntnis des Schadens: 3 Jahre (§ 852 BGB)
- Ansprüche des Verwalters gegen WEer wegen
  - Verwaltervergütung: 2 Jahre (§ 196 Abs. 1 Nr. 7 BGB)
- Erstattung von Heizölkosten: 2 Jahre (LG Mannheim MDR 1972, 687)
- Ansprüche von Dritten gegen WEer wegen
- Vertretung ohne Vertretungsmacht des Verwalters (§ 179 Abs. 1 BGB): Hier gilt die Verjährungsfrist, die für den Erfüllungsanspruch aus dem nicht wirksam gewordenen Vertrag gegolten hätte (Palandt/Heinrichs Anm. 2d zu § 179 BGB)
  - Unerlaubte Handlung (§§ 823ff. BGB): 30 Jahre, nach Kenntnis des Schadens 3 Jahre.

  - Werklohn von Handwerkern: 2 Jahre (§ 196 Abs. 1 Nr. 1 BGB).
  - Dienst- und Werkleistungen von Nichthandwerkern: 2 Jahre (§ 196 Abs. 1 Nr. 7 BGB).
- Provisionsansprüche von Maklern: 2 Jahre (§ 195 Abs. 1 Nr. 1 und Nr. 7 BGB)
- Ansprüche wegen Werklohn von Handwerkern: 2 Jahre (§ 196 Abs. 1 Nr. 1 BGB)
- Ansprüche wegen Vergütungen von Dienst- und Werkleistungen von Nichthandwerkern: 2 Jahre (§ 196 Abs. 1 Nr. 7 BGB)
- Anspruch wegen Vergütung von Sachverständigen: 2 Jahre (§ 196 Abs. 1 Nr. 17 BGB)
- Ansprüche wegen Honorare von Rechtsanwälten und Notaren: 2 Jahre (§ 196 Abs. 1 Nr. 15 BGB).

Die Verjährungsfrist kann gehemmt (§§ 202ff. BGB) oder unterbrochen (§§ 208ff. BGB) werden. Unterbrechung oder Hemmung ist für die WEer besonders bei Bauverträgen von Bedeutung, wobei auf die Ausführungen in Kapitel 2 Ziff. III (Rn. 7 94) verwiesen wird. *483*

Die Verjährung ist gehemmt, solange die vereinbarte Leistung gestundet oder der Verpflichtete aus einem anderen Grund vorübergehend zur Verweigerung der Leistung berechtigt ist. Solange die Verjährung gehemmt ist, wird die Laufzeit der Verjährungsfrist lediglich ausgesetzt. Die Hemmung wird also in die Verjährungsfrist nicht einbezogen. *484*

Anders wirkt die Unterbrechung. Hier kommt die bis zur Unterbrechung gelaufene Verjährungsfrist nicht in Betracht. Nach Beendigung der Unterbrechung beginnt die gesetzliche oder wirksam vereinbarte Verjährungsfrist nochmals in vollem Umfang zu laufen. *485*

Unterbrochen wird die Verjährung, wenn der Verpflichtete dem Berechtigten gegenüber den Anspruch durch Abschlagszahlung, Zinszahlung, Sicherheitsleistung oder in anderer Weise anerkennt. Die Unterbrechung tritt ferner ein, wenn der Berechtigte auf Befriedigung oder auf Feststellung des Anspruchs (Beweissicherung) auf Erteilung der Vollstreckungsklausel oder auf Erlassung des Vollstreckungsurteils Klage erhebt. Der Klageerhebung steht die Zustellung eines Mahnbescheids gleich. Die außergerichtliche Mahnung vermag eine Unterbrechung *nicht* zu bewirken.

486 Nach § 225 BGB kann die Verjährung durch Vereinbarung (Rechtsgeschäft) weder ausgeschlossen noch erschwert werden. Möglich ist aber die Erleichterung der Verjährung durch die Vereinbarung einer kürzeren Verjährungsfrist, soweit die §§ 9, 11 Nr. 10f des AGBG dies (bei formularmäßigen Klauseln) nicht verbieten.

5. Verwirkung von Ansprüchen

487 Im Gegensatz zur Verjährung ist die Verwirkung eines Rechts als Unterfall des § 242 BGB und hier der unzulässigen Rechtsausübung von Amts wegen zu beachten. Die Verwirkung auf Anspruch eines Gestaltungsrechts ist dann gegeben, wenn seit der Möglichkeit seiner Geltendmachung eine längere Zeit verstrichen (BayObLG WE 1992, 60) und bei der Gegenseite der Eindruck entstanden ist, der Verpflichtete würde auf sein Recht verzichten (vgl. Palandt/Heinrichs Anm. 9 zu § 242 BGB). Der Verzicht auf Wahrnehmung eines Rechts kommt weniger in der Untätigkeit zum Ausdruck, sondern setzt in der Regel positive Handlungen und Äußerungen voraus (BayObLG WE 1993, 279; BayObLG WE 1997, 73), durch die der Verzicht erkennbar wird. Dem Verstreichen der Zeit hat grundsätzlich ein besonderer Umstand hinzuzutreten, so daß auf Grund beider Sachverhalte die verspätete Geltendmachung gegen Treu und Glauben verstößt (BayObLG WE 1994, 180).

Gegenstand der Verwirkung können auch einzelne Ansprüche aus dinglichem Recht sein. Für Unterlassungsansprüche zum Beispiel gilt dies dann, wenn die Rechtsverletzung auf einem bestimmten, abgeschlossenen Eingriff beruht. Ein Unterlassungsanspruch gem. § 13 Abs. 3 WEG und § 1004 BGB (hier: Unzulässiger Ausbau einer Dachgeschoßwohnung) wirkt für und gegen den Sondernachfolger (BayObLG WE 1994, 180).

Ist ein Anspruch eines WEers verwirkt, so gilt die Verwirkung für den Sondernachfolger (BayObLG WE 1995, 157).

Wird bei Vorliegen der genannten Voraussetzungen dennoch das Recht geltend gemacht, ist es als illegal verwirkt (BayObLG WE 1991, 256).

Für die WEer kann die Verwirkung bei verschiedenen Sachverhalten von Bedeutung sein (Rechtsprechung): *488*

- Berufung auf Nichtabnahme des gem.E. vom Verkäufer bei neuerstellten ETW nach Ablauf von etwa 6 Jahren (Deckert a.a.O. Gruppe 6 S. 41).
- Ein im Jahre 1971 vorgenommener – unzulässiger – Ausbau eines Dachspeichers zur Wohnung läßt den Unterlassungsanspruch gegen den Sondernachfolger im Jahre 1987 als verwirkt erscheinen, weil die anderen WEer eine solche Nutzung hingenommen haben und der betreffende WEer bzw. sein Sondernachfolger durch bestimmte, diese Tatsache berücksichtigende Kostenverteilungsbeschlüsse der WEer nicht mehr damit rechnen mußte, daß solche vor langer Zeit entstandene Ansprüche geltend gemacht werden (BayObLG WE 1991, 292).
- Begehren der Gem. gegen einen WEer auf Beseitigung einer baulichen Veränderung fünf Jahre nach Durchführung der Maßnahme (AG Mannheim DWE 1984, 57).
- Beseitigungsanspruch bezüglich nicht genehmigter Anpflanzungen seit mehr als 10 Jahren. Die Geltendmachung eines solchen Anspruchs ist nach jahrelanger Duldung eine unzulässige Rechtsausübung. Auch hat ein Rechtsnachfolger des Voreigentümers, der die Pflanzung vorgenommen hat, keine weitergehenden Rechte (KG WE 1989, 170).
- Recht auf Entziehung des WE, wenn das Entziehungsrecht jahrelang nicht geltend gemacht wird und der Entziehungsgrund zwischenzeitlich entfallen ist (Bub S. 422).
- Nicht rechtzeitige Ausübung des WEers seines a.o. Kündigungsrechts bezüglich der Vermietung seiner ETW (vgl. Deckert a.a.O. Gruppe 5 S. 225).
- Nicht rechtzeitige Erhebung von Mietzins- und Nebenkostennachzahlung seitens des vermietenden WEers, so daß beim Mieter der Eindruck entsteht, er braucht mit Nachzahlungen nicht mehr zu rechnen (LG Mannheim Urteil vom 24. 1. 1990 – 4 S 150/89 in „Miet- und Raumrecht" 1990, 378).
- Anspruch auf Unterlassung einer 10jährigen Wohnnutzung seitens eines Hausmeisterehepaares in Räumen, die als Hobbyraum zweckbestimmt sind und nur für die Dauer der Nutzung durch das Hausmeisterehepaar eine behördliche Nutzungsgenehmigung vorlag. Da die Nutzung dieser Räume durch das Hausmeisterehepaar den WEern Vorteile brachte, konnte der Rechtsbehelf der Verwirkung zum Zeitpunkt der Neuvermietung an Dritte (Nichthausmeister) zu Wohnzwecken gegen den Unterlassungsanspruch nicht wirksam geltend gemacht werden (BayObLG WE 1991, 298).
- Der Anspruch eines WEers auf Beseitigung des auf einer gem. Diele aufgestellten Einbauschranks ist nach Ablauf von 17 Jahren verwirkt, wenn die Aufstellung bis zu diesem Zeitpunkt ohne Beanstandung blieb (BayObLG WE 1994, 178).

- Der Unterlassungsanspruch auf zweckwidrige Nutzung einer in der GO bestimmten Nutzung eines SE ist verwirkt, wenn die Gem. der zweckwidrigen Nutzung über viele Jahre nicht widersprochen hat und wenn mit Wissen der Gem. unter ausdrücklichem Hinweis auf die bisherige Nutzung das TEm veräußert wird, wobei erst nach einem Zeitraum von 3½ Jahren nach der Veräußerung ein Unterlassungsanspruch erhoben wird (OLG Köln NJW-RR 1995, 851).

8. Kapitel
Bestimmung des Gemeinschaftsverhältnisses

Alle privatrechtlichen Personenverbände bedürfen zur Regelung ihrer Angelegenheit einer gemeinsamen Willensbildung. Dazu bedarf es gesetzlicher oder rechtsgeschäftlicher Regelungen. Solche Regelungen bestehen für die Personenverbände im allgemeinen im Einstimmigkeitsprinzip oder im Mehrheitsprinzip (vgl. hierzu Keilbach DNotZ 1997, 846). *1*

Das Gemeinschaftsverhältnis der WEer wird durch verschiedene Elemente bestimmt (vgl. Schmidt in Bä/S S. 32f.). Unterschieden werden die Elemente in statische und in dynamische Teile. Statisch sind die Regelungen, welche die Grundsätze des Verhältnisses der WEer nach festen, nur schwer veränderbaren Rahmenbedingungen bestimmen. Dynamisch sind dagegen die anpassungsfähigen und ständig neu gestaltbaren Elemente. Zu den statischen Gestaltungsformen zählen die das Gemeinschaftsverhältnis bestimmenden gesetzlichen Regelungen sowie die Vereinbarungen, welche über die gesetzlichen Regelungen hinaus wirksam sind. Vom Gesetz abweichende Regelungen sowie die Begründung und Veränderung von Vereinbarungen bedürfen dabei der Einstimmigkeit. Dynamische Gestaltungselemente sind dagegen die Beschlüsse in ihren verschiedenen Arten und Formen. Die gebräuchlichste Beschlußform unterliegt dem Mehrheitsprinzip.

I. Gesetzliche Regelung

Das Verhältnis der WEer untereinander wird in erster Linie *2*
durch das Gesetz bestimmt. Es sind die §§ 10 bis 19. Aber auch die Vorschriften über die Verwaltung (§§ 20 bis 29) sind Regelungen, die unter Einbeziehung des Verwalters die Rahmenbedingungen für das Gemeinschaftsverhältnis abgeben. Die Ver-

waltung ist Bestandteil des Gemeinschaftsverhältnisses mit besonderem Schwerpunkt. Ergänzend für die im WEG nicht enthaltenen, aber das Gemeinschaftsverhältnis weiter bestimmenden Regelungen, sind die Vorschriften über die Gemeinschaft nach §§ 741 ff. BGB heranzuziehen.

3 In diesem Sinne regelt § 10 das Verhältnis der WEer untereinander, indem es bestimmt, daß hierfür das Gesetz (WEG und BGB), Vereinbarungen und Beschlüsse der WEer maßgeblich sind.

4 Von den gesetzlichen Regelungen können die WEer nur durch Vereinbarung abweichende und darüber hinausgehende, das Gemeinschaftsverhältnis bestimmende Rahmenbedingungen schaffen. Die Vereinbarung setzt die Übereinkunft aller WEer voraus, besonders dann, wenn sie eine Regelung beinhaltet, die das Grundverhältnis der Gem. betrifft. Eine Regelung durch Mehrheitsbeschluß ist dann möglich und notwendig, wenn das Gesetz und die Vereinbarung (GO) keine Regelung vorsehen. Regelungen durch Mehrheitsbeschluß betreffen in der Regel den ordnungsmäßigen Gebrauch von SE und gem.E. (§ 15 Abs. 2), die ordnungsmäßige Verwaltung von gem.E (§ 21 Abs. 3) einschließlich die Festlegung von Wirtschaftsplan und Jahresabrechnung (§ 28 Abs. 5; vgl. hierzu Wenzel FS Hagen S. 232 f.).

II. Vereinbarungen

1. Grundsätze der Vereinbarung

5 Die Vereinbarung ist die Grundordnung der Gem. die in der Regel ihren ersten Niederschlag in der GO (s. oben Rn. **7** 228) findet.

Vereinbarungen als schuldrechtlicher Vertrag sind formlos gültig und können auch stillschweigend – etwa durch konkludentes Handeln (OLG Köln WE 1997, 197) – als Übereinkunft aller WEer getroffen werden. Formlos oder schriftlich getroffene, aber im Grundbuch nicht eingetragene Vereinbarungen gelten grundsätzlich stets für und gegen die an der Vereinbarung Beteiligten (vgl. BayObLG WE 1994, 251). Die Verdinglichung dieser

Vereinbarung ist aber notwendig, weil diese gegenüber einem Sondernachfolger nur wirksam ist, wenn sie als Inhalt des SE in das Grundbuch eingetragen ist.

Bezüglich der Ausgestaltung des Verhältnisses der WEer untereinander, also bezüglich des Inhalts der Vereinbarungen, sind die WEer frei (Vertragsfreiheit – vgl. oben Rn. **6** 255).

Die Abgrenzung der Vereinbarungen zu den Beschlüssen ist nicht immer leicht. Die Frage, ob eine Vereinbarung oder ein Beschluß zustande kommt, stellt sich immer dann, wenn in einer Versammlung alle WEer anwesend bzw. vertreten sind, und alle einem Beschlußvorschlag zustimmen. Normalerweise handelt es sich dabei um einen Beschluß mit der Folge, daß dieser auch gegen den Sondernachfolger wirkt (§ 10 Abs. 3) und er durch einen einfachen Mehrheitsbeschluß wieder aufgehoben werden kann. Anders verhält es sich mit einer Vereinbarung, von der immer dann auszugehen ist, wenn eine grundsätzliche Regelung getroffen werden soll, die eine gesetzliche Regelung oder eine bereits bestehende Vereinbarung (GO) abändert (vgl. hierzu OLG Zweibrücken WE 1997, 234, BayObLG WE 1991, 225). *6*

Auf die Bezeichnung „Beschluß" oder „Vereinbarung" bzw. „beschließen" kommt es für die inhaltliche Bestimmung nicht an. Soweit Vereinbarungen in den Versammlungen getroffen werden, geschieht dies ja in Form einer Beschlußfassung (BayObLG WE 1990, 60). *7*

Bei der Abgrenzung zwischen Beschluß und Vereinbarung ist ferner zu berücksichtigen, daß ein Beschluß im technischen Sinn nur dann anzunehmen ist, wenn er einen Gegenstand regelt, der einem Mehrheitsbeschluß zugänglich ist.

Im übrigen sind an das Zustandekommen einer Vereinbarung in der Versammlung der WEer besondere Anforderungen zu stellen. So muß es den WEern „bewußt sein, daß sie nicht nur für die Gegenwart und bei Änderung der Sachlage abänderbar eine Regelung treffen, die auch für die Zukunft gilt, und grundsätzlich nicht mehr zu ändern ist" (KG WE 1989, 170). *8*

Unter den Vereinbarungen kommt der GO besondere Bedeutung zu, weil sie zusammen mit der TE vom teilenden Eigentümer allein erstellt wird (vgl. oben Rn. **2** 220ff.). Mit der GO *9* werden zum ersten Mal Vereinbarungen getroffen, die das Verhältnis der WEer über die gesetzlichen Regelungen hinaus bestimmen. Die GO kommt deshalb als Kompendium aller zusätzlichen Regelungen einem ein Gemeinschaftsverhältnis bestimmenden Statut gleich. Die TE und GO sind als die das WE und TEm begründenden Urkunden gegenüber den in die Gem. eintretendenden WEern wirksam. Mit der Unterzeichnung des Kaufvertrags gelten die Bestimmungen der TE und der GO automatisch für und gegen den Erwerber als WEer.

2. Inhalt der Vereinbarung

10 Inhalt der Vereinbarung können alle Regelungen sein, welche das Verhältnis der WEer untereinander betreffen, insbesondere aber Gebrauchs- und Verwaltungsregelungen. Was zweckmäßigerweise Inhalt einer Vereinbarung der WEer sein soll, ist aus der Mustergemeinschaftsordnung (Anhang II) und aus dem in Rn. **2** 256 Dargestellten zu ersehen. Die Grenzen für den Inhalt einer Vereinbarung sind die §§ 134 und 138 BGB mit der Folge, daß gegen gesetzliche Verbote und gegen gute Sitten verstoßende Regeln nicht „vereinbart" werden können; diese also nichtig sind. Beinhaltet die Vereinbarung stark fehlerhafte oder mißbräuchliche Regelungen, oder sind bestimmte Regelungen durch Änderung der tatsächlichen Verhältnisse nicht mehr brauchbar und zumutbar, weil außergewöhnliche Umstände ein Festhalten als grob unbillig und damit gegen Treu und Glauben (§§ 242, 315 BGB) verstoßend erscheinen lassen, so kann eine Abänderung durch Gerichtsbeschluß verlangt bzw. ersetzt werden (BGH MDR 1964, 577; OLG Frankfurt Rpfleger 1979, 109). Hierbei ist aber ein strenger Maßstab anzulegen (BayObLG WE 1988, 19).

11 Der Streit über den zulässigen Inhalt einer Vereinbarung, wird durch einen Feststellungsantrag gem. § 43 Abs. 1 Nr. 1 gerichtlich geklärt. Dabei ist es möglich, daß, wie bei der Anfechtung eines Beschlusses der WEer über die Jahresabrechnung, die Geltendmachung der Unwirksamkeit einer Vereinbarung auf selbständige Regelungspunkte beschränkt wird, wenn davon auszugehen ist, daß die Vereinbarung auch ohne den unwirksamen Teil im Sinne von § 139 BGB gewollt ist (BayObLG WE 1991, 259).

Wird eine Vereinbarung nicht als Inhalt des SE in das Grundbuch eingetragen, erlangt sie zwar – wie festgestellt – Rechtswirksamkeit, aber nur unter den Vertragsschließenden, also unter denjenigen, die an ihr mitgewirkt haben und nicht gegenüber dem Sondernachfolger. Eine solche im Grundbuch nicht eingetragene Vereinbarung ist ausnahmsweise dann gegenüber dem Sondernachfolger wirksam, wenn sich ihr Inhalt zu Gunsten des Sondernachfolgers auswirkt (BayObLG WE 1992, 229; BayObLG WE 1997, 392). *12*

Die Vereinbarungen entstehen durch übereinstimmende Willenserklärungen der Beteiligten. Vereinbarungen können nicht durch Mehrheitsbeschluß, sondern nur mit Zustimmung aller WEer geändert oder aufgehoben werden. *13*

Ist eine Vereinbarung in der Versammlung zu treffen, so genügt es, wenn die Anwesenden sich einstimmig erklären und die Abwesenden vorher zustimmen oder nachträglich schriftlich genehmigen.

Eine Vereinbarung (GO) kann in bestimmten Fällen auch durch Mehrheitsbeschluß geändert werden, nämlich für einen Fall, der ausdrücklich in der GO bezeichnet ist (s. oben Rn. **2** 250). *14*

Der bisher als h. M. vertretene Grundsatz, daß getroffene Vereinbarungen grundsätzlich durch sog. „vereinbarungsersetzende" Beschlüsse (auch Zitterbeschlüsse) abgeändert werden können, ist Wenzel (FS Hagen 1999, S. 235 ff.) entgegengetreten. Von einem vereinbarungsersetzenden Beschluß spricht man dann, wenn ein Mehrheitsbeschluß, der einer Vereinbarung bedurft hätte, nicht angefochten wird (§ 23 Abs. 4) und deshalb bestandskräftig wird. Dieser Auffassung widerspricht Wenzel. Danach sind alle vereinbarungsändernden Beschlüsse nichtig, die „grundsätzlich nur zum Inhalt einer Vereinbarung, nicht aber zum Gegenstand von Beschlüssen gemacht werden können" (Wenzel a. a. O. S. 236). Danach sind folgende – über die sonstigen unabdingbaren Rechtsvorschriften (§§ 134, 138 BGB, § 56 Satz 2 ZVG) hinausgehenden – Beschlüsse grundsätzlich nich- *15* tig, die eine vom Gesetz oder von der GO „abweichende Vereinbarung" zum Gegenstand haben:

- Beschlüsse, welche die sachenrechtlichen Grundlagen des WE verändern (vgl. unten Rn. **8** 28).
- Beschlüsse, die den Gebrauch des SE oder des gem. E ausschließen, weil das Gebrauchsrecht mit zum Kern des Eigentums gehört (Wenzel a. a. O. S. 238).
- Beschlüsse, welche die Nutzungsbefugnisse entgegen den für die Änderung der GO geltenden Regeln durch eine Zweckbestimmung einschränkt oder ändert (Wenzel a. a. O. S. 238).
- Beschlüsse hinsichtlich der Gewährung von Sondernutzrechten.
- Beschlüsse, welche die gesetzlichen Regelungen des WEG bezüglich der Bestimmung des Verhältnisses der WEer ändern, dazu gehört insbesondere die Veränderung des gesetzlichen Kostenverteilungsschlüssels nach § 16 Abs. 2.
- Beschlüsse in Verwaltungsangelegenheiten, die zum absoluten Kernbereich der Mitgliedschaft der WEer zählen. Das sind Kontrollrechte nach § 28 Abs. 1 und 4, § 24 Abs. 2 und 6 sowie das Stimmrecht nach § 25 Abs. 2 und das Antragsrecht nach § 43 Abs. 1 Nr. 1 und 4.

16 Dagegen können weiterhin Vereinbarungen durch Mehrheitsbeschlüsse geändert werden, wenn es sich um Angelegenheiten handelt, die nicht der gem. Beschlußkompetenz der WEer entzogen sind. Das sind alle Angelegenheiten, die sowohl durch Vereinbarungen als auch durch Beschluß geregelt werden können (Wenzel a. a. O S. 236). Es muß sich dabei um Beschlüsse handeln, welche die „Ordnungsmäßigkeit" des Gebrauchs (§ 15 Abs. 2), der ordnungsmäßigen Verwaltung (§ 21 Abs. 3) und der ordnungsmäßigen Instandhaltung und Instandsetzung (§ 22 Abs. 1) zum Gegenstand haben. Dazu gehören u. a.:

- Beschlüsse, die Gebrauchsregelungen im Sinne der Hausordnung zum Inhalt haben und die eine Vereinbarung erfordert hätten (vgl. Wenzel a. a. O. S. 237).
- Beschlüsse über bauliche Veränderungen im Sinne ordnungsmäßiger Instandhaltung.
- Beschlüsse über Verwaltungsmaßnahmen, sofern sie als Maßnahmen ordnungsmäßiger Verwaltung zu verstehen sind.

All die genannten Mehrheitsbeschlüsse, bei denen Allstimmigkeit erforderlich gewesen wäre erwachsen in Bestandskraft, wenn sie nicht angefochten werden.

17 Insgesamt ist zu unterscheiden in Beschlüsse, welche gesetzliche Regelungen sowie Vereinbarungen ändern oder ersetzen.

Diese Beschlüsse sind nichtig. Dagegen sind vereinbarungswidrige Beschlüsse unter bestimmten Voraussetzungen wirksam, wenn sie nicht angefochten werden.

Die Abgrenzungskriterien zwischen vereinbarungsersetzenden 18
sowie vereinbarungsändernden und vereinbarungswidrigen dürften nicht immer leicht zu erkennen sein. Nach Wenzel wird es dabei entscheidend darauf ankommen, „ob der Beschluß sich in der Regelung eines individuellen Einzelfalls, also in einer konkreten Maßnahme aus einem bestimmten Anlaß erschöpft oder ob er darüber hinaus die Vereinbarung sachverhaltsbezogen vorläufig oder endgültig ändern will“. Diese Kriterien sind durch Auslegung nach den Grundsätzen der Auslegung von Grundbucheintragungen zu ermitteln.

Mit dieser Auffassung wird auch die Theorie Haugers (WE 1993, 19
231; WE 1997, 211) bedeutungslos, wonach ein bestandskräftiger Mehrheitsbeschluß nicht die Vereinbarung ändert, er überlagert diese nur mit der Folge, daß jeder WEer jederzeit verlangen kann den die Vereinbarungsregelung ändernden Mehrheitsbeschluß wieder rückgängig zu machen. Ein solcher Beschluß kann jederzeit auch durch einen neuen Beschluß wieder aufgehoben werden.

Dieser Auffassung ist das BayObLG entgegengetreten (WE 20
1997, 266) mit der Feststellung, daß diese mit der gesetzlichen Regelung des § 23 Abs. 4 nicht zu vereinbaren sei. Die Rechtswidrigkeit eines nichtigen Mehrheitsbeschlusses kann nur innerhalb der dort genannten materiellen Ausschlußfrist geltend gemacht werden. Wird der Beschluß nicht angefochten und nicht für ungültig erklärt, wird er bestandskräftig und verliert damit den Makel der Rechtswidrigkeit. Gemäß § 21 Abs. 4 kann dann nicht mehr die Beseitigung des Eigentümerbeschlusses, sondern vielmehr seine Beachtung verlangt werden, weil der Beschluß die GO verändert hat.

Die Auffassung des BayObLG dürfte den heutigen Stand der 21
Rechtsprechung wiedergeben. Es ist aber damit zu rechnen, daß die oben ausführlich behandelte andere Meinung Wenzels auch Eingang in die Rechtsprechung finden wird.

III. Beschlüsse

22 Die Verwaltung des gem. E. obliegt den WEern gemeinschaftlich. Dieses in § 21 Abs. 1 vorgegebene Selbstverwaltungsrecht praktizieren die WEer im Rahmen ordnungsmäßiger Verwaltung mittels Mehrheitsbeschluß.

23 Der Beschluß der WEer ist ein Rechtsgeschäft eigener Art. Er ist ein Gesamtakt, in dem mehrere gleichgerichtete Willenserklärungen der WEer gebündelt werden. Zwar unterscheidet sich der Beschluß vom Vertrag, weil er nicht aus gegenseitigen, in Bezug aufeinander abgegeben wird, sondern aus gleichgerichteten Willenserklärungen besteht. Der Beschluß setzt auch nicht die Willensübereinstimmung aller WEer voraus. Er bindet auch die überstimmten oder der Versammlung ferngebliebenen WEer (§ 10 Abs. 4). Gleichwohl erfüllt der Beschluß die Merkmale eines Rechtsgeschäfts, als sein wesentlicher Bestandteil eine oder mehrere Willenserklärungen sind und er die kollektive und rechtsverbindliche Entscheidung der Gem. über einen Antrag zum Ausdruck bringt (so BGH vom 10. 9. 1998, V ZB 11/98).

24 Beschlüsse dienen der Gestaltung der Organisation und der Durchführung der Verwaltung des gem. E. Ist keine Vereinbarung getroffen, genügt dabei ein einfacher Mehrheitsbeschluß, soweit davon Maßnahmen der ordnungsmäßigen Verwaltung i. S. des § 21 Abs. 5 betroffen sind und die WEer die entsprechende Beschlußkompetenz dazu besitzen. Die WEer haben zum Beispiel nicht die Kompetenz, den Kreis der Verwaltungstätigkeiten durch Mehrheitsbeschluß beliebig auszudehnen (BGH WE 1991, 321). Die Kompetenz der WEer durch Mehrheitsbeschluß über Verwaltungsangelegenheiten als Maßnahmen ordnungsmäßiger Verwaltung zu befinden, ergibt sich aus den gesetzlichen Regelungen und den darüber hinaus getroffenen Vereinbarungen, die als Grundordnung des Gemeinschaftsverhältnisses zu verstehen sind.

25 Ein Beschluß kommt zustande, wenn eine Mehrheit der stimmberechtigten, in der Versammlung der WEer anwesenden oder vertretenen WEer durch Abstimmung ihren Willen zum Ausdruck bringt, daß der Beschlußgegenstand verbindlich in einer bestimmten Weise geregelt werden soll. Mit dem Beschluß soll grundsätzlich der bisherige Rechtszustand verändert werden, damit in anderer Weise zu regelnde Rechtsfolgen eintreten können (vgl. OLG Hamm WE 1991, 108). Nach den Grundsätzen der rechtsgeschäftlichen Willenserklärung ist für die Wirksamkeit der Willenserklärung maßgeblich, daß dabei eine klar erkennbare Rechtsfolge angestrebt wird. Aus diesem Grunde kann auch kein Beschluß wirksam zustande kommen, wenn den Willenserklärungen (Stimmabgaben) ein Rechtsfolgewille fehlt, bzw. wenn ein solcher nicht mehr festgestellt werden kann (OLG Hamm WE 1991, 108). Ob ein Beschluß und mit welchem Inhalt er zustande kommt, muß also eindeutig und zweifelsfrei feststehen, weil davon die Zulässigkeit der Beschlußanfechtung (s. unten Rn. **11** 167ff.) und die Wirksamkeit gegenüber Sondernachfolgern abhängig ist (BayObLG WE 1991, 260).

Beschlüsse der WEer können grundsätzlich nicht in das Grundbuch eingetragen werden. *26*

Beschlüsse sind nicht grundsätzlich wirksam. Hierbei ist zu unterscheiden in nichtige bzw. unwirksame und anfechtbare Beschlüsse. *27*

1. Unwirksame Beschlüsse – Nichtbeschlüsse

Die Frage, ob und wann ein Beschluß wirksam bzw. unwirksam ist, wird im WEG nicht behandelt. Es gelten deshalb die allgemeinen rechtsgeschäftlichen Bestimmungen, die besagen, daß ein Beschluß nichtig ist: *28*

- wenn er einen sittenwidrigen Inhalt hat (§ 138 BGB) z. B. die Mehrheit beschränkt einen Eigentümer in seinen Grundrechten (§ 13), indem sie ihm jegliche Vermietung und Verpachtung untersagt;
- wenn er gegen ein zwingendes, gesetzliches Verbot verstößt (§ 134 BGB) z. B. es werden Beschlüsse entgegen die nicht abdingbaren Vorschriften des WEG (§ 5, 2; § 6; § 11; § 18 Abs. 4; § 20 Abs. 2; § 26 Abs. 1; § 27 Abs. 3) oder entgegen die Verbotsgesetze außerhalb des WEG gefaßt;
- wenn er den Wesensgehalt des SE verletzt (BayObLG DWE 1984, 125) und wenn er in den dinglichen Kernbereich des WE-Rechts eingreift (Böhringer ZIR 1997, 72).

29 Die unwirksamen Beschlüsse sind zu unterscheiden in solche, die mangels allgemeiner Gültigkeitsvoraussetzungen (z. B. Überschreiten der Regelungsmacht) nicht zustande kommen und solche, welche wegen ihres fehlerhaften Inhalts nichtig sind.

Unwirksame, weil nicht zustandegekommene Beschlüsse sind z. B.:

- Beschlüsse, die der Einstimmigkeit bedurft hätten (z. B. Änderung eines Verteilungsschlüssels, OLG Frankfurt WE 1986, 141), wobei der Versammlungsleiter das Nichtzustandekommen ausdrücklich erklärt hat.
- Beschlüsse, die nicht die notwendige Mehrheit besitzen, auch wenn der Vorsitzende der Versammlung fälschlicherweise den Beschluß als zustandegekommen bezeichnet. Dies gilt auch dann, wenn die Stimmen nicht richtig ausgezählt oder gewertet (Nein-Stimmen s. unten S. 402) werden (Weitn. Rz 3i zu § 23; BayObLG DWE 1984, 30; BayObLG DWE 1984, 62; DWE 1985, 56; PiG Nr. 17, S. 267; umstritten; s. unten S. 402).
- Beschlüsse als Probeabstimmung sind keine Willensbildung über den Beschlußinhalt und deshalb kein Beschluß (Weitn. Rz 3i zu § 23).
- Unwirksam sind auch Beschlüsse der WEer über Gegenstände, für welche die WEer keine Beschlußkompetenz besitzen, weil sie hierfür absolut unzuständig sind (BayObLG WEM 1980, 78; BGH WE 1991, 32), bzw. weil sie in den dinglichen Kernbereich eingreifen. Unter dinglichem Kernbereich versteht man die untrennbar verbundenen Elemente SE an Räumen und den damit verbundenen Miteigentumsanteil am gem. E. (Demharter, MittBayNot 1996, 77). Auch die Veränderung des Gegenstands des WE wäre ein Eingriff in den Kernbereich des WE. Aus diesem Grunde besitzen die WEer keine Regelungsbefugnis, das WE zu begründen, es aufzuheben oder es zu ändern (BayObLG WE 1995, 190). Die nachträgliche Umwandlung von gem. E. in SE (OLG Düsseldorf WE 1996, 68) kann ebensowenig durch Beschluß geändert werden wie eine Festlegung im Aufteilungsplan (OLG Düsseldorf WE 1996, 392). Unwirksam mangels Kompetenz der WEer sind auch Beschlüsse, welche zwingende Normen des Gemeinschaftsrechts verletzen (OLG Düsseldorf WE 1996, 68; vgl. hierzu oben Rn. **8** 15). Nachstehend werden solche Beschlüsse wiedergegeben:
  - Beschluß über die Erstattung von Strafanzeigen. Die Strafanzeige ist die Mitteilung des Verdachts einer strafbaren Handlung, zu der jeder einzelne WEer aus eigenem Recht befugt ist (KG WE 1991, 323).
  - Ein Beschluß, der die Festlegung eines Verzugszinsensatzes über den gesetzlichen Zinssatz von 4 v. H. hinaus zum Gegenstand hat (KG WE 1991, 132; vgl. auch oben S. 403)
  - Beschluß über Wirtschaftsplan bei dem die Erbbauzinsen – ohne vorherige andere Vereinbarung – angehoben werden sollten (BayObLG WE 1987, 55)

- Beschluß über die Umwandlung von gem.E. (z.B.: zwei in gem.E. stehende Wohnungseinheiten) in SE (BayObLG WE 1987, 54)
- Beschluß zur Ermächtigung der Verwalterin zur Durchführung der Umwandlung von gem.E. in SE und umgekehrt (BayObLG WE 1987, 95).
- Beschluß über die Freistellung und Erstattung von Kosten seitens einzelner WEer (hier Anwaltsgebühren für ein nicht rechtshängig gewordenes Entziehungsverfahren nach § 18) gegen den die Maßnahme infolge Verletzung von Gemeinschaftspflichten zu vertretenden WEer (KG WE 1988, 164).
- Beschluß, nach dem einem (zahlungssäumigen) WEer entgegen der gerichtlichen Kostenentscheidung Gerichtskosten bzw. außergerichtliche Kosten auferlegt werden (LG Tübingen DWE 1983, 53).
- Beschluß, der darauf gerichtet ist, Wohngeldrückstände eines einzelnen WEers mit einem Guthabenanteil an der Instandhaltungsrückstellung – im Wege der Auflösung und Neubildung dieser Rückstellung – zu verrechnen (OLG Hamm WE 1991, 108). Ein solcher Beschluß führt zu einer einseitigen Verfügung über den Miteigentumsanteil eines WEers, was außerhalb der gem. Verwaltung nach § 21 Abs. 3 liegt.
- Beschluß, der einen tatsächlich unmöglichen und damit unvollziehbaren Inhalt hat (BayObLG WE 1991, 50).

Die Frage, ob die WEer-Versammlung für bestimmte zur Abstimmung gestellte Probleme zuständig ist oder nicht, ist nicht immer leicht zu entscheiden, weil nur das Prinzip der ordnungsmäßigen Verwaltung und des ordnungsmäßigen Gebrauchs Maßstab für einen wirksamen Mehrheitsbeschluß ist. So sieht z.B. das BayObLG (WE 1989, 55) den Beschluß, mit dem der Verwalter beauftragt wird, die restliche Abwicklung einer mit den WEern weitgehend personenrechtlichen Bauherrngemeinschaft durchzuführen, nicht als nichtig an. Hier können nämlich die WEer, die nicht Bauherren sind, ein starkes und anerkennenswertes Interesse an der Abwicklung der Bauherrengemeinschaft haben, um das verwirrende Neben- und Ineinander zweier Gem. zu beenden. Dagegen hält das KG einen Beschluß der WEer zur Jahresabrechnung für nichtig, der offene Altschulden vor der Entstehung der WEer-Gem. und aus einer anderen Wirtschaftsperiode ausweist: Den WEern fehle hierzu die absolute Kompetenz (KG WE 1992, 285). *30*

31 Die Beurteilung der Sittenwidrigkeit eines Beschlusses ergibt sich aus der Würdigung seines Gesamtcharakters nach Inhalt,

Beweggrund und Zweck (BGHZ 86, 82, 88; 407, 92, 97). Zu würdigen sind dabei nicht nur der objektive Gehalt des Beschlusses, sondern auch alle Umstände, die zu seiner Vornahme geführt haben, sowie die Absichten und die Motive der Beteiligten. In diesem Sinne sind Beschlüsse, weil sie gegen das Anstandsgefühl aller billig und gerecht Denkenden und gegen grundlegende Wertungen der Rechts- und Sittenordnung verstoßen, nichtig, z. B.:

- Beschränkung eines Eigentümers in seinen Grundrechten;
- Verbot einen Rollstuhl im Treppenhaus abzustellen, wenn die behinderten Wohnungseigentümer nicht in der Lage sind, den Rollstuhl anderswo unterzubringen, und wenn diesen das Abstellen zwar unausgesprochen, aber jahrelang gestattet wurde (OLG Düsseldorf ZMR 1984, 161);
- Generelles Verbot von Musizieren in der ETW (OLG Hamm NJW 1981, 465);
- Generelles Verbot der Vermietung von ETW (vgl. oben S. 315 ff.);
- Generelles Verbot von Tierhaltung in der ETW (OLG Frankfurt Rpfleger 1978, 414; OLG Stuttgart Rpfleger 1982, 220);

Die Nichtigkeit eines Beschlusses wegen Verstoß gegen ein zwingendes gesetzliches Verbot liegt vor:

- Versagung der Zustimmung zur Veräußerung entgegen der Bestimmung des § 12 Abs. 2 (BayObLGZ 80, 230);
- Beschluß mit der Bestimmung, daß der Ersteher einer ETW durch Zuschlag in der Zwangsversteigerung für Wohngeldrückstände des früheren Eigentümers haftet (verstößt gegen den Rechtsgrundsatz, daß Verbindlichkeiten nicht ohne Zustimmung des Betroffenen durch Rechtsgeschäft begründet werden können und deshalb die WEer keine Regelungsmacht besitzen. Außerdem verstößt ein solcher Beschluß gegen die unabdingbare Vorschrift des § 56 Abs. 2 ZVG (BayObLG ZfBR 1985, 182 mit Anm. Weitnauer; BGH WE 1987, 128)
- wenn er gegen die Vorschrift des § 26 Abs. 1 und 2 verstößt: Beschluß der WEer, mit dem sie die Bestellung des Verwalters dem Verwaltungsbeirat übertragen (LG Lübeck Rpfleger 1985, 232);
- Beschluß, durch den eine Personenmehrheit (Ehepaar, BGB-Gesellschaft, nicht eingetragener Verein, örtliche Niederlassung einer Gesellschaft, Mitglieder eines VB, Gesamtheit aller Eigentümer) zum Verwalter bestellt wird: Verstoß gegen den unverzichtbaren Grundsatz, daß die Aufgaben und Befugnisse des unabdingbar (§ 20 Abs. 2) zu bestellenden Verwalters wegen der erforderlichen Klarheit der Verantwortlichkeit nur der übernehmen kann, der im Rechtsverkehr als natürliche und juristische Person handlungsfähig ist (BGH vom 18. 5. 1989, V ZB 4/89).

- wenn er Instandsetzungsmaßnahmen im Wege der Schwarzarbeit (Verstoß gegen § 134 BGB: BGHZ 85, 44) zum Inhalt hat;
- wenn er als Umlaufbeschluß nur mit Stimmenmehrheit gefaßt wird (Verstoß gegen § 23 Abs. 3: BayObLGZ 1981, 331);
- wenn er die Verwalterbestellung von mehr als 5 Jahren vorsieht (Verstoß gegen § 26 Abs. 1: BayObLG Rpfleger 1980, 391).

In all diesen Fällen ist kein Beschluß zustandegekommen bzw. sind solche Beschlüsse unwirksam. Die Unwirksamkeit gilt für jedermann, also sowohl für den WEer und den Verwalter als auch für Dritte, und kann jederzeit geltend gemacht werden. In Gerichtsverfahren ist sie von Amts wegen zu berücksichtigen. Es bedarf auch keines besonderen Aktes – z.B. einer gerichtlichen Entscheidung –, um die Unwirksamkeit herbeizuführen. Aus diesem Grunde bedarf es für unwirksame Beschlüsse auch keiner Beschlußanfechtung, sie ist überflüssig und unzulässig (BayObLGZ 1980, 29), weil die Nichtigkeit eine Gestaltungsentscheidung ausschließt. Die Nichtigkeit kann aber auch im Verfahren nach § 43 aufgrund eines Feststellungsantrags, der an keine Frist gebunden ist, durch Gerichtsbeschluß festgestellt werden. Wird dagegen im Verfahren nach § 43 ein Antrag auf Ungültigkeit eines nichtigen Beschlusses gestellt, so ist er vom Gericht als Antrag zur Feststellung der Nichtigkeit umzudeuten. Ist ein Antrag auf Ungültigkeitserklärung durch das Gericht rechtswirksam abgewiesen worden, ist die Berufung auf die Nichtigkeit eines Beschlusses nicht mehr möglich (vgl. Bub S. 305). *32*

Nicht nichtig ist dagegen ein Beschluß, wenn er („nur") gegen den Grundsatz von Treu und Glauben verstößt. In diesem Fall kann er lediglich angefochten werden (BayObLG WE 1986, 73). *33*

Das Problem nichtiger Rechtsgeschäfte (z.B. sittenwidrige Verträge) gibt es in anderen Rechtsbereichen auch. Im Bereich des WE ist die Gefahr, nichtige Rechtsgeschäfte zu betreiben, aber erheblich größer, weil hier jährlich Beschlüsse zu fassen sind und es nicht auszuschließen ist, daß häufiger unwirksame Beschlüsse gefaßt und aufgrund einer Rechtsscheinwirkung vielfach auch vollzogen werden. Dies kann erhebliche Auswirkungen für die Betroffenen haben, insbesondere dann, wenn Leistungen aufgrund unwirksamer Beschlüsse ausgetauscht, *34* oder Dauerschuldverhältnisse erfüllt (z.B. Verwaltervertrag) werden. Für solche Fälle entsteht ein „Abwicklungsverhältnis", durch das eine Situation geschaffen werden soll, die nach Möglichkeit der entspricht, wie sie sein würde, wenn kein Leistungsaustausch stattgefunden hätte (Larenz: a.a.O. S. 417).

35 Vom Nichtbeschluß spricht man, wenn der Beschluß der WEer nicht die erforderliche Mehrheit (Stimmenzahl) erreicht. Materiell rechtlich unterscheidet sich der nichtige Beschluß vom Nichtbeschluß nicht, weil in beiden Fällen kein wirksamer Beschluß zustande kam und somit von dieser Entscheidung keine Rechtswirkung ausgeht. Beim nichtigen Beschluß ergibt sich die Unwirksamkeit aus dem Inhalt des Beschlusses, während beim Nichtbeschluß das notwendige Quorum nicht zustande kommt.

Von einem Nichtbeschluß ist auch dann auszugehen, wenn die notwendige Allstimmigkeit eines Regelungsgehalts nicht erreicht wird. Das bedeutet, daß ein mit Stimmenmehrheit gefaßter, aber die Allstimmigkeit erfordernder Beschluß nach § 23 Abs. 4 dann nicht anfechtbar ist, wenn den WEern das Erfordernis der Allstimmigkeit bekannt war und in der Niederschrift die Ablehnung festgestellt wird (BayObLG WE 1997, 280).

2. Mehrheitsbeschlüsse

36 Bei Mehrheitsbeschlüssen sind zu unterscheiden qualifizierte und einfache Mehrheitsbeschlüsse. Einfache Mehrheit wird erreicht, wenn mehr als die Hälfte der erschienenen oder vertretenen bzw. der abgegebenen Stimmen einem Antrag zustimmen. Bei Stimmengleichheit ist der Beschluß nicht wirksam zustandegekommen. Ein qualifizierter Mehrheitsbeschluß mit absoluter Mehrheit wird erreicht, wenn die Mehrheit aller WEer – also nicht nur die in der Versammlung Erschienenen oder Vertretenen – einem Beschluß zustimmen. Das WEG kennt nur in § 18 Abs. 3 einen qualifizierten Mehrheitsbeschluß. Hier ist zwingend vorgesehen, daß nur mehr als die Hälfte der stimmberechtigten WEer die Entziehung des WE verlangen können. Sonst werden qualifizierte Mehrheitsbeschlüsse nur in der GO in bestimmten Fällen vereinbart, z. B. dann, wenn eine bauliche

Änderung mit mehr als zwei Drittel der WEer zugelassen werden soll.

In aller Regel werden Beschlüsse über Verwaltungsmaßnahmen und Gebrauchsregelungen mit einfacher Mehrheit gefaßt. Die gebräuchlichsten sind (nach Deckert a.a.O. Gruppe 5 S. 14f.): 37

- die Jahresabrechnung (§ 28 Abs. 3)
- die Entlastung des Verwalters
- der Wirtschaftsplan(§ 28 Abs. 1)
- das Verlangen nach Rechnungslegung
- Maßnahmen zur ordnungsgemäßen Instandhaltung und Instandsetzung des gem. E. (§ 21)
- Gebrauchsregelungen bezüglich des SE und des gem. E. (§ 15)
- Maßnahmen ordnungsgemäßer Verwaltung des gem. E., soweit nicht bereits durch Vereinbarung der WEer verbindlich geregelt (§§ 20ff., insbesondere § 21 Abs. 3)
- die Bestellung und Abberufung des Verwalters (§ 26)
- die Bestellung des Verwaltungsbeirates (§ 29 Abs. 1)
- Änderung des Kostenverteilungsschlüssels, sofern dies der GO nicht widerspricht (d.h. wenn kein Verteilungsschlüssel vereinbart ist), weil § 16 Abs. 2 abdingbar ist (OLG Frankfurt DWE 1983, 121).

Mehrheitsbeschlüsse werden in der Versammlung der WEer 38 gefaßt. Sie kommen zustande, wenn der Versammlungsleiter das Zustandekommen des Beschlusses erklärt hat (umstritten, s. unten Rn. **9** 124ff.) und wenn der Beschluß nicht angefochten wurde.

Gegenstand des Mehrheitsbeschlusses kann auch ein Sach- 39 verhalt sein, der gleichzeitig Gegenstand eines Verfahrens nach § 43 ist. Durch ein solches Verfahren sind die WEer nicht gehindert, ihre Angelegenheit zu regeln, weil durch ein laufendes Gerichtsverfahren ihre Dispositionsfreiheit nicht eingeschränkt ist (BayObLG WE 1987, 90).

Einem Mehrheitsbeschluß ist auch ein Beschlußgegenstand 40 zugänglich, der bereits anderweitig (z.B. in GO) geregelt ist. Die Befugnis der WEer, in einer bereits geregelten Angelegenheit erneut zu beschließen, ist aber nur dann gegeben, wenn der neue Beschluß die schutzwürdigen Belange eines WEers aus Inhalt und Wirkungen des Erstbeschlusses beachtet (BGH WE 1991, 132). Aus diesem Grunde kann ein Mehrheitsbeschluß dann durch Stimmenmehrheit nicht aufgehoben werden, wenn in die durch den früheren Beschluß begründete Rechtsstellung eines WEers eingegriffen wird (BayObLG WE 1989, 56; OLG WE 1992, 260). Hält ein WEer die Ergänzung eines Mehrheitsbeschlusses für erforderlich, so kann er diese im WE-Verfahren nur dann erreichen, wenn außergewöhnliche Umstände am Festhalten an der getroffenen Regelung als grob unbillig und damit gegen Treu und Glauben verstoßend erscheinen lassen (BayObLG WE 1992, 60).

41 Vielfach besteht Streit darüber, ob Beschlußgegenstand eine Maßnahme ordnungsmäßiger Verwaltung darstellt und ob diese Maßnahme durch Mehrheitsbeschluß ermöglicht werden kann. Solche Streitfragen werden in der Regel durch „Beschlußanfechtung" ausgetragen. Das Verfahren zur Feststellung der Nichtigkeit von Beschlüssen ist unten (Rn. **11** 167) beschrieben. Eine Fallsammlung über Maßnahmen ordnungsmäßiger Verwaltung ist unten (Rn. **10** 169) zusammengestellt.

42 Werden in einer Versammlung durch die WEer Beschlüsse gefaßt, deren Inhalt unbillig ist oder die gegen den Grundsatz der ordnungsmäßigen Verwaltung verstoßen, werden diese mangels Anfechtung nach Ablauf der Frist eines Monats (§ 23, 4) rechtswirksam und damit bindend. Eine Ausnahme von der Bindungswirkung eines bestandskräftig gewordenen Mehrheitsbeschlusses und dessen Abänderung kann ein Gericht nur in ganz bestimmten Ausnahmefällen aussprechen. Die Änderung einer oder Aufhebung eines bestandskräftig gewordenen WEer-Beschlusses kann nach § 242 BGB nur dann verlangt werden, wenn außergewöhnliche Umstände das Festhalten an der bestehenden Regelung als grob unbillig und damit als gegen Treu- und Glauben verstoßend erscheinen lassen würden. Insbesondere muß sich die Treuwidrigkeit grundsätzlich aus neu hinzutretenden Umständen ergeben (BayObLG vom 11. 9. 1997, 87/97).

43 Bei den wegen Nichtanfechtung wirksamen Beschlüssen handelt es sich immer um solche, die im Prinzip anfechtbar sind und die auf Antrag nach § 43 Abs. 4 in der Regel für ungültig erklärt werden (vgl. unten Rn. **11** 181 ff.).

44 Bezüglich der Pseudovereinbarung (Zitterbeschluß) wird verwiesen auf Rn. **8** 15 ff. oben.

In § 23 Abs. 4 wird bestimmt, daß ein Beschluß nur ungültig ist, wenn er gemäß § 43 Abs. 1 Nr. 4 für ungültig erklärt wird. D. h. also, daß Beschlüsse bis zur Ungültigkeitserklärung grundsätzlich gültig sind (vgl. hierzu unten Rn. **8** 52). Das gilt auch bedingt für Beschlüsse, die einem Mehrheitsbeschluß nicht zugänglich sind, sondern Einstimmigkeit erfordert hätten (vgl. oben Rn. **8** 29). *45*

Nach § 43 Abs. 1 Nr. 4 haben die WEer und der Verwalter das Recht, einen WEer-Beschluß anzufechten bzw. für ungültig erklären zu lassen, wenn dieser nicht der ordnungsmäßigen Verwaltung dient (BayObLG WE 1992, 86) oder wenn außergewöhnliche Umstände ein Festhalten an der getroffenen Regelung als grob unbillig und damit gegen Treu und Glauben verstoßend erscheinen lassen (BayObLG WE 1992, 86). *46*

3. Umlaufbeschlüsse

Beschlüsse können rechtswirksam auch im schriftlichen Umlaufverfahren gefaßt werden. Dazu ist die Zustimmung aller WEer (§ 23 Abs. 3) erforderlich. Das Einstimmigkeitsprinzip ist dabei unabdingbar, so daß auch in der GO nicht anderes vereinbart werden darf (BayObLG DWE 1981, 55). Nicht zulässig ist beim Umlaufbeschluß eine bedingte Zustimmung. Die Stimmabgabe muß grundsätzlich unbedingt sein, denn durch die Abstimmung soll Klarheit geschaffen werden. Das heißt eine bedingt abgegebene Stimme ist als ungültig zu werten (BayObLG WE 1995, 349). *47*

Beim Umlaufbeschlußverfahren ist der Beschluß ab dem Zeitpunkt wirksam, zu dem die letzte schriftliche Einverständniserklärung dem Verwalter zugegangen ist (Hans. OLG Hamburg MDR 1971, 1012; BayObLG MDR 1972, 145). Bis zu diesem Zeitpunkt ist der Widerruf einer bereits erteilten Zustimmung möglich (Bärm. Rz 15 zu § 23; a. A. Weitn. Rz 37 zu § 23). *48*

Umstritten ist die Frage, ob die Anfechtungsfrist nach § 23 Abs. 4 mit dem Zustandekommen des Umlaufbeschlusses zu laufen beginnt, oder erst nach der Bekanntmachung des Beschlußergebnisses durch den Verwalter. *49*

Entgegen Deckert (a. a. O. Gruppe 7 S. 26) wird hier die Auffassung vertreten, daß mit dem Zustandekommen, und nicht erst bei der Bekanntmachung des Umlaufbeschlusses, die Anfechtungs- *50* frist von einem Monat zu laufen beginnt. Das entspricht auch dem Wortlaut des § 23 Abs. 4 und der für den Mehrheitsbeschluß geübten Praxis sowie der diesbezüglichen Rechtsauffassung.

51 Mit dem Zustandekommen des Umlaufbeschlusses ist noch nichts über dessen Qualität ausgesagt, nämlich ob diesem Vereinbarungs- oder Beschlußqualität zukommt. Das ist deshalb von Bedeutung, weil ein „Umlaufbeschluß" wieder durch Mehrheitsbeschluß in der Versammlung aufgehoben werden kann, nicht aber eine „Umlaufvereinbarung". Das Entscheidungskriterium ist hierbei der Inhalt der Regelung. Eine Vereinbarung ist immer dann anzunehmen, wenn ein Mehrheitsbeschluß zu dem gegebenen Sachverhalt nicht möglich wäre (BayObLG WE 1992, 145).

4. Rechtswirkung der Beschlüsse

52 Wirksam werden die Beschlüsse, sofern diese nicht von Anfang an unwirksam bzw. nicht zustande gekommen sind mit der Beschlußfassung (§ 10 Abs. 3). Unwirksam werden sie dann, wenn sie durch das Gericht aufgehoben werden (§ 23 Abs. 4) und zwar ex tunc. Rechtswirksame Beschlüsse wirken für und gegen alle WEer, somit auch für die WEer, die am Beschluß nicht mitgewirkt oder gegen diesen gestimmt haben (§ 10 Abs. 4).

53 Auszulegen sind die Beschlüsse der WEer nach deren objektivem Erklärungswert. Wegen der Bindungswirkung (§ 10 Abs. 3 u. 4) von Beschlüssen kann der Eigentümerbeschluß nicht nach subjektiven Vorstellungen, sondern nur nach dem objektiven Erklärungswert beurteilt werden (BayObLG WE 1989, 212; BayObLG WE 1995, 61). Dabei sind aber Begleitumstände zu berücksichtigen, soweit solche der Versammlungsniederschrift zu entnehmen sind (BayObLG WE 1991, 76). Das bedeutet, daß bei der Auslegung nicht nur auf den alleinigen Wortlaut eines Beschlusses geachtet wird, sondern es sind auch die sonstigen Feststellungen zu berücksichtigen, weil die Eigentümerbeschlüsse meist von juristischen Laien formuliert werden.

54 Erweist sich ein Beschluß der WEer aus objektiven Gründen als nicht durchführbar (z. B. der Beschluß, die Kosten von Kaltwasser und Müllabfuhr nach der Anzahl der Personen umzulegen, die am Stichtag zum 1. 7. polizeilich gemeldet sind, wobei diese Angaben vom Einwohnermeldeamt nicht zu erhalten sind), ist er nicht rechtswirksam. Ein solcher Beschluß kann damit ebenso wie ein auf eine unmögliche Leistung gerichtetes Rechtsgeschäft (§ 306 BGB) keine Rechtswirkung entfalten (vgl. BayObLG WE 1991, 50; BayObLG WE 1997, 69).

Wird ein Beschluß wegen Nichtanfechtung wirksam, so können 55
aus einem bestimmten Stimmverhalten eines WEers Schadensersatzansprüche hieraus nicht entstehen (KG WE 1991, 134).

5. Rechtsfolgen ungültiger Beschlüsse

In einer Untersuchung (Dissertation) wird der Frage nachge- 56
gangen, welche Rechtsfolgen für die WEer im einzelnen, für die Gem. insgesamt, für den Verwalter und für Dritte bestehen, wenn ein Beschluß der WEer angefochten und durch das Gericht für ungültig erklärt wird. Ohne zu dieser Problematik Stellung zu nehmen, wird das Ergebnis der Dissertation zur Information wie folgt wiedergegeben (Keith a. a. O. S. 91 u. 92):

„– Wenn ein Beschluß der Wohnungseigentümer im Verfahren nach § 43 Abs. 1 Nr. 4 WEG für ungültig erklärt wird, wird er so behandelt, als habe er nie bestanden (Ungültigkeit ex tunc). Dies gilt sowohl für Beschlüsse, die ein Handeln des Verwalters oder eines Wohnungseigentümers erfordern oder anordnen, als auch für einen Beschluß über die Bestellung eines Verwalters. Aufgrund der Ungültigerklärung entfällt rückwirkend die gesetzliche Vertretungsmacht des Verwalters nach §§ 27 Abs. 1 Nr. 1, 10 Abs. 4 WEG.
- Der von der Ungültigerklärung betroffene Dritte ist als materiell Beteiligter auch formell am Verfahren nach § 43 Abs. 1 Nr. 4 WEG zu beteiligen.
- Durch die Ungültigerklärung und die formelle Beteiligung des Dritten werden auch eventuell bestehende Rechtsscheinsvollmachten rückwirkend beseitigt. Die Einstandspflicht der Wohnungseigentümer hat dort ihre Grenzen, wo sie auch bei einer tatsächlich erteilten Vollmacht endet.
- Aufgrund der formellen Beteiligung hat der Dritte einen Schadensersatzanspruch analog § 122 BGB gegen alle Wohnungseigentümer. Daneben können Ansprüche aus einer Geschäftsführung ohne Auftrag gem. §§ 683, 677, 670 BGB gegen die Wohnungseigentümer bestehen. Ein Anspruch des Dritten gegen den Verwalter oder den handelnden Wohnungseigentümer als Vertreter ohne Vertretungsmacht gem. § 179 BGB besteht daneben nicht.

- Führt ein Verwalter einen Beschluß der Wohnungseigentümer im eigenen Namen mittels eines Rechtsgeschäfts aus, hat er gegen die Wohnungseigentümer einen Aufwendungsersatzanspruch gem. §§ 675, 670 BGB oder einen Anspruch auf Befreiung von einer Verbindlichkeit gem. § 257 BGB. Aus der Instandhaltungsrückstellung darf der Verwalter nicht an sich selbst zahlen, um seinen Anspruch zu befriedigen. Hierfür muß er einen Beschluß der Wohnungseigentümer herbeiführen.
- Handelt ein Wohnungseigentümer im eigenen Namen in Ausführung eines Beschlusses für alle Eigentümer, kann auch er Ersatz seiner Aufwendungen gem. § 670 BGB verlangen, da der Auftrag gem. § 662 BGB von der Ungültigerklärung des auszuführenden Beschlusses nicht berührt wird.
- Handelt ein Wohnungseigentümer allein im eigenen Interesse (im Rahmen eines „Gestattungs"-Beschlusses), so kann er im Falle der Ungültigerklärung des Beschlusses keinen Schadenersatz von den anderen Eigentümern verlangen. Entweder ist es ihm nämlich zuzumuten, die Frist für einen Antrag gem. § 23 Abs. 4 WEG von vier Wochen abzuwarten, da er im Normalfall kein Interesse an der sofortigen Ausführung des Beschlusses hat, oder er ist selbst als Veranlasser des Beschlusses aufzufassen, da er selbst den Antrag auf Beschlußfassung gestellt hat, und insoweit analog § 122 Abs. 2 BGB nicht schutzwürdig ist.
- Im Innenverhältnis müssen die Wohnungseigentümer, die dem für ungültig erklärten Beschluß zugestimmt haben, den Schaden, der infolge der Beschlußausführung entstanden ist, tragen. Hierbei gilt als Ausgleichsmaßstab der Verteilungsschlüssel des § 16 Abs. 2 WEG.
- Hat ein Wohnungseigentümer, der dem Beschluß zugestimmt hat, den Dritten befriedigt, kann er von den anderen Eigentümern, die dem Beschluß ebenfalls zugestimmt haben, nur anteiligen Ausgleich verlangen (sog. pro-rata-Haftung).
- Hat ein Wohnungseigentümer, der den Beschluß abgelehnt hat, den Dritten befriedigt, stehen ihm die Eigentümer, die dem Beschluß zugestimmt haben, gesamtschuldnerisch gegenüber, da sie eine sog. Haftungseinheit bilden.
- Sind von den Wohnungseigentümern, die dem Beschluß zugestimmt haben, einige Eigentümer illiquide, ist deren Anteil auf die restlichen zustimmenden Eigentümer zu verteilen. Sind aber einige der Eigentümer, die für den Beschluß gestimmt haben, nicht mehr feststellbar, so ist deren Anteil auf alle Wohnungseigentümer umzulegen.
- Die Verpflichtung zur Beseitigung von Folgen, die aus der Ausführung eines ungültigen Beschlusses resultieren, kann sich aus einem Beschluß der Wohnungseigentümer, aus § 21 Abs. 4, Abs. 5 Nr. 2 WEG und aus § 1004 BGB ergeben."

9. Kapitel
Versammlung der Wohnungseigentümer und Stimmrecht

Die WEer-Vers. ist die Organisationsform zur Gestaltung der wichtigsten Mitgliedschaftsrechte der WEer. Sie ermöglicht den WEern die Wahrnehmung ihres gesetzlich bestimmten Selbstverwaltungsrechts (§ 21). In der Versammlung entscheiden die WEer über den Gebrauch von SE und gem. E. (§ 15) und über die Verwaltung des gem. E. (§§ 21 ff.). *1*

Die Versammlung der WEer dient aber nicht nur dazu, Beschlüsse zu fassen. In ihr sollten einmal wichtige Informationen ausgetauscht werden, zum andern soll sie den WEern Meinungs- und Willensbildung durch Diskussionen ermöglichen. Information und Diskussion sind Grundrechte der WEer, die der Verwalter den WEern in der Versammlung zu ermöglichen hat (rechtliches Gehör). Anspruch auf rechtliches Gehör hat aber nicht nur der einzelne WEer, sondern auch der Verwalter.

I. Die Eigentümergemeinschaft

Eine wirksame Versammlung der WEer setzt die Existenz einer WEer-Gem. voraus. Aus diesem Grund kann eine Versammlung der WEer erst dann abgehalten werden, wenn eine WEer-Gem. enstanden ist. Oben wurde das Entstehen der WEer-Gem. als rechtlich in Vollzug gesetzte oder als faktische Gemeinschaft besprochen. Hier ist festzustellen, daß der Verwalter beim Entstehen der Gemeinschaft eine Versammlung recht frühzeitig einzuberufen hat. Da zu diesem Zeitpunkt häufig noch keine rechtlich in Vollzug gesetzte Gemeinschaft besteht, werden in der Regel die WEer nach der Fertigstellung der Wohnungen zu einer Versammlung faktischer oder werdender WEer eingeladen. Auch für diese Gemeinschaft gelten die Regelungen des WEG und bezüglich der WEer-Versammlung besonders die Bestimmungen der §§ 23 bis 25 WEG. *2*

3 Vielfach wird bereits vor Fertigstellung des Objekts und vor der Besitzübergabe des WE eine Versammlung abgehalten. Das ist durchaus sinnvoll, insbesondere um u.a. technische Fragen, auch Fragen der Gewährleistung, im Beisein des Architekten abzuklären. Daneben sollte der Verwalter die WEer über ihrer Rechte und Pflichten, die sie als WEer nach dem Gesetz, der Gemeinschaftsordnung und nach dem Verwaltervertrag haben, aufklären. Gleichzeitig sollte der Verwalter die WEer auf die künftigen Verwaltungshandlungen hinweisen und auf die in diesem Zusammenhang wichtigen Besonderheiten des gem. E. und der gem. Einrichtungen aufmerksam machen. Diese Versammlung dient also im wesentlichen der Information der WEer, Beschlüsse sind nicht zu fassen.

II. Vorbereitung der Versammlung

4 Die Vorbereitung der WEer-Vers. ist nicht nur eine wichtige Aufgabe des Verwalters, sie hat auch großen Einfluß auf die Abwicklung und den Verlauf der Versammlung selbst (vgl. hierzu und zu den folgenden Abschnitten Bä/S S. 534ff.). Aus diesem Grunde hat sich der Verwalter für die Versammlung gewissenhaft vorzubereiten und sich auf die besonderen Ansichten der jeweiligen Gem. einzustellen. Dazu gehört in der Regel auch eine Vorbesprechung zwischen Verwalter und VB, damit möglichst Einvernehmen über Verhandlungsgegenstände und Versammlungsverlauf erreicht wird.

1. Aufbereitung des Versammlungsstoffs

5 Der Verwalter hat im Laufe des Jahres alles Material zu sammeln, das in der Versammlung zu behandeln ist. Neben den zu beschließenden Verwaltungshandlungen und Rechenschaftsberichten sind auch die für die Gem. wichtigen Informationen zu sammeln und aufzubereiten über die eine Beschlußfassung nicht möglich und erforderlich ist. Es handelt sich dabei meist um folgendes:

- Wichtige gesetzliche Veränderungen
- Nachbarschaftliche Gegebenheiten
- Behördliche Auflagen und Maßnahmen
- Zwischenberichte über beschlossene, im Gang befindliche aber noch nicht beendete Maßnahmen
- Stand gerichtlicher Verfahren

Auch der VB ist gehalten, die wichtigsten Probleme, die in der Gem. anzusprechen und zu entscheiden sind, zu sammeln und diese dem Verwalter zur Aufnahme in die Tagesordnung zu übergeben.

2. Turnus der Versammlungen

6 Nach § 24 Abs. 1 WEG ist die Versammlung der WEer einmal jährlich einzuberufen. Nach herrschender Meinung ist diese Bestimmung abdingbar, so daß in der GO abweichende Vereinbarungen getroffen werden können. Trotzdem ist dies sehr bedenklich, weil die WEer-Vers. die wichtigste Möglichkeit der Gem. ist über Verwaltungsmaßnahmen zu entscheiden. Die jährliche WEer-Vers. ergibt sich auch aus der Pflicht des Verwalters nach Ablauf eines Kalenderjahres eine Abrechnung zu erstellen (§ 28 Abs. 3 WEG) und jeweils für ein Kalenderjahr einen Wirtschaftsplan vorzulegen (§ 28 Abs. 1 WEG).

Darüber hinaus ist aber, sofern dringende und unaufschiebbare Entscheidungen anstehen, die nur durch Beschluß der WEer getroffen werden können, der Verwalter verpflichtet, eine sogenannte a.o. Versammlung (s. unten Rn. **9** 31) einzuberufen. Der Verwalter ist ferner unabdingbar verpflichtet, eine Versammlung einzuberufen, wenn mehr als ein Viertel der WEer den Verwalter schriftlich unter Angabe von Zweck und Grund hierzu auffordern.

3. Zeitpunkt und Ort der Versammlung

7 Vorschriften über Ort und Zeitpunkt der Versammlung bestehen nicht. Gleichwohl haben sich hierfür in der Praxis und in der Rechtsprechung Grundsätze herausgebildet, die zu beachten sind.

Der Versammlungszeitpunkt, der zwischen VB und Verwalter abzustimmen ist, sollte unter Berücksichtigung besonderer Wünsche der Mehrzahl der WEer möglichst in der ersten Jahreshälfte liegen. Außerdem sollte er so bestimmt sein, daß die Möglichkeit der größtmöglichen Beteiligung aller WEer gegeben ist, d.h., daß die WEer-Vers. möglichst in den Abendstunden anzusetzen ist. Es liegt nicht im alleinigen Ermessen des Verwalters, zu welcher Tageszeit er die WEer-Vers. einberuft. Der Zeitpunkt muß verkehrsüblich und zumutbar sein (OLG Frankfurt NJW 1983, 398). Die Ferienzeiten und besondere „Fußballspiele" sind zu berücksichtigen. Sollten wichtige Gründe gegen den einmal festgelegten Versammlungszeitpunkt vorliegen, ist der Verwalter berechtigt, die von ihm einberufene Versammlung auf einen anderen Zeitpunkt zu verlegen, wobei der Verwalter die Verlegung eindeutig bekanntzumachen hat (OLG Hamm MDR 1980, 1022).

8 Als Ort der Versammlung ist grundsätzlich der Ort der Wohnanlage (AG Charlottenburg NJW-RR 1987, 1162) zu bestimmen und nicht etwa der Firmensitz des Verwalters.

Ein anderer Versammlungsort als der Ort der „belegenen Sache" ist auch dann nicht geboten, wenn die Mehrheit der WEer (z.B. Bauherrnmodell) auswärts wohnt. Ein WEer-Beschluß, der einen anderen Ort zum Versammlungsort bestimmt, verletzt das Gebot von Treu und Glauben (OLG Köln WE 1990, 171).

9 Wird in der Einladung Zeit und Ort der Versammlung nicht angegeben, führt dieser Mangel bei Anfechtung zur Ungültigkeitserklärung der WEer-Beschlüsse durch das Gericht. Dies ist auch der Fall, wenn zu der ersten Versammlung Ort und Zeit richtig angegeben ist, für die gleichzeitig einberufene Zweitversammlung (Eventualeinberufung) die Zeitangabe fehlt. Ein solcher Mangel ist besonders für Großgemeinschaften bedeutsam (vgl. BayObLG WE 1991, 49).

10 Rechtsprechung:

- Versammlung darf nicht zur Unzeit – das sind in der Regel die Vormittagsstunden – einberufen werden (OLG Frankfurt NJW 1983, 398).
- Auch bei einer Ferienwohnanlage darf auf Wunsch einzelner WEer die Versammlung am Sonntag (wegen Berücksichtigung des Kirchgangs) nicht vor 11.00 Uhr einberufen werden (BayObLG WE 1988, 32).

- Die Einladung zu einer WEer-Versammlung am Karfreitag Nachmittag (hier 16 Uhr) ist zulässig. Sie stellt keinen Einladungsfehler dar, weil sie die Teilnahme ohne zumutbare Beeinträchtigung ermöglicht (OLG Schleswig-Holstein WE 1988, 59).
- Die Einladung zu einer WEer-Versammlung an einem auf einen Feiertag folgenden Samstag um 20.00 Uhr ist keine Unzeit (OLG Zweibrükken WE 1994, 146).

4. Einberufung und Tagesordnung

a) Einberufung

Die Versammlung der WEer wird regelmäßig durch den Verwalter einberufen (§ 24 Abs. 1). Die Befugnis des Verwalters zur Einberufung entfällt nicht, wenn dessen Bestellung angefochten ist (OLG Hamm WE 1993, 111 m.W.N. vgl. Rn. **9** 25). Fehlt ein Verwalter, oder weigert sich dieser pflichtwidrig eine Versammlung einzuberufen, so kann die Versammlung auch durch ein Mitglied des VB einberufen werden (§ 24 Abs. 3). Eine pflichtwidrige Weigerung zur Einberufung der Versammlung liegt aber nicht schon vor, wenn die Drittelmehrheit der WEer vom Verwalter die Einberufung zu einem bestimmten Zeitpunkt verlangt, dieser aber die WEer ohne ungebührliche Verzögerung zu einem geringfügig späteren Termin zur beantragten Versammlung einlädt (BayObLG WE 1992, 51). Andere Personen als der Verwalter oder der VB sind zur Einberufung nicht befugt. Wird dennoch von unbefugten Personen (z. B. von abgewähltem Verwalter, von einem Nicht-WEer oder von einem WEer, der nicht VB ist) zu einer WEer-Vers. eingeladen, so sind die in einer solchen „Zusammenkunft" getroffenen Beschlüsse nach h. M. wirksam (OLG Frankfurt DWE 1985, 61; BayObLG Rpfleger 1982, 15; BayObLG WE 1991, 285; OLG Hamm WE 1992, 314; OLG Köln WE 1996, 311), sofern sie nicht aufgrund einer Anfechtung nach § 23 Abs. 4 durch das Gericht für ungültig erklärt werden. Dem Antrag eines WEers auf eine erneute, ordnungsgemäß einzuberufende WEer-Versammlung ist nicht stattzugeben, wenn in einer nicht ordnungsgemäß einberufenen Versammlung (Einberufung erfolgte hier durch Nichtmehr-Verwalter) alle WEer anwesend waren und alle an dem die Jah- *11* resabrechnung ablehnenden Beschluß mitgewirkt haben (KG WE 1993, 221).

12 Fehlt ein Verwalter und ist auch kein VB vorhanden, so kann auf Antrag eines WEers oder eines Dritten, der ein berechtigtes Interesse hat, das Gericht entweder einen Notverwalter bestellen oder aber auch einen WEer zur Einberufung einer WE-Versammlung ermächtigen, bei der ein neuer Verwalter bestimmt werden soll. Weigert sich der Verwalter, eine WEer-Vers. einzuberufen, und wird deshalb durch Gerichtsbeschluß ein WEer zur Einberufung einer WEer-Vers. ermächtigt, so genügt es zur Wahrung der Rechte des Verwalters nicht, wenn er gegen diesen Ermächtigungsbeschluß sofortige Beschwerde einlegt. Wird nämlich die Versammlung abgehalten, bevor über die Beschwerde entschieden ist, ist das Beschwerdegericht gehalten, das Rechtsmittel als unzulässig zurückzuweisen, weil die Beschwerde des Beschwerdeführers entfällt. Möglich ist in diesem Fall nur noch die Beschränkung des Rechtsmittels auf die Kosten (BayObLG WE 1991, 226).

13 Die Einberufung hat schriftlich zu erfolgen (§ 24 Abs. 4), und zwar an die Anschrift des WEers, die dem Verwalter zuletzt bekannt gemacht wurde. Das Gebot der schriftlichen Einberufung bedingt nach § 126 Abs. 1 BGB die grundsätzliche eigenhändige Unterschrift des Verwalters, bzw. im Falle des § 24 Abs. 3 die des VB. Werden diese Grundsätze bei der Einladung außer acht gelassen, liegt ein Formmangel vor, der bei Anfechtung eines WEer-Beschl. aber nicht zur Unwirksamkeitserklärung durch das Gericht führt, wenn der Empfänger erkennen kann, daß es sich um eine wirksame Einladung handelt und wenn feststeht, daß der Mangel auf die Beschlußfassung ohne Einfluß geblieben ist (BayObLG WE 1991, 297).

Zuzustellen ist die Einladung allen WEern, auch denen, die vom Stimmrecht ausgeschlossen sind.

14 WEer sind Personen, die im Wohnungsgrundbuch als Eigentümer eingetragen sind. Dies gilt auch beim Eigentumswechsel. Unabhängig von dem im Kaufvertrag zwischen Veräußerer und Erwerber vereinbarten Termin des Übergangs von Besitz, Nutzen und Lasten, ist von den beiden derjenige WEer, der (noch oder bereits) im Grundbuch eingetragen ist. Findet die Eigen-

tumsumschreibung auf den Erwerber vor dem Versand der Einladung zur Versammlung statt, so handelt der Verwalter ordnungsgemäß, wenn er hierzu (den noch im Grundbuch eingetragenen) Veräußerer einlädt (KG WE 1997, 227). Ob die Auffassung des KG richtig ist, daß in diesem Fall der Verwalter nicht verpflichtet sei, den Erwerber einzuladen, wenn er vor dem Versammlungstermin erfährt, daß die Eigentumsumschreibung stattgefunden hat, wäre zumindest zu hinterfragen. Es ist zwar richtig, daß die Initiative zum Nachweis der Eigentumsumschreibung beim Veräußerer und Erwerber liegt. Spätestens aber bei Kenntnis von der Eigentumsumschreibung hat der Verwalter zu handeln, indem er – gegebenfalls auch nachträglich – den Erwerber einlädt. Das ergibt sich daraus, daß nach § 24 Abs. 1 die WEer zur Versammlung einzuladen sind und der Veräußerer zum Zeitpunkt der Versammlung eben nicht mehr WEer ist, wenn die Eigentumsumschreibung auf den Erwerber erfolgt ist.

Sofern ein WE im Eigentum mehrerer Personen steht, ist die Zustellung der Einladung an alle Miteigentümer vorzunehmen (OLG Köln WE 1989, 30) es sei denn, dem Verwalter wurde ausdrücklich ein Zustellungsbevollmächtigter benannt oder in der GO ist etwas anderes vereinbart.

Ist über das Vermögen eines WEers das Insolvenzverfahren *15* eröffnet (§ 27 InsO) oder unterliegt eine ETW der Zwangsverwaltung (§§ 866 Abs. 1, 869 ZPO), so ist der Insolvenz- bzw. Zwangsverwalter anstelle des WEers zur Versammlung einzuladen, weil diesem das Stimmrecht für das betreffende WE zusteht (s. unten Rn. **9** 70).

Die Einladung als eingeschriebener Brief ist weder vorge- *16* schrieben noch ist das Einschreiben ein echter Beweis für die Zustellung (a.A. Weitnauer/Like Rz 6 zu § 24: hier wird das Einschreiben als Zugangsfiktion angesehen). Die Einladung ist nur wirksam, wenn sie dem Empfänger zugeht. Zugegangen ist sie, wenn sie in den Machtbereich des Empfängers gelangt. Dies ist beim Einschreiben dann nicht der Fall, wenn der Zustellungsempfänger nicht angetroffen wird. Zwar hinterläßt der Briefbote eine Nachricht mit der Hinterlegung des Einschreibens bei der Post. Wird der Einschreibebrief nicht abgeholt, so ist dem Zustellungsempfänger zwar die Mitteilung über die Hinterlegung aber nicht die Einladung zugegangen (BGH NJW 1977, 194: Zustellung einer empfangsbedürftigen Willenserklärung). Als Beweis für die Zustellung hat sicher die postalische Zustellung mit Rückschein zu gelten. Dieses Zustellungsverfahren dürfte im allgemeinen wegen der hohen Kosten ausscheiden.

17 Probleme entstehen dann, wenn der Verwalter bei vereinbarter schriftlicher Ladung versehentlich oder schuldhaft einem WEer die Einladung nicht oder verspätet zuleitet. Eine verspätete Zuleitung ist z.B. dann gegeben, wenn eine in der GO ausdrücklich vereinbarte Ladungsfrist nicht eingehalten wird. Hier verhindert der Verwalter die Ausübung des Stimmrechts eines WEers und hat deshalb für die negativen Folgen hieraus einzustehen. Gleichwohl bewirken diese Einberufungsmängel nur, daß die in der Versammlung gefaßten Beschlüsse bei Beschlußanfechtung nur dann für unwirksam erklärt werden, wenn feststeht, daß diese bei ordnungsgemäß zugestellter Ladung so nicht gefaßt worden wären (BayObLG WE 1991, 261).

b) Tagesordnung

18 Die Tagesordnungspunkte (Gegenstand in Beschlußfassung nach § 23 Abs. 2) sind im Einladungsschreiben so zu bezeichnen, daß die WEer den Beschlußgegenstand erkennen können, ohne daß er in allen Einzelheiten erläutert ist (BayObLG Rpfleger 1978, 445). Die Bezeichnung der Tagesordnungspunkte muß jedenfalls nicht so genau sein, daß dabei jedem einzelnen WEer sämtliche rechtlichen und tatsächlichen Folgen einer vorgesehenen Maßnahme klar vor Augen stehen. Es ist im allgemeinen nicht notwendig, daß das Einladungsschreiben bereits alle Einzelheiten des Beschlußgegenstandes enthält (BayObLG WE 1987, 59). Dem schutzwürdigen Interesse der WEer kann bei einem einfachen Sachverhalt durch dessen schlagwortartige Bezeichnung genügt werden (BayObLG WE 1990, 27), weil jeder WEer die Möglichkeit hat, sich selbst vor der Versammlung beim Verwalter oder einem anderen WEer nach dem zugrundeliegenden Sachverhalt zu erkundigen. Außerdem können die WEer auch noch in der Versammlung Aufklärung über den Sachverhalt bezüglich des angekündigten Tagesordnungspunkts erhalten (BayObLG WE 1996, 237). Es genügt auch, wenn der Beratungsge-

genstand den WEern aufgrund früherer Beschlußfassung oder durch eine Vorkorrespondenz bekannt geworden ist (BayObLG WuM 1985, 101 m.w.N.). Trotzdem sind die Tagesordnungspunkte möglichst genau zu beschreiben, damit die WEer weitgehend vor Überraschungen geschützt sind und es dabei ermöglicht wird, für sich abzuwägen, ob ihre Beteiligung an der WEer-Vers. veranlaßt ist. Das gilt besonders dann, wenn in einem TOP die Entziehung des WE angekündigt wird. Dieser schwerwiegende Sachverhalt muß klar aus der Einladung hervorgehen und für jeden WEer erkennbar sein (OLG Düsseldorf vom 15. 8. 1997, 3 Wx 147/97). Nimmt ein WEer aufgrund eines unzureichend bezeichneten TOP an der WEer-Vers. nicht teil und wird ein Beschluß gefaßt, der den WEer beschwert, so ist das sogar ein Grund für die Wiedereinsetzung in den vorigen Stand (vgl. unten Rn. **11** 327ff.), wenn er deshalb die Anfechtungsfrist des § 23 Abs. 4 versäumt, weil ihm eine Niederschrift (vgl. unten Rn. **9** 129ff.) nicht zugegangen ist. Der WEer darf nämlich darauf vertrauen, daß Verwalter und WEer-Versammlungen die Vorschrift des § 23 Abs. 4 beachten und daß nicht Beschlüsse gefaßt werden, die seine Interessen berühren, wenn dies nicht aus den TOP erkennbar ist (BayObLG WE 1989, 224). Außerdem soll die Bezeichnung des Tagesordnungspunkts den WEern die Möglichkeit geben, sich auf die WEer-Vers. entsprechend vorzubereiten (BayObLG WE 1990, 27).

Es gehört zu den Aufgaben des Verwalters, alle Angelegenheiten in die Tagesordnung einzubringen, welche von den WEern zu entscheiden sind, um damit die ordnungsmäßige Verwaltung zu ermöglichen. *19*

Einzelne WEer haben keinen Anspruch gegen den Verwalter, bestimmte Gegenstände zur Aufnahme in die Tagesordnung zu erzwingen, es sei denn, daß mehr als ein Viertel der WEer dies verlangen (analog § 24 Abs. 2). Liegt aber für den Antrag eines WEers ein sachlich berechtigtes Verlangen vor, welches dem Interesse der Gem. nach billigen Ermessen (§ 21 Abs. 4) entspricht, so kann bei der Verweigerung des Verwalters der WEer gem. § 43 Abs. 1 Nr. 2 das Gericht anrufen mit dem Antrag, das bestimmte Problem in der Versammlung zu behandeln und einer Entscheidung der WEer zuzuführen (BayObLG *20*

WE 1989, 175; BayObLG WE 1992, 234; OLG Düsseldorf WE 1994, 375).

Der Tagesordnungspunkt „Verschiedenes" läßt eine Beschlußfassung nicht zu, weil damit Beschlußgegenstände überhaupt nicht bezeichnet sind (BayObLG WE 1986, 72), es sei denn, die beschlossene Angelegenheit ist von untergeordneter Bedeutung (BayObLG WE 1991, 227) oder der Beschluß fordert den Verwalter auf, gegenüber einzelner Wern nur das durchzusetzen, wozu diese ohnehin verpflichtet sind (OLG Köln vom 3. 11. 1997, 16 Wx 267/97).

21 Wird unter dem Tagesordnungspunkt Verschiedenes in der Einberufung ein Beschlußgegenstand bezeichnet, so ist der entsprechende Beschluß hierzu bei Anfechtung dann nicht für unwirksam zu erklären, wenn der Beschlußgegenstand hinreichend bezeichnet ist und dieser ordnungsmäßiger Verwaltung entspricht (OLG Köln vom 3. 11. 1997, 16 Wx 267/97).

c) Einberufungsmängel

22 Bei Verstößen gegen diese Vorschrift der ordnungsmäßigen Einberufung im Sinne des § 25 Abs. 4 führen Einberufungsfehler nicht zur Nichtigkeit, sondern lediglich zu deren Anfechtbarkeit (BayObLGZ 1985, 434/437; BayObLG WE 1987, 90 m. w. N.).

23 Die Beschlußanfechtung wegen Einberufungsfehler führt in der Regel aber nur dann zur Nichtigkeitserklärung seitens des Gerichts, wenn der Fehler für den Beschluß ursächlich ist (BayObLG NJW 1972, 1284; OLG Karlsruhe vom 10. 9. 1997, 4 W 71/97). Die Ursächlichkeit eines Fehlers ist z. B. dann gegeben, wenn der Tatrichter feststellt, daß aufgrund der besonderen Umstände in der Versammlung eine andere Entscheidung durch die WEer getroffen worden wäre, weil der nicht eingeladene WEer durch Einflußnahme auf die Meinungsbildung eine andere Entscheidung wahrscheinlich gemacht hätte (BayObLG WE 1986, 25; BayObLG NJW-RR 1986, 818; KG WE 1987, 155; OLG Köln WE 1989, 30). Von der Ursächlichkeit des Einberufungsmangels ist grundsätzlich und solange auszugehen, bis das Gegenteil zweifelsfrei festgestellt wird (BayObLG WE 1993, 276). Eine Feststellung, der Einberufungsmangel sei für den ergangenen Beschluß nicht kausal gewesen, ist nur dann zulässig, wenn kein vernünftiger Zweifel daran in Betracht kommt, daß auch bei ordnungsmäßiger Einberufung und Durchführung der Versammlung das Beschlußergebnis weder hätte beeinflußt werden, noch im Ergebnis hätte anders lauten können. Dies bedeutet, nicht nur die Unwahrscheinlichkeit der Möglichkeit, daß bei einer ordnungsgemäßen Einladung die WEer-Versammlung einen anderen Verlauf genommen hätte und das Beschlußergebnis anders ausgefallen wäre, sondern daß dies bei vernünftiger Betrachtung unter keinen Umständen der Fall sein würde (OLG Düsseldorf vom 18. 8. 1997, 3 Wx 147/97). Wird festgestellt, daß der Mangel auf die Beschlußfassung ohne Einfluß geblieben ist, kommt die Ungültigkeitserklärung des Beschlusses nicht in Betracht (BayObLG WE 1997, 267). Die Ungültigkeitserklärung eines angefochtenen Beschlusses ist auch dann ausgeschlossen, wenn der Einberufungsmangel geheilt wird. Eine Heilung des Einberufungsmangels ist dann gegeben, wenn sämtliche WEer in der Eigentümerversammlung anwesend sind und mitabgestimmt haben (BayObLG WE 1997, 268). Ein besonderer Einberufungsmangel könnte darin gesehen werden, daß ein Verwalter, der zwar durch Mehrheitsbeschluß zum Verwalter bestellt, dessen Wahl aber angefochten wurde, die WEer-Vers. einberuft. In diesem Fall ist die WEer-Vers. auf jeden Fall rechtswirksam einberufen. Zum einen beeinflußt die Anfechtung der Verwalterwahl die Wirksamkeit der Verwalterbestellung nicht (BayObLG WE 1991, 367), und zum anderen würde die wirksame Einberufung einer Versammlung auch dann nicht berührt, wenn der Beschluß zur Verwalterbestellung für unwirksam erklärt würde mit der Folge, daß die Verwalterbestellung rückwirkend berichtigt wird (OLG Frankfurt MDR 1982, 497; BayObLG WE 1991, 367; BayObLG WE 1992, 277; OLG Hamm WE 1992, 314). Aus diesem Grund besteht auch kein Anlaß ein Beschlußanfechtungsverfahren, welches sich auf die Unwirksamkeit der Verwalterbestellung beruft, so lange auszusetzen, bis über den Antrag auf Ungültigkeitserklärung einer Verwalterbestellung entschieden ist.

5. Einberufungsfrist

24 Die Frist der Einberufung soll nach § 24 Abs. 4 mindestens eine Woche betragen, sofern nicht ein Fall besonderer Dringlichkeit vorliegt. Diese sehr kurze Frist, die zudem noch als Sollvorschrift ausgestaltet ist, sollte von einem verantwortungsbewußten Verwalter nur in Ausnahmefällen berücksichtigt werden. Im Normalfall sollte die Einladung zur WEer-Vers. etwa drei bis vier Wochen vorher den WEern zugehen.

Zweckmäßig und für die Gem. hilfreich ist es, wenn der Verwalter ca. 4 Wochen vor dem Termin die WEer-Vers. einberuft mit der Aufforderung, Anregungen und Anträge zur Festlegung der Tagesordnungspunkte dem Verwalter schriftlich zuzuleiten. Daraufhin kann er in einem gesonderten Schreiben die Tagesordnung für die WEer-Vers. im Nachgang zur Einberufung versenden.

Da § 24 Abs. 4 S. 2 nur eine Sollvorschrift ist, bewirken Verstöße gegen diese Vorschrift, sofern diese gerügt werden, nicht die Ungültigkeit der Einladung und die Unwirksamkeit der Beschlüsse. Sie können aber angefochten und durch das Gericht dann für nichtig erklärt werden, wenn mangels Stimmrechtsausübung anzunehmen ist, daß dieser Beschluß infolge eines anderen Ergebnisses der Meinungsbildung so nicht zustande gekommen wäre (BayObLG WE 1986, 25). Außerdem können sie Schadenersatzansprüche gegenüber dem Verwalter auslösen, wenn durch dessen Schuld die verkürzte Ladungsfrist die Teilnahme eines WEers an der WEer-Vers. verhindert.

6. Einberufung durch Nichtverwalter

25 Fehlt ein Verwalter oder weigert sich dieser pflichtwidrig eine Versammlung einzuberufen, so kann die Versammlung auch durch ein Mitglied des Verwaltungsbeirats bzw. durch dessen Vorsitzenden einberufen werden (§ 24 Abs. 3 WEG). Die Einberufung durch ein Mitglied des Verwaltungsbeirats ist aber nur unter Beachtung der Grenzen des § 24 Abs. 3 WEG möglich, d.h. der Verwalter muß tatsächlich und pflichtwidrig die

Einladung zur WEer-Vers. verweigern oder es ist kein Verwalter vorhanden. Eine pflichtwidrige Weigerung zur Einberufung der Versammlung liegt aber nicht schon vor, wenn die Viertelmehrheit der WEer vom Verwalter die Einberufung zu einem „bestimmten Zeitpunkt verlangt, dieser aber die WEer ohne ungebührliche Verzögerung zu einem geringfügig späteren Termin zur beantragten Versammlung einlädt (BayObLG WE 1991, 367).

Andere Personen als der Verwalter oder Verwaltungsbeirat *26* sind zur Einberufung nicht befugt (BayObLG WE 1991, 367; WE 1997, 277).

Wenn kein Verwaltungsbeirat bestellt ist, kann bei Fehlen ei- *27* nes Verwalters ein oder mehrere WEer Antrag auf Bestellung eines Notverwalters gemäß §§ 26 Abs. 3, 43 Abs. 1 Nr. 3 WEG beim Amtsgericht mit der Maßgabe stellen, daß der Antragstellende oder ein anderer WEer wegen der vorhandenen wichtigen und dringlichen Gründe sogleich eine WEer-Vers. einberuft. Dies ist nach KG (WE 1987, 18) in entsprechender Anwendung des § 37 Abs. 2 BGB möglich, so daß auf die von Müller (Müller P. S. 189) angebotene Lösung, dieses Ziel „im Wege der Zwangsvollstreckung aus dem Gesichtspunkt der Erzwingung einer vertretbaren Handlung" (§§ 43 Abs. 1 Nr. 2, 45 Abs. 3; § 887 ZPO) zu erreichen, wohl verzichtet werden kann.

Bestellt das Gericht einen Notverwalter, so kann dieser in der *28* Regel erst handeln, wenn der gerichtliche Bestellungsbeschluß rechtswirksam ist. Um Verzögerungen zu vermeiden, sollte deshalb der Richter mit der Bestellung des Notverwalters gleichzeitig die sofortige Wirksamkeit der Entscheidung anordnen (BayObLG WE 1993, 149). Wird der Bestellungsbeschluß des Notverwalters angefochten, so führt eine von ihm einberufene Versammlung auch dann nicht zur Unwirksamkeit, wenn dem Anfechtungsantrag stattgegeben werden sollte.

Werden Versammlungen durch Nichtbefugte einberufen, so *29* findet nach der hier vertretenen Auffassung keine WEer-Vers. statt, so daß eventuell in dieser Zusammenkunft gefaßte Beschlüsse von Anfang an unwirksam sind, sie sind nichtig. Die h. M. vertritt eine andere Auffassung, indem sie die in einer solchen Versammlung gefaßten Beschlüsse nicht nichtig sondern nur für anfechtbar (BayObLG WE 1991, 285 m.w.N.; WE 1993, 276; BayObLG vom 27. 11. 1997, 2 Z 128/97) hält.

30 Ein besonderer Fall veranlaßte jetzt offenbar das BayObLG (WE 1994, 343) auch die von diesem Gericht bisher vertretene herrschende Meinung, daß Beschlüsse in einer von einer nicht befugten Person einberufenen Versammlung nicht nichtig sondern nur anfechtbar sind, wieder offen zu halten. Im Leitsatz zu dieser Entscheidung bezeichnet es das BayObLG als ausdrücklich offen, ob Beschlüsse in einer solchen Versammlung nichtig oder nur anfechtbar sind. Diese Öffnung in der Auffassung des Gerichts wird nachdrücklich begrüßt. Eine von einem Nichtautorisierten – dazu zählen auch Dritte – einberufene Versammlung kann keine WEer-Vers. im Sinne des WEG sein. Es ist ausschließlich der WEer-Vers. nach dem WEG vorbehalten, rechtsgestaltend in das Rechtsverhältnis der WEer einzuwirken. Aus diesem Grunde sind Beschlüsse in einer „Zusammenkunft" von WEern unwirksam, es sei denn, daß alle WEer anwesend sind.

7. Einberufung außerordentlicher Versammlungen

31 Der Verwalter ist verpflichtet, eine Versammlung der WEer einzuberufen (§ 24 Abs. 2), wenn mehr als ein Viertel der WEer nach Kopfzahl (OLG Hamm NJW 1972, 2300) diese schriftlich unter Angabe von Gründen verlangen (§ 24 Abs. 2). Dieses Minderheitenrecht ist nicht abdingbar und darf nicht beseitigt werden (BayObLG NJW 1973, 151). Mit diesem Minderheitenrecht können die Eigentümer nicht nur eine WEer-Vers. erzwingen, sondern auch die Behandlung bestimmter Tagesordnungspunkte durchsetzen.

32 Kommt der Verwalter dem Antrag der Minderheit nicht nach, so können die WEer diesem Pflichtverstoß begegnen, entweder durch

- Antrag an das Gericht im Sinne von § 43 Abs. 1 Nr. 2 oder durch
- die Einberufung der Versammlung seitens des VB (§ 24 Abs. 3).

33 Die zuletzt genannte Einberufung durch den VB ist aber nur unter Beachtung der Grenzen des § 24 Abs. 3 möglich, d.h.

der Verwalter muß tatsächlich und pflichtwidrig die Einladung zur WEer-Vers. verweigern oder es ist kein Verwalter vorhanden.

Die schriftliche Aufforderung der WEer gegenüber dem Ver- *34*
walter, eine Versammlung einzuberufen, ist eine an diesen gerichtete empfangsbedürftige Willenserklärung. Sie setzt die gesetzliche Schriftform voraus, was bedeutet, daß das Schriftstück unterzeichnet sein muß. Ein Telegramm oder Telefax genügt diesen Anforderungen nicht (Staudinger-Bub Rn. 66a und 67). Die Vorschrift, im Schriftstück Zweck und Gründe (§ 24 Abs. 2) für eine einzuberufende Versammlung anzugeben, dient dem Verwalter nicht als materielles Prüfungsrecht. Ein solches besitzt der Verwalter nicht (Staudinger-Bub § 24 Rn. 68a).

III. Wiederholungsversammlung und Eventualeinberufung

Nach § 25 Abs. 3 ist eine WEer-Vers. nur beschlußfähig, wenn *35*
die erschienenen stimmberechtigten WEer mehr als die Hälfte der Miteigentumsanteile vertreten. Ist die Beschlußfähigkeit nicht erreicht, so beruft der Verwalter nach § 25 Abs. 4 eine zweite, eine Wiederholungsversammlung, mit der gleichen Tagesordnung ein, die unabhängig von der Höhe der vertretenen Anteile beschlußfähig ist. Darauf hat der Verwalter in der Einberufung zur Wiederholungsversammlung zu verweisen.

Da bei vielen Gem. die Beschlußfähigkeit der Erstversamm- *36*
lung häufig nicht erreicht wird, sind manche Verwalter dazu übergegangen, in der Einladung gleich die Wiederholungsversammlung eine halbe Stunde später einzuberufen für den Fall, daß die erste nicht beschlußfähig sein sollte. Diese sogenannte Eventualeinberufung wurde durch obergerichtliche Entscheidungen abgelehnt (OLG Bremen Rpfleger 1980, 295; BayObLG WEM 1981, H. 5, 30), weil eine solche mit der Einberufung einmal gegen den Wortlaut des § 25 Abs. 4 und zudem gegen den Schutzzweck der Abs. 3 und 4 des § 25 verstößt.

Diese Entscheidungen sind nicht ohne Kritik geblieben (vgl. Seuß „Die Eventualeinberufung“ in WEM 1980, 154 sowie

Deckert NJW 1979, 2291). Da diese Bestimmungen des § 25 Abs. 3 und 4 abdingbar sind, können in der GO abweichende Regelungen (BayObLG WE 1996, 115; OLG Köln WuM 1999, 297) getroffen werden. Ist dies nicht geschehen, besteht die Möglichkeit durch einen Mehrheitsbeschluß in der WEer-Vers. die Eventualeinberufung zu legalisieren, für den Fall, daß dieser Beschluß nicht angefochten wird. Ein solcher unangefochten gebliebener Beschluß ist für alle WEer bindend (BayObLG WE 1991, 49; BayObLG vom 18. 2. 1998, 2 Z 134/97).

37 Auch ist der Mangel der Eventualeinberufung im Einladungsschreiben zur ersten WEer-Vers. allein noch kein Grund die in dieser WEer-Vers. gefaßten Beschlüsse durch das Gericht aufzuheben, wenn die Abstimmung nicht auf dem Mangel beruhen kann oder wenn dem Mehrheitseigentümer, der durch sein Fernbleiben die Beschlußunfähigkeit der WEer-Vers. bewußt herbeiführt, nach Treu und Glauben die Berufung auf den Mangel versagt ist (KG Berlin vom 12. 7. 1986, 24 W 4051/85).

Ist eine Eventualeinberufung zulässig bestimmt, so hat der Verwalter bei der Durchführung einer solchen WEer-Vers. den WEern deutlich zu machen, daß es sich um eine sogenannte Wiederholungsversammlung handelt. Das bedeutet, daß bei grundsätzlicher Beschlußunfähigkeit die für die Eventualeinberufung vorgesehene Frist (meist 30 Minuten) einzuhalten ist, bis die fiktive Wiederholungsversammlung beginnt. Wird eine Erstversammlung erst im Laufe der Versammlung beschlußunfähig, so hat der Verwalter die erste Versammlung zu schließen und die zweite Versammlung förmlich zu eröffnen. Ein formloser, äußerlich nicht erkennbarer Übergang von der ersten zur zweiten WEer-Vers. ist ausgeschlossen, weil jeder Versammlungsteilnehmer wissen muß, ob die Beschlußfähigkeit für die Abstimmung von Bedeutung ist oder nicht.

38 Ist bei der Einberufung der Wiederholungsversammlung der Hinweis auf die Beschlußfähigkeit im Sinne des § 25 Abs. 4 unterblieben, liegt kein zur Ungültigkeit der Versammlungsbeschlüsse führender Einberufungsmangels vor, wenn die Beschlußfähigkeit für eine Erstversammlung erreicht wird (OLG Frankfurt WE 1983/1, 20).

IV. Taktik und Rhetorik in der Versammlung

Wenn man unter Taktik die „kluge Berechnung" (dtv-Lexikon Bd. 18 S. 109) versteht, dann ist es sicher sinnvoll, diese kluge Berechnung sowohl in Zusammenhang mit der Vorbereitung als auch der Durchführung der Versammlung anzuwenden. Das rhetorische Können und Geschick des Verwalters spielt für den Ablauf der Versammlung eine nicht zu unterschätzende Rolle. *39*

Aus diesem Grunde sollte der Verwalter vor jeder Versammlung taktische Überlegungen anstellen, wie er die Versammlung unter Berücksichtigung der Besonderheiten der Gem. und der persönlichen Anlagen und Einstellungen der meisten WEer vorzubereiten und abzuhalten hat. In diesem Sinne sollte sich der Verwalter auch „mental" auf jede Versammlung gesondert einstellen.

1. Taktische Überlegungen

Die notwendigen taktischen Überlegungen, die unter der Frage stehen, was muß ich tun, um einen möglichst reibungslosen und störungsfreien Ablauf der Versammlung zu gewährleisten, können hier nur in zusammenfassenden Stichworten wiedergegeben werden. *40*

a) Zur Vorbereitung der Versammlung

- Richtige zeitliche Planung der Versammlung (Tag und Zeit) *41*
- Richtiger Ort (Saal mit guter Akustik und bequemer Ausstattung; Sitzordnung; Platz für Versammlungsleiter)
- Richtige Zusammenstellung der Tagesordnungspunkte unter Berücksichtigung aller zu besprechender Probleme und der grundsätzlichen Einstellung einzelner oder der Mehrheit der WEer; gegebenfalls mit unstrittigen Tagesordnungspunkten beginnen
- Richtige Kleidung (je nach der Zusammensetzung der WEer)
- Gründliche Vorbereitung zwecks sachgerechter und gekonnter Darstellung der Sachzusammenhänge bezüglich der einzelnen Tagesordnungspunkte.

Je besser die Versammlung unter taktischen und sachlichen Gesichtspunken vorbereitet ist, desto leichter läßt sich die Versammlung steuern und abwickeln.

b) Zur Eröffnung der Versammlung

42 – Persönliches Begrüßen der Teilnehmer; eventuell durch Handschlag; persönliches Gespräch mit kritischen WEern suchen; entspannte Atmosphäre schaffen
– Pünktlicher Beginn der Versammlung
– Sicheres Auftreten des Verwalters, denn der erste Eindruck prägt den Versammlungsablauf.

c) Zum Ablauf der Versammlung

43 – Gekonnte Versammlungsleitung durch freundliche, aber bestimmte Sachlichkeit (nicht persönlich werden; keine Vorurteile; andere Meinungen sachlich und verständlich widerlegen; Hineindenken in die WEer)
– Vorstellung der Tagesordnungspunkte und Vermittlung von Informationen in klarer, sachlicher und korrekter Weise
– Zuhören können und auf Stimmung und Mimik der WEer achten
– Rechtzeitiges Erkennen der Stimmungslage während der Versammlung
– Rechtzeitige Einflußnahme auf aufkommende Verstimmungen oder Opposition
– Beruhigende Einflußnahme bei streitenden WEern und um einen Ausgleich der Meinungen bemüht sein.

Das freundliche, sichere und sachliche Auftreten des Versammlungsleiters gewährleistet in der Regel einen harmonischen Versammlungsablauf, selbst bei kontroversen Themen. Das schlimmste Verhalten des Verwalters ist Besserwisserei und Arroganz.

d) Diskussionsleitung

44 – Jeder WEer sollte zu Wort kommen, gegebenfalls mit Fragen Wortmeldungen anregen
– Hilfestellung bei anfänglichen Hemmungen geben
– Von WEern eingebrachte Vorschläge sollten von diesen in der Versammlung begründet werden
– Beiratsmitglieder gekonnt in die Diskussion mit einbeziehen
– Vielredner zur Kurzfassung auffordern, gegebenfalls Redezeitbeschränkung im Rahmen eines Geschäftsordnungsbeschlusses herbeiführen
– Sollte Versammlung ausarten oder aus dem Ruder laufen sind die unten (Rn. **9** 117) bezeichneten Maßnahmen durchzusetzen.

2. Rhetorik

Rhetorik ist allgemein die Redekunst, die in allen Zeiten und in allen Bereichen von großer Wichtigkeit war und ist. Die Sophisten in Griechenland im 5. Jahrhundert v. Chr. brachten die Redekunst zur höchsten Vollendung. Zwar verlor die Redekunst des Altertums nach und nach ihren Einfluß als Waffe im politischen Kampf. Gleichwohl ist die Redekunst immer dann von Bedeutung, wenn Reden Einfluß auf Handlungen und Entscheidungen von Menschen haben sollen. Das trifft in besonderer Weise auch für die WEer und insbesondere für die WEer-Versammlung zu. *45*

Hier kann die Praxis rhetorischen Verhaltens nicht wiedergegeben werden. Es bedarf in jedem Fall einer besonderen und auf die WEer-Vers. zweckgerichteten Schulung. Der Verwalter hat die Redekunst zu erlernen, um Versammlungsinhalte richtig vorzutragen, die richtige Mimik und Gestik anzuwenden, um Lampenfieber zu überwinden, mit der richtigen Körpersprache bestimmte Signale zu geben, das richtige Verhalten gegenüber den unterschiedlichen Typen zu zeigen u.a.m.

V. Durchführung der Versammlung

Die Versammlung der WEer ist sowohl für die WEer als auch für den Verwalter von größter Bedeutung. In der Versammlung treffen die WEer ihre Entscheidungen über die Verwaltungsmaßnahmen und über bestimmte Gebrauchsregelungen. Der Verwalter gibt in der Versammlung Rechenschaft ab über seine Leistungen und stellt sich somit der Kritik und der Würdigung der WEer-Gem. Aus diesem Grunde sollte von beiden Seiten, von den WEern und dem Verwalter, stets eine im geschilderten Sinne erfolgreiche Versammlung angestrebt werden. *46*

Der Erfolg einer Versammlung hängt nicht nur von einer sorgfältigen Vorbereitung, einer übersichtlich gestalteten Einladung, einer vorausschauenden Terminplanung, einer guten Aus- *47* wahl des Versammlungslokales ab, sondern auch von der den Bedürfnissen der WEer am besten gerecht werdenden Versammlungsführung. Die WEer-Vers. ist, obwohl § 24 dazu nichts aussagt, nach allgemeiner Auflassung nicht öffentlich zugänglich (OLG Hamm WE 1990, 97 m. w. N.). Der Grundsatz der öffentlichen Gerichtsverhandlung ist auf die privaten Interessen einer WEer-Gem. nicht übertragbar. Als Grundsatz für die schutzwürdigen Interessen der WEer in ihrer Versammlung gilt deshalb:

- fremder Einfluß ist von der Versammlung fernzuhalten;
- ein ungestörter Ablauf der Versammlung ist zu gewährleisten;
- eine unnötige Verbreitung der Angelegenheiten der WEer in der Öffentlichkeit ist zu verhindern.

Verstöße gegen diese Grundsätze – insbesondere gegen den Grundsatz der Nichtöffentlichkeit der Versammlung – rechtfertigen die Beschlußanfechtung nach § 23 Abs. 4 (FGPrax 1995, 147). Diese Grundsätze schließen aber die Teilnahme Dritter an der WEer-Vers. nicht von vorneherein aus. Die weiteren Grundsätze einer ordnungsmäßigen Versammlung der WEer sind nachstehend beschrieben.

1. Beschlußfähigkeit zu Beginn der Versammlung

48 Nach § 25 Abs. 3 ist die WEer-Vers. nur beschlußfähig, wenn die erschienenen stimmberechtigten WEer mehr als die Hälfte der Miteigentumsanteile vertreten. Die Beschlußfähigkeit hat der Verwalter festzustellen. Dies geschieht in der Regel in der Weise, daß alle anwesenden oder vertretenen WEer in einer Teilnehmer- oder Anwesenheitsliste verzeichnet werden. Der Verwalter hat dabei darauf zu achten, daß in der Anwesenheitsliste nur die WEer bzw. nur die Vertreter eingetragen oder bezeichnet werden, welche Stimmrecht besitzen bzw. Stimmrecht rechtswirksam übertragen bekommen haben. Sind Nicht-Stimmberechtigte erschienen, wie beispielsweise Geschäftsunfähige, können sie nicht als Teilnehmer verzeichnet werden; ihre Miteigentumsanteile sind in der WEer-Vers. rechtswirksam nicht vertreten, zumindest ist im Teilnehmerverzeichnis das nicht vorhandene Stimmrecht auszuweisen.

Das sogenannte Quorum des § 25 Abs. 3 ist abdingbar, so daß im Falle einer entsprechenden Regelung (vgl. Rn. **2** 256) in der GO die Beschlußfähigkeit unabhängig von der Anzahl der erschienenen oder vertretenen WEer gegeben ist (OLG Hamburg WE 1989, 140). *49*

Ob und in welcher Weise anwesende bzw. vertretene, aber nicht stimmberechtigte WEer für die Feststellung der Beschlußfähigkeit (Quorum) von Bedeutung sind, ist umstritten. Es gibt hierzu unterschiedliche Auffassungen, und zwar folgende: *50*

1. Nicht-Stimmberechtigte sind grundsätzlich im Quorum nicht zu berücksichtigen. Das bedeutet, daß bei der Feststellung der Beschlußfähigkeit die Anteile der anwesenden Nicht-Stimmberechtigten insgesamt unberücksichtigt bleiben (BayObLG NJW-RR 1987, WE 1993, 345; KG WE 1994, 82).

2. Für die Feststellung der Beschlußfähigkeit spielt es keine Rolle, ob Nicht-Stimmberechtigte anwesend oder vertreten sind, ihr Anteil ist grundsätzlich im Quorum zu berücksichtigen (KG OLGZ 1974, 419; KG WE 1988, 193).

3. Nach h. M. muß die Beschlußfähigkeit grundsätzlich vor und während der Versammlung gegeben sein. Sofern einzelne WEer bei bestimmten Punkten nicht stimmberechtigt sind, ist die Beschlußfähigkeit in der Weise zu prüfen, daß bei den betreffenden Punkten deren Anteil abzuziehen ist. Wird dabei das Quorum nicht erreicht muß zumindest für diesen TOP eine Wiederholungsversammlung nach § 25 Abs. 4 einberufen werden (BayObLG NJW-RR 1987, 595; BayObLG WE 1989, 64).

2. Beschlußfähigkeit während der Versammlung

Der Verwalter bzw. der Vorsitzende hat nicht nur bei Beginn der WEer-Vers. die Beschlußfähigkeit festzustellen, sondern er hat ständig darüber zu wachen, ob die Beschlußfassung gewährleistet ist (BayObLG WEM 1981, H. 5 30). Ist eine WEer-Vers. nur knapp beschlußfähig, so hat der Verwalter besonders darauf zu achten, wenn WEer den Versammlungsraum verlassen. In diesem Fall wird er zweckmäßigerweise die Präsenz feststellen. Ist die WEer-Vers. nicht mehr beschlußfähig, hat er sie zu unterbrechen bzw. zu schließen. *51*

52 Der Verwalter ist aber nicht grundsätzlich verpflichtet, vor jeder Abstimmung förmlich die Beschlußfähigkeit festzustellen. Nur wenn der Verwalter selbst oder wenn ein anderer WEer Zweifel haben, ist von ihm die Beschlußfähigkeit zu prüfen (BayObLG WE 1990, 140). Geht der Versammlungsleiter solchen Zweifeln nicht nach, führt eine spätere Unaufklärbarkeit der Zahl der anwesenden WEer zur Ungültigkeitserklärung der nachfolgenden Beschlüsse (OLG Köln DWE 1988, 24).

3. Mängel der Beschlußfähigkeit

53 Mängel der Beschlußfähigkeit führen nicht zur Nichtigkeit der Beschlüsse, sondern können nur nach § 23 Abs. 4 angefochten werden (BayObLG Rpfleger 1981, 285; BayObLG WE 1991, 285; WE 1994, 184). Stellt beispielsweise der Verwalter die Beschlußfähigkeit der Versammlung fest, ohne daß sie es tatsächlich ist, oder führt er eine während der WEer-Vers. beschlußunfähig gewordene WEer-Vers. fort, so sind die in der beschlußunfähigen WEer-Vers. gefaßten Beschlüsse wirksam, sofern sie nicht angefochten und für ungültig erklärt werden.

4. Vorsitz

54 In aller Regel wird den Vorsitz in der WEer-Vers. der Verwalter führen. So ist dies auch im Gesetz vorgesehen (§ 24 Abs. 5) für den Fall, daß die Gem. nichts anderes beschließt. Ist in der GO keine anderslautende Regelung getroffen, so kann aufgrund eines Mehrheitsbeschlusses im Rahmen der Geschäftsordnung ein Mitglied des VB oder ein WEer mit der Versammlungsleitung beauftragt werden.

55 Die Frage, ob ein Verwalter nicht nur vom Vorsitz, sondern auch von der WEer-Vers., zumindest bei Entscheidungen die ihn persönlich treffen (Wiederwahl, Abwahl) aus der WEer-Vers. ausgeschlossen werden kann, ist gerichtlich noch nicht entschieden. Es ist aber im Grunde kein Argument denkbar, welches eine solche Maßnahme rechtfertigen würde. Wie kein WEer im Normalfall aus der WEer-Vers. ausgeschlossen werden kann,

so kann es einem Verwalter nicht zugemutet werden, den Versammlungsraum zu verlassen. Das gilt auch für den Fall seiner Abwahl oder nicht Wiederwahl.

Den Verwalter aus der WEer-Vers. auszuschließen ist auch 56
deshalb nicht notwendig, weil die WEer die Möglichkeit haben, in einem solchen Fall einen anderen als den Verwalter zum Vorsitzenden in der WEer-Vers. zu wählen. Wie bei den Geschäftsordnungsfragen braucht die Wahl des zu bestimmenden Versammlungsvorsitzenden nicht in der Einberufung als Tagesordnungspunkt vorgesehen zu werden. Die Wahl ist auch zu einer selbständigen Anfechtung nicht fähig (BayObLGZ 65, 342). Der Versammlungsleiter ist im wesentlichen für folgendes verantwortlich:

- Geschäftsordnung
- Prüfung der Präsenz und der Vollmachten
- Beachtung der Beschlußfähigkeit
- Eröffnung der Versammlung und Feststellung der Beschlußfähigkeit
- Versammlungsleitung, Redeordnung, Diskussionszeit, Einhaltung des Zeitplanes
- Klärung von Stimmrechtsfragen (Ruhen oder Ausschluß des Stimmrechts)
- Durchführung der Abstimmung und Feststellung des Beschlußergebnisses
- Aufnahme der Beschlüsse in das Beschlußprotokoll
- Beendigung der Versammlung.

5. Beendigung der Versammlung

Die Versammlung wird grundsätzlich vom Versammlungsleiter 57
beendet, der das Ende der WEer-Vers. zu erklären hat. Eine Wiederaufnahme der WEer-Vers. ist nach der Beendigungserklärung möglich, aber nur dann, wenn keiner der WEer die WEer-Vers. verlassen hat. Nach Auffassung des KG (WE 1989, 26) ist eine ordnungsmäßig eingeladene WEer-Vers. grundsätzlich in der Lage auch ohne Mitwirkung des Verwalters auszukommen, so daß dieser nicht das Recht hat, die ordnungsgemäß einberufene und zusammengetretene WEer-Vers. vorzeitig aufzulösen. In diesem Fall könnte eine solche WEer-Vers. auch ohne den Verwalter fortgeführt werden, aber nur unter der Voraussetzung,

daß nicht einzelne WEer wegen der Beendigungserklärung des Verwalters die WEer-Vers. verlassen haben. Dieser Auffassung sollte nicht gefolgt werden. Es ist der Verwalter, der die Versammlung einzuberufen und in der Regel zu leiten hat. Aus diesem Grunde kann eine von diesem beendete Versammlung nicht von einem anderen WEer fortgesetzt werden. Auch hier ist die Regelung des § 24 Abs. 3 zu beachten, indem eine neue Versammlung einzuberufen sein dürfte. Das gilt umso mehr, weil ohne Anwesenheit des Verwalters eine Niederschrift bezüglich der Restversammlung nicht sichergestellt ist und es auch nicht ordnungsmäßiger Verwaltung entspricht, ohne die Sachkenntnis des Verwalters über notwendige Verwaltungsmaßnahmen zu entscheiden.

VI. Stimmrecht

58 Das Stimmrecht ist eines der wesentlichsten Grundrechte der WEer. Es ist der Ausdruck für die Teilhabe an der Gem. (vgl. Bä/S S. 532ff.) und damit eines der bedeutsamsten Rechte, die ein WEer besitzt. Aus diesem Grunde darf das Stimmrecht – von gewissen Modifizierungen abgesehen – nicht wesentlich eingeschränkt noch ausgeschlossen werden. Auch ist eine grundsätzliche und umfassende Stimmrechtsbindung ausgeschlossen. Eine unwirksame Stimmrechtsbindung wäre z.B. ein Vertrag, in dem sich ein WEer verpflichtet, nur nach Weisung eines anderen zu stimmen. Das wäre eine unzulässige Aushöhlung des Eigentumsrechts.

1. Bestimmung des Stimmrechts

59 Träger des Stimmrechts sind die WEer und TEmer, also die Eigentümer, die im WE-Grundbuch oder im TEms-Grundbuch als solche eingetragen sind.

Das WEG bestimmt das Stimmrecht des WEers nach § 25 Abs. 2 als Kopfprinzip, in dem jedem WEer nur eine Stimme zugestanden wird, unabhängig davon, ob er eine oder mehrere

ETW besitzt. Diese Bestimmung weicht von den vergleichbaren gesetzlichen anderen Bestimmungen, insbesondere von § 745 Abs. 1 BGB, ab. Die Vorschrift des § 25 Abs. 2 soll sicherstellen, daß unzulässige Majorisierungen – beispielsweise durch einen Bauträger – vermieden werden. Von einem solchen Fall abgesehen, scheint das Kopfprinzip für die Praxis nicht immer das geeignetste Stimmrecht zu sein. Aus diesem Grunde und wegen der Abdingbarkeit dieser Vorschrift, kann in der GO anstelle des Kopfprinzips auch das Wertprinzip (Miteigentumsanteile) oder das Objekt- oder Realprinzip (jede Wohnung eine Stimme) vereinbart werden. Je nach Größe der Gem. und deren unterschiedlichen Bedürfnissen sollte das gerechteste und praktikabelste Stimmrechtsprinzip in der GO festgelegt werden. Das Wertprinzip ist beispielsweise in einer großen Gem. sehr schwierig zu handhaben, weil hier nach jedem Beschluß die Stimmen nur sehr langwierig ausgezählt werden können.

Denkbar ist auch ein Mischstimmrecht, mit dem unterschied- *60*
liche Wertansätze berücksichtigt werden. Ein solches gemischtes Stimmrecht findet Anwendung in großen Wohnungs- und Teileigentumsanlagen sowie in Mehrhausanlagen. Deckert (DE Gruppe 5 S. 18m) führt ein Beispiel auf, in dem einem separaten Speicher-, Hobbyraum- oder Garagen-TEm kraft Vereinbarung je eine Stimme zugeordnet wird, einem 1-Zimmer-Wohnungstyp 2 Stimmen einem 2-Zimmer-Wohnungstyp 3 Stimmen, einem 3-Zimmer-Wohnungstyp 4 Stimmen und einem Laden-TEm 5 Stimmen (alternativ: einer Wohnung 10 Stimmen, einem Geschäftsraum 20 Stimmen und einer Garageneinheit 1 Stimme.) Denkbar sind auch Regelungen, daß z.B. jeweils 1/1000-stel Miteigentumsanteil eine Stimme (mit Auf- und Abrundung) oder auch jeweils volle 10/1000stel Miteigentums-Anteile eine Stimme gewähren sollen (ähnlich der Regelung nach dem Wertprinzip).

Wenn auch beim Wert- und Objektprinzip eine Majorisierung in bestimmten Fällen nicht ganz auszuschließen ist, so bestehen im Grundsatz gegen eine solche Festlegung keine ernstlichen Einwendungen, weil die WEer einmal durch die Vorschrift des Stimmrechtsausschlusses bei Interessenkollision (§ 25 Abs. 5) geschützt sind und außerdem rechtsmißbräuchliche Beschlüsse nicht hinzunehmen brauchen (§ 43 Abs. 1 Nr. 4). Einen grundsätzlichen Anspruch auf gerichtliche Änderung des vereinbarten Objektstimmrechts haben die WEer auch bei Vorhandensein eines wirtschaftlichen Ungleichgewichts der Stimmrechte nicht (KG WE 1994, 370). Der Beschluß der WEer, der deshalb zustande kommt, weil ein WEer oder eine wirtschaftlich verbundene Gruppe von WEern die Mehrheit der Stimmen auf sich vereint, ist demnach an sich nicht für ungültig zu erklären, sondern nur dann, wenn der Mehrheitseigentümer seine Majorität zu gemeinschaftsfremden und eigennützigen Zielen gegen den Willen der übrigen WEer ausnützt (OLG Düsseldorf WE 1997/311). In diesem Sinne ist auch eine Vereinbarung in der GO, die vorsieht, daß in einer Dreier-Gem., bei der die drei Wohnungen ein Stimmrecht nach Miteigentumsanteilen haben, gegen die Stimme des teilenden Eigentümers ein Beschluß nicht gefaßt werden kann, als Inhalt des SE eintragungsfähig (BayObLG WE 1997, 435).

62 Erfolgt die Abstimmung entgegen der GO, in der das Stimmrecht nach Miteigentumsanteilen oder anderes vereinbart ist, nach dem Kopfprinzip, so führt ein solcher Beschluß im Anfechtungsverfahren nicht zu dessen Ungültigkeitserklärung, wenn feststeht, daß die Stimmenmehrheit auch nach Miteigentumsanteilen gegeben war (BayObLG WE 1986, 25; BayObLG WE 1990, 140).

63 Die grundsätzliche Änderung des vereinbarten Stimmrechts kann nur mit Zustimmung aller WEer vorgenommen werden. Zur Wirksamkeit gegenüber dem Sondernachfolger bedarf diese Veränderungsvereinbarung der Eintragung in das Grundbuch, sonst braucht ein Rechtsfolger diese Änderung nicht für sich als wirksam anzuerkennen.

2. Ausübung des Stimmrechts

64 Die Stimmrechtsausübung ist eine einseitige, ausdrückliche oder stillschweigende Willenserklärung. Als Willenserklärung unterliegt sie den allgemeinen rechtlichen Vorschriften. In diesem Sinn kann sie insbesondere nach den §§ 119ff. und 123 BGB angefochten werden.

Geschäftsunfähige können ihr Stimmrecht nicht selbst ausüben. Es kann nur durch den gesetzlichen Vertreter wahrgenommen werden. Beschränkt Geschäftsfähige können für sich abstimmen, wenn mit der Abstimmung für sie keine Rechtsnachteile verbunden sind; sonst hat der gesetzliche Vertreter abzustimmen bzw. eine nachträgliche Genehmigung zu erteilen (§§ 107, 114 BGB). 65

Nach § 25 Abs. 2 S. 2 kann das Stimmrecht seitens mehrerer Eigentümer an einem WE oder TEm (Ehegatten, Erbengemeinschaft, sonstige Miteigentümergemeinschaften) nur einheitlich ausgeübt werden. 66

Bei einem Verstoß gegen diese Vorschrift, z. B. wenn uneinige Eheleute zu einem Beschlußgegenstand jeder für sich eine Stimme abgeben, sind beide abgegebenen Stimmen unwirksam (OLG Celle NJW 1958, 307). 67

Besitzt dagegen der Miteigentümer einer ETW (z. B. Ehefrau) eine andere ETW allein, so stehen ihm zwei Stimmrechte zu: eines zusammen mit dem anderen Miteigentümer, das nur einheitlich ausgeübt werden kann, und eines allein (KG WE 1988, 166; vgl. auch Bassenge in Festschrift für Seuß S. 33 ff.). 68

Sind mehrere Personen Eigentümer an einem WE oder TEm, haben sie sich darüber zu einigen, wer von ihnen zur einheitlichen Ausübung des Stimmrechts befugt ist. Diese Frage stellt sich in der Praxis besonders dann, wenn an einem Garagenbauwerk oder an einer Tiefgarage die WEer gleichzeitig Eigentümer an dem TEm Garagenbauwerk sind. In diesem Fall können die Miteigentümer als Bruchteilsgemeinschaft nach § 741 BGB ff. mittels Mehrheitsbeschluß den zur Stimmabgabe Berechtigten bestimmen. Ein solcher Beschluß kann aber nicht angefochten werden, weil Streitigkeiten unter Miteigentümern einer schlichten Rechtsgemeinschaft vor dem Prozeßgericht und nach den Grundsätzen der ZPO auszutragen sind. Beschlüsse einer Miteigentümergemeinschaft können aber mit einer Klage auf Feststellung der Nichtigkeit angegriffen werden (BayObLG NJW-RR 1995, 588). 69

Ist ein bestehendes WE in zwei Einheiten unterteilt, ergibt sich die Frage, wer hier das Stimmrecht ausüben kann. Ist Wertprinzip vereinbart, bestehen keine Schwierigkeiten, weil sich die 70

Anteile und das Stimmrecht gleichmäßig aufteilen. Beim Objektprinzip würde dagegen grundsätzlich eine zusätzliche Stimme entstehen, beim Kopfprinzip nur dann, wenn das unterteilte WE je einem gesonderten WEer zusteht. Nach h. M. kann dieses zusätzliche Stimmrecht nicht geltend gemacht werden (umstritten). Nach dem OLG Düsseldorf (WE 1990, 170) steht nach einer erfolgten Unterteilung und Veräußerung beim vereinbarten Objektprinzip den beiden WEern jeweils eine halbe Stimme zu.

71 Im Falle der Eröffnung eines Insolvenzverfahrens oder einer Zwangsverwaltung einer ETW hat der Insolvenzverwalter oder Zwangsverwalter während des Verfahrens das Recht das Stimmrecht in der Versammlung auszuüben (§ 148, 2 und § 152 ZVG; OLG Hamm DWE 1987, 54; KG WE 1989, 28; OLG Karlsruhe WE 1990, 105; KG WE 1990, 296).

72 Besitzt ein WEer mehrere ETW und ist für einen Teil dieser ETW ein Zwangsverwalter eingesetzt, so haben sich bei Anwendung des gesetzlichen Kopfprinzips (§ 25 Abs. 2) Zwangsverwalter und WEer über die Stimmabgabe zu einigen. Geben beide eine Stimme ab, so ist diese Stimmabgabe unwirksam (KG WE 1989, 207).

73 Auch dem Testamentvollstrecker eines verstorbenen WEers steht das Teilnahmerecht an der Versammlung zu mit der Maßgabe, das Stimmrecht für die Erben ausüben zu können (AG Essen NJW-RR 1996, 79).

74 Ist am WE ein Nießbrauchsrecht oder ein Wohnungsrecht (s. oben S. 228) bestellt, so ist umstritten, ob der Nießbrauchs- oder der Wohnungsberechtigte ein Stimmrecht für das belastete WE hat.

75 Dem Wohnungsberechtigten steht nach dem BGH (Rpfleger 1977, 55) die Ausübung in bestimmten Fällen (s. oben Rn. **6** 145) zu. Ob und wann der Nießbraucher ein Stimmrecht hat, ist noch mehr umstritten (vgl. oben Rn. **6** 118ff.). Hier wird die Auffassung (entgegen KG WE 1987, 126 und auch Weitnauer, WE 1987, 126) vertreten, daß das Stimmrecht grundsätzlich dem WEer zusteht. Der Nießbraucher kann aber aufgrund seines Schuldverhältnisses zum WEer die Erteilung einer Stimmrechtsvollmacht verlangen, wenn über Sachverhalte entschieden werden soll, die die Rechte des Nießbrauchers berühren (vgl. Bub S. 309).

3. Stimmrecht bei Eigentumsübertragung

Nach § 25 Abs. 2 steht das Stimmrecht grundsätzlich nur den WEern zu. Das bedeutet, daß die rechtliche Eigenschaft, WEer zu sein, gegeben sein muß. Das ist dann der Fall, wenn der Erwerber einer ETW als Eigentümer im Grundbuch eingetragen ist. Bis zur BGH-Entscheidung vom 1. 12. 1988 (WE 1989, 48) wurden die im Grundbuch noch nicht eingetragenen Erwerber unter bestimmten Voraussetzungen als „faktische" Eigentümer aufgefaßt und wie echte WEer behandelt. Nach Auffassung des BGH ist der im Grundbuch noch nicht eingetragene Eigentümer noch kein WEer, so daß ihm auch (noch) kein Stimmrecht zukommt. Das alleinige Stimmrecht besitzt in diesem Fall der noch im Grundbuch eingetragene Veräußerer. Der veräußernde „Nocheigentümer" kann aber dem Erwerber Stimmrechtsvollmacht für die Versammlung erteilen, wenn in der GO keine Beschränkung der Stimmrechtsvollmacht vereinbart ist, wonach an Dritte eine Stimmrechtsübertragung ausgeschlossen ist. *76*

Anderes gilt bei der sogenannten werdenden Gem. Hier haben die werdenden, also die noch nicht im Grundbuch eingetragenen WEer ein originäres – also nicht vom teilenden Eigentümer abgeleitetes – Stimmrecht. Das ändert sich auch dann nicht, wenn die Gem. durch Vollzug des ersten Kaufvertrags im Grundbuch und der damit erfolgten Eigentumsumschreibung rechtlich in Vollzug gesetzt wird (vgl. oben S. 214; BayObLG vom 9. 10. 1997, 2 Z 86/97). *77*

4. Stimmrechtsvollmacht

Abweichend vom Vereinsrecht (§ 38 BGB) ist entsprechend der Vorschriften über die BGB-Gesellschaft und die schlichte Rechtsgemeinschaft Vertretung in der Ausübung eines Stimmrechtes zulässig. Maßgebend für die Stimmrechtsvollmacht sind die Grundsätze für die unmittelbare Stellvertretung nach den §§ 164 ff. BGB. *78*

In der GO kann die Erteilung der Vollmacht beschränkt werden, z. B. in der Weise, daß sich ein WEer in der Versammlung nur durch seinen Ehegatten, den Verwalter oder einen anderen WEer vertreten lassen kann. Dieser lange umstrittenen Auffassung hat sich der BGH (WE 1987, 79 m. Anm. Schmidt) entgegen KG (Vorlagebeschluß ZMR 1986, 93) und anderen Literaturmeinungen angeschlossen, weil eine solche Stimmrechtsbeschränkung im Interesse der Gesamtheit der WEer liegen kann. Dagegen ist es aber nicht möglich, die Beschränkung der Stimmrechtsvollmacht auf bestimmte Personen durch einen Mehrheitsbeschluß der WEer herbeizuführen (BayObLG WE 1988, 208).

79 Die Beschränkung der Stimmrechtsvollmacht auf die genannten Personen, zu denen manchmal auch Verwandte in gerader Linie gezählt werden, erlaubt es einem WEer nicht, sich durch den Partner einer nicht ehelichen Lebensgemeinschaft vertreten zu lassen. Nach den Umständen des Einzelfalls kann es aber für einen WEer nach Treu und Glauben unzumutbar sein – wie die unten stehende Entscheidung des OLG Braunschweig zeigt –, daß an der Vertretungsregel festgehalten wird (BayObLG WE 1997, 276).

Das OLG Braunschweig (WE 1991, 107) hält das Abweichen von der bezeichneten Regelung in der GO dann für möglich, wenn diese für einen WEer nach Treu und Glauben unzumutbar ist. Das ist nach Auffassung des Senats dann der Fall, wenn in einer kleinen Wohnanlage, wobei die ETW durch die WEer selbst genutzt werden, zwischen einem WEer und den übrigen WEern erhebliche Spannungen bestehen. In diesem Fall kann sich der betreffende WEer entgegen der anderslautenden Vereinbarung durch einen Dritten vertreten lassen.

80 Aus Treu und Glauben kann es dann geboten sein, einen nach der GO nicht zugelassenen Vertreter die Teilnahme an der Versammlung zu ermöglichen, wenn dieser bisher unbeanstandet die Stimmrechtsvertretung für einen WEer wahrgenommen hat. Dem WEer muß die Möglichkeit eingeräumt werden, rechtzeitig einen nach der GO zulässigen Vertreter zu benennen (OLG WE 1997, 356).

81 Erhält der Verwalter Stimmrechtsvollmacht abwesender WEer, so kann er Untervollmachten erteilen, sofern solche nicht ausdrücklich ausgeschlossen sind (BayObLG WE 1991, 227; hier hat der Verwalter Untervollmachten an Mitglieder des VB erteilt, weil nach der GO im Einzelfall nicht mehr als drei Vollmachten auf einen Bevollmächtigten übertragen werden durften). Ist in der GO die schriftliche Erteilung einer Stimmrechtsvollmacht vorgesehen und sieht eine solche dem Verwalter erteilte Vollmacht keine Unterbevollmächtigung vor, so kann der vom Verwalter Unterbevollmächtigte dann dieses Stimmrecht nicht ausüben, wenn ein WEer vor der Beschlußfassung der Stimmabgabe widerspricht (so OLG Zweibrücken WE 1991, 357 bei vom Verwalter erteilten Untervollmacht für den Beschluß zur Jahresabrechnung und Verwalterentlastung).

Die Vollmacht kann mündlich oder schriftlich erteilt werden. *82*
Ist in der GO bestimmt, daß die Stimmrechtsvollmacht schriftlich zu erteilen ist, so kann der Bevollmächtigte in der WEer-Vers. zurückgewiesen werden, wenn er eine schriftliche Vollmacht nicht vorlegt. Es genügt dabei auch nicht, wenn eine Dauer- oder Generalvollmacht in einer vorgehenden WEer-Vers. einmal vorgelegt wurde. Sie ist in jeder WEer-Vers. neu nachzuweisen. Die schriftliche Vollmacht für eine WEer-Vers. kann dem Verwalter vor der WEer-Vers. zugeleitet oder diesem in der WEer-Vers. vorgezeigt werden.

Jeder WEer kann die dem Verwalter vorgelegten Vollmachten *83*
einsehen und prüfen (BayObLG WE 1995, 30). Wird die nach der GO verlangte schriftliche Vollmacht dem Versammlungsleiter nicht vorgelegt und dieser weist den Vertreter nicht zurück, so ist seine Stimmabgabe dennoch wirksam (BayObLG WE 1991, 261 m.w.N.). Im übrigen kann die Ermächtigung nachträglich erbracht werden (BayObLG MDR 1984, 495). Anderes kann nur gelten, wenn die Regelung zur Vorlage einer schriftlichen Vollmacht allein dahingehend ausgelegt werden kann, daß die schriftliche Vollmacht Wirksamkeitsvoraussetzung für die Vertretung sein soll (vgl. OLG Hamm WE 1990, 104). Auch der Vertretungsberechtigte einer juristischen Person hat seine Vertretungsmacht durch entsprechende Dokumente nachzuweisen. So ist z.B. der alleinvertretungsberechtigte Jurist einer Firma verpflichtet, entweder eine schriftliche Bestätigung des WEers oder TEmers oder einen Handelsregisterauszug vorzulegen (BayObLG DWE 1984, 62).

84 Das Stimmrecht des Vertreters in der WEer-Vers. wird aber nicht unwirksam, wenn dieser seine Vertretungsmacht nicht nachgewiesen hat und vom Verwalter nicht zurückgewiesen wurde. Dem Verwalter bzw. dem Versammlungsvorsitzenden steht ein grundsätzliches Zurückweisungsrecht des Vertreters zu, wenn dieser sein Vertretungsrecht nicht nachweist (Staudinger-Bub § 25 Rn. 192).

85 Die Zurückweisungsbefugnis kann ausnahmsweise beschränkt sein, nämlich dann, wenn die Zurückweisung rechtsmißbräuchlich erscheint, was aber nur unter Abwägung aller Umstände des Einzelfalls nach Treu und Glauben (§ 242 BGB) entschieden werden kann (BayObLG DWE 1984, 62).

86 Wird von einem WEer eine Blankettvollmacht erteilt, so kann diese vom Versammlungsleiter auch dann nicht zurückgewiesen werden, wenn der WEer, der die Vollmacht in Händen hat, sie mit seinem Namen vor den Augen des Verwalters ergänzt (KG WE 1990, 207).

87 Steht ein WE mehreren Miteigentümern zu, so haben die Miteigentümer eine Person zur einheitlichen Stimmabgabe zu bevollmächtigen. Eine generelle Verpflichtung hierzu wird in der Regel in der GO vereinbart. Ferner empfiehlt sich in der GO die generelle Vereinbarung, daß Ehegatten und Geschwister, die gemeinsam WEer sind, als gegenseitig bevollmächtigt gelten. Liegt eine solche Vereinbarung nicht vor, so kann im Verhältnis der Ehegatten von einer sogenannten Duldungsvollmacht auszugehen sein, d. h. daß dann auf einen gesonderten Vollmachtsnachweis der Ehegatten verzichtet werden kann, wenn es jahrelanger Übung entspricht, jeden Ehegatten – ohne Nachweis – als gegenseitig bevollmächtigt anzusehen (KG WE 1989, 135).

88 Auch sonst ist anzunehmen, daß Mitberechtigte an einem WE oder TEm zur gegenseitigen Stimmabgabe bevollmächtigt sind. Die Vorlage einer schriftlichen Vollmacht kann der Versammlungsleiter nur in Zweifelsfällen verlangen. Für diese Auffassung spricht im übrigen der Rechtsgedanke des § 1011 BGB, wonach ein Miteigentümer ermächtigt ist, Ansprüche aus dem Eigentum in Ansehung der ganzen Sache geltend zu machen (BayObLG WE 1995, 96).

Besteht die Miteigentümergemeinschaft an einem WE oder TEm nicht nur aus einem Ehepaar, sondern aus einer (größeren) Anzahl von Personen (z. B. Miteigentümer an einer in einem einzigen Teileigentum befindlichen Tiefgaragenanlage) können die Miteigentümer dieser Bruchteilsgemeinschaft durch Mehrheitsbeschluß (§ 745 Abs. 1 BGB) einen gem. Vertreter zur einheitlichen Stimmrechtsausübung in der Versammlung der WEer ermächtigen, soweit sich die Vertretungsmacht auf eine im üblichen Rahmen liegende Verwaltungsmaßnahme beschränkt (BayObLG WE 1991, 226). *89*

Die Stimmrechtsvollmacht kann von den Bevollmächtigten nach h. M. bezüglich der Tagesordnungspunkte nicht ausgeübt werden, bei denen der Bevollmächtigte persönlich kein Stimmrecht (s. Stimmrechtsausschluß unten) besitzt. Diese nicht unumstrittene Auffassung ergibt sich aus der analogen Anwendung von § 34 BGB, § 47 Abs. 4 GmbHG, § 136 AG (vgl. auch LG Lübeck DWE 1986, 93; KG WE 1989, 134; Anders im Falle BayObLG WE 1991, 261 – oben). Möglich ist es aber, daß ein vom Stimmrecht ausgeschlossener Vertreter vor der Abstimmung einem anderen WEer Untervollmacht erteilt, aber nur dann, wenn die Erteilung der Untervollmacht in der Hauptvollmacht vorgesehen ist, und wenn der Bevollmächtigte keine ausdrückliche Weisung für die Abstimmung erteilt. (So OLG Zweibrücken vom 14. 5. 1998, 3 W 40/98; Untervollmacht durch Verwalter bei Abstimmung über Entlastung.) Das gilt für den Verwalter auch dann, wenn ihm – ohne WEer zu sein – Stimmrechtsvollmacht erteilt wurde für die Abstimmung über den mit ihm abzustimmenden Verwaltervertrag. Auch hier darf die Untervollmacht keine Weisung enthalten (BayObLG vom 21. 4. 1998, 2 Z 36/98 und 43/98). *90*

Ein wegen Interessenkollision vom Stimmrecht Ausgeschlossener (z. B. der Verwalter bei der Abstimmung über Jahresabrechnung und Verwalterentlastung) kann dann eine erteilte Stimmrechtsvollmacht ausüben, wenn der Vollmachtsgeber durch eindeutige Weisungen die Ausübung seines Stimmrechts eindeutig festlegt (BayObLG WE 1991, 261). *91*

Friedrich Schmidt tritt der herrschenden Meinung mit Recht entgegen („Vollmacht des Verwalters zur Vertretung der Woh- *92* nungseigentümer in der Versammlung" in WE 1989, 2), wenn er feststellt, daß es keinen tatsächlichen Rechtsgrund gibt, einer vom Stimmrecht ausgeschlossenen Partei eine Stimmrechtsvollmacht zu versagen. Auch besteht kein – wenn auch immer wieder behaupteter – Interessengegensatz im Sinne des § 25 Abs. 5, wenn ein Nichtstimmberechtigter in Vertretung eines Stimmberechtigten dessen Stimmrecht ausübt. Schmidt ist wohl zuzustimmen, wenn er in diesem Zusammenhang feststellt:

93 „Das Problem liegt aber in der erweiterten Auslegung des § 25 Abs. 5 WEG. Man sieht in dieser Bestimmung den Ausdruck eines allgemeinen Rechtsgrundsatzes, wonach bereits der Interessengegensatz oder das vom Beschluß Betroffensein einen Ausschließungsgrund hergeben. Man muß den Gesetzeswortlaut beiseite schieben und allgemeine Gerechtigkeitsmaßstäbe anwenden, die natürlich immer gefunden werden, wenn man ein bestimmtes Ergebnis haben will. Seit dem AGB-Gesetz ist bei allen Gesetzen ein Wettlauf um die Suche nach unverzichtbaren allgemeinen Rechtsgedanken in Gang gesetzt worden, der auch das WEG nicht verschont. Unser Problem ist typisch dafür. Mißbrauch wird überall gewittert, der Normalfall und seine Bedürfnisse bleiben auf der Strecke. Interessenkollision wird zum Fetisch."

94 Die Stimmrechtsvollmacht kann inhaltlich unterschiedlich ausgestaltet sein. Üblich und weit verbreitet ist die Regelung, daß der Bevollmächtigte das Stimmrecht für den Vollmachtgeber in der Versammlung bei der Stimmabgabe zu den einzelnen Tagesordnungspunkten ausübt, ohne daß die Vollmacht Einzelanweisungen enthält. In diesem Fall entscheidet der Bevollmächtigte allein, ob er mit ja oder nein abstimmt bzw. sich der Stimme enthält. Möglich ist es aber auch, daß die Vollmacht Einzelanweisungen enthält mit der Maßgabe, bei den unterschiedlichen Tagesordnungspunkten in bestimmter Weise die Stimme des Vollmachtgebers abzugeben.

95 Wird einem WEer oder dem Verwalter Stimmrechtsvollmacht erteilt, und machen diese von der Vollmacht keinen oder keinen weisungsgemäßen Gebrauch, kann der Vollmachtsgeber hieraus weder Anfechtungs- noch Nichtigkeitsgründe hinsichtlich eines gegen seine Willen zustande gekommen Eigentümerbeschlusses

herleiten. Die anderen WEer werden von der nicht oder nicht weisungsgemäß abgegebenen Stimme des Bevollmächtigten nicht tangiert. Möglich sind aber eventuelle Ansprüche im Innenverhältnis zwischen Vollmachtsgeber und Bevollmächtigtem dann, wenn dem Vollmachtgeber durch weisungswidriges Verhalten des Bevollmächtigten ein Schaden entstehen sollte (KG WE 1997, 189; KG vom 8. 4. 1998, 24 W 1012/97).

5. Stimmrechtsausschluß – Stimmrechtsbeschränkung

Nach § 25 Abs. 5 ist ein WEer im Fall einer Interessenkollision *96*
von der Ausübung eines Stimmrechts ausgeschlossen. Der Ausschluß erstreckt sich auf die ganze ETW, selbst wenn sich ein Miteigentümer an der Wohnung nicht in einer Interessenkollision befindet (umstritten; vgl. BayObLG WE 1993, 347). Was Interessenkollision ist, wird im Gesetz durch die Festlegung von drei Fällen bestimmt. Allerdings besteht in Lehre, Rechtsprechung und Praxis Streit darüber, ob der § 25 Abs. 5 ein allgemeiner Rechtsgedanke ist, oder ob die bezeichneten drei Fälle allein die zum Stimmrechtsausschluß führenden Interessenkollisionen bezeichnen. Die Untergerichte tendieren dazu, den § 25 Abs. 5 als allgemeinen Rechtsgedanken aufzufassen und legen die Interessenkollision in Zweifelsfällen sehr weit aus.

Ein WEer, der sein Stimmrecht nicht ausüben darf, ist aber *97*
gleichwohl berechtigt, an der Versammlung teilzunehmen und hat Anspruch auf Gehör.

Nach § 25 Abs. 5 hat ein WEer kein Stimmrecht bei: *98*

- Vornahme eines auf die Verwaltung des gem. E. bezogenen Rechtsgeschäftes mit dem Betreffenden: Was Rechtsgeschäft ist, ergibt sich aus dem BGB (§§ 104–185). Es sind Willenserklärungen, auch Willensäußerungen, insbesondere aber Verträge.
- Einleitung oder Erledigung eines Rechtsstreits der anderen WEer gegen den Betreffenden: Das gilt grundsätzlich für das WEG-Verfahren, darüber hinaus auch für das Verfahren der streitigen Gerichtsbarkeit (ZPO). Der Stimmrechtsausschluß gilt auch dann, wenn das Verfahren gegen einen WEer in dessen Eigenschaft als Verwalter eingeleitet oder beendigt werden soll (BGH WE 1989, 94). Der Stimmrechtsausschluß bei einem Beschluß über die Entziehung des WE be-

trifft nur den WEer, dessen ETW versteigert werden soll, und nicht einen anderen WEer, der durch den gleichen Beschluß bevollmächtigt wird, die Entziehungsklage für die WEer zu führen (KG WE 1994, 335). Der Beschluß zur Prozeßführung hat zwar rechtsgeschäftlichen Charakter, er bezieht sich aber nicht auf die Verwaltung des gem.E., sondern auf eine mitgliedschaftliche Angelegenheit, welche nicht unter die Beschränkung des § 25 Abs. 5 fällt (BayObLG WE 1991, 220).

- Das Gleiche gilt für den Zwangsverwalter, der auch dann ein Stimmrecht besitzt, wenn der betreffende WEer zur Veräußerung seines WE verurteilt wurde. In gleicher Weise ist der Zwangsverwalter nicht vom Stimmrecht ausgeschlossen, wenn nach § 25 Abs. 5 das Stimmrecht des betreffenden Wers ausgeschlossen ist. Der Zwangsverwalter übt als Organ der Rechtspflege sein Amt selbständig aus. Das Ruhen des Stimmrechts bezieht sich nicht auf das WE sondern auf den störenden WEer (BayObLG vom 5. 11. 1998, 131/98).
- Rechtskräftige Verurteilung nach § 18 auf Entziehung des WE.

99 Eine Interessenkollission, welche das Stimmrecht ausschließt, besteht auch für einen WEer, wenn ein Rechtsgeschäft mit einer BGB-Gesellschaft abgeschlossen werden soll, bei welcher er Gesellschafter ist. Das trifft z. B. für einen Rechtsanwalt zu, der als WEer die Anwaltssozietät beauftragt, an der er selbst beteiligt ist (BayObLG WE 1995, 342).

100 Kommt ein Mehrheitsbeschluß mit der Stimme eines Nichtstimmberechtigten zustande, so wird der Beschluß nur dann unwirksam, wenn er angefochten wird (BayObLG WE 1995, 342), und wenn ohne die Stimme des Nichtstimmberechtigten der Beschluß nicht zustande gekommen wäre (OLG Düsseldorf vom 5. 12. 1997, 3 Wx 443/97).

Wichtige Rechtsprechungsergebnisse:

- Wahl eines WEers zum Verwalter: Stimmrecht gegeben (Weitn. Rz 16 zu § 25).
- Wahl eines WEers zum Vorsitz in der WEer-Vers. oder als VB: Stimmrecht gegeben (OLG Stuttgart WEM 1980, 75).
- Abwahl des Verwalters: Stimmrecht gegeben (Weitn. Rz 16 zu § 25; KG Rpfleger 1979, 65). Beinhaltet der Beschluß aber gleichzeitig die Kündigung des Verwaltervertrages, so besitzt der betreffende WEer-Verwalter kein Stimmrecht (BayObLG WE 1987, 45 m. w. N. und Anmerkung von Seuß).
- Wahl oder Abwahl eines Verwalters, der mit einem WEer wirtschaftlich eng verbunden ist: Stimmrecht für den betreffenden WEer ist gegeben (KG WE 1987, 26 m. w. N.).

- Beschluß über Genehmigung von baulichen Änderungen, wenn Bauträger gleichzeitig WEer ist: kein Stimmrecht (BayObLG Rpfleger 1974, 316).
- Abschluß eines Bauvertrages wegen Instandhaltungsarbeiten mit einem WEer: kein Stimmrecht.
- Beschluß über Entlastung eines WEers in seiner Eigenschaft als Verwalter (OLG Stuttgart Rpfleger 1974, 361; BayObLG Rpfleger 1979, 66; BayObLG WE 1987, 158): kein Stimmrecht. Dies gilt auch dann, wenn er von den Beschränkungen des § 181 BGB befreit ist (AG Frankfurt vom 5. 7. 90, VR II 308/97).
- Beschluß über die Entlastung eines Verwalters, der mit dem Verwalter wirtschaftlich eng verbunden ist: der betreffende WEer hat kein Stimmrecht (KG WE 1987, 26 m. w. N.).
- Beschluß über die Jahresabrechnung, wenn der Verwalter gleichzeitig WEer ist: Stimmrecht gegeben (BayObLG WE 1996, 234).
- Beschluß über die Jahresabrechnung und die Verwalterentlastung, wenn der Verwalter zwar nicht WEer ist, aber in Vollmacht für einen Wohnungseigentümer handelt: Kein Stimmrecht, weil er in entsprechender Anwendung des § 25 Abs. 5 aufgrund der erteilten Vollmacht gleichsam über sich selbst abstimmt (LG Lübeck DWE 1985, 93; LG Frankfurt NJW-RR 1988, 596; KG WE 1989, 134; OLG Zweibrücken WE 1991, 357 m. w. N.) – umstritten). Nach dem LG Frankfurt gilt das auch für den Fall, daß der WEer mit der Vollmacht einen konkreten Auftrag erteilt hat.
- Beschluß über den Wirtschaftsplan, wenn der Verwalter gleichzeitig WEer ist: Stimmrecht gegeben (AG Emmendingen ZMR 1984, 101).
- Beschluß über Erhöhung der Verwaltervergütung: kein Stimmrecht eines WEers, der mit dem Verwalter wirtschaftlich so eng verbunden ist (hier Identität des Anteilsinhabers und des Geschäftsführers beider Gesellschaften und gemeinsames Büro), daß man sein persönliches Interesse mit dem des Verwalters gleichsetzen kann (KG ZMR 1986, 94).
- Beschluß über Jahresabrechnung und Verwalterentlastung, wenn der Verwalter als Nießbrauchberechtigter das alleinige Stimmrecht für das betreffende WE ausübt: kein Stimmrecht (KG WE 1987, 126; vgl. oben S. 233 f.).
- Interne Erstellung der Jahresabrechnung durch einen WEer in seiner Eigenschaft als Angestellter des Verwalters: Stimmrecht für den WEer gegeben (LG Frankfurt NJW-RR 1988, 596).
- Beschluß über Verpachtung eines Apart-Hotels an eine persönlich haftende Gesellschafterin eines TEms: kein Stimmrecht (BGHZ 1968, 107; BayObLG DWE 1982, 67; OLG Frankfurt OLGZ 1983, 175), auch nicht für WEer und TEmer, die mit dem Vertragspartner dieser Gesellschaft in enger wirtschaftlicher Verflechtung verbunden sind, z. B. wenn Vertragspartner und WEer beide denselben Geschäftsführer haben (BayObLG WE 1990, 69).

- Beschluß über Zuordnung von Sanierungskosten zum gem.E. oder zum SE: Stimmrecht für die betroffenen WEer gegeben (OLG Düsseldorf vom 5. 12. 1997, 3 Wx 443/97).

101 Neben dem Stimmrechtsausschluß ist auch eine Stimmrechtsbeschränkung denkbar, z. B. dann, wenn ein sogenannter Mehrheitseigentümer mit seinem Stimmrecht eine unzulässige Majorisierung ausübt.

102 Zweck des gesetzlichen Stimmrechtes (§ 25 Abs. 2) ist es, Majorisierungen bei Abstimmungen zu vermeiden. Die zulässige Abbedingung des Kopfprinzips (s. oben Rn. **9** 58) darf deshalb nicht dazu führen, daß ein einzelner WEer seinen Willen Minderheiten bei Mehrheitsentscheidungen aufzwingt. Ein derartiges Stimmenübergewicht führt aber nicht zur generellen Unzulässigkeit und Unwirksamkeit solcher Regelungen in der GO (BayObLG WE 1986, 144; OLG Karlsruhe WuM 1988, 325). Bei der Majorisierung liegt im Einzelfall dann Rechtsmißbrauch vor, wenn die mit den Stimmen des Mehrheitseigentümers beschlossene Maßnahme den Grundsätzen ordnungsmäßiger Verwaltung (§ 21 Abs. 4) widerspricht. Auch kann die Stimmrechtsausübung eines WEers nicht durch gerichtliche Anordnung für die Zukunft beschränkt werden (gegen OLG Düsseldorf OLGZ 1984, 289), weil die Rechtsmißbräuchlichkeit der Stimmrechtsausübung nur im Einzelfall bei der Prüfung der Ungültigkeit eines Beschlusses festgestellt werden kann (so KG WE 1988, 167). Das OLG Düsseldorf (DW 1984, 120) hat einem Bauträger-Eigentümer das vereinbarte (Objekt-)Stimmrecht bei einer Verwalterwahl bis auf eine Sperrminorität von 25 v. H. abgesprochen, weil nach Auffassung des Gerichts dem Mehrheitseigentümer bei der Verwalterwahl nur diese Sperrminorität zusteht, wenn und soweit er selbst oder eine andere von ihm abhängige Person zum Verwalter gewählt werden soll (vgl. auch OLG Hamm Rpfleger 1978, 182; OLG Frankfurt Rpfleger 1978, 415). Diese Entscheidung ist deshalb gerechtfertigt, weil der Mehrheitseigentümer in der Vergangenheit sein Stimmrecht mehrfach mißbraucht und sich über Bestimmungen des Gesetzes und der TE hinweggesetzt hat.

Ebenso hält das OLG Celle (WE 1989, 199) den infolge der Berücksichtigung der Sperrminorität von 25 v. H. abgelehnten Antrag eines das Mehrheitsstimmrecht ausübenden Zwangsverwalters, die betreibende Gläubigerin zur Verwalterin zu wählen, für wirksam. Die Ausnutzung der Stimmenmehrheit durch den Zwangsverwalter wäre rechtsmißbräuchlich, weil damit den Minderheitseigentümern eine Verwaltung aufgezwungen würde, deren Interessen zwangsläufig (Beitreibung von Forderungen) den Interessen der Gem. der WEer entgegenstehen.

Das KG Berlin vertritt bei der Frage des Minderheitenschutzes dagegen die Auffassung, daß es den Gerichten verwehrt ist, in ergänzender Gesetzesauslegung das Mehrheitsstimmrecht einzelner auf einen bestimmten Höchstsatz (z. B. 25 v. H.) der Gesamtstimmen zu begrenzen. Es bedürfe stets einer inhaltlichen Prüfung der jeweils mehrheitlich beschlossenen Maßnahmen nach Maßgabe des Grundsatzes ordnungsmäßiger Verwaltung (KG NJW-RR 1986, 643; KG WE 1987, 25; vgl. auch ZMR 1986, 190).

6. Ruhen des Stimmrechts

In Einzelfällen kann das Ruhen des Stimmrechts zweckmäßig *103*
sein. Dies ist aber nur durch Vereinbarung der WEer möglich. In manchen GO findet sich die Regelung, daß das Stimmrecht der WEer dann ruht, wenn ein WEer schuldhaft seinen Verpflichtungen zu Hausgeldzahlungen nicht nachkommt oder wenn ein WEer ständig und schuldhaft den Gemeinschaftsfrieden stört. Da eine solche Regelung einer strengen Auslegung bedarf, ist auch ihr praktischer Wert wohl nicht allzu groß.

Wird das Ruhen des Stimmrechts im Falle von Hausgeldrückständen dennoch durch Mehrheitsbeschluß vorgesehen, so ist es sehr fraglich, ob ein solcher Beschluß, wenn er nicht innerhalb der Monatsfrist des § 23 Abs. 4 angefochten wird, überhaupt wirksam ist. Unabhängig davon endet die Wirksamkeit eines solchen Mehrheitsbeschlusses jedenfalls dann, wenn neue WEer in die Gem. eintreten (KG WE 1990, 207), weil ein solcher nicht angefochtener Beschluß auf keinen Fall gegen Sondernachfolger wirkt.

7. Stimmrecht bei Mehrhausanlagen

104 Die Mehrhausanlage ist für die Verwaltung und insbesondere für die Versammlung der WEer dann von Bedeutung, wenn eine ETW-Anlage aus mehreren Gebäuden besteht und wenn innerhalb der einzelnen Gebäude Verwaltungsfragen zu klären sind, die nur die SEer eines Gebäudes allein berühren. Dies ist dann der Fall, wenn die Interessen der übrigen Miteigentümer von den Verwaltungsmaßnahmen in keiner Weise berührt werden (BayObLG DWE 1984, 125). Hier haben nur die SEer eines betroffenen Gebäudes alleiniges Stimmrecht in der WEer-Vers. (BayObLG NJW 1962, 492; LG Wuppertal Rpfleger 1972, 451; BayObLG WEM 1981, 38). Dies gilt insbesondere für Gebrauchsregelungen und Hausordnungsfragen. Stimmrechtsausschluß besteht aber nicht bei Beschlüssen über Lasten und Kosten, sofern in der GO eine getrennte Lastenregelung für bestimmte Gebäude nicht vorgesehen ist.

105 In der GO kann eine getrennte Verwaltung bestimmter Gebäude oder abgegrenzter Teile einer Wohnanlage vereinbart werden. In diesem Fall haben die SEer eines bestimmten Gebäudes nicht nur kein Stimmrecht, sondern brauchen auch zur Versammlung nicht eingeladen zu werden, weil sie von der Mitverwaltung ausgeschlossen sind. Damit steht außenstehenden Miteigentümern auch nicht das Recht zur Anfechtung von Beschlüssen zu. Solche Anfechtungsanträge sind mangels Rechtschutzbedürfnis abzuweisen (BayObLG DWE 1984, 125).

Verwiesen wird auf einen Regelungsvorschlag für die Ausübung des Stimmrechts in Mehrhauswohnanlagen (vgl. oben Rn. **7** 174).

106 Die Beschränkung des Stimmrechts bei Mehrhausanlagen stellt eine Ausnahme dar. Sie darf deshalb nicht vorgenommen werden, wenn dadurch die Rechte der Gesamtgemeinschaft berührt werden. So kann z.B. die Versammlung eines Teils einer Mehrhausanlage nicht über die Geltendmachung einer Forderung beschließen, die allen WEern zusteht (BayObLG WE 1984, 92). Auch kann in der GO nicht wirksam bestimmt werden, daß die SEer eines Gebäudes allein zuständiges Beschlußorgan auch

für solche Angelegenheiten sind, an welchen die anderen WEer durch Kostentragungspflicht beteiligt sind (OLG Hamm WE 1990, 99).

Ebenso ist eine Beschränkung der Stimmrechte auf bestimmte Häuser bei einer Jahresabrechnung nicht möglich, weil diese notwendigerweise Kosten enthält, welche das gem.E ingesamt betreffen. Wird aber ein Beschluß über die hausweise Abrechnung angefochten, so kann der Beschluß ausnahmsweise dann nicht für ungültig erklärt werden, wenn die Beschlüsse der anderen Untergemeinschaften bestandskräftig geworden sind (BayObLG WE 1995, 96). *107*

Rechtsprechung: *108*

- Ein WEer-Beschluß, der die Bildung nur einer einheitlichen Instandhaltungsrückstellung für das ganze Objekt einer Mehrhausanlage vorsieht, ist auf Antrag für ungültig zu erklären, wenn in der GO eine getrennte Rücklage für die einzelnen Gebäude vorgesehen ist (BayObLG WE 1988, 71).
- Beschließen die SEer eines Gebäudes allein über Instandhaltungsmaßnahmen dieses Gebäudes, wonach die Kosten entgegen der GO allein von den SEern dieses Gebäudes zu tragen sind, so liegt auch bei Anwesenheit der anderen WEer und trotz der Minderheit der SEer des Gebäudes kein nichtiger (aber anfechtbarer) Beschluß vor, wenn die anderen WEer von der alleinigen Beschlußzuständigkeit der SEer des betreffenden Gebäudes ausgehen (OLG Hamm WE 1990, 99 im Anschluß an OLG Hamburg DWE 1984, 123 und OLG Schleswig DWE 1987, 133). In diesem Fall ist auch keine zur Nichtigkeit des Beschlusses führende absolute Unzuständigkeit der betreffenden SEer gegeben (OLG Hamm WE 1990, 99 im Anschluß an OLG Celle DWE 1984, 90 und BayObLG DWE 1983, 30).

VII. Geschäftsordnung für die Versammlung

Obwohl Geschäftsordnungsfragen materiellrechtlich nur von geringer Bedeutung sind, sollte die Praxis diesen Fragen mehr Aufmerksamkeit widmen, weil sie erheblichen Einfluß auf das Verfahren in der Versammlung haben. Die Geschäftsordnung ist die Grundlage für einen einwandfreien Verlauf in der Versammlung. *109*

1. Gegenstand der Geschäftsordnung

110 Geschäftsordnungsfragen sind solche, die sich auf das Verfahren in der Versammlung beziehen und nicht auf Sachfragen oder auf den Inhalt von Beschlüssen. Solche Fragen sind z. B.:

- Wahl des Vorsitzenden
- Beschränkung der Redezeit
- Festlegung des Abstimmungsverfahrens (Akklamation, schriftlicher Beschluß, geheime Abstimmung)
- Antrag auf Beendigung von Debatten
- Festlegung, wie Anträge zur Geschäftsordnung während der Versammlung kenntlich gemacht werden
- Reihenfolge der Tagesordnung.

Es kann zweckmäßig sein, durch die Gem. eine für alle Versammlungen gültige Geschäftsordnung als Rahmenordnung einzuführen (Muster: Bä-S, a. a. O. S. 798).

2. Anträge und Beschlüsse zur Geschäftsordnung

111 Der Versammlungsleiter sollte der Gem. vor Eintritt in die Tagesordnung die Gelegenheit geben, Anträge zur Geschäftsordnung einzubringen. Über Anträge entscheidet die Gem. durch Beschluß. Dabei gelten die gleichen Grundsätze wie die zur Beschlußfassung über die Gegenstände zur ordnungsmäßigen Verwaltung mit der Ausnahme, daß Beschlüsse zur Geschäftsordnung nicht (selbständig) angefochten werden können (BayObLG WE 1988, 33). Der Beschluß zur Geschäftsordnung bezieht sich allein auf die Durchführung der WEer-Vers., so daß sich die Wirksamkeit des Beschlusses von selbst mit dem Ende der WEer-Vers. erschöpft (KG WE 1989, 168), weil eine Ungültigkeitserklärung rechtlich unwirksam bliebe (BayObLG NJW-RR 1987, 1363; BayObLG WE 1996, 237). In diesem Sinne kann ein Geschäftsordnungsbeschluß über eine andere Reihenfolge der vom Verwalter festgelegten Tagesordnungspunkte nicht angefochten werden (BayObLG WE 1996, 237).

112 Nur wenn ein Geschäftsordnungsbeschluß inhaltlich rechtswidrig ist, kann dies, wenn sich der Fehler so auswirkt, daß der

Geschäftsordnungsbeschluß kausal für den Fehler des Sachbeschlusses ist (OLG Hamm WE 1997, 23), bei rechtzeitiger Anfechtung, zur Unwirksamkeit führen (BayObLG WE 1996, 197). Ein Geschäftsordnungsbeschluß kann auch dann angefochten werden, wenn der Beschluß über eine Geschäftsordnungsfrage für die Zukunft Gültigkeit haben soll (OLG Düsseldorf NJW-RR 1995, 224).

3. Anwesenheit Dritter

Dritte können von der Versammlung nicht ausgeschlossen werden, wenn sie zur Stimmrechtsausübung für einen WEer wirksam bevollmächtigt sind. Ist das Recht zur Übertragung des Stimmrechts auf bestimmte Personen beschränkt (Verwandte, andere WEer, Verwalter) so können andere Dritte weder das Stimmrecht für einen WEer ausüben, noch an der Versammlung teilnehmen. Die WEer-Vers. ist nicht öffentlich, weil fremde Einflüsse in der Versammlung fernzuhalten sind und ein ungestörter Ablauf der Versammlung zu gewährleisten ist. Eine unnötige Verbreitung der Angelegenheiten der WEer in der Öffentlichkeit ist zu vermeiden (OLG Hamm WE 1990, 197). *113*

Diese Auffassung bestätigt der BGH (WE 1993, 165) mit der Maßgabe, daß auch Beiständen (Rechtsanwalt, Steuerberater u.a.) die Beteiligung an der Versammlung nicht gestattet ist. Dies gilt insbesondere dann, wenn eine Vertretungsbeschränkung vereinbart ist. Eine Ausnahme vom Beteiligungsverbot der Beistände sieht der BGH in dem Umstand, daß ein WEer wegen einem in seiner Person liegenden Grund, wie z.B. in seinem hohen Lebensalter oder wegen der Schwierigkeit der Angelegenheit, nicht in der Lage ist, seine Rechte in der Versammlung selbst angemessen wahrzunehmen. Grundsätzlich hat der Verwalter unter enger Auslegung des Grundsatzes der Nichtöffentlichkeit der WEer-Versammlung von Fall zu Fall zu entscheiden, ob Berater in der Versammlung zuzulassen sind oder nicht (OLG Düsseldorf WE 1996, 31; BayObLG WE 1997, 436). Die Zulassung setzt in jedem Fall ein berechtigtes Interesse voraus. *114*

115 Es gilt ferner, daß Dritte in der Versammlung nicht anwesend sein sollten, es sei denn, ihnen ist wirksam Stimmrechtsvollmacht erteilt. Begehren Dritte, wie z. B. Beistände, Einlaß in das Versammlungslokal, so kann der Vorsitzende diese zurückweisen, es sei denn, daß der Beistand nachweisen kann, sein Mandant benötige aus dem Gesichtspunkt von Treu und Glauben seiner Beratung.

116 Die Vereinbarung, daß sich ein WEer nur durch den Verwalter, seinen Ehegatten oder einen anderen WEer der Gemeinschaft vertreten lassen kann, schließt nicht grundsätzlich aus, daß Dritten die „stille" Teilhabe an der Versammlung durch Mehrheitbeschluß ermöglicht wird. Dem steht auch die zitierte BGH-Entscheidung (WE 1993, 165) nicht entgegen, weil hier ein Beschluß angefochten wurde, der vorsah, den Beistand eines WEers auszuschließen. Eine Entscheidung der Rechtsprechung darüber, ob die Zulassung Dritter als Zuhörer durch Mehrheitsbeschluß möglich ist, obwohl eine Vereinbarung besteht, die das Vertretungsrecht in der Versammlung auf bestimmte begrenzt, steht noch aus (OLG Hamm WE 1997, 23).

Im übrigen sollte diese Frage in der Praxis nicht überbewertet werden. Es ist deshalb den Versammlungsleitern zu empfehlen – wenn nicht ausdrücklich Gründe entgegenstehen – über die Zulassung oder Nichtzulassung von Dritten und Beratern einen Geschäftsordnungsbeschluß der WEer am Anfang der Versammlung herbeizuführen. Dabei muß man wissen, daß ein Beschluß, der einem Dritten den Zugang in die Versammlung ermöglicht oder versagt, nicht angefochten werden kann, weil es sich eben um einen Geschäftsordnungsbeschluß handelt (BayObLG WE 1997, 436).

4. Ordnungsgewalt in der Versammlung

117 Das Ordnungsrecht in der WEer-Vers. übt im Grundsatz der Versammlungsleiter, das ist in der Regel der Verwalter, aus. Maßstab für das Ordnungsrecht sind die allgemeinen Grundsätze der Gleichbehandlung und der Verhältnismäßigkeit (vgl. hierzu Becker „Die Teilnahme an der Versammlung der Wohnungseigentümer" 1996).

Die Gestaltung des Ordnungsrechts erfolgt durch folgende Ordnungsmaßnahmen:

- Allgemeine Beschränkung der Redezeit
- Spezielle Beschränkung der Redezeit
- Entziehung des Worts
- Ausschluß aus der Versammlung

Die WEer unterliegen diesen Maßnahmen aufgrund der für sie geltenden Ordnungspflicht. Die Ordnungspflicht verlangt, Beeinträchtigungen jeder Art bei der ordnungsmäßigen Willensbildung der Gem. zu unterlassen.

Anstelle der genannten Ausübung des Ordnungsrechts durch *118*
den Versammlungsleiter/Verwalter können die Ordnungsmaßnahmen auch durch die Versammlung beschlossen werden. Dies gilt insbesondere dann, wenn der Versammlungsleiter im Einzelfall nicht entscheidungsbefugt ist (Geschäftsordnungsbefugnisse). Der Versammlungsleiter kann seine Zuständigkeit zum Erlaß der Ordnungsmaßnahmen an die WEer-Vers. insgesamt oder auch im Einzelfall delegieren. Das bedeutet, daß die Gem. in diesen Fällen einen Ordnungsbeschluß herbeiführen muß.

Auch die Frage, ob es rechtlich möglich, notwendig, oder *119*
zweckmäßig ist, die Versammlungsgespräche oder auch den gesamten Versammlungsablauf auf Tonband festzuhalten, kann im Rahmen der Geschäftsordnung behandelt werden.

Zunächst ist festzustellen, daß die Aufzeichnung von Gesprächen auf Tonträger in der WEer-Vers. rechtlich möglich ist, wenn der Versammlungsleiter die Gem. über die Bandaufnahmen informiert. Sollte Widerspruch gegen Tonbandaufzeichnungen laut werden, wäre durch Beschluß mit Stimmenmehrheit über dieses Verfahren zu entscheiden.

Tonbandaufnahmen in Versammlungen sind keinesfalls ein Verstoß gegen das Datenschutzgesetz, weil dieses nur Einzelangaben über persönliche oder sachliche Verhältnisse natürlicher Personen schützt.

Verboten und strafbar (§ 201 StGB) ist es aber, das „nichtöffentlich" gesprochene Wort unbefugt auf Tonträger aufzunehmen. Das wäre dann der Fall, wenn im Rahmen der WEer-

Vers. der Verwalter oder aber auch ein einzelner WEer ohne Wissen der anderen Versammlungsteilnehmer Tonbandaufnahmen vornimmt (vgl. DW 1984, 31).

VIII. Abstimmung in der Versammlung

120 Bei der Beschlußfassung und Abstimmung in der WEer-Vers. werden häufig auch von routinierten Verwaltern immer wieder Fehler gemacht. Der Verwalter sollte sich deshalb bereits vor der Versammlung sorgfältig auf die Abstimmung vorbereiten, um mit richtigen, überzeugenden Argumenten das für die Gem. sach- und interessengerechteste Abstimmungsergebnis zu erzielen. Eine gute Vorbereitung ist die halbe WEer-Vers. Nur eine gut vorbereitete WEer-Vers. kann straff und zielstrebig durchgezogen werden.

1. Beschluß-Texte

121 Zu einer guten Vorbereitung gehört wohl auch, daß der Verwalter vor der WEer-Vers. die Beschluß-Texte vorbereitet und schriftlich niederlegt. Gegebenenfalls im Einvernehmen mit dem VB. Überlegt könnte in diesem Zusammenhang auch werden, ob die Beschluß-Texte bereits vorformuliert in der Einladung im Zusammenhang mit den Tagesordnungspunkten vorgegeben werden. Durch die vorformulierten Beschluß-Texte entfallen die vielfach nicht ganz einfachen „Stegreif-Formulierungen" im Verlauf der WEer-Vers., was zur Vermeidung von Fehlern und Unzulänglichkeiten beiträgt. Sollten die vorformulierten Beschlüsse dem Mehrheitswillen der WEer nicht entsprechen, dürften Änderungen und Ergänzungen der Entwürfe keine großen Schwierigkeiten bereiten. Auf alle Fälle hat der Verwalter den endgültigen Beschluß-Text der Versammlung noch einmal vorzulesen.

2. Abstimmungsmodus

Die Abstimmung erfolgt durch Auszählen der Stimmen. Von der Art des Stimmrechts hängt es ab, wie die Auszählung der Stimmen vorgenommen wird, z. B. durch 122

- Handaufheben, bzw. durch Heben der Stimmkarte
- Abgabe der Stimmzettel
- Akklamation
- elektrische Zählmaschine.

Eine namentliche, öffentliche Abstimmung ist nicht üblich. Sie könnte aber vorgenommen werden, wenn die Gem. dies vorher beschließt. In bestimmten Fällen kann sie zweckmäßig sein (Antrag zur Geschäftsordnung).

Die Abstimmung durch Abgabe von Stimmzetteln dürfte grundsätzlich dann sinnvoll sein, wenn für das Stimmrecht das Wertprinzip vereinbart ist.

Ist in der GO keine Regelung über die Abstimmung in der WEer-Vers. getroffen, so bestimmt grundsätzlich der Versammlungsleiter über die Art und Weise der Abstimmung. Der Versammlungsleiter handelt hier im eigenen Ermessen, um die ungestörte Willensbildung in der WEer-Vers. zu ermöglichen. Es spielt dabei keine Rolle in welcher Reihenfolge er die Fragen nach Zustimmung, Ablehnung und Enthaltung stellt (KG DWE 1985, 36; BayObLG WE 1990, 140).

3. Feststellung des Abstimmungsergebnisses

Das Abstimmungsergebnis wird durch das Auszählen der Ja-Stimmen, Nein-Stimmen und Stimmenthaltungen festgestellt (besser als z.B.: mehrheitlich bei 2 Gegenstimmen und keiner Enthaltung). Je eindeutiger, je besser. 123

Ist die Anzahl der jeweiligen Stimmen festgestellt, sind diese zu werten, insbesondere ist zu prüfen, ob eine Stimmenmehrheit zustandegekommen ist.

Stimmenmehrheit bezüglich eines einfachen Mehrheitsbeschlusses liegt immer dann vor, wenn mehr als die Hälfte der abgegebenen Stimmen der WEer für die Annahme des Beschlußantrags gestimmt haben.

Die lange umstrittene Frage, wie Stimmenthaltungen und nicht abgegebene Stimmen zu werten sind, hat der BGH (WE 1989, 51) dahingehend entschieden, daß Stimmenthaltungen und nicht abgegebene Stimmen nicht wie Nein-Stimmen gewertet werden. Für die Feststellung der Stimmenmehrheit kommt es nur auf das Verhältnis der Ja-Stimmen zu den Nein-Stimmen an.

Ob diese Auffassung auch dann zutrifft, wenn eine Vereinbarung besteht, daß über bestimmte Sachverhalte die WEer-Vers. mit einer $^2/_3$ Mehrheit entscheiden kann, ist zumindest fraglich. Nach Auffassung OLG Celle (WE 1991, 330) kann hier die Auffassung des BGH über die Wertung des Mehrheitsbeschlusses nicht Platz greifen, weil für die qualifizierte Mehrheit eine entsprechende Anzahl von Ja-Stimmen erforderlich ist.

Möglich ist eine Vereinbarung der WEer nach der Stimmenthaltungen als Nein-Stimmen gelten (BayObLG WE 1992, 140).

4. Verkündung des Beschlußergebnisses

124 Im WEG besteht keine Vorschrift, die vorsieht, daß der Verwalter oder Versammlungsleiter das Beschlußergebnis wertend, d. h. als angenommen oder als abgelehnt zu verkünden hat. Zur Wirksamkeit eines Beschlusses bedarf es nicht der ausdrücklichen Verkündung der Annahme eines Beschlußantrags (KG WE 1992, 283). Anders ist nach Merle (a. a. O. S. 42 ff) ein Beschluß aber erst dann rechtswirksam zustandegekommen, wenn der Versammlungsleiter das Beschlußergebnis ausdrücklich feststellt. Tut er dies nicht, entsteht der Beschluß erst mit Aufnahme in der Niederschrift. Das OLG Hamm (Rpfleger 1979, 342) stellt hierzu folgendes fest:

> „Über die Annahme oder Ablehnung eines Antrages hat – vorbehaltlich der gerichtlichen Nachprüfung – zunächst der Vorsitzende der Eigentümerversammlung zu entscheiden. Diese Entscheidung ist vorläufig maßgeblich, wenn nicht die Sachlage so eindeutig ist, daß auch ohne Verkündung durch den Vorsitzenden eine eindeutig protokollarisch festgelegte Willensäußerung der Eigentümerversammlung vorliegt."

Das BayObLG (Beschlüsse vom 2. 2. 1984, 2 Z 15/83 und vom 9. 8. 1984, PiG Nr. 17 S. 267; BayObLG vom 10. 6. 1998, 2 Z 67/98) kommt, ohne auf die Entscheidung des OLG Hamm einzugehen, zu einem entgegengesetzten Ergebnis. Nach dieser Auffassung kommt es auf die Feststellung des Verwalters über das Beschlußergebnis in der Versammlung und in der Niederschrift nicht an, diese habe keine ausschlaggebende oder konstitutive Bedeutung, sie besitzt lediglich eine deklaratorische (BayObLG vom 18. 5. 1998, 2 Z 51/98). Das gleiche gilt für falsche Stimmenauszählungen. So bilden z.B. wegen falscher Stimmenauszählung unrichtig protokollierte WEer-Beschlüsse über Wirtschaftsplan und Jahresabrechnung keine Grundlage für gerichtliche Hausgeldverfahren (KG WE 1989, 207). Ebenso käme es auf die entsprechende Feststellung in der Niederschrift nicht an, weil diese lediglich eine Privaturkunde im Sinne von § 416 ZPO ist, der hinsichtlich ihres Inhalts keine gesetzliche Beweiskraft zukommt (BayObLG NJW 1973, 1086; KG Berlin Rpfleger 1979, 65; vgl. auch OLG Hamburg DM 1984, 123). *125*

Dieser Entscheidungsbegründung des BayObLG kann nicht gefolgt werden. Sie ist deshalb nicht zu vertreten, weil eine erhebliche Rechtsunsicherheit eintritt, wenn die wertende Feststellung des Versammlungsergebnisses durch den Verwalter ohne Bedeutung wäre. In diesem Falle müßte es jedem einzelnen WEer überlassen werden, den Schluß aus dem Abstimmungsergebnis zu ziehen, insbesondere darüber, ob ein Beschluß zustande gekommen ist oder nicht. Aus diesem Grunde bringt allein die Entscheidung des OLG Hamm und die Auffassung von Merle (in PiG Nr. 17 S. 267; vgl. auch OLG Frankfurt NJW-RR 1993, 86) ein interessengerechtes Ergebnis, das Merle (a.a.O. S. 273) wie folgt darstellt (umstritten): *126*

„1. Erhält der zur Abstimmung gestellte Beschlußantrag – bei richtiger rechtlicher Würdigung – keine Mehrheit, stellt der Vorsitzende der Wohnungseigentümerversammlung gleichwohl fest, daß ein entsprechender Beschluß gefaßt worden ist, so liegt ein – allerdings anfechtbarer – Beschluß vor. Seine Ungültigkeitserklärung kann in der Frist des § 23 Abs. 3 WEG gem. § 43 Abs. 1 Nr 4 WEG beantragt werden. Eine solche Lösung allein entspricht dem Zweck des § 23 Abs. 4 WEG, wonach verhindert werden soll, daß ein Wohnungseigentümer oder auch ein Dritter noch nach längerer Zeit den

Einwand erheben kann, der Mehrheitsbeschluß sei in Wahrheit unwirksam.

2. Erhält der zur Abstimmung gestellte Beschlußantrag – bei richtiger rechtlicher Würdigung – eine Mehrheit, stellt der Vorsitzende aber fest, die erforderliche Mehrheit sei nicht erreicht, so liegt mangels entsprechender Feststellung kein Beschluß vor. Jeder Wohnungseigentümer kann jedoch im Verfahren der freiwilligen Gerichtsbarkeit die Feststellung beantragen, daß ein entsprechender Beschluß zustande gekommen ist, mit Rechtskraft einer solchen gerichtlichen Entscheidung wird der Beschluß existent.
Ein „Nicht-Beschluß" liegt folglich nur vor, wenn schon der äußere Tatbestand einer Beschlußfassung der Wohnungseigentümer fehlt, sei es, daß keine Versammlung der Wohnungseigentümer, sei es, daß keine Abstimmung der Wohnungseigentümer stattgefunden hat oder wenn der Vorsitzende der Versammlung entweder das Ergebnis der Beschlußfassung überhaupt nicht oder ein negatives Ergebnis festgestellt hat."

127 Das OLG Hamm unterstreicht (WE 1990, 102) seine Auffassung, daß der Versammlungsleiter über die Annahme oder Ablehnung eines Antrags zu entscheiden hat. Diese Entscheidung ist vorbehaltlich der gerichtlichen Nachprüfung maßgeblich, es sei denn, die Sachlage ist so eindeutig, daß auch ohne Verkündung durch den Vorsitzenden eine eindeutig protokollarisch festgelegte Willensäußerung der WEer-Vers. vorliegt. Damit tritt das OLG Hamm der gegenteiligen Rechtsauffassung des BayObLG entgegen. Trotzdem hat das OLG Hamm die Sache nicht dem BGH vorgelegt, weil das BayObLG das Vorliegen eines Nichtbeschlusses ausnahmsweise dann annimmt, wenn nach den Umständen für alle Beteiligten keinerlei Zweifel bestehen kann, daß der Antrag wegen Nichterreichen der erforderlichen qualifizierten Mehrheit abgelehnt wurde und ein Beschluß mithin nicht zustande gekommen ist. Die Voraussetzungen eines solchen Ausnahmefalls lagen nach Auffassung des OLG Hamm dem entschiedenen Fall zugrunde.

128 Ein besonderes Problem entsteht dann, wenn die Feststellung eines an sich Einstimmigkeit erfordernden Beschlusses zweideutig ist. In dem vom KG (WE 1992, 283) entschiedenen Fall hat der Verwalter einerseits vor der Beschlußfassung zu einer baulichen Änderung erklärt, daß zur Wirksamkeit dieses Beschlusses Einstimmigkeit erforderlich ist. Nach der Abstimmung, die im

Ergebnis mit 19 Ja- und 10 Neinstimmen erfolgte, erklärte der Verwalter lt. Niederschrift den „Antrag" als angenommen. In diesem Fall ist nach dem KG der Mehrheitsbeschluß wirksam. Die Ungültigkeit kann hier nur durch rechtzeitige gerichtliche Anfechtung geltend gemacht werden.

IX. Versammlungsniederschrift

1. Allgemeine Grundsätze

Der Versammlungsleiter ist verpflichtet, die Beschlüsse der WEer in einer Niederschrift festzuhalten. Den gesetzlichen Mindestinhalt der Niederschrift bestimmt § 24 Abs. 6 S. 1. Darüber hinaus hat der Verwalter bezüglich der inhaltlichen Gestaltung eine freie Ermessensausübung (OLG Hamm WE 1989, 174). In diesem Sinne steht es dem Verwalter bzw. dem Vorsitzenden der WEer-Vers. frei, nur ein Beschlußprotokoll oder ein ausführliches Ablaufprotokoll zu erstellen (BayObLG Rpfleger 1972, 411). *129*

Die Niederschrift dient der Information über Inhalt und Zustandekommen der Beschlüsse und damit der Vorbereitung einer etwaigen Beschlußanfechtung. Es sollten deshalb (auch beim Ablaufprotokoll) keine sachlich nicht gebotenen Feststellungen vermerkt sein. *130*

Grundsätzlich soll eine Versammlungsniederschrift folgende Angaben enthalten: *131*

- Ort und Zeitpunkt der Versammlung
- Anzahl der anwesenden bzw. vertretenen Miteigentumsanteile (Präsenz)
- Feststellung der Beschlußfähigkeit
- Tagesordnungspunkte
- Beschlußergebnis zu den Tagesordnungspunkten.

Die WEer haben, sofern die GO nichts anderes vorsieht, keinen Anspruch auf Übersendung der Niederschrift. Jeder verantwortungsbewußte Verwalter wird aber die Niederschriften an alle WEer versenden, schon deshalb damit die WEer, die an der WEer-Vers. nicht teilgenommen haben, in der Lage sind, gege- *132* benenfalls die Monatsfrist (vom Zeitpunkt der WEer-Vers. an gerechnet, § 23 Abs. 4) zur Anfechtung eines oder mehrerer Beschlüsse einhalten zu können.

133 Bezüglich der endgültigen Fertigstellung der Niederschrift (nach Vorliegen der von den Zeichnungspflichtigen unterschriebenen Originalniederschrift beim Verwalter) trifft das WEG keine Aussagen. Nach h. M. hat die Niederschrift spätestens eine Woche vor Ablauf der Anfechtungsfrist fertiggestellt zu sein (BayObLG Rpfleger 1972, 411), damit es dem an der Versammlung nicht teilnehmenden WEer ermöglicht wird, rechtzeitig vor Ablauf der Anfechtungsfrist des § 23 Abs. 4 die Niederschrift einzusehen (BayObLG WE 1989, 224).

134 Der Verwalter ist im Rahmen ordnungsmäßiger Verwaltung verpflichtet, die Niederschriften ohne zeitliche Begrenzung aufzubewahren. Er ist ferner verpflichtet, jedem WEer bzw. einem mit Vollmacht ausgestatteten Vertreter nach Aufforderung Einsicht in die Niederschrift zu gewähren (§ 24 Abs. 6) oder diesem eine Kopie der Niederschrift gegen Kostenerstattung zu überlassen. Einsichtsrecht und Herausgabeanspruch haben die WEer aber nicht für vorbereitende, private Aufzeichnungen und Notizen des Protokollführers, die nicht zur endgültigen Niederschrift gehören, weil solchen Unterlagen keine Verbindlichkeit zukommt (KG WE 1989, 25).

135 Die Niederschrift muß vom Vorsitzenden der WEer-Vers., vom Vorsitzenden des VB oder seinem Vertreter und von einem WEer unterzeichnet sein (§ 24 Abs. 6 S. 2). Fehlt eine Unterschrift, so ändert das nichts daran, daß die Niederschrift eine Privaturkunde im Sinne von § 416 ZPO ist. Allerdings führt die fehlende Unterschrift dazu, daß der tatsächliche Beweiswert der Niederschrift hinsichtlich der Richtigkeit und Vollständigkeit ihres Inhalts beeinträchtigt ist (BayObLG WE 1991, 81).

2. Rechtliche Bedeutung der Niederschrift

136 Rechtlich hat die Niederschrift eine deklaratorische Bedeutung, sie dient nur der Information über Inhalt und Zustandekommen von Beschlüssen (BayObLGZ 1989 Nr. 57). Sie ist für

die Feststellung, ob und mit welchem Inhalt ein WEer-Beschl. zustande gekommen sei (z.B. Fehler in der Niederschrift) nicht maßgebend, sie hat für die Gültigkeit von Beschlüssen keine konstitutive Wirkung. Die Niederschrift ist lediglich eine Privaturkunde (§ 416 ZPO), so daß ihr bezüglich der Richtigkeit ihres Inhalts keine Beweiskraft zukommt (BayObLG DWE 1984, 62). Sie begründet lediglich den Beweis dafür, daß der Inhalt der Niederschrift von den Unterzeichnern als Urheber der Urkunde herrührt (BayObLGZ 1989, 347; KG WE 1989, 139) und daß ein oder die Unterzeichner eine Versammlungsniederschrift abgefaßt haben (BayObLG WE 1997, 396). Die inhaltliche Richtigkeit der Urkunde wird von den Unterzeichnern aber nicht bestätigt, sie besitzt keine gesetzliche Beweiskraft. Aus diesem Grunde sollten zur Feststellung des Inhalts eines Beschlusses der WEer auch andere Beweismittel (Zeugen) herangezogen werden (BayObLG WE 1991, 53). Bedeutungslos ist der Inhalt der Niederschrift aber nicht, weil sie in der Regel das Beschlußergebnis richtig festhält und somit Indiz für den Inhalt und das Zustandekommen von Beschlüssen ist. Außerdem bieten die Feststellungen in der Niederschrift die Grundlage für die Auslegung von WEer-Beschlüssen. Sie sind der Bewertungsmaßstab für den objektiven Erklärungswert, der den WEer-Beschl. beizumessen ist (s. oben Rn. **8** 36ff.).

Die Niederschrift kann aber so gestaltet sein, daß ihr Inhalt *137*
den Beweis für die inhaltliche Richtigkeit der niedergelegten Erklärungen erbringt (vgl. hierzu Bub „Die Beweiskraft des Protokolls der Eigentümerversammlung" in Festschrift Seuß 1997 S. 53ff.). Das setzt aber das Vorhandensein einer öffentlichen Urkunde nach § 417 ZPO voraus, die zwingend der Beurkundung durch den Notar bedarf. Sofern die WEer den Beweis für Vollständigkeit und Richtigkeit der Niederschrift erreichen wollen, können sie (nur) durch Vereinbarung vorsehen, die Niederschrift notariell beurkunden zu lassen. Das dürfte aber in der Praxis nicht ganz einfach sein, weil dann der Notar in jeder WEer-Vers. zwecks Abfassung der Urkunde anwesend sein müßte. Das ist nicht nur sehr zeit-, sondern auch kostenaufwendig.

Eine weitere rechtliche Möglichkeit besteht darin, der Nieder- *138*
schrift bezüglich der Gültigkeit von Beschlüssen konstitutive

Wirkung zu verleihen. Mit dieser umstrittenen Frage hat sich Bub (a.a.O. S. 55ff.) intensiv auseinandergesetzt. Bub vertritt die Meinung (gegen KG ZMR 1933, 709 und mit OLG Oldenburg ZMR 1985, 30), die WEer könnten wirksam vereinbaren (z.B. in der GO), daß zur Gültigkeit eines Beschlusses dessen Protokollierung erforderlich ist. Bub verteidigt diese Auffassung, weil er in einer solchen Regelung nicht nur eine Beweiserleichterung, sondern auch einen Schutz der WEer sieht, die an der Versammlung nicht teilgenommen haben. Die Regelung schützt auch Sondernachfolger von WEern vor der Existenz von Beschlüssen, die nicht oder nicht richtig oder unvollständig protokolliert wurden und die ohne die Wirksamkeitsvereinbarung nach § 10 Abs. 3 verbindlich wären. Mit dieser Vereinbarung wird erreicht, daß die Wirksamkeitsvoraussetzung eines Beschlusses erst mit der Beurkundung des Beschlussergebnisses in der Niederschrift gegeben ist. Wird dagegen ein Beschluß unrichtig oder unvollständig beurkundet, so hat die Beurkundung keine konstitutive Wirkung. In diesem Fall kann die Niederschrift widerlegt werden, da die Klausel der Niederschrift keine formelle Beweiskraft hinsichtlich der inhaltlichen Richtigkeit und Vollständigkeit verleihen kann und soll. Dem wirklich gefaßten Beschluß kann dann gleichfalls nur im Wege des Berichtigungsverfahrens zur Gültigkeit verholfen werden. Die Klausel kann also nur vor der Gültigkeit nicht protokollierter Beschlüsse schützen, nicht aber die Gültigkeit protokollierter Beschlüsse gewährleisten (Bub a.a.O. S. 57f.).

3. Niederschrift als Beweis der Verwaltereigenschaft

139 Ist in der GO vereinbart, daß der Verwalter die Zustimmung zur Veräußerung des WE zu erteilen hat, kann dies nach § 26 Abs. 6 in der Weise geschehen, daß dem Grundbuchamt die Niederschrift vorgelegt wird, in der die Verwalterbestellung protokolliert ist, wobei die Unterschriften der die Niederschrift unterzeichnenden Personen in Form des § 29 GBO beglaubigt sein müssen. Mit der Unterschriftsbeglaubigung wird die Niederschrift zum Nachweis der Verwaltereigenschaft, wie es § 26 Abs. 4 ausdrücklich bestimmt.

Die Beweiskraft der Niederschrift bei der Unterschriftsbeglaubigung bezieht sich aber nur auf die Verwalterbestellung. Sonst erstreckt sich die Beweiskraft nur auf die Urheberschaft der Unterzeichner und nicht auf die Richtigkeit der gefaßten Beschlüsse.

4. Beschlußberichtigung

Nur in rechtlich relevanten Fällen (Durchsetzung der ordnungsmäßigen Verwaltung) haben die WEer einen Anspruch auf Richtigstellung oder bei fehlender Protokollierung auf Nachholung des Beschlusses in der Niederschrift. Ein Berichtigungsrecht besteht auch dann, wenn das Recht auf Persönlichkeitsschutz (bloßstellende oder diskriminierende Äußerungen; rechtswidrige Beeinträchtigungen) geboten erscheint (OLG Hamm WE 1989, 174). Protokolländerungen wegen Bagatellen können nicht verlangt werden. *140*

Bei Fehlern oder Mängeln der Niederschrift obliegt die Beweislast demjenigen, der einen nicht ordnungsgemäß protokollierten Beschluß behauptet (BayObLG Rpfleger 1973, 253).

Die Gültigkeit der gefaßten Beschlüsse hängt nicht davon ab, ob sie in der Niederschrift bezeichnet sind. (BayObLGZ 80, 29). Pflichtverletzungen bezüglich der Aufstellung und Gestaltung der Niederschrift ermöglichen in der Regel keinen Anspruch auf Beschlußanfechtung, sie können aber Schadensersatzansprüche auslösen.

5. Verschiedenes und Rechtsprechung

Die Niederschrift über eine WEer-Vers. kann nicht durch WEer-Beschl. in der nächsten WEer-Vers. „genehmigt" werden. Ein solches Verfahren würde den unrichtigen Eindruck erwekken, die Unrichtigkeit der Niederschrift dürfte auch bei den von der Beschlußfassung überstimmten oder an ihr nicht beteiligten WEern nicht mehr geltend gemacht werden. Ein in diesem Sinne gefaßter Beschluß würde der ordnungsmäßigen Verwaltung widersprechen (BayObLG WE 1988, 18). Möglich und zulässig *141* ist aber eine Vereinbarung der WEer (GO) mit der Maßgabe, daß die Niederschrift in der nächsten WEer-Vers. zu genehmigen ist (BayObLGZ 1989 Nr. 57). Eine solche Regelung ist aber nicht zu empfehlen, weil erst nach Beschlußfassung über die Niederschrift ein gerichtlicher Feststellungsantrag gestellt werden könnte. Vor dieser Beschlußfassung fehlt einem solchen Antrag das Rechtsschutzbedürfnis. Eine solche Vereinbarung bewirkt außerdem, daß die Niederschrift nicht mehr nur eine Privaturkunde im oben dargestellten Sinn ist, weil damit der richtige Inhalt der Niederschrift Ordnungsmäßigkeitsvoraussetzung wird (BayObLGZ 1989 Nr. 57).

142 Der Verwalter ist verpflichtet, die Niederschrift eine Woche vor Ablauf der Monatsfrist des § 23 Abs. 4 zu erstellen (BayObLG Rpfleger 1972, 411; DWE 1982, 137). Ist er darüber hinaus verpflichtet – z. B. durch Regelung im Verwaltervertrag –, die Niederschriften an die WEer zu versenden, so hat er spätestens zu diesem Zeitpunkt den Versand vorzunehmen (BayObLGZ 1989, 13; BayObLG WE 1991, 229).

143 Rechtsprechung:

- Für gerichtlichen Protokollberichtigungsantrag und Feststellungsantrag, daß Beschlüsse unrichtig wiedergegeben seien, gilt die Monatsfrist des § 23, 4 (OLG Hamm DWE 1985, 127).
- Wiedereinsetzung in den vorigen Stand ist einem WEer zu gewähren, wenn er die Anfechtungsfrist des § 23 Abs. 4 deshalb versäumt hat, weil er vom WEer-Beschluß erst verspätet Kenntnis erhielt, oder wenn aus dem Einladungsschreiben zur Versammlung (vgl. oben Rn. **9** 24 f.) nicht zu ersehen war, daß ein derartiger Beschluß zustande kommen würde (BayObLG WE 1989, 224).
- Dem Antrag auf Protokollberichtigung fehlt das Rechtsschutzbedürfnis, wenn sich die Zahl der abgegebenen Stimmen auf das Abstimmungsergebnis überhaupt nicht auswirkt (BayObLG WE 1992, 87).
- Dem Antrag auf Berichtigung eines Ablaufprotokolls fehlt ein Rechtsschutzbedürfnis, wenn es um die unterlassene Benennung eines WEers in der Niederschrift geht, der zweifelsfrei Verdienste bei der Herabsetzung einer Versicherungsprämie hat (BayObLG WE 1992, 178).
- Der Tod eines Unterzeichners der Niederschrift stellt kein Hindernis für eine notwendige Berichtigung dar. Die Berichtigung ist solange möglich, wie wenigstens eine der die Niederschrift unterfertigten Personen nicht verhindert ist (BayObLG WE 1992, 178).

10. Kapitel
Verwaltung des gemeinschaftlichen Eigentums und des gemeinschaftlichen Vermögens

Die ETW ist eine Immobilie und bedarf wie alle Immobilien der Bewirtschaftung. Unter Bewirtschaftung von Immobilien wird im allgemeinen die Summe aller Tätigkeiten verstanden, die notwendig sind, um das Nutzungsobjekt nutzbar zu erhalten und Erträge aus dem Objekt zu ziehen. Das trifft in vollem Umfang auch für die ETW zu, wobei unter Ertrag auch der Gebrauchsvorteil zu verstehen ist, der bei einer Eigennutzung dem WEer selbst zugute kommt. *1*

Die Bewirtschaftung einer Immobilie vollzieht sich in vier Funktionen *2*

- Verwaltung: Maßnahmen zur Koordinierung und Kontrolle sämtlicher Tätigkeiten, die notwendig sind, um das Nutzungsrecht zu erhalten und Erträge zu erwirtschaften.
- Betrieb: Maßnahmen zur Sicherstellung der Funktionen (Betreiben), die sich aus der Zweckbestimmung der Immobilie ergeben, z. B. muß ein Wohnhaus Wohnen ermöglichen durch Vorhandensein von Strom und Wasser, durch saubere Verkehrsflächen, durch funktionsfähige Maschinen und Einrichtungen, u. a. m.
- Instandhaltung und Instandsetzung: Beseitigung von Mängeln, die durch Abnutzung, Alterung oder normale Witterungseinwirkungen in mehr oder weniger zeitlich gleichbleibenden Abständen auftreten (Instandhaltung), bzw. Behebung von eingetretenen Schäden, deren Auftreten ungewiß und unregelmäßig ist oder die durch unterlassene Instandhaltung oder Einwirkung Dritter entstanden sind (Instandsetzung; vgl. Fischer-Dieskau/Pergande/Schwender a. a. O. Bd 4 Anm. 2 zu II. BV § 28).
- Kapitaldienst: Zins- und Tilgungsleistung der zur Finanzierung der Herstellungskosten oder des Kaufpreises der Immobilie aufgenommenen Darlehen.

Die in Wahrnehmung und Sicherstellung dieser Funktionen entstehenden Kosten werden im Mietrecht und insbesondere nach dem Berechnungsrecht (II. BV) für öffentlich geförderte Wohnungen unter dem Begriff „Laufende Aufwendungen“ zu- *3* sammengefaßt. Nach § 18 II. BV gliedern sich die laufenden Aufwendungen in Kapitalkosten (Zinsen aus der Inanspruchnahme von Finanzierungsmitteln) und Bewirtschaftungskosten.

Die Bewirtschaftungskosten unterteilen sich nach § 24 II. BV in:

- Abschreibung
- Verwaltungskosten
- Betriebskosten
- Instandhaltungskosten
- Mietausfallwagnis

4 Von besonderer Bedeutung sind hierbei die Betriebskosten, die dem Eigentümer durch das Eigentum am Grundstück oder durch den bestimmungsgemäßen Gebrauch des Gebäudes oder der Wirtschaftseinheit entstehen (§ 27 Abs. 1). Im einzelnen werden die Betriebskostenarten in der Anlage 3 zu § 27 II. BV wie folgt bezeichnet und differenziert:

1. Die laufenden öffentlichen Lasten des Grundstücks.
2. Die Kosten der Wasserversorgung.
3. Die Kosten der Entwässerung.
4. Die Kosten der Wärmeversorgung.
5. Die Kosten der Warmwasserversorgung.
6. Die Kosten verbundener Heizungs- und Warmwasserversorgungsanlagen.
7. Die Kosten des Betriebs des maschinellen Personen- und Lastenaufzugs.
8. Die Kosten der Straßenreinigung und Müllabfuhr.
9. Die Kosten der Hausreinigung und Ungezieferbekämpfung.
10. Die Kosten der Gartenpflege.
11. Die Kosten der Beleuchtung.
12. Die Kosten der Schornsteinreinigung.
13. Die Kosten der Sach- und Haftpflichtversicherung.
14. Die Kosten für den Hauswart.
15. Die Kosten für den Betrieb der Gemeinschaftsantenne bzw. für den Betrieb der mit einem Breitbandkabelnetz verbundenen privaten Verteileranlage.
16. Die Kosten des Betriebs der maschinellen Wascheinrichtung.
17. Sonstige Betriebskosten.

Das WEG kennt weder eine Funktionsbeschreibung noch eine Kostengliederung der dargestellten, für das gesamte Mietrecht (Wohnraummiete und Gewerbemiete) geltenden Art. Eine grobe Funktionsbeschreibung wird allenfalls in § 21 gegeben, wenn dort bestimmte Verwaltungsmaßnahmen (Abs. 5 Nr. 1 bis 6) als Maßnahmen ordnungsmäßiger Verwaltung (s. unten Rn. **10** 11) bezeichnet werden. Das bedeutet, daß sich im Wohnungseigentumsrecht die Funktionen der Bewirtschaftung auf die Verwaltung, den Betrieb und die Instandhaltung beschränken und daß diese Funktionen insgesamt als Maßnahmen ordnungsmäßiger Verwaltung verstanden werden, ohne daß sie sich unterscheiden. Dies kommt auch in der Verpflichtung der WEer, die Lasten und Kosten zu tragen, zum Ausdruck, wenn diese in § 16 Abs. 2 als Lasten des gem. E. sowie als Kosten der Instandhaltung und Instandsetzung, der sonstigen Verwaltung und eines gemeinschaftlichen Gebrauchs des gem. E. bezeichnet werden. 5

Allerdings fallen die Bewirtschaftungskosten mit Ausnahme der Abschreibung und des Mietausfallwagnisses auch bei WE- und TEm-Anlagen an mit einer wichtigen Einschränkung. Während der Zuständigkeitsbereich für die Bewirtschaftung von Mietwohnungen in einer Hand ist und das gesamte Gebäude umfaßt, ist er bei WE und TEm getrennt. Grundsätzlich ist für den Betrieb, die Instandhaltung und die Verwaltung des SE der WEer allein zuständig (§ 13 Abs. 1 u. § 14 Nr. 1), während die Verwaltung des gem. E. und der gem. Einrichtungen den WEern, dem Verwalter obliegt (§ 20).

Auch ist die Aufgliederung der Kostenarten im Bereich des Rechnungswesens der WE-Verwaltung nicht ganz ohne Bedeutung für die Jahresabrechnung, bei der die Kostengliederung hinsichtlich der Betriebs-, der Instandhaltungs- und der Instandsetzungskosten aus gutem Grunde meistens Anwendung findet (vgl. unten Rn. **10** 285 ff.). 6

Für die Verwaltung des WE spielt heute in aller Regel der Kapitaldienst keine Rolle mehr, obwohl diese Leistung im WEG ausdrücklich als Verwalteraufgabe (§ 27 Abs. 2 Nr. 1) bezeichnet ist. Nachdem heute jedes SE einzeln belichen werden kann – was bei Begründung des WEG keineswegs feststand – ist jeder WEer für den Kapitaldienst der von ihm zur Finanzierung seiner 7

ETW aufgenommenen Hypotheken und Darlehen allein zuständig. Anders ist es, wenn die Gem. insgesamt ein Darlehen aufnimmt, z.B. zur Finanzierung einer dringend notwendigen, größeren Reparaturmaßnahme. Hier ist der Verwalter für die Verwaltung dieses Darlehens und damit für den Kapitaldienst verantwortlich.

8 „Jede Entscheidung und Maßnahme, die eine Regelung der Sachlage oder eine Geschäftsführung in rechtlicher oder tatsächlicher Beziehung zum gem. E. ... enthält und im Interesse der WEer erforderlich (Merle in Bärmann Rz. 6 zu § 20) macht" zählt zu den Verwaltungshandlungen. Verwaltungsgegenstand ist dabei nicht nur das gem. E. allein, sondern auch darüber hinausgehende Objekte, wie z.B. das Verwaltungsvermögen (vgl. unten Rn. **10** 199f.), welches zur Verwaltung des gem. E. benötigt wird.

9 Nicht zur Verwaltung zählt der Gebrauch von SE und gem. E. Der Grund ist darin zu sehen, daß die Verwaltung des gem. E. allen WEern dient, während Gebrauch und Nutzung dem Interesse einzelner WEer entspricht. Aus diesem Grunde sind die Gebrauchsrechte und Gebrauchspflichten im Teil Gemeinschaft der WEer (§§ 11–19) geregelt. Gebrauchsregelungen werden ebenso wie die Verwaltungsmaßnahmen durch die WEer bestimmt (Vereinbarungen/Mehrheitsbeschluß), so daß deren Durchsetzung ausdrücklich zur Durchführungskompetenz des Verwalters gehört. Weil solche Maßnahmen nicht zur Verwaltung des gem. E. zählen, hat wohl der Gesetzgeber in § 27 Abs. 1 Nr. 1 die Durchführung der Hausordnung dem Verwalter als besondere Aufgabe zugewiesen.

I. Verwaltung durch die Wohnungseigentümer

10 Oberstes Prinzip bei der Verwaltung des gem. E. ist der Grundsatz der Eigentümerselbstverwaltung, wenn § 21 Abs. 1 bestimmt, daß die Verwaltung des gem. E. den WEern gem. zusteht und daß jeder WEer zur Mitwirkung an der Verwaltung verpflichtet ist. Dieser Grundsatz besagt, daß Verwaltungsmaßnahmen eigentlich dem Einstimmigkeitsprinzip (Weitn. Rz 3 zu § 21) unterliegen. Da aber eine Verwaltung nicht nur durch Vereinbarungen allein geregelt werden kann, werden beim Fehlen entsprechender Vereinbarungen, Verwaltungsmaßnahmen im Rahmen ordnungsmäßiger Verwaltung durch Mehrheitsbeschluß (§ 21 Abs. 3) oder in Verfolgung des Anspruchs auf ordnungsgemäße Verwaltung (§ 21 Abs. 4) durch Anrufung des Gerichts (§ 43 Abs. 1 Nr. 1) ermöglicht bzw. durchgesetzt (vgl. Rn. **11** 76ff.).

Aus all dem ist abzuleiten, daß Maßnahmen, die keine Verwaltungsmaßnahmen im Sinne von § 21 sind, nicht der Selbstverwaltung der WEer unterliegen. Das trifft insbesondere für rechtliche Verfügungen über WE und TE zu (vgl. hierzu oben Rn. **7** 5ff.). Solche Verfügungen sind der Regelungskompetenz der WEer entzogen mit der Folge, daß in der Regel Verfügungen oder Gegenstände, die nicht der gem. Verwaltung der WEer unterliegen, einem Mehrheitsbeschluß der Gem. nicht zugänglich sind (vgl. auch oben Rn. **7** 33ff.).

1. Maßnahmen ordnungsmäßiger Verwaltung

Die ordnungsmäßige Verwaltung ist als Maßstab für die richtige Verwaltung von ausschlaggebender Bedeutung. Der Begriff ordnungsmäßige Verwaltung ist im Gesetz nicht definiert, er wird aber nach § 21 Abs. 3 und 5 aufgefaßt als allgemeine Regelungsgrundlage für eine der Beschaffenheiten des gem. E. und für die dem Interesse der Gesamtheit der WEer nach billigem Ermessen entsprechende gemeinsame Verwaltung. Zur Erläuterung dieses Grundsatzes zählt das Gesetz in Abs. 5 Nr. 1 bis 6 einige der ordnungsmäßigen Verwaltung dienenden Einzelmaßnahmen auf. *11*

Als Maßnahmen ordnungsmäßiger Verwaltung sind alle Maßnahmen zu bezeichnen, welche der Erhaltung und Unterhaltung des gem. E. dienen und die notwendig sind, um die Interessen der Gem. der WEer nach allgemeinem Verständnis (billigem Ermessen) bezüglich ihres Verhältnisses untereinander sowie bezüglich ihrer Verwaltungsgegenstände und ihres Verwaltungs- *12* vermögens zu verwirklichen und den Nutzen der Gem. nach Möglichkeit zu mehren. Das gilt für Maßnahmen die im Gesetz vorgesehen sind und darüber hinaus für solche, die notwendig sind, um den vom Gesetzgeber vorgegebenen Zweck eines notwendig guten Gemeinschaftsverhältnisses sowie einer optimalen Ordnung und Organisation der WEer zu erreichen und zu bewahren.

Negativ ausgedrückt bedeutet das, daß jede Verwaltung nicht ordnungsgemäß ist, die eine vermeidbare, nicht ganz geringfügige Beeinträchtigung des gem. E mit sich bringt (BayObLG Rpfleger 1979, 446; KG Berlin WEM 6/1984, 27).

13 Die WEer haben einen Anspruch auf ordnungsgemäße Verwaltung (§ 21 Abs. 4), wobei Rahmen und Inhalt der ordnungsgemäßen Verwaltung durch das Gesetz und bestehende Vereinbarungen vorgegeben sind. Liegen keine Vereinbarungen vor, können die WEer Maßnahmen ordnungsmäßiger Verwaltung durch Stimmenmehrheit beschließen. Darüber hinaus kann jeder WEer Maßnahmen ordnungsmäßiger Verwaltung gerichtlich durchsetzen (BayObLG WE 1994, 150).

2. Notmaßnahmen

14 Im wesentlichen beschränken sich die vom WEer direkt zu veranlassenden Verwaltungsmaßnahmen auf solche, die unter den Begriff der Notgeschäftsführung im Sinne von § 21 Abs. 2 subsumiert werden können. Unter Maßnahmen der Notgeschäftsführung von WEern werden die verstanden, bei denen ein verständiger Eigentümer nicht länger warten würde, um den Schaden zu beheben, weil weder der Verwalter noch die übrigen WEer zur Behebung der Notlage herangezogen werden können (BayObLG WE 1991, 230).

15 Zur Durchführung von Störungsbeseitigungs- und Abwehrmaßnahmen ist jeder WEer verpflichtet, wenn dem gem. E. unmittelbarer Schaden droht. Als Notgeschäftsführer hat der WEer Anspruch auf Erstattung der dabei angefallenen Kosten, die zu den Verwaltungskosten im Sinne von § 16 Abs. 2 zählen und die gegebenenfalls im WE-Verfahren geltend gemacht werden können.

Überwiegend werden Notmaßnahmen im Bereich der Instandhaltung und Instandsetzung erforderlich. Da es grundsätzlich dem Verwalter obliegt, für Instandhaltung und Instandsetzung des gem. E. zu sorgen (§ 27 Abs. 1 Nr. 2, 3), werden unter Notmaßnahmen nach § 21 Abs. 2 nur die Fälle zu rechnen sein, bei denen dem eingreifenden WEer ein Zuwarten auf das Tätigwerden des Verwalters oder auf die Zustimmung der anderen WEer nicht zugemutet werden kann (BayObLG WE 1997, 434). *16*

Als Notmaßnahmen wurden von der Rechtsprechung festgestellt: *17*

- Mietminderung bei Fensteraustausch (OLG Oldenburg WE 1988, 175)
- Beweissicherungsverfahren wegen Mängel am gem. E (BGH Rpfleger 1980, 14)
- Einholung eines Gutachtens zur Schadensermittlung (DWE 1985, 61)
- Wiederherstellung des Plattenbelags einer im gem. E stehenden Terrasse, dessen Reparatur notwendig wurde, weil von hier aus in die darunterliegenden Garagen Wasser eindrang (BayObLG WE 1991, 200).

Die h.M. vertritt die Auffassung, daß neben den Kosten der Notgeschäftsführung auch die Kosten eines WEers von der WEer-Gem. abverlangt werden dürfen, die er für eine Maßnahme aufgewendet hat, welche als Maßnahme ordnungsmäßiger Verwaltung (Instandhaltung) gem. § 21 Abs. 5 zu verstehen ist. Das OLG Frankfurt (OLGZ 1984, 146) hält den Anspruch eines WEers, der eine Balkonsanierungsmaßnahme irrtümlich in dem Glauben veranlaßt hat, es handle sich um eine Instandhaltungsmaßnahme am SE, auf Aufwendungsersatz nach den Bestimmungen der Geschäftsführung ohne Auftrag (§ 687 BGB) für gerechtfertigt, weil die entstandenen Kosten tatsächlich für die Sanierung von gem. E. entstanden sind. Dieser Auffassung ist das AG München (WE 1994, 346) zurecht entgegengetreten, weil es Aufwendungsersatz gegen die Gem. nur aus echten Notmaßnahmen zubilligt und nicht zu einer von einem WEer allein veranlaßten Maßnahme, die „nur" den Instandhaltungsmaßnahmen zugeordnet werden kann. Eine solche Nicht-Notmaßnahme läßt sich auch nicht nach § 683 BGB begründen, weil auch bei der Geschäftsführung ohne Auftrag eine eigenmächtig veranlaßte Maßnahme dem wirklichen oder dem mutmaßlichen Willen der *18*

Geschäftsherren zu entsprechen hat. Dies kann in der Regel für eigenmächtige Maßnahmen von WEern, die nicht als Notmaßnahmen verstanden werden können, nicht behauptet werden. Instandhaltungsmaßnahmen am gem. E. setzen immer einen Beschluß der WEer, gegebenenfalls eine gerichtliche Entscheidung voraus, die durch eigenmächtiges, eventuell auch sinnvolles Handeln einzelner WEer nicht ersetzt werden kann. Würden solche Aufwendungen als grundsätzlich erstattungsfähig angesehen, könnte das notwendige Verfahren, Instandhaltungsmaßnahmen und deren Finanzierung durch die WEer beschließen zu lassen, letztlich übergangen werden.

Die Kosten der Notmaßnahme kann der WEer von den WEern als Ersatz der von ihm verauslagten Beträge gem. § 16 Abs. 2 verlangen, d.h. er kann den gesamten verauslagten Betrag fordern, ohne daß er seinen Anteil abzuziehen hätte (BayObLG WE 1987, 14 m. Anm. Weitnauer).

3. Verwaltungsentscheidungen der Wohnungseigentümer

19 Mit Ausnahme der Notmaßnahmen beschränkt sich die Beteiligung der WEer an den Verwaltungsmaßnahmen durch Abgabe von Willenserklärungen im Rahmen von zu treffenden Vereinbarungen oder Beschlüssen. Maßnahmen ordnungsmäßiger Verwaltung werden, wenn nichts anderes vereinbart (GO) ist, durch Mehrheitsbeschluß entschieden. Die meisten Verwaltungsmaßnahmen, die durch Mehrheitsbeschluß zu regeln sind, werden im Gesetz aufgeführt. Im allgemeinen haben die WEer Mehrheitsbeschlüsse über folgende im Rahmen ordnungsmäßiger Verwaltung liegende Maßnahmen zu fassen:

- Verwaltungsmaßnahmen nach § 21 Abs. 3 und 5:
  - Aufstellung der Hausordnung,
  - Ordnungsmäßige Instandhaltung und Instandsetzung des gem. E (s. Rn. **10** 387).
  - Abschluß von Gebäude- und Haftpflichtversicherungen (s. oben Rn. **5** 13f.).
  - Ansammlung einer angemessenen Instandhaltungsrückstellung (s. unten Rn. **10** 221f.).
  - Aufstellung des Wirtschaftsplanes (s. unten Rn. **10** 228ff.).

- Duldung der Maßnahmen, die zur Herstellung einer Fernsprechanlage, einer Rundfunk- und Fernsehantennenanlage und eines Energieversorgungsanschlusses notwendig sind.

- Bauliche Änderungen und Aufwendungen, die zwar über eine ordnungsmäßige Instandhaltung und Instandsetzung hinausgehen, von welchen aber die anderen WEer nicht betroffen sind (§ 22 Abs. 1 S. 2 – s. oben S. 7 282).
- Wiederaufbau, wenn das Gebäude weniger als zur Hälfte seines Wertes zerstört ist, bzw. wenn es mehr als zur Hälfte seines Wertes zerstört ist unter der Voraussetzung, daß der Schaden durch eine Versicherung oder in anderer Weise gedeckt ist (§ 22 Abs. 2).
- Bestimmung des Vorsitzenden in der Versammlung (§ 24 Abs. 5).
- Bestellung und Abberufung des Verwalters (§ 26 Abs. 1).
- Verlangen nach Rechnungslegung durch den Verwalter (§ 28 Abs. 4).
- Entscheidung über Wirtschaftsplan, Jahresabrechnung und Rechnungslegung (§ 28 Abs. 5).
- Entscheidungen über Dinge der Vermögensverwaltung, z. B. über besondere Geldanlagen, Erwerb von Wertpapieren, Verwendung von besonderen Rücklagen u. a.
- Entscheidungen über sonstige Maßnahmen und des Betriebs des gem. E.:
  - Vermietung von Räumen des gem. E. (Hausmeisterwohnung).
  - Abschluß von Verträgen bezüglich verschiedener Dienstleistungen, wie z. B. Hausmeistervertrag, Vertrag bezüglich Hausreinigung und Gartenpflege, Wartungsverträge u. a.
  - Regelung der Hausreinigung (LG Mannheim ZMR 1977, 342).
  - Festlegung einer Umzugskostenpauschale (LG Wuppertal Rpfleger 1978, 23; bedingt: OLG Braunschweig NdSRpfl. 1983, 227).
  - Einführung einer Vertragsstrafe und Vermietungsbeschränkung (umstritten!!! – OLG Frankfurt Rpfleger 1979, 109).
  - Beseitigung einer durch einen WEer auf seinem Balkon erstellte Mauer, weil diese die äußere Gestaltung des Gebäudes verändert und deshalb nach § 5 Abs. 1 WEG zum gem. E. zählt (BayObLG vom 15. 2. 1984, BReg. 2 Z 121/83).
  - Ein Beschluß der WEer, die Stromzuführung zu einem im SE stehenden Kellerabteil über den Gemeinschaftszähler zu unterbrechen, entspricht ordnungsmäßiger Verwaltung. Der Beschluß rechtfertigt auch nach Ablauf einer bestimmten Frist, die Leitung gegen dessen Willen zu unterbrechen (BayObLG WE 1992, 169).
  - Ein Beschluß der WEer, Blumenkästen von der Außenseite eines Balkons, der über den Gehsteig und der Garageneinfahrt gelegen ist, zu entfernen, entspricht ordnungsmäßiger Verwaltung auch dann, wenn eine konkrete Gefährdung nicht nachzuweisen ist (BayObLG WE 1992, 197).
  - Ein Beschluß der WEer, der bestehende Anpflanzungen auf der gem. Fläche billigt, weitere Anpflanzungen durch WEer aber untersagt,

entspricht unabhängig von der Pflanzungsregelung der Gemeinde ordnungsmäßiger Verwaltung (BayObLG WE 1994, 28).
- Ein Beschluß, ob die Heizung auch in den Sommermonaten durchgängig in Betrieb zu halten oder abzustellen ist, entspricht ordnungsmäßiger Verwaltung (BayObLG WE 1994, 150).

- Entscheidung zur Ermächtigung des Verwalters, gerichtliche und außergerichtliche Ansprüche der Gem. geltend zu machen und durchzusetzen, z. B.:
  - Forderungen und Hausgeldrückstände der Gem.
  - Verpflichtungs- und Unterlassungsanträge bei Verstößen gegen die Hausordnung.
  - Gewährleistungsansprüche wegen Mängeln am gem. E.
  - sonstige Ansprüche der Gem. im Verfahren nach § 43 WEG.
- Wahl eines VB.
- Regelung über Beheizung von Gemeinschaftsräumen (z. B. Tiefgaragen, Hobbyräume, Gemeinschaftswaschküche u. a.) und Bestimmung der Wassertemperatur bei gemeinsamem Schwimmbad (DW 1984, 64).
- Vergleich mit dem Bauträger über Gewährleistungsansprüche hinsichtlich des gem. E. (BayObLG WE 1986, 24).

20 Zur ordnungsmäßigen Verwaltung gehört es auch, daß die WEer einen Verwalter bestellen. Obwohl die Bestellung eines Verwalters zwingend ist (§ 20 Abs. 2), kommt es vor, daß insbesondere kleinere Gemeinschaften auf die Bestellung eines Verwalters verzichten. In diesem Fall sind die WEer zur Verwaltung gem. verpflichtet (§ 21 Abs. 1). Üblicherweise werden die notwendigen Verwalterleistungen (Zahlungen von Rechnungen, Verteilung der anfallenden Kosten u. a. m.) von einem WEer übernommen. Wird mit diesem WEer kein gesonderter Vertrag abgeschlossen und erbringt der bestimmte WEer diese Leistungen, so handelt es sich dabei um einen stillschweigend erteilten Auftrag, den ihm die anderen WEer durch konkludente Willenserklärungen übertragen haben (KG WE 1993, 83). In diesem Fall haben die übrigen WEer gegen den geschäftsführenden WEer einen Auskunftsanspruch nicht aus dem WEG, sondern aus den §§ 666, 259 Abs. 1 BGB, den jeder für sich allein geltend machen kann (KG WE 1993, 83).

21 In ganz besonderen Fällen kann die Mitwirkung der WEer an Maßnahmen ordnungsmäßiger Verwaltung unter übergeordneten gesetzlichen Gesichtspunkten von wohnungseigentumsrechtlichen Grundsätzen abweichen. Das ist begrenzt dann der Fall, wenn Eltern und Kinder gegenseitig wohnungseigentumsrechtliche Ansprüche zu Maßnahmen ordnungsmäßiger Verwaltung geltend machen. Hier ist der Grundsatz des § 1618a BGB, nachdem sie einander Beistand und Rücksicht schuldig sind, zu berücksichtigen. Rücksichtnahme bedeutet, eigene Wünsche und Rechtspositionen hinter die Bedürfnisse anderer Familienmitglieder zurückzustellen (BayObLGZ 1992, 359). Gleichwohl kann sich im allgemeinen ein WEer seiner Verpflichtung an der Mitwirkung zur ordnungsmäßigen Verwaltung unter Berufung auf schlechte wirtschaftliche Verhältnisse nicht entziehen. Dies gilt insbesondere für die Beteiligung an den Kosten der Instandhaltung und Instandsetzung sowie für Leistungen anteiliger Kostenbeiträge. Da § 1618a BGB grundsätzlich keine zusätzlichen Unterhalts- und Zahlungspflichten auslöst, können schlechte Vermögensverhältnisse eines WEers nicht der Grund dafür sein, seinem Verwandten die anteiligen Kosten nicht zu leisten. Anderes gilt nur, wenn die Leistungspflicht in persönlichen Dienstleistungen – wie z.B. Räumen und Streuen des Gehwegs in kleinen Wohnanlagen – besteht. Hier greift die Beistandspflicht z.B. der Tochter gegenüber der Mutter, wenn diese wegen ihres Alters- und Gesundheitszustands dieser Pflicht nicht nachkommen kann, zumal sich die Mutter wegen unzureichender finanzieller Verhältnisse die Beauftragung eines Dritten nicht leisten kann (BayObLG WE 1994, 742).

II. Verwaltung durch den Verwalter

Der Verwalter ist für die Verwaltung des gem. E nicht nur ein *22*
unabdingbar notwendiges Organ (§ 20 Abs. 2), sondern darüber hinaus für das gedeihliche Zusammenleben der WEer untereinander und für die Gestaltung und Entwicklung des Gemeinschaftsverhältnisses von ausschlaggebender Bedeutung. Entsprechend schwierig ist seine Aufgabe, weil er einerseits für einen „möglichst reibungslosen Ablauf der Organisation einer Personengemeinschaft verantwortlich ist, die ein wertvolles und vielerlei Probleme stellendes Vermögensgut zum Gegenstand hat und die aus sehr verschiedenartigen Menschen mit sehr unter-

schiedlichen Vorstellungen bestehen kann". Andererseits darf er „in Ausübung seiner Befugnisse nie die Grenze überschreiten, die ihm durch die Respektierung der Eigentumsrechte der Wohnungseigentümer gezogen ist".

Dementsprechend ist die Leistung des Verwalters für die Gem. eine schwere Aufgabe und eine große Verpflichtung (vgl. Seuß PiG Nr. 1, S. 31). Vom Verwalter einer WEer-Gem. wird Wissen, Einfühlungsvermögen, Standhaftigkeit und ständige Leistungfähigkeit verlangt. Wie nur wenige Dienstleistungen wird seine Arbeit ständig überwacht. Jedes Jahr muß er Rechnung legen, nicht nur über die verauslagten Kosten, sondern auch über seine Leistungsfähigkeit.

23 An diesen allgemeinen Kriterien wird der Verwalter sowie seine Eignung und Leistungsfähigkeit gemessen.

Das WEG stellt für diese wichtige Funktion des Verwalters – teilweise unabdingbare – Vorschriften bereit, und zwar sowohl für die Bestellung und Abberufung des Verwalters (§ 26) als auch für dessen Aufgaben und Befugnisse.

24 Dem Verwalter fehlt die organschaftliche Rechtsqualität des § 31 BGB, so daß die Gemeinschaft nicht für alles Tun und Handeln des Verwalters wie ein Verein oder eine andere juristische Person einzustehen hat. Das ist auch nicht möglich, weil die WEer-Gem. eben keine juristische Person ist. Gleichwohl ist sie als Personengemeinschaft ein kompliziertes Gebilde und muß als „Trägerin von Rechten und Pflichten" im Rechtsverkehr auftreten und handeln können.

25 Um der Gemeinschaft eine Teilnahme am Rechtsverkehr geschlossen zu ermöglichen, wurde die unabdingbare Figur des Verwalters im Gesetz bestimmt und mit unabdingbarerer Verwaltungskompetenz (§ 27 WEG) ausgestattet. Damit kann der Verwalter nach außen wie ein wirtschaftlicher Treuhänder (vgl. Bä/S S. 566) auftreten, ohne daß dadurch den WEern ihre Entscheidungsmacht und ihre Weisungsbefugnis gegenüber dem Verwalter entzogen ist (vgl. Weitnauer Rz. 1 zu § 27 und Bä/L Rz. 565). In diesem Sinne ist der Verwalter als Vertreter der WEer mit gesetzlicher Vertretungsmacht zu verstehen (BGH NJW 1981, 282).

Im Innenverhältnis ist der Verwalter Erfüllungsorgan der WEer.

1. Person und Amt des Verwalters

a) Person des Verwalters

§ 26 WEG regelt in den Absätzen 1 und 2 unabdingbar, wie lange und unter welchen Beschränkungen ein Verwalter bestellt und abberufen werden kann. Das WEG sagt aber nichts darüber aus, wer Verwalter einer WEer-Gem. sein kann. 26

Jede geschäfts- und handlungsfähige natürliche und juristische Person kann zum Verwalter bestellt werden, auch ein WEer der gleichen Gem. Nicht zulässig ist es, die Gem. insgesamt zum Verwalter zu bestellen (vgl. Weitn. Rz 4 zu § 26) oder zwei oder mehrere Personen gemeinsam (BayObLG WE 1990, 60). Auch ein aus drei Mitgliedern bestehender VB kann nicht Verwalter sein (OLG Zweibrücken OLGZ 1983, 438). 27

Bewirbt sich ein Rechtsanwalt um das Verwalteramt, so ist er nach dem Standesrecht verpflichtet, die Tätigkeitsbereiche Anwaltschaft und Verwaltung räumlich, organisatorisch und personell zu trennen. Auch darf der Anwalt mit seinem Anwaltsberuf keine Reklame bei der Bewerbung um das Verwalteramt machen (Wettbewerbsverbot; vgl. Deckert a. a. O. Gruppe 4 S. 14 d). 28

Wird ein Immobilienmakler zum Verwalter bestellt, so kann er für Vermittlung von WE und TEm Maklerprovision verlangen, sofern er nicht auch gleichzeitig das SE verwaltet (vgl. Deckert a. a. O.). Keine Provision kann ein Verwalter verlangen und auch keine Vermittlungstätigkeit ausüben in den Fällen, bei denen er zur Erteilung der Veräußerungszustimmung nach § 12 verpflichtet ist (BGH WPM 1978, 711; vgl. auch BayObLG NJW 1972, 1284).

Nach der Zweckbestimmung des § 26 ist der Verwalter allein für die Durchführung seiner Aufgaben verantwortlich, so daß ihm nur allein die Verwaltereigenschaft zusteht. Verwalter kann nur sein, wer im Rechtsverkehr zumindest handlungsfähig auftreten kann. Das ist immer dann der Fall, wenn der Verwalter kraft eigener Rechte und Pflichten klagen und verklagt werden kann. Bei der BGB-Gesellschaft ist dies deshalb nicht möglich, weil Zustellungen vorsorglich an alle Gesellschafter und Erklä- 29 rungen gegenüber allen abzugeben sind (LG Freiburg immotelex 1984, 95).

30 Bei einer Personenmehrheit ist die erforderliche Klarheit der Verantwortlichkeit einer bestimmten Person nicht gewährleistet. Der entscheidende Unterschied zur OHG oder KG – hier ist die Übernahme von Verwaltungen möglich (OLG Hamburg WE 1988, 123) – liegt darin, daß diese als solche handlungsfähig sind, und Träger von Rechten und Pflichten sein können (§§ 124, 161 HGB). Demgegenüber ist die BGB-Gesellschaft als solche im Rechtsverkehr ebensowenig handlungsfähig (BGH WE 1989, 167) wie eine Personenmehrheit, so daß diese mangels einer rechtlich selbständigen Einheit nicht zum Verwalter bestellt werden kann (BGH WE 1990, 84).

31 Trotzdem ist auch bei einer Personengesellschaft Vorsicht geboten, insbesondere dann, wenn diese zweigliedrig ist und nur aus zwei Gesellschaftern besteht. Hier wandelt sich – wenn nichts anderes vereinbart ist – die Gesellschaft in eine Einzelfirma um, mit der Folge, daß gleichzeitig die Verwaltereigenschaft entfällt.

32 Wird gegen das Prinzip verstoßen, daß nur eine natürliche oder eine juristische Person zum Verwalter bestellt werden kann, indem die WEer zwei Personen oder eine BGB-Gesellschaft durch Mehrheitsbeschluß zum Verwalter bestellen, so ist ein solcher Beschluß nichtig, weil er gegen zwingende Vorschriften des WEG verstößt (BGH WE 1989, 167). Ist eine natürliche Person Verwalter endet das Verwalteramt mit dem Tode. Bei juristischen Personen endet das Verwalteramt mit dem Verlust der Rechtsfähigkeit, bei Personengesellschaften mit der Beendigung der Gesellschaft (BayObLG WE 1988, 19).

33 Selbstverständlich haben die WEer einen Anspruch darauf, daß der zu wählende Verwalter für die Durchführung der Verwalteraufgaben auch die notwendige Eignung besitzt. Dies ist besonders dann beachtlich, wenn anläßlich der Verwalterwahl eine Minderheit bestimmte und konkrete Tatsachen vorbringt, welche die Nichteignung einer Person zum Verwalteramt augenscheinlich sein läßt. Berücksichtigen die Mehrheitseigentümer diese gerechtfertigten Einwände nicht, so kann ein solcher Berufungsbeschluß wegen Verstoßes gegen den Grundsatz ord-

nungsmäßiger Verwaltung angefochten werden. Der Einwand der Nichteignung muß aber schon einen gewichtigen Grund zum Inhalt haben. Ein solcher wichtiger Grund besteht nicht schon darin, daß der zuständige Mitarbeiter des zu wählenden Verwaltungsunternehmens vorbestraft war. Vorstrafen müssen nämlich nach § 51 BZRG unberücksichtigt bleiben, wenn sie im Register getilgt sind (KG WE 1989, 168). Anderes gilt, wenn die Vorstrafe im Strafregister noch nicht getilgt ist (KG WE 1994, 50). Hier kann die Vorstrafe ein wichtiges Indiz dafür sein, daß der zu wählenden Person die Eignung zum Verwalteramt fehlt.

b) Rahmenbedingungen für das Verwalteramt

Für die Entstehung und Entwicklung des Verwalteramts ist eine Fülle von unterschiedlichen Vorschriften und Bedingungen von Bedeutung. Die wichtigsten davon werden nachstehend aufgezeigt (nach Bä/S S. 568 ff.). *34*

aa) Gewerberechtliche Rahmenbedingungen

Einschränkungen für das Verwalteramt ergeben sich aus dem Gewerberecht. Zwar ist in der Regel die Ausübung der Verwaltertätigkeit die Ausübung eines Gewerbes. Unter Gewerbe wird jede nicht sozial unwertige (generell nicht verbotene also erlaubte), auf Gewinnerzielung gerichtete und auf Dauer angelegte selbständige Tätigkeit, ausgenommen Urproduktion, freie Berufe und bloße Verwaltung eigenen Vermögens, verstanden (Landmann/Rohmer, GewO Rz. 12 zu § 14). Der Verwalter betreibt ein „stehendes Gewerbe“ (Landmann/Rohmer a.a.O. Rz. 24 zu § 14) und ist deshalb verpflichtet, Beginn, Gegenstand und Ende seines Betriebes sowie Betriebsverlegungen nach § 14 Abs. 1 GewO dem Gewerbe- bzw. Ordnungsamt seiner Gemeinde mitzuteilen. § 34c GewO und die Makler- und Bauträgerverordnung ist für den Wohnungsverwalter ohne Bedeutung. Nur wenn der Verwalter das SE der WE oder TEm gewerbsmäßig zur anderweitigen Vermietung und Verpachtung vermittelt (Landmann/Rohmer, a.a.O. Rz. 11 zu § 34c), bedarf er hierzu nach § 34c der Genehmigung durch die Aufsichtsbehörde. *35*

Die Ausübung eines Gewerbes, also auch die Verwaltertätigkeit, kann von der zuständigen Behörde ganz oder teilweise untersagt werden, wenn die Unzuverlässigkeit des Verwalters in bezug auf sein Verwalteramt feststeht (§ 35 Abs. 1 GewO). Dies ist z. B. dann der Fall, wenn sich ein Verwalter unter Berufung auf eine Befreiung von dem Verbot des Selbstkontrahierens (§ 181 BGB) aus den von ihm verwalteten gemeinschaftlichen Geldern selbst ein „Darlehen" gewährt.

bb) Steuerrechtliche Rahmenbedingungen

36 Steuerrechtlich ist die Verwaltung kraft gewerblicher Betätigung gewerbliches Unternehmen im Sinne des Einkommensteuergesetzes dann, wenn sie als natürliche Person oder als Personengesellschaft auftritt. Ist die Verwaltung in der Rechtsform der Kapitalgesellschaft oder der Genossenschaft tätig, ergibt sich die steuerrechtliche Eigenschaft des Gewerbebetriebs aus der Rechtsform.

Die Einkünfte aus Gewerbebetrieb ist eine der sieben Einkunftsarten des Einkommensteuerrechts (§ 2 EStG). Ermittelt werden die steuerlichen Gewinne (§ 4 EStG), die als Bemessungsgrundlage der Besteuerung dienen.

cc) Berufsbild und Berufsförderung

37 Ein einheitliches Berufsbild für den Verwalter von WE besteht nicht. Gleichwohl bemühen sich freiwillig organisierte Verbände um eine berufständische Organisation und um Standesrichtlinien. Die wichtigsten Verbände, zu deren Aufgaben die Betreuung von Verwaltern von WE gehört, sind:

- Regionalverbände: Verbände der Wohnungswirtschaft in den einzelnen Bundesländern, zusammengeschlossen im GdW Bundesverband deutscher Wohnungsunternehmen e. V. mit dem Sitz in Köln,
- Bundesverband der freien Wohnungsunternehmen,
- Regionalverbände: Verbände der Hausverwalter in verschiedenen Bundesländern, zusammengeschlossen im Dachverband „Deutscher Immobilienverwalter" e. V. mit dem Sitz in München,
- Bundesfachverband der Wohnungsverwalter e. V. mit dem Sitz in Bonn/Berlin,
- Deutsches Volksheimstättenwerk e. V. mit dem Sitz in Bonn/Berlin.

Das Deutsche Volksheimstättenwerk (vhw) bemüht sich neben der Berufsförderung (neuerdings) des WE-Verwalters besonders um die laufende Aktualisierung seines Wissens. Im Rahmen von Seminaren setzt es sich ständig mit aktuellen Problemen des WEG und der Verwaltung von WE auseinander – sowohl in West- als auch in Ostdeutschland.

Auch das Evangelische Siedlungswerk in Deutschland, Nürnberg, bemüht sich allen an WE Interessierten einen ständigen Gedankenaustausch zu bieten. Besonders zu erwähnen sind die jährlich einmal stattfindenden „Fischener Gespräche", bei denen alle Probleme in diesem Bereich zwischen Theorie, Rechtsprechung und Praxis angesprochen werden. Die Referate sind in der Schriftenreihe des Evangelischen Siedlungswerks in Deutschland „Partner im Gespräch" (P.i.G.), (ab Heft 59 erstellt vom Dr. Otto Schmidt Verlag, Köln) abgedruckt. Die Schriftenreihe umfaßt mittlerweile 59 Hefte. *38*

Ein wichtiges Anliegen der genannten Verbände ist nicht nur die Berufsförderung, sondern auch die Berufsausbildung. Bis vor kurzem war die Ausbildung zum Fachverwalter für WE-Verwaltung nur im Rahmen der Lehrausbildung zum Kaufmann/Kauffrau der Grundstücks- und Wohnungswirtschaft und im Wege der Fortbildung zum Fachwirt in der Grundstücks- und Wohnungswirtschaft möglich. Der Kaufmann (Kauffrau) in der Grundstücks- und Wohnungswirtschaft ist ein nach § 25 Berufsbildungsgesetz (vom 14. 8. 1969 – BGBl. I S. 112) anerkannter Ausbildungsberuf mit einer erlassenen Ausbildungsordnung. (Verordnung über die Berufsausbildung zum Kaufmann in der Grundstücks- und Wohnungswirtschaf.) Am 1. 1. 1999 trat eine Rechtsverordnung in Kraft, die erstmals die Fortbildung zum „Immobilienfachwirt" gesetzlich im Sinne von § 46 Berufsbildungsgesetz regelt (Verordnung über die Prüfung zum anerkannten Abschluß Geprüfter Immobilienfachwirt/Geprüfte Immobilienfachwirtin vom 23. 12. 1998 – BGBl. I S. 4060). Voraussetzung für die Zulassung zur Prüfung ist u.a. der Abschluß zum Kaufmann/Kauffrau der Wohnungswirtschaft. *39*

Die genannten Verbände haben in Zusammenarbeit mit dem Deutschen Industrie- und Handelstag die Ausbildung zum Fachkaufmann/Fachkauffrau für die Verwaltung von WE anhand *40* einer bestimmten Ausbildungsordnung erreicht. Die Ausbildung erfolgt durch verschiedene Institutionen, wobei die Prüfung von den örtlichen Industrie- und Handelskammern nach Maßgabe einer bestimmten Prüfungsordnung vorzunehmen ist.

dd) Wirtschaftliche Rahmenbedingungen für den Verwalterbetrieb

41 Die genaue Anzahl der berufsmäßigen Verwalter und der Verwalterbetriebe sind nicht bekannt. Die Verwaltung von WE als einzige Betriebsleistung von Verwaltungsunternehmern wird zwar häufig anzutreffen sein, dennoch dürften die Betriebe überwiegen, bei denen die Verwaltung von WE eine von mehreren betrieblichen Aufgaben ist, wie z. B. bei Wohnungsunternehmen, Verwaltungsunternehmen, Maklern u. a.

42 Die Verwalter treten auch in den unterschiedensten Rechtsformen auf, je nachdem ob sie Vollkaufleute oder Nichtvollkaufleute sind. Die Wohnungsunternehmen, welche Verwaltung von WE als besondere betriebliche Aufgabe betreiben sind regelmäßig Kapitalgesellschaften (AG, GmbH, auch Genossenschaften) selten Vereine. Bei den freien Makler- und Verwaltungsunternehmen sind neben der GmbH, der GmbH & Co KG, der OHG und der KG auch Nichtkaufleute und Einzelverwalter anzutreffen. Von Bedeutung für alle ist, daß die Verwaltungsleistung als betriebliche Leistung nur dann sinnvoll ist, wenn sie auf Dauer mindestens eine Kostendeckung ermöglicht. Das Betriebs- oder Teilleistungsergebnis im Tätigkeitsbereich WE-Verwaltung muß auf lange Sicht positiv sein.

43 Ein positives Betriebsergebnis ist dem Verwalter nur dann möglich, wenn ihm einmal ausreichende Erträgnisse – sprich Verwaltervergütung – zufließen, und wenn er andererseits seine Verwaltungsleistung nach betriebswirtschaftlichen Grundsätzen optimal erbringt.

44 Da die Verwalterbetriebe sehr unterschiedlich strukturiert sind, können keine einheitlichen Grundsätze für die Wirtschaftlichkeit der Verwalterbetriebe als allgemein verbindlich wiedergegeben werden. Gleichwohl ist als Grundsatz festzuhalten, daß der Verwalterbetrieb, wie jedes andere Unternehmen, dem Wirtschaftlichkeitsprinzip unterliegt, d. h. daß der Verwalter seine

gesetzlichen und wirtschaftlichen Aufgaben mit dem hierfür geringst möglichen Aufwand aber in dem Umfang zu erbringen hat, wie es Gesetz und Vertrag vorschreiben.

Der Grundsatz der ordnungsmäßigen Verwaltung des gem.E. setzt Maßstäbe und Bedingungen für die vom Verwalter zu erbringenden Leistungen. Die Leistung kann vom Verwalter wirksam nur dann erbracht werden, wenn der Betrieb des Verwalters nach wirtschaftlichen Grundsätzen ausgestaltet ist. Die wirtschaftlich notwendige Leistungsfähigkeit hängt aber auch von den zu erlösenden Erträgen ab. Gehen z.B. die Erträgnisse zurück, weil der Verwalter aus Wettbewerbsgründen keine kostendeckenden Verwaltungsgebühren mehr vereinbaren kann, oder weil er Verwaltungen verliert, dann hat er – eine optimale wirtschaftliche Betriebsführung vorausgesetzt – nur die Möglichkeit, entweder seine Leistungen in Umfang und Qualität zu mindern oder seinen Betrieb einzustellen. *45*

Ein gewisser Trend in diese Richtung ist heute leider festzustellen. Dieser Trend ist aber nicht deshalb zu bedauern, weil davon die Verwalterbetriebe betroffen werden, sondern vor allem auch deshalb, weil die WEer vielfach mit Schlechtleistungen konfrontiert werden, die der Verwaltung des gem.E. keineswegs dienlich sind. Dazu kommt, daß durch unzureichende Leistungen des Verwalters das WE als solches diskriminiert wird und dabei das Institut WE in Verruf gerät. *46*

Die WEer-Gem. haben es also in der Hand darüber zu entscheiden, wie in Zukunft ihr Eigentum verwaltet wird und welchen Wert es letztlich hat. Sollten die WEer Wert darauf legen, angemessen und ohne Schaden verwaltet zu werden, so sollten sie auch Wert darauf legen, erfahrene und qualifizierte Verwalter zu engagieren, die über einen wirtschaftlich arbeitenden Betrieb, und zwar unabhängig von der Betriebsgröße, verfügen. Dazu gehört aber auch, daß diese Leistungen entsprechend der gebotenen Qualität vergütet werden. Nur dann wird es möglich sein, die Verwaltungsleistung nicht nur formal ordnungsgemäß, sondern auch qualitativ optimal zu erbringen.

2. Bestellung und Abberufung des Verwalters allgemein

47 Die Bestellung und Abberufung des Verwalters regelt § 26 Abs. 1 und 2 unabdingbar. Die hier genannten Normen sind dementsprechend verbindlich.

48 Der Verwalter kann auf dreierlei Art bestellt werden, und zwar durch:

- Vereinbarung in der GO durch teilenden Eigentümer (KG OLGZ 1976, 266; BayObLGZ 1975, 327; BayObLG WE 1992, 171). Bedingungen im Zusammenhang mit der Verwalterbestellung sind als Beschränkungen in der Regel unzulässig, z. B.:
  - Bestimmung, daß bei Verkauf von 40% der ETW ein anderer Verwalter an die Stelle des bisher vorgesehenen tritt (OLG Frankfurt OLGZ 1976, 276).
  - Bestimmung, daß zum Verwalter nur ein WEer, ein Wohnungsunternehmen, oder der Haus- und Grundbesitzerverein bestellt werden darf (OLG Bremen Rpfleger 1980, 68).
- Mehrheitsbeschluß gemäß § 26 Abs. 1.
- den Richter nach § 26 Abs. 3 im Verfahren nach § 43 ff.

49 Die Verwalteraufgaben dürfen nicht übertragen oder an einen Dritten abgetreten werden. Dementsprechend sind Vereinbarungen in der GO, die den Verwalter berechtigen „Verwalteraufgaben ganz oder teilweise, vorübergehend oder dauernd auf einen Dritten zu übertragen" als Verstoß gegen die §§ 26 und 27 unwirksam und nichtig (Bader in PiG Nr. 17 S. 212). Dies gilt auch dann, wenn eine juristische Person (GmbH) zum Verwalter bestellt ist und diese die Ausübung der Verwaltertätigkeit an eine andere GmbH überträgt, die mit der Verwalterin personell verflochten ist. Die Überlassung der Verwaltertätigkeit verträgt sich nicht mit der besonderen Vertrauensstellung des Verwalters (BayObLG WE 1991, 287). Eine Regelung im Verwaltervertrag, wonach der Verwalter seine „Aufgaben in eigener Verantwortung ganz oder teilweise durch Dritte ausführen lassen und in diesem Umfang entsprechende Untervollmachten erteilen darf", kann aber nicht dazu führen, daß der Verwalter sein Amt und seine Aufgaben auf einen Dritten überträgt. Hierzu bedarf es der Zustimmung der WEer nach Maßgabe von § 26 Abs. 1 (vgl. hierzu: OLG Hamm WE 1997, 24); OLG Schleswig WE 1997, 388).

Unzulässig ist ferner eine Vereinbarung in der GO und als Verstoß gegen § 26 nichtig, die vorsieht, daß der erste Verwalter vom Treuhänder (einer Bauherrengemeinschaft) bestellt wird (Bader in PiG Nr. 17 S. 212).

Entsprechend dieser Grundsätze dürfte auch eine Vereinbarung unzulässig sein die vorsieht, daß der Verwalter seine Rechte und Pflichten im Wege der Unterbevollmächtigung auf einen Dritten (z. B. andere Verwalterfirmen) überträgt.

Nicht möglich ist die Übertragung des Verwalteramts an den Erwerber eines als Firma X & Co. bezeichneten Einzelhandelsgeschäfts, wenn der zum Verwalter bestellte Kaufmann dieses veräußert. Beim Einzelkaufmann ist im Handelsverkehr Träger von Rechten und Pflichten nur dieser selbst (§ 17 Abs. 2 HGB), auch wenn er als Firma auftritt (§ 17 Abs. 1 HGB; BayObLG WE 1991, 196).

Nichtig ist ferner die Regelung in der GO, nach der die Verwalterbestellung mit einer Dreiviertelmehrheit der Stimmen der WEer zu erfolgen hat. Eine solche Regelung verstößt ausdrücklich gegen § 26 Abs. 1 S. 1 (BayObLG WE 1995, 30; WE 1996, 151). Ebenso unzulässig ist die Regelung in der GO, daß nur ein WEer zum Verwalter bestellt werden darf (BayObLG WE 1995, 287).

a) Bestellung des Verwalters

Nach § 26 Abs. 1 bestellen die WEer ihren Verwalter im Rah- *50*
men ordnungsmäßiger Verwaltung durch Mehrheitsbeschluß. Ist der zu wählende Verwalter WEer kann er bei der Verwalterwahl sein Stimmrecht ausüben. Das gilt auch für ein Wohnungsunternehmen, das gleichzeitig WEer ist.

Die Bestellung darf auf höchstens 5 Jahre vorgenommen wer- *51*
den (§ 26 Abs. 1 S. 2). Wird entgegen dieser Vorschrift der Verwalter über 5 Jahre hinaus bestellt, ist die Bestellung, soweit sie den zulässigen Zeitraum übersteigt, unwirksam, d. h. daß nach 5 Jahren die Gem. keinen Verwalter mehr hat und eventuelle Handlungen eines Nichtmehrverwalters nicht unerhebliche Haftungsfragen für die Gem. und auch den Verwalter zur Folge haben. Das gleiche gilt für eine Klausel im Verwaltervertrag, die

besagt, daß sich der Verwaltungszeitraum automatisch (über 5 Jahre hinaus) verlängert, wenn kein Widerruf erfolgt (vgl. zur 5-Jahresbindung im Verwaltervertrag unten Rn. **10** 90f.).

52 Eine wiederholte Bestellung des Verwalters ist zulässig, wobei die Neubestellung frühestens 1 Jahr vor Ablauf der vereinbarten Verwaltungsdauer gefaßt werden kann (§ 26 Abs. 2). Ein vorher gefaßter Bestellungsbeschluß ist somit absolut nichtig, so daß es für diesen Fall einer gerichtlichen Ungültigkeitserklärung (§ 23 Abs. 4) nicht bedarf (BayObLG DWE 1984, 125). Da im Verbot des § 26 Abs. 2 letzter Teilsatz das Prinzip der Laufzeit eines Verwaltervertrags von höchstens 5 Jahren zum Ausdruck kommt, kann ausnahmsweise die Verwalterbestellung dann vor der Jahresfrist des Ablaufs der Verwaltungsdauer beschlossen werden, wenn die Wiederbestellung mit der Beschlußfassung neu zu laufen beginnt (OLG Hamm WE 1990, 104).

Die 5-Jahresfrist beginnt mit dem Bestellungsakt (MK Röll Rz 5, zu § 26, a. A. Merle V S. 67).

53 Wird die Verwalterbestellung zulässigerweise in der GO bestimmt, so hat diese Regelung Vorrang vor einer – auch anders lautenden – Bestimmung im Verwaltervertrag. Da der Zeitpunkt des Abschlusses der TE und der GO vielfach weit vor Fertigstellung der Wohnanlagen liegt, gilt nach der hM (Merle V S. 67) als tatsächlicher Beginn der Verwaltertätigkeit der Zeitpunkt der tatsächlichen Aufnahme der Tätigkeit durch den Verwalter. Dieser Zeitpunkt, der auch den Fristenlauf des § 26 Abs. 1 S. 2 in Gang setzt, ist in der Literatur und Rechtsprechung umstritten. Nach dem KG (WE 1990, 211) beginnt die Frist nicht mit dem Datum der Errichtung des TE, sondern erst nach rechtswirksamer Invollzugsetzung der WEer-Gem. Nach hM ist die Gem. dann rechtlich in Vollzug gesetzt, wenn mindestens zwei WEer im Grundbuch als Eigentümer eingetragen sind (KG WE 1987, 121). Das KG läßt dabei die Möglichkeit, daß die rechtlich noch nicht in Vollzug gesetzte Gem. als werdende WEer-Gem. auch die Vorschriften des WEG in Anspruch nehmen kann, unberücksichtigt. In diesem Fall dürfte der Beginn der Verwaltertätigkeit der Zeitpunkt der Entstehung der werdenden WEer-Gem. sein, das ist im Falle der Begründung des WE nach § 8 der Tag der Besitzübergabe der ersten beiden ETW. Besitzübergabe

und Fertigstellung dürften dabei in der Regel der gleiche Termin sein.

Behält es sich der teilende Eigentümer in der TE oder GO vor, den Verwalter noch selbst zu bestimmen, so wirkt diese Regelung nur bis zum Entstehen der werdenden WEer-Gem. Zu diesem Zeitpunkt existiert die Gem. die verwaltet werden muß. Die Verwalterbestellung erfolgt demnach hier nach den Vorschriften des § 26 (BayObLG WE 1995, 50). *54*

Innerhalb der 5 Jahresfrist kann der Verwalter sowohl auf eine bestimmte Zeit (z. B. 3 Jahre) oder auf eine unbestimmte Zeit gewählt werden. *55*

Nicht unumstritten ist die Zulässigkeit einer Vereinbarung im Verwaltervertrag, mit der der Verwaltungszeitraum innerhalb der gesetzlichen 5-Jahresfrist automatisch stillschweigend um jeweils ein Jahr verlängert wird. In Literatur und Rechtsprechung (vgl. Bader in PiG 17 S. 212) ist vielfach die Auffassung zu finden, die Vereinbarung im Verwaltervertrag, wonach sich innerhalb der Fünfjahresfrist die Laufzeit des Verwaltervertrages jeweils um ein Jahr verlängert, verstoße gegen § 26 Abs. 2 und sei deshalb nichtig. Dieser Auffassung hat sich das OLG Köln (WE 1990, 171 m. w. N.) zu Recht nicht angeschlossen, weil diese Klausel durch den Beschluß der WEer mit abgedeckt wird. *56*

Die Vorschriften des § 26 Abs. 1 und 2 sind wegen deren Unabdingbarkeit notwendigerweise eng auszulegen. So ist es auch nicht zulässig, daß die WEer den VB ermächtigen, einen Verwalter auszusuchen und mit ihm einen Verwaltervertrag abzuschließen (LG Lübeck Rpfleger 1985, 232; offenbar a. A. OLG Köln WE 1990, 212) bzw. im Verwaltervertrag Klauseln vorzusehen, die durch den Ermächtigungsbeschluß der WEer nicht gedeckt sind (vgl. AG Lahr vom 23. 4. 1992, GUR II 18/89). *57*

Der Beschluß zur Bestellung eines Verwalters hat dem Grundsatz ordnungsmäßiger Verwaltung zu entsprechen (Bader in Festschrift Seuß 1987 S. 1, 3 ff.). Widerspricht der Bestellungsbeschluß diesem Grundsatz, dann ist der Beschluß bei einer Anfechtung für ungültig zu erklären. Das ist z. B. dann der Fall, wenn in der Person des Gewählten ein wichtiger Grund gegen eine Bestellung vorliegt. Der „wichtige Grund" ist hier ähnlich *58* zu beurteilen wie bei der Abberufung. Allerdings sind bei der Bestellung schärfere Maßstäbe anzuwenden (BayObLG WE 1990, 68). Ein wichtiger Grund liegt insbesondere dann vor, wenn Umstände bekannt sind, welche die Person des Verwalters als unfähig oder ungeeignet für dieses Amt erscheinen lassen und damit eine Zusammenarbeit mit dem gewählten Verwalter unzumutbar und das notwendige Vertrauensverhältnis von vornherein nicht zu erwarten ist. Dies ist beispielsweise der Fall, wenn der Verwalter wegen eines Vemögens- oder Eigentumsdelikts verurteilt ist (BayObLG vom 12. 3. 1998, 2 Z 8/98). Zwischen Abberufung und Bestellung des Verwalters besteht bezüglich der Eignung des Verwalters wohl ein Unterschied, weil sich die Mehrheit der WEer bei der Abberufung gegen und bei der Bestellung für den Verwalter ausspricht. Dies hat zur Folge, daß Gerichte nicht ohne zwingende Notwendigkeit in den Bestellungsbeschluß der WEer eingreifen (BayObLG WE 1990, 111; WE 1991, 168).

Nicht ordnungsgemäß ist ein Bestellungsbeschluß auch dann, wenn ein Mehrheitseigentümer sein absolutes Stimmrecht dafür einsetzt, einen Verwalter zu wählen, mit dem eine enge Interessenverknüpfung besteht und auf den der Mehrheitseigentümer einen beherrschenden Einfluß ausübt (OLG Zweibrücken WE 1990, 108 m.w.N.).

Ebenso entspricht ein Beschluß nicht ordnungsmäßiger Verwaltung, dessen Inhalt die Verwalterbestellung einer Firma ist, die auch als Immobilienmaklerin tätig ist und in der Wohnanlage Verkaufsvermittlungen angeboten hat, obwohl der Verwalter Zustimmungsverpflichteter bei Veräußerungen nach § 12 ist (LG München I NJW-RR 1997, 335; BayObLG WE 1997, 439; vgl. auch unten Nebentätigkeiten).

59 Soll ein neuer Verwalter in der Versammlung bestellt werden und ist über mehrere Bewerber abzustimmen, stellt sich die Frage, wie die Abstimmung vorzunehmen ist. Es gibt hier verschiedene Möglichkeiten: Ein Stimmzettel, der alle Kandidaten enthält, oder eine Abstimmung über die Kandidaten einzeln. Entscheidend bei allen Verfahren ist, daß der Verwalter stets die Mehrheit der anwesenden oder vertretenen Stimmen erreichen muß (vgl. OLG Düsseldorf NJW-RR 1991, 594).

b) Abberufung des Verwalters

Eine zulässige Beschränkung bei der Verwalterbestellung ist die im Verwaltervertrag zu treffende Vereinbarung, daß die Abberufung des Verwalters vor Ablauf der vereinbarten Frist auf das Vorliegen eines wichtigen Grundes beschränkt werden kann (§ 26 Abs. 1 S. 3). 60

Diese Regelung führt aber in der Praxis zu erheblichen rechtlichen und tatsächlichen Schwierigkeiten dann, wenn der Verwalter zu unrecht aus wichtigem Grund abberufen wird (vgl. OLG Köln OLG Z 1969, 389 und AG Köln WE 1982/2, 16). 61

In der Regel wird mit der Abberufung des alten Verwalters gleichzeitig ein neuer Verwalter bestellt. Da nach § 23 Abs. 4 ein Beschluß solange Gültigkeit hat, bis er vom Gericht für ungültig erklärt ist, würde das bedeuten, daß nach erfolgreicher Anfechtung des Abberufungsbeschlusses wegen dessen „ex tunc"-Wirkung die Verwaltungseigenschaft des alten Verwalters weder unterbrochen noch aufgehoben worden wäre und der neue Verwalter die Verwaltereigenschaft nicht erlangt hätte. Die Handlungen des neuen „Nichtverwalters" müßten nach außen als Maßnahmen eines Vertreters ohne Vertretungsmacht gewertet werden (vgl. Merle V. S. 106). Wegen dieser für die WEer entstehenden schwierigen Situation wurde teilweise in der Literatur und Rechtsprechung zwar dem Verwalter das Recht zur Anfechtung des Abberufungsbeschlusses eingeräumt, allerdings nur mit der Einschränkung und der Konsequenz der Geltendmachung eines Vergütungs- und gegebenenfalls Schadensersatzanspruches, weil die Rückgewinnung der Verwalterposition nicht mehr möglich schien (vgl. hierzu Müller S. 254 ff.). Das KG ging noch einen Schritt weiter und verweigerte dem Verwalter das Recht zur Anfechtung eines aus „wichtigem Grund" erfolgten Abberufungsbeschlusses überhaupt mit der Begründung, daß sich das Interesse des Verwalters bei der Bestellung allein auf das Vergütungsinteresse beschränke (KG Vorlagebeschluß WE 1988, 91).

Dieser Auffassung ist der BGH (WE 1989, 48) nicht gefolgt. Der Senat billigt dem abberufenen Verwalter nicht nur das Recht zur Anfechtung des Abberufungsbeschlusses im WE-Verfahren zu, sondern bestätigt auch dessen legitimes Interesse an der

Zurückgewinnung seiner Rechtstellung und der Wiedereinsetzung in sein Amt.

Der abberufene Verwalter hat nur dann ein Rechtsschutzbedürfnis an der Anfechtung des Abberufungsbeschlusses, wenn die von den WEern bei Bestellung des Verwalters vorgesehene Amtszeit noch nicht abgelaufen war, oder wenn der Verwalter zur Wahrung etwaiger Vergütungsansprüche die Ungültigkeit des Abberufungsbeschlusses erstrebt. Ein Beschluß der WEer, durch den die Amtszeit des Verwalters mehr als ein Jahr vor Ablauf dieser Amtsperiode um einen Abschlußzeitraum von 3 Jahren verlängert wird, verstößt gegen § 26 WEG und ist absolut nichtig (KG vom 30. 7. 1997, 24 W 231/96).

62 Ficht der abberufene Verwalter den Abberufungsbeschluß wegen eines Einberufungsmangels (hier: unberechtigte Einberufung durch Verwaltungsbeirat) an, und wird diesem Antrag stattgegeben, besteht noch keine Entscheidung darüber, ob die aufgrund dieses Beschlusses ausgesprochene Kündigung des Verwaltervertrags wirksam ist, und ob der abberufene Verwalter seinen Anspruch auf Vergütung verloren hat (OLG WE 1997, 30; OLG Karlsruhe vom 10. 9. 1997, 4 W 71/97). Der abberufene Verwalter kann – wie dargestellt – zwar den Beschluß über seine Abberufung anfechten, nicht aber den gleichzeitig gefaßten Beschluß über die Wahl eines neuen Verwalters. Hierfür besitzt der abberufene Verwalter kein Rechtsschutzbedürfnis, weil seine Rechtsstellung durch die Neuwahl eines Verwalters nicht berührt wird (OLG Hamm WE 1997, 30).

63 Über die Abberufung des Verwalters entscheiden in der Regel die WEer durch Mehrheitsbeschluß in der WEer-Vers. Ein einzelner WEer kann ausnahmsweise ohne Anrufung der WEer-Vers. die Abberufung des Verwalters durch das Gericht verlangen, wenn der WEer hierfür ein Rechtsschutzbedürfnis besitzt, weil ihm die Anrufung der WEer-Vers. nicht zugemutet werden kann (OLG Stuttgart OLGZ 1977, 433; OLG Düsseldorf WE 1994, 375). Das ist u.a. der Fall, wenn der WEer damit rechnen muß, daß er bei der Gem. mit seinen Argumenten nicht durchdringt und die Abberufung ohne gerichtliche Hilfe nicht erreicht werden kann (OLG Düsseldorf vom 2. 2. 1998, 3 Wx 345/97). Die Abberufung des Verwalters durch Gerichtsbeschluß kann in diesem Sinne eine Maßnahme ordnungsmäßiger Verwaltung sein, die jeder WEer beanspruchen und gerichtlich durchsetzen kann (BayObLG W 1986 64/65).

Eine weitere Ausnahme, bei der der einzelne WEer die Abberufung des Verwalters aus wichtigem Grund bei Gericht durchsetzen kann, ist nach dem KG (WE 1988, 168) dann gegeben, wenn ein entsprechender Abwahlantrag in einer WEer-Vers. keine Mehrheit gefunden hat, oder wenn in der Versammlung über den in der Einladung vorgesehenen Tagesordnungspunkt nicht abgestimmt wurde (BayObLG vom 19. 6. 1997, 2 Z 35/97). Voraussetzung hierfür ist, daß die Nichtabwahl durch die Mehrheit der WEer einer ordnungsmäßigen Verwaltung widerspricht. *64*

Wegen der Ansprüche, die jeder Gem. bei zu unrecht vorgenommener Abberufung entstehen ist zu empfehlen, bei Unstimmigkeiten im Verhältnis zu ihrem Verwalter darauf zu achten, daß nicht jede nicht verwaltungsvertragskonforme Handlung des Verwalters – auch bei dessen Verschulden – ein wichtiger Grund zur Abberufung ist. *65*

Die Rechtsprechung hat den unbestimmten Rechtsbegriff „wichtiger Grund" durch Fallgestaltungen (vgl. OLG Oldenburg MDR 1970, 761; BayObLG NJW 1972, 1284; BayObLGZ 1965, 34; OLG Schleswig NJW 1961, 1870; BayObLG WEM 1980, Heft 3, 125; OLG Düsseldorf DWE 1981, 25; BayObLG NJW-RR 1986, 445; BayObLG WE 1986, 153; KG WE 1988, 168; BayObLG WE 1990, 68; WE 1991, 358) dahingehend ausgelegt, daß ein wichtiger Grund dann vorliegt, wenn das zwischen den WEern und dem Verwalter erforderliche Vertrauensverhältnis zerstört ist und den WEern deshalb unter Berücksichtigung aller Umstände, gleichgültig ob dies vom Verwalter verschuldet ist oder nicht (OLG Oldenburg MDR 1970, 761), nach Treu und Glauben eine Fortsetzung der Zusammenarbeit mit dem Verwalter nicht mehr zugemutet werden kann (so Merle V S. 94; BayObLG WE 1994, 274). *66*

Nach dem BayObLG (WE 1986, 65/153) kann ein wichtiger Grund zur Abberufung des Verwalters darin liegen, daß dieser den erklärten Willen der WEer mißachtet oder wenn er die ihm obliegenden Aufgaben nicht oder nur unzulänglich erfüllt (hier: Jahresabrechnung nicht in der von den WEern gewünschten

Form vorgelegt; Zahlen für Wasser und Strom vertauscht; dem Wunsche der WEer, die Versammlung am Freitag abzuhalten, nicht Rechnung getragen; Auftrag zum Abschluß eines Wartungsvertrages nicht ausgeführt).

Ein wichtiger Grund zur Abwahl ist auch dann gegeben, wenn eine zur Verwalterin gewählte GmbH mit einer anderen GmbH eine Vereinbarung trifft, in der eine gemeinsame Verwaltung einer WEer-Gem. derart vereinbart wird, daß bestimmte, wesentliche Aufgaben von der Gesellschaft selbständig übernommen werden (vgl. hierzu BayObLG vom 19. 6. 1997, 35/97). Ferner ist ein wichtiger Grund gegeben, wenn der Verwalter sich weigert einem Einberufungsverlangen der WEer nach § 24 Abs. 2 Folge zu leisten oder wenn er gegen WEer Strafanzeigen erstattet, die jeder Grundlage entbehren (OLG Düsseldorf, WE 1998, 230). Ein wichtiger Grund ist auch dann gegeben, wenn der Verwalter den ausdrücklichen Weisungen der WEer zuwider handelt, er ihrem wiederholten Verlangen nach Einberufung einer Versammlung nicht nachkommt und wenn er der Gem. verschweigt, daß er für den Abschluß der erforderlichen Versicherungsverträge Provisionen in erheblichem Umfang erhalten hat (OLG Düsseldorf vom 21. 1. 1998, 3 Wx 492/97).

67 Sind bei der Beschlußfassung über den Antrag auf Abberufung den WEern die Mängel der Verwalterleistung bekannt und halten sie trotzdem mit Mehrheit am Verwalter fest, wird in der Regel kein wichtiger Grund gegen seine Tätigkeit als Verwalter sprechen (BayObLG WE 1991, 358). Das gilt auch dann, wenn ein WEer aufgrund nicht sehr gewichtiger Verwaltermängel zu erreichen versucht, einen Tagesordnungspunkt „Verwalterabwahl" in eine Versammlung einzubringen, und er die hierzu erforderliche Anzahl von mehr als einem Viertel der WEer nicht gewinnen kann (OLG Düsseldorf WE 1991, 252). Außerdem werden die Gerichte nicht ohne zwingende Notwendigkeit in die Mehrheitsentscheidung der WEer eingreifen (BayObLG WE 1990, 68). Treten aber nach der Beschlußfassung weitere schwerwiegende Mängel auf, rechtfertigen diese wichtigen Gründe auf Antrag eines WEers die sofortige Abberufung des Verwalters, wenn das erforderliche Vertrauensverhältnis infolge seiner schwerwiegenden Pflichtverletzung zerstört erscheint (BayObLG WE 1991, 358).

Weitere Beispiele von wichtigen Gründen, die alle unter dem Vorbehalt der Besonderheiten des Einzelfalles stehen, sind (vgl. Müller a. a. O. S. 258): *68*

- anhaltend nachlässige Verwaltungsführung
- Verdacht der schlechten Geldverwaltung
- rechts- oder vertragswidrige Übertragung der Verwalterstellung
- Verweigerung der Rechnungslegung auf Anforderung der WEer (LG Freiburg NJW 1968, 1973). Verzögerungen der Erstellung der Jahresabrechnung über einen längeren Zeitraum und diesbezügliche Vertröstungen des Verwalters in mehreren Eigentümerversammlungen (OLG Köln WuM 1999, 299).
- Selbstherrlichkeit und Mißachtung des Willens der WEer dadurch, daß der Verwalter die Beschlußunfähigkeit der WEer-Vers. herbeigeführt hat und allein Verfügungen über Gelder der WEer trotz entgegenstehender Beschlüsse vorgenommen hat (BayObLG RPfleger 1972, 229)
- eigenmächtige Befriedigung angeblicher eigener Ansprüche aus gem. Geldern (OLG Düsseldorf DWE 1981, 25)
- schikanöse Behandlung der WEer
- schlechte oder unvollständige, unbelegte Rechnungslegung, verzögerte Vorlage von Wirtschaftsplan und Abrechnung (BayObLGZ 65, 34)
- ungenügender Wirtschaftsplan, schwere Mängel in der Durchführung desselben, unrichtige Protokollführung und erheblich verzögerte Übersendung des Protokolls einer WEer-Vers. (BayObLG WEM 1980, 125)
- Konkurseröffnung über das Vermögen des Verwalters, Vergleichsverfahren, Zahlungseinstellung, allgemeiner Vermögensverfall (OLG Stuttgart OLGZ 77, 433)
- Unredlichkeit, unehrenhaftes Benehmen insbesondere gegenüber der Gem.
- Mißachtung des Antrags einer Vielzahl von WEern, die fristlose Kündigung des Verwaltervertrages in die Einladung zur WEer-Vers. aufzunehmen
- Betreiben der Abwahl des Verwaltungsbeirates ohne wichtigen Grund sowie die erklärte Verweigerung der Zusammenarbeit mit dem VB sind wichtige Gründe zur a. o. Kündigung des Verwalters
- Rechtsgrundlose Zahlungen aus dem Gemeinschaftsvermögen (KG WE 1988, 168; KG WE 1989, 201)
- Abschluß einer verbundenen Gebäudeversicherung ohne vorherige Einberufung einer von mehr als einem Viertel der WEer beantragten WEer-Vers. (BayObLG WE 1991, 358)
- Weigerung des Verwalters, einem mit der Prüfung der Jahresabrechnung beauftragten WEer die Einsicht in die Abrechnungsunterlagen zu gewähren (BayObLG WE 1991, 368)

- Das Verschweigen von nicht getilgten Vorstrafen bei der Verwalterwahl (KG WE 1994, 50)
- Die Veranlassung des Verwalters, Ansprüche Dritter an sich abtreten zu lassen, um diese dann gegen die WEer gerichtlich geltend zu machen (BayObLG WE 1994, 274)
- Die Nichtaufnahme tatsächlicher Ausgaben in die Jahresabrechnung des betreffenden Jahres oder bei mangelnder Deckung, die Nichteinstellung dieser Ausgaben in den Wirtschaftsplan des folgenden Jahres sowie die Verrechnung dieser Ausgaben Jahre später, ohne daß diese Ausgaben – trotz Aufforderung – erklärt oder erläutert wurden (BayObLG WE 1996, 237)
- Die eigenmächtige Entnahme von Verwalterhonoraren durch den Verwalter aus Geldern, die als Sonderkonto für Bausanierung der Gem. zweckbestimmt sind (Vollmachtsmißbrauch (OLG Düsseldorf WE 1997, 426).
- Befolgen der Anweisung eines Mehrheitseigentümers, eine Jahresabrechnung auszuführen, die nicht den Grundsätzen ordnungsmäßiger Verwaltung entspricht (OLG Köln WuM 1999, 298).

69 Wird der Verwalter wegen eines wichtigen Grundes abberufen, verliert er sein Amt und seinen Vergütungsanspruch mit der Bestandskraft des Abberufungsbeschlusses bzw. mit einem im Abberufungsbeschluß bezeichneten Termin. Das gleiche gilt auch, wenn die WEer und der Verwalter im Verwaltervertrag vereinbaren, daß bei Vorliegen eines wichtigen Grundes die Abberufung des Verwalters bzw. bei dessen Amtsniederlegung zugleich der Verwaltervertrag beendet ist (BayObLG WE 1994, 147).

70 Wird die Abberufung des Verwalters durch eine gerichtliche Anordnung (§ 44 Abs. 3) erzwungen, so kann der abberufene Verwalter über den Zeitpunkt der einstweiligen Anordnung hinaus keine Vergütung mehr geltend machen, wenn die Pflichtverletzungen, die zur gerichtlichen Abberufung führten, bereits zu diesem Zeitpunkt vorlagen (KG WE 1989, 201). Der Abberufung des Verwalters aus wichtigem Grund entspricht die fristlose Kündigung nach § 626 BGB. Verwiesen wird auf eine Entscheidung des BayObLG (WE 1992, 236), in der eine Reihe von Sachverhalten zur Überprüfung anstanden, die aber nicht für eine außerordentliche Abberufung ausreichten.

71 Zum Vergütungsanspruch des Verwalters, wenn der Beschluß der WEer über die Abberufung aus wichtigem Grund vom Gericht für ungültig erklärt wird, siehe oben Rn. **10** 62.

3. Verwalterbestellung durch Gericht

Der Richter kann gem. § 26 Abs. 3 WEG im WE-Verfahren (§ 43 Abs. 1 Nr. 3) einen Verwalter (Notverwalter) bestellen. Voraussetzung hierfür ist das Vorhandensein eines dringenden Bedürfnisses und ein entsprechender Antrag eines WEers oder Dritten, der an der Verwaltung ein berechtigtes Interesse hat; z.B. bisheriger Verwalter, Lieferant, Auftragnehmer eines Werkvertrages, Nießbraucher, Pächter, Mieter, öffentl. Behörden (z.B. eine Gemeinde, die einen Gebührenbescheid zuzustellen hat). Das Gericht kann einen Notverwalter aber nur bestellen, wenn kein von den WEern bestellter Verwalter vorhanden ist. Das gilt auch dann, wenn ein Bestellungsbeschluß angefochten bzw. wenn die Wirksamkeit der Wahl durch einstweilige Anordnung des Gerichts ausgesetzt ist. Hat eine Verwalterwahl stattgefunden, hindert dies zunächst das Gericht, einen Notverwalter einzusetzen. Sollte aber die Wahl nicht ordnungsmäßiger Verwaltung entsprechen, kann dann im Beschlußanfechtungsverfahren im Wege einstweiliger Anordnung vorläufig ein anderer Verwalter durch das Gericht eingesetzt werden. In diesem Sinne kann auch ein auf Einsetzung eines Notverwalters gerichtetes Verfahren nicht fortgeführt werden, wenn die Gem. mittlerweile einen neuen Verwalter gewählt hat (KG WE 1990, 211). Ein Verwalter kann aber dann vom Richter bestellt werden, wenn der bisherige Verwalter vom Gericht auf Antrag eines WEers wegen Vorhandenseins eines wichtigen Grundes abberufen ist ohne daß die Mehrheit der WEer zur Abberufung durch Eigentümerbeschluß bereit war (BayObLG WE 1989, 221). *72*

Über die Bestellung eines Notverwalters entscheidet das Gericht nach freiem Ermessen. Dabei muß sich der Antrag an das Gericht nicht auf § 26 Abs. 3 beziehen, sondern er kann auch selbständig mit dem Anspruch auf ordnungsmäßige Verwaltung nach § 21 Abs. 4 (BayObLG WE 1989, 221) begründet werden. Der Richter kann auch dann einen Verwalter bestellen, wenn Meinungsverschiedenheiten zwischen mehreren Gruppen von WEern über die Bestellung eines Verwalters bestehen oder wenn eine Gruppe stets die andere majorisiert (BayObLG WE 1988, 19). *73*

74 Die Bestellung des Notverwalters wird erst mit Rechtskraft der Entscheidung des Gerichts wirksam, sofern nicht das Gericht im Wege der einstweiligen Anordnung eine sofort wirksame Entscheidung getroffen hat (BayObLG WE 1997, 200). Diese Feststellung ist dann von Bedeutung, wenn der Notverwalter 5 Jahre lang im Amt sein sollte.

75 Weder bei der Stützung des Antrags auf richterliche Verwalterbestellung nach § 21 Abs. 4 noch nach § 26 Abs. 3 ist es notwendig, daß das Gericht die Amtsdauer des Verwalters festlegt. In beiden Fällen endet die Amtszeit durch Abberufung infolge WEer-Beschlusses spätestens nach Ablauf von fünf Jahren (§ 26 Abs. 1). Das Gericht kann aber auch eine Amtszeit bestimmen und den Ablauf der Frist festlegen.

76 Der vom Gericht bestellte Verwalter hat die gleichen Rechte und Pflichten wie der von den WEern nach § 26 Abs. 1 bestellte (OLG Hamm NJW 1973, 2301). Er hat gegen die Gem. Anspruch auf Vergütung nach §§ 675, 612 BGB (OLG Hamm WE 1993, 246). Dieser Anspruch kann notfalls im WE-Verfahren durchgesetzt werden. Wird der Verwalter bereits vor Erlaß und Rechtskraft des Gerichtsbeschlusses tätig, so gelten für ihn bis dahin die Ansprüche aus der Geschäftsführung ohne Auftrag (§ 677 ff. BGB).

77 Das Gericht kann auch im Wege einer einstweiligen Anordnung (§ 44 Abs. 3) einen Verwalter bestellen. Hier gilt der Bestellungszeitraum aber nur für die Dauer des Verfahrens. Während des Verfahrens kann der Verwalter mit sofortiger Wirkung nicht abberufen werden. Ein solcher Beschluß ist nichtig (KG WE 1989, 202), weil er einen staatlichen Hoheitsakt außer Kraft setzen würde. Dagegen kann aber ein neuer Verwalter während des Verfahrens im Rahmen ordnungsmäßiger Verwaltung bestellt werden, wobei der Beginn der Amtszeit auf den Zeitpunkt festgelegt wird, bei dem die einstweilige Anordnung außer Kraft tritt (KG WE 1989, 202).

III. Verwaltervertrag

78 Umstritten ist, wann der Verwalter seine Rechtsstellung als solcher erlangt. Die reine Trennungstheorie (vgl. hierzu Merle in

Bärm. Rz. 21 ff. Schmidt in PIG Nr. 54 S. 197 ff.) geht davon aus, daß der Verwalter unabhängig vom Verwaltervertrag mit dem Bestellungsbeschluß die organschaftliche Rechtsstellung des Verwalters erhält. Der Bestellungsbeschluß „verschafft dem Verwalter die Verwalterfunktion, deren Pflichten er mit Annahme des Amtes kraft Gesetz erfüllen muß“ (so Schmidt a. a. O.). Hier wird also zur Erlangung der Rechtsstellung des Verwalters nicht das Zustandekommen und der Abschluß eines Verwaltervertrags vorausgesetzt, sondern allein der Organisationsakt des Bestellungsbeschlusses.

Demgegenüber sieht es die Vertragstheorie (wohl als h. M.) als 79
erforderlich an, daß neben dem Bestellungsbeschluß und seiner Annahme durch den Bestellten ein schuldrechtlicher Vertrag erforderlich ist (Merle in Bärm. Rz. 25 zu § 26; Staudinger/Bub Rn. 217 ff. zu § 26). Durch den Bestellungsbeschluß wird der Gewählte noch nicht Verwalter. Erst wenn diesem Beschluß entsprechende rechtsgeschäftliche Erklärungen folgen, wird der Verwalter in sein Amt eingesetzt. Der Verwaltervertrag kommt dabei in der Regel durch die Annahme des im Bestellungsbeschluß zu sehenden Angebots zustande. Ebenso kann im Abschluß des schriftlichen Verwaltervertrags die konkludente Zustimmung zur Bestellung gesehen werden.

Eine weitere Theorie, die Einheitstheorie, besagt, daß die Verwalterbestellung und die Annahme des Amtes durch den Verwalter automatisch mit dem Abschluß eines Verwaltervertrags verbunden ist (Schmidt a. a. O.).

Gefolgt wird hier der Vertragstheorie, weil der Verwalter 80
kaum alleine die (nur) organschaftlichen Verwalterpflichten eingehen wird ohne weitere Regelungen seiner Rechte und Pflichten, insbesondere seiner Vergütung. Bei der Trennungstheorie, nach der es möglich ist, den Verwaltervertrag erst (auch viel später) nach dem Bestellungsbeschluß abzuschließen, hat der Verwalter keine Gewißheit, daß seine Vorstellungen über seine Tätigkeit vertraglich geregelt werden.

Der Bestellungsbeschluß führt also nach der hier vertretenen 81
Auffassung und entgegen der Trennungstheorie noch nicht zur rechtswirksamen Verwalterbestellung des Gewählten. Der Beschluß, der als einseitiger Akt der WEer kein Rechtsgeschäft

ist, stellt lediglich das Angebot zum Abschluß eines Verwaltervertrages mit den gegebenenfalls im einzelnen zu regelnden Vertragsbedingungen dar. Erst mit der Annahme durch den gewählten Verwalter kommt der Vertrag zustande. Ist der Verwalter bestellt, und kommt der schriftliche Verwaltervertrag nicht zustande, weil er von den hierzu Ermächtigten nicht unterzeichnet wird, so kommt dennoch ein mündlicher Verwaltervertrag zustande mit dem Inhalt, der beim Bestellungsbeschluß festgelegt wurde, wenn der Verwalter seine Tätigkeit aufnimmt (BayObLG WE 1997, 396).

82 Wegen der unterschiedlichen rechtlichen Bedeutung des Bestellungs- bzw. Abberufungsbeschlusses (einseitiger Akt) und dem Abschluß bzw. der Kündigung des Verwaltervertrages (Rechtsgeschäft) wird überwiegend dem WEer, der zum Verwalter bestellt oder abberufen werden soll, ein Stimmrecht zugestanden (s.o. S. 467f. m.w.N.). Das gilt aber nach dem BayObLG nicht, wenn z.B. der Abberufungsbeschluß gleichzeitig die Kündigung des Verwaltervertrages beinhaltet (BayObLG WE 1987, 45). Nach Auffassung des BayObLG geht die Kündigung als Beschlußteil über den wohnungseigentumsrechtlichen Akt der Abberufung hinaus und beendet zugleich das durch den Verwaltervertrag begründete Rechtsgeschäft. Ähnlich argumentiert das OLG Köln (WE 1988, 142), daß der Abberufungsbeschluß gleichzeitig die Beendigung des Verwaltervertrages beinhaltet, wenn im Verwaltervertrag eine rechtliche Einheit zwischen Abberufung von Vertragsdauer vorgesehen ist, bzw. wenn im Zweifel eine Koppelung dieser beiden an sich unterschiedlichen Elemente anzunehmen ist. Wenn an der unterschiedlich rechtlichen Qualifikation von Bestellungs- bzw. Abberufungsbeschluß sowie der Begründung und Beendigung des Verwaltervertrages keine Zweifel bestehen, ist es doch fraglich, ob ein WEer, der zum Verwalter bestellt werden will, bei der Beschlußfassung über seine Wahl ein Stimmrecht hat, nicht aber dann, wenn in einem gesonderten Akt ein Verwaltervertrag mit ihm abzuschließen ist. Wenn der Zweck des § 25 Abs. 5 darin besteht, einem WEer das Stimmrecht bei Abschluß eines Rechtsgeschäftes mit ihm wegen eventueller Interessenkollision zu versagen, so kann dabei nicht unterschieden werden in einem

Akt der Beschlußfassung, bei dem die Frage der Interessenkollision keine Bedeutung besitzt und einem sich bei Vollzug dieses Aktes (Beschluß) ergebenden Abschluß eines Rechtsgeschäftes, für den die Frage der Interessenkollision von Bedeutung ist. Der Verwaltervertrag ist zweifellos ein Rechtsgeschäft, welches in diesem Fall mit einem WEer zustande kommt. Nach der hier vertretenen Auffassung stellt sich dabei nur die Frage, ob der Abschluß oder die Beendigung eines Verwaltervertrages mit einem WEer eine im Sinne des § 25 Abs. 5 ungewünschte Interessenkollision ist, oder nicht. Trifft dies zu, so sollte der WEer auch bei dem Bestellungs- bzw. Abberufungsbeschluß kein Stimmrecht haben, oder sollte darin keine Interessenkollision gesehen werden, so muß dem WEer das Stimmrecht auch für das Eingehen oder die Beendigung eines Verwaltervertrages zugestanden werden.

Der Verwaltervertrag bedarf keiner Form, er kommt auch *83* mündlich zustande, wenn der Verwalter den Bestellungsbeschluß bestätigt, oder konkludent, wenn er nach der Beschlußfassung die Verwaltungsarbeit ohne ausdrückliche Erklärung übernimmt. Wird ein schriftlicher Verwaltervertrag nicht abgeschlossen, so richtet sich der schuldrechtliche Inhalt des Verwaltervertrags nach dem objektiven Erklärungswert des Bestellungsbeschlusses, also danach, wie der künftige Verwalter das in der Verwalterbestellung liegende Vertragsangebot der WEer verstehen konnte und durfte (OLG Hamm WE 1997, 28). Wird in dem Bestellungsbeschluß der Verwalter für eine bestimmte Zeitdauer bestellt, so kommt mit dem Verwalter ein befristetes Geschäftsbesorgungsverhältnis zustande. Die Aufgaben des nicht schriftlich fixierten Verwaltervertrags ergeben sich darüber hinaus aus den gesetzlichen Verwalterpflichten (§§ 27 bis 28).

Da das Verhältnis zwischen Verwalter und WEer je nach der *84* Größe und der Art der Wohnanlage recht unterschiedliche Gestaltungsbedürfnisse hat, spricht alles dafür in jedem Fall einen schriftlichen Verwaltervertrag abzuschließen.

Die Parteien des Verwaltervertrags sind der Verwalter und *85* die WEer, nicht die Gem. als solche. Die Zustimmung zum Vertrag seitens der WEer erfolgt durch Mehrheitsbeschluß. Sehr bewährt hat sich das Verfahren, daß die Gem. den VB oder auch ein oder zwei in diesem Bereich erfahrene WEer durch Mehrheitsbeschluß ermächtigt, namens der Gem. mit dem Verwalter den Verwaltervertrag abzuschließen. Die Ermächtigung kann auch darin bestehen, daß die Beauftragten (VB oder WEer) den Inhalt des Verwaltervertrages mit dem Verwalter auszuhandeln haben. Die ausgehandelten Vertragsklauseln sind dann auch gegen die WEer wirksam, die gegen diesen Antrag gestimmt oder am Beschluß nicht mitgewirkt haben, wenn die Klausel dem Grundsatz ordnungsmäßiger Verwaltung nicht widerspricht (OLG Köln WE 1990, 212; hier: Sondervergütung für Verwalter). Diese Auffassung widerspricht offenbar der Entscheidung des LG Lübeck (Rpfleger 1985, 232).

1. Rechtliche Qualifizierung des Verwaltervertrags

86 Der Verwaltervertrag ist regelmäßig ein entgeltlicher Geschäftsbesorgungsvertrag im Sinne von § 675 BGB mit überwiegend dienst-, teils aber auch mit werkvertraglichem Charakter (vgl. BayObLG WE 1987, 45; WE 1992, 25; WE 1996, 472; WE 1997, 391). Alle Dienstleistungen und damit der größte Teil der Verwalterleistungen unterliegen den Regeln des Dienstvertragsrechts (§§ 61 ff. BGB). Werkvertragliche Leistungen (§§ 631 ff. BGB) sind z. B. die Erstellung des Wirtschaftsplans und der Jahresabrechnung. Soweit die Verwaltertätigkeit unentgeltlich ausgeübt wird, gilt das Auftragsrecht nach §§ 662 ff. BGB. Der Verwaltervertrag ist somit auch ein gegenseitiger, weil entgeltlicher Vertrag, der ein Dauerschuldverhältnis begründet. In einem Dauerschuldverhältnis wird die vertraglich vereinbarte Leistung grundsätzlich während eines bestimmten Zeitabschnittes erbracht, so daß hier der Beendigung des Vertragsverhältnisses (z. B. durch Zeitablauf oder Kündigung) besondere Bedeutung zukommt. Wegen der zeitlichen Bindung der Vertragspartner ist für alle Dauerschuldverhältnisse ein Recht unabdingbar, nämlich das, den eingegangenen Vertrag aus wichtigem Grund immer kündigen zu können. Eine vertragliche Einschränkung des gegenseitigen grundsätzlichen Kündigungsrechtes aus wichtigem Grund ist unwirksam. Wegen der Bedeutung der zeitlichen Bindung im Dauerschuldverhältnis begrenzt das AGBG (§ 11

Nr. 12) die Laufzeit bei Dauerschuldverhältnissen auf höchstens 2 Jahre. Das gilt nicht bei BGB-Vertragstypen, welche für die Laufzeit des Schuldverhältnisses Spezialregelungen besitzen, wie z.B. § 26 für die Laufzeit des Verwaltervertrages, die auf maximal 5 Jahre festgelegt ist.

Für den Geschäftsbesorgungsvertrag gilt wie für alle vertraglichen Schuldverhältnisse im BGB der Grundsatz der Vertragsfreiheit, soweit keine ausdrücklichen gesetzlichen Regelungen (z.B. § 26 Abs. 1 u. 2 und § 27 Abs. 1 u. 2) entgegenstehen. Wesensnotwendig für den Geschäftsbesorgungsvertrag sind die grundsätzlichen gegenseitigen Leistungspflichten, d.h. die eine Vertragspartei verpflichtet sich zur Erbringung von Dienstleistungen (anders Werkvertrag: Herbeiführung eines Erfolges) und die andere Partei zur Gewährung der vereinbarten Vergütung (§ 611 BGB). Dazu kommen besondere Nebenverpflichtungen, die nach § 242 BGB sowohl für den Dienstverpflichteten als auch für den Dienstberechtigten wahrzunehmen sind. Das ist u.a. in der Regel eine Fürsorge- und Treuepflicht und das Gebot der Interessenwahrung für den Dienstberechtigten. *87*

Der Begriff der Geschäftsbesorgung in seiner rechtlichen Bedeutung ist umstritten. Grundsätzlich beinhaltet die Geschäftsbesorgung eine selbständige Tätigkeit auf rechtlichem oder wirtschaftlichem Gebiet. Typische Geschäftsbesorgungen neben der Verwalterleistung sind: Rechtsanwaltsvertrag, Girovertrag, Kontokorrentvereinbarung, Vermögensverwaltung.

Für alle Dienstverträge, die eine Geschäftsbesorgung zum Gegenstand haben, gelten nicht nur die Vorschriften des Dienstvertrags (§§ 611 bis 630) des BGB sondern auch ein Teil der Vorschriften des Auftragsrechts (Auftragsrecht: §§ 662 bis 676 BGB). In diesem Sinne bestimmt § 675 BGB, daß für Geschäftsbesorgungsverträge mit Dienstvertragscharakter auch die §§ 663, 665 bis 670, 674 BGB des Auftragsrechtes anzuwenden sind. *88*

Im Blick auf den WE-Verwaltervertrag sind das u.a. folgende Vorschriften: *89*

- für den Verwalter
  - Anzeigepflicht bei Ablehnung des Auftrages (§ 663 BGB; dürfte selten sein: Ausschreibung der Verwalterleistung und Annahme durch Gem.).

  - Auskunfts- und Rechenschaftspflicht (§ 666 BGB; besonders wichtig neben § 28: Wirtschaftsplan, Jahresabrechnung, Rechnungslegung).
  - Herausgabe des Erlangten (§ 667 BGB; alle Verwaltungsunterlagen, daneben alle gezogenen Nutzungen und erhaltene Provisionen und Sondervergütungen einschließlich Schmiergelder). Aus der Herausgabepflicht ergibt sich auch die Notwendigkeit Bank- und Rechnungsbelege stets aufzubewahren, also unabhängig vom Zeitablauf).
- für die WEer
  - Vorschußleistung für bestimmte Verwalterleistungen (§ 669 BGB; neben § 28 Abs. 2 = Vorschuß auf Leistungen des Wirtschaftsplanes. § 669 BGB begründet das Recht des Verwalters, Sonderumlagen – gegebenenfalls auch ohne Versammlungsbeschluß – abzuverlangen).
  - Ersatz für entstandene Aufwendungen, das sind alle Kosten für Aufwendungen des Verwalters für die Gem., und zwar üblicherweise die Kapital- und Bewirtschaftungskosten (§ 670 BGB; grundsätzlich geregelt in § 28 Abs. 1 Nr. 2 u. 3; außerordentliche Verwaltungskosten: Saalmiete; Vergütung für Verwaltungsbeirat; zusätzliche aber notwendige Verwalterleistungen: Vertretung vor Gericht; Schäden, die der Verwalter bei Ausübung seiner Tätigkeit unverschuldet erleidet).

Damit sind die wesentlichsten normativen Rahmenbedingungen dargestellt, die für den Verwaltervertrag von Bedeutung sind.

2. Inhalt des schriftlichen Verwaltervertrags

90 Für den Inhalt des Verwaltervertrags gilt wie festgestellt der Grundsatz der Vertragsfreiheit. Die Vertragsfreiheit wird nur durch die allgemein nichtigen rechtsgeschäftlichen Erklärungen (§§ 134, 138 BGB), durch unabdingbare Regelungen des WEG (z. B. §§ 26 und 27) und durch das AGB-Gesetz eingeschränkt.

91 Für den Verwaltervertrag gibt es eine Fülle von Vertragsmustern. Die bekanntesten Musterverträge sind in Bä/S (Teil G Nr. 106 bis 108) zusammengestellt und erläutert (s. auch Muster in Anhang III).

92 Bei der Abfassung von Verwalterverträgen spielt immer die Frage eine Rolle, ob nur die Grundsätze der Vertragsbeziehungen oder alle Details geregelt werden sollen. Die Meinungen gehen weit auseinander. Hier wird die Auffassung vertreten, daß nur das wirklich Wichtige geregelt werden sollte, weil selbst durch größte Perfektion nicht alle Fälle regelbar sind und weil es darüber hinaus besser ist einen Freiraum für künftige Regelungen zu haben (vgl. Pick, Der Verwaltervertrag, in PiG Nr. 9, S. 113).

Sofern der Verwaltervertrag vorformuliert ist, was bei allen Musterverträgen zutrifft, handelt es sich bei den inhaltlichen Regelungen des Verwaltervertrages um „allgemeine Geschäftsbedingungen", die voll den Bestimmungen des AGBG unterliegen. Insbesondere finden die §§ 9 bis 11 und neuerdings § 24a AGBG (eingefügt durch das Gesetz vom 19. 7. 1996 – BGBl. I S. 1996, 1013) Anwendung. So ist z. B. eine Bestimmung wegen Verstoßes gegen § 10 Nr. 6 AGBG unwirksam, wonach die Ladung zur WEer-Vers. wirksam sei, wenn sie an die letzte dem Verwalter bekannte Adresse des WEers gerichtet werde (Unzulässige Zugangsfiktion: BayObLG WE 1991, 295). *93*

Nach Auffassung des KG (WE 1989, 132; KG WE 1991, 105) verstößt auch eine in einem formularmäßig abgeschlossenen Verwaltervertrag vorgesehene Bindungsdauer von 5 Jahren gegen § 11 Nr. 12a AGBG. Dieser Auffassung ist Röll mit den als h. M. zu verstehenden Hinweisen entgegengetreten (WE 1989, 114), daß das AGBG bezüglich des Verwaltungszeitraumes hier deshalb nicht angewandt werden kann, weil die Regelung des § 26 mit der möglichen Bindungsdauer von 5 Jahren Vorrang vor den Vorschriften des AGBG besitzt (§ 8 AGBG). *94*

Nach § 11 Nr. 7 AGBG kann die Haftung für Vorsatz und grobe Fahrlässigkeit – wohl aber für leichte Fahrlässigkeit – nicht ausgeschlossen werden (umstritten vgl. Schmidt in PiG Nr. 54 S. 207). *95*

Als Inhalt des Vertrages wird im allgemeinen vereinbart (Pick a. a. O. S. 116): *96*

- Bestellung: durch Vereinbarung des teilenden Eigentümers (GO) oder durch Mehrheitsbeschluß.
- Laufzeit des Vertrages bzw. Verlängerungsklauseln.
- Kündigungsvereinbarung: ordentliche Kündigung und außerordentliche Kündigung.
- Aufgaben und Befugnisse.
- Haftung des Verwalters.
- Verwaltervergütung.

Bei der Abfassung des Verwaltervertrags haben WEer und Verwalter darauf zu achten, daß die Vertragsbestimmungen *97* nicht gegen in der GO getroffene Vereinbarungen und gegen Bestimmungen des AGBG verstoßen. Wird nämlich ein Mehrheitsbeschluß über die Annahme eines Verwaltervertrages gefaßt, der gegen das Gesetz, eine Vereinbarung oder den Grundsatz ordnungsmäßiger Verwaltung verstößt, ist er bei Anfechtung als ungültig zu erklären (BayObLG WE 1991, 111). Eine solche Regelung ist z. B. die Vereinbarung im Verwaltervertrag, wonach der Verwalter berechtigt sein soll, seine Aufgaben und Pflichten durch Beauftragte wahrnehmen zu lassen (vgl. OLG Saarbrükken vom 10. 10. 1997, 5 W 60/97 - 23). Auch kann der Verwaltervertrag keine Regelungen enthalten, die allein das Verhältnis der WEer betreffen, wie z. B. besondere Abrechnungsregelungen bei Veräußerung der ETW; Zurückbehaltung von Hausgeldern durch WEer; Aufrechnung durch WEer gegen Anspruch auf Hausgeldzahlung; Verzinsung von zu zahlendem Hausgeld (vgl. OLG Saarbrücken vom 10. 10. 1997, 5 W 60/97 - 23).

98 Regelungen im Verwaltervertrag, die gegen den Grundsatz ordnungsmäßiger Verwaltung verstoßen, z. B. die Vereinbarung eines pauschalierten Schadensersatzes wegen Verzug sind aber dann wirksam, wenn der Mehrheitsbeschluß über die Annahme des Verwaltervertrags nicht angefochten wird (BayObLG WE 1995, 245). Soweit Bestimmungen des Verwaltervertrages gegen das AGBG verstoßen, sind sie grundsätzlich unwirksam. Verstoßen Vertragsklauseln gegen Regelungen der GO, so muß der diese Vertragsbestimmung billigende Mehrheitsbeschluß bei Beschlußanfechtung für ungültig erklärt werden (BayObLG WE 1991, 259).

99 Die Anfechtung eines Beschlusses der WEer über einzelne Bedingungen eines Verwaltervertrages kann auf diese Vertragsklauseln beschränkt bleiben. Das gilt insbesondere dann, wenn im Verwaltervertrag vorgesehen ist, daß dieser ggf. ohne unwirksame Teile gewollt ist (BayObLG WE 1991, 111).

100 Werden im Verwaltervertrag bestimmte Aufgaben dem Verwalter in der Weise übertragen, daß darüber eine Beschlußfassung seitens der WEer nicht vorgesehen ist, wie z. B. bei der Anstellung und Kündigung des Hausmeisters oder bei Abschluß und Kündigung eines Versicherungsvertrages, so berechtigt das den Verwalter nicht, sich über das Mitwirkungsverlangen einer nach § 24 Abs. 2 antragsberechtigten Minderheit in diesen Fällen hinwegzusetzen. Da der Verwalter nur Sachwalter fremden Vermögens und Vollzugsorgan fremden Willens ist, besitzt er keine beherrschende Funktion und hat deshalb die gesetzlichen Regelungen bezüglich der Verwaltung des gem.E zu beachten (BayObLG WE 1991, 358).

3. Beendigung des Vertragsverhältnisses

Der Verwaltervertrag endet normalerweise mit Ablauf der vereinbarten Bestellungszeit, spätestens nach Ablauf von 5 Jahren. Ist die Abberufung des Verwalters und die Kündigung des Verwaltervertrages nicht an das Vorhandensein eines wichtigen Grundes gebunden und sonst keine Kündigung vereinbart, gelten die gesetzlichen Kündigungsfristen des § 621 BGB. *101*

Üblicherweise wird im Verwaltervertrag eine feste Laufzeit (3 oder 5 Jahre) vereinbart, wobei eine Kündigung in der Regel nur aus wichtigem Grund vorgesehen wird. Es sind aber auch Verwalterverträge anzutreffen, in denen ein ordentliches Kündigungsrecht für beide Parteien Gegenstand der Vereinbarung ist. Zweckmäßigerweise wird hier eine jährliche Kündigung zum Ende eines Kalenderjahres unter Einhaltung einer Kündigungsfrist von 6 Monaten vereinbart (vgl. hierzu Anlage III Mustervertrag). *102*

Bezüglich der außerordentlichen Kündigung wird auf die Feststellungen im Zusammenhang mit der Abberufung des Verwalters bei Vorhandensein eines wichtigen Grundes verwiesen. Um weitere Streitigkeiten bei solchen Anlässen zu vermeiden, sollte aber in jedem Verwaltervertrag vereinbart werden, daß das Vertragsverhältnis bei Vorliegen eines wichtigen Grundes sowohl seitens der WEer als auch seitens des Verwalters ohne Einhaltung einer Kündigungsfrist beendet werden kann. *103*

Ist das Vertragsverhältnis durch Zeitablauf beendet, kann es durch Beschluß der WEer mit dem bisherigen Verwalter neu begründet werden. Die erneute Bestellung setzt nicht unbedingt einen neuen Verwaltervertrag voraus. Es genügt, wenn die Wiederbestellung zu den Bedingungen des alten Verwaltervertrags *104* durch die WEer mehrheitlich beschlossen wird. In einem solchen Beschluß wird nicht nur die zulässige Verlängerung der Verwalterbestellung sondern auch eine Verlängerung des Vertragsinhalts gesehen (BayObLG WE 1991, 223). Im übrigen liegt dem „Wiederbestellungsbeschluß“ in der Regel ein entsprechender Antrag des Verwalters zugrunde, der als Angebot auf Abschluß eines (in der Regel bisherigen) Verwaltervertrags zu werten ist (BayObLG WE 1991, 223).

IV. Stellung und Vertretungsmacht des Verwalters

105 Nicht eindeutig geklärt ist die Rechtsstellung des Verwalters, und zwar (vgl. Merle V S. 10):

- ob er Organ der Gem. und damit gesetzlicher Vertreter der Gemeinschaft ist,
- ob er eine organschaftliche Rechtsstellung hat,
- ob er lediglich Bevollmächtigter der Gem. ist.

106 Diese Frage soll hier nicht erörtert werden. Es wird der Meinung von Weitnauer gefolgt (Weitn. Rz 1 zu § 27), die im Verwalter ein Verwalterorgan (nicht im Sinne der Organschaft juristischer Personen) der WEer-Gem. sieht, und zwar als Vertreter mit gesetzlicher Vertretungsmacht. Der Verwalter ist demnach ähnlich einem Treuhänder für die WEer tätig. Er ist, von bestimmten Ausnahmen abgesehen (Notverwaltung und kleineren Reparaturmaßnahmen), an die Weisung der Gem. gebunden. In diesem Sinne ist der Verwalter Sachwalter der Interessen und des Vermögens der Gem. Er hat die nach Vertrag und Gesetz vorgegebenen Aufgaben für die Gem. als deren Geschäftsführer und deren rechtsgeschäftlich bestellter Vertreter zu erfüllen, wobei ihm die vom Gesetz zugeteilten Aufgaben und Befugnisse (§ 27 Abs. 1 und 2) nicht entzogen werden können.

107 Für die Verwaltungsleistungen innerhalb der Gem. ist der Verwalter nicht nur aufgrund entsprechender Vereinbarungen im Vertrag, sondern auch nach § 27 ermächtigt. Im Außenverhältnis, d. h. zum Handeln des Verwalters mit Dritten, bedarf er der Bevollmächtigung durch die Gem. Diese Vollmacht, die auch die gerichtliche Vertretung der Gem. beinhalten kann, wird in der Regel durch Mehrheitsbeschluß (§ 27 Abs. 2 Nr. 5) erteilt. Sie kann aber auch grundsätzlich in der GO oder im Verwaltervertrag vorgegeben sein (BayObLG DW 1979, 122; BayObLG Rpfleger 1982, 15; BGH DWE 1982, 27).

Wegen der Prozeßstandschaft des Verwalters wird auf die Ausführungen zu Ziff. IX verwiesen (s. unten Rn. **10** 425ff.). *108*

1. Legitimation des Verwalters

Hat der Verwalter seine Vertretungsmacht nach Außen, also Dritten gegenüber, nachzuweisen, so genügt normalerweise die Vorlage einer schriftlichen Vollmacht (Muster: Bä/S a.a.O. S. 688). Es empfiehlt sich grundsätzlich, eine Vollmacht für den Verwalter auszustellen, und zwar zusammen mit der Erstellung des Verwaltervertrages. Eine schriftliche Vollmacht allein reicht bei bestimmten Handlungen nicht aus, z.B. bei der Veräußerungszustimmung nach § 12 (s. oben Rn. **7** 15ff.). Hier ist eine öffentlich beglaubigte Vollmacht erforderlich. *109*

Der Verwalter hat das Recht, von der Gem. die Ausstellung einer öffentlich beglaubigten Vollmacht zu verlangen. Da dieses Verlangen wegen der notwendigen Unterschriftsbeglaubigungen durch die WEer (§ 26 GBO) praktisch nur sehr schwer zu erlangen ist, wurde in der WEG-Novelle zum 30. Juli 1973 (s. oben Rn. **1** 17) der Nachweis der Verwaltereigenschaft erleichtert, indem nach § 26 Abs. 4 anstelle der öffentlich beglaubigten Urkunde als Nachweis in grundbuchmäßiger Form die Vorlage der Niederschrift mit dem Bestellungsbeschluß genügt, wobei aber die Unterschriften der zur Unterzeichnung Berechtigten (§ 24 Abs. 6) öffentlich beglaubigt sein müssen. *110*

Wird ein Verwalter nicht in der Versammlung sondern durch schriftlichen Beschluß (Umlaufbeschluß s. oben Rn. **8** 47) bestellt, so ist es zum Nachweis der Verwaltereigenschaft im Sinne des § 29 Abs. 1 GBO erforderlich, eine öffentlich beurkundete oder öffentlich beglaubigte Erklärung aller WEer vorzulegen (BayObLG NJW-RR 1986, 564). *111*

112 Ist eine schriftliche oder notarielle Vollmachtsurkunde erteilt, hat sie der Verwalter mit Erlöschen seines Amtes an die Gem. zurückzugeben (§ 175 BGB). Tut er dies nicht von sich aus, hat die Gem. auf Aushändigung der Vollmachtsurkunde zu bestehen, weil diese Dritten gegenüber auch nach der Beendigung der Verwaltertätigkeit wirksam ist, es sei denn daß der Dritte, mit dem ein Rechtsgeschäft vorgenommen wurde, vom Erlöschen der Vollmacht Kenntnis hatte (Weitn. Rz 19 zu § 27).

113 Gegenüber den WEern ist der Verwalter im allgemeinen nicht verpflichtet seine Legitimation nachzuweisen. So kann ein WEer eine Inkassoleistung an den Verwalter nicht vom Nachweis der Verwalterbestellung abhängig machen (BayObLG DWE 1983, 91).

2. Haftung des Verwalters

114 Der Verwalter haftet im Rahmen seiner Tätigkeit für schuldhafte Pflichtverletzungen dann, wenn daraus für die Gem. oder für Dritte ein durch den Geschädigten nachzuweisender echter Schaden entsteht. Voraussetzung für die Durchsetzung des Schadensersatzes ist eine bestehende gesetzliche Anspruchsgrundlage.

115 In diesem Sinne kann der Verwalter gegenüber einzelnen WEern, gegenüber der Gem. oder gegenüber Dritten haftpflichtig sein. Wegen dieser Haftpflicht des Verwalters wurde auch der Abschluß einer Vermögensschadenshaftpflichtversicherung empfohlen (s. oben Rn. **5** 45ff.).

Die wichtigsten Anspruchsgrundlagen und Haftpflichtschadensfälle werden nachstehend kurz aufgezeigt.

a) Haftung gegenüber Wohnungseigentümern

116 Der Verwalter ist verpflichtet, die gegenüber der Gem. durch Vertrag (Verwaltervertrag) oder nach dem Gesetz (§§ 24, 27 und 28) übernommenen Verpflichtungen (Geschäftsbesorgungsverhältnis § 675 BGB) zu erfüllen. Dabei hat er die im Verkehr erforderliche Sorgfalt eines ordentlichen Verwalters anzuwenden. Tut er das nicht und es entsteht der Gem. infolge vor-

sätzlicher oder fahrlässiger (schuldhaft) Pflichtverletzungen ein Schaden, so hat er diesen wegen positiver Vertragsverletzung zu ersetzen (BayObLG WE 1997, 39). Der Umfang der Ersatzpflicht wird nach Maßgabe der §§ 249 ff. BGB ermittelt.

Bedient sich der Verwalter zur Erfüllung seiner Pflichten einer anderen Person (Angestellter, Mitarbeiter), so ist er für dessen Verschulden nach § 278 BGB verantwortlich, d.h. daß der Verwalter für seinen Erfüllungsgehilfen in gleicher Weise und in gleichem Umfang wie für sein eigenes Verschulden einzutreten hat. Für Fehler des Hausmeisters haftet der Verwalter in der Regel nicht, es sei denn, er hat seine Überwachungspflicht schuldhaft verletzt. Der Hausmeister ist nicht Erfüllungsgehilfe des Verwalters, sondern er ist aus dem Hausmeistervertrag gegenüber der WEer-Gem. verpflichtet (BayObLG WE 1994, 117). Die allgemeinen Verschuldenstatbestände sind dann erfüllt, wenn der Verwalter fahrlässig, grob fahrlässig oder vorsätzlich (§ 276 BGB) handelt. *117*

Die allgemeinen Haftungs- und Verschuldenstatbestände ergeben sich aus dem Gesetz. Die vertragliche Haftung bemißt sich nach den allgemeinen Grundsätzen für Leistungsstörungen, das sind Unmöglichkeit, Verzug und positive Vertragsverletzung. *118*

Verzug ist immer dann gegeben, wenn der Verwalter nicht rechtzeitig seinen Verpflichtungen nachkommt. Z.B. wenn er einen ihm bekannten Mangel am gem. E. nicht unverzüglich reparieren läßt, wenn er es versäumt, eine von ihm zu erteilende Zustimmung (Veräußerungszustimmung nach § 12 WEG; Zustimmung zur Vermietung u.a.) rechtzeitig zu geben oder wenn er den Wirtschaftsplan bzw. die Jahresabrechnung nicht rechtzeitig erstellt. *119*

Die meisten Pflichtverletzungen sind wohl die positiven Vertragsverletzungen, die in der Schlechterfüllung der vertraglich vereinbarten Pflichten oder in der Verletzung von Nebenpflichten zu sehen sind. *120*

In Literatur und Rechtsprechung werden eine Reihe von Pflichtverstößen genannt, die nach Maßgabe der dargestellten Anspruchsnormen Schadensersatzpflicht auslösen. *121*

Sie sollen stichwortartig aufgezeigt werden:

- Nicht ordnungsgemäße Durchführung der Beschlüsse.
- Mangelnde Sorgfalt bei der Durchführung von Instandhaltungsmaßnahmen.
- Unterlassung und Verzögerung von Instandhaltungsmaßnahmen (einschließlich Unterlassung der Einholung von Sachverständigengutachten), die zur Behebung von Schäden am gem.E. und die zur Abwehr von dadurch ermöglichten Schäden am SE unerläßlich sind (BayObLG WE 1988, 74; BayObLG WE 1988, 108), sofern die Voraussetzungen des § 284 Abs. 1 S. 1 BGB vorliegen und das für den Verzug erforderliche Verschulden (§ 285 BGB) gegeben ist (BayObLG NJW-RR 1988, 599). Der Verwalter haftet auch gegenüber den einzelnen WEern für Schäden, die am SE entstehen, gegebenenfalls auch für Mietausfall (OLG Köln WE 1997, 198).
- Ebenso haftet der Verwalter, wenn er bei Eintritt eines Schadens (Wasserschaden) nicht sofort das Erforderliche veranlaßt und zwar auch dann, wenn nicht sofort erkennbar ist, ob der Schaden seine Ursache im SE oder im gem.E. hat (BayObLG vom 29. 1. 1998 2 Z 53/97).
- Keine Trennung des Verwaltungsvermögens vom Vermögen des Verwalters.
- Verfügung des Verwalters über Gelder aus gem. Guthaben zu seinen Gunsten (BGH NJW 1972, 1318).
- Unterlassung von beschlossenen Geldanlagen (Zinsersatz).
- Nichtvorhandensein einer geordneten Buchführung und unvollständig gegliederte Abrechnung (Ersatz der Aufwendungen des Buchprüfers zur Klarstellung der Unterlagen, BayObLG MDR 1976, 66). Bei nichtordnungsmäßiger Buchführung ist die Nachfristsetzung mit Ablehnungsandrohung (§ 326 BGB) sowohl für Leistungsverzug (§§ 284, 326 BGB) als auch für positive Vertragsverletzung nicht erforderlich, wenn dem Gläubiger das Festhalten am Vertrag nicht mehr zugemutet werden kann, weil die Vertrauensgrundlage zerstört ist (BayObLG DWE 1985, 60; zu ordnungsmäßiger Buchführung vgl. unten Rn. **10** 196).
- Verzug bei Wirtschaftsplan und Jahresabrechnung (OLG Köln vom 6. 2. 1998, 16 Wx 12/98).
- Nichtrechtzeitiges Hausgeldinkasso bei säumigen Zahlern (Zahlungsausfälle, sofern sie bei rechtzeitigem Handeln vermeidbar waren).
- Nichtrechtzeitige Prämienleistungen an Versicherungen (entstandener Schaden wird durch Versicherung nicht gedeckt).
- Verweigerung der Herausgabe von Verwaltungsunterlagen durch abberufenen Verwalter (AG Köln DWE 1980, 23).
- Formverstöße bei Einberufung der Versammlung und bei der Beschlußfassung soweit diese angefochten werden und dabei zusätzliche Aufwendungen entstehen (z. B. Kostenaufwand einer erneuten Versammlung, Gerichts- und Rechtsanwaltskosten).
- Zu unrecht erteilte Verwalterzustimmung bei Veräußerung (§ 12) und bei Vermietung (Zinsschaden bzw. Mietausfall: AG Velbert DWE

1982, 96; LG Ansbach DWE 1982, 129), sowie eine nicht rechtzeitig erteilte Verwalterzustimmung zur Veräußerung (Ersatz des Schadens den dadurch der Veräußerer erlitten hat: BayObLG DWE 1984, 60; BayObLG WE 1993, 349).

- Mangelnde Sorge für die Durchführung der Hausordnung.
- Abschluß eines auf 20 Jahre ausgelegten Liftwartungsvertrages (OLG Zweibrücken OLGZ 1983, 339).
- Durchführung einer baulichen Maßnahme (Gartengestaltungsmaßnahme: Zaun DM 7000,–), die durch den VB gewünscht aber durch die Gem. nicht beschlossen war (AG München vom 24. 10. 1984 Deckert, DE Gruppe 2 S. 211f.).
- Verletzung der Organisations- und Beratungspflicht bei anfänglichen Baumängeln am gem.E. (BayObLG WE 1988, 81). Dieser Anspruch der WEer an den Verwalter ist sehr ernst zu nehmen, weil die Pflicht zur Haftung sehr streng bewertet wird und die Schäden meist sehr hoch sind. Bei Instandhaltungsmaßnahmen und bei Behebung von Baumängeln, die zur ordnungsmäßigen Instandhaltung gehören, lösen Pflichtverletzungen als positive Vertragsverletzungen erhebliche Schadensersatzansprüche der WEer aus, wenn ihnen dadurch Gewährleistungsansprüche verlorengehen, wobei die Sorgfaltspflicht des Verwalters in diesem Zusammenhang damit bemessen wird, ob er auf diesem Gebiet besondere Sachkunde (Technische Abteilung) besitzt (BayObLG WE 1991, 22). Baumängel zählen dann zu Maßnahmen ordnungsmäßiger Instandhaltung, wenn Gewährleistungsansprüche nicht mehr bestehen, bzw. wenn diese nicht mehr durchgesetzt werden können. Hier kommen dem Verwalter die bei den Instandhaltungs- und Instandsetzungsmaßnahmen üblichen Verpflichtungen zu (vgl. oben unten Rn. **10** 398ff.). Bei noch bestehenden Gewährleistungsansprüchen ist der Verwalter nicht für die Beseitigung der Baumängel verantwortlich, aber dafür, daß er die WEer über Baumängel unterrichtet, eine Entscheidung der WEer über das weitere Vorgehen herbeiführt und die WEer auf den drohenden Ablauf von Gewährleistungsansprüchen hinweist (BayObLG WE 1991, 22; OLG Hamm WE 1997, 24).
- Fehlerhafte Erledigung von Rechtsangelegenheiten, wenn der Verwalter trotz bestehender Notwendigkeit von der Zuziehung eines Rechtsanwalts schuldhaft absieht (OLG Köln immo-telex 1987, 105).
- Nichtgeltendmachung von Mieteinnahmen bei – der vom Verwalter nicht zur Kenntnis genommenen – Inanspruchnahme einer Reklamefläche seitens eines WEers (OLG Köln WE 1989, 31). Als Schadensersatz kommen aber nur die Kosten, die nach Eintritt des Verzugs entstanden sind, in Betracht (BayObLG WE 1993, 349).
- Zahlung des Verwalters für erkennbar mangelhafte Werkleistungen, wenn die Gewährleistungsansprüche gegen den Werkunternehmer nicht durchgesetzt werden können (KG WE 1993, 197).
- Zahlung an Werkunternehmer trotz mangelhafter Leistung (Instandhaltungsmaßnahme), ohne Mängelrüge zu erheben oder ein Zurück-

behaltungsrecht geltend zu machen (OLG Düsseldorf WE 1997, 345).

122 Nicht einfach zu beurteilen ist die Frage, ob ein Verwalter pflichtwidrig handelt, wenn er zur Erteilung einer Zustimmung (z. B. zur Veräußerung oder zu einer baulichen Maßnahme) in der GO berechtigt und verpflichtet ist und er diese Zustimmung erst nach Erfüllung bestimmter Auflagen oder nach Einholung eines Mehrheitsbeschlusses erteilt. Im allgemeinen handelt hier der Verwalter nicht pflichtwidrig, wenn er sich im Zweifelsfall einer eigenen Entscheidung enthält und anstelle seiner Zustimmung die Entscheidung der WEer in der Versammlung herbeiführt. Wenn auch die Versagung der Zustimmung in solchen Fällen letztlich nicht gerechtfertigt ist, hat der Verwalter den durch die Verzögerung entstehenden Schaden in der Regel nicht zu ersetzen, insbesondere deshalb nicht, weil die Entscheidungskompetenz der WEer-Vers. der Zustimmungspflicht des Verwalters übergeordnet ist (KG WE 1994, 214).

123 Eine Haftung des Verwalters gegenüber den WEern kann auch durch die Verletzung der Verkehrssicherungspflicht (vgl. unten Rn. **10** 627) entstehen. Das ist z. B. dann der Fall, wenn der Verwalter durch die WEer beauftragt wurde, an einem Treppenaufgang ein fehlendes Geländer anzubringen und sich die Ausführung der Arbeit verzögert. Sorgt er in diesem Fall nicht für die Anbringung eines Provisoriums und erleidet ein WEer dadurch einen Schaden, so können Ansprüche gegen den Verwalter aus unerlaubter Handlung wegen schuldhafter Verletzung der Verkehrssicherungspflicht, somit Ansprüche auf Schmerzensgeld, in Betracht kommen. Zur Bewertung des Umfangs der Verkehrssicherungspflicht können die einschlägigen Vorschriften der jeweiligen Landesbauordnung herangezogen werden, wenn es sich dabei um ein Schutzgesetz (§ 823 Abs. 2 BGB) handelt (BayObLG WE 1996, 315).

124 Grundsätzlich kann sich der Verwalter von bestimmten gesetzlichen Haftungen freizeichnen bzw. diese beschränken. Keine Haftungsbeschränkung ist möglich für vorsätzlich rechts- bzw. pflichtwidriges Handeln, weil dies in § 275 Abs. 2 BGB ausdrücklich ausgeschlossen ist. Fahrlässigkeit und grobe Fahrlässigkeit können bei sogenannten Individualvereinbarun-

gen abbedungen werden. Praktische Bedeutung wird dies kaum haben, weil die meisten Verwalterverträge nach Musterverträgen konzipiert sind und diese somit den Bestimmungen des AGBG unterliegen. Nach § 11 Nr. 7 AGBG ist in Allgemeinen Geschäftsbedingungen ein Ausschluß oder eine Begrenzung der Haftung für einen Schaden, der auf einer grob fahrlässigen Vertragsverletzung des Verwenders beruht, unzulässig. Das bedeutet, daß im vorformulierten Verwaltervertrag grundsätzlich nur die Haftung für leichte Fahrlässigkeit für den Verwalter und seinen Erfüllungsgehilfen ausgeschlossen werden kann, nicht aber die Haftung für grobe Fahrlässigkeit und Vorsatz.

Wenn viele Verwalter auf die Vereinbarung des möglichen Haftungsausschlusses für leichte Fahrlässigkeit verzichten, so mag das ein Indiz für die Qualifikation und Leistungsfähigkeit eines Verwalters sein. Freilich steht es einer WEer-Gem. bei den Vertragsverhandlungen mit einem Verwalter frei, ob sie zur Aufnahme der zulässigen Haftungsbeschränkung im Vertrag bereit ist oder nicht. *125*

Bei Schadensersatzansprüchen gegen den Verwalter können Obliegenheitsverletzungen der WEer, das sind z. B. Verstöße gegen die Pflicht zur Wahrnehmung der einzelnen Vermögensinteressen durch die Gem., zur Minderung der Ersatzansprüche führen (OLG Köln WE 1989, 31). *126*

Führt ein Verwalter den Mehrheitsbeschl. der WEer aus, der nachträglich durch das Gericht für ungültig erklärt wird, so kommen Schadensersatzansprüche gegen den Verwalter nicht in Betracht, weil er für die von den WEern getroffenen Entscheidungen nicht verantwortlich ist (BayObLG WE 1991, 198). *127*

Schadensersatzansprüche gegen den Verwalter kann die Gem. im Verfahren nach § 43 geltend machen, und zwar nach vorgehender Beschlußfassung mit Stimmenmehrheit. Das gleiche gilt für Schadensersatzansprüche gegen faktische Verwalter (KG WE 1991, 325). Faktische Verwalter sind solche, die unzulässig zum Verwalter bestellt wurden (z. B. Eheleute, BGB-Gesellschafter). Ist ein Verwalter ausgeschieden und hat die Gem. Schadensersatzansprüche gegen diesen Verwalter, so sind diese Ansprüche im wohnungseigentumsrechtlichen Verfahren geltend zu machen. Solche Forderungen sind Bestandteil des Verwaltungs- *128* vermögens. Einzelne WEer haben keinen Anspruch auf anteilige Auszahlung solcher Beträge (OLG Köln vom 6. 2. 1998, 16 Wx 12/98).

129 Der Verwalter hat gegebenenfalls mit seiner Vergütung für nicht erbrachte Leistungen einzustehen. Erbringt der Verwalter überhaupt keine Leistung, gelten hinsichtlich der Vergütung die §§ 320 bis 326 BGB (Unmöglichkeit der Leistung). Die Schlechterfüllung der Verwalterpflichten führt aber grundsätzlich nicht zum Wegfall des Vergütungsanspruchs, sondern allenfalls zu Schadensersatzansprüchen der WEer, mit denen sie gegebenenfalls gegen den Vergütungsanspruch des Verwalters aufrechnen können (BayObLG WE 1997, 391).

130 Der bisher allgemein anerkannten und vom BayObLG (DWE 1984, 30) vertretenen Auffassung, daß der einzelne WEer gem. Schadensersatzansprüche auch alleine gegen den Verwalter geltend machen kann, hat der BGH (WE 1989, 94) widersprochen mit der Maßgabe, daß der einzelne WEer solche Ansprüche dann durchsetzen kann, wenn er durch die Gem. dazu durch Beschluß ermächtigt wird (BayObLG WE 1991, 253). Das gilt auch, wenn der einzelne WEer infolge einer schuldhaften Verletzung des Verwaltervertrages durch den Verwalter selbst wirtschaftlich betroffen ist (KG WE 1991, 103; hier: Unterbleiben der Instandsetzung des gem.E.). Anderes könnte nur dann gelten, wenn es mit allen Interessen der WEer vereinbar wäre, daß Ansprüche gegen den Verwalter ohne vorherige Willensbildung durch die Gem. von einzelnen WEern erhoben werden, wie z. B. bei Mängelbeseitigungsansprüchen (BGH a. a. O.) im Gewährleistungsrecht (so auch jetzt BayObLG WE 1990, 172). Das bedeutet, daß künftig Schadensersatzansprüche gegen den Verwalter in der Regel nur von der Gem. insgesamt oder durch WEer, die hierzu durch die Gem. mittels Mehrheitsbeschluß ermächtigt wurden, geltend gemacht werden können. Isolierte Schadensersatzansprüche eines WEers können gegen den Verwalter auch dann nicht geltend gemacht werden, wenn der Verwalter sein Verwalteramt bereits verloren hat (OLG Hamburg WE 1990, 171).

Einen Antrag eines WEers, der nicht diesen Grundsätzen entspricht, hat das Gericht als unzulässig abzuweisen.

Anders kann aber der Anspruch auf Auskunftserteilung dann individuell gemacht werden, wenn an der Aufklärung für den Einzelfall ein berechtigtes und akutes Bedürfnis vorliegt, was jeweils nach Maßgabe von Treu und Glauben zu prüfen ist (BayObLG a.a.O.). Nach Auffassung des BayObLG müßte aber auch dieser Anspruch in der Regel zuerst in der Versammlung der WEer geltend gemacht werden. *131*

Individuell und ohne Ermächtigung der WEer kann ein WEer einen Schadensersatzanspruch gegen den Verwalter geltend machen, wenn der Anspruch ihm allein zusteht und die anderen WEer nicht daran teilhaben (BGH WE 1992, 80; OLG Hamm WE 1994, 379). Der BGH folgt hier der Auffassung des KG (WE 1991, 103) nicht, nach der die Ansprüche gegen den Verwalter bei Verletzung des Verwaltervertrags nur als gem. Ansprüche anzusehen sind. Nach BGH können je nach Fallgestaltung Vertragsverletzungen auch individuelle Ansprüche zugunsten einzelner WEer auslösen. *132*

Die Geltendmachung von Schadensersatzansprüchen gegen den Verwalter sind in der Regel Maßnahmen ordnungsmäßiger Verwaltung. Das gilt auch dann, wenn nicht eindeutig feststeht, ob der Anspruch tatsächlich durchgesetzt werden kann. In diesem Sinn ist ein Ermächtigungsbeschluß zu Gunsten des neuen Verwalters wirksam, mit dem er Ansprüche gegen den früheren Verwalter durchzusetzen hat unter der Voraussetzung, daß der Anspruch nicht offensichtlich unbegründet ist (BayObLG WE 1995, 95). *133*

Der Verwalter kann auch strafrechtlich belangt werden (vgl. hierzu Huff in PiG Nr. 42 S. 73ff.), wenn er seine Treuepflichten in besonderer Weise verletzt. Das ist der Fall, wenn er Gelder der WEer für eigene Zwecke verwendet. Hier ist der Treuebruchtatbestand der Untreue gem. 3/4 266 Abs. 1 2. Altern. StGB gegeben (BGH WE 1996, 29). *134*

Zur Verjährung wird verwiesen auf Rn **7** 477 obcn.

b) Haftung gegenüber Dritten (Verkehrssichcrungspflicht)

Wie dargestellt (s. oben Rn. **10** 109f.) handelt der Verwalter gegenüber Dritten als Bevollmächtigter der Gem. Er ist also *135*

Erfüllungsgehilfe der WEer-Gem., so daß bei Schadensersatzansprüchen von Dritten, die durch das Fehlverhalten des Verwalters entstehen, die Gem. nach § 278 BGB einstehen muß. Dies gilt aber nur, wenn der Verwalter im Rahmen seiner Pflichten und Vollmacht tätig wurde.

136 Eine eigene Haftung des Verwalters gegenüber Dritten kann entstehen, wenn er als Vertreter ohne Vertretungsmacht (§§ 177 bis 180 BGB) handelt (falsus procurator). Dies ist dann der Fall, wenn der Verwalter seine rechtsgeschäftliche und gesetzliche Vertretungsmacht überschreitet. Hier ist er dem Dritten nach dessen Wahl zur Erfüllung des eingegangenen Rechtsgeschäftes oder zum Schadenersatz wegen Nichterfüllung (§ 179 BGB) verpflichtet, es sei denn die Gem. genehmigt das Handeln des Verwalters nachträglich (§ 177 BGB).

137 Umstritten ist die Frage, ob gegenüber dem Verwalter eine selbständige Haftung wegen Verletzung der Verkehrssicherungspflicht (§ 823 BGB s. oben Rn. **10** 123) geltend gemacht werden kann. Die Verkehrssicherungspflicht wird wie folgt bestimmt:

„Wer die Verfügungsmacht, insbesondere das Eigentum über eine Sache hat, durch die er mit Dritten in Berührung kommt und durch die er eine Gefahrenquelle für Dritte schafft, ist verpflichtet die notwendigen Vorkehrungen zum Schutze der Dritten zu treffen. Dies gilt insbesondere für denjenigen, der, wie die Rechtsprechung sagt, einen Verkehr eröffnet“ (so Weitnauer in PiG Nr. 3 S. 68).

138 Diese Verpflichtung, die auch die Streupflicht, die Schneeräumpflicht, das Beseitigen von Hindernissen, die Beseitigung von Glätte bei Frost, Öl- oder sonstiger Verschmutzung bezüglich der allgemein zugänglichen Wege oder sonstigen Grundstücksflächen betrifft, obliegt im allgemeinen der Gem., so daß sie für Schäden bei Verletzung der Verkehrssicherungspflicht haftet. Das gilt auch dann, wenn der Verwalter die vertraglich übernommene Verkehrssicherungspflicht schuldhaft verletzt (Weitnauer in PiG Nr. 3 S. 71). Demgegenüber macht aber das OLG Frankfurt (Rpfleger 1981, 399) neben der Gem. eine eigene Haftung des Verwalters für Verstöße gegen die Verkehrssicherungspflicht geltend, wenn es feststellt, daß die Verkehrssicherungspflicht nicht nur die WEer treffe, sondern auch denjenigen, der tatsächlich und rechtlich die Möglichkeit besitzt, selbständig für die Verkehrssicherungspflicht erforderliche Maßnahmen vorzusehen, was für einen Verwalter zutrifft.

Es gehört zu den Aufgaben des Verwalters, dafür zu sorgen, daß die WEer ihrer Verkehrssicherungspflicht nachkommen. *139*

Zwar ist die Verkehrssicherungspflicht des Verwalters eingeschränkt, weil die Zuständigkeit für die ordnungsmäßige Verwaltung des gem. E. bei der Gem. der WEer liegt. Er hat aber eine hieraus abgeleitete „Garantenstellung", weil er die Herrschaftsmöglichkeit besitzt, Fürsorge für fremde Schutzgüter aufgrund seiner gewerblichen Stellung walten zu lassen. Die Einschränkung der Verkehrssicherungspflicht besteht in der Möglichkeit, daß die WEer selbst die vom gem. E. ausgehenden Gefahren beherrschen können (OLG Zweibrücken WE 1995, 26). Das OLG Zweibrücken verneint diese Möglichkeit in einem Fall, bei der die neu in die Anlage zugezogene WEerin über einen im Kellergang befindlichen Betonsockel gestürzt war, weil die Kellerbeleuchtung durch Zeitschaltung ausgeschaltet war. In diesem Fall (WE 1995, 26) wurde der WEerin ein Schadenersatzanspruch unter Berücksichtigung eines Mitverschuldens zugestanden.

Den Verwalter trifft ferner die eigene und selbständige Einstandspflicht nach § 838 BGB für Schäden, welche durch die Ablösung von Teilen des Gebäudes (gem. E.) gem. § 836 BGB entstehen. Diese Einstandspflicht entsteht aber nur dann, wenn der Verwalter, der gemäß § 27 Abs. 1 Nr. 2 für die ordnungsmäßige Instandhaltung des gem. E. zu sorgen hat, nicht alle Maßnahmen durchführte, die aus technischer Sicht geboten und geeignet sind (auch bei starkem Sturm), um solchen Gefahren zu begegnen (BGH WE 1993, 193). *140*

Rechtsprechung: *141*

- Zur Verkehrssicherungspflicht gehört grundsätzlich auch die Streupflicht bei Glatteis:
  - Die Streupflicht ist dann eingeschränkt, wenn sie zu einer zwecklosen Maßnahme wird. Sie muß in einem vernünftigen Verhältnis zum Erreichen eines Zieles stehen. Wenn Streumaßnahmen nur zu einer unwesentlichen und ganz vorübergehenden Herabminderung der dem Verkehr drohenden Gefahr führen, weil z. B. während eines Regens die Streumittel zumindest teilweise fortgespült werden, ist es nicht zu beanstanden, wenn nicht schon während der sich ständig

erneuernden Glättebildung gestreut wird (OLG Hamm VersR 1981, 1081).

- Die Verkehrssicherungspflicht wegen Glatteisbildung wird auch dann nicht verletzt, wenn der Pflichtige es unterläßt ein Warnschild wegen möglicher Glatteisbildung anzubringen, weil der Verkehrssicherungspflichtige lediglich vor solchen Gefahren warnen muß, die für den Benutzer nicht erkennbar sind und mit denen er nicht zu rechnen hat (OLG Hamm Urteil vom 15. 10. 1981).
- Wird eine Glatteisbildung auf dem Bürgersteig durch anhaltenden Wasserzulauf aus einem Grundstück verursacht, dann wird die Verkehrssicherungspflicht nur dann erfüllt, wenn der Pflichtige über die allgemeine Streupflicht hinaus besondere Schutzvorkehrungen trifft (LG Koblenz Urteil VersR 1982, 1085).
- Für herabfallende Dachlawinen besteht nur ausnahmsweise eine Verkehrssicherungspflicht, und zwar dann, wenn die Dachneigung 45° besitzt, und wenn eine besondere witterungsbedingte Dachlawinengefahr besteht, auf die in den Medien oder sonst besonders hingewiesen wird (OLG Frankfurt Urteil immo-telex 1983, 154).
- Wenn dem Mieter einer ETW (ausreichende Regelung über Streupflicht im Winter nicht vorhanden) beim „freiwilligen" Streuen des Gehweges vor dem Haus ein Schaden zustößt (hier: tödlicher Sturz), so bestehen gegen den Vermieter Schadensersatzansprüche wegen Verletzung seiner Pflicht zur Schaffung und Überwachung einer hinreichenden Streupflicht. Dem steht angeblich nicht entgegen, daß der Mieter bereits zu einem Zeitpunkt tätig wird, zu dem die den streupflichtigen WEern einzuräumende Zeitspanne zur Erfüllung ihrer Streupflicht noch nicht angelaufen war (WEZ 1988, 261).

- Verkehrssicherungspflicht für Spielgeräte auf dem Kinderspielplatz: Die Verkehrssicherungspflicht beinhaltet hier den Schutz vor solchen Gefahren, die über das übliche Risiko bei der Anlagenbenutzung hinaus gehen und die nicht ohne weiteres vorhersehbar sind. Für das Maß der Vorhersehbarkeit und Erkennbarkeit von Gefahren bei Kinderspielplätzen ist für Kinder deren niedrige oder sogar fehlende Entscheidungsfähigkeit von ausschlaggebender Bedeutung (OLG Celle WE 1988, 57).

3. Verwaltervergütung

142 Die Verwaltervergütung ist als Entgelt für die Leistungen des Verwalters Teil des Hausgeldes, weil es zu den Kosten der Verwaltung im Sinne des § 16 Abs. 2 zählt. Sie wird zwischen Gem. und Verwalter frei vereinbart, soweit nicht eine bestimmte Regelung in der GO getroffen ist. Die Verwaltervergütung wird (anders als die Betriebskosten) nach der GO üblicherweise nach der Anzahl der Wohnungen (Kostenverteilungsschlüssel) bemessen und aufgeteilt. Vorschriften, einheitliche Richtlinien oder gar Gebührenordnungen bestehen für das Verwalterentgelt nicht. Das ist auch nicht möglich, weil die Verwaltungsleistungen je nach Art und Größe der Wohnanlage recht unterschiedlich sein können. Für die Verwaltungsleistung und die Verwaltervergütung ist es von großer Bedeutung, ob zum Objekt viele zu verwaltende Gemeinschaftseinrichtungen (Schwimmbad, Sauna, große Rasenflächen, Sportanlagen u.a.) gehören oder nicht, oder ob in einer Gem. viele und größere Instandhaltungsmaßnahmen anstehen oder nicht. Einen Anhaltspunkt, keineswegs eine verbindliche Norm – auch nicht für öffentlich geförderte ETW – gibt der in § 41 Abs. 2 II. BV genannte Verwaltungskostensatz für ETW von DM 500,– pro Jahr und Wohnung, und zwar ohne Mehrwertsteuer. Die in der Praxis anzutreffenden Verwaltervergütungen liegen etwa zwischen DM 200,– und DM 600,– pro Jahr und Wohnung, ohne Mehrwertsteuer als Grundleistungen.

Im Verwaltervertrag wird vielfach die Erhöhung der Verwaltervergütung an einen bestimmten Index gebunden mit der Absicht, daß entsprechend der Veränderung des vereinbarten Index die Verwaltervergütung angehoben wird. Die Beurteilung und Bewertung solcher Klauseln haben durch die Einführung des EURO neue Regelungen erhalten. Diese sind beschrieben in Kapitel 12 (unten Rn. **12** 25f.). *143*

Eine Vereinbarung in der GO und die Ausübung dieser Vereinbarung, nach der eine einseitige Erhöhung der Verwaltervergütung durch entsprechende Feststellungen des Prüfungsverbandes möglich ist, wurde durch das LG Bonn als Bestimmung der Leistung durch einen Dritten (§§ 315ff. BGB) nicht beanstandet. *144*

Sind in der GO oder im Verwaltervertrag keine Indexklauseln vorgesehen, so ist der Verwalter gehalten eine Erhöhung der Verwaltervergütung durch Mehrheitsbeschluß der WEer herbeizuführen. Genehmigt die Gem. die Vergütungserhöhung nicht, so bleibt dem Verwalter in der Regel nur die Möglichkeit den Verwaltervertrag zu kündigen. *145*

146 Nichtig und unwirksam ist eine Vereinbarung der WEer, die festlegt, daß die Verwaltervergütung für die Zukunft unveränderbar ist (KG WE 1994, 83).

Eine solche Regelung verstößt gegen die unabdingbare Vorschrift des § 20 Abs. 2, weil damit die Gewinnung eines geeigneten gewerblichen Verwalters zu verkehrsüblichen Bedingungen nahezu ausgeschlossen wäre. Auf die Bestellung eines Verwalters kann aber gem. § 20 Abs. 2 rechtswirksam nicht verzichtet werden.

Nach einer Entscheidung des KG (ZMR 1986, 94) kann der Verwalter eine sachlich gerechtfertigte angemessene Erhöhung der Verwaltervergütung nach § 43 Abs. 1 Nr. 1 durchsetzen, wenn die Ablehnung der Erhöhung seitens der WEer einen Verstoß gegen den Grundsatz der ordnungsmäßigen Verwaltung darstellt. Diese Rechtsauffassung dürfte aber kaum eine praktische Bedeutung haben, weil es jeder Verwalter schwer haben wird nachzuweisen, daß sein Anspruch auf eine höhere Verwaltervergütung eine Maßnahme ordnungsmäßiger Verwaltung ist.

147 Die Verwaltervergütung umfaßt die üblichen Grundleistungen des Verwalters (s. unten Rn. **10** 170). Ist nichts besonderes vereinbart, so ist anzunehmen, daß mit dem Verwaltungshonorar alle die Leistungen abgegolten sind, die den Mindestpflichten nach WEG (§§ 24, 27 und 28) und nach Verwaltervertrag entsprechen. Für die besonderen Leistungen sollten grundsätzlich im Verwaltervertrag auch zusätzliche Vergütungen vereinbart werden, und zwar für:

- Technische Gutachten sowie Architekten- und Ingenieurleistungen bei größeren Instandhaltungs- und Instandsetzungsmaßnahmen (Ausschreibung, Überwachung und Abnahme der Bauleistung). Die Höhe der Vergütung richtet sich hier nach den vergleichbaren Leistungen der HOAI.
- Rechtliche Gutachten sowie Maßnahmen der Rechtsverfolgung. Das sind insbesondere Kosten, die dem Verwalter dadurch entstehen, daß er die Gem. in einem Verfahren nach § 43 vertritt oder indem er als Bevollmächtigter im Sinne des § 189 Abs. 1 ZPO zu handeln hat. Solche in diesem Zusammenhang anfallende Kosten sind insbesondere Kosten für die Vervielfältigungen der Schriftsätze und Entscheidungen sowie für Porti und sonstige Verwaltungsleistungen, u. U. aber auch die allgemeinen Kosten für die Vertretungsleistung selbst. Es entspricht ordnungsmäßiger Verwaltung, wenn die WEer mit dem Verwalter eine

Sondervergütung für die Erledigung von Rechtsangelegenheiten nach Maßgabe der BRAGO (BGH WE 1993, 308) vereinbaren.
- Miet- und Raumkosten für Versammlungslokal.
- Verwaltungskosten der zweiten oder außerordentlichen Versammlung ($^{1}/_{12}$ der vereinbarten Verwaltervergütung).
- Verschiedene Gebühren:
  - Mahngebühren von im Zahlungsrückstand (Hausgeld) befindlichen WEern sowie pauschalierte Bearbeitungsgebühren für die Einleitung gerichtlicher Mahnverfahren. Solche Pauschalen sind zulässig und entsprechen dem Grundsatz ordnungsmäßiger Verwaltung, wenn der Verwalter sich vertraglich verpflichtet hat, Ansprüche gegen säumige Hausgeldzahler geltend zu machen (OLG Köln WE 1990, 212; BayObLG WE 1991, 111).
  - Kosten für erwünschte Kopien aus den Verwalterakten zu Lasten des Antragstellers.
  - Bearbeitungskosten für die Verwaltergenehmigung bei Veräußerung von WE zu Lasten des Veräußerers in angemessener Höhe. Angemessen sind Gebühren bis etwa 600,– DM (vgl. hierzu KG vom 20. 6. 1997, 24 W 1783/97).

Werden im Verwaltervertrag keine Sondervergütungen vereinbart, so können solche nachträglich durch Mehrheitsbeschluß dem Verwalter nur zugestanden werden, wenn sie sich im Rahmen der ordnungsmäßigen Verwaltung halten. In diesem Sinne ist es grundsätzlich zulässig, dem Verwalter durch Mehrheitsbeschluß zusätzliche Vergütungen zu gewähren für Leistungen, die mit einem besonderen Zeit- und Arbeitsaufwand verbunden sind (BayObLG WE 1988, 200). *148*

Eine Sondervergütung kann z.B. der Verwalter für eine Jahresabrechnung verlangen, die eigentlich sein Vorgänger hätte erstellen müssen. Sie muß aber angemessen sein, indem der Aufwand ein bestimmtes Maß überschreitet (KG WE 1993, 82). *149*

Nicht im Rahmen ordnungsmäßiger Verwaltung hält sich ein Mehrheitsbeschluß, wenn die Sondervergütung nicht dem zusätzlichen Aufwand entspricht. Das ist nach dem BayObLG dann der Fall, wenn eine Sondervergütung beschlossen wird, die im Falle der Nichtteilnahme am Lastschriftverfahren eine zusätzliche Vergütung von DM 11,50 zuzüglich Mehrwertsteuer für die monatliche Überweisung vorsieht und das Hausgeld selbst nur DM 24,– ausmacht (BayObLG WE 1996, 440). Dieser Auffassung kann nicht ohne weiteres gefolgt werden, weil hier der tatsächliche Mehraufwand unberücksichtigt bleibt. Bei Überwei- *150* sung mittels Überweisungsauftrag oder Dauerauftrag entsteht dem Verwalter gegenüber dem Einzug mittels Lastschriftverfahren ein nicht unbeachtlicher Mehraufwand, der unabhängig von der Höhe des Überweisungsbetrags anfällt.

151 Unangemessen hoch und dem Grundsatz ordnungsmäßiger Verwaltung widersprechend ist es auch, wenn die Verwaltervergütung rückwirkend um mehr als 65 v. H. erhöht wird und wenn dem Verwalter Sondervergütungen für Leistungen zugebilligt werden, die zu seinem Pflichtenkreis gehören (OLG Düsseldorf vom 17. 6. 1998, 3 Wx 107/98).

152 Die Ansprüche des Verwalters bezüglich seiner Vergütung und Verwaltungsauslagen verjähren nach zwei Jahren (§ 196 Abs. 1 Nr. 7 BGB), soweit er gewerbsmäßig tätig ist (BayObLG WE 1986, 26).

153 Der Verwalter kann mit Ansprüchen aus seiner Verwaltervergütung gegen Forderungen der Gem. nach § 387 BGB aufrechnen (BayObLG Rpfleger 1976, 360).

154 Die Verwaltervergütung ist nach der im Verwaltervertrag getroffenen Fälligkeitsvereinbarung zur Zahlung fällig. In der Regel wird im Verwaltervertrag eine monatliche Ratenzahlung vereinbart. Wird eine Fälligkeit im Vertrag nicht vorgesehen, so kann der Verwalter (OLG Hamm WE 1993, 246) die Vergütung erst nach Erbringung der Dienstleistung (§ 614 S. 1 BGB) verlangen. Das ist nach dem OLG Hamm die Vorlage der Jahresabrechnung. Der Verwalter ist nach § 614 S. 1 BGB vorleistungspflichtig.

155 Die im Verwaltervertrag vereinbarte und fällig gestellte Verwaltervergütung wird vom Verwalter üblicherweise in den Wirtschaftsplan eingestellt und mit der Jahresabrechnung endgültig ausgewiesen, so daß der Verwalter berechtigt ist, die Verwaltervergütung dem Gemeinschaftskonto der WEer zu entnehmen. Der sich aus dem Verwaltervertrag ergebende Vergütungsanspruch richtet sich gem. § 427 BGB gegen alle WEer als Gesamtschuldner (BayObLG WE 1987, 27). Daraus folgt, daß der Verwalter seinen vertraglichen Vergütungsanspruch gegen einen einzelnen WEer – jedenfalls soweit dieser seinen Kostenanteil noch nicht erbracht hat – direkt geltend machen kann (BayObLG WE 1987, 27). Der Anspruch des Verwalters auf seine

Vergütung setzt im Grunde keinen Beschluß zum Wirtschaftsplan voraus, weil es sich hierbei um einen vertraglichen Anspruch handelt, der nach den im Vertrag getroffenen Vereinbarungen fällig wird.

Der Vergütungsanspruch des Verwalters besteht auch dann, wenn der WEer-Beschluß über die Verwalterbestellung angefochten ist. Wird der Verwalterbestellungsbeschluß für ungültig erklärt, so wird der Vertrag nicht rückwirkend vernichtet (§ 32 FGG; KG WE 1990, 88), weil die Rückwirkungsfiktion der Beschlußaufhebung nicht auch die Vertragsbeziehungen automatisch beendet (vgl. KG WE 1989, 132). Das bedeutet, daß bei einer wirksamen Beschlußanfechtung der Verwalterbestellung der rückwirkende Vergütungsanspruch des Verwalters nicht auf die Ansprüche aus Geschäftsführung ohne Auftrag oder auf ungerechtfertigte Bereicherung umzustellen ist (KG WE 1990, 88). Eine solche Ungültigkeitserklärung ist demnach dahingehend auszulegen, daß erst ab diesem Zeitpunkt mit Wirkung für die Zukunft die obligatorischen Ansprüche des dann nicht mehr tätigen Verwalters gegen die WEer entfallen (KG WE 1990, 88; vgl. auch KG WE 1994, 80). Anderes ergibt sich aber dann, wenn die rückwirkende Verwalterabberufung durch einstweilige Anordnung des Gerichts verfügt wird. Bei einer auf diese Weise erfolgten Untersagung der Amtsausübung hat der abberufene Verwalter während des Zeitraumes der Untersagung keinen Vergütungsanspruch (KG WE 1991, 195). *156*

Wird ein Verwalter zu Unrecht vorzeitig abberufen (vgl. oben Rn. **10** 60f.), und nimmt er die Verwaltertätigkeit nicht mehr auf, weil mit dem Abberufungsbeschluß gleichzeitig ein neuer Verwalter bestellt wurde, so hat der zu Unrecht abberufene Verwalter Anspruch auf Aufwendungsersatz nach Maßgabe der §§ 683, 684 BGB. Umstritten dabei ist, ob nur die tatsächlichen Leistungen vergütet werden oder der Ersatz der vereinbarten Vergütung (so BayObLG WE 1989, 65). Andere Auffassungen vertreten OLG Köln (DWE 1994, 110) und Schleswig (WE 1991, 19), die den zu Unrecht abberufenen Verwalter eine Vergütung von 80 v.H. bzw. 90 v.H. des vereinbarten Honorars – ohne Abzug ersparter Aufwendungen – zubilligen. *157*

158 Forderungen auf Verwaltervergütungen kann der Verwalter nur gegenüber den WEern zum Zeitpunkt der Fälligkeit geltend machen. Der Erwerber eines WE haftet aber nicht für Verwaltervergütungen, die vor dem Erwerb entstanden und fällig geworden sind, obwohl der Erwerber nach Maßgabe von § 10 Abs. 3 an einen vor seinem Eintritt in die Gem. abgeschlossenen Verwaltervertrag gebunden ist (BayObLG WE 1987, 91). Der Erwerber schuldet das monatlich fällig gestellte Verwalterhonorar mit Beginn des Monats seines Eintritts in die WEer-Gem. Von diesem Zeitpunkt an haftet er gesamtschuldnerisch mit den übrigen WEern gegenüber dem Verwalter (KG WE 1994, 54).

159 Einzelnen WEer oder Erwerbern von WE können nach Auffassung des KG (WE 1989, 135) durch Mehrheitsbeschluß entgegen dem Verteilungsschlüssel (§ 16 Abs. 2) zusätzliche Kosten nicht allein auferlegt werden, auch wenn sie diese Kosten verursacht haben (z.B. im Verwaltervertrag vereinbarte Unkostenpauschale für Bearbeitung der Veräußerungszustimmung zu § 12 oder für die Erstellung von Schriftsätzen im WE-Verfahren. Solche im Gesetz nicht vorgesehenen zusätzlichen Zahlungspflichten gegen einzelne WEer können nur durch Vereinbarung (GO), also nicht durch Mehrheitsbeschluß begründet werden (KG a.a.O.).

160 Wird ein Verwalter durch das Gericht eingesetzt, so hat dieser „Notverwalter“ Anspruch auf die dem bisherigen Verwalter vertraglich zugestandene Vergütung, sofern das den Verwalter bestellende Gericht nichts anderes beschließt.

161 Die Mehrwertsteuer kann der Verwalter von den WEern nur verlangen, wenn er dies ausdrücklich im Verwaltervertrag vereinbart hat.

162 Rechtsprechung:

- Eine vereinbarte Mahngebühr von DM 15,00 zuzügl. USt. pro Fall verstößt nicht gegen die Wuchervorschrift des § 138 BGB (LG Düsseldorf vom 22. 9. 1987 – 227 II 29/87 WEG).
- Zulässig ist eine im Verwaltervertrag getroffene Vereinbarung über einen Zuschlag von DM 5,00 zuzügl. USt. zur vereinbarten Verwaltervergütung für den Fall, daß sich ein WEer nicht am Lastschrifteinzugsverfahren beteiligt (LG Düsseldorf vom 22. 9. 1987 – 19 T 181/87).

- Die Schlechterfüllung eines Verwaltervertrages schließt eine Verwaltervergütung nach den Grundsätzen des Dienstvertragsrechts nicht aus. Sie führt allenfalls zu Schadensersatzansprüchen (KG WE 1990, 88).

V. Aufgaben des Verwalters

Die Verwalterleistung und ihre Bedeutung für die WEer wurde bereits geschildert (oben Rn. **10** 26ff.). Hier werden die Verwalteraufgaben im einzelnen dargestellt. Der Verwalter ist im übertragenen Sinne Geschäftsführer (nicht im Sinne eines Organs) bezüglich der Verwaltung des gem. E. Er hat im Interesse aller WEer zum allgemein gemeinschaftlich Besten zu handeln. Dem Verwalter obliegt „die Gesamtheit aller Handlungen, die notwendig ist für die Erhaltung, Unterhaltung, Verbesserung und normale Abnutzung ... der Gegenstände des gem. E. samt Gemeinschaftsvermögen" (nach Bä/S S. 603). In diesem Sinne liegt die wesentliche Aufgabe des Verwalters in der Förderung der Gemeinschaftsinteressen der WEer, in der Erhaltung und Sicherung des gem. E. und des gem. Vermögens, in der Aufrechterhaltung und Gewährleistung der zweckbestimmten Funktionen (Wohnen, gewerbliche Nutzung u.a.) beim Gebrauch von SE und gem.E., in der Sicherung der Ver- und Entsorgung der Gebäude und schließlich in der Abwehr von Störungen aller Art, sowie in der Verhinderung und Beseitigung von Schäden. *163*

Die Pflichten des Verwalters sind dementsprechend vielfältig und umfangreich. Einmal handelt es sich um gesetzlich bestimmte Aufgaben (im BGB und WEG) und zum anderen um solche, die im Verwaltervertrag ausdrücklich vereinbart sind. Ferner ergeben sich Verwalteraufgaben aus der Leistungspflicht des Schuldrechtstypus des BGB, zu dem der Verwaltervertrag gehört (vgl. oben Rn. **10** 86), das ist die Geschäftsbesorgung mit Dienst- bzw. Werkvertragscharakter. Darüber hinaus werden die Verwalteraufgaben in der GO und in anderen Vereinbarungen sowie in Mehrheitsbeschlüssen der WEer bestimmt. *164*

Schließlich bestehen für den Verwalter eine Fülle weiterer Aufgaben und Pflichten, die im einzelnen weder im Gesetz noch *165* im Verwaltervertrag beschrieben sind. Es handelt sich um die sogenannten Nebenpflichten, die sich verkehrsüblich und notwendigerweise aus dem Verwalteramt an sich und aus der Funktion des Verwaltungsgegenstands, des gem. E. und des gem. Vermögens der WEer ableiten. Alle Aufgaben dienen schließlich dem Ziel, eine ordnungsgemäße Verwaltung des gem. E zu gewährleisten und die Ermöglichung eines störungsfreien Gebrauchs von SE und gem. E.

166 Die vielfältigen Aufgaben des Verwalters ergeben sich teils aus dem Gesetz (Mindestaufgaben) und teils aus dem Verwaltervertrag. Die im Gesetz vorgegebenen Aufgaben sind im einzelnen:

- § 24 (abdingbar bis auf Abs. 2.):
  - Jährliche Einberufung der Versammlung.
  - Einberufung auf Verlangen von mehr als einem Viertel der WEer.
  - Die Einberufung schriftlich unter Einhaltung einer Frist von mindestens einer Woche vorzunehmen.
  - Vorsitz der Versammlung führen.
  - Beschlußprotokoll fertigen und von Berechtigten unterzeichnen lassen.
- § 27 (unabdingbar):
  - Beschlüsse der WEer durchführen.
  - Für die Durchführung der Hausordnung sorgen.
  - Maßnahmen für die ordnungsmäßige Instandhaltung und Instandsetzung des gem. E treffen.
  - Notmaßnahmen zur Erhaltung des gem. E treffen.
  - Gem. Gelder verwalten.
  - Lasten- und Kostenbeträge, Zins- und Tilgungsleistungen anfordern, in Empfang nehmen und abführen, soweit es sich um gem. Angelegenheiten der WEer handelt.
  - Zahlungen und Leistungen der laufenden Verwaltung des gem. E bewirken und entgegennehmen.
  - Willenserklärungen und Zustellungen, die an alle WEer gerichtet sind, entgegennehmen.
  - Maßnahmen treffen, die zur Wahrung einer Frist oder der Abwendung eines sonstigen Rechtsnachteils erforderlich sind.
  - Ansprüche der WEer gerichtlich und außergerichtlich geltend machen, soweit Ermächtigung vorliegt.
  - Erklärungen abgeben, welche die Einrichtung von Fernsprechanlagen, Antennenanlagen und Energieversorgungsanlagen ermöglichen.
  - Gelder der Gem. vom Vermögen des Verwalters getrennt halten.
  - Über Gelder der Gem. nur mit Zustimmung eines WEers oder eines Dritten verfügen, wenn dies vereinbart oder beschlossen ist.

- § 28 (abdingbar):
  - Jährliche Aufstellung eines Wirtschaftsplanes.
  - Jährliche Abrechnung erstellen und versenden.
  - Rechnungslegung nach erfolgtem Mehrheitsbeschluß.

Diese gesetzlichen Mindestaufgaben werden ergänzt durch viele Verpflichtungen des Verwalters, die sich aus dem Verwaltervertrag speziell und aus dem Geschäftsbesorgungs-/-Dienstleistungsverhältnis zwischen einer WEer-Gem. und einem Verwalter im allgemeinen ergeben. *167*

Die Aufgaben des Verwalters können nach Bä/S (Rz. B 410) in funktioneller Sicht wie folgt aufgeteilt werden: *168*

- Allgemeine Verwaltung
  - Innenorganisation,
  - Objektverwaltung,
- Objektbewirtschaftung,
- Organisatorische Verwaltung,
- Wirtschafts- und Vermögensverwaltung,
- Technische Verwaltung,
- Juristische Verwaltung.

Nach dieser Einteilung werden die Aufgaben des Verwalters zusammengefaßt in die Verwalteraufgaben als allgemeine Leistungen. Es handelt sich dabei um die Funktionen Allgemeine Verwaltung, Objektbewirtschaftung und organisatorische Verwaltung. *169*

Als besonders herauszuhebende Verwaltungsleistungen können angesehen werden die Wirtschafts- und Vermögensverwaltung, die Technische und die Juristische Verwaltung. Alle Verwalterleistungen werden nachstehend jeweils in Grundleistungen und in besondere Leistungen unterschieden. Hier wird der Differenzierung von *Peters* („Aufgaben des Verwalters von Wohnungseigentum" 1983) gefolgt. Die Grundleistungen decken sich im wesentlichen mit den gesetzlichen Mindestaufgaben. *170*

Anders ausgedrückt: die Grundleistungen sind erforderlich, sie sind in diesem Sinne Voraussetzung zur Erfüllung der Mindestaufgabe, die einerseits gesetzlich vorgegeben oder die verkehrsüblich sind. Die Grundleistungen werden üblicherweise mit der Pauschalgebühr des Verwalterhonorars abgegolten. *171*

Die besonderen Leistungen gehen über die gesetzlichen und verkehrsüblichen Verwaltungsaufgaben hinaus. Sie sind jeweils *172* gesondert zu vereinbaren und stellen Zusatzleistungen dar, für die auch eine gesonderte Honorierung durch Vereinbarung verlangt werden kann.

VI. Allgemeine Verwaltung

173 Die Leistungen des Verwalters im Bereich der Allgemeinen Verwaltung können zur besseren Übersicht weiter systematisiert werden, und zwar in:

- Allgemeiner Bürobetrieb.
- Bewirtschaftung des Objektes.
- Verwaltung des Objektes.
- Organisatorische Maßnahmen.

1. Allgemeiner Bürobetrieb

174 Ein großer Teil der Verwaltungsleistungen wird im Büro des Verwalters vorbereitet, organisiert und durchgeführt. Das bedeutet, daß jeder Verwalter, der die Verwaltung von WE hauptberuflich betreibt, einen nach heutigen Anforderungen ausgestatteten Bürobetrieb zu unterhalten hat. Dazu gehören sowohl das Vorhandensein der kommunikationstechnischen Ausstattungen, wie z. B. Telefon, Telefax, Schreibmaschinen (-Systeme), Vervielfältigungs- und Druckgeräte, als auch die Offenhaltung des Bürobetriebs zu bestimmten Tageszeiten.

Grundleistungen im Zusammenhang mit der Allgemeinen Büroverwaltung sind: (vgl. Peters a. a. O. S. 10):

175
- Schaffung bzw. Übernahme und Pflege der Verwaltungsunterlagen, das sind:
  - Ablagenordnung.
  - Urkundensammlung (Grundbuchauszug, TE, Bestandspläne, Schuldurkunden).
  - Sammlung technischer Unterlagen (Baugenehmigung, Bauzeichnung, Wohnflächen- und Kubaturberechnung, Baubeschreibung, Projektpläne).
  - Sammlung der Vertragsunterlagen (Verwaltervertrag, Versicherungsverträge, Hausmeistervertrag, Mietverträge, Wartungsverträge, Werkverträge u. a.).

  - Sammlung aller wichtigen Organisationsmaßnahmen (Einladungsschreiben zu Versammlungen, Tagesordnungen, Versammlungsniederschriften, Niederschriften über Beiratssitzungen und sonstige Veranstaltungen).
  - Sammlung des Schriftgutes betreffend die WEer-Gem. insgesamt (Hauptakte).
  - Sammlung des Schriftgutes mit den einzelnen WEern (Stellenakte).
- Führung von Karteien (Bestand, Instandhaltungsmaßnahmen).
- Gewährung von Einsicht in die Verwaltungsunterlagen.
- Korrespondenz und Kommunikation (Besprechung, Telefongespräche) mit Verwaltungsbeiräten und WEern.
- Korrespondenz mit Kommunikation (Besprechung, Telefongespräche) mit Dritten wegen Betrieb, Verwaltung und Organisation der Verwaltungsobjekte.
- Auskunftserteilung in allen die Verwaltung betreffenden Fragen an die Frageberechtigten. Dazu gehört auch, daß der Verwalter einem WEer Auskunft über die Mitglieder der Gem. (Name und Adresse) erteilt, ohne daß hierfür ein konkreter Anlaß bestehen müßte. Diese Auskunftspflicht ergibt sich aus den §§ 675, 676 BGB. Ein Verstoß gegen das Bundesdatenschutzgesetz besteht dabei nicht.
- Vervielfältigung von Schriftgut und Unterlagen (Einladungsschreiben zur Versammlung; Tagesordnungen; Versammlungsprotokolle; Schriftsätze im Verfahren nach § 43; Gerichtsentscheidungen).
- Versand allen Schriftverkehrs und Übernahme der Porti, Zustellungs- und Drucksachenkosten.
- Übergabe und Herausgabe aller Verwaltungsunterlagen nach Beendigung der Verwalterlaufzeit. Zu den Verwaltungsunterlagen zählen auch die für die Errichtung des Gebäudes maßgeblichen Unterlagen für den Verwalter, der gleichzeitig Bauträger war und der als solcher die Gewährleistungsansprüche an die WEer abgetreten hat (OLG Hamm vom 29. 10. 1987 – 15 W 381/85).

Als besondere Leistungen im Bereich der allgemeinen Büroverwaltung sind zu nennen (vgl. Peters a. a. O. S. 12): *176*

- Erst- oder Wiederbeschaffung fehlender Verwalterunterlagen bei Übernahme der Verwaltung.
- Beschaffung von Urkunden, Verträgen und sonstigen Verwaltungsgrundlagen bei Übernahme der Verwaltung.
- Erstellung von Kopien über Verwaltungsunterlagen (TE, Verwaltervertrag, andere Verträge, u. a.) nach Anforderung eines WEers oder sonstigen Berechtigten.
- Gestaltung und Versand einer Hauszeitschrift oder sonstigen allgemeinen Informationsschrift für alle WEer

Die Rechtsprechung hat zu den Leistungen des Verwalters im Rahmen des allgemeinen Bürobetriebs nur wenige Aussagen ge- *177* macht. Mehrere Entscheidungen liegen vor bezüglich der Herausgabe von Verwaltungsunterlagen bei Beendigung des Verwaltervertrages. Danach ist der ehemalige Verwalter verpflichtet, alle Verwaltungsunterlagen herauszugeben (AG Köln DW 1980, 23; BayObLG WEM 1981, Heft 6, 37; OLG Hamm WE 1988, 92).

178 Im Rahmen des allgemeinen Bürobetriebes hat der Verwalter auch die Schutzvorschriften des Bundesdatenschutzgesetzes (Gesetz zum Schutz vor Mißbrauch personenbezogener Daten bei der Datenverarbeitung – Bundesdatenschutzgesetz – BDSG – vom 27. 1. 1977 – BGBl. I S. 201) zu beachten, und zwar in der Weise, daß er Dritten gegenüber keine Auskünfte über WEer und deren Angelegenheiten erteilt. Der Verwalter kann aber den WEern unter Berufung auf das BDSG keine Auskünfte über gem. Angelegenheiten verweigern (vgl. Röll, Der Verwalter und das Datenschutzgesetz, in WEM 1981, 7). Zu gem. Angelegenheiten zählen insbesondere Hausgeldrückstände einzelner WEer (s. oben Rn. **7** 399ff.).

2. Bewirtschaftung des Objekts

179 Unter Bewirtschaftung des Objektes werden die Verwalterleistungen verstanden, welche der Sicherstellung der Funktionen (Betreiben) des Verwaltungsobjektes dienen. Die Grundleistungen im Zusammenhang mit dem Betrieb der Verwaltungseinheit sind im einzelnen folgende:

- Sicherstellung der Versorgung und Entsorgung (Strom, Wasser, Kanal, Gas, Wärme und Brauchwarmwasser).
- Hausmeister im Rahmen seiner Ermächtigung anstellen und entlassen (vgl. BayObLG DW 1981, 126) sowie die Durchführung der Hausmeisteraufgaben und Dienstleistungen überwachen (zum Ganzen vgl. Köhler in Ba/S 2. Ergänzungslieferung, Teil H: „Die Praxis des Arbeitsrechts bei der Wohnungseigentums-Verwaltung"). Soll der Vertrag mit dem Hausmeister geändert, sollen insbesondere dessen Bezüge angehoben werden, bedarf es aber eines Beschlusses durch die WEer (BayObLG WE 1990, 27), sofern nicht eine abweichende Regelung besteht. Im übrigen ist die Anstellung eines Hausmeisters eine Maßnahme ordnungsmäßiger Verwaltung. Das BayObLG sieht in der Hausmeisteranstellung unter Berufung auf Deckert eine Maßnahme ordnungsmäßiger „Instandhaltung", mit der Folge, daß Hausmeisterkosten in der Jahresabrechnung den Instandhaltungskosten zuzuordnen sind

(BayObLG WE 1992, 87). Diese strenge Zuordnung zu den Instandhaltungsmaßnahmen ist zu bezweifeln, weil die Hausmeisterleistungen überwiegend dem Betrieb einer Anlage dienen und die dabei entstehenden Kosten den Betriebskosten zuzurechnen sind. Bei der Anstellung des Hausmeisters ist zu unterscheiden, ob dieser als Arbeitnehmer oder als Nichtarbeitnehmer tätig wird. Im ersteren Fall schuldet der Hausmeister gegenüber der WEer – Gem. als Arbeitgeber keine selbständige Arbeit, sondern Dienstleistungen, die im Dienstvertrag geregelt sind (vgl. Ba/S 1303f.).

Die nebenberufliche Tätigkeit wurde mit Wirkung vom 1. 4. 1999 durch das Gesetz zur Neuregelung der geringfügigen Beschäftigungsverhältnisse vom 24. März 1999 (BGBl. I S. 388) völlig neu geregelt. Die gesetzlichen Neuerungen greifen nur bei geringfügigen und nicht bei normalen Beschäftigungsverhältnissen. Die geringfügigen Beschäftigungsverhältnisse unterscheiden sich in kurzfristige (längstens 2 Monate oder 50 Arbeitstage) und in dauerhafte. Bei den kurzfristigen Beschäftigungsverhältnissen, die bei WE-Anlagen weniger eine Rolle spielen, ergeben sich keine Änderungen. Die dauerhaften Beschäftigungsverhältnisse werden durch die Neuregelung neu strukturiert und zwar einerseits bezüglich der Sozialversicherung und andererseits bezüglich der Besteuerung:

a) Sozialversicherung

Bei der Sozialversicherung ist zu unterscheiden in geringfügige Alleinbeschäftigung und geringfügige Nebenbeschäftigung. Bei der geringfügigen Alleinbeschäftigung bei der das Arbeitsentgelt insgesamt DM 630 nicht übersteigt, hat der Arbeitgeber dann einen Pauschalbetrag von 10 v. H. für die Krankenversicherung und 12 v. H. für die Rentenversicherung zu leisten, wenn der Beschäftigte Mitglied der gesetzlichen Krankenversicherung oder Familienversicherter ist. Besteht nur eine Privatversicherung entfallen beide Pauschalen. Bei geringfügiger Beschäftigung für die der Arbeitgeber die Pauschale von 12 v. H. zur Rentenversicherung entrichtet, kann der Beschäftigte die Pauschale zum vollwertigen Pflichtbeitrag zu ergänzen um den Anspruch auf die volle Versicherungsleistung zu erhalten und zwar differenziert für das Arbeitsentgelt ab DM 300 monatlich und unter DM 300 monatlich. Für die geringfügige Nebenbeschäftigung besteht normale Versicherungspflicht, wenn der Beschäftigte im Hauptberuf sozialversicherungspflichtig ist und er für die Nebenbeschäftigung DM 630 monatlich erhält. Hier wird das monatliche Haupteinkommen und die Vergütung der Nebenbeschäftigung zusammenadiert um hieraus die üblichen Sozialversicherungsbeiträge zu errechnen.

b) Besteuerung

Das neue Steuerrecht sieht für die geringfügige Beschäftigung drei Möglichkeiten vor und zwar die Freistellung von der Besteuerung, die Besteuerung nach der Lohnsteuerkarte und die Pauschalbesteuerung durch den Arbeitgeber. Wenn der Beschäftigte keine anderen Einkünfte hat und der Arbeitgeber die pauschale Rentenversicherung von 12 v. H. trägt, kann er beim Finanzamt die Freistellungsbescheinigung beantragen um diese dem Arbeitgeber vorzulegen mit der Folge, daß keine Besteuerung erfolgt.

Das Arbeitsentgelt aus geringfügiger Beschäftigung kann, wie bisher, nach Maßgabe einer vorgelegten Lohnsteuerkarte versteuert werden. Auch hier ist Lohnsteuerbefreiung möglich, wenn aufgrund der Lohnsteuerkarte keine Lohnsteuer zu bezahlen ist. Dies ergibt sich beispielsweise dann, wenn der Beschäftigte oder dessen Ehegatte keine weiteren Einkünfte haben.

Die Pauschalbesteuerung durch den Arbeitgeber in Höhe von 20 v. H. besteht weiterhin, was dann möglich ist, wenn eine Freistellung von der Besteuerung nicht erfolgt. In diesem Fall kann der Arbeitgeber unter Verzicht auf die Vorlage der Lohnsteuerkarte eine Pauschale von 20 v. H. plus pauschalierte Kirchensteuer (ca. 7 v. H.) und Solidaritätszuschlag (5,5 v. H.). Voraussetzung hierfür ist, wenn der Arbeitslohn monatlich DM 630 nicht übersteigt.

Der Hausmeister kann aber auch als Nichtarbeitnehmer tätig werden. In diesem Fall entsteht kein Dienst- oder Arbeitsverhältnis, insbesondere dann, wenn ein WEer diese Tätigkeit ausübt. Hier erbringt der Hausmeister keine Dienstleistung, er schuldet einen Arbeitserfolg. Die Versteuerung erfolgt durch den Hausmeister selbst. Die WEer-Gem. hat hier neben der Vergütung keinerlei Leistungen zu erbringen auch nicht an die Berufsgenossenschaft.

- Sonstige Dienstleistungs- (z. B. Hausreinigung, Gartenpflege), Lieferanten- (z. B. Öllieferung) und Kaufverträge (z. B. für Streu- und Düngemittel, Werkzeuge, Geräte) im Namen der WEer abschließen.
- Abschluß, Änderung, Kündigung und Überwachung von Versicherungsverträgen (s. oben Rn. **5** 27 ff.).
- Abschluß, Änderung, Kündigung und Überwachung von Wartungs- und Pflegeverträgen (z. B. Liftwartung, Antennenwartung usw.).
- Betrieb einer gemeinschaftlichen Waschanlage
- Anschaffung von Maschinen und Werkzeugen zu Pflege und Unterhaltung der Gebäude und Außenanlagen: Traktoren, Schneeräumgeräte, Reinigungsgeräte, u. a. Die Anschaffung solcher Maschinen und Geräte muß sich im Rahmen ordnungsmäßiger Verwaltung halten. Der Maßstab für eine ordnungsmäßige Anschaffung richtet sich nach der Größe und den besonderen Verhältnissen (z. B. bei Schneeräumgeräten die klimatischen Verhältnisse) der einzelnen Anlagen (BayObLG WE 1992, 53).
- Verhandlungen mit Behörden und Versorgungsunternehmen in allen Fragen, die mit Betriebskosten in Zusammenhang stehen.
- Überwachung der Einhaltung von Sicherheits- und Schutzbestimmungen.
  - Verkehrssicherungspflicht (s. oben Rn. **7** und 439 f.).

- Rasenmäherlärm-Verordnung – 8. BImSchV (8. Verordnung zur Durchführung des Bundes-Immissionsschutzgesetzes vom 23. 7. 1987 – BGBl. I S. 1687):
  danach dürfen motorbetriebene (gilt nicht für mechanische) Rasenmäher zum Lärmschutz der Nachbarn nicht betrieben werden an Sonn- und Feiertagen, an Werktagen von 19.00–7.00 Uhr. Besondere Ausnahmen sind zulässig an Werktagen von 19.00–22.00 Uhr (§ 6 Abs. 2 der V). Auch Belästigungen durch einen zu lauten handbetriebenen (mechanischen) Rasenmäher sind unzulässig. Zuwiderhandlungen gelten als Ordnungswidrigkeit, die mit einer Geldbuße bis DM 100 000,00 geahndet werden, wobei jedoch bei einem privaten Grundstückseigentümer je nach Art und Dauer der Belästigung mit einer Buße von DM 50,00 bis DM 500,00 zu rechnen ist (Wohnung & Haus 1987, Heft 3, S. 22). Regionale und kommunale Bestimmungen zum Schutz der Mittags- und Nachtruhe bleiben unberührt (§ 6 Abs. 4 der V).
- Verordnung über Kleinfeuerungsanlagen – 1 BImSchV – (Verordnung zur Neufassung der Ersten und Änderung der Vierten Verordnung zur Durchführung des Bundes-Immissionsschutzgesetzes vom 15. 7. 1988, BGBl. I S. 1059). Danach gelten für den Betrieb von Feuerungsanlagen, das sind solche Anlagen bei denen durch die Verfeuerung von festen, flüssigen oder gasförmigen Brennstoffen Wärme und Brauchwarmwasser erzeugt wird, besondere Immissionsschutzmaßnahmen. Beim Betrieb von Anlagen mit Festbrennstoffen müssen diese nach Angaben des Herstellers so geeignet sein, daß die Abgasfahne einen bestimmten Grauton nicht überschreitet. Außerdem müssen – differenziert nach Brennstoff und Nennwärmeleistung – bestimmte Höchstwerte für die im Abgas enthaltenen Emissionen sowie für Emissionen an Kohlenmonoxyd beachtet werden. So dürfen z. B. offene Kamine nur gelegentlich und dann nur mit naturbelassenem, lufttrockenem Stückholz, das keinesfalls lakkiert, beschichtet oder angestrichen sein darf, betrieben werden. Besondere Vorschriften bestehen für den Betrieb von Öl- und Gasfeuerungsanlagen spätestens dann, wenn Heizkessel ausgetauscht oder verändert werden müssen bzw. wenn nach Ablauf der Übergangsfristen (unterschiedlich: 3–7 Jahre) Altanlagen an die niedrigeren Grenzwerte anzupassen sind. Bei Ölfeuerungsanlagen ist darauf Rücksicht zu nehmen, daß – differenziert nach Brennarten – die im Abgas enthaltenen staubförmigen Emissionen bestimmte Werte nicht überschreiten, die Abgase grundsätzlich keine Ölderivate enthalten und daß bestimmte Grenzwerte für Abgasverluste eingehalten werden. Um diesen Ansprüchen gerecht zu werden und der Gem. bei Verstößen eine Geldbuße (bis zu DM 100 000) wegen Ordnungswidrigkeit zu ersparen, empfiehlt es sich, daß der Verwalter durch den Bezirksschornsteinfegermeister Immissionsmessungen vornehmen läßt, was er ohne Beschluß durch die WEer veranlassen kann.

- Eichpflicht gem. Gesetz über das Meß- und Eichwesen (Eichgesetz) in der Neufassung vom 23. 3. 1992 – BGBl. I S. 711 in Verbindung mit der Verordnung über die Gültigkeitsdauer der Eichung (Eichgültigkeitsverordnung) in der Bekanntmachung der Neufassung vom 5. 8. 1976 – BGBl. I S. 2082 –; zuletzt geändert durch Verordnung vom 16. 6. 1983 – BGBl. I S. 707 – bedürfen bestimmte Meßgeräte der amtlichen Nachprüfung (staatliche Eichbehörde oder TÜV) durch Eichung in bestimmten Zeitabständen. Im Bereich der Hausbewirtschaftung sind das in der Regel folgende Meßgeräte: Kaltwasserzähler ab 1. 1. 1978 (von da ab alle 8 Jahre); Warmwasserzähler, die vor dem 1. 1. 1981 (= Beginn der Eichpflicht) in Verkehr gebracht wurden, sind bis spätestens 31. 12. 1985 zu eichen (sonst jeweils nach 5 Jahren); Wärmezähler, die vor dem 1. 7. 1980 (= Beginn der Eichpflicht) in Verkehr gebracht wurden, sind spätestens bis 30. 6. 1985 zu eichen (sonst jeweils nach 5 Jahren). Die Eichung erfolgt durch Beglaubigungsvermerk, der an den Geräten angebracht wird. Fahrlässige Verstöße gegen die Eichpflicht können als Ordnungswidrigkeit mit Geldbußen geahndet werden. Nicht betroffen hiervon sind die üblichen Warmwasserkostenverteiler und Heizkostenverteiler (Verdunstungsmesser), Meßeinrichtungen zählen nach Bärmann (§ 5 Rz 33) zum SE, sofern sie an den Innenleitungen (nach Abzweigung von Hauptleitung) angebracht sind. Die Aufgabe des Verwalters besteht darin, die Nacheichungen der Meßgeräte gem. § 1 Abs. 1 EichG zu veranlassen. Da es sich um eine Maßnahme ordnungsmäßiger Verwaltung handelt, bedarf es für die Nacheichung keines Mehrheitsbeschlusses seitens der WEer. Auf alle Fälle entspricht ein Mehrheitsbeschluß, der die Nacheichung der beschriebenen Meßgeräte zum Inhalt hat, dem Grundsatz ordnungsmäßiger Verwaltung (BayObLG WE 1991, 261). Wird dagegen ein Mehrheitsbeschluß gefaßt, der die Weiterbenutzung eichpflichtiger Meß- und Erfassungsgeräte zum Inhalt hat, ist dieser bei Beschlußanfechtung aufzuheben, weil er nicht ordnungsmäßiger Verwaltung entspricht. Die eichrechtlichen Vorschriften gelten auch für das Verhältnis der WEer untereinander (BayObLG vom 26. 3. 1998, 2 Z 154/97). Verstöße gegen die Eich- bzw. Beglaubigungspflicht sind deshalb Ordnungswidrigkeiten, die mit Geldbußen belegt werden können (§ 35 Abs. 2 Eichgesetz).
- Straßenverkehrsordnung (StVO) vom 1. 11. 1988 – BGBl. I S. 405. Die StVO ist zwar nur für die öffentlichen Verkehrsflächen zuständig. Da sich aber häufig auf öffentlichen Parkflächen vor den Häusern der ETW für die WEer Unzuträglichkeiten ergeben, sollte der Verwalter die hierfür bedeutsamen Regelungen kennen, z. B.
- Halteverbot vor und in amtlich gekennzeichneten Feuerwehrzufahrten (§ 12 Abs. 1 Nr. 8)
- Kraftfahrzeuganhänger dürfen ohne Zugfahrzeuge nicht länger als zwei Wochen geparkt werden (§ 12 Abs. 3 b).

- Verordnung über Aufzugsanlagen (Aufzugsverordnung – AufzV) vom 27. 2. 1980 – BGBl. I S. 173. Diese VO soll als Schutzgesetz dem Schutz der Personen dienen, die einen Personenaufzug benutzen. Dieser VO unterliegen aber nicht alle Personenaufzüge, weil sogenannte Privat-Anlagen, das sind solche die „weder gewerblichen noch wirtschaftlichen Zwecken" dienen (§ 1 Abs. 2 AufzV), von den Vorschriften dieses Gesetzes ausgenommen sind. Umstritten ist allerdings, welche sogenannten „Privathäuser" den Ausnahmeregelungen unterliegen. Soweit in ETW-Anlagen Personenaufzüge vorhanden sind, sind nach Auffassung des OLG Hamm (NJW-RR 1986, 16) die ETW-Anlagen als „Privathäuser" zu verstehen, die von den WEern allein genutzt (Selbstnutzer) werden. Anders ist es, wenn verschiedene WEer ihre ETW vermietet haben. Hier soll die AufzV Gültigkeit haben. Wenn dies zutrifft – was noch nicht eindeutig geklärt ist – sind wohl für die meisten ETW-Anlagen die Bestimmungen dieser VO wirksam mit der Folge, daß für Verwalter und WEer die Betriebsvorschriften des § 19 und die Vorschriften über Aufzugswärter in § 20 der AufzV von besonderer Bedeutung sind. Diese Vorschriften besagen u. a.:
  Wer eine Aufzugsanlage betreibt, hat (nach § 19 Abs. 1):
  1. die Anlage in betriebssicherem Zustand zu erhalten und ordnungsgemäß zu betreiben;
  2. die Wartungszugänge und Notzugänge zum Fahrschacht sowie die Zugänge zum Triebwerk und zu den zugehörigen Schalteinrichtungen unter Verschluß zu halten;
  3. mit der Anlage zu befördernde Lasten so zu sichern, daß eine Gefährdung mitfahrender Personen und eine Beschäftigung der Anlage vermieden werden;
  4. in der Nähe des Triebwerkes eine Anweisung über den ordnungsmäßigen Betrieb einschließlich der Wartung der Anlage anzubringen;
  5. wenn die Anlage außer Betrieb gesetzt ist, durch Hinweisschilder an den Fahrschachttüren darauf hinzuweisen.

Nach § 20 muß für jede Aufzugsanlage mindestens ein Auf- 180
zugswärter vorhanden sein, der das 18. Lebensjahr vollendet und von einem Sachverständigen (TÜV) zum Aufzugswärter zugelassen wurde. Der Aufzugswärter muß jederzeit (längstens in 20 Minuten) zu erreichen sein.

3. Verwaltung des Objekts

Zu der Objektverwaltung zählen alle Maßnahmen, die der 181
Koordinierung und der Kontrolle der Rechte und Pflichten der

WEer bei der ordnungsmäßigen Verwaltung des gem. E sowie beim ordnungsmäßigen Gebrauch von SE und gem. E dienen.

182 Die Grundleistungen bei der Objektverwaltung sind folgende (vgl. Peters a.a.O. S. 14ff.):

- Durchführung der ordnungsmäßigen Beschlüsse der WEer.
- Abhalten von Sprechstunden für und mit VB und WEern.
- Turnusmäßige Objektbesuche zur Kontrolle des Betriebes.
- Abwehr von Störungen und Schäden am gem. E, z.B. durch unverzügliches Abschleppen eines unbefugt und rechtswidrig abgestellten Kraftfahrzeuges in den öffentlichen Verkehrsraum hinein, oder aber in einen öffentlichen Parkplatz, der sich in der Nähe des nächsten Polizeireviers befindet (LG Frankfurt vom 22. 6. 1983 - 2/1 S 59/83).
- Entgegennahme von Beschwerden und Schlichtungsbemühungen bei Streitigkeiten unter WEern.
- Abgabe von Erklärungen für die Herstellung von Fernsprech- und Antennenanlagen sowie Energieversorgungseinrichtungen (§ 27 Abs. 2 Nr. 6).
- Erteilung der Veräußerungszustimmung nach § 12 (s. oben Rn. **7** 12 ff.).
- Erteilung der Zustimmung zur Vermietung (s. oben Rn. **7** 115).
- Vermietung von bestimmten Teilen des gem. E (z.B. Hausmeisterwohnung).
- Wahrnehmung der Rechte und Pflichten, die sich aus einem Mietvertrag zwischen der WEer-Gem. und einem Mieter ergeben (§§ 535, 536 BGB; s. oben Rn. **7** 192).
- Maßnahmen treffen, die zur Wahrung einer Frist oder zur Abwendung eines sonstigen Rechtsnachteils erforderlich sind (§ 27 Abs. 2 Nr. 4 = Verjährungs-Ausschluß-Rechtsmittelfrist).
- Bearbeitung und Aufbereitung von Versicherungsfällen.
- Kontrolle und Überwachung, daß Hausordnung oder andere Gebrauchs- und Nutzungsregelungen eingehalten werden.
- Zusammenarbeit mit VB.
- Entgegennahme von Willenserklärungen und Zustellungen an die WEer (§ 27 Abs. 2 Nr. 3), wobei in der Zustellung zum Ausdruck kommen muß, daß sie an die WEer gerichtet ist (BayObLG WE 1983/3, 16).

183 Im Bereich der Objektverwaltung können mit dem Verwalter folgende besondere Leistungen vereinbart werden:

- Prüfung und Stellungnahmen zu Anträgen baulicher Veränderungen im Bereich des SE.
- Mitwirkung bei der Vermietung von WE und TEm.
- Vertretung der Gem. bei öffentlich-rechtlichen Bauauflagen und Bauverfahren (z.B. Umlegung, Sanierung, Straßenlandabtretung, nachbarrechtliche Genehmigungen und Stellungnahmen).

- Inkasso von Kapitaldienst für Hypotheken- und Darlehen, die gemeinsam von der Gem. aufgenommen wurden.

Literatur und Rechtsprechung haben sich im Bereich dieser Aufgaben besonders mit der Frage befaßt, ob der Verwalter berechtigt und verpflichtet ist, gegen Störer der Hausordnung von sich aus und ohne Ermächtigung der WEer im Verfahren nach § 43 einen Antrag auf ein bestimmtes Tun, auf Unterlassung, auf Beseitigung oder auf Wiederherstellung des ursprünglichen Zustandes zum Zweck der Einhaltung und Durchführung der Hausordnung zu stellen (vgl. Vitzethum, Durchführung der Hausordnung durch den Verwalter, DWE 1981, 107). *184*

Wenn nach dem BayObLG (WEM 1981 Heft 6, 32) der Verwalter bei entsprechender Zweckbestimmung in der Hausordnung verpflichtet ist, praktische Maßnahmen zur Einhaltung der Hausordnung (hier: Aufstellung von Verbotsschildern gegen hausordnungswidriges Parken in Grünanlagen) zu treffen, bedarf er in der Regel zur Einleitung von Gerichtsverfahren gegen Hausordnungsstörer der Ermächtigung (GO, Vereinbarung, Veraltervertrag, Mehrheitsbeschluß) durch die Gemeinschaft (OLG Hamm NJW 1969, 884 und MittBayNot 1970, 109). *185*

Zu den Maßnahmen des Verwalters zur Wahrung einer Frist gehört nach BayObLG (DWE 1977, 90) auch das zur Einleitung und Durchführung eines die gem. Wohnanlage betreffenden Beweissicherungsverfahrens, zu welchem der Verwalter auch ohne besondere Ermächtigung befugt ist. *186*

4. Organisatorische Maßnahmen

Unter dem Begriff organisatorische Maßnahmen werden hier die Verwaltertätigkeiten zusammengefaßt, welche der Vorbereitung und Durchführung besonderer Veranstaltungen der WEer dienen sowie besondere Maßnahmen, die zur Willensbildung der WEer erforderlich sind. Im Grundleistungsbereich sind dies im einzelnen: *187*

- Alle Maßnahmen zur Vorbereitung, Durchführung und den Vollzug der WEer-Vers., wie sie in Kapitel 9 (siehe oben Rn. **9** 1 ff.) im einzelnen beschrieben sind:
  - Vorbereitung, Einberufung und Leitung der WEer-Vers.

  - Feststellung der Anwesenheit; des Stimmrechts und der Beschlußfähigkeit; Prüfung der Vollmachten.
  - Beratung der Versammelten, Formulierung der Anträge und Beschlüsse, Leitung der Abstimmung und Feststellung des Beschlußergebnisses.
  - Protokollführung in der WEer-Vers.
  - Versand der Niederschriften.
  - Sammlung der Niederschriften.
- Vorbereitung und Durchführung von Sitzungen des VB.
- Aufstellung des Entwurfes einer Hausordnung.
- Vorbereitung der Änderungsentwürfe für TE, GO und Vereinbarungen.
- Vorbereiten und Zusammenstellen der notwendigen Informationen der WEer über ihre Rechte und Pflichten bei Baumängeln am gem. E zur Beschlußfassung über die Verfolgung ihrer Gewährleistungsansprüche.

188 Die Anforderungen an die allgemeine Hinweis-, Organisations- und Koordinierungspflicht des Verwalters bezüglich der anfänglichen Baumängel-Gewährleistungsansprüche hat das BayObLG in einer Grundsatzentscheidung sehr hoch angesetzt mit der Folge einer strengen Haftung des Verwalters. Nach dieser Entscheidung ist es grundsätzliche Pflicht des Verwalters, Baumängel festzustellen (z. B. durch Beauftragung eines Sachverständigen) und die WEer hierüber zu unterrichten, um diesen eine Entscheidung über das weitere Vorgehen zu ermöglichen. Dabei hat der Verwalter die im Verkehr erforderliche Sorgfalt zu berücksichtigen, die ihn zwingen solche Erwägungen anzustellen. Das sind üblicherweise Erwägungen, die ein verständiger Hauseigentümer bei der Verwaltung seines eigenen Hauses anstellt. Dies gilt besonders, wenn die WEer nicht ohnehin bereits über den entsprechenden Erkenntnisstand verfügen. Für das Maß der Anforderungen kann dabei von Einfluß sein, ob der Verwaltervertrag für eine große oder eine kleinere Anlage und ob er mit einem die Verwaltergeschäfte nebenamtlich Betreibenden („Laien") oder mit einer Fachfirma geschlossen wurde (OLG Schleswig WE 1980/2, 33). In diesem Fall hat das BayObLG dem Schadensersatzanspruch der WEer gegen dem Verwalter stattgegeben, weil dieser – wie die WEer auch – die Ursache der aufgetretenen Feuchtigkeitsschäden nicht genauer habe untersuchen lassen.

189 Um solchen Ansprüchen zu begegnen sollte deshalb jeder Verwalter bei Auftreten von Mängeln am gem. E innerhalb der

Gewährleistungsfristen einen Beschluß der Gem. über folgendes herbeiführen:

- Beauftragung eines Gutachters, der festzustellen hat, ob und welche Baumängel vorliegen; welche Firma für den Mangel verantwortlich ist; wie die Mängel behoben werden können; ob die Gewährleistungsfrist noch nicht abgelaufen ist.
- Beweissicherungsverfahren, wenn feststeht, daß tatsächlich Gewährleistungsansprüche noch bestehen und durchzusetzen sind.

Als besondere Leistungen in diesem Bereich gelten: *190*

- Durchführung einer weiteren oder außerordentlichen Versammlung.
- Ausarbeitung und Vorbereitung einer Geschäftsordnung für den Ablauf der WEer-Vers.

Die einschlägige Rechtsprechung im Zusammenhang mit den Fragen der Organisation der WEer-Vers. wurde in Kapitel 9 besprochen.

VII. Wirtschafts- und Vermögensverwaltung

Der Gesetzgeber hat der WEer-Gem. zwecks Wirtschaftsfüh- *191* rung ein selbständiges Finanz- und Rechnungswesen zur Verfügung gestellt (Bub „Finanzwesen" S. 1ff.; vgl. auch Bä/S Rz. B 36). Dieses Finanzwesen ist die Voraussetzung einer Wirtschaftsführung, welche die Möglichkeit bietet, daß die WEer am allgemeinen Rechtsverkehr teilnehmen können.

Mit dem Wirtschaftsplan und die daraus zu entrichtenden *192* Vorschüsse und der Jahresabrechnung wurde ein Beitrags- und Finanzsystem geschaffen, das für die Erfüllung der Zahlungsverpflichtung der WEer und der Beschaffung der notwendigen Liquidität für die Gem. von ausschlaggebender Bedeutung ist. Während die WEer nach den §§ 16 Abs. 2, 28 Abs. 2 die notwendigen Mittel zur Finanzierung der Gemeinschaftsaufgaben zur Verfügung zu stellen haben, ist der Verwalter beauftragt, für die Verwaltung der Finanzmittel nach Maßgabe von §§ 27 Abs. 1 Nr. 4, Abs. 2 Nr. 1 und 2, Abs. 4 Satz 1, 28 Abs. 1 Sorge zu tragen und entsprechend Rechnung zu legen (§ 28 Abs. 3 und 4, §§ 259, 260, 675, 666 BGB). Im einzelnen bestehen die Verwaltungsaufgaben bei der Wirtschafts- und Vermögensverwaltung in der:

- Sicherstellung eines geordneten Zahlungsverkehrs (Geldverwaltung),
- Verwaltung der Rückstellungen und Geldanlagen (Vermögensverwaltung),
- Ordnungsgemäßen Buchführung,
- Erstellung und Beschlußvorbereitung von Wirtschaftsplan (§ 28 Abs. 1), Jahresabrechnung (§ 28 Abs. 3) und Rechnungslegung (§ 28 Abs. 4),
- Aufbewahrung von Unterlagen, Konten, Urkunden und Belegen,
- Bereitstellung von Abrechnungsunterlagen für den Verwaltungsbeirat und die WEer und in der Vermittlung von Informationen wegen der Geld- und Vermögensverwaltung insbesondere aller Abrechnungsfragen.

193 Der wesentliche Anspruch auf Beitragsleistung der WEer zur Bereitstellung der Finanzmittel ergibt sich aus § 28 Abs. 2, wonach die WEer zur Vorschußzahlung nach Maßgabe des Wirtschaftsplans verpflichtet sind. Diese Zahlungspflicht der WEer im Innenverhältnis korrespondiert nicht mit der Vorschrift nach § 16 Abs. 2, wonach die WEer zur anteiligen Lasten- und Kostentragung verpflichtet sind. Die Pflicht nach § 16 wirkt nur im Außenverhältnis in der Weise, daß der WEer, der eventuell von einem Gläubiger der Gem. – z.B. wegen einer unbezahlten Rechnung – gesamtschuldnerisch in Anspruch genommen wird, einen Ausgleichsanspruch an die anderen WEer im Verhältnis der Miteigentumsanteile hat. Bub nennt die Vorschrift des § 16 Abs. 2 dementsprechend eine „Hilfsregelung des § 426 Abs. 1 BGB“ (Bub „Finanzwesen“ S. 24).

194 Daraus folgt, daß nicht jede Außenverbindlichkeit zugleich auch anteilmäßig auf die WEer mit der sofortigen Pflicht zur anteiligen Zahlung umgelegt wird. Die Begleichung der Außenverbindlichkeit erfolgt aus den angesammelten Beiträgen der WEer, die unabhängig vom Zeitpunkt des Entstehens dieser Verbindlichkeit zu leisten sind.

195 Die Verpflichtung des Verwalters zur Wirtschafts- und Vermögensverwaltung leitet sich aus den Aufgaben ab, die dem Verwalter gesetzlich (§ 27 Abs. 1 Nr. 4, Abs. 2 Nr. 1 und 2, Abs. 4 S. 1, § 28 Abs. 1, Abs. 3, Abs. 4) für Geldverwaltung, Wirtschaftsplan, Jahresabrechnung und Rechnungslegung vorgeschrieben sind. Allgemein ergibt sich die Rechnungslegungspflicht des Verwalters aus §§ 259, 260, 675, 666 BGB. Auch die Aufgaben der Wirtschaftsführung zielen darauf ab, den bestimmungsgemäßen Gebrauch des SE und des gem. E. zu ermöglichen und für die Zukunft zu gewährleisten. Es gilt deshalb, den Wert und die Substanz von Gebäude, Einrichtungen und Anlagen zu erhalten und nach Möglichkeit zu verbessern. Das Verwaltungsvermögen verwaltet der Verwalter treuhänderisch für die WEer im Rahmen der ordnungsmäßigen Verwaltung und im Interesse der Gesamtheit der WEer nach billigem Ermessen. Dazu gehört auch, daß er die von den WEern getroffene Zweckbestimmung für Vermögensgegenstände beachtet (OLG Düsseldorf WE 1997, 426).

Die Pflicht des Verwalters zur Wirtschafts- und Vermögensverwaltung setzt voraus, daß der Verwalter über eine aussagefähige und nach den praktischen Bedürfnissen gegliederte Buchführung verfügt.

1. Buchführung des Verwalters

Vorschriften über Art und Gliederung der Buchführung eines *196*
Verwalters bestehen nicht, so daß die Frage, wie die ordnungsmäßige Buchführung des Verwalters auszusehen hat, in der Literatur und Rechtsprechung nur selten eindeutig und umfassend beantwortet ist (vgl. aber Bub „Finanzwesen" S. 5). Die von der Rechtsprechung herausgearbeiteten Ansprüche an die Verwalterbuchführung können nur als Rahmenbedingungen aufgefaßt werden, wenn gefordert wird, daß der Verwalter die Buchführung so zu gestalten hat, daß sie für die WEer bei einer diesen zumutbaren Sorgfalt verständlich und nachprüfbar ist. Die WEer können ihre Prüfungsbefugnis (§§ 28 Abs. 5, 29 Abs. 3) nämlich nur dann selbst ausüben, wenn die aus der Buchführung entwickelten Abrechnungen (Jahresabrechnung, Rechnungslegung) ohne Einschaltung eines Wirtschaftsprüfers nachvollziehbar sind.

Rechtsprechung und Literatur (Einzelnachweise PiG Nr. 27) *197*
befassen sich mit der ordnungsmäßigen Verwalterbuchführung überwiegend nur soweit als dies notwendig ist, um für die

wohnungseigentumsrechtlichen Abrechnungsvorschriften (§ 28) Rahmenbedingungen zu schaffen. Für die Art der Buchführung ist die teilweise unterschiedliche Auffassung in der Literatur von Bedeutung, ob die Jahresabrechnung eine reine Einnahmen/Ausgabenrechnung (h. M.) ist, oder – ähnlich der handelsrechtlichen Bestimmungen für Unternehmen – eine Vermögens- und Erfolgsrechnung mit aktiver und passiver Rechnungsabgrenzung (so Maul, „Abrechnungspflicht des Verwalters von Wohnungseigentum" in WE 1981, Heft 2, S. 9ff. und Heft 3, S. 17ff., sowie Jenißen, „Die Verwalterabrechnung nach dem Wohnungseigentumsgesetz", 4. Aufl. 1999; Schröder/Münstermann-Schlichtmann „Die Verwaltungsabrechnung im Wohnungseigentum – eine Milchmädchenrechnung" in WE 1991, 174ff.).

198 Der Verfasser hat in PiG Nr. 27 (Ordnungsmäßige Buchführung) etwas umfassender ausgeführt, welche Ansprüche an Form und Inhalt der Verwalterbuchführung zu stellen sind und ist der Frage nachgegangen, ob die für das betriebliche Rechnungswesen entwickelten Grundsätze ordnungsmäßiger Buchführung (GoB) hier anwendbar sind und wenn ja, in welchem Umfang. Als Ergebnis dieser Untersuchung kann festgehalten werden (PiG Nr. 27 S. 13ff.):

- Betriebswirtschaftliche Grundsätze einschließlich der Grundsätze des betrieblichen Rechnungswesens gelten zwar für den (eigenen) Betrieb des Verwalterunternehmens, nicht aber für die Buchführung, welche dieses für die WEer betreibt.
- Gegenstand der ordnungsmäßigen Buchführung ist das Aufzeichnen aller Einnahmen- und Ausgaben (Umsätze), die im Rahmen der Verwaltung von WE entstehen.
- Sinn und Zweck der Buchführung des Verwalters und damit die Ordnungsmäßigkeit der Buchführung ergibt sich aus dem Normenbefehl der einschlägigen Bestimmungen des WEG und anderer Rechtsvorschriften, die allgemeine Rechnungslegungsvorschriften enthalten. Danach wird für die Verwaltungsbuchführung eine Organisation verlangt, die für Wirtschaftsplan, Jahresabrechnung und Rechnungslegung eine Einnahmen- und Ausgabenübersicht ermöglicht, um zusätzlich den von der Rechtsprechung entwickelten Abrechnungsgrundsätzen Rechnung zu tragen.
- Der ordnungsmäßigen Verwalterbuchführung liegt das Einnahmen- und Ausgabenprinzip zugrunde. Gleichwohl gehört es zur Ordnungsmäßigkeit dieser Buchführung, die Vermögensgegenstände der Gem. und eventuelle Schulden von WEern aufzuzeigen. Das bedeutet, daß

der jeweilige Stand aller Bankkonten (Girokonto, Sparkonto) sowie alle Forderungen (z. B. Hausgeldrückstände) und alle Rückstellungen (z. B. Instandhaltungsrückstellung) in geeigneter Form festzuhalten sind.
- Für die Buchführung des Verwalters bestehen keine speziellen Buchführungsvorschriften. Es gelten insbesondere nicht die materiellen Grundsätze ordnungsmäßiger Buchführung und auch nicht die Bestimmungen des Handels- und Steuerrechts. Das heißt, daß weder Maßstäbe der Bilanz, wie z. B. Bilanzwahrheit und -klarheit, noch Ansätze der Erfolgsrechnung, wie z. B. Gewinn und Verlust für die Verwalterbuchführung von Bedeutung sind.
- Die Ordnungsmäßigkeit der Buchführung setzt auch kein bestimmtes Buchführungssystem voraus, wenngleich sich die doppelte Buchführung als zweckmäßigste und gebräuchlichste Form einer Buchführung herausgestellt hat. Alle Buchführungssysteme entsprechen der ordnungsmäßigen Buchführung.
- Anders verhält es sich mit den sogenannten formellen Grundsätzen ordnungsmäßiger Buchführung. Diese haben in vollem Umfang für die ordnungsmäßige Buchführung des Verwalters Gültigkeit, weil nur durch sie die Rechenschaftslegungspflichten des Verwalters in ordnungsmäßiger Weise ermöglicht werden. Die Buchführung des Verwalters hat deshalb vollständig, richtig, zeitgerecht und geordnet zu sein. Dazu gehört ein entsprechendes Belegwesen - wobei die Belege bei der Verbuchung durch Rechnungsdatum und Beleg-Nummer gekennzeichnet sein müssen - sowie die Pflicht zur Aufbewahrung von Buchungsunterlagen und Belegen.
- Auch gelten die Grundsätze ordnungsmäßiger Datenverarbeitung für die Verwalterbuchführung in vollem Umfang.

2. Gegenstände des Verwaltungsvermögens

Zum Verwaltungsvermögen gehören die den WEern gem. zustehenden Gegenstände, die auf der Verwaltung des gem. E. beruhen (Merle in Bärm. Rz. 3 zu § 20). Die Gegenstände des Verwaltungsvermögens sind nicht gem. E im Sinne von § 1 Abs. 5. *199*

Hauger hat in PiG Nr. 21 die Gegenstände des Verwaltungsvermögens im einzelnen ausgewiesen. Sie werden nachstehend wiedergegeben:
- Bewegliche Sachen (§ 90 BGB) z. B.:
  - Buchhaltungsunterlagen und sonstige Akten der Gem. einschließlich der Listen mit den Namen und Anschriften der Wohnungseigentümer,
  - Heizöl zur Beheizung der Anlage,

  - Garten- und Putzgeräte sowie Werkzeuge zur Erhaltung des gem. E.; eine Waschmaschine, die die WEer für den gem. Waschraum anschaffen,
  - natürliche Früchte des gem. Grundstücks (Obst und Gemüse), sobald es vom Baum oder Boden getrennt wird und kein Dritter, z. B. ein Sondernutzungsberechtigter, Anspruch darauf hat. Bewegliche Sachen sind aber auch Materialien (z. B. Steine und Zement) bis sie verbaut und dann wesentlicher Bestandteil werden,
- Kasse (hat in Zeiten des bargeldlosen Zahlungsverkehrs keine große Bedeutung),
- dinglich beherrschbare Rechte, über die verfügt werden kann. Das sind dingliche Rechte (Grunddienstbarkeiten, Grundpfandrechte), der Besitz und rein schuldrechtliche Ansprüche. Für das Verwaltungsvermögen sind hier von Bedeutung:
  - Zwangshypothek zugunsten der WEer z. B. auf dem Grundstück eines Handwerkers, eingetragen aufgrund Schadensersatzforderung aus schlechterfülltem Werkvertrag gegenüber der Gemeinschaft,
  - Zwangshypothek auf der ETW oder einem anderen Grundbesitz eines WEers z. B. wegen Hausgeldrückständen,
  - Anspruch auf Besitzeinräumung, soweit auf das gem. E. gerichtet,
- Schuldrechtliche Ansprüche:
  - Bankguthaben der WEer auf einem Girokonto, einem Spar- oder sonstigen Geldanlagenkonto (z. B. wegen Instandhaltungsrückstellung),
  - Festgeldguthaben der WEer,
  - Wertpapiere bzw. die Forderung aus dem Papier (sind Papiere angegeben, so stellt die Urkunde eine bewegliche Sache des Verwaltungsvermögens dar),
  - gegenseitige Ansprüche der WEer auf Zahlung der laufenden Hausgeldvorschüsse, der Nachzahlungen für ein geschlossenes Wirtschaftsjahr und Sonderumlagen,
  - rückständige Forderungen gegen einen ausgeschiedenen WEer,
  - Schadensersatzansprüche gegen einen Verwalter oder einen ausgeschiedenen Verwalter wegen Verletzung der Pflichten oder Ansprüche gegen einen Handwerker auf Erfüllung eines Werkvertrages, der für das gem. E. abgeschlossen worden ist,
  - Gewährleistungsansprüche der WEer aus einem Bauvertrag, unbeschadet ob sie auf Nachbesserung oder auf Schadensersatz gerichtet sind,
  - Ansprüche der WEer aus einem für das gem. E. abgeschlossenen Versicherungsvertrags, z. B. einer Haftpflichtversicherung, wenn infolge unzureichenden Streuens bei Eis und Schnee eine Person im Verantwortungsbereich der Gem. zu Schaden kam,
  - Ansprüche aus einer Sachversicherung, soweit sie für das gem. E. abgeschlossen ist, z. B. Brandversicherung, Leitungswasser- und Sturmschadenversicherung,

- Schadensersatzansprüche der WEer aus § 823 BGB aus Beschädigung des gemeinschaftlichen Eigentums. (Beispiel: bei einem Unfall wird eines der beteiligten Fahrzeuge auf das Grundstück geschleudert, wobei die Briefkastenanlage der WEer beschädigt wird),
- die Mietforderungen und die eingehenden Mieten bei vermietetem gem. E.

3. Geldverwaltung

Nach § 27 Abs. 4 ist der Verwalter verpflichtet, die gem. Gelder der WEer zu verwalten. Dabei hat er unabdingbar das Vermögen jeder WEer-Gem. von seinem Vermögen getrennt zu halten. Eine weitere Verpflichtung des Verwalters gemeinsame Gelder verschiedener WEer-Gem. ebenfalls getrennt zu halten, ergibt sich zwar nicht ausdrücklich aus dem Gesetz, aber aus dem Prinzip der ordnungsmäßigen Verwaltung (§ 21 Abs. 3) Die gem. Gelder haben den ausschließlichen Zweck der Verwaltung des gem. E. zu dienen. Sie stehen den WEern gem. zu, die hierbei eine schlichte Rechtsgemeinschaft nach §§ 741 ff. BGB bilden (Weitnauer Rz. 30 zu § 27). Gleichwohl sind die Anteile der einzelnen WEer an dem gem. Vermögen weder abtretbar noch pfändbar. Das Vermögen ist zweckbestimmt und kann deshalb nicht auseinandergesetzt werden. 200

Die Verfügungsgewalt über das Geldvermögen steht dem Verwalter allein zu unter der Voraussetzung, daß er dieses Vermögen als wirtschaftlicher Treuhänder für die Gem. verwaltet. Diese Verfügungsgewalt kann eingeschränkt sein, wenn eine Vereinbarung getroffen wurde, nach der die Verfügung über gem. Gelder von der Zustimmung eines WEers oder eines Dritten abhängig ist (§ 27 Abs. 4 S. 2). 201

Von einer solchen Regelung ist abzuraten, weil sie nicht nur den Verwaltungsablauf stark beeinträchtigt, sondern auch für die WEer nicht immer nützlich ist, wenn durch nicht rechtzeitige Zahlungen Probleme entstehen. Diese Regelung bietet auch keine Sicherheit gegen einen nicht in vollem Umfang vertrauenswürdigen Verwalter. Ist der Verwalter nicht vertrauenswürdig, muß er abberufen werden. Verdient er aber das Vertrauen der WEer so sollte seine Arbeit im Interesse der WEer nicht behindert werden. Sie ist im Gegenteil zu fördern, was insgesamt 202 der Gem. und der Verbesserung der Verwaltung des Gemeinschaftsvermögens zu Gute kommt.

203 Unter Geldvermögen werden hier sowohl alle laufenden Geld- und Bankkonten, wie auch alle Geldanlagen (Sparkonto, Sparbriefe, Schuldverschreibungen) verstanden.

Wegen der Zahlungen in DM oder Euro wird verwiesen auf Kapitel 12.

a) Bankkonten

204 Grundsätzlich hat der Verwalter für jede WEer-Gem. ein Konto bei einer Bank oder Sparkasse zu führen. Die Konten sind in der Regel zweckbestimmt. Während das sogenannte laufende Konto für Überweisungen und Einzahlungen der Hausgelder dient, werden Spar- und Anlagekonten zur Ansammlung von liquiden Mitteln, insbesondere von nicht benötigten Rückstellungen verwendet. Meist wird in der GO, im Verwaltervertrag oder sonst vorgesehen, daß die Hausgelder auf ein vom Verwalter bestimmtes Konto einzubezahlen sind. Das bedeutet, daß die Hausgeldzahlungen der WEer nur dann Erfüllungs- oder Tilgungswirkung im Sinne von § 362 BGB haben, wenn sie auf das hierfür bestimmte Konto einbezahlt werden (vgl. OLG Köln vom 24. 11. 1997, 16 Wx 297/97). Überweist der WEer die Hausgeldraten auf ein anderes Konto der Gem., ist die Fehlleitung dann unschädlich, wenn die Interessen der Gem. (Gläubiger) nicht verletzt werden (BGH NJW 1991, 3208).

Die Konten der WEer müssen von den Ansprüchen der Gläubiger gegen den Verwalter geschützt werden, so daß Aufrechnungs-, Pfand- oder Zurückbehaltungsrechte der Bank und sonstige Vollstreckungsmaßnahmen in dieses Konto auszuschließen sind.

205 Um diesen Ansprüchen gerecht zu werden, wird üblicherweise ein offenes Fremdgeldkonto, möglicherweise aber auch ein schlichtes Treuhandkonto (vgl. Erlebach in PiG Nr. 27 S. 83ff.) eröffnet.

Das offene Fremdgeldkonto ist ein auf den Namen der WEer-Gem. angelegtes Bankkonto, über das der Verwalter allein verfügt.

206 Von den beiden Kontenarten ist dem offenen Fremdgeldkonto der Vorzug zu geben. Inhaber des offenen Fremdgeldkontos ist

die WEer-Gem. als Personengemeinschaft. Verfügungsberechtigt ist in der Regel der Verwalter allein. Mit dem Ausscheiden aus dem Amt verliert der Verwalter seine Verfügungsberechtigung, sie geht kraft Vollmacht, die dem neuen Verwalter mit dem Verwaltervertrag erteilt wird, auf diesen über.

Ein Problem ergibt sich beim offenen Fremdgeldkonto in 207
Zusammenhang mit § 154 AO und § 8 Abs. 1 GWG (Geldwäschegesetz). Insbesondere nach § 154 AO ist eine Legitimationsprüfung der Konteninhaber, das sind hier die WEer, erforderlich. Als Legitimation genügt es nach allgemeiner Auffassung (vgl. Reiners in Schriftenreihe „Der Fachverwalter" Heft 1 S. 69ff.) nicht, nur eine WEer-Liste vorzulegen. Erforderlich ist die Feststellung der Personen der Konteninhaber (WEer) mit vollständigem Namen, Anschrift und Geburtsdatum. Diese Angaben sind durch amtliche Dokumente (Ausweis) zu prüfen. Viele Banken nehmen die ab 1992 verschärften Vorschriften ernst und kommen deshalb zu der Auffassung, für die WEer-Gem. kein offenes Fremdgeldkonto eröffnen zu können, weil die strenge Legitimationsprüfung bei einer größeren Gem. kaum durchzuführen ist. Aus diesem Grunde verweisen viele Banken die WEer-Gem. auf die Eröffnung eines offenen Treuhandkontos.

Das offene Treuhandkonto ist ein auf den Namen des Verwal- 208
ters laufendes Konto (vgl. Reiners a.a.O. S. 84ff. in BayObLG vom 28. 10. 1997, 2 Z 77/97). Er ist auch allein Verfügungsberechtigter. Bei der Konteneröffnung hat der Verwalter der kontoführenden Bank zwingend mitzuteilen, daß er die Gelder dieses Kontos treuhänderisch für die WEer-Gem. X (genaue Bezeichnung) verwaltet. Obwohl ein solches Konto kein echtes Eigenkonto des Verwalters, aber auch kein Fremdgeldkonto zugunsten der WEer ist, kann eine Vollstreckung oder Pfändung in dieses Konto seitens der Gläubiger des Verwalters nicht ausgeschlossen werden. In diesem Fall steht aber den WEern als Treugeber das Recht der Drittwiderspruchsklage nach § 771 ZPO zu. Im Falle des Konkurses des Verwalters haben die WEer ein Aussonderungsrecht nach § 47 InsO. Trotz dieser Rechte kann das offene Treuhandkonto wegen der möglichen Vollstreckungsmaßnahmen mit der Folge eines Zeitverlusts bei

der Durchsetzung der Rechte nach § 771 ZPO und § 47 InsO für die Gem. nachteilig sein. Diese Probleme weist das offene Fremdgeldkonto nicht auf, so daß eine vereinfachte Legitimationsprüfung im Interesse der WEer dringend geboten ist. Gleichwohl besitzt das offene Treuhandkonto seiner Struktur nach einen vermögensfürsorgerischen Charakter, so daß der Verwalter mit der Eröffnung eines solchen Kontos seiner Treuepflicht gegenüber den WEern und seiner Verpflichtung, das Vermögen der WEer von seinem Vermögen getrennt zu halten, nachkommt (vgl. BGH WE 1996, 29). Beim offenen Treuhandkonto bestehen Rechtsbeziehungen nur zwischen dem Verwalter und der kontoführenden Bank. Das bedeutet, daß die WEer keinen unmittelbaren Zahlungsanspruch gegenüber der Bank besitzen. Das bedeutet ferner, daß der Verwalter bei seinem Ausscheiden das Konto auf seinen Nachfolger übertragen muß bzw. das Guthaben der Gem. an dies zu überweisen hat. Besteht zum Zeitpunkt des Ausscheidens des Verwalters ein Fehlbetrag, der aus nicht erbrachten Leistungen der WEer besteht, hat dieser bei späterer Geltendmachung einen Anspruch auf Aufwendungsersatz einschließlich eventueller Verzugszinsen in Höhe von 4 v. H. (KG vom 21. 5. 1997, 24 W 8575/96 vgl. auch BayObLG vom 28. 10. 1997, 2 Z 77/97).

209 Die gem.-Gelder sind Teil des oben (Rn. **10** 191) nach Inhalt und Umfang beschriebenen Gemeinschafts- oder Verwaltungsvermögens der WEer.

b) Geldanlagen

210 Die hier beschriebenen Geldanlagen werden nicht – wie in der Wirtschaftstheorie – als kurzfristige Ausleihungen beschrieben, sondern als Verfügungen über Gelder der WEer, die aus dem laufenden Bankkonto der Gem. einer verzinslichen Anlageform zugeführt werden.

211 Als Anlageformen für die liquiden Teile des Verwaltungsvermögens, das sind überwiegend die nicht benötigten Teile der Rückstellungen, kommen in der Regel in Betracht (vgl. hierzu Bä/S S. 444 ff.):

- Sparguthaben auf Sparkonten mit vierteljährlicher Kündigung.

Dabei hat der Verwalter immer abzuwägen hinsichtlich der Zeitdauer der Anlage und der möglichen Zinshöhe. Je länger der Anlagezeitraum ist, umso höher sind die Zinserträge. Meist wird der Verwalter kurzfristig benötigte Gelder kurzfristig anlegen und nur bei nicht absehbarem Finanzbedarf mittel- oder langfristige Geldanlagen tätigen.

Die Zinsen der Geldanlagen sind überwiegend abhängig von der Verfassung der Geld- und Kapitalmärkte und diese wiederum von den Leitzinsen, das waren bis zum 31. 12. 1989 der Diskont- und der Lombardsatz der Deutschen Bundesbank, sowie der Satz für Pensionsgeschäfte mit der Deutschen Bundesbank.

Da mit der Verwirklichung der Europäischen Wirtschafts- und Währungsunion (vgl. unten Rn. **12** 9ff.) die Zuständigkeit der Währungspolitik auf die Europäische Zentralbank übergegangen ist treten ab 1. 1. 1999 anstelle der DM-Leitzinsen die EURO-Leitzinsen. Sie sind oben (Rn. **3** 10f.) im einzelnen beschrieben.

Üblicherweise kommen als Geldanlagen des Verwaltungsvermögens folgende in Betracht, wobei in den meisten Fällen noch ein Verhandlungsspielraum bezüglich der Zinshöhe besteht (Stand der Zinsen: September 1999).

Im einzelnen sind die Zinssätze, insbesondere bei Spareinlagen und bei Festgeldern, mit den Banken auszuhandeln.

Üblicherweise kommen als Geldanlagen der WEer-Gem. folgende in Frage:

- Sparbuch mit vierteljährlicher Kündigung
  Zinssatz z. Zeit (September 1998) etwa 2 v. H.
- Sparbuch mit jährlicher Kündigung. Zinssatz z. Zt.
  (September 1999) etwa 2,25 v. H.
- Sparbuch mit zweijähriger Kündigung. Zinssatz z. Zt.
  (September 1999) etwa 2,50 v. H.
- Sparbriefe oder Sparobligationen, normalverzinsliche, mit Zinszahlung zum 31. 12. eines jeden Jahres mit folgenden z. Zt. (September 1999) angebotenen Zinsen:
  4 Jahre Laufzeit 4,25 v. H.
  5 Jahre Laufzeit 4,45 v. H.
  6 Jahre Laufzeit 4,60 v. H.
  Die Mindestanlage beträgt DM 5000,–.
- Sparbriefe oder Sparobligationen, bei denen die Zinsen nicht laufend ausbezahlt, sondern dem Kapital zugeschlagen werden. Mit dem Rückzahlungsbetrag kommen die aufgelaufenen Zinsen in einer Summe zur Auszahlung. Z. Zt. (September 1999) angebotene Zinsen, Kaufpreise und durchschnittlicher Zuwachs.

Laufzeit	Zinssatz	Kaufpreis pro 1 000,– DM	durchschnittlicher Zuwachs p. a.
4 Jahre	4,25 v. H.	846,65	4,52 v. H.
5 Jahre	4,45 v. H.	804,11	4,87 v. H.
6 Jahre	4,60 v. H.	763,23	5,17 v. H.

Mindestbetrag: DM 5000,–.

– Bundesschatzbriefe
Die Bundesschatzbriefe werden seit 1969 vom Bund als festverzinsliche Wertpapiere ausgegeben und sind – wie die Sparbriefe – von Jahr zu Jahr mit einem höheren Zinssatz ausgestattet. Diese Papiere sind börsenmäßig nicht handelbar.

Beispiel zum Stand vom 10. 8. 1999: Typ A, Ausgabe 1999/7, WKN 113 997, fällig 1. 8. 2005, jährliche Zinszahlung
Typ B, Ausgabe 1999/8, WKN 113 998, fällig 1. 8. 2006, Zinsansammlung
Fälligkeitswert für Typ B je 100 DM Nennwert: 133,14 DM, Zinslauf ab 1. 8. 1999, Zinstermin 1. 8. gzj., Stückelung 0,01 DM, Mindestauftrag 100 DM

Laufzeit	Nominalzins %		Rendite %		Rendite %	
	Typ A	Typ B	Typ A		Typ B	
1. Jahr	2,25	(2,25)	2,25	(2,25)	2,25	(2,25)
2. Jahr	3,25	(2,75)	2,74	(2,50)	2,75	(2,50)
3. Jahr	4,00	(3,50)	3,15	(2,82)	3,16	(2,83)
4. Jahr	4,50	(3,75)	3,47	(3,04)	3,50	(3,06)
5. Jahr	4,75	(4,25)	3,70	(3,27)	3,75	(3,30)
6. Jahr	5,25	(4,75)	3,94	(3,49)	4,00	(3,54)
7. Jahr (Typ B)	5,25	(4,75)	–	–	4,17	(3,71)

(bisherige Konditionen in Klammern)

– Bundesobligationen – Finanzierungsschätze
Eckdaten und Konditionen – Stand vom 14. 10. 1999

Konditionen gültig seit					
13. 10. 1999/12 Uhr		6. 10. 1999/12 Uhr			
WKN	114 133	114 425		114 426	
Fälligkeit	26. 11. 2004	20. 10. 2000		22. 10. 2001	
Zinstermin	26. 11. 1)	–		–	
Zinssatz %	4,25	3,19	(2,91)	3,59	(3,32)
Ausgabekurs %	98,85 (99,30)	–		–	
Rendite % (actual/actual)	4,50 (4,40)	3,30	(3,00)	3,80	(3,50)
Kurs per 15. 10. 1999	5	96,8013 2		92,7905 4	

(bisherige Konditionen in Klammern)

Zinslaufbeginn 25. 8. 1999, erste Zinszahlung am 26. 11. 2000 für 459 Tage Mindeststückelung und Mindestauftragswert bei Bundeswertpapieren ab Juni 1999.

- Termineinlagen oder Depositen sind Einlagen bei Banken, die vorübergehend zinsbringend angelegt werden und zwar als:
  - Festgeld. Die Anlage erfolgt für eine von vornherein festgelegte Laufzeit, z. B. monatlich, vierteljährlich, halbjährlich, jährlich. Nach Ablauf der vereinbarten Frist erfolgt die Rückzahlung des Einlagebetrages ohne weitere Kündigung. Die Zinsen im Festgeldbereich liegen z. Zt. (September 1999) zwischen DM 40 000,– bis DM 100 000,– bei einer Laufzeit zwischen 30 und 90 Tagen bei 2,25 v. H. bis 2,80 v. H.
  - Kündigungsgeld. Die Anlage erfolgt ohne festgelegte Laufzeit aber mit einer zu vereinbarenden Kündigungsfrist.
  - Geldmarktfonds. Seit neuestem ist auch in der Bundesrepublik der Erwerb von Investmentzertifikaten aus Geldmarktfonds möglich. Geldmarktfonds legen hochverzinsliche Geldmarktpapiere und Bankeinlagen an und thesaurieren die Zinsen. Die Anlagen in Geldmarktfonds haben Tagesgeldcharakter, weil die Fonds gesetzlich verpflichtet sind, Anteile jederzeit zurückzukaufen. Das bedeutet, daß der Verwalter, der Anteile an einem Geldmarktfonds erworben hat, diese je nach Bedarf sofort wieder zurückgeben kann, ohne daß die Rückgaben zu Renditeabschlägen führen.

Als **Beispiel** dient der Union Geldmarkt Fonds (der Union-Investment-GmbH) zum Stand vom 31. 8. 1999

Fondstruktur in %		Fondsvolumen: 1 861 Mio. EUR		
Kasse	0,5	Ertragsausschüttung gesamt zum 14. 5. 99: 1,48 EUR		
< 1 Woche	7,5			
1 Woche - 1Monat	21,0	*Performance:	letzter Monat	+ 0,2%
1–2 Monate	22,7	nach BVI	Kalenderjahr	+ 1,6%
2–3 Monate	18,9		12 Monate	+ 2,6%
3–6 Monate	26,2		3 Jahre	+ 8,3%
6–12 Monate	3,2		seit Auflegung (8. 9. 94)	+ 16,3%
		Kennzahlen des Fondsvermögens		
		– durchschn. Rendite aller Aktiva unter Berücksichtigung von Kosten.		2,0%
		– durchschnittl. Restlaufzeit:		63 Tage

Eine allgemeine Verpflichtung des Verwalters zu einer be- 212
stimmten Geldanlagenpolitik ergibt sich wohl nicht (vgl. KG WE 1987, 195).

Gleichwohl ist der Verwalter verpflichtet, Geldanlagen zu tätigen, d.h. Geldbeträge vom laufenden – meist unverzinslichen – Bankkonto zu entnehmen und diese verzinslich anzulegen (BayObLG WE 1995, 374). Welche der oben genannten Sparformen gewählt werden, hängt davon ab, ob und wann der Verwalter Geldbeträge zur laufenden Verwaltung, insbesondere aber zur Zahlung von größeren Instandhaltungsmaßnahmen benötigt.

213 Dem BayObLG (WE 1995, 374) ist zuzustimmen, wenn es die verzinsliche Anlage von Geldbeträgen, die in naher Zukunft nicht benötigt werden, als Maßnahme ordnungsmäßiger Verwaltung ansieht. Nicht gefolgt wird der Auffassung dieses Gerichts, wenn es feststellt, daß der Verwalter von der verzinslichen Anlage für die Beträge der Instandhaltungsrückstellung auch dann nicht entbunden ist, wenn das laufende Bankkonto Rückstände ausweist. Eine Zuwiderhandlung würde mit dem Grundsatz der Zweckbestimmung der Instandhaltungsrückstellung nicht vereinbar sein. Dieser Auffassung ist entgegenzutreten, weil es nicht eine Maßnahme ordnungsmäßiger Verwaltung sein kann, die WEer auf der einen Seite mit höheren Kreditkosten zu belasten (Überziehungskredit), um auf der anderen Seite formal die für die Instandhaltungsrückstellung errechneten Geldbeträge immer einer Geldanlage zuzuführen. Im Prinzip besteht ein Unterschied zwischen der Geldanlage und dem Sachkonto Instandhaltungsrückstellung, den das Gericht nicht beachtete.

214 Über die Durchführung der Geldanlage hat der Verwalter mehr oder weniger freie Hand. Er wird die Anlagen nach bestem Wissen und Gewissen als Verwalter von Wohnanlagen und nicht als Geld- und Vermögensanlagespezialist tätigen. Die mögliche Geldanlage wird überwiegend durch die Zuführungsbeiträge des WEers zur Instandhaltungs- oder zu einer anderen Rückstellung ermöglicht. Gleichwohl sind die Geldanlagen und die Rückstellungsbeträge nicht identisch. Das ergibt sich u.a. daraus, daß in der Jahresabrechnung der Stand der Rücklagen und der Stand der Geldanlagen am Jahresende jeweils unterschiedlich sein kann.

215 Der Stand der Rückstellung ist der geldwerte Ausdruck für die vorhandenen Beträge, über die je nach Rückstellungszweck verfügt werden kann. Die Geldmittel selbst befinden sich auf Geldanlagekonto und auf dem laufenden Bankkonto und für den Fall, daß ein WEer seine Hausgeldzahlungen schuldig geblieben ist, als Forderungssaldo am Jahresende in der Jahresabrechnung.

In diesem Sinne kann dieses Verhältnis Rückstellung zu Geldanlagen in folgender Gleichung ausgedrückt werden: *216*

Rückstellung = Anteil aus Bankkonto + Anteil aus Geldanlage + (eventueller) Forderung an WEer

Buchhalterisch läßt sich dieser Sachverhalt im Kontenbild der doppelten Buchführung aufzeigen, wobei beispielhaft ein Rückstellungsbetrag mit insgesamt DM 200 000,– ausgewiesen wird:

Soll			Haben
Anteil Bankkonto	10 000 DM	Rückstellung	200 000 DM
Anteil Geldanlage	185 000 DM		
Forderung gegen WEer	5 000 DM		
Summe	200 000 DM		200 000 DM

Aus der nicht notwendigen Identität zwischen Rückstellung und Geldanlage folgt, daß der Verwalter nicht automatisch die mit der laufenden Hausgeldzahlung auf dem laufenden Bankkonto eingehenden Rückstellungsanteile einer Geldanlage zuführen muß, sondern erst dann, wenn das laufende Bankkonto frei verfügbare Guthabensbeträge ausweist.

c) Zahlungsverkehr

Der Zahlungsverkehr ist die Gesamtheit aller Zahlungsvorgänge innerhalb der WEer-Gem. Allgemein wird der Zahlungsverkehr unterschieden in Barzahlungsverkehr und bargeldlosen Zahlungsverkehr. Bei der WEer-Gem. spielt der Barzahlungsverkehr – wenn überhaupt – nur eine untergeordnete Rolle. Die meisten Zahlungsvorgänge werden bargeldlos im Bankzahlungsverkehr – auch Giroverkehr genannt – abgewickelt. *217*

Der Verwalter erfüllt seine Zahlungsverpflichtungen meist im Überweisungs- aber auch im Scheckverkehr. Im Überweisungsverkehr beauftragt der Verwalter die kontoführenden Bank aus *218* dem Konto der Gem. einen bestimmten Betrag auf das Konto des Empfängers zu überweisen. Möglich ist es auch die Schuld per Scheckverkehr zu tilgen. Hier stellt der Verwalter einen Verrechnungsscheck aus und sendet diesen dem Zahlungsempfänger, der den Scheck mit seiner Unterschrift versehen an seine – die bezogene – Bank weiterleitet und den betreffenden Betrag mit der Wertstellung des erwarteten Eingangs des Scheckbetrags gutschreibt.

219 Die WEer erfüllen ihre Zahlungsverpflichtungen, das sind im wesentlichen die Hausgelder, im Überweisungsverkehr. Da die WEer verpflichtet sind die Hausgelder in den ersten drei Tagen eines Monats zu leisten (Regelung in GO oder im Verwaltervertrag) hat sich als übliche Zahlungsweise der Dauerauftrag und das Lastschriftverfahren als verkehrsüblich eingebürgert. Während der Dauerauftrag, das ist die Anweisung des WEers an seine Bank die Hausgelder monatlich zu den bestimmten Terminen auf das Konto der Gem. zu überweisen, keine wohnungseigentumsrechtlichen Probleme ergibt, ist das Lastschriftverfahren nicht unumstritten. Beim Lastschriftverfahren ermächtigt der WEer den Verwalter bzw. die das Eigentümerkonto führende Bank den bestimmten Hausgeldbetrag von seinem Konto einzuziehen.

220 In aller Regel wird in der GO oder im Verwaltervertrag vereinbart, daß sich die WEer bezüglich der Hausgeldleistungen am Lastschriftverfahren beteiligen. Sofern keine solche Regelung getroffen wurde, findet sich häufig in den Verwalterverträgen eine Verpflichtung der WEer zu einer Zusatzzahlung für den Fall, daß sie sich dem Lastschriftverfahren nicht anschließen. Das Problem könnte hier sein, daß der Einzugsberechtigte unberechtigte Abbuchungen tätigt (vgl. BayObLG WE 1998, 114). Dem kann aber durch den nicht fristgebundenen Widerspruch des Kontoinhabers begegnet werden. Aus diesem Grunde hält das OLG Hamburg (Beschl. vom 6. 4. 1998, 2 Wx 97/97) einen Mehrheitsbeschluß, der das Lastschriftverfahren als Zahlungsweise für die Hausgelder bestimmt, als eine dem Grundsatz der ordnungsmäßigen Verwaltung entsprechende Regelung. Der Senat beruft sich dabei auf eine Entscheidung der BGH (Urteil vom 10. 1. 1996, WuM 1996, 206), die in Zusammenhang mit § 9 AGBG ergangen ist. Danach stellt der BGH das Lastschriftver-

fahren als solches heraus, das erhebliche Rationalisierungsvorteile und auch Kostenvorteile bringt. Den Vorteilen stünden auf der Gegenseite keine Nachteile gegenüber, die als unangemessen im Sinne von § 9 AGBG bewertet werden müßten. Es ist deshalb keine unangemessene Benachteiligung, wenn im Sinne einer rationellen Abwicklung des Zahlungsverkehrs eine diesbezügliche Regelung (Klausel in einem Vertrag oder Beschluß der WEer) getroffen wird.

Wegen der Zahlung bzw. Verrechnung in DM oder Euro wird verwiesen auf Kapitel 12.

d) Verwaltung Instandhaltungsrückstellung

Zu der Verwaltung gem. Gelder gehört auch die Verwaltung von Rückstellungen, insbesondere der Instandhaltungsrückstellung, zu deren Bildung in angemessener Höhe die WEer verpflichtet sind (§ 21 Abs. 5 Nr. 4) und über deren im Hausgeld jeweils zu leistenden Anteil die WEer zusammen mit dem Wirtschaftsplan beschließen. Eine Vorschrift über die angemessene Höhe der Instandhaltungsrückstellung besteht nicht. Anhaltspunkte für die Berechnung der Instandhaltungskostenpauschalen können einerseits die Pauschalsätze in § 28 der II. BV für Wohnungen mit Bad, Heizung und Aufzug (DM 14,80 bis DM 22,85 pro m²-Wohnfläche im Jahr zum Stand vom Dezember 1997) oder die von Peters entwickelte Formel (Peters: „Instandhaltung und Instandsetzung von Wohnungseigentum" 1984) sein. Die Formel von Peters, lautet: 221

$$\frac{\text{Baukosten} \times 1{,}5 \times (65 \text{ bis } 70)}{80 \times \text{Wohnfl. in } m^2 \times 100}$$

Diese Formel berücksichtigt, daß im Laufe von 80 Jahren das 1,5fache der ursprünglichen Baukosten (nicht Grundstücks- und Erschließungskosten) für die Werterhaltung zu leisten ist und daß 65 bis 70 v. H. der Baukosten auf das gem. E entfallen.

Peters erläutert diese Formel mit folgendem Beispiel:

Eine WE-Anlage mit 10 Wohneinheiten und insgesamt 709 m² Wohnfläche wurde 1967 mit einem Aufwand von 490 000 DM (Baukosten) errichtet. Dies entspräche einem m²-Satz von rund

690 DM/m². Für die Instandhaltung wäre nach der Grobformel aufzubringen

$$\frac{490\,000\text{ DM} \times 1{,}5}{80 \times 709\text{ m}^2} = 12{,}96\text{ DM}$$

Hiervon entfallen auf das gemeinschaftliche Eigentum ca. 70%. In die Instandhaltungsrückstellung müßten demnach gleichmäßig über 80 Jahre rund 9,00 DM jährlich eingezahlt werden.

222 Diese Formel hat ihre Schwäche darin, daß sie beim Ansatz der jeweiligen (gestiegenen) Baukosten zu sehr hohen Ansätzen kommt, und daß bei älteren Objekten die gestiegenen Instandhaltungskosten nur ungenügend berücksichtigt sind.

223 Grundsätzlich ist für die Höhe der Instandhaltungsquote festzuhalten, daß deren Festlegung zumindest nach den Mindestsätzen des Berechnungsrechtes getroffen werden sollte. Im übrigen gilt für die Bemessung der Zufführungsbeträge zur Instandhaltungsrückstellung der Grundsatz der ordnungsmäßigen Verwaltung, wobei hier die WEer einen weiten Ermessenspielraum haben. Nur wesentlich überhöhte Ansätze können gegen den Grundsatz ordnungsmäßiger Verwaltung verstoßen (BayOblG vom 25. 5. 1998 2Z 22/98).

224 Für den Verwalter und die Gem. bestehen bei der Frage der Bildung und Verwaltung der Instandhaltungsrückstellung noch viele offene Fragen, die bisher weder die Literatur noch die Rechtsprechung beantwortet hat.

Einmal ist nicht klar, ob und wann die mit dem Hausgeld zu leistenden Anteile einer Geldanlage (Sparkonto, Wertpapiere) zuzuführen sind. Klarheit besteht wohl dann, wenn eine entsprechende Vereinbarung vorliegt oder wenn die Gem. z.B. im Zusammenhang mit dem Wirtschaftsplan, über die zu treffende Geldanlage einen eindeutigen Beschluß faßt. Liegt keine entsprechende Regelung vor, so sind noch folgende Fragen zu klären:

- Ist der Verwalter verpflichtet, grundsätzlich die Instandhaltungsrücklage einer Geldanlage zuzuführen: dürfte bedingt zu bejahen sein, wobei er mindestens eine Spareinlage mit gesetzlicher Kündigung zu tätigen hat (BayObLG WE 1995, 374; a.A. KG WE 1987, 195: separates Bankkonto für Ansammlung nicht erforderlich).

- Ist der Verwalter verpflichtet, monatlich die anteiligen Leistungen zur Instandhaltungsrückstellung einem Sparkonto zuzuführen: kann nicht bejaht werden, weil ein solches Verfahren von der Gem. die Bereitstellung einer nicht unwesentlich höheren Liquidität verlangt, als die gesamten Jahresaufwendungen tatsächlich ausmachen. Andernfalls würden bei diesem Verfahren zeitweise durch Überziehung des Girokontos Kreditkosten entstehen, welche die Gem. unter Umständen über eventuelle Zinserträge hinaus belasten. Aus diesem Grunde ist dem Verwalter so viel Handlungsspielraum einzuräumen, daß er die Zuführung zu Geldanlagen dann und in der Weise tätigt, daß die Gem. einen angemessenen Nutzen erzielt (vgl. auch Seuß „Jahresabrechnung" in PiG Nr. 39).
- Ist der Verwalter berechtigt, sämtliche laufenden Instandhaltungskosten der Instandhaltungsrückstellung zu entnehmen: Das OLG Hamm (vom 11. 8. 1970, immo-telex „Die Instandhaltungsrücklage beim Wohnungseigentum" 2. Aufl., Düsseldorf 1983, S. 12) bejaht diese Frage, indirekt wohl auch das BayObLG (WEM 1981/5, 31), wenn dieses eine nicht beschlossene Umlage des Verwalters für Kosten von Kleinreparaturen als Maßnahme ordnungsmäßiger Verwaltung betrachtet für den Fall, daß die Instandhaltungsrückstellung sehr niedrig ist und eine weitere Verminderung durch Entnahme für kleinere Reparaturen nicht mehr ordnungsgemäß ist.

Aus einer Untersuchung über den Begriff und die Funktion der Instandhaltungsrückstellung (Seuß „Die Instandhaltungsrückstellung" (in FS Bärmann und Weitnauer in PiG 18 S. 267 f) ist folgendes Ergebnis zu entnehmen: *225*

„Der Begriff der Instandhaltungsrückstellung im WEG kann mit dem gleichen Begriff aus anderen Rechtsgebieten nicht verglichen werden. Auch der Begriff Instandhaltungsrücklage ermöglicht keine bessere Deutung der Zwecksetzung der Instandhaltungsrücklage im WEG. Am ehesten läßt sich die Bedeutung Instandhaltungsrückstellung der Wohnungseigentümergemeinschaften mit dem Inhalt und Umfang der Instandhaltungskosten nach § 28 II BV vergleichen, obwohl in der Verordnung weder der Begriff Rückstellung noch Rücklage gebraucht wird.

Die Instandhaltungsrückstellung ist zweckbestimmt und ausschließlich zur Deckung von Kosten für Instandhaltungs- und Instandsetzungsmaßnahmen bestimmt.

Die Maßnahmen ordnungsmäßiger Instandhaltung und Instandsetzung sind weiter zu fassen, als in anderen Rechtsgebieten. Die Fallgruppen, die zu solchen Maßnahmen zählen, wurden im einzelnen aufgezeigt und zu anderen Kostenarten abgegrenzt.

Der Begriff Instandhaltungsrückstellung nach dem WEG ist ein unbestimmter Rechtsbegriff, der wie alle Generalklauseln der Ausfullung durch die Rechtsanwender bedarf.

Die Bildung der Instandhaltungsrückstellung ist eine Maßnahme ordnungsmäßiger Verwaltung. In diesem Sinne ist die Instandhaltungsrückstellung eine Maßnahme zur Sicherung, Pflege und Bestandserhaltung des gemeinschaftlichen Eigentums und trägt zum störungsfreien Zusammenleben der Wohnungseigentümer bei. Wie alle Verwaltungsmaßnahmen ist die Instandhaltungsrückstellung dem im WEG vorgesehenen Rahmen der Ordnungsmäßigkeit unterstellt, wobei die Interessen der Gemeinschaft der Wohnungseigentümer nach billigen Ermessen als Zielvorstellung zu berücksichtigen sind. Alle Maßnahmen der ordnungsmäßigen Verwaltung sind nach dieser Zielsetzung auszurichten und gegenseitig abzustimmen, um den Nutzen für die Gemeinschaft insgesamt zu mehren.

Der Rückstellung dürfen, wenn nichts anderes vereinbart oder beschlossen ist, alle Kosten der Instandhaltungs- und Instandsetzungsmaßnahmen entnommen werden, auch die für laufende, kleinere und routinemäßige Reparaturen.

Andere als die genannten Kosten können nicht aus der Instandhaltungsrückstellung bezahlt werden."

226 Grundsätzlich ist die Instandhaltungsrückstellung für Instandhaltungsmaßnahmen zweckgebunden, mit der Folge einer einheitlichen Verwendung der gesamten Rücklage oder eines bestimmten Teilbetrages hieraus. Das bedeutet, daß Entnahmen nur durch und für alle WEer möglich sind. Das bedeutet auch, daß der Anteil eines mit Haugeldzahlungen im Rückstand befindlichen WEers an der Instandhaltungsrücklage nicht zur Abgleichung der Hausgeldschuld aus dieser entnommen werden darf (BGH WE 1989, 197 m. Anm. Hauger).

227 Ferner ist ein Beschluß der WEer, der die völlige Aufhebung der Instandhaltungsrücklage zum Gegenstand hat, mit dem Ziel, rückständige Hausgelder bei der Auszahlung der Anteile zu verrechnen, um später im Wege einer Umlage erneut eine Rücklage zu bilden, nichtig (OLG Hamm WE 1991, 108).

Die Beitragsleistung der WEer zur Instandhaltungsrückstellung ist Bestandteil der im Wirtschaftsplan bestimmten monatlich zu zahlenden Hausgelder (§ 28 Abs. 1 Nr. 3). Dabei können die WEer bestimmen, ob die Instandhaltungsrückstellung für dass gesamte Objekt einheitlich oder für einzelne Gebäudeteile (z. B. Wohnungen und Tiefgaragenplätze) gesondert gebildet werden soll. Eine solche Regelung bedarf im Grunde einer Vereinbarung der WEer. Soll von einer in der GO diesbezüglich getroffenen Regelung abgewichen werden, ist die Zustimmung aller WEer bzw. mit der in der GO vorgesehenen Stimmenmehrheit erforderlich (OLG Düsseldorf vom 21. 1. 1998, 3 Wx 521/97).

4. Wirtschaftsplan

Über den Wirtschaftsplan und dessen Aufstellung enthält das *228*
Gesetz nur wenige Regelungen. § 28 Abs. 1 bestimmt lediglich, daß der Verwalter jeweils für ein Jahr die erwarteten Einnahmen und Ausgaben einschließlich der Zuführung zur Instandhaltung (Nr. 1 bis 3) aufzustellen hat, und daß die WEer verpflichtet sind, entsprechende Vorschußleistungen an den Verwalter zu erbringen (§ 28 Abs. 2). Hinter diesen wenigen Aussagen verbergen sich eine Fülle von praktischen und rechtlichen Fragen, die Gegenstand nachstehender Ausführungen sind.

a) Wirtschaftliche und rechtliche Bedeutung

Der Wirtschaftsplan (vgl. hierzu; Bä/S S. 636ff., sowie Bub *229*
„Finanzwesen" S. 11ff.) ist der Haushaltsvoranschlag der WEer-Gem. und zwar jeweils für ein Kalenderjahr. Die Aufstellung des Wirtschaftsplans zählt zu den ausdrücklich im Gesetz bestimmten (§ 21 Abs. 5 Nr. 5) Maßnahmen ordnungsmäßiger Verwaltung. Aufgabe des Verwalters ist es, anhand von Voranschlagsberechnungen die ungefähren Kosten eines Kalenderjahrs zu ermitteln, die dann Grundlage der Vorauszahlungen für die WEer sind. Die Vorauszahlungen werden hier als Hausgelder bezeichnet, die Rechtsprechung verwendet hierfür den ungenauen Begriff Wohngeld (vgl. hierzu Bä/S S Rz. B 464). Zweck des Wirtschaftsplans ist, die für die Gem. notwendigen liquiden Mittel bereit zu stellen, damit die anfallenden Lasten und Kosten (§ 16 Abs. 2) bezahlt werden können.

Ob der Wirtschaftsplan durch Festlegung einzelner Zahlungs- *230*
positionen Verwaltungsentscheidungen enthält, ist umstritten. Das gilt z.B. für die im Wirtschaftsplan ausgewiesenen Zuführungsbeträge zur Instandhaltungsrückstellung oder für die dem Verwalter zukommende Verwaltungskostenpauschale, auch für konkret festgestellte Kosten für Instandhaltungsmaßnahmen

bzw. für Maßnahmen baulicher Veränderungen. Hier wird die Meinung vertreten, daß die Aufnahme von Positionen im Wirtschaftsplan, die nur vorläufigen Charakter haben können, noch keine wirksame Entscheidung über die hinter diesen Kosten stehenden Maßnahmen beinhalten. In all diesen Fällen dürfte ein gesonderter Beschluß der WEer erforderlich sein, um dem Grundsatz ordnungsmäßiger Verwaltung Rechnung zu tragen (vgl. hierzu Bub „Finanzwesen").

231 Die rechtliche Bedeutung des Wirtschaftsplans (Nachstehendes nach Bä/S Rz. B 463 ff.) besteht darin, daß die anteilige Vorschußpflicht der WEer mit der Beschlußfassung als Hausgeldleistung fällig wird. Mit dem Hausgeld wird der WEer-Verwalter in die Lage versetzt, die Verpflichtung zur Lasten- und Kostentragung des gem. E. zu erfüllen. Hier wird der Unterschied zwischen den §§ 16 und 28 WEG deutlich. Paragraph 16 WEG bestimmt die gesamtschuldnerische Zahlungspflicht der WEer im Außenverhältnis und zwar zum Zeitpunkt des Entstehens der Lasten und Kosten. Im Innenverhältnis beginnt die Leistungspflicht der WEer zur Erbringung des Deckungsbeitrags für die Lasten und Kosten in Form des Hausgelds mit dem Genehmigungsbeschluß zum Wirtschaftsplan (BGH WE 1996, 119). Der Beschluß zum Wirtschaftsplan begründet – ebenso wie der Beschluß zur Jahresabrechnung – die Verbindlichkeit der zum Beschluß berufenen WEer. Das sind die zum Zeitpunkt der Beschlußfassung im Grundbuch eingetragenen Eigentümer. Eine Verpflichtung der Rechtsvorgänger, die zum Zeitpunkt der Beschlußfassung als nicht mehr WEer Dritte sind, kommt hier nicht in Betracht.

232 Der Unterschied des Wirtschaftsplans zur Jahresabrechnung besteht darin, daß der Wirtschaftsplan wie ein Haushaltsplan am voraussichtlichen Finanzbedarf der Gem. orientiert ist, während die Jahresabrechnung die tatsächlichen – im Wirtschaftsjahr erhaltenen Einnahmen und getätigten Ausgaben – beinhaltet. In der Jahresabrechnung werden die als Lasten und Kosten entstandenen Ausgaben festgestellt und anteilig auf die WEer umgelegt.

233 § 28 WEG ist insgesamt abdingbar. Durch Vereinbarungen können andere vom Gesetz abweichende Regelungen getroffen werden. In der Praxis wurden bisher folgende Abweichungen festgestellt:

- Aufstellung des Wirtschaftsplans durch Verwaltungsbeirat (nicht zu empfehlen i. Bassenge in PiG Nr. 21 S. 99).
- Genehmigung des Wirtschaftsplans durch Verwaltungsbeirat der Wohnungseigentümer (nicht zu empfehlen).
- Getrennte Aufstellung von Wirtschaftsplänen in Mehrhausanlage (OLG Köln WuM 1990, 614).
- Vom Verwalter aufgestellter Wirtschaftsplan ist grundsätzlich ohne Genehmigung der Wohnungseigentümer wirksam (BayObLG WEM 1979, 28).
- Der erste nach der Bezugsfertigkeit der Anlage vom Verwalter aufgestellte Wirtschaftsplan ist – meist für ein Rumpfjahr – bis zum Beschluß des darauffolgenden Wirtschaftsplans verbindlich (OLG Frankfurt Rpfleger 1978, 383).

Der Wirtschaftsplan steht in engem Zusammenhang mit der *234* Jahresabrechnung, weil die Jahresabrechnung an den Wirtschaftsplan anknüpft, indem in ihr die Zahlen des Wirtschaftsplans abgerechnet werden (BayObLG WE 1991, 24). Der Wirtschaftsplan ist für die Jahresabrechnung aber nicht vorgreiflich, so daß eventuell unrichtige Verteilungsschlüssel oder unrichtige Kostenansätze im Wirtschaftsplan in der Jahresabrechnung richtig zu stellen sind. Gegenstandslos wird der Wirtschaftsplan mit der Beschlußfassung zur Jahresabrechnung (BayObLG 1977, 67; OLG Frankfurt Rpfleger 1978, 383). Das gilt aber nicht für Forderungen aus den Wirtschaftsplan gegen ausgeschiedene WEer. Diese bleiben auch nach dem Beschluß zur Jahresabrechnung bestehen, sie gehen nicht mit der Jahresabrechnung auf den neuen Eigentümer über, weil der Beschluß zur Jahresabrechnung keine Schuldumschaffung im Sinne einer Novation bewirkt. Das bedeutet, daß dem Beschluß zum Wirtschaftsplan dann eine bestätigende und rechtsverstärkende Wirkung zukommt, wenn zum Zeitpunkt des Beschlusses zur Jahresabrechnung fällige Vorschüsse nach dem Wirtschaftsplan noch nicht bezahlt wurden (vgl. unten Rn. **10** 312; BGH WE 1996, 144).

b) Form und Inhalt

Formvorschriften für den Wirtschaftsplan sind im WEG nicht *235* enthalten. Es gelten deshalb die allgemeinen Vorschriften, die sich aus Sinn und Zweck des mit der schriftlichen Erklärung Gewollten ergeben.

236 Sinn und Zweck des Wirtschaftsplans ist, alle Einnahmen und Ausgaben zusammenzustellen (Gesamtwirtschaftsplan), um daraus die Hausgeldzahlungen der WEer im Wege der Kostenumlage (Einzelwirtschaftsplan) abzuleiten.

237 Als erwartete Gesamtausgaben können in den Wirtschaftsplan neben den üblichen Lasten und Kosten im Sinne von § 16 Abs. 2 und § 28 Abs. 1 (vgl. oben Rn. **7** 327ff.) aufgenommen werden:

- erwartete Instandhaltungskosten (Werklöhne u.a.). Das gilt auch dann, wenn diese Kosten der Instandhaltungsrückstellung entnommen werden sollen. In diesem Falle ist der Betrag der Entnahme auch als Einnahme auszuweisen.
- Bereitstellung erwarteter Verfahrenskosten (BayObLG WE 1995, 32).
- Betrag zur Vermeidung erwarteter Liquiditätsengpässe, wenn WEer ihrer Hausgeldverpflichtung nicht oder nicht rechtzeitig nachkommen (KG WE 1996, 59).
- Zins- und Tilgungsbeiträge für gem. Belastungen, gegebenenfalls auch Erbbauzinsen.
- Zinsabschlagsteuer (vgl. oben Rn. **10** 221).
- Zinserträge, soweit sie den Rücklagenkonten gutgebracht werden.

238 Als übliche Einnahmen werden die Hausgeldsolleistungen als
239 Differenz der übrigen Einnahmen mit den Ausgaben (vgl. Bub „Finanzwesen") eingehen. Daneben können folgende Einnahmen anfallen:

- Erträge aus der Gebrauchsüberlassung gem. E., insbesondere aus der Vermietung an WEer oder Dritte (z.B. im gem. E. befindliche Hausmeisterwohnung).
- Einnahmen aus gem. Anlagen und Einrichtungen wie z.B. Nutzungsgebühr für Schwimmbad, Sauna, Wascheinrichtungen, Bügelautomaten u.ä.
- Zinserträge und Dividenden auf Wertpapiere.
- Zuschüsse der öffentlichen Hand (z.B. zur Modernisierung).
- Entnahme aus der Instandhaltungsrückstellung (siehe Ausgaben).

240 Die Einnahmen und Ausgaben sind im Gesamtwirtschaftsplan übersichtlich in Einzelpositionen zu gliedern. Sinnvoll – wenn auch nicht vorgeschrieben – ist die Aufgliederung der Kosten (Ausgaben) nach den Kostengruppen Betriebskosten, Instandhaltungskosten, Verwalterhonorar, sonstige Verwaltungskosten.

Die Betriebskosten können nach § 27 II. BV (Anlage 3 zur II. BV) in die dort vorgegebenen Betriebskostenarten aufgegliedert werden. Die Zuführungsbeträge zu den Rückstellungen sind jeweils gesondert auszuweisen und zwar als fiktive Ausgaben (vgl. oben Instandhaltungsrückstellung).

Die Ausgaben und Einnahmen sind so vollständig zu erfassen, daß eine erhebliche Nachzahlungspflicht der Wohnungseigentümer in der Regel nicht notwendig werden sollte. *241*

Wird ein Wirtschaftsplan nicht nach diesen Grundsätzen erstellt, so daß erhebliche Nachzahlungspflichten oder ständige nicht unerhebliche Überschüsse entstehen, widerspricht dies dem Grundsatz ordnungsmäßiger Verwaltung (BayObLG WE 1987, 59). Zulässig ist es aber der notwendigen Schätzung der Einnahmen und insbesondere der Ausgaben in angemessener Weise großzügig zu verfahren, um Nachforderungen zu vermeiden und sicher zu stellen, daß ausreichende Mittel zur Deckung anfallender Kosten zur Verfügung stehen (BayObLG WE 1991, 363). *242*

Zur Verteilung der Gesamteinnahmen und Gesamtausgaben (Gesamtwirtschaftsplan) sind die jeweils gültigen (vereinbarte oder gesetzliche) Verteilungsschlüssel auszuweisen, und zwar pro Position gesondert, weil die Verteilungsschlüssel unterschiedlich geregelt sein können. *243*

Sind die Kostenverteilungsschlüssel nur geringfügig fehlerhaft wie z. B. Angabe von m^2 Wohnfläche anstatt die Miteigentumsanteile oder bei den Heizkostenvorschüssen nach Miteigentumsanteilen anstatt der m^2 beheizten Wohnfläche (KG WE 1990, 210), so sind diese Fehler hinzunehmen, weil bei der Jahresabrechnung, bei richtiger Anwendung der Verteilungsschlüssel, ein Ausgleich erfolgt.

Auch ist ein Genehmigungsbeschluß der WEer ausnahmsweise hinzunehmen, wenn die Auswirkungen der Veränderungen einzelner Posten des vom Verwalter vorgeschlagenen Wirtschaftsplans auf die Vorauszahlungspflicht des einzelnen WEers durch den Beschluß in einer Weise bestimmt werden, daß die zweifelsfreie betragsmäßige Festlegung ohne weiteres durch einfache Rechenvorgänge möglich ist (BayObLG vom 22. 1. 1998 2 Z 114/97).

244 Das Ergebnis des Einzelwirtschaftsplans, also die Vorauszahlungsleistung des einzelnen WEers ergibt sich aus der Differenz zwischen Ausgaben und Einnahmen – umgelegt durch den jeweiligen Kostenverteilungsschlüssel – umgerechnet auf die Monatsleistung. Der Einzelwirtschaftsplan bestimmt die fälligen Leistungen, so daß ohne den Vorauszahlungsbetrag der Wirtschaftsplan nicht vollständig und daher nicht wirksam wäre. Gleichwohl nimmt es die Rechtsprechung in Kauf, daß die Vorschüsse nicht oder nicht ganz richtig ausgewiesen sind, wenn sich diese Beträge durch einfache Rechenvorgänge leicht ermitteln lassen (BayObLG NJW-RR 1990, 720, a.A. KG WE 1991, 193). Offenbar wird dieser „Mangel" durch den endgültigen Ausweis der effektiven Zahlen in der Jahresabrechnung ausgeglichen.

245 Hier wird dieses Verfahren nicht für gut geheißen, weil mit dem Beschluß der ausgewiesene Vorschußbeitrag fällig gestellt wird und es ganz klar sein muß, welcher Betrag letztlich vom WEer zu leisten ist. Gefolgt wird deshalb der Auffassung des BayObLG, daß eine nicht genaue oder fehlende Bezeichnung der Beitragsleistung im Einzelwirtschaftsplan die Ungültigkeitserklärung bei Beschlußanfechtung nach sich ziehen muß (BayObLG WE 1992, 174).

246 Nach dem Gesagten hat ein der ordnungsmäßigen Verwaltung entsprechender Wirtschaftsplan insgesamt die erwarteten Gesamteinnahmen und Gesamtausgaben, den richtigen Verteilungsschlüssel und die von den WEern zu leistenden Anteile (Hausgeld) zu enthalten.

247 Da § 28 abdingbar ist (Weitnauer Rz. 4 zu § 28) können bezüglich der Form und des Inhalts des Wirtschaftsplans abweichende Vereinbarungen getroffen werden. Z. B. folgende:

- Aufstellung des Wirtschaftsplans durch VB (Bassenge, PiG 21, 99)
- Genehmigung des Wirtschaftsplans durch VB anstelle der WEer
- Getrennte Aufstellung von Wirtschaftsplänen in Mehrhausanlage (OLG Köln, WuM 1990, 614)
- Vom Verwalter aufgestellter Wirtschaftsplan ist grundsätzlich ohne Genehmigung der WEer wirksam (BayObLG WEM 1979, 28)
- Der erste nach der Bezugsfertigkeit der Anlage vom Verwalter aufgestellte Wirtschaftsplan ist – meist für ein Rumpfjahr – bis zum Beschluß des darauffolgenden Wirtschaftsplans verbindlich (OLG Frankfurt, Rpfleger 1978, 383; vgl. unten Musterteilungserklärung Anhang).

Die genannten Regelungen können im Grundsatz nicht durch Mehrheitsbeschluß getroffen werden, weil sie bei einer Beschlußanfechtung nach § 23 Abs. 4 für ungültig erklärt werden müssen. Werden die Beschlüsse nicht angefochten, sind sie unter bestimmten Voraussetzungen wirksam. Vgl. hierzu die Auffassung Wenzels (Rn. **8** 10ff.). *248*

Von den oben genannten Vereinbarungen, die Bestimmungen des § 28 abbedingen, wird dringend abgeraten. Die WEer würden in diesen Fällen eines ihrer wichtigsten Entscheidungsrechte aus der Hand geben. Außderdem würden sie für diese Maßnahmen praktisch kein Stimmrecht besitzen. Die Möglichkeit der Beschlußanfechtung entfällt in diesen Fällen. *249*

c) Vorlage und Beschlußfassung

Der Verwalter hat den Wirtschaftsplan, um dem Grundsatz der ordnungsmäßigen Verwaltung zu entsprechen, für ein bestimmtes Kalenderjahr zu erstellen und den WEern in angemessener Frist zur Genehmigung mittels Mehrheitsbeschluß vorzulegen. Durch Vereinbarung kann ein anderer Zeitraum als das Kalenderjahr festgelegt werden. Die Bestimmung eines vom Kalenderjahr abweichenden Wirtschaftsjahres wird manchmal deshalb vorgenommen, um eine Kongruenz zwischen „Heizjahr“ und Wirtschaftsjahr zu erreichen. Dies ist aber ebensowenig zu empfehlen wie für den Wirtschaftsplan das Kalenderjahr und für die Heizkostenabrechnung ein davon abweichendes „Heizjahr“. *250*

Die Vorlage des Wirtschaftsplans hat möglichst frühzeitig zu erfolgen. Ist über den Zeitpunkt der Vorlage des Wirtschaftsplans weder in der GO, noch durch Beschluß, noch im Verwaltervertrag etwas bestimmt, so hat der Verwalter den Wirtschaftsplan in den ersten Monaten des Jahres den WEern zur Beschlußfassung vorzulegen. Dies ergibt sich aus dem Zweck der Berechnung, da der Wirtschaftsplan die voraussichtlichen Kostenansätze des betreffenden Kalenderjahres enthält (BayObLG WE 1988, 173). Insbesondere große Verwaltungsgesellschaften haben Schwierigkeiten, die übliche Jahresversammlung innerhalb der ersten vier Monate eines *251*

Jahres abzuhalten. Sie sollten darüber hinausgehende zeitliche Verschiebungen mit den WEern regeln, indem entsprechende Mehrheitsbeschlüsse durch die WEer gefaßt werden, die dann wirksam sind, wenn sie nicht angefochten werden.

252 Auf die rechtzeitige Vorlage des Wirtschaftsplans haben die WEer einen Rechtsanspruch, den jeder einzelne WEer durch Anmahnung beim Verwalter individuell (BayObLG WE 1997, 274) geltend (BayObLG NJW-RR 1990, 659) machen und gegebenenfalls durch Gerichtsentscheidung herbeiführen kann (BayObLG WE 1991, 223).

Eine Vorlage des Wirtschaftsplans vor Beginn des Kalenderjahres ist nicht notwendig. Der Wirtschaftsplan gilt nur für den Zeitraum, der in diesem Wirtschaftsplan bestimmt ist. Mangels anderweitiger Bestimmungen besteht die Vorschußpflicht der WEer nur für den betreffenden Zeitraum (BayObLG WE 1988, 141; KG WE 1988, 167). Um keine Unsicherheiten über die Gültigkeit des Wirtschaftsplanes und über die Fälligkeit der Hausgelder aufkommen zu lassen, sollte grundsätzlich mit dem Wirtschaftsplan beschlossen werden, daß dieser bis zur Genehmigung eines neuen Wirtschaftsplans Gültigkeit hat. Ein solcher Beschluß widerspricht nicht dem Grundsatz ordnungsmäßiger Verwaltung, er ist regelmäßig sogar geboten (KG WE 1990, 210). Nur mit diesem Beschluß ist eine Fälligkeit der Vorauszahlungen gewährleistet, die über das beschlossene Wirtschaftsjahr hinausgehen. Ein solcher Beschluß ist bei Nichtanfechtung auch dann wirksam, wenn er mangels Jahresabrechnung durch den Verwalter mehrere Wirtschaftsjahre betrifft (OLG Hamm WE 1990, 25).

253 Das OLG Köln vertritt in Zusammenhang mit der Fortgeltung des Wirtschaftsplans über das Rechnungsjahr hinaus die (nicht unbedenkliche) Auffassung, daß neben einem entsprechenden Fortgeltungsbeschluß seitens der Wohnungseigentümer die Wirksamkeit des Wirtschaftsplans auch durch konkludente, mehrjährige und widerspruchslos durchgeführte Übung gegeben ist (OLG Köln WE 1996, 112).

d) Anfechtung des Genehmigungsbeschlusses und gerichtliche Feststellung des Wirtschaftsplans

Der Beschluß der WEer, mit dem der Wirtschaftsplan genehmigt wird, kann nach § 23 Abs. 4 WEG und nach den unten im einzelnen beschriebenen Regeln des Beschlußanfechtungsverfahrens nach Maßgabe von § 43 Abs. 1 Nr. 4 WEG angefochten werden. Voraussetzung ist, daß hierfür ein Rechtsschutzbedürfnis besteht. *254*

Strittig ist, ob das Rechtsschutzbedürfnis für die Anfechtung des Wirtschaftsplans entfällt, wenn die Jahresabrechnung rechtswirksam beschlossen ist (BayObLG WE 1989, 218; WE 1991, 295). Nach Auffassung von Bub („Finanzwesen" S. 49) entfällt das Rechtsschutzbedürfnis für die Beschlußanfechtung des Wirtschaftsplans nur dann, wenn neben der Bestandskraft des Jahresabrechnungsbeschlusses aus diesem keine weiteren Ansprüche abgeleitet werden können, die im Wirtschaftsplan ihre Rechtsgrundlage haben. Wird ein Wirtschaftsplan angefochten, ist er dann nicht für ungültig zu erklären, wenn er nur geringfügige Fehler ausweist, oder wenn er unvollständig ist. Im letzteren Fall kommt nur ein Anspruch auf Ergänzung in Betracht. *255*

Nur bei materiellen Fehlern ist der Beschluß für ungültig zu erklären, z. B. *256*

- wenn der Wirtschaftsplan unter dem Vorbehalt der Richtigkeit beschlossen wird (BayObLG WE 1990, 27),
- wenn feststeht, daß die Ansätze im Wirtschaftsplan erheblich unzureichend sind.

Wird ein Beschluß zur Genehmigung des Wirtschaftsplans angefochten, weil dieser die Einzelwirtschaftspläne nicht enthält, so kann dieser Beschluß zwar nicht für ungültig erklärt, aber der Anspruch auf Vorlage der Einzelwirtschaftspläne durchgesetzt werden (OLG Hamm WE 1996, 33). *257*

Ist ein Wirtschaftsplan unvollständig und wird er angefochten, kann er nicht für ungültig erklärt werden. Hier kommt nur ein Anspruch auf Ergänzung in Betracht (BayObLG WE 1991, 360). *258*

259 Kommt in einer Gem. ein Wirtschaftsplan nicht zustande, z.B. weil der vom Verwalter vorgelegte durch Mehrheitsbeschluß abgelehnt wird, kann nach KG (WE 1991, 104) das Gericht bis zum Ablauf der Wirtschaftsperiode ersatzweise einen Wirtschaftsplan – unterstützt durch eine einstweilige Anordnung – erlassen unter der Voraussetzung, daß die WEer-Gem. sich als unfähig erweist, diese Regelung selbst zu treffen und dabei die WEer bzw. der Verwalter alle Möglichkeiten, den Anspruch auf ordnungsgemäße Verwaltung durchzusetzen, erfolglos ausgeschöpft haben. Gleiches gilt, wenn ein Wirtschaftsplan wegen zu niedriger Ansätze angefochten wird. Hier kann dem Anfechtungsantrag nach KG (WE 1991, 193) nur dann stattgegeben werden, wenn das Gericht gleichzeitig ersatzweise neue höhere Wirtschaftsplanansätze bestimmt. Das Gericht ist aber hierbei nicht gehalten, im Rahmen des Wirtschaftsplans detaillierte Gesamt- und Einzelwirtschaftspläne zu erstellen. Es genügt, die voraussichtlichen Bewirtschaftungskosten nach den Angaben der Beteiligten zu schätzen.

260 Die Festsetzung eines Wirtschaftsplans durch das Gericht und eine entsprechende einstweilige Anordnung ist auch dann möglich, wenn eine Abstimmung über den Wirtschaftsplan in einer ordnungsgemäß einberufenen Versammlung (hier wurde die Versammlung durch Nichtmehrverwalter also nicht ordnungsgemäß einberufen) noch nicht stattgefunden hat (KG WE 1993, 221).

e) Entscheidungen zum Wirtschaftsplan

261 Die wichtigsten Gerichtsentscheidungen zum Wirtschaftsplan werden nachstehend wiedergegeben:

- Ein neuer Wirtschaftsplan braucht nicht aufgestellt zu werden, wenn der alte Wirtschaftsplan für das neue Wirtschaftsjahr übernommen wird (AG Hannover DWE 1978, 58). Dabei genügt es, wenn Beschlußinhalt die Erklärung ist, daß die bisherigen Hausgeldvorauszahlungen weiterhin verbindlich bleiben (BayObLG WE 1991, 295).
- Wenn die Ansätze in einem beschlossenen Wirtschaftsplan nicht ausreichen, können die WEer eine Erhöhung der Vorauszahlung beschließen, ohne daß es einer förmlichen Änderung des Wirtschaftsplanes bedarf (BayObLG DWE 1984, 64).

- Der Wirtschaftsplan muß ebenso wie die Jahresabrechnung hinsichtlich aller Ansätze den jeweils zutreffenden Verteilungsschlüssel enthalten (KG WE 1986, 139).
- Ein einseitig vom Verwalter festgelegter Wirtschaftsplan ist dann gültig, wenn er rückwirkend durch Mehrheitsbeschl. der WEer gebilligt und nicht für ungültig erklärt wird (BayObLG WE 1987, 27).
- Zulässig ist die selbständige Anfechtung eines Einzelpostens innerhalb der Beschlußfassung zum Wirtschaftsplan. Die Ungültigkeitserklärung des Wirtschaftsplanes bezüglich dieses Teils berührt seine Gültigkeit im übrigen und seine Durchführbarkeit nicht (BayObLG WE 1987, 56).
- Sofern ein Anspruch auf Einnahmen nach § 16 Abs. 1 seitens der WEer wegen der Nutzung von Teilen des gem. E. noch nicht rechtskräftig durchgesetzt ist, kann es ordnungsmäßiger Verwaltung entsprechen diese noch streitigen Ansprüche nicht in den Wirtschaftsplan aufzunehmen (BayObLG WE 1987, 59).
- Es widerspricht ordnungsmäßiger Verwaltung, wenn durch Mehrheitsbeschluß generell auf die Auflistung von Einnahmen in künftigen Wirtschaftsplänen verzichtet werden soll (KG WE 1987, 122).
- Die Beschlußfassung über den Wirtschaftsplan muß nicht vor Beginn des Jahres stattfinden, auf welches sich der Wirtschaftsplan bezieht (OLG Hamburg WE 1988, 173).
- Ein Beschlußanfechtungsverfahren über den Wirtschaftsplan erledigt sich dann in der Hauptsache, wenn der Beschluß über die Jahresabrechnung unanfechtbar geworden ist. Wenn der Antrag gleichwohl aufrechterhalten ist, ist er als unbegründet abzuweisen (BayObLG WE 1989, 218).
- Wird die Jahresabrechnung genehmigt führt dies nicht zum Wegfall der Anfechtung des Beschlusses, mit dem der Wirtschaftsplan für dieses Jahr genehmigt wurde (BayObLG WE 1990, 220; Wenzel WE 1996, 442; BayObLG vom 18. 2. 1998, 134/97).

5. Sonderumlage

Wesen und Inhalt der Sonderumlage (vgl. Bä/S S. 643) wurde *262*
ausführlich oben (Rn. **7** 413ff.) in Zusammenhang mit den Lasten und Kosten (Hausgeld) behandelt. Aus diesem Grunde wird die Sonderumlage nur noch insoweit als wichtig dargestellt, um den Wirtschaftsplan dann zu ergänzen, wenn die Zahlen nicht ausreichen, um die Liquidität der Gem. sicher zu stellen (BayObLG WE 1982, 112).

Der Hauptanwendungsbereich für die Sonderumlage ist die notwendige Mittelbereitstellung für Instandhaltungsmaßnahmen, wenn die hierfür vorgesehene Instandhaltungsrücklage nicht ausreicht. Möglich ist es durch Sonderumlagen Notmaßnahmen im Sinne von §§ 21 Abs. 2, 27 Abs. 1 Nr. 3 zu finanzieren. Eine Sonderumlage ist ferner geboten, wenn feststeht, daß WEer ihrer Verpflichtung zur Hausgeldzahlung in größerem Umfang nicht nachkommen oder wegen Illiquidität nicht nachkommen können (KG WE 1995, 59). Auch hier ist die Sonderumlage ein Nachtrag zum Wirtschaftsplan und durch die WEer mittels Mehrheitsbeschluß zu genehmigen.

263 Auch bei der Sonderumlage ist die anteilsmäßige Beitragspflicht der einzelnen WEer auszuweisen. Der Umlageschlüssel ergibt sich – wie beim Wirtschaftsplan und der Jahresabrechnung – aus der GO und, wenn dort keine Regelung getroffen wurde, aus § 16 Abs. 2 WEG mit der Folge, die Umlage nach Miteigentumsanteilen vornehmen zu müssen. Ein abweichender Verteilungsschlüssel kann in Betracht kommen, wenn die Sonderumlage zu einem besonderen, nicht alle WEer betreffenden Zweck, erhoben wird. Dies ist z. B. bei der Finanzierung einer baulichen Veränderung denkbar, an der nicht alle WEer im Sinne von § 16 Abs. 3 WEG beteiligt sind.

6. Jahresabrechnung

a) Verwalteraufgaben

264 Nach § 28 Abs. 3 (§§ 675, 660, 260 BGB) ist der Verwalter verpflichtet, jeweils nach Ablauf eines Kalenderjahres die Jahresabrechnung zu erstellen und den WEern zur Genehmigung vorzulegen. Diese gesetzliche Verpflichtung enthält eine Fülle von Einzelaufgaben, die vor, während und nach der Versammlung, in welcher die Genehmigung erfolgen soll, zu erbringen sind. Nach Bä/S (S. 668) handelt es sich im wesentlichen um folgende Aufgaben:

265 Zunächst hat der Verwalter alle Aufzeichnungen und Umsätze seiner Buchführung zu prüfen. Dann muß er Sorge für eine richtige Heizkostenabrechnung tragen. Gegebenenfalls muß er den Hausmeister mit der Messung des Ölbestands am Jahresende beauftragen. Ferner hat er rechtzeitig eine Fachfirma einzuschalten, die den Einzelverbrauch von Wärme und Warmwasser registriert und daraufhin die Kostenumlage nach dem vereinbarten Verteilungs- und Umlageschlüssel errechnet. Nach Vorliegen dieser Ergebnisse wird der Verwalter die Abrechnung (VB-Abrechnung) als vorläufige Abrechnung beim Rechenzentrum abrufen. Für die Abrechnung in Form und Inhalt hat der Verwalter alle Grundsätze ordnungsmäßiger Verwaltung - wie aufgezeigt - zu beachten. Das Ergebnis ist vom Verwalter formell und materiell zu prüfen, um dieses den Mitgliedern des VBs einschließlich aller Belege vorzulegen.

Dabei hat der Verwalter auf eine schnelle Abwicklung Wert zu 266
legen, weil die WEer Anspruch auf rechtzeitige Vorlage der Jahresabrechnung haben, und zwar in gleicher Weise wie für den Wirtschaftsplan (siehe oben Rn. **10** 250). Kommt der Verwalter seiner Pflicht, die Jahresabrechnung in angemessener Frist vorzulegen, nicht nach, so kann ihm eine durch einen WEer vorgenommene Mahnung in Verzug setzen. Dies ist möglich, weil jeder WEer für sich und individuell nach Eintritt der Fälligkeit die Vorlage der Abrechnung vom Verwalter verlangen kann, gegebenenfalls mit Hilfe des Gerichts (BayObLG WE 1992, 273; OLG Hamm NJW-RR 1989, 1161; BayObLG WE 1997, 274; a.A. KG vom 28. 11. 1990, W 2 673/90). Eine ständige pflichtwidrige Weigerung des Verwalters zur rechtzeitigen Vorlage der Jahresabrechnung kann ein wichtiger Grund zur vorzeitigen Abberufung des Verwalters sein (§ 26 Abs. 1 WEG). Nach Prüfung und Bestätigung der Abrechnung durch den Beirat und einer eventuellen Korrektur und Berichtigung sind die Abrechnungsunterlagen mit der Einladung zur WEer-Versammlung unter Beachtung der Frist an alle WEer zu versenden. Zu den Abrechnungsunterlagen gehören insbesondere die Gesamtabrechnung und die Einzelabrechnung (vgl. unten Rn. **10** 285 ff.). Die Einzelabrechnung weist aber nur das Einzelergebnis eines jeden WEers aus und nicht die Summe aller Salden (etwas abweichende Meinung vgl. OLG Köln WE 1995, 324; WE 997, 232).

Bei der Versammlung selbst hat der Verwalter die Jahres- 267
abrechnung insgesamt zu erläutern. Einzelpositionen hat er auf Nachfrage zu erklären. Buchungsbelege hat er gegebenenfalls vorzulegen (BayObLG Rpfleger 1979, 266, WEM 1981, 4, 37). Ferner hat der Verwalter den Beschluß zur Genehmigung seitens

der WEer zu organisieren und die Beschlußfassung herbeizuführen. Üblicherweise wird er das Beschlußergebnis feststellen und dieses in die später zu fertigende Niederschrift einbringen.

268 Wird ein Verwalter zum Ende eines Kalenderjahres (Abrechnungsjahr) abberufen, so ist er nicht verpflichtet, die Jahresabrechnung für das abgelaufene Kalenderjahr zu erstellen (OLG Köln WE 1986, 18; OLG Hamburg WE 1987, 83). Anderes gilt, wenn sich der Verwalter im Verwaltervertrag verpflichtet hat, die Jahresabrechnung seines letzten Tätigkeitsjahres noch zu fertigen. Eine solche Regelung im Verwaltervertrag wird empfohlen. Sie zeichnet nicht nur einen ordentlichen und gewissenhaften Verwalter aus, sondern dient auch der Rechnungslegung, zu welcher der Verwalter auch nach seinem Ausscheiden verpflichtet ist, wenn die WEer eine solche durch Stimmenmehrheit (§ 28 Abs. 4 WEG) verlangen. Die Abrechnung bzw. Rechnungslegung dient nicht nur den WEern, sie gibt dem Verwalter die notwendige Gewißheit, seine Pflichten ordnungsgemäß erfüllt zu haben. Zur rückwirkenden Vorlage der Jahresabrechnung ist der Verwalter ausnahmsweise auch dann verpflichtet, wenn er diese Verpflichtung gegenüber den WEern schuldrechtlich nachträglich übernommen hat (BayObLG WE 1995, 374).

269 Der neu in die Gem. eintretende Verwalter ist üblicherweise verpflichtet, die Jahresabrechnung des Vorjahres zu erstellen, weil die Fälligkeit dieser Leistung in das neue Verwalterjahr fällt (vgl. Bub „Finanzwesen“ S. 47). Ist der neue Verwalter zur Erstellung der Vorjahresabrechnung nicht verpflichtet und nicht bereit, weil z. B. die Buchführung des Vorverwalters unübersichtlich und unordentlich ist, kann die WEer-Gem. durch Mehrheitsbeschluß im Rahmen ordnungsmäßiger Verwaltung einen Dritten (Steuerberater, Wirtschaftsprüfer) mit der Abfassung der Jahresabrechnung beauftragen (OLG Düsseldorf WE 1996, 72).

b) Wirtschaftliche und rechtliche Bedeutung der Jahresabrechnung

270 Die Jahresabrechnung ist die Rechenschaftslegung des Verwalters über die Verwaltung gem. Gelder (§ 27 Abs. 1 Nr. 4), die

kalenderjährlich zu erfolgen hat (§ 28 Abs. 4; vgl. Bub „Finanzwesen“ S. 43). Die Abrechnung dient der endgültigen Feststellung der Einnahmen und Ausgaben und deren Umlage auf die einzelnen WEer. Sie ist von den WEern mittels Mehrheitsbeschluß zu genehmigen mit der Folge der Fälligkeit der für die einzelnen WEer ausgewiesenen Abrechnungssalden. Mit der Jahresabrechnung wird den WEern die Möglichkeit geboten, die Wirtschaftsführung des Verwalters unter den Gesichtspunkten der Rechtmäßigkeit, Wirtschaftlichkeit und Zweckmäßigkeit zu überprüfen (vgl. Bub „Finanzwesen“ S. 43).

Der BGH formuliert die Bedeutung der Jahresabrechnung wie folgt:

„Die Jahresabrechnung dient insbesondere der Feststellung, welche Lasten und Kosten tatsächlich angefallen sind, ob sie durch die beschlossenen Beiträge zum Wirtschaftsplan gedeckt sind oder ob sich insoweit Differenzen ergeben, wie sich ein Unterschied zwischen tatsächlichen Ausgaben und Sollvorschüssen auf die einzelnen WEer verteilt, und welcher Saldo sich zu Gunsten oder zu Lasten des einzelnen WEers unter Einrechnung der von ihm geleisteten und der noch fehlenden Vorschußzahlung ergibt“ (BGH WE 1994, 210).

Die Gerichte sprechen bei der Jahresabrechnung grundsätzlich von einer Einnahmen- und Ausgabenrechnung. Eine umfangreiche Rechtsprechung hat sich mit diesem Problem befaßt (vgl. Bä/S S. 648 auch OLG Karlsruhe vom 10. 9. 1997, 4 W 71/97). Die Erstellung der Jahresabrechnung als eine Art Bilanz und Gewinn- und Verlustrechnung wird ausdrücklich abgelehnt. Bei konsequenter Verfolgung des Prinzips der Einnahmen- und Ausgabenrechnung sind alle Zu- und Abflüsse auf bzw. von den Konten der Gem. – und zwar unabhängig von ihrer Richtigkeit – in die Jahresabrechnung aufzunehmen. *271*

Wegen irrtümlich oder zu Unrecht dem Gemeinschaftskonto entnommener Beträge, die in jedem Fall in der Jahresabrechnung auszuweisen sind, ergeben sich folgende Besonderheiten: *272*

– Betreffen Ausgaben nicht das gem. E., sondern das SE eines WEers (z. B. Instandhaltungskosten des SE oder Grundsteuern), so sind die entsprechenden Beträge über die Gesamtausgaben diesen WEern in der Einzelabrechnung anzulasten (keine Verwalterentlastung BayObLG WE 1991, 175; KG WE 1992, 284).

- Sind Gerichtskosten dem Gemeinschaftskonto entnommen worden – wobei der Verwalter als berechtigt angesehen wird Kosten des gerichtlichen Verfahrens, die bekanntlich keine Verwaltungskosten sind (§ 16 Abs. 5), zu Gunsten einer deutlichen Mehrheit der WEer aus den gem. Geldern zu bestreiten (KG WE 1992, 284; BayObLG WE 1993, 281) – so sind diese in der Jahresabrechnung (BayObLG WE 1996, 154) auf die WEer umzulegen, die nach der Kostenentscheidung des Gerichts damit belastet sind (mit Verwalterentlastung).
- Betreffen Ausgaben weder die Gem. noch einen einzelnen WEer, sondern einen Dritten, so sind diese dem Gemeinschaftskonto entnommenen Leistungen in der Jahresabrechnung – möglichst gesondert – auszuweisen. Die Umlage solcher Gesamtausgaben erfolgt nach dem üblichen Verteilungsschlüssel auf alle WEer (hier keine Verwalterentlastung).

Damit wird der Grundsatz der Einnahmen- und Ausgabenrechnung deutlich, der darin besteht, daß alle Zu- und Abflüsse zu bzw. aus dem gem. Konto innerhalb des Abrechnungszeitraums – und nur diese – in die Jahresabrechnung aufzunehmen sind.

273 Die allgemeinen Regelungen für eine Jahresabrechnung, die sich aus dem Mindestinhalt des Wirtschaftsplans sowie aus den Grundsätzen der Rechtsprechung und Rechtslehre zur Rechenschaftspflicht des Beauftragten nach § 666 BGB entwickelt haben, sind nach dem BayObLG WE 1995, 30) folgende:

„Allgemein muß die Jahresabrechnung alle Einnahmen und Ausgaben der WEer-Gem. im betreffenden Rechnungsjahr enthalten; weiter erkennen lassen, wofür die Ausgaben getätigt wurden; ferner den Stand der für die WEer geführten Bankkonten zu Anfang und Ende des Rechnungsjahrs mitteilen und schließlich die Entwicklung des Vermögens der WEer, also insbesondere der Instandhaltungsrückstellung, darstellen. Im einzelnen führen diese Anforderungen dazu, daß die eigentliche Jahresgesamtabrechnung und die Einzelabrechnungen, über die die WEer nach § 28 Abs. 5 WEG beschließen, nur tatsächliche Einnahmen und Ausgaben in dem betreffenden Abrechnungsjahr enthalten dürfen. Forderungen und Verbindlichkeiten können darin ebensowenig erscheinen wie Zahlungen, die im Vorjahr eingegangen sind oder im nächsten Jahr erwartet werden. Die Mitteilung derartiger Umstände mag zur Kontrolle der Kontenstände und der Vermögenslage sinnvoll und teilweise sogar notwendig sein; sie sind aber kein Bestandteil der von den WEern zu beschließenden Jahresabrechnung (BayObLGZ 1989, 310/313, BayObLG WuM 1993, 92/93, NJW-RR 1990, 1107/1108; 1992, 1169, BayObLGZ 1993, 185/188ff., jeweils m.w.Nachw.). Ausnahmen hiervon wurden im Hinblick auf die Heizkostenverordnung bei der Abrechnung der Heizkosten (BayObLG WE 1992, 175/176) und bei der Instandhaltungsrücklage (BayObLG NJW-RR 1991, 15/16) zugelassen."

Bei der Instandhaltungsrückstellung hält es das BayObLG *274*
für zulässig, daß sie mit dem im Wirtschaftsplan entsprechenden Sollbetrag unter die Ausgaben der Jahresabrechnung aufgenommen wird, auch wenn ihr in dem abgerechneten Jahr in Wirklichkeit nichts oder nicht soviel zugeführt worden ist (BayObLG NJW-RR 1991, 15; BayObLG WE 1994, 182). Dabei ist die Entwicklung der Instandhaltungsrückstellung einschließlich eventuell zugeführter Zinserträge auszuweisen.

Das KG läßt abweichend von diesem Grundsatz die Auf- *275*
nahme von Verbindlichkeiten in die Jahresabrechnung zu, wenn dadurch die Klarheit und Übersichtlichkeit der Jahresabrechnung nicht leidet, und sich die WEer-Gem. bis zum Zeitpunkt der Beschlußfassung nicht geändert hat (KG WE 1993, 195 m. Anm. Seuß). Eine weitere Ausnahme läßt das KG für den Fall zu, daß ein WEer Rechnungen allein bezahlt hat, die in Wirklichkeit die Gem. betreffen. In diesem Fall kann nach dem KG der Betrag in die Jahresabrechnung als Ausgabe eingestellt und dem betroffenen WEer eine Gutschrift erteilt werden (KG WE 1993, 275). Gleichfalls verstößt es nach dem KG nicht gegen den Grundsatz ordnungsmäßiger Verwaltung, wenn auf der Ausgabenseite der Jahresabrechnung ausnahmsweise neben den tatsächlichen Ausgaben auch offene Verbindlichkeiten der betreffenden Wirtschaftsperiode eingesetzt werden, die lediglich wegen Nichtbegleichung fälliger Vorschußpflichten einzelner WEer unbeglichen geblieben sind (KG WE 1994, 271). Diesen Auffas-

sungen ist zu widersprechen, weil damit der Grundsatz der Einnahmen- und Ausgabenrechnung nicht nur ausgehöhlt, sondern aufgegeben wird. Wenn man die Aufnahme von Verbindlichkeiten und Forderungen (wenn auch nur in Ausnahmen) zuläßt, wird das für die Einnahmen und Ausgabenrechnung einzige Kriterium – wie oben dargestellt – aufgegeben.

Demnach können Rechnungsabgrezungen nicht vorgenommen werden. Das gilt auch für Vesicherungsprämien, für die eine periodengerechte Abgrenzung nicht in Frage kommt (BayObLG vom 10. 7. 1998, 49/98).

276 In der Praxis ist die Auffassung der Gerichte über die Jahresabrechnung als Einnahmen- und Ausgabenabrechnung umstritten. Hier wird teilweise eine Jahresabrechnung gefordert, welche eine Gegenüberstellung von „Aktiven und Passiven", sowie den Ausweis von Forderungen und Verbindlichkeiten und die Vornahme von Rechnungsabgrenzungen beinhaltet (vgl. Bä/S S. 645 f.). Es soll die Aussagekraft der Jahresabrechnung verbessert werden. Es soll auch Rechenschaft über die schwebenden Posten im weitesten Sinne, d. h. über Vermögen und Schulden abgelegt werden, wobei im Abrechnungszeitraum nicht beglichene fällige Leistungen (z. B. nicht überwiesene Hausgelder) Forderungen und noch nicht geleistete Zahlungen für bereits empfangene Leistungen bzw. Zahlungen die noch nicht fällig waren, Verbindlichkeiten darstellen und so in der Jahresabrechnung auszuweisen sind (vgl. Mauz DB 1980, 37).

Kritisiert wird an der bloßen Einnahmen- und Ausgabenrechnung, daß diese weder den tatsächlichen Erfolg (Bewirtschaftungskosten und Gemeinschaftserträge) noch den Vermögensbestand (Forderungen, Verbindlichkeiten, sonstige Verrechnungen) ausweist (Schröder/Münstermann-Schlichtmann in WE 1991, 17). Besonders sollte die Jahresabrechnung nach diesen Vorstellungen eine periodengerechte Zuordnung der anfallenden Kosten und somit verbrauchsbezogene Abrechnungen zulassen (Jennißen, Die Verwaltungsabrechnung nach dem Wohnungseigentumsgesetz).

277 Alle von der Einnahmen- und Ausgabenrechnung abweichende Abrechnungsarten, die hier als „erweiterte Jahresabrechnung" bezeichnet werden, sollen den Bedürfnissen der WEer wegen der

Verbrauchs- und Leistungsbezogenheit der auszuweisenden Positionen besser gerecht werden.

Seuß (Bä/S S. 646) stellt die Frage, ob die Norm des § 28, der die Auffassung der Einnahmen- und Ausgabenabrechnung zugrunde legt, durch wirtschaftlich und gesellschaftlich veränderte Rahmenbedingungen überholt sei und ob diese Vorstellungen den heutigen Bedürfnissen, sowohl des Verwalters als auch der WEer, noch gerecht werden. Er hält die Einnahmen- und Ausgabenrechnung nach wie vor als maßgebendes Instrument, um mit dieser Form der Jahresabrechnung den vom Gesetzgeber vorgegebenen und nach wie vor praktikablen Bestimmungszweck zu erreichen. *278*

Mit Bub („Finanzwesen") und der h. M. wird hier die Auffassung vertreten, daß die handelsrechtlichen Grundsätze einer Bilanz sowie einer Gewinn- und Verlustrechnung mit der Konsequenz einer notwendigen Rechnungsabgrenzung und des damit verbundenen Ausweises von Forderungen nicht Maßstab für eine wohnungseigentumsrechtliche Jahresabrechnung sein können, auch nicht in einer analogen Anwendung und Auslegung des § 28 WEG. *279*

Die Bilanz eines Kaufmanns hat zu einem bestimmten Stichtag sein „Vermögen und seine Schulden" sowie durch „Gegenüberstellung der Aufwendungen und Erträge des Geschäftsjahrs" seinen Geschäftserfolg auszuweisen (§ 242 HGB). Sie ist nicht nur Ergebnisrechnung für den eigenen Geschäftsbetrieb, sie dient vor allem der Information des Teils der Öffentlichkeit, der am Ergebnis des Betriebs Interesse hat (Banken, Kunden, Konkurrenten u. a.). Aus diesem Grunde hat der Jahresabschluß – besonders von Kapitalgesellschaften – Öffentlichkeitswirkung, was in der Pflicht zur Einreichung des Jahresabschlusses beim Handelsregister und in der Prüfungsverpflichtung des Registergerichts deutlich wird. *280*

Wegen dieser Publizitätspflicht der Jahresabrechnung ist es unabdingbar, daß diese Jahresabrechnung nach einheitlichen Gestaltungsgrundsätzen und nach bestimmten Maßstäben der Erfolgsermittlung zu gestalten ist, um vergleichbar zu sein. Die gesetzlich vorgegebenen Vorschriften über Form und Inhalt der Jahresabrechnung müssen zwangsläufig Bewertungsvorschrif- *281* ten enthalten, um den genannten Grundsätzen Rechnung zu tragen.

282 All das trifft für die Jahresabrechnung einer WEer-Gem. nicht zu. Diese hat weder Vermögen, Schulden, noch einen Erfolg auszuweisen. Auch ist die Öffentlichkeit an der Jahresabrechnung einer WEer-Gem. nicht interessiert. Es besteht ebenso kein Bedürfnis, die Jahresabrechnung einer Gem. mit der Abrechnung einer anderen Gem. zu vergleichen.

283 Der alleinige Zweck der Jahresabrechnung im Sinne von § 28 WEG – auch heute noch – liegt darin, die im Wirtschaftsplan vorläufig festgesetzten Einnahmen und Ausgaben endgültig festzustellen und auf die WEer aufzuteilen, um den sich dabei ergebenden Abrechnungssaldo fällig zu stellen.

Die Abrechnungspflicht des Verwalters kann nicht mit der Abrechnungspflicht eines Unternehmens verglichen werden. Sie leitet sich allein aus den §§ 28 Abs. 3 WEG und 259 BGB ab, wobei diese sich auf die allgemeine Rechenschaftslegung bezieht, bei der die Einnahmen und Ausgaben übersichtlich geordnet, leicht verständlich dargestellt und mit Belegen versehen sind.

284 Dazu kommt, daß nur die Einnahmen- und Ausgabenrechnung den Anspruch leichter Nachprüfbarkeit und Nachvollziehbarkeit erfüllt (BayObLG WEM 1979, 38).

Gleichwohl kann die erweiterte Jahresabrechnung wegen der Abdingbarkeit des § 28 WEG wirksam erstellt und beschlossen werden, wenn eine solche durch die WEer vereinbart ist. Ein Mehrheitsbeschluß hierfür genügt nicht.

c) Form, Inhalt und Umfang der Jahresabrechnung

285 Die Jahresabrechnung besteht aus der Gesamt- und Einzelabrechnung. Hier gilt das Gleiche wie zum Wirtschaftsplan (oben Rn. **10** 235 ff.) Festgestellte. Die Gesamtabrechnung beinhaltet alle Ausgaben und alle Einnahmen, also alle Umsätze, die über die Konten der Gem. geflossen sind. Die Ausgaben und Einnahmen werden dann mittels des Kostenverteilungsschlüssels auf die einzelnen WEer in der Einzelabrechnung umgelegt.

Die Jahresabrechnung ist zuerst eine Gegenüberstellung der tatsächlichen Gesamteinnahmen und der tatsächlichen Gesamtausgaben für ein Rechnungs-(Kalender-)jahr. Zum notwendigen Verständnis sind dabei sowohl die Einnahmen (welche oben Rn. **10** 235 ff. besprochen wurden) wie die Ausgaben nach bestimmten Einnahmearten und Ausgabenarten zu gliedern und aufzuteilen. Bei den Einnahmen ergeben sich dabei in der Regel folgende Positionen: *286*

- Hausgeldeinnahmen
- Einnahmen aus Vermietung gem. E. (z. B. Hausmeisterwohnung)
- Zinserträge aus Geld- und Anlagekonten
- sonstige Einnahmen (z. B. Schadenersatzleistungen an die Gem. u. a.)

Sofern sich die Einnahmepositionen nicht aus der „Natur der Sache" verstehen, sind besondere Erläuterungen erforderlich.

Die Gesamtausgaben (welche oben Rn. **10** 235 ff. besprochen wurden) sind nach der hier vorgetragenen Auffassung über die Kosten der Verwaltung grundsätzlich zu gliedern in

- Bewirtschaftungs-/Betriebskosten
- Instandhaltungskosten (vgl. oben Rn. **7** 214 ff.) bzw. Beitragsleistungen zur Instandhaltungsrückstellung (vgl. oben Rn. **10** 221 f.)
- Verwaltervergütung (vgl. oben Rn. **10** 142)
- sonstige Verwaltungskosten (s. oben Rn. **7** 345 f.)

Diese 4 Kostengruppen sind, soweit erforderlich, in weitere Kostenarten aufzugliedern, was insbesondere für die Betriebskosten gilt (siehe oben Rn. **7** 335). *287*

In der Gesamtabrechnung sind grundsätzlich alle Ausgaben auszuweisen, die vom Verwalter aus dem Gemeinschaftskonto getätigt wurden. Das gilt auch für Ausgaben, die nicht die Verwaltung des gem. E. betreffen (KG WE 1992, 284). Z. B. Ausgaben, die ein SE betreffen und Gerichtskosten, die nach § 16 Abs. 5 nicht zu den Verwaltungskosten zählen. Solche in der Jahresgesamtabrechnung auszuweisenden Nicht-Verwaltungsausgaben sind aber in den Einzelabrechnungen auf die WEer umzulegen – im Zweifel nach dem Verteilungsschlüssel nach § 16 Abs. 2 –, welche diese Lasten letztendlich zu tragen haben. Das gilt sowohl für vom Verwalter irrtümlich oder unrichtig getätigte Ausgaben wie auch für Zahlungen von Gerichtskosten aus dem Gemeinschaftskonto (vgl. hierzu oben *288*

Rn. **10** 272). In beiden Fällen ist bei Anfechtung der Jahresabrechnung eine Ungültigkeitserklärung durch das Gericht nicht (mehr) gerechtfertigt (so jetzt auch BayObLG nach KG WE 1992, 284).

289 Im Falle der unrichtigen Zahlung ist dem Verwalter die Entlastung zu versagen. Der Verwalter wird jedoch als berechtigt angesehen, die Kosten für gerichtliche Verfahren zunächst aus den gem. Geldern zu bestreiten, um sie bei der Einzelabrechnung entsprechend der gerichtlichen Kostenentscheidung auf die betroffenen WEer umzulegen. In diesem Fall kann dem so handelnden Verwalter die Entlastung nicht versagt werden (KG WE 1992, 84).

290 Ein Problem ergibt sich dann, wenn die zu Lasten des gem. Kontos unrichtig getätigte Ausgabe nicht einem WEer in der Einzelabrechnung zugeordnet werden kann, weil der Verwalter selbst oder ein Dritter für diese Zahlung einzustehen hat. In diesem Fall sind die Ausgaben anteilig auf die WEer umzulegen. Ausgleich erfolgt nach Zahlung dieses Betrages durch den Dritten, indem der Betrag in der neuen Jahresabrechnung als Einnahme den WEern anteilig wieder gutgebracht wird.

291 Möglich ist eine Vereinbarung der WEer, wonach einzelne Häuser wie z. B. bei Mehrhausanlagen, wirtschaftlich getrennt zu verwalten und abzurechnen sind. Eine solche Regelung besagt aber nicht, daß eine völlige wirtschaftliche Selbständigkeit zwischen den verschiedenen Häusern gegeben ist. Es bleiben immer gemeinsame Verwaltungsangelegenheiten und gemeinsame Kosten, zumindest die Kosten des gem. Grundstücks.

292 In der Jahresabrechnung erfolgt die Trennung der Kosten in der Regel nur in der gesonderten Aufteilung innerhalb der Einzelabrechnungen. Auch deshalb, weil die Gemeinschaft nur ein laufendes Konto für die Gesamtgemeinschaft besitzt. Demnach sind alle Umsätze auf dem laufenden Konto über die Gesamtabrechnung auszuweisen. Sofern Mehrheitsbeschlüsse zu einer Jahresabrechnung gefaßt werden, welche die vereinbarten Grundsätze der Kostentrennung nicht berücksichtigt haben sollten, sind diese wirksam, falls sie nicht nach § 93 Abs. 4 angefochten werden (BayObLG WE 1996, 150).

Die Einzelabrechnung ist Bestandteil der Jahresabrechnung. Sie baut auf die Gesamtabrechnung auf, weil die Einzelabrechnung nur dann richtig erstellt werden kann, wenn die Gesamtabrechnung vollständig ist und wenn die Kosten nach den gültigen Verteilungsschlüsseln richtig auf die Einzelabrechnung umgelegt wurden (BayObLG WE 1995, 89). *293*

Ist eine Einzelabrechnung aus den genannten Gründen fehlerhaft, wirkt sich eine Berichtigung zumeist auf die anderen Einzelabrechnungen aus (BayObLGZ 1987, 86). In diesem Sinne wird eine Jahresabrechnung nur dann wirksam genehmigt, wenn sie die Gesamt- und Einzelabrechnung vollständig und richtig beinhaltet. Es müssen also auch die Einzelabrechnungen für jeden WEer genehmigt sein (BayObLG WE 1989, 60; WE 1991, 258; WE 1991, 293). Die Einzelabrechnung darf sich nicht darauf beschränken, nur den auf den WEer entfallenden Anteil der Kosten auszuweisen, sondern sie muß auch die vom WEer im Abrechnungszeitraum geleisteten Hausgeld(voraus-)zahlungen enthalten. Nur durch den sich hieraus ergebenden Saldo wird der Betrag bestimmt, der mit der Beschlußfassung – je nach Ergebnis – zu Gunsten oder zu Lasten eines WEers fällig wird (BayObLG WE 1990, 147). *294*

Den Grundsatz, daß die Jahresabrechnung nur wirksam beschlossen ist, wenn auch die Einzelabrechnung Gegenstand der Beschlußfassung ist, schränkt das OLG Zweibrücken (WE 1990, 109) ein: Einer Genehmigung der aus der Jahresabrechnung hergeleiteten Einzelabrechnung bedarf es nicht, wenn sämtliche notwendigen Abrechnungsgrundlagen in der Jahresabrechnung enthalten sind und die Einzelabrechnung somit nur den rechnerischen Vollzug der Jahresabrechnung darstellt. *295*

Das KG schränkt den oben bezeichneten Grundsatz nicht nur ein, sondern tritt diesem entschieden entgegen (Vorlagebeschluß WE 1990, 93). Es ist der Auffassung, daß die Feststellung des Gesamtwirtschaftsplans und der Gesamtjahresabrechnung für die Beschlußfassung und deren verbindliche Feststellung ausreichend ist. Danach ist es nicht erforderlich, daß ein ordnungsmäßiger und verbindlicher Beschluß über Wirtschaftsplan oder Jahresabrechnung sich ausdrücklich den Einzelwirtschaftsplan bzw. die Einzelabrechnung bezieht. *296*

297 Die Einzelabrechnung ist für jeden WEer je nach der vereinbarten Kostenbeteiligung (Verteilungsschlüssel) unterschiedlich. Es ist aber nicht erforderlich, daß alle WEer Kenntnis von den Einzelberechnungspositionen der anderen WEer erhalten. Aus diesem Grunde werden die Einzelberechnungsergebnisse nur jeweils dem betreffenden WEer zugeleitet (vgl. oben Rn. **10** 285; WE 1995, 339).

298 In der Einzelabrechnung dürfen keine Direktzuweisungen erfolgen, weil sich die Einzelabrechnung aus der Gesamtabrechnung ableitet (BayObLG WE 1993, 255). Die Einzelabrechnung kann nur solche Positionen enthalten, die aus der Gesamtabrechnung fließen und umgelegt werden (BayObLG NJW-RR 1990, 1117).

299 Entgegen der weitverbreiteten Auffassung (BayObLG NJW-RR 1990, 1107; BayObLG WE 1993, 255), daß der Saldovortrag des Vorjahres in das Einzelabrechnungskonto eines WEers unzulässig sei, wird hier die gegenteilige Meinung vertreten. Wenn alle Zuflüsse eines Abrechnungsjahres zum gem. Konto auszuweisen sind, so enthalten diese auch die Nachzahlungen aus der Vorjahresabrechnung. Bei der Rücküberweisung eines Guthabens an einen WEer handelt es sich umgekehrt um auszuweisende Abflüsse. Diese Nachzahlungen werden über die Gesamteinnahmen dem Einzelkonto gutgebracht, weil sie im neuen Abrechnungsjahr zugeflossen sind. Um aber einen tatsächlichen – nicht nur rechnerischen – Ausgleich zu erzielen, sind den Zuflüssen auf den Einzelkonten die Vorjahressalden gegenüberzustellen, weil sonst eine Saldierung nicht möglich wäre und der so entstehende Saldo zu einem unrichtigen Ergebnis führen würde.

300 Dieses Verfahren führt aber erst dann zu einem rechtlichen Problem, wenn der Saldovortrag wegen Nichtzahlung oder nicht ausreichender Zahlung nicht ausgeglichen wird. Hier ergeben sich rechtlich zwei unterschiedlich fällig gestellte Forderungen oder Verbindlichkeiten, nämlich die ganze oder restliche Forderung bzw. Verbindlichkeit aus dem Vorjahr und die neue Forderung oder Verbindlichkeit aus dem neuen Abrechnungsjahr. Das Problem läßt sich aber leicht lösen – wie dies im übrigen im Abrechnungssystem der Deutschen Bau- und Bodenbank prak-

tiziert wird. Hier wird bei Nichtausgleich des Jahressaldos der sich rechnerisch ergebende Gesamtsaldo auf dem Einzelkonto des Abrechnungsjahres aufgeteilt in die noch offene Forderung des Vorjahres und in den Saldo des Abrechnungsjahres. Gegenstand der Einzelabrechnung ist somit nur der effektive Saldo aus der Jahresabrechnung und nicht der rechnerische Saldo, weil sich die Bindungswirkung der Genehmigung nur auf das tatsächliche Jahresergebnis erstrecken kann (BayObLG WE 1993, 255). Unabhängig davon ist bei der gerichtlichen Geltendmachung des rechnerischen Saldos dieser Verfahrensgegenstand (KG WE 1996, 267).

Außer den Einnahmen und Ausgaben müssen in der Gesamt- *301*
abrechnung die Bestände der WEer ausgewiesen sein, seien es die Bestände von Bank- und Geldanlagenkonten, oder die Bestände der zu Gunsten der WEer angesammelten Rücklagen (z.B. Instandhaltungsrücklagen) (KG DWE 1986, 61). Neben der Darstellung und Entwicklung von Bankkonten, Geldanlagen und Rücklagen ist nach der hier vertretenen Auffassung auch der Ausweis eines Status erforderlich. Der Status umfaßt alle Salden (Bankguthaben, Bankverbindlichkeiten) der Bankkonten und Geldanlagen sowie der sich aus der Gegenüberstellung von Einnahmen und Ausgaben (Fehlbeträge und Überzahlungen) ergebenden Abrechnungssalden und den Endstand der Rückstellungen (vgl. Seuß „Jahresabrechnung“ in PiG 39 (1992).

Hier werden die Bestände zum Vermögen der WEer gerech- *302*
net, so daß entgegen anderer Auffassungen Vermögensübersichten Bestandteil der Jahresabrechnung sein müssen.

Zu den Vermögensbeständen zählen:

- Bankkonto der Gemeinschaft,
- Geldanlagen (Konto) der Gemeinschaft,
- Rückstellungen.

Die genannten Konten sind grundsätzlich in der Entwicklung *303*
eines Jahres wie folgt darzustellen:

> Saldovortrag (Anfangsbestand) + Zugänge (einschließlich eventueller Zinsen, die gesondert auszuweisen wären) – Abgänge = Endsaldo (Bestand am Jahresende)

304 Als Zusammenfassung dieser Bestände und als Verbindung zu den Zahlungsvorgängen und den Umsätzen eines Jahres dient der sogenannte Status. Der Status beinhaltet den vollständigen Ausweis der Salden zum Jahresende auf den Bank- und Geldanlagekonten. Ebenso erfaßt er die Endstände der Rückstellungen. Durch die Gegenüberstellung von den Geld- und Rückstellungsbeständen ergeben sich die tatsächlichen Forderungen und Verbindlichkeiten der Gem. gegenüber den WEern als Ergebnis der Jahresabrechnung. Die Forderungen sind die Summe der Fehlbeträge, die Verbindlichkeiten die Summe der Überschüsse in den jeweiligen Einzelabrechnungen der WEer.

Beispiel:

	Soll DM	Haben DM
Summe der Salden der Geldanlagen (Geldkonten)	50 300,–	
Summe der Salden der Rückstellungen (Sachkonten)		69 200,–
Abrechnungsergebnis: Fehlbeträge	1 200,–	
Abrechnungsergebnis: Überschüsse		800,–
Bankguthaben laufendes Konto	18 500,–	
	70 000,–	70 000,–

Dieses Beispiel zeigt den Unterschied zwischen dem Sachkonto Rückstellungen und dem Konto Geldanlagen. Von den Rückstellungen über DM 69 200,– sind DM 62 000,– (zinsgünstig) angelegt, während das Bankguthaben von DM 18 500,– mit den nicht der Geldanlage zugeführten Rückstellungsbeträge zur Instandhaltung identisch ist.

d) Heizkostenabrechnung

305 Um den Ansprüchen der HeizkostenV (Rn. **7** 346 ff.) gerecht zu werden, sind bei Vorhandensein einer Zentralheizung die Kosten für Wärme und Brauchwarmwasser in der Abrechnung gesondert zu behandeln. Die Heizkostenabrechnung ist Bestandteil der Jahresabrechnung (BayObLG Z 1985, 222; DWE 1985, 125). Wird die Heizkostenabrechnung nicht in die Jahresabrechnung aufgenommen und erfolgt auch sonst keine gesonderte Beschlußfassung über die Jahresabrechnung, sind die Abrechnungssalden nicht fällig; sie können auch nicht gerichtlich gel-

tend gemacht werden (BayObLG WE 1992, 52). Das bedeutet auch, daß eine Heizkostenabrechnung nicht für mehrere Jahre zusammengefaßt werden darf, es sei denn, die GO sieht dies ausdrücklich vor oder eine jahrweise Abrechnung ist wegen des Fehlens von Zählerablesungen und Verbrauchsmessungen nicht möglich (BayObLG WE 1993, 281).

Unter Heizkosten sind die Kosten zu verstehen, die nach der HeizkostenV umlagefähig sind. Das sind die Energiekosten und die Nebenkosten wie sie oben (Rn. **7** 346ff.) im einzelnen aufgeführt sind. *306*

Die Heizkosten werden auf einem Heizkostenrechnungskonto gesammelt, wobei die dort gesammelten Kosten mit dem Anfangsbestand, dem Zukauf und dem Endbestand jeweils für einen Abrechnungszeitraum getrennt ausgewiesen werden. *307*

Der Verbrauch eines Jahres wird wie folgt ermittelt:

Kosten des Anfangsbestandes + Kosten des Zukaufs
– Kosten des Endbestandes = Verbrauch

Der Endbestand wird durch den Hauswart oder einen Beauftragten jeweils am Ende des Abrechnungszeitraumes gemessen. *308*

Die so ermittelten Kosten des tatsächlichen Verbrauchs werden nach dem für Wärme und Brauchwarmwasser festgelegten Verteilungsschlüssel auf die WEer umgelegt.

Sind in einem Abrechnungszeitraum die Kosten des Zukaufs höher als die tatsächlich verbrauchten und gesondert umgelegten Kosten, verbleibt auf dem Verrechnungskonto ein Sollsaldo, der als Energierestkostenbestand in der Jahresabrechnung erscheint und nach Maßgabe des für Betriebskosten gültigen Verteilungsschlüssels (Miteigentumsanteil oder m^2-Wohnfläche) den WEer angelastet wird. Für den Fall, daß die Kosten des Zukaufs in einer Abrechnungsperiode geringer sind als der tatsächliche Verbrauch, so erscheint auf dem Verrechnungskonto ein Habensaldo, der in der Jahresabrechnung als Gutschrift ausgewiesen und nach Maßgabe des Betriebskostenverteilungsschlüssels den einzelnen WEer gutgebracht wird. *309*

Tritt während des Abrechnungsjahres ein Nutzerwechsel in der ETW ein, sei es, daß ein WEer seine Wohnung veräußert *310* oder daß bei der vermieteten ETW ein Mieterwechsel stattfindet, so ergeben sich Probleme für die verbrauchsbezogene Abrechnung dann, wenn keine Zwischenablesung erfolgt und die Heizkostenabrechnung nicht entsprechend aufgeteilt wird. Das Problem bei Nutzerwechsel regelt § 9b der HeizkostenV. Danach gilt als gesetzliche Vorgabe die Zwischenablesung. Ist eine solche nicht möglich, sind die Kosten nach Maßgabe der Gradtagszahlen aufzuteilen (§ 9b Abs. 1 bis 3). Abweichende rechtsgeschäftliche Bestimmungen haben nach Abs. 4 Vorrang vor der gesetzlichen Regelung. Das bedeutet, daß in der GO oder in einer anderen Vereinbarung andere Regelungen getroffen werden können. Soll diese Regelung auch zwischen dem vermietenden WEer und seinem Mieter gelten, müßte dies im Mietvertrag gesondert vereinbart werden.

311 Hinzuweisen ist darauf, daß ein WEer, der seine Wohnung vermietet hat, bei diesem Heizkostenabrechnungssystem seinem Mieter nur die Kosten des tatsächlichen Verbrauchs und nicht den anteiligen Aufwand (Sollsaldo) für den Energiekostenrestbestand in Rechnung stellen darf.

e) Wirksamkeit der Jahresabrechnung

aa) Wirksame Genehmigung

312 Zur Wirksamkeitsvoraussetzung der Jahresabrechnung ist die Genehmigung der WEer mittels Mehrheitsbeschlusses erforderlich. Dieser Beschluß ist ordnungsgemäß zu fassen. Zur Ordnungsmäßigkeit eines solchen Beschlusses gehört es, daß die Versammlung ordnungsgemäß einberufen wurde, daß die Beschlußfassung in der Tagesordnung beachtet ist und daß der Verwaltungsbeirat die sachliche und rechnerische Richtigkeit der Jahresabrechnung überprüft hat.

313 Formmängel führen nicht zur Ungültigkeit von Beschlüssen, sie sind aber in diesen Fällen anfechtbar.

Mit dem Beschluß über die Jahresabrechnung sind die in ihr festgelegten Zahlungspflichten oder Rückerstattungsansprüche verbindlich (BayObLG WEM 1977, 49, BayObLG WEM 1981/1, 60), das gilt auch für unrichtige Jahresabrechnungen (BayObLG DWE 1984, 30).

Die Wirksamkeit und Fälligkeit der sich aus der genehmigten Jahresabrechnung ergebenden Salden bezieht sich allein auf das Innenverhältnis der WEer nach § 28, indem der Beschluß der WEer im Verhältnis der WEer untereinander verbindlich festlegt, welche Ausgaben und Einnahmen getätigt wurden und in welcher Höhe sich Rückzahlungsansprüche oder Nachzahlungsverpflichtungen (Beitragspflicht) einzelner WEer ergeben (BayObLG WE 1997, 76 m.w.N.). *314*

Aus diesem Grunde ist es nach der hier vertretenen Auffassung und entgegen KG (WE 1995, 213) nicht möglich, ausgewiesene Überschüsse zu Gunsten einzelner WEer einzubehalten oder sie der Instandhaltungsrückstellung zuzuführen (a.A. BayObLG DWE 1984, 30). Mit der Genehmigung der Jahresabrechnung stehen die Abrechnungsspitzen nicht mehr im Einflußbereich der WEer-Gem. Überschußbeträge sind keine gem. Gelder mehr. Die Verfügungsmacht über solche Gelder steht demnach nur dem einzelnen WEer allein zu, so daß die WEer-Gem. für einen Beschluß, der etwa die Überschüsse befristet einbehält, um Liquiditätslücken auszugleichen oder der Überschüsse einer Rücklage zuweist, unzuständig ist. Ein solcher Beschluß ist mangels Entscheidungskompetenz der Gem. nichtig (vgl. hierzu Deckert WE 1995, 228 und Bub „Finanzwesen“ S. 118). Das bedeutet, daß der Verwalter verpflichtet ist, Überschüsse nach der Beschlußfassung zur Jahresabrechnung unverzüglich auszukehren, sie sind mit dem Beschluß zur Auszahlung fällig. Der Anspruch auf Auszahlung von Überschüssen richtet sich nach § 741 BGB, wonach die Fälligkeit des Anspruchs mit dem Tag der Beschlußfassung gegeben ist. (Vgl. auch Müller Rz 192.) *315*

Kommt ein Mehrheitsbeschluß über eine Jahresabrechnung zustande, in der bestimmte Kosten anders verteilt wurden, als dies die GO vorsieht, so ist dieser Beschluß für das laufende Jahr bindend, wenn er nicht angefochten wird (BayObLG WE 1984, 154). Keine Bindungswirkung hat ein solcher Beschluß für spätere Jahresabrechnungen und Abrechnungsperioden (KG WE 1986, 139); BayObLG WE 1989, 210). *316*

Die Wirksamkeit nicht angefochtener unrichtiger Jahresabrechnungen besteht auch dann, wenn in einem Verfahren, mit dem Forderungen aus der Jahresabrechnung gegen einen WEer *317* geltend gemacht werden und wenn dieser nachträglich Einwendungen auf Unrichtigkeit erhebt. Solche Einwendungen können nicht mehr berücksichtigt werden (BayObLG WE 1995, 187).

Wird eine Jahresabrechnung unter Vorbehalt eines vom Verwalter noch zu erbringenden Nachweises genehmigt und der Beschluß dann angefochten, ist er grundsätzlich als ungültig zu erklären, weil der Beschluß mit einem solchen Vorbehalt dem Grundsatz ordnungsmäßiger Verwaltung widerspricht (BayObLG WEM 1982/2, 70). Die WEer können aber wirksam beschließen, daß die Jahresabrechnung vorbehaltlich einer Prüfung durch den Verwaltungsbeirat genehmigt wird. In diesem Fall steht der Genehmigungsbeschluß unter dem Vorbehalt einer Billigung durch den Verwaltungsbeirat (BayObLG WE 1997, 153).

318 Kommt ein Mehrheitsbeschluß über die Jahresabrechnung nicht zustande, ist der Verwalter verpflichtet, eine neue Jahresabrechnung zu erstellen und vorzulegen, wenn die nicht genehmigte Abrechnung fehlerhaft war. Sollte der Verwalter dazu nicht bereit sein, kann die Gem. die Abrechnung von einem Dritten (z. B. Wirtschaftsprüfer) erstellen lassen. Die dabei entstehenden Kosten hat der Verwalter als Schadensersatz aber nur dann zu ersetzen, wenn er sich mit der Vorlage der korrigierten Abrechnung in Verzug befand und ihm eine Fristsetzung mit Ablehnungsandrohung (§ 326 BGB) gesetzt wurde (BayObLG WuM 1988, 101).

319 Die Genehmigung der Jahresabrechnung unterliegt dem Anspruch auf ordnungsmäßige Verwaltung, so daß jeder WEer bei nicht erteilter Genehmigung diese gerichtlich erwirken kann. Demnach kann jeder einzelne WEer das Gericht anrufen, welches notfalls anstelle der WEer-Vers., auch unter Inanspruchnahme von deren Ermessenspielräumen, die Jahresabrechnung mit Rechtskraftwirkung für und gegen alle Mitglieder der Gem. festlegen kann (KG WE 1991, 326). Nach Auffassung des KG handelt es sich hierbei nicht nur um reine Rechtsanwendung, sondern auch um eine fürsorgliche gestalterische Tätigkeit des Gerichts (§ 43 Abs. 2), die das Verfahren der fG ermöglicht. Der Anspruch auf gerichtliche Ersetzung der Jahresabrechnung kommt allerdings nur als letztes Mittel in Betracht, wenn die regulären Mittel versagen, d. h. daß der begehrende WEer zuvor im Rahmen des Möglichen und Zumutbaren versuchen muß, eine Entscheidung der WEer-Gem. selbst zu erreichen (KG WE 1991, 326).

Nicht zumutbar ist für die WEer eine erneute, ordnungsgemäß *320* einzuberufende WEer-Vers. anzustreben, wenn in einer nicht ordnungsgemäß einberufenen Versammlung (Einberufung erfolgte hier durch Nichtmehr-Verwalter) alle WEer anwesend waren und alle an dem die Jahresabrechnung ablehnenden Beschluß mitgewirkt haben (KG WE 1993, 221).

Eine – nicht zu empfehlende – Regelung in der GO, daß eine *321* Jahresabrechnung auch ohne Beschluß der WEer wirksam ist (Genehmigungsfiktion), wurde von verschiedenen Gerichten unter ganz bestimmten Sachverhalten für zulässig erachtet, weil § 28 Abs. 5 abdingbar ist:

- BayObLG (BB 1979, 857): Die jedem WEer zugestellte Jahresabrechnung gilt als festgestellt und anerkannt, wenn nicht innerhalb von 14 Tagen Einspruch erhoben wird.
- OLG Hamm (WEM 1979, 128): Die jedem WEer zugestellte Jahresabrechnung gilt als anerkannt, wenn nicht ein Widerspruch binnen vier Wochen erhoben wird.
- OLG Frankfurt (DWE 1986, 30): Gleicher Sachverhalt wie bei Entscheidung OLG Hamm (WEM 1979, 128).

In all diesen Fällen wird nach Auffassung des BayObLG *322* (DNotZ 1989, 428) keine Aushöhlung der personenrechtlichen Gemeinschaftsstellung der WEer gesehen. Anders ist aber folgende Klausel nichtig (BayObLG DNotZ 1989, 428): „Wenn nicht innerhalb von 14 Tagen nach der Absendung der Abrechnung ein schriftlicher, begründeter Widerspruch von mehr als der Hälfte der Miteigentumsanteile eingelegt ist, gilt die Abrechnung als anerkannt“.

Hier wird – im Gegensatz zu den anderen Klauseln – die per- *323* sonenrechtliche Gemeinschaftsstellung deshalb zu stark ausgehöhlt, weil damit jedem WEer praktisch die Möglichkeit genommen wird, die Abrechnung gerichtlich überprüfen zu lassen und sei diese auch noch so unrichtig.

Zurecht widerspricht das KG offenbar jeglicher Genehmigungsfiktion, zumindest dieser:

„Die (Jahres-)Abrechnung gilt als anerkannt, wenn nicht innerhalb von vier Wochen nach Absendung schriftlich widersprochen wird."

324 Das KG WE 1990, 209 sieht in der Genehmigungsfiktion, insbesondere wegen der Rechte der WEer in der jährlichen Versammlung über den Wirtschaftsplan, die Jahresabrechnung abzustimmen und über das gem. Vermögen der WEer zu bestimmen trotz der Abdingbarkeit des § 28 erhebliche Rechtsunsicherheiten.

325 Dementsprechend hält das KG einen an das einseitige Verwalterhandeln (Abrechnungsübersendung) geknüpften Automatismus des Erlöschens gesetzlicher Eigentümerbefugnisse (Beschlußfassung über die Jahresabrechnung) für unhaltbar und einer Inhaltskontrolle der TE nach § 242 BGB nicht standhaltend.

326 Grundsätzlich ist von der Aufnahme einer solchen Fiktion in der GO zu warnen. Besteht eine solche Regelung, wird dringend empfohlen, einen Mehrheitsbeschluß über die Jahresabrechnung herbeizuführen, was aufgrund der dargestellten BGH-Entscheidung auch möglich ist.

327 Mit der wirksamen Beschlußfassung über die Jahresabrechnung können die Forderungen hieraus als fällige Leistungen geltend gemacht werden. Die WEer haben gemeinsam gegenüber den einzelnen WEern einen Zahlungsanspruch auf Ausgleich des jeweiligen Jahresfehlbetrags. Dieser Fehlbetrag kann gerichtlich nur durch die Gem. geltend gemacht werden; von einzelnen WEern nur dann, wenn sie durch die Gem. ausdrücklich ermächtigt sind (vgl. hierzu oben Rn. **7** 399). Ergibt sich aus der Jahresabrechnung ein Guthaben für einen WEer, besteht für diesen ein fälliger Anspruch gegen die Gem. Diesen Zahlungsanspruch kann der betreffende WEer gerichtlich nur gegenüber der Gem. und nicht gegenüber einzelnen WEern geltend machen. Der Nachzahlungsanspruch bei einem Fehlbetrag ergibt sich aus § 28 Abs. 3 in Verbindung mit Abs. 5 (umstritten vgl. Bub „Finanzwesen" S. 135f.). Gläubiger dieser und der anderen Beitragsansprüche sind alle WEer. Anspruchsgrundlage bei Auszahlung von Überschüssen ist der Genehmigungsbeschuß (§ 28 Abs. 3 und 5) und nicht ungerechtfertigte Bereicherung (umstritten: vgl. Bub „Finanzwesen" S. 167). Wie beim Anspruch auf Auszahlung des Abrechnungsfehlbetrags handelt es sich beim Anspruch auf Auszahlung des Abrechnungsüberschusses nur um einen solchen, der sich aus dem Innenverhältnis der WEer nach Maßgabe von § 28 Abs. 3 und 5 ergibt. Das hat zur Folge, daß der einzelne WEer seinen Auszahlungsanspruch nicht gegen andere WEer, sondern nur gegen die WEer-Gem. insgesamt – diese vertreten durch den Verwalter – richten kann. Die Fälligkeit des Abrechnungssaldos setzt voraus, daß die Jahresabrechnung sowohl die Gesamt- wie auch die Einzelabrechnung enthält (BayObLG WE 1990, 178). Das Fehlen einer Beschlußfassung über die Einzelabrechnung führt aber nicht dazu, den WEer-Beschluß über die Gesamtabrechnung als ungültig anzusehen. Diese kann ja richtig sein, sie ist nur als wirksame Jahresabrechnung wegen fehlender Einzelabrechnung unvollständig.

Wird eine mangelhafte Jahresabrechnung durch einen WEer *328* angegriffen, so führt das im Rahmen der Anfechtung nur insoweit zur gerichtlichen Ungültigkeitserklärung als ein einzelner Rechnungsposten oder ein sonst selbständiger Teil des Beschlusses mit Mängeln behaftet ist, es sei denn, daß Mängel vorhanden sind, die den gesamten Umfang des WEer-Beschlusses betreffen und ihn insgesamt unwirksam machen (BayObLGZ 1989 Nr. 50; KG WE 1991, 375; BayObLG WE 1992, 144; BayObLG 1993, 255; KG WE 1994, 48). Im Grunde hat die teilweise Ungültigkeitserklärung bestimmter mit Mängel behafteter selbständiger Abrechnungposten die gleich praktische (nicht rechtliche) Bedeutung, wie die Unwirksamkeitserklärung des gesamten Genehmigungsbeschlusses. Die teilweise Unwirksamkeitserklärung bedingt in der Regel, daß der Mangel nachträglich berichtigt bzw. fehlende Angaben ergänzt werden und darüber ein Beschluß der WEer herbeigeführt wird (vgl. hierzu BayObLG vom 28. 10. 1998, 116/98). Darauf haben die WEer einen Anspruch nach § 21 Abs. 3 und 4. Darüber hinaus hat das Gericht bei Beschlußanfechtung auch solche Mängel der Jahresabrechnung für ungültig zu erklären, die vom WEer nicht geltend gemacht wurden, es sei denn er hat hierauf ausdrücklich verzichtet

(BayObLGZ 1989 Nr. 50). Das bedeutet aber nicht, daß ein WEer sich damit begnügen kann, die Jahresabrechnung schlechthin anzufechten, ohne die Positionen, die er im einzelnen beanstandet und den Grund der Beanstandung bekannt zu machen. Trotz des Amtsermittlungsgrundsatzes des WE-Verfahrens trifft den Beteiligten eine gewisse Darlegungslast, damit dem Gericht Anhaltspunkte gegeben werden, in welche Richtung es seine Ermittlungen ansetzen kann (OLG WE 1996, 433).

329 Fehlen in einer Jahresabrechnung – auch wesentliche – Bestandteile, so kann der WEer-Beschluß ebenfalls nicht für ungültig erklärt werden. Hieraus entsteht nur ein Anspruch auf Ergänzung der Abrechnung und auf Beschlußfassung über die ergänzte Abrechnung (BayObLG 1993, 255). Das bedeutet, daß der Verwalter eine ergänzte Abrechnung zu fertigen und der Gem. zur Beschlußfassung vorzulegen hat (BayObLG WE 1995, 89).

330 Wird eine Jahresabrechnung angefochten, weil in ihr Beträge eingestellt sind, die zu Unrecht ausgegeben wurden (vgl. oben Rn. **7** 376), dann besteht kein Grund, diese Positionen der Jahresabrechnung für unwirksam zu erklären, wohl aber ist dies ein Anlaß, dem Verwalter die Entlastung zu versagen (BayObLG WE 1994, 184).

331 Zur Jahresabrechnung gehört auch der Nachweis der Buchungsbelege. Jeder WEer hat in diesem Zusammenhang das Einsichtsrecht in Buchungsbelege und Gemeinschaftskonten (BayObLG Rpfleger 1979, 266; BayObLG WEM 1981/4, 37) (vgl. unten Rn. **10** 354).

Mit dem Beschluß des BGH (WE 1988, 162) ist ein lange andauernder Streit darüber, ob bei der Veräußerung eines WE innerhalb eines Jahres der Verwalter verpflichtet ist, zwei Jahresabrechnungen zu erstellen, entschieden. Danach ist die Jahresabrechnung jeweils dem im Grundbuch eingetragenen WEer zuzustellen. Dieser ist dann Gläubiger oder Schuldner des in der Jahresabrechnung ausgewiesenen Saldos.

Das bedeutet, daß der veräußernde WEer für rückständige fällige Hausgeldleistungen, das sind Vorauszahlungen gem. Wirtschaftsplan oder fällige Umlagenzahlungen, wenn er nach der Beschlußfassung bzw. Fälligstellung seine ETW verkauft hat, haftet.

bb) Ansprüche gegen ausgeschiedene Wohnungseigentümer

Der lange Streit, ob der ausgeschiedene WEer für rückständige Vorschüsse auch dann noch haftet, wenn die Eigentumsumschreibung vor der Genehmigung zur Jahresabrechnung erfolgt, ist durch den BGH nunmehr geklärt. 332

Zunächst hat der BGH (WE 1988, 162) die bis dahin angenommene Eigenschaft des noch nicht im Grundbuch eingetragenen WEer in der Einzelrechtsnachfolge als faktischen WEer als nicht gegeben erklärt. Das bedeutet, daß nur der jeweils im Grundbuch eingetragene WEer (Veräußerer oder Erwerber) ausschließlich Mitglied der Gem. und Träger von Rechten und Pflichten ist. Aus diesem Grunde hatte der Verwalter - auch bei einem Eigentümerwechsel innerhalb eines Abrechnungszeitraumes - grundsätzlich nur eine Abrechnung zu erstellen und diese dem im Grundbuch eingetragenen Eigentümer zu übersenden. Nur der im Grundbuch eingetragene Eigentümer kann bei der Abstimmung über die Jahresabrechnung mitwirken. Demnach ist Gläubiger bzw. Schuldner des Abrechnungsguthabens oder des Abrechnungsfehlbetrags nur der im Grundbuch eingetragene Eigentümer. Dies gilt aus der Sicht der Gem. Eine im Kaufvertrag zwischen Veräußerer und Erwerber getroffene andere Regelung berührt diese Ansprüche der Gem. nicht, sie wirkt nur zwischen den beiden Kaufvertragsparteien. 333

Demzufolge haftet wegen gem. Ansprüche aus der Jahresabrechnung der Erwerber, wenn er zum Zeitpunkt der Beschlußfassung über die Jahresabrechnung im Grundbuch eingetragen ist. Das gilt nach allgemeiner Auffassung grundsätzlich. Strittig war nur die Frage, ob die Verantwortlichkeit des Erwerbers auch dann gegeben ist, wenn der Veräußerer Hausgeldvorauszahlungen nach dem beschlossenen Wirtschaftsplan schuldig geblieben ist.

Der BGH (WE 1996, 144) hat sich für die Auffassung entschieden, wonach der Erwerber nur für den Saldo aus der Jahresabrechnung gegenüber der Gemeinschaft verantwortlich ist, der sich dann ergibt, wenn darin keine Rückstände und Überschüsse aus den Vorjahren und aus den Vorauszahlungen auf den Wirtschaftsplan des laufenden Jahres enthalten sind. Für 334 rückständige Vorauszahlungen bleibt der Veräußerer Schuldner gegenüber der Gem., weil sie vor der Eigentumsumschreibung fällig gestellt wurden.

335 Die nachfolgende Jahresabrechnung entfaltet gegenüber dem ausgeschiedenen Veräußerer keinerlei Rechtswirkung „so daß die rückständigen Vorschüsse in der Höhe auch dann unverändert bleiben, wenn die durch die Jahresabrechnung endgültig bezifferte Hausgeldschuld hinter der Summe der beschlossenen Vorschüsse zurückbleibt“ (so Hauger in PiG Nr. 27 S. 364; BGH vom 23. 9. 1999, V 2 B 17/99).

336 Die Beschlüsse zur Feststellung des Wirtschaftsplans und zur Genehmigung der Jahresabrechnung bilden rechtlich und wirtschaftlich eine Einheit und schließen sich nicht aus. Trotzdem handelt es sich bei den Forderungen aus den Vorauszahlungen zum Wirtschaftsplan und der Nachforderung aus der Jahresabrechnung um selbständige Forderungen. Eine „Novation“, das wäre ein durch die Jahresabrechnung vom Beschluß zum Wirtschaftsplan unabhängiges, neues Ergebnis, gibt es nicht, so daß für vor der Eigentumsumschreibung rückständige, fällige Leistungen, insbesondere für rückständige Vorauszahlungen gemäß § 28 Abs. 1 und 2 WEG alleiniger Schuldner der Veräußerer bleibt. Anderes ist nur möglich, wenn in der GO vereinbart ist, daß der Erwerber die Schulden seines Vorgängers übernimmt. Eine solche rechtsgeschäftliche Vereinbarung ist nach dem BGH zulässig (WE 1994, 207). Diese Regelung gilt nicht für die Eigentumsübertragung im Wege der Zwangsvollstreckung, dies würde gegen die unabdingbare Vorschrift des § 56 Satz 2 ZVG verstoßen (BGH Rpfleger 1984, 70). Die rechtsgeschäftliche Schuldübernahme gilt nach dem OLG Düsseldorf (WE 1995, 152) für den Erwerber in der Zwangsversteigerung aber dann, wenn er es versäumt, wegen rückständiger Wohngeldvorschüsse seines Vorgängers den Genehmigungsbeschluß zur Jahresabrechnung anzufechten.

337 Entsprechend der weiteren Haftung des ausgeschiedenen WEers gilt analog in der Insolvenz, daß die vor der Eröffnung des Insolvenzverfahrens entstandenen Rückstände von Vorschüssen auf den beschlossenen Wirtschaftsplan vom Insolvenzverwalter nicht aus der Masse befriedigt werden können (BGH WE 1994, 210; vgl. BayObLG vom 5. 11. 1998, 92/98).

Das bedeutet, daß der Verwalter beim Eigentümerwechsel eventuelle Rückstände oder Vorauszahlungen, die zum Zeitpunkt der Eigentumsumschreibung nach Maßgabe vorheriger Fälligkeiten (Beschluß zum Wirtschaftsplan) bestanden, nicht in die Jahresabrechnung einstellen darf. In diesem Fall hat er ausnahmsweise die Sollbeträge bis zum genannten Zeitpunkt in der Jahresabrechnung zu berücksichtigen und diese vom Veräußerer zu fordern. 338

Die von verschiedenen Obergerichten vertretene Auffassung, daß bei nicht getrenntem Ausweis rückständiger Hausgeldleistungen des Erwerbers und des Endsaldos der Beschluß trotz Rechtswidrigkeit des Abrechnungsergebnisses bei Nichtanfechtung bestandskräftig wird, billigt der BGH nicht. Danach kann der Beschluß zur Genehmigung der Jahresabrechnung eine Schuld rückständiger Vorschüsse des Rechtsvorgängers auf keinen Fall begründen (BGH vom 23. 9. 1999, V ZB 17/99). 339

f) Rechtsprechung zur Jahresabrechnung

Aus den vielen Entscheidungen über die Ansprüche an und aus den Jahresabrechnungen werden folgende aufgezeigt: 340

- Ein Verwalter kann wegen einer unklaren Jahresabrechnung nicht gemäß § 259 Abs. 2 BGB zur Abgabe einer eidesstattlichen Versicherung verurteilt werden (OLG Frankfurt WE 1986, 138).
- Ist in einem Verwaltervertrag vereinbart, daß der Verwalter bei Beendigung des Verwalterverhältnisses eine Abrechnung zu erstellen hat, ist der Verwalter auch nach Ablauf seiner Verwaltertätigkeit zur Erstellung dieser Abrechnung verpflichtet, weil § 28 rechtswirksam abdingbar ist (OLG Frankfurt WE 1986, 138).
- Die Abrechnung des Verwalters muß vollständig, übersichtlich und nachprüfbar Auskunft über Einkünfte und Ausgaben der Gem. geben, dabei Angaben über Rücklagen, Zinsen, Kontenstände enthalten, sowie das Wirtschaftsergebnis nach dem Verteilerschlüssel auf die WEer aufteilen (KG DWE 1985, 61, KG DWE 1986, 27).
- Mit der Genehmigung der Jahresabrechnung können die WEer gleichzeitig über die Zuweisung eines angemessenen Betrages in die Instandhaltungsrückstellung beschließen (LG Hamburg DWE 1974/2, 29).
- Die Entscheidung über die Billigung der Jahresabrechnung und die Entlastung des Verwalters kann nicht durch Mehrheitsbeschluß dem

VB übertragen werden (BayObLG WE 1988, 297). Wird ein solcher Beschluß nicht angefochten, ist er aber wirksam (BayObLG WE 1989, 55).

- Fechten WEer den Beschluß über die Jahresabrechnung an, indem sie nur bestimmte Positionen beanstanden, beschränkt sich die Anfechtung nur auf diese selbständigen Posten mit der Folge, daß nach Ablauf der Monatsfrist (§ 23 Abs. 4) der Beschluß über die vorgenommenen Beschränkungen hinaus nicht mehr angefochten werden kann (BayObLG WE 1989, 64; a. A. AG München vom 30. 5. 1988, UR II 1251/87 WEG).
- Der Beschluß über die Entlastung des Verwalters (vgl. unten S. 570f.) enthält in der Regel zugleich die Billigung der Jahresabrechnung insbesondere dann, wenn vor der Beschlußfassung nur die Jahresabrechnung erörtert wurde. Gleichwohl beinhaltet auch die einheitliche Abstimmung rechtlich zwei Beschlüsse mit unterschiedlichen Gegenständen, so daß Anfechtung und Ungültigkeitserklärung auf einen dieser Gegenstände beschränkt werden kann (BayObLG WE 1989, 144).
- Haben die WEer die Jahresabrechnung gebilligt, so kann die Entlastung dem Verwalter nicht mit der Begründung verweigert werden, daß die Abrechnung nicht den formellen Anforderungen an Verständlichkeit und Übersichtlichkeit entspricht (BayObLG WE 1989, 144). Nur wenn durch den Entlastungsbeschluß dem Antragsteller materielle Ansprüche verlorengehen, könnte er diesen noch anfechten (BayObLGZ 1986, 263/266).
- Der Beschluß über die Jahresabrechnung ist dann nicht für ungültig zu erklären, wenn entgegen der GO nicht nach Zählerstand abgerechnet wurde, weil dieser nachträglich nicht mehr feststellbar war (BayObLG WE 1989, 218).
- Ein Beschluß über die Jahresabrechnung ist nicht für ungültig zu erklären, wenn sich die Unrichtigkeit nur in Pfennigbeträgen (§ 242 BGB) auswirkt (BayObLG WE 1989, 218).
- Der Beschluß der WEer, daß die vom Verwalter erstellten Jahresabrechnungen bzw. Wirtschaftspläne unter der Bedingung genehmigt werden, daß sie richtig sind, widerspricht den Grundsätzen ordnungsmäßiger Verwaltung (BayObLG WE 1990, 138) und ist für unwirksam zu erklären.
- Die Klausel in der GO, daß eine Jahresabrechnung dann als anerkannt gilt, wenn nicht innerhalb von 14 Tagen ein schriftlicher, begründeter Widerspruch von mehr als der Hälfte der Miteigentümer eingelegt wird, ist unwirksam (BayObLG DNotZ 1989, 428).
- Die Jahresabrechnung ist nicht für ungültig zu erklären, wenn der Verwalter unberechtigte Ausgaben tätigt und in die Jahresabrechnung einstellt. In diesem Fall ist aber dem Verwalter die Entlastung zu versagen (BayObLG WE 1991, 75; BayObLG WE 1991, 168).
- Einwendungen gegen die Einzelabrechnung sind trotz verbindlichen Eigentümerbeschlusses über die Jahresgesamtabrechnung möglich, so-

lange über die Einzelabrechnung ein Eigentümerbeschluß nicht vorliegt, wobei die Posten der Einzelabrechnung vom Gericht nachprüfbar und nachvollziehbar sein müssen (BayObLG DWE 1984, 87).

- Die rechnerische Aufteilung der Gesamtabrechnung (= Einzelabrechnung) hat nicht zum Inhalt, daß die individuelle Person des Schuldners festgelegt wird. Sie zeigt nur die Kostenpositionen einer ETW für eine Abrechnungsperiode und sagt aber nichts aus über das Verhältnis zeitlich aufeinander folgender Eigentümer an einer Wohnung (OLG Düsseldorf vom 27. 11. 1985 – 3 WX 340/85).
- Es genügt den mietrechtlichen Anforderungen, wenn der WEer in seiner Betriebskostenabrechnung gegenüber seinem Mieter die Jahresabrechnung der WEer-Gem. zugrundelegt. Soweit der Mieter Zweifel an der Richtigkeit der Jahresabrechnung der Gem. hat, greift er nicht die Ordnungsmäßigkeit sondern nur die Begründetheit, der ihm erteilten Abrechnung an (LG Köln – Urteil vom 10. 5. 1985 – S 303/84).
- Kein WEer kann eine neue Abrechnung oder deren Berichtigung verlangen, sofern eine den formellen Anforderungen im wesentlichen genügende Jahresabrechnung durch die WEer nicht abgelehnt oder ein diesbezüglicher Eigentümerbeschluß nicht rechtskräftig für ungültig erklärt worden ist (BayObLG WE 1988, 101).
- Ein Beschluß zur Jahresabrechnung, welcher offene Altschulden aus der Zeit vor der Entstehung der WEer-Gem. und aus einer anderen Wirtschaftsperiode ausweist, ist wegen absoluter Unzuständigkeit der WEer nichtig (KG WE 1992, 285).
- Ein ausgeschiedener WEer kann einen nach seinem Ausscheiden aus der Gem. gefaßten Beschluß zur Genehmigung der Jahresabrechnung nicht anfechten, weil in ihr (d. h. der Abrechnung) Verpflichtungen nur zu Lasten der bei der Beschlußfassung der WEer-Gem. angehörenden Personen begründet werden können (OLG WE 1997, 470).

7. Rechnungslegung

Der Anspruch auf Rechnungslegung seitens des Verwalters ergibt sich aus § 28 Abs. 4 und darüber hinaus aus §§ 674, 666 BGB. *341*

Die Rechnungslegung kann vom Verwalter jederzeit verlangt werden, wenn dies die WEer durch Mehrheitsbeschluß festlegen (§ 28 Abs. 4). Der Anspruch besteht aber nur gegenüber den WEern in ihrer Gesamtheit (§ 432 BGB), so daß der Verwalter zur Rechnungslegung gegenüber einem einzelnen WEer nicht verpflichtet ist (BayObLG WE 1989, 145). Ein einzelner WEer kann aber dann Rechnungslegung verlangen, wenn der *342* erforderliche Mehrheitsbeschluß nicht zustande gekommen ist und die Rechnungslegung dem Interesse aller WEer entspricht (BayObLG WE 1989, 145).

343 Während die Jahresabrechnung zur Darstellung und Nachweisung der in einer Abrechnungsperiode getätigten Ausgaben und Einnahmen dient, ist die Rechnungslegung eine Kontrolle des Rechnungswesens des Verwalters. Die Rechnungslegung, die wie die Jahresabrechnung aus der Rechenschaftspflicht des § 259 BGB abgeleitet wird, ist im Gegensatz zur Jahresabrechnung eine außerordentliche Abrechnung, weil sie nur auf Anforderung der WEer zu erteilen ist. Eine Einzelabrechnung, d.h. eine Aufteilung der Gesamtkosten auf die einzelnen WEer kommt bei der Rechnungslegung nicht in Betracht (BayObLGZ 1979, 30).

344 Die außerordentliche Rechnungslegung soll es den WEern ermöglichen, die Ordnungsmäßigkeit der Verwaltung zu überprüfen. Obwohl Umfang, Form und Inhalt nicht vorgeschrieben sind, verlangt das Gebot der Ordnungsmäßigkeit der Verwaltung von der Rechnungslegung, daß insbesondere die Einnahmen und Ausgaben während des betreffenden Zeitraums nach Kostenarten gegliedert dargestellt und die Bankkonten sowie die Rücklagen aufgeführt werden (vgl. KG WE 1988, 17).

345 Die WEer können Rechnungslegung auch noch nach dem Beschluß über die Jahresabrechnung verlangen, allerdings nur dann, wenn dem Verwalter ausdrücklich keine Entlastung erteilt wurde (OLG Frankfurt NJW 1972, 1376; OLG Karlsruhe MDR 1976, 758), sonst nicht mehr (KG WE 1988, 117), weil diese Pflicht von der Pflicht zur Erstellung der Jahresabrechnung abgelöst wird. In der Regel wird eine Rechnungslegung dem Verwalter nur dann abverlangt, wenn bei ihm Unregelmäßigkeiten vermutet werden, oder wenn er abberufen wird oder wenn er aus sonstigem Grund ausscheidet (vgl. Weitn. Rz 20 zu § 28).

8. Entlastung des Verwalters

346 Die Entlastung des Verwalters steht in engem Zusammenhang mit der Jahresabrechnung. Sie ist ein negatives Schuldanerkenntnis gemäß § 397 Abs. 2 BGB mit der Folge, daß die Tätigkeit des

Verwalters insgesamt für das ganze abgelaufene Jahr gebilligt wird. Sie befreit ihn von Schadensersatzansprüchen (OLG Düsseldorf DWE 1981, 25) und von der Pflicht zur weiteren Erklärung über Vorgänge, die bei der Beschlußfassung bekannt oder bei zumutbarer Sorgfalt erkennbar waren (BayObLG WM 1979, 38). Demnach können gegenüber dem Verwalter dann keine Ansprüche gem. § 667 BGB aus dem zurückliegenden Zeitraum geltend gemacht werden, wenn der VB oder die anderen WEer bei der Beschlußfassung die entsprechenden Sachverhalte kannten oder bei sorgfältiger Prüfung hätten erkennen können (§§ 278, 429 Abs. 2, 423 BGB; BayObLG WE 1994, 283).

Die Sorgfalt bei der Prüfungspflicht der WEer besteht aber nicht darin, daß sie sich die erforderlichen Kenntnisse bezüglich der vom Verwalter gegebenen Vorlagen und Berichte durch eigene Untersuchungen selbst verschaffen (KG WE 1993, 83). *347*

Hat die Gem. dem Verwalter Entlastung erteilt, so kann ein nicht damit einverstandener WEer nur durch Beschlußanfechtung seinen Einzelanspruch auf Schadensersatz gegen den Verwalter offenhalten. Einen nachträglichen Schadensersatzanspruch kann ein einzelner WEer – auch nicht anteilig – geltend machen, wenn der Entlastungsbeschluß unangefochten geblieben ist (OLG Köln WM 1989, 207), es sei denn, daß Fehlleistungen des Verwalters nachträglich zu Schaden geführt haben, die beim Entlastungsbeschluß trotz Prüfung nicht erkennbar und vorhersehbar waren. Bei der Beurteilung der Erkennbarkeit von Fehlleistungen ist auf die Gesamtheit der WEer abzustellen und nicht auf die Erkenntnismöglichkeiten einzelner WEer, die besondere Sachkenntnisse besitzen (BayObLG WE 1991, 22). In diesem Sinne ist das Nachprüfungsrecht der WEer hinsichtlich des Verwalterhandelns auch nach dem Entlastungsbeschluß weit auszulegen (BayObLG WE 1997, 117). *348*

Nach Auffassung des BayObLG (Rpfleger 1979, 66, BayObLGZ 1979, 266, BayObLG WE 1987, 12; BayObLG WE 1995, 256) bedeutet die Zustimmung der WEer zur Jahresabrechnung gleichzeitig die Entlastung des Verwalters. Wird eine ausdrückliche Genehmigung der Jahresabrechnung nicht beschlossen, sondern nur unter Hinweis auf die Jahresabrechnung die Entlastung *349* des Verwalters, dann ist wegen des inneren Zusammenhangs der Entlastung der Verwaltung und der Genehmigung der Jahresabrechnung davon auszugehen, daß der Entlastungsbeschluß gleichzeitig die Genehmigung der Jahresabrechnung enthält (BayObLG vom 22. 12. 1983, 2 Z 6/83; BayObLG WE 1987, 12).

350 Demgegenüber vertritt das KG (Beschluß WE 1987, 26) die Auffassung, daß der Mehrheitsbeschluß über die Entlastung des Verwalters für sich noch nicht die Billigung der Jahresabrechnung bedeutet. Wegen der Bestandskraft des die Jahresabrechnung billigenden Beschlusses müssen bestimmte Formalien eingehalten werden, welche die einzelnen WEer in den Stand versetzen, zweifelsfrei erkennen zu können, ob insoweit ein der Anfechtung nach §§ 23 Abs. 4; 43 Abs. 1 Nr. 1 unterliegender Beschluß vorliegt. Das ist zum Beispiel dann der Fall, wenn der Verwalter keine Gesamtabrechnung sondern nur Einzelabrechnungen vorgelegt hat.

351 Die Genehmigung der Jahresabrechnung bedeutet aber nicht notwendigerweise die Billigung der gesamten Tätigkeit des Verwalters (BayObLG DWE 1984, 92), sondern nur die, welche im Zusammenhang mit der Jahresabrechnung steht.

Aus den genannten Gründen ist zu empfehlen, in einem gesonderten Tagesordnungspunkt, der möglichst nicht im engen Zusammenhang mit der Jahresabrechnung steht (vgl. BayObLG vom 19. 6. 1997, 35/97) über die gesamte Tätigkeit des Verwalters im abgelaufenen Jahr einen Entlastungsbeschluß herbeizuführen.

352 Ein Entlastungsbeschluß kann im Verfahren nach § 43 angefochten werden. Er ist durch das Gericht dann für ungültig zu erklären, wenn die Entlastung nicht im Einklang mit den Grundsätzen ordnungsmäßiger Verwaltung steht (KG WE 1987, 26).

353 Umstritten ist die Frage, ob der Verwalter einen Anspruch auf Entlastung und damit die Möglichkeit hat, diesen Anspruch im WE-Verfahren gerichtlich durchzusetzen. Mit Weitnauer (Rz 17 zu § 28) wird dieser Anspruch in Anlehnung an die entsprechende Frage beim GmbH-Geschäftsführer bejaht (a. A. OLG Düsseldorf DWE 1981, 25; OLG Düsseldorf WE 1996, 465, offen gelassen: KG WE 1989, 134 und bejaht KG vom 25. 2. 1998 24 W 8414/97).

Nicht möglich ist es einem WEer die Ungültigkeitserklärung des Gerichts bezüglich des dem Verwalter durch die Mehrheit der WEer erteilten Entlastung mit einem Rechtsmittel anzugreifen. Hier ist der WEer in aller Regel nicht beschwert (KG vom 25. 2. 1998, 24 W 8414/97).

Zum Stimmrecht bei der Entlastung des Verwalters s. oben Rn. **2** 58ff. *354*

Rechtsprechung:

- Stellt sich nach dem Entlastungsbeschluß heraus, daß ein Verwalter seiner Hinweis- und Organisationspflicht bezüglich der anfänglichen Gewährleistungsansprüche nicht ordnungsgemäß nachgekommen ist (vgl. oben Rn. **2** 78ff.), so können die WEer Schadensersatzansprüche geltend machen, wenn dieser Sachverhalt den WEern bei Beschlußfassung nicht bekannt war und wenn er bei zumutbarer Sorgfalt nicht erkennbar gewesen ist (BayObLG WE 1981, 31).
- Die Genehmigung der Jahresabrechnung und die Entlastung des Verwalters sind zwei verschiedene Gegenstände, so daß beide getrennt angefochten werden können. Auch können von der Entlastung einzelne Vorgänge ausgenommen werden, so daß ein Entlastungsbeschluß sowohl hinsichtlich eines oder mehrerer Vorgänge angefochten werden kann (BayObLG WE 1988, 76).
- Da der Beschluß über die Entlastung des Verwalters nur Wirkung auf Ansprüche der WEer hinsichtlich des gem. E. hat, kann er nicht deshalb angefochten werden, weil im SE ein Schaden (hier: Mietausfall wegen Mängel am gem. E) entstanden ist, den der Verwalter zu vertreten hat (BayObLG WE 1988, 76).

9. Informationspflicht des Verwalters

Neben den Pflichten zur Abgabe des Rechenschaftsberichten (Wirtschaftsplan, Jahresabrechnung, Rechnungslegung, Versammlungsberichte) hat der Verwalter auch eine allgemeine Informationspflicht. Diese Informationspflicht beinhaltet zweierlei; einmal die Pflicht zur Erteilung von Auskunft an VB und WEer, und zum anderen die Pflicht VB und WEer Einsicht in die Belege und Verwalterunterlagen zu gewähren. *355*

Die Erteilung von Auskünften besteht in der mündlichen und schriftlichen Beantwortung von Fragen. Die umfassendste Auskunft (vgl. Müller a. a. O. S. 67) ist die Rechnungslegung. *356*

357 Die sich aus dem Verwaltervertrag (Geschäftsbesorgung: § 675, 666 BGB) und aus dem WEG (§§ 21, 28) ableitende Auskunftspflicht (auch Nebenpflicht) ist n.h.M. (OLG Hamm vom 29. 10. 1987, 15 W 200/87) eine unteilbare Leistung, die nur gegenüber der WEer-Gem. insgesamt besteht. Dementsprechend besteht die Auskunftspflicht des Verwalters primär gegenüber der Gem. und nicht gegenüber den einzelnen WEern.

358 Somit sind die individuellen Auskunftsansprüche der WEer gegenüber dem Verwalter begrenzt. Nach Auffassung des KG (WE 1987, 81: so auch OLG Celle DWE 1984, 126; und OLG Hamm vom 29. 10. 1987 – 15 W 200/87) können solche nur dann und nur in der Weise geltend gemacht werden, daß der betreffende WEer vom Verwalter die Auskunftserteilung auf die Tagesordnung für die WEer-Versammlung setzen läßt, weil die Entscheidung über ein Auskunftsverlangen primär der WEer-Versammlung zusteht. Individualansprüche der einzelnen WEer sind erst dann gegeben, wenn die Gem. von ihrem Auskunftsrecht keinen Gebrauch macht (RGRK-Augustin 12. Aufl. WEG § 28 Rz 21 und 28; Bärm. § 28 Rz 43; Müller a.a.O. S. 68). Anders gesteht das BayObLG (WE 1989, 180) dem WEer für sich gesondert einen Auskunftsanspruch zu, wenn und weil die gewünschte Information (hier: Stand der Instandhaltungsrückstellung) in der Jahresabrechnung nicht enthalten ist und wenn an der Aufklärung für den Einzelfall ein berechtigtes und akutes Bedürfnis besteht (BayObLG WE 1988, 198).

359 Die enge Sicht über die Auskunftspflicht des Verwalters sollte nicht eine generell großzügigere Handhabung der direkten Auskunftserteilung durch den Verwalter verhindern, weil es in der Praxis kaum möglich ist, über alle Verwalterhandlungen – die außerdem für die einzelnen WEer unterschiedlichen Informationsgehalt besitzen – bei der WEer-Vers. Auskünfte zu geben. Gleichwohl ist diese enge Auffassung berechtigt und notwendig, um im Streitfall übertriebene und nichtgerechtfertigte Auskunftsansprüche einzelner WEer abzuwehren.

360 Der Verwalter ist verpflichtet, jedem WEer grundsätzlich Einsicht in die Verwaltungsunterlagen zu gewähren. Diesem grundsätzlichen Einsichtsrecht der WEer (§§ 28 Abs. 3 WEG; 675, 666, 259 BGB) hat er auch ohne Beschluß nachzukommen,

auch dann, wenn bereits über die Jahresabrechnung Beschluß gefaßt und ihm Entlastung erteilt wurde (BayObLG WE 1989, 180). Allein das Schikaneverbot (§ 226 BGB) sowie der Grundsatz von Treu und Glauben (§ 242 BGB) kann dem Einsichtsrecht bzw. der Pflicht des Verwalters zur Gewährung von Einsicht in die Belege und Verwaltungsunterlagen entgegenstehen (OLG Hamm DWE 1986, 24; BayObLG DWE 1979, 61). Aus diesem Grunde muß sich das Ersuchen der WEer auf vorhandene und hinreichend genau bezeichnete Unterlagen beziehen, die ohne nennenswerten Vorbereitungsaufwand und ohne Störung des Betriebsablaufs der Verwaltung eingesehen und fotokopiert werden können (OLG Hamm vom 9. 2. 1998, 15 W 124/97). Unter Verwaltungsunterlagen sind alle Gegenstände zu betrachten, welche die Verwaltung des gem. E. dokumentieren; das sind Forderungsaufstellungen ebenso wie die Auszüge des gem. Bankkontos (OLG Hamm DWE 1985, 127; Müller a. a. O. S. 66).

Der Verwalter ist auch zur Gewährung von Einsichtnahmen in Verwaltungsunterlagen gegenüber Bevollmächtigten von WEern verpflichtet (KG WEM 1984/6/28), sofern die GO nichts anderes vorsieht. *361*

Das Einsichtsrecht der WEer kann weder aus Gründen des Datenschutzes (OLG Frankfurt DWE 1984, 126; BayObLG WM 1984, 304 mit Anm. Braun; 1985, 165 mit Anm. Brell), noch sonst (auch nicht in GO) eingeschränkt werden. Auch kann es nicht auf die Ausübung durch den VB beschränkt werden (OLG Hamm vom 29. 10. 1987 – 15 W 200/87). Der Verwalter ist aber nicht verpflichtet, im Zusammenhang mit der Gewährung von Auskunft und Einsicht Verwaltungsunterlagen herauszugeben. Dagegen ist er verpflichtet Kopien zu fertigen, sofern ein WEer die dabei entstehenden Kosten trägt (OLG Celle DWE 1984, 126, OLG Hamm vom 9. 2. 1998, 15 W 124/97), und soweit dem Einsichtsrecht des WEers nicht in anderer Weise Rechnung getragen werden kann. Das Recht auf Herausgabe von kopierten Verwaltungsunterlagen muß insbesondere dann dem WEer zugebilligt werden, wenn es diesem durch den Umfang der Unterlagen nicht möglich ist, durch Lesen der Schriftstücke oder durch eigene Anfertigung von Abschriften sich Kenntnis über den Sachverhalt zu verschaffen (AG Aachen ZMR 1988, 111). *362*

363 Bei der Ausübung seines Einsichtsrechts hat der WEer bei der Bestimmung des Zeitpunkts und des Umfangs der Prüfung auf die Bürobelange des Verwalters Rücksicht zu nehmen. Das Prüfungsrecht geht aber nicht so weit, daß der WEer Einsichtsrecht in handschriftliche Aufzeichnungen des Versammlungsleiters hat, die dieser zur Fertigung der Versammlungsniederschrift erstellt (AG Berlin Tiergarten vom 20. 1. 1988 – 70 II 22/87 WEG, a. A. Deckert DE a. a. O. Gruppe 2 S. 714).

364 Dagegen ist der Verwalter grundsätzlich verpflichtet, Verwaltungsunterlagen an Mitglieder des VB auszuhändigen, damit diese ihrer gesetzlichen Verpflichtung (§ 29 Abs. 3) zur Prüfung von Wirtschaftsplan und Abrechnungen nachkommen können.

365 Weiter besteht die Frage, wo, d. h. an welchem Ort der Verwalter seiner Pflicht zur Gewährung der Einsicht in Verwaltungs- und Abrechnungsunterlagen nachzukommen hat.

Nach § 269 BGB ist die Leistung am Ort des Wohnsitzes des Schuldners zum Zeitpunkt der Entstehung des Schuldverhältnisses zu erbringen (BayObLG Rpfleger 1972, 246; a. A. Bärm. Rz 27 zu § 28 sowie OLG Karlsruhe NJW 1969, 1968 mit Anm. Diester). Fällt der Ort der Wohnanlage mit dem Wohnsitz des Verwaltungsunternehmens zusammen, gelten als Ort der Belegeinsicht, sofern anderes nicht vereinbart ist, in der Regel die Geschäftsräume (OLG Hamm vom 12. 2. 1998, 15 W 319/97). WEer können nicht verlangen, die Belege nur in der Wohnanlage einzusehen (KG Berlin WEM 6/1984, 28).

Ist der Ort der Wohnanlage aber nicht Sitz der Verwaltung, so ist umstritten, wo die Einsichtnahme (Leistungsort) vorzunehmen ist:

- am Ort der zu verwaltenden Wohnanlage (OLG Karlsruhe NJW 1969, 1968 und Bärmann/Pick zu § 28 Rz 27), weil der Verwalter hier wesentliche Verwaltungshandlungen vorzunehmen hat, oder am
- Ort des Sitzes der Verwaltung (BayObLG Rpfleger 1972, 411; Palandt/Bassenge zu § 28 Anm. 3 c), weil die Verwaltungstätigkeit in eine Vielzahl von Einzelhandlungen zerfällt. Da hier also die schriftlichen Verwaltungshandlungen nicht am Ort der Wohnanlage vorgenommen werden, kann die Aufbewahrung der Belege und deren Einsicht am Sitz der Verwaltung vorgenommen werden.

In der Rechtsprechung wurden u.a. folgende Fälle entschieden: 366

- Trotz Entlastung des Verwalters im Zusammenhang mit der Jahresabrechnung kann ein einzelner WEer Auskunft über den Stand und die Bewegung des Gemeinschaftskontos verlangen, wenn dies aus der Jahresabrechnung nicht ersichtlich ist (OLG Celle DWE 2/1984, 17).
- Der Verwalter ist nicht verpflichtet, bei Hausgeldanforderungen gegen einen WEer diesem den Nachweis über die Verwalterbestellung zu erbringen (BayObLG DWE 1983, 91).
- Der Verwalter ist verpflichtet einem WEer Auskunft über den Mitgliederbestand der Gem. (Namen, Anschrift) zu geben. Dies ist kein Verstoß gegen das Bundesdatenschutzgesetz (OLG Frankfurt DWE 1984, 126; BayObLG WM 1984, 304 m. Anm. Braun; 1985, 165 m. Anm. Brell).
- Der Verwalter ist aufgrund seiner Verpflichtung zur Erteilung der Veräußerungszustimmung nicht gehalten, rechtzeitig alle WEer über den Erwerber zu unterrichten. Es gehört aber zu seinen Nebenpflichten über Fragen, die mit der Veräußerung zusammenhängen, Auskunft zu erteilen, soweit er damit befaßt ist (OLG Köln DWE 1984, 117).
- Von dem der WEer-Gem. zustehenden Auskunfts- und Rechnungslegungsanspruch ist das Recht jeden WEers auf Einsicht in die der Abrechnung zugrunde liegenden Unterlagen zu unterscheiden. Diese sind gem. §§ 259, 260 BGB jedem WEer zugänglich zu machen. Das Individualrecht auf Belegeinsicht kann auch nicht wirksam ausschließlich auf den Verwaltungsbeirat übertragen werden (OLG Hamm WE 1988, 92).
- Dem Antrag eines WEers im WE-Verfahren auf Belegeinsicht fehlt ein Rechtsschutzbedürfnis dann, wenn der Verwalter die Einsicht von Belegen und Rechnungsunterlagen in seinen Geschäftsräumen anbietet. Der Verwalter ist zur Herausgabe von Unterlagen zwecks Einsicht nicht verpflichtet (BayObLG WE 1989, 145).
- Nur in Ausnahmefällen kann der Verwalter verpflichtet sein einem WEer die Belegeinsicht außerhalb seiner Büroräume zu gewähren. Z.B.dann, wenn ein WEer befürchten muß bei Einsicht in den Geschäftsräumen geschlagen zu werden (OLG Hamm vom 12. 2. 1998, 15 W 319/97).
- Der Verwalter ist nicht verpflichtet gegenüber Kaufwilligen ungefragt auf anstehende, noch nicht finanzierte Renovierungsmaßnahmen und sich hieraus ableitenden Umlagen hinzuweisen. Das gilt auch dann, wenn der Verwalter die Veräußerungszustimmung nach § 12 zu erteilen hat (OLG Köln WuM 1999, 300).

10. Kreditaufnahme

367 Häufig wird die Frage gestellt, ob die WEer-Gem. in der Lage ist, Kredite aufzunehmen. Meist wird sie bejaht, insbesondere von den Bausparkassen. Sicher könnte die Kreditfinanzierung von Instandhaltungsmaßnahmen in bestimmten Fällen eine Hilfe für die WEer sein. In diesem Sinne ist zu fragen, ob die Kreditaufnahme zur Finanzierung von Instandhaltungsmaßnahmen als Maßnahme ordnungsmäßiger Verwaltung verstanden werden kann. Die Frage stellt sich in diesem Zusammenhang dann, wenn die Instandhaltungsrücklage zur Kostendeckung nicht ausreicht und die Sonderumlage eine Höhe ausweist, die für viele WEer der Gem. eine erhebliche finanzielle Belastung darstellt.

368 Im WEG gibt es keine Regelung über die Kreditfinanzierung von Lasten und Kosten des gem. E. Bezüglich der Zulässigkeit einer Kreditaufnahme durch die Gem. wird vielfach auf § 27 Abs. 2 Nr. 1 verwiesen, wonach der Verwalter berechtigt und verpflichtet ist, „Tilgungsbeiträge und Hypothekenzinsen anzufordern, in Empfang zu nehmen und abzuführen".

369 Dieser Regelung liegt wohl ein anderer Sachverhalt zugrunde, der zwar in der Kommentierung (vgl. Bub „A-2" S. 317; Brych in WE 1995, 15f.) zu § 27 Abs. 2 Nr. 1 WEG nicht deutlich ausgesprochen wird, aber auf den sicher abgestellt ist, wenn von der Zweckmäßigkeit des Einzugs von Tilgungen und Zinsen durch den Verwalter gesprochen wird. Zum Zeitpunkt der Entstehung des WEG im Jahre 1951 war es noch nicht möglich, – zumindest nicht üblich – Hypotheken und Grundschulden den betreffenden WE-Einheiten im Wege der Einzelbeleihung anzulasten. Üblich war die Aufnahme von Gesamtdarlehen und Gesamthypotheken auf alle WE-Einheiten. In diesem Fall war es unumgänglich und auch wegen der persönlichen und dinglichen Haftung aller WEer notwendig, die Annuitäten dieser Darlehen vom Verwalter einziehen und an den Gläubiger abführen zu lassen. Dieses Problem hat sich seinerzeit aber sehr schnell gelöst, weil alle Darlehensgeber zur Einzelbeleihung des WE übergegangen sind, sodaß auch die Einziehung und Abführung der

Zinsen- und Tilgungsbeträge durch den Verwalter überflüssig wurde.

Die Darlehensaufnahme seitens der Gem. zum Zwecke der Finanzierung von Instandhaltungsmaßnahmen kann mit dieser Kaufpreisfinanzierung nicht verglichen werden. Das Darlehen für die Gem. dient der Finanzierung von Kosten, die zu einem bestimmten Zeitpunkt entstehen und welche die übrige Beitragsleistung der WEer (Vorschuß und Wirtschaftsplan, Sonderumlage, Nachschuß in Jahresabrechnung) ersetzen sollen. Ein Hauptproblem wird darin gesehen, daß für die Kapitalnutzung ein Entgelt, der Zins, zu leisten ist, der bei der üblichen Finanzierung nicht entsteht. Durch die zu einem bestimmten Zeitpunkt entstehenden Kosten werden also alle WEer in der Zukunft belastet, wenn die Zins- und Tilgungsleistung eine Maßnahme ordnungsmäßiger Verwaltung (Brych in WE 1995, 15) sein sollte. Dies ist aus wirtschaftlicher Sicht von den WEern nicht zu akzeptieren die in der Lage sind, ihre Kostenanteile auch ohne Darlehensinanspruchnahme zu finanzieren. *370*

Die Aufnahme von Krediten bei einem Bankinstitut setzt einen Darlehensvertrag zwischen dem Darlehensgläubiger und den Schuldnern voraus. Schuldner sind hier die WEer individuell, weil die WEer-Gem. eine nicht rechtsfähige Personengemeinschaft ist. Alle WEer haben den Darlehensvertrag zur Übernahme der persönlichen Schuldhaft zu unterzeichnen. Ferner haben die WEer die dingliche Haftung zur Darlehenssicherung zu übernehmen. Dies geschieht in der Weise, daß ein Grundpfandrecht an allen WE-Rechten eingetragen wird. *371*

Das setzt voraus, daß alle WEer mit der Kreditaufnahme einverstanden sind mit dem Wissen, daß sie Darlehensschuldner sind und bleiben. Eine Übertragung der Schuldverpflichtung aus persönlicher Schuld (Darlehensvertrag) auf den Sondernachfolger des WEers wäre nur dann möglich, wenn der Erwerber bereit ist, in die persönliche Schuldhaft einzutreten und wenn er das Grundpfandrecht an dem WE als dingliche Schuld ebenfalls mit übernimmt. Voraussetzung hierfür ist ferner, daß der Darlehensgläubiger mit dem Schuldnerwechsel einverstanden ist. *372*

Diese Bedingungen sind für die wenigsten WEer annehmbar, insbesondere nicht für die, welche in der Lage sind, die anfal- *373* lenden Kosten im Wege einer Sonderumlage voll zu entrichten. Warum sollten sie sich in der Zukunft wirtschaftlich und rechtlich belasten, wenn dies nicht erforderlich ist. Sobald innerhalb der WEer-Gem. ein Eigentumswechsel stattfindet ist die „Gemeinschaft der Schuldner" nicht mehr identisch mit der Gem. der WEer.

374 Aus diesen Gründen wird hier die Auffassung vertreten, daß ein solcher Beschluß nicht nur gegen das Prinzip der ordnungsmäßigen Verwaltung verstößt, er ist grundsätzlich unwirksam, weil er einen Regelungsgehalt besitzt für den die WEer als Gem. nicht zuständig sind.

375 Auch der Abschluß eines Bausparvertrags seitens der WEer-Gem. ist problematisch. Bekanntlich setzt der Bausparvertrag eine Ansparphase voraus, bis das Bauspardarlehen in Anspruch genommen werden kann. Hier stellt sich die Frage, wie die Ansparleistung zu erbringen ist. Sofern die Ansparung der Bauerneuerungsrückstellung entnommen werden soll, dürfte ein hierfür notwendiger Mehrheitsbeschluß nicht den Grundsätzen ordnungsmäßiger Verwaltung entsprechen. Nach Auffassung des OLG Düsseldorf (WE 1996, 275), der hier ausdrücklich beigetreten wird, darf die monatliche oder jährliche Ansparleistung nicht der Instandhaltungsrücklage entnommen werden, weil einmal die meist lange Ansparphase (im entschiedenen Fall waren es 16 Jahre) dem Grundsatz widerspricht, bei Geldanlagen einerseits dem kurzfristigen Finanzbedarf Rechnung zu tragen, andererseits eine möglichst günstige Rendite zu erzielen. Das ist für eine längerfristige Anlage nicht gegeben, wenn für das Bausparguthaben nur ein Anlagezins von 3% gewährt wird, wenn bei einer sonstigen längerfristigen Anlage z. Zt. zwischen 2 bis 4% Zinsen erreicht werden können.

376 Gleichwohl können alle WEer gemeinsam ein Darlehen aufnehmen, wie jede andere Personengemeinschaft auch, indem die WEer in den Darlehensvertrag eintreten. Die Verpflichtungen aus dem Darlehensvertrag treffen aber nicht die Personen in ihrer Eigenschaft als WEer, sondern nur in ihrer Eigenschaft als aus dem Darlehensvertrag Verpflichtete. In diesem Sinne können auch die Zins- und Tilgungsleistungen nicht als Maßnahme ordnungsmäßiger Verwaltung verstanden werden mit der Folge,

daß die anteiligen Leistungen nicht durch die Rechtsnachfolger der die Darlehensverpflichtung eingegangenen WEer getragen werden müssen.

Anderes gilt für den sogenannten Überziehungskredit. Mit diesem kann der Verwalter das Gemeinschaftskonto der WEer über ein Guthaben hinaus überziehen. Die sogenannten Kontokorrentkredite, die in der Höhe in der Regel auf drei Monatshausgeldleistungen der WEer-Gem. beschränkt sind, dienen der kurzfristigen Deckung offener Rechnungen und entsprechen in der Regel dem Grundsatz ordnungsmäßiger Verwaltung, weil hier zur Kreditsicherung weder der Abschluß eines formellen Darlehensvertrags noch eine dingliche Sicherung verlangt wird. *377*

Auch hier ist die Grenze ordnungsmäßiger Verwaltung zu beachten. Im Rahmen ordnungsmäßiger Verwaltung können nur solche Überziehungskredite verstanden werden, die dringend notwendig, nicht anders ausgleichbar und vorübergehender Natur sind, wobei der Kreditrahmen etwa die Summe der Hausgeldzahlungen aller WEer innerhalb von drei Monaten nicht übersteigen soll (BayObLG WE 1991, 111). *378*

VIII. Technische Verwaltung

Zu den Funktionen der technischen Verwaltung zählen neben der Behebung von Mängeln auch pflegende, erhaltende und vorsorgende Maßnahmen am gem.E., die der Aufrechterhaltung des ursprünglichen Zustands dienen. Während bei Behebung von Mängeln im Rahmen von Instandsetzungsmaßnahmen der verkehrsüblich erforderliche Umfang verhältnismäßig leicht, notfalls durch Sachverständige festzustellen ist, ist dies für vorbeugende Pflegemaßnahmen einschließlich notwendiger Wartungsarbeiten ungleich schwerer zu bestimmen, soweit nicht etwa gesetzliche Bestimmungen bestehen (siehe unten Rn. **10** 388). Auch von der Kostenseite stellt sich die Frage, ob und inwieweit sich rein vorsorgende Wartungsarbeiten „lohnen" oder ob jeweils fällig werdende notwendige Reparaturen nicht auf Dauer preisgünstiger sind. Dabei ist auch zu berücksichtigen, *379* welcher Schaden im Ernstfall drohen kann (KG vom 19. 10. 1998, 24 W 4300/98 m.w.N.).

Bei den Mietwohnungen wird innerhalb der Bewirtschaftung von Wohnungen unterschieden in Betrieb und Instandhaltung und die dabei entstehenden Kosten streng in Betriebskosten und Instandhaltungskosten getrennt. Beim WE sind die Grenzen fließend, weil die gesetzliche Kostenregelung in § 16 keine ausdrückliche Differenzierung vornimmt. Gleichwohl ist die Unterscheidung in Betriebskosten und Instandhaltungskosten auch für das WE nicht bedeutungslos (vgl. oben Rn. **10** 179).

380 Die Technische Verwaltung gewinnt um so mehr an Bedeutung je älter die Wohnanlage ist. Mit dem zunehmenden Alter einer Wohnanlage mehren sich die Notwendigkeiten, Instandhaltungs- und Instandsetzungsmaßnahmen vorbereiten und durchführen zu müssen, wobei Maßstab für alle Instandhaltungs- und Instandsetzungsmaßnahmen die ordnungsmäßige Verwaltung ist.

381 Nach § 21 Abs. 5 Nr. 1 WEG zählt die ordnungsmäßige Instandhaltung und Instandsetzung des gemeinschaftlichen Eigentums zu den Maßnahmen ordnungsmäßiger Verwaltung, auf die jeder einzelne WEer einen Rechtsanspruch hat. Die Instandhaltungsmaßnahmen zählen also zu den wesentlichen Rechten und Pflichten der WEer. In der Regel beinhaltet die Pflicht der WEer zur ordnungsmäßigen Instandhaltung und Instandsetzung das Recht auf Mitwirkung bei der Beschlußfassung. Dieses Recht beschränkt sich aber nicht nur auf die Beschlußfassung sondern es schließt die entsprechende Werkleistung mit Hilfe von Fachkräften ein. Das bedeutet, daß die Gem. für ein Verschulden des Werkunternehmers bei der Instandhaltung des gem. E. im Falle eines Schadens am SE gegenüber dem betreffenden WEer haftet. Allerdings muß sich der geschädigte WEer ein Verschulden des Werkunternehmers in der Regel selbst zu einem Bruchteil als Mitverschulden anrechnen lassen (BGH vom 22. 4. 1999, V ZB 28/98). Die Grundsätze der Instandhaltung und Instandsetzung wurden in Zusammenhang mit den Rechten und Pflichten ausführlich besprochen (vgl. oben Rn. **7** 214ff.). Es wurde versucht, die Begriffe Instandhaltung und Instandsetzung zu definieren. Insondere wurden die Instandhaltungs- und Instandsetzungsmaßnahmen abgegrenzt von den Maßnahmen der baulichen Änderung.

Die Verpflichtung zur Instandhaltung und Instandsetzung bezieht sich sowohl für die WEer als auch für den Verwalter nur auf das gem. E. Zur Behebung von Schäden am SE ist der Verwalter nicht verpflichtet. Das gilt auch dann, wenn am SE ein Brandschaden entsteht und die Feuerversicherung außer dem gem.E. auch das SE umfaßt. In einem solchen Fall hat der Verwalter „nur" den brandgeschädigten WEer zu unterstützen und diesem insbesondere die Versicherungsnummer mitzuteilen. *382*

Wegen des vielfach engen baulichen Zusammenhangs kann es notwendig sein, daß bei Instandhaltungsmaßnahmen am gem. E. Teile des SE zwangsläufig in die Maßnahme einzubeziehen sind. Als Beispiel kann hier eine Balkonsanierung genannt werden, wenn am Balkon SE begründet wurde. In diesem Fall haben die Sondereigentümer die Maßnahme zu dulden (§ 14 Nr. 4 WEG). Gleichzeitig haben sie einen Anspruch gegen die anderen WEer auf Ersatz der hierfür entstehenden Kosten. Die Kosten sind von allen WEern – einschließlich der Betroffenen – anteilig nach dem gesetzlichen oder vertraglichen Kostenverteilungsschlüssel zu tragen. Diese Kosten zählen nach § 16 Abs. 4 WEG zu den Kosten der Verwaltung (OLG Düsseldorf WE 1995, 86). *383*

1. Baumängel, Instandhaltung und Instandsetzung

Baumängel, die bei der Bauerstellung von ETW bzw. bei der Sanierung von zu privatisierenden Wohnungen entstehen, fallen üblicherweise nicht in die Entscheidungskompetenz der Gem., auch wenn es sich um Mängel am gem. E. handelt. Die Gewährleistungsansprüche besitzen die WEer aus individuellem Recht (Kaufvertrag). *384*

Sind aber die Gewährleistungsfristen abgelaufen oder lassen sich die Ansprüche – aus welchem Grund auch immer – nicht mehr gegen die am Bau Beteiligten durchsetzen, sind diese Mängel im Wege der ordentlichen Instandhaltung und Instandsetzung durchzusetzen. Es spielt dabei keine Rolle, ob die Maßnahmen der ordnungsmäßigen Herstellung eines einwandfreien *385*

Zustands dienen oder zur Beseitigung anfänglicher Baumängel notwendig sind (vgl. hierzu oben Rn. **7** 277 ff.).

386 Bei noch vorhandenen Gewährleistungsansprüchen aus der Bau- oder Sanierungsphase ist es in erster Linie Sache der WEer, für die Behebung der Baumängel Sorge zu tragen und die Gewährleistungsansprüche durchzusetzen. Wie oben gezeigt (Rn. **2** 155) können nur bestimmte Mängel am gem. E. von den WEern individuell geltend gemacht werden. Soweit Gewährleistungsansprüche wegen ihres alternativen Charakters von den WEern nur gemeinsam geltend zu machen sind, ist es erforderlich, daß der Verwalter den WEern die hierbei erforderliche Organisation ermöglicht. Anderes gilt nur, wenn sich der Verwalter vertraglich verpflichtet hat, für die Gem. die Gewährleistungsansprüche hinsichtlich der Mängel am gem. E. durchzusetzen. Andernfalls ist der Verwalter nur verpflichtet, Baumängel festzustellen, die WEer entsprechend zu informieren und eine Entscheidung in einer einzuberufenden Versammlung über das weitere Vorgehen herbeizuführen (BayObLG WE 1988, 31). Hieraus ergibt sich auch, daß der Verwalter aus eigenem Recht nicht befugt ist, einen Sachverständigen zur Begutachtung von Baumängeln zu bestellen und umfassende Sanierungsmaßnahmen in Auftrag zu geben (OLG Hamm vom 17. 12. 1996, 16 W 212/96). Verletzt der Verwalter seine Organisationspflicht schuldhaft mit der Folge, daß dadurch den WEern Gewährleistungsansprüche verloren gehen, haftet der Verwalter für den den WEern entstandenen Schaden aus positiver Vertragsverletzung (BayObLG WE 1991, 22). In diesem Zusammenhang ist der Verwalter auch verpflichtet, Baumängel (Planungs- und Ausführungsfehler) den WEern rechtzeitig anzuzeigen. Ein Verstoß gegen diese Hinweispflicht wird wegen positiver Vertragsverletzung geahndet (vgl. BGH Urt. v. 20. 11. 1997, III ZR 310/95).

2. Ordnungsmäßige Instandhaltung und Instandsetzung

387 Nach Bub (PiG Nr. 48 S 46) bemißt sich die Ordnungsmäßigkeit von Instandhaltungs- und Instandsetzungsmaßnahmen nach folgenden Kriterien:

- Erforderliche Maßnahmen im Zeitpunkt der Ausführung
- Art und Weise der Ausführung
- Grundsatz kostenbewußter und sparsamer Wirtschaftsführung
- Fachgerechte Vergabe

Erforderlich ist eine Maßnahme dann, wenn sie den Grundsätzen ordnungsmäßiger Verwaltung entspricht. Das ist immer dann der Fall, wenn eine Instandhaltungsmaßnahme notwendig ist, um das gem. E. zu erhalten und vor Schaden zu bewahren. Freilich ist die Abgrenzung zwischen erforderlichen und nicht zwingenden Maßnahmen fließend. Ist eine Maßnahme erforderlich und zwingend, dann muß sie auch unverzüglich veranlaßt werden, d.h. der Verwalter hat das Notwendige zu tun, damit die Ausführung der Maßnahme erfolgen kann.

Die Art und Weise der Ausführung bestimmt sich nach den *388* anerkannten Regeln der Technik. Die allgemein anerkannten Baunormen sind DIN-Normen, VDE-Vorschriften und VDI-Richtlinien. Sie sind zwar nicht gleich den anerkannten Regeln der Technik, eine widerlegbare Vermutung spricht aber für sie (vgl. hierzu oben Rn. **2** 2ff.).

Der Grundsatz, die Art und Weise der Ausführung nach Maß- *389* gabe der anerkannten Regeln der Technik auszurichten, kollidiert vielfach mit dem Prinzip der kostenbewußten und sparsamen Wirtschaftsführung.

Der Grundsatz der kostenbewußten und sparsamen Wirt- *390* schaftsführung beurteilt sich insbesondere nach der Größe der Wohnanlage, den Gegebenheiten der Gemeinschaftsflächen, den Kosten der Maßnahme bzw. dem Preis der Anschaffung, sowie dem Zweck der Maßnahme (BayObLG WuM 1991, 209). Dabei soll von den technisch notwendigen Maßnahmen immer die kostengünstigste ausgesucht werden.

Die Rechtsprechung hat sich vielfach mit dieser Proble- *391* matik befaßt, ohne aber eine einheitliche Linie entwickelt zu haben. Es kommt deshalb bei allen Abgrenzungsfragen immer auf den Einzelfall an (BayObLG WuM 1989, 657). Insgesamt kann festgestellt werden, daß bei allen Sicherheitsfragen die Regeln der Technik einzuhalten sind. Auf alle Fälle müssen Lösungen gewählt werden, welche die Mängel dauerhaft beseitigen. Bestehen mehrere Ausführungsmöglichkeiten, ist zwischen technisch gleichwertigen die kostengünstigere und weniger weitreichende Maßnahme zu bevorzugen.

3. Schadensfeststellung

392 Die Feststellung von Mängeln und Schäden am Bauwerk sowie an Anlagen und Einrichtungen ist eine besonders wichtige Aufgabe, die der Verwalter im Rahmen der technischen Verwaltung zu erbringen hat. Er kann diese Verpflichtung nicht ernst genug nehmen (vgl. hierzu Bä/S S. 681 ff.).

Da an Bauwerken Schäden nicht immer plötzlich auftreten, sondern meist früher erkennbar sind, gehört es zu den wichtigen Aufgaben des Verwalters, die Gebäude auf besondere Abnutzungserscheinungen und mögliche Schäden möglichst einmal im Jahr zu untersuchen. Bei den periodischen Begehungen des Objekts sollten die sichtbaren Mängel festgestellt werden. Gleichzeitig sind die notwendigen Maßnahmen zu beschreiben und Kostenschätzungen zu veranlassen, möglichst nach DIN 276, um den WEern eine annähernde Kostenanalyse zu vermitteln. Dabei sollten die Feststellungen nach Dringlichkeitsstufen beurteilt und in ein Inspektionsblatt (Checkliste) eingetragen werden.

393 Nach Peters (a. a. O. S. 171) ergeben sich folgende Dringlichkeitsstufen:

Stufe 1 Schäden ohne Einfluß auf die Hauptfunktionen eines Gebäudes.
Beispiele:
Farbanstriche mit ausschließlich gestalterischen Aufgaben, leichte Innenputzschäden.

Stufe 2 Abnutzungserscheinungen, die sich nur bei zeitlich längerer Vernachlässigung stärker ausbreiten.
Beispiele:
Abnutzung von Außenanstrichen und am Außenputz.

Stufe 3 Schäden, die sich besonders bei Frosteinwirkung auswirken.

Beispiele:
Schadhafte Dachentwässerung, Schäden im Fugenbereich, Schäden am Wärme- und Feuchtigkeitsschutz, Schäden an Plattenbelägen der Zugangswege.

Stufe 4 Abnutzungserscheinungen, die die Nutzung des Gebäudes entscheidend beeinträchtigen.
Beispiele:
Schädlingsbefall, Schäden an Dacheindeckung und im Dichtungsbereich, Schäden an Heizungsanlagen, Schäden an Ver- und Entsorgungsanlagen.

Stufe 5 Bauliche Gefahrenzustände für Personen und für den Bestand.
Beispiele:
Konstruktive Risse mit Einsturzgefahr, Querschnittsveränderungen an tragenden Teilen der Holz-, Beton- und Stahlkonstruktionen, Holzzerstörung durch tierische und pflanzliche Schädlinge.

Darüber hinaus hat der Verwalter sofort tätig zu werden, *394*
wenn ihm durch den Verwaltungsbeirat, durch einen WEer oder durch den Hausmeister Schäden gemeldet werden. Dies gilt auch dann, wenn nicht eindeutig feststeht, ob der Schaden vom gem.E. oder dem SE ausgeht. Häufig treten solche Zweifelsfragen bei Wasserschäden in Wohnungen auf. Der Verwalter hat hier unverzüglich zu handeln, wobei meist erst ein Gutachter die tatsächliche Schadensursache feststellen kann. In diesem Fall werden die Kosten des Gutachten üblicherweise vom Verwalter zu Lasten der Gem. bezahlt. Stellt sich nachträglich heraus, daß die Schadensursache allein im SE liegt, hat der betreffende WEer die von der Gem. verauslagten Kosten zu erstatten. Versäumt es der Verwalter bei Auftreten eines solchen Schadens unverzüglich zu handeln, wird er wegen positiver Vertragsverletzung schadensersatzpflichtig, auch dann, wenn sich nachträglich herausstellt, daß der Schaden im SE begründet ist (BayObLG vom 29. 1. 1998, 2 Z 53/97).

Bei Vorhandensein von Mängeln hat der Verwalter folgende Feststellungen zu treffen (Peters a. a. O. S. 172):

– Art des Schadens, *395*
– Ort des Schadens,

- Angabe der betroffenen Bauteile,
- Umfang des Schadens,
- Angabe des zeitlichen Schadensbeginns und der Häufigkeit,
- mögliche vorhandene oder zu erwartende Folgeschäden.

396 Soweit der Verwalter als technischer Laie in der Lage ist Schäden selbst zu beurteilen, wie z. B. Mängel an Außenflächen und Fassadenverkleidung, an Innenanstrichflächen, an Tapeten, an Wandfliesen, an Außenfenstern, an Fußboden- und Treppenbelägen u. a., hat er entsprechende Baufirmen zur Abgabe von Angeboten zu veranlassen.

397 Vielfach ist der Verwalter aber nicht in der Lage, Mängel an besonderen Bauteilen wie z. B. an konstruktiven Bauteilen, im Installationsbereich, an verdeckten Bauteilen und im Dachbereich zu erkennen. Hier muß er technische Berater und Fachleute zu Rate ziehen, die er zur Feststellung und zur Behebung des Mangels beauftragt. Unterläßt dies der Verwalter schuldhaft, so wird er bei Entstehung eines Schadens schadensersatzpflichtig (BayObLG WE 1995, 189). Er haftet aber nur für konkrete Pflichtverletzungen und nicht für hypothetische Erwägungen. Der Verwalter haftet nicht für eventuelles Unterlassungsverschulden des mit der Feststellung der Schadensursache beauftragten Architekten (OLG Düsseldorf vom 29. 6. 1998, 3 Wx 190/98).

4. Vorbereitung von Instandhaltungs- und Instandsetzungsmaßnahmen

398 Hat der Verwalter Schäden festgestellt, ist er verpflichtet, unverzüglich die Schadensbehebung zu veranlassen. In bestimmten Fällen hat der Verwalter unmittelbar zu handeln. Überwiegend wird er aber entsprechende Vorbereitungen zu treffen haben, damit die WEer über notwendige Maßnahmen die entsprechenden Beschlüsse fassen können.

a) Unmittelbares Handeln des Verwalters

399 Der Spielraum des Verwalters, unmittelbar Instandhaltungsmaßnahmen ohne Beschluß der WEer auszuführen, ist gering. Der Verwalter ist – wie auch jeder WEer – zur Durchführung

von Notmaßnahmen von sich aus berechtigt und verpflichtet, um unmittelbar drohende Schäden abzuwenden (§ 27 Abs. 1 Nr. 3). Der Umfang und die Abgrenzung von Notmaßnahmen zu laufenden Instandhaltungsmaßnahmen ist nicht immer einfach festzustellen. Fest steht, daß der Verwalter z. B. bei Rohrbrüchen sofort handeln muß. Er wird auch tätig werden müssen, wenn bei starker Kälte die Heizung ausfällt. Der Verwalter wird dabei allen Schäden nachzugehen haben, die vom gem. E. ausgehen und nicht unerhebliche Folgeschäden sowohl im gem. E. wie auch im SE auslösen und die den Bestand des Gebäudes nicht unwesentlich beeinträchtigen. Dazu gehören u. U. auch vorbereitende Maßnahmen, z. B. die Einholung eines Sachverständigengutachtens (BayObLG WE 1988, 74). Der Verwalter ist auch verpflichtet, Maßnahmen zur Wahrung der Verkehrssicherungspflicht (OLG Frankfurt DWE 1983, 58) von sich aus zu ergreifen. Kosten, die in diesem Zusammenhang entstehen, sind Verwaltungskosten im Sinne von § 16 Abs. 2 WEG.

Daneben sind während des Jahres eine Vielzahl kleinerer und *400*
laufender Reparaturmaßnahmen durchzuführen, die ebenfalls in den alleinigen Zuständigkeitsbereich des Verwalters gehören und die überwiegend vom Hausmeister ausgeführt oder veranlaßt werden. Auch die Kosten der laufenden routinemäßigen Instandhaltungsmaßnahmen sind laufende Kosten der Verwaltung, wobei die Frage entsteht, ob diese aus der Instandhaltungsrückstellung entnommen werden dürfen oder nicht. Hier wird (OLG Hamm Rpfleger 1970, 40) die Meinung vertreten, daß dies dann möglich ist, wenn keine gesonderte Regelung (Vereinbarung; Mehrheitsbeschluß; Ansatz im Wirtschaftsplan) besteht.

Insgesamt ist festzustellen, daß der Verwalter, wenn in der *401*
GO nichts anderes bestimmt ist, – von den genannten kleinen, laufenden und routinemäßigen Arbeiten abgesehen – nur solche Instandhaltungs- und Instandsetzungarbeiten ohne Beschluß und mit verpflichtender Wirkung für die WEer. veranlassen darf, wenn diese so dringlich sind, daß auf die Durchführung einer WEer-Vers. nicht gewartet werden kann (KG ZMR 1986, 190).

b) Entscheidung durch die Wohnungseigentümer

402 Hat der Verwalter die Mängel und Schäden (Schadensumfang) festgestellt, muß er die WEer möglichst bald informieren und es ihnen ermöglichen, eine Entscheidung über die notwendigen Maßnahmen herbeizuführen. Dazu gehört auch die Einholung mehrerer Kostenangebote (BayObLG vom 13. 8. 1998, 2 Z, 97/98) oder die Ausschreibung von Bauleistungen (siehe unten Rn. **10** 405).

403 Die Entscheidung über Art und Umfang von Instandhaltungs- und Instandsetzungsmaßnahmen ist den WEern vorbehalten. Diese Entscheidung kann in der Regel im Beschlußwege nicht auf den Verwalter übertragen werden. Nur in engen Grenzen ist eine solche Kompetenzverlagerung möglich (OLG Düsseldorf vom 30. 7. 1997, 3 Wx 61/97).

404 Sofern der Verwalter bei der Schadensfeststellung keine Fachleute zugezogen hat, weil es sich um kleinere überschaubare Mängel handelt, wird er hier unmittelbar Fachfirmen hinzuziehen. Diese Firmen werden aufgrund des Schadensbildes Vorschläge über die notwendigen Maßnahmen mit Kostenangeboten erarbeiten. Daraufhin wird der Verwalter die von den verschiedenen Firmen eingeholten Kostenvoranschläge (Vergleichsangebote) sowie einen Preisspiegel den WEern zur Entscheidung und Beschlußfassung vorlegen. Der Verwalter hat die beschlossene Maßnahme unverzüglich zu veranlassen, indem er mit der gebotenen Zügigkeit die von der Gemeinschaft ausgewählte Fachfirma mit der Durchführung der Arbeiten beauftragt, wobei nicht notwendigerweise der billigste Anbieter zum Zuge kommen muß. Die WEer haben hier durchaus einen Entscheidungsspielraum über Qualität und Kosten der angebotenen Leistung (BayObLG NJW-RR 1989, 123)

405 Die WEer können vom Verwalter keine Architekten- und Ingenieurleistungen verlangen, hierzu besitzt er keine Ausbildung. Auch gehört es nicht zum Berufsbild des Verwalters, umfassende technische Kenntnisse zu besitzen. Er muß aber wissen, ob und wie Aufträge an Fachleute zum Erkennen und zur Beseitigung von Mängeln und Schäden erforderlich sind. Selbst wenn der Verwalter eine eigene Bauabteilung hat, kann von ihm keine

Architektenleistung verlangt werden, es sei denn, solches ist im Verwaltervertrag ausdrücklich vereinbart (umstritten vgl. KG WE 1993, 187). Aus diesem Grunde sollten alle – oben bezeichnete – Maßnahmen, die technisch aufwendig und schwierig sind, von Fachleuten, das sind Architekten und Ingenieure abgewikkelt werden. Dabei sind seitens des Verwalters nach Beschluß der Gemeinschaft folgende Leistungen mit dem Architekten (vgl. oben Rn. **2** 18) oder Ingenieur zu vereinbaren:

- Beschreibung der Mängel,
- Feststellung der Schadensursache,
- Ausschreibung der Bauleistung gegebenenfalls nach Erstellung eines Leistungsverzeichnisses (LV),
- Vergabe der Bauleistungen nach Beschluß der WEer,
- Überwachung der Bauleistung,
- Abnahme der Bauleistung.

Maßgeblich für die Architektenleistung und für das Architek- *406* tenhonorar ist die oben näher beschriebene HOAI (vgl. oben Rn. **2** 25).

In diesem Zusammenhang hat die Gem. auch darüber zu entscheiden, welcher Bauvertrag mit dem Bauunternehmen bzw. Handwerker abzuschließen ist, und zwar entweder ein Werkvertrag nach BGB oder ein VOB-Vertrag (vgl. oben Rn. **2** 51ff. u. 102ff.).

Als Maßstab für die von den WEern zu entscheidenden *407* Instandhaltungsmaßnahmen und Bauverträge gilt § 21 Abs. 4 WEG, nach dem die Maßnahme dem Interesse der Gesamtheit der WEer nach billigem Ermessen zu entsprechen hat. Das bedeutet, daß einerseits technische Lösungen gewählt werden, die eine dauerhafte Beseitigung von Mängeln versprechen, daß aber andererseits auf die Wirtschaftlichkeit zu achten ist. Demnach entspricht ein überteuerter Auftrag nicht einer ordnungsmäßigen Instandhaltung (BayObLG WE 1995, 287).

Bei der Abstimmung über die Entscheidung zur Auftragser- *408* teilung hat der Verwalter darauf zu achten, daß ein WEer, der ein Angebot zur Erbringung der Bauleistung abgegeben hat, kein Stimmrecht zu diesem Tagesordnungspunkt besitzt. In diesem Sinne ist z.B. ein Beschluß einer Mehrheitsgruppe anfechtbar, die eine Bauleistung einem Mitglied der Mehrheitsgruppe überträgt, ohne daß Vergleichsangebote eingeholt wurden. Das gilt auch dann, wenn sich der um die Bauleitung bewerbende WEer an der Abstimmung nicht beteiligt hat (KG WE 1993, 311).

5. Durchführung von Instandhaltungs- und Instandsetzungsmaßnahmen

409 Haben sich die WEer entschieden, einen Architekten mit der Durchführung der Baumaßnahme zu beauftragen, dann hat der Verwalter die notwendigen Verhandlungen zu führen und den Architektenvertrag abzuschließen. Eine gesonderte Ermächtigung der Gem. für diese Leistung ist sinnvoll, es sei denn, die WEer haben über den Architektenvertrag gesondert abgestimmt.

410 Ferner hat der Verwalter für die Gem. darauf zu achten, daß die im Architektenvertrag vereinbarten Leistungen vollständig und richtig erbracht werden (vgl. oben Rn. **2** 18ff.). Das gilt besonders für die vom Architekten zu erbringende Ausschreibung, für die Vergabe, für die richtige Gestaltung der Bauverträge, für die Bauüberwachung, für die Bauabnahme und für die Durchsetzung eventueller Ansprüche gegen Bauunternehmen wegen Baumängeln u.a. Auch hat der Verwalter dafür Sorge zu tragen, daß das vereinbarte Architektenhonorar vertragsgemäß überwiesen wird.

411 Da der Architektenvertrag ein Werkvertrag ist, bestehen bei Vorhandensein von Architektenfehlern Gewährleistungsansprüche nach dem Werkvertragsrecht des BGB (vgl. oben Rn. **2** 31ff.), die der Verwalter für die Gem. wahrzunehmen hat.

412 Haben die WEer sich entschieden, eine Baufirma mit der Durchführung der notwendigen Leistungen zu beauftragen, ohne daß sie einen Architekten oder sonstigen Fachmann eingeschaltet haben, gehört die Betreuung der Bauarbeiten zum weiteren Pflichtbereich des Verwalters. Bei allen Leistungen in diesem Zusammenhang hat sich der Verwalter so zu verhalten, als ob er selbst der Bauherr wäre. Er hat an Stelle der WEer deren Interessen gegenüber den ausführenden Firmen und einen eventuell vorhandenen Architekten oder Bauleiter wahrzuneh-

men. Der Verwalter hat demnach wie ein Bauherr im Interesse der WEer zu prüfen, ob und daß die Bauleistungen dem Bauvertrag entsprechend erbracht werden, wobei seine Erkenntnisfähigkeit bezüglich der technischen Qualität der Bauleistungen insoweit eingeschränkt ist, als er diese nur als Verwalter und nicht als Architekt oder Ingenieur beurteilen kann. In diesem Zusammenhang wird der Verwalter bei der Bauausführung die Richtigkeit der Leistungen zu beurteilen haben. Er hat auf die Einhaltung der Fristen zu achten. Ferner hat er zu prüfen, ob und wann Teil- und Schlußzahlungen vertragsgemäß zu leisten sind. Schließlich hat er die Bauabnahme zu bewerkstelligen und auf die Erfüllung der technischen Leistungen zu achten. Nach der Abnahme hat er bei Auftreten von Mängeln diese zu rügen und gegebenenfalls die Gewährleistungsansprüche aus dem Werkvertrag (vgl. oben Rn. **10** 78ff.) für die Gem. geltend zu machen und gegebenenfalls gerichtlich durchzusetzen (vgl. unten Rn. **11** 38ff.). Er hat dabei zu berücksichtigen, daß solche Ansprüche möglicherweise nicht durchgesetzt werden können (KG WE 1993, 197).

6. Haftung des Verwalters hinsichtlich der technischen Verwaltung

Grundsätzlich haftet der Verwalter für schuldhaftes Handeln im Zusammenhang mit der gesamten technischen Verwaltung, wenn daraus den WEern ein Schaden entsteht. Das gilt sowohl für die Pflege und Wartung als auch für die Instandhaltung und Instandsetzung von Gebäuden, Anlagen und Einrichtungen. *413*

Der Verwalter hat bei der Wahrnehmung seiner Pflichten bezüglich der ordnungsmäßigen Instandhaltung und Instandsetzung des gem. E. besondere Sorgfalt walten zu lassen. Die Sorgfaltspflicht des Verwalters bei Pflege- und Wartungsmaßnahmen ist aber nicht unbegrenzt, denn der Verwalter ist in erster Linie für die wirtschaftlichen Belange der Gem. zuständig, er ist regelmäßig kein technischer Sachverständiger. So ist er z.B. nicht verpflichtet für eine regelmäßige Wartung von Regenwasser-Fallrohren zu sorgen (KG vom 19. 10. 1998, 24 W 4300/98). *414*

Verletzt der Verwalter die gesetzlichen bzw. vertraglichen Pflichten, hat er für den dadurch den WEern entstehenden Schaden aus positiver Vertragsverletzung des Verwaltervertrags zu haften. Daneben kann auch ein Schadensersatzanspruch aus unerlaubter Handlung bestehen. Hat die Pflichtverletzung eine Gesundheitsschädigung zur Folge, kann sich grundsätzlich auch ein Anspruch auf Schmerzensgeld ergeben (BayObLG WE 1996, 159). Eine Haftung besteht auch gegenüber einzelnen WEern, wenn durch schuldhaftes Handeln oder Unterlassen Schäden am SE entstehen (BayObLG WE 1993, 278).

415 Darüber hinaus haftet der Verwalter bei der Abwicklung von Instandhaltungsmaßnahmen auch nach § 27 Abs. 2 Nr. 2 und 4, indem er Leistungen in Gemeinschaftsangelegenheiten entgegenzunehmen hat. Das gleiche gilt für die Abnahme von Bauleistungen, sofern nicht Dritte beauftragt wurden (Architekt).

416 Bei Pflichtverletzungen haftet der Verwalter den WEern gegenüber wegen positiver Vertragsverletzung des Verwaltervertrags – in bestimmten Fällen aus unerlaubter Handlung bei Verletzung der Verkehrssicherungspflicht. In diesem Fall haftet der Verwalter auch gegenüber einzelnen WEern für am SE entstandene Schäden (BayObLG WE 1993, 278).

417 Dagegen stellt es keine Pflichtverletzung des Verwalters dar, wenn die WEer einer kleinen Gem. beschlossen haben, die Instandhaltungsmaßnahme in Eigenleistung durchzuführen und wenn der Verwalter in diesem Fall die WEer über einen notwendigen freiwilligen Versicherungsschutz nicht aufklärt (gesetzliche Unfallversicherung nach § 545 RVO) (OLG Hamm WE 1994, 379).

418 Wie bereits festgestellt, hat der Verwalter immer darauf zu achten, vor Ausführung der Maßnahme einen entsprechenden Beschluß der WEer einzuholen, es sei denn, es handelt sich um eine Kleinreparatur oder um eine Notmaßnahme. Führt der Verwalter ohne Ermächtigungsbeschluß der WEer eine Instandhaltungsmaßnahme aus, die keine Notmaßnahme darstellt, so handelt er als Geschäftsführer ohne Auftrag (§§ 677 BGB). Entstehen in diesem Zusammenhang Kosten, sind sie in der Regel von der Gem. nicht zu tragen. Entspricht aber die

Maßnahme dem wirklichen oder mutmaßlichen Willen der WEer, so kann der Verwalter Ersatz der hierfür getätigten Aufwendungen verlangen und zwar auch dann, wenn die WEer die Ausführung der Maßnahme abgelehnt haben (§ 683 BGB). Liegen die Voraussetzungen eines Ersatzanspruchs aus unberechtigter Geschäftsführung nicht vor, kann nach § 684 Abs. 1 BGB ein Herausgabeanspruch wegen Bereicherung entstehen, wenn die Maßnahme selbst zwar keine Werterhöhung darstellt, diese den WEern später unausweichliche Aufwendungen erspart. Das ist z.B. dann der Fall, wenn der Verwalter Garagendächer, die technisch unabdingbar zu sanieren sind, ohne Beschluß der WEer saniert hat und die Sanierungskosten im üblichen Rahmen angefallen sind (OLG Düsseldorf WE 1996, 275).

Eine schuldhafte Verletzung der Instandhaltungspflicht des Verwalters kann auch dann entstehen wenn er einen Bauauftrag zu Einheitspreisen vergibt, obwohl der Beschluß der WEer die Vergabe der Instandhaltungsmaßnahme zu einen Pauschalfestpreis zum Inhalt hatte. In diesem Falle hätte der Verwalter für Mehrkosten wegen schuldhafter Verletzung des Verwaltervertrages einzustehen, wenn nachgewiesen werden kann, daß Mehrkosten bei einem möglichen Abschluß zu einem Pauschalfestpreis nicht entstanden wären (BayObLG vom 9. 5. 1997, 2 Z 18/97). *419*

7. Leistungskatalog der Maßnahmen technischer Verwaltung

Zusammenfassend werden die Leistungen dargestellt, die dem Verwalter abverlangt werden können. Nach Peters (a.a.O. S. 17ff.) werden diese unterschieden in Grundleistungen und in besondere Leistungen. Während die Grundleistungen grundsätzlich zu den Verwalterpflichten gehören, sind es die besonderen Leistungen nur dann, wenn sie zusätzlich im Verwaltervertrag (oder gesondert) vereinbart sind: *420*

Grundleistungen: *421*

- Im Rahmen der Instandhaltung und Instandsetzung des gem. E. erforderliche Maßnahmen treffen durch

  - Vorbereitung und Beschlußfassung
  - Überwachung und Abrechnung einfacher routinemäßiger Arbeiten
- Einleiten von technischen Sofortmaßnahmen zur Instandsetzung in dringenden Fällen
- Periodische Begehung des WE-Objektes/gem. E. mindestens einmal jährlich
  - mit Erkennen sichtbarer Instandhaltungs- und Instandsetzungsarbeiten
  - mit Bedarfsfeststellung/Bedarfsanalysen notwendiger Instandhaltungs- und Instandsetzungsarbeiten
  - mit Kostenschätzung nach DIN 276 als Unterlage für Wirtschaftsplan und Beschlußfassung
- Angebotsprüfungen und Erstellen von Preisspiegeln
- Vergabe von technischen Aufträgen nach Eigentümerbeschluß
- Rechnerische Rechnungsprüfung technischer Aufträge und sachliche Prüfung auf Übereinstimmung mit Ausschreibungstext, Aufmaß und Massenberechnung
- Technische Mitwirkung bei Betriebskostenverteilung
- Vorbereitungsmaßnahmen zur Ansammlung einer angemessenen Instandhaltungsrückstellung einschließlich Beschlußvorlage
- Pflege und Ergänzung technischer Unterlagen – anteilig –
- Pflege der technischen Ersatzteilkartei und der Handwerkerkartei/Lieferantenkartei
- Kleinreparaturen ausführen lassen im Rahmen der Verwalterbefugnisse einschließlich Kleinteillagerhaltung.

422 *Besondere Leistungen:*

- Technische Zusatzbegehung des Gesamtobjektes oder einzelner Teile des Objektes auf Verlangen der Eigentümergemeinschaft außerhalb der in der Grundleistung enthaltenen periodischen Begehung einschließlich Anfertigen eines Begehungsprotokolls
- Mitwirkung bei baulichen Veränderungen am gem. E.
  - durch Ausarbeiten von Planunterlagen und Leistungsverzeichnissen
  - durch Stellung von Anträgen bei beteiligten Behörden
  - durch Bauleitung und Abnahmen
  - durch Abrechnung mit sachlicher und rechnerischer Prüfung
- Erstellen eines kurz-, mittel- und langfristigen Instandhaltungs- und Instandsetzungsplanes (Fristen- und Kostenplan)
- Ausschreibung von Instandhaltungs-/Instandsetzungsarbeiten (Erstermittlungen) und bei Sonderfällen einschließlich Massenermittlung und Leistungsverzeichnis
- Örtliche Bauleitung nach der Begriffsbestimmung „Bauleiter" aus den Landesbauordnungen und „Bauüberwachung/Objektüberwachung" nach den Begriffsbestimmungen aus § 15 (8) Honorarordnung für Architekten und Ingenieure (HOAI)

- Technische Abnahmen und Überwachung der Gewährleistungsansprüche i. S. des § 15 (9) HOAI – Objektbetreuung
- Erstellung und Ergänzung (anteilig) technischer Verwaltungsunterlagen
- Technische Mitwirkung bei Versicherungsfällen und Gewährleistungsfällen
- Technische Textfassung für Beweissicherungsanträge.

8. Besondere Rahmenbedingungen für technische Leistungen

Es gibt eine Fülle von Vorschriften, welche für die technische Verwaltung von Bedeutung sind und die der Verwalter kennen sollte, um die notwendigen Instandhaltungs- und Instandsetzungsmaßnahmen richtig zu erbringen. Die wichtigsten werden stichwortartig aufgezeigt: 423

- VOB (s. oben Rn. **2** 102 ff.):
  Diese vorformulierten Vertragsbedingungen sollten allen Bauverträgen für Instandhaltungsmaßnahmen zugrunde gelegt werden. Eine Verpflichtung hierzu besteht aber nicht, so daß bei Setzung anderer Vertragsbedingungen die Vorschriften des Werkvertragsrechts des BGB (§§ 631 BGB, vgl. oben Rn. **2** 51 ff. und 102 ff.) Gültigkeit haben, sofern nichts anderes vereinbart wird.
- Heizungstechnische Anlagen:
  Werden heizungstechnische Anlagen (= Wärmeerzeuger, Maschinen, Apparate, Wärmeverteilungsnetze; Rohrleitungszubehör; Abgas-, Wärmeverbrauchs-, Regelungs- und Meßeinrichtungen; andere in funktionellem Zusammenhang stehende Bauteile) in Wohnanlagen neu eingebaut, ersetzt, umgerüstet, oder erweitert, oder wenn an sie nachträgliche Anforderungen gestellt werden bzw. wenn sie mit Begrenzungs- und Steuerungseinrichtungen auszustatten sind, so gilt hierfür die HeizAnlV (Verordnung über energiesparende Anforderungen an heizungstechnische Anlagen und Wasseranlagen vom 24. 3. 1994 und 28. 4. 1992 in der Neufassung vom 4. 5. 1998, BGBl. I S. 851:
  Die wichtigsten Vorschriften sind:
  - Kennzeichnung der in Serie hergestellten Heizkessel, die mit flüssigen oder gasförmigen Brennstoffen beschickt werden § 3
  - Heizkessel für Zentralheizungen dürfen nur dann in Betrieb genommen werden, wenn die Nennleistung nicht größer ist als der nach den anerkannten Regeln der Technik für die Berechnung des Wärmebedarfs von Gebäude zu ermittelnde Wärmebedarf (§ 4).
  - Betriebsbereitschaftsverluste sind bei Zentralheizungen mit mehreren Heizkesseln durch bestimmte Einrichtungen zu begrenzen (§ 5).
  - Rohrleitungen und Armaturen sind gegen Wärmeverluste zu dämmen (§ 6).

- Zentralheizungen sind mit besonderen Einrichtungen zur Steuerung und Regelung auszustatten (§ 7).
- Besondere Regelungen für Warmwasseranlagen (§ 8).
- Der Betreiber von Zentralheizungen oder Warmwasseranlagen mit einer Nennleistung von 11 kW ist verpflichtet, die Bedienung, Wartung und Instandhaltung nach Maßgabe dieser Verordnung durchzuführen oder durchführen zu lassen (§ 9).
- in § 13 sind bußgeldbewehrte Ordnungswidrigkeiten genannt, wenn vorsätzlich oder fahrlässig gegen bestimmte Vorschriften dieser Verordnung verstoßen wird.

Für die Installation von Verbrauchsmeßeinrichtungen gilt dagegen die HeizkostenV (s. oben Rn. **7** 346ff.).

- Außenanlagen:
  Bei der Pflege und Umgestaltung von Außenanlagen ist allgemein die DIN 18920 (Schutz von Bäumen, Pflanzbeständen und Vegetationsflächen bei Baumaßnahmen) zu beachten. Das gilt besonders dann, wenn eine örtliche „Baumschutzverordnung" erlassen wurde, die meist auf die DIN 18920 Bezug nimmt. Danach gilt in der Regel, daß Bäume mit einem bestimmten Durchmesser grundsätzlich nicht gefällt werden dürfen, und daß bei Instandsetzungsarbeiten im Bereich geschützter Bäume besondere Vorkehrungen (für oberirdische Teile sowie für das Wurzelwerk) zu treffen sind.
- Aufzugsanlage:
  Für Wartung und Instandhaltung von Aufzügen ist die AufzugsV (Verordnung über Aufzugsanlagen vom 27. 2. 1980 BGBl. I S. 205 in der Neufassung vom 19. 6. 1998 BGBl. I S. 1410) von Bedeutung.

424 Die DIN als Regelwerk der Technik (vgl. oben Rn. **2** 78ff.) sind für Instandhaltungsmaßnahmen insgesamt von Bedeutung. Einmal können sie Bewertungsmaßstab für das Vorhandensein von technischen Mängeln sein. Zum anderen sind sie Richtgrößen für die ordnungsmäßige technische Ausführung von Instandhaltungs- und Instandsetzungsmaßnahmen. Die DIN-Normen sind aber keine Rechtsvorschriften und deshalb nicht unmittelbar verbindlich. Sie geben aber Orientierungshilfen zur Bewertung von Mängeln, die dann nicht hingenommen werden müssen, wenn durch sie ein Nachteil für die WEer entsteht, der über das bei einem geordneten Zusammenleben unvermeidliche Maß hinausgeht (BayObLG WE 1994, 147).

IX. Juristische Verwaltung

Dem Verwalter für WE werden in der Regel mehr rechtliche Kenntnisse und Erfahrungen abverlangt, als dies in anderen Branchen üblich ist. Einmal sind ihm Einzelaufgaben gesetzlich vorgegeben und zum anderen muß er seine Pflichten in Zweifelsfällen immer an den Rechtsprechungsergebnissen ausrichten. *425*

Rechtsprobleme muß der Verwalter vielfach bereits vor gerichtlichen Auseinandersetzungen erkennen und gegebenenfalls eine richtige Antwort darauf finden. Da der Verwalter in der Regel kein Rechtsanwalt und Jurist ist, kann die Gem. dem Verwalter keine umfassenden Rechtskenntnisse abverlangen. Gleichwohl gehört es zum Wissensstandard eines ordentlichen Verwalters, die Rechtsgebiete – hier vor allem das WEG – soweit zu kennen, daß er die Verwalteraufgaben dem Gesetz und den Vereinbarungen entsprechend im Interesse der WEer wahrnehmen kann. Sofern Rechtsprobleme auftreten, kann sich sowohl der Verwalter als auch die WEer-Gem. durch Fachleute und Juristen beraten lassen. In diesem Sinne kann es sehr wohl als Maßnahme ordnungsmäßiger Verwaltung aufgefaßt werden, wenn die WEer beschließen, hinsichtlich eines besonderen Rechtsproblems ein Rechtsgutachten in Auftrag zu geben. Dabei entstehende Kosten zählen zu den Kosten der laufenden Verwaltung (§ 16 Abs. 2), sie sind keine Kosten im Sinne von § 16 Abs. 5 (vgl. hierzu OLG WE 1997, 427). *426*

Dazu kommt, daß die Verfahren vor den WE-Gerichten ständig zunehmen, so daß auch in diesem Bereich dem Verwalter durch die Vertretung der Gem. eine zusätzliche Verantwortung zuwächst, nachdem in den unteren Verfahrensinstanzen (s. unten Rn. **11** 95 ff.) kein Anwaltszwang besteht. *427*

Zu den Aufgaben des Verwalters gehört also auch die Vertretung der Gem. vor Gericht, wobei er hierzu der ausdrücklichen Ermächtigung der Gem. bedarf. Der Verwalter kann Ansprüche der WEer (fremdes Recht) auch im eigenen Namen, also in Verfahrensstandschaft (gewillkürte Prozeßstandschaft nach § 50 *428*

ZPO: Verfolgung oder Verteidigung eines fremden Rechts; BGH NJW 1979, 2391; 1987, 2240) geltend machen (BayObLG NJW 1971, 760), sofern für ihn ein eigenes rechtsschutzwürdiges Interesse an der Geltendmachung des Rechtes der Gem. besteht (BayObLG ZMR 1983, 419), und wenn er dazu durch Mehrheitsbeschluß der WEer (OLG Düsseldorf DWE 1983, 95) bzw. durch Vereinbarung in der GO (BayObLG Rpfleger 1980, 23) oder im Verwaltervertrag ermächtigt ist (BayObLG WE 1986, 152). Dies gilt sowohl für den Aktiv- wie auch für den Passivprozeß.

429 Die Grundsätze der gewillkürten Verfahrensstandschaft (vgl. Thomas/Putzo Rz. 31–33 zu § 51) verlangen es, daß der Verwalter neben der Ermächtigung der Verfahrensbefugte ein eigenes schutzwürdiges Interesse hat das fremde Recht geltend zu machen. Es ist nur gegeben, wenn die gerichtliche Entscheidung die eigene Rechtslage des Verfahrensbefugten beeinflußt und wenn der Gegner durch die Verfahrensstandschaft nicht unbillig benachteiligt ist (Thomas/Putzo Rz. 34 zu § 51). Wird z. B. ein neuer Verwalter durch die WEer mittels Mehrheitsbeschluß befugt deren Ansprüche in gewillkürter Verfahrensstandschaft gegen den Vorverwalter geltend zu machen, so folgt hierbei das notwendige eigene schutzwürdige Interesse aus der Pflicht des Verwalters, den WEer-Beschl., Schadensersatz vom früheren Verwalter zu verlangen, auszuführen (BayObLG vom 20. 11. 1997, 122/97). Die Vertretungsmacht des Verwalters, die er aufgrund der Ermächtigung durch die WEer erhalten hat, bezieht sich im Falle der Geltendmachung einzelner Ansprüche gegen einen WEer auf die gesamte Gem. mit Ausnahme des oder der Antragsgegner (BGH vom 2. 7. 1998 (gegen Merle in Bärmann/Pick/Merle 7. Aufl. Rz. 157 ff zu § 27).

430 Die Ermächtigung, im eigenen Namen die WEer gerichtlich zu vertreten, kann dem Verwalter auch durch Vollmacht erteilt werden, die durch alle WEer zu unterzeichnen ist. Dabei genügt auch die Unterschrift von einem oder mehrerer WEer, die aufgrund eines Mehrheitsbeschlusses zur Erteilung der Vollmacht ermächtigt wurden (BayObLG DWE 1986, 152). Auch kann der Verwalter Gewährleistungsansprüche wegen Mängel am gem. E im Zivilprozeß im eigenen Namen klageweise geltend machen (gewillkürte Prozeßstandschaft), wenn er durch Mehrheitsbeschluß dazu ermächtigt ist (BGH DWE 1982, 27).

Ist der Verwalter ermächtigt, Ansprüche der WEer im eigenen Namen geltend zu machen, so reicht diese Ermächtigung auch dafür aus, daß er diese Ansprüche im Namen der WEer durchsetzen will (BayObLG WE 1989, 106). Ebenso ermöglicht es die von den WEern beschlossene Ermächtigung zur gerichtlichen Geltendmachung von Gemeinschaftsansprüchen dem Verwalter anstelle der Verfahrensvertretung namens der WEer, die Verfahrensstandschaft auch im eigenen Namen auszuüben (KG WE 1991, 325). *431*

Die Bevollmächtigung des Verwalters zur Vertretung ist kein materiell-rechtliches Rechtsgeschäft, sondern eine Verfahrenshandlung mit der Folge, daß die ausreichende Bevollmächtigung in jedem Verfahren vor Gericht zu prüfen ist, weil sie Verfahrensvoraussetzung ist (BayObLG WE 1991, 263). Meist ist Inhalt einer Vollmacht, daß der Verwalter ermächtigt ist Hausgelder einzuziehen oder Hausgeldansprüche namens der WEer oder im eigenen Namen gerichtlich oder außergerichtlich geltend zu machen. In diesem Fall beinhaltet die Ermächtigung nicht die Befugnis des bevollmächtigten Verwalters während eines anhängigen Wohngeldverfahrens auf einen Teil der Hausgeldansprüche zu verzichten (vgl. hierzu BayObLG vom 5. 11. 1998, 147/98). *432*

Das Gesetz räumt dem Verwalter, abgesehen von Eilfällen des § 27 Abs. 2 Nr. 4, keine Vertretungsmacht in gerichtlichen Verfahren ein. Wird der Verwalter nicht zur Verfahrensführung durch die WEer ermächtigt (Vereinbarung, Verwaltervertrag, Beschluß), ist er nicht befugt die WEer vor Gericht zu vertreten. Tut er das trotzdem, so führt eine erlassene Gerichtsentscheidung zur Aufhebung und zur Zurückverweisung (BayObLG WE 1997, 272). Das Fehlen der Ermächtigung wird aber rückwirkend geheilt, wenn die WEer das bisher betriebene Verfahren rückwirkend genehmigen (OLG Köln WE 1990, 218; BayObLG WE 1995, 29; BayObLG 1997, 396). Die nachtragliche Genehmigung kann auch noch im Rechtsbeschwerdeverfahren erklärt werden (BayObLG WE 1990, 218 m.w.N.). *433*

Das Recht der Verfahrensführung durch den Verwalter ohne Beizichung eines Rechtsanwalts wurde in einer Entscheidung *434* des KG (WE 1991, 191) bestritten, weil darin ein Verstoß gegen die Vorschriften des Rechtsberatungsschutzgesetzes zu sehen sei.

435 Der BGH (WE 1993, 308) ist dieser Auffassung nicht gefolgt, weil er in der gerichtlichen Geltendmachung von Ansprüchen der WEer durch den Verwalter keine unerlaubte Besorgung fremder Rechtsangelegenheiten (BRerG Art. 1 § 1) sieht. Für den Verwalter gilt die Ausnahmeregelung des Art. 1 § 3 Nr. 6 RBerG.

Ist der Verwalter zur Prozeßführung durch und für die Gem. ermächtigt, ist er auch ohne ausdrückliche Zustimmung der WEer berechtigt einem Rechtsanwalt Verfahrensvollmacht zu erteilen (BayObLG WEM 1979, 175; BayObLG DWE 1982, 136; BayObLGZ 1988, 287 m.w.N.; OLG Zweibrücken WE 1987, 163). Vielfach wird dem Verwalter im Verwaltervertrag die Befugnis eingeräumt, einen Rechtsanwalt mit der Vertretung der WEer für das gerichtliche Verfahren zu beauftragen. Diese Befugnis umfaßt auch das Auftragsrecht für ein Verfahren, in dem die Jahresabrechnung und die Verwalterentlastung angefochten wird (BayObLG WE 1992, 144). Wird die Prozeßermächtigung dem Verwalter durch Mehrheitsbeschluß oder im Verwaltervertrag erteilt, so ist diese Vollmacht nach § 168 BGB jederzeit widerruflich, sofern nicht etwas anderes beschlossen oder vereinbart ist (OLG Zweibrücken WE 1987, 163).

436 Die Ermächtigung des Verwalters zur Führung eines Rechtsstreits kann wirksam von der Zustimmung des VB (in der GO) abhängig gemacht werden (OLG Stuttgart WE 1990, 106).

437 Der Mehrheitsbeschluß der WEer, durch den der Verwalter ermächtigt wird, die WEer in einem bestimmten Verfahren gegen einen WEer zu vertreten, hindert einzelne WEer nicht daran, in einem Verfahren selbst aufzutreten und einen eigenen Verfahrensvertreter zu bestellen (BayObLG WE 1997, 396).

438 Bestehen bezüglich des Inhalts der Ermächtigung zwischen GO und Verwaltervertrag unterschiedliche Regelungen, so gilt im Verfahren die entsprechende Vereinbarung der GO. Während die GO eine Vertretungsvollmacht im Außenverhältnis bestimmt, würde eine diese einschränkende Regelung im Verwaltervertrag in erster Linie das Innenverhältnis zwischen Vertretenem und Vertreter regeln (BayObLG WE 1991, 263).

In der GO bzw. im Verwaltervertrag wird vielfach die Prozeßvertretungsbefugnis auf „Angelegenheiten der laufenden Verwaltung" bezogen. Das bedeutet, daß eine Vertretungsbefugnis auf diese Fälle beschränkt ist und daß eine Vertretungsmacht des Verwalters in Angelegenheiten des zulässigen oder unzulässigen Gebrauchs von SE nicht besteht (BayObLG WE 1995, 29; BayObLG WE 1997, 79). Zu den gem. Ansprüchen gehören nicht die Ansprüche aus § 15 Abs. 3 i.V.m. § 14 Nr. 1 und aus § 1004 Abs. 1 BGB. Bei diesen Ansprüchen handelt es sich um solche, die jedem WEer einzeln und persönlich zustehen und die jeder WEer ohne Ermächtigung durch die übrigen WEer geltend machen kann. Möglich ist aber, daß die WEer den Verwalter durch Beschluß ermächtigen, z.B. den Anspruch auf Unterlassung einer bestimmungswidrigen Nutzung oder auf Beseitigung einer baulichen Veränderung des gem. E. gerichtlich geltend zu machen. Mit dem Beschluß wird die Sache eine „Angelegenheit der Verwaltung" und damit ein „Anspruch der Gemeinschaft" (BayObLG WE 1997, 79). *439*

Die im Verwaltervertrag erteilte Vollmacht zur Prozeßvertretung kann von diesem nicht ausgeübt werden, wenn es im Verfahren sowohl um die Rechte der WEer als auch um seine eigene Person geht. Hier (z.B. bei Abberufung des Verwalters aus wichtigem Grund) besteht ein Interessenwiderstreit, der es dem Verwalter nicht ermöglicht, gleichzeitig die WEer zu vertreten (OLG Düsseldorf WE 1994, 375). Nur in Ausnahmefällen reicht die Vertretungsvollmacht zur wirksamen Vertretung der WEer bei Interessenkollission aus, sofern sich die Prozeßvollmacht auch auf das Passivverfahren erstreckt und die Vollmacht ausdrücklich unter Befreiung von den Beschränkungen des § 181 BGB erteilt wird (BayObLG WE 1990, 138). Eine weitere Ausnahme kann dann gegeben sein, wenn es gilt, durch das Verwalterhandeln eine Frist einzuhalten oder sonstige Rechtsnachteile von den WEern fernzuhalten (§ 27 Abs. 2 Nr. 4; vgl. OLG Düsseldorf WE 1994, 375). *440*

In einer Entscheidung des BGH (NJW 1981, 282) wird bezüglich der Entgegennahme von Willenserklärungen und Zustellungen an den Verwalter (§ 27 Abs. 2 Nr. 3) festgestellt, daß dieser nicht nur Zustellungsbevollmächtigter im Sinne der §§ 174 ff. *441*

ZPO ist, sondern bei Gerichtsverfahren grundsätzlich auch der Vertreter der WEer im Sinne des § 189 Abs. 1 ZPO. Hieraus leitet sich die Pflicht des Verwalters ab, ihm zugestellte Schriftsätze und Entscheidungen allen WEern in geeigneter Form (Vervielfältigung und Zusendung) zur Kenntnis zu bringen. Bei der Zustellung von Schriftsätzen, Verfügungen und Entscheidungen seitens des Gerichtes an den Verwalter ist die Mitteilung oder der Hinweis an den Verwalter erforderlich, daß es sich bei dem übermittelten Schriftsatz um eine Zustellung an den Verwalter in seiner Eigenschaft als Zustellungsvertreter für die übrigen WEer (§ 27 Abs. 2 Nr. 3) handelt bzw. daß es eine Zustellung an alle WEer ist (BayObLG vom 20. 1. 1983, 2 Z 20/82). Ist dies nicht der Fall, so ist eine wirksame Zustellung an die WEer nicht erfolgt.

442 Die gesetzliche Zustellungsvertretung des Verwalters (§ 27 Abs. 2 Nr. 3) entfällt nur, wenn die Gefahr einer Interessenkollision besteht (BayObLGZ 1973, 145; OLG Düsseldorf WE 1994, 375). Die Interessenkollision ergibt sich dann, wenn im Einzelfall ein in der Sache begründeter Interessenkonflikt (z. B. Verfahren über Pflichtwidrigkeiten des Verwalters) besteht. Das ergibt sich auch daraus, daß der Verwalter als Zustellungsvertreter der WEer (BGH NJW 1981, 282) weder Willens- noch Erklärungsvertreter ist. Ohne Ermächtigung ist ein WEer nicht berechtigt Erklärungen abzugeben, welche die Rechte und Interessen der WEer gefährden könnten.

443 Die Befugnisse und Pflichten des Verwalters als Zustellungsvertreter beschränken sich darauf, die WEer in angemessener Weise vom Inhalt der Zustellung zu informieren (BayObLG WE 1990, 216). Daraus folgt, daß auch bei unterschiedlichen Auffassungen zwischen dem Verwalter und den nicht aktiv am Verfahren beteiligten WEern keine Gefahr besteht, der Verwalter würde seiner Informationspflicht nicht nachkommen. Auch steht es jedem WEer frei, das Gericht aufzufordern, Schriftsätze, Ladungen und Entscheidungen unmittelbar zu übersenden (BayObLGZ 1988, 287, die aber nicht kostenfrei gegeben werden können (BayObLG WE 1997, 187).

444 Ein Interessenkonflikt liegt immer dann vor, wenn befürchtet werden muß, daß der Verwalter die übrigen WEer nicht sachgerecht informiert. Das ist immer dann der Fall, wenn der Verwalter selbst Antragsteller oder Rechtsmittelführer ist (BayObLG WE 1991, 287; BayObLG WE 1991, 297; BayObLG WE 1992, 51). Eine Interessenkollision besteht auch dann, wenn der Individualanspruch eines WEers gegen den Verwalter und die Gem. gerichtet ist (KG vom 27. 6. 1997, 24 W 2353/96).

Als einen in der Sache begründeten Interessenkonflikt sieht das OLG Frankfurt (WE 1990, 56) die Beschlußanfechtung einer Jahresabrechnung, weil hier Rechte und Pflichten mit der inhaltlich verbundenen Verwalterhaftung Inhalt des Verfahrens sind. *445*

Wird ein solcher Interessenkonflikt durch das Gericht nicht beachtet, indem es dem Verwalter dennoch Schriftsätze und gerichtliche Entscheidungen (z.B. zugleich) als Zustellungsbevollmächtigtem für alle WEer zuleitet, liegt ein Verstoß gegen die Pflicht zur formellen Beteiligung aller WEer am Verfahren vor mit der Folge, daß die Gerichtsentscheidung aufzuheben ist (BayObLG WE 1991, 287). *446*

Die Zustellungsvertretung des Verwalters ist aber nicht nur dann gegeben, wenn alle WEer Verfahrensbeteiligte sind. Dies gilt auch dann, wenn nur einzelne WEer Antragsteller oder Antragsgegner im Verfahren sind (vgl. OLG Hamm Rpfleger 1985, 257; BayObLGZ 1989 Nr. 57). *447*

Von besonderer Bedeutung ist die wirksame Zustellung an den Verwalter dann, wenn er gleichzeitig WEer ist. Hier muß aus der Zustellung hervorgehen, daß diese ihm als Verwalter und Zustellungsvertreter zugegangen ist. Ist dies aus der Zustellung nicht erkennbar, ist die Zustellung unwirksam mit der Folge, daß die Beschwerdefrist des § 22 Abs. 1 FGG noch nicht zu laufen begonnen hat (BayObLG WE 1995, 251). *448*

Die einem Verwalter erteilte Verfahrensstandschaft endet in der Regel mit der Beendigung seines Verwalteramtes. Üblicherweise tritt der neue Verwalter anstelle des ausgeschiedenen in das laufende Verfahren ein. Übernimmt aber der neue Verwalter das Verfahren nicht, so führt dies nicht automatisch zur Unzulässigkeit des Verfahrens (KG WE 1991, 325). Demnach hat in diesem Fall die Abberufung des Verwalters auf das anhängige Verfahren und auf die Verfahrensstellung des Verwalters keinen Einfluß (KG WE 1991, 325). *449*

X. Rechte und Pflichten des abberufenen Verwalters

450 Der abberufene Verwalter (vgl. oben Rn. **10** 60) hat bis zum Ablauf seines Verwaltungszeitraumes seine Tätigkeit mit der gleichen Sorgfaltspflicht, wie der nicht abberufene Verwalter zu erbringen. Darüber hinaus ist er nach Ablauf der Verwaltungszeit nur noch zu bestimmten Leistungen verpflichtet. Allgemein handelt es sich dabei um Leistungen, die der Verwalter deshalb zu erbringen hat, um seinem Nachfolger die Fortsetzung der ordnungsmäßigen Verwaltung für die Gem. zu ermöglichen.

451 Grundsätzlich hat der abberufene Verwalter das Verwaltungsvermögen herauszugeben. Dazu zählen alle Unterlagen, die sein Nachfolger für die weitere Verwaltung benötigt (OLG Hamburg WE 1987, 83; BayObLG WE 1988, 108), das sind insbesondere alle Originalunterlagen, die der ausgeschiedene Verwalter von seinem Vorgänger erhalten hat bzw. die im Rahmen seiner Tätigkeit angefallen sind. Gegen den Herausgabeanspruch, der sich auf die §§ 675, 667 BGB stützt (BayObLG WE 1994, 280), kann nicht der Einwand erhoben werden, daß der Verwalter einen Teil der Unterlagen für die eigene Rechtsverteidigung benötige. Den berechtigten Interessen des ausgeschiedenen Verwalters wird in der Weise Rechnung getragen, daß ihm einerseits ein Einsichtsrecht in die übergebenen Unterlagen zusteht, und er andererseits die Möglichkeit hat, für ihn wichtige Unterlagen zu kopieren (BayObLG WE 1993, 288). Bestehen begründete Zweifel darüber, ob der Verwalter alle Unterlagen herausgegeben hat, kann die WEer-Gem. vom Vorverwalter eine eidesstattliche Versicherung (§ 260 BGB) über die Vollständigkeit der übergebenen Unterlagen verlangen (KG NJW 1972, 2093), wenn die Unterlagen zur weiteren ordnungsmäßigen Verwaltung benötigt werden (vgl. § 260 Abs. 3 BGB). Eine Verpflichtung zur Abgabe einer eidesstattlichen Versicherung besteht nicht bei Angelegenheiten von geringem Wert.

452 Scheidet ein Verwalter zum Jahresende aus dem Verwalteramt aus, ist er im folgenden Jahr nicht mehr zur Erstellung der Jah-

resabrechnung verpflichtet (OLG Hamburg WE 1987, 38; OLG Köln, WE 1986, 18).

Anderes gilt nur, wenn sich der Verwalter im Verwaltervertrag verpflichtet hat – oder wenn er sonst schuldrechtlich verpflichtet ist (vgl. OLG Hamm WE 1993, 248) –, nach seinem Ausscheiden zum Jahresende die Abrechnung des abgelaufenen Jahres zu erstellen. Zur Rechnungslegung gemäß § 28 Abs. 4 für das abgelaufene Jahr ist der Verwalter stets verpflichtet (OLG Hamburg, WE 1987, 83; BayObLG WE 1994, 280). *453*

Selbstverständlich ist der Verwalter – auch nachträglich – zu den Leistungen verpflichtet, die während seines Verwaltungszeitraums fällig geworden sind. Dazu zählt auch die Ordnungsmäßigkeit einer pflichtgemäß zu erstellenden Jahresabrechnung. Ist z. B. die vom Verwalter erstellte Jahresabrechnung wegen Mängeln von den WEern nicht genehmigt worden, so hat er sie auch nach seinem Ausscheiden aus dem Verwalteramt zu erstellen (OLG Hamm WE 1993, 248). *454*

Besitzt der Verwalter eine im Verwaltervertrag geregelte Befugnis Hausgeldansprüche der WEer im eigenen Namen geltend zu machen, so kann er diese Ermächtigung, sofern sie die WEer nicht ausdrücklich widerrufen (BayObLG DWE 1983, 31), auch nach der Beendigung seiner Verwaltertätigkeit wahr nehmen und zwar bis zum Abschluß der vorher eingeleiteten Verfahren (BayObLG WE 1990, 147). Diese Auffassung beruht auf einer analogen Anwendung des § 265 ZPO. *455*

Kommt der abberufene Verwalter seinen Verpflichtungen nicht nach, so sind im Gegensatz zu den ausgeschiedenen WEern (vgl. unten Rn. **11** 57) Ansprüche gegen den vor Rechtshängigkeit ausgeschiedenen Verwalter noch im WE-Verfahren geltend zu machen (BGH WE 1989, 93). Dies ist deshalb erforderlich, weil § 43 Abs. 1 Nr. 2 eine reibungslos ablaufende Verwaltung zu sichern und Störungen so schnell wie möglich, im Einzelfall auch durch einstweilige Anordnung zu beseitigen hat. *456*

Der ausgeschiedene Verwalter kann gegenüber den WEern noch Rechte und Ansprüche haben. Meist handelt es sich um Zahlungs- und Vergütungsansprüche. In diesem Sinne hat der ausgeschiedene Verwalter einen Aufwendungsersatzanspruch *457* nach §§ 670 und § 166 BGB, wenn er Zahlungen für die WEer getätigt und diese in der Jahresabrechnung nicht verrechnet hat (z. B. Betriebskosten, vgl. hierzu BayObLG WE 1997, 76). Überwiegend ergeben sich Aufwendungsersatzansprüche aus Vergütungsanspüchen des ausgeschiedenen Verwalters. Solche bestehen dann, wenn die Abberufung des Verwalters und die Beendigung des Verwaltervertrags zeitlich auseinanderfallen. Hier hat der Verwalter Aufwendungsersatzansprüche nach §§ 670, 683, 684 BGB, aber nur für tatsächliche Aufwendungen, nicht für den Wert erbrachter Leistungen in Höhe der vereinbarten Vergütung (BayObLG WE 1989, 63). Das bedeutet, daß der Aufwendungsersatz ersparte Leistungen zu berücksichtigen hat.

458 Anders steht dem Verwalter nach Beendigung des Verwaltervertrags für von ihm weiter erbrachte Leistungen ein Aufwendungsersatzanspruch in Höhe der üblichen Vergütung zu, wenn die Tätigkeit dem mutmaßlichem Willen der WEer entspricht BGH WE 1989, 196). Das wäre z. B. dann der Fall, wenn die Bestellungszeit abgelaufen ist und der Verwalter ohne Widerspruch der WEer seine Tätigkeit fortsetzt (Bub A–Z S. 480), oder wenn ein Dritter im Vertrauen auf einen allerdings unwirksamen Vertrag Verwaltungsleistungen erbracht hat.

459 Schwieriger ist die Rechtslage, wenn ein zu Unrecht abberufener Verwalter aufgrund der Unwirksamkeitserklärung des Abberufungsbeschlusses seitens des Gerichts wieder in sein Amt eingesetzt wird. Meist scheitert die Wiedereinsetzung deshalb, weil bis zur Entscheidung des Anfechtungsbeschlusses viel Zeit verstreicht. In diesem Fall wird der wiedereingesetzte Verwalter in der Regel nur seinen Aufwendungsersatzanspruch geltend machen. Umstritten ist dabei, ob der so ausgeschiedene Verwalter einen Anspruch auf die Verwaltervergütung bis zur tatsächlichen Beendigung des Verwalterverhältnisses nach § 615 BGB hat. Der Auffassung des KG (WE 1989, 132), wonach bei Versagen der Abberufung und Kündigung aus wichtigem Grund die Abberufung in eine ordentliche Kündigung nach § 140 BGB umgedeutet werden kann, wird hier nicht gefolgt. Die Umdeutung hätte zur Folge, daß das Vertragsverhältnis nach § 621 Nr. 4 BGB unter Zugrundelegung einer Frist von sechs Wochen zum Schluß eines Kalendervierteljahres – unabhängig von der tatsächlichen vertraglichen Vereinbarung (hier Fünfjahresfrist) – hätte gekündigt werden können.

XI. Übernahme von Verwaltungen

1. Vorüberlegungen

Bewirbt sich ein Verwalter um die Übernahme einer von ihm bisher nicht verwalteten WEer-Gem., sollte er sich vorher genau überlegen, welche Arbeit und welche Pflichten auf ihn zukommen. Dabei sollte er sich über folgendes informieren: *460*

- Rechtsverhältnisse: Vorhandenes WE und TEm; vorhandene Rechte Dritter; Besonderer Rechte von WEern im Verhältnis untereinander (GO).
- Anlage: Alter; Größe (Anzahl der Häuser und Wohnungen); Vorhandene technische und andere Einrichtungen (Heizung- und Warmwasserversorgung, Lifte, Sauna und Schwimmbad); Größe und Ausstattung der Außenanlage (Bepflanzung, Bäume, Kinderspielplätze, Gehwege, Garagen, Kfz-Abstellplätze); Besonderheiten.
- Besondere Nutzungsverhältnisse: Hausmeisterwohnung (welche Rechtsform); Sondernutzungsrechte; vermietete Teile des gem. E. (z. B. Kfz-Abstellplätze); vermietete ETW; Nutzungsrechte zu Gunsten Dritter (Dienstbarkeiten).
- Struktur der Eigentümer und Bewohner: Gesellschaftliche Stellung der Eigentümer; Selbstnutzer; Mieter.
- Bei Neubauten: Gewährleistungsansprüche und Baumängel am gem. E.; Abnahmeprotokoll für das gem. E.
- Gebrauchs- und Nutzungsregelungen: Hausordnung; besondere Gebrauchsregelungen.
- Instandhaltungs- und Instandsetzungsbedarf des gem. E.
- Besondere Arbeits-, Werk- und Dienstleistungsverträge: Hausmeister; Hausreinigungsfirma; Wartungsfirmen.

Zum Erhalt dieser Information ist ein Gespräch mit dem Verwaltungsbeirat, eventuell auch mit den Vorverwalter, sofern dieser dazu bereit ist, notwendig. Das alleinige Gespräch mit dem Verwaltungsbeirat genügt nicht, um sich ein Bild über die Gem. und den Leistungsumfang in dieser Gem. machen zu können. Sinnvoll wäre die Einsichtnahme in folgende Verwaltungsunterlagen, die einen schnellen und zuverlässigen Überblick über das bisherige Verwaltungsgeschehen ermöglichen:

- TE und GO
- Aufteilungsplan
- Abnahmeprotokoll des gem. E. bei Neubaumaßnahmen
- Instandhaltungsplan und Übersicht über die durchgeführten Instandhaltungsmaßnahmen
- Verwaltervertrag mit dem bisherigen Verwalter
- Versammlungsniederschriften der letzten zwei bis drei Jahre
- Vermögensbestände (Bankkonten, Geldanlagen, Rückstellungen)
- Wirtschaftsplan und Jahresabrechnung der letzten zwei Jahre
- Liste der Hausgeldrückstellungen
- Zusammenstellung der letzten Gerichtsverfahren.

461 Es wird für den sich bewerbenden Verwalter nicht immer leicht sein, an diese Unterlagen heranzukommen. Aus diesem Grunde sollten die Unterlagen – soweit vorhanden – beim VB eingesehen werden. Sind beim VB entsprechende Unterlagen nicht vorhanden sein, sollte der VB den neuen Verwalter bevollmächtigen, diese Unterlagen beim bisherigen Verwalter einsehen zu können. Aber auch dies dürfte nicht einfach sein. Auf alle Fälle sollte der sich bewerbende Verwalter bemühen, möglichst umfangreiche Kenntnis über den auf ihn zukommenden Verwaltungsbereich und über die notwendige Verwalterleistung zu erhalten, um entscheiden zu können, ob die Übernahme der Verwaltung in sein Unternehmenskonzept paßt oder nicht.

462 Von Bedeutung für die Übernahmeentscheidung wird auch das gegebene Gemeinschaftsverhältnis der WEer untereinander bzw. das Verhältnis zwischen WEer und VB sein. Wichtig ist natürlich auch, das angestrebte Verwalterhonorar zu erhalten. Da kein ordentlicher Verwalter, der seine Aufgabe ernst und gekonnt wahrnimmt, auf eigene Kosten arbeiten kann, sollte er sich nicht unter seine Kostenvorstellung drücken lassen. Das gilt um so mehr, wenn eine schwierige Verwaltung zu übernehmen ist.

2. Angebot

463 Hat sich der Interessent entschieden, sich aufgrund der ihm günstig erscheinenden Gesamtinformationen zu bewerben, hat er ein klares Angebot an die Gem. abzugeben. Dieses Angebot hat folgendes zu beinhalten:

- Abzuschließender Verwaltervertrag
- Eventuelle Erläuterungen der Verwalterleistungen (Leistungskatalog)
- Höhe des Verwalterentgelts
- Art der Verwalterbuchhaltung (EDV).

Mit diesen Unterlagen ist die WEer-Gem. in der Lage, über die Annahme oder Ablehnung des Verwalterangebots zu entscheiden. Der sich bewerbende Verwalter sollte dem VB vorschlagen, den Tagesordnungspunkt Neuwahl eines Verwalters wie folgt zu fassen: *464*

Bestellung der Firma AB zum neuen Verwalter nach Maßgabe des Angebots der Firma AB, insbesondere des vorgelegten Verwaltervertrags (vgl. hierzu oben Rn. **10** 78ff.).

Entscheidet sich die Gem. für dieses Angebot durch Mehrheitsbeschluß, ist der neue Verwalter bestellt und der Verwaltervertrag abgeschlossen. Damit kann der gewählte Verwalter sein Amt antreten.

3. Verwaltungsübernahme

Mit dem Beginn der Verwaltung hat sich der Verwalter darum zu bemühen, die notwendigen Unterlagen für die Verwaltung zu bekommen. Das bedeutet, daß der bisherige Verwalter alle Unterlagen herauszugeben hat, welche die Gem. betreffen. Der alte Verwalter ist hierzu verpflichtet. Er hat auch das sonstige Verwaltungsvermögen (vgl. oben Rn. **10** 198) an seinen Nachfolger zu übergeben. Dazu gehört auch die Regelung der Übernahme der Bank- und Anlagekonten **10** 204f. *465*

Bei Versicherungsverträgen empfiehlt sich deren Überprüfung auf Leistungsumfang und Prämienzahlung. Eventuell kann an eine Kündigung der Versicherungsverträge gedacht werden (vgl. oben Rn. **5** 27ff.).

Sofern der bisherige Verwalter Beteiligter im WE-Verfahren ist, ist festzustellen, wer das Verfahren fortführt. Der alte Verwalter verliert nämlich mit seinem Ausscheiden aus dem Verwalteramt seine Beteiligtenstellung nicht, sie muß widerrufen werden. *466*

XII. Verwaltung durch den Verwaltungsbeirat

467 Der VB ist ein Organ der Gem. mit einem eigenen Kreis von Rechten und Pflichten. Der Umfang der Rechte und Pflichten ergibt sich weniger aus dem WEG, sondern mehr aus der GO, aus den Beschlüssen und einer eventuell vorhandenen oder zu beschließenden Geschäftsordnung. Der VB hat kein Aufsichtsrecht gegenüber dem Verwalter, er ist kein Aufsichtsrat.

468 Mitglieder des VB sind Beauftragte der WEer. Ihre Verpflichtungen werden deshalb an den Vorschriften des Auftragsrechtes der §§ 662ff. BGB gemessen, wenn keine Vergütungen für diese Leistungen entrichtet werden. Wird das Beiratsmandat entgeltlich ausgeübt, kommen die Geschäftsbesorgungs-/Dienstvertragsvorschriften (§§ 675, 611ff. BGB) in Betracht.

469 Der VB ist fakultatives Organ, d.h. er ist nicht zwingend vorgeschrieben. Es steht der Gem. frei, darüber zu entscheiden, ob sie einen VB wählt oder nicht. Nach nunmehr überwiegender Auffassung kann von dispositiven Gesetzesnormen nach § 10 Abs. 1 S. 2 nur mittels Vereinbarung abgewichen werden. Das bedeutet, daß als Mitglieder des VB nur WEer durch Mehrheitsbeschluß berufen werden können. Dritte können deshalb nur in den VB berufen werden, wenn dies in der GO ausdrücklich vorgesehen ist (BayObLG WE 1992, 206).

470 Nach dem OLG Zweibrücken (vom 22. 9. 1983, 3 W 76/83) kann ein Verwalter oder auch ein Alleingeschäftsführer einer mit der Verwaltung beauftragten GmbH nicht Mitglied des VB sein, weil der zu Kontrollierende sich nicht selbst kontrollieren kann. Eine solche Wahl ist nichtig.

471 Für die Verwaltungspraxis ist das Vorhandensein und die Zusammensetzung des VB von nicht unerheblicher Bedeutung. Als ideal kann eine Zusammensetzung dann angesehen werden, wenn neben einer Hausfrau, ein Kaufmann, ein Jurist und ein Techniker im VB vertreten sind. Der VB wird durch Stimmenmehrheit gewählt. Das Stimmrecht des WEers, der zum VB gewählt werden soll, ist dabei nicht ausgeschlossen (BayObLG WE 1991, 226). Berufung, Amtsdauer, Wiederwahl, können sowohl durch Vereinbarung, besser aber durch Beschluß be-

stimmt werden. Ist eine Amtszeit nicht festgelegt, so bleibt der VB bis zur Wiederwahl oder Neuwahl im Amt. Der VB kann sein Amt in der Regel jederzeit, nicht aber zur Unzeit niederlegen (§ 671 BGB). Der VB verliert sein Amt automatisch, wenn er als WEer aus der Gem. ausscheidet. Tritt dieser WEer später wieder in die WEer-Gem. ein, wird er nicht von selbst wieder Mitglied des VB, sondern nur dann, wenn ihn die WEer erneut durch Mehrheitsbeschluß in das Gremium berufen (BayObLG vom 5. 11. 1992, 77/92).

Scheidet ein WEer – aus welchem Grund auch immer – aus dem VB aus, so sind die verbleibenden Mitglieder des VB (Schrumpfbeirat) weiterhin handlungsfähig (h. M. vgl. Dippel/Wolicki in NZM 1999, 603; a. A. Drasdo „Der Verwaltungsbeirat" 2. Aufl. 1999 S. 50). *472*

Der Beschluß der WEer, mit dem ein WEer zum Mitglied des VB bestimmt wird, kann nur dann erfolgreich angefochten werden, wenn er gegen den Grundsatz ordnungsmäßiger Verwaltung verstößt. Das ist dann der Fall, wenn schwerwiegende Umstände bekannt sind, die gegen die Eignung des Gewählten sprechen (BayObLG WE 1991, 226). *473*

Rechtsprechung: *474*

- der gesetzliche Vertreter einer Miteigentümer-KG ist kein Außenstehender und kann deshalb Mitglied des VB sein (OLG Frankfurt WE 1986, 141).
- wird ein Mitglied des VB, der nicht WEer ist, nicht zu der WEer-Versammlung eingeladen, so kann hieraus im Hinblick auf die Aufgaben des VB nicht die Fehlerhaftigkeit der in der Versammlung gefaßten Beschlüsse abgeleitet werden (vgl. BayObLG WE 1988, 99).
- ist in der GO vereinbart, daß die Bestellung eines VB der Zustimmung aller WEer bedarf, so ist ein Mehrheitsbeschluß, der die Mitglieder eines VB bestimmt, nicht nichtig, sondern anfechtbar (vgl. BayObLG WE 1994, 302).

1. Aufgaben des Verwaltungsbeirats

Die einzelnen Aufgaben des VB sind im WEG genannt, es sind folgende: *475*

- Unterstützung des Verwalters bei der Durchführung seiner Aufgaben (§ 29 Abs. 2)

Dazu gehört:
- Beratung über Aufnahme von Tagesordnungspunkten in der Versammlung
- Beratung über die Notwendigkeit und Durchführung von Instandhaltungsmaßnahmen

– Prüfung des Wirtschaftsplanes, der Abrechnungen, der Rechnungslegung, der Kostenvoranschläge und entsprechende Stellungnahmen vor einer Beschlußfassung (§ 29 Abs. 3)

Dazu gehört:
- Prüfung der Einnahmen auf rechnerische und sachliche Richtigkeit und Vergleichung mit den Belegen
- Prüfung der Richtigkeit und der Kontinuität der Bank- und Sparkonten
- Prüfung der Instandhaltungs- und anderen Rückstellungen

– Mitunterzeichnung des Versammlungsprotokolls (§ 24 Abs. 6)
– Einberufung einer WEer-Versammlung durch den Beiratsvorsitzenden oder dessen Stellvertreter, wenn ein Verwalter fehlt (§ 24 Abs. 3)
– Überwachungsbefugnis (keine Überwachungspflicht) hinsichtlich der Einhaltung der Hausordnung seitens der WEer
– Antrag an Amtsgericht für den Fall, daß ein Verwalter fehlt und durch das Gericht zu bestellen ist (§ 26 Abs. 3)
– Mitwirkung bei der Verfügung gemeinschaftlicher Gelder, sofern die WEer dies bestimmt haben (§ 27 Abs. 4) bzw. Beratung mit dem Verwalter über Geldanlagen.

476 Nach diesen gesetzlichen Aufgaben haben die Mitglieder des VB nicht das Recht, die WEer gegenüber dem Verwalter zu vertreten. So können sie auch keine Verhandlungen mit dem Verwalter über Ansprüche der WEer-Gem. gegen ihn führen. Es können dem VB durch Vereinbarung der WEer zusätzliche Aufgaben übertragen werden, da § 29 abdingbar ist. Darüber hinaus können dem VB insgesamt oder einzelnen Mitgliedern rechtsgeschäftliche Aufgaben übertragen werden. Aufgaben in Zusammenhang mit der Verwaltung können dem VB auch durch Mehrheitsbeschluß aufgetragen werden (BayObLG WE 1996, 334). In keinem Fall – weder durch Vereinbarung noch durch Mehrheitsbeschluß – sind unabdingbare Verwalteraufgaben (§ 27) auf den VB übertragbar.

477 Mögliche, dem VB mittels Mehrheitsbeschluß zu überlassende Aufgaben sind:

Zustimmung des VB zur allgemeinen Prozeßführungsbefugnis des Verwalters im Einzelfall (OLG Zweibrücken WE 1987, 163); Zustimmung des VB zur Durchführung von Instandhaltungsmaßnahmen seitens des Verwalters (BayObLG WE 1990, 218; hier genügt die Zustimmung eines Mitglieds nicht, erforderlich ist das Votum des gesamtem Beirats); Abnahme des gem. E.; Geltendmachung von Gewährleistungansprüchen wegen Mängel am gem. E. (OLG Frankfurt NJW 1975, 297).

Aufgaben, die allein in den Entscheidungsbereich der WEer-Versammlung fallen, wie z.B. Genehmigung des Wirtschaftsplans und der Jahresabrechnung, sowie die Entlastung des Verwalters, können den Mitgliedern des VB nicht durch Mehrheitsbeschluß, wohl aber durch Vereinbarung übertragen werden. *478*

Daneben hat der VB das Recht, jederzeit vom Verwalter Auskunft oder Informationen zu verlangen. Er hat ein Prüfungs- und Einsichtsrecht in alle Verwaltungsunterlagen. *479*

Auch kann er eigene Verwaltungsakten führen. Sammelt der VB im Rahmen seiner Tätigkeit solche Unterlagen, die im weitesten Sinne der Verwaltung der Gem. dienen, zählen diese zu den Verwaltungsunterlagen. Solche Unterlagen (nicht persönliche) hat der VB nach Beendigung seiner Tätigkeit an seinen Nachfolger herauszugeben. Dies ergibt sich aus dem Auftragsrecht (§§ 662ff. BGB), das bei unentgeltlicher Beiratstätigkeit zwischen Gem. und VB besteht (LG München I vom 31. 7. 1984). *480*

Auf keinen Fall ist der VB berechtigt, dem Verwalter Weisungen bezüglich durchzuführender Instandhaltungs- und Bauerneuerungsmaßnahmen zu erteilen, sofern diese nicht durch die Gem. beschlossen sind. Auch kann der VB vom Verwalter nicht verlangen, Kosten des SE in die Jahresabrechnung für das gem. E. mit einzubeziehen (OLG Frankfurt WE 1986, 141). *481*

Nimmt der VB oder nimmt ein Mitglied des VB Aufgaben für die Gem. wahr, zu denen er gesetzlich nicht ermächtigt oder durch die WEer nicht beauftragt ist, so handelt er als Geschäftsführer ohne Auftrag (§§ 677ff. BGB) mit allen sich hieraus ergebenden Konsequenzen. *482*

Zwar ist es Aufgabe des VB, den Wirtschaftsplan und die Jahresabrechnung des Verwalters zu prüfen, es ist aber nicht möglich, den Prüfbericht des VB gerichtlich mit Zwangsmitteln durchzusetzen. Den VB treffen keine dem Verwalteramt ver- *483* gleichbaren konkreten Pflichten bei der Verwaltung des gem. E. Der VB ist lediglich ein ehrenamtliches Beratungs- und Kontrollorgan, das anstelle der WEer im Rahmen der sonst auch jedem einzelnen von ihnen zustehenden Befugnissen tätig wird (KG vom 8. 1. 1997, 7947/95; OLG Düsseldorf vom 24. 9. 1997 3 Wx 221/97). Kommen die Mitglieder des VB dieser Aufgabe nicht nach, so können sie abgewählt werden. Auch ist es möglich, den Mitgliedern des VB keine Entlastung zu erteilen, wobei die Abstimmung über die Entlastung des VB nicht notwendig und auch nicht üblich ist. Wird den Mitgliedern des VB keine Entlastung erteilt, so stellt das für den VB keine unzumutbare Beeinträchtigung dar, weil Schadensersatzansprüche gegen diesen von WEern – wie beim Verwalter auch – nur dann geltend gemacht werden können, wenn ein ermächtigender Beschluß der WEer vorliegt (BayObLG WE 1992, 174).

484 Der VB ist nicht verpflichtet, einzelnen WEern Auskunft zu erteilen, es sei denn, die übrigen WEer haben einen WEer hierzu ermächtigt. Die Mitglieder sind über ihre Tätigkeit grundsätzlich allen WEern gegenüber (in Versammlung) zur Auskunft verpflichtet (BayObLG WE 1995, 191). Nur im Einzelfall kann ein WEer nach den Grundsätzen von Treu und Glauben einen individuellen Auskunftsanspruch an die Mitglieder des VB haben. Die gerichtliche Geltendmachung dieser Ansprüche setzt aber voraus, daß sie Gegenstand einer Tagesordnung in der WEer-VerS. waren.

2. Haftung des Verwaltungsbeirats

485 Der VB haftet gegenüber den WEern, sofern er unentgeltlich tätig ist – wie bereits festgestellt – nach den Vorschriften des Auftrages der §§ 662ff. BGB. Dieses Auftragsverhältnis besteht zwischen den WEern und den Mitgliedern des VB und zwar konkludent mit der Bestellung zum Beiratsmitglied. Es bezieht sich auf die in § 29 vorgegebenen gesetzlichen Aufgaben, wobei die Mitglieder des VB nicht als „Organ“ haften. Der VB ist keine eigene Rechtspersönlichkeit, so daß die einzelnen Mitglieder als Gesamtschuldner gem. § 421 Satz 1 BGB haften (OLG Düsseldorf vom 24. 9. 1997, 3 Wx 221/97), aber nur dann, wenn alle Mitglieder für den Schaden gemeinsam verantwortlich sind. Trifft das Verschulden ein Mitglied des VB allein haftet er hierfür allein. Sein Verschulden kann den anderen Mitgliedern des VB nicht zugerechnet werden. Sind die WEer – wie dargestellt – ein entgeltliches Schuldverhältnis eingegangen, handelt es sich um einen Dienstvertrag mit Geschäftsbesorgungscharakter.

In beiden Fällen haften die Mitglieder des VB gem. § 276 BGB für Vorsatz und leichte Fahrlässigkeit aus positiver Vertragsverletzung aus diesen Schuldverhältnissen.

Der VB haftet beim Auftragverhältnis aber nur für die Sorg- *486*
falt, die man von einem ehrenamtlich tätigen VB üblicherweise verlangen kann. Bei Vorliegen eines Dienstvertrags ist der Haftungstatbestand insofern erweitert, weil hier als Sorgfaltsmaßstab das Fachwissen eines ordentlichen Kaufmanns der Grundstücks- und Wohnungswirtschaft anzuwenden ist (Staudinger-Bub § 29 Rz. 65).

Gegenüber Dritten haften die Mitglieder des VB nach den Allgemeinen Vorschriften; d.h. hier besteht die gleiche Haftung wie bei Verwalterhandlungen (s. oben Rn. **10** 135f.). Überschreitet ein Beiratsmitglied seinen Auftrag und seine Befugnis, handelt er als Vertreter ohne Vertretungsmacht und hat dem Dritten gegenüber entweder auf Erfüllung oder Schadensersatz einzustehen.

Für Handlungen des VB haften die WEer im selben Maße wie *487*
für den Verwalter. Auch der VB ist Erfüllungsgehilfe nach § 278 BGB bzw. Verrichtungsgehilfe bei unerlaubter Handlung nach § 831 BGB.

Eine Haftungsbeschränkung für VB-Mitglieder zumindest auf *488*
grobe Fahrlässigkeit und Vorsatz scheint sinnvoll zu sein, weil diese in der Regel unentgeltlich tätig sind. Deshalb sollte einem VB-Mitglied ein leichter Fehler (leichte Fahrlässigkeit) – wenn er z.B. bei der Prüfung der Jahresabrechnung einen Rechnungsbeleg nicht richtig beurteilt – nicht angelastet werden. Erforderlich ist jedoch die Vereinbarung eines Haftungsausschlusses, die in der GO aber auch durch Mehrheitsbeschluß getroffen werden kann (siehe Mustergemeinschaftsordnung im Anhang).

11. Kapitel. Gerichtliches Verfahren

Lassen sich Konflikte und Streit zwischen Parteien untereinander nicht gütlich regeln, haben die Gerichte den Streit zu beenden und die streitenden Parteien zu befrieden. Die Gerichte sind der Teil der Rechtsordnung, die im Rahmen der Rechtspflege die rechtsprechende Gewalt innerhalb der Gerichtsverfassung auszuüben haben. Die Gerichtsverfassung regelt in unterschiedlichen Gesetzen die Grundsätze für Einrichtung und Tätigkeit der Gerichte. Es handelt sich dabei um Vorschriften darüber, wann, von wem, unter welchen Voraussetzungen und in welchem Umfang Gerichte in Anspruch genommen werden können, welche Tätigkeiten den Gerichten übertragen sind, nach welchen Verfahrensregeln die Gerichte tätig zu sein haben, welche Gerichtsarten es gibt, wie und wo welche Gerichte errichtet werden und mit welcher Zuständigkeit (Deutsches Rechtslexikon 2. Auflage Band 2). *1*

In der Bundesrepublik Deutschland stehen zur Wahrnehmung der Rechtspflege das Verfassungsgericht und fünf Gerichtsbarkeiten mit deren Entscheidungsorganen zur Verfügung. (Vgl. Bä/S S. 782). *2*

Es sind:

	Ordentliche Gerichts barkeit (Zivilprozeß, freiwillige Gerichtsbarkeit, Strafprozeß)	Verwaltungsgerichtsbarkeit	Finanzgerichtsbarkeit	Arbeitsgerichtsbarkeit	Sozialgerichtsbarkeit
Verfahrensordnung	Gerichtsverfassungsgesetz	Verwaltungsgerichtsordnung	Finanzgerichtsordnung	Arbeitsgerichtsgesetz	Sozialgerichtsgesetz

	Ordentliche Gerichtsbarkeit (Zivilprozeß, freiwillige Gerichtsbarkeit, Strafprozeß)	Verwaltungsgerichtsbarkeit	Finanzgerichtsbarkeit	Arbeitsgerichtsbarkeit	Sozialgerichtsbarkeit
1. Instanz	Amtsgericht Landgericht	Verwaltungsgericht	Finanzgericht	Arbeitsgericht	Sozialgericht
2. Instanz	Landgericht Oberlandesgericht	Verwaltungsgerichtshof bzw. Oberverwaltungsgericht	–	Landesarbeitsgericht	Landessozialgericht
3. Instanz	Oberlandesgericht Bundesgerichtshof (Karlsruhe)	Bundesverwaltungsgericht (Berlin)	Bundesfinanzhof (München)	Bundesarbeitsgericht (Kassel)	Bundessozialgericht (Kassel)
Gemeinsamer Senat	entscheidet, wenn einer der genannten obersten fünf Gerichtshöfe von der Entscheidung eines anderen obersten Gerichtshofs abweichen will				

Innerhalb der ordentlichen Gerichtsbarkeiten gibt es folgende Besonderheiten:

Berlin: Anstelle des Oberlandesgerichts tritt hier das Kammergericht

Bayern: Das Bayerische Oberste Landesgericht entscheidet an Stelle eines der bayerischen Oberlandesgerichte in Strafsachen in zweiter Instanz und in Sachen der freiwilligen Gerichtsbarkeit einschließlich der wohnungseigentumsrechtlichen Verfahren in dritter Instanz

3 Theoretisch können WEer und WEer-Gem. im Zusammenhang mit der Erstellung, dem Erwerb, der Finanzierung, der Besteuerung und der Verwaltung von ETW in einem Verfahren bei allen genannten Gerichten beteiligt sein. Für Streitigkeiten bei

der Verwaltung des WE und im Verhältnis der WEer untereinander sind die ordentlichen Gerichte allein zuständig. Für die ordentliche Gerichtsbarkeit gilt das Gerichtsverfassungsgesetz in der Fassung vom 9. Mai 1975 (GVG – BGBl. I S. 1077), wonach die Grundsätze, Zuständigkeiten und Aufgaben der dazugehörigen Gerichte bestimmt werden.

Alle Gerichte des Bundes und der Länder sind im Anhang V zusammengestellt.

I. Rechtsschutz allgemein

Bedingt durch ein überzogenes Anspruchsdenken infolge der zunehmenden Ausbildung eines Sozialstaates in den vergangenen 50 Jahren werden heute von den Bürgern der Bundesrepublik auch die Angebote des Rechtsstaates vielfach ausgeschöpft. Als Beleg dafür kann die steigende Prozeßflut des letzten Jahrzehnts angeführt werden. Die Gerichte sind in einem Maße gefordert, wenn nicht überfordert, daß die Frage nach den Grenzen der Rechtsschutzgewährung durchaus berechtigt ist. Diese Erscheinung wird noch verstärkt durch die mögliche Abwälzung von Gerichts- und Verfahrenskosten im Wege der Rechtsschutzversicherungen. Auch im Bereich des WE nehmen die Gerichtsverfahren zu. Leider werden diese Verfahren nicht immer und nicht nur zur Entscheidung sachlich begründeter Konflikte oder Interessengegensätze in Gang gesetzt. Sie sind vielfach der negative Ausdruck für das allgemein gewachsene Selbstbewußtsein und die Einstellung mancher WEer, daß für jeden auftretenden Konflikt und Schaden mittels eines einklagbaren Anspruches ein anderer aufzukommen habe. *4*

Dieser Einstellung ist entgegenzutreten mit dem Hinweis, daß das Streitverfahren das letzte Mittel sein sollte, „Frieden unter den Beteiligten zu stiften". *5*

Sofern ein Konflikt zwischen Parteien in der Gem. (WEer untereinander; WEer und Verwalter) durch Gespräche und Verhandlungen nicht gelöst werden kann, sollte vorher eine echte Rechtsberatung gesucht und in Anspruch genommen werden. *6*

Die Rechtsberatung, die für Bürger mit geringem Einkommen kostenlos in Anspruch genommen werden kann (Gesetz über Rechtsberatung und Vertretung für Bürger mit geringem Einkommen - Beratungshilfegesetz - vom 18. 6. 1980 - BGBl. I S. 689; Gesetz zur Änderung des Beratungshilfegesetzes und anderer Gesetze vom 14. 9. 1994 - BGBl. I S. 2323 -) ist eine Möglichkeit einen Rechtsstreit zu vermeiden. Auch sollten im Bereich des WE weitere Instanzen geschaffen werden, welche die Möglichkeit zu einer gütlichen Einigung der streitenden Parteien eröffnen. Zu denken wäre daher an die Begründung einer überörtlichen außergerichtlichen Schiedsstelle bzw. an ein Schiedsgericht, wie dies in verschiedenen anderen Wirtschafts- und Rechtsbereichen bereits der Fall ist (vgl. unten Rn. **11** 13ff.).

7 Läßt sich ein Konflikt nicht auf gütliche Weise regeln, so ist die streitige Auseinandersetzung nicht zu umgehen. Die Streitigkeiten im Bereich des WE werden, wie bereits festgestellt, durch ordentliche Gerichte entschieden.

8 Wie bei der Rechtsberatung gewährt der Staat auch in einem Rechtsstreit dem Bürger mit geringem Einkommen finanzielle Hilfen durch die Prozeßkostenhilfe (Gesetz über die Prozeßkostenhilfe vom 13. 6. 1980 - BGBl. I S. 677, Gesetz zur Änderung von Vorschriften über die Prozeßkostenhilfe - PKHÄndG - vom 10. 10. 1994 - BGBl. I S. 2954). Die Prozeßkostenhilfe ist im Wege der Verweisung im FGG (§ 14) auf das WE-Verfahren anwendbar.

9 Danach können alle Verfahrensbeteiligte, die nach ihren persönlichen und wirtschaftlichen Verhältnissen die Kosten des Rechtsstreits nicht, nur zum Teil oder nur in Raten aufbringen können (FGG Bumiller/Winkler zu § 14 Nr. 2) Prozeßkostenhilfe erhalten, wenn die Rechtsverfolgung der Antragsteller Aussicht auf Erfolg hat (§ 114 Abs. I ZPO; BayObLG WE 1991, 367).

10 Die Prozeßkostenhilfe wird auf Antrag gewährt. Wird die Prozeßkostenhilfe abgelehnt oder eine erteilte Bewilligung widerrufen, kann dagegen nur das Rechtsmittel der Beschwerde eingelegt werden. Die weitere Beschwerde gegen die Entscheidung des Beschwerdegerichts ist unzulässig (BayObLG WE 1996, 469; WE 1997, 277).

II. Ordentliche Gerichtsbarkeit

Die ordentliche Gerichtsbarkeit ist Teil der oben dargestellten Gesamtgerichtsbarkeit die in Artikel 95 Abs. 1 GG bestimmt ist. § 13 GVG weist den ordentlichen Gerichten alle bürgerlichen Rechtsstreitigkeiten und alle Strafsachen zu. Die Verfahrensordnung für die bürgerlichen Rechtsstreitigkeiten ist die ZPO (Zivilprozeßordnung vom 30. 1. 1877 in der Fassung der Bekanntmachung vom 12. 9. 1950 - BGBl. I S. 533). Das Verfahrensrecht für Strafsachen ist in der StPO (Strafprozeßordnung vom 1. 2. 1877 in der Fassung der Bekanntmachung vom 12. 9. 1950 - BGBl. I S. 455) vorgegeben. Zur ordentlichen Gerichtsbarkeit zählt aber auch die freiwillige Gerichtsbarkeit, die im „Gesetz über die Angelegenheiten der freiwilligen Gerichtsbarkeit (FGG vom 17. 5. 1898 in der Fassung der Bekanntmachung vom 20. 5. 1898 - RGBl. I S. 369) geregelt ist, wobei die freiwillige Gerichtsbarkeit keinen organisatorisch selbständigen Gerichtszweig darstellt, sondern nur eine besondere Verfahrensart innerhalb der ordentlichen Gerichtsbarkeit. Das wohnungseigentumsrechtliche Verfahren wird in § 43 WEG der freiwilligen Gerichtsbarkeit zugeordnet. Die Streitigkeiten zwischen den Wohnungseigentümern untereinander und zwischen den Wohnungseigentümern und dem Verwalter werden demnach nach der Verfahrensordnung der freiwilligen Gerichtsbarkeit entschieden. Da aber das wohnungseigentumsrechtliche Verfahren überwiegend auch privatrechtliches Streitverfahren ist, gelten hierfür analog die Bestimmungen der ZPO, soweit die §§ 43 ff. WEG und das FGG keine ausdrücklichen Bestimmungen enthält. *11*

1. Rechtsstreit im Bereich des Wohnungseigentums vor Prozeßgericht

Für Streitigkeiten der WEer in Zusammenhang mit dem Entstehen, dem Erwerb, der Veräußerung und der Veränderung der Gegenstände (SE und gem.E) von WE sind die Prozeßgerichte *12* zuständig, für das die ZPO gilt. Ebenso findet ein Rechtsstreit zwischen WEern und Dritten bzw. zwischen dem Verwalter und Dritten – wobei ausgeschiedene WEer und ausgeschiedene Verwalter in der Regel als Dritte gelten – vor dem Prozeßgericht statt. Es handelt sich also um Streitigkeiten, die nicht ausdrücklich nach § 43 der fG zugeordnet sind. Dazu werden noch solche Verfahren den Prozeßgerichten zugeordnet, die das WEG ausdrücklich bestimmt:

- Aufhebung der Gem. (§§ 17, 43 Abs. 1 Nr. 1)
- Entziehung des WE (§§ 18, 19, 43 Abs. 1 Nr. 1)
- Mahnverfahren bei Hausgeldrückständen (§ 46a)
- Zwangsvollstreckung aus rechtskräftigen Entscheidungen, gerichtlichen Vergleichen und einstweiligen Anordnungen (§ 45 Abs. 3).

2. Rechtsstreit vor dem Wohnungseigentumsgericht

13 In § 43 WEG wird bestimmt welche Angelegenheiten im Verfahren der fG zu entscheiden sind. Es sind grundsätzlich alle Streitigkeiten zwischen WEern untereinander sowie zwischen WEern und dem Verwalter. Für das Verfahren gelten die besonderen Bestimmungen des WEG (§§ 43 Abs. 2 und 4, 44 bis 50) und darüber hinaus die des FGG mit den Vorschriften der §§ 2 bis 34.

14 Das fG-Verfahren unterscheidet zwischen dem Amtsverfahren und dem Antragsverfahren (vgl. hierzu Staudinger-Wenzel vor § 43 Nr. II und III). Das Amtsverfahren ist das klassische Verfahren der fG. Es dient der Rechtsfürsorge im öffentlichen Interesse. Beim Antragsverfahren wird das Gericht nur bei Vorliegen eines Antrags tätig. Der Richter hat dabei grundsätzlich und in jeder Lage die Verfahrensvoraussetzungen hinsichtlich des Antrags vom Amts wegen zu prüfen. Stehen sich in diesem Verfahren Verfahrensbeteiligte mit unterschiedlichen Interessen gegenüber handelt es sich dabei um ein echtes Streitverfahren der fG. Die WE-Sachen nach §§ 43ff. sind mit Ausnahme von § 43 Abs. 1 Nr. 3 eine privatrechtliche Streitsache der fG (Staudinger-Wenzel a.a.O.), welches im Antragsverfahren behandelt wird.

3. Abgabe des Rechtsstreits an anderes Gericht

Eine Abgrenzung der Fälle und deren Zuordnung zum Prozeß- oder WE-Gericht-Verfahren ist nicht immer leicht. Aus diesem Grunde bestimmt § 46, daß beim Prozeßgericht geltend gemachte Ansprüche, die nach § 43 Abs. 1 in das fG-Verfahren gehören, zur Erledigung in diesem Verfahren vom Prozeßgericht abzugeben sind. Sind Verweisungsbeschlüsse der Gerichte rechtskräftig geworden, so sind die anderen Gerichte an diese Entscheidung gebunden (§ 17a Abs. 1 GVG; BayObLG WE 1996, 194). Die Bindungswirkung entfällt nur dann, wenn der Abgabebeschluß offensichtlich unrichtig ist, jeglicher Rechtsgrundlage entbehrt und damit auf Willkür beruht (BayObLG WE 1992, 141; WE 1992, 173; WE 1997, 432; BayObLG vom 18. 12. 1998, 2 Z 121/98). *15*

Umgekehrt hat das WE-Gericht Angelegenheiten, die keine WE-Sachen im Sinne des § 43 sind, an das zuständige Prozeßgericht abzugeben. *16*

Die nach § 46 Abs. 1 an das Prozeßgericht zu verweisende Sache erfolgt durch den Abgabebeschluß, der den Charakter einer abschließenden Entscheidung in der Sache hat. Vorher hat das Gericht den beschrittenen Rechtsweg nach Anhörung der Parteien von Amts wegen zu prüfen (§ 17a Abs. 2 GVG) und gegebenenfalls den Rechtsstreit an das zuständige Gericht abzugeben. Hat das Gericht keine Zuständigkeitsprüfung vorgenommen, so ist die Zuständigkeit vom Rechtsmittelgericht auch noch in der Revisionsinstanz zu prüfen (BGH WE 1996, 27). *17*

Gegen den Abgabebeschluß des Prozeßgerichts an das WE-Gericht ist die sofortige Beschwerde (§ 17a Abs. 4 Satz 3 GGVG) zulässig (BayObLG vom 12. 3. 1998, 2 Z 150/97) aber nicht die sofortige weitere Beschwerde. Dies ist nach § 567 Abs. 3 Satz 1, § 568 ZPO ausgeschlossen, wenn das Landgericht entschieden hat. *18*

Für die Zuständigkeitsprüfung nach § 46 WEG gelten die Grundsätze der §§ 17a Abs. 3 bis 5, 17b GVG entsprechend (4. VwGOÄndG vom 17. 12. 1991 BGBl. I S. 2809). Das bedeutet, daß das Gericht, welches über ein Rechtsmittel in der Haupt- *19* sache zu entscheiden hat, nicht mehr überprüfen muß, ob der beschrittene Rechtsweg zulässig ist (§ 17a Abs. 5 GVG); die ausdrücklich oder stillschweigend bejahte Zuständigkeit ist für das Rechtsmittelgericht bindend. Ist über die Frage, ob das Prozeßgericht oder das Wohnungseigentumsgericht zuständig ist, entgegen § 17a Abs. 3 S. 2 GVG nicht vorab entschieden worden, ist die Zuständigkeit vom Rechtsmittelgericht der Hauptsache auch noch in der Revisionsinstanz zu prüfen. § 549 Abs. 2 ZPO findet keine Anwendung (BGH WE 1996, 27).

20 Kommt es zwischen zwei Gerichten (wenn sich z.B. das WE-Gericht beim AG für unzuständig erklärt und die Sache an das LG-Prozeßgericht verweist und dieses sich ebenfalls unzuständig erklärt) zum Streit über die sachliche (auch örtliche und funktionelle) Zuständigkeit, dann hat über diesen „negativen" Kompetenzkonflikt gem. § 36 Nr. 6 ZPO das im Rechtszug nächst höhere Gericht zu entscheiden. Besteht der negative Kompetenzkonflikt zwischen Gerichten der freiwilligen und der streitigen Gerichtsbarkeit, so hat (BGH NJW 1979, 2249) das nach § 36 Nr. 6 ZPO berufene Gericht der streitigen Gerichtsbarkeit zu entscheiden. In Bayern ist in diesem Fall die über dem LG stehende zunächst höhere gemeinsame übergeordnete Gerichtsbarkeit, das Bayerische Oberste Landesgericht (BayObLG WE 1991, 364; BayObLG WE 1992, 141; WE 1995, 284). Dieses ist für das WE-Gericht zuständig, es besitzt aber auch die Zuständigkeit als Revisionsgericht der streitigen Gerichtsbarkeit.

Verweist in einem negativen Kompetenzkonflikt das Landgericht als Prozeßgericht an das Amtsgericht zurück, so ist der Zurückverweisungsbeschluß mit der sofortigen Beschwerde anfechtbar (§ 577 ZPO). Das bedingt, daß der Zurückverweisungsbeschluß den Parteien nach § 329 ZPO förmlich zugestellt werden muß. Eine nur formlose Mitteilung setzt die Frist zur Einlegung der sofortigen Beschwerde nicht in Gang (BayObLG WE 1998, 277).

21 Es gibt eine Reihe von Grenzfällen, bei denen die Zuordnung zum (richtigen) Gericht Schwierigkeiten bereitet.

Rechtsprechung:

- Anspruch auf Herausgabe von Bauunterlagen an den ersten Verwalter, der gleichzeitig Bauträger war: WE-Verfahren (OLG WE 1988, 194).

- Durchsetzung der Ansprüche der faktischen WEer s. oben Rn. **6** 50 ff.
- Anspruch auf Zustimmung zur Aufhebung der WEer-Gem.: WE-Verfahren (BayObLG vom 18. 12. 1998, 2 Z 121/98).
- Für Ansprüche der WEer gegen einen vor Rechtshängigkeit ausgeschiedenen WEer: Prozeßgericht (BGH WE 1989, 129).
- Aufwendungsersatzansprüche eines ausgeschiedenen Verwalters: WE-Verfahren (BayObLG WE 1990, 173)
- Ansprüche eines WEers gegen Verwalter wegen Herausgabe von Mietzinsen für das SE bei Appartment-Hotelanlage: Prozeßgericht (BayObLGZ 1989 Nr. 49).
- Anspruch wegen Hausgeldschulden gegen die Konkursmasse, wenn der Konkursverwalter das diesbezügliche WE oder Einleitung des gerichtlichen Verfahrens veräußert hat: Prozeßgericht (BGH WE 1994, 210).
- Streitigkeiten unter Teilhabern einer Bruchteilsgemeinschaft: Prozeßgericht (BayObLG NJW RR 1995, 588).

III. Schlichtung und Schiedsgericht

1. Alternativen in der Ziviljustiz

Die Diskussion über die Frage, ob es sinnvoll ist neben den staatlichen Gerichten vorgerichtliche oder außergerichtliche Instanzen einzurichten, die zur Streitschlichtung berufen sind, ist im Grunde sehr alt. Die allgemeine Diskussion in der Bundesrepublik Deutschland über die weitere Einführung alternativer Verfahren wurde erst seit etwa 20 Jahren (vgl. hierzu „Alternativen in der Ziviljustiz in der Rechtstatsachenforschung. Herausgegeben vom BMJ. Erschienen in Bundesanzeiger 1982) in Gang gebracht. Anlaß der heute besonders aktuellen Diskussion ist die Überlastung der staatlichen Gerichte, ausgedrückt in zunehmender Verfahrenshäufigkeit und überlanger Verfahrensdauer, verbunden mit ständig steigenden Kosten. Trotz vielfacher Initiativen konnte der Staat die Probleme angesichts der Prozeßfreudigkeit der Bürger nicht in den Griff bekommen, trotz der Vereinfachungsnovelle im Jahre 1976 (BGBl. I S. 3281), des Rechtspflegevereinfachungsgesetzes im Jahre 1990 (BGBl. I S. 2847) und des Gesetzes zur Entlastung der Rechtspflege aus 1993 (BGBl. I S. 50). Auch der 1998 vorgelegte Gesetzentwurf zur Vereinfa- 22 chung des zivilgerichtlichen Verfahrens und des Verfahrens der freiwilligen Gerichtsbarkeit (BR-Dr. 564/98) – der auch für das wohnungseigentumsrechtliche Verfahren einschneidende Veränderungen vorsieht – dürfte die notwendigen Verfahrenserleichterungen und Kosteneinsparungen kaum ermöglichen. Umso sinnvoller ist es, die Alternativverfahren zur Justiz zu hinterfragen.

Zu unterscheiden sind einmal Einrichtungen, die den Gerichten vorgeschaltet sind, um durch außergerichtliche Vergleiche eine Streitschlichtung durch die Gerichte zu vermeiden. Durch solche Vorschaltverfahren werden die Gerichte nicht ausgeschaltet, weil die Beteiligten die Möglichkeit haben, die staatlichen Gerichte dann in Anspruch zu nehmen, wenn die Streitschlichtung nicht gelungen ist. Hiervon zu unterscheiden sind die Schiedsgerichte, welche die Entscheidung der staatlichen Gerichte durch einen nicht anzugreifenden Schiedsspruch ersetzen.

Es ist verständlich, daß die Einrichtungen der außergerichtlichen Schlichtungsstellen, die sich um die Beilegung von Konflikten bemühen und die nachfolgende Gerichtsentscheidungen nicht ausschließen, in der Praxis häufiger anzutreffen sind. Es handelt sich überwiegend um folgende Institutionen (Vgl. Helmut Morasch „Schieds- und Schlichtungsstellen in der Bundesrepublik" in Beilagen Nr. 68/64 zu Bundesanzeiger vom 18. 12. 1984):

- Rechtsanwälte/Anwaltsvereine
- Schiedsmänner
- öffentliche Rechtsauskunfsstellen
- Beratungsstellen von Organisationen (der Wirtschaft bzw. der Verbraucher)
- Schieds-, Schlichtungs-, Vermittlungs-, Gütestellen; besonders des Handwerks und des Handels.

Unter diesen Stellen sind heute die Beratungsstellen von Organisationen sowie die Schieds- und Schlichtungsstellen von besonderer Bedeutung. All den genannten Institutionen ist gemein, daß sie insofern keine endgültige Entscheidung treffen, weil die Beratungs- bzw. Schlichtungsergebnisse nicht bindend sind. Die letzte Entscheidung kann bei den staatlichen Gerichten gesucht werden. Die Schieds- und Schlichtungsstellen nehmen an Bedeutung zu. Sie sind u.a. in folgenden Bereichen tätig (Morasch a.a.O.):

- Industrie- und Handelskammern
- Handwerk (ohne Kfz)
- Kfz-Handwerk
- Kfz-Handel
- Textilreinigung
- Schuhreklamationen
- Miete
- Architekten
- Ärzte
- Versicherungen.

Die Bedeutung solcher Schieds- und Schlichtungsstellen wird in den Bemühungen des Gesetzgebers deutlich, wenn im „Entwurf eines Gesetzes zur Vereinfachung des zivilgerichtlichen Verfahrens und des Verfahrens der freiwilligen Gerichtsbarkeit" vom 14. 8. 1996 (BT-Drucksache 605/96) eine Ermächtigung für die Länder vorgesehen ist, durch Gesetz zu bestimmen, daß über vermögensrechtliche Streitigkeiten bis zu einem Geldwert von DM 1000,– erst dann Klage erhoben werden kann, wenn es einer durch die Landesjustizverwaltung eingerichteten oder zugelassenen Schlichtungsstelle nicht gelungen ist die Streitigkeiten einvernehmlich zu regeln. *23*

Für den Bereich des WE gibt es noch keine Schieds- und Schlichtungsstellen, wenngleich solche auch hier denkbar wären. Ein Problem dürfte aber darin bestehen, daß im Bereich der Verwaltung von WE keine größeren Verbände vorhanden sind, die solche Einrichtungen – wie bei den genannten Schiedsstellen üblich – finanzieren können. *24*

Anders gilt wohl für das auch im WE bekannte Vorschaltverfahren, das im Grunde nichts anderes ist als die Vereinbarung über die Anrufung einer Schiedsstelle. Das Vorschaltverfahren im WE beinhaltet in der Regel die Vereinbarung – meist in der GO – daß jeder WEer verpflichtet ist, vor Inanspruchnahme der Gerichte die vorgesehene Schlichtungsstelle anzurufen. Als Schlichtungsstelle wird überwiegend der Verwaltungsbeirat benannt. Schlichter können aber auch der Verwalter oder die WEer-Versammlung sein. Erst wenn durch die Schlichtungsstelle eine einvernehmliche Regelung über den bestehenden Konflikt nicht erreicht werden kann, hat der betreffende WEer die Möglichkeit das staatliche Gericht anzurufen. Will dagegen ein WEer das gerichtliche Verfahren ohne Inanspruchnahme der Schiedsstelle in Gang setzen, wird das Gericht den entsprechenden Antrag mangels Rechtsschutzbedürfnis abweisen, es sei denn die mit der Schlichtung beauftragten Personen lehnen eine Entscheidung ab (BayObLG WE 1991, 252; WE 1992, 57). Die Vereinbarung eines solchen Vorschaltverfahrens ist sicher sinnvoll (siehe Mustergemeinschaftsordnung für Wohnungsprivatisierungen in Ostdeutschland).

25 Zu den außergerichtlichen Verfahren zählt auch der Schiedsgutachtervertrag, der hier der Vollständigkeit halber erwähnt wird. Es handelt sich dabei um eine Vereinbarung, daß vor Einleitung eines Gerichtsverfahrens ein bestimmter Gutachter die Tatsachen des Gegenstandes des Rechtsstreits festzustellen und zu würdigen hat. Das Gericht ist dann in seiner Entscheidung an die gutachterlichen Feststellungen gebunden.

2. Das Schiedsgericht im allgemeinen

26 Im Gegensatz zu den bisher angesprochenen Alternativen zur Ziviljustiz sind die Schiedsgerichte private Gerichte, welche die staatlichen Gerichte ausschließen. Das Schiedsgericht kommt durch private Willenserklärung, insbesondere im Wege der Schiedsgerichtsvereinbarung bzw. durch Satzung oder letztwillige Verfügung zustande (Deutsches Rechtslexikon, 2. Aufl. 1992, Bd. 3 S. 265). Die in das Schiedsgericht berufenen Schiedsrichter entscheiden über den gesamten Streitstoff endgültig. Gegen den erlassenen Schiedsspruch ist ein Rechtsmittel nicht möglich. Schiedsgerichte werden überwiegend in bürgerlich-rechtlichen Streitigkeiten eingesetzt. Die rechtlichen Rahmenbedingungen ergeben sich aus der ZPO. Maßgeblich hierfür sind die §§ 1025 bis 1066 (neu). Zulässig ist das Schiedsgerichtsverfahren auch für die echten Streitsachen der freiwilligen Gerichtsbarkeit.

Man unterscheidet die Schiedsgerichte in Gelegenheitsgerichte, die ad hoc und für einzelne Streitigkeiten gebildet werden und in ständige, institutionelle Gerichte. Hier sollen nur die sogenannten ständigen Schiedsgerichte interessieren, weil nur diese für WE-Sachen in Frage kommen.

Das Schiedsgericht findet überwiegend im Bereich der Wirtschaft und des internationalen Handels Anwendung. Neuerdings hat das Schiedsgericht auch Eingang im Gesellschaftsrecht, Handelsvertreterrecht, Bau- und Architektenrecht gefunden (vgl. NJW 1996, 442; 1996, 1873; Handwerksblatt vom 12. 12. 1995; NJW 1998, Heft 32, XXII). Die zunehmende allgemeine Bedeutung des Schiedsverfahrens wird auch daraus deutlich, daß in jüngster Zeit in verschiedenen Bereichen der Ziviljustiz neue Schiedsgerichte etabliert und eingerichtet werden.

3. Voraussetzungen für die Einrichtung eines ständigen Schiedsgerichts

a) Allgemeines

Auf die positive Einstellung der Kommentarliteratur zum 27 Schiedsgericht für WE-Sachen wird verwiesen (z. B. Weitnauer 8. Aufl. Rz 40, zu § 10; zu § 10; Rz 35 zu § 43. Ausführlicher Bärmann/Pick/Merle Rz 11 bis 19 vor § 43. Niedenführ/ Schulze Rz 24 vor § 43; Staudinger/Wenzel Vor § 43 Rz 87). Erstmals erfolgte eine Auseinandersetzung über dieses Problem bei den 22. Fischener Fachgesprächen anläßlich einer Podiumsdiskussion. Besprechungsgrundlage war das Ergebnis der Dissertation von Busse („Schiedsverfahren in Wohnungseigentumssachen" Düsseldorf, 1994). Die Ergebnisse dieser Aussprache sind in PIG 51/1997 veröffentlicht. Die lebhafte Diskussion brachte gewisse Befürchtungen zum Ausdruck, die in der Unwiderruflichkeit einer Entscheidung zum Schiedsgericht bestanden. Diese Argumente waren der Anlaß über die Aufnahme einer Öffnungsklausel in die Schiedsvereinbarung.

b) Motive für die Einrichtung eines ständigen Schiedsgerichts

Besonders für die neuen Länder scheint die Einrichtung eines 28 ständigen Schiedsgerichts für WE-Sachen sinnvoll und angebracht. Nachdem es in der DDR WE nicht gab, mußten und müssen sich die neu strukturierten Wohnungsbaugesellschaften und Wohnungsgenossenschaften heute mit der neuen Materie WE-Recht WE-Verwaltung – ohne praktische Erfahrungen zu haben – auseinandersetzen. Dies geht nicht ohne erhebliche Reibungsverluste und Anlaufschwierigkeiten. Die Privatisierungsauflage im Altschuldenhilfegesetz hat die Problematik noch verschärft, weil sie die Unternehmen zur Privatisierung von rd. 333 Tsd. Wohnungen zwingt (vgl. oben Rn. **2** 242ff.). Viele Wohnungsunternehmen und Wohnungsgenossenschaften versuchen sich nun im Anfangsstadium mit der Verwaltung von WE. Die ersten WE-Versammlungen haben den Unternehmen die Schwierigkeiten vor Augen geführt, die gerade bei teilsanierten oder unsanierten umgewandelten ETW bestehen. Zwar sind bis jetzt noch nicht sehr viel Gerichtsverfahren bekannt geworden. Dennoch ist damit zu rechnen, daß in den neuen Ländern die WE-Verfahren zunehmen. Hier kann das ständige Schiedsgericht für WE-Sachen verstärkte Hilfe ermöglichen. Dies gilt um so mehr, weil das Schiedsgericht gegenüber dem Verfahren nach § 43 WEG weitere Vorteile besitzt (vgl. unten Rn. **11** 29).

c) Rechtliche Rahmenbedingungen für das ständige Schiedsgericht

29 Die rechtlichen und materiellen Voraussetzungen für die Einsetzung eines Schiedsgerichts in WE-Sachen bilden die bereits erwähnten Vorschriften der §§ 1025 bis 1066 des novellierten zehnten Buchs der ZPO. Die Zulässigkeit eines Schiedsgerichts für Wohnungseigentumssachen ist in der Weise gegeben, daß in die GO die notwendige Schiedsvereinbarung aufgenommen und eine zusätzliche Schiedsgerichtsvereinbarung mit dem Verwalter getroffen wird.

Formelle Voraussetzung für die Einsetzung eines Schiedsgerichts ist die Schaffung eines Statuts, welches den Rahmen für das Schiedsgericht bildet. Dieses und die weiteren Rahmenbedingungen werden aufgezeigt bei der Darstellung des ersten Ständigen Schiedsgerichts für Wohnungseigentumssachen.

4. Das „Deutsche ständige Schiedsgericht für Wohnungseigentumssachen in Leipzig"

Das erste ständige Schiedsgericht für Wohnungseigentumssachen in der Bundesrepublik Deutschland hat seine Tätigkeit aufgenommen. Getragen wird dieses Gericht vom Dachverband Deutscher Hausverwalter e. V., München, vom Deutschen Volksheimstättenwerk e. V., Bonn und vom Evangelischen Siedlungswerk in Deutschland e. V., Nürnberg. Das Präsidium und die Geschäftsstelle des Gerichts befinden sich in Taucha bei Leipzig. *30*

a) Die Rechtsgrundlagen des Schiedsgerichts

Die Grundsätze und rechtlichen Rahmenbedingungen dieses Schiedsgerichts sind im Statut des Deutschen Ständigen Schiedsgerichts für Wohnungseigentumssachen in Leipzig (abgedruckt bei Ba/S S. 1354) festgelegt. Danach haben alle WEer-Gem. in der Bundesrepublik die Möglichkeit Streitigkeiten in WE-Sachen (§ 43 WEG) vor das Schiedsgericht zu bringen. Das Schiedsgericht wird anstelle des staatlichen Gerichts den Streit beilegen bzw. entscheiden. Die für das Schiedsgericht und das Schiedsverfahren geltende gesetzliche Grundlage ist das 10. Buch der Zivilprozeßordnung, das im Dezember 1997 in den §§ 1025 bis 1066 novelliert wurde. Diese Novelle war notwendig um das Schiedsverfahren praktikabler und übersichtlicher zu gestalten. Es war die Absicht des Gesetzgebers den Schiedsgerichten im internationalen Bereich mehr Kompetenz und im nationalen Bereich eine bessere Akzeptanz zukommen zu lassen. *31*

b) Vorteile des Schiedsverfahrens

Nach Auffassung der Initiatoren des ständigen Schiedsgerichts ist das WE-Verfahren als streitiges Verfahren der freiwilligen Gerichtsbarkeit besonders geeignet, um durch das Schiedsverfahren ersetzt zu werden. Das Schiedsverfahren kann – wie gezeigt – bevorzugt in den neuen Ländern angewandt werden, um Probleme bei der Einrichtung von WE-Verwaltungen besonders *32* in Zusammenhang mit der Wohnungsprivatisierung – auch im Wege der Einzelfallentscheidung (siehe unten) – zu lösen. Auch sollen durch das Schiedsgericht die staatlichen Gerichte entlastet werden. Die Vorteile des Schiedsverfahrens sind darüber hinaus:

- kürzere Verfahrensdauer, insbesondere dann, wenn der Rechtsstreit vor den staatlichen Gerichten mehrere Instanzen durchläuft;
- schnellere Verfahrensabwicklung bei Zahlungsunwilligkeit bzw. bei Zahlungsunfähigkeit von Wohnungseigentümern;
- besondere Sachkunde des mit drei Richtern besetzten „Schiedsgerichts", dem neben zwei spezialisierten Juristen ein nach dem Sachverhalt ausgerichteter sachverständiger Richter (z.B. Bausachverständiger bei technischen Instandhaltungsfragen) zur Verfügung steht;
- Verminderung der Verfahrenskosten für die Fälle, bei denen in der staatlichen Gerichtsbarkeit mehrere Instanzen benötigt werden.

c) Besonderheiten des Schiedsverfahrens

33 Im Grundsatz gelten die materiellen Vorschriften des WE-Verfahrens nach § 43ff WEG auch für das Schiedsgericht. Die wesentlichsten Abweichungen hiervon werden nachstehend aufgezeigt:

- Die Schiedsrichter werden pro Einzelfall vom Präsidenten des Schiedsgerichts benannt.
- Das Schiedsgericht ist mit drei Richtern besetzt. Alle Schiedsrichter sind in einer Schiedsrichterliste erfaßt. Der Vorsitzende Schiedsrichter muß die Befähigung zum Richteramt haben. Von den Beisitzern ist mindestens einer ein im WE-Recht erfahrener Jurist und der andere gegebenenfalls ein Sachverständiger für bestimmte Fachbereiche (Verwaltung; Abrechnungsfragen; Technische Fragen u.a.).
- Bei Zahlungsansprüchen gem. § 28 Abs. 2 und 5 WEG entscheidet ein Schiedsrichter allein.
- Eine Entscheidung des Schiedsgerichts ohne mündliche Verhandlung, die jeweils am Ort der belegenen Sache stattfindet, ist nur möglich, wenn ein solches nicht als notwendig er-

scheint und keiner der Beteiligten eine mündliche Verhandlung beantragt.
- Vor der Entscheidung durch den Schiedsspruch ist grundsätzlich der Versuch einer gütlichen Einigung der Beteiligten geboten.
- Das Schiedsverfahren wird durch den Schiedsspruch beendet. Ein Rechtsmittel dagegen ist regelmäßig nicht möglich. Ein Rechtsbehelf gegen den Schiedsspruch ist nur unter den engen Voraussetzungen des § 1059 ZPO zulässig, indem beim staatlichen Gericht die Aufhebung des Schiedsspruchs beantragt wird.
- Der Schiedsspruch wird mit seiner Verkündung rechtskräftig.
- Die Vollstreckbarkeit und die Zwangsvollstreckung ist von den Beteiligten nach Erlaß des Schiedsspruchs zu betreiben.

d) Antragstellung der Beteiligten

Das Schiedsgericht kann zur Entscheidung angerufen werden, *34*
wenn:
- die WEer eine Schiedsvereinbarung in der GO oder sonst getroffen haben alle Streitigkeiten vor das Schiedsgericht zu bringen
- die Wohnungseigentümer mittels Vereinbarung gem. § 3 Abs. 4 des Statuts eine Einzelfallentscheidung anstreben

In § 4 des Statuts ist ein Vorschlag enthalten, wie eine Vereinbarung zur Zuständigkeit des Schiedsgerichts formuliert werden kann. Diese Regelung kann entweder in die Gemeinschaftsordnung aufgenommen oder gesondert mit Zustimmung aller Wohnungseigentümer getroffen werden. Die Öffnungsklausel gem. § 4 Nr. II des Statuts muß nicht, kann aber vereinbart werden. Gem. § 4 Nr. III ist der Abschluß einer Schiedsvereinbarung mit dem Verwalter erforderlich.

e) Musterformulare

Zur Erleichterung der Bearbeitung stehen u.a. Musterformula- *35*
re folgenden Inhalts zur Verfügung:
- Beschlußvorschlag und Urkunde zur Schiedsvereinbarung mit dem Verwalter,

- Vorschlag einer Vereinbarung zwecks Einzelfallentscheidung durch das Schiedsgericht (§ 3 Abs. 4 des Statuts).
- Mitteilung an das Schiedsgericht über den Beitritt der WEer-Gem. zum Schiedsverfahren.
- Antrag an das Schiedsgericht zwecks Entscheidung eines Rechtsstreits.

IV. Verfahren nach FGG

36 Das Verfahren der fG wird im FGG (Gesetz über die Angelegenheiten der freiwilligen Gerichtsbarkeit vom 17. 5. 1898, RGBl. S. 369, 771) geregelt. Das fG-Verfahren ist nach Auffassung des BGH (NJW 1980, 2466) einfacher, freier, elastischer, rascher und damit für Streitigkeiten mit einer häufig großen Zahl von Beteiligten besser geeignet als der Zivilprozeß.

Entscheidend für das fG-Verfahren, das auch als „fürsorgendes Verfahren" aufgefaßt wird, ist der Grundsatz der Amtsermittlung (§ 12 FGG), d.h. daß das Gericht die zur Feststellung von Tatsachen erforderlichen Ermittlungen selbst durchzuführen hat. Im Gegensatz zum Zivilprozeß, bei dem das Gericht aufgrund der „Verhandlungsmaxime" nur die vorgebrachten Sachverhalte und Tatsachen dem gerichtlichen Urteil zugrunde zu legen hat (allerdings unter Beachtung der jetzt stark erweiterten richterlichen Frage- und Aufklärungspflicht des § 139 Abs. 1 und 3 ZPO), hat der Richter im WE-Verfahren den vorliegenden Fall selbst zu untersuchen.

37 Durch den Amtsermittlungsgrundsatz (§ 12 FGG) hat das Gericht von Amts wegen folgendes zu beachten (Keidel/Kuntze/Winkler zu § 12 FGG):

- Erforschung der entscheidungserheblichen Tatsachen
- Beweisanträge brauchen nicht berücksichtigt zu werden, dennoch können Beweismittel herangezogen werden
- Ermittlungen können eingestellt werden, wenn weitere Ergebnisse nicht zu erwarten sind
- Wesentliches Vorbringen der Beteiligten ist auch nach Ablauf von Erklärungsfristen noch zu berücksichtigen.

Die Verpflichtung des Gerichts, den jeweiligen Sachverhalt von Amts wegen aufzuklären, ist aber nicht unbegrenzt. Diese Pflicht findet im echten Streitverfahren der fG dort ihre Grenze, wo angenommen werden kann, daß ein Beteiligter eine für ihn günstige Tatsache ohne Zweifel vorgetragen hätte (BayObLG WE 1982, 204).

Die Vorschriften des FGG regeln aber nicht alle im Rahmen 38
des fG-Verfahrens notwendigen Maßnahmen. Aus diesem Grunde ist in diesen Fällen die analoge Anwendung der ZPO geboten. Das gilt im besonderen für die sogenannten echten Streitsachen innerhalb des fG-Verfahrens. Die analoge Anwendung der ZPO kann aber nur insoweit gelten, als die FGG-Vorschriften keine anderen Lösungen nahelegen. Der Grundsatz des „einfacheren, früheren, elastischeren und rascheren" fG-Verfahrens gegenüber dem Zivilprozeß ist insoweit zu beachten, als die strengen Formvorschriften der ZPO im fG-Verfahren überwiegend nicht anwendbar sind bzw. nicht so eng ausgelegt werden dürfen. Nach KG (ZMR 1986, 82) stellt z.B. eine nichtunterschriebene Antragsschrift auf Beschlußanfechtung keinen Abweisungsgrund wegen Nichteinhaltung der Frist des § 23 Abs. 4 dar. Auch kann nach dem KG (WE 1991, 192) das Nichtbekanntsein der ladungsfähigen Anschrift eines Antragstellers (hier: Antrag auf Erteilung der Genehmigung nach § 12 WEG) kein Grund sein, diesen Antrag als unzulässig zurückzuweisen.

V. Verfahren nach § 43 WEG

Streitigkeiten der WEer untereinander oder zwischen WEer 39
und Verwalter werden im fG-Verfahren durch das WE-Gericht entschieden; das sind alle Angelegenheiten die im 2. und 3. Abschnitt des WEG geregelt sind. Insbesondere sind es alle Fragen, die sich aus der Verwaltung des gem.E. sowie aus den Rechten und Pflichten der WEer und des Verwalters nach Maßgabe von §§ 43ff. ergeben. Dazu gehören auch die Streitigkeiten zwischen den WEern (z.B. Schadensersatzanspruch eines WEers gegen einen anderen aus unerlaubter Handlung), wenn das in Anspruch genommene Recht in einem inneren Zusammenhang mit

einer Angelegenheit steht, die aus dem Gemeinschaftsverhältnis erwachsen ist (BGH WE 1991, 321). Das gilt auch für die sogenannte werdende oder faktische WEer-Gemeinschaft und zwar sowohl bezüglich ihrer Aktiv- wie auch Passivlegitimation (OLG Köln OLGZ 1978, 151; BayObLG WE 1981/3, 21). Auch sind Ansprüche gegen den abberufenen Verwalter (BayObLGZ 1969, 209; 1975, 327; KG OLGZ 1981, 304) wie auch die Ansprüche des ausgeschiedenen Verwalters gegen die Gem. (BGH NJW 1980, 2466) in diesem Verfahren zu entscheiden.

40 Ferner zählen auch Schadensersatzansprüche, die aufgrund einer Verletzung der gemeinschaftsbezogenen Pflichten entstehen, zum Verfahren nach § 43.

41 Das Verfahren nach § 43 ist mit Ausnahme von § 43 Abs. 1 Nr. 3 als WE-Verfahren ein „echtes Streitverfahren“ der fG (Weitnauer Anh. § 43 Rz 2), welches dem Zivilprozeß verwandt und diesem „gleichwertig“ ist (BGH WE 1993, 80). Die Interessenlage der sich als Parteien gegenüberstehenden Beteiligten ist die gleiche wie in Zivilprozessen. Die Parteiherrschaft ist abweichend vom Zivilprozeß, aber eingeschränkt. Der Antragsteller bestimmt durch seinen Antrag das Verfahren (vgl. unten Rn. **11** 76ff.).

Im allgemeinen ergeben sich wohnungseigentumsrechtliche Streitfragen aus § 43.

42 – Rechte und Pflichten, die sich aus der Gem. der WEer und aus der Verwaltung des Gem.E ergeben (Abs. 1 Nr. 1) z. B.
  – Streit wegen Hausgeldforderungen
  – Streit über Aufwendungsersatzansprüche eines WEer.
  – Streit wegen unzulässigen Gebrauchs gem.E
  – Streit wegen unzulässigen Gebrauchs von SE
– Rechte und Pflichten des Verwalters des gem.E (Abs. 1 Nr. 2), die meist zwischen WEern und Verwaltung ausgetragen werden. Z. B.:
  – Streit wegen Verwaltungsvergütung
  – Streit wegen Schadensersatzansprüchen sowohl gegen den Verwalter als auch umgekehrt
  – Streit über die Wirksamkeit von Verwalterbestellung und Verwaltervertrag.
– Bestellung eines Verwalters sofern keiner vorhanden ist (Abs. 1 Nr. 3). Dieses Verfahren zählt ausnahmsweise nicht zu den „echten Streitverfahren“ der fG (BayObLG WE 1989, 182) mit der Folge, daß zwei unabhängig voneinander gestellte Anträge auf Verwalterbestellung nicht zur doppelten Rechtshängigkeit führen.

- Gültigkeit von Beschlüssen durch Anfechtung (Abs. 1 Nr. 4) (s. unten Rn. **11** 168ff.).

Die Vorschriften des § 43 sind bezüglich ihrer Zugehörigkeit zum fG-Verfahren weit auszulegen, wobei für die Zuständigkeit zu diesem Gericht sogar eine Vermutung besteht (BayObLGZ 1989 Nr. 49). Unschädlich ist es, wenn der geltend gemachte Anspruch nicht nur auf Vorschriften des WEG sondern auch auf Vorschriften des BGB gestützt werden kann. Grundsätzlich können Inhalt der WE-Verfahren immer nur solche Streitigkeiten sein, welche über Rechte und Pflichten eines WEers in seiner Stellung als Mitglied der WEer-Gem. oder über Rechte und Pflichten des Verwalters - soweit diese sich aus seiner Stellung und Tätigkeit ergeben und dementsprechend allein mit der Verwaltung des gem.E im Zusammenhang stehen - ausgetragen werden (BayObLGZ 1989 Nr. 49). *43*

1. Verfahrensbeteiligte

Verfahrensbeteiligter kann nur die Person sein, die verfahrensfähig ist. Die Verfahrensfähigkeit setzt die Beteiligungsfähigkeit voraus (§ 50 Abs. 1 ZPO). Beteiligungsfähig ist wer Träger von Rechten und Pflichten sein kann. Das ist jede natürliche oder juristische Person. Die Verfahrensfähigkeit setzt ferner voraus, daß die natürliche Person voll geschäftsfähig ist. Beschränkt geschäftsfähige natürliche Personen sind in bestimmten Fällen geschäftsfähig aber kaum verfahrensfähig. Die Geschäftsunfähigen werden durch einen Pfleger und die beschränkt Geschäftsfähigen durch ihren gesetzlichen Vertreter im Verfahren vertreten. Die juristischen Personen handeln durch ihre gesetzlichen Vertreter. *44*

a) Grundsätze

Nach § 43 Abs. 4 sind Verfahrensbeteiligte: *45*

- die WEer bezüglich der Fragen über ihre Rechte und Pflichten (Abs. 1 Nr. 1).
- die WEer und der Verwalter, bezüglich der Fragen, über die Rechte und Pflichten des Verwalters (Abs. 1 Nr. 2; BayObLG WE 1988, 198) und bei Beschlußanfechtung (Abs. 1 Nr. 4).

- die WEer und Dritte, welche ein berechtigtes Interesse an der Bestellung eines fehlenden Verwalters (§ 26 Abs. 3) haben (Abs. 1 Nr. 3).

46 Die WEer-Gem. als solche kann nicht Beteiligte bzw. Antragsteller oder Antragsgegner in einem Verfahren sein. Die Gem. der WEer ist als solche nicht partei- bzw. beteiligungsfähig (BGH NJW 1977, 1686).

47 Zunächst ist der bzw. sind die WEer (auch Verwalter) Verfahrensbeteiligte, die das Verfahren durch berechtigte Antragstellung in Gang setzen. Diese werden im Verfahren als Antragsteller bezeichnet. Weiter ist bzw. sind die WEer (auch Verwalter) am Verfahren beteiligt, gegen die der Antrag gerichtet ist, das sind die Antragsgegner. Daneben werden die durch Gesetz materiell am Verfahren zu Beteiligende als weitere Beteiligte im jeweiligen Verfahren bezeichnet.

48 Keine Verfahrensbeteiligten sind beim Beschlußanfechtungsverfahren die WEer, die nach § 25 Abs. 5 für den angefochtenen Beschluß kein Stimmrecht besitzen. Das gilt auch für Nichtstimmberechtigte bei einer Mehrhauswohnanlage (OLG Hamm vom 9. 6. 1978).

49 Mit Ausnahme der in § 26 Abs. 3 Bezeichneten können Dritte, also Nicht-WEer nicht Beteiligte am WE-Verfahren sein (BayObLG WE 1991, 197).

50 Das FGG unterscheidet zwischen materiell und formell Beteiligten (vgl. Weitn. Rz 15 zu § 43). Materiell Beteiligte sind die in § 43 Abs. 4 Bezeichneten und darüber hinaus die (anderen) Personen, die vom Verfahrensgegenstand betroffen sind, weil deren Rechte und Pflichten durch das Verfahren direkt beeinflußt werden können (Beispiel: Anfechtung des Entlastungsbeschlusses eines ausgeschiedenen Verwalters – BayObLG WE 1991, 360). Alle materiell Beteiligten sind grundsätzlich auch formell zu beteiligen (BayObLG WE 1991, 55). Formell Beteiligte sind alle die Personen, die von sich aus am Verfahren teilnehmen, weil sie ihre Rechte wahren wollen, oder die vom Gericht am Verfahren beteiligt werden.

51 Jedes Gericht ist von Amts wegen verpflichtet, nach Maßgabe von § 43 Abs. 4 die dort Genannten am Verfahren zu beteiligen, weil eine gerichtliche Entscheidung Rechtskraft für und gegen alle Verfahrensbeteiligte besitzt (§ 45 Abs. 2). Unterläßt dies ein

Gericht, so ist dies nicht nur ein Verstoß gegen die Vorschrift des § 43 Abs. 4, sondern auch eine Verletzung des Gebots der Gewährung rechtlichen Gehörs und der Sachaufklärung gem. § 12 FGG (BayObLG WE 1988, 198). Ein solcher Mangel führt im Beschwerde- und Rechtsbeschwerdeverfahren grundsätzlich ohne Sachprüfung zur Aufhebung des gerichtlichen Beschlusses und zur Zurückverweisung der Sache (§ 27 S. 2 FGG, § 551 N. 5 ZPO, BayObLG WE 1991, 360; WE 1994, 21).

Eine unterlassene bzw. nicht ordnungsmäßige Beteiligung von WEern liegt auch dann vor, wenn das Gericht den Verwalter als Zustellungsvertreter für die übrigen WEer betrachtet, obwohl er dies wegen Interessenkollission in bestimmten Fällen (z. B. wenn er selbst Rechtsmittelführer ist) nicht sein kann (BayObLG WE 1991, 297). Der Mangel der Nichtbeteiligung ist grundsätzlich von Amts wegen zu beachten (BayObLG WE 1990, 136; BayObLG WE 1991, 49). Ausnahmsweise ist eine Aufhebung der Entscheidung und Zurückweisung der Sache entbehrlich, wenn feststeht, daß die nicht am Verfahren Beteiligten die Verfahrensführung nachträglich genehmigt haben (vgl. BayObLG Rpfleger 1976, 291; BayObLG Rpfleger 1962, 61 m. Anm. Diester). *52*

Eine weitere Ausnahme vom Grundsatz der Beteiligung aller WEer sowie des Verwalters am Verfahren liegt vor, wenn (vgl. BayObLG WE 1991, 55): *53*

- WEer einer Mehrhausanlage über eine streitige Maßnahme beschlossen haben, die nur die SEer des Hauses berührt (BayObLG Rpfleger 1962, 61 m. Anm. Diester; BayObLG Rpfleger 1975, 310);
- es nur noch um die Kosten des Verfahrens geht (BayObLG Rpfleger 1976, 291, WE 1994, 150).
- nur eine sogenannte unvollständige Beteiligung (BayObLG WE 1992, 202) eines an sich materiell Beteiligten vorliegt. Das ist z. B. dann der Fall, wenn einem Beteiligten der Termin zur mündlichen Verhandlung mitgeteilt, er aber sonst nicht zum Verfahren hinzugezogen wurde (BayObLG WE 1992, 202).

Die Verfahrensbeteiligung aller WEer ist dann nicht notwendig, wenn vom Verfahrensgegenstand nur einzelne WEer betroffen sind. Während das BayObLG davon bei typisch nachbarrechtlichen Streitigkeiten ausgeht, ohne dies im einzelnen zu begründen (vgl. BayObLG WE 1991, 55; BayObLG WE 1991, 197 stellt der BGH (WE 1992, 21) hierzu ausdrücklich fest, daß die Regelung *54* des § 43 Abs. 4 Nr. 2, welche die Beteiligung der WEer und des Verwalters vorsieht, aus Gründen der Rechtskrafterstreckung formell auch die Personen am Verfahren beteiligen soll, die materiell beteiligt sind. Es ist aber nicht Sinn dieser Bestimmung Personen am Verfahren zu beteiligen, die materiell hiervon nicht betroffen sein können. Danach ist es möglich in Angelegenheiten, die nur einen begrenzten Kreis von WEern in ihrem rechtlichen Interesse betreffen, auch nur diese am Verfahren zu beteiligen. So sind z. B. in einem Verfahren, in dem ein WEer einen ihm allein zustehenden Schadensersatzanspruch (z. B. wegen nicht begründeter Versagung der Verwalterzustimmung nach § 12) gegen den Verwalter geltend macht, die übrigen WEer entgegen § 43 Abs. 4 Nr. 2 nicht am Verfahren zu beteiligen. Eine Beteiligung der übrigen WEer ist in einem Verfahren auch dann entbehrlich, wenn zwei TEmer über die Auslegung einer in der GO getroffenen Konkurrenzschutzklausel streiten und dabei die Auseinandersetzung die Frage beinhaltet, ob ein geschäftlicher Konkurrent ausgeschaltet werden kann (BayObLG WE 1997, 477).

55 Ferner sind die anderen WEer nicht zu beteiligen, wenn ein WEer beanstandet, daß das in der GO vereinbarte Recht eines teilenden Eigentümers, ein Bauwerk auf einer Vorbehaltsfläche auszuüben, nicht wirksam auf einen anderen WEer übergegangen sei (BayObLG vom 17. 2. 1998, 2/98).

56 Die Notwendigkeit der formellen Beteiligung aller WEer, ggf. auch des Verwalters, nach § 43 Abs. 4 entfällt auch dann, wenn ein Rechtsmittel als unzulässig verworfen wird (BayObLG, Vorlagebeschluß WE 1992, 319).

57 Formell am Verfahren Beteiligte sind auch „Streitverkündete" und „Nebenintervenienten". Eine Streitverkündung ist die förmliche Mitteilung eines Verfahrensbeteiligten an einen Dritten durch Einreichung eines Schriftsatzes bei Gericht über das Schweben eines Verfahrens, das er führt, damit gegenüber dem Dritten die Nebeninterventionswirkung eintritt (§§ 72, 73, 74 ZPO). Der Schriftsatz wird vom Gericht dem Dritten zugestellt, wobei der Gegner des Streitverkünders Abschrift erhält. Wirksam wird die Streitverkündung mit der Zustellung an den Dritten. Sinnvoll scheint die Streitverkündung dann, wenn ein Verfahrensbeteiligter glaubt, bei ungünstigem Ausgang des Rechtsstreits einen Anspruch gegenüber dem Dritten geltend machen zu können, oder umgekehrt, wenn der Beteiligte in diesem Fall einen Anspruch des Dritten gegen sich befürchten muß.

Die Wirkung der Streitverkündung besteht wie bei der Nebenintervention (§§ 74, 68 ZPO) darin, daß der Streitverkündete im Verhältnis zum Hauptbeteiligten nicht mit der Behauptung gehört werden kann, der Rechtsstreit sei unrichtig entschieden worden. *58*

Mit der Nebenintervention gibt das Gesetz (§ 66 ZPO) einem Dritten die Möglichkeit, sich am Gerichtsverfahren zu beteiligen und den Verfahrensbeteiligten (Antragsteller oder Antragsgegner) zu unterstützen, an deren Sieg dieser ein rechtliches Interesse hat. Voraussetzung hierfür ist, daß der Nebenintervenient (Streithelfer) tatsächlich ein rechtliches und nicht nur wirtschaftliches Interesse an dem Obsiegen eines Beteiligten hat. *59*

Die Beitrittserklärung erfolgt durch Einreichung eines Schriftsatzes beim Gericht für WE-Sachen, wobei das Hauptverfahren ebenso bezeichnet sein muß wie das Interesse der Nebenintervenienten für den Beitritt.

Die Nebenintervention wird unterschieden in eine einfache und einen streitgenössische (§ 69 ZPO). Der wesentliche Unterschied der streitgenössischen Intervention zur einfachen besteht darin, daß der streitgenössische Nebenintervenient als Beteiligter und nicht als Zeuge vernommen wird, und daß Unterbrechungs- und Aussetzungsgründe sich auf seine Person auswirken (Deutsches Rechtslexikon 2. Auflage, Bd. 2); er ist selbständiger wie der einfache Nebeninterventient. Er wird aber auch nicht Verfahrensbeteiligter. Die streitgenössische Nebenintervention setzt voraus, daß sich die Rechtskraft der Entscheidung mit einer einheitlichen Sachentscheidung auch auf den Nebeninterventienten erstreckt (§ 69 ZPO). Der streitgenössische Nebeninterventient kann selbständig und unabhängig vor Ablauf der für den unterstützten Beteiligten geltenden Rechtsmittelfrist Rechtsmittel einlegen. Zwar kann auch der einfache Nebenintervenient Rechtsmittel einlegen, aber nur nach Maßgabe der für den unterstützten Beteiligten geltenden Frist (BayObLG WE 1988, 68). Der Beitritt eines Nebenintervenienten kann auch zum Zwecke der Einlegung eines Rechtsmittels erfolgen.

60 Verfahrensbeteiligter kann auch ein Mitglied der werdenden oder faktischen WEer-Gem. (s. oben Rn. **6** 50ff.) sein. Dieser besitzt eine Rechtsstellung, welches die Anwendung der §§ 43ff. WEG rechtfertigt (BayObLG NJW-RR 1986, 178).

61 Ein Verfahrensbeteiligter hat u.a. folgende Rechte und Pflichten (vgl. Weitn. Rz 16 zu Anhang § 43):

- Anspruch auf rechtliches Gehör,
- Recht zur Antragstellung und Einlegung von Rechtsmittel.
- Kein Recht für Zeugenaussagen und Erstellung von Sachverständigengutachten.
- Kein richterliches Entscheidungsrecht in der Sache des betreffenden Verfahrens.

62 Die materielle Rechtskraft einer Entscheidung im Verfahren gem. § 43 wirkt nur gegen die formell am Verfahren Beteiligten, also nicht gegen die fehlerhaft und formell nicht am Verfahren materiell Beteiligten.

63 Die Verfahrensbeteiligten sind Antragsteller und Antragsgegner bezw. sonstige Beteiligte. Antragsberechtigt im Verfahren nach § 43 sind die nach § 43 Abs. 4 als Verfahrensbeteiligte Bezeichneten. Antragsteller sind die Verfahrensbeteiligten, welche den Antrag stellen. Die Eigenschaft „Antragsteller“ zu sein ergibt sich allein aus dem erkennbar gewordenen Willen des Antragstellers. Wer Antragsteller ist bestimmt sich deshalb allein nach dem Interesse der Antragschrift. Das Gericht ist nicht befugt eine andere Person an die Stelle des Antragstellers zu setzen (BayObLG vom 30. 10. 1997, 2 Z 83/97).

Antragsgegner sind alle nicht antragstellenden materiell am Verfahren Beteiligten, das sind in der Regel die WEer, der Verwalter und bestimmte Dritte, wie oben (S. 605f.) genannt. Die Bestimmung, wer Antragsteller oder Antragsgegner bzw. Verfahrensbeteiligter ist, kann demnach nicht von Verfahrensbeteiligten getroffen werden (BayObLG WE 1991, 55). In diesem Sinne zählt die Ehegattin und Miteigentümerin einer ETW dann zu den Antragsgegnern, wenn ihr Ehemann einen Verfahrensantrag allein, d.h. ohne gleichzeitige Antragsbeteiligung der Ehefrau stellt. Die Stellung des Verwalters der Gem. und als Prozeßstandschafter wurde oben (Rn. **10** 425) beschrieben.

Wegen der Länge der Verfahren ist es möglich, daß ein Wechsel der Beteiligten auf Antragstellerseite in dem Verfahren notwendig wird (z. B. Verwalterwechsel). Grundsätzlich ist anerkannt, daß ein Beteiligtenwechsel auf Antragstellerseite im ersten Rechtszug nach im Zivilprozeß entwickelten Grundsätzen statthaft ist, wenn er sich als sachdienlich erweist. Dies gilt auch für den zweiten Rechtszug (§ 263 ZPO; BayObLG WE 1987, 19). *64*

Auch ist es manchmal erforderlich, den Kreis der Antragsgegner im Laufe eines Verfahrens zu erweitern, was insbesondere bei Stellung von Gegenanträgen der Fall sein kann. Eine solche gewillkürte Parteierweiterung (z. B. Erstreckung eines bisher gegen den WEer geführten Verfahrens auch auf den Verwalter) ist unter den Voraussetzungen der §§ 59, 60 ZPO (Streitgenosse) uneingeschränkt zulässig. Dies gilt auch für das Verfahren nach § 43 (BayObLG 1987, 160), mit der Maßgabe, daß die Erstrekkung auf einen weiteren Antragsgegner durch letzteren genehmigt wird. Die Zustimmung des neuen Antragsgegners ist dann nicht erforderlich, wenn die Verweigerung zur Zustimmung rechtsmißverbräuchlich wäre (BGH NJW 1976; BayObLG WE 1988, 39).

Rechtsprechung: *65*

- An einem Verfahren, dessen Gegenstand die Entfernung einer einem WEer gehörenden Waschmaschine aus einem gem. Kellerraum ist, sind sämtliche WEer materiell Beteiligte, so daß sie auch formell am Verfahren beteiligt werden müssen (BayObLG WE 1991, 163).
- Veräußert ein Verfahrensbeteiligter während des Verfahrens sein WE, so hat dies nach § 265 Abs. 1, Abs. 2, S. 2 ZPO auf seine Stellung als formell Beteiligter keinen Einfluß. Der „Nichtmehr-WEer" führt das Verfahren fort. Der Rechtsnachfolger des „Nicht-mehr-WEers" ist demnach nicht Beteiligter in diesem Verfahren, es sei denn, die übrigen Beteiligten erteilen ihre ausdrückliche Zustimmung, daß der neue Rechtsinhaber berechtigt wird, als neuer Beteiligter in das Verfahren einzutreten. Wird diese Zustimmung nicht erteilt, kann der erwerbende WEer nur als unselbständig Streithelfer nach § 265 Abs. 2 S. 3 am Verfahren teilnehmen (OLG Hamm WE 1990, 104).
- Ein zulässiger Beteiligtenwechsel wirkt wie eine Klageänderung nach § 263 ZPO, wenn anstelle des bisherigen Antragstellers der neue Beteiligte tritt, mit der Maßgabe, daß eine neue Rechtshängigkeit begründet wird (OLG Frankfurt WE 1990, 171). Das bedeutet, daß bei einem

Antrag auf Anfechtung eines WEer-Beschlusses der neue Beteiligte die Fristversäumung gem. § 23 Abs. 4 gegen sich gelten lassen muß (OLG Frankfurt a. a. O.).

- Ein bisher am Verfahren nicht Beteiligter kann im Rechtsbeschwerdeverfahren nicht als Antragsgegner eingeführt werden, weil in diesem Rechtszug nur die Entscheidung des LG darauf nachgeprüft werden kann, ob es auf den ihm unterbreiteten Sachverhalt das Recht richtig angewendet hat (BayObLG WE 1991, 165).
- In einem Verfahren, in dem ein WEer gegen einen anderen WEer die Herausgabe eines Raumes verlangt, der im SE (hier: Kellerraum) steht, sind die übrigen WEer dann am Verfahren zu beteiligen, wenn der Anspruch u. a. sich auf einen WEer-Beschluß stützt (BayObLG WE 1991, 197).
- Werden in einem Verfahren, indem der Verwalter verpflichtet werden soll, der Veräußerung eines WE zuzustimmen, die übrigen WEer am Verfahren nicht beteiligt, so führt dieser Verfahrensfehler zur Aufhebung und Zurückverweisung der gerichtlichen Entscheidung (BayObLG WE 1998, 116).

b) Ausgeschiedene und neu eingetretene Wohnungseigentümer sowie ausgeschiedene Verwalter

66 Ein WEer, der seine ETW verkauft bleibt, unabhängig vom Kaufvertragsabschluß, solange Mitglied der WEer-Gem. bis die Eigentumsumschreibung auf den neuen WEer im Grundbuch erfolgt ist. Damit scheidet ein Veräußerer erst dann aus der Gemeinschaft aus, wenn er im Grundbuch nicht mehr als Eigentümer eingetragen ist.

Scheidet ein WEer während des Verfahrens aus der WEer-Gem. aus, so verliert er dadurch seine Beteiligtenstellung nicht. Diese in § 265 ZPO getroffene Regelung gilt auch für das WE-Verfahren (BayObLG WE 1992, 168; OLG Hamm WE 1993, 314). Das bedeutet ferner, daß der Rechtsnachfolger des ausgeschiedenen WEer nicht automatisch Verfahrensbeteiligter wird. Er kann nur dann für den ausgeschiedenen WEer als Beteiligter in das Verfahren eintreten, wenn die Antragsgegner und die anderen Beteiligten zustimmen (§ 265 Abs. 2 ZPO).

67 Tritt der Rechtsnachfolger nicht in das Verfahren ein, bleibt der bisher Beteiligte passiv legitimiert mit der Folge, daß gegen ihn rechtskräftig entschieden werden kann. Der Rechtsnachfolger ist an die gegen seinen Vorgänger gegangene Entscheidung nach § 325 Abs. 1 ZPO gebunden (BayObLG WE 1994, 251). Anders sind die Rechtsnachfolger dann dem Verfahren zuzuziehen (OLG Hamm WE 1993, 314), wenn deren rechtliches Interesse – gegebenenfalls über den unmittelbaren Verfahrensgegenstand hinaus – berührt wird. In diesem Fall sind sie materiell beteiligt.

Nicht zulässig ist es Veräußerer und Erwerber gemeinsam in das Verfahren einzubeziehen. Wenn dies trotzdem geschieht indem neben dem Veräußerer auch der Erwerber verpflichtet wird, so ist dieser am Verfahren formell beteiligt. Er kann in diesem Fall gegen die ihn beschwerende Entscheidung Rechtsmittel einlegen (BayObLG WE 1995, 279).

Ein aus der Gemeinschaft ausgeschiedener WEer ist in der Regel nach seinem Ausscheiden nicht berechtigt, das Verfahren nach § 43 für sich in Anspruch zu nehmen. Für Rechtsstreitigkeiten ist in diesem Fall das Prozeßgericht zuständig. Eine Ausnahme ist hier nur dann gegeben, wenn ein ausgeschiedener WEer einen Eigentümerbeschluß anficht und dieser ein Rechtsschutzbedürfnis an der Ungültigkeitserklärung hat, weil sich der Beschluß auf seine Rechtsstellung auswirkt (BayObLG NJW-RR 1987, 270; BayObLG WE 1996, 399, LG Düsseldorf WE 1997, 470). Hat die Ungültigkeitserklärung dagegen für einen ausgeschiedenen WEer keinerlei Bedeutung, weil sie keine Rechtsfolge auslöst und sein Nachfolger erklärt an der Fortführung des Verfahrens kein Interesse mehr zu haben, entfällt das Rechtsschutzinteresse an der Anfechtung des Beschlusses (BayObLG vom 19. 3. 1998, 2 Z 5/98). Auch können WEer Forderungen (Hausgeld u.a.) gegen einen ausgeschiedenen WEer nicht im WE-Verfahren, sondern nur beim Prozeßgericht geltend machen (BGH WE 1989, 29; KG WE 1992, 108).

Der Tod eines Verfahrensbeteiligten unterbricht nach § 293 *68* ZPO das Verfahren nur dann, wenn es ausschließlich ein subjektives Recht des Verstorbenen zum Gegenstand hat (BayObLGZ 1973, 307). Stirbt z.B. ein Verwalter während eines Beschlußanfechtungsverfahrens, so unterbricht dessen Tod nicht das Verfahren (BayObLG WE 1991, 226).

Ist ein Verwalter ausgeschieden so bleibt er im WE-Verfahren *69* antragsberechtigt, wenn der Antragsgegenstand in einem inneren

Zusammenhang zu seiner bisherigen Verwaltertätigkeit steht (BGH NJW 1980, 2466). Das gilt auch für Ansprüche die der Verwalter nach seinem Ausscheiden an die Gem. hat (BayObLG WE 1997, 76). Ebenso können die WEer Ansprüche gegen den ausgeschiedenen Verwalter ausschließlich im WE-Verfahren geltend machen (BayObLG WE 1988, 36). Auch kann der abberufene Verwalter den Abberufungsbeschluß ebenso im WE-Verfahren anfechten (BGH WE 1989, 48;) wie den Beschluß, der dem Verwalter die Entlastung versagt (BayObLG WE 1991, 111). Das bedeutet, daß alle Ansprüche die zwischen WEer und Verwalter aus dem Verwaltervertrag bestehen auch nach dem Ausscheiden des Verwalters grundsätzlich im WE-Verfahren auszutragen sind. Ist ein Verwalter ermächtigt – auch im eigenen Namen – die Ansprüche der WEer gerichtlich wahrzunehmen, so ist er auch nach dem Ausscheiden aus dem Verwalteramt berechtigt, das anhängige Verfahren bis zum Abschluß fortzuführen. Anderes gilt dann, wenn die WEer die Ermächtigung ausdrücklich widerrufen (BayObLG WE 1994, 276). Der Widerruf bedarf entweder eines Mehrheitsbeschlusses oder eines einstimmig gefaßten schriftlichen Beschlusses (BayObLG vom 21. 1. 1999, 2 Z 173/98).

Wird der Verwalter mittels Mehrheitsbeschluß ermächtigt Hausgeldansprüche für die WEer geltend zu machen, so gilt diese Ermächtigung beim Ausscheiden des alten Verwalters auch für den neuen Verwalter (KG NJW-RR 1998, 657; BayObLG WE 1994, 276; BayObLG WE 1997, 265). Dies gilt nicht für den Fall, daß der alte Verwalter in gewillkürter Prozeßstandschaft einen Vollstreckungstitel erreicht hat. Soll der neue Verwalter aus diesem Titel vollstrecken, so bedarf es der Titelumschreibung (§ 727 ZPO) auf den neuen Verwalter bzw. auf die WEer (OLG Düsseldorf WE 1997, 310).

70 Im Beschlußanfechtungsverfahren ist nach der Beschlußfassung ausgeschiedene Verwalter dann weiterer Beteiligter, wenn er den Anfechtungsgrund zu vertreten hat. Bei der Einleitung des Verfahrens war er materiell beteiligt (§ 43 Abs. 4 Nr. 2) und ist demnach auch formell zu beteiligen. Gleichzeitig ist aber auch der neue Verwalter, der zum Zeitpunkt der Beschlußfassung noch nicht im Amt war, am Verfahren beteiligt. Er hat den bestandskräftigen Beschluß durchzuführen und wird von dem Verfahren in seinen Rechten und Pflichten materiell-rechtlich betroffen (BGH vom 9. 10. 1997 V ZB 3/97).

Rechtsprechung:

- Ein ausgeschiedener WEer kann auch nach seinem Ausscheiden Antrag auf Feststellung der Nichtigkeit bzw. auf Erklärung der Nichtigkeit eines Eigentümerbeschlusses im Verfahren nach § 43 WEG stellen (BayObLG WE 1987, 55).
- Zum Verfahrensrecht des faktischen WEers s. oben Rn. **6** 50.
- Der abberufene Verwalter kann den Abberufungsbeschluß im Verfahren nach § 43 anfechten auch mit dem Ziel, die ihm zu Unrecht entzogene Rechtsstellung zurückzugewinnen (BGH WE 1989, 48; vgl. auch oben S. 498). Er kann aber nicht Beteiligter an einem Beschlußanfechtungsverfahren sein, das nicht die Abberufung zum Gegenstand hat. Das gilt auch dann, wenn der Abberufungsbeschluß in einem anderen Verfahren angefochten wurde (BayObLG WE 1991, 111).
- Erfolgt der Eigentumsübergang des WE des Antragstellers in einem Beschlußanfechtungsverfahren während des Verfahrens, verliert er sein Antragsrecht nicht, insbesondere kann das Fortbestehen des Antragsrechts nicht zusätzlich von einem Rechtsschutzbedürfnis abhängig gemacht werden (BayObLG WE 1991, 367).
  Wird die Ungültigerklärung eines Beschlusses der WEer über die Entlastung eines Verwalters beantragt, so ist dieser, auch wenn er nicht mehr Verwalter ist, am Verfahren zu beteiligen (BayObLG WE 1992, 144).
  Verpflichtet das Gericht einen während des Verfahrens aus der Gemeinschaft ausgeschiedenen WEer zur Unterlassung (z. B. die Nutzung eines Ladens als Restaurant), so wirkt diese Entscheidung gegen dessen Rechtsnachfolger (§ 325 ZPO). Sie kann gegen diesen nach § 727 ZPO vollstreckt werden (BayObLG WE 1992, 168).
- Alle Streitigkeiten, die sich aus der Abberufung (Vergütungsanspruch) des Verwalters ergeben, sind im Verfahren nach § 43 zu klären (Müller, P Tz 1007).
- Ansprüche gegen den abberufenen Verwalter und aus dessen früherer Tätigkeit werden im Verfahren nach § 43 Abs. 1 Nr. 2 geltend gemacht (BayObLG WE 1987, 55).

c) Vertretung im Verfahren

Im WE-Verfahren können sich alle Verfahrensbeteiligten *71*
grundsätzlich eines Beistandes bedienen oder sich durch Bevollmächtigte vertreten lassen (§ 13 FGG). Der Beistand tritt grundsätzlich und ausschließlich nur mit dem Verfahrensbeteiligten auf. Er hat die Befugnis, „seine Partei“ zu beraten, für diese zu handeln und für sie Erklärungen abzugeben. Einer beson-

deren Legitimation bedarf der Beistand nicht. Sie beruht auf der Anwesenheit des Beteiligten und endet mit der Entfernung des Beteiligten (Keidel/Kuntze/Winkler Rz 2 zu § 13 FGG). Der Beteiligte kann sich aber auch durch einen Bevollmächtigten im Verfahren vertreten lassen. Bevollmächtigter ist die Person, welche Kraft erklärten Willens eines Beteiligten mit Wirksamkeit für diesen handeln, Erklärungen abgeben, sowie Erklärungen und Zustellungen entgegennehmen kann (Keidel/Kuntze/Winkler Rz 3 zu § 13 FGG). Die Vertretungsmacht hat der Vertreter in der Regel durch Vorlage einer Vollmacht nachzuweisen. Eine nur für die erste Instanz erteilte Vollmacht gilt in der Regel auch zur Einlegung und Einreichung von Rechtsmitteln (BayObLG WE 1990, 182).

Zum Vertretungsrecht des Verwalters s. oben Rn. **10** 425.

72 Im Verfahren hat das Gericht von Amts wegen zu prüfen (§ 12 FGG), ob eine Vollmacht vorliegt. Es liegt aber im Ermessen des Gerichts, ob es einen besonderen Vollmachtsnachweis verlangen will. Davon kann es absehen, wenn aufgrund besonderer Umstände eine Bevollmächtigung anzunehmen ist; dies gilt insbesondere dann, wenn ein Rechtsanwalt als Bevollmächtigter auftritt, weil davon ausgegangen werden kann, daß ein solcher nicht ohne Vollmacht handelt (BayObLG WE 1989, 211; BayObLG WE 1990, 214; WE 1993, 284).

Nachzuweisen hat der Vertreter seine Bevollmächtigung dann, wenn dies ein Beteiligter ausdrücklich verlangt. In diesem Falle ist eine öffentlich beglaubigte Vollmacht vorzuweisen (§ 13 S. 3 FGG). Wird die Vollmachtsurkunde nicht vorgelegt, so fehlt es an einer Verfahrensvoraussetzung, wenn das Gericht die behauptete Vertretungsmacht für nicht erteilt oder für nicht erwiesen hält und der Mangel nicht durch Genehmigung geheilt wird.

73 Den Antrag oder das Rechtsmittel eines nicht ordentlich Bevollmächtigten hat das Gericht als unzulässig abzuweisen.

74 Ist eine Vollmacht als formal erteilt anzusehen und wird trotz Fristsetzung die öffentlich beglaubigte Vollmacht nicht vorgelegt, so ist der Bevollmächtigte nach Fristablauf zurückzuweisen. Die vor der Zurückweisung vorgenommenen Verfahrenshandlungen sind wirksam, nicht aber die nach Fristablauf vorgenommenen (BayObLG WE 1990, 214).

Dem Verlangen eines Beteiligten über den Nachweis einer öffentlich beglaubigten Vollmacht des Vertreters hat das Gericht ohne sachliche Prüfung stattzugeben, es sei denn, ein solches Verlangen ist rechtsmißbräulich. Hat z.B. ein Verwalter, der rechtsgeschäftlich ermächtigt ist, die übrigen WEer zu vertreten und dabei einen Rechtsanwalt einzuschalten berechtigt ist, die Vollmacht des Rechtsanwalts bei der mündlichen Verhandlung zu Protokoll bestätigt (BayObLG WE 1990, 182), ist das Verlangen nach Vorlage der Vollmacht rechtsmißbräuchlich.

Möglich wäre es auch, daß ein WEer einen anderen WEer Vollmacht zur Wahrnehmung seiner Rechte im Verfahren erteilt. Will ein WEer die Ansprüche eines anderen WEers im eigenen Namen geltend machen, setzt dies nicht nur eine stillschweigende oder ausdrückliche Bevollmächtigung voraus, sondern auch das Vorhandensein eines eigenen rechtsschutzwürdigen Interesses (BayObLG WE 1992, 263). Das bedeutet, daß sich die angestrebte Entscheidung auf die Rechtsstellung des Antragstellers auswirken muß. Ein rein wirtschaftliches oder sonstiges persönliches Interesse genügt dabei nicht.

Das Vertretungsrecht und die Vertretungsmacht erlischt, wenn *75* die WEer die erteilte Vollmacht widerrufen. Das gilt auch für den ausgeschiedenen Verwalter, dessen Vertretungsmacht nicht mit dem Ausscheiden aus dem Amt endet. Auch hier bedarf es eines Widerrufs durch die WEer. Anderes gilt nur, wenn der neue Verwalter in das Verfahren eintritt (vgl. oben Rn. **11** 58).

2. Verfahrensantrag

a) Form und Inhalt des Antrags

Nur mit der wirksamen Stellung eines Verfahrensantrags wird *76* ein Gerichtsverfahren nach § 43 rechtshängig. Voraussetzung hierfür ist, daß der Antrag beim Gericht eingegangen und die Antragsschrift dem Antragsgegner zugegangen ist. Voraussetzung der Zustellung an den Antragsgegner ist die Einzahlung des vom Gericht festgelegten Gerichtskostenvorschusses (s. unten Rn. **11** 406).

77 Der Antrag ist entweder schriftlich beim zuständigen Amtsgericht einzureichen oder mündlich bei der Geschäftsstelle des Amtsgerichtes zu Protokoll zu erklären. Örtlich zuständig für den Antrag ist das Amtsgericht in dessen Bereich sich die betreffende WE-Anlage befindet. Wird ein Antrag bei einem örtlich unzuständigen Gericht eingereicht, kann der Antragsteller nach Belehrung des Gerichts die Verweisung an das zuständige Gericht beantragen, ohne daß dies auf die Frist für eine Beschlußanfechtung nach § 23 Abs. 4 Einfluß hat.

78 Die Verfahrensbeteiligten sind in der Regel im Antrag durch den Antragsteller zu bezeichnen. Geschieht dies nicht, sind die Beteiligten von „Amts wegen" durch das Gericht festzustellen (BayObLGZ 1972, 250). Für die Zulässigkeit eines Antrags genügt eine Sammelbezeichnung der Gem., die aber unmißverständlich sein muß (BGH NJW 1977, 1686). Diese Sammelbezeichnung ist dahin auszulegen, daß mit ihr die Mitglieder der WEer-Gem. gemeint sind. Als Mitglieder der Gem. sind alle die Personen zu verstehen, die zum Zeitpunkt der Anhängigkeit des Verfahrens WEer waren.

79 Der Antrag braucht weder durch einen Anwalt ausgefertigt zu werden (kein Anwaltszwang), noch ist Form und Inhalt vorgeschrieben. Wegen des nicht formalistischen Antragszwanges stellen auf Grund der Verhandlungsmaximen der ZPO Anträge im Sinne des § 43 „nur Anregungen an das Gericht" dar, weil sie vom Gericht ohne Bindung an deren Wortlaut so auszulegen sind, daß sie nach Möglichkeit zu dem erkennbar erstrebten Ergebnis führen (OLG Hamm WE 1988, 92 m.w.N.). Damit sind an die Bestimmtheit des Antrags im WE-Verfahren geringere Anforderungen zu stellen, wie an die Klageschrift nach der ZPO. Das Gericht ist demnach an die gestellten Anträge grundsätzlich nicht streng gebunden. Es hat vielmehr den Willen des Antragsgegners zu erforschen und im übrigen ohne Bindung an den erklärten Antrag in Ausübung pflichtgemäßen Ermessens eine sachgerechte Entscheidung zu treffen (BayObLG WE 1991, 111).

80 Gleichwohl soll der Antrag das Begehren des Antragstellers und die Verfahrensbeteiligten zum Ausdruck bringen, weil mit dem Antrag der Verfahrensgegenstand mit der Folge bestimmt wird, daß das Gericht ihm nicht mehr oder etwas anderes zusprechen darf, als von ihm begehrt (BGH WE 1993, 80). Unterläßt es der Antragsteller, ihm günstige Tatsachen und Beweismittel vorzubringen, so brauchen diese in der Entscheidung nicht berücksichtigt zu werden. Allgemeine Behauptungen und Vermutungen sind in der Regel für das Gericht kein Anlaß weitere Ermittlungen anzustellen (BayObLG WE 1991, 256). Das gilt insbesondere für das Beschlußanfechtungsverfahren (s. unten Rn. **11** 168ff.).

Bei einem Leistungsantrag kann dem Antragsteller demnach *81*
nicht mehr oder etwas ganz anderes zugesprochen werden, als von ihm begehrt wird (BayObLG WE 1991, 111). Auch hat das Gericht im Auge zu behalten, daß die Entscheidung der Vollstreckung zugänglich sein muß (BayObLG WE 1991, 22).

Der Antrag ist den anderen am Verfahren Beteiligten zur *82*
Kenntnis zu bringen, was seitens der Geschäftsstelle durch Zustellung an die Zustellungsbevollmächtigten oder an den Vertreter nach § 189 Abs. 2 ZPO (Verwalter, s. oben Rn. **10** 425ff.) veranlaßt wird.

Mit der Zustellung des Antrags an die Antragsgegner soll diesen – meist unter Aufforderung des Gerichts – binnen einer Frist Gelegenheit zur Stellungnahme gegeben werden. Der oder die Antragsgegner können aber auch einen Gegenantrag im Sinne einer Widerklage (§ 33 ZPO) stellen (OLG Hamm NJW 1975, 2300, BayObLG Rpfleger 1979, 267).

aa) Antragsarten

Mit einem Antrag wird die Schlichtung eines Streits angestrebt. *83*
Gegenstand des Streits können – wie im Zivilprozeß – sein:

- Durchsetzung von Ansprüchen mit einem Leistungs- oder Unterstützungsantrag z.B.:
  - Verurteilung zur Leistung rückständiger Hausgelder, Umlagen und sonstigen Zahlungsansprüchen;
  - Durchführung von Gemeinschafts- und Verwaltungsmaßnahmen (§§ 27 Abs. 1, 28; Durchführung der Beschlüsse der WEer;
  - Durchführung von Instandhaltungsmaßnahmen u.a.);
  - Beseitigung von Störungen (z.B. unzulässiger baulicher Maßnahmen; Entfernung von störenden und nicht zugelassenen Haustieren);
  - Unterlassung (z.B. hausordnungswidriges Verhalten; Musizieren außerhalb der hierfür festgelegten Zeiten; nicht der vereinbarten Zweckbestimmung entsprechende Nutzung von SE und gem.E);

  - Herausgabe und Räumung (z.B. zu Unrecht in Besitz genommene Räume des SE sowie Ausstattungen und Teile des gem.E (vgl. BayObLG WE 1990, 214);
  - Abgabe einer Willenserklärung (z.B. wegen ein WEer nicht bereit ist, der Abänderung einer treuwidrigen Vereinbarung zuzustimmen);
- Klärung von Rechtsverhältnissen durch einen positiven oder negativen Feststellungsantrag (z.B. Feststellung über die Nichtigkeit eines Beschlusses der WEer; Nichtvorhandensein eines behaupteten Rechts; Bestehen oder Nichtbestehen eines Vertragsverhältnisses mit einem Verwalter und bestimmter inhaltlicher Vertragsregelung; Recht zum Besitz oder zur Benutzung einer Sache; BayObLG WE 1990, 214: BayObLG WE 1992, 234).
- Herbeiführung einer Rechtsänderung durch das Gericht in Form eines Gestaltungsantrags (z.B. Ungültigkeitserklärung eines WEer-Beschlusses im Wege der Beschlußanfechtung).

84 Gegenstand von Feststellungsanträgen kann nur ein Rechtsverhältnis sein. Rechtsverhältnisse sind rechtlich geregelte Beziehungen zwischen Personen oder zwischen Personen und einer Sache (RGZ 148, 6; 144, 56). Tatsachen sind demnach keine Rechtsverhältnisse, auch wenn sie rechtserheblich wären. So ist die Richtigkeit der Jahresabrechnung kein Rechtsverhältnis, so daß einem solchen Feststellungsantrag das Feststellungsinteresse ebenso fehlt wie einem Feststellungsantrag, dessen inhaltlicher Anspruch durch einen Leistungsantrag verfolgt werden kann (BayObLG Rpfleger 1982, 15; BayObLG DWE 1985, 126).

bb) Gegenantrag/Widerantrag

85 Der Antragsgegner ist im WE-Verfahren nicht darauf beschränkt, sich gegenüber dem Antrag durch Stellungnahmen und Erklärungen zu wehren, er kann jederzeit auch in der gleichen Sache einen Gegenantrag stellen. Die Grundsätze der ZPO (§§ 33 Abs. 1, 145 Abs. 2) finden hier Anwendung (BayObLG WE 1990, 214). Demnach braucht der Gegenstand des Gegenantrags mit dem Gegenstand des Antrags nicht identisch sein (Jauernig „Zivilprozeßrecht“, zu § 46, I). Identität zwischen Antrag und Gegenantrag besteht dann, wenn mit der Antragsabweisung auch der Gegenantrag erledigt wird. Der Gegenantrag ist kein Verteidigungsmittel sondern ein grundsätzlich selbständiger Antrag. Voraussetzung für die Zulassung des Gegenantrags ist das Vorhandensein eines rechtlichen nicht nur tatsächlichen (strittig) Zusammenhangs zwischen dem mit Antrag und Gegenantrag verfolgten Anspruch. Im übrigen gelten für den Gegenantrag die gleichen Verfahrensvoraussetzungen wie für den Antrag.

In den Beschwerdeinstanzen sind erstmals gestellte Gegenan- *86*
träge nur dann zulässig, wenn der Antragsteller hierzu seine Zustimmung erteilt oder wenn das Gericht die Geltendmachung der im Gegenantrag behaupteten Ansprüche im anhängigen Verfahren für sachdienlich hält (BayObLG DWE 1982, 29; OLG Frankfurt DWE 1984, 29; KG WE 1991, 106; BGH NJW 1990, 2386). Unter Berücksichtigung dieser Grundsätze können Wideranträge auch in einem von einem Verwalter angestrengten Verfahren gestellt werden, wenn sie sich gegen diejenigen richten, für die der Verwalter als Verfahrensstandschafter aufgetreten ist (KG WE 1991, 106).

b) Zulässigkeit eines Antrags (Rechtsschutzbedürfnis)

Ein Antrag ist aber nur zulässig, wenn der Antragsteller be- *87*
rechtigt ist, die begehrte Entscheidung zu beantragen (BGH WE 1989, 94 m.w.N.) und wenn ein Rechtsschutzbedürfnis vorhanden ist (OLG Frankfurt Rpfleger 1980, 112; BayObLG Rpfleger 1977, 126). Das Rechtsschutzbedürfnis ist immer dann gegeben, wenn ein in seinen Rechten Beeinträchtigter ein berechtigtes Interesse daran hat Rechtsschutz durch Inanspruchnahme der Gerichte zu erreichen.

Die Rechtsprechung hat zu dieser Frage umfangreiche Fest- *88*
stellungen getroffen. Die wichtigsten Rechtsprechungsergebnisse, bei denen das Vorhandensein eines Rechtsschutzbedürfnisses abgelehnt wurde sind (vgl. auch Rechtsschutzbedürfnisse zum Beschlußanfechtungsverfahren und die dort angeführten Rechtsprechungsergebnisse, unten Rn. **11** 196ff.).

- Feststellungsantrag, wenn Leistungs- oder Unterlassungsantrag gestellt werden könnte (BayObLG Rpfleger 1982, 15; OLG Zweibrücken WE 1994, 146).
- Leistungsanträge gegen den Verwalter zur Vornahme von Handlungen, wenn dieser hierzu nicht außergerichtlich aufgefordert wurde (BayObLG ZMR 1973, 213).

- Antrag auf Einsichtgewährung und Vorlage von Verwaltungsunterlagen, sofern der Verwalter die Gelegenheit zur Einsicht der Belege gegeben hat, der Antragsteller hiervon aber keinen Gebrauch machte (BayObLG Rpfleger 1977, 126).
- Feststellungsantrag, eine bestimmte Auslegung einer GO abstrakt zu klären (LG Mannheim ZMR 1979, 319).
- Anfechtung eines Wirtschaftsplanes, wenn die WEer bezüglich dieses Wirtschaftsjahres die Jahresabrechnung genehmigen und dem Verwalter Entlastung erteilen (BayObLG vom 22. 12. 1983 - 2 Z 6/83).
- Antrag auf Änderung der Zweckbestimmung einer TE, wenn diese ausreicht, um den neu angegebenen Zweck voll abzudecken (hier: Ergänzung des „Betriebs eines Cafés“ zur Zweckbestimmung „gewerbliche Zwecke“, weil diese Zweckbestimmung den Betrieb eines Cafés ohnehin ermöglicht - OLG Zweibrücken (WE 1987, 86).
- Feststellungsantrag, wenn kein rechtliches Interesse an dem zur Feststellung Begehrten besteht (BayObLG WE 1988, 73).
- Antrag auf Verpflichtung des Verwalters künftige WEer-Versammlungen ordnungsgemäß und der Gesetzeslage entsprechend durchzuführen, weil abstrakte Rechtsfragen ohne Bezug auf konkrete Sachverhalte nicht in Rechtsverfahren geklärt werden können (KG WE 1989, 202).
- Antrag zur Entscheidung einer Sache über die bereits entschiedenen wurde und für die ein Vollstreckungstitel im Sinne von § 45 Abs. 3, § 749 Abs. 1 Nr. 1, § 890 ZPO vorliegt. Ausnahmen sind nur dann gegeben, wenn der Inhalt des Vergleichs oder der vollstreckbaren Urkunde unklar sind (vgl. BayObLG vom 10. 6. 1998, 2 Z 15/98).

89 Die Zulässigkeit eines Antrags ergibt sich auch aus der Antragsbefugnis der WEer. Nach Maßgabe des § 43 Abs. 1 bis 4 sind die WEer einzeln bzw. die Gem. der WEer und der Verwalter zur Antragstellung befugt. Im Fall des § 26 Abs. 3 hat auch ein Dritter das Recht das Gericht im WE-Verfahren anzurufen. Steht ein WE mehreren gemeinsam zu, so ist jeder Miteigentümer antragsbefugt (vgl. hierzu Bärmann Rz 57, 58 zu § 43).

90 Die individuelle Berechtigung der WEer zur Antragstellung im WE-Verfahren ist immer dann gegeben, wenn deren eigene persönliche Interessen und Rechte betroffen sind. Das gilt auch für den WEer, der sich selbst nicht rechtstreu verhält (BayObLG vom 22. 5. 1998, 2 Z 77/98). Individuell kann ein WEer einen Schaden gegen den Verwalter geltend machen, der ihm, allein und deshalb entstanden ist, weil der Verwalter die Veräußerungszustimmung nach § 12 ungerechtfertigt versagt hat (BayObLG WE 1993, 349). Anders verhält es sich, wenn Fragen des Gemeinschaftsverhältnisses und der gem. Verwaltung gerichtlich zu klären sind. Hier besteht nur ein gem. Anspruch der WEer. Nach § 21 Abs. 1 steht das Verwaltungsrecht dem einzelnen WEer – mit Ausnahme der Notverwaltung nach § 21 Abs. 2 – nur gem. mit den anderen WEern zu, so daß in solchen Verwaltungsfragen der einzelne WEer WE-Verfahren individuell nur dann in Gang setzen kann, wenn er dazu durch Beschluß der WEer ermächtigt ist. Diese Rechtsauffassung ist nicht unumstritten (vgl. BayObLGZ 1979, 56, 154; OLG Karlsruhe Justiz 1979, 310; LG Bochum Rpfleger 1981, 148; BayObLG Rpfleger 1984, 62; OLG Celle MDR 1970, 678). Der BGH (WE 1989, 94) hat aber gegen das BayObLG (NJW 1985, 912) bestätigt, daß gem. Ansprüche der WEer von einzelnen WEern nur dann geltend gemacht werden können, wenn sie durch Beschluß der WEer hierzu ausdrücklich ermächtigt sind. Zur Wirksamkeit eines Beschlusses der einen WEer ermächtigt, gem. Ansprüche der WEer geltend zu machen ist es erforderlich, den Sachverhalt und die daraus abzuleitende Rechtsfolge nach Grund und Höhe konkret zu bezeichnen sind. Eine pauschale Bezugnahme auf anhängige Verfahren genügt regelmäßig nicht, weil bei der Abstimmung unmißverständlich klar sein muß, welchen Verfahrensgegenstand die Ermächtigung betrifft und in welchem Umfang damit das Schicksal von gem. Ansprüchen in die Hand einzelner WEer gelegt wird (so KG WE 1990, 89).

In diesem Sinne können einzelne WEer weder Schadenser- 91
satzansprüche noch andere gem. Ansprüche der WEer gegen den Verwalter (BayObLG BGH WE, 1989, 94; BayObLG WE 1990, 172) noch Zahlungsansprüche der Gesamtheit individuell, d.h. ohne Ermächtigung geltend machen (BayObLG WE 1990, 177), sie sind unzulässig.

Die Zulässigkeit eines Verfahrensantrags hängt auch von der 92
richtigen Bezeichnung der Verfahrensbeteiligten ab. Sind neben einem WEer die anderen WEer Verfahrensbeteiligte genügt es, wenn die Gem. der WEer mit einer vereinfachenden Kurzbezeichnung im Rubrum der Antragsschrift bezeichnet wird. Beispiel: Wohnungseigentümer des Anwesens Marienstr. 4, 6, 8, in 90407 Nürnberg. Die WEer brauchen also im einzelnen nicht namentlich bezeichnet zu werden, wenn sie als Gruppe Verfahrensbeteiligte sind (BGH NJW 1977, 1686; BGH WE 1990, 84).

c) Antragsänderung und Antragsrücknahme

93 Auch im WE-Verfahren sind Antragsänderungen möglich und manchmal auch notwendig. Hierfür gelten die Vorschriften des § 263 ZPO (BayObLG WE 1988, 203). Die Antragsänderung ist aber nur zulässig, wenn der bzw. die Antragsgegner hierzu ihre Zustimmung erteilen, oder wenn das Gericht sie für sachdienlich hält (§ 263 ZPO). Voraussetzung für die Antragsänderung ist die Änderung des mit dem ursprünglichen Antrag verfolgten Anspruchs. Vielfach ergeben sich Anspruchsänderungen wegen später eingetretenen Veränderungen im Gegenstand oder Sachverhalt (§ 264 ZPO).

94 Eine Antragsänderung bewirkt manchmal auch eine Änderung (Erweiterung) der Verfahrensbeteiligten in deren Eigenschaft als „nur" Beteiligte zum Antragsgegner. So ergibt sich z. B. eine Antragsänderung, wenn ein Verpflichtungsantrag gegen den Verwalter (§ 43 Abs. 1 Nr. 2) in einen Beschlußanfechtungsantrag (§ 43 Abs. 1 Nr. 4) abgeändert wird. Auch hier gelten die Vorschriften des § 59 ZPO entsprechend (BayObLG WE 1988, 203).

Neben der Antragsänderung ist auch eine Ergänzung und Berichtigung (§ 264 Abs. 1 Nr. 1 ZPO), eine Erweiterung oder Beschränkung (§ 264 Abs. 1 Nr. 2 ZPO) und bei einer nachträglichen Veränderung eine Änderung des prozessualen Anspruchs (§ 264 Abs. 1 Nr. 3 ZPO) der Anträge im WE-Verfahren zulässig und möglich, ohne daß es sich hierbei um Antragsänderungen handelt. Eine Änderung des prozessualen Anspruchs ist z. B. dann gegeben, wenn anstelle eines in der Hauptsache erledigten Leistungsantrags ein Feststellungsantrag begehrt wird, weil das rechtliche Interesse des Antragstellers nach wie vor besteht (BayObLG WE 1989, 59).

95 Ein Antrag kann ganz oder teilweise zurückgenommen werden mit der Folge, daß gem. § 269 Abs. 3 S. 1 ZPO darüber sachlich nicht mehr entschieden werden darf. Fraglich ist dabei, ob zur wirksamen Antragsrücknahme die Zustimmung der Antragsgegner oder der anderen Beteiligten erforderlich ist. Entgegen vielfacher anderer Auffassungen halten verschiedene Obergerichte dies für nicht erforderlich (OLG Hamm NJW 1973, 2300; KG WE 1988, 62; BayObLG vom 16. 5. 1991, 2 Z 30/91).

Ein zurückgenommener Antrag kann in der Regel erneut gestellt werden (§ 269 Abs. 4 ZPO). Das gleiche gilt für einen teilweise zurückgenommenen Antrag, der im anhängigen Verfahren zum ursprünglichen Umfang erweitert werden kann (BayObLG WE 1992, 147). Hat der teilweise zurückgenommene und dann erneut gestellte Antrag die Ungültigkeitserklärung eines Beschlusses der WEer zum Inhalt, so ist bei der erneuten Antragstellung die Frist des § 23 Abs. 4 zu beachten. Nach Ablauf der Monatsfrist ist der Antrag als unbegründet abzuweisen (BayObLG WE 1992, 147).

3. Verfahrensgrundsätze

Für das WE-Verfahren gelten die Grundsätze der §§ 43–50 sowie die Vorschriften der FGG und darüber hinaus bestimmte Vorschriften der ZPO (s. oben Rn. **11** 2). Die wichtigsten Grundsätze des WE-Verfahrens sind kurz darzustellen: *96*

a) Amtsermittlungsgrundsatz

Nach dem Amtsermittlungsgrundsatz (vgl. oben Rn. **11** 33ff.) des § 12 FGG hat das Gericht die von Amts wegen durchzuführenden Ermittlungen so weit auszudehnen, als es nach der Sachlage erforderlich ist; wobei das Gericht nach pflichtgemäßem Ermessen zu entscheiden hat (Keidel/Kuntze/Winkler § 12 Rz 53; BayObLG WE 1992, 138). Der Amtsermittlungsgrundsatz ist von der Fürsorgepflicht für die am Verfahren Beteiligten geprägt (OLG Düsseldorf WE 1996, 424). Das Gericht ist deshalb nicht auf die von den Beteiligten vorgetragenen Behauptungen und Beweisen beschränkt, es hat darüber hinaus, u. U. auch gegen den Willen eines Beteiligten, weitere Nachforschungen anzustellen (Weitnauer/Hauger Rz 21 zu Anh. § 43). Es hat auch die von den Beteiligten bezeichneten Tatsachen auf ihre Richtigkeit hin zu überprüfen (BayObLG WE 1997, 317). *97*

Der Amtsermittlungsgrundsatz ist aber im WE-Verfahren eingeschränkt. Er enthebt die Beteiligten nicht der Pflicht durch Tatsachendarstellung zu der Aufklärung des Sachverhalts (Beibringungsgrundsatz; Informationslast) mitzuwirken, insbesonde- *98* re sind die Beteiligten bei Geltendmachung von Forderungen verpflichtet, nachvollziehbar darzulegen, auf welche Tatsachen sie ihre Forderung stützen (BayObLG WE 1986, 71).

99 Bei Vernachlässigung dieser Pflicht kann nicht erwartet werden, daß das Gericht allen nur denkbaren Möglichkeiten nachgeht. Die Ermittlungspflicht des Gerichts besteht zumal im Streitverfahren nur insoweit als der Vortrag der Beteiligten oder der festgestellte Sachverhalt Anlaß zu weiteren Ermittlungen gibt (BayObLGZ 1989, 75, 80). Insbesondere ist ein Antragsteller verpflichtet, einen ihm günstigen Sachverhalt von sich aus zu unterbreiten (BayObLG WE 1991, 25, m.w.N.) und die dafür geeigneten Beweismittel von sich aus zu benennen (BayObLG WE 1991, 367).

100 Auch sind die Beteiligten verpflichtet, zu den wesentlichsten Punkten des Vorbringens des Gegners möglichst umfassend Stellung zu nehmen und in jeder möglichen Weise an der Aufklärung des Sachverhalts mitzuwirken. Zwar besteht im WE-Verfahren keine Beweisführungslast wie im Verfahren nach der ZPO. Gleichwohl behalten die Regeln der sog. objektiven oder materiellen Beweislast ihre Bedeutung für die Frage, zu wessen Lasten es geht, wenn bestimmte Umstände nicht festgestellt werden können, die zum Tatbestand einer für die Anwendung in Betracht kommenden Norm gehören (so BayObLG DWE 1985, 126). In diesem Sinne ist beim WE-Verfahren als echtes Streitverfahren der fG die Amtsermittlungspflicht des Gerichts (BayObLG vom 5. 12. 1998, 2 Z 92/98) eingeschränkt. Es trifft deshalb den Beteiligten bei der Sachverhaltsaufklärung eine Mitwirkungspflicht mit der Folge, daß ein Beteiligter für seinen Sachvortrag auch geeignete Beweismittel anzugeben hat (BayObLG WE 1991, 166).

101 Ermittlungen können von Amts wegen unterbleiben, wenn Beteiligte ihre Mitwirkungspflicht zur Sachverhaltsaufklärung in der Weise vernachlässigen, daß sie einem Sachvortrag eines anderen Beteiligten nicht widersprechen (BayObLG WE 1989, 58).

102 Ebenso hat der Tatsachenrichter den ausdrücklichen Verzicht eines Beteiligten, einen entscheidungserheblichen Sachverhalt vorzutragen, hinzunehmen ohne daß dies ein Verstoß gegen die Amtsermittlungspflicht wäre (BayObLG WE 1996, 471).

Der Amtsermittlungsgrundsatz ermöglicht es dem Gericht aber nicht, über Vereinbarungen oder bestandskräftige Beschlüsse mit der Erwägung hinwegzugehen, daß die darin getroffene Regelung unbillig sei oder den Grundsätzen ordnungsmäßiger Verwaltung nicht entspreche (BayObLG WE 1987, 20 m. w. N.). Ein mangels Anfechtung bestandskräftig gewordener Beschluß kann nicht mehr mit der Begründung angegriffen werden, er verstoße gegen die Grundsätze der Billigkeit oder ordnungsmäßigen Verwaltung. Die Bindung an Vereinbarungen und Beschlüsse seitens des Gerichts gelten aber nicht völlig uneingeschränkt. WEer haben dann einen Anspruch auf Änderung von Vereinbarungen und Beschlüssen, wenn außergewöhnliche Umstände ein Festhalten an einer Vereinbarung oder einem Beschluß als grob unbillig und damit als gegen Treu und Glauben (§ 242 BGB) verstoßend erscheinen lassen (BayObLG WE 1987, 26 m. w. N.). *103*

Zusammenfassend kann zum Grundsatz der Amtsermittlungspflicht festgestellt werden, daß das Gericht verpflichtet ist „alle zur Aufklärung des Sachverhalts dienlichen Beweise zu erheben. Das bedeutet aber nicht, daß das Gericht allen nur denkbaren Möglichkeiten von Amts wegen nachgehen müßte. Eine Aufklärungs- und Ermittlungspflicht kann vielmehr nur bestehen, soweit das Vorbringen der Beteiligten und der Sachverhalt bei sorgfältiger Überlegung dazu Anlaß gibt. Die Ermittlungen sind soweit auszudehnen bis der Sachverhalt vollständig aufgeklärt ist; sie sind abzuschließen, wenn von weiteren Ermittlungen ein sachdienlicher, die Entscheidung beeinflussendes Ergebnis nicht mehr erwartet wird“ (so BayObLG WE 1992, 143). Im Grundsatz reicht die Aufklärungspflicht des Gerichts mindestens ebensoweit wie die im Zivilprozeß (§ 139 ZPO; vgl. hierzu BayObLG vom 5. 11. 1998, 2 Z 92/98). *104*

b) Mündliche Verhandlung – Rechtliches Gehör

Der Grundsatz der Amtsermittlung durch das Gericht steht in unmittelbarem Zusammenhang mit der Verpflichtung des Gerichts, im Verfahren auf eine gütliche Einigung der Streitenden hinzuwirken (§ 44 Abs. 1). Das ist in der Regel ohne eine mündliche Verhandlung nicht möglich, so daß der Richter zur Ermög- *105* lichung eines solchen „Sühnegesprächs" (BayObLG NJW 1973, 152) verpflichtet ist.

106 Der Richter hat die Beteiligten nicht nur wegen der Möglichkeit einer gütlichen Einigung zur mündlichen Verhandlung einzuladen. Diese dient darüber hinaus sowohl der Sachaufklärung als auch der Möglichkeit einer vergleichsweisen Regelung des Verfahrens (BayObLG WE 1988, 66).

107 Zur mündlichen Verhandlung hat das Gericht die Beteiligten rechtzeitig einzuladen. Zwar gibt es im fG-Verfahren keine Einlassungs- oder Ladungsfristen wie im ZPO-Verfahren (§ 217 ZPO). Die Frist muß also so bemessen sein, daß der Beteiligte die Möglichkeit hat, den Termin wahrzunehmen. Notfalls hat das Gericht den Termin der mündlichen Verhandlung zu verschieben.

108 Entschuldigt sich ein Beteiligter hat das Gericht den Termin insbesondere dann zu verschieben, wenn das Erscheinen des betreffenden Beteiligten angeordnet war. Ein Antragsteller oder Antragsgegner hat einen Anspruch auf Anwesenheit in der mündlichen Verhandlung, sodaß eine solche nur mit ihm stattfinden kann, es sei denn die Anwesenheit des Beteiligten ist aus einem besonderen, vom Gericht darzustellenden Grunde entbehrlich. Trifft dies nicht zu führt ein Rechtsmittel zur Aufhebung der gerichtlichen Entscheidung und zur Zurückverweisung der Sache an das Vorgericht (BayObLG WE 1997, 40).

109 Eine grundsätzliche Pflicht zur Teilnahme an der mündlichen Verhandlung für die Beteiligten besteht nur dann, wenn das Gericht nach pflichtgemäßem Ermessen (§ 12 FGG) das persönliche Erscheinen nach § 13 S. 2 FGG anordnet (Keidel/Kuntze/Winkler § 13 Rz 7). Ordnet das Gericht das persönliche Erscheinen der Beteiligten an, kann es die Beteiligung durch Zwangsgeld (§ 33 Abs. 1 FGG) nicht erzwingen, wenn die Ladung ausschließlich dem Versuch einer gütlichen Streitbeilegung dient. Erzwungen werden kann das angeordnete persönliche Erscheinen nur dann, wenn dies für die Tatsachenermittlung notwendig ist (KG Rpfleger 1984, 186).

110 Die Erzwingung des persönlichen Erscheinens bei Nichtbefolgung durch den Geladenen erfolgt durch die Festlegung einer Ordnungsstrafe bzw. eines Zwangsgeldes (§ 33 Abs. 1

FGG) oder der Vorführung (§ 33 Abs. 2 FGG) seitens des Gerichts. Erscheint der Geladene immer noch nicht zur Verhandlung kann das Gericht einen Ordnungsstrafenbeschluß wirksam erlassen, wenn in der Ladung mit der Anordnung zum persönlichen Erscheinen die vorgenannten Ordnungsstrafen durch richterliche Verfügung angedroht werden (LG Stuttgart WE 1990, 184 – GR 2214/89).

Eine mündliche Verhandlung ist auch bei einer Zweierge- *111*
meinschaft geboten. Das gilt auch dann, wenn alle Einzelheiten geklärt sind und eine gütliche Einigung nicht zu erwarten ist (OLG Köln vom 12. 5. 1980 – 16 W 18/80).

Von der mündlichen Verhandlung kann nur bei Vorhanden- *112*
sein besonderer Gründe abgesehen werden. Es muß sich dabei um eng umgrenzte Ausnahmefälle handeln (BayObLG WE 1992, 207). Solche Gründe hat das Beschwerdegericht im einzelnen darzulegen (BayObLG WE 1997, 38). Zu den von der obergerichtlichen Rechtsprechung anerkannten Ausnahmefällen gehören insbesondere die Fallgestaltungen, bei denen über die Übergabe des Verfahrens an das Prozeßgericht zu befinden ist, wenn nach Erledigung der Hauptsache nur noch über die Verfahrenskosten zu entscheiden ist sowie bei aus WE-Verfahren hervorgegangenen Zwangsvollstreckungssachen (vgl. hierzu OLG Hamm vom 30. 3. 1998, 15 W 611/97).

Ob gem. § 128 Abs. 2 ZPO mit Einverständnis der Beteiligten *113*
ohne mündliche Verhandlung die gerichtliche Entscheidung getroffen werden kann, ist offenbar obergerichtlich noch nicht geklärt. Feststeht nur, daß die Zustimmung eines Beteiligten zur Entscheidung ohne mündliche Verhandlung nach § 128 Abs. 2 S. 1 ZPO widerrufen werden kann, wenn sich die Umstände seit der Abgabe der Erklärung wesentlich geändert haben (BGH NJW 1989, 229; BayObLG WE 1990, 62).

Die mündliche Verhandlung im WE-Verfahren ist grundsätz- *114*
lich öffentlich (BayObLG WE 1990, 58, Art. 6 Abs. 1 Satz 1 der Europäischen Konvention zum Schutze der Menschenrechte).

Über die mündliche Verhandlung vor Gericht ist nach Maßgabe der Vorschriften der §§ 159ff. ZPO ein Protokoll zu führen und dieses den Beteiligten zuzustellen. Es ist zweckmäßig und sinnvoll Erklärungen und Anträge eines Beteiligten in dem

Protokoll schriftlich niederzulegen und sie vorzulesen, zwingend gemäß §§ 162, 160 ZPO ist dies aber nicht, weil § 44 Abs. 2 lediglich die Anwendung der Vorschriften der ZPO über die Protokollierung eines Vergleichs vorschreibt (BayObLG WE 1997, 40).

115 Eine Berichtigung des Protokolls ist auf Antrag oder von Amts wegen jederzeit zulässig (§ 164 ZPO). Nicht möglich ist die Anfechtung einer ablehnenden Protokollberichtigung bzw. die Ergänzung eines Protokolls durch sofortige Beschwerde (BayObLG WE 1986, 71; BayObLG WE 1989, 148).

116 Die mündliche Verhandlung im WE-Verfahren hat eine inhaltlich andere Bedeutung als im Zivilprozeß. Im Zivilprozeß ergeht die gerichtliche Entscheidung aufgrund der mündlichen Verhandlung. Im WE-Verfahren sind nach der mündlichen Verhandlung eingehende Schriftsätze und neue Sachvorträge in der abschließenden Entscheidung noch zu berücksichtigen (BayObLG WE 1993, 348).

117 Stellt das Beschwerdegericht fest, daß das Gericht der Vorinstanz eine Entscheidung nur aufgrund einer nicht-öffentlichen Sitzung getroffen hat ist dies eine Gesetzesverletzung (BayObLG NJW 1989, 229; BayObLG WE 1990, 62). Bei einer Gesetzesverletzung ist es aber nicht immer geboten, die Gerichtsentscheidung aufzuheben und die Sache an das Vorgericht zurückzuverweisen. Die Zurückverweisung steht im Ermessen des Beschwerdegerichts, sie ist nicht zwingend vorgeschrieben. Das gilt selbst dann, wenn der Verfahrensfehler einen absoluten Aufhebungsgrund der Entscheidung nach § 27 Abs. 1 Nr. 2 FGG nach sich ziehen würde (BayObLG WE 1995, 32). Verhandelt das Gericht in einer nicht öffentlichen Sitzung und verkündet es die Entscheidungsformel nicht öffentlich und macht es anschließend die aufgrund der mündlichen Verhandlung erlassene Entscheidung bekannt, so führt dies zwingend zur Aufhebung der Entscheidung (BayObLG WE 1990, 58). Anderes gilt dann, wenn der Verfahrensfehler durch ein nachfolgendes schriftliches Verfahren überholt wird. Hier leitet sich die Entscheidung nicht von der mündlichen Verhandlung ab (BayObLG WE 1992, 54).

118 Das Gericht hat den Beteiligten die Möglichkeit zu geben, sich zu äußern. Damit wird dem Anspruch auf rechtliches Gehör

Geltung verschafft, den jeder Beteiligte in einem Gerichtsverfahren hat (Art. 103 Abs. 1 GG). Dazu gehört auch, daß den Beteiligten „Kenntnis des für die Entscheidung wesentlichen Streitstoffes ermöglicht und Gelegenheit zur Stellungnahme gegeben wird". Der Grundsatz des rechtlichen Gehörs verpflichtet das Gericht auch, die Ausführungen der Beteiligten im Schriftsatz oder bei der mündlichen Verhandlung zur Kenntnis zu nehmen und bei seiner Entscheidung in Erwägung zu ziehen. Diese Verpflichtung besteht bis zum Erlaß der Entscheidung, also bis zu dem Zeitpunkt, in dem sie an die Beteiligten hinausgeht (BayObLG WE 1988, 71 m.w.N.; BayObLG WE 1990, 140).

Zur Erfüllung des Anspruchs auf rechtliches Gehör gehört *119* auch die Verpflichtung des Gerichts bei Ortsbesichtigung und Inaugenscheinnahme alle Verfahrensbeteiligten hiervon zu unterrichten, damit diese Gelegenheit zur Stellungnahme erhalten (BayObLG WE 1988, 200).

Wird der Grundsatz der Gewährung rechtlichen Gehörs ver- *120* letzt, macht dies die Entscheidung rechtsfehlerhaft. In diesem Fall ist das Gehör notfalls durch das Beschwerdegericht zu gewähren. Bei Verletzung des Anspruchs auf rechtliches Gehör durch das Beschwerdegericht ist eine Aufhebung der Entscheidung durch das Rechtsbeschwerdegericht und die Zurückverweisung der Sache nur dann geboten, wenn die Entscheidung für diesen Rechtsfehler ursächlich ist. Dies ist z.B. nicht der Fall, wenn das tatsächliche Vorbringen gegenüber einer unvollständigen Tatsachendarstellung unerheblich ist (BayObLG vom 22. 1. 1998, 2 Z 138/97). Ist eine Entscheidung unanfechtbar geworden, so macht eine Verletzung des Anspruchs auf rechtliches Gehör diese nicht wirksam gesetzeswidrig mit der Folge, daß diese Entscheidung nicht mit der außerordentlichen sofortigen Beschwerde (vgl. unten Rn. **11** 315ff.) angegriffen werden kann (Staudinger-Wenzel vor § 43 Rz. 13 ff.).

Auch im Beschwerdeverfahren muß grundsätzlich vor der *121* vollbesetzten Kammer mündlich verhandelt werden. Dies gilt auch in den Fällen, in denen der Beschwerdeführer sein zulässiges Rechtsmittel in angemessener Zeit nicht begründet (OLG Hamm vom 30. 3. 1998, 15 W 611/97; vgl. auch unten Rn. **11** 352ff.).

c) Tatsachenerhebung – Beweisaufnahme

122 Das Gericht hat die Tatsachen von Amts wegen zu ermitteln und die öffentliche Wahrheit zu ergründen (Keidel/Kuntze/Winkler § 12 Rz 28). Dabei kann auch im WE-Verfahren die Beweislast von Bedeutung sein, wenn zur rechtlichen Beurteilung und Folgerung die Tatsachenfeststellung, welche z.B. die Feststellung eines Schadens zum Gegenstand hat, notwendig ist. Der Grundsatz der Beweislast gilt für den Fall, daß das Gesetz keine ausdrückliche Regelung enthält: jede Partei trägt die Behauptungs- und Beweislast für die Inanspruchnahme der für sie günstigen Norm (Thomas/Putzo vor § 284 Anm. 7 a ZPO). Wenn ein WEer gegen die Gemeinschaft, gegen einen WEer oder gegen den Verwalter einen Schadensersatzanspruch geltend macht, hat der Geschädigte grundsätzlich die Beweislast für die Kausalität zwischen Pflichtverletzung und den Schaden zu beweisen. Abweichungen von diesem Grundsatz sind nur in bestimmten Fällen möglich (vgl. OLG Düsseldorf WE 1997, 347). Läßt sich eine Pflichtverletzung mangels tatsächlicher Ursachenfeststellung nicht feststellen, tritt auch keine Beweisumkehr zu Lasten des oder der Verpflichteten ein (OLG Düsseldorf WE 1997, 347).

123 Ferner hat das Gericht Ermittlungen anzustellen, die nach Wahl des Gerichts formlos (Freibeweis) oder förmlich (Strengbeweis) sein können.

124 Der Strengbeweis oder die förmliche Beweisaufnahme ist im WE-Verfahren dann notwendig, wenn rechtserhebliche Tatsachen vorgebracht werden, welche die Gegenpartei bestreitet.

125 Bezüglich der Beweiserhebung im WE-Verfahren hat der Tatrichter nach billigem Ermessen zu entscheiden, ob er sich mit einer formlosen Ermittlung (Freibeweis) begnügen kann oder ob er eine förmliche Beweisaufnahme (Strengbeweis) durchzuführen hat (OLG Zweibrücken vom 27. 10. 1987 – 3 W 81/87; BayObLG vom 18. 2. 1988 – 2 Z 162/87; BayObLG WE 1988, 176). Die Pflicht zur förmlichen Beweisaufnahme (Strengbeweis) ergibt sich immer dann, wenn durch formlose Ermittlungen eine genügende Aufklärung des Sachverhalts nicht zu erreichen ist, oder wenn das Recht der Beteiligten, an der Wahrheitsermittlung

mitzuwirken, durch Freibeweis nicht hinreichend gesichert ist (Keidel/Kuntze/Winkler, Freiwillige Gerichtsbarkeit 12. Aufl. Rz 29 zu § 12).

Freibeweise sind (Keidel/Kuntze/Winkler a.a.O. Rz 29a zu § 12): *126*

- Einsichtnahme in Urkunden; formloser Augenschein; mündliche oder schriftliche Anhörung von Auskunftspersonen; Erholung amtlicher Auskünfte durch Behörden oder von Handakten eines Rechtsanwalts; Verwertung eidesstattlicher Versicherungen von Beweispersonen oder Beteiligten.
- Entscheidet sich der Richter für den Strengbeweis, so gilt nach § 15 FGG der in § 355 Abs. 1 ZPO verankerte Grundsatz der Unmittelbarkeit der Beweisaufnahme. Der Unmittelbarkeitsgrundsatz verlangt, daß der erkennende Richter bzw. das erkennende Gericht die Beweisaufnahme selbst durchzuführen hat.

Strengbeweise sind: *127*

- Augenschein, eventuell unter Zuziehung von Sachverständigen (§§ 371ff. ZPO)
- Zeugenbeweis (§§ 373ff. ZPO)
- Beweis durch Urkunden (§§ 415ff. ZPO)
- Beweis durch Parteivernehmung (§§ 445–477).

Ein formell und materiell am Verfahren Beteiligter kann nicht als Zeuge vernommen werden. Hier gelten die Grundsätze der Parteivernehmung (BayObLG WE 1998, 196). *128*

Beweismittel unterliegen grundsätzlich der Würdigung des Tatrichters. Im Rechtsbeschwerdeverfahren kann z. B. ein Beweissicherungsgutachten eines Sachverständigen durch die höhere Instanz nur beschränkt nachgeprüft werden. Das Rechtsbeschwerdegericht kann insbesondere nicht die sachliche Richtigkeit eines Gutachtens prüfen, sondern nur darüber befinden, ob dabei gegen die gesetzlichen Beweisregeln oder Verfahrensvorschriften sowie gegen die Denkgesetze und feststehenden Erfahrungssätze verstoßen wurde (BayObLG DWE 1984, 59; BayObLG DWE 1984, 92). *129*

Eine Beweisanordnung, die durch Gerichtsbeschluß erfolgt, ist unanfechtbar. Dagegen ist die Zurückweisung eines Beweissicherungsantrags mit dem Rechtsmittel der Beschwerde ebenso angreifbar wie die Wiederaufhebung eines stattgebenden Antrags *130* (vgl. OLG Hamburg WE 1993, 113). Für das im WE-Verfahren zulässige selbständige Beweisverfahren gelten die Vorschriften der §§ 485 bis 494 ZPO. Das Gericht ist aber nicht an Beweisanträge der Beteiligten gebunden (BayObLG WE 1989, 184). Für die Statthaftigkeit von Rechtsmittel gegen solche Entscheidungen des Gerichts gelten die §§ 494 a Abs. 2 Satz 3, 567, 568 ZPO mit der Maßgabe, daß die wirksame Inanspruchnahme eines Rechtsmittels der Zulassung durch die nächst höhere Instanz bedarf (BayObLG WE 1996, 397, OLG Hamburg vom 14. 1. 1998, 2 Wx 98/97).

131 Für den Strengbeweis im WE-Verfahren gelten nach § 15 FGG die entsprechenden Vorschriften der ZPO, so auch die Vorschrift über die Unmittelbarkeit der Beweisaufnahme nach § 355 ZPO mit der Folge, daß Vernehmungen der Zeugen in den in § 375 ZPO gegebenen Ausnahmen nur durch ein Mitglied der Kammer möglich ist (BayObLG vom 7. 8. 1997, 2 Z 80/97).

132 Für die Beweiswürdigung sowie für die Ermittlung und Feststellung der entscheidungserheblichen Tatsachen ist die Glaubwürdigkeit eines Zeugen von ausschlaggebender Bedeutung. Aus diesem Grunde wäre es ein Rechtsfehler, wenn sich im Beschwerdeverfahren die Besetzung der Kammer ändert.

Das gilt auch bei der Vernehmung von Zeugen. Eine andere Besetzung der Kammer in diesem Fall ist nur zulässig, wenn die Beurteilung der Glaubwürdigkeit des Vernommenen in der Niederschrift ausdrücklich festgehalten wird (BayObLG WE 1995, 282).

d) Verschiedenes und Rechtsprechung

133 Ein wichtiger Verfahrensgrundsatz ist es, daß das Gericht die materiell am Verfahren Beteiligten auch tatsächlich am Verfahren beteiligt (vgl. oben Rn. **11** 44 ff.). Das bedeutet, daß allen Beteiligten gerichtliche Verfügungen, Ladungen zur mündlichen Verhandlung sowie Rechtsmittelanträge formell bekanntgemacht werden, was in der Regel über den Verwalter als Zustellungsvertreter (s. oben Rn. **10** 425 ff.) zu geschehen hat (vgl. BayObLG WE 1991, 55).

134 Für Schriftsätze und mündliche Verhandlungen werden vom Gericht Termine bestimmt. Obwohl Terminverlegung wegen der raschen und zügigen Abwicklung eines Verfahrens nicht wünschenswert ist, wird das Gericht in der Regel einem plausiblen Antrag auf Terminverschiebung entsprechen. Dies gilt insbesondere wenn durch die Terminierung einem Beteiligten das rechtliche Gehör verkürzt wird, weil der Beteiligte ohne eigenes Verschulden, z. B. wegen Krankheit, an der Teilnahme verhindert ist (BayObLG WE 1990, 140). In einem solchen Fall ist eine Terminverlegung sogar zwingend geboten (BayObLG 1954, 1). Im übrigen steht es im Ermessen des Gerichts, ob es einem Antrag auf Terminverlegung zustimmt oder nicht (BayObLG WE 1991, 51).

Im WE-Verfahren kann das Gericht verschiedene Anträge *135* auch verschiedener Parteien zum Zwecke der gleichzeitigen Verhandlung und gleichzeitigen Entscheidung als Verfahrensverbindung nach § 147 ZPO anordnen. In diesem Fall ist über die Kosten des Verfahrens einheitlich zu entscheiden und der Geschäftswert einheitlich festzustellen. Daneben ist es aber auch möglich, daß das Gericht zur Vereinfachung des Verfahrens vorübergehende Maßnahmen zur teilweisen gemeinsamen Verhandlung verschiedener Verfahren (BGH NJW 1957, 183) trifft, ohne daß es hierbei zu einer Verfahrensbindung kommt (vgl. BayObLG WE 1987, 89).

Zwingend hat das Gericht Verfahrensanträge zu verbinden, *136* die durch unterschiedliche Antragsteller eingereicht werden, und die den gleichen Verfahrensgegenstand zum Inhalt haben, wenn die Verfahren zur gleichen Zeit und in derselben Instanz anhängig sind. Erfolgt die Verfahrensbindung nicht, besitzt das Gericht Entscheidungskompetenz nur für das zuerst eingeleitete Verfahren. Hat das Gericht im ersten Verfahren entschieden, hat es seine Entscheidungskompetenz über den Verfahrensgegenstand verbraucht, so daß demnach der weitere Antrag als unzulässig zurückzuweisen wäre (KG WE 1993, 52).

Das fG-Verfahren kennt ein Versäumnisverfahren und ein *137* Versäumnisurteil nicht, was wegen der Amtsermittlungsgrundsätze auch nicht geboten zu sein scheint. Zur Erleichterung des WE-Verfahrens wird teilweise die Zulassung von „Versäumnisbeschlüssen“ begrenzt auf Zahlungsansprüche der WEer-Gem. gewünscht (vgl. Diskussionsentwurf eines Gesetzes zur Änderung des Wohnungseigentumsgesetzes und des Gesetzes über die Zwangsversteigerung und Zwangsverwaltung vom 2. 6. 1989 – vgl. WE 1991, 58).

138 Gleichzeitig soll die im WE-Verfahren nicht mögliche Vollstreckbarkeit von Gerichtsbeschlüssen, soweit diese Geldzahlungen zum Gegenstand hat, künftig zugelassen werden.

Schließlich kennt das WE-Verfahren keine „Anerkenntnis" und keine dem Anerkenntnisurteil entsprechende Entscheidung im Sinne von § 307 ZPO (BayObLG WE 1989/209).

4. Hausgeldinkassoverfahren

139 Wie oben dargestellt, gehört die Geltendmachung der Hausgeld- und Beitragsleistungen zu den Aufgaben des Verwalters. Ist ein WEer zahlungsunwillig oder zahlungsunfähig, hat der Verwalter den Zahlungsanspruch im Rahmen seiner Ermächtigung zugunsten der Gem. gerichtlich durchzusetzen.

140 Die Ermächtigung des Verwalters für Hausgeldinkassoverfahren ergibt sich aus dem (oben Rn. **10** 425 ff.) allgemeinen Ermächtigungsrahmen. Häufig wird der Verwalter als gewillkürter Verfahrensstandschafter – also im eigenen Namen – die Ansprüche der Gem. verfolgen.

141 Unterläßt es der Verwalter, ein Hausgeldverfahren in Gang zu setzen, so kann ein WEer den Anspruch zugunsten der Gem. nicht (mehr) individuell durchsetzen. Nach dem BGH (WE 1990, 202) handelt es sich dabei entgegen § 16 Abs. 2 um einen den WEern gem. zustehenden Anspruch (umstritten; vgl. oben Rn. **7** 399 ff.). Ein WEer kann demnach diesen Anspruch allein nur dann gerichtlich verfolgen, wenn er dazu von den WEern durch Mehrheitsbeschluß ermächtigt ist. Ein Antrag eines hierzu nicht ermächtigten WEers ist vom Gericht als unzulässig abzuweisen (BayObLG WE 1991, 253).

142 Bei Zahlungsverzug kann der Verwalter nur die jeweils fälligen und rückständigen Hausgeldraten gerichtlich geltend machen. Da dies bei zahlungsunfähigen WEern stets ein neues Verfahren zwecks Erlangung eines neuen Titels notwendig macht, empfiehlt es sich, falls dies nicht schon in der GO oder im Verwaltervertrag vorgesehen ist, einen generellen Mehrheitsbeschluß herbeizuführen mit dem die gesamte Jahressumme des Hausgeldes für ein Wirtschaftsjahr fälliggestellt wird, für den Fall, daß ein WEer mit zwei Hausgeldraten in Verzug gerät. Ein solcher Beschluß ist wirksam, wenn er nicht angefochten wird (OLG Düsseldorf vom 22. 9. 1987 - 19 T 181/87 a.A. OLG Hamm WE 1996, 33). Die Vorfälligkeitsregelung dürfte nach Drasdo (WE 1996, 242) durch die Entscheidung des BGH (WE 1996, 144) deshalb problematisch geworden sein, nach der der veräußernde Wohnungseigentümer für die rückständigen, fälligen Vorschußleistungen aus dem Wirtschaftsplan auch nach Vorlage der Jahresberechnung weiterhin haftet. Das würde bei Vorhandensein einer Vorfälligkeitsregelung bedeuten, daß gegen den Erwerber im Verzugsfall des Veräußerers keine Vorschußleistungen geltend gemacht werden können.

Zur Fälligkeit des Hausgeldes s. oben (Rn. 7 399ff.). *143*

a) Mahnverfahren nach § 46a WEG

Mit dem Rechtspflegevereinfachungsgesetz wurde das Mahnverfahren nach den Grundsätzen der ZPO in das WE-Recht modifiziert eingeführt. *144*

Das Mahnverfahren nach § 46a ist nachstehender Übersicht (aus Bä/S S. 818) zu ersehen.

Mahnantrag § 46 a WEG, § 690 ZPO

entweder	oder
Mahnbescheid des Rechtspflegers § 692 ZPO	Zurückweisung durch Beschluß des Rechtspflegers § 691 ZPO
Zustellung von Amts wegen § 693 ZPO →	Widerspruch § 694 ZPO, dann § 46 a Abs. 1 WEG: Mahnantrag gilt als Antrag nach § 43 Abs. 1 WEG. § 46 a Abs. 2 WEG: WE-Richter setzt Frist zur Begründung des Antrags. Verfahren wird nach Maßgabe von § 43 WEG erst fortgesetzt, wenn Begründung durch den Verwalter eingeht.
↓	
Antrag auf Vollstreckungsbescheid § 699 Abs. 1 ←	Wird der Widerspruch vom Schuldner innerhalb einer Frist von 2 Wochen zurückgenommen, erläßt das WE-Gericht
↓	
Vollstreckungsbescheid §§ 699, 700, 794 Abs. 1 ZPO ←	andernfalls ist ZPO-Verfahren beendet und die Entscheidung erfolgt im WE-Verfahren.
↓	
Zustellung von Amts wegen oder auf Betreiben des Antragstellers § 699 ZPO →	Einspruch gegen Vollstreckungsbescheid §§ 700, 338 ff. ZPO, dann § 46 Abs. 3 WEG: Wird der Antrag nicht als unzulässig verworfen, setzt der WE-Richter Frist zur Begründung des Antrags. Verfahren wird nach Maßgabe von § 43 WEG – vorbehaltlich einer Maßnahme nach § 44 Abs. 3 WEG – nicht fortgesetzt. Geht Begründung bis zum Ablauf der Frist nicht ein, wird Zwangsvollstreckung auf Antrag des Antragsgegners eingestellt. Gegen den Einspruch des Antragsgegners kann sofortige Beschwerde (§ 45 Abs. 1 WEG) eingelegt werden. Wird der Einspruch zurückgenommen oder wird dem Einspruch nicht stattgegeben, besteht
↓	
Formelle und materielle Rechtskraft und endgültige Vollstreckbarkeit §§ 700 Abs. 1, 705, 322 Abs. 1 und 704 Abs. 1 ZPO ←	

Alle Zahlungsansprüche der WEer, welche diese gegen einen WEer – auch gegen einen Verwalter – haben, aber auch Ansprüche eines Verwalters gegen einzelne oder alle WEer (§ 43 Abs. 1 Nr. 2 WEG) können im Mahnverfahren geltend gemacht werden. Das Mahnverfahren gemäß § 46a WEG ist mit den reinen Mahnverfahren nach §§ 688ff. ZPO in der Weise verzahnt, daß die ZPO solange zur Anwendung kommt, sofern und soweit gegen die hier zu erlassenden Mahn- und Vollstreckungsbescheide kein Widerspruch bzw. Einspruch seitens des Schuldners eingewendet wird. Wird vom Schuldner der Widerspruch gegen den Mahnbescheid oder der Einspruch gegen den Vollstreckungsbescheid erklärt, so wird das Verfahren an das WE-Gericht abgegeben. *145*

Im Falle des Widerspruchs durch den Schuldner setzt das Gericht dem Antragsteller eine Frist zwecks Begründung seines Antrags (§ 46a Abs. 2 WEG). Erst nach Eingang der Begründung bzw. nach fruchtlosem Ablauf der Frist wird das Verfahren als WE-Verfahren fortgesetzt und entschieden, gegebenenfalls durch Abweisungsbeschluß. *146*

Nimmt der Schuldner den Widerspruch zurück, erläßt das WE-Gericht durch den Rechtspfleger den Vollstreckungsbescheid, der dem Antragsteller zugestellt wird. Der Antragsteller kann sofort, also bereits vor der formellen Rechtskraft, vollstrekken. Der Schuldner kann sich nach Maßgabe der hierfür vorgesehenen Rechtsbehelfe nach den Vorschriften der ZPO der §§ 765a ZPO (Erinnerung, Vollstreckungsabwehrantrag, Klauselerinnerung) wehren. *147*

Gegen den Vollstreckungsbescheid, der einem für vorläufig vollstreckbaren Versäumnisurteil gleichsteht, kann der Schuldner ganz oder teilweise Einspruch einlegen. Nach dem Einspruch wird das Verfahren an das WE-Gericht abgegeben. Die Abgabe ist unanfechtbar. Mit der Abgabe endet das ZPO-Verfahren und das wohnungseigentumsrechtliche Verfahren beginnt, wenn der Einspruch zulässig ist. In diesem Fall setzt das Gericht zwecks Antragsbegründung eine Frist (§ 46a Abs. 3 Satz 3). Erfolgt keine oder keine fristgerechte Antragsbegründung, kann der Schuldner als Antragsgegner Antrag auf Einstellung der Zwangsvollstreckung stellen (§ 46a Abs. 3 Satz 4), dem *148* das Gericht auch ohne Sicherheitsleistung zu folgen hat (§ 46 Abs. 3 Satz 5). Wird der Einspruch innerhalb von zwei Wochen nach Zustellung einer Begründung zurückgenommen, erwächst der Vollstreckungsbescheid in die Rechtskraft (§ 46a Abs. 3 und Abs. 2 WEG).

149 Der Mahnantrag richtet sich nach den Vorschriften der ZPO mit der Maßgabe, daß das WE-Gericht anzugeben ist (§ 46a Abs. 1 Satz 3 WEG). Für das Mahnverfahren sind Vordrucke eingeführt, die auch im Mahnverfahren nach § 46a WEG anzuwenden sind (§ 703c Abs. 2 ZPO). Auf diesen Vordrucken sind folgende Angaben zu machen:

- Bezeichnung der Parteien: WEer, WEer-Gem. und der im Rückstand befindliche Eigentümer
- Bezeichnung des Gerichts, bei dem der Antrag gestellt wird
- Bezeichnung der Hausgeldrückstände bzw. anderer Forderungen unter Hinweis auf Zahlungspflicht (GO, Wirtschaftsplan, Jahresabrechnung)
- Erklärung, daß der Anspruch nicht von einer Gegenleistung abhängt oder daß die Gegenleistung erbracht ist.
- Bezeichnung des für das WE-Verfahren zuständige Gericht der fG beim Amtsgericht
- Unterschrift des Verwalters.

150 Das gerichtliche Mahnverfahren ist überwiegend automatisiert. Aus diesem Grund werden in die amtlichen Vordrucke überwiegend Symbole und Zahlen eingetragen. Das Verfahren selbst wird in automatisierten Arbeitsgängen abgewickelt. Dazu sind insbesondere bei den vielen Forderungsarten ein Kennziffernkatalog vorgegeben. Die Hausgeldforderungen bei WEer-Gem. sind in diesem Katalog mit der Ziff. 90 belegt. Eine maschinelle Bearbeitung des Mahnverfahrens bei WEer-Gem. ist dann ausgeschlossen, wenn die Gem. mehrere Eigentümer umfaßt. Nachdem die WEer-Gem. eine Personengemeinschaft ist, genügt die Kennzeichnung der WEer-Gem. nicht. Hier sind alle Antragsgegner und Antragsteller namentlich zu verzeichnen. Das ist bei mehr als fünf Antragsgegnern bzw. mehr als sechs Antragstellern nur durch Beifügung einer Liste aller Eigentümer möglich.

151 Ein möglicher Ausweg bietet sich dann an, wenn der Verwalter als Prozeßstandschaftler für die WEer auftreten kann (vgl. hierzu oben Rn. 7 428).

Mit dem rechtskräftigen Vollstreckungsbescheid besitzt der das Verfahren bestreitende Verwalter bzw. die Gem. den Titel mit dem sie Zwangsmaßnahmen einleiten kann.

b) Geltendmachung von Forderungen im Verfahren nach § 43 Abs. 1 Nr. 1 WEG

Hausgeldforderungen können auch weiterhin grundsätzlich im WE-Verfahren geltend gemacht werden. Zwingend ist dieses Verfahren dann, wenn – wie dargestellt – beim Mahnverfahren nach Erlaß des Mahnbescheides Widerspruch und beim Erlaß des Vollstreckungsbescheides Einspruch (s. oben Rn. **11** 146ff.) eingelegt wird. 152

Das WE-Verfahren hat gegenüber dem ZPO-Verfahren den Nachteil, daß es bezüglich der Erlangung eines vollstreckbaren Titels u. U. erheblich mehr Zeit benötigt. Das liegt daran, daß für Entscheidungen im WE-Verfahren die Zuerkennung der vorläufigen Vollstreckbarkeit nicht möglich ist. Die Vollstreckbarkeit einer wohnungseigentumsrechtlichen Entscheidung (z. B. des Amtsgerichts auf Zahlung der rückständigen Hausgelder gem. § 45 Abs. 2 WEG) ist erst mit deren Rechtswirksamkeit gegeben. Die Rechtskraft tritt aber nur ein, wenn gegen diese Entscheidung kein Rechtsmittel eingelegt wird. Da besonders zahlungsunfähige WEer stets auf Zeitgewinn bedacht sind, versuchen sie die Rechtskraft der Entscheidung möglichst durch Inanspruchnahme aller Instanzen (AG, LG, OLG) und vielleicht noch durch eine Richterablehnung (s. unten Rn. **11** 361ff.) hinauszuschieben. 153

Beim Antrag an das Amtsgericht hat der Verwalter folgendes zu veranlassen (Bader „Zwangsmaßnahmen gegen Hausgeldschuldner" in PiG Nr. 17, S. 203ff.): 154

- Antragsbegründung in zweifacher Ausfertigung einzureichen
- Vorschußleistung nach der KostenO
- Vorlage von Einzelabrechnungen bzw. Wirtschaftsplan
- Niederschrift der Versammlung mit dem Beschluß über Wirtschaftsplan bzw. Jahresabrechnung.

Trotz häufig eindeutigen Sachverhalts ist der Richter verpflichtet, eine mündliche Verhandlung anzusetzen und durchzu- 155 führen. Kommt in der mündlichen Verhandlung keine Einigung zustande, entscheidet der Richter durch Beschluß der im einzelnen zu begründen ist (§§ 43, 44 Abs. 4). Rechtsmittel gegen diese Entscheidung und gegen eine Entscheidung in der 2. Instanz sind möglich (s. unten Rn. **11** 252ff.).

156 Die einzige Möglichkeit einem gerichtlich bekannten faulen Hausgeldzahler vorzeitig zur Zahlung zu veranlassen ist, die einstweilige Anordnung nach § 44 Abs. 3 durch die über die vorläufige Vollstreckbarkeit entschieden wird (Bader a.a.O. S. 219, 220).

157 Ist neben dem Hausgeldverfahren vom Hausgeldschuldner der Wohnungseigentümerbeschluß über den Wirtschaftsplan und die Jahresabrechnung angefochten worden, so hat dies auf die Anspruchsgrundlage im Hausgeldverfahren keinen Einfluß, solange der Beschluß nicht für ungültig erklärt, oder durch einstweilige Anordnung außer Kraft gesetzt wurde. Auch kommt in einem solchen Fall die Aussetzung des Hausgeldverfahrens in der Regel nicht in Betracht (BayObLG WE 1995, 247). Im übrigen ist die Vorlage von Jahresabrechnung oder Wirtschaftsplan bei Gericht dann nicht erforderlich, wenn die gegen einen WEer gerichteten Zahlungsansprüche die auf einem nicht angefochtenen Wirtschaftsplan bzw. Jahresabrechnung beruhen, nicht bestritten werden (BayObLG WE 1995, 319).

158 Wird über das Vermögen eines WEers, der Hausgeldschulden hat, das Insolvenzverfahren eröffnet, kann der Schuldner nicht mehr über sein Vermögen verfügen. Er verliert über dieses zur Insolvenzmasse gehörende Eigentum die Verwaltungs- und Verfügungsbefugnis. Der Gemeinschuldner ist in der Regel auch nicht verfahrensführungsbefugt. An seine Stelle tritt der Insolvenzverwalter (BayObLG WE 1997, 398).

159 Ansprüche an ausgeschiedene WEer können nicht im Verfahren nach § 43 WEG geltend gemacht werden. Über sie hat das Prozeßgericht zu entscheiden (BGH WE 1989, 93).

c) Vollstreckungsmaßnahmen wegen Hausgeld- und anderer Forderungen

160 Hat die Gem. im sog. Erkenntnisverfahren den vollstreckbaren Titel erreicht und kommt der Hausgeldschuldner trotz der Verurteilung der Leistung nicht nach, so bleibt der Gem. bzw. dem Verwalter nichts anderes übrig, als die Vollstreckung zu betreiben. Für die Vollstreckung nach wohnungseigentumsrechtlicher Entscheidung gelten die Vorschriften der ZPO (§ 45 Abs. 3). Die Regelungen über die Zwangsvollstreckung sind im neunten Buch der ZPO enthalten und umfassen u. a.:

- Zwangsvollstreckung wegen Geldforderung (§§ 803–882 a ZPO)
- Zwangsvollstreckung zur Erwirkung der Herausgabe von Sachen und zur Erwirkung von Handlungen oder Unterlassungen (§§ 883–898 ZPO)
- Eidesstattliche Versicherung und Haft (§§ 899–915 ZPO)
- Arrest und einstweilige Verfügung (§§ 964–1024 ZPO).

Nicht Bestandteil aber inhaltlich der ZPO zugeordnet ist die *161* sog. Immobiliarzwangsvollstreckung, die im „Gesetz über die Zwangsversteigerung und Zwangsverwaltung" (vom 24. 3. 1897 in der Fassung vom 20. 5. 1898 RGBl. I S. 369, 703 geändert durch das Gesetz zur Änderung des Gesetzes über die Zwangsversteigerung und die Zwangsverwaltung und anderer Gesetze vom 18. Februar 1998 sowie durch Art. 8 des Gesetzes zur Änderung des Einführungsgesetzes zur Insolvenzordnung und anderer Gesetze – EGInsOÄndG – vom 19. Dezember 1998 – BGBl. I S. 3836) gesondert geregelt ist.

Die möglichen Maßnahmen der Zwangsvollstreckung können *162* hier im einzelnen nicht dargestellt werden. Der übliche Weg (Zwangsvollstreckung wegen Geldforderungen) ist aber kurz zu skizzieren.

Nach Zustellung der vollstreckbaren Ausfertigung des Haus- *163* geldbeschlusses bzw. des Vollstreckungsbescheides kann der Gerichtsvollzieher beim Hausgeldschuldner die rückständige Summe einziehen. Besitzt der Schuldner kein Bargeld, kann der Gerichtsvollzieher bewegliche Sachen pfänden durch Mitnahme von Wertpapieren und Kostbarkeiten. Sonst erfolgt eine Beschlagnahme mittels Pfandsiegel (Kuckuck).

Sofern dieser Weg nicht zum Erfolg führt, besteht die Mög- *164* lichkeit Forderungen des Hausgeldschuldners – sofern er welche hat, z. B. Mietforderungen, Lohnforderungen, u. a. – zu pfänden. Voraussetzung ist ein kombinierter Pfändungs- und Überweisungsbeschluß (§§ 829, 835 ZPO) der auf Antrag erlassen und dem Drittschuldner zugestellt wird. Zu prüfen sind dabei, ob die Drittschulden nicht bereits verpfändet sind sowie die jeweiligen Pfändungsschutzvorschriften.

165 Als letzter Schritt bleibt die Zwangsvollstreckung in das unbewegliche Vermögen des Hausgeldschuldners. In der Regel wird das die ETW selbst sein.

166 Selbst wenn die ETW überschuldet ist, kann es sich empfehlen, die Zwangsvollstreckung zu betreiben, um zumindest sobald wie möglich durch den Zuschlagsbeschluß einen neuen hausgeldzahlenden Miteigentümer zu bekommen.

167 Vollstreckungsmittel in der Immobiliarzwangsvollstreckung sind:

- Zwangsverwaltung (§ 869 ZPO, §§ 146ff. ZVG): nur sinnvoll, wenn die ETW vermietet und der Mietzins nicht bereits voll verpfändet ist. Zu erwägen wäre hier, ob im Wege des Pfändungs- und Überweisungsbeschlusses nicht rascher und billiger an den Mietzins heranzukommen ist. Die Befugnisse des Zwangsverwalters ergeben sich aus § 152 Abs. 1 ZVG. Danach hat er im Interesse der Gläubigerbefriedigung alle Handlungen vorzunehmen, die erforderlich sind, um die ETW in seinem wirtschaftlichen Bestand zu erhalten und ordnungsgemäß zu nutzen. Dazu gehört auch die Pflicht des Zwangsverwalters gem. § 155 Abs. 1 ZVG, während der Zwangsverwaltung das Hausgeld an den Verwalter abzuführen. Das bedeutet, daß bei Hausgeldschulden im Falle der vermieteten ETW der Verwalterdann die Zwangsverwaltung betreiben muß, wenn die aufgrund des erwirkten Vollstreckungsbescheids vorgenommene Zwangsvollstreckung durch den Gerichtsvollzieher (Unpfändbarkeitsbescheinigung) erfolglos blieb und der Mietzins nicht bzw. nicht voll verpfändet bzw. gem. § 1124 Abs. 2 BGB abgetreten ist. Unterläßt in diesem Fall der Verwalter das Betreiben der Zwangsverwaltung, so ist er für den dabei entstehenden Ausfallschaden in Höhe der möglichen Leistung des Zwangsverwalters aus dem Gesichtspunkt der positiven Vertragsverletzung ersatzpflichtig (OLG Hamburg WE 1993, 166).
  Der Zwangsverwalter ist aber nicht uneingeschränkt befugt, alle dem WEer in Bezug auf das WE zustehenden Rechte wahrzunehmen. Es ist vielmehr in jedem Einzelfall zu entscheiden, ob die Handlung des Zwangsverwalters durch den Zweck der Zwangsvollstreckung gedeckt ist. In diesem Sinne kann beispielsweise der Zwangsverwalter ein von dem WEer eingelegtes Rechtsmittel nicht wirksam zurücknehmen, wenn der WEer Beschlüsse der Versammlung angefochten hat, durch die die Genehmigung zur Vornahme baulicher Veränderungen erteilt oder versagt worden ist (KG WE 1987, 120).
- Eintragung einer Sicherungshypothek (§ 866 Abs. 2 ZPO), alternativ oder kumulativ zur Zwangsverwaltung: Führt aber nicht zur Befriedi-

gung des Verwalters oder der Gem. Sie sichert nur die Rangstelle und damit die Reihenfolge einer möglichen Befriedigung. Sie läßt sich auch verfahrensmäßig nur schwer realisieren, weil alle WEer als Berechtigte gem. § 432 BGB im Eintragungsvermerk aufgeführt sein müssen (BayObLG DNotZ 1985, 395 mit Anm. Bärmann). Das bedeutet, daß nach § 15 Abs. 1 GBVfG zwecks zweifelsfreier Identifizierung zum Zeitpunkt der Eintragung der Grundpfandrechte alle WEer mit Vornamen, Adresse, Beruf oder Geburtsdatum bezeichnet werden. Fehlt die Angabe von Beruf oder Geburtsdatum genügt die Angabe des jeweiligen Grundbuchblatts der Eigentümer des jeweiligen WE (OLG Köln WE 1995, 22).
Die Berechtigung der Wohnungseigentümer an einer Zwangsversicherungshypothek besteht nicht in einer Gesamtgläubigerschaft nach § 428 WEG mit der Folge, daß jedem Gläubiger allein eine Bewilligungsbefugnis zusteht. Einer WEer-Gem. als Personengemeinschaft kommt keine Gesamtgläubigerschaft zu, weil ihr Forderungen gegen Dritte gemeinschaftlich in schlichter Rechtsgemeinschaft zustehen. Die Mitberechtigung des WEers geht auch nicht mit der Veräußerung der ETW oder mit dem Zuschlagsbeschluß in der Zwangsversteigerung kraft Gesetz auf den neuen Wohnungseigentümer über (BayObLG WE 1996, 356). Das bedeutet, daß die Löschung einer Zwangssicherungshypothek von allen Berechtigten bewilligt werden muß.
Anderes gilt, wenn die Zwangssicherungshypothek für mehrere Gläubiger „als Berechtigte in Wohnungseigentümergemeinschaft" eingetragen ist. Hier kann die Löschung erfolgen, wenn der Verwalter eine löschungsfähige Quittung vorlegt, die nur notariell beglaubigt sein muß. Die Vorlage einer solchen löschungsfähigen Quittung bewirkt, daß die Hypothek nicht mehr den eingetragenen Gläubigern zusteht. Dies gilt unabhängig davon, ob die eingetragenen Gläubiger zum Zeitpunkt der Erteilung der Quittung noch mit den WEern identisch sind (BayObLG WE 1995, 383).

- Zwangsversteigerung (§§ 15–145 ZVG), alternativ oder kumulativ: Ist durch Verwalter zu beantragen. Bei bereits durch Dritte eingeleitetem Verfahren kann durch Antrag diesem Verfahren beigetreten werden. Voraussetzung hierfür ist das Vorhandensein eines Titels in Form einer gerichtlichen Entscheidung oder eines Vollstreckungsbescheides. Das Vollstreckungsgericht bestimmt den Versteigerungstermin und führt die Versteigerung aus. Bei der Versteigerung wird nur geringstes Gebot (§ 44 ZVG) zugelassen. Die Versteigerung beginnt mit der Aufforderung zur Abgabe von Geboten und endet nach Ablauf der Bieterstunde durch Verkündung der Beendigung der Versteigerung. Die Bieterstunde wurde durch das Gesetz vom 18. 2. 1998 auf 30 Minuten verkürzt. Bieter bei der Zwangsversteigerung haben auf Verlangen Sicherheit für das Gebot zu leisten und zwar in der Höhe von 10 v. H. des vom Gericht festgesetzten Verkehrswert (neu § 68 ZVG neuer Fassung). Die Sicherheitsleistung erfolgt durch Hinterlegung von Geld oder inländischen Wertpapieren bzw. durch Vorlage eines Bundesbankschecks, eines Verrechnungsschecks, der von einer im Bundesgebiet zu Bankgeschäften berechtigt ist; sowie durch Vorlage einer unbefristeten, unbedingten und selbstschuldnerischen Bürgschaft eines Kreditinstituts. Der Zuschlag erfolgt an den Meistbietenden durch Zuschlagsbeschluß, der mit der Verkündung im Verkündungstermin wirksam wird. Der Zuschlagsbeschluß beinhaltet das versteigerte Grundstück (ETW), den Ersteher, das Gebot und die Versteigerungsbedingungen (§ 82 ZVG). Mit dem Zuschlagsbeschluß wird der Ersteher kraft Richterspruch WEer und nicht erst mit der Eintragung in das Grundbuch. Das bedeutet, daß die Pflicht zur Lasten- und Kostentragung mit und ab dem Zuschlagsbeschluß wirksam ist.

Die aus der Versteigerung erzielten Beträge werden am vom Gericht zu benennenden Verteilungstermin (§ 105 ZVG) aufgeteilt (Teilungsplan § 113 ZVG), nachdem die Leistungen und Zahlungen an die Berechtigten vorgenommen werden (§ 117 ZVG).

5. Verfahren zur Feststellung der Nichtigkeit und der Anfechtung von Beschlüssen

168 Oben (Rn. **8** 22ff.) wurde dargestellt, wann Beschlüsse nichtig oder unwirksam bzw. wann sie anfechtbar sind. Sind Beschlüsse nichtig, kann deren Unwirksamkeit unabhängig von jeder Frist mittels eines Feststellungsantrags beim zuständigen Amtsgericht durch Gerichtsbeschluß festgestellt werden. Ein solcher Beschluß hat aber nur deklaratorische Bedeutung, weil die Nichtigkeit von Beschlüssen grundsätzlich für und gegen alle wirksam ist, so daß es einer Geltendmachung im Verfahren nicht bedarf. Im gerichtlichen Verfahren ist die Nichtigkeit von Amts wegen zu berücksichtigen (BGH DWE 1989, 130).

169 Zur Überprüfung von Beschlüssen der WEer hat der Gesetzgeber in § 43 Abs. 1 Nr. 4 ein eigenes Gerichtsverfahren vorgesehen, an dem der Verwalter und alle WEer materiell beteiligt (§ 43 Abs. 4 Nr. 2) sind. Die besondere Anfechtungsmöglichkeit von WEer-Beschl. ist deshalb notwendig, weil bestandskräftige Beschlüsse alle WEer und auch die Sondernachfolge binden (§§ 23 Abs. 4 S. 1, 10 Abs. 3 und 4). Jeder WEer hat das Recht, einen WEer-Beschluß vom Gericht auf seine Rechtsfähigkeit prüfen zu lassen (BayObLG WE 1993, 344).

170 Zur Ungültigkeitserklärung eines Beschlusses durch das Gericht kommt es nur wenn ein entsprechender Antrag (Beschlußanfechtung) gestellt wird. Das bedeutet, daß der Antragsteller den Verfahrensgegenstand, den Verfahrensbeginn sowie das Verfahrensende als „Herr" des Verfahrens bestimmt. Im Beschlußanfechtungsverfahren gilt somit die Dispositionsmaxime (OLG Zweibrücken WE 1989, 115; vgl. hierzu oben Rn. **11** 33ff.). Demnach ist ein Beschlußanfechtungsantrag nur wirksam, wenn dem Antrag unter Berücksichtigung aller erkennbaren Umstände sowie nach Maßgabe der allgemeinen Auslegungsgrundsätze zu entnehmen ist, daß und welche Beschlüsse innerhalb der Monatsfrist im einzelnen angefochten werden (OLG Celle WE 1989, 139; OLG Zweibrücken WE 1995, 25; OLG Köln WE 1996, 466, BayObLG vom 24. 4. 1997, 2 Z 33/97).

Die Monatsfrist des § 23 Abs. 4 ist eine materiell-rechtliche *171* Ausschlußfrist, keine verfahrensrechtliche (BayObLG WE 1991, 53). Das bedeutet, daß der Antrag bei Nichteinhaltung der Frist als unbegründet und nicht als unzulässig abzuweisen ist (BayObLG vom 9. 4. 1998, 2 Z 63/98). Die Monatsfrist dient der Rechtssicherheit (BGH NJW 1970, 1316) mit der Maßgabe, daß der Richter in seiner Entscheidungsbefugnis entsprechend § 308 ZPO nur auf sie innerhalb der Auftragsfrist gestellten Sachanträge beschränkt ist und daß er einen verspätet eingegangenen Anfechtungsantrag zurückzuweisen hat. (BayObLG WE 1992, 138). Das gleiche gilt bezüglich einer Beschlußanfechtung auch für die Beschwerdefrist (KG WE 1991, 328). Nach Ablauf der Frist ist auch eine Richtigstellung oder Berichtigung des rechtzeitig eingereichten Beschlußanfechtungsantrags nicht mehr möglich, weil der Antrag so bestimmt sein muß, daß klar ist, welcher Eigentümerbeschluß angefochten werden soll (BayObLG vom 25. 9. 1997, 2 Z 79/97). Der Fristenlauf der Frist nach § 23 Abs. 4 beginnt mit dem Tag der Beschlußfassung, das ist bei Versammlungsbeschlüssen der Tag der WEer-Vers. Für die Berechnung der Monatsfrist gelten die Vorschriften des BGB: §§ 187 Abs. 1; 188 Abs. 2, 1; Alternativ 188 Abs. 3, 193. Danach ist normalerweise Fristende der Ablauf des gleichen Tages des Vormonats. Z. B.: Fristbeginn (Tag der Beschlußfassung): 6. 6. – Fristende: 6. 7. 24.00 Uhr. Anders ist der Fristenlauf, wenn Fristbeginn der 31. Tag eines Monats ist. Z. B.: Fristbeginn: 31. 7. – Fristablauf 30. 8.; bzw. Fristbeginn: 31. 1. – Fristablauf: 28. 2. (oder 29. 2. bei Schaltjahren).

Fällt der normale Fristenablauf auf einen Sonn- oder Feiertag, verlängert sich die Frist auf den dem Feiertag folgenden Werktag (§ 193 BGB).

172 Für die Beschlußfassung ist es ohne Bedeutung, ob der WEer, der einen Beschluß anfechten will, Kenntnis von diesem Beschluß innerhalb der Frist hat oder nicht. Dennoch soll der Verwalter in der Regel allen WEern spätestens eine Woche vor Ablauf der Anfechtungsfrist die Versammlungsniederschrift zuleiten (BayObLG 1981 WEM 1981/3, 46). Ein Verstoß des Verwalters begründet höchstens unter bestimmten Voraussetzungen Schadensersatzansprüche gegen diesen aber keinen Anspruch des anfechtenden WEers auf wirksame Beschlußanfechtung nach Ablauf der Monatsfrist. Im Prinzip hat jeder WEer von sich aus darauf zu achten, daß er diese Frist nicht versäumt. Am besten wird er diesem Erfordernis gerecht, wenn er stets selbst an der Versammlung teilnimmt. Ist er verhindert so sollte er sich rechtzeitig bemühen, durch Befragung bei WEern oder durch Einsicht der Niederschrift (s. oben Rn. **9** 129ff.) beim Verwahrer Kenntnis von den Beschlüssen zu erhalten. Nur bei unverschuldeter Fristversäumnis kann der WEer Antrag auf Wiedereinsetzung in den vorigen Stand (s. unten Rn. **11** 327) stellen.

173 Der BHG hat mit der Entscheidung vom 17. 9. 1998 (V ZB 14/98), die bis dahin strittige Frage gegen das OLG Braunschweig auf Antrag des BayObLG (2 Z BR 37/98) entschieden, daß die Antragsfrist nach § 23 Abs. 4 auch dann eingehalten wird, wenn ein unzuständiges Gericht angerufen wird.

174 Die Nichtzahlung des angeforderten Kostenvorschusses durch den anfechtenden WEer und das Ruhen des Verfahrens rechtfertigt es nicht – wenigstens vorläufig – die Frist des § 23 Abs. 4 als versäumt anzusehen und den Antrag zurückzuweisen (so OLG Düsseldorf vom 15. 8. 1997, 3 Wx 147/97). Das darf aber nicht dazu führen, daß lange Zeit die notwendige Entscheidung hinausgezögert wird, weil sonst der Grundsatz konterkariert wird, daß bei Beschlußanfechtung aus Gründen der Rechtssicherheit eine schnelle Entscheidung erforderlich ist.

175 Wegen Fristversäumnis kann der verspätete Antrag eines WEers, der sich dem fristgerechten Antrag eines anderen WEers oder des Verwalters anschließen will nicht angenommen werden

(KG WE 1991, 323). Ein anderer WEer als der Antragsteller ist nicht befugt gegen den wegen Fristversäumung zurückgewiesenen Antrag dagegen sofortige Beschwerde geltend zu machen. Ebenso wenig kann ein anderer WEer gegen den Willen des Antragstellers das Beschlußanfechungsverfahren fortführen, wenn er selbst den Beschluß nicht angefochten hat (OLG Zweibrükken WE 1989, 105). Umstritten ist ferner, ob der Antrag auf Feststellung des Inhalts eines WEer-Beschlusses bzw. auf Feststellung des wirksamen Zustandekommens eines Beschlusses wie der Antrag auf Ungültigkeit eines Beschlusses innerhalb der Monatsfrist dem Gericht vorzulegen ist. Nach OLG Köln (OLGZ 1979, 282) und OLG Hamm (NJW 1985, 150) ist auch der Feststellungsantrag auf den Inhalt eines WEer-Beschlusses innerhalb der Monatsfrist zu stellen. Dieser Auffassung wird sich hier nicht angeschlossen, sondern der von Staudinger/Bub (Rz 295 ff. zu § 23) nach der die Feststellung, daß ein Beschluß nicht zustandegekommen ist, nicht der Frist des § 23 Abs. 4 unterliegt (offen gelassen vom BayObLG WE 1996, 197). Hat z.B. der Versammlungsleiter entgegen der Sach- und Rechtslage das Beschlußergebnis falsch dargestellt und verkündet unterliegt der Antrag auf Feststellung des zutreffenden Beschlußergebnisses nicht der Monatsfrist des § 23 Abs. 4. Allerdings gilt die Feststellung des Versammlungsleiters solange als beschlossen bis der verkündete Beschluß angefochten wird (Staudinger/Bub Rz 297 zu § 23).

Zur Beschlußanfechtung ist jeder WEer allein berechtigt, es sei *176* denn, es fehlt ihm hierzu das Rechtsschutzbedürfnis (vgl. unten S. 642 f.). Auch die Mitglieder einer Bruchteilsgemeinschaft am WE (z.B. Eheleute) können jeder für sich allein einen Beschlußanfechtungsantrag stellen. Dies ergibt sich aus § 10 Abs. 1 S. 1 in Verbindung mit §§ 1011, 744 Abs. 2 BGB. Die Mitglieder einer solchen Gem. stellen eine gesetzliche Prozeßstandschaft dar, wonach es jedem Mitglied erlaubt ist, die Rechte der anderen gerichtlich geltend zu machen (KG vom 5. 5. 1993, 24 W 3913/92).

Gehört eine ETW einer Gesellschaft bürgerlichen Rechts, so *177* steht einem einzelnen Gesellschafter nicht das Recht zur Anfechtung eines WEer-Beschlusses zu (BayObLG WE 1991, 368, a.A. Staudinger-Wenzel WEG vor § 43 Rz 80). Anderes gilt für die Erbengemeinschaft der eine ETW gehört. Hier ist der einzelne Miterbe zur Anfechtung berechtigt und zwar unabhängig davon, ob er oder die anderen Miterben bis zum Ablauf der Anfechtungsfrist gehindert waren sich an dem Anfechtungsantrag zu beteiligen (BayObLG vom 20. 5. 1998, 25/98). Ein WEer ist auch dann berechtigt einen Beschluß anzufechten, wenn er dem Beschluß nicht zugestimmt hat. Rechtsmißbräuchlich und damit ausgeschlossen wäre eine Beschlußanfechtung nur dann, wenn der Antrag nur auf einen Verfahrensverstoß gestützt wird und der Verstoß dem WEer zum Zeitpunkt der Beschlußanfechtung bekannt ist (BayObLG WE 1998, 207).

178 WEer können unabhängig voneinander denselben Beschluß anfechten. In diesem Fall sind die zur gleichen Zeit in derselben Instanz anhängigen Anfechtungsanträge in einem Verfahren zusammenzuführen (KG WE 1993, 52).

179 Ein angefochtener Beschluß ist bis zur Ungültigkeitserklärung wirksam. Wird er durch das Gericht für ungültig erklärt, ist er von Anfang an (ex tunc) unwirksam (s. oben Rn. **8** 52ff.).

180 Zur Fristenwahrung genügt es, wenn der anfechtende WEer Antrag an das Amtsgericht innerhalb der Monatsfrist stellt und die Begründung zu dieser Anfrage nach Ablauf dieser Frist nachreicht. In diesem Sinne ist ein Antrag auf Ungültigkeit der Eigentümerbeschlüsse wirksam, wenn ein WEer vorsorglich innerhalb der Frist alle Beschlüsse anficht, weil der Verwalter das Protokoll über die Versammlung nicht innerhalb der Anfechtungsfrist verschickt hat und danach der Antrag nach Erhalt des Protokolls, Ablauf der Frist auf bestimmte Tagesordnungspunkte beschränkt wird (BayObLG vom 30. 5. 1995, 2 Z BR 41/95).

181 Als sehr negativ hat sich die vielfach sehr lange Dauer von Beschlußanfechtungsverfahren herausgestellt, weil in der Regel für die Verwaltungspraxis mit Beginn eines Anfechtungsverfahrens (Tag der Antragstellung) erhebliche Rechtsunsicherheit besteht, solange der Beschluß wirksam ist. Wird er durch das Gericht aufgehoben, entstehen Rechtsfolgen, die für viele Beteiligte sehr nachteilig sein können (s. oben: Rechtsfolgen ungültiger Beschlüsse Rn. **8** 52ff.). Um solche negativen Folgen auszuschließen, ist es möglich, einen angefochtenen Mehrheitsbeschluß durch eine einstweilige Anordnung (vgl. unten Rn. **11** 241) für die Dauer des Verfahrens außer Kraft zu setzen. Dabei gilt die Regelung des § 23 Abs. 4 nicht (BayObLG WE 1991, 166).

a) Verfahrensgrundsätze

Die Gerichte haben sich mit den Anfechtungsanträgen auseinanderzusetzen, indem sie die WEer-Beschl. auslegen. Die Auslegung von WEer-Beschl. ist ebenso wie die Feststellung, ob ein Beschluß gefaßt wurde oder nicht, grundsätzlich Sache des Tatrichters. Dieser hat einen WEer-Beschl. nach dem objektiven Erklärungswert auszulegen. Diese Auslegung kann auch vom Rechtsbeschwerdegericht nicht auf ihre sachliche Richtigkeit hin, sondern nur auf das Vorliegen von Rechtsfehlern überprüft werden (BayObLG WE 1989, 5; WE 1991, 289). Anders und gegen die h.M. hält der BGH die Auslegung von WEer-Beschl. durch die Rechtsbeschwerde dann für möglich und geboten, wenn der Beschluß auch für Sondernachfolger gelten soll (BGH vom 10. 9. 1998, FG-Prax 1999, 7). Es besteht hier, wie bei der Vereinbarung in der GO, ein Interesse des Rechtsverkehrs, die durch die Beschlußfassung eingetretenen Rechtswirkungen der Beschlußformulierung entnehmen zu können. Die Beschlüsse sind deshalb „aus sich heraus" objektiv und normativ auszulegen. Da andere Umstände – außerhalb der protokollierten Beschlüsse – bei der Auslegung von Beschlüssen keine Berücksichtigung finden dürfen, besteht kein Grund die Auslegung des Beschlusses dem Tatrichter vorzubehalten. *182*

Das Gericht hat den angefochtenen Beschluß auf Mängel zu untersuchen, die das Zustandekommen (Formmangel) oder den Inhalt des Beschlusses (materieller Mangel) betreffen. Formmängel führen in der Regel nicht zur Ungültigkeitserklärung des Beschlusses, sondern nur dann, wenn der Formfehler in ursächlichem Zusammenhang mit dem Zustandekommen des Beschlusses steht (vgl. oben Rn. **9** 53). Materielle Mängel sind Verstöße gegen das Gesetz (BGB, besonders WEG) oder Zuwiderhandlungen gegen Vereinbarungen (GO) der WEer (OLG Hamm WE 1990, 97 m.w.N.). *183*

Die Auslegung hat sich am Wortsinn des Beschlusses zu orientieren. Dabei können auch Begleitumstände herangezogen werden, soweit sie in der Versammlungsniederschrift zum Aus- *184* druck kommen. Was im Zusammenhang mit der Beschlußfassung erörtert wurde und was die Beteiligten damit beabsichtigt oder sich dabei vorgestellt haben, kann somit für die Auslegung nur dann herangezogen werden, wenn es in der Versammlungsniederschrift einen Niederschlag gefunden hat (BayObLG WE 1991, 76f.; BayObLG WE 1997, 236).

185 Aus dem Beschluß muß außerdem erkennbar sein, welchen Inhalt er tatsächlich hat (BayObLG WE 1992, 204).

186 Die Auslegung eines WEer-Beschlusses ermöglicht es in der Regel dem Gericht nicht, eine andere Regelung anstelle der angefochtenen und unbilligen Regelung zu treffen (vgl. hierzu BayObLG WE 1986, 152; OLG Zweibrücken WE 1987, 86). Das gilt auch dann, wenn die Regelung kompliziert ist (KG WE 1990, 208). Demnach ist das Gericht nicht befugt, den im Beschlußantrag vorgegebenen Inhalt zu erweitern. Es kann eine durch einen WEer-Beschluß getroffene Regelung nicht ändern und nicht durch eine eigene, geeignet erscheinender Maßnahme ergänzen bzw. ersetzen (BayObLG WE 1995, 245). Nur im Ausnahmefall kann das Gericht eine neue Gebrauchsregelung im Anfechtungsfall dann treffen, wenn die bisherige Regelung grob unbillig ist und sie die Belange der Gesamtheit der WEer in einem nicht hinnehmbaren Maße beeinträchtigt, ohne daß der Verwalter oder die WEer in der Lage sind, eine angemessene Regelung selbst durchzusetzen. Diese vom KG (WE 1990, 208) getroffene Entscheidung ist insofern nicht unbedenklich, als das Gericht in der Lage sein sollte, den WEern bzw. dem Verwalter durch Gerichtsbeschluß aufzugeben, in der nächsten Versammlung einen vom Gericht gemachten Regelungsvorschlag in dieser oder auch angemessener anderen Form zu beschließen. Im allgemeinen hat sich das Gericht auf einen Beschlußanfechtungsantrag hin auf die Frage zu beschränken, ob der Beschluß für ungültig zu erklären ist oder nicht (BayObLG WE 1995, 245).

187 Wird durch Beschluß des Amtsgerichts ein angefochtener WEer-Beschluß für ungültig erklärt, kann dennoch ein erneuter inhaltsgleicher Beschluß gefaßt werden. Dieser Beschluß kann ebenfalls angefochten werden, ohne daß die Rechtskraft der Entscheidung über den früheren WEer-Beschluß entgegensteht (BayObLG WE 1996, 395).

Wird ein Beschluß der WEer angefochten, der die Erteilung eines Auftrags an den Verwalter zum Gegenstand hat, tritt die Erledigung der Hauptsache ein, wenn der Auftrag vollständig ausgeführt ist, die Kosten der Durchführung geregelt sind und ein weiteres Tätigwerden des Verwalters nicht mehr in Betracht kommt (BayObLG WE 1990, 142). Dies trifft z.B. dann zu, wenn bei einem angefochtenen Genehmigungsbeschluß zur Sanierung von Fassade und Dach, die Maßnahme durchgeführt, eine Rückgängigmachung ausgeschlossen ist und die Ungültigkeitserklärung des Beschlusses auch sonst keine Auswirkungen mehr haben könnte (BayObLG vom 20. 5. 1998). Keine Erledigung der Hauptsache tritt bei einem angefochtenen und durchgeführten Beschluß dann ein, wenn der Antragsteller einen Beseitigungsanspruch besitzt (BayObLG WE 1993, 287). *188*

Hat ein Beschluß der WEer mehrere Inhalte, so kann die Unwirksamkeit einer Regelung die Teilunwirksamkeit nach § 139 BGB der anderen Regelungen nach sich ziehen, zumindest dann, wenn die Beschlüsse nicht lediglich interne Wirkung haben, sondern auf die Begründung, Änderung oder Aufhebung rechtlicher Befugnisse oder Pflichten gerichtet sind (BGH vom 10. 9. 1998, V ZB 11/98). *189*

Gelangt das Beschlußanfechtungsverfahren in die (3.) Rechtsbeschwerdeinstanz, so gelten auch hierfür die Grundsätze dieser Instanz (vgl. unten Rn. **11** 289ff.). *190*

b) Formelle Anfechtbarkeit

Beschlüsse der WEer können auch wegen Formmängel angefochten werden, sofern der Anfechtungsantrag nicht rechtsmißbräuchlich ist und nicht gegen Treu und Glauben verstößt (AG Hamburg-Blankenese vom 30. 6. 1986 – 506 II 14/85). *191*

Formelle Anfechtbarkeit ist gegeben wenn:

- der Beschlußgegenstand in der Einberufung nicht bezeichnet (§ 23 Abs. 2), oder nicht ausreichend bestimmt ist (DWE 1980, 959)
- die Einberufung nicht ordnungsgemäß im Sinne des § 25 erfolgt, d.h. wenn die Einberufung nicht schriftlich erfolgt, wenn sie einem WEer nicht oder nicht fristgemäß zugeht, wenn sie von einem WEer (Nicht-Verwalter) vorgenommen wird (BayObLGZ 1985, 436/437; BayObLG WE 1987, 12; BayObLG WE 1987, 90)

- ein Beschluß in einer nicht beschlußfähigen Versammlung gefaßt wird (§ 25 Abs. 2)
- ein Beschluß zustandekommt, ohne daß die hierfür erforderliche Mehrheit erreicht wird (qualifizierte Mehrheit, Einstimmigkeit)
- einem WEer zu unrecht das Stimmrecht entzogen wird
- ein WEer in der Versammlung nicht ordnungsgemäß vertreten wird
- ein WEer Stimmrecht ausübt ohne hierzu berechtigt zu sein (Interessenkollision § 25 Abs. 5)
- der Versammlungsleiter Fehler macht (z. B. falsche Stimmauszählung; falsche Bekanntmachung des Beschlußergebnisses; falsche Protokollierung usw.)
- die formelle Anfechtbarkeit ist auch dann gegeben, wenn über eine Sache entschieden wird, die unter TOP „Verschiedenes" im Einladungsschreiben angegeben ist, und zwar durch einen Mehrheitsbeschluß in einer Universalversammlung (alle WEer sind anwesend). Dieser Beschluß könnte wirksam nur dann nicht angefochten werden, wenn alle WEer gewußt hätten, daß sie auf die Einhaltung der abdingbaren Vorschrift des § 23 Abs. 2 ausdrücklich oder durch schlüssiges Verhalten verzichten (BayObLG WE 1988, 67).

192 Werden WEer-Beschlüsse wegen Formmangels angefochten, dann führt der Antrag nur dann zur Ungültigkeitserklärung eines Beschlusses, wenn der Formmangel für das Zustandekommen des Beschlusses ursächlich ist. Das Gericht wird also der Beschlußanfechtung nur dann stattgeben, wenn feststeht, daß der Beschluß bei Nichtvorhandensein des Formfehlers so nicht zustande gekommen wäre. Materielle und inhaltliche Beschlußmängel (vgl. oben Rn. **9** 53) führen dagegen in der Regel zur Ungültigkeitserklärung durch das Gericht.

c) Materielle Anfechtbarkeit

193 Bei inhaltlichen und materiellen Fehlern sind Anfechtungsgründe immer dann gegeben, wenn diese nicht ordnungsmäßigem Gebrauch (§§ 14, 15) und nicht ordnungsmäßiger Verwaltung (§ 21 Abs. 3, 5) entsprechen, z. B.:

- Beschluß, der einen nicht ordnungsmäßigen Gebrauch des gem. E gestattet (BayObLG WE 1988, 143)
- Beschluß über unzulässige Beschränkung bei der Nutzung des SE (Gewerbeausübung; generelles Verbot des Musizierens)
- Wirksamkeit eines Beschlusses über Entziehung des WE nach § 18
- Beschluß über vorzeitige Abberufung des Verwalters ohne Vorhandensein eines wichtigen Grundes

- Beschluß über Gebrauchsregelungen von Mehrhauswohnanlagen (BayObLG WE 1986, 72)
- falschem Wirtschaftsplan oder falscher Jahresabrechnung wegen unrichtiger Angabe des vereinbarten Kostenverteilungsschlüssels
- Beschluß, der in den Wesensgehalt des SE eingreift (BayObLG Rpfleger 1979, 446)
- Beschluß, der gegen unverzichtbare Bestimmtheitserfordernisse verstößt (z. B. daß „die Gartennutzung weiterhin so bestehen bleibt wie bisher gehandhabt" – KG WE 1981/3, 20)
- Beschluß über bauliche Änderungen (s. oben Rn. **7** 249ff.)
- Beschluß, der gegen die Regeln der GO verstößt, z. B. gegen die Vereinbarung, daß zur Gültigkeit eines Beschlusses dessen Protokollierung erforderlich ist (OLG Oldenburg ZMR 1985, 30)
- Beschluß, der gegen das Erfordernis der ordnungsmäßigen Verwaltung verstößt, weil dessen Inhalt so unbestimmt ist, daß hieraus zukünftige Auseinandersetzungen zwischen den WEern zu erwarten sind (BayObLG DWE 1984, 122; 1985, 56)
- Beschluß zur Bestellung eines Verwalters über den höchstzulässigen Verwaltungszeitraum von 5 Jahren hinaus (BayObLG Rpfleger 1982, 391; nichtiger Beschluß)
- Versagung einer Veräußerungszustimmung ohne Vorhandensein eines wichtigen Grundes nach § 12 Abs. 2 (BayObLG NJW 1960, 292)
- Beschluß der gegen Treu und Glauben verstößt, weil der vereinbarte Kostenverteilungsschlüssels einen WEer benachteiligt (BayObLG WE 1986, 73)
- Beschluß der zu einer, der GO widersprechenden Verteilung der Kosten oder Arbeiten für die Hausbetreuung führt (Befreiung von den Hausmeisterkosten im Falle des Erbringens von Dienstleistungen durch einzelne WEer: BayObLG WE 1986, 62)
- Beschluß über tätige Mitwirkung der WEer bei Hausordnung (z. B. Schneeräumpflicht) und Instandhaltung (BGH NJW 1985, 484; KG Rpfleger 1978, 146; OLG Hamm NJW 1982, 1108), wenn nichts anderes vereinbart ist
- Beschluß, dessen Inhalt nicht hinreichend bestimmt ist, so daß künftige Auseinandersetzungen (hier: Abstellen von Zweirädern in Kellern, beinhaltet auch das Abstellen von Motorrädern, welches kein ordnungsgemäßer Gebrauch von gem. E sein kann) zu erwarten sind (BayObLG WE 1988, 143) bzw. wenn dem Beschluß die zur rechtlichen Beachtlichkeit erforderliche Bestimmtheit fehlt (BayObLG WE 1993, 342).
- Beschluß, der unterschiedslos Zeiten vor und nach dem Entstehen der WEer-Gem. in die Jahresabrechnung einbezieht (KG WE 1988, 193)
- Beschluß, der eine Gesamtzahl früherer Beschlüsse generell anficht (KG 1989, 135)
- Beschlüsse, die in einer Versammlung, welche durch gespaltenen, gegeneinander arbeitenden Vorsitz und gegensätzliches, manipuliertes

Abstimmungsverhalten zweier WEer-Gruppen gekennzeichnet ist, gefaßt werden. Hier besteht keine Grundlage für eine geordnete Verhandlung der Tagesordnung (KG WE 1991, 133)
- Beschlußzusatz, der den Verwalter verpflichtet, unabhängig von einer Anfechtung, sofort mit den Arbeiten zu beginnen und den Verwalter von jeglichen Schadensersatzansprüchen freistellt. Ein solcher für unwirksam erklärter Beschlußzusatz führt aber nicht zur Unwirksamkeit des sonstigen Beschlußinhaltes (nach § 139 BGB – OLG Düsseldorf WE 1991, 251).

194 Zur Beschlußanfechtung von Jahresabrechnungen siehe oben Rn. **10** 312ff.

195 Die Entscheidungen des Gerichts über Wirksamkeit oder Unwirksamkeit angefochtener Beschlüsse können mit der sofortigen und der sofortigen weiteren Beschwerde durch die Beteiligten zulässig angegriffen werden (vgl. unten Rn. **11** 252ff., 288ff.), wenn sie durch sie beschwert (vgl. unten Rn. **11** 253) sind. Das Beschwerderecht steht im Beschlußanfechtungsverfahren unter den WEern auch dem Verwalter zu, weil er nach § 43 Abs. 3 Nr. 2 materiell am Verfahren Beteiligter ist (BayObLG WE 1991, 292).

d) Rechtsschutzbedürfnis bei Beschlußanfechtung

196 Das Rechtsschutzbedürfnis für die Beschlußanfechtung wird vom Gesetzgeber stillschweigend vorausgesetzt und braucht im Einzelfall nicht besonders dargelegt werden (BayObLG WE 1993, 344).

197 Das Rechtsschutzbedürfnis eines Antrags zur Aufhebung oder Berichtigung eines Beschlusses bzw. zur Feststellung der Nichtigkeit ist gegeben, wenn der Antragsteller ein schutzwürdiges Interesse hat, indem die verlangte Aufhebung oder Berichtigung für ihn von rechtlicher Bedeutung ist oder diese zumindest geeignet wäre, die Position des Antragstellers zu verbessern (BayObLG WE 1986, 72). Das Rechtsschutzbedürfnis ist selbst den WEern zugestanden, die dem Beschluß in der WEer-Vers. ausdrücklich zugestimmt haben. Dies ist deshalb möglich, weil das Anfechtungsrecht nicht nur dem persönlichen Recht des anfechtenden WEers dient, sondern dem Interesse der Gesamtheit der WEer an einer ordnungsmäßigen Verwaltung. Nur durch eine Beschlußanfechtung läßt sich die Ausführung rechtswidriger und fehlerhafter Beschlüsse verhindern (BayObLG WE 1993, 344).

Der Antrag auf Ungültigkeit eines Beschlusses setzt zwar in der Regel nicht den Nachweis eines besonderen Rechtsschutzbedürfnisses voraus, weil die nach § 43 Abs. 4 Nr. 2 an dem Verfahren beteiligten WEer und Verwalter grundsätzlich ein berechtigtes und schutzwürdiges Interesse an der Anfechtung fehlerhafter Beschlüsse haben, dennoch besitzen nicht alle Anträge ein Rechtsschutzbedürfnis. *198*

Folgende Entscheidungen sind in diesem Zusammenhang wichtig, wobei vorhandenes Rechtsschutzbedürfnis mit „ja" und fehlende Rechtsschutzbedürfnisse mit „nein" gekennzeichnet werden: *199*

- Anfechtung eines bereits ausgeführten Beschlusses: ja (BayObLG DWE 1976, 30), weil im Falle der Ungültigkeitserklärung der Antragsteller u. U. die Rückgängigmachung der Maßnahme verlangen konnte (BayObLG WE 1989, 53)
- Anfechtung eines Beschlusses, den der Verwalter nicht für verbindlich hält: ja (OLG Frankfurt OLGZ 80, 79)
- Erstbeschluß, wenn dieser durch einen Zweitbeschluß, welcher die Mängel des ersten korrigiert, ersetzt wurde: nein (BayObLG Rpfleger 1977, 446). Damit entfällt für die Beschlußanfechtung des Erstbeschlusses rückwirkend (BayObLG WE 1987, 53) das Rechtsschutzbedürfnis. Voraussetzung dabei ist, daß der Zweitbeschluß nicht angefochten und rechtswirksam wurde (BGH WE 1989, 48; BayObLG WE 1990, 174; OLG Frankfurt WE 1990, 56). Anders besteht ein Rechtsschutzbedürfnis für die Anfechtung eines Erstbeschlusses, wenn ein zweiter bestandskräftiger Beschluß über denselben Gegenstand nur in Verbindung mit dem ersten Beschluß Geltung haben kann (BayObLG WE 1986, 72)
- Anfechtung eines Zweit-Beschlusses über dessen inhaltsgleicher Gegenstand in einer früheren WEer-Vers. ein unangefochten gebliebener Beschluß zustande kam: nein: Entgegen BayObLG (WE 1988, 200) ersetzt ein inhaltsgleicher Zweitbeschluß in der Regel nicht den Erstbschluß (OLG Stuttgart WE 1988, 197). Würde der inhaltsgleiche Zweitbeschluß aufgehoben, so ändert sich die Rechtslage nicht, weil der bestandskräftige Erstbeschluß nach wie vor wirksam ist. Berechtigt wäre die Beschlußanfechtung des inhaltsgleichen Zweitbeschlusses ausnahmsweise nur dann, wenn sich die Grundlage des Erstbeschlusses infolge einer wesentlichen Änderung der tatsächlichen Verhältnisse zu Lasten einer Partei auswirken würde (BGH WE 1995, 283). Möglich ist nach dem KG (WE 1995, 58) zwar die Anfechtung eines Zweitbeschlusses, der die im Erstbeschluß schon geregelte inhaltsgleiche, aber grundlose Wiederholung zum Gegenstand hat, wobei der Erstbeschluß bereits angefochten wurde, zulässig. Ein solcher Wiederho-

lungsbeschluß ist aber bei rechtzeitiger Anfechtung, weil mit dem Grundsatz ordnungsmäßiger Verwaltung nicht vereinbar, für ungültig zu erklären.

- Anfechtung wegen geänderter Auffassung des Antragstellers, nachdem er dem Beschluß ursprünglich zugestimmt hat: ja, wenn der Beschluß sachlich fehlerhaft sein kann (KG MDR 81, 407; BayObLG WE 1987, 56)
- Ablehnung eines Beschlußantrages durch die Mehrheit der WEer: ja, nur bei klagbarem Anspruch auf Beschlußfassung (BayObLG NJW 1972, 1376)
- Feststellungsantrag auf Unwirksamkeit von unangefochten gebliebenen Beschlüssen, sofern diese nicht nichtig sind: nein (BayObLG WE 1986, 72)
- Anfechtung eines Erstbeschlusses, wenn ein zweiter bestandskräftiger Beschluß über denselben Gegenstand nur in Verbindung mit dem ersten Beschluß Geltung haben kann: ja (BayObLG WE 1986, 72). Dagegen entfällt das Rechtsschutzbedürfnis eines angefochtenen Beschlusses nachträglich, wenn während des Verfahrens später ein inhaltsgleicher Beschluß gefaßt und dieser nicht angefochten wird (BayObLG WE 1987, 53, BayObLG WE 1991, 283)
- Anfechtung eines Beschlusses durch einen Miteigentümer, der einer Mehrhauswohnanlage angehört (s. oben S. 471) und der von der Mitverwaltung ausgeschlossen ist: nein (BayObLG WE 1986, 72)
- Antrag auf Änderung der Zweckbestimmung einer TE, wenn diese ausreicht, um den neu angegebenen Zweck voll abzudecken: nein (hier: Ergänzung des „Betriebs eines Cafes“ zur Zweckbestimmung „gewerbliche Zwecke“, weil diese Zweckbestimmung den Betrieb eines Cafes ohnehin ermöglicht – OLG Zweibrücken WE 1987, 86)
- Antrag zur Feststellung eines schriftlichen Umlaufbeschlusses, wenn zum gleichen Inhalt ein Mehrheitsbeschluß in der WEer-Vers. zustande kam, der nicht angefochten wurde: nein (BayObLG WE 1987, 46)
- Antrag auf Feststellung der Ungültigkeit bzw. hilfsweise zur Erklärung der Ungültigkeit bei WEer-Beschl. zur Jahresabrechnung, zum Wirtschaftsplan und zur Verwalterentlastung eines inzwischen ausgeschiedenen WEers: ja, wenn sich der Beschluß auf seine Rechtstellung auswirkt (BayObLG WE 1987, 55)
- Anfechtung eines Beschlusses über einen neu bestellten Verwalter durch den abberufenen Verwalter, solange der Abberufungsbeschluß nicht für unwirksam erklärt ist: nein (KG Rpfleger 1978, 257)
- Anfechtung eines zweiten Mehrheitsbeschlusses durch den der Inhalt des ersten Beschlusses rückwirkend geändert werden soll: nein (OLG Hamm Rpfleger 1978, 319; BayObLG WEM 1978, 23)
- Anfechtung eines Geschäftsordnungsbeschlusses (= Beschluß über Verfahrensfragen der WEer-Vers., s. oben Rn. **9** 111): nein, weil solche Beschlüsse mit Beendigung der WEer-Vers. von selbst gegenstandslos

werden, so daß die Aufhebung eines solchen Beschlusses ins Leere ginge (BayObLG WE 1988, 33)

- Anfechtung eines Beschlusses, durch den ein Verwalter auch für einen zurückliegenden Zeitraum bestellt wird und der Verwalter beim Beschlußanfechtungsantrag bereits ausgeschieden war: ja, weil der Verwalter während seiner Tätigkeit gesetzlicher Vertreter der WEer war (BayObLG WE 1988, 99).
- Anfechtung eines Beschlusses, mit dem ein Vertrag mit einer Hotelbetriebsgesellschaft zum Betrieb einer Ferienwohnanlage abgeschlossen werden soll, wobei die Gesellschaft später, und zwar im Laufe des Verfahrens, ihre Tätigkeit eingestellt hat: ja, weil der Ast. weiterhin Ansprüche behauptet, die er aus der Unwirksamkeit des von ihm angefochtenen Beschlusses herleitet (BayObLG WE 1991, 83)
- Erklärung des einen Beschluß anfechtenden Antragstellers, er wolle die Rückgängigmachung der infolge des angefochtenen Beschlusses durchgeführten Maßnahme: nein, weil sich hier der Antragsteller mit dem WEer-Beschl. abgefunden hat (BayObLG WE 1993, 287)

6. Stillstand des Verfahrens

Die ZPO kennt drei Möglichkeiten, ein Gerichtsverfahren zum Stillstand zu bringen: Unterbrechung (§ 239 ZPO), Aussetzung (§ 246 ZPO) und Ruhen (§ 251 ZPO). Im fG- und damit im WE-Verfahren kann aber die Aussetzung und deren Unterfall das Ruhen nach Maßgabe der diesbezüglichen Vorschriften der ZPO angeordnet werden, nicht die Unterbrechung. *200*

Der Verfahrensstillstand bewirkt, daß Fristen gestoppt, Verfahrenshandlungen und Entscheidungen des Gerichts verboten sind. *201*

Das WE-Verfahren kann nach Maßgabe von § 148 ZPO ausgesetzt werden, wenn die Entscheidung dieses Verfahrens ganz oder zum Teil von dem Bestehen oder Nichtbestehen eines Rechtsverhältnisses abhängt, welches den Gegenstand eines anderen bereits anhängigen Rechtsstreites bildet oder welches durch die Entscheidung einer Verwaltungsbehörde bestimmt wird (BayObLG 1990, 214). *202*

Ob diese Vorgreiflichkeit eines anderen Verfahrens gegeben und die Aussetzung des betreffenden Verfahrens notwendig ist, entscheidet das Gericht nach (pflichtgemäßem) Ermessen von Amts wegen (Thomas/Putzo ZPO § 148 Anm. 2).

Die Aussetzung des Verfahrens ist im wesentlichen eine Ermessensentscheidung, bei der zu prüfen ist, ob nicht die besondere Art des Verfahrens der Aussetzung entgegensteht und ob den Beteiligten die Verzögerung zugemutet werden kann. Die Aussetzung kommt deshalb nicht in Betracht, wenn das Verfahren entscheidungsreif ist (BayObLG 5. 2. 1998, 2 Z 140/97).

Die Aussetzung des Verfahrens kann vom Gericht auf Antrag des Antragstellers aber auch ohne Antrag angeordnet werden.

Die Aussetzung, die vom Gericht nur in den gesetzlich geregelten Fällen der §§ 246, 247, 148–154 ZPO beschlossen werden kann, soll verhindern, daß zwei Gerichte über ein und dasselbe Rechtsverhältnis unterschiedlich entscheiden. Aus diesem Grund wird das Verfahren bis zur rechtskräftigen Entscheidung des anderen Gerichts ausgesetzt.

Lehnt das Gericht den Aussetzungsantrag des Antragstellers ab, so kann er gegen diese Zwischenverfügung (keine Entscheidung in der Hauptsache nach § 45 Abs. 1 WEG) die Rechtsmittel der einfachen Beschwerde nach § 19 FGG einlegen, soweit die Zwischenverfügung geeignet ist, die Rechte der Beteiligten zu beeinträchtigen (BayObLG WEM 1981, 6, 29). Wird der Antrag auf Aussetzung des Verfahrens im Beschwerdeverfahren abgewiesen, so ist eine Beschwerde dagegen (Rechtsbeschwerdeverfahren) nach § 568 Abs. 2 ZPO nicht möglich (BayObLG WE 1994, 252; BayObLG WE 1995, 192). Beschließt das Beschwerdegericht die Aussetzung des Verfahrens, so ist auch dagegen eine (Erst-) Beschwerde nicht statthaft, weil das Gesetz auch hierfür eine Beschwerde nicht vorsieht (§ 567 Abs. 3 Satz 1 und 2 ZPO; BayObLG WE 1995, 346).

Die Aussetzung eines Hausgeldverfahrens ist in aller Regel nicht möglich, weil die Durchsetzung von Hausgeldansprüchen beschleunigungsbedürftig ist, um der Gem. den pünktlichen Eingang der Hausgelder, auf den die Gem. dringend angewiesen ist, zu ermöglichen (BayObLGZ 1988, 217 m.w.N.). Das gilt auch dann, wenn die Verfahrensbefugnisse des antragstellenden Verwalters nicht eindeutig feststehen. In einem solchen Fall kann das Gericht den Antrag als derzeit unzulässig abweisen; dann haben die WEer die Möglichkeit, ihren Anspruch selbst weiterzuverfolgen. Das Gericht kann aber auch einen Antrag auf Bestellung eines Notverwalters anregen. Schließlich könnte das Gericht durch einstweilige Anordnung den Antragsteller ermächtigen, die Ansprüche ohne Rücksicht auf den Ausgang des anderen Verfahrens weiter zu verfolgen.

Ein Ruhen des Verfahrens (§ 251 ZPO) kann anders als die Aussetzung nur in zwei Fällen durch Gerichtsbeschluß auch im WE-Verfahren angeordnet werden: 203

- durch Antrag aller Beteiligten (Antragsteller und Antragsgegner), wenn damit die Erledigung des Verfahrens gefördert wird (§ 251 S. 1 ZPO
- von Amts wegen anstelle einer Entscheidung nach Aktenlage oder einer Vertagung, wenn alle Beteiligten säumig sind mit der daraus abgeleiteten Erkenntnis, daß diese das Verfahren nicht mehr betreiben wollen (§ 251 a Abs. 3 ZPO).

Das Gericht kann von Amts wegen das Ruhen des Verfahrens dann anordnen, wenn der Antragsteller den vom Gericht geforderten Gerichtskostenvorschuß – auch nach vergeblicher Fristsetzung – nicht bezahlt (OLG Köln WE 1995, 241).

Versucht der Antragsteller nach langer Zeit das Verfahren wieder in Gang zu setzen, weil er den Vorschuß bezahlt, so kann sein Antrag als rechtmißbräuchlich (§ 242 BGB) abgewiesen werden. Dies gilt insbesondere für das Beschlußanfechtungsverfahren, das durch den Gesetzgeber deshalb mit der Monatsfrist ausgestattet wurde um die Rechtssicherheit zu gewährleisten, die für WEer-Beschlüsse geboten sind. Die WEer und der Verwalter müssen darauf vertrauen können, daß der Beschluß wirksam ist, um die damit verbundenen Maßnahmen schnell abwickeln zu können. (Fall: Weiterverfolgung des Antrags nach 6 Jahren - OLG Düsseldorf vom 17. 10. 1997, 3 Wx 321/97). 204

Eine Fortsetzung des Verfahrens vor Ablauf von drei Monaten ist nur mit Zustimmung des Gerichts und nur aus wichtigem Grund möglich (§ 251 Abs. 2 ZPO).

Gegen die Entscheidung, durch die das Ruhen angeordnet oder abgelehnt wird, findet die Beschwerde, im Falle der Ablehnung sofortige Beschwerde statt. Gegen den Beschluß durch das Beschwerdegericht, welches das Ruhen des Verfahrens ablehnt, ist die sofortige weitere Beschwerde statthaft (BayObLG WE 1988, 71). 205

206 Die ZPO kennt noch eine dritte Möglichkeit, einen Verfahrensstillstand zu bewirken, die Unterbrechung (§§ 239 bis 245 ZPO). Die Unterbrechung findet in der fG nicht statt, weder beim Tod noch bei der Konkurseröffnung eines Beteiligten. Die Wirkung des Todes eines Beteiligten ist von Amts wegen festzustellen, insbesondere wer eventuell an dessen Stelle tritt (Keidel/Kuntze/Winkler, FGG 11. Aufl. 1978, Rz 50 zu § 12).

207 Rechtsprechung:

- Nicht vorgreiflich für einen Antrag auf Wiedereinsetzung in den vorigen Stand und auf Beschlußanfechtung ist ein diesbezügliches Aussetzungsverfahren dann, wenn dieses mit einer angeblich unzulässigen Höhe des Gerichtskostenvorschusses und dem damit nicht abwägbaren Kostenrisiko des Antragstellers begründet wird (BayObLG vom 29. 9. 1984 - 2 Z 84/83)
- In der Rechtsbeschwerdeinstanz kommt eine Aussetzung des Verfahrens nicht mehr in Betracht (BayObLG vom 23. 12. 1983 - 2 Z 105/83)

7. Beendigung des Verfahrens

208 Das WE-Verfahren kann durch rechtskräftige Entscheidung über den Verfahrensantrag aber auch durch Erklärungen der Verfahrensbeteiligten beendet werden.

a) Beendigung durch Gerichtsbeschluß

209 Der Richter entscheidet im WE-Verfahren den Rechtsstreit nach billigem Ermessen (§ 43 Abs. 2). Die Gerichtsentscheidung im WE-Verfahren ist, weil dem fG-Verfahren zugehörig, ein Beschluß und kein Urteil.

210 Hat das Gericht eine Entscheidung getroffen, diese aber noch nicht ausgefertigt und nicht abgesandt, so ist es verpflichtet, nach dem Zeitpunkt der Entscheidung noch eingehende Anträge der Beteiligten zu behandeln (BVerfG NJW 1988, 1963; OLG Celle WE 1989, 139).

211 Mit Ausnahme des Beschlußanfechtungsverfahrens (oben Rn. **11** 168ff.) ist der Richter bei seiner zu treffenden Sachentscheidung nicht an den Wortlaut der Anträge der Verfahrensbeteiligten gebunden. Aus diesem Grunde hat der Richter ohne Bindung an die Anträge deren Wortlaut so auszulegen, daß sie

nach Möglichkeit zu dem erkennbar angestrebten Ergebnis führen (BayObLG WE 1988, 19).

Da der Richter im Verfahren nach § 43 eine vorzugsweise schlichtende Aufgabe hat (Bärm. Rz 33f. zu § 44), soll er erst dann eine Sachentscheidung treffen, wenn seine Versuche auf eine gütliche Einigung in der mündlichen Verhandlung gescheitert sind. Die sachgerechte Entscheidung soll nach pflichtgemäßem Ermessen des Richters dazu dienen, den Frieden herzustellen und für die Zukunft Störungen zu unterbinden. Dabei hat der Richter den dem Verfahrensantrag zu entnehmenden Willen des Antragstellers zu erforschen und auf die Stellung weiterer sachdienlicher Anträge hinzuwirken. *212*

Auch Teilentscheidungen sind im Verfahren nach § 43 nach Maßgabe von § 301 ZPO zulässig, wenn innerhalb eines Verfahrens bestimmte Aufträge abgetrennt werden (BayObLG DWE 1984, 30; BayObLG WE 1988, 140). Voraussetzung hierfür ist, daß das Verfahren in diesem Teil und Umfang entscheidungsreif ist und daß die Teilentscheidung unabhängig von der Schlußentscheidung des verbleibenden Streits bleibt (OLG Hamm WE 1992, 314; BayObLG WE 1994, 314). Möglich ist auch eine (ungewollte) Teilentscheidung, die versehentlich oder in verfahrensrechtlich unzulässiger Weise erlassen worden ist, indem kein Grund für den Erlaß der Teilentscheidung vorhanden war. Das ist z.B. dann der Fall, wenn es das Gericht unterläßt über alle in dem Verfahren gestellten Anträge zu entscheiden (BayObLG WE 1997, 433). *213*

Im WE-Verfahren ist auch der Erlaß eines Ergänzungsbeschlusses im Sinne von § 321 ZPO möglich. Dies kommt dann in Betracht, wenn der Anspruch im Sachverhalt mit der Verfahrensgeschichte genannt wird aber in der Entscheidungsformel und in der rechtlichen Würdigung übergangen wird (BayObLG WE 1997, 433). *214*

Die Entscheidung des Richters wird mit Rechtskraft wirksam (§ 45 Abs. 2), und zwar gegen alle am Verfahren Beteiligten. Sie ist unabänderlich und grundsätzlich bindend, sie ist in materieller Rechtskraft erwachsen, so daß ein neuer Antrag mit demselben Sachverhalt und den gleichen Begehren als unzulässig zu verwerfen ist (BayObLG WE 1994, 309). Ausnahmen hiervon *215* wären nur möglich, wenn sich nach Maßgabe von § 45 Abs. 4 die tatsächlichen Verhältnisse wesentlich geändert haben, so daß das Gericht auf Antrag seine Entscheidung oder den gerichtlichen Vergleich ändern kann für den Fall, daß die Veränderung für den Antragsteller eine unbillige Härte darstellt (BayObLG WE 1994, 309).

216 Zulässig ist es aber, den Inhalt eines im Beschlußanfechtungsverfahren rechtswirksam für ungültig erklärten WEer-Beschl. erneut gerichtlich zu überprüfen, wenn später ein neuer inhaltsgleicher WEer-Beschl. gefaßt wird. Den WEern steht es grundsätzlich frei, eine durch WEer-Beschl. geregelte gem. Angelegenheit erneut zu beschließen. Dem steht die Rechtskraft der Entscheidung über den früheren WEer-Beschl. nicht entgegen (BayObLG WE 1994, 310), weil hier der Gegenstand der gerichtlichen Entscheidung ein anderer WEer-Beschl. ist.

217 Eine nicht angefochtene Gerichtsentscheidung im WE-Verfahren besitzt demnach die gleiche materielle Rechtskraft, wie ein Urteil im Zivilprozeß (BayObLG DWE 1985, 125) mit der Rechtsfolge, daß über den rechtskräftig entschiedenen Streitgegenstand auch in anderen Verfahren nicht mehr entschieden werden kann (§ 322 ZPO). Solche Anträge sind deshalb vom Gericht als unzulässig zurückzuweisen.

218 Die Rechtskraft der Entscheidung wird sowohl durch den Entscheidungssatz, als auch durch die tragenden rechtlichen Erwägungen bestimmt (BayObLG WE 1994, 310).

219 Formell rechtskräftig wird eine richterliche Entscheidung dann, wenn

- ein Wert des Beschwerdegegenstandes von DM 1500,– (§ 45 Abs. 1) nicht erreicht wird;
- wenn die Rechtsmittelfrist für alle Beteiligten abgelaufen ist;
- wenn die Beteiligten auf Einlegung von Rechtsmitteln verzichten bzw. wenn sie ein eingelegtes Rechtsmittel zurückgenommen haben;
- wenn das Gericht der weiteren Beschwerde abschließend beschieden hat.

220 Bevor eine richterliche Entscheidung rechtskräftig wird, muß sie erst allen beschwerdeberechtigten Verfahrensbeteiligten zugegangen sein (Bekanntmachung: § 22 Abs. 1 FGG). Die Zu-

stellung der Entscheidung durch das Gericht kann nicht formlos sein. Sie erfolgt von Amts wegen nach den diesbezüglichen Vorschriften der ZPO (§§ 208 bis 213, 170 bis 189, 195a, 199 bis 207).

Das setzt die Aufnahme einer Urkunde (§ 190 ZPO) voraus *221*
sowie den richtigen Inhalt der Zustellungsurkunde (§ 191 ZPO). Fehlt es an einer dieser Voraussetzungen – z. B. die Bezeichnung der Person in der Zustellungsurkunde – so ist die Zustellung unwirksam (BayObLG WE 1990, 57).

Ist ein am Verfahren Beteiligter durch einen Rechtsanwalt *222*
vertreten, so erfolgt die Zustellung der Gerichtsentscheidung zwingend an diesen (§ 210a Abs. 1 ZPO; BayObLG WE 1986, 24; BayObLG vom 26. 3. 1998, 154/97).

Die Zustellung kann auch an den Verwalter als den Vertreter *223*
der Gem. im Sinne des § 189 Abs. 1 ZPO erfolgen (BGH NJW 1981, 282; s. oben S. 583). Unzulässig ist die Zustellung an den Verwalter dann, wenn Interessenkollision besteht, d. h. wenn dieser als am Verfahren Beteiligter sich in Gegnerschaft zur Gem. befindet.

Wirksam ist eine Zustellung an den Verwalter, der zugleich WEer ist, nur, wenn eindeutig erkennbar ist, daß diese ihm in seiner Eigenschaft als Zustellungsvertreter zugeleitet wurde. Eine Heilung solcher Zustellungsmängel ist nicht möglich, wenn mit der Zustellung eine Frist in Gang gesetzt werden soll (BayObLG WE 1989, 55).

Ist die Anschrift eines Beteiligten nicht bekannt, z. B. weil er *224*
unbekannt verzogen ist, so kommt eine öffentliche Zustellung nach § 16 Abs. 2 S. 1 FGG i. V. m. §§ 203ff. ZPO nur dann in Frage, wenn ein Auskunftsersuchen des Gerichts beim Einwohnermeldeamt zu keinem Ergebnis führt (BayObLG WE 1991, 228).

Ist eine gerichtliche Entscheidung formell fehlerhaft und un- *225*
richtig, wie z. B. wegen Schreibfehler, Rechenfehler und ähnlichen offenbaren Unrichtigkeiten, so kann sie jederzeit entweder auf Antrag eines oder aller Beteiligten oder von Amts wegen gemäß § 319 Abs. 1 ZPO berichtigt werden. Unrichtig in diesem Sinne ist aber nur eine versehentliche Abweichung der gerichtlichen Willenserklärung von der Willensbildung (Thomas/Putzo

ZPO zu § 319, 2a). Fehler, die auf rechtsirrigen Willensbildungen beruhen, können ebensowenig nach § 319 Abs. 1 und 2 ZPO berichtigt werden wie ein Rubrum, wenn dadurch bisher am Verfahren nicht Beteiligte oder bisher am Verfahren Beteiligte in das Verfahren miteinbezogen bzw. nicht mehr einbezogen werden sollen.

226 Die Vorschrift des § 319 Abs. 3 ZPO, nach der gegen einen Gerichtsbeschluß, welcher den Antrag auf Berichtigung einer Entscheidung zurückweist, ist auch für das sogenannte echte Streitverfahren der fG und für das Verfahren nach § 43 anwendbar, weil für das Fehlen entsprechender Vorschriften im fG-Verfahren die einschlägigen Vorschriften der ZPO heranzuziehen sind. Somit ist ein Rechtsmittel gegen einen vom Gericht abgewiesenen Fehlerberichtigungsantrag nicht zulässig (BGH WE 1989, 131; BayObLG WE 1989, 217, WE 1998, 275).

227 Die Berichtigung hat das Gericht vorzunehmen, welches die fehlerhafte Entscheidung erlassen hat. Sie kann aber auch vom Beschwerdegericht (BayObLG WE 1988, 27) und vom Rechtsbeschwerdegericht (BayObLG WE 1990, 69) vorgenommen werden. Die fehlerhafte Entscheidung kann vom beschwerten Beteiligten auch mit einem Rechtsmittel (sofortige Beschwerde, sofortige weitere Beschwerde) angegriffen werden (BayObLG WE 1988, 36).

228 Inhalt der Entscheidung ist die Sachentscheidung sowie die Entscheidung über Geschäftswert und Kosten. Formell beinhaltet die Entscheidung den Entscheidungstenor (Entscheidungsformel) und die für WE-Verfahren zwingend vorgeschriebene Begründung (§ 44 Abs. 4). Nur beides zusammen bewirkt die wirksame Bekanntmachung eines Gerichtsbeschlusses nach § 16 FGG (BayObLG WE 1990, 140).

229 Die richterliche Entscheidungsbegründung hat mit Rücksicht auf mögliche Rechtsmittel (§ 27 FGG) in tatsächlicher und rechtlicher Beziehung zu erfolgen, um die Nachprüfung richtiger Anwendung des Gesetzes auf den vorliegenden Tatbestand zu ermöglichen. Deshalb hat die Entscheidung eine vollständige, zusammenhängende klare Darstellung des Sachverhalts zu enthalten mit der Feststellung der Gründe nach denen eine Tatsache für erwiesen oder für nicht erwiesen gilt (OLG Oldenburg

WE 1988, 175, BayObLG WE 1997, 272). In diesem Sinn ist eine gerichtliche Entscheidung nicht nur unzureichend, wenn eine Begründung vollständig fehlt, sondern auch dann, wenn die äußerlich als Gründe sich darstellenden Ausführungen tatsächliche oder rechtliche Erwägungen nicht erkennen lassen (OLG Köln Rpfleger 1984, 325). Unzureichend ist auch eine nicht klar bezeichnete Bezugnahme auf Aktenbestandteile. Zwar ist eine Bezugnahme nicht ausgeschlossen, sie setzt aber voraus, daß ihr Umfang zweifelsfrei gekennzeichnet ist und die Entscheidung des Gerichts verständlich bleibt (BayObLG WE 1997, 272).

Zu einem ordnungsmäßigen, den formellen Anforderungen *230* genügenden Gerichtsbeschluß im WE-Verfahren gehört auch die exakte und namentliche Bezeichnung von Antragsteller und Antragsgegner, weil sonst die Entscheidung gem. § 45 Abs. 3, § 750 Abs. 1 ZPO als Vollstreckungstitel nicht brauchbar wäre (BayObLG WE 1991, 50).

Die richterliche Entscheidung ist eine gerichtliche Verfügung *231* (§ 16 FGG) für die eigentlich eine bestimmte Form nicht vorgeschrieben ist. So muß die Entscheidung nicht immer schriftlich ergehen. Sie kann auch mündlich in der Verhandlung verkündet werden. Wirksamkeitsvoraussetzung hierfür ist es aber, daß diese Verfügung den in der Versammlung Beteiligten zu Protokoll bekannt gemacht wird (§ 16 Abs. 3 FGG). Voraussetzung für die wirksame Bekanntmachung in dieser Form ist, daß die Entscheidung in ihrem vollen Wortlaut vorgelesen wird und daß die Eröffnung in Anwensenheit aller Beteiligten bzw. deren Verfahrensbevollmächtigten (OLG Düsseldorf WE 1995, 151, OLG Hamm WE 1997, 194) aus dem Protokoll ersichtlich ist (BayObLG WE 1989, 66). Außerdem ist diese Bekanntmachung nur wirksam (s. oben), wenn die Entscheidung vollständig, d.h. mit Formel und Gründen eröffnet wird (BayObLG WE 1991, 290; BayObLG vom 5. 2. 1998, 147/97). An die Erledigterklärung der Beteiligten ist das Gericht gebunden, so daß weder neue Sachanträge gestellt (BayObLG WE 1997, 120) noch das Verfahren fortgeführt werden kann; es ist beendet. Das Gericht hat nur noch über die Kosten des Verfahrens zu entscheiden (BayObLG WE 1994, 56).

b) Beendigung durch Erklärung der Beteiligten

232 Das Verfahren kann auch ohne Entscheidung eines Verfahrensantrags beendet werden, und zwar durch

- gütliche Einigung in Form eines gerichtlichen Vergleiches;
- Feststellung der Beteiligten, daß die Hauptsache als erledigt zu erklären ist. Diese Erklärung kann von den Beteiligten nicht widerrufen werden; BayObLG WE 1988, 143). Hier ist das Gericht an die Erklärung der Beteiligten gebunden (BayObLG WE 1990, 178; WE 1994, 118, OLG Hamm WE 1997, 194). Von einer übereinstimmenden Erledigterklärung ist auch dann auszugehen, wenn der Antragsteller die Hauptsache für erledigt erklärt und der Antragsgegner sowie die weiteren Beteiligten (bzw. umgekehrt) dieser Erklärung nicht widersprechen (Demharter ZMR 1987, 201). In all diesen Fällen kann das Gericht eine Hauptsacheentscheidung nicht mehr treffen (BayObLG WE 1992, 86).
- Feststellung des Gerichts von Amts wegen, daß die Hauptsache erledigt ist, wenn keine übereinstimmende Erledigungserklärung der Parteien vorliegt (BayObLG WE 1987, 53).
- Antragsrücknahme des Antragstellers. Nach Auffassung des KG (WE 1988, 62) ist dabei die Zustimmung des Antragsgegners nicht notwendig. Sie beendet auch dann das Verfahren, bzw. beschränkt dieses nur noch auf den Kostenpunkt, wenn der Antragsgegner der Antragsrücknahme widerspricht.

233 Wird das Verfahren durch gerichtlichen Vergleich beendet, so sind für die Wirksamkeit des Vergleichs gem. § 44 Abs. 2 die Vorschriften über den Prozeßvergleich nach der ZPO maßgebend. Das bedeutet, daß die prozessualen Auswirkungen des Vergleichs in der unmittelbaren Verfahrensbeendigung in der Vollstreckbarkeit übernommener Leistungspflichten (§ 45 Abs. 3; § 794 Abs. 1 Nr. 1 ZPO; BGH NJW 1982, 2072) bestehen. Der gerichtliche Vergleich im WE-Verfahren bewirkt also keine Rechtskraft und ihm kommt deshalb nicht der Charakter einer gerichtlichen Entscheidung im Sinne von §§ 31 FGG zu. Das bedeutet, daß der gerichtliche Vergleich im WE-Verfahren nur die an dem Verfahren Beteiligten bindet mit der Maßgabe, daß die Rechtsnachfolger von Verfahrensbeteiligten im Sinne § 10 Abs. 2 nicht an die getroffenen Vereinbarungen im gerichtlichen Vergleich gebunden sind (BayObLG WE 1991, 169).

Ein gerichtlicher Vergleich kann unwirksam sein, wenn ein Rechtsirrtum im Sinne des § 279 BGB vorliegt. Das wäre dann der Fall, wenn dem Vergleich ein Sachverhalt zugrunde liegt, von dessen gegenwärtigem Bestehen beide Vertragsparteien bei Abschluß irrigerweise ausgegangen sind. Die Unwirksamkeit nach § 279 BGB ferner ist nur dann begründet, wenn der Rechtsirrtum auch irgendwelche für den Vergleichsabschluß erhebliche Tatsachen umschließt (BGH WPM 1963, 594).

Ein gerichtlicher Vergleich kann auch wegen arglistiger Täuschung (§ 123 BGB) für unwirksam erklärt werden. Das setzt aber eine Anfechtungserklärung voraus.

Ein Streit über die Unwirksamkeit eines gerichtlichen Vergleichs bzw. die Anfechtung eines gerichtlichen Vergleichs ist in dem Verfahren auszutragen, bei dem der Vergleich zustande – bzw. nicht zustande – kam (BayObLG WE 1991, 199).

Eine Hauptsacheerledigung tritt dann ein, wenn sich die Sach- 234
und Rechtslage durch ein Ereignis derart verändert hat, daß der Verfahrensgegenstand fortgefallen ist und die Fortführung des Verfahrens keinen Sinn mehr hätte (BayObLG WE 1988, 35; 1989, 58; 1990, 291; WE 1996, 146). Das ist z.B. dann der Fall, wenn ein angefochtener Beschluß eines WEers durch einen neuen unanfechtbar gewordenen bestätigt oder ersetzt wird (BayObLG WE 1989, 58; WE 1994, 150). Das gleiche gilt für ein gegen den Verwalter gerichtetes Verfahren wegen dessen Rechte und Pflichten der Verwaltung bei Eintritt eines Verwalterwechsels (BayObLG WE 1993, 320).

Für den Fall, daß eine Erledigung der Hauptsache eintritt, ist 235
es nicht notwendig, daß diese von den Verfahrensbeteiligten ausdrücklich erklärt bzw. anerkannt wird. Das bedeutet, daß bei Eintritt dieser Voraussetzungen die Hauptsacheerledigung in jeder Lage des Verfahrens und in jedem Rechtszug von Amts wegen zu prüfen und ggf. festzustellen ist (BayObLG WE 1988, 35). Eine gerichtliche Feststellung nach einseitiger Erledigterklärung ist eine Hauptsacheentscheidung (vgl. BayObLG WE 1992, 227), die mit einem Rechtsmittel angegriffen werden kann. Tritt die Erledigung der Hauptsache durch Antrag des Antragstellers gegen den Widerspruch des Antragsgegners ein, kann der Antragsgegner gegen diese Entscheidung und die dazu ergangene Kostenentscheidung ohne Rücksicht auf eine materielle Beschwer sofortige Beschwerde einlegen (BayObLG vom 5. 11. 1998, 2 Z 73/98).

236 Die einseitige Erledigungserklärung des Antragsgegners beendigt nicht das Verfahren. Eine solche Erklärung ist unbeachtlich, weil die Antragsgegner nicht den Verfahrensgegenstand bestimmen und über ihn verfügen können (BayObLG WE 1995, 146). Ist die Erklärung eines Beteiligten zur Erledigterklärung nicht eindeutig, so ist eine eventuell mehrdeutige verfahrensrechtliche Willenserklärung durch das Gericht in entsprechender Anwendung des § 133 BGB auszulegen (BayObLG WE 1996, 474).

Im WE-Verfahren ist für die Hauptsacheerledigung nicht Voraussetzung, daß der ursprüngliche Antrag vor Eintritt des erledigten Ereignisses begründet war, weil in diesem Verfahren die Kostenfolge der §§ 91 ff. ZPO nicht gilt (BayObLG WE 1991, 55).

237 Ist die Hauptsache als erledigt erklärt, kann ein Rechtsmittel allein nur gegen die Kostenentscheidung eingelegt werden. In diesem Sinne ist ein Rechtsmittel gegen die Hauptsacheerledigung unzulässig, wenn es nicht auf die Kosten beschränkt wird (BayObLG WE 1991, 55).

238 Erklärt ein WEer in einem von den Antragsgegnern eingeleiteten Rechtsbeschwerdeverfahren die Hauptsache als erledigt, weil er seine ETW veräußert hat, obwohl er mit seinem Verpflichtungsantrag für Beschwerdeverfahren Erfolg hatte, so erledigt sich die Hauptsache, wenn der neue Eigentümer kein Interesse an der begehrten Verpflichtung hat (BayObLG WE 1995, 63). Halten die Antragsgegner in diesem Fall ihr Rechtsmittel ausdrücklich aufrecht, so wird es unzulässig (BayObLG WE 1995, 63).

239 Die bisherige Auffassung des BayObLG, daß bei Nichtberücksichtigung der Hauptsacheerledigung durch das Beschwerdegericht ein Rechtsmittel mangels Beschwer ebenfalls nicht zulässig ist (BayObLG WE 1992, 84), hat dieses Gericht aufgegeben. Demnach hat eine Erledigung der Hauptsache während des Beschwerdeverfahrens auf die Zulässigkeit der weiteren Beschwerde keinen Einfluß (BayObLG WE 1993, 343).

240 Erfolgt die Erledigterklärung des Gerichts gegen den Widerspruch eines Beteiligten, so stellt diese Feststellung eine Entscheidung in der Hauptsache im Sinne § 20a Abs. 1 FGG dar (BayObLG WE 1989, 220 m.w.N.), wonach ein Rechtsmittel gegen die Kostenentscheidung unzulässig ist, wenn nicht gleichzeitig die Hauptsache angefochten wird.

8. Einstweilige Anordnung

Nach § 44 Abs. 3 kann der Richter für die Dauer des Verfahrens eine einstweilige Anordnung treffen. Die einstweiligen Anordnungen, die im WE-Verfahren, insbesondere im Hausgeldinkassoverfahren von Bedeutung sein können, sind dann notwendig, wenn schnelle Entscheidungen erforderlich sind, d.h. wenn ein dringendes Bedürfnis zu einer sofortigen richterlichen Entscheidung besteht. Der Antrag auf Erlaß einer einstweiligen Anordnung kann selbständig nicht gestellt werden, sondern nur innerhalb eines Erkenntnisverfahrens. Aus diesem Grunde ist ein solcher Antrag nicht unbedingt notwendig und für ein Gericht nicht maßgeblich, gleichwohl empfiehlt sich ein solcher bei Streitigkeiten, die einer dringenden Entscheidung bedürfen, und zwar zweckmäßigerweise als Hilfsantrag. 241

Voraussetzung für den Erlaß einer einstweiligen Anordnung ist ein dringendes Bedürfnis, das ein Abwarten der endgültigen Entscheidung nicht zuläßt. Es soll eine vorläufige Regelung getroffen werden, weil die endgültige Entscheidung manchmal zu spät kommen könnte. Die einstweilige Anordnung ermöglicht einen Ausgleich dafür, daß die Entscheidungen im Hauptsacheverfahren erst mit ihrer Rechtskraft wirksam und vollstreckbar werden (BayObLG WE 1991, 287). 242

Mit der einstweiligen Anordnung soll erreicht werden, daß das Hauptverfahren für einen bestimmten Zeitraum nicht gestört wird (OLG Hamm Rpfleger 1978, 25). 243

Der Erlaß – und auch die Ablehnung – einer einstweiligen Anordnung setzt im WE-Verfahren immer ein anhängiges Hauptsacheverfahren voraus. 244

Sinnvoll scheint eine einstweilige Anordnung insbesondere bei offensichtlich eindeutigen Hausgeldrückständen zu sein. Dennoch kann es aber auch hier vorkommen, daß eine erlassene einstweilige Anordnung nicht gerechtfertigt ist, wenn ein durchsetzbarer Zahlungsanspruch nicht besteht, weil z.B. der WEer-Beschluß über den Wirtschaftsplan durch das Gericht für ungültig erklärt wurde. 245

246 Tritt ein solcher Fall ein, indem im Rechtsmittelverfahren die einstweilige Anordnung aufgehoben wird, so kann die mittlerweile erfolgte Zahlung – entgegen KG WE 1989, 207 – als Schadensersatz im Sinne der §§ 717 Abs. 2, 945 ZPO geltend gemacht werden. Bei einem Beschlußanfechtungsverfahren ist zwar die Anwendung des § 717 Abs. 2 ZPO nicht möglich, weil Beschlüsse der WEer grundsätzlich nicht vorläufig vollstreckbar sind. Anwendbar ist aber die Regelung des § 945 ZPO nach der dem Schuldner dann ein Schadensersatzanspruch zusteht, wenn sich nachträglich erweist, daß die einstweilige Anordnung als von Anfang an ungerechtfertigt ist (BGH WE 1993, 80).

247 Durch eine einstweilige Anordnung kann aber keine Regelung getroffen werden, die über den Rahmen der Hauptsache hinausgeht. Würde die einstweilige Anordnung mit einer solchen Regelung erlassen, würde den Begünstigten etwas zukommen, das diesen, wenn sie in der Hauptsache obsiegen, dort selbst nicht erreichen. So endet beispielsweise die Verwaltungszeit eines vom Gericht durch einstweilige Anordnung bestellten Notverwalters automatisch mit dem Ende des Hauptverfahrens, und zwar gleichgültig, ob diese durch eine rechtskräftige Entscheidung, durch Auftragsrücknahme oder sonstwie seine Erledigung findet (OLG Düsseldorf ZMR 1989, 315 mit Anmerkung Michel).

248 Ist die Hauptsache ein Beschluß-Anfechtungsverfahren, kann die Befolgung des angefochtenen Beschlusses deshalb nicht einstweilig angeordnet werden, weil dieses Verfahren keinen Vollstreckungstitel ermöglicht, den aber die einstweilige Anordnung gewährt (BayObLG vom 14. 3. 1985, BReg. 2 Z 8/85). Dagegen kann aber in einem Beschlußanfechtungsverfahren der angefochtene WEer-Beschluß für die Dauer des Verfahrens und abweichend von der Bestimmung des § 23 Abs. 4 außer Kraft gesetzt werden (BayObLG WE 1991, 164).

249 Die einstweilige Anordnung ist also auch – anders als ein Gerichtsbeschluß im Erkenntnisverfahren – ein Vollstreckungstitel (§§ 44, 3; 45, 3), und hat einen vollstreckungsfähigen Inhalt (BayObLG WE 1986, 142). Zur Vollstreckbarkeit der vom Gericht erlassenen einstweiligen Anordnung bedarf es noch der Vollstreckungsklausel (s. unten Rn. **11** 340), die vom Urkunds-

beamten des jeweiligen Gerichts erteilt wird (BayObLG WE 1986, 142).

Beispiel einer Vollstreckungsklausel:

„Vorstehende mit der Urschrift übereinstimmende Ausfertigung wird der Klagepartei zur Zwangsvollstreckung erteilt."

Der Erlaß einer einstweiligen Anordnung, wie auch die Ablehnung einer einstweiligen Anordnung kann selbständig nicht angefochten werden (§ 44 Abs. 3), weil sie sofort rechtskräftig und vollstreckbar ist (BayObLG WE 1994, 149). *250*

Eine Ausnahme von der Unanfechtbarkeit der einstweiligen Anordnung ist nur dann gegeben, wenn eine Anordnungsentscheidung jeder gesetzlichen Grundlage entbehrt indem diese eine greifbare Gesetzeswidrigkeit darstellt (BayObLG WE 1986, 74) und dann, wenn die einstweilige Anordnung als Hauptsacheverfahren erlassen wurde. Im letzteren Fall würde dem Antragsgegner ohne Anfechtungsmöglichkeit jede Möglichkeit genommen, eine Überprüfung und Aufhebung der einstweiligen Anordnung zu erreichen (BayObLG WE 114, 149).

Auch ist gegen den Beschluß, der die sofortige Beschwerde *251* gegen eine unanfechtbare Anordnung in WE-Sachen als unzulässig verwirft, die sofortige weitere Beschwerde statthaft (BayObLG WE 1994, 149), weil die Verwerfung einer unzulässigen Erstbeschwerde grundsätzlich der sachlichen Nachprüfung durch das Rechtsbeschwerdegericht unterliegt (OLG Zweibrücken WE 1988, 138).

Ist in einem WE-Verfahren sofortige weitere Beschwerde ein- *252* gelegt, ist auch das Rechtsbeschwerdegericht befugt für die Dauer des Verfahrens eine einstweilige Anordnung zu erlassen (BayObLG WE 1991, 166).

9. Rechtsmittel

a) Sofortige Beschwerde (Beschwerdeverfahren)

Gegen den richterlichen Beschluß des Amtsgerichtes (erste In- *253* stanz) kann der Rechtsbehelf der sofortigen Beschwerde (Erstbeschwerde) an das übergeordnete Landgericht (zweite Instanz als

Beschwerdegericht) eingelegt werden, wenn eine Beschwer vorhanden ist und wenn der Wert des Beschwerdegegenstandes den Betrag von DM 1500,– übersteigt (§ 45 Abs. 1).

aa) Beschwer und Beschwerdewert

254 Eine Beschwer ist dann gegeben, wenn ein Beteiligter formell oder materiell weniger erreicht hat, als er im Antrag vorgesehen hat (Keidel/Kuntze/Winkler, FGG 11. Aufl. Tz 38 zu § 19). Nach § 20 Abs. 1 und 2 FGG kann eine Gerichtsentscheidung nur bei Vorhandensein einer formellen und materiellen Beschwer angegriffen werden. Eine bloß formelle Beschwer besteht dann, wenn der Antrag aus verfahrensrechtlichen Gründen als unzulässig zurückgewiesen wird. Bleibt eine Sachentscheidung hinter dem Antrag zurück, so ist eine formelle und materielle Beschwer vorhanden (Keidel/Kuntze/Winkler a.a.O.). Ist keine Beschwer (mehr) vorhanden, so ist die Beschwerde vom Beschwerdegericht als unzulässig abzuweisen; das ist z.B. dann der Fall, wenn die Entscheidung keinen praktischen Erfolg mehr haben kann.

255 Bei der Berechnung des Beschwerdewertes kommt es allein auf die Beschwer durch die Hauptsacheentscheidung an. Die Beschwer durch die Kostenentscheidung bleibt außer Betracht (BayObLG WE 1991, 84).

Aus diesem Grunde ist ein Rechtsmittel nur gegen die Kostenentscheidung unzulässig, weil der Beschwerdeführer durch die Hauptsacheentscheidung nicht beschwert ist. Möglich ist es aber, das Rechtsmittel als eine unselbständige Anschlußbeschwerde zu behandeln, die zulässig ist (BayObLG WE 1991, 261).

256 Die Beschwer bemißt sich nicht nach dem Geschäftswert, sie ist vom Geschäftswert nach § 48 Abs. 3 unabhängig, wenngleich der Beschwerdewert grundsätzlich nicht höher als der Geschäftswert sein kann (BayObLG WE 1994, 15; 1994, 380; 1998, 156).

257 Ziel der Begrenzung des Beschwerdewerts auf DM 1500,– ist es, die Beschwerdegerichte von der Befassung mit Bagatellangelegenheiten frei zu halten. Dem Beschwerten wird hier zugemutet, sich mit der Entscheidung der ersten Instanz abzufinden,

weil ein gewisses Maß an vermögenswerter Einbuße nicht überschritten wird (BayObLG WE 1991, 84).

Wird die sofortige Beschwerde eingelegt ohne daß der Beschwerdewert von DM 1500,– erreicht ist, so hat das Beschwerdegericht das Rechtsmittel als unzulässig zu verwerfen. Wird im Laufe des Verfahrens, z. B. durch Rücknahme eines Zahlungsantrags, der Wert des Beschwerdegegenstands unter DM 1500,– vermindert, so wird das Rechtsmittel grundsätzlich unzulässig (BayObLG WE 1995, 61). *258*

Die Rechtsmittelbeschwer richtet sich allein nach den vermögenswerten Interessen, die der Beschwerdeführer an der Änderung der angefochtenen Entscheidung hat (BayObLG WE 1995, 254). Das wirtschaftliche Interesse des Beschwerdeführers beschränkt sich dabei in der Regel auf den ihn treffenden Anteil eines die WEer insgesamt belastenden Betrages. Verfolgt z. B. der Beschwerdeführer einen Schadensersatzanspruch gegen den Verwalter, der allen WEern gemeinschaftlich zusteht, so entfällt vom geltend gemachten Schaden auf den Antragsteller nur ein entsprechender Bruchteil im Sinne von § 16 Abs. 2 (KG WE 1984, 81; BayObLG WE 1996, 398). Das gleiche gilt, wenn ein WEer einen Beschluß anficht, dessen Gegenstand die Erhöhung einer Verwaltungsvergütung ist (BayObLG WE 1996, 440). Ebenso ist für den Beschwerdewert eines Antrags auf Ungültigkeitserklärung eines Eigentümerbeschlusses über die Verwalterbestellung nur der Anteil der Vergütung maßgebend den der Anfechtende aufgrund dieses Beschlusses an den Verwalter zu zahlen hätte (BayObLG WE 1997, 69). Der Beschwerdewert erhöht sich im letzteren Fall auch dann nicht, wenn andere WEer den anfechtenden WEer ihre anteiligen Rückzahlungsansprüche gegen den Verwalter abgetreten haben. Ebenso bemißt sich der Beschwerdewert auf den Anteil des Beschwerdeführers, wenn er im Innenverhältnis, also gegen einen anderen WEer einen Anspruch (z. B. Zahlung einer Sonderumlage) geltend macht (BGH WE 1993, 49). Die Beschwer mehrerer Beschwerdeführer, die das gleiche Ziel verfolgen, ist zusammenzurechnen (BayObLG WE 1998, 75; OLG Zweibrücken vom 30. 4. 99, 3 W 83/99). *259*

Zur immateriellen Beschwer wird verwiesen auf KG WE 1995, 123.

260 Ein vom Beschwerdegericht vorab (vor der endgültigen Entscheidung) festgesetzter Beschwerdewert ist selbständig nicht anfechtbar (OLG Karlsruhe WE 1998, 189). Unzulässig ist auch die Rechtsbeschwerde gegen eine Entscheidung des Beschwerdegerichts, die nach Meinung des Beschwerdeführers zu Unrecht als zulässig behandelt wurde (OLG Düsseldorf vom 16. 3. 1998, 3 Wx 18/98). Wird die Erstbeschwerde mangels Erreichens des Beschwerdewerts verworfen ist die sofortige weitere Beschwerde ohne Rücksicht auf den Beschwerdewert zulässig (BayObLG vom 20. 5. 1998, 2 Z 40/98).

bb) Beschwerdefrist

261 Die Beschwerdefrist, innerhalb der die Beschwerde einzureichen ist, beträgt zwei Wochen (§ 22 Abs. 1 FGG). Die Beschwerdefrist beginnt mit der Zustellung des Gerichtsbeschlusses. Für die Wirksamkeit der Zustellung kommt es auf die äußere Form und den Inhalt der Zustellungsausfertigung an. Die Ausfertigung hat die Urschrift wortgetreu und vollständig wiederzugeben. Kleinere Fehler schaden dann nicht, wenn der Zustellungsempfänger aus der Ausfertigung den Inhalt der Urschrift, insbesondere den Umfang seiner Beschwer erkennen kann (BGH VersR 1980, 771; OLG Köln WE 1995, 24). Die Zustellung erfolgt mittels Postzustellungsurkunde. Dabei hat der Postbedienstete das Zustellungsdatum auf den zu übergebenden Briefumschlag zu vermerken. Versäumt dies der Postbedienstete so werden die Fristen des § 187 ZPO und die diesen gleichgestellten Fristen nicht in Lauf gesetzt (Gemeinsamer Senat der Obersten Gerichtshöfe des Bundes NJW 1977, 621). Dementsprechend ist in einem solchen Fall auch die Beschwerdefrist des § 22 Abs. 1 FGG noch nicht angelaufen (BayObLG WE 1995, 245). Zur Fristenwahrung genügt es, wenn innerhalb der 2-Wochen-Frist der Beschwerdeantrag eingereicht wird. Zur Wirksamkeit des Rechtsmittels bedarf es keiner Begründung (BayObLG WE 1991, 25). Die Begründung der Beschwerde kann auch nach Ablauf der Frist nachgereicht werden. Sie sollte aber in angemessener Zeit nachgereicht werden, weil sonst das Gericht auch ohne Begründung eine Entscheidung treffen kann. Das Gericht ist hier zur Wahrung des rechtlichen Gehörs nur gehalten, bis zum Er-

laß der Entscheidung eine angemessene Zeit abzuwarten (BayObLG WE 1986, 14; hier hat das Landgericht nach Ablauf von fast 2½ Monaten entschieden. Ein solcher Zeitraum ist nach Auffassung des BayObLG mehr als ausreichend). Zur Festlegung einer Begründungsfrist gegenüber dem Beschwerdeführer ist das Gericht nicht verpflichtet (BayObLG WE 1988, 205; BayObLG WE 1992, 298).

Die Beschwerde kann auch mündlich in der Geschäftsstelle des Landgerichts zu Protokoll gegeben werden. Zulässig ist auch die Rechtsbeschwerde mittels eines Telegrammes. *262*

Das bloße Einbringen der Eingangs- und Schlußformel durch den Rechtspfleger auf die Beschwerdeschrift des Beschwerdeführers genügt der Vorschrift zur Protokollierung nicht, so daß in diesem Fall keine formwirksame weitere Beschwerde vorliegt. Dem Beschwerdeführer ist aber wegen der Fristversäumung Wiedereinsetzung in den vorigen Stand zu gewähren (BayObLG WE 1995, 381). *263*

Wird eine sofortige Beschwerde nicht innerhalb der Frist von zwei Wochen beantragt, weist das Gericht die Beschwerde ohne sachliche Begründung wegen verspäteten Eingangs zurück. Die Beschwerdefrist beginnt mit der Zustellung des Gerichtsbeschlusses (Verfügung s. Keidel/Kuntze/Winkler Rz 10ff. zu § 22 FG) an die Beteiligten. Bei verschiedenen Beteiligten und unterschiedlichen Zustellungen kann die Frist zu verschiedenen Zeiten beginnen. Wird im WE-Verfahren ein Beteiligter durch einen Verfahrensbevollmächtigten vertreten, beginnt die Rechtsmittelfrist erst mit Zustellung an diesen (BayObLG WE 1991, 24). *264*

Mit der Einreichung der Beschwerdefrist braucht die förmliche Zustellung der anzugreifenden Entscheidung nicht abgewartet zu werden. Die zeitliche Zulässigkeit der Beschwerde ist gegeben, sobald die gerichtliche Verfügung erlassen ist, d.h. wenn das Gericht diese aus seiner Verfügungsgewalt entlassen und der Außenwelt übergeben hat (Keidel/Kuntze/Winkler FG Rz 75 zu § 19). *265*

Zur Wirksamkeit der Zustellung ist es erforderlich, daß die hierfür gegebenen Formvorschriften eingehalten werden, weil eine formlose Zustellung die Rechtsmittelfrist nicht in Gang setzt (BayObLG WE 1990, 62). Wegen der Besonderheit des fG-Verfahrens, welches einfacher und flexibler als der Zivilprozeß zu *266* handhaben ist, sind die Formvorschriften nicht zu eng auszulegen. So braucht z.B. eine Beschwerdeschrift nicht unbedingt unterschrieben zu sein, wenn sich auf andere Weise hinreichend die Person des Beschwerdeführers und sein Wille zur Beschwerdeführung erkennen läßt (BayObLG WE 1992, 138). Die Beschwerdeschrift muß aber als solche erkennbar sein. Ein Schriftsatz kann nämlich nur dann als Rechtsmittel angesehen werden, wenn er eindeutig erkennen läßt, daß die Überprüfung einer gerichtlichen Entscheidung durch das Gericht der nächst höheren Instanz verlangt wird (BayObLG WE 1992, 169). Das Beschwerdegericht braucht aber bei innerhalb der Frist eingehende nicht der gesetzlichen Form entsprechende Rechtsmittel keine vom normalen ordnungsmäßigen Geschäftsgang abweichende Maßnahmen vorsehen um den Eingang eines ordnungsgemäßen Rechtsmittels zu gewährleisten. Eine Rechtsmittelbelehrung ist im wohnungseigentumsrechtlichen Verfahren nicht vorgesehen (BayObLG WE 1996, 148).

267 Dementsprechend sind an die Inhaltsklarheit der Beschwerdeschrift die gleichen Anforderungen zu stellen wie an die fristgebundenen Rechtsmittel im Zivilprozeß (§ 518 Abs. 2 Nr. 1 ZPO). Das bedeutet, daß das Aktenzeichen der angegriffenen Entscheidung richtig anzugeben ist, insbesondere dann, wenn die Beschwerde- bzw. beim Rechtsbeschwerdegericht unmittelbar eingereicht wird. In diesen Fällen ist – wenn die Identitätsfeststellung nicht gelingt – das Rechtsmittel mangels Einhaltung der Rechtsmittelfrist als unzulässig zurückzuweisen (KG WE 1993, 222).

cc) Allgemeine Grundsätze des Beschwerdeverfahrens

268 Unzulässig ist eine sofortige Beschwerde nicht nur bei Nichterreichen des Beschwerdewerts von DM 1500,– und der Fristversäumnis, sondern auch dann, wenn über den Antrag (ganz oder auch teilweise) seitens des Amtsgerichts noch nicht entschieden wurde (BayObLG WE 1988, 143). Dies gilt auch für den Beschluß des Amtsgerichts, der die Aussetzung des Verfahrens zum Inhalt hat. Zufolge des Rechtspflegevereinfachungsgesetz aus dem Jahre 1990 ist nach § 568 Abs. 2 ZPO eine weitere Beschwerde nicht mehr statthaft.

Nicht unzulässig ist die Beschwerde, wenn der Aufenthalt des Beschwerdeführers unbekannt ist. Für die Zulässigkeit des Rechtsmittels genügt es, wenn der Antragsteller eine zustellungsfähige Anschrift angegeben hat (BayObLG WE 1991, 295). *269*

Ist die sofortige Beschwerde zulässig, so hat das Gericht zu überprüfen, ob der Sachverhalt, der zur Entscheidung des Amtsgerichts geführt hat, richtig und ausreichend untersucht und gewürdigt wurde und ob die Entscheidung rechtsfehlerfrei ist. *270*

Anwaltszwang besteht im Beschwerdeverfahren ebensowenig wie im Verfahren der 1. Instanz. *271*

Im Erstbeschwerdeverfahren können Änderungen des Antrages beantragt werden, wenn der Antragsgegner dies billigt oder das Gericht die Änderung für sachdienlich hält (§ 263 ZPO). Sonst ist eine Antragsänderung nicht möglich (BayObLG WE 1994, 245). Hat das Beschwerdegericht als Tatsachengericht eine Antragsänderung zugelassen, kann dies durch das Rechtsbeschwerdegericht nicht nachgeprüft werden (BayObLG WE 1994, 247). Ergänzungen oder Berichtigungen (§ 264 ZPO) des Antrages stellen keine Änderung dar (BayObLG WE 1986, 74; WE 1993, 342). Sie sind zulässig. *272*

Die Sachverhaltsdarstellung und Beweiswürdigung der ersten Instanz kann mit der sofortigen Beschwerde nur bedingt angegriffen werden. Die Beweiswürdigung des Tatrichters kann nämlich vom Rechtsbeschwerdegericht nicht auf ihre sachliche Richtigkeit, sondern nur darauf überprüft werden, ob ihr Ergebnis auf einem Rechtsfehler beruht. Das ist immer dann der Fall, wenn die Beweiswürdigung gegen gesetzliche Beweisregeln oder Verfahrensvorschriften gegen Denkgesetze oder feststehende Erfahrungssätze verstößt, und wenn nicht alle wesentlichen Umstände berücksichtigt, d.h. vom Tatrichter in die ihm obliegende Erwägung einbezogen wurden (BayObLG WE 1986, 73). *273*

Trotzdem gilt die Amtsermittlungspflicht auch für das Beschwerdeverfahren (s. oben Rn. **11** 97 ff.; vgl. Bärm. Rz 18 zu § 44). *274*

Die Amtsermittlungspflicht des Richters macht es im Beschwerdeverfahren nicht notwendig, bei teilweisem Bestreiten des Sachvortrages weitere und neue Ermittlungen anzustellen, wenn der teilweise umstrittene Sachverhalt durch das Gericht im Rahmen der freien Beweiswürdigung festgestellt wurde (Bay-

ObLG WE 1987, 95). Ist eine freie Beweiswürdigung nicht möglich, so hat das Beschwerdegericht eigene Tatsachenfeststellungen zu treffen (KG WE 1989, 148). Auch ist eine Bezugnahme des Beschwerdegerichts auf die Entscheidung der Vorinstanzen nur in beschränktem Maß und nur in der Weise zulässig, daß die Feststellungen der Vorinstanz gewürdigt und als richtig oder nicht richtig befunden werden (KG a.a.O.). Nicht möglich ist es dem Beschwerdegericht, von einem von der Vorinstanz eingeholten Augenschein ohne eigene Beweiserhebung abzuweichen (KG WE 1994, 216). Ein solcher Verfahrensfehler führt zur Aufhebung und Zurückverweisung der Entscheidung an das Beschwerdegericht.

275 Die Kammer des Landgerichts ist als Beschwerdegericht mit 3 Richtern besetzt. Da der Vorsitzende Richter der Kammer in bestimmten Verfahrensfällen die Sache dem Einzelrichter übertragen kann, werden vielfach die WE-Beschwerdeverfahren nur durch einen Richter bearbeitet. Das bedeutet aber nicht, daß der Einzelrichter zur Durchführung der mündlichen Verhandlung allein befugt sei (§ 19 Abs. 2, § 30 Abs. 1 FGG, § 75 GVG). Der Grundsatz der mündlichen Verhandlung verlangt, daß die Verhandlung vor der vollbesetzten Kammer stattzufinden hat, weil die hierzu notwendige gesetzliche Ermächtigung, ein Mitglied der Zivilkammer mit der Durchführung der mündlichen Verhandlung zu beauftragen, nicht vorhanden ist (BayObLG WE 1988, 138; OLG Düsseldorf WE 1995, 149). Wird gegen diesen Grundsatz verstoßen, so führt dieser Mangel zur Aufhebung der Entscheidung (BayObLG WE 1988, 139; BayObLG WE 1989, 67; WE 1993, 349).

276 Ähnlich ist es bei der Beweisaufnahme, die nach § 15 FGG den Vorschriften der ZPO unterliegt und damit nach dem Grundsatz der Unmittelbarkeit der Beweisaufnahme die Vollbesetzung der Kammer bei der Beweisaufnahme (BayObLG WE 1994, 245) verlangt. Da aber die Verletzung des Unmittelbarkeitsgrundsatzes ein Mangel ist, auf dessen Geltendmachung im Zivilprozeß und auch im WE-Verfahren verzichtet werden kann, muß dieser Mangel bei Auftreten sofort gerügt werden, weil sonst das Rügerecht verloren geht (BayObLG vom 17. 11. 1983 – 2 Z 85/82).

Dementsprechend ist die Durchführung eines Augenscheins von den Mitgliedern vorzunehmen. Eine Ausnahme hiervon ist dann möglich, wenn das den Augenschein vornehmende Mitglied der Kammer durch eine ausführliche Niederschrift und durch Vorlage anderer Unterlagen (Lichtbilder) den notwendigen und erforderlichen Eindruck vermitteln kann, wobei dies in der Entscheidung ausreichend darzulegen ist (BayObLG WE 1989, 71). 277

Der Verstoß gegen das Gebot, daß mündliche Verhandlungen im Beschwerdeverfahren vor der vollbesetzten Kammer zu erfolgen haben, führt dann nicht zur Aufhebung der angegriffenen Entscheidung, wenn der Ausnahmefall, von einer mündlichen Verhandlung absehen zu können, vorliegt (BayObLG WE 1989, 212). Als solche „Ausnahmen" und „besondere Umstände" gelten die Sachverhalte, die voraussetzen, daß mündliche Verhandlungen nicht zur Sachaufklärung führen und die eine gütliche Einigung in der mündlichen Verhandlung nicht ermöglichen (OLG Celle WE 1988, 170; BayObLG WE 1989, 212). Als „Ausnahme" kann auch eine Hauptsacheerledigung gelten, wenn vorher der Sachverhalt von einem Mitglied der Kammer mit den Beteiligten mündlich erörtert wurde (BayObLG WE 1989, 58). Ebenso gilt eine Verzichtserklärung auf eine mündliche Verhandlung bzw. die Erklärung, mit einer Entscheidung im schriftlichen Verfahren einverstanden zu sein, seitens der Beteiligten nach der mündlichen Verhandlung mit einem Mitglied der Kammer (BayObLG WE 1989, 212, BayObLG WE 1990, 181) als Ausnahme. 278

Ein besonderer Ausnahmefall liegt auch dann vor, wenn das Beschwerdegericht das Rechtsmittel als unzulässig verwirft (BayObLG WE 1991, 197). Ebenso bedarf es im Beschwerdeverfahren keiner mündlichen Verhandlung, wenn der Streit nur (noch) die Verfahrenskosten betrifft (OLG Hamburg WE 1991, 18). 279

Als Grundsatz ist festzuhalten, daß auch im Beschwerdeverfahren eine mündliche Verhandlung stattzufinden hat und mit dem Ziel eine gütliche Einigung zu erzielen bzw. die Sachverhaltsaufklärung zu ermöglichen oder zu ergänzen. Die möglichen Ausnahmen von dieser Pflicht wurden geschildert. Treten sie ein sind sie vom Gericht entsprechend zu begründen. Keine 280

Ausnahme vom Grundsatz der mündlichen Verhandlung ist die Absicht des Beschwerdegerichts, die Entscheidung des Amtsgerichts aufzuheben und die Sache zur erneuten Verhandlung an das Amtsgericht zurückzuverweisen. Auch in diesem Fall führt ein Rechtsmittel zur Aufhebung des Beschlusses des Landgerichts und zur Zurückverweisung der Sache an das Landgericht (BayObLG WE 1996, 357).

281 Keinen Rechtsverstoß stellt es dar, wenn andere Richter als die, welche an der mündlichen Verhandlung teilgenommen haben, die Beschwerdeentscheidung treffen (BayObLG WE 1992, 175; KG WE 1993, 312).

282 Kommt die Kammer des Landgerichts zu der Auffassung, daß der Sachverhalt noch aufklärungsbedürftig ist, weist sie das Verfahren zur erneuten Entscheidung an das Amtsgericht zurück. Die Zurückverweisung der Sache ist nur in diesen Fällen und nur ausnahmsweise zulässig, sie ist keinesfalls zwingend vorgeschrieben (BayObLG WE 1995, 250). Sonst entscheidet die betreffende Kammer des Landgerichts als Beschwerdegericht durch Beschluß über die sofortige Beschwerde darüber, ob der Beschluß des Amtsgerichts (ganz oder teilweise) rechtsfehlerhaft ist oder nicht.

283 Voraussetzung für die Zurückverweisung ist, daß neben einem noch ungeklärten Sachverhalt das Verfahren des Amtsgerichts unter so schwerwiegenden Mängeln leidet, die eine neue Entscheidung notwendig erscheinen läßt (BayObLG WE 1988, 33 m.w.N.). Vom Amtsgericht unterlassene Ermittlungen allein reichen aber zu einer Zurückverweisung nicht aus. Das Beschwerdegericht hatte diese Ermittlung selbst nachzuholen (BayObLG WE 1989, 60). Ein Zurückverweisungsbeschluß ist wegen der darin aufgeführten Mängel – auch materiell – bindend (§ 565 Abs. 2 ZPO), wobei die Bindungswirkung bezüglich der rechtlichen Beurteilung im Verweisungsbeschluß nicht nur für das Amtsgericht, sondern auch für das Beschwerde- und das Rechtsbeschwerdegericht besteht (BayObLG WE 1988, 33).

284 Auch das Rechtsbeschwerdegericht kann Sachen zur erneuten Behandlung an das Beschwerdegericht (Landesgericht) zurückverweisen. In diesem Fall darf aber das Beschwerdegericht nicht seinerseits die Sache an das Amtsgericht weiter zurückverweisen (BayObLG vom 4. 6. 1998, 2 Z 19/98).

Trifft das Beschwerdegericht eine Sachentscheidung, so hat es diese mit Gründen zu versehen. Fehlen sie, so besteht für diese Entscheidung ein absoluter Aufhebungsgrund (§§ 25, 27 FGG). Dies gilt nicht nur, wenn Gründe vollständig fehlen, sondern bereits dann, wenn zu einem wesentlichen Punkt des Entscheidungssatzes eine Begründung fehlt (BayObLG WE 1989, 32) und, wenn nach Verkündigung des Tenors der Beschwerdeentscheidung nicht innerhalb von 5 Monaten die Begründung in vollständiger Form der Geschäftsstelle übergeben wird (KG WE 1994, 216). *285*

Mit der Sachentscheidung des Landgerichts wird eine Entscheidung des Amtsgerichts sowohl in der Hauptsache als auch in der Kostenfestsetzung (ganz oder teilweise) aufgehoben oder bestätigt. *286*

Der Antragsgegner des Beschwerdeführers kann ebenfalls ein Rechtsmittel einlegen, um eine Abänderung der mit der sofortigen Beschwerde angegriffenen Entscheidung zu seinen Gunsten zu erreichen. Hier spricht man von der Anschlußbeschwerde, die als selbständige und als unselbständige Anschlußbeschwerde geführt werden kann. Selbständig ist die Anschlußbeschwerde dann, wenn sie innerhalb der Rechtsmittelfrist von 2 Wochen eingelegt wird. Wird diese Frist nicht eingehalten, handelt es sich um eine unselbständige Anschlußbeschwerde, die auch im WE-Verfahren zulässig ist (BayObLG WE 1991, 24). Während die selbständige Beschwerde immer wirksam ist, d.h. die Anschlußbeschwerde wird wie eine selbständige Beschwerde behandelt, wird die unselbständige Anschlußbeschwerde unwirksam, wenn die Beschwerde des Beschwerdeführers zurückgenommen oder als unzulässig verworfen wird (vgl. BGH Rpfleger 1985, 409 m.w.N.; BayObLG WE 1988, 66; WE 1996, 440; WE 1997, 38). *287*

Die „einfache“ unbefristete Beschwerde (§ 567 ZPO) ist bei WE-Verfahren nicht anwendbar mit Ausnahme der Beschwerde gegen eine Geschäftswertfestsetzung (vgl. unten Rn. **11** 421). Auch ist gegen den Verweisungsbeschluß einer Sache vom WE-Verfahren in den Zivilprozeß nur eine sofortige Beschwerde möglich (BayObLG MDR 1985, 939). *288*

Auch bei den Rechtsmittelinstanzen (Beschwerde – Rechtsbeschwerde) ist die Erklärung der Erledigung der Hauptsache *289* möglich. Diese bewirkt, daß die in vorhergehenden Rechtszügen erlassenen, noch nicht rechtskräftigen Entscheidungen kraft Gesetzes wirkungslos geworden sind (BayObLG WE 1990, 178).

b) Sofortige weitere Beschwerde (Rechtsbeschwerdeverfahren)

290 Die Entscheidung des Landgerichts als Rechtsbeschwerdegericht ist durch die sofortige weitere Beschwerde anfechtbar. Dieses Rechtsmittel ist an folgende Zulässigkeitsvoraussetzungen gebunden:

- Beschwerdefrist von 2 Wochen (§ 27 FGG)
- Wert des Gegenstands der Beschwerde muß den Betrag von DM 1500,– übersteigen (§ 45)
- Wert des Gegenstands der Beschwerde über Kosten, Gebühren und Auslagen muß DM 200 übersteigen
- Die angegriffene Entscheidung muß gegenüber der Entscheidung des Erstgerichts einen neuen selbständigen Beschwerdegrund enthalten (§ 568 Abs. 2 ZPO). Ist in einer Sache übereinstimmend entschieden, die Entscheidung aber unterschiedlich begründet, so ergibt sich hieraus kein neuer selbständiger Beschwerdegrund (BayObLG WE 1992, 56)
- Unterschrift des Rechtsanwalts unter den Rechtsbeschwerdeschriftsatz (s. unten) bzw. Unterschrift des Rechtspflegers unter das Protokoll über die Einlegung des Rechtsmittels (BayObLG WE 1992, 178; WE 1994, 311).
- Zweifelsfreie Feststellung in der Beschwerdeschrift, welche Entscheidung der Rechtsmittelführer anfechten will (BayObLG 1995, 352).

291 Liegen die genannten Voraussetzungen nicht vor, ist das Rechtsmittel als unzulässig abzuweisen. Im Falle der Abweisung der weiteren Beschwerde wegen Unzulässigkeit ist eine Rechtsbeschwerde unabhängig vom Beschwerdewert stets zulässig (BGH WE 1993, 49).

292 Das Rechtsmittel der sofortigen Beschwerde wird dann erfolgreich sein, wenn die angegriffene Entscheidung auf einer Gesetzesverletzung beruht. Eine Gesetzesverletzung liegt immer dann vor, wenn eine Rechtsnorm des materiellen oder formellen (Verfahren) Rechts nicht oder nicht richtig angewendet wurde (§ 550 ZPO).

293 Nach § 551 ZPO liegt grundsätzlich eine Gesetzesverletzung vor:

„1. wenn das erkennende Gericht nicht vorschriftmäßig besetzt war;
2. wenn bei der Entscheidung ein Richter mitgewirkt hat der von der Ausübung des Richteramts kraft Gesetz ausgeschlossen war, sofern nicht dieses Hindernis mittels eines Ablehnungsgesuchs ohne Erfolg geltend gemacht ist;
3. wenn bei der Entscheidung ein Richter mitgewirkt hat, obgleich er wegen Besorgnis der Befangenheit abgelehnt und das Ablehnungsgesuch für begründet erklärt war;
4. wenn das Gericht seine Zuständigkeit oder Unzuständigkeit mit Unrecht angenommen hat;
5. wenn eine Partei in dem Verfahren nicht nach Vorschrift der Gesetze vertreten war, sofern sie nicht die Prozeßführung ausdrücklich oder stillschweigend genehmigt hat;
6. wenn die Entscheidung auf Grund einer mündlichen Verhandlung ergangen ist, bei der die Vorschriften über die Öffentlichkeit des Verfahrens verletzt sind;
7. wenn die Entscheidung nicht mit Gründen versehen ist.“

Die „sofortige weitere Beschwerde“ ist durch einen von einem Anwalt unterzeichneten (nicht unbedingt gefertigten) schriftlichen Antrag beim zuständigen Gericht einzureichen. Die Unterschrift des Rechtsanwalts unter den Antrag ist zwingend; sie soll den Inhalt der Rechtsbeschwerdeschrift bestätigen, auch wenn der Schriftsatz nicht vom Anwalt selbst gefertigt wurde. Der Anwalt übernimmt also mit seiner Unterschrift die Verantwortung über den Antrag. Eine gerichtliche Prüfungspflicht über die Bedeutung der anwaltlichen Unterschrift besteht grundsätzlich nicht (OLG WE 1990, 109 m. w. N.). Schriftliche Ausführungen, die selbst nicht unterzeichnet sind, die aber der vom Rechtsanwalt unterzeichneten Rechtsbeschwerdeschrift beigefügt sind, können im Rahmen der Amtsprüfung und zur Vereinfachung des Verfahrens mitgewürdigt werden (BayObLG WE 1991, 165). Wird der Vorschrift (§ 29 Abs. 1 S. 2 FGG) nicht entsprochen und die Beschwerdeschrift an das Rechtsbeschwerdegericht nicht von einem Anwalt unterzeichnet, ist sie als unzulässig zu verwerfen (BayObLG ZMR 1983, 420). Ebenso können in Rechtsbeschwerdeverfahren Privatschreiben der Beteiligten keine Berücksichtigung finden (BayObLG WE 1988, 27). *294*

Die Zuziehung eines Rechtsanwalts bzw. dessen Unterschriftsleistung ist nicht erforderlich, wenn die Beschwerde zu Protokoll der Geschäftsstelle beim zuständigen Gericht erklärt *295* wird (§ 29 Abs. 1 FGG). Die Frage, ob Privatschreiben, welche dem protokollführenden Beamten übergeben werden, als unbeachtlich zu werten ist, ist noch nicht geklärt (BayObLG WE 1988, 27). Wird die Rechtsbeschwerde per Telegramm eingelegt, so ist sie nur dann wirksam, wenn das Telegramm durch einen Rechtsanwalt (erkenntlich) unterzeichnet ist (BayObLG WE 1986, 74).

296 Der Rechtsanwalt, der die Verfahrensbeteiligten nach Auftragserteilung vertritt, braucht keine gesonderte Zulassung für die im Beschwerdegang angerufenen Gerichte (LG, OLG, BayObLG, KG). Es genügt, wenn er für ein deutsches Gericht zugelassen ist.

297 Die zuständigen Rechtsbeschwerdegerichte sind die Oberlandesgerichte, bzw. in Bayern das Bayerische Oberste Landesgericht (BayObLG), in Berlin das Kammergericht (KG), und in Rheinland-Pfalz das OLG Zweibrücken (vgl. WE 1986, 23).

298 Die weitere sofortige Beschwerde ist eine reine Rechtsbeschwerde, so daß der damit befaßte Senat des Rechtsbeschwerdegerichts, der ebenfalls mit drei Richtern besetzt ist, lediglich über Rechtsverletzungen der Vorinstanzen entscheiden kann. Neue Sachverhalte können in der Rechtsbeschwerde nicht mehr eingebracht und berücksichtigt werden (BayObLG WE 1994, 184). Der Senat hat dabei von dem Sachverhalt und der Beweiswürdigung auszugehen, wie er in den Vorinstanzen gewonnen wurde und dargestellt ist. Er ist also an die Tatsachenfeststellungen des Tatrichters gebunden, es sei denn, daß die Tatsachenfeststellung auf einem Rechtsfehler beruht. Das ist immer dann der Fall, wenn die Tatsachen- und Beweiswürdigung des Tatrichters gegen gesetzliche Beweisregeln oder Verfahrensvorschriften, gegen Denkgesetze oder feststehende Erfahrungssätze verstößt, und wenn nicht alle wesentlichen Umstände in die dem Tatrichter obliegenden Erwägungen einbezogen werden. Gleiches gilt für die Auslegung eines Eigentümerbeschlusses. Da die Auslegung des Beschlusses der WEer dem Tatrichter obliegt, kann diese vom Rechtsbeschwerdegericht nur beschränkt, d.h. nur auf Rechtsfehler hin nachgeprüft werden (BayObLG WE 1987, 47; BayObLG Rpfleger 1987, 16; WE 1997, 38) und daraufhin, ob die in der Tatsacheninstanz vorgenommene Auslegung den Auslegungsregeln entspricht (OLG Köln WE 1989, 30).

Nur ausnahmsweise kann das Rechtsbeschwerdegericht neue, nach Erlaß der Beschwerdeentscheidung eingetretene, Tatsachen berücksichtigen, wenn zu ihrer Feststellung keine Ermittlungen notwendig sind. 299

Auch sonstige Ermessensentscheidungen (z. B. Kostenentscheidungen) des Tatrichters können vom Rechtsbeschwerdegericht nur auf ihre Gesetzmäßigkeit überprüft werden, nämlich darauf, ob er von ungenügenden oder verfahrenswidrig zustande gekommenen Feststellungen ausgegangen ist, ob wesentliche Umstände außer Betracht gelassen wurden oder gegen Denkgesetze oder allgemeine Erfahrungssätze verstoßen wurde oder ob er von seinem Ermessen, einen dem Sinn und Zweck des Gesetzes zuwiderlaufenden oder die Grenzen des eingeräumten Ermessens überschreitenden und damit rechtlich fehlerhaften Gebrauch gemacht hat (BayObLG WE 1991, 286). 300

Dagegen ist zur Auslegung einer im Grundbuch eingetragenen Regelung, wie z. B. der als Inhalt des SE im Grundbuch eingetragenen GO, das Rechtsbeschwerdegericht selbständig befugt (BGHZ 88, 302/306; BayObLG WE 1989, 60; BayObLG WE 1992, 85 m. w. N.). Dabei ist auf den Wortlaut und den Sinn abzustellen, wie sich dieser für einen unbefangenen Betrachter als nächstliegende Bedeutung des Eingetragenen oder in Bezug genommenen ergibt (BayObLG DWE 1982, 25). Unerheblich ist dagegen, welche Vorstellungen der Verfasser der TE oder des Aufteilungsplanes mit dieser Zweckbestimmung verbindet und was die Parteien des Kaufvertrages hinsichtlich der Zweckbestimmung erklärt oder vereinbart haben (BayObLGZ 1983, 73; OLG Zweibrücken WE 1987, 87). 301

Bei der Ermittlung von Inhalt und Umfang eines Grundstücksrechts können allerdings Umstände, die außerhalb der Urkunde liegen, mit herangezogen werden, wenn und soweit sie nach den besonderen Verhältnissen des Einzelfalles für jedermann ohne weiteres erkennbar sind (z. B. feste gegebene Örtlichkeiten in der Natur wie beschränkte Bebauungsmöglichkeiten u. a.; BayObLG WE 1988, 37). Auch Ermessensentscheidungen des Richters der Tatsacheninstanz kann das Rechtsbeschwerdegericht nur auf ih- 302 re Gesetzmäßigkeit, d.h. auf Rechtsfehler hin überprüfen (BayObLG WE 1989, 210).

303 Neue Anträge mit neuen Sachverhalten können ebenso wie das Revisionsverfahren des Zivilprozesses im Rechtsbeschwerdeverfahren nicht gestellt bzw. bei der Entscheidung nicht berücksichtigt werden (BayObLG WE 1989, 59; BayObLG WE 1991, 294).

304 Ein bisher am Verfahren nicht Beteiligter kann nicht als Antragsgegner in das Rechtsbeschwerdeverfahren eingeführt werden (BayObLG WE 1988, 27). Solches Vorbringen ist durch das Rechtsbeschwerdegericht abzuweisen (BayObLG WE 1986, 24; BayObLG 1985, 125; OLG Zweibrücken WE 1987, 86).

305 Ein am Verfahren Beteiligter kann die von einem anderen Beteiligten herbeigeführte Beschwerdeentscheidung nicht mit der sofortigen weiteren Beschwerde anfechten, wenn er von seinem Recht gegen die Entscheidung des Amtsgerichts sofortige Beschwerde einzulegen, keinen Gebrauch macht (BayObLG vom 11. 9. 1998, 2 Z 87/97).

306 Die Beschwerdeschrift ist innerhalb der Zweiwochenfrist beim zuständigen Gericht einzureichen.

307 Die unselbständige sofortige weitere Anschlußbeschwerde (s. oben Rn. **11** 286) kann dagegen bis zu dem Zeitpunkt eingelegt werden, zu dem die Rechtsmittelentscheidung im ordnungsgemäßen Geschäftsgang das Gericht verlassen hat (BGH NJW 1985, 2717). Das ist deshalb notwendig, weil eine fristgerecht eingelegte sofortige weitere Beschwerde noch keine Begründung enthalten muß. Der Beschwerdegegner kann sich vielfach erst nach Kenntnis der Beschwerdebegründung entscheiden, ob er eine Anschlußbeschwerde beantragen will oder nicht. Würde die unselbständige sofortige weitere Anschlußbeschwerde auf die Beschwerdefrist von zwei Wochen beschränkt, so müßte der betreffende Beteiligte hier vorsorglich Anschlußbeschwerde einlegen. Dies wäre einer prozeßwirtschaftlichen Erledigung unzuträglich und liefe gerade dem Zweck des Instituts zuwider, das gerade dazu beitragen soll, daß Rechtsmittel nicht vorsorglich eingelegt werden.

308 Ist die Sachverhaltsdarstellung oder die Entscheidung des Beschwerdegerichts rechtsfehlerhaft, kommt die Zurückverweisung an die Beschwerdekammer in Betracht. Hier gilt das gleiche wie bei dem Zurückverweisungsbeschluß des Beschwerdegerichts an das Amtsgericht (vgl. oben Rn. **11** 281). Nicht möglich ist bei Aufhebung einer Entscheidung des Beschwerdegerichts eine Zurückverweisung an eine andere Kammer des Landgerichts (BayObLG WE 1995, 282).

Eine Zurückverweisung ist aber dann nicht notwendig, wenn im Falle der Abweisung des Antrags durch das Landgericht wegen Unzulässigkeit das Rechtsbeschwerdegericht den Sachverhalt unschwer aus den Feststellungen des Amtsgerichts entnehmen kann und wenn weitere tatsächliche Feststellungen nach Sachlage nicht in Betracht kommen (BayObLG WE 1998, 273). *309*

Mit der vom Rechtsbeschwerdegericht als Beschluß getroffenen Entscheidung ist der Instanzenzug beendet. *310*

Will ein OLG von der Entscheidung eines anderen OLG oder des BayObLG bzw. des KG abweichen so ist der entscheidende Senat verpflichtet, den Rechtsstreit dem BGH zur Entscheidung vorzulegen (§ 28 Abs. 2 FGG). Ein Vorlagebeschluß an den BGH seitens des Obergerichts ist auch dann möglich, wenn dieses von einer Entscheidung des BGH abweichen möchte (so z. B. OLG Karlsruhe WE 1987, 153). *311*

Hat ein Obergericht wegen einer unterschiedlichen Auffassung zur Entscheidung eines anderen Obergerichts eine Sache dem BGH zur Entscheidung vorgelegt, so ist ein anderes Obergericht, welches seine Meinung gegenüber dem vorlegenden Gericht aufrechterhalten will und über einen gleichen Sachverhalt neu zu entscheiden hat, nicht zur Vorlage an den BGH verpflichtet. Es kann aber gehalten sein, die Entscheidung solange auszusetzen, bis der BGH endgültig entschieden hat (BayObLG WE 1991, 293). *312*

Ansonsten sind die Obergerichte an die Entscheidungen des BGH gebunden. Nur im Einzelfall kann eine in der Tendenz vom BGH abweichende Entscheidung dann getroffen werden, wenn die „Rechtswerte der Rechtssicherheit und des Vertrauensschutzes“ für schon anhängige Verfahren an einer ständigen Rechtsprechung, auf die sich die beteiligten Kreise und die Gerichte eingestellt haben, festhalten (BayObLG WE 1990, 67). *313*

314 Will der BGH über eine Vorlage eines Obergerichts entscheiden, kann er eine Entscheidung dann nicht treffen, wenn seiner Rechtsauffassung die Entscheidung eines anderen Obersten Bundesgerichts entgegensteht. In diesem Fall ist der zuständige Senat des BGH gezwungen den Gemeinsamen Senat der 5 Obersten Gerichtshöfe des Bundes (vgl. oben Rn. **11** 2) anzurufen.

315 Der Gemeinsame Senat setzt sich zusammen aus den Präsidenten der Obersten Gerichtshöfe und den Richtern der Obersten Gerichtshöfe, die an den unterschiedlichen Entscheidungen mitgewirkt haben. Die endgültige Entscheidung über die dem Gemeinsamen Senat vorliegende Sache erfolgt aufgrund mündlicher Verhandlung mit bindender Wirkung für den vorlegenden Senat. Dieser hat dann die Entscheidung entsprechend zu verkünden.

c) Außerordentliche Rechtsmittel

316 Außerordentliche Rechtsmittel sind die Gegenvorstellung, die außerordentliche sofortige Beschwerde, das Abänderungsverfahren und das Wiederaufnahmeverfahren.

317 Gerichtliche Entscheidungen sind auch für das Gericht, welches die Entscheidung getroffen hat bindend und nicht mehr abänderbar. Dies gilt auch für die Rechtsbeschwerdeinstanz. Hier werden aber Ausnahmen zugelassen, wenn die weitere Beschwerde als unzulässig verworfen wurde und sich nachträglich herausstellt, daß dies auf einen Tatsachenirrtum beruht oder wenn nicht der gesetzliche Richter mitgewirkt hat und schließlich bei der offenkundigen Verletzung des rechtlichen Gehörs. Dazu gehört die Gegenvorstellung (vgl. zum Ganzen Staudinger-Wenzel § 45 Rz 50; OLG Köln WE 1996, 354).

318 Die Gegenvorstellung ist ein gesetzlich nicht geregelter formloser Rechtsbehelf, durch den das erkennende Gericht veranlaßt werden soll, seine Entscheidung aus übersehenen oder neuen tatsächlichen wie rechtlichen Gründen zu ändern (§ 572 ZPO; vgl. Thomas/Putzo vor § 567 Anm. 2 ZPO). Die Gegenvorstellung ist nur bei Beschlüssen statthaft, die – wie die Entscheidung des Rechtsbeschwerdegerichts – nicht mit der Beschwerde angegriffen werden können. Nach dem OLG Köln sind Gegenvor-

stellungen gegen die Entscheidung des Rechtsbeschwerdegerichts nur dann zulässig, wenn andere Verfassungsgrundsätze zu rügen sind. Die Gegenvorstellungen sind in der für die weitere Beschwerde vorgesehenen Form des § 29 FGG geltend zu machen. Nur wenn die Gegenvorstellungen begründet sind, hat ein formgerechter Beschluß zu ergehen. Bei Unbegründetheit genügt die Zurückweisung auch als formlose Mitteilung (Thomas/Putzo vor § 567 Anm. 2c ZPO).

Eine nach geltendem Recht unanfechtbare Entscheidung kann *319* ganz ausnahmsweise auch durch ein Rechtsmittelgericht nachgeprüft werden. Voraussetzung hierfür ist, daß die Entscheidung jeglicher gesetzlichen Grundlage entbehrt und inhaltlich dem Gesetz fremd ist, indem er mit der geltenden Rechtsordnung schlechthin unvereinbar ist (BayObLG WE 1992, 202; BGH NJW 1993, 135). In diesem Fall kann nicht ein Rechtsbehelf sondern das Rechtsmittel der außerordentlichen sofortigen Beschwerde eingelegt werden (vgl. hierzu Staudinger-Wenzel § 45 Rz 51). Die außerordentliche Beschwerde ist auf Fälle krassen Unrechts beschränkt (BGH NJW-RR 1994, 62; vgl. auch BayObLG WE 1996, 469). Es ist z.B. kein krasses Unrecht und keiner außerordentlichen Beschwerde zugänglich, wenn das Beschwerdegericht nach mündlicher Verhandlung nicht innerhalb von sechs Wochen entschieden hat, obwohl aufgrund Gesetzesänderung eine Entscheidung nach Ablauf dieser Frist mangels Erreichens der Beschwerdesumme nicht mehr anfechtbar ist (BayObLG WE 1996, 478; hier: Heraufsetzung des Beschwerdewerts auf DM 1500,– durch das Rechtspflegevereinfachungsgesetz aus 1990). Ferner kann die fehlerhafte Zurückweisung eines Beschlußanfechtungsantrags wegen Fristüberschreitung (die Frist war tatsächlich nicht überschritten) nicht angegriffen werden, wenn der Beschwerdewert von DM 1500,– nicht erreicht wird. Gründe für die Eröffnung einer außerordentlichen Beschwerde liegen auch hier nicht vor, weil nicht jeder eindeutige Verstoß des Gerichts gegen die bei seiner Entscheidung anzuwendenden Rechtsvorschriften genügen, um eine – im Gesetz ausdrücklich ausgeschlossene – Rechtsmittelmöglichkeit zu eröffnen. Die unrichtige Berechnung der Antragsfrist nach § 23 Abs. 4 kann weder als gesetzesfremd noch als mit der Rechtsordnung schlechthin unvereinbar angesehen werden (BayObLG WE 1997, 71). Auch eine von einem Gericht unter Verletzung wesentlicher Verfahrensvorschriften getroffenen Entscheidung ist keiner außerordentlichen Beschwerde zugänglich (LG München vom 7. 7. 1998, 1 T 10007/98).

320 Nach § 45 Abs. 4 können ferner rechtskräftige Entscheidungen bzw. gerichtliche Vergleiche auf Antrag eines Beteiligten dann abgeändert werden, wenn sich die tatsächlichen Verhältnisse, die der Entscheidung bzw. dem Vergleich zugrunde liegen, wesentlich geändert haben und die Abänderung zur Vermeidung unbilliger Härten notwendig ist. Zuständig für das Änderungsverfahren ist das Amtsgericht. Das gilt auch dann, wenn eine Beschwerdeentscheidung abgeändert werden soll.

321 Gegen eine rechtskräftige Entscheidung im WE-Verfahren kann auch die Wiederaufnahme des Verfahrens beantragt werden. Hierfür gelten die §§ 578ff. ZPO (BayObLG 1974, 9; BayObLG WE 1992, 52).

322 Um einem Wiederaufnahmeantrag stattgeben zu können, ist einmal die Monatsfrist des § 586 Abs. 1 ZPO einzuhalten. Ferner ist Zulässigkeitsvoraussetzung, die schlüssige Darlegung des Restitutionsgrundes im Sinne der §§ 579 und 580 ZPO.

323 Die Restitutionsgründe nach § 580 ZPO sind (vgl. Thomas/Putzo ZPO 16. Aufl. Anm. 2 zu § 580):

- falscher Parteieneid (§ 580 Nr. 1)
- Urkundenfälschung (§ 580 Nr. 2)
- falsches Zeugnis oder Gutachten (§ 580 Nr. 3)
- Urteilserschleichung (§ 580 Nr. 4)
- Amtspflichtverletzung eines Richters (§ 580 Nr. 5)
- Aufhebung einer Gerichtsentscheidung (§ 580 Nr. 6)
- Auffinden einer früheren Gerichtsentscheidung (§ 580 Nr. 7)
- Auffinden einer anderen Urkunde.

324 Obwohl sich im WE-Verfahren das Wiederaufnahmeverfahren nach den Vorschriften der ZPO (§§ 479ff.) richtet, kommt der unterschiedlichen Gestaltung des WE-Verfahrens besondere Bedeutung zu.

So braucht der Wiederaufnahmeantrag im WE-Verfahren in der Regel nicht mündlich verhandelt werden (BayObLG WE 1993, 1719).

10. Zwischenverfügungen und Zwischenentscheidungen

Gerichtliche Zwischenverfügungen oder Zwischenentscheidungen stellen keine gerichtliche Sachentscheidung (Verfügung) dar, weil dagegen ein Rechtsmittel nicht mehr statthaft ist (BayObLG WE 1988, 138). Zwischenverfügungen sind sogenannte vorbereitende Verfügungen, die einer Entscheidung vorausgehen. Vielfach sind Zwischenverfügungen unmittelbar und ausschließlich auf die Beseitigung eines der sachlich entgegenstehenden Hindernisse gerichtet (Keidel/Kuntze/Winkler zu § 19 Rz 4a). Sie enthalten vielfach Auflagen (Auflagenbeschluß). Der Richter kann z.B. als Zwischenverfügung einem Antragsteller aufgeben, „binnen zwei Wochen unter Angabe aller Beweismittel aus sich heraus verständlich – auch hinsichtlich der Datums- bzw. Zeitangabe – die Vorgänge zu schildern, auf die er seinen Antrag stützt“ (vgl. BayObLG WE 1987, 158). Als Zwischenverfügung gilt auch ein Beweisbeschluß des Amtsgerichts, mit dem die Erholung eines Sachverständigengutachtens (hier: über Notwendigkeit und Erfolg einer Dachsanierung) angeordnet wird (BayObLG WE 1989, 59). Die Festlegung oder die Ablehnung eines Gerichtstermins erfolgt meist durch eine Zwischenverfügung (KG Rpfleger 1984, 186). Auch die Aussetzung oder die Ablehnung der Aussetzung erfolgt mittels einer Zwischenverfügung. 325

Zwischenverfügungen können grundsätzlich nicht mit der Beschwerde nach § 43 Abs. 1 und § 19 FGG angefochten werden. Ausnahmsweise können Zwischenverfügungen mit unbefristeter Beschwerde angegriffen werden, wenn die Verfügung, für sich allein betrachtet vom Beteiligten ein bestimmtes Verhalten verlangen und damit in so erheblichem Maße in seine Rechte eingreifen, daß ihre selbständige Anfechtbarkeit unbedingt geboten ist (BayObLG WE 1987, 158; BayObLG WE 1989, 59). Ein so erheblicher Rechtseingriff ist z.B. dann gegeben, wenn durch das Gericht eine Ordnungsstrafe bzw. ein Zwangsgeld (vgl. unten Rn. **11** 350f.) verhängt wird, um das persönliche Erscheinen eines Verfahrensbeteiligten anzuordnen (KG Rpfleger 1984, 186). Weitere Beispiele für die mögliche Anfechtbarkeit von Zwischenverfügungen sind: Aussetzung eines Verfahrens bzw. 326

die Ablehnung der Aussetzung; Anordnung der Vorlage eines Rechtsgeschäfts in schriftlicher Form; jede Äußerung des Gerichts, die den Beteiligten nach einer Anregung oder einem Antrag vor die Wahl stellt, entweder in bestimmter Richtung tätig zu werden oder mit einer endgültigen Ablehnung seines Antrags rechnen zu müssen (vgl. hierzu: Freiwillige Gerichtsbarkeit, 6. Aufl. Bumiller/Winkler 2.a) aa)). Nicht zulässig ist dagegen ein Rechtsmittel gegen eine Zwischenentscheidung des Amtsgerichts, durch die einem Beteiligten die Einreichung der für eine Zustellung an alle WEer erforderlichen Abschriften aufgegeben und sein Antrag abgelehnt wird, die Zustellung an den Verwalter als Zustellungsvertreter vorzunehmen (BayObLG vom 23. 4. 1998, 2 Z 65/98). Das Landgericht beendet mit der Unzulässigkeitserklärung der Beschwerde abschließend. Gleichwohl ist gegen diese Entscheidung eine weitere unbefristete Beschwerde zulässig, wenn auch nicht begründet (BayObLG a. a. O.).

327 Zwischenverfügungen ergehen vielfach in Grundbuchsachen, wenn Eintragungshindernisse bestehen. Diese werden vom Rechtspfleger erlassen. Gegen Zwischenverfügungen in Grundbuchsachen können, weil sie vom Rechtspfleger erlassen werden, Erinnerungen eingelegt werden (§ 11 RPflG). Der Rechtspfleger kann der Erinnerung abhelfen. Tut er das nicht, hat er die Erinnerung dem Richter vorzulegen. Der Richter entscheidet dann über die Erinnerung, wenn er sie für zulässig und begründet hält. Andernfalls legt der Richter die Erinnerung dem Rechtsmittelgericht als Beschwerde gegen die Entscheidung des Rechtspflegers vor. In diesem Fall kann das Beschwerdegericht nur über das mit der Zwischenverfügung geltend gemachte Eintragungshindernis entscheiden und über den Eintragungsantrag selbst. Inhalt einer grundbuchamtlichen Zwischenverfügung kann nicht die Darstellung eines anderen Rechts sein, das richtigerweise die Eintragung möglich gemacht hätte oder die Auflage vom unmittelbar Betroffenen die Eintragsbewilligung nachträglich beizubringen (BayObLG WE 1997, 476). Das ergibt sich daraus, daß die Zwischenverfügung dem Antragsteller den Rang und die sonstigen Rechtswirkungen, die sich nach dem Eingang des Antrags richten erhalten bleiben. Dies ist aber nur gerechtfertigt, wenn der Mangel des Antrags mit rückwirkender Kraft geheilt werden kann. Kann der Mangel nicht rückwirkend geheilt werden ist deshalb der Erlaß einer Zwischenverfügung ausgeschlossen (BayObLG WE 1997, 476).

11. Fristversäumung

Werden die Fristen für die Einlegung von Beschwerden und auch für die Beschlußanfechtung nach § 23 Abs. 4 versäumt, sind die Anträge bzw. Rechtsmittel vom zuständigen Gericht als unzulässig zu verwerfen. Der Fristenlauf beginnt bei der Beschlußanfechtung nach § 23 Abs. 4 mit dem Tag der Beschlußfassung und bei gerichtlichen Verfügungen mit deren Bekanntmachung bzw. durch deren Zustellung (§ 16 FGG; § 176 ZPO; vgl. hierzu oben Rn. **11** 208ff.). *328*

Der Mangel der Fristversäumung kann nur in ganz bestimmten Fällen geheilt werden. Dazu ist ein Antrag auf Wiedereinsetzung in den vorigen Stand erforderlich (§ 22 Abs. 2 FGG), dem das Gericht nur dann stattgeben darf, wenn glaubhaft nachgewiesen wird, daß der Antragsteller ohne sein oder das Verschulden seines Vertreters verhindert war, die Frist zur Einlegung eines Rechtsmittels einzuhalten (BayObLG DWE 1984, 30). Als Hindernis kommen Umstände jeder Art in Betracht, sofern diese objektiv geeignet waren, die Beteiligten von der Fristwahrung abzuhalten. Es kommt dabei darauf an, ob der Verhinderte oder sein Vertreter nicht die den Umständen nach gebotene und nach seinen persönlichen Verhältnissen zumutbare Sorgfalt außer acht gelassen hat (BayObLG vom 13. 12. 1983, BReg. 2 Z 62/83). *329*

Rechtsirrtum und Rechtsunkenntnis bilden nur dann einen Wiedereinsetzungsgrund, wenn diese unverschuldet sind. Rechtsunkenntnis ist z.B. dann nicht unverschuldet, wenn es der Beschwerdeführer unterlassen hat, sich bezüglich der Einhaltung der Formvorschriften bei Einlegung von Rechtsmittel zu erkundigen (BayObLG WE 1997, 52), oder wenn ihm von einer Stelle, deren Auskunft er für maßgeblich halten durfte, eine falsche oder unvollständige Belehrung erteilt worden ist (BayObLG WE 1996, 358). *330*

331 Die Wiedereinsetzung setzt also voraus, daß der Antragsteller bzw. Antragsgegner ohne sein Verschulden verhindert war die Frist einzuhalten. Nach § 22 Abs. 2 S. 2 FGG wird dem Antragsteller ein Verschulden seines Verfahrensbevollmächtigten oder dessen Vertreter zugerechnet. Als seine Vertreter gelten allerdings nicht die Hilfspersonen eines Rechtsanwalts, so daß deren Verschulden dem Antragsteller nicht zugerechnet wird (BayObLG WE 1991, 362 m. w. N.).

332 Demnach liegt die Darlegungs- und Beweislast für die Tatsachen, die die Fristversäumung als unverschuldet erscheinen lassen beim WEer. Nur wenn ein Verschulden an der Fristversäumung ausgeschlossen werden kann, ist die Wiedereinsetzung möglich (BGH NJW 1992, 574).

333 Sehr häufig liegt die Ursache der Fristversäumung beim Verfahrensbevollmächtigten der WEer. Für die Fristversäumung seitens der Rechtsanwälte kommen meist drei Ursachen in Frage: stark verzögerte Beförderung durch die Post, verspäteter Aufdruck des Eingangsstempels bei Gericht oder verspätete Absendung des Schriftsatzes. Dabei gilt als unverschuldete Fristversäumung wenn feststeht, daß entweder der Schriftsatz rechtzeitig zur Post gegeben wurde oder die verspätete Absendung auf einem Versehen einer sonst zuverlässigen und überwachten Hilfsperson der Kanzlei des Verfahrensbevollmächtigten beruht. Zur Feststellung dieser Tatsachen genügt, die schlüssige und nachvollziehbare Versicherung des Anwalts. Diese Versicherung ist ein zulässiges Mittel der Glaubhaftmachung (BayObLG WE 1995, 30).

334 Häufig wird die Wiedereinsetzung bei Versäumung der Frist nach § 23 Abs. 4 WEG beantragt, wenn ein WEer die Beschlußanfechtung deshalb nicht rechtzeitig betreibt, weil er die Versammlungsniederschrift nicht oder nicht rechtzeitig erhält. Sofern der WEer die Einladung zur WEer-Vers. erhalten hat und er aus der Tagesordnung erkennen kann, daß Entscheidungen anstehen, die sein Interesse berühren, kann er sich nicht darauf berufen, die Niederschrift nicht erhalten zu haben. In diesem Fall hätte er rechtzeitig eigene Nachforschungen über das Ergebnis in der Versammlung anstellen müssen. Tut er das nicht, muß er sich dieses Verschulden anrechnen lassen, so daß ihm die Wiedereinsetzung hier verwehrt wird (OLG Düsseldorf WE 1995, 123). Der Verwalter ist in der Regel auch nicht verpflichtet das Protokoll rechtzeitig zu übersenden, was insbesondere dann der Fall ist, wenn er nach dem Verwaltervertrag nicht verpflichtet ist, das Protokoll zu übersenden (OLG Hamm vom 22. 6. 1998).

Bei der Wiedereinsetzung in den vorigen Stand ist die Wiederholung der nicht fristgemäß eingegangenen Beschwerde nicht erforderlich (BayObLG WE 1986, 152).

In folgenden Fällen haben Gerichte über die Wiedereinsetzung 335
in den vorherigen Stand entschieden:

- Fristversäumung bei sofortiger Beschwerde, wenn die Beschwerdeschrift nicht durch Rechtsanwalt unterzeichnet ist, weil die Beschwerdeschrift zwar innerhalb der Frist aber nicht in der gesetzlich vorgeschriebenen Form eingereicht war (§ 29 Abs. 1 FGG): nicht stattgegeben, weil Rechtsunkenntnis nur bei Vorliegen besonderer Umstände die Wiedereinsetzung rechtfertigt (BayObLG WEM 1978, 89).
- Fristversäumung bei Erstbeschwerde, weil die Beschwerdeführer wegen Armut keinen Anwalt vor Bewilligung des Armenrechtsgesuches beauftragen konnten: stattgegeben, obwohl für das Rechtsmittel kein Anwaltszwang besteht (BayObLG Rpfleger 1979, 446).
- Hausgeldschuldner war zu einer langandauernden Untersuchungshaft im Ausland und konnte keinen Rechtsanwalt finden, der zu einer Vertretung bereit war, so daß ihm erst auf Antrag durch das Beschwerdegericht nach § 78b Abs. 1 Satz 1 ZPO ein Anwalt beigeordnet wurde: stattgegeben (BayObLG DWE 1984, 30).
- Fristversäumung zur Erstbeschwerde, weil es der Anwalt als Verfahrensbevollmächtigter versäumt hat, die Entscheidung des Amtsgerichts an den von ihm vertretenen Verfahrensbeteiligten weiterzuleiten: nicht stattgegeben (BayObLG WE 1986, 24).
- Fristversäumung eines Anwalts, der als Berufsanfänger irrtümlich die Beschwerdefrist versäumt hat: nicht stattgegeben (Anwaltsverschulden BayObLG WE 1986, 71).
- Nicht rechtzeitige Beschlußanfechtung wegen Verschulden eines Rechtsanwalts, zu dessen Sorgfaltspflichten es gehört sicherzustellen, daß der Zustellungstag in den Akten richtig vermerkt wird: nicht stattgegeben (BayObLG vom 12. 12. 1983, BReg. 2 Z 62/83). Dies gilt auch dann, wenn durch die Kanzleivorsteherin auf Befragen des amtlichen Vertreters des erkrankten Verfahrensbevollmächtigten festgestellt wird, daß die zugestellte Gerichtsentscheidung nicht in den Fristenkalender eingetragen ist. Die Verantwortung über die Eintragung in den Fristenkalender obliegt dem Rechtsanwalt (BayObLG WE 1991, 362).
- Verspäteter Eingang der Beschwerdeschrift beim Gericht bei Belegung durch eidesstattliche Versicherung, daß die Schrift rechtzeitig (hier

3 Tage vor Fristablauf) zur Post gegeben wurde: stattgegeben (BayObLG WE 1987, 93).

- Die Aufgabe einer Beschwerdefrist bei der Post vier Tage vor Ablauf der Beschwerdefrist: stattgegeben (BayObLG DWE 1985, 61; vgl. auch BayObLG WE 1994, 244).
- Fristversäumung, weil ein WEer weder eine Einladung noch eine Versammlungsniederschrift erhalten hat (BayObLG DWE 1983, 86) bzw. in der Einladung der Beschlußgegenstand nicht enthalten war und die Niederschrift dem WEer erst nach Fristablauf zugegangen war (BayObLG WE 1992, 229; vgl. auch KG WE 1997, 189): stattgegeben.
- Nichtkenntnis der Rechtslage bzw. der einschlägigen Rechtsprechung seitens des Rechtsanwaltes, wonach ein Eigentümerbeschluß, der einen früheren, bereits angefochtenen Beschluß bestätigt, erneut fristgemäß angefochten werden muß: nicht stattgegeben (OLG Zweibrücken ZMR 1986, 63).
- Fehlende Unterschrift des Prozeßbevollmächtigten im Berufungsbegründungsschriftsatz, wenn das Büropersonal des Bevollmächtigten grundsätzlich angewiesen ist, alle Schriftstücke vor Auslauf nach dem Vorhandensein der Unterschrift zu prüfen: stattgegeben (BGH NJW 1985, 1226).
- Fristversäumung eines Rechtsanwaltes für Erstbeschwerde, der in seinem Fristenkalender zwar den notwendigen Bearbeitungstermin, aber nicht den Termin für den Ablauf der Beschwerdeschrift eingetragen hatte: nicht stattgegeben (BayObLG WE 1988, 63).
- Einlegung eines Rechtsmittels durch einen nicht anwaltschaftlich vertretenen Beteiligten bei einem unzuständigen Gericht: nicht stattgegeben, weil ein Schriftstück nur bei dem Gericht als eingegangen gilt, an das es adressiert ist (BayObLG WE 1988, 39).
- Stellt sich die Fristversäumung erst in der Rechtsbeschwerdeinstanz heraus, so hat über ein Wiedereinsetzungsgesuch das Rechtsbeschwerdegericht zu entscheiden (BayObLG WE 1988, 39).
- Fristversäumung, weil die Zustellung durch Mitteilung über Niederlegung bei der Post erfolgte und diese Mitteilung in den Briefkasten geworfen wurde und der Empfänger angeblich diese Mitteilung nicht erhielt: nicht stattgegeben, weil, wie die Zustellungsurkunde beweist, die Benachrichtigung wie bei gewöhnlichen Briefen üblich in den Briefkasten gelegt wurde; das gilt auch dann, wenn der Briefkasten nicht mehr namentlich gekennzeichnet war (BayObLG WE 1988, 108).
- Fristversäumung, weil die Empfänger als Beschwerdeführer die Beschwerdeentscheidung wegen Urlaubsabwesenheit nicht rechtzeitig empfangen haben: nicht stattgegeben (BayObLG WE 1994, 25), auch wenn die Empfänger nicht wußten, daß bei der Post niedergelegte Zustellungen auch bei Vorliegen eines Nachsendeauftrags nicht nachgesandt werden dürfen (BayObLG WE 1991, 224).
- Fristversäumung, wenn der Rechtsanwalt den Beschwerdeführer nicht über den Fristablauf unterrichtet hat, dieser, weil er seinen Anwalt

nicht mehr erreicht hat, innerhalb der Frist einen anderen (nicht beauftragten) Rechtsanwalt befragt, und von diesem eine falsche Auskunft erhält: stattgegeben, weil ein an sich ursächliches Verschulden des Beschwerdeführers die Wiedereinsetzung dann nicht ausschließt, wenn er alle erforderlichen Schritte unternimmt, die bei gewöhnlichem Ablauf der Dinge mit Sicherheit zur Wahrung der Frist führen würden (BayObLG WE 1988, 206).

- Fristversäumung, weil im Rubrum eines amtsgerichtlichen Beschlusses ein falscher Betreff angegeben war: stattgegeben, weil ein Fehler des Gerichts nicht zu Lasten der Beteiligten gehen darf (BayObLG WE 1990, 69).
- Fristversäumung besteht auch dann, wenn die an das LG gerichtete Rechtsmittelschrift am letzten Tag der Frist in den Nachtbriefkasten des AG eingeworfen wird und die Beschwerde nicht mehr an das LG gelangt: nicht stattgegeben, weil der Rechtsanwalt, der die Rechtsmittelschrift persönlich in den Nachtbriefkasten warf, die Verantwortung des Verschuldens trägt (BayObLG WE 1991, 197).
- Erfolgt die Übersendung eines mit unvollständiger Anschrift versehenen Schriftstücks so rechtzeitig, daß trotz Sonderbehandlung bei der Post die Zustellung üblicherweise rechtzeitig eingehen müßte, ist die Sorgfaltspflicht nicht verletzt: stattgegeben (BVerwG NJW 1990, 2639).
- Zustellungsfehler der Post bei rechtzeitiger Aufgabe eines Briefes: stattgegeben (BVerwG NJW 1990, 2639).
- Fristversäumung, weil Verwalter die Niederschrift nicht rechtzeitig innerhalb der Monatsfrist übersandt hat: nicht stattgegeben, weil in diesem Fall der Verwalter nicht verpflichtet war überhaupt Niederschriften an die WEer zu versenden (BayObLG WE 1992, 139).
- Fristversäumung, weil das Kanzleipersonal des Rechtsanwalts aus den Handakten die Eintragung im Fristenkalender nicht erkennen konnte: nicht stattgegeben, weil der Rechtsanwalt versäumt hat grundsätzlich anzuordnen, daß wichtige Fristen nicht nur im Fristenkalender einzutragen sind, sondern die Fristen auch in den Handakten zu vermerken sind (BayObLG WE 1992, 139).
- Fristversäumung, weil ein Rechtspfleger das Protokoll zur Einlegung eines Rechtsmittels unvollständig und nichtunterzeichnet ausgefertigt hat: stattgegeben, weil die unvollständige Ausfertigung des Protokolls innerhalb der 2 Wochenfrist vorgenommen wurde und die später notwendige Ergänzung nicht als Verschulden dem Antragsteller zugerechnet werden kann (BayObLG WE 1992, 178).
- Fristversäumung zur Einlegung der sofortigen Beschwerde, weil der Beteiligte erst fünf Tage vor Fristablauf von seinem Verfahrensbevollmächtigten die Beschwerdeentscheidung zugestellt bekommen hat mit dem Hinweis auf den Fristenablauf: nicht stattgegeben, wegen Verschulden des Beteiligten und dessen Verfahrensbevollmächtigten (BayObLG WE 1994, 311).

- Fristversäumung zur Einlegung eines Rechtsmittels, weil die Entscheidung während eines Auslandsurlaubs eines Beteiligten ergangen ist: nicht stattgegeben, weil der Beteiligte Vorsorge für eine Weiterbehandlung des Verfahrens hätte treffen müssen, zumal er durch Verfahrensbevollmächtigte vertreten wurde. Mit der Zustellung einer Entscheidung ist zu rechnen, wenn seit dem Tag der mündlichen Verhandlung fünf, seit dem Ablauf der Schriftsatzfrist vier Monate und seit der Ankündigung einer Entscheidung vier Wochen vergangen sind (BayObLG WE 1994, 311; vgl. auch KG WE 1996, 385)
- Fristversäumung, weil der Beteiligte die vom Anwalt ihm zugeleitete Zustellung der gerichtlichen Entscheidung wegen längerer Abwesenheit nicht erhalten hat: stattgegeben, weil der Beteiligte nachweislich einen Nachsendeantrag erteilt hat und er durch eidesstattliche Versicherung erklärte die Zustellung nicht erhalten zu haben (BayObLG WE 1995, 345).
- Fristversäumung, weil die bis dahin zuverlässige Angestellte am letzten Tag der Rechtsmittelfrist eine unwesentliche Korrektur am Rechtsmittelschriftsatz vorzunehmen hatte und sie dabei versehentlich anstelle des bisher richtig ausgewiesenen Gerichts ein unzuständiges Gericht angegeben hat: stattgegeben, weil es einer Anweisung, den Schriftsatz nach Vornahme der Korrektur vorzulegen, in einem solchen Fall nicht bedarf (BayObLG WE 1996, 439).
- Fristversäumung, weil das Schreiben des Geschäftsführers einer Verwaltungs-GmbH, mit der ein Rechtsanwalt zur Einlegung eines Rechtsmittels beauftragt werden soll, verloren gegangen ist: nicht stattgegeben, weil der Geschäftsführer nicht glaubhaft machte, daß der Verlust des Schriftstücks mit großer Wahrscheinlichkeit nicht in dem Bereich eingetreten ist für den er oder sein Vertreter verantwortlich ist (BayObLG WE 1997, 390).

336 Nicht als Versäumung der Frist des § 23 Abs. 4 gilt ein innerhalb der Monatsfrist eingereichter aber nicht unterschriebener Antrag, so daß das Gericht einen solchen Schriftsatz nicht wegen Nichteinhaltung der Frist zurückweisen kann. Für das fG-Verfahren ist grundsätzlich anerkannt, daß eine Unterzeichnung der Antragsschrift nicht erforderlich ist, wenn sich zweifelsfrei ergibt, daß die Einleitung eines Verfahrens gewollt ist (KG ZMR 1986, 62).

337 Wird einem Antragsteller Wiedereinsetzung gewährt, so hat er grundsätzlich die dadurch verursachten Kosten zu tragen (§ 238 Abs. 4 ZPO), das sind z.B. die Kosten von Beschwerdeverfahren, mit denen entgegen der Entscheidung der Vorinstanz die Wiedereinsetzung ermöglicht wird (BayObLG WE 1988, 206).

Unzulässig ist der Antrag auf Wiedereinsetzung bei Versäumnis der Beschwerdefrist von 2 Wochen wegen Ablaufs der Jahresfrist gem. § 22 Abs. 2 S. 4 FGG. Dies gilt auch für den Wiedereinsetzungsantrag, wenn die Frist zur Anfechtung eines WEer-Beschlusses versäumt wurde (BayObLG vom 9. 4. 1998, 2 Z 63/98). Diese Jahresfrist wird vom Ende der versäumten Frist an gerechnet (OLG Braunschweig WE 1989, 100). Ebenso unzulässig ist der Wiedereinsetzungsantrag, wenn im Antrag die unverschuldete Fristversäumnis der Beschwerdefrist durch Tatsachen nicht belegt oder sonst nicht glaubhaft gemacht wird (FGG § 22 Abs. 1). *338*

Wird ein Antragsteller vom Gericht zweiter Instanz darauf hingewiesen, daß sein Antrag auf Wiedereinsetzung der Rücknahme oder einer Stellungnahme bedarf, so gilt hierfür die Zweiwochenfrist des § 22 Abs. 2 FGG. Versäumt der Antragsteller diese Frist ist der Antrag als unzulässig abzuweisen. Legt der Antragsteller gegen diesen Beschluß des LG sofortige Beschwerde ein, so liegt darin regelmäßig der zulässige, stillschweigende Antrag auf Wiedereinsetzung in den vorigen Stand wegen Versäumung der Frist zur Wiedereinsetzung (BayObLG WE 1997, 358). *339*

12. Vollstreckungsverfahren

Für die Vollstreckung in WE-Sachen gelten nach § 45 Abs. 3 die Vorschriften des achten Buchs der ZPO. Das bedeutet, daß die Verfahrensbeteiligten, welche den getroffenen rechtskräftigen Entscheidungen bzw. einem geschlossenen Vergleich oder auch einer einstweiligen Anordnung nicht nachkommen vollstreckt werden können (BayObLG WE 1996, 147). Zur Vollstreckung ist ein vollstreckbarer Titel, der mit einer Vollstreckungsklausel versehen sein muß, notwendig. Vollstreckungstitel sind rechtskräftige Entscheidungen, gerichtliche Vergleiche und einstweilige Anordnungen (§ 45 Abs. 3). Die vollstreckbare Ausfertigung einer solchen Entscheidung wird durch den Vollstreckungsgläubiger (Antragsteller) beim zuständigen Gericht beantragt. Hat der Titel einen vollstreckungsfähigen Inhalt (Schuldnerleistung hat festzustehen, um die Vollstreckung nach den §§ 883–890 *340*

ZPO zu ermöglichen), so wird der Urkundsbeamte die mit der Vollstreckungsklausel versehene vollstreckbare Ausfertigung des Titels erteilen (§ 724 ZPO).

a) Vollstreckungsklausel und Vollstreckungsverfahren

341 Die Vollstreckungsklausel ist notwendiger Bestandteil der vollstreckbaren Ausfertigung. Ohne die mit der Vollstreckungsklausel versehene Ausfertigung kann die Zwangsvollstreckung auch nicht im WE-Verfahren betrieben werden. Die vollstreckbare Ausfertigung der vorgenannten Entscheidungen wird durch den Vollstreckungsgläubiger beim zuständigen Gericht beantragt. Hat der Titel einen vollstreckungsfähigen Inhalt (Schuldnerleistung hat festzustehen, um die Vollstreckung nach den §§ 883–890 zu ermöglichen), so hat der Urkundsbeamte die mit der Vollstreckungsklausel versehene vollstreckbare Ausfertigung des Titels zu erteilen (§ 724 ZPO). Gegen die Erteilung oder Verweigerung der vollstreckbaren Ausfertigung stehen dem Schuldner (§ 732 ZPO) und dem Gläubiger (§ 576 ZPO) jeweils die Erinnerung zu (vgl. Staudinger/Wenzel).

Da der Vollstreckungstitel grundsätzlich die Beteiligten namentlich zu benennen hat, ist es für die Durchsetzung von Zwangsvollstreckungsmaßnahmen erforderlich, bereits im Verfahrensantrag die beteiligten WEer namentlich zu benennen (umstritten, vgl. Bärmann/Merle Rz 76 zu § 45; s. auch BayObLG WE 1989, 147).

Die Vorschriften des FGG haben für das Vollstreckungsverfahren keine Gültigkeit, sondern ausschließlich die der ZPO (BayObLG WE 1988, 141). Das gilt auch für die Zwangsvollstreckung aus einer einstweiligen Anordnung gem. § 44 Abs. 3 S. 1, wenn das Vollstreckungsorgan das für WE-Sachen zuständige Amtsgericht ist. Entsprechendes gilt auch für die Kostenentscheidung und die Festsetzung des Streitwertes im Vollstreckungsverfahren: Hier gelten nur die Vorschriften der ZPO und des GKG (BayObLG WE 1991, 363).

Für das Vollstreckungsverfahren, das sich nach den Vorschriften der ZPO (§§ 724; 750; 883–893) richtet, ist das Gericht zuständig, welches im wohnungseigentumsrechtlichen Erkenntnisverfahren in erster Instanz tätig war. Das gilt für die Fälle bei denen die ZPO für das Vollstreckungsverfahren das Prozeßgericht bestimmt, aber auch für die Vollstreckung nach § 887 ZPO (BayObLG Rpfleger 1979, 67; BayObLG Rpfleger 1982, 268; BayObLG vom 30. 6. 1983, BReg. 2 Z 48/83). Zuständiges Vollstreckungsorgan im Sinne von §§ 887 Abs. 1, 888 Abs. 1 ZPO ist demnach das WE-Gericht (BayObLG WE 1994, 305).

b) Rechtsmittel

Rechtsmittel gegen Entscheidungen des Vollstreckungsgerichts *342* oder des WE-Gerichts (z. B. die gegen Zwangsgeldbeschlüsse und Beugehaft nach § 888 ZPO) ist nach § 793 ZPO die sofortige Beschwerde (BayObLG vom 30. 6. 1984, BReg. 2 Z 48/83), die sich nach den §§ 577, 567 ff. ZPO richtet und über die das im Rechtszug höhere Gericht als das Landgericht entscheidet. Die Beschwerdeentscheidung im Zwangsvollstreckungsverfahren kann mit dem Rechtsmittel der sofortigen weiteren Beschwerde (§ 793 Abs. 2, § 568 Abs. 2 ZPO) nur angegriffen werden (BayObLG WE 1995, 317) wenn in der Beschwerdeentscheidung ein neuer selbständiger Beschwerdegrund vorhanden ist (BayObLG WE 1991, 362; WE 1996, 147).

Anders als im Erkenntnisverfahren führt im Vollstreckungs- *343* verfahren der Rechtszug nicht nur zu einer rechtlichen Überprüfung der Beschwerdeentscheidung. Sie ist auch weitere Tatsacheninstanz (KG WE 1987, 80).

Neue selbständige Beschwerdegründe, welche Voraussetzung *344* für die Zulassung der sofortigen weiteren Beschwerde sind, sind folgende (§ 568 Abs. 2 ZPO; BayObLG WE 1991, 363; vgl. auch Thomas/Putzo zu § 568 Anm. 3):

- Verfahrensverstöße
- verworfene Beschwerden (wegen Unzulässigkeit)
- neue Beschwerdebegründungen (sofern die unbegründete, zurückgewiesene Beschwerde den Beschwerdeführer schlechter stellt)
- erfolgreiche Beschwerden (für den Beschwerdegegner, gegen den die Beschwerde ganz oder teilweise stattgegeben wurde)
- dringende Entscheidungen der Vorinstanzen (OLG Frankfurt WE 1986, 138)
- Vorhandensein oder ein sich im Laufe des Verfahrens ergebenden Erfüllungseinwand (KG WE 1987, 80).

345 Verfahrensverstöße stellen auch bei inhaltlich übereinstimmenden Vorentscheidungen einen neuen selbständigen Beschwerdegrund dar. Anderes gilt dann, wenn der Fehler nicht schon dem Amtsgericht unterlaufen, also neu ist und die Beschwerdeentscheidung darauf beruht (BayObLG WE 1996, 477).

346 Ein Rechtsmittel ist auch gegen die Entscheidung des Beschwerdegerichts möglich, mit der die Erstbeschwerde mangels Beschwer als unzureichend verworfen wurde (BayObLG WE 1991, 84).

347 Zuständig für die sofortige weitere Beschwerde in Vollstreckungsverfahren sind die für das WE-Verfahren zuständige OLG bzw. das BayObLG für Bayern und das KG für Berlin (BayObLG WE 1994, 305).

348 Bestehen Bedenken gegen die Art und Weise der Zwangsvollstreckung oder über das vom Gerichtsvollzieher zu beachtende Verfahren findet der Rechtsbehelf der Vollstreckungserinnerung Anwendung (vgl. Niedenführ/Schulze Rz 35 zu § 45).

349 Will der Schuldner Einwendungen gegen den im Beschluß festgestellten Grund geltend machen so kann er einen Vollstrekkungsabwehrantrag im Sinne von § 767 ZPO (Vollstreckungsabwehr oder -gegenklage) stellen. Dies ist aber nur möglich, soweit die Gründe für die Einwendungen erst nachträglich entstanden sind. Da es sich dabei um ein Erkenntnisverfahren handelt finden die Vorschriften des WE-Verfahrens und nicht der ZPO Anwendung (OLG Düsseldorf vom 16. 5. 1997, 3 Wx 211/97).

350 Ein Vollstreckungsabwehrantrag kann analog § 767 ZPO beim WE-Gericht gestellt werden (BayObLG NJW-RR 1990, 22). Der WE-Richter kann dem Antrag mittels einer unanfechtbar einstweiligen Anordnung entsprechen und die Zwangsvollstreckung einstellen. Das Rechtsschutzbedürfnis für einen Vollstreckungsabwehrantrag entfällt, sobald die Zwangsvollstreckung als Ganzes beendet ist, insbesondere wenn die vollstreckbare Ausfertigung ausgehändigt und der Gläubiger aus dem Titel befriedigt ist (BayObLG WE 1993, 278).

c) Vollstreckung nach §§ 883 ff ZPO

Bei vertretbaren Handlungen (§ 887 ZPO), das sind solche, die auch durch einen Dritten vorgenommen werden können, kann die Androhung eines Zwangsgeldes – verbunden mit ersatzweiser Haft – nicht vorgesehen werden. Das ergibt sich daraus, daß eine vertretbare Handlung, zu welcher der Vollstreckungsschuldner verpflichtet ist, auch durch Ersatzvornahme vorgenommen werden kann. Zu solchen vertretbaren Handlungen zählt beispielsweise die Verpflichtung des Verwalters zur Jahresabrechnung mit Einzelabrechnung, die deshalb nach § 887 ZPO vollstreckt werden kann (BayObLG WE 1989, 221). *351*

Vollstreckungsorgan für die Vollstreckung vertretbarer Handlungen (§ 887 ZPO), unvertretbarer Handlungen (§ 888 ZPO) sowie von Unterlassungen und Duldungen (§ 890 ZPO) ist das – sonst für die Vollstreckung von Geldforderungen nicht zuständige – WE-Gericht. Verfahren, Rechtsmittelzug und Kostenentscheidung richten sich nach der ZPO, die Festsetzung des Streitwerts nach dem GKG. FGG und WEG finden keine Anwendung (vgl. hierzu Staudinger/Wenzel Rz 81 zu § 45). *352*

Bei der Vollstreckung nach § 887 ZP0, also bei Vollstreckung einer vertretbaren Handlung, kann der Vollstreckungsgläubiger einen Dritten beauftragen, die geschuldete Handlung, zu welcher der Vollstreckungsschuldner verurteilt ist, vorzunehmen. Mit dem Vollstreckungsantrag kann gleichzeitig beantragt werden (§ 887 Abs. 2 ZPO) den Schuldner zur Vorauszahlung der dabei entstehenden Kosten zu verurteilen. Die Vollstreckung nach § 887 ZPO z. B. ein Mauerloch in einer ETW zu schließen, ist vielfach dann nicht möglich, wenn die ETW vermietet ist, oder der WEer die Wohnung mittlerweile veräußert hat, und Mieter bzw. Erwerber mit der Maßnahme nicht einverstanden ist. Eine weitere Voraussetzung hierfür ist, daß gegen den Mieter und den Erwerber kein Duldungstitel vorliegt, und daß der Vollstreckungsschuldner vergeblich alles in seiner Macht stehende getan hat, um die geschuldete Handlung zu ermöglichen. Hier ist die Vollstreckung nach § 888 ZPO zu betreiben (vgl. BayObLG WE 1994, 305). *353*

Paragraph 888 ZPO gilt für unvertretbare Handlungen, das sind solche die durch einen Dritten nicht vorgenommen werden *354* können (z.B. ein bestimmtes Tun, Dulden oder Unterlassen). Hier können die Handlungen, zu denen ein Verfahrensbeteiligter rechtskräftig verurteilt ist nur durch Beugestrafen erzwungen werden (Weitn. § 45 Rz 4). Der Antrag auf Beugestrafe ist gemäß § 45 Abs. 3 nach § 888 ZPO zu stellen. Die Beugestrafe beinhaltet die Festlegung eines Zwangsgeldes oder ersatzweise eine Zwangshaft.

355 Anders zu beurteilen ist das Ordnungsgeld oder die Ordnungshaft, zu dem bzw. der gem. § 890 ZPO auf Antrag des Gläubigers der Schuldner dann vom Prozeßgericht des ersten Rechtszuges zu verurteilen ist, wenn er seinen Verpflichtungen „eine Handlung zu unterlassen oder die Vornahme einer Handlung zu dulden" nicht nachkommt. Die Vollstreckung aus § 890 ZPO beinhaltet die Durchsetzung eines Unterlassungs- und Duldungsanspruches, während die Vollstreckung aus § 888 ZPO die Durchsetzung eines Handlungsanspruches verfolgt. Die Vollstreckung nach § 890 ZPO kann aber auch wahlweise neben der Vollstreckung aus § 888 ZPO betrieben werden. Das gilt nicht für Dauerverpflichtungen zur Vornahme von Handlungen, hier sind allein die §§ 887, 888 ZPO maßgebend (Thomas/Putzo § 890 Anm. 13).

356 Der Unterlassungsanspruch z.B. gegen einen TEmer auf Nutzung seines TEms als Gaststätte kann nach § 890 ZPO (nicht nach § 888 ZPO) vollstreckt werden, wenn dieser die TEms-Räume verpachtet hat und er Maßnahmen gegen den Pächter ergreifen muß, um seiner Unterlassungspflicht nachzukommen (BayObLG WE 1992, 53; BayObLG WE 1996, 147). Die Festsetzung von Ordnungsgeld und Ordnungshaft gem. § 890 ZPO setzt zu ihrer Wirksamkeit voraus, daß eine entsprechende Androhung vorausgeht (BayObLG WE 1992, 56).

357 Nach Androhung der Ordnungsmittel hat der Vollstreckungsschuldner alles zu tun um die Unterlassungspflicht zu ermöglichen. Unterläßt er dies handelt er schuldhaft, so daß die Festsetzung eines Ordnungsmittels seitens des Vollstreckungsgerichts gegeben ist (BayObLG WE 1996, 153).

358 Die Vollstreckbarkeit stößt aber dort an seine Grenzen wo die unabdingbare Zustimmung oder Mitwirkung zur Unterlassung durch einen Dritten trotz Bemühens ausgeschlossen ist. Nicht ausgeschlossen ist die Vollstreckbarkeit durch Ordnungsmittel, wenn die Zuwiderhandlung vor dem Zeitpunkt begangen wurde, zu dem der Titel durch Beendigung der unzulässigen Nutzung gegenstandslos geworden ist. Das Ordnungsmittel ist nämlich nicht nur eine Maßnahme, die den Schuldner zur Befolgung des Unterlassungsanspruchs anhalten soll, es hat auch bestrafenden Charakter (BayObLG WE 1996, 153).

Ein Ordnungsmittelbeschluß kann nicht mehr ergehen, wenn *359*
die Zuwiderhandlung mehr als zwei Jahre beendet ist. Hier tritt die Verjährung nach Art. 9 Abs. 1 Satz 2 EStGB ein. Die Verjährungsfrist beginnt mit der Beendigung der Zuwiderhandlung, wobei eine Unterbrechung der zweijährigen Verjährungsfrist gesetzlich nicht – auch nicht durch Einleitung eines Ordnungsmittelverfahrens – vorgesehen ist (BayObLG WE 1996, 355).

Gegen die Entscheidung des Gerichts mit der es Ordnungsgeld *360*
bzw. ersatzweise Ordnungshaft festlegt kann nach § 793 ZPO das Rechtsmittel (vgl. oben Rn. **11** 288 ff.) der sofortigen Beschwerde eingelegt werden, aber nur dann, wenn in der Rechtsbeschwerde ein neuer selbständiger Beschwerdegrund enthalten ist (BayObLG WE 1986, 72). Ein neuer selbständiger Beschwerdegrund ist gegeben, wenn im Beschwerdeverfahren über ein vom Amtsgericht festgesetztes Ordnungsgeld Zuwiderhandlungen des Schuldners in die Entscheidung einbezogen werden, die nach Erlaß des amtsgerichtlichen Beschlusses begangen wurden. Für die Zuwiderhandlungen des Schuldners, die vor Erlaß der amtsgerichtlichen Entscheidung begangen wurden fehlt es an einem neuen selbständigen Beschwerdegrund. Nach der amtsgerichtlichen Entscheidung begangene Zuwiderhandlungen sind in den Ordnungsgeldbeschluß mit einzubeziehen, wenn der Gläubiger solche Verstöße geltend macht. Das setzt jedoch nach § 570 ZPO eine Anschlußbeschwerde voraus, wobei die Berufung des Gläubigers auf weitere Zuwiderhandlungen als solche ausgelegt werden kann. Dem Gläubiger steht es aber frei davon abzusehen und nach der Entscheidung des Amtsgerichts begangene Zuwiderhandlungen zum Gegenstand eines neuen Verfahrens auf Feststellung eines weiteren Ordnungsgelds zu machen (BayObLG WE 1996, 359).

d) Rechtsprechung

361 – Vollstreckung bei Untersagung einer Wohnnutzung (BayObLG WE 1991, 226)
- Vollstreckung des Unterlassungsanspruchs hinsichtlich der Nutzung als Gaststätte verpachteten TEms nach § 190 ZPO (BayObLG WE 1992, 56)
- Die Zwangsvollstreckung aus einem Unterlassungstitel wird nicht unzulässig, wenn nach einem Verstoß gegen das Unterlassungsgebot die Wiederholungsgefahr wegfällt oder weitere Verstöße unmöglich werden; es können weiterhin Ordnungsgeld oder Ordnungshaft wegen zuvor begangener Verstöße festgesetzt und vollstreckt werden (BayObLG vom 19. 6. 1997, 2 Z 59/97).

Zur Aufrechnung im Vollstreckungsgegenantrag vgl. KG WE 1995, 211.

13. Richterablehnung

362 Die Verfahren über Richterablehnung haben weiter an Bedeutung gewonnen, weil vielfach Beteiligte im WE-Verfahren gegen ihre Auffassung gerichtete Gerichtsbeschlüsse glauben nicht hinnehmen zu können. Grundsätzlich ist die Ablehnung von Richtern wegen Besorgnis der Befangenheit statthaft. Maßgeblich sind dabei die §§ 42ff. ZPO (BayObLG Rpfleger 1980, 193). Ein Richter kann sowohl in Fällen, in denen er von der Ausübung des Richteramtes kraft Gesetz ausgeschlossen ist, aber auch wegen der Besorgnis der Befangenheit abgelehnt werden (§ 42, 1 ZPO). Die gesetzlichen Fälle des Ausschlusses vom Richteramt sind in § 41 ZPO (als numerus clausus) aufgezählt.

363 Bezüglich der Besorgnis der Befangenheit muß vom Standpunkt der Beteiligten aus ein objektiver und vernünftiger Grund vorliegen, der ein solches Mißtrauen gegen die Unparteilichkeit des Richters rechtfertigt. Dabei muß es sich um einen objektiven Grund handeln, der vom Standpunkt des Ablehnenden aus bei vernünftiger Betrachtung die Befürchtung erwecken kann, der Richter stehe der Sache nicht unvoreingenommen und damit nicht unparteiisch gegenüber (BayObLG WE 1996, 475). Die Besorgnis der Befangenheit ist insbesondere dann gegeben, wenn ein am Verfahren Beteiligter bei vernünftiger

Würdigung aller Umstände Anlaß hat, an der Unvoreingenommenheit des Richters zu zweifeln (BVerfG vom 5. 2. 1997, 1 BvR 2306/96).

Rein subjektive unvernünftige Vorstellungen und Gedankengänge sind dagegen keine Gründe, die das Besorgnis der Befangenheit rechtfertigen würden (BayObLG DWE 1985, 60). Demnach begründet das eigene Verhalten der Ablehnenden keinen Ablehnungsgrund. Durch Angriffe auf den Richter, wie Dienstaufsichtsbeschwerde oder Strafanzeige, kann ein Verfahrensbeteiligter einen ihm unbequemen Richter nicht ausschalten (BayObLG WE 1992, 145; WE 1995, 286). 364

Auch Verfahrensfehler oder fehlerhafte Entscheidungen des Richters sind für sich allein grundsätzlich kein Ablehnungsgrund (BayObLG WE 1989, 110; Thomas/Putzo ZPO § 42 Rn. 2). Auch muß die Entscheidung des abgelehnten Richters auf sich beruhen, es sei denn es werden Gründe dargetan, aus denen zu erkennen ist, daß die Entscheidung auf eine unsachliche Einstellung des Richters gegenüber dem ablehnenden Beteiligten beruht (BayObLG WE 1992, 145). 365

Erteilt der Richter außerhalb der mündlichen Verhandlung einem Beteiligten eine Auskunft so liegt ein Befangenheitsgrund dann nicht vor, wenn die Auskunft die eindeutige und einfach gelagerte Rechtslage nach dem Gesetz zum Inhalt hat. Gleichwohl ist seitens der Richter bei solchen Äußerungen Zurückhaltung geboten, weil dadurch anderen Verfahrensbeteiligten Anlaß gegeben werden kann, an der Unparteilichkeit des Richters zu zweifeln (BayObLG WE 1996, 475). Das ist z. B. dann der Fall, wenn sich der Richter am Schluß der Verhandlung in ein Gespräch mit dem Antragsgegner einläßt, das sich nicht darauf beschränkt Auskunft über eine völlig zweifelsfreie Rechtslage zu geben. Hier ist das Ablehnungsgesuch begründet (BayObLG WE 1997, 270). 366

Ein am Verfahren Beteiligter kann einen Richter wegen Besorgnis der Befangenheit dann nicht mehr ablehnen, wenn er sich bei ihm, ohne dem ihm bekannten Ablehnungsgrund mitzuteilen, in eine Verhandlung eingelassen, Anträge gestellt hat oder einem gerichtlichen Vergleich – auch einem widerrufenen – zugestimmt hat (BayObLG WE 1995, 28; BayObLG WE 1996, 367

475; BayObLG WE 1998, 116; WE 1998, 153). Das ergibt sich aus der Vorschrift des § 43 ZPO, die auch im WE-Verfahren anwendbar ist.

368 Das Ablehnungsgesuch ist bei dem Gericht, dem der Richter angehört, einzubringen. Es kann auch bei der Geschäftsstelle dieses Gerichts zu Protokoll erklärt werden (§ 44 ZPO).

Ist das Ablehnungsgesuch rechtsmißbräuchlich, so ist der abgelehnte Richter berechtigt, das Gesuch als unzulässig zurückzuweisen. Unzulässig und zurückzuweisen ist ein Ablehnungsgesuch auch dann, wenn in ihm keine konkreten Tatsachen bezeichnet werden, aus denen sich die Befangenheit ergeben soll (BayObLG vom 29. 1. 1998, 2 Z 166/97). Der Beschluß, der ein Ablehnungsgesuch wegen Unzulässigkeit zurückweist kann mit der sofortigen Beschwerde angegriffen werden. Die Beschwerdefrist von zwei Wochen nach §§ 46 Abs. 2, 577 Abs. 2 ZPO ist einzuhalten. Eine weitere Beschwerde gegen die Entscheidung des Beschwerdegerichts ist unzulässig (BayObLG WE 1994, 114).

369 Nach § 19 Abs. 3 BVerfGG ist ein Richter verpflichtet bei der Besorgnis der Befangenheit sich selbst als Richter abzulehnen. Eine Selbstablehnung setzt aber nicht voraus, daß der Richter sich selbst für befangen hält. Es genügt, daß der Richter Umstände anzeigt, die Anlaß geben, eine Entscheidung über die Besorgnis der Befangenheit zu treffen (BVerfG vom 5. 2. 1997, 1 BvR 2306/96).

370 Mit der sofortigen Beschwerde können neue Ablehnungsgründe gegen den Richter nicht geltend gemacht werden (BayObLG WE 1994, 284 WE 1998, 153).

371 Ist ein Ablehnungsgesuch ergangen, hat sich der abgelehnte Richter über den Ablehnungsgrund dienstlich zu äußern (§ 44 Abs. 3 ZPO). Nur ausnahmsweise kann auf die dienstliche Äußerung verzichtet werden, wenn die Gründe eines vorgetragenen Ablehnungsgesuches und deren Umstände – auch bei Wahrunterstellungen – offensichtlich nicht geeignet sind, die Ablehnung zu rechtfertigen.

372 Solange das Ablehnungsgesuch nicht verbeschieden ist, darf der Richter keine Amtshandlungen – es sei denn unaufschiebbare – (§ 47 ZPO) vornehmen. Verstößt er gegen diesen Grundsatz

wiederholt, rechtfertigt dies in aller Regel die Besorgnis der Befangenheit des Antragstellers (BayObLG WE 1994, 275; BayObLG WE 1995, 187; BayObLG WE 1995, 282).

Wird ein Amtsrichter (Richter am Amtsgericht) abgelehnt, so entscheidet über das Ablehnungsgesuch das Landgericht (§ 45, 2 ZPO). Sonst (Landgericht, OLG, BayObLG, KG) entscheidet das Gericht, dem der Abgelehnte angehört, es sei denn, daß durch das Ausscheiden des abgelehnten Mitglieds dieses Gerichts beschlußunfähig wird. In diesem Fall ist das im Rechtszug zunächst höhere Gericht zur Entscheidung berufen (§ 45, 1 ZPO). Gegen einen Gerichtsbeschluß mit dem das Gesuch für begründet erklärt wird, ist kein Rechtsmittel möglich. Beim Antrag der Ablehnung der Richter wegen Besorgnis der Befangenheit ist über die Kosten nach § 47 zu entscheiden, § 48 Abs. 1 und 4 ist jedoch nicht anzuwenden sondern die Vorschriften der KostO (BayObLG WE 1997, 270). 373

Für das Beschwerdeverfahren ist § 131 Abs. 1 KostO anzuwenden mit der Folge, daß gem. § 131 Abs. 1 S. 2 KostO keine Gerichtskosten anfallen (BayObLG WE 1991, 9). 374

Die Rechtsprechung hat über folgende Sachverhalte in Zusammenhang mit WEG-Verfahren und der dabei gemachten Richterablehnungsgesuche entschieden: 375

- Nichteinhaltung der Ladungsfrist durch das Amtsgericht: Kein Grund zur Richterablehnung, wenngleich eine unangemessene kurze Frist eine Versagung des rechtlichen Gehörs (GG Art. 103, 13) bedeuten kann (BayObLG vom 12. 10. 1983, BReg. 2 Z 72/83).
- Verfahrensfehler sind zwar unrichtige Entscheidungen aber kein Grund zur Richterablehnung, wenn keine unsachliche Einstellung des Richters erkennbar ist (BayObLG vom 12. 10. 1983, BReg. 2 Z 72/83).
- Verstoß gegen § 13 FGG – hier mangelnder Nachweis der Vertretungsmacht des Rechtsanwalts durch eine öffentlich beglaubigte Vollmacht – durch das Gericht reichen zur Richterablehnung nicht aus, weil dies für sich allein kein Grund für die Annahme eines berechtigten Mißtrauens gegen die Amtsführung eines Richters ist (BayObLG vom 29. 12. 1983, BReg. 2 Z 122/83).
- Die Erstattung einer Strafanzeige durch einen Beteiligten gegen einen Richter ist ebensowenig ein Grund zur Richterablehnung wie die Berufung auf ein früheres Ablehnungsverfahren gegen den gleichen Richter, welches rechtswirksam zurückgewiesen wurde (BayObLG vom 15. 12. 1982, BReg. 2 Z 104/82).

- Ablehnung eines Antrags auf Verlegung des Termins in WE-Sachen: kein Grund für die Richterablehnung (BayObLG WE 1988, 187; BayObLG WE 1991, 51).
- Ein Grund zur Richterablehnung kann die nahe Verwandtschaft eines Richters zum Verfahrensbevollmächtigten eines Beteiligten sein (BayObLG WE 1989, 207).
- Die Äußerung eines Richters in der mündlichen Verhandlung, die einen Beteiligten als überzogen, einseitig hinstellt oder die Äußerungen des Beteiligten als in der Sache unwichtig erkennt, begründet nur beim Hinzutreten weiterer Umstände die Ablehnung eines Richters (BayObLG WE 1992, 168).
- Die Bemerkung eines Richters bei der Vornahme eines Augenscheins auf die Ablehnung eines Vergleichsvorschlags durch einen Beteiligten „Aha, der Prozeßhase spricht" rechtfertigt nicht die Ablehnung des Richters (BayObLG WE 1992, 172).
- Der Tatsache, daß der Antragsteller des Ablehnungsgesuchs bereits seit 18 Jahren mit den übrigen WEern in zahlreichen Verfahren verstrickt ist und daß der abgelehnte Richter bereits in 6 Beschwerdeverfahren den Vorsitz führte ist ebensowenig ein Ablehnungsgrund wie die kurze Dauer einer mündlichen Verhandlung und das Unterbleiben einer gerichtlichen Beweisaufnahme (BayObLG WE 1994, 315) –
- Wurde ein Richter in einem Verfahren wegen der Äußerung gegenüber einem Verfahrensbevollmächtigten, Kostenschinderei zu betreiben, wegen der Besorgnis der Befangenheit wirksam abgelehnt, so ist in einem weiteren Verfahren, das 2 Jahre später stattfindet, diese Besorgnis nicht mehr gegeben (BayObLG WE 1996, 398).

376 Als Besonderheit im Beschwerdeverfahren wegen Richterablehnung ist festzustellen, daß hier eine Erstattung außergerichtlicher Kosten grundsätzlich nicht stattfindet, weil ein Beschwerdegegner nicht vorhanden ist (BayObLG vom 12. 10. 1983, BReg. 2 Z 72/83).

VI. Kosten des Verfahrens nach § 43 WEG

377 Die Kosten eines WE-Verfahrens richten sich nach dem für die deutsche Rechtsordnung maßgebenden streng und klar gegliederten Gebührensystem. Dieses System basiert auf der Festsetzung eines Streit- oder Gegenstandswertes, welcher Berechnungsgrundlage für die Kosten- und Honorarberechnung ist.

378 Dieses System, welches den tatsächlichen Aufwand der Gerichte, Anwälte und Notare eigentlich nicht berücksichtigt, geht davon aus, daß bei einem niederen Streit- und Gegenstandswert niedrige und bei einem hohen Streitwert hohe aber degressiv gestaffelte Verfahrenskosten anfallen.

Das an dem Streitwert ausgerichtete Rechtskosten- und Wertsystem hat sich sehr bewährt, zumal es folgendes berücksichtigt: *379*

- Jeder Bürger kann mit seinen wertmäßig geringeren Anliegen infolge geringer Kostenbelastung Rechtshilfe in Anspruch nehmen (soziale Komponente).
- Die Kosten eines Rechtsstreites sind wegen der festen Gebührenordnung jederzeit klar überschaubar, auch vor Beginn eines Verfahrens (Transparenz des Prozeßkostenrisikos).
- Das Interesse, eine Rechtsberatung mit einem hohen Gegenstandswert oder einen Rechtsstreit mit einem hohen Streitwert zu führen, soll am Prozeßkostenrisiko gemessen und entschieden werden.

Im folgenden sollen u.a. die Fragen beantwortet werden, wer die Verfahrenskosten zu tragen hat und wie hoch diese sind.

1. Kostenentscheidung

Die Frage, wer die Kosten des Verfahrens zu tragen hat, wird durch § 47 beantwortet. Danach bestimmt der Richter nach billigem Ermessen, wer von den Beteiligten die Kosten – das sind die Gerichtskosten und außergerichtliche Kosten – zu tragen hat. Die Kostenentscheidung des Richters hat verschiedene Rechtsfolgen (vgl. Staudinger/Wenzel Rz 2 zu § 47). Bezüglich der Gerichtskosten werden die Beteiligten zu Gesamtschuldnern gegenüber der Staatskasse. Zwischen den Gesamtschuldnern besteht wegen bereits geleisteter Zahlungen ein Ausgleichsverhältnis. Bezüglich der außergerichtlichen Kosten wird zwischen den streitenden Parteien ein Erstattungsanspruch begründet. *380*

Im Rahmen der Kostenentscheidung legt der Richter fest, wer von den Verfahrensbeteiligten die Kosten zu tragen hat und gegebenenfalls zu welchen Bruchteilen diese zu leisten sind, z.B.: *381*

Die Antragsteller haben insgesamt $^4/_5$ und die Antragsgegner haben insgesamt $^1/_5$ der Gerichtskosten zu tragen. Die außergerichtlichen Kosten werden nicht erstattet; das bedeutet, daß die

Beteiligten (Antragsteller und Antragsgegner) diese Kosten selbst zu tragen haben.

382 Die Kostenentscheidung ergeht zusammen mit der Sachentscheidung. Beide Entscheidungen zusammen sind Gegenstand des Gerichtsbeschlusses. Ist eine Kostenentscheidung im Beschluß nicht ergangen, so kann auch eine selbständige Kostenentscheidung getroffen werden (§ 18 FGG).

383 Bei der Billigkeitsentscheidung des § 47 S. 1 wird hinsichtlich der Verteilung der Gerichtskosten in der Regel der Rechtsgedanke der §§ 91 ff. ZPO (Veranlassungsprinzip) angewandt. Danach entspricht es billigem Ermessen, den im Verfahren Unterlegenen die Gerichtskosten aufzuerlegen bzw. in dem Umfang aufzuerlegen, indem er obsiegt hat (BayObLGZ 1979, 30; BayObLG Rpfleger 1980, 192). In Abweichung von diesem Grundsatz kann der Richter dem obsiegenden Beteiligten ganz oder teilweise die Gerichtskosten aufbürden, wenn ein Anlaß dazu besteht, z. B. weil er zu einem Verfahren den Anlaß gegeben hat (BayObLG 1965, 283), oder weil er nur einen Teilerfolg erzielt hat (OLG Hamm OLGZ 1971, 96).

384 Bezüglich der Entscheidung über die außergerichtlichen Kosten kommt für die Ermessensentscheidung nach § 47 S. 2 der Kostentragungsgrundsatz der fG zur Anwendung, nachdem im Prinzip die Beteiligten ihre außergerichtlichen Kosten selbst zu tragen haben. Aber auch hier kann der Richter vom Prinzip der Nichterstattung der außergerichtlichen Kosten abweichen und einen der Beteiligten zur Tragung (ganz oder teilweise) auch dieser Kosten verurteilen (§ 47 S. 2). So können z. B. die Gerichtskosten einem Verwalter (BayObLGZ 1975, 239 und 369) wie auch einem Rechtsanwalt (BayObLG Rpfleger 1976, 292) auferlegt werden, wenn bestimmte Gründe (Verschulden) dafür sprechen.

385 Der Grundsatz, daß die außergerichtlichen Kosten in der Regel vom Verlierer nicht zu erstatten sind, wird vielfach als ungerechtfertigt empfunden, weil dadurch derjenige bestraft wird, der das Verfahren nicht in Gang gesetzt bzw. das Rechtsmittel selbst nicht eingelegt hat.

386 Die Gerichte entscheiden über die Kostenerstattung nicht immer einheitlich, obwohl aus dem Wortlaut des § 47 Abs. 2 in Verbindung mit Satz 1 dieser Vorschrift eine vom Grundsatz

abweichende Entscheidung einer besonderen Rechtfertigung durch die Lage des Einzelfalles bedarf (so BayObLG WE 1993, 144). Gleichwohl ist im WE-Verfahren der Trend zu erkennen, daß die Gerichte ihre Ermessensentscheidung bezüglich der Kostenerstattung mehr und mehr daran orientieren, ob ein in Gang gesetztes Verfahren von Anfang an und eindeutig für den Antragsteller erfolglos ist. Das gilt auch für die Fälle, bei denen ein Beteiligter ein Verfahren zuerst in Gang gesetzt und dann den Antrag bzw. ein Rechtsmittel wieder zurückgenommen hat. Hier hat der Betreffende nicht nur die gerichtlichen, sondern auch die außergerichtlichen Kosten zu tragen hat (BayObLG WE 1988, 66; OLG Stuttgart WEM 1982, 114; BayObLG WE 1991, 289; WE 1997, 392; BayObLG vom 9. 4. 1998, 20/98). Nur besondere Gründe und die Umstände des Einzelfalls können eine andere Beurteilung rechtfertigen (BayObLGZ 1973, 30; OLG Stuttgart MDR 1983, 492; BayObLG WE 1992, 52, WE 1992, 52; WE 1995, 250; WE 1998, 197). Als besonderer Grund kann die Geschäftsunfähigkeit der Rechtsmittelführer gelten (BayObLG WE 1992, 172), aber auch der vermittelnde Hinweis des Gerichts auf die Erfolglosigkeit des Rechtsmittels (BayObLG WE 1992, 232). Von der Erstattung außergerichtlicher Kosten kann auch dann abgesehen werden, wenn die außerordentliche Beschwerde ausdrücklich nur zur Fristwahrung eingelegt wurde und diese dann vor ihrer Begründung wieder zurückgenommen wurde (BayObLG WE 1997, 393). Es kann auch in der Beschwerdeinstanz ermessensfehlerhaft sein, von einer Kostenerstattung abzusehen, wenn das Rechtsmittel des Beschwerdeführers bei eindeutiger Rechtslage erfolglos bleibt (BayObLG WE 1992, 168).

Für den Fall, daß im Verfahren die Hauptsache als erledigt er- *387*
klärt bzw. vergleichsweise erledigt wird (BayObLG WEM 1981/3, 44), oder daß der Antrag bzw. die sofortige Beschwerde (2. Instanz) oder die sofortige weitere Beschwerde (Rechtsbeschwerde 3. Instanz) zurückgenommen wird, entscheidet das jeweilige Gericht nur noch über die Gerichtskosten ebenfalls nach billigem Ermessen und von Amts wegen. Bei dieser Ermessensentscheidung hat das Gericht alle Umstände des Einzelfalles, insbesondere den mutmaßlichen Ausgang des Verfahrens, bei dessen streitiger Fortsetzung zu berücksichtigen (BayObLG

WEM 1981/3, 44; BayObLG WEM 1981/1, 38; BayObLG Rpfleger 1979, 318; BayObLG DWE 1984, 30; BayObLG WE 1990, 29 WE 1994, 56; vgl. auch BayObLG vom 5. 11. 1998, 2 Z 73/98). Anders kann es nach billigem Ermessen auch geboten sein, einem Beteiligten die Gerichtskosten aufzuerlegen, wenn die erneute Auseinandersetzung über einen Streitgegenstand im Verhalten eines Beteiligten liegt, auch wenn er im Ergebnis in diesem Verfahren nicht unterlegen wäre (BayObLG WE 1990, 28).

388 Bei der Rücknahme der Beschwerde kann das Beschwerdegericht die Kostenentscheidung der Vorinstanz nicht abändern weil mit der Rücknahme des Rechtsmittels die Vorentscheidung in vollem Umfang (Sach- und Kostenentscheidung) Rechtskraft erlangt hat (BayObLG vom 7. 5. 1997, 2 Z 135/96).

389 Nimmt der Rechtsmittelführer sein Rechtsmittel zurück und ist im Beschwerdeverfahren der Antragsgegner nicht in Erscheinung getreten, so kann gleichermaßen von der Erstattung außergerichtlicher Kosten Abstand genommen werden (BayObLG WE 1996, 154; BayObLG WE 1996, 397). Das gilt auch dann, wenn auf Hinweise des Gerichts über die Erfolglosigkeit, das Rechtsmittel sofort zurückgenommen wird (BayObLG WE 1996, 395; BayObLG WE 1996, 397).

390 Nimmt dagegen der Rechtsmittelführer bei einer klaren Rechtslage sein Rechtsmittel erst nach einer hierzu erbetenen Überlegungszeit aufgrund eines Hinweises des Gerichts auf die Erfolglosigkeit seines Rechtsmittels zurück, so bleibt es in der Regel dabei, daß er die gerichtlichen und außergerichtlichen Kosten zu tragen hat (BayObLG WE 1996, 358).

391 Ebenso kann es billigem Ermessen entsprechen, einem WEer die außergerichtlichen Kosten der übrigen WEer jedenfalls teilweise aufzuerlegen, wenn er seit Jahren Anlaß für WE-Verfahren gibt, die überwiegend zu seinen Lasten entschieden werden (BayObLG WE 1994, 184).

392 Das KG ist der Auffassung, daß in der Regel der den Antrag bzw. das Rechtsmittel Zurücknehmende auch die außergerichtlichen Kosten zu tragen hat, entgegengetreten (KG WE 1988, 165). Dies ist für das KG eine nicht zu rechtfertigende Benachteiligung des Rechtsmittelführers gegenüber demjenigen, der sein Rechtsmittel nicht zurücknimmt. Nach dem KG muß es bei dem

Grundsatz bleiben, daß jeder Beteiligte die Kosten seines Rechtsmittels selbst zu tragen hat. Ausnahmen hiervon sind nur bei besonderen Gründen möglich, welche in einer mutwilligen oder vermeidbaren Anrufung der höheren Instanz oder in einer besonderen Unbilligkeit des Einzelfalles gesehen werden können. Unabhängig davon hält das BayObLG an seiner Meinung fest (BayObLG WE 1990, 142; WE 1998, 78 + 79).

Auch bei Hausgeldverfahren (s. oben Rn. **11** 168ff.) ist es *393* allgemein üblich und entspricht der Billigkeit, dem säumigen Hausgeldschuldner neben den Gerichtskosten auch die außergerichtlichen Kosten aufzuerlegen (BayObLG WE 1991, 263; BayObLG WE 1991, 286; WE 1995, 256).

Hat ein WEer zu Unrecht das WE-Verfahren gewählt und *394* wären ihm im an sich zuständigen Verfahren der streitigen Gerichtsbarkeit die Verfahrenskosten gem. § 91 ZPO aufzuerlegen gewesen, so sind ihm in diesem Verfahren – auch unter Berücksichtigung des § 47 Abs. 2 – die gerichtlichen und außergerichtlichen Kosten des Antragsgegners aufzuerlegen (OLG Köln WE 1996, 276).

Mit Rechtskraft des Beschlusses ist die Kostenentscheidung *395* gleichzeitig ein vollstreckbarer Titel (vgl. oben Rn. **11** 340), der gegen die Kostenschuldner wirksam ist.

Die Kostenentscheidung, die zusammen mit der Hauptsache- *396* entscheidung ergeht, ist als Nebenentscheidung nicht selbständig oder isoliert angreifbar, sondern nur mit der Hauptsacheentscheidung zusammen (§ 20a FGG). Dies gilt auch dann, wenn ein Gericht zu Unrecht und unter Verletzung der Grundsätze rechtlichen Gehörs eine isolierte Kostentscheidung getroffen hat (LG München vom 7. 7. 1998, 1 Z 10007/98). Nur wenn die Kostenentscheidung gesetzlich unzulässig ist, kann sie selbständig angefochten werden. Das ist dann der Fall, wenn das Landgericht die sofortige Beschwerde gegen die mit einer Hauptsacheentscheidung verbundene Kostenentscheidung des Amtsgerichts als Beschwerde gegen eine isolierte Kostenentscheidung behandelt mit der Folge, daß hier die sofortige weitere Beschwerde zulässig ist. Diese führt wegen des Verstoßes gegen § 20a Abs. 1 S. 1 FGG zur Aufhebung der Entscheidung des Landgerichts und zur Verfügung der Erstbeschwerde (BayObLG WE 1995, 315).

397 Darüber hinaus ist ein Rechtsmittel gegen die isolierte Kostenentscheidung grundsätzlich dann möglich, wenn eine Entscheidung in der Hauptsache nicht ergangen ist (§ 20a Abs. 2 FGG). Das ist immer dann der Fall, wenn die Hauptsache als erledigt erklärt wird (BayObLG WE 1989, 143), oder wenn ein gerichtlicher Vergleich zustande kommt (BayObLG ZMR 1976, 313), sofern der Wert der Beschwer DM 200,– übersteigt (§ 20a Abs. 2 FGG; BayObLG WE 1990, 219). Dies setzt weiter voraus, daß auch gegen die Entscheidung in der Hauptsache ein Rechtsmittel zulässig wäre, insbesondere wenn die Beschwerdesumme für die Hauptsache den Betrag von DM 1500,– übersteigen würde (BayObLG WE 1992, 172; WE 1997, 75).

398 Zulässig ist eine (selbständige und unselbständige) Anschlußbeschwerde (vgl. oben Rn. **11** 286), die sich allein auf die Kostenentscheidung beschränkt (BayObLG WE 1990, 72) unter der Voraussetzung, daß gegen die Entscheidung in der Hauptsache ein Rechtsmittel zulässig wäre (BayObLG vom 7. 5. 1997, 2 Z 1997, 2 Z 135/96). Geht die unselbständige Anschlußbeschwerde erst nach Erlaß der Entscheidung über die sofortige (weitere) Beschwerde ein, ist sie unzulässig. Wird sie zurückgenommen gilt im allgemeinen der oben genannte Grundsatz, daß derjenige der ein Rechtsmittel in Gang setzt, nicht nur die gerichtlichen sondern auch die einem anderen Beteiligten entstandenen Kosten zu tragen hat. In bestimmten Fällen kann es aber auch hier billigem Ermessen entsprechen, von der Erhebung von Gerichtskosten und der Anordnung der Erstattung außergerichtlicher Kosten nach Maßgabe von § 130 Abs. 5 KostO abzusehen (BayObLG WE 1990, 139).

399 Die Feststellung des Gerichts durch Gerichtsbeschluß nach dem die Hauptsache – auch gegen den Willen eines Beteiligten (BayObLG WE 1989, 220) – als erledigt erklärt wird, ermöglicht keine isolierte Anfechtung der Kostenentscheidung, weil die einseitige gerichtliche Erledigterklärung eine Entscheidung in der Hauptsache nach § 20a Abs. 1 FGG ist (BayObLG WE 1992, 227). Ebenso ist die Verwerfung eines Rechtsmittels als unzulässig eine Entscheidung zur Hauptsache im Sinne von § 20a Abs. 1 FGG, so daß hier eine isolierte Kostenentscheidung auch nicht möglich ist. Bei isolierten Gerichtskostenentscheidungen

ist ebenfalls der Grundsatz des billigen Ermessens maßgeblich, wobei sowohl bei Erledigung der Hauptsache als auch bei Antragsrücknahme der mutmaßliche Ausgang bei streitiger Durchführung zu berücksichtigen ist. Es gelten hier im wesentlichen die gleichen Grundsätze wie die bei der im Zusammenhang mit der Hauptsache ergehenden Kostenentscheidung, und das sowohl für die Gerichtskosten als auch für die außergerichtlichen Kosten (vgl. oben Rn. **11** 232ff.).

Nicht möglich ist es, eine ergangene Kostenentscheidung (z. B. *400* die, daß die Beteiligten jeweils ihre außergerichtlichen Kosten selbst zu tragen haben) in einem neuen Verfahren mittels materiell-rechtlicher Ansprüche auf Erstattung der außergerichtlichen Kosten abzuändern versuchen (KG Berlin ZMR 1985, 278); vgl. auch BayObLG WE 1986, 24; KG WE 1987, 18 m.w.N.; OLG Zweibrücken WE 1987; BayObLG WE 1994, 150). Es geht nämlich nicht an (BGHZ 45, 251, 257), nach einer prozessualen Kostenentscheidung den gleichen Sachverhalt erneut zur Nachprüfung zu stellen und in seinen kostenrechtlichen Auswirkungen materiell-rechtlich entgegengesetzt zu beurteilen.

In den seltenen Fällen der zulässigen Rechtsmittel gegen Ko- *401* stenentscheidungen des Beschwerdegerichts kann die Ermessensentscheidung des Tatrichters vom Rechtsbeschwerdegericht nur beschränkt, d. h. nur auf Rechtsfehler hin überprüft werden. Die Überprüfung hat dahingehend zu erfolgen, „ob das Gesetz der Ermessensausübung überhaupt Raum gibt, ob der Tatrichter die Grenzen des ihm eingeräumten Ermessens überschritten hat, insbesondere ob er wesentliche Gesichtspunkte außer Betracht gelassen hat, ob er sich mit den Denkgesetzen in Widerspruch gesetzt oder ob er sonst von seinem Ermessen einen dem Sinn und Zweck des Gesetzes widersprechenden Gebrauch gemacht hat“ (so BayObLG WE 1992, 172 z. B. als Schadensersatzanspruch gegen einen Beteiligten BayObLG WE 1991, 244)

Das Rechtsbeschwerdegericht kann aber auch im Rechtsbe- *402* schwerdeverfahren von der Erhebung der Gerichtskosten absehen, wenn die unzulässige Rechtsbeschwerde (z. B.: Schriftsatz zur Rechtsbeschwerde ohne Anwaltsunterschrift) auf unverschuldeter Unkenntnis beruht (BayObLG WEM 1982/2, 73; BayObLG WE 1990, 219).

403 Wird ein Verfahren vom WE-Gericht an das Prozeßgericht abgegeben, dann ist die Entscheidung über die gesamten Kosten des gerichtlichen Verfahrens nach den §§ 91ff. ZPO zu treffen. Eine Anwendung von § 47 Abs. 2 ist ausgeschlossen (KG WE 1990, 91).

404 Erfolgt im Verfahren eine Teilentscheidung (vgl. oben Rn. **11** 209), so hat in der Regel eine Kostenentscheidung zu unterbleiben. Das Maß des jeweiligen Obsiegens und Unterliegens kann nämlich erst in der Schlußentscheidung beurteilt werden. Eine Kostenentscheidung in der Teilentscheidung würde demnach auch dem Grundsatz der einheitlichen Kostenentscheidung für jeden Rechtszug widersprechen (BayObLG WE 1994, 314).

2. Gerichtskosten im einzelnen

405 Die Gerichtskosten werden nach Maßgabe der KostO (Gesetz über die Kosten in Angelegenheiten der Freiwilligen Gerichtsbarkeit – Kostenordnung – vom 25. 11. 1935 in der Fassung vom 26. 7. 1957 – BGBl. I S. 861, 890), die für das FG-Verfahren maßgebend ist, festgelegt. Anders die Gerichtskosten des Zivilprozesses, die durch das Gerichtskostengesetz – GKG – bestimmt werden. Die Gerichtskosten unterteilen sich in die Gerichtsgebühr und die Auslagen.

406 Die Gerichtsgebühr ist eine Wertgebühr, welche der nach § 32 KostO in einer der KostO beigegebenen Gebührentabelle entnommen werden. Die Gebührentabelle enthält jeweils den Geschäftswert und die daraus abgeleitete Gebühr. Die Gebührentabelle, die jeweils nur eine volle Gebühr angibt, ist degressiv gestaltet, d.h. daß die Steigerungsrate der Gebühr mit wachsendem Geschäftswert laufend abnimmt.

407 Die Gebührentabelle nach § 32 KostO ist im Anhang IV abgedruckt.

408 Die Gerichtskosten werden nach Maßgabe von § 48 erhoben und zwar:

- Volle Gebühr nach § 48 Abs. 1 S. 1: für das gerichtliche Verfahren bis zur Entscheidung. Das gilt auch, wenn das Verfahren durch gerichtlich vermittelten Vergleich, durch übereinstimmende Erledigungserklärung oder durch Auftragsrücknahme beendet wird (vgl. Henkes/Niedenführ/Schulze: WEG zu § 48 Rz 5).

- Drei volle Gebühren nach § 48 Abs. 1 S. 2: nach der Entscheidung des Gerichts. Das gilt auch für die Entscheidung des Gerichts, daß die Hauptsache erledigt ist (wenn bei einseitiger Erledigungserklärung der Gegner widerspricht – vgl. oben Rn. **11** 232).
- Halbe Gebühr nach § 48 Abs. 1 S. 3: nach Antragsrücknahme – auch vor Zustellung des Antrags an Gegner –, vor Entscheidung oder nach einer gerichtlich vermittelten Einigung sowie bei isolierter Kostenentscheidung (BayObLG WE 1994, 308).
- § 48 Abs. 3: für die Rechtsmittelinstanzen gelten die gleichen Gebühren wie für das Verfahren in der ersten Instanz (§ 48 Abs. 1).
- Mischfälle: bei teilweiser Antragsrücknahme, bei teilweise übereinstimmender Erledigterklärung oder bei Teilvergleich werden zwei volle Gebühren über den Wert, über welchen entschieden wurde, und eine volle Gebühr nach dem Gesamtwert erhoben (Henkes/Niedenführ/Schulze zu § 84 R. 8; so jetzt auch BayObLG WE 1994, 308).

Auch in Nebenverfahren, wie z.B. bei Richterablehnung (s. *409* oben Rn. **11** 363), richtet sich die Kostenentscheidung sowie die Geschäftswertfestsetzung nach den Vorschriften des WEG und nicht nach der KostO (BayObLG WE 1990, 184; offenbar a.A. OLG Düsseldorf Rpfleger 1983, 370).

Auslagen werden durch das Gericht je nach tatsächlichem *410* Anfall berechnet, sofern sie gesondert in Ansatz gebracht werden dürfen, d.h. daß sie „auslagepflichtig" sind. Auslagepflichtig sind unter bestimmten Voraussetzungen „Schreibauslagen" (§ 136 KostO), das sind die Kosten einer Vervielfältigung eines Schriftsatzes (DM 1,– pro Blatt plus Mehrwertsteuer). Weitere sonstige Auslagen sind in § 137 KostO genannt, z.B. Telegrafen- und Fernschreibgebühren; Entschädigungen und Vergütungen an Zeugen und Sachverständige; Reisekostenvergütungen und Auslagenersatz des Gerichtspersonals bei Auswärtsterminen u.a. Dazu zählen auch Schadensersatzkosten, die bei einer gerichtlich angeordneten Beweisaufnahme unvermeidbar sind wie z.B. Kosten der Behebung von Schäden (BayObLG 1973, 145).

411 Rechtsgrundlage für die Berechnung der Gerichtsgebühren ist § 1 KostO, so daß für die Erhebung von Schreibauslagen nicht Nr. 1900 KVGKG herangezogen werden kann (BayObLG WE 1990, 174).

412 Meist erhebt das Gericht vor der Rechtshängigkeit eines Gerichtsverfahrens (vgl. oben Rn. **11** 87) einen Gerichtskostenvorschuß. Dieser Vorschuß bestimmt sich nach § 8 KostO, wonach durch den Vorschuß die zu erwartenden Kosten abgedeckt werden sollen. Die Höhe des Vorschusses ermittelt der Richter in der Regel nach Maßgabe eines vorläufig errechneten Geschäftswertes. Gegen die Vorschußanforderung kann als Rechtsbehelf die Erinnerung nach § 14 Abs. 2 KostO eingelegt werden. Das gilt auch für die Erhebung eines Auslagenvorschusses im Rahmen einer gerichtlich angeordneten Beweisaufnahme.

413 Die Zahlung des angeforderten Gerichtskostenvorschusses ist Voraussetzung für das Betreiben des Verfahrens durch das Gericht (§ 8 Abs. 2 KostO; KG WE 1998, 24). Zahlt der Antragsteller den Gerichtskostenvorschuß nicht, so ist der Antrag nach vergeblicher Fristsetzung nicht zurückzuweisen, sondern lediglich das Ruhen des Verfahrens anzuordnen (OLG Köln WE 1995, 241; WE 1996, 433). Zur Verwirkung des Verfahrensantrags wird verwiesen auf Rn. **11** 87.

3. Außergerichtliche Kosten im einzelnen

414 Als außergerichtliche Kosten kommt in erster Linie die Rechtsanwaltsvergütung in Betracht. Daneben zählen auch Kosten und Aufwendungen zu den außergerichtlichen Kosten, die einem Beteiligten im Zusammenhang mit dem Verfahren entstehen.

415 Wenn eine Gem. im Verfahren nicht durch einen Rechtsanwalt vertreten wird, sondern durch den Verwalter, sind die Aufwendungen, welche er durch Vervielfältigung und Versand hat (Porto) außergerichtliche Kosten. Eine Gebühr für seine Leistung kann er aber als außergerichtliche Kosten nicht geltend machen, wohl aber gegenüber der Gem., die er vertritt, wenn dies im Verwaltervertrag vereinbar ist.

416 Das Rechtsanwaltshonorar ist auch eine Wertgebühr. Die Leistung des Rechtsanwalts bestimmt der schuldrechtliche Ge-

schäftsbesorgungsvertrag (§§ 675, 611 BGB). Der Vergütungsanspruch des Anwalts ergibt sich aus diesem privatrechtlichen Schuldverhältnis. Die Höhe des Vergütungsanspruchs der Rechtsanwälte regelt die BRAGO (Bundesgebührenordnung für Rechtsanwälte vom 26. 7. 1957 – BGBl. I S. 861, 907).

Die Rechtsanwaltsgebühren im Verfahren für WE-Sachen entsprechen nach § 63 Abs. 1 BRAGO denen in bürgerlichen Rechtsstreitigkeiten, die in den §§ 31 ff. BRAGO bestimmt werden. Wie bei den Gerichtskosten erhält der Anwalt Gebühren – allerdings für sehr viel mehr differenzierte Bereiche – die an den Geschäftswert gebunden sind und gesondert einen Auslagenersatz. Die an den Geschäftswert gebundenen Gebühren sind je nach der Art der Tätigkeiten innerhalb und außerhalb eines Verfahrens unterschiedlich hoch. Die Gebühren innerhalb eines Verfahrens sind u. a. nach §§ 31 und 32 BRAGO die Prozeßgebühr, die Verhandlungsgebühr, die Beweisgebühr, die Erörterungsgebühr und die Vergleichsgebühr und zwar jeweils als volle Gebühr. *417*

Die Anwaltsgebühren betragen demnach: *418*

- Volle Gebühr als Prozeßgebühr für das Betreiben des Verfahrens, für Besprechungen sowie für Fertigung der Schriftsätze u. ä.
- Volle Gebühr als Verhandlungsgebühr für mündliche Verhandlung vor Gericht
- Volle Gebühr als Beweisgebühr für ein im WE-Verfahren seltenes Beweisverfahren (Strengbeweis s. oben S. 624)
- Volle Gebühr als Erörterungsgebühr nur für den Fall, daß keine Verhandlungsgebühr entsteht.
- Volle Gebühr als Vergleichsgebühr.

Der Rechtsanwalt kann bei Vertretung mehrerer WEer oder einer Gem. die erhöhte Prozeßgebühr nach § 6 Abs. 1 BRAGO (= $^3/_{10}$ pro weiterem Auftraggeber) verlangen, allerdings nur bis zu höchstens zwei vollen Gebühren (BGH vom 6. 10. 1983, III ZR 109/82), weil die WEer-Gem. nicht rechtsfähig ist und damit die einzelnen Miteigentümer als Auftraggeber auftreten. Dies gilt aber nicht, wenn der Verwalter im Verfahren für die Gem. als Verfahrensstandschaft der (vgl. oben Rn. **10** 425) auftritt (vgl. Drasdo in WEZ 1988, 151: „Die Anwendbarkeit des § 6 *419*

Abs. 1 S. 2 BRAGO bei der Vertretung einer Wohnungseigentümergemeinschaft“; BayObLG vom 30. 7. 1998, 2 Z BR 106/98). Kann der Verwalter im Verfahren sowohl als Verfahrensvertreter wie auch als Verfahrensstandschafter auftreten, ist das Gericht im Rahmen des § 42 Abs. 2 befugt, den gegebenenfalls entstandenen Mehrvertretungszuschlag eines Rechtsanwalts in die Erstattungspflicht einzubeziehen oder diesen auszunehmen (KG WE 1993, 223). Bei der Frage der Erstattungsfähigkeit der Erhöhungsgebühr nach § 6 BRAGO geht es ausschließlich darum, ob die Mitglieder der WEer-Gem. zum Zwecke der Schadensminderung verpflichtet sind, den für die Gegner kostengünstigeren Weg der Verfahrensstandschaft zu beschreiten. Diese Frage kann nicht grundsätzlich mit ja oder mit nein beantwortet werden. Maßgeblich hierfür sind die Umstände des Einzelfalls (LG München I, vom 27. 5. 1998, 1 T 8299/98 m. w. N.).

420 Rechtsanwaltsgebühren außerhalb des Verfahrens, also in außergerichtlichen Sachen haben andere Tarife, sie sind im einzelnen folgende:

- Geschäftsgebühr (§ 118 Abs. 1 Ziff. 1 BRAGO).
- Besprechungsgebühr (§ 118 Abs. 1 Ziff. 2 BRAGO).
- Ratsgebühr (§ 20 BRAGO).

Der Auslagenersatz, den der Rechtsanwalt gesondert in Rechnung stellen kann, ist u. a. (§§ 25 bis 29 BRAGO):

- Umsatzsteuer (§ 25 Abs. 2).
- Post-, Telegrafen-, Fernsprech- und Fernschreibgebühren (§ 26).
- Schreibauslagen für zusätzlich gefertigte Abschriften und Ablichtungen in bestimmten Fällen (§ 27; DM 1,– pro Blatt zuzüglich Mehrwertsteuer).
- Reisekosten (§§ 28 bis 30).

Für die Gebühren der Rechtsanwälte enthält die BRAGO nach Maßgabe des § 11 ebenfalls eine degressiv gestaffelte Gebührenordnung, z. B.:

bis	200,– DM	(Geschäftswert)	30,– DM	Gebühr
	usw.			
bis	4000,– DM		229,– DM	
bis	25 000,– DM		880,– DM	
	usw.			
bis	610 000,– DM		4170,– DM	

421 Die Gebührenbedingungen der BRAGO gelten grundsätzlich nur dann, wenn keine gesonderte Honorarvereinbarung zwischen dem Rechtsanwalt und seinem Auftraggeber (Mandant) getroffen wurde. Bei Honorarvereinbarungen gilt aber das ausdrückliche Verbot, Gebühren unterhalb der gesetzlichen Gebühren der BRAGO abzuschließen.

4. Geschäftswert

422 Der Geschäftswert (auch Gegenstandswert bezeichnet) ist der Gebührenwert für die Gerichtskosten (§ 18 Abs. 1 KostO) und Bemessungsgrundlage für die Anwaltsgebühren. Unter dem Geschäftswert ist der Wert zu verstehen, den der Gegenstand des Geschäfts zur Zeit der Fälligkeit hat (BayObLG WE 1996, 376).

423 Der Geschäftswert wird vom Richter nach Maßgabe von § 48 Abs. 2 festgesetzt. Der Richter hat bei der Festlegung des Geschäftswerts nach § 48 Abs. 3 das Interesse der Beteiligten zu berücksichtigen, welche diese an der Entscheidung haben (BayObLG WE 1988, 40). Dabei kommt es wegen der Rechtswirkung der angestrebten Entscheidung für und gegen alle Beteiligte (§ 45 Abs. 2 S. 2) auf das Interesse aller Beteiligten an (BayObLG vom 11. 3. 1998, 461/97; und vom 2. 7. 1998, 3 Z 6/98). Diese Vorschrift ist nicht verfassungswidrig, wenn sie so ausgelegt wird, daß die Kostenbelastung nicht den freien Zugang zu den Gerichten verhindert (BayObLG WE 1994, 19).

424 Der Geschäftswert kann nach § 48 Abs. 3 S. 2 auch niedriger angesetzt werden, wenn die Kosten des Verfahrens zu dem Interesse eines Beteiligten nicht in einem angemessenen Verhältnis stehen (BayObLG WE 1996, 117; WE 1997, 77).

425 Wird ein WEer-Beschl. über eine konkrete Maßnahme angefochten, so ist deren Wert grundsätzlich in voller Höhe anzusetzen. Wird beanstandet, daß eine als notwendig anerkannte Reparatur mit zu hohem Kostenaufwand durchgeführt wird, so bestimmt sich das Interesse nicht nach dem Gesamtvolumen der Maßnahme, sondern nach der Differenz der beiden in Betracht kommenden Maßnahmen. Diese ist als konkrete Einzelbeanstandung grundsätzlich in voller Höhe anzusetzen (vgl. BayObLG vom 11. 3. 1998, 2 Z 461/97).

426 Eine Aufspaltung des Geschäftswerts in Bruchteile entsprechend der Anzahl der Beteiligten ist dabei nicht vorzunehmen (BayObLG Rpfleger 1975, 98). Wegen der Gebührendegression ist es unzulässig, den Beteiligten die Kosten aus Teilgeschäftswerten aufzuerlegen.

427 Bei der Geschäftswertfestsetzung ist nicht allein das wirtschaftliche Interesse der Beteiligten zu berücksichtigen, sondern auch die objektive Bedeutung der Angelegenheit für alle Beteiligten, das Gebühreninteresse des Fiskus und der Anspruch der Rechtsanwälte für eine ausreichende Vergütung (BayObLG WE 1993, 352). Auf die Begründetheit des geltend gemachten Anspruchs kommt es dabei nicht an (BayObLG WE 1986, 153: hier Hausgeldanspruch).

428 Bei Unterlassungsansprüchen im echten Streitverfahren der fG nach § 43 Abs. 1 Nr. 1 ist für den Geschäftswert das Interesse der Antragsgegnerseite, nicht das Abweisungsinteresse des Gegners maßgebend (KG WE 1993, 223).

429 Das Gericht kann ausnahmsweise von der Geschäftswertfestsetzung absehen, aber nur dann, wenn Gerichtskosten nicht zu erheben und außergerichtliche Kosten nicht angefallen sind (BayObLG WE 1988, 203).

430 Das Verfahren bezüglich der Geschäftswertfestsetzung bestimmt sich nach § 31 Abs. 3, § 14 Abs. 3 und 4 KostO. Auf Einzelbestimmungen der KostO, wie z. B. auf § 21 KostO, kann bei der Festlegung des Geschäftswertes nicht abgestellt werden, weil der § 48 eine besondere von der Kostenordnung abweichende Gerichtsgebührenregelung darstellt (BayObLG WE 1981, 202).

431 Allerdings kann dann, wenn jegliche Anhaltspunkte für eine Schätzung fehlen, vergleichsweise der Regelwert des § 30 Abs. 2 Satz 2 KostO (DM 5000,–) herangezogen werden (BayObLG WE 1990, 63).

432 Die Höhe der Geschäftswertfestsetzung ist vielfach Gegenstand streitiger Auseinandersetzungen. Die Rechtsprechung hat in einer Reihe von Entscheidungen Maßstäbe (vgl. unten Rn. **11** 443) gesetzt. Verwiesen wird auf die diesbezügliche Zusammenstellung bei Bärm. (Rz 10ff. zu § 48).

433 Gegen den durch den Richter festgesetzten Geschäftswert kann das Rechtsmittel der unbefristeten Beschwerde eingelegt

werden (§ 31 Abs. 3 KostO), wenn der Beschwerdewert, das ist der Betrag um den sich die Gerichtskosten bei einem niedrigeren Geschäftswert verringern würden, den Betrag von DM 100,– übersteigt, und wenn der Beschwerdeführer beschwert ist. Der Beschwerdeführer ist nicht beschwert, wenn der Kostenschuldner mit der Beschwerde die Heraufsetzung des Geschäftswerts erstrebt (BayObLG WE 1997, 39). Hier hätte die beantragte Heraufsetzung des Geschäftswerts nur eine Belastung, nicht aber eine Besserstellung zur Folge. Aus diesem Grunde kann das Gericht die Beschwerde gegen die Heraufsetzung des Geschäftswerts als von dem Verfahrensbevollmächtigten persönlich eingelegt anzusehen (KG WE 1993, 139). Die weitere Beschwerde bedarf der Zulassung durch das Landgericht (KG WE 1993, 139).

Wird aufgrund einer landgerichtlichen Entscheidung die Ge- *434*
schäftswertfestsetzung allein und isoliert angefochten, so handelt es sich dabei um eine zulassungsfreie Erstbeschwerde (§ 31 Abs. 1 S. 1, § 14 Abs. 3 S. 1 KostO; BayObLG WE 1987, 19; BayObLG 1991, 232; WE 1996, 476) und nicht um eine weitere Beschwerde. Das gleiche gilt auch dann, wenn das Landgericht von Amts wegen den vom Amtsgericht festgesetzten Geschäftswert abändert. Diese Auffassung ist nicht unumstritten, weil eine andere Auffassung in der isolierten Anfechtung der Geschäftswertentscheidung eine weitere Beschwerde sieht, die nach § 14 Abs. 3 KostO als Rechtsbeschwerde ausgestaltet ist und die der ausdrücklichen Zulassung (vgl. unten) durch die Erstbeschwerdeinstanz bedarf. Verwiesen wird auf die Entscheidung des KG (WE 1990, 94), mit der sich der Senat mit den unterschiedlichen Rechtsauffassungen auseinandersetzt und an seiner eigenen Auffassung festhält (KG WE 1996, 384).

Auch im Beschwerdeverfahren richtet sich der Geschäftswert *435*
nach dem Interesse der Beteiligten an der Entscheidung, wobei in der Rechtsmittelinstanz gem. § 31 Abs. 1 Satz 2 KostO der Geschäftswert vom Rechtsmittelgericht von Amts wegen geändert werden kann.

Die Festsetzung des Geschäftswertes durch das Landgericht *436*
als Beschwerdegericht kann als weitere Beschwerde angefochten werden, wenn dies das Landgericht wegen der grundsätzlichen

Bedeutung der zur Entscheidung stehenden Frage zuläßt (§ 14 Abs. 3 KostO). Die Zulassung der Rechtsbeschwerde ist gleichzeitig mit der Hauptsacheentscheidung auszusprechen. Gegen eine nicht zugelassene Beschwerde ist in der Geschäftswertfestsetzung keine Beschwerde (Nichtzulassungsbeschwerde) möglich, auch nicht bei Berufung auf das verfassungsmäßig garantierte Recht auf rechtliches Gehör (BayObLG WE 1990, 64, WE 1996, 360).

437 Wird in einem Rechtsmittelverfahren die sofortige Beschwerde zurückgenommen, so richtet sich der Geschäftswert nicht mehr nach dem Gegenstand des Verfahrens sondern nur noch nach den bis zum Zeitpunkt der Rücknahme angefallenen Gerichtskosten und außergerichtlichen Kosten dieses Rechtszuges (BayObLG WE 1989, 32). Dieses sogenannte Kosteninteresse für die Festlegung des Geschäftswerts gilt auch bei der übereinstimmenden Erledigterklärung durch das Gericht (BayObLG WE 1992, 227). Das gleiche auch für die Festsetzung eines vorläufigen Geschäftswertes zur Berechnung des Gerichtskostenvorschusses.

438 Das Geschäftswertbeschwerdeverfahren ist gebührenfrei (§ 31 Abs. 3 KostO), so daß weder eine Geschäftswertfestsetzung (BayObLG 1990, 64) noch eine Kostenentscheidung zu treffen ist (BayObLG WE 1982, 24).

439 Besondere Probleme bei der Geschäftswertentscheidung entstehen dann, wenn der Richter dem Grundsatz des § 48 Abs. 2 ohne Ausnahme folgt und dabei das wirtschaftliche Interesse aller WEer und nicht nur des einzelnen Antragstellers in allen Fällen als Maßstab für die Geschäftswertfestsetzung berücksichtigt. Dies würde im Beschlußanfechtungsverfahren großer WEer-Gem. nach Auffassung des KG (WE 1987, 198) den verfassungsrechtlich verbürgten Grundsatz des gleichen Zugangs zu den Gerichten durch den Geschäftswert verletzten, so daß der Geschäftswert für das gerichtliche Verfahren das fünffache des wirtschaftlichen Eigeninteresses des Antragstellers nicht überschreiten sollte.

440 Dieser Auffassung ist das BayObLG (WE 1989, 214) im wesentlichen nicht. Eine Wertfestsetzung nach § 48 Abs. 2, die auf das Interesse aller Beteiligten an der Entscheidung abstellt, muß auch bei einer großen Gem. nicht unbillig sein. Gleichwohl ist der Grundsatz zu berücksichtigen, daß der Zugang zu den Gerichten allen Bürgern auf möglichst gleiche Weise eröffnet sein muß (BVerfG 74, 228), so daß es – insbesondere bei großen WEer-Gem. – geboten sein kann, die Kosten auf ein erträgliches Maß zu verringern. Dies kann aber nicht nach einem starren Schema geschehen (so auch OLG Köln WE 1995, 23). Die Analogie zu § 23 a UWG hält das BayObLG (WE 1989, 214) eine Ermäßigung des vollen Geschäftswerts dann für möglich, wenn im Einzelfall die Kostenbelastung den freien Zugang zu den Gerichten zu verhindern droht. Dies ist dann der Fall, wenn die von einem verständigen Beteiligten für geboten erachtete Rechtsverfolgung mit Kosten verbunden ist, die auch unter Abwägung des Interesses der übrigen Beteiligten außer Verhältnis zu dem Interesse der Beteiligten steht (vgl. BayObLG WE 1993, 170). Hier ist der sich aus § 48 Abs. 2 ergebende volle Geschäftswert auf einen Betrag zu ermäßigen, der das Interesse aller Beteiligten zwar nicht voll, aber angemessen berücksichtigt (vgl. hierzu auch OLG Schleswig, WE 1991, 19).

An einer weiteren Schematisierung – zumindest bei der Geschäftswertbemessung von Streitigkeiten über die Veräußerungszustimmung (s. oben Rn. **7** 19ff.) – hält das KG (WE 1990, 86) fest, wobei es besonderen Wert auf das frei zu schätzende Interesse der Beteiligten im Sinne von § 48 Abs. 2 – der dem § 30 KostO ähnelt – legt. Deshalb ist aus verfassungsrechtlichen Gründen der Geschäftswert so zu bemessen, daß ein effektiver gerichtlicher Schutz nur dann ermöglicht wird, wenn die Kosten des Verfahrens in einem ausgewogenen Verhältnis zum Verfahrensanlaß stehen (KG WE 1987, 198). Seine bisherige Meinung, daß der Geschäftswert bei Streitigkeiten über die Erteilung der Veräußerungszustimmung dem Kaufpreis des Veräußerungsvertrages zu entsprechen hat (BayObLG WE 1986, 24), hat das BayObLG (WE 1991, 171) aufgegeben mit der Feststellung, daß hier in der Regel ein Geschäftswert zwischen 10 v. H. und 20 v. H. des Kaufpreises angemessen ist. *441*

Der Auffassung, die Regelung des § 48 Abs. 2 (KG, WE 1987, 198) erschwere den Zugang zu den Gerichten in einem Maße, daß der verfassungsrechtlich verbürgte Grundsatz des gleichen Zugangs aller zu den Gerichten verletzt würde, ist das BVerfG *442*

(NJW 1992, 1673) nicht gefolgt. Es hält die Regelung des § 48 Abs. 2 mit dem Grundgesetz vereinbar. Demnach ist es verfassungsrechtlich nicht zu beanstanden, wenn bei WE-Verfahren, in denen über die Gültigkeit von Beschlüssen der WEer-Vers. und über die Rechte und Pflichten der WEer zu entscheiden ist, bei der Geschäftswertfestsetzung auf das Interesse der Beteiligten insgesamt – und nicht nur auf den Wert des von einzelnen Beteiligten verfolgten wirtschaftlichen Ziels – abgestellt wird.

443 Wird Beschwerde gegen die Ablehnung des Grundbuchamts zum Vollzug einer TE eingelegt, so richtet sich der Geschäftswert des Beschwerdeverfahrens nach § 131 Abs. 2 KostO nach dem Kaufpreis für das aufzuteilende Grundstück. Nach § 21 Abs. 2, § 19 Abs. 2 KostO ist dabei die Hälfte des Wertes des Grundstücks anzunehmen. Da es aber auf das mit der Beschwerde verfolgte wirtschaftliche Interesse und auf die Umstände des Einzelfalls ankommt, können abweichende Festsetzungen getroffen werden (BayObLG WE 1997, 155; hier Abschlag von 20 v. H. aus Grundstückswert).

Rechtsprechung:

- Ist Gegenstand des Verfahrens die Buchführung eines Verwalters, so ist im Regelfall das Interesse der Beteiligten nach der für die fragliche Zeit zu entrichtenden Vergütung des Verwalters zu bemessen (BayObLG WE 1988, 49).
- Wird Wirtschaftsplan und Jahresabrechnung angefochten, so ist in der Regel Bemessungsgrundlage für den Geschäftswert ein angemessener Bruchteil des Gesamtvolumens von Wirtschaftsplan und Abrechnung. Dabei kann aber nicht nur auf die strittige Einzelposition zurückgegriffen werden, weil das Einzelinteresse der Gem. am ganzen Wirtschaftsplan und der ganzen Jahresabrechnung nicht außer Acht gelassen werden darf (BayObLG Rpfleger 1979, 427; DWE 1983, 123; WE 1997, 392). Die Beschränkung des Geschäftswertes auf einen Posten in der Jahresabrechnung ist dann möglich, wenn sich das Interesse der Beteiligten auf den angefochtenen Posten beschränkt. Das ist dann der Fall, wenn der Gesamtrechnungsbetrag des Einzelpostens unverändert bleibt, aber die hierauf bezogenen Beträge in den Einzelabrechnungen der WEer sich verändern (BayObLG WE 1989, 216). In diesem Fall kann auch ein angemessener Bruchteil (vgl. oben) dieses Rechnungspostens für die Geschäftswertfestsetzung angemessen sein (BayObLG WE 1989, 216). Nach der neueren Rechtsprechung des BayObLG ist bei Anfechtung von Beschlüssen über die Jahresabrechnung das Inter-

esse der Beteiligten nach dem Wert der konkreten Beanstandungen zuzüglich eines Bruchteils von in der Regel 25 v. H. aus dem Restwert der angefochtenen Jahresabrechnung (BayObLG WE 1996, 117). Es ist nämlich angebracht, neben den konkreten Beanstandungen, das darüberhinausgehende Interesse der Beteiligten am Bestehenbleiben der Jahresabrechnungen bzw. an einer neuen Abrechnung und Beschlußfassung zu berücksichtigen. Besteht dagegen kein über die Einzelabrechnung hinausgehendes Interesse der Beteiligten am Bestehenbleiben der Jahresabrechnung, ist der Verzicht auf einen Zuschlag gerechtfertigt (BayObLG WE 1996, 317).

- Wenn Verfahrensgegenstand die Herausgabe eines konkreten Gegenstandes ist, so ist als Geschäftswert der Wert dieses Gegenstandes anzunehmen, wie er sich für alle Beteiligten darstellt (hier Wert des Dachbodens = anteiliger Kaufpreis; BayObLG DWE 1985, 125; vgl. auch BayObLG WE 1992, 347).
- Bei den Notarkosten für Unterschriftsbeglaubigung der Versammlungsniederschrift in Zusammenhang mit der Verwalterbestellung ist als Geschäftswert nicht der Vermögenswert der Gem., sondern der Regelwert von DM 5000 gem. § 30 Abs. 2 KostO zu berücksichtigen (OLG Stuttgart WE 1988, 197).
- Anläßlich der Prüfung des durch Vorinstanzen festgelegten Geschäftswertes aufgrund eines zulässigen Rechtsmittels kann das Rechtsbeschwerdegericht die Geschäftswertfestsetzung auch im Wege der einstweiligen Anordnung (§§ 24 Abs. 3; 29 Abs. 4 FGG) vorläufig außer Kraft setzen (BayObLG WE 1989, 107).
- Der Geschäftswert im WE-Verfahren bezüglich eines Entziehungsbeschlusses (s. oben Rn. **7** 456) orientiert sich am Verkehrswert der ETW (OLG Frankfurt DWE 1984, 62).
- Bei Anfechtung von Beschlüssen der WEer ist für den Geschäftswert nicht nur das Interesse des Antragstellers maßgebend, sondern wegen der umfassenden Rechtskraftwirkung der angestrebten Entscheidung das Interesse aller Beteiligten (alle WEer und der Verwalter). Bei der Anfechtung der Jahresabrechnung wird das Interesse aller Beteiligten mit einem angemessenen Bruchteil von 20 bis 25 v. H. des Gesamtvolumens zu bewerten sein (BayObLG WE 1989, 210).
- Wird ein nichtiger Beschluß über die Durchführung einer Maßnahme angefochten und dabei dessen Nichtigkeit festgestellt, kommt gegenüber einem bloß anfechtbaren WEer-Beschluß ein niedrigerer Geschäftswert in Betracht (BayObLG WE 1993, 347). Wird ein WEer-Beschluß über Instandhaltungsmaßnahmen angefochten, obwohl er bereits durchgeführt ist, so ist dabei der Geschäftswert anzusetzen, wie er vor Durchführung der Maßnahme hätte bestimmt werden müssen (BayObLG WE 1991, 56). Handelt es sich bei einem Beschlußanfechtungsantrag gegen eine Instandhaltungsmaßnahme tatsächlich nur um einen Antrag, die für diese Maßnahme aus der Rückstellung entnommenen Kosten der Rückstellung wieder zuzuführen, so ist das Interesse

der Beteiligten an der Entscheidung auf den geforderten Rückzahlungsantrag begrenzt (BayObLG WE 1994, 56).

- Wird ein Beschluß angefochten mit dem dem Verwalter bzw. dem VB Entlastung erteilt wird, ist für den Geschäftswert maßgebend, ob und in welchem Umfang Schadensersatzansprüche gegen den Verwalter oder den VB in Betracht kommen. In der Regel wird für die Entlastung des Verwalters ein Geschäftswert von etwa DM 1000,– und für den VB von etwa DM 500,– festzustellen sein (BayObLG vom 30. 12. 1998, 2 Z 90/98 und 102/98).
- Der Angriff auf eine Geschäftswertfestsetzung mit einer unzulässigen Beschwerde gegen eine Kostenentscheidung ist zulässig und gilt als Rechtsmittel gegen die Geschäftswertfestsetzung (BayObLG WE 1989, 220).
- Das Rechtsbeschwerdegericht kann im Rahmen einer zulässigen Erstbeschwerde gegen die vom Landgericht vorgenommene Geschäftswertfestsetzung auch den Geschäftswert des erstinstanzlichen Verfahrens von Amts wegen abändern (BayObLG WE 1989, 22).
- Das Interesse der Beteiligten (§ 48 Abs. 2) an der Feststellung oder Ungültigkeit eines WEer-Beschlusses im Sinne von § 18 Abs. 3 ist nicht mit dem Streitwert der Klage auf Entziehung des WE (§§ 18 Abs. 1, 19) gleichzusetzen. Der Beschluß nach § 18 Abs. 3 stellt lediglich besondere Prozeßvoraussetzung für die Entziehungsklage heraus. Das Interesse der dabei Betroffenen ist nicht der Verkehrswert des Objektes, sondern einerseits das Risiko des Wertverlustes und die Kosten einer Wohnungsersatzbeschaffung für den Veräußerer und andererseits das Gewicht der Pflichtverletzungen für die WEer (BayObLG WE 1990, 61).
- Läßt sich bei vermögensrechtlichen Ansprüchen in Ermangelung genügender tatsächlicher Anhaltspunkte das Interesse der Beteiligten wertmäßig nicht beziffern, so kann der Regelwert des § 30 Abs. 2 Satz 1 KostO mit DM 5000 vergleichsweise herangezogen werden, wenngleich es im WE-Verfahren auf die Einzelbestimmungen der KostO nicht ankommt (BayObLG WE 1990, 63).
- Wird durch eine Anschlußbeschwerde allein die Kostenentscheidung angegriffen, so erhöht sich der Geschäftswert des Beschwerdeverfahrens nicht, weil dafür allein die Hauptsache maßgeblich ist (BayObLG WE 1990, 71).
- Bei einem Streit über die Frage, ob ein Beschluß der WEer die Fälligkeit von Hausgeldansprüchen herbeiführt, braucht nicht der in diesem Zusammenhang schuldig gebliebene Betrag, sondern der Regelschätzwert von DM 5000 als Geschäftswert angenommen werden (KG WE 1990, 94).
- Bei Verfahren zur Abberufung des Verwalters richtet sich das Interesse der Beteiligten grundsätzlich nach der für die restliche Amtszeit zu entrichtenden Verwaltervergütung, so daß der Geschäftswert hiernach zu bemessen ist (BayObLG WE 1991, 398; WE 1995, 377). Bei An-

fechtung eines Eigentümerbeschlusses über die Bestellung des Verwalters richtet sich der Geschäftswert in der Regel nach der Vergütung, die für die Zeit der Bestellung zu entrichten ist. Entsprechendes gilt für den Antrag auf Feststellung, daß jemand für eine bestimmte Zeit zum Verwalter bestellt ist (BayObLG WE 1997, 279). Häufig werden jedoch, die sich hieraus ergebenden Kosten in keinem angemessenen Verhältnis zu dem Interesse eines Beteiligten stehen, so daß eine Herabsetzung des Geschäftswerts geboten ist (BayObLG vom 21. 4. 1998, 2 Z 36/98 und 43/98).

- Im Falle einer echten Verfahrensverbindung kann für zwei, verschiedene Entscheidungsteile betreffende Beschwerden ein Beschwerdewert zusammengerechnet festgesetzt werden (BayObLG WE 1992, 347).
- Bei einem Antrag, die Benutzung eines vermieteten Kfz.-Abstellplatzes zu unterlassen, kann der Geschäftswert mit einem einjährigen Mietwert festgesetzt werden (BayObLG WE 1994, 180)
- Die Beschwerde mit dem Ziel eine Erhöhung des Geschäftswerts zu erreichen, ist mangels Rechtsschutzbedürfnis unzulässig.
- Bei der Anfechtung eines WEer-Beschl. der die Teilnahme der WEer am Lastschriftverfahren zum Gegenstand hat richtet sich der Geschäftswert nach dem Interesse der Gesamtheit der WEer am rechtzeitigen Eingang und der vereinfachten Überwachung der Hausgeldzahlungen (BayObLG WE 1998, 117).

5. Kostenfestsetzung

Von der Kostenentscheidung ist die Kostenfestsetzung zu unterscheiden. Die Kostenfestsetzung erfolgt nach Maßgabe der §§ 13a Abs. 3 FGG, 103 bis 107 ZPO durch den Rechtspfleger im sogenannten Kostenfestsetzungsverfahren, welches erst nach Rechtskraft der Kostenentscheidung in Gang gesetzt wird. Grundlage für das Kostenfestsetzungsverfahren ist die gerichtliche Entscheidung über die Höhe des Geschäftswertes und über die Feststellung der Kostenpflichtigen. 444

Ist die Kostenentscheidung noch nicht rechtskräftig, ist eine Kostenfestsetzung nicht zulässig (LG Düsseldorf Rpfleger 1981, 204).

Die Kostenfestsetzung wird durch den Rechtspfleger des Gerichts erster Instanz (Amtsgericht) vorgenommen. Der Rechtspfleger wird nach Vorliegen des Kostenfestsetzungsgesuchs des Berechtigten – das ist der in der Kostenentscheidung als Gläubiger ausgewiesene Verfahrensbeteiligte – über die Zulässigkeit und den Umfang insbesondere der außergerichtlichen Kosten 445 entscheiden. In diesem Zusammenhang hat z.B. auch der Rechtspfleger darüber zu entscheiden, ob eine einem Verwalter zugestandene „Prozeßkostenpauschale" durch den Kostenschuldner zu erstatten ist oder nicht (KG WE 1989, 135).

446 Im Kostenfestsetzungsbeschluß wird auch die Kostenerstattungspflicht festgelegt, die zulasten des vom Gericht Verpflichteten wirkt. Zu erstattungsfähigen Kosten gehören die Kosten aller Instanzen, aller Angriffs- und Verteidigungsmittel und alle sonst unmittelbar im Verfahren entstandenen Kosten. Erstattungsfähig sind dabei nur die gesetzlichen Kosten, nicht eventuell höher vereinbarte Kosten. Die Umsatzsteuer ist nur erstattungsfähig, wenn der Empfänger des Erstattungsbetrags nicht umsatzsteuerpflichtig ist. Andernfalls könnte er die Umsatzsteuer als Vorsteuerabzug geltend machen.

447 Gegen den Kostenfestsetzungsbeschluß ist das Rechtsmittel der Erinnerung möglich, das innerhalb einer Frist von zwei Wochen bei dem Amtsgericht, dessen Geschäftsstelle den Beschluß erlassen hat, zu stellen ist (§ 104 Abs. 3 ZPO).

448 Anwaltszwang im Erinnerungsverfahren besteht nicht. Der Rechtspfleger kann der Erinnerung abhelfen (Neuerstellung, Abänderung oder Ergänzung des Kostenfestsetzungsbeschlusses). Hält der Rechtspfleger eine Abhilfe für unzulässig (ganz oder teilweise), hat er die Erinnerung dem Richter des gleichen Gerichts vorzulegen. Dieser entscheidet durch begründeten Beschluß. Gegen eine Entscheidung im Erinnerungsverfahren kann innerhalb einer Frist von 2 Wochen beim (nächst höheren) Beschwerdegericht sofortige Beschwerde (§ 104 Abs. 3 ZPO) erhoben werden, wenn der Wert des Beschwerdegegenstandes den Betrag von DM 200,– (§ 567 Abs. 2 ZPO) übersteigt.

449 Die Entscheidung über das Rechtsmittel erfolgt durch:
- Verwerfung bei unzulässiger Beschwerde
- Zurückweisung der zulässigen aber unbegründeten Beschwerde
- Aufhebung
- Rückgabe an den Richter unter Aufhebung der Vorlageentscheidung.

450 Im Kostenfestsetzungsbeschwerdeverfahren hat das Beschwerdegericht über den Geschäftswert und die Kosten dieses Verfah-

rens zu entscheiden. Werden diese Entscheidungen angefochten, so ist die Beschwerde gegen die Geschäftswertfestsetzung als Erstbeschwerde (§ 31 Abs. 3 S. 1 KostO i.V.m. § 14 Abs. 3 S. 1 KostO) zulässig. Nicht zulässig – weil fG-Verfahren – ist aber die (Erst-)Beschwerde gegen die Kostenentscheidung. Die Entscheidung über den Kostenpunkt ist nach § 20a FGG unzulässig, wenn nicht gegen die Entscheidung der Hauptsache Rechtsmittel eingelegt wird. Das Rechtsmittel gegen die Hauptsache, die im Kostenfestsetzungsbeschwerdeverfahren die Kostenentscheidung ist, muß aber zulässig sein, was für dieses Verfahren nicht zutrifft (BayObLG WE 1990, 219).

Eine sofortige weitere Beschwerde gegen den Beschluß des Beschwerdegerichts ist nach Maßgabe von § 568 Abs. 3 ZPO nicht zulässig (Thomas/Putzo ZPO zu § 109 Anm. 5a; BayObLG Rpfleger 1982, 38; BayObLG 1991, 172; WE 1993, 283; WE 1993, 288). *451*

6. Rechtsprechung zu Kostenentscheidungen

- Wird ein Rechtsmittel nur zur Fristenwahrung eingelegt und es vor der Begründung zurückgenommen, ist es kein Ermessensfehler, wenn das Gericht davon absieht, die Erstattung der außergerichtlichen Kosten anzuordnen (BayObLG WE 1989, 58). *452*
- Das Rechtsbeschwerdegericht kann bei einer wegen Formmangels unzulässigen sofortigen weiteren Beschwerde gegen eine isolierte Kostenentscheidung des Beschwerdegerichts nach billigem Ermessen absehen, wenn der Beschwerdeführer nach Aufklärung das Rechtsmittel zurücknimmt.
- Die Beschwerde gegen eine sog. gemischte Kostenentscheidung ohne gleichzeitige Anfechtung der Hauptsacheentscheidung ist nur insoweit zulässig, als die zum erledigten Teil ergangene Kostenentscheidung angefochten wird (BayObLG WE 1989, 209).
- Die Kostenentscheidung des Tatrichters kann im Rechtsbeschwerdeverfahren nur beschränkt, d.h. nur auf Rechtsfehler hin, nachgeprüft werden (BayObLG WE 1989, 209).
- Inhaltlich hat die Gerichtsentscheidung bezüglich der sofortigen weiteren Beschwerde gegen eine isolierte Kostenentscheidung den mutmaßlichen Ausgang des durch Hauptsacheerledigung beendigten Verfahren zu berücksichtigen, wobei eine summarische Prüfung der Sach- und Rechtslage genügt (BayObLG WE 1988, 198).
- Wird in der Kostenentscheidung nur festgestellt, daß die Antragsgegner die Kosten des (Beschwerde-)Verfahrens zu tragen haben, so beinhal-

tet dies auch die Anordnung der Kostenerstattung außergerichtlicher Kosten seitens der Antragsgegner (BayObLG WE 1989, 66).

- Stellt das Amtsgericht nach übereinstimmender Erledigterklärung in der Entscheidung fest, daß die Hauptsache erledigt ist, so handelt es sich dabei nicht um eine „Entscheidung in der Hauptsache" sondern nur eine deklamatorische Erklärung mit der Folge, daß die Kostenentscheidung für sich angefochten werden kann (BayObLG WE 1989, 57).
- Von einer übereinstimmenden Erledigterklärung ist in der Regel schon dann auszugehen, wenn die Antragsgegner der Erklärung der Antragsteller nicht widersprochen haben (BayObLG WE 1989, 57).
- Entscheidungen über Kosten und Geschäftswert von Nebenverfahren (hier: Abweisung eines Rechtsmittels gegen abgewiesenen Antrag auf Ergänzung des Gerichtsprotokolls) richten sich nach dem WEG und nicht nach der Kostenordnung (BayObLG WE 1989, 148).
- Bei Rücknahme eines Antrags auf Ungültigkeit von WEer-Beschlüssen ist bei der Gerichtskostenentscheidung der vermutliche Ausgang des Anfechtungsverfahrens zu berücksichtigen (KG WE 1989, 171).
- Gerichtskosten sind bei ungewissem Ausgang eines WEer-Beschlußanfechtungsverfahrens dem Verwaltungsvermögen der Gem. aufzubürden und nicht einzelnen Beteiligten (KG WE 1989, 171).
- Über die Kosten eines im WE-Verfahren geltend gemachten, aber zuständigkeitshalber dem Prozeßgericht abgegebenen Rechtsstreits entscheidet das Streitgericht (§ 50). Werden dabei unzulässigerweise die Rechtsmittel der Beschwerde und der Rechtsbeschwerde im WE-Verfahren eingelegt, entscheidet über die dabei entstehenden Kosten das Beschwerde- bzw. Rechtsbeschwerdegericht (BayObLGZ 1989, Nr. 14).
- Das Verbot der Schlechterstellung des Antragstellers gilt für die Kostenentscheidung nicht (BayObLG DWE 1982, 104; BayObLG WE 1990, 72).
- Weist der Antragsgegner erst im Beschwerdeverfahren darauf hin, daß er nicht mehr WEer ist und nehmen daraufhin die Antragsteller den Antrag zurück, so ist es nicht ermessensfehlerhaft, wenn die Antragsteller mit den gesamten Verfahrenskosten belastet werden (BayObLG WE 1991, 84).
- Erledigt sich die Hauptsache eines Verfahrens durch einen gerichtlichen Vergleich in einem anderen Verfahren, so können bei der Kostenentscheidung nach § 47 auch die Rechtsgedanken der §§ 91 a und 98 ZPO Berücksichtigung finden. Demnach ist für die Kostenentscheidung als wesentlicher Gesichtspunkt zu berücksichtigen, wie das Verfahren voraussichtlich ohne die Erledigterklärung ausgegangen wäre (BayObLG WE 1991, 172).
- Bei Beschlußanfechtung eines WEers wegen nicht rechtzeitiger Übersendung des Versammlungsprotokolls kann es der Billigkeit entsprechen, dem Verwalter die gerichtlichen und außergerichtlichen Kosten aufzuerlegen (BayObLG WE 1991, 204).

- Die WEer haben auch im Falle der vorprozessualen Erledigung der Hauptsache gegen den verpflichteten WEer einen Anspruch auf Erstattung notwendiger außergerichtlicher Kosten (hier: RA-Kosten), wobei das WE-Gericht nach den Ermessensgrundsätzen des § 47 zu entscheiden hat (KG WE 1991, 328).
- Versäumt der Rechtsmittelführer die Mitteilung, das zur Fristenwahrung vorsorglich eingelegte Rechtsmittel aus Arbeitsüberlastung und wegen Fehlverhaltens seines Personals vor der Terminbenennung zur mündlichen Verhandlung zurückzunehmen, so besteht kein Anlaß die ihm auferlegten gerichtlichen und außergerichtlichen Kosten zurückzunehmen (BayObLG WE 1992, 206).
- Dem Antrag nach § 16 KostO auf Nichterhebung von Gerichtskosten wegen unrichtiger Sachbehandlung, kann nur bei einem offensichtlichen Gesetzesverstoß entsprochen werden (BayObLG WE 1993, 278).
- Wird trotz Erledigung der Hauptsache ein Rechtsmittel wegen der Hauptsache eingelegt, so ist der Beschwerdewert gleich dem Geschäftswert der Hauptsache (BayObLG WE 1993, 170).
- Wird gegen die Geschäftswertfestsetzung Beschwerde eingelegt, so ist das Rechtsmittel mangels Beschwer zurückzuweisen (BayObLG WE 1992, 292).

12. Kapitel
Der Euro und das Wohneigentum

I. Grundlagen und Rahmenbedingungen

Die Europäische Gemeinschaft vollzog sich in drei Schritten. 1
Zuerst wurde die Europäische Gemeinschaft für Kohle und Stahl, die Montanunion, im Jahre 1951 (Begründungsvertrag vom 18. 4. 1951 – Schumannplan – Sartorius II Nr. 145) ins Leben gerufen. Die Gründung der Europäischen Atomgemeinschaft (Euratom) erfolgte mit Vertrag vom 25. 3. 1957, BGBl. II S. 1014) und zwar gleichzeitig mit dem Vertrag zur Bildung der Europäischen Wirtschaftsgemeinschaften (EWG), der ebenfalls am 25. 3. 1957 von den Regierungen Belgiens, Frankreichs, Italiens, Luxemburgs, der Niederlande und der Bundesrepublik Deutschland unterzeichnet wurde. Nachträglich traten bei die Staaten Großbritannien, Dänemark, Irland, Griechenland, Spanien und Portugal und zuletzt Österreich. Grundlage dieses Vertrags war, einen immer engeren Zusammenschluß der europäischen Völker zu ermöglichen. Das erklärte Ziel (vgl. Deutsches Rechtslexikon, 2. Aufl., Bd. 1) sollte sein:

- eine harmonische Entwicklung des Wirtschaftslebens innerhalb der Gemeinschaft,
- eine beständige und ausgewogene Wirtschaftsausweitung,
- eine größere Stabilität,
- eine beschleunigte Verbesserung der Lebenshaltung und
- engere Beziehungen zwischen den Staaten.

Durch die Errichtung eines Gemeinsamen Marktes, sowie durch 2
die schrittweise Annäherung der Wirtschaftspolitik der Mitgliedstaaten soll dieses Ziel erreicht werden.

Die handelnden Organe der Gemeinschaft sind der (Europä- 3
ische) Rat als Entscheidungsträger der Staatenvertreter und die (Europäische) Kommission, als Initiator zur Sicherung des Gesamtinteresses der Gemeinschaft. Diesen handelnden Organen stehen das Europäische Parlament (Versammlung) als politi-

sches Kontroll- und Beratungsorgan, sowie der Europäische Gerichtshof als rechtliches Kontrollorgan gegenüber. Ein weiteres Organ mit beratenden Aufgaben ist der Wirtschafts- und Sozialausschuß.

4 Am 7. 2. 1992 wurde der Vertrag über die Europäische Union (EU) in Maastrich (Maastricher Vertrag) unterzeichnet. Er trat am 1. 1. 1993 in Kraft und hat die rechtlichen Grundlagen für die Einführung einer einheitlichen europäischen Währung geschaffen. Er ergänzt den EG-Vertrag um die institutionellen Grundlagen der Europäischen Wirtschafts- und Währungsunion und legt die einzelnen Phasen ihrer Gründung fest. Die 11 Teilnehmerstaaten sind: Belgien, Deutschland, Finnland, Frankreich, Irland, Italien, Luxemburg, Niederlande, Österreich, Portugal und Spanien. Mit diesem Vertrag soll folgendes vorgesehen und erreicht werden:

- Stufen der europäischen Einigungsbemühungen
- Wirtschaftliche Einigung Europas und Vollendung des Binnenmarkts
- Europäische Wirtschafts- und Währungsunion
- Europäische Integration durch ein politisch und wirtschaftlich geeintes Europa in der „Europäischen Union".

II. Verwirklichung der Europäischen Wirtschafts- und Währungsunion (EWWU)

5 Im Maastrichtvertrag wurde die Verwirklichung der EWWU in drei Stufen vereinbart (vgl. hierzu und zu den folgenden Ausführungen „Von der D-Mark zum EURO" GdW-Schriftenreihe Nr. 49, 1998):

6 **1. Stufe vom 1. 7. 1990 bis 31. 12. 1993:** Vollendung des Binnenmarkts durch Schaffung eines Wirtschaftsraums ohne Binnengrenzen mit freiem Verkehr an Personen, Dienstleistungen und Waren. Vollständige Liberalisierung des Kapitalverkehrs. Haushaltsdefizite der Zentralbanken der Mitgliedstaaten sollten möglichst gering gehalten werden. Diese Stufe ist zwischenzeitlich realisiert.

2. Stufe vom 1. 1. 1994 bis 31. 12. 1998 dient der Vorbereitung der späteren Währungsunion mit folgenden wichtigen Maßnahmen, die auch die Einhaltung der Konvergenzkriterien beinhaltet: *7*
- Gründung des Europäischen Währungsinstituts (EWI). Mitglieder der EWI sind die nationalen Zentralbanken der Mitgliedstaaten. Wesentliche Aufgabe des EWI war die Vorbereitung auf die Währungsumstellung.
- Verbot der Notenbankfinanzierung öffentlicher Defizite.
- Verstärkte Überwachung der Wirtschafts- und Finanzpolitik der Mitgliedstaaten.

Die zweite Stufe ist nahezu vollständig realisiert.

3. Stufe ab 1. 1. 1999. Mit dieser Stufe soll die Währungsunion vollendet werden. *8*
- Ab 1. 1. 1999 geht die Zuständigkeit der Währungspolitik auf die Europäische Zentralbank (EZB) über. Die nationalen Zentralbanken bleiben bestehen, sie sind aber künftig Teil des Systems der europäischen Zentralbank und unterliegen den Direktiven der EZB.
- Durch die EZB erfolgt die unwiderrufliche Fixierung der Wechselkurse der teilnehmenden Länder untereinander und die Festlegung des Umrechnungskurses der nationalen Währung zum EURO. Der EURO ist die amtliche Bezeichnung für die künftige Währung in der Währungsunion. Der Umrechnungskurs zwischen den nationalen Währungen und dem EURO wird zum 1. 1. 1999 endgültig festgelegt. Der Umrechnungskurs zwischen DM und EURO zu diesem Zeitpunkt könnte etwa sein: 1 EURO = 1,94969 DM. (Rundungsproblematik! Vgl. GdW-Schriftenreihe 49 a. a. O; unten Ziff. 3). Vom 1. 1. 1999 bis 31. 12. 2001 ist die Verwendung des EURO nur im bargeldlosen Zahlungsverkehr möglich. Bis dahin nehmen die nationalen Währungen die Stellung als „Denomination" (Untereinheit) des EURO ein. Mit dem 1. 2. 2002 kommt das EURO-Bargeld in den Umlauf. Zum gleichen Zeitpunkt sollen die auf nationale Währungen laufenden Banknoten und Münzen ihre Eigenschaft als gesetzliches Zahlungsmittel verlieren. Der Umtausch des Geldes soll dann noch maximal 6 Monate möglich sein.

Ab diesem Zeitpunkt tritt der EURO automatisch an die Stelle der nationalen Währungseinheit und zwar unter Verwendung des bereits am 1. 1. 1999 festgelegten Umrechnungskurses. Das gilt für alle Gesetze, Verordnungen und Verträge.

– Das Entscheidungsverfahren über die Teilnahme an der Währungsunion, das die Konvergenzkriterien (Inflationsrate, Öffentliches Defizit, Öffentliche Verschuldung, Zinshöhe) zu überprüfen hatte, war am 3. 5. 1998 abzuschließen.

III. Gesetze und Verordnungen als rechtliche Rahmenbedingungen

9 Auf europäischer Ebene wurden zwecks Einführung des EURO folgende Verordnungen erlassen:

10 **1. EURO-Verordnung 1:** Verordnung (EG) Nr. 1103/97 des Rates vom 17. Juni 1997 über bestimmte Vorschriften im Zusammenhang mit der Einführung des EURO (Amtsblatt der Europäischen Gemeinschaften Nr. L 162/1). In Artikel 1 erfolgt eine Begriffsdefinition, u.a. die des Begriffs der Rechtsinstrumente. Hierunter werden alle Rechtsvorschriften, Verwaltungsakte, gerichtliche Entscheidungen, Verträge, einseitige Rechtsgeschäfte, Zahlungsmittel – außer Banknoten und Münzen – sowie sonstige Instrumente mit Rechtswirkung subsumiert. Artikel 2 bestimmt, daß mit Wirkung vom 1. 1. 1999 jede Bezugnahme auf den ECU ersetzt wird durch eine Bezugnahme auf den EURO (1 ECU = EURO). Artikel 3 enthält den Grundsatz der Vertragskontinuität, wonach durch die Einführung des EURO keine Veränderungen von Bestimmungen in Rechtsinstrumenten ausgelöst werden und auch keine Vertragspartei das Recht hat ein Rechtsinstrument einseitig zu ändern oder zu beendigen (vgl. hierzu Clausius in NJW 1998, 3148). Artikel 4 regelt die Festlegung des Umrechnungskurses (vgl. oben 2. Stufe 3). Er bestimmt die Rundungsregelung wonach der EURO-Wert mit zwei Stellen hinter dem Komma anzugeben ist. Die zweite Stelle hinter dem Komma wird auf den nächsten Cent aufgerundet, wenn die dritte Stelle mehr als fünf beträgt. Ist die dritte Stelle niedriger als 5

wird auf den nächsten Cent abgerundet. Die Verordnung ist am 20. 6. 1997 in allen Mitgliedsländern in Kraft getreten (Artikel 6).

2. EURO-Verordnung 2: Verordnung (EG) Nr. 974/98 des Rates vom 3. Mai 1998 über die Einführung des EURO (Amtsblatt der Europäischen Gemeinschaften Nr. L 139/1). Artikel 1 enthält wieder Begriffsdefinitionen. Artikel 2 bestimmt den EURO ab 1. 1. 1999 als verbindliche Währungseinheit für die Mitgliedstaaten. Ein EURO ist in 100 Cent unterteilt. Nach Artikel 2 tritt der EURO zum Umrechnungskurs an die Stelle der Währungen der Mitgliedstaaten (vgl. hierzu Klanten in NJW 1998, 3152). In Artikel 3 wird festgelegt, daß der EURO die Rechnungseinheit der Europäischen Zentralbank (EZB) und der Zentralbanken der teilnehmenden Mitgliedstaaten ist. Artikel 4 legt den EURO als Rechnungseinheit der Europäischen Zentralbank (EZB) und der Zentralbanken der teilnehmenden Mitgliedstaaten fest. In Artikel 5 wird auf die Übergangsbestimmungen der Artikel 6 bis 9 verwiesen. Wichtig ist dabei Artikel 7 mit der Bestimmung, daß die Ersetzung der Währung eines jeden teilnehmenden Mitgliedstaates durch den EURO nicht die Währungsbezeichnung der am Tag der Ersetzung bestehenden Rechtsinstrumente ändert. Artikel 8 legt fest, daß Handlungen aufgrund von Rechtsinstrumenten, welche die Verwendung einer bestimmten Währung vorsehen, in der bezeichneten Währung auszuführen sind. Ist die nationale Währung bestimmt, gilt die nationale Währung, ist der EURO bestimmt, gilt dieser. Den Parteien ist es freigestellt, abweichende Vereinbarungen zu treffen. Ein Schuldner ist aber allein berechtigt unbare Leistungen nach seiner Wahl in EURO oder in nationaler Währung zu erbringen. Die Artikel 10 bis 12 setzen die Ausgabe und den Umlauf der EURO-Banknoten und der EURO-Münzen fest. Mit den Schlußbestimmungen in den Artikeln 13 bis 16 wird u.a. festgehalten, daß in allen Rechtsinstrumenten, in denen auf nationale Währung Bezug genommen wird, die EURO-Einheit nach dem jeweiligen Umrechnungskurs tritt. Die besprochene Verordnung tritt am 1. 1. 1999 in Kraft (Artikel 17). 11

Um die Vorschriften der beiden Verordnungen in die nationalen Gesetze umzusetzen waren im einzelnen gesonderte nationale 12

Gesetze zu schaffen. Für die Bundesrepublik Deutschland hat die Bundesregierung das „Gesetz zur Einführung des Euro (EuroEG)" vom 9. Juni 1998 erlassen (BGBl. 1998, I 1242). Die wichtigsten Regelungen sind:

- Artikel 1 (§§ 1 bis 5) = Diskontsatz-Überleitungs-Gesetz (DÜG). Die in Verträgen und auch in gesetzlichen Vorschriften bestimmten Referenzzinssätze (Diskontsatz, Lombardsatz, Fibor und Libor) bedurften einer Neuregelung. An Stelle des Diskontsatzes tritt bis zum Ablauf des 31. 12. 2001 nach einer dreijährigen Übergangszeit der „Basiszinssatz". Der Basiszins soll in viermonatigen Abständen an die weitere Entwicklung der Zinsen angepaßt werden. Als Bezugsgröße für den Basiszins wurde nach der Basiszinssatz-Bezugsgrößen-Verordnung (BAzBV) vom 10. Februar 1999 (BGBl. I S.. 139) der Zinssatz für längerfristige Refinanzierungsgeschäfte der EZB (LRG-Satz) bestimmt. Die Refinanzierungszinsen und die Basiszinsen werden in der täglichen Zinsnotierung der großen Finanzzeitungen ausgewiesen.

  Nachstehend werden u. a. die Refinanzierungszinsen, die Mindestreservezinsen und der Basiszinssatz unter dem Begriff EURO-Leitzinsen aus dem Handelsblatt Nr. 50 vom 13. 3. 1999 und Nr. 174 vom 9. 9. 1999 vergleichsweise wiedergegeben:

13. 3. 1999			**9. 9. 1999**		
Euro-Leitzinsen			**Euro-Leitzinsen**		
Refinanzierung (Refi)			**Refinanzierung (Refi)**		
Hauptrefi-Satz			Hauptrefi-Satz		
2-Wochen-Tender, wöchentl.	fällig 17. 3. 99	3,00%	2-Wochen-Tender, wöchentl.	fällig 15. 9. 99	2,50%
2-Wochen-Tender, wöchentl.	fällig 24. 3. 99	3,00%	2-Wochen-Tender, wöchentl.	fällig 22. 9. 99	2,50%
Längerfristiger Refi-Satz			Längerfristiger Refi-Satz		
3-Monats-Tender, monatlich	fällig 25. 3. 99	3,10%	3-Monats-Tender, monatlich	fällig 30. 9. 99	2,63%
3-Monats-Tender, monatlich	fällig 29. 4. 99	3,08%	3-Monats-Tender, monatlich	fällig 28. 10. 99	2,65%
3-Monats-Tender, monatlich	fällig 27. 5. 99	3,04%	3-Monats-Tender, monatlich	fällig 25. 11. 99	2,65%

13. 3. 1999			**9. 9. 1999**		
Euro-Leitzinsen			**Euro-Leitzinsen**		
Refinanzierung (Refi)			**Refinanzierung (Refi)**		
Hauptrefi-Satz			Hauptrefi-Satz		
Zinskanal für Tagesgeld			**Zinskanal für Tagesgeld**		
Spitzenrefinanzierungsfazilität	seit 22. 1. 99	4,50%	Spitzenrefinanzierungsfazilität	seit 9. 4. 99	3,50%
Einlagefazilität	seit 22. 1. 99	2,0%	Einlagefazilität	seit 9. 4. 99	1,50%
Mindestreserve			**Mindestreserve**		
Verzinsung	seit 4. 1. 99	3,00%	Verzinsung	seit 14. 4. 99	2,50%
Basiszins			**Basiszins**		
Diskontsatz-Ersatz gem. Überleitungs-Gesetz, Artikel 1	bis 30. 4.99	2,50%	Diskontsatz-Ersatz gem.§ 1 Überleitungs-Gesetz	ab 1. 5. 99	1,95%

An Stelle des Lombardsatzes hat die Bundesregierung durch die Lombardsatz-Überleitungs-Verordnung (LombardV) vom 18. Dezember 1988 (BGBl. I S. 3819) den Zinssatz der Spitzenrefinanzierungsfazilität der EZB (SRF-Satz) als Bezugsgröße bestimmt.

- Artikel 2 (§§ 1 bis 4) = Änderung von Vorschriften auf dem Gebiet des gerichtlichen Verfahrens. Hier wird insbesondere das gerichtliche Mahnverfahren einschließlich der dazugehörigen amtlichen Vordrucke auf den EURO umgestellt.
- Artikel 3 (§§ 1 bis 9) = Änderung der Vorschriften auf dem Gebiet des Gesellschaftsrechts. Ab 1. 1. 1999 sollen die Gesellschaftsverträge und Satzungen (Aktiengesellschaft, GmbH, Genossenschaften) auf den EURO und die Verwendung des EURO bei der Begründung von Gesellschaften ermöglicht werden. Gleichzeitig sind die für das Gesellschaftsrecht relevanten Gesetze und Verfügungen umzustellen (Umwandlungsgesetz, Handelsregisterverfügung, D-Markbilanzgesetz u. a.).
- Artikel 4 (§§ 1 bis 4) = Änderung von Vorschriften auf dem Gebiet des Bilanzrechts. Danach besitzen die Unternehmen eine Wahlrecht bezüglich der Aufstellung der Bilanz in EURO oder DM und zwar für die nach dem 31. 12. 1998 endenden Geschäftsjahre. Entsprechend waren das HGB und die weiteren einschlägigen Vorschriften anzupassen. (Zur Änderung des Steuerrechts vgl. Plewka/Schmidt in NJW 1998, 3171).
- Artikel 5 (§§ 1 bis 2) = Änderungen von Vorschriften auf dem Gebiet des Börsenrechts. Hier war insbesondere das Börsengesetz auf den EURO einzustellen.

- Artikel 5 a = Änderung des Gesetzes über Kapitalgesellschaften.
- Artikel 6 (§§ 1 bis 10) Gesetz zur Umstellung von Schuldverschreibungen. Geregelt wurde hier die Umstellung von Bundesschulden, Länderschulden und sonstige auf DM lautende Schuldverschreibungen.
- Artikel 7 (§§ 1 bis 2) = Änderung von Vorschriften des Entschädigungsgesetzes und der Schuldverschreibungsverordnung.
- Artikel 8 (§§1 bis 2) = Änderung von Vorschriften auf dem Gebiet des Münzwesens. Die Regelung ergänzt die Vorschriften über die Ausprägung von Scheidemünzen sowie über den Vertrieb von Medaillen und Marken.
- Artikel 9 (§§ 1 bis 4) = Änderungen von Vorschriften auf dem Gebiet des Währungsrechts und Preisrechts. Betroffen sind u. a. das Währungsgesetz und das Preisangabengesetz. Aufgehoben wurde § 3 des Währungsgesetzes mit der Folge, des Wegfalls des Indexierungsverbots. Dafür wurde in § 2 des jetzt als „Preisangaben- und Preisklauselgesetz" bezeichneten Gesetz ein dem § 3 Währungsgesetz nachgebildete Regelung über Wertsicherungsklauseln aufgenommen. Mit der Preisklauselverordnung (PrKV) vom 23. September 1998 (BGBl. I S. 3043) werden einmal die genehmigungsfreien Klauseln (§ 1) bestimmt. Darunter fallen Klauseln in Erbbaurechtsverträgen nach Maßgabe von § 9 a ErbbRVO, die eine Mindestlaufzeit von 30 Jahren haben. Zum anderen werden die Genehmigungsvoraussetzungen (§ 2) bei langfristigen Zinssätzen festgelegt. Für Preisgleitglauseln in Miet- und Pachtverträgen werden die Schverhalte genannt (§ 4), welche einer gesonderten Genehmigung nicht bedürfen. Zuständig für die Genehmigung genehmigungsbedürftiger Klausseln ist das Bundesamt für Wirtschaft (§ 8).
- Artikel 10 = Änderung des Gesetzes zur Regelung der Miethöhe. Hier war der Wegfall des § 3 Währungsgesetz zu berücksichtigen, indem die zulässige Mietanpassungsvereinbarung ausdrücklich in das Gesetz aufgenommen wurde. Demnach sind Preisklauseln in Wohnraummietverträgen nicht mehr genehmigungspflichtig, wenn die spezielle Regelung des § 10 a MHG berücksichtigt wird (vgl. unten Rn. **12** 23).
- Artikel 11 = Änderung des Sachenrechtsbereinigungsgesetz.
- Artikel 11 a = Änderungen von Reallastvorschriften. Mit dieser Vorschrift wird § 9 der ErbbauVO dahingehend geändert, daß künftig unter bestimmten Voraussetzungen die zu entrichtenden Leistungen (Erbbauzins) an veränderte Verhältnisse angepaßt werden können, wenn anhand der in der Vereinbarung festgelegten Voraussetzungen Art und Umfang der Belastung des Grundstücks bestimmt werden können. Da diese Vereinbarung zum Inhalt der Reallast erklärt werden kann, erübrigt sich die früher notwendige Eintragung der schuldrechtlich vereinbarten Erbbauzinsanpassung (vgl. hierzu: Freckmann in NZM 1998, 852).

- Artikel 12 bis 15 = Änderung der Landbeschaffung; Änderung des Versicherungs-Aufsichtsgesetzes; Änderung des Arbeitszeitgesetzes; Rückkehr zum einheitlichen Verordnungsrang.
- Artikel 16 = Inkrafttreten. Die in diesen Artikeln einzeln genannten Vorschriften traten am Tag nach der Verkündung dieses Gesetzes in Kraft. Sonst wurde als Termin der Inkraftsetzung der 1. Januar 1999 bestimmt.

Weitere deutsche Rechtsvorschriften in Zusammenhang mit der Einführung des EURO wurden erlassen im Stückaktiengesetz und in der Verordnung über die Grundpfandrechte: *13*

- Gesetz über die Zulassung von Stückaktien (Stückaktiengesetz – StückAG) vom 25. März 1998 (BGBl. I S. 590). Nach § 8 Aktiengesetz sind die Aktien bisher an Nominalwerte gebunden, wobei der Mindestnennwert mindestens DM 5,– zu betragen hatte. Werden die Nennwerte der Aktien auf EURO umgerechnet kann es zu mehrstelligen Werten hinter dem Komma kommen. Um dies zu vermeiden werden mit diesem Gesetz in Artikel 1 Stückaktien eingeführt, die auf keinen Nennwert lauten. Die Stückaktien sind am Grundkapital einer Gesellschaft in gleichem Umfang beteiligt. Der auf die einzelne Aktie entfallende Betrag des Grundkapitals darf DM 5,– nicht unterschreiten.
- Verordnung über Grundpfandrechte in europäischer Währung und in Europa vom 30. Oktober 1997 (BGBl. I S. 2683). Die auf Geldbeträge lautenden und im Grundbuch eingetragenen Hypotheken-, Grund- und Rentenschulden müssen nicht auf EURO umgestellt werden. Ab 1. 1. 1999 können die genannten Grundpfandrechte wahlweise in EURO oder DM bewertet werden. Lauten die Grundpfandrechte am 1. 1. 2002 auf DM sind die sich daraus ergebenden Leistungen nach dem amtlichen Umrechnungskurs zu erbringen. Eine Umschreibung der Grundpfandrechte von DM auf EURO ist aber nicht erforderlich. Allerdings ist die Neubestellung von Grundpfandrechten nach dem 1. 1. 2002 nur noch auf EURO möglich.

IV. Auswirkungen des EURO auf das Miet- und Wohnungseigentumsrecht

Die wichtigsten währungspolitischen Daten bei der Umstellung auf den EURO wurden oben kurz dargestellt. Sie sollten die Rechtsgrundlagen aufzeigen, um einen Gesamtüberblick über die Veränderungen des Rechts und der Rechtspraxis bei der neuen Währung zu geben. *14*

Nachstehend ist auf die für den Verwalter von Wohnungseigentum wichtigen Vorschriften, die er in seiner täglichen Arbeit zu berücksichtigen hat, näher einzugehen. Einbezogen in die Betrachtung werden mietrechtliche Fragen, weil diese auch für den WE-Verwalter von Bedeutung sind, z.B. bei der Vermietung von gem. E. (Hausmeisterwohnung oder Teile des gem. E.).

1. Verträge allgemein

15 Die gesamten Verträge, die für die Verwaltung von WE von Bedeutung sind (Mietverträge, Verwalterverträge, Hausmeisterverträge, Werkverträge, Werklieferungsverträge, Versicherungsverträge u.a.) beinhalten in DM bezeichnete Leistungen und Entgelte. Mit der Einführung des EURO entsteht in diesem Zusammenhang die Frage, was ist bei bestehenden Verträgen zu tun, wie sind Neuabschlüsse zu tätigen und wie ist nach Ablauf der 3. Stufe (s. oben) zu verfahren.

a) Bestehende Verträge

16 Hier gilt die bereits oben (III, 1) ausgeführte Vertragskontinuität, die in Artikel 3 der EURO-VO festgeschrieben ist. D.h., daß die Umstellung auf den EURO vertragliche Rechte unberührt läßt. Weder werden neue Rechte begründet noch fallen bestehende Rechte weg, etwa durch Fortfall der Vertragsgrundlage (vgl. hierzu: Clausius in NJW 1998, 3148).

Ab 1. 1. 1999 ist der EURO die amtliche Währung (vgl. oben III, 2 = Artikel 2), ohne daß eine Umbenennung von DM in EURO erforderlich ist. Die DM gilt ab diesem Zeitpunkt als Unterwährung des EURO (vgl. oben III, 2 = Artikel 7).

Eine Umstellung der Verträge auf EURO ist in der Zeit vom 1. 1. 1999 bis 31. 12. 2001 nur möglich, wenn beide Vertragsparteien mit einer Anpassung des Vertrags einverstanden sind. Möglich ist es innerhalb dieses Zeitraums in Verträgen zu Informationszwecken die Gegenüberstellung von EURO zur DM vorzusehen, ohne daß dies die Leistungspflicht in DM beeinträchtigt.

Ab 1. 1. 2002 verliert die DM-Bezeichnung ihre Bedeutung. Ohne daß eine ausdrückliche Umbenennung von DM auf EURO erforderlich ist gilt grundsätzlich der EURO als ausschließliche Währung. Die in den Verträgen ausgewiesenen DM Beträge sind als EURO unter Zugrundelegung des festgelegten Umrechnungskurses zu werten.

b) Neuabschluß von Verträgen

Werden neue Verträge in der Übergangszeit abgeschlossen, können wahlweise EURO oder DM zur Zahlungsgrundlage gemacht werden. Sinnvoll dürfte es in vielen Fällen sein bereits den EURO als Zahlungsmittel zu bestimmen, weil ab dem 1. 1. 2002 grundsätzlich nur der EURO bei Neuabschluß ab dieser Zeit vereinbart werden kann. Möglich und sinnvoll ist es während der Übergangszeit neu abzuschließenden Verträge mit einer doppelten Preisauszeichnung (Doppelauszeichnung vgl. GdW a. a. O., S. 80) zu versehen. *17*

2. Mietverträge

Bezüglich der bestehenden und der neu abzuschließenden Mietverträge gelten die Grundsätze wie dargelegt (IV, 1). Auf mietvertragliche Besonderheiten ist kurz einzugehen: *18*

a) Staffelmietvereinbarung

Sinnvoll ist bei Mietvertragsabschlüssen mit Mietzinsstaffeln in der Übergangszeit grundsätzlich nur den EURO zu vereinbaren. Insbesondere dann, wenn die Vertragsdauer über den 1. 1. 2002 hinausgeht. Es ist aber auch möglich nur für die Staffeln, die über diesen Termin hinausgehen, die EURO-Leistung zu vereinbaren. *19*

b) Zahlungen aus Mietverträgen

Für alle Zahlungsverpflichtungen aus Mietverträgen – unabhängig davon, ob es sich um die laufende Mietzahlung, um Mietnachzahlungen, um Mietminderungen, um Betriebskostenzahlungen oder andere Zahlungen handelt – gilt folgendes: *20*

- Die Leistung hat zu erfolgen wie sie vereinbart ist, in EURO oder DM.
- Während der Übergangszeit kann nur die unbare Mietzinsleistung in EURO erfolgen. Eventuelle Barleistungen können bis zum 31. 12. 2001 nur in DM erbracht werden (vgl. oben II. 3. Stufe, Rn. **12** 8).

c) Erklärungen und Abrechnungen

21 Mieterhöhungserklärungen und Abrechnungen aller Art, insbesondere Betriebskostenabrechnungen haben während der Übergangszeit in der vereinbarten Währung zu erfolgen und zwar unabhängig davon, ob der Vermieter seine Buchhaltung auf EURO umgestellt hat oder nicht. Hat der Vermieter seine Buchhaltung umgestellt und besteht während dieser Zeit keine vertragliche Leistungspflicht in EURO, so muß er die Zahlungsverpflichtungen jeweils in DM umrechnen, wobei Rundungsdifferenzen wohl zu seinen Lasten gehen.

d) Mietkautionen

22 Bei der Rückgewährung von Kautionen ist der Vermieter Schuldner (vgl. oben Nr. III, 2 – Artikel 8, Rn. **12** 12). Aus diesem Grunde ist es dem Vermieter gestattet, durch Mieter erbrachte Kautionen in der Währung zurückzubezahlen, die er (allein) für angemessen hält. Demnach kann der Vermieter bereits während der Übergangszeit auf EURO umstellen. Bei Barkautionen kann der Vermieter während der Übergangszeit die Rückvergütung nur in DM (vgl. oben Nr. III Stufe 3, Rn. **12** 12) leisten. Er muß also in EURO bestimmte Kautionen auf DM umrechnen.

e) Wertsicherungsklauseln

23 Mit dem Mietrechtsänderungsgesetz wurde in § 10a MHG für Mietwohnungen die Möglichkeit eröffnet für den Mietzins eine Wertsicherungsklausel zu vereinbaren. Dabei wurden nur solche Klauseln für zulässig erklärt, die der Genehmigung nach § 3 Währungsgesetz bedürfen. Genehmigungsfreie Klauseln wie Spannungsklausel, Leistungsvorbehaltsklausel oder Kostenele-

mentklausel waren unzulässig. Mit dem Wegfall des § 3 Währungsgesetz wurde eine Änderung des § 10a MHG erforderlich (vgl. oben Nr. III, 2 Artikel 10, Rn. **12** 12), welche aber keine materiell rechtliche Änderung mit sich brachte. Danach ist eine Mietanpassungsvereinbarung möglich, die an den Lebenshaltungskostenindex allein gebunden sein darf. Das gilt nur für Mietverträge, bei denen der Vermieter vor Ablauf von 10 Jahren nicht ordentlich kündigen kann. Andere Bezugsgrößen sind nach wie vor ausgeschlossen. Die am 1. 1. 1999 bestehenden Mietverträge mit Wertsicherungsklauseln werden von der Neufassung des § 10a MHG nicht berührt. Bei Neuabfassung von Mietverträgen ab 1. 1. 1999 sind nur noch Indices des Statistischen Bundesamts und nicht mehr die der Statistischen Landesämter zulässig (GdW-Schriftenreihe Nr. 6 S. 96).

Ulrich Pfeffer beschreibt (Immobilienverwalter 1999, 67) eine nicht genehmigungsbedürftige Wertsicherungsklausel bezüglich einer Mietanpassungsvereinbarung in einem Wohnraummietvertrag. Sie lautet:

„Ändert sich der vom Statistischen Bundesamt ermittelte Preisindex für die Gesamtlebenshaltung um mehr als 10 Punkte, kann jeder Vertragspartner durch schrifltliche Erklärung und unter Angabe der eingetretenen Indexänderung eine Anpassung der Miete um den entsprechenden Prozentsatz verlangen, sofern der Mietzins jeweils mindestens 1 Jahr unverändert bestand (abgesehen von Erhöhungen nach §§ 3 und 4 MHG). Der geänderte Mietzins ist mit dem Beginn des übernächsten Monats nach dem Zugang der Erklärung zu zahlen."

f) Mahnverfahren im Mietrecht

Das EuroG ändert § 688 Abs. 1 ZPO (vgl. oben Nr. III, 2 – *24*
Artikel 2, Rn. **12** 12) mit der Maßgabe, daß während der Übergangszeit die Schulden im Mahnverfahren sowohl in EURO als auch in DM geltend gemacht werden können. Gleichwohl bleibt es bis zum 31. 12. 2001 bei der im Vertrag vereinbarten Währung.

3. Verwalterverträge

Für den gesamten Bereich des Wohnungseigentums gelten die *25*
aufgezeigten allgemeinen Bestimmungen. Das gilt insbesondere

für den Grundsatz der Vertragskontinuität. Besondere Bereiche des Verwaltervertrags sind kurz anzusprechen:

a) Verwalterentgelt

26 Das Verwalterhonorar wird grundsätzlich im Verwalterhonorar festgelegt und in DM ausgewiesen. Dementsprechend hat der Verwalter gegenüber der Gem. eine in DM ausgedrückte Forderung. Das ändert sich im Grundsatz in der Übergangszeit nicht, wenn die Gem. keinen Beschluß fassen sollte, alle Zahlungen auf EURO umzustellen. Fassen die WEer aber einen solchen Beschluß (s. unten **12** 30), so ist der Verwalter an sich nicht verpflichtet sein Entgelt in EURO entgegen zu nehmen, weil dies nur im beiderseitigen Einvernehmen geschehen kann. Diese Frage ist aber ohne Bedeutung, weil der Verwalter die Überweisung des Verwalterentgelts vom Konto der Gem. auf sein eigenes in DM geführtes Konto in EURO vornehmen kann. Hier wird die Umrechnung von der Bank automatisch vorgenommen. Außerdem wird der Verwalter meist für seine eigene Buchführung bereits auf EURO umgestellt haben bzw. dies spätestens mit dem Umstellungsbeschluß der WEer veranlassen (vgl. unten **12** 32 Verwalterbuchführung).

Möglich ist es, daß in Verwalterverträgen, die vom 1. 1. 1999 bis 31. 12. 2001 abgeschlossen werden, eine Regelung über die Zahlungsweise des Verwalterentgelts erfolgt. Hierbei hat sich der Verwalter zweckmäßigerweise der von der Gem. getroffenen Regelung anzuschließen.

b) Wertsicherungsklauseln

27 In Verwalterverträgen werden zur Anpassung des Verwalterentgelts häufig Wertsicherungsklauseln unter ganz bestimmten Voraussetzungen (vgl. oben Rn. **12** 12) vereinbart. Wie dargestellt (oben Nr. III, 2 – Artikel 9, Rn. **12** 12) wird § 3 des Währungsgesetzes aufgehoben. Für die Übergangszeit gilt auch hier das Gebot der Vertragskontinuität mit der Maßgabe, daß die vereinbarten Wertsicherungsklauseln in bestehenden Verträgen zunächst weiterhin ihre Gültigkeit haben. Die Gesetzesänderung wirkt sich aber auf neu abzuschließende Verträge aus.

Anstelle des bisherigen Index tritt nach dem jetzt für Indizierungen wirksame § 2 des Preisangaben- und Preisklauselgesetz vom 3. Dezember 1984 (BGBl. I S. 1429; BGBl. I. 1997 S. 1870) eine Preisklausel. Die Preisklauselverordnung (PrKV) vom 23. September 1998 (BGBl. I S. 3043) legt in Ausfüllung des § 2 Preisangaben- und Preisklauselgesetzes fest, daß Leistungsvorbehaltsklauseln, Spannungsklauseln und Kostenelementklauseln (§1 PrKV) genehmigungsfrei sind. Dies trifft für die in Verwalterverträgen üblichen Klauseln, die an die Löhne der Wohnungswirtschaft gebunden sind (Spannungsklauseln, Kostenelementklauseln) in der Regel zu. Soweit andere, genehmigungsfähige Klauseln verwendet werden, ist die Genehmigung jetzt beim Bundesamt für Wirtschaft (§ 7 PrKV) zu beantragen (vgl. oben Nr. 2 § 1–4 – Artikel 9, Rn. **12** 12).

4. Auswirkungen der EURO-Einführung auf die Zahlungspflicht der Wohnungseigentümer

Hier gelten die geschilderten allgemeinen Grundsätze der EURO-VO 1 und 2, sowie des EURO-EG. Nachdem in diesem Zusammenhang eine Reihe unterschiedlicher Entscheidungen durch die WEer zu treffen sind, ist zu fragen, wie solche Regelungen auszusehen haben. Grundsätzlich sind diese Regelungen nur für die Übergangszeit von Bedeutung, weil am 1. 1. 2002 auch hier der EURO für alle Bereiche allein gültig ist. Auf keinen Fall ist der Verwalter von sich aus, ohne Entscheidung durch die WEer, berechtigt den EURO als für die Gem. verbindliche Währung zu bestimmen. Regelungen für die Zahlungsverpflichtungen der WEer, die sich im wesentlichen aus dem Wirtschaftsplan und der Jahresabrechnung ergeben, können in Vereinbarungen oder in Beschlüssen der WEer getroffen werden. *28*

a) Vereinbarungen/Teilungserklärungen

Es steht den WEern frei eine Vereinbarung zu treffen, daß sie in der Zeit vom 1. 1. 1999 bis 31. 12. 2001 den EURO als Währungseinheit für ihre Zahlungsverpflichtungen allein bestimmen. *29*

Auch ist es nicht nur möglich sondern ratsam in die TE, die ab 1. 1. 1999 erstellt werden, eine Regelung über die für die WEer gültige Währung aufzunehmen. Wenn keine besonderen Umstände dafür sprechen sollte in dieser Phase von der verbindlichen Verpflichtung zur EURO-Währung bis zum 31. 12. 2001 abgesehen werden, weil eine solche Handhabung mancherlei Nachteile hat.

b) Mehrheitsbeschlüsse

30 Es ist umstritten, ob die WEer einen Mehrheitsbeschluß darüber fassen können, in der Übergangsphase anstelle der DM den EURO dem Zahlungsverkehr der WEer allein zugrunde zu legen. Müller (WE 1998, 282) stellt richtig fest, daß eine solche Entscheidung allein die WEer-Versammlung zu treffen hat, weil diese Umstellung eine Maßnahme der Verwaltung des gem. E. ist. Er ist aber weiter der Meinung, daß ein Mehrheitsbeschluß über die vorzeitige Umstellung nicht dem Grundsatz ordnungsgemäßer Verwaltung entspricht mit der Folge, daß dieser Beschluß erfolgreich angefochten werden kann. Kein Zweifel besteht darüber, daß ein solcher nicht angefochtener Mehrheitsbeschluß (Pseudovereinbarung/Zitterbeschluß) auf alle Fälle wirksam ist. Müller begründet seine Auffassung mit der teilweise fehlenden Notwendigkeit, besonders aber mit den möglichen Nachteilen einer vorzeitigen Umstellung. Als Nachteile zählt er auf:

- die Jahresabrechnung ist die Grundlage für die Einkommensteuererklärung, die bis zum 31. 12. 2001 auf DM-Basis zu erstellen ist,
- wenn die Gem. Barkassen führen, können diese nur in DM geführt werden, weil erst ab 1. 1. 2002 EURO als EURO-Münzen und EURO-Banknoten zur Verfügung stehen
- die meisten Vertragspartner der Gem. (Handwerker, Lieferanten, Versorgungsunternehmen u. a.) stellen überwiegend ihre Zahlungsansprüche in DM,
- bei Hausmeisterverträgen sind Lohnsteuer und Sozialabgaben in DM zu leisten.

31 Diese Argumente mögen richtig sein, sie sind m. E. aber kein Indiz dafür, daß ein Mehrheitsbeschluß der WEer gegen den

Grundsatz der ordnungsmäßigen Verwaltung verstößt. Die WEer untereinander stehen als WEer-Gem. in einem gesetzlichen Schuldverhältnis, das durch gesetzliche oder schuldrechtliche Regelungen bestimmt wird. die schuldrechtlichen Regelungen sind einmal die Vereinbarung, zum anderen die Beschlüsse der WEer. Durch Mehrheitsbeschlüsse regeln die WEer die Maßnahmen ordnungsmäßiger Verwaltung in Wahrnehmung ihres Selbstverwaltungsrechts. Durch den Grundsatz in § 21 Abs. 1, nach dem die Verwaltung des gem. E. allen WEern gemeinschaftlich zusteht, wird den WEern die Entscheidungskompetenz über die gemeinschaftliche Verwaltung allein übertragen. Wenn eine gesetzliche Regelung – wie es Art. 8 der EURO-Verordnung ist (vgl. oben Nr. III. 2) – vorsieht, daß es den Parteien freigestellt ist anstelle der nationalen Währung den EURO als Währungseinheit zu bestimmen, so gilt dies auch für die WEer. Nach der hier vertretenen Auffassung ist ein entsprechender Mehrheitsbeschluß als Maßnahme ordnungmäßiger Verwaltung anzusehen und deshalb rechtswirksam. Das heißt nicht, daß ein solcher Beschluß in der Übergangszeit zwingend gefaßt werden muß, nachdem das Gesetz wahlweise die nationale Währung als Unterwährung des EURO oder den EURO als zulässige Währung bestimmt. Entscheiden die WEer mittels Mehrheitsbeschluß den EURO als verbindliche Währung einzuführen, so sind – nach der hier vertretenen Auffassung – die unbaren Zahlungsvorgänge in EURO zu leisten sowie die Wirtschaftspläne, Jahresabrechnungen und Rechnungslegungen in EURO auszuführen.

5. Verwalterbuchführung

Die Grundsätze der Verwalterbuchführung wurden oben (vgl. 32
oben Rn. **10** 196ff.) ausführlich beschrieben. Dort wurde festgestellt, daß die Verwalterbuchführung so ausgestaltet sein muß, daß sich hieraus das in § 28 festgelegte Beitrags- und Finanzsystem (vgl. oben Rn. **10** 228ff.); Wirtschaftsplan, Jahresabrechnung, Rechnungslegung) ableiten und entwickeln läßt. Daneben gelten auch die formellen „Grundsätze ordnungsmäßiger Buchführung" (vgl. oben Rn. **10** 198) aus denen sich ergibt, daß der

Verwalter die Buchhaltung der WEer-Gem., die grundsätzlich von der Buchführung seines eigenen Betriebs getrennt zu führen ist (§ 27 Abs. 4), dann auf EURO umzustellen hat, wenn sich die Gem. für die Umstellung EURO entschließt. Das kann sehr wohl zu organisatorischen Schwierigkeiten führen, wenn z. B. die eigene Betriebsbuchführung bereits auf EURO umgestellt ist und die WEer sich für eine Umstellung nicht entscheiden können. Denkbar ist es auch, daß der Verwalter innerhalb der Verwalterbuchführung beide Währungen für verschiedene Gem. zu führen hat.

Anhang

Übersicht

I. Statistik

1. Baugenehmigungen und Baufertigstellungen von Wohnungen 1949–1998

	Baugenehmigungen			Fertigstellungen			Anteil Eigentumswohnungen	
	alte Länder (Anzahl)	neue Länder (Anzahl)	zusammen (Anzahl)	alte Länder (Anzahl)	neue* Länder (Anzahl)	zusammen (Anzahl)	alte Länder (Anzahl)	neue Länder (Anzahl)
1949	315 000			221 960	29 825	251 785		
1950	550 005			371 924	30 992	402 916		
1951	482 406			425 405	61 040	486 445		
1952	506 963			460 848	47 589	508 437		
1953	607 500			539 683	32 296	571 979		
1954	641 503			571 542	34 740	606 282		
1955	650 287			568 403	32 830	601 233		
1956	592 088			591 082	32 849	623 931		
1957	543 229			559 641	61 125	620 766		
1958	592 908			520 495	63 466	583 961		
1959	624 388			588 704	79 953	668 657		
1960	635 777			574 402	80 489	654 891		
1961	648 766			565 761	92 009	657 770		
1962	648 101			573 375	87 249	660 624		
1963	575 677			569 610	75 968	645 578		

	Baugenehmigungen			Fertigstellungen			Anteil Eigentumswohnungen	
	alte Länder (Anzahl)	neue Länder (Anzahl)	zusammen (Anzahl)	alte Länder (Anzahl)	neue* Länder (Anzahl)	zusammen (Anzahl)	alte Länder (Anzahl)	neue Länder (Anzahl)
1964	601021			623847	76615	700462		
1965	622772			591916	68162	660078		
1966	581549			604799	65278	670077		
1967	532752			572301	76318	648619		
1968	536840			519854	75987	595841	380000**	
1969	560218			499696	70311	570007	50000	
1970	609356			478050	76088	554138	60000	
1971	705417			554987	76020	631007	70000	
1972	768636			660636	85901	746537	90000	
1973	658918			714226	96218	810444	130000	
1974	417783			604387	102468	706855	105000	
1975	368718			436829	107347	544176	85000	
1976	380352			392380	111158	503538	50000	
1977	352055			409017	113846	522863	65000	
1978	425751			368145	114173	482318	55000	
1979	383638			357751	110446	468197	60000	
1980	380609			388904	111933	500837	60000	
1981	355981			365462	120545	486007	60000	
1982	335007			347002	117375	464377	70000	
1983	419655			340781	118592	459373	68508	
1984	336080			398373	117470	515843	102169	
1985	252248			312053	115722	427775	70140	
1986	219205		219205	251940	116545	368485	45945	

	Baugenehmigungen			Fertigstellungen			Anteil Eigentumswohnungen	
	alte Länder (Anzahl)	neue Länder (Anzahl)	zusammen (Anzahl)	alte Länder (Anzahl)	neue* Länder (Anzahl)	zusammen (Anzahl)	alte Länder (Anzahl)	neue Länder (Anzahl)
1987	190 696		190 696	217 343	109 754	327 097	36 077	
1988	214 252		214 252	208 621	104 666	313 287	33 497	
1989	276 042		276 042	238 637	92 347	330 984	41 208	
1990	391 347		391 347	256 514	62 468	318 982	47 176	
1991	400 607	5 484	406 091	314 544	16 670	331 214	63 548	
1992	458 807	25 597	484 404	374 606	11 483	386 089	89 079	606
1993	524 083	82 603	606 686	431 892	23 611	455 503	114 782	3 125
1994	586 548	126 088	712 636	504 198	68 661	572 859	141 752	14 592
1995	458 763	180 338	639 101	498 810	104 225	603 035	141 160	27 713
1996	390 083	186 155	576 238	417 237	143 376	560 703	115 487	43 800
1997	373 578	155 745	529 323	392 676	177 920	570 596	95 704	57 235
1998	363 692	114 014	477 706	372 265	128 453	500 718	85 017	26 943
	24 047 657	876 024	24 923 681	22 723 514	4 130 572	26 854 086	2 681 249	174 014

* Die hier erfaßten Zahlen sind bis 1990 die Fertigstellungszahlen der DDR.

** Ergebnis der Volks- und Gebäudezählung 1968 (1951 bis 1968)

Quellen: Bundesbaublatt, Statistisches Bundesamt, eigene Schätzungen bei Eigentumswohnungen.

Bis 31. 12. 1998 wurden in Ost- und Westdeutschland zusammen rd. 2 860 000,– Eigentumswohnungen fertig gestellt. Leider gibt es für die im Wege der Umwandlung von Miet- in Eigentumswohnungen keine genauen Erhebungen. Schätzt man die bis Ende 1998 umgewandelten Wohnungen auf 1,2 Million Einheiten (950 Tsd Westdeutschland 250 Tsd Ostdeutschland = Wohnungsprivatisierung im Rahmen des Altschuldenhilfegesetzes), dann dürften Ende 1998 rd. 4,1 Millionen Eigentumswohnungen insgesamt vorhanden sein.

2. Schematische Darstellung der Gebäudearten und Wohneinheiten sowie deren Anzahl (Gebäude und Wohnungszählung 1987)

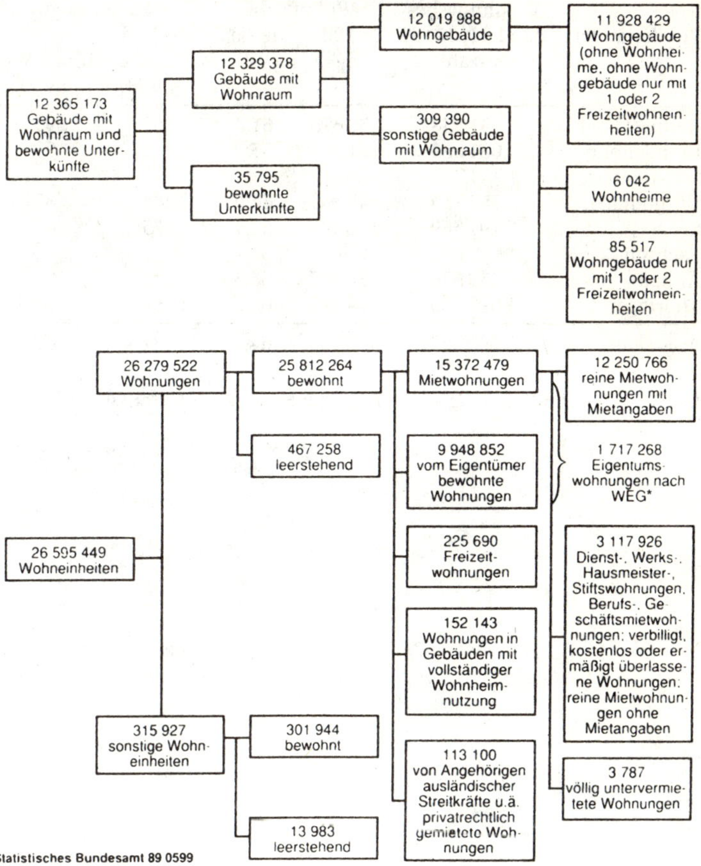

Statistisches Bundesamt 89 0599

* Anm. des Autors: Die hier mit 1 717 268 ausgewiesene Zahl von Eigentumswohnungen kann keinesfalls stimmen.

3. Wohnungsbestände in den neuen Bundesländern und Ausstattung

Neue Bundesländer	Wohnungsbestand 31. 12. 89 (Anzahl)	Wohnfläche in 1000 m²	Wohnfläche m² je WE	Ausstattung mit Bad/Dusche in v. H.	Ausstattung Innen WC in v. H.
Berlin (Ost)	631 338	38 675	61,3	89	95
Brandenburg	1 081 889	71 294	65,9	85	83
Mecklenburg-Vorpommern	754 713	48 269	64,0	84	85
Sachsen	2 197 569	136 426	62,1	75	61
Sachsen-Anhalt	1 239 620	80 985	65,3	83	82
Thüringen	1 097 823	74 843	68,2	84	74
insgesamt	7 002 952	450 494	64,3	82	76

Quelle: Haus und Wohnung – Im Spiegel der Statistik 1991, BmBau

II. Teilungserklärung und Gemeinschaftsordnung

1. Vorbemerkung zur Mustererteilungserklärung

(1) Mustererteilungserklärungen: Eine Reihe von Mustererteilungserklärungen und Gemeinschaftsordnungen sind zusammengestellt in Bä/S S. 968 ff. Verwiesen wird außerdem auf Jörg Munzing, Die Gemeinschaftsordnung im Wohnungseigentum, 1999. Dort werden für viele in der Alltagspraxis bestehende Bedürfnisse zahlreiche Musterformulierungen angeboten.

(2) Öffnungsklausel: Entgegen den oben Rn. **6** 279 ff. gemachten Aussagen gegen die Aufnahme einer Öffnungsklausel in die Gemeinschaftsordnung wird an dieser Auffassung nicht mehr festgehalten. Nur durch eine Öffnungsklausel kann derzeit dem von Wenzel dargestellten Problem der Nichtigkeit des vereinbarungsersetzenden Mehrheitsbeschlusses im Ansatz begegnet werden (vgl. oben Rn. **8** 15 f.).

2. Allgemeine Teilungserklärung mit Gemeinschaftsordnung

Begründung von Wohnungseigentum durch Selbstteilung

Teil I

§ 1

1. Die Firma
   ....
   – im folgenden .... genannt –
   (Beschreibung des Grundstücks und des Grundbuchs)
   Auf diesem Grundstuck errichtet das

   .... Eigentumswohnungen und .... Kfz-Stellplätze.
2. Das ....teilt hiermit gemäß § 8 des Wohnungseigentumsgesetzes vom 15. 3. 1951 das Grundstück in der Weise auf, daß mit jedem Miteigentumsanteil das Sondereigentum an einer bestimmten Wohnung verbunden ist, wie im beiliegenden Aufteilungsplan näher bezeichnet.

§ 2

Die Aufteilung des in § 1 bezeichneten Grundstücks erfolgt nach dem anliegenden Aufteilungsplan:

(Beispiel)

„1) In einem Anteil am Grundstück zu ....Tausendstel verbunden mit dem Sondereigentum an der Wohnung .... im Haus .... im .... geschoß links/rechts/mitte, Abstellraum im Treppenhaus und Kellerabteil, deren Räume im Aufteilungsplan mit Ziffer .... bezeichnet und angelegt sind.

2) In einem Anteil am Grundstück zu .... Tausendstel verbunden mit dem Sondereigentum der Wohnung .... im Haus .... im .... geschoß links/rechts/mitte, Abstellraum im Treppenhaus und Kellerabteil, deren Räume im Aufteilungsplan mit Ziffer .... bezeichnet und angelegt sind.

3)“ (usw.)

Sämtliche Wohnungen sind in sich abgeschlossen im Sinne des § 3 Abs. 2 WEG. Die gemeinschaftlich zu nutzenden Räume sind mit „G“ bezeichnet.

§ 3 Gegenstand des Wohnungseigentums

1. Gegenstand des Sondereigentums sind die in § 2 dieser Teilungserklärung bezeichneten Räume sowie die zu diesen Räumen gehörenden Bestandteile des Gebäudes, die verändert, beseitigt oder eingefügt werden können, ohne daß dadurch das gemeinschaftliche Eigentum oder ein auf Sondereigentum beruhendes Recht eines anderen Wohnungseigentümers über das nach § 14 WEG zulässige Maß hinaus beeinträchtigt oder die äußere Gestaltung des Gebäudes verändert wird. Insbesondere gehören zum Sondereigentum:
   1.1 Der Fußbodenbelag und der Deckenputz der im Sondereigentum stehenden Räume,
   1.2 die nichttragenden Zwischenwände,
   1.3 der Wandputz und die Wandverkleidung sämtlicher zum Sondereigentum gehörenden Räume, auch soweit die putztragenden Wände nicht zum Sondereigentum gehören,
   1.4 die Innentüren und die Lichtkuppeln der im Sondereigentum stehenden Räume,
   1.5 sämtliche Einrichtungen und Ausstattungsgegenstände der im Sondereigentum stehenden Räume,
   1.6 die Wasserleitungen vom Anschluß an die gemeinsame Steigleitung an,
   1.7 die Versorgungsleitungen für Gas und Strom von der Abzweigung am Zähler an,
   1.8 die Entwässerungsleitungen bis zur Anschlußstelle an die gemeinsame Falleitung,

1.9 die Vor- und Rücklaufleistung und die Heizkörper der Zentralheizung von der Anschlußstelle an die gemeinsame Steig- und Falleitung an,

1.10 Rolläden und Jalousetten.

2. Gegenstand des gemeinschaftlichen Eigentums sind alle Räume und Gebäudeteile, die nicht nach Ziff. 1 zum Sondereigentum erklärt sind. Zum gemeinschaftlichen Eigentum gehören auch alle Fenster.
3. Das jeweilige Verwaltungsvermögen, insbesondere die Instandhaltungsrückstellung, dient der Verwaltung des gemeinschaftlichen Eigentums und ist wie dieses zu behandeln und zu verwalten; es darf nicht auseinandergesetzt werden. Einzelne, auch ausscheidende Wohnungseigentümer, haben keinen Anspruch auf Auszahlung von Anteilen dieses Vermögens.
4. Wird Teileigentum gebildet, so gelten alle Bestimmungen dieser Teilungserklärung sinngemäß auch für das Teileigentum und den Teileigentümer.

Teil II. Bestimmungen über das Verhältnis der Wohnungseigentümer untereinander und über die Verwaltung

§ 4 Grundsatz

Das Verhältnis der Wohnungseigentümer bestimmt sich nach den Vorschriften der §§ 10 bis 29 WEG, soweit nicht etwas anderes vereinbart ist. Als Inhalt des Sondereigentums (§ 5 Abs. 4 WEG) wird gemäß § 10 Abs. 1 S. 2 WEG Nachstehendes vereinbart:

§ 5 Zweckbestimmung

Die baulichen Anlagen der Wohnungseigentümergemeinschaft dienen der Nutzung zu Wohnzwecken. Andere Nutzungen, die dem Charakter der Wohnanlage nicht entsprechen bzw. diesem abträglich sind, sind nicht gestattet. Ausgenommen hiervon sind nicht störende gewerbliche oder freiberufliche Nutzung von Wohnungen, soweit eine solche genehmigt ist (§ 6 Ziff. 2). Die Genehmigung kann unter Auflagen erteilt und ggf. widerrufen werden.

§ 6 Nutzung

1. Jeder Wohnungseigentümer ist berechtigt, die in seinem Sondereigentum stehenden Räume und neben den übrigen Miteigentümern auch das gemeinschaftliche Eigentum in einer Weise zu nutzen, die nicht die Rechte der übrigen Wohnungseigentümer über das bei einem geordne-

ten Zusammenleben unvermeidliche Maß hinaus beeinträchtigt oder den Bestimmungen dieser Teilungserklärung widerspricht. Der Umfang der Nutzungsbefugnis ergibt sich ferner aus der Hausordnung.

2. Zur Ausübung eines Gewerbes oder Berufes in der Eigentumswohnung ist der Wohnungseigentümer nur mit schriftlicher Einwilligung des Verwalters berechtigt: diese kann unter Auflagen erteilt werden. Der Verwalter kann die Einwilligung nur aus einem wichtigen Grund verweigern. Als wichtiger Grund ist insbesondere anzusehen, wenn die Ausübung des Gewerbes oder Berufes eine unzumutbare Beeinträchtigung der Wohnungseigentümer oder eine übermäßige Abnutzung des gemeinschaftlichen Eigentums mit sich bringt. Die Zustimmung kann widerrufen werden, wenn nachträglich eine unzumutbare Beeinträchtigung der Wohnungseigentümer oder eine übermäßige Abnutzung des gemeinschaftlichen Eigentums eintritt oder Auflagen nicht beachtet werden. Die Zustimmung des Verwalters kann durch Beschluß der Eigentümerversammlung ersetzt werden.
3. Gebrauchsüberlassung von Wohnungen an Dritte ist dem Verwalter unverzüglich schriftlich mitzuteilen.
4. Für Verletzungen der Gemeinschafts- und Hausordnung durch nutzungsberechtigte Dritte sowie für die von Dritten der Gemeinschaft oder einzelnen Wohnungseigentümern verursachten Schäden haftet der Wohnungseigentümer der Gemeinschaft und den anderen Wohnungseigentümern neben den Dritten als Gesamtschuldner.

§ 7 Sondernutzungsrechte

Folgende Sondernutzungsrechte werden vereinbart:

....

§ 8 Übertragung des Wohnungseigentums

1. Zur Veräußerung ist keine Zustimmung erforderlich.
   Der Veräußerer ist verpflichtet, dem Verwalter die Veräußerung bekanntzumachen und ihm den Tag der Eigentumsumschreibung im Grundbuch mitzuteilen.
2. Der Veräußerer kann nicht verlangen, daß das Verwaltungsvermögen, insbesondere die Instandhaltungsrückstellung, auseinandergesetzt und ihm sein Anteil ausbezahlt wird. Sämtliche vom Veräußerer bereits geleisteten Zahlungen, auch Rücklagen, kommen dem Rechtsnachfolger zugute; das gilt auch für Hausgeldzahlungen und Abrechnungsüberschüssen.
3. Der Rechtsnachfolger haftet gesamtschuldnerisch für alle Verbindlichkeiten des Veräußerers gegenüber der Wohnungseigentümergemeinschaft. Dies gilt nicht für einen Rechtsnachfolger, der das Objekt im Wege der Zwangsversteigerung durch Zuschlagsbeschluß erworben hat.

4. Die Jahresabrechnung des Jahres, in dem die Veräußerung erfolgt ist, wird dem Rechtsnachfolger zugestellt mit der Maßgabe, daß dieser zur Zahlung von Rückständen bzw. zur Entgegennahme von Guthaben verpflichtet und berechtigt ist. Einen evtl. Ausgleich mit dem Veräußerer hat der Erwerber vorzunehmen.

§ 9 Mehrheit von Wohnungseigentümern; abwesende oder unbekannte Wohnungseigentümer

1. Steht ein Wohnungseigentum mehreren Personen zu, so sind diese verpflichtet, unverzüglich einen mit einer notariell beglaubigten Vollmacht versehenen Bevollmächtigten zu bestellen und dem Verwalter namhaft zu machen. Satz 1 gilt nicht für Ehegatten und Geschwister, die gemeinsam Wohnungseigentümer sind; sie gelten als gegenseitig bevollmächtigt.
2. Die Vollmacht muß enthalten:
   - Die Ermächtigung des Bevollmächtigten, alle aus dem Wohnungseigentum herrührenden Rechte und Pflichten wahrzunehmen, insbesondere auch alle Willenserklärungen und Zustellungen mit Wirkung für die Vollmachtgeber in Empfang zu nehmen,
   - Die Bestimmung der Fortdauer der Vollmacht über den Tod eines oder mehrerer Vollmachtgeber hinaus.
3. Mehrere Wohnungseigentümer haften als Gesamtschuldner, Tatsachen für und gegen einen Gesamtschuldner wirken für und gegen alle Gesamtschuldner.
4. Jeder Wohnungseigentümer ist verpflichtet, einen Bevollmächtigten mit dem Wohnsitz im Inland zu bestellen, wenn
   - er mehr als drei Monate abwesend ist,
   - er seinen Wohnsitz in das Ausland verlegt.

   Für den Inhalt der Vollmacht gilt Ziff. 2. Einer Vollmacht nach Ziff. 4 bedarf es nicht, wenn ein Bevollmächtigter nach Ziff. 1 vorhanden ist.

§ 10 Instandhaltung und Instandsetzung des Sondereigentums

1. Jeder Wohnungseigentümer ist verpflichtet, die dem Sondereigentum unterliegenden Gebäudeteile ordnungsgemäß im Sinne von 14 Nr. 1 WEG instand zu halten und instand zu setzen. Die Vornahme von Schönheitsreparaturen innerhalb der Wohnung, d. h. das Streichen der Wände, Türen und Heizkörper sowie die Behandlung und Pflege der Fußböden steht im Ermessen der Wohnungseigentümer. Für die Wohnungsabschlußtüren und Fenster gelten die Regelungen zu § 11 Ziff. 1 und § 16 Ziff. 8.
2. Die Instandhaltung, Instandsetzung und Erneuerung der Rolländen und Jalousien obliegt dem Wohnungseigentümer.

§ 11 Instandhaltung und Instandsetzung des gemeinschaftlichen Eigentums und Instandhaltungsrückstellung

1. Die Instandhaltung und Instandsetzung des gemeinschaftlichen Eigentums obliegt den Wohnungseigentümern gemeinsam. Das gilt auch für die im gemeinschaftlichen Eigentum befindlichen Fenster unter Berücksichtigung der gesonderten Kostenregelung gemäß § 16 Ziff. 8.
2. Schäden am gemeinschaftlichen Eigentum hat jeder Wohnungseigentümer unverzüglich dem Verwalter anzuzeigen. Jeder Wohnungseigentümer hat, soweit es ihm möglich und zumutbar ist, bis zur Abhilfe durch den Verwalter durch vorläufige Maßnahmen für die Abwendung unmittelbarer Gefahren zu sorgen.
3. Der Verwalter ist berechtigt und verpflichtet, den Zustand des gemeinschaftlichen Eigentums laufend zu überwachen. Er hat alle Maßnahmen zu treffen, die im Rahmen einer ordnungsgemäßen Bewirtschaftung zur Instandhaltung und Instandsetzung des gemeinschaftlichen Eigentums erforderlich sind oder zweckmäßig erscheinen. Die Wohnungseigentümer haben den Verwalter bei diesen Maßnahmen zu unterstützen.
4. Der Verwalter hat die Vornahme solcher Arbeiten, einschließlich baulicher Veränderungen, den Wohnungseigentümern rechtzeitig anzukündigen, deren Sondereigentum davon betroffen wird. Einer Ankündigung bedarf es nicht, soweit Maßnahmen zur Abwendung drohender Gefahren oder Schäden für gemeinschaftliches Eigentum der Bewohner des Gebäudes notwendig sind.
5. Jeder Wohnungseigentümer hat in den Fällen der Ziffern 3 und 4 Einwirkungen auf die in seinem Sondereigentum stehenden Gebäudeteile und das gemeinschaftliche Eigentum zu dulden sowie das Betreten seiner Räume zu gestatten, soweit das zur Durchführung der bezeichneten Maßnahmen erforderlich ist.
6. Verhindert oder verzögert ein Wohnungseigentümer die Ausführung der Maßnahmen nach Ziff. 5, so hat er die durch sein Verhalten entstandenen Mehrkosten zu tragen. Schadensersatzansprüche bleiben unberührt.
7. Die Wohnungseigentümer sind zur Ansammlung einer Instandhaltungsrückstellung für das gemeinschaftliche Eigentum verpflichtet. Zu diesem Zweck ist ein angemessener jährlicher Betrag zu entrichten, der sich nach Miteigentumsanteilen errechnet. Aus dieser Rückstellung werden die Kosten für die Instandhaltung und Instandsetzung des gemeinschaftlichen Eigentums bestritten.
8. Falls die vorhandenen Rückstellungen nicht ausreichen, um die Kosten für beschlossene oder dringend notwendig gewordene Arbeiten zu decken, sind die Wohnungseigentümer verpflichtet, Nachzahlungen im Verhältnis der Miteigentumsanteile zu leisten.

9. Die Entnahme aus der Instandhaltungsrückstellung zu anderen Zwekken als zur Zahlung von Instandhaltungs- und Instandsetzungskosten ist ausgeschlossen.
10. Während des Jahres anfallende Kosten für laufende und kleinere Instandhaltungs- und Instandsetzungsmaßnahmen werden der Instandhaltungsrückstellung bei Anfall entnommen, ohne daß darüber Beschluß zu fassen ist.
11. Die im monatlichen Hausgeld enthaltenen anteiligen Beiträge zur Bildung der Instandhaltungsrückstellung sind innerhalb eines Wirtschaftsjahres erst dann einer Geldanlage zuzuführen, wenn das gemeinschaftliche Hausgeldkonto die notwendigen Überschüsse aufweist.

§ 12 Bauliche Veränderungen

1. Maßnahmen baulicher Veränderungen, insbesondere solcher, welche die einheitliche Gestaltung und den einheitlichen Eindruck der Anlage stören, dürfen nur mit vorheriger Zustimmung des Verwalters vorgenommen werden. Das gilt auch für das Anbringen von Werbeeinrichtungen und Außenantennen, die Durchführung von Maßnahmen entsprechender Art auf dem Grundstück und den Balkonen. Ebenso ist die Zustimmung des Verwalters erforderlich beim Anbringen von Rolläden, Jalousetten und anderen Einrichtungen. Die Zustimmung des Verwalters kann durch einen Beschluß der Eigentümerversammlung ersetzt werden.
2. Im übrigen gilt § 22 WEG.

§ 13 Versicherungen

1. Für das Sondereigentum und das gemeinschaftliche Eigentum als Ganzes sind folgende Versicherungen abzuschließen:
   - eine Versicherung gegen die Inanspruchnahme aus der gesetzlichen Haftpflicht als Grund- und Hauseigentümer;
   - eine Versicherung gegen die Haftpflicht bei Gewässerschäden, sofern Öltanks zum Gemeinschaftseigentum gehören;
   - eine Gebäudebrandversicherung;
   - eine Leitungswasser-, Sturm- und Hagelschadenversicherung.
2. Die Sachversicherungen sind zum gleitenden Neuwert, die Haftpflichtversicherungen in angemessener Höhe abzuschließen.
3. Die Auswahl der Versicherer obliegt dem Verwalter; er ist befugt, im Namen der Gemeinschaft Verträge neu abzuschließen und zu kündigen.

§ 14 Wiederaufbau

1. Im Falle der vollständigen oder teilweisen Zerstörung der Gebäude ist die Gemeinschaft der Wohnungseigentümer zum Wiederaufbau ver-

pflichtet. Sie hat etwaige Versicherungsleistungen zur Deckung der Baukosten zu verwenden.
2. Decken die Versicherungsleistungen nicht den vollen Wiederherstellungsaufwand, so ist jeder Wohnungseigentümer verpflichtet, den durch die Entschädigung etwa nicht gedeckten Teil der Kosten nach Maßgabe eines Zahlungsplanes, den der Verwalter im Einvernehmen mit der Eigentümerversammlung aufstellt, zu bezahlen. Jeder Wohnungseigentümer hat ferner den sich aufgrund einer Schlußabrechnung ergebenden Mehraufwand, soweit dieser auf sein Sondereigentum entfällt, in voller Höhe, soweit er auf das gemeinschaftliche Eigentum entfällt, in Höhe eines seinem Miteigentumsanteil entsprechenden Bruchteil zu tragen.
3. Jeder Wohnungseigentümer kann sich innerhalb eines Monats nach Bekanntgabe der festgestellten Entschädigung und der nach einem Voranschlag ermittelten Kosten des Wiederaufbaues oder der Wiederherstellung von der Verpflichtung zur Beteiligung an dem Wiederaufbau oder der Wiederherstellung durch Veräußerung seines Wohnungseigentums befreien.
4. Steht dem Wiederaufbau oder der Wiederherstellung ein unüberwindliches Hindernis entgegen, so ist jeder Wohnungseigentümer berechtigt, die Aufhebung der Gemeinschaft zu verlangen. Der Anspruch auf Aufhebung ist ausgeschlossen, wenn sich einer der anderen Wohnungseigentümer oder ein Dritter bereit erklärt, das Wohnungseigentum des die Aufhebung verlangenden Wohnungseigentümers zum Schätzwert zu übernehmen, und gegen die Übernahme durch ihn keine begründeten Bedenken bestehen.

§ 15 Aufhebung der Gemeinschaft

1. Außer im Falle des § 14 Ziff. 4 kann kein Wohnungseigentümer die Aufhebung der Gemeinschaft verlangen.
2. Ist die Gemeinschaft im Falle des § 14 Ziff. 4 aufzuheben, so wird die Auseinandersetzung im Wege der freihändigen Veräußerung oder der öffentlichen Versteigerung nach § 753 BGB und §§ 180ff. ZVG durchgeführt.

§ 16 Ermittlung, Verteilung und Zahlung der laufenden Lasten und Kosten

1. Die laufenden Lasten und Kosten des gemeinschaftlichen Eigentums werden nach Maßgabe des jährlich zu beschließenden Wirtschaftsplanes für die einzelnen Wohnungseigentümer berechnet und sind als „Hausgeld" in monatlichen Raten zu bezahlen. Das Hausgeld ist bis spätestens zum dritten Werktag eines jeden Monats im voraus in der vom Verwalter bestimmten Form von jedem Wohnungseigentümer zu erbringen.
2. Das Hausgeld errechnet sich aus:

- den Betriebskosten gemäß § 27 der II. Berechnungsverordnung im Verhältnis der Miteigentumsanteile;
- den Verwaltungskosten mit einem Pauschbetrag je Wohnung;
- den Instandhaltungskosten und Instandhaltungsrückstellungen nach § 11 Ziff. 7 im Verhältnis der Miteigentumsanteile;
- den Kosten des Betriebs der zentralen Heizungs-, Brennstoff- und Warmwasserversorgungsanlage, die nach der Heizkostenverordnung wie folgt umzulegen sind:

  ....

- Der hier festgelegte Verteilungsschlüssel entspricht den Vorgaben der Heizkostenverordnung. Entgegen § 9 b Abs. 1 und 2 der Heizkostenverordnung wird vereinbart, daß bei der Veräußerung eines Wohnungseigentums eine Zwischenablesung und Zwischenabrechnung der Verbrauchswerte nicht stattfindet. Die Feststellung und die Verteilung der zeitanteiligen Wärme- und Brauchwarmwasserkosten ist allein Angelegenheit des Veräußerers und des Erwerbers. Der Verwalter wird die Heizkostenabrechnung, die Bestandteil der Jahresabrechnung ist, unabhängig vom Eigentümerwechsel während der Abrechnungsperiode dem im Grundbuch eingetragenen Eigentümer zustellen, der aus dieser Abrechnung gegenüber den Wohnungseigentümern der allein Verpflichtete bzw. Berechtigte ist.

3. Das Hausgeld wird im Wirtschaftsplan bestimmt. Der vom Verwalter erstellte erste Wirtschaftsplan nach der Bezugsfertigkeit bzw. nach der Begründung der Eigentumsanlage ist so lange für die Wohnungseigentümer verbindlich, bis diese einen neuen Wirtschaftsplan beschließen.
4. Wird nach Vorlage und Beschlußfassung der Jahresabrechnung nicht gleichzeitig ein neuer Wirtschaftsplan beschlossen, so gilt der zuletzt beschlossene so lange fort, bis der neue Wirtschaftsplan beschlossen ist.
5. Änderungen der Verteilungsschlüssel können durch Beschluß von $3/4$ der stimmberechtigten Wohnungseigentümer – berechnet nach Miteigentumsanteilen – vorgenommen werden. Als Verteilungsschlüssel können nur die Flächengrößen der einzelnen Einheiten, die Miteigentumsanteile, die Anzahl der Einheiten und bei den Kosten der Heizung ein anderer verbrauchsbezogener Verteilungsschlüssel, soweit dieser nach der Heizkostenverordnung zulässig ist, gewählt werden.
6. Bei überdurchschnittlicher Nutzung des Gemeinschaftseigentums durch einen Wohnungseigentümer bzw. dessen Mieter kann durch Beschluß von $3/4$ der stimmberechtigten Wohnungseigentümer – berechnet nach Miteigentumsanteilen – eine angemessene zusätzliche Nutzungsgebühr festgelegt werden.
7. Wird ein Wohnungseigentum freiberuflich oder gewerblich genutzt, dann ist der jeweilige Eigentümer verpflichtet, einen vom Verwalter zu bestimmenden angemessenen Zuschlag zu den Betriebs- und Instandhaltungskosten zu zahlen.

8. Die Kosten der Pflege, Instandhaltung sowie Instandsetzung an den Fenstern, die in räumlicher Verbindung zum jeweiligen Sondereigentum stehen, tragen die betreffenden Wohnungseigentümer. Das gilt auch für die Behebung von Glasschäden. Mit der Pflicht der Kostentragung ist auch die Pflicht zur laufenden und ordnungsgemäßen Instandhaltung/-Instandsetzung verbunden.
9. Die in Verzug befindlichen Wirtschaftseigentümer sind gegenüber den anderen Wohnungseigentümern verpflichtet, anstelle des gesetzlichen Verzugszinses eine Verzugskostenpauschale zu leisten, die 7% über dem jeweiligen Basiszins liegt. Die Wohnungseigentümer können durch Mehrheitsbeschluß die Höhe der Verzugskostenpauschale den jeweiligen Verhältnissen anpassen.
10. Sofern gemeinschaftliche Waschmaschinen installiert sind, wird neben dem Hausgeld eine angemessene Nutzungsgebühr (Trommelgeld) erhoben. Das Trommelgeld beinhaltet die Kosten des Gebrauchs, der Instandhaltung und Instandsetzung sowie der Erneuerung dieser Einrichtung. Die Höhe des Trommelgeldes wird vom Verwalter festgelegt, wobei eine Änderung dieser Festlegung durch Mehrheitsbeschluß der Wohnungseigentümer jederzeit möglich ist.
    Für die Abrechnung der Einnahmen (Trommelgeld) und Ausgaben wird ein gesondertes Waschmaschinenkonto als Sachkonto geführt, wobei der verbleibende Überschuß als Waschmaschinenrückstellung geführt und an die Wohnungseigentümer nicht ausbezahlt wird. Aus diesem Konto werden sowohl die laufenden Betriebskosten als auch Instandhaltungs- und Instandsetzungskosten sowie die Kosten für Ersatzbeschaffung bezahlt, ohne daß es hierüber einer Beschlußfassung durch die Wohnungseigentümer bedarf. Sollte die Waschmaschinenrücklage zur Deckung der Kosten für Instandhaltung und Ersatzbeschaffung nicht ausreichen, sind diese der allgemeinen Instandhaltungsrücklage zu entnehmen. Hierfür bedarf es eines Mehrheitsbeschlusses der Wohnungseigentümer.
11. Die Wohnungseigentümer können durch Mehrheitsbeschluß eine angemessene Umzugskostenpauschale für jeden Umzugsfall in der Wohnanlage beschließen.

§ 17 Wirtschaftsplan und Abrechnung

1. Der Verwalter hat für jedes Kalenderjahr einen Wirtschaftsplan aufzustellen, über den die Wohnungseigentümer mit Stimmenmehrheit beschließen. Der vom Verwalter erstellte erste Wirtschaftsplan nach Begründung des Wohnungseigentümers bzw. nach dem Entstehen der Wohnungseigentümergemeinschaft ist so lange für die Wohnungseigentümer verbindlich, bis diese einen neuen Wirtschaftsplan beschließen.
2. Der durch die Wohnungseigentümer beschlossene Wirtschaftsplan behält seine Gültigkeit auch über das vorgesehene Wirtschaftsjahr hin-

aus, und zwar so lange, bis durch die Wohnungseigentümer ein neuer Wirtschaftsplan beschlossen ist.

3. Nach Ablauf eines jeden Kalenderjahres hat der Verwalter eine Jahresabrechnung zu erstellen.
4. Etwaige Fehlbeträge aus der Jahresrechnung sind vom Wohnungseigentümer unverzüglich nachzuleisten, etwa zuviel gezahlte Beträge sind dem Wohnungseigentümer gutzubringen.

§ 18 Eigentümerversammlung/Stimmrecht

1. Angelegenheiten, über die nach dem Wohnungseigentumsgesetz oder nach dem Inhalt dieser Teilungserklärung die Wohnungseigentümer durch Beschluß entscheiden können, werden durch Beschlußfassung in einer Versammlung der Wohnungseigentümer geordnet.
2. Der Verwalter ist zu verpflichten, die Eigentümerversammlung einmal im Jahr unter Bekanntgabe der Tagesordnung einzuberufen (ordentliche Eigentümerversammlung).
3. Für die ordnungsgemäße Einberufung genügt eine schriftliche Einladung an den dem Verwalter bekannten Wohnungseigentümer bzw. dessen Bevollmächtigten unter Einhaltung einer Frist von mindestens einer Woche. Die Ladungsfrist kann in dringenden Fällen auf drei Tage abgekürzt werden.
4. Die Eigentümerversammlung ist ohne Rücksicht auf die Zahl der erschienenen Eigentümer beschlußfähig. Ein Wohnungseigentümer kann sich nur durch seinen Ehegatten, den Verwalter oder einen anderen Wohnungseigentümer, und wenn ein Bevollmächtigter nach § 9 bestellt ist, nur durch diesen vertreten lassen.
5. Jeder Wohnungseigentümer (Teileigentümer) hat soviel Stimmen, wie er Wohnungseigentumseinheiten besitzt, d.h. daß jedem Wohnungseigentum je eine Stimme zukommt. Steht ein Wohnungseigentum mehreren gemeinschaftlich zu, so kann das Stimmrecht nur einheitlich ausgeübt werden.
6. Bei der Feststellung der Stimmenmehrheit wird von der Zahl der abgegebenen Stimmen ausgegangen; Stimmenthaltungen gelten als nicht abgegebene Stimmen.
7. § 18 Abs. 3 WEG bleibt unberührt.
8. Der Vorsitzende der Wohnungseigentümerversammlung ist zur Protokollführung verpflichtet. Dies gilt auch, wenn nicht der Verwalter, sondern ein Verwaltungsbeiratsmitglied oder ein Wohnungseigentümer den Vorsitz innehat.
9. Für den Fall, daß Beschlußgegenstand die Neu- oder Wiederbestellung des Verwalters im Sinne des § 26 Abs. 1 WEG ist, sind die Wohnungseigentümer nach dem erfolgten Bestellungsbeschluß verpflichtet, ein Mitglied des Verwaltungsbeirats und einen Wohnungseigentümer zu ermächtigen, die Unterschrift unter den Verwaltervertrag zu leisten.

§ 19 Verwalter

1. Zum ersten Verwalter im Sinne der §§ 26–29 WEG wird das .... bestellt. Die Bestellung zum Verwalter gilt bis .... Die wiederholte Bestellung ist zulässig; sie bedarf eines erneuten Beschlusses der Wohnungseigentümer, der frühestens ein Jahr vor Ablauf der Bestellungszeit gefaßt werden kann.
2. Die Wohnungseigentümer ermächtigen den Verwalter über § 27 WEG hinaus:
   - die Wohnungseigentümer gerichtlich (sowohl im Aktiv- wie auch im Passivprozeß) und außergerichtlich in allen Angelegenheiten der Verwaltung zu vertreten und im Rahmen seiner Verwaltungsaufgaben Verträge abzuschließen und andere Rechtshandlungen vorzunehmen;
   - die von den Wohnungseigentümern zu leistenden Hausgelder und sonstige der Gemeinschaft geschuldeten Beträge einzuziehen und gegenüber säumigen Wohnungseigentümern sowie gegenüber Dritten gerichtlich oder außergerichtlich im eigenen Namen aufzutreten.
3. Die Wohnungseigentümergemeinschaft wird dem jeweiligen Verwalter einen notariell beglaubigten Nachweis über die Verwaltereigenschaft auf Kosten der Gemeinschaft ausstellen.
4. Die Einstellung und Kündigung des Hausmeisters und einer Reinigungskraft bzw. -firma und die damit verbundene Vertragsgestaltung obliegt dem Verwalter.

§ 20 Verwaltungsbeirat

1. Die Wohnungseigentümergemeinschaft kann aus den Reihen der Wohnungseigentümer einen Verwaltungsbeirat durch Beschluß mit Stimmenmehrheit wählen.
2. Der Verwaltungsbeirat soll mindestens aus drei Mitgliedern bestehen. Dritte bzw. Nichtwohnungseigentümer können nicht Mitglieder des Verwaltungsbeirates werden.
3. Die Dauer der Mitgliedschaft im Verwaltungsbeirat beträgt eine Jahresperiode, wobei diese jeweils mit der Beiratswahl in der ordentlichen (Jahres-)Wohnungseigentümerversammlung beginnt, und in der darauffolgenden ordentlichen Wohnungseigentümerversammlung endet. Die Wiederwahl der Verwaltungsbeiratsmitglieder ist unbegrenzt möglich.
4. Die gewählten Verwaltungsbeiratsmitglieder bestimmen aus ihrer Mitte einen Vorsitzenden.
5. Die Aufgaben und Befugnisse des Verwaltungsbeirates bzw. dessen Vorsitzenden ergeben sich aus dem WEG und sind insbesondere folgende:

- Einberufung einer Wohnungseigentümerversammlung für den Fall, daß ein Verwalter fehlt oder dieser sich pflichtwidrig weigert, die Versammlung der Wohnungseigentümer einzuberufen.
- Unterzeichnung der Versammlungsniederschriften.
- Unterstützung des Verwalters bei der Durchführung seiner Aufgaben.
- Überprüfung des Wirtschaftsplanes, der Jahresabrechnung der Rechnungslegung und der Kostenanschläge sowie die Abgabe von Stellungnahmen hierzu, jeweils vor Beschlußfassung durch die Wohnungseigentümerversammlung.

6. Der Verwaltungsbeirat ist nicht befugt, die Wohnungseigentümer gegenüber dem Verwalter oder gegenüber Dritten zu vertreten, es sei denn, er wird hierzu durch die Wohnungseigentümer ausdrücklich ermächtigt.
7. Die Mitglieder des Verwaltungsbeirates haften gegenüber anderen Wohnungseigentümern nur für grobe Fahrlässigkeit und Vorsatz, nicht aber für leichte Fahrlässigkeit.

§ 21 Abnahme des gemeinschaftlichen Eigentums

Die ersterwerbenden Wohnungseigentümer nehmen das gemeinschaftliche Eigentum vom Veräußerer (Ersteller) gemeinsam ab. Zur Abnahme ermächtigen und bevollmächtigen die Wohnungseigentümer in der ersten Versammlung drei Vertreter aus ihren Reihen durch Mehrheitsbeschluß. Die Abnahme durch die gewählten Vertreter ist für alle Wohnungseigentümer verbindlich. Diese Abnahme wirkt auch für und gegen die Wohnungseigentümer, die zum Zeitpunkt der Abnahme noch nicht Eigentümer waren.

§ 22 Abänderung von Vereinbarungen und gesetzlichen Bestimmungen

Die Wohnungseigentümer können von den hier getroffenen Vereinbarungen und von den gesetzlichen Bestimmungen über die Gemeinschaft der Wohnungseigentümer und über die Verwaltung des gemeinschaftlichen Eigentums abweichende Regelungen treffen, soweit die gesetzlichen Bestimmungen abdingbar sind. Eine weitere Voraussetzung hierfür ist, daß die Neuregelung sachlich geboten ist und sie keinen Wohnungseigentümer unbillig benachteiligt. Solche abändernden Regelungen bedürfen eines qualifizierten Mehrheitsbeschlusses von drei Viertel aller Wohnungseigentümer.

§ 23 Schiedsvereinbarung

Bezüglich streitiger Auseinandersetzungen vereinbaren die Wohnungseigentümer folgendes:

1. Schiedsklausel
Streitigkeiten in Wohnungseigentumssachen im Sinne des § 43 Abs. 1 Nr. 1, 2 und 4 WEG werden durch ein Schiedsgericht nach dem Statut des Deutschen Ständigen Schiedsgerichts für Wohnungseigentum (Geschäftsstelle jetzt: Straße des 17. Juni 114, 10623 Berlin) beim Evangelischen Siedlungswerk in Deutschland e. V., vhw – Deutsches Volksheimstättenwerk e. V., Bundesverband für Wohneigentum, Wohnungsbau und Stadtentwicklung; Dachverband Deutscher Immobilienverwalter e. V. endgültig entschieden. Dies gilt auch für Verfahren nach § 43 Abs. 1 Nr. 3 WEG auf Antrag eines Wohnungseigentümers. Für Wohnungseigentümer und Verwalter, die vor Antragstellung ihre Rechtsstellung verloren haben, gilt Entsprechendes, soweit die Streitigkeiten aus der früheren Rechtsstellung resultieren.
2. Aufhebung und Änderung der Schiedsklausel
2.1. Die Aufhebung oder Abänderung der Schiedsklausel kann nach Ablauf von fünf Jahren seit ihrer Vereinbarung durch Stimmenmehrheit beschlossen werden.
Der Beschluß bedarf einer Mehrheit von drei Vierteln der stimmberechtigten Wohnungseigentümer, die Vorschriften des § 25 Abs. 3, 4 WEG sind in diesem Falle nicht anzuwenden.
2.2. Eine Aufhebung oder Abänderung der Schiedsklausel wird erst wirksam, wenn sie vom Ständigen Schiedsgericht auf Antrag eines Wohnungseigentümers durch Schiedsspruch festgestellt worden ist. Die Zuständigkeit des Ständigen Schiedsgerichts erlischt mit Wirksamwerden dieses Schiedsspruchs. Für bereits anhängige Verfahren bleibt die bisherige Schiedsklausel maßgebend.
3. Schiedsvereinbarung mit dem Verwalter Im Hinblick auf Ziff. 1 dieser Regelung sind die Wohnungseigentümer berechtigt, als Maßnahme ordnungsmäßiger Verwaltung mit Stimmenmehrheit den Abschluß einer Schiedsvereinbarung mit dem Verwalter über Streitigkeiten in Wohnungseigentumssachen im Sinne von § 43 Abs. 1 Nr. 2 und 4 WEG, soweit der Verwalter betroffen ist, zu beschließen.
Die Schiedsvereinbarung ist als gesonderte Urkunde vom Vorsitzenden des Verwaltungsbeirates oder einem anderen hierzu Bevollmächtigten als Vertreter der Wohnungseigentümer und vom Verwalter zu unterzeichnen.

§ 24 Eintragungsbewilligung und Antrag

1. Das .... bewilligt und beantragt, im Grundbuch einzutragen:
1.1 die Teilung des in § 1 näher bezeichneten Grundstücks in Wohnungseigentumsrechte gemäß § 2 dieser Erklärung,
1.2 die Bestimmungen gemäß §§ 3 mit 19 dieser Erklärung als Inhalt des Wohnungseigentums.
2. Als Anlage sind beigefügt:
2.1 Aufteilungsplan gemäß § 7 WEG

2.2 Bescheinigung der Baubehörde gemäß § 7 WEG

3. Von dieser Urkunde erhält das Grundbuchamt und das .... je eine Ausfertigung; hierbei sind die Abgeschlossenheitsbescheinigung und der Aufteilungsplan mit auszufertigen.
Außerdem erhält das .... vier beglaubigte Abschriften dieser Urkunde; bei diesen beglaubigten Abschriften wird auf Mitausfertigung der Abgeschlossenheitsbescheinigung und der Aufteilungspläne verzichtet.

III. Verwaltervertrag

Anmerkung zum Musterverwaltervertrag: Verschiedene auf bestimmte Bedürfnisse ausgerichtete Muster von Verwalterverträgen sind in Bä/S Teil G, S. 1279 ff. abgedruckt.

Verwaltervertrag für Wohnungseigentum

Zwischen

....

....

– im folgenden Verwalter genannt –
und der Wohnungseigentümergemeinschaft

....

....

– im folgenden Gemeinschaft genannt –
wird folgender Vertrag geschlossen:

§ 1 Bestellung und Abberufung des Verwalters

1. Gemäß Teilungserklärung (Gemeinschaftsordnung) Beschluß der Gemeinschaft vom
   wurde der Verwalter ab .... bestellt.
   Die Bestellung gilt bis zum .... längstens 5 Jahre.
2. Dieser Vertrag gilt für die Dauer der Bestellung des Verwalters. Er endet mit Ablauf des Bestellungszeitraumes oder mit der Kündigung nach Ziff. 3.
3. Die Gemeinschaft und der Verwalter können diesen Vertrag unter Einhaltung einer Kündigungsfrist von 6 Monaten für den Schluß eines Kalenderjahres kündigen. Bei Vorhandensein eines wichtigen Grundes kann die Gemeinschaft und der Verwalter jederzeit ohne Einhaltung einer Kündigungsfrist das Vertragsverhältnis beenden. Die ordentliche und fristlose Kündigung (§ 626 BGB) ist wirksam zugestellt, wenn sie der Gemeinschaft zu Händen eines Mitgliedes des Verwaltungsbeirates, und wenn ein solcher nicht bestellt ist, einem Mitglied der Gemeinschaft bzw. dem Verwalter schriftlich zugegangen ist.

§ 2 Aufgaben und Befugnisse des Verwalters

1. Die Aufgaben und Befugnisse des Verwalters ergeben sich aus den §§ 24, 27 und 28 WEG, der Gemeinschaftsordnung, und diesem Vertrag und ergänzend aus den Bestimmungen über die entgeltliche Geschäfts-

besorgung (§ 675 BGB). Der Verwalter ist insbesondere berechtigt und verpflichtet:

a) die Wohnungseigentümerversammlung einzuberufen (siehe § 6);
b) die Beschlüsse der Gemeinschaft durchzuführen;
c) die Niederschriften über die Beschlüsse der Wohnungseigentümerversammlung sowie die richterlichen Entscheidungen nach § 43 WEG ordnungsgemäß aufzubewahren;
d) jeweils rechtzeitig einen Wirtschaftsplan aufzustellen und nach Ablauf des Wirtschaftsjahres (gleich Kalenderjahr) die Jahresabrechnung zu fertigen und beides der Gemeinschaft zur Beschlußfassung vorzulegen;
e) die für die ordnungsmäßige Instandhaltung und Instandsetzung des gemeinschaftlichen Eigentums erforderlichen Maßnahmen selbständig zu treffen, soweit es sich um laufende Reparaturen und Instandsetzungen geringen Umfanges handelt;
f) in dringenden Fällen sonstige zur Erhaltung des gemeinschaftlichen Eigentums erforderliche Maßnahmen nach eigenem Ermessen durchzuführen;
g) die für die ordnungsmäßige Instandhaltung und Instandsetzung erforderlichen Maßnahmen größeren Umfanges so vorzubereiten, daß die Gemeinschaft die notwendigen Beschlüsse über die Durchführung der Maßnahmen fassen kann;
h) die Auswahl der Versicherer zu treffen; Verträge zu kündigen und neu abzuschließen;

2. Der Verwalter ist weder berechtigt noch verpflichtet, ohne Ermächtigung durch die Gemeinschaft Gewährleistungsansprüche wegen Baumängel am gemeinschaftlichen Eigentum für diese durchzusetzen.
3. Der Verwalter ist zur ordnungsmäßigen Geldanlage des Verwaltungsvermögens, insbesondere der Instandhaltungsrückstellung verpflichtet. Er hat die Verwaltung der gemeinschaftlichen Gelder mit der Sorgfalt eines Verwalters von Wohnungseigentum zu betreiben; nicht aber als Anlageberater oder Bankier. Das gemeinschaftliche Vermögen hat der Verwalter von seinem Vermögen getrennt zu halten. Über die Verwendung der gemeinschaftlichen Gelder hat der Verwalter auf Verlangen der Wohnungseigentümer Rechnung zu legen.
4. Im übrigen ist der Verwalter verpflichtet, alle Leistungen ordnungsgemäß zu erbringen.
5. Bei Beendigung der Verwaltertätigkeit hat der Verwalter eine ordnungsgemäße (Jahres-)Abrechnung zu erstellen. Zur Einzelabrechnung ist der Verwalter nur dann nicht verpflichtet, wenn die Beendigung der Verwaltertätigkeit nicht mit dem Kalenderjahr zusammenfällt. Hier genügt eine Gesamtabrechnung. Darüber hinaus ist der Verwalter verpflichtet, alle in seinem Besitz befindlichen Unterlagen, die zu einer ordnungsgemäßen Fortführung der Verwaltung notwendig sind, unverzüglich herauszugeben.

§ 3 Vertretungsmacht/Vollmacht

1. Der Verwalter ist berechtigt im Namen aller Wohnungseigentümer oder auch im eigenen Namen und mit Wirkung für und gegen die Gemeinschaft:
   a) Lasten- und Kostenbeiträge, Tilgungsbeiträge und Hypothekenzinsen anzufordern, in Empfang zu nehmen und abzuführen;
   b) alle Zahlungen und Leistungen zu bewirken und entgegenzunehmen, die mit der laufenden Verwaltung des gemeinschaftlichen Eigentums zusammenhängen;
   c) Willenserklärungen und Zustellungen entgegenzunehmen, soweit sie an alle Wohnungseigentümer in dieser Eigenschaft gerichtet sind;
   d) Maßnahmen zu treffen, die zur Wahrung einer Frist oder zur Abwendung eines sonstigen Rechtsnachteils erforderlich sind;
   e) die Gemeinschaft gerichtlich (sowohl im Aktiv- wie auch im Passivprozeß) und außergerichtlich auch im eigenen Namen in Angelegenheiten der laufenden Verwaltung zu vertreten und in diesem Zusammenhang bestehende Ansprüche durchzusetzen, und zwar auch ohne Mehrheitsbeschluß der Gemeinschaft;
   f) Erklärungen abzugeben, die zur Herstellung einer Fernsprech-, Fernsehantennen-, Rundfunkantennen- oder Energieversorgungsanlage für einen oder mehrere Wohnungseigentümer erforderlich sind;
   g) im Rahmen seiner Verwaltungsaufgaben Verträge abzuschließen, und sonstige Rechtsgeschäfte vorzunehmen, insbesondere einen Hausmeister oder ein Hausmeisterpaar einzustellen, zu entlassen und das Entgelt für diese festzusetzen.
2. Zum Nachweis seiner Vertretungsmacht kann der Verwalter jederzeit eine Vollmacht verlangen, die von mindestens zwei dazu ermächtigten Wohnungseigentümern (Verwaltungsbeirat) zu unterzeichnen ist.
   Erlischt die Vertretungsmacht, so ist die Vollmacht der Gemeinschaft zu Händen eines vom Verwalter auszuwählenden Wohnungseigentümers unverzüglich zurückzugeben; ein Zurückbehaltungsrecht an der Urkunde steht dem Verwalter nicht zu.
3. Der Verwalter ist von den Beschränkungen des § 181 BGB befreit.

§ 4 Nutzungen, Lasten und Kosten (Hausgeld)

1. Das Hausgeld ist der anteilige Beitrag der Wohnungseigentümer zu den Lasten des gemeinschaftlichen Eigentums, zu den Kosten der Instandhaltung und Instandsetzung, zu den Kosten der sonstigen Verwaltungsleistungen und eines gemeinschaftlichen Gebrauchs des gemeinschaftlichen Eigentums, sowie zur vorgesehenen Instandhaltungsrücklage. Es wird im jährlichen Wirtschaftsplan festgestellt und in der Versammlung der Wohnungseigentümer durch Stimmenmehrheit beschlossen.
2. Die Kostenumlage erfolgt nach dem in der Gemeinschaftsordnung oder in einer zusätzlich getroffenen Vereinbarung der Wohnungseigentümer

festgestellten Verteilungsschlüssel. Liegt keine Vereinbarung über den Kostenverteilungsschlüssel vor, erfolgt die Kostenumlage gemäß § 16 Abs. 2 WEG nach den Miteigentumsanteilen.

3. Das Hausgeld ist auf das vom Verwalter zu benennende Bankkonto der Gemeinschaft bzw. auf das vom Verwalter anzulegende Treuhandkonto, spätestens am 3 Werktag eines jeden Monats kostenfrei im Bankeinzugsverfahren zu leisten.
4. Der Verwalter ist ermächtigt, das Bankkonto der Gemeinschaft im Bedarfsfalle zu überziehen und für die Gemeinschaft einen Überziehungskredit in Anspruch zu nehmen, höchstens in Höhe von drei Hausgeldraten der Gemeinschaft insgesamt.
5. Die Geltendmachung von Zurückbehaltungsrechten sowie von Aufrechnungsansprüchen bezüglich des Hausgeldes, der Umlagen oder des sonstigen Gemeinschaftsvermögens ist ausgeschlossen.
6. Sofern die Gemeinschaft nicht anderes beschließt, ist der Verwalter berechtigt und verpflichtet, die in den monatlichen Hausgeldern enthaltenen anteiligen Beträge für die Zuführung zur Instandhaltungsrückstellung erst dann einer Geldanlage zuzuführen, wenn das gemeinschaftliche Bankkonto/Treuhandkonto einen entsprechenden Überschuß ausweist.
7. Der Verwalter ist berechtigt und verpflichtet, die Kosten der kleineren, laufenden Instandhaltungs- und Instandsetzungsmaßnahmen der Instandhaltungsrückstellung zu entnehmen, auch ohne Beschluß der Gemeinschaft.

§ 5 Geschäftsbesorgung und Vergütung

Soweit im Wohnungseigentumsgesetz, in der Gemeinschaftsordnung und in diesem Vertrag nichts anderes bestimmt ist, regelt sich das Verhältnis zwischen Gemeinschaft und Verwalter nach den Vorschriften der §§ 675 BGB bzw. 611 ff. BGB über entgeltliche Geschäftsbesorgung.

1. Die Verwaltervergütung
   beträgt jährlich,
   je Wohnungseigentum DM
   je Teileigentum (an Gewerberäumen) DM
   je Teileigentum (an einer Garage) DM
   Die Umsatzsteuer ist in der Vergütung nicht enthalten. Sie ist zusätzlich zu zahlen. Je $^1/_{12}$ der Vergütung ist am 1. eines Kalendermonats fällig und zusammen mit dem Hausgeld bis zum 3. Werktag jeden Monats zu entrichten.
2. Die Verwaltervergütung kann an die tatsächlichen Kosten jährlich wie folgt angepaßt werden ohne daß es hierzu eines Mehrheitsbeschlusses der Gemeinschaft bedarf und zwar jeweils zum 1. 1. eines jeden Kalenderjahres:
   Verändert sich seit dem Tage der Bestellung des Verwalters das Tarifgehalt eines nach der Gruppe VI (10. Berufsjahr) des Gehaltstarifvertrages

für die Angestellten der Wohnungswirtschaft bezahlten Angestellten um mehr als 3 v.H., so erhöht oder ermäßigt sich der auf die Lohnkosten entfallende Anteil der Verwaltervergütung in dem Ausmaß wie sich der Gehaltstarif verändert.

3. Entgelte für besondere Leistungen, z.B. technische Gutachten sowie Architekten- und Ingenieurleistungen bei größeren Instandhaltungs- und Instandsetzungsmaßnahmen (Ausschreibung, Überwachung und Abnahme der Bauleistung) sind in der Vergütung nicht enthalten. Derartige Leistungen sind besonders zu vergüten, auch wenn sie mit eigenem Personal des Verwalters ausgeführt werden. Dies gilt auch für Maßnahmen im Zusammenhang mit § 2 Abs. 2.
4. Entgelte für rechtliche Gutachten und Kosten für Maßnahmen der Rechtsverfolgung, sowie Kosten die dem Verwalter dadurch entstehen, daß er die Gemeinschaft in einem Verfahren nach § 43 WEG vertritt oder in dem er als Bevollmächtigter im Sinne des § 189 Abs. 1 ZPO zu handeln hat, sind in der Verwaltervergütung nicht enthalten. Die Vergütung für diese Leistungen richtet sich nach der BRAGO.
5. In der Verwaltervergütung sind die Aufwendungen für die Durchführung einer jährlichen Eigentümerversammlung enthalten, nicht aber evtl. anfallende Miet- und Raumkosten für das Versammlungslokal. Für jede weitere – außerordentliche – Versammlung ist $^1/_{12}$ der jeweiligen jährlichen Verwaltervergütung zu entrichten. Ferner sind die Kosten für die Erstellung, Vervielfältigung und Versand der Niederschrift enthalten (Ziff. 6.5).
6. Der Verwalter ist berechtigt folgende Gebühren und Kosten zusätzlich zur Verwaltervergütung zu erheben:
   - Mahngebühren von im Zahlungsrückstand (Hausgeld) befindlichen Wohnungseigentümern (DM 5,00 zuzügl. MWSt.)
   - Kosten für erwünschte Kopien aus den Verwalterakten (DM 1,00 pro Blatt zzügl. MWSt.)
   - Bearbeitungskosten in angemessener Höhe für die Verwaltergenehmigung bei Veräußerung von Wohnungseigentum gem. § 12 WEG einzuheben beim Veräußerer.

§ 6 Haftung des Verwalters

1. Der Verwalter hat seine Aufgaben mit der Sorgfalt und nach den Grundsätzen eines erfahrenen fachkundigen Kaufmanns der Grundstücks- und Wohnungswirtschaft zu erfüllen und alle mit seinen Tätigkeiten verbundenen Rechtsvorschriften zu beachten.
2. Der Verwalter hat eine angemessene Vermögenshaftpflichtversicherung abzuschließen und zu unterhalten.
3. Die Haftung des Verwalters für sein oder das Verhalten seiner Erfüllungsgehilfen, das weder vorsätzlich noch grob fahrlässig ist, wird der Höhe nach auf die Versicherungssumme, die DM .... beträgt, begrenzt.

4. Schadensersatzansprüche gegen den Verwalter können nur innerhalb von zwei Jahren geltend gemacht werden. Diese Ansprüche verjähren nach drei Jahren.

§ 7 Versammlung der Wohnungseigentümer

1. Für die ordnungsgemäße Einberufung genügt eine schriftliche Einladung an den dem Verwalter bekannten Wohnungseigentümer bzw. dessen Bevollmächtigten. Die Einladung ist an die letzte, dem Verwalter bekannte Adresse des Wohnungseigentümers zu richten.
   Bei einer Personenmehrheit am Wohnungseigentum genügt es für die Rechtswirksamkeit des Zugangs der Einladung – wie auch für den Zugang anderer empfangsbedürftiger Willenserklärungen – wenn sie einem der Miteigentümer abgegeben werden, unter Einhaltung einer Frist von mindestens einer Woche. Die Ladungsfrist kann in dringenden Fällen auf drei Tage verkürzt werden.
2. Den Vorsitz in der Wohnungseigentümerversammlung führt – sofern die Gemeinschaft nichts anderes bestimmt – der Verwalter.
3. Die Geschäftsordnung bei der Versammlung obliegt dem Verwalter, der über Anträge zur Geschäftsordnung abstimmen läßt. Zu Beginn der Wohnungseigentümerversammlung ist vom Verwalter die ordnungsgemäße Einberufung und die Beschlußfähigkeit festzustellen. Das Ende der Versammlung wird vom Verwalter festgestellt.
4. Der Verwalter hat eine Niederschrift über das Ergebnis der Versammlung (Ergebnisprotokoll) zu erstellen und die dazu erforderliche Unterschriften innerhalb von drei Wochen einzuholen. Danach hat er jedem Wohnungseigentümer einen Abdruck der Niederschrift zu übersenden.

§ 8 Mehrheit von Wohnungseigentümern

1. Steht ein Wohnungseigentum mehreren Personen zu, so sind diese verpflichtet, unverzüglich einen mit einer Vollmacht versehenen Bevollmächtigten zu bestellen und dem Verwalter namhaft zu machen. Dies gilt nicht für Ehegatten und Angehörige in der gleichen Familie, die gemeinsam Wohnungseigentümer sind, weil sie als gegenseitig bevollmächtigt gelten.
2. Mehrere Berechtigte an einem Wohnungseigentum sind hinsichtlich der Rechte und Pflichten aus diesem Vertrag Gesamtgläubiger und Gesamtschuldner. Sie bevollmächtigen sich gegenseitig in allen Angelegenheiten, welche die Verwaltung des gemeinschaftlichen Eigentums betreffen, Erklärungen mit verbindlicher Wirkung für jeden abzugeben oder zu empfangen.
3. Jeder Wohnungseigentümer verpflichtet sich, einen Bevollmächtigten mit dem Wohnsitz im Inland zu bestellen, wenn
   – er mehr als drei Monate abwesend ist,

- er seinen Wohnsitz in das Ausland verlegt,
- die Zustimmung aller Wohnungseigentümer für bestimmte Maßnahmen notwendig wird, und er an der Ausübung seiner Zustimmung verhindert ist.

§ 9 Veräußerung eines Wohnungseigentums

Bei Veräußerung eines Wohnungseigentums hat der Wohnungseigentümer seinen Rechtsnachfolger zum Eintritt in den mit dem Verwalter abgeschlossenen Verwaltervertrag zu verpflichten. Der Verwalter ist nicht verpflichtet, Teil- oder Zwischenabrechnungen zu erstellen. Er wird die nach dem Abschluß des Kaufvertrages folgende Jahresabrechnung dem Erwerber übersenden sofern er zum Zeitpunkt der Versammlung, in welcher die Jahresabrechnung zu genehmigen ist, als Eigentümer im Grundbuch eingetragen ist.

§ 10 Teilweise Unwirksamkeit

Wird ein Teil dieses Vertrages unwirksam, so bleibt der übrige Vertragsteil voll wirksam. Die unwirksame Vertragsklausel ist durch eine Bestimmung zu ersetzen, die in zulässiger Weise dem beabsichtigten wirtschaftlichen Zweck am nächsten kommt.

§ 11 Vertragsänderungen

Änderungen und Ergänzungen dieses Vertrages bedürfen zu ihrer Wirksamkeit eines Mehrheitsbeschlusses der Gemeinschaft und der Einwilligung des Verwalters. Die Willensübereinkunft der Vertragsänderung zwischen Gemeinschaft und Verwalter kommt dadurch zum Ausdruck, daß der Änderungsbeschluß als Auszug der betreffenden Versammlungsniederschrift vom Verwalter unterzeichnet diesem Vertrag beigeheftet wird.

........................, den	........................, den ....
(Der Verwalter)	(Für die Wohnungseigentümer)

IV. Abrechnung im Wohnungseigentum

(Abrechnungsbeispiel der BauConsult – DV – und Unternehmensberatung Bayern GmbH: Wohnanlage in Erlangen mit 7 Wohnungen)

1. Rechnungslegung (Beiratsabrechnung)

Rechnungslegung – Zusammenfassung 1. 1. 98–31. 12. 98
Währungseinheit = DM

Seite 1 Buchwährung: DM

Zusammenstellung der Ausgaben und Einnahmen

Nr.	Bezeichnung	Ausgaben	Einnahmen	Saldo
(a)	BAUBODEN MUENCHEN, Nr. ... (Vortrag)			730,73H
(2)	Gemeinschaftsausgaben	17 137,85		
(5)	Rücklagen: Ausgaben/Einnahmen	11 989,78		
(3)	Gemeinschaftseinnahmen		26,50	
(10)	Forderg. u. Verbindl.: Veränderung		320,80	
(b)	Geldanlagen: Veränderung		7 955,36	
(13)	Hausgeld		23 890,69	3 065,72H
	Summe Geldbestand: Guthaben			3 796,45H

Rechnungslegung – Zusammenfassung 1. 1. 98–31. 12. 98
Währungseinheit = DM

Seite 1 Buchwährung: DM

Nr.	Bezeichnung	Ausgaben	Einnahmen	Saldo
(a)	BAUBODEN MUENCHEN, Nr. …			3 796,45H
	Summe Geldbestand: Guthaben			3 796,45H

(a) siehe Bankkontoauszug
(b) = (6) + (7) – (8)

Status der Eigentümergemeinschaft per 31. 12. 98

Nr.	Bezeichnung		
(9)	Geldanlagen	17 203,45	
(4)	Rücklagen		16 447,25
(11)	Forderungen		0,00
(12)	Verbindlichkeiten		0,00
(a)	Bankguthaben per 31. 12. 98	3 796,45	
(1)	Überschuß		4 552,65
		20 999,90	20 999,90

(a) siehe Bankkontoauszug

Rechnungslegung – Zusammenfassung 1. 1. 98–31. 12. 98
Währungseinheit = DM

Seite 2 Buchwährung: DM

Ist-Plan-Übersicht der Kosten und Erträge

VU	Pos-U	Kontenbezeichnung	Gesamt-Ist	Ges.-Plan
		Gemeinschaftskosten		
000	42	Heizungskosten	7 081,44	10 000,00
000	46	Brandversicherung	225,70	250,00
000	47–01	Gebäudevers. Sturm, Lw, Glas	318,40	450,00
000	47–02	Haushaftpflichtversicherung	18,10	50,00
000	47–03	Gewässersch-Haftpflicht	79,40	120,00
000	49	Pflege der Außenanlagen	1 034,86	800,00
000	52	Müll, Straßenrein.	1 325,76	1 300,00
000	53	Strom, Wasser, Kanal	1 895,19	2 500,00
000	54	Winterdienst	1 160,00	1 200,00
000	61	Sonstige Betriebskosten	571,15	738,22
000	63–01	Berufsgenossenschaft	177,81	150,00
000	77	Kleinreparaturen	365,27	1 000,00
000	88	Zinsaufwand Lfd Konto	3,17	0,00
000	89	Bankspesen	118,50	120,00
000	90	Verwaltervergütung	2 763,10	2 763,10
		Gemeinschaftskosten	**17 137,85**	**21 441,32**

Rechnungslegung – Zusammenfassung
Währungseinheit = DM

1. 1. 98–31. 12. 98

Seite 2

Buchwährung: DM

VU	Pos-U	Kostenbezeichnung	Gesamt-Ist	Ges.-Plan
		Rücklagenveränderungen		
000	78	Instandhaltung	2000,00	2000,00
		Rücklagen	**2000,00**	**2000,00**
		Gemeinschaftserträge		
000	98	Zinserträge Lfd Konto	26,50	0,00
		Gemeinschaftserträge	**26,50**	**0,00**
		Hausgelder		
		Hausgeldzahlungen	23890,69	23484,00
		Saldovortrag	226,69–	0,00
		Hausgelder	**23664,00**	**23484,00**
		Überschuß	**4552,65**	**42,68**
			(1)	

Rechnungslegung – Zusammenfassung 1. 1. 98–31. 12. 98
Währungseinheit = DM

Seite 3 Buchwährung: DM

Einzelnachweis der Gemeinschaftsausgaben

VU Beleg	**Pos-U** Datum	**Kontenbezeichnung** Empfänger/Verwendung		gesamt VT
000	**42**	**Heizungskosten**		
Z14136	17. 3. 98	52323: Brunata-Wärmemessung GmbH Wärmedienst Re. vom …	583,40	
Z14142	2. 4. 98	5049: Heizöl, Re. vom …	4 986,18	
Z14144	9. 4. 98	5073: Wartung-Brenner Re. vom …	464,03	
UVOL	29. 7. 98	Strom Heizg.	934,57	
UVOL	13. 10. 98	Gebühr	113,26	7 081,44 BB
000	**46**	**Brandversicherung**		
TA0202	2. 2. 98	52 175: Bay. Versicherungskammer, Abbuchung		225,70 BA
000	**47–01**	**Gebäudevers. Sturm, Lw, Glas**		
Z35963	16. 7. 98	Re. vom …		318,40 BA
000	**47–02**	**Haushaftpflichtversicherung**		
Z35975	1. 10. 98	Re. vom …		18,10 BA
000	**47–03**	**Gewässersch-Haftpflicht**		
Z14194	29. 9. 98	Re. vom …		79,40 BA

Rechnungslegung – Zusammenfassung
Währungseinheit = DM

1. 1. 98–31. 12. 98

Seite 3

Buchwährung: DM

VU Beleg	**Pos-U** Datum	**Kontenbezeichnung** Empfänger/Verwendung		gesamt VT
000	**49**	**Pflege der Außenanlagen**		
ZGHLTK	26. 1. 98	GEHALTSABRECHNUNG	33,52	
ZGHLTK	23. 2. 98	GEHALTSABRECHNUNG	33,52	
ZGHLTK	24. 3. 98	GEHALTSABRECHNUNG	33,52	
U57991	14. 4. 98	Div. Auslagen	125,70	
ZGHLTK	24. 4. 98	GEHALTSABRECHNUNG	33,52	
ZGHLTK	25. 5. 98	GEHALTSABRECHNUNG	33,52	
ZGHLTK	24. 6. 98	GEHALTSABRECHNUNG	33,52	
ZGHLTK	27. 7. 98	GEHALTSABRECHNUNG	33,52	
ZGHLTK	25. 8. 98	GEHALTSABRECHNUNG	33,52	
ZGHLTK	24. 9. 98	GEHALTSABRECHNUNG	33,52	
ZGHLTK	26. 10. 98	GEHALTSABRECHNUNG	33,52	
ZGHLTK	24. 11. 98	GEHALTSABRECHNUNG	33,52	
Z14118	9. 12. 98	5473: Gartenarbeiten, Re. vom …	506,92	
ZGHLTK	22. 12. 98	GEHALTSABRECHNUNG	33,52	1 034,86 BA
000	**52**	**Müll, Straßenrein.**		
TA0207	2. 7. 98	55209: Stadt Erlangen, Abbuchung GRUNDABGABEN 02 1090 19005		1 325,76 BA

Rechnungslegung – Zusammenfassung 1. 1. 98–31. 12. 98
Währungseinheit = DM

Seite 4 Buchwährung: DM

VU Beleg	**Pos-U** Datum	**Kontenbezeichnung** Empfänger/Verwendung		gesamt VT
000	**53**	**Strom, Wasser, Kanal**		
TA0302	3. 2. 98	55040: Erlanger Stadtwerke AG Abbuchung 011032 196 ABSCHLAG STADTW.	623,00	
TA0204	2. 4. 98	55040: Erlanger Stadtwerke AG Abbuchung 011032 196 ABSCHLAG STADTW.	623,00	
TA0406	4. 6. 98	55040: Erlanger Stadtwerke AG Abbuchung 011032 196 ABSCHLAG STADTW.	623,00	
UVOL	29. 7. 98	Umb. Strom, Heizg.	934,57–	
TA3007	31. 7. 98	55040: Erlanger Stadtwerke AG Abbuchung 011032 196 REST-ZLGSTADTW.	89,24–	
TA0210	2. 10. 98	55040: Erlanger Stadtwerke AG Abbuchung 011032 196 ABSCHLAG STADTW.	525,00	
TA0212	2. 12. 98	55040: Erlanger Stadtwerke AG Abbuchung 011032 196 ABSCHLAG STADTW.	525,00	1 895,19 BA
000	**54**	**Winterdienst**		
Z14115	2. 12. 98	Winterdienst 1998/99 Re. vom …		1 160,00 CX
000	**61**	**Sonstige Betriebskosten**		
W00000	21. 1. 98	55043: TELEFONPAUSCHALE, Dauerauftrag	33,50	

Rechnungslegung – Zusammenfassung 1. 1. 98–31. 12. 98
Währungseinheit = DM

Seite 4 Buchwährung: DM

VU Beleg	**Pos-U** Datum	**Kontenbezeichnung** Empfänger/Verwendung		gesamt VT
W00000	23. 2. 98	55043: TELEFONPAUSCHALE, Dauerauftrag	33,50	
W00000	23. 3. 98	55043: TELEFONPAUSCHALE, Dauerauftrag	33,50	
U57991	14. 4. 98	Div. Auslagen	58,88	
W00000	22. 4. 98	55043: TELEFONPAUSCHALE, Dauerauftrag	33,50	
W00000	20. 5. 98	55043: TELEFONPAUSCHALE, Dauerauftrag	33,50	
W00000	23. 6. 98	55043: TELEFONPAUSCHALE, Dauerauftrag	33,50	
W00000	22. 7. 98	55043: TELEFONPAUSCHALE, Dauerauftrag	33,50	
W00000	21. 8. 98	55043: TELEFONPAUSCHALE, Dauerauftrag	33,50	
W00000	23. 9. 98	55043: TELEFONPAUSCHALE, Dauerauftrag	33,50	
W00000	21. 10. 98	55043: TELEFONPAUSCHALE, Dauerauftrag	33,50	
W00000	23. 11. 98	55043: TELEFONPAUSCHALE, Dauerauftrag	33,50	
W00000	21. 12. 98	55043: TELEFONPAUSCHALE, Dauerauftrag	33,50	
Z14127	22. 12. 98	5592: Erstatt. Rechnungen für lt. Schreiben vom …	110,27	571,15 BA
000	**63–01**	**Berufsgenossenschaft**		
Z14152	14. 5. 98	53 198: Verwaltungs-Berufsgenossens Beitrag 1997, Re. vom …		177,81 BA
000	**77**	**Kleinreparaturen**		
U57991	14. 4. 98	div. Auslagen	94,80	
Z14127	22. 12. 98	Erstatt. Rechnungen für …	270,47	365,27 BX

Rechnungslegung – Zusammenfassung 1. 1. 98–31. 12. 98
Währungseinheit = DM

Seite 5 Buchwährung: DM

VU Beleg	**Pos-U** Datum	**Kontenbezeichnung** Empfänger/Verwendung		gesamt VT
000	**88**	**Zinsaufwand Lfd Konto**		
TA3006	30. 6. 98	Zahlungsausgang		3,17 BA
000	**89**	**Bankspesen**		
TA3103	31. 3. 98	Zahlungsausgang	28,50	
TA3006	30. 6. 98	Zahlungsausgang	28,50	
TA3009	30. 9. 98	Zahlungsausgang	31,50	
TA3112	29. 12. 98	Zahlungsausgang	30,00	118,50 BA
000	**90**	**Verwaltervergütung**		
WUMST.	7. 1. 98	20000: Finanzbuchhaltung VERW.-VERG., Dauerauftrag	228,77	
WUMST.	6. 2. 98	20000: Finanzbuchhaltung VERW.-VERG., Dauerauftrag	228,77	
WUMST.	6. 3. 98	20000: Finanzbuchhaltung VERW.-VERG., Dauerauftrag	228,77	
WUMST.	7. 4. 98	20000: Finanzbuchhaltung VERW.-VERG., Dauerauftrag	228,77	
WUMST.	6. 5. 98	20000: Finanzbuchhaltung VERW.-VERG., Dauerauftrag	228,77	

Rechnungslegung – Zusammenfassung 1. 1. 98–31. 12. 98
Währungseinheit = DM

Seite 5 Buchwährung: DM

VU Beleg	**Pos-U** Datum	**Kontenbezeichnung** Empfänger/Verwendung		gesamt VT
Z14 159	5. 6. 98	20000: Finanzbuchhaltung		
		Verw. Verg. Erhö. MWST	17,90	
WUMST.	8. 6. 98	20000: Finanzbuchhaltung		
		VERW.-VERG., Dauerauftrag	228,77	
WUMST.	8. 7. 98	20000: Finanzbuchhaltung		
		VERW.-VERG., Dauerauftrag	228,77	
WUMST.	6. 8. 98	20000: Finanzbuchhaltung		
		VERW.-VERG., Dauerauftrag	228,76	
WUMST.	8. 9. 98	20000: Finanzbuchhaltung		
		VERW.-VERG., Dauerauftrag	228,76	
WUMST.	7. 10. 98	20000: Finanzbuchhaltung		
		VERW.-VERG., Dauerauftrag	228,76	
WUMST.	6. 11. 98	20000: Finanzbuchhaltung		
		VERW.-VERG., Dauerauftrag	228,76	
WUMST.	8. 12. 98	20000: Finanzbuchhaltung		
		VERW.-VERG., Dauerauftrag	228,77	2 763,10 CX
		(2) Summe Gemeinschaftsausgaben		**17 137,85**

Rechnungslegung – Zusammenfassung 1. 1. 98–31. 12. 98
Währungseinheit = DM

Seite 6 Buchwährung: DM

Einzelnachweis der Gemeinschaftseinnahmen

VU Beleg	**Pos-U** Datum	**Kontenbezeichnung** Empfänger/Verwendung		gesamt VT
000	**98**	**Zinserträge Lfd. Konto**		
TA3103	31. 3. 98	ZZO Zinsen	3,58	
TA3006	30 6. 98	ZZO Zinsen	2,38	
TA3009	30. 9. 98	ZZO Zinsen	10,25	
TA3112	29. 12. 98	ZZO Zinsen	10,29	26,50 BA
		(3) Summe Gemeinschaftseinnahmen		**26,50**

Rücklagen

VU	Pos-U	Kontenbezeichnung	1. 1. 98	Zugang	Ertrag	Abgang	31. 12. 98
000	59	Waschanlage	697,69	344,80			1 042,49
000	78	Instandhaltung	25 739,34	2 000,00	567,64	12 902,22	15 404,76
		Summen	**26 437,03**	**2 344,80**	**567,64**	**12 902,22**	**16 447,25**

Rechnungslegung – Zusammenfassung 1. 1. 98–31. 12. 98
Währungseinheit = DM
Seite 6 Buchwährung: DM

Einzelnachweis der Rücklagenveränderungen

VU Beleg	**Pos-U** Datum	**Kontenbezeichnung** Empfänger/Verwendung	gemeinschaftl. zu verteilen	nicht gemein. zu verteilen	Gesamt VT
000	**59**	**Waschanlage**			BX
		Zugang:			
UVOL	10. 12. 98	Eingang Waschgeld		344,80	344,80
000	**78**	**Instandhaltung**			BX
		Zugang:			
D57 112	1. 1. 98	Zuweisung z. Rücklage	166,66		
D57 112	1. 2. 98	Zuweisung z. Rücklage	166,66		
D57 112	1. 3. 98	Zuweisung z. Rücklage	166,66		
D57 112	1. 4. 98	Zuweisung z. Rücklage	166,66		
D57 112	1. 5. 98	Zuweisung z. Rücklage	166,66		
D57 112	1. 6. 98	Zuweisung z. Rücklage	166,66		
D57 112	1. 7. 98	Zuweisung z. Rücklage	166,66		
D57 112	1. 8. 98	Zuweisung z. Rücklage	166,66		
D57 112	1. 9. 98	Zuweisung z. Rücklage	166,66		
D57 112	1. 10. 98	Zuweisung z. Rücklage	166,66		
D57 112	1. 11. 98	Zuweisung z. Rücklage	166,66		
DVOL	1. 12. 98	Zuweisung z. Rücklage	0,08		
D5 7112	1. 12. 98	Zuweisung z. Rücklage	166,66		2 000,00

Rechnungslegung – Zusammenfassung 1. 1. 98–31. 12. 98
Währungseinheit = DM

Seite 7 Buchwährung: DM

VU Beleg	**Pos-U** Datum	**Kontenbezeichnung** Empfänger/Verwendung	gemeinschaftl. zu verteilen	nicht gemein. zu verteilen	Gesamt VT
		Ertrag:			
UVOL	1. 9. 98	Solz. BSB 96/11, Zinsen		7,01–	
UVOL	1. 9. 98	Kap. Steu. BSB 96/11, Zinsen		127,50–	
UVOL	1. 9. 98	Zinsen BSB 96/11		425,00	
UVOL	31. 12. 98	Solz. Festg., Zinsen		2,42–	
UVOL	31. 12. 98	Solz. Festg. 4j, Zinsen		4,27–	
UVOL	31. 12. 98	Kap. Steu. Festg., Zinsen		44,07–	
UVOL	31. 12. 98	Kap. Steu. Festg. 4j, Zinsen		77,58–	
UVOL	31. 12. 98	Zinsen Festg.		146,89	
UVOL	31. 12. 98	Zinsen Festg. 4J		258,60	567,64
		Abgang:			
Z14 123	3. 2. 98	53295: Feuerlöscher, Re. vom …		768,20–	
U57960	12. 2. 98	Depotgebühren		23,00–	
Z14136	17. 3. 98	5005: Einfahrttor rep. Re. vom …		559,76–	
U57991	14. 4. 98	Erstatt.		817,04–	
UVOL	26. 9. 98	Eing. von		500,00	
Z14 104	6. 11. 98	5351: Haustüranlage, Re. vom …		10 166,95–	

Rechnungslegung – Zusammenfassung
Währungseinheit = DM

1. 1. 98–31. 12. 98

Seite 7

Buchwährung: DM

VU Beleg	**Pos-U** Datum	**Kontenbezeichnung** Empfänger/Verwendung	gemeinschaftl. zu verteilen	nicht gemein. zu verteilen	Gesamt VT
Z14107	13. 11. 98	5380: Elektroarbeiten Re. vom …		1067,27–	12902,22–
		Su. Instandhaltung	**2000,00**	**12334,58–**	
		(5) Su. Rücklagen	**2000,00**	**11989,78–**	

Geldanlagen

VU	Pos-U	Kontenbezeichnung	1. 1. 98	Zugang	Ertrag	Abgang	31. 12. 98
000	10–01	Festgeld Kto. …	6171,80		176,75		6348,55
000	10–02	Festgeld Kto. …	8987,01	290,49	100,40	8523,00	854,90
000	10–12	Bundesschatzbriefe	10000,00		290,49	290,49	10000,00
		Summen	**25158,81**	**290,49**	**567,54**	**8813,49**	**17203,45**
				(6)	(7)	(8)	(9)

Rechnungslegung – Zusammenfassung
Währungseinheit = DM

1. 1. 98–31. 12. 98

Seite 8

Buchwährung: DM

Forderungen und Verbindlichkeiten

VU	Pos-U	Kontenbezeichnung	Fdg. 1. 1.	Vbd. 1. 1.	Verändg.	Fdg. 31. 12.	Vbd. 31. 12
89001			320,80	0,00	320,80	0,00	0,00
		Summen	**320,80**	**0,00**	**320,80**	**0,00**	**0,00**
					(10)	(11)	(12)

Nachweis der Hausgeldkonten

VU	Pos-U	Eigentümer	1. 1. 98 Vortrag	Soll	Zahlungen	31. 12. 98 Rückstand	31. 12. 98 Guthaben
001	01	A	145,58	4 692,00	4 546,42		
002	01	B	8,42	3 192,00	3 183,58		
003	01	C	141,55–	3 072,00	3 213,55		
004	01	D	328,39	3 192,00	3 043,61		180,00
005	01	E	154,24	3 072,00	2 917,76		
006	01	F	56,26	3 192,00	3 135,74		
007	01	G	778,03–	3 072,00	3 850,03		
		Summen	**226,69–**	**23 484,00**	**23 890,69**		**180,00**
					(13)		

2. Verwaltungsabrechnung (für die einzelnen Wohnungseigentümer)

Frau …

91054 Erlangen

Girokonto für Ihre Zahlungen:
BLZ …, Kto. ….
Bauboden München
(Einzugsermächtigung liegt vor)

Verwaltungsabrechnung 1. 1. 97–31. 12. 97

Sehr geehrte Frau …

nachstehend geben wir Ihnen die Abrechnung für das abgelaufene Rechnungsjahr bekannt.
Das Abrechnungsergebnis wird nach der Eigentümerversammlung ausgeglichen. Sollten Sie nicht am Bankeinzugsverfahren beteiligt sein, sind Fehlbeträge von Ihnen zu überweisen bzw. Guthaben sind anzufordern.
Für ihr Sondereigentum ergeben sich folgende Beträge:

Zusammengefaßte anteilige Abrechnung für Ihr Sondereigentum

Ihr Anteil an den Gemeinschaftskosten	2805,76– DM	
Zuweisungen zu den Rücklagen	274,00– DM	3079,76– DM
Ihr Anteil an den Gemeinschaftserträgen	4,18 DM	4,18 DM
	3075,58– DM	3075,58– DM
Hausgeldzahlungen		3084,00 DM
Abrechnungsergebnis: Guthaben		8,42 DM

Zusätzliche Angaben für die Steuererklärung	
– anteilige Rücklagenverbräuche	3 922,63 DM
– anteilige Kapitalerträge	168,91 DM
– anteilige einbehalt. Zinsabschlagsteuer	48,80 DM
– anteilige einbehalt. Solidaritätszuschlag	3,65 DM
– anteilige Rücklagen	3 621,87 DM

Danach ergibt sich ein Guthaben in Höhe von 8,42 DM

Das Gesamtergebnis der Gemeinschaft ist aus den folgenden Zahlen ersichtlich.

Zusammengefaßte Abrechnung für die Eigentümergemeinschaft	
Gemeinschaftskosten	21 201,80 DM
Zuweisungen zu den Rücklagen	2 000,00 DM
Summe der Kosten	23 201,80 DM
Gemeinschaftserträge	31,11 DM
Hausgeldzahlungen	22 944,00 DM
Abrechnungsergebnis: Fehlbetrag	226,69 DM
Summe der Erträge	23 201,80 DM

Status der Eigentümergemeinschaft

Position		
Geldanlagen	25 158,81 DM	
Rücklagen		26 437,03 DM
Abrechnungsergebnis: Fehlbeträge	919,58 DM	
Abrechnungsergebnis: Überschüsse		692,89 DM
Forderungen	320,80 DM	
Bankguthaben per 31. 12. 97	730,73 DM	
	27 129,92 DM	27 129,92 DM

Entwicklung der Hausgeldkonten

Hausgeldsoll	–	22 656,00 DM
Hausgeldzahlungen		22 944,00 DM
Guthaben 31. 12. 97		288,00 DM
Hausgeldguthaben 31. 12. 97		288,00 DM
Guthaben 31. 12. 97		288,00 DM

Blatt 2 zum Schreiben vom 16. 3. 98 an Frau | S-Nr. …
K-Nr. …

Einzelnachweis der Anteilsberechnung zur Verwaltungsabrechnung für Wohnungen-Nr: …
(* = Betriebskosten gemäß § 27, 2. BV, DM 2139,58)

Kosten-/Ertragsart	Gesamtbetrag	Anteilsberechnung	Anteil
Gemeinschaftskosten			
Heizungskosten	9562,18	lt. besonderer Berechnung	1207,59 *
Heizkosten-Abgrenzung	1096,86	: 568,79 ×76,36 HEIZFL	147,25
Brandversicherung	221,10	: 568,79 ×76,36 QM WFL	29,68 *
Gebäudevers. Sturm, Lw, Glas	321,10	: 568,70 ×76,36 QM WFL	43,11 *
Haushaftpflichversicherung	23,30	: 568,79 ×76,36 QM WFL	3,13 *
Gewässersch-Haftpflicht	92,00	: 568,79 ×76,36 QM WFL	12,35 *
Pflege der Außenanlagen	1132,48	: 568,79 ×76,36 QM WFL	152,03 *
Müll, Straßenrein.	1165,20	: 568,79 ×76,36 QM WFL	156,43 *
Strom, Wasser, Kanal	1913,88	: 568,78 ×76,36 QM WFL	256,94 *
Winterdienst	1150,00	: 7 ×1 Einh.	164,29 *
Sonstige Betriebskosten	677,55	: 568,79 ×76,36 QM WFL	90,96 *
Berufsgenossenschaft	171,86	: 568,79 ×76,36 QM WFL	23,07 *
Kleinreparaturen	852,15	: 1000,00 ×137,00 TAUS.	116,75
Zinsaufwand Lfd Konto	6,82	: 568,79 ×76,36 QM WFL	0,92
Bankspesen	108,00	: 568,79 ×76,36 QM WFL	14,50
Verwaltervergütung	2707,32	: 7 ×1 Einh.	386,76
Gesamt:	21201,80		2805,76

Zuweisungen z. d. Rücklagen			
Instandhaltung	2000,00	: 1000,00 ×137,00 TAUS.	274,00
Gemeinschaftserträge			
Zinserträge Lfd Konto	31,11	: 568,79 ×76,36 QM WFL	4,18
Nachrichtliche Anteilsberechnung f. d. Steuererklärung			
– Anteilige Rücklagen für Vermögensteuerveranlagung			
Waschanlage	697,69	: 1000,00 ×137,00 TAUS.	95,58
Instandhaltung	25 793,34	: 1000,00 ×137,00 TAUS.	3 526,29
Gesamt:	26 437,03		3 621,87
– Rücklagenverbräuche			
Waschanlage	156,87	: 1000,00 ×137,00 TAUS.	21,49
Instandhaltung	28 475,44	: 1000,00 ×137,00 TAUS.	3 901,14
Gesamt:	28 632,31		3 922,63
– Kapitalerträge aus			
Bauboden München	31,11	: 568,79 ×76,36 QM WFL	4,18
Festgeld Kto. Nr. …	246,45	: 1000,00 ×137,00 TAUS.	33,76
Festgeld Kto. Nr. …	656,02	: 1000,00 ×137,00 TAUS.	89,87
Bundesschatzbriefe	300,00	: 1000,00 ×137,00 TAUS.	41,10
Gesamt:	1 233,58		168,91

– Zinsabschlagsteuer aus

Festgeld Kto. Nr. …	69,44	: 1000,00 ×137,00 TAUS.	9,51
Festgeld Kto. Nr. …	196,81	: 1000,00 ×137,00 TAUS.	26,96
Bundesschatzbriefe	90,00	: 1000,00 ×137,00 TAUS.	12,33
Gesamt:	356,25		48,80

– Solidaritätszuschlag aus

Festgeld Kto. Nr. …	5,21	: 1000,00 ×137,00 TAUS.	0,71
Festgeld Kto. Nr. …	14,76	: 1000,00 ×137,00 TAUS.	2,02
Bundesschatzbriefe	6,75	: 1000,00 ×137,00 TAUS.	0,92
Gesamt:	26,72		3,65

(*= Betriebskosten gemäß § 27, II.BV, bzw. mietvertragliche Vereinbarungen.

Die Rücklagen der Gemeinschaft haben sich wie folgt entwickelt:

Entwicklung der Rücklagen

Kontobezeichnung	1. 1. 97	Zugang	Ertrag	Abgang	31. 12. 97
allg. Rücklagen					
Waschanlage	533,76	320,80		156,87	697,69
Instandhaltung	51 395,28	2 000,00	819,50	28 475,44	25 739,34
Gesamt:	51 929,04	2 320,80	819,50	28 632,31	26 437,03

Ergänzend geben wir Ihnen die Entwicklung der Geldanlagen bekannt:

Entwicklung der Geldanlagen

Kontobezeichnung	1. 1. 97	Zugang	Ertrag	Abgang	31. 12. 97
allg. Geldanlagen					
Festgeld Kto. Nr. ...	6000,00		171,80		6171,80
Festgeld Kto. Nr. ...	35862,31	2203,25	444,45	29523,00	8987,01
Bundesschatzbriefe	10000,00		203,25	203,25	10000,00
Gesamt:	51862,31	2203,25	819,50	29726,25	25158,81

In einem weiteren Nachweis sind Ihre im Abrechnungszeitraum geleisteten Hausgeldzahlungen aufgeführt.

Einzelnachweis der Hausgeldzahlungen

Datum	Buchungstext	Betrag
1. 1. 97	Einzug durch Lastschrift	254,00H
1. 2. 97	Einzug durch Lastschrift	254,00H
1. 3. 97	Einzug durch Lastschrift	254,00H
13. 3. 97	ABRECHN. 367.002.01	215,05S
1. 4. 97	Einzug durch Lastschrift	266,00H
1. 5. 97	Einzug durch Lastschrift	257,00H
1. 6. 97	Einzug durch Lastschrift	257,00H
1. 7. 97	Einzug durch Lastschrift	257,00H
1. 8. 97	Einzug durch Lastschrift	257,00H
1. 9. 97	Einzug durch Lastschrift	257,00H
1. 10. 97	Einzug durch Lastschrift	257,00H
1. 11. 97	Einzug durch Lastschrift	257,00H

Datum	Buchungstext	Betrag
1. 12. 97	Einzug durch Lastschrift	257,00H
	Gesamt	2868,95H
	zuzüglich Vorjahresguthaben	215,05H
	für Abrechnung angerechnet	3084,00H

Mit freundlichen Grüßen

3. Gesamt-Wirtschaftsplan

Gesamt-Wirtschaftsplan für die Zeit vom 1. 1. 98–31. 12. 98

Seite 1

VU	Pos-U	Bezeichnung	Verteilung nach	Vorjahr. Ist p. 31. 12. 97	Bisheriger Plan	Neuer Plan
		Gemeinschaftskosten				
000	42	Heizungskosten	568,79 HEIZFL	10 659,04	10 000,00	10 000,00
000	46	Brandversicherung	568,79 QM WFL	221,10	250,00	250,00
000	47–01	Gebäudevers. Sturm, LW, Glas	568,79 QM WFL	321,10	450,00	450,00
000	47–02	Haushaftpflichtversicherung	568,79 QM WFL	23,30	50,00	50,00
000	47–03	Gewässersch-Haftpflicht	568,79 QM WFL	92,00	120,00	120,00
000	49	Pflege der Außenanlagen	568,79 QM WFL	1 132,48	600,00	800,00
000	52	Müll, Straßenrein.	568,79 QM WFL	1 165,20	1 300,00	1 300,00
000	53	Strom, Wasser, Kanal	568,79 QM WFL	1 913,88	2 500,00	2 500,00
000	54	Winterdienst	7 Einh.	1 150,00	1 200,00	1 200,00
000	61	Sonstige Betriebskosten	568,79 QM WFL	677,55	738,22	738,22
000	63–01	Berufsgenossenschaft	568,79 QM WFL	171,86	150,00	150,00
000	77	Kleinreparaturen	1000,00 TAUS.	852,15	440,00	1 000,00
000	88	Zinsaufwand Lfd. Konto		6,82	0,00	0,00
000	89	Bankspesen	568,79 QM WFL	108,00	120,00	120,00
000	90	Verwaltervergütung	7 Einh.	2 707,32	2 707,32	2 763,10
		Su. Gemeinschaftskosten		21 201,80	20 625,54	21 441,32

VU	Pos-U	Bezeichnung	Verteilung nach	Vorjahr. Ist p. 31. 12. 97	Bisheriger Plan	Neuer Plan
		Rücklagenzuweisungen				
000	78	Instandhaltung	1000,00 TAUS	2000,00	2000,00	2000,00
		Su. Rücklagenzuweisungen		2000,00	2000,00	2000,00
		Gemeinschaftserträge				
000	98	Zinserträge Lfd. Konto		31,11	0,00	0,00
		Su. Gemeinschaftserträge		31,11	0,00	0,00
		Summen:		**23170,69**	**22625,54**	**23441,32**

Hausgeldabrechnungsnachweis für die Zeit vom 1. 1. 98 – 31. 12. 98

Seite 1

VU	bisheriges Hausgeld	Monatliches Hausgeld ab	Betrag	www.pp	E-Nr.	Hausgeld gesamt	geplante Hausg. Einn.
001	377,00	1. 1. 98	391,00	001.01		391,00	4692,00
002	257,00	1. 1. 98	266,00	002.01		266,00	3192,00
003	247,00	1. 1. 98	256,00	003.01		256,00	3072,00
004	257,00	1. 1. 98	266,00	004.01		266,00	3192,00
005	247,00	1. 1. 98	256,00	005.01		256,00	3072,00
006	256,00	1. 1. 98	266,00	006.01		266,00	3192,00
007	247,00	1. 1. 98	256,00	007.01		256,00	3072,00
	1888,00					1957,00	23484,00

Gespeicherte Planzahlen

Seite 1

VU	pp–uu	Bezeichnung	Datum	B-Nr.	VS	US	Betrag	abw. VT	Hinweise
Gemeinschaftskosten									
000	42	Heizungskosten	31. 12. 96	943	PZ		10 000,00		
			31. 12. 97	375	PZ		10 000,00		
000	44	Heizkosten-Abgrenzung	31. 12. 96	587	PZ		0,00		
			31. 12. 97	375	PZ		0,00		
000	46	Brandversicherung	31. 12. 96	943	PZ		280,00		
			1. 1. 97	374	PZ		250,00		
			31. 12. 97	375	PZ		250,00		
000	47–01	Gebäudevers. Sturm, Lw, Glas	31. 12. 96	943	PZ		400,00		
			1. 1. 97	374	PZ		450,00		
			31. 12. 97	375	PZ		450,00		
000	47–02	Haushaftpflichtversicherung	31. 12. 96	943	PZ		50,00		
			31. 12. 97	375	PZ		50,00		
000	47–03	Gewässersch.-Haftpflicht	31. 12. 96	943	PZ		120,00		
			31. 12. 97	375	PZ		120,00		
000	49	Pflege der Außenanlagen	31. 12. 96	318	PZ		400,00		
			1. 1. 97	374	PZ		600,00		
			31. 12. 97	375	PZ		600,00		
			1. 1. 98	437	PZ		800,00		
000	51	Reinigung-Gehweg	31. 12. 96	318	PZ		0,00		
000	52	Müll, Straßenrein.	31. 12. 96	943	PZ		1 900,00		

Gespeicherte Planzahlen

Seite 1

VU	pp–uu	Bezeichnung	Datum	B-Nr.	VS	US	Betrag	abw. VT	Hinweise
			1. 1. 97	374	PZ		1300,00		
			31. 12. 97	375	PZ		1300,00		
000	53	Strom, Wasser, Kanal	31. 12. 96	943	PZ		3000,00		
			1. 1. 97	374	PZ		2500,00		
			31. 12. 97	375	PZ		2500,00		
000	54	Winterdienst	31. 12. 96	318	PZ		300,00		
			1. 1. 97	374	PZ		1200,00		
			31. 12. 97	375	PZ		1200,00		
000	56	Kaminreinigung	31. 12. 96	874	PZ		0,00		
000	61	Sonstige Betriebskosten	31. 12. 96	318	PZ		738,22		
			31. 12. 97	375	PZ		738,22		
000	63	Hausmeister	31. 12. 96	318	PZ		0,00		
000	63–01	Berufsgenossenschaft	31. 12. 96	943	PZ		100,00		
			1. 1. 97	374	PZ		150,00		
			31. 12. 97	375	PZ		150,00		
000	77	Kleinreparaturen	31. 12. 96	943	PZ		440,00		
			31. 12. 97	375	PZ		440,00		
			1. 1. 98	437	PZ		1000,00		
000	78–06	Sonderzuf. Instandh.	31. 12. 96	559	PZ		0,00		
000	88	Zinsaufwand Lfd. Konto	31. 12. 96	943	PZ		0,00		
			31. 12. 97	375	PZ		0,00		

Gespeicherte Planzahlen

Seite 2

VU	pp–uu	Bezeichnung	Datum	B-Nr.	VS	US	Betrag	abw. VT	Hinweise
000	89	Bankspesen	31. 12. 96	943	PZ		120,00		
			31. 12. 97	375	PZ		120,00		
000	90	Verwaltervergütung	31. 12. 96	978	PZ		2641,30		
			1. 1. 97	343	PZ		2707,32		
			31. 12. 97	375	PZ		2707,32		
			1. 1. 98	437	PZ		2763,10		
Rücklagen									
000	78	Instandhaltung	31. 12. 96	943	PZ	521	2000,00		
			31. 12. 97	375	PZ	521	2000,00		
Gemeinschaftserträge									
000	98	Zinserträge Lfd. Konto	31. 12. 96	943	PZ		0,00		
			31. 12. 97	375	PZ		0,00		

Gesamt-Wirtschaftsplan für die Zeit vom 1. 1. 98–31. 12. 98

Seite 1

VU	Pos-U	Bezeichnung	Verteilung nach	Vorjahr. Ist p. 31. 12. 97	Bisheriger Plan	Neuer Plan
		Gemeinschaftskosten				
000	42	Heizungskosten	568,79 HEIZFL	10659,04	10000,00	10000,00

VU	Pos-U	Bezeichnung	Verteilung nach	Vorjahr. Ist p. 31. 12. 97	Bisheriger Plan	Neuer Plan
000	46	Brandversicherung	568,79 QM WFL	221,10	250,00	250,00
000	47–01	Gebäudevers. Sturm, Lw, Glas	568,79 QM WFL	321,10	450,00	450,00
000	47–02	Haushaftpflichtversicherung	568,79 QM WFL	23,30	50,00	50,00
000	47–03	Gewässersch.-Haftpflicht	568,79 QM WFL	92,00	120,00	120,00
000	49	Pflege der Außenanlagen	568,79 QM WFL	1132,48	600,00	600,00
000	52	Müll, Straßenrein.	568,79 QM WFL	1165,20	1300,00	1300,00
000	53	Strom, Wasser, Kanal	568,79 QM WFL	1913,88	2500,00	2500,00
000	54	Winterdienst	7 Einh.	1150,00	1200,00	1200,00
000	61	Sonstige Betriebskosten	568,79 QM WFL	677,55	738,22	738,22
000	63–01	Berufsgenossenschaft	568,79 QM WFL	171,86	150,00	150,00
000	77	Kleinreparaturen	1000,00 TAUS.	852,15	440,00	440,00
000	38	Zinsaufwand Lfd. Konto		6,82	0,00	0,00
000	89	Bankspesen	568,79 QM WFL	108,00	120,00	120,00
000	90	Verwaltervergütung	7 Einh.	2707,32	2707,32	2745,20
		Su. Gemeinschaftskosten		21201,80	20625,54	20663,42
		Rücklagenzuweisungen				
000	78	Instandhaltung	1000,00 TAUS.	2000,00	2000,00	2000,00
		Su. Rücklagenzuweisungen		2000,00	2000,00	2000,00
		Gemeinschaftserträge				
000	98	Zinserträge Lfd. Konto		31,11	0,00	0,00
		Su. Gemeinschaftserträge		31,11	0,00	0,00
		Summen:		**23170,69**	**22625,54**	**22663,42**

4. Einzel-Wirtschaftsplan (für die einzelnen Wohnungseigentümer)

Frau ...

91054 Erlangen

Girokonto für Ihre Zahlungen:
BLZ ..., Kto. ...
DePfa Bank AG München
(Einzugsermächtigung liegt vor)

Einzelwirtschaftsplan 1. 1. 99–31. 12. 99

Sehr geehrte Frau

nachstehend geben wir Ihnen den neuen Einzelwirtschaftsplan bekannt.
Für ihr Sondereigentum ergeben sich folgende Beträge:

Zusammengefaßter anteiliger Wirtschaftsplan für Ihr Sondereigentum		
Ihr Anteil an den Gemeinschaftskosten	2693,19 DM	
Ihr Anteil an den Rücklagen	548,00 DM	3241,19 DM
Ihr Anteil an den Gemeinschaftserträgen	0,00 DM	0,00 DM
voraussichtliche Kosten		3241,19 DM
monatliches Hausgeld (gerundet auf 1,00 DM)		271,00 DM
(nachrichtlich: monatliches Hausgeld in EURO		**138,56 EURO)**

Gegenüber dem bisherigen Hausgeld von monatlich 266,00 DM ergibt sich somit eine Erhöhung um 5,00 DM.

Das Gesamtergebnis der Gemeinschaft ist aus den folgenden Zahlen ersichtlich.

Gesamtwirtschaftsplan der Eigentümergemeinschaft	
Gemeinschaftskosten	19 783,39 DM
Zuweisungen zu den Rücklagen	4 000,00 DM
Summe der geplanten Kosten	23 783,39 DM
Gemeinschaftserträge	0,00 DM
geplante Hausgeldeinnahmen	23 783,39 DM
Summe der geplanten Erträge	23 783,39 DM

Blatt 2 zum Schreiben vom 15. 2. 99 an Frau — S-Nr. … K-Nr. …

Die Einzelheiten zum Wirtschaftsplan und zur Ermittlung Ihres Anteils an den Gemeinschaftskosten und -erträgen entnehmen Sie bitte aus folgenden Berechnungen:

Einzelnachweis der Anteilsberechnung zum Einzelwirtschaftsplan für Wohnung-Nr.: 367.002.00
(* = Betriebskosten gemäß § 27, 2. BV, 2138,17 DM)

Kosten-/Ertragsart	Gesamtbetrag	Anteilsberechnung	Anteil
Gemeinschaftskosten			
Heizungskosten	8 500,00	: 568,79 ×76,36 HEIZFL	1 141,12 *
Brandversicherung	250,00	: 568,79 ×76,36 QM WFL	33,56 *
Gebäudevers. Sturm, LW, Glas	350,00	: 568,79 ×76,36 QM WFL	46,99 *
Haushaftpflichtversicherung	20,00	: 568,79 ×76,36 QM WFL	2,68 *

Kosten-/Ertragsart	Gesamtbetrag	Anteilsberechnung	Anteil
Gewässersch.-Haftpflicht	80,00	: 568,79 ×76,36 QM WFL	10,74 *
Pflege der Außenanlagen	800,00	: 568,79 ×76,36 QM WFL	107,40 *
Müll, Straßenrein.	1300,00	: 568,79 ×76,36 QM WFL	174,52 *
Strom, Wasser, Kanal	2500,00	: 568,79 ×76,36 QM WFL	335,62 *
Winterdienst	1200,00	: 7 ×1 Einh.	171,43 *
Sonstige Betriebskosten	700,00	: 568,79 ×76,36 QM WFL	93,97 *
Berufsgenossenschaft	150,00	: 568,79 ×76,36 QM WFL	20,14 *
Kleinreparaturen	1000,00	: 1000,00 ×137,00 TAUS.	137,00
Bankspesen	120,00	: 568,79 ×76,36 QM WFL	16,11
Verwaltervergütung	2813,39	: 7 ×1 Einh.	401,91
Gesamt	19783,39		2693,19
Zuweisungen zu den Rücklagen			
Instandhaltung	4000,00	: 1000,00 ×137,00 TAUS.	548,00
Gesamt	4000,00		548,00
voraussichtliche Kosten gesamt			3241,19

Mit freundlichen Grüßen

V. Gerichte des Bundes und der Länder

Gerichtszweig	Bund	Länder
Verfassungsgerichtsbarkeit	Bundesverfassungsgericht	15 Landesverfassungsgerichte
Ordentliche Gerichtsbarkeit	Bundesgerichtshof Bundespatentgericht	24 Oberlandesgerichte 116 Landgerichte 706 Amtsgerichte
Arbeitsgerichtsbarkeit	Bundesarbeitsgericht	19 Landesarbeitsgerichte 123 Arbeitsgerichte
Verwaltungsgerichtsbarkeit	Bundesverwaltungsgericht	16 Oberverwaltungsgerichte 52 Verwaltungsgerichte
Sozialgerichtsbarkeit	Bundessozialgericht	16 Landessozialgerichte 69 Sozialgerichte
Finanzgerichtsbarkeit	Bundesfinanzhof	19 Finanzgerichte

Daneben gibt es folgende Sondergerichte

– Dienstgerichtsbarkeit für Notare und Ehrengerichtsbarkeit der Rechtsanwälte, Patentanwälte, Wirtschaftsprüfer sowie Steuerberater und Steuerbevollmächtigten	Bundesgerichtshof (besondere Senate) Ehrengerichtshöfe, Ehrengerichte sowie besondere Spruchkörper der Oberlandesgerichte und Landgerichte
– Ehrengerichtsbarkeit für die Angehörigen der Heilberufe	(Regelung nach Landesrecht)

Quelle: aus „Justiz in Deutschland" von Wolfgang Heyde, 6. Aufl. 1999 – Bundesanzeiger Verlag

Sachregister

Hinweis: Die fettgedruckte Zahl bezeichnet das Kapitel,
die mager gedruckte Zahl die Randziffer innerhalb des jeweiligen Kapitels.
Beispiel: „**2** 249“ bezeichnet die Randziffer 249 im 2. Kapitel.

Buchanzeigen

Wohnen

INFORMATIONEN RUND UM IHR HEIM

Mieten

MietG · Mietgesetze
und alle wichtigen Nebengesetze.

Textausgabe.
32.A.1999. 461 S.
DM 11,90. dtv 5013

Blank
Mietrecht von A–Z

Abstandsvereinbarung, Außenantennen, Betriebskosten, Formularmietvertrag, Kabelfernsehen, Kündigungsschutz, Mängel, Mietanpassung, Räumungsfrist, Sozialklausel, Staffelmiete, Tierhaltung, Vorkaufsrecht des Mieters, Zwischenvermietung.

16.A.1998. 939 S.
DM 21,90. dtv 5044

Testsieger im Bereich Mietrechts-Software Zeitschrift „WIN" Heft 1/1998

Blank
Mietrecht von A–Z

Dieser Ratgeber erschließt das geltende Recht und gibt Antwort auf die typischen Fragen der Praxis. Verarbeitet ist insbesondere auch die umfangreiche Rechtsprechung, die auch Fachleute nur noch mit Hilfe eines Ratgebers überblicken, wie er hier vorliegt. Wichtige mietrechtliche Vorschriften des BGB und vieler anderer Gesetze sind auf der CD enthalten und mit einem Mausklick per Hypertext erreichbar.

1. Edition 1997.
CD-ROM für Windows.
Mit 17 Seiten Programmanleitung.
DM 49,90. dtv 51003

Nasemann
Rechte und Pflichten im Mietverhältnis

Gebrauchsüberlassung, Mietzins, Nebenkosten, Kündigung. Mit einschlägigen Rechtsvorschriften, einem Untermietvertrag und wichtigen Adressen im Anhang.

2.A.1999. 171 S.
DM 9,90. dtv 50621

Das Buch zur ZDF-Serie „Wie würden Sie entscheiden?"

Nasemann/Töpper
Guter Rat zum Mietvertrag

Wichtige Rechtsfragen zu Abschluß des Mietvertrages, Mieterhöhung, Umfang des Wohngebrauchs. Mit Originalfällen aus der ZDF-Serie.

1.A.1996. 199 S.
DM 14,90. dtv 5658

P113673(10)-S15

Nasemann
Mein Weg zum neuen Mietvertrag
Praktische Hinweise und Rechtsfragen zu Wohnungssuche und Makler, Abschluß des Mietvertrages, Wohngeld und Umzug.
2.A.1998. 135 S.
DM 10,90. dtv 50618

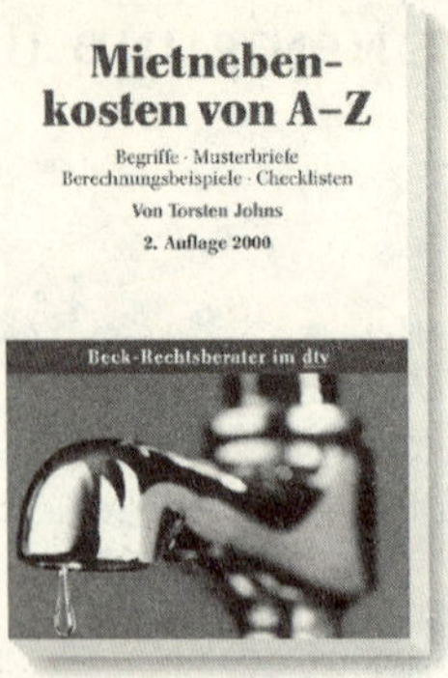

Blank
Miete und Pacht
Ratgeber mit Mustern für gewerbliche und private Mieter und Vermieter, Pächter und Verpächter.
11.A.1999. 632 S.
DM 19,90. dtv 5099

Schmitz
Was tun bei Wohnungskündigung?
Alles was ich wissen muß zu Kündigungsschutz und Beendigung eines Mietverhältnisses.
2.A.1997. 160 S.
DM 9,90. dtv 50615

Johns
Mietnebenkosten von A–Z
Erläutert werden sämtliche Begriffe aus dem Betriebskostenwesen, die Vermieter, Mieter, aber auch Makler und Verwalter kennen sollten.
2.A. 2000. 286 S.
DM 22,50. dtv 5289

Mersson
Vermieterleitfaden
Mietrecht, Mustertexte, Abrechnungsbeispiele, Checklisten.
Mit 150 Musterbriefen, Musterformularen und Musterklagen sowie Beispielen für Nebenkostenabrechnungen.
1.A. 2000. 565 S.
DM 26,90. dtv 5626

Falk/von Lüpke
Energie und Wohnen
Ein Ratgeber für die Nutzung regenerativer Energien im Eigenheim.
Technische Möglichkeiten, Beurteilung der Wirtschaftlichkeit, Finanzierungsbeispiele, Vertragsmuster und Checklisten.
1.A.1998. 239 S.
DM 18,90. dtv 50821

Böhmer/Wicke
Energiesparen im Haushalt
So schonen Sie Umwelt und Geldbeutel.
Reduzierung der Heizenergie und des Stromverbrauchs, Energiesparen im Verkehr, Berechnung des Sparerfolgs.
1.A.1998. 221 S.
DM 16,90. dtv 50813

P113673(10)-S16

Bauen

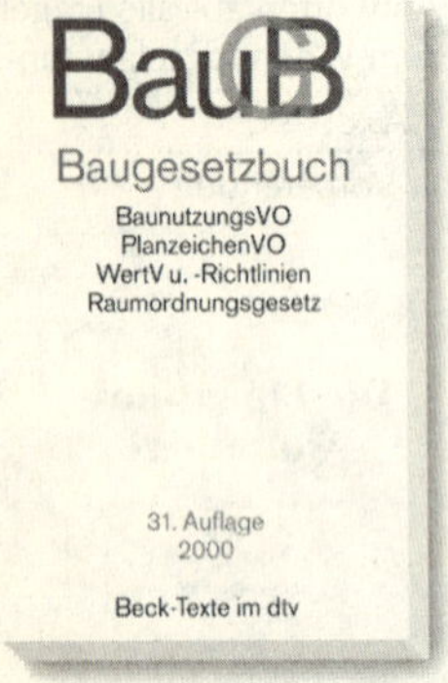

BauGB · Baugesetzbuch

mit Verordnung über Grundsätze für die Ermittlung der Verkehrswerte von Grundstücken, BaunutzungsVO, PlanzeichenVO, RaumordnungsG, RaumordnungsVO.

Textausgabe.
31.A. 2000. 410 S.
DM 10,90. dtv 5018

VgR · Vergaberecht

VOB · Verdingungsordnung für Bauleistungen Teil A und B, VOB C Übersicht, VOL · Verdingungsordnung für Leistungen Teil A und B, VOF · Verdingungsordnung für freiberufliche Leistungen mit HaushaltsgrundsätzeG §§ 57a-c, VergaberechtsänderungsG, VergabeVO, Gesetz gegen Wettbewerbsbeschränkungen (GWB).

Textausgabe.
3.A. 2000. Rd. 470 S.
Ca. DM 23,50. dtv 5595

In Vorbereitung für Herbst 2000

Werner/Pastor
Rechtsfragen beim Bauen

Das Recht der Bauherren und ihrer Vertragspartner.

10.A. 1998. 358 S.
DM 11,90. dtv 5095

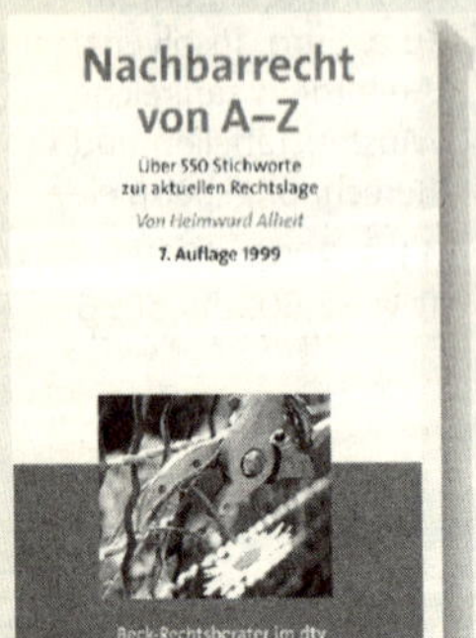

Alheit
Nachbarrecht von A–Z

Ansprüche und Duldungspflichten unter Nachbarn, Immissionsschutz in Haus und Garten, Freizeit und Gewerbe.

7.A. 1999. 338 S.
DM 13,90. dtv 5067

Sterner
Öffentliche Auftragsvergabe

Ein Leitfaden zum Vergaberecht für Auftraggeber und Unternehmer.

1.A. 2000. Rd. 200 S.
Ca. DM 16,50. dtv 5674

In Vorbereitung für Herbst 2000

VOB/HOAI · Verdingungsordnung für Bauleistungen Teil A und B / Verordnung über die Honorare für Leistungen der Architekten und Ingenieure

Mit EWG-Richtlinien von 1973, BGB (Auszug), AGB-Gesetz, Verordnung über die Honorare für Leistungen der Architekten und der Ingenieure (HOAI), Makler- und BauträgerVO, Gesetz über die Sicherung von Bauforderungen.

Textausgabe.
20.A. 2000. Rd. 400 S.
Ca. DM 12,50. dtv 5596

In Vorbereitung für Herbst 2000

P113673(10)-S18

Bauen

Hauth
Vom Bauleitplan zur Baugenehmigung

Bauplanungsrecht, Bauordnungsrecht, Baunachbarrecht: Abstandsflächen, Baugenehmigung, Bebauungsplan, Bestandsschutz, Erschließungsvertrag, Innenbereich, Klage, Nachbarschutz, Nutzungsänderung, Rücksichtnahmegebot, Sofortvollzug, Vorbescheid, Widerspruch. Mit Gesetzestexten.

5.A.1998. 375 S.
DM 16,90. dtv 5615

Pauk/Lüdecke
Schlüsselfertiges Bauen

Vertrag, Planung, Durchführung, Checklisten, Formulare.

3.A. 2000. Rd. 280 S.
Ca. DM 19,50. dtv 5857

In Vorbereitung

Schabel
Architektenrecht von A–Z

Vertragsabschluß, Haftung, Honorar, Urheberrecht, Architektenwettbewerb, Berufs- und Standesrecht.

2.A.1996. 239 S.
DM 12,90. dtv 5069

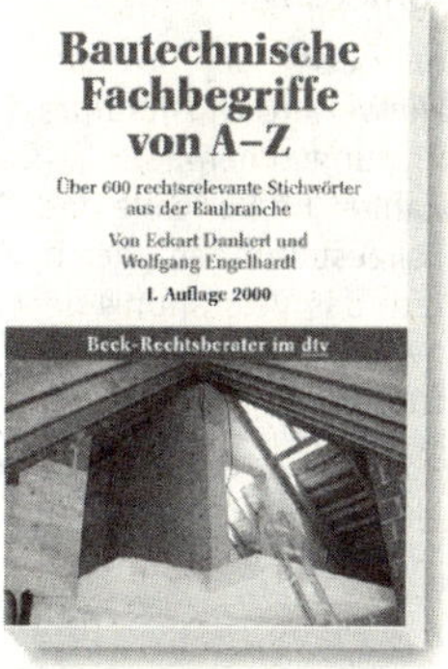

Dankert/Engelhardt
Bautechnische Fachbegriffe von A–Z

Über 600 rechtsrelevante Stichworte aus der Baubranche.

1.A. 2000. 185 S.
DM 21,50. dtv 5672

Finanzieren

Schiebel
So finanziere ich Haus und Wohnung

Finanzierungsplan – Kreditaufnahme – steuerliche Gestaltung.
Mit Hilfe dieses Ratgebers erfährt jeder, was er an wirtschaftlichem und steuerlichem Grundwissen benötigt, um eine Wohnung oder ein Haus finanzieren zu können.

9.A. 2000. 536 S.
DM 25,50. dtv 5222

Wilde
Die Eigenheimförderung

mit Beispielen, Tips und Hinweisen, Musterantrag, Prüfungsschemata.
Zahlreiche Beispiele und Fallgestaltungen erleichtern das Verständnis der neuen Wohneigentumsförderung.

1.A.1997. 183 S.
DM 12,90. dtv 5663

Dornbusch
Steuervorteile durch Haus- und Wohnbesitz

Anschaffung – Besitz – Veräußerung.
Optimale Steuergestaltung beim Ansparen, Bauen, Kaufen, Bewohnen, Vermieten, Veräußern, Verschenken und Vererben.
Mit der neuen Grundstücksbewertung.

8.A.1998. 231 S.
DM 14,90. dtv 5240

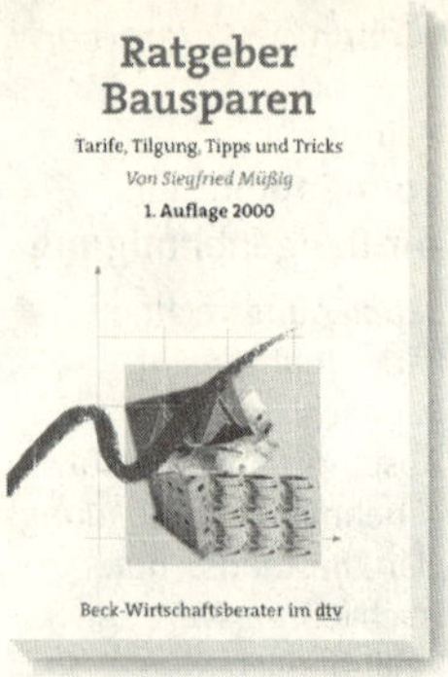

Müßig
Ratgeber Bausparen

Tarife, Tilgung, Tipps und Tricks.
Macht die komplizierten Zusammenhänge der Immobilienfinanzierung klar und unterstützt bei der Wahl der geeigneten Finanzierung.
Mit Hilfen für individuelle Berechnungen.

1.A. 2000. 148 S.
DM 16,50. dtv 50838

Erben und Vererben

Winkler

Erbrecht von A–Z

Errichtung, Inhalt, Widerruf und Anfechtung von Testamenten und Erbverträgen · gesetzliche Erbfolge und Pflichtteilsrecht · Haftung und Haftungsbeschränkung des Erben und der Erbengemeinschaft · Vor- und Nacherbschaft · Erbschein und Erbschaftsteuer · Testamentsvollstreckung und Vollmacht · Erbrecht in der ehemaligen DDR und in den neuen Bundesländern.

8.A. 2000. 307 S.
DM 17,50. dtv 5061

Frieser

Was tun im Erbfall?

Rechte und Pflichten des Erben.

2.A.1996. 195 S.
DM 9,90. dtv 50610

Friedrich

Testament und Erbrecht

Testamentsinhalt, Testamentsmuster, Erbvertrag, Erbverzichtsvertrag, Gemeinschaftliches Testament, Widerruf und Anfechtung, Steuerfragen, Gesetzliche Erbansprüche, Erbrecht in den neuen Bundesländern.
Stand: 1. Juli 1998.

18.A.1998. 485 S.
DM 15,90. dtv 5084

Frieser

Wie gestalte ich mein Testament?

Alle wichtigen Rechtsfragen für den Erblasser.

3.A.1997. 182 S.
DM 9,90. dtv 50609

Das Buch zur ZDF-Serie „Wie würden Sie entscheiden?"

Ubert/Töpper

Guter Rat zu Testament und Erbfall

Ratgeber zu allen Rechtsfragen rund um Testament und Erbfall. Zusätzlich mit Fällen aus der ZDF-Serie „Wie würden Sie entscheiden?"

1.A. 2000. 247 S.
DM 18,90. dtv 50622

Waldner/Rausch

Das Testament des Unternehmers

Richtige Gestaltung von lebzeitigen und letztwilligen Übertragungsregelungen für Unternehmer, Handwerker und Selbständige.

1.A.1997. 231 S.
DM 15,90. dtv 5639

P113673(10)-S9

InsO · Insolvenzordnung

Synopse: Insolvenzordnung (komplett) und Konkursordnung (Auszug), Insolvenzrechtliche Vergütungsverordnung, EGInsO (Auszug), GesO, Paragraphen-Synopsen von InsO, KO, VglO und verschiedene Entwurfs- und Berichtsversionen.

Textausgabe.
6.A. 2000. 153 S.
DM 14,50. dtv 5583

VermG · Vermögensgesetz

u.a. mit Einigungsvertrag, MauergrundstücksG.

Textausgabe.
11.A. 2000. Rd. 450 S.
Ca. DM 19,50. dtv 5566

In Vorbereitung für Winter 2000

Starthilfen für Unternehmer

Hammer
Soll ich mich selbständig machen?

Was zeichnet den erfolgreichen Gründer und Unternehmer aus? Chancen und Risiken bei der Neugründung, Geschäftsübernahme oder Beteiligung, Standortwahl, Finanzierung, Recht, Marketing und Controlling.

3.A.1997. 260 S.
DM 16,90. dtv 5853

Schaub/Koch
Ich mache mich selbständig

5.A. 2000. Rd. 500 S.
Ca. DM 23,50. dtv 5236

In Vorbereitung

Wikner/Schwarz/Schneider
Existenzgründung für junge Leute

Von innovativen Gründungsideen zum Unternehmenskonzept.

1.A. 2000. 278 S.
DM 19,90. dtv 50839

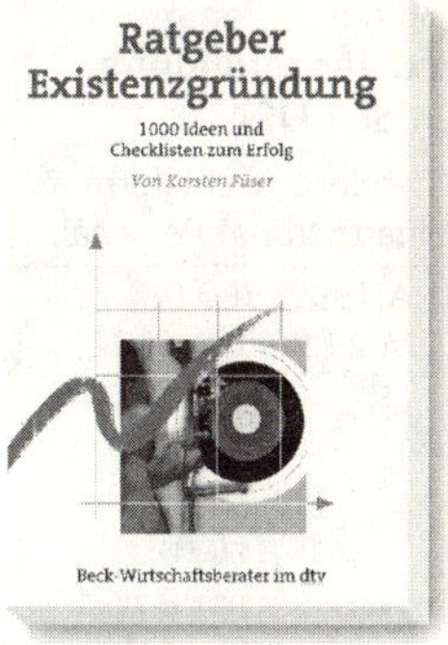

Füser
Ratgeber Existenzgründung

1000 Ideen und Checklisten zum Erfolg.

1.A.1998. 413 S.
DM 24,90. dtv 50828

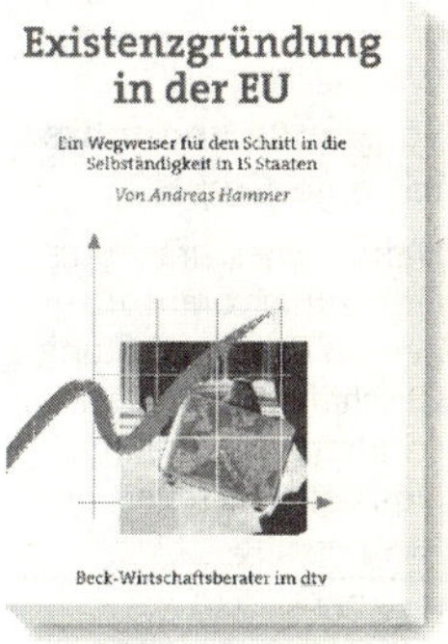

Hammer
Existenzgründung in der EU

Ein Wegweiser für den Schritt in die Selbständigkeit in 15 Staaten. Gesetzliche Pflichten vor Betriebsaufnahme, Wahl der Rechtsform, steuerliche Verpflichtungen, Finanzierungshilfen sowie Personalarbeit.

1.A.1999. 323 S.
DM 29,90. dtv 5899

P113673(10)-S37

Grimm
Existenzgründung in den USA
Standort, Rechtsform, Finanzierung, Personal.

1.A.1999. 360 S.
DM 29,90. dtv 50826

Waldner/Wölfel
So gründe und führe ich eine GmbH
Haftungsbeschränkung, Gründungsvoraussetzungen, Vertragsgestaltung, Geschäftsführer, Gesellschafterversammlung, Liquidation, Steuer- und Kostenrecht.

6.A.2000. 215 S.
DM 15,50. dtv 5278

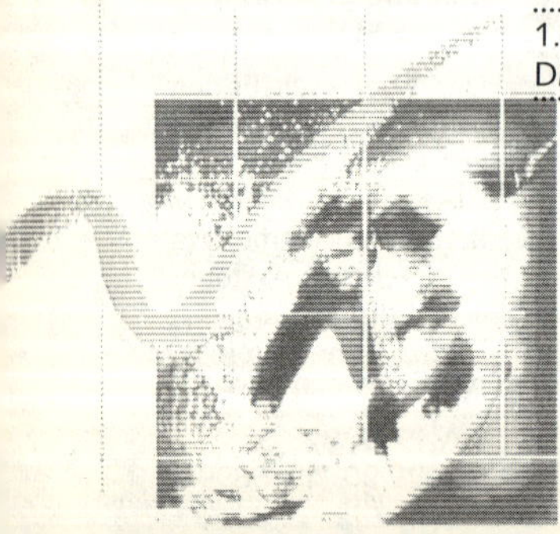

Waldner/Wölfel
GbR, OHG, KG
Gesellschaft des bürgerlichen Rechts, Offene Handelsgesellschaft, Kommanditgesellschaft, GmbH & Co. KG. Vertragsgestaltung, Geschäftsführung und Vertretung, Haftung, Liquidation, Steuer- und Kostenrecht.

4.A.1999. 219 S.
DM 12,90. dtv 5294

Dieterle/Winckler
Gründungsplanung und Gründungsfinanzierung
Der Unternehmensgründer, Planung und Organisation, Markt, Personal/Recht, Finanzierung, Rechnungswesen.

2.A.1995. 454 S.
DM 24,90. dtv 5813

Geigenberger
Risikokapital für Unternehmensgründer
Der Weg zum Venture Capital.

1.A.1999. 246 S.
DM 24,90. dtv 50832

Bombita/Köstler/Steindl
Steuerwissen für Existenzgründer
Praktische Tipps zu Steuern, Recht und Sozialversicherung.

1.A.2000. 285 S.
DM 19,50. dtv 50831

→

P113673(3)-S38